1 MONTH OF
FREE
READING

at

www.ForgottenBooks.com

By purchasing this book you are eligible for one month membership to ForgottenBooks.com, giving you unlimited access to our entire collection of over 1,000,000 titles via our web site and mobile apps.

To claim your free month visit: www.forgottenbooks.com/free678575

ISBN 978-0-666-03376-5
PIBN 10678575

This book is a reproduction of an important historical work. Forgotten Books uses state-of-the-art technology to digitally reconstruct the work, preserving the original format whilst repairing imperfections present in the aged copy. In rare cases, an imperfection in the original, such as a blemish or missing page, may be replicated in our edition. We do, however, repair the vast majority of imperfections successfully; any imperfections that remain are intentionally left to preserve the state of such historical works.

Culturzustände

des

Deutschen Volkes

seit dem Ausgang des Mittelalters bis zum Beginn
des dreißigjährigen Krieges.

Viertes Buch.

Von

Johannes Janssen.

Ergänzt und herausgegeben von

Ludwig Pastor.

Erste bis zwölfte Auflage.

———◆———

Freiburg im Breisgau.
Herder'sche Verlagshandlung.
1894.
Zweigniederlassungen in Straßburg, München und St. Louis, Mo.
Wien I, Wollzeile 33: B. Herder, Verlag.

Das Recht der Uebersetzung in fremde Sprachen wird vorbehalten.

Buchdruckerei der Herder'schen Verlagshandlung in Freiburg.

Inhalt.

Culturzuftände des deutſchen Volkes ſeit dem Ausgang des Mittelalters bis zum Beginn des dreißigjährigen Krieges.

Viertes Buch.

**Volkswirthſchaftliche, geſellſchaftliche und religiös-ſittliche Zuſtände.
Hexenweſen und Hexenverfolgung.**

Erſter Theil.

II. Münzwesen und Bergwerke.

III. Gewerbswesen.

IV. Bauernwesen — wirthschaftliche Einwirkung des unbeschränkten Jagdwesens — Verkümmerung der Landwirthschaft.

Zweiter Theil.

I. Fürsten- und Hofleben.

Inhalt.

II. Leben des Adels.

III. Das Leben der Bürger und der Bauern.

1. Kleidung und Mode — Schönheitsmittel — Gold- und Silberschmuck — Aufwand in den niederen Ständen.

IV. Bettlerwesen — Armenordnungen — Beraubung der Armen — Ursachen der zunehmenden Verarmung — wachsende Bettler- und Vagabundennoth.

Dritter Theil.

I. Allgemeine sittlich-religiöse Verwilderung.

b*

VII. Die Hexenverfolgung in katholischen und confessionell gemischten Gebieten seit dem letzten Drittel des sechzehnten Jahrhunderts — Stellung der deutschen Jesuiten im Hexenhandel vor Friedrich von Spee.

VIII. Die Hexenverfolgung in den protestantischen Gebieten seit dem letzten Drittel des sechzehnten Jahrhunderts.

Vollständige Titel der wiederholt citirten Bücher.

Die aus ungebruckten Quellen entnommenen Belegstellen zum Texte sind mit einem *, die von L. Pastor neu herangezogenen Werke mit zwei ** bezeichnet [1].

Abel C. Stifts-, Stabt- unb Lanb-Chronik des jetzigen Fürstenthums Halberstabt (bis 1754). Bernburg 1754.

Achenbach H. v. Geschichte ber Stabt Siegen. Heft 1—8. Siegen 1882—1886.

Abelung. Geschichte ber Narrheit ober Beschreibung ber Schwarzkünstler, Teufelsbanner. Leipzig 1785. 7 Bbe.

Adlzreiter J. a Tetenweis. Annalium Boicae Gentis Partes III. Editio nova. Cum praefatione Godefridi G. Leibnitii. Francofurti ad M. 1710.

Agricola J. Historia Provinciae Societatis Jesu Germaniae Superioris ab anno 1541—1600. 2 tom. Augustae Vindel. 1727—1729.

Alarbus W. Panacea Sacra, bas ist: Heylsame, wolbewerte Seelenartney gegen bie Pestilenz. Sampt Trostbrieff. Hamburg 1605 (Leipzig 1630).

Alberdingk Thijm J. A. De la littérature néerlandaise, à ses différentes époques. Amsterdam 1854.

Alberdingk Thijm P. P. M. Geschichte ber Wohlthätigkeitsanstalten in Belgien von Karl bem Großen bis zum sechszehnten Jahrhundert. Freiburg i. Br. 1887.

Albèri E. Le Relazioni degli Ambasciatori Veneti al Senato durante il secolo decimosesto. 8 Serien. Firenze 1839—1855.

Albertinus A. De conviviis et compotationibus, barin mit lustigen Historien unb Exempeln von ben Gebräuchen ber Gastereyen, Panceten unb Zechens 2c. biscurirt wird. München 1598.

Albertinus A. Haußpolicey, begreifft vier unterschiebliche Theyl. München 1602. Fünffter, Sechster unb Siebenter Theyl ber Haußpolicey [vergl. Goebeke, Grunbriß 2, 580 No. 15]. München 1602.

Albertinus A. Der Welt Tummel- unb Schawplatz. Sampt ber bitter-süßen Warheit 2c. München 1612.

Albertinus A. Christi unsers Herrn Königreich unb Seelengejaibt 2c. München 1618.

Albertinus A. Der Lanbstörtzer: Gusman von Alfarche ober Picaro genannt . . theils auß bem Spanischen verteutscht, theils gemehrt unb gebessert . . [Vergl. Goebeke, Grunbriß 2, 577 No. 9.] München 1616.

---

[1] Die Citate ber früheren Bänbe ber „Geschichte bes beutschen Volkes" sinb stets nach ber neuesten Auflage gegeben. Bb. 1, 2 unb 3 sinb nach ber 15. (bezw. 16.), Bb. 4, 5 unb 6 nach ber 13.—14. unb Bb. 7 nach ber 1.—12. Auflage angeführt. Die Zusätze bes Herausgebers sinb burch zwei Sternchen (**) kenntlich gemacht.

Albertinus A. Lucifers Königreich und Seelengejaidt: oder Narrenhaß. In acht Theil abgetheilt. Augsburg 1617.

Albrecht B. Magia, das ist christlicher Bericht von der Zauberei und Hexerei insgemein und dero zwölfferlei Sorten und Arten insonderheit. Leipzig 1628.

[Ambach M.] Klage Jesu Christi wider die vermeynten Evangelischen. Ohne Ort 1551.

Andreä Jac. Christliche Erinnerung nach dem Lauf der irdischen Planeten gestellt in Predigten. Tübingen 1567 (1568).

Andresen A. Der deutsche Peintre-graveur oder die deutschen Maler als Kupferstecher nach ihrem Leben und ihren Werken von dem letzten Drittel des 16. Jahrhunderts bis zum Schluß des 18. Jahrhunderts. 3. Bde. Leipzig 1864—1866.

Anton K. G. Geschichte der teutschen Landwirthschaft von den ältesten Zeiten bis zu Ende des 15. Jahrhunderts. 3 Theile. Görlitz 1799—1802.

Archiv des Historischen Vereins für den Untermainkreis (von Unterfranken und Aschaffenburg). 30 Bde. Würzburg 1833—1887.

Archiv, Oberbayerisches, für vaterländische Geschichte. Bd. 1—44. München 1839 bis 1887.

Aretin C. M. v. Geschichte des bayerischen Herzogs und Kurfürsten Maximilian des Ersten. Erster (einziger) Band. Passau 1842.

Arnold G. Unpartheyische Kirchen- und Ketzer-Historie, von Anfang des neuen Testamentes bis 1688. Neue Aufl. 2 Bde. Schaffhausen 1741.

Arnoldi J. Geschichte der Oranien-Nassauischen Länder und ihrer Regenten. 4 Bde. Habamar 1799—1816.

** Aschbach J. Allgemeines Kirchen-Lexikon oder alphabetisch geordnete Darstellung des Wissenswürdigsten aus der gesammten Theologie und ihren Hülfswissenschaften. 4 Bde. Frankfurt am Main und Mainz 1846—1850.

Avé-Lallemant Fr. Chr. B. Das deutsche Gaunerthum in seiner socialpolitischen, literarischen und linguistischen Ausbildung zu seinem heutigen Bestande. 4 Bde. Leipzig 1858—1862.

Aventin, siehe Turmair Joh.

Baader J. Nürnberger Polizeiordnungen aus dem 13. bis 15. Jahrhundert, in der Bibliothek des Literarischen Vereins in Stuttgart. Bd. 63. Stuttgart 1861.

** Backer De. Bibliothèque des écrivains de la Compagnie de Jésus. Nouv. édit. 3 tom. Liège, Paris, Lyon, Tournai 1869—1876.

Baber J. Geschichte der Stadt Freiburg im Breisgau. Freiburg i. B. 1882—1883.

Bairische Landesordnung 1553. Ingolstadt 1553 und München 1568.

** Balan P. Monumenta reformationis Lutheranae ex tabulariis secretioribus S. Sedis 1521—1525. Ratisbonae 1884.

Balthasar J. H. Sammlungen zur Pommer'schen Kirchenhistorie. 2 Bde. Greifswald 1723—1725.

Barthold F. W. Geschichte der deutschen Hansa. Th. 3. Von der Union zu Kalmar bis zum Verlöschen der Hansa. Leipzig 1854.

Bartsch L. Ueber die sächsischen Kleiderordnungen von 1450—1750. Programm I und II der königl. Realschule zu Annaberg 1882 und 1883.

** Bartsch L. Die sächsischen Kleiderordnungen unter Bezugnahme auf Freiberger Verhältnisse, in den Mittheilungen vom Freiberger Alterthumsverein, herausgeg. von H. Gerlach, 20, 1—45. Freiberg in Sachsen 1884.

** Baumgarten H. Geschichte Kaiser Karls V. 3 Bde. Stuttgart 1885—1892.

Beck F. J. Tractatus de Jurisdictione forestali von der forstlichen Obrigkeit, Forst-
gerechtigkeit und Wildbann. Dritte Aufl., vermehrt von J. G. Klingner. Frankfurt und Leipzig 1748.

Becker C. Jobst Amman, Zeichner und Formschneider, Kupferätzer und -Stecher. Nebst
Zusätzen von Rudolph Weigel. Mit 17 Holzschnitten (im Texte) und Register.
Leipzig 1854.

Bedencken, Theologisches, wie und welcher Gestalt christliche Obrigkeiten den Juden
unter Christen zu wohnen gestatten können, und wie mit ihnen zu verfahren sey.
Von etlichen Theologis hiebevor unterschiedlich gestellet, samt einer Vorrede der
theologischen Facultät von der Universität zu Gießen. Gießen 1612.

Beer A. Allgemeine Geschichte des Welthandels. Bd. 1 fll. Wien 1860 fll.

Bekker J. Die bezauberte Welt, in vier Büchern. Aus dem Holländischen übersetzt.
Amsterdam 1693.

Bericht von Erforschung, Prob und Erkenntnis der Zauberinnen durchs kalte Wasser,
in welchem Wilhelm Adolf Scribonius Meinung widerlegt und von Ursprung,
Natur und Wahrheit dieser und anderer Purgation gehandelt wird. Durch Hermann Neuwalt, der Arznei Doctor und Professor an der Julius-Universität. Jetzund
aus dem Lateinischen in deutsche Sprache übersetzet durch M. H. Meybaum. Helmstadt 1584.

Berkmann J. Stralsundische Chronik und die noch vorhandenen Auszüge aus alten
verloren gegangenen Stralsundischen Chroniken nebst einem Anhange urkundlicher
Beiträge zur Kirchen- und Schulgeschichte Stralsunds enthaltend. Aus den Handschriften herausgegeben von Gottlieb Christian Friedrich Mohnike und Ernst Heinrich Zober. Stralsund 1833—1843.

Besser J. F. Beiträge zur Geschichte der Vorderstadt Güstrow. 1. Heft. Rostock
1820.

Bezold Fr. v. Briefe des Pfalzgrafen Johann Casimir, mit verwandten Schriftstücken
gesammelt und bearbeitet. Erster Band. 1576—1582. Zweiter Band. 1582—1586.
München 1882. 1884.

Bezold Fr. v. Kaiser Rudolf II. und die heilige Liga, in den Abhandlungen der
Münchener Academie, Histor. Classe 17, 341—384. München 1886.

Bilow v. Geschichtliche Entwickelung des Abgabenverhältnisses in Pommern und Rügen.
Greifswald 1843.

Binsfeld P. Tractatus de confessionibus maleficorum et sagarum recognitus et
auctus. Augustae Trevirorum 1591.

Binz C. Doctor Johann Weyer, ein rheinischer Arzt, der erste Bekämpfer des Hexen-
wahns. Ein Beitrag zur deutschen Kulturgeschichte des 16. Jahrhunderts. Bonn 1885.

Binz C. Augustin Lercheimer (Professor H. Witekind zu Heidelberg) und seine Schrift
wider den Hexenwahn. Straßburg 1888.

** Biographie, Allgemeine deutsche. Bd. 1—35. Leipzig 1875—1893.

Blätter, Historisch-politische, für das katholische Deutschland herausgegeben von G. Phil-
lips und G. Görres, später von E. Jörg und F. Binder. Bd. 1—112. München
1838—1893.

Bode W. J. L. Das ältere Münzwesen der Staaten und Städte Niedersachsens. Braunschweig 1847.

Bodemann E. Die Volkswirthschaft des Herzogs Julius von Braunschweig, in
Müller's Zeitschr. für deutsche Culturgeschichte, Neue Folge 1, 197—238. Hannover 1872.

Bobemann C. Herzog Julius von Braunschweig, Culturbild deutschen Fürstenlebens und deutscher Fürstenerziehung im sechzehnten Jahrhundert, in Müller's Zeitschr. für deutsche Culturgeschichte, Neue Folge 4, 192—289. 311—348. Hannover 1875.

Bodin J. De Magorum Daemonomania, übersetzt von J. Fischart. Straßburg 1591.

Böhlau H. Ueber Ursprung und Wesen der Leibeigenschaft in Mecklenburg, in der Zeitschr. für Rechtsgeschichte 10, 357—426. Weimar 1872.

Bohemus M. Kriegsmann, das ist: Gründlicher Unterricht, wie sich ein christlicher Kriegsmann verhalten solle. Leipzig 1593.

Boll C. Geschichte Mecklenburgs mit besonderer Berücksichtigung der Culturgeschichte. Neubrandenburg 1855.

Brant S. Narrenschiff. Ausgabe von Goedeke. Leipzig 1872.

** Braun C. Geschichte der Heranbildung des Clerus in der Diöcese Würzburg seit ihrer Gründung bis zur Gegenwart. 1. Theil. Würzburg 1890.

Braun H. Drei christliche und in Gottes Wort gegründte Donner- und Wunder-Predigten. Franckfurt am Mayn 1604.

Braun H. St. Pauli Pfingstspruch von der leiblichen und geistlichen Trunkenheit beschrieben zun Ephesern am 5. Capitel, illustrirt durch M. Hartm. Braun Wilsungensis, Pfarrern zu Grunberg in Hessen. Wittenberg 1610.

Braun H. Zehn christliche Lehr- und Trost-, Straf- und Warnungs-Predigten. Giessen 1614.

Breitschwert J. L. C. Freiherr v. Johann Keppler's Leben und Wirken. Stuttgart 1831.

Brockes' H., Bürgermeisters zu Lübeck, Aufzeichnungen, mitgetheilt von Pauli in der Zeitschr. des Vereins für Lübeckische Geschichte und Alterthumskunde. Bd. 1 und 2. Lübeck 1855. 1863.

** Brünneck v. Die Leibeigenschaft in Pommern, in der Zeitschrift der Savigny-Stiftung für Rechtsgeschichte. Neunter Band (Germanistische Abtheilung). S. 104—152. Weimar 1888.

Buchholz S. Versuch einer Geschichte der Churmark Brandenburg von der ersten Erscheinung der deutschen Sennonen an bis auf jetzige Zeiten ꝛc. Mit einer Vorrede von Johann Peter Süßmilch. Berlin 1765.

** Buchinger J. N. Julius Echter von Mespelbrunn, Bischof von Würzburg und Herzog von Franken. Würzburg 1843.

** Bucholz F. B. v. Geschichte der Regierung Ferdinand's des Ersten. 8 Bde. und ein Urkundenband. Wien 1831—1838.

Buchwald G. v. Das Gesellschaftsleben des endenden Mittelalters. 2 Bde. Kiel 1885—1887.

Burkhardt C. A. H. Geschichte der sächsischen Kirchen- und Schulvisitationen von 1524 bis 1545. Leipzig 1879.

** Burr G. L. The fate of Dietrich Flade. New York and London 1891.

Calinich R. Aus dem sechzehnten Jahrhundert. Culturgeschichtliche Skizzen. Hamburg 1876.

Carpzov B. Practica nova imperialis Saxonica rerum criminalium in partes tres divisa. Francofurti et Wittenbergae 1652. (Basileae 1751.)

Carpzov B. Definitiones ecclesiasticae seu consistoriales. Lipsiae 1685.

Chmel J. Die Handschriften der k. k. Hofbibliothek in Wien. 2. Bd. Wien 1840/41.

** Chronik des Johann Oldecop. Herausgegeben von Karl Euling, in der Bibliothek des Literarischen Vereins in Stuttgart. Bd. 190. Tübingen 1891.

Chryſeus J. Hoffteufel. Das ſechſte Capitel Danielis, ben Gottesfürchtigen zum Troſt, ben Gottloſen zur Warnung Spilweiß geſtellen unb in Reimen verfaſt. Franck-furt a. M. 1562.

Chur-Braunſchweig-Lüneburgiſche Landesorbnungen und Geſeße. 4 Theile. Göttingen 1739—1740.

Codex Augusteus ober neubermehrtes Corpus juris Saxonici etc. von J. Chr. Lünig. Bb. 1 unb 2. Leipzig 1724.

Corpus Reformatorum . . . Philippi Melanchthonis opera quae supersunt omnia edidit C. G. Bretschneider. Vol. 1 sqq. Halis Saxonum 1834 sq.

Curße L. Geſchichte unb Beſchreibung bes Fürſtenthums Walbeck. Arolſen 1850.

Czerny A. Der zweite Bauernaufftanb in Oberöſterreich 1595—1597. Linz 1890.

Dähnert J. C. Sammlung gemeiner unb beſonberer Pommerſcher unb Rügiſcher Landes-Urkunben, Geſeße, Privilegien, Verträge, Conſtitutionen unb Orbnungen. 3 Bbe. Stralſunb 1765—1769.

** Damhouber J. Praxis Criminalium rerum. Venetiis 1555.

Danneil Fr. H. O. Protokolle ber erſten lutheriſchen General-Kirchen-Viſitation im Erzſtifte Magbeburg Anno 1562—1564. Heft 1—3. Magbeburg 1864.

De Lorenzi Ph. Geiler's von Kahſersberg ausgewählte Schriften nebſt einer Ab-hanblung über Geiler's Leben unb echte Schriften. Bb. 1 unb 2. Trier 1881.

Delrio M. Disquisitionum magicarum libri sex seu Methodus Judicum et Con-fessariorum directioni commoda. Moguntiae 1600.

Delrio M. S. J. Disquisitionum magicarum libri sex, quibus continetur accurata curiosarum artium et vanarum superstitionum confutatio utilis Theologis, Juris-consultis, Medicis, Philologis. Prodit opus ultimis curis longe accuratius ac castigatius. Coloniae 1679.

Diefenbach J. Der Hexenwahn vor unb nach ber Glaubensſpaltung in Deutſchlanb. Mainz 1886.

Diefenbach J. Die lutheriſche Kanzel. Beiträge zur Geſchichte ber Religion, Politik unb Cultur im 17. Jahrhundert. Mainz 1887.

Dittrich F. Gasparo Contarini. 1483—1542. Eine Monographie. Braunsberg 1885.

Döllinger J. Die Reformation, ihre innere Entwicklung unb ihre Wirkungen im Um-fange bes lutheriſchen Bekenntniſſes. 3 Bbe. Regensburg 1846. 1848.

** Dornavii C. Ph. Ulysses scholasticus. Frankfurt 1616.

Drey chriſtliche Prebigten bei Chriſtiani, biß Namens bes Anbern, Herßogen unb Chur-fürſten zu Sachſſen . . fürſtlichen Leichenbegengnüſſen . . burch bie bamalen georb-nete Hoff-Prebiger (M. Niederſtetter) gehalten. Freybergl 1611.

Dreyhaupt J. Chr. v. Pagus Neletici et Nudzici, ober Ausführliche biplomatiſch-hiſtoriſche Beſchreibung bes Saal-Creyſes ꝛc., inſonberheit ber Stäbte Halle, Neu-marķt, Glaugau, Wettin ꝛc. 2 Bbe. Halle 1749.

** Druffel A. v. Briefe unb Akten zur Geſchichte bes ſechszehnten Jahrherts mit beſonberer Rückſicht auf Bayerns Fürſtenhaus. Bb. 1—3. Beiträge zur Reichs-geſchichte ꝛc. München 1873—1882.

Drugulin W. Hiſtoriſcher Bilberatlas. Verzeichniß einer Sammlung von Einzelblättern zur Cultur- unb Staatengeſchichte vom fünfzehnten bis in bas neunzehnte Jahr-hunbert. Zweiter Theil. Chronik in Flugblättern. Leipzig 1867.

Ebeling Fr. W. Friedrich Taubmann, ein Culturbilb. Dritte Auflage. Leipzig 1884.

Ebers J. J. H. Das Armenwesen der Stadt Breslau, nebst einem Versuch über den Zustand der Sittlichkeit der Stadt in alter und neuer Zeit. Breslau 1828.

** Egelhaaf G. Deutsche Geschichte im 16. Jahrhundert bis zum Augsburger Religionsfrieden. 2 Bde. Stuttgart 1892.

Ehrhardt J. Predig und Vermahnung wider Judenwucher, Finanzereien und Aussaugung des Volckes. Ohne Ort 1558.

Ehrle Fr. Beiträge zur Geschichte und Reform der Armenpflege. Freiburg i. Br. 1881.

Ehrle Fr. Die Armenordnungen von Nürnberg (1522) und von Ypern (1525), im Historischen Jahrbuch der Görres-Gesellschaft, Bd. 9, S. 450—479. München 1888.

Ein christlich Predig wider das unmäßig Schmücken, Prassen und Vollsaufen. Ohne Ort 1578.

Ellinger J. Hexen-Coppel, das ist uhralte Ankunfft und große Zunfft der unholdseligen Unholden oder Hexen ꝛc. Frankfurt a. M. 1629.

Endemann W. Studien in der romanisch-kanonistischen Wirthschafts- und Rechtslehre bis gegen Ende des siebzehnten Jahrhunderts. 2 Bde. Berlin 1874. 1888.

Enders E. K., siehe Luther.

** Endter J. M. F. v. ,Meister Frantzen Nachrichter alhier in Nürnberg, all sein Richten am Leben, sowohl seine Leibsstraffen, so er verricht, alles hierin ordentlich beschrieben, aus seinem selbst eigenen Buch abgeschrieben worden.' Genau nach dem Manuscript abgedruckt. Nürnberg 1801.

Ennemoser J. Geschichte des thierischen Magnetismus. Erster Theil: Geschichte der Magie. Leipzig 1844.

Ennen L. Geschichte der Stadt Köln. Meist aus den Quellen des Stadtarchivs. Bd. 4 und 5. Köln, Neuß und Düsseldorf 1875 und 1880.

Eremita D. Iter Germanicum anno 1609, bei Le Bret, Magazin zum Gebrauch der Staaten- und Kirchengeschichte 2, 328—358. Frankfurt und Leipzig 1772.

Eschbach H. Dr. med. Johannes Wier, der Leibarzt des Herzogs Wilhelm III. von Cleve-Jülich-Berg. Ein Beitrag zur Geschichte der Hexenprocesse, in den Beiträgen zur Geschichte des Niederrheins 1, 57—174. Düsseldorf 1886.

[Evenius S.] Speculum intimae corruptionis, das ist: Spiegel des Verderbniß, allen und jeden Ständen der wahren Christenheit zur gründlichen Beschawung und Nachrichtung ꝛc. (Vorrede: ,Scriptum posthumum.') Lüneburg 1640.

** Evers G. G. Martin Luther. Lebens- und Charakterbild von ihm selbst gezeichnet in seinen eigenen Schriften und Correspondenzen. 14 Hefte. Mainz 1883—1891.

[Faber J. G.] Stoff für den künftigen Verfasser einer pfalz-zweibrückischen Kirchengeschichte von der Reformation an. 2 Th. Frankfurt und Leipzig 1790. 1792.

Falke J. Die Geschichte des Kurfürsten August von Sachsen in volkswirthschaftlicher Beziehung. Gekrönte Preisschrift der fürstl. Jablonowski'schen Gesellschaft zu Leipzig. Leipzig 1868.

Falke J. Geschichtliche Statistik der Preise im Königreich Sachsen im 16. Jahrhundert, in Hildebrand's Jahrbüchern für Nationalökonomie und Statistik. 9. Jahrg. Bd. 1, 1—71. Jena 1870.

Falke J. Geschichtliche Statistik der Preise im Königreich Sachsen, in Hildebrand's Jahrbüchern für Nationalökonomie und Statistik 13, 364—395, und 16, 1—71. Jena 1869. 1871.

Falke J. Die deutsche Trachten- und Modewelt. Ein Beitrag zur deutschen Culturgeschichte. 2 Bde. Leipzig 1858.

Falke J. Geschichte des deutschen Zollwesens. Leipzig 1869.

Falke J. Die Steuerbewilligungen der Landstände im Kurfürstenthum Sachsen bis zu Anfang des 17. Jahrhunderts, in der Zeitschrift für die gesammte Staatswirthschaft 30, 395—448, und 31, 114—182. Tübingen 1874. 1875.

Falke J. Geschichte des deutschen Handels. 2 Bde. Leipzig 1859—1860.

** Faltmann A. Graf Simon VI. zur Lippe und seine Zeit. Erste Periode. Von 1554 bis 1579. Detmold 1869. Zweite Periode. Detmold 1887.

Fehr J. Der Aberglaube und die katholische Kirche des Mittelalters. Stuttgart 1857.

Fidicin E. Historisch-diplomatische Beiträge zur Geschichte der Stadt Berlin. 5 Bde. Berlin 1837—1842.

[Fischart J.] Affentheurlich Naupengeheurliche Geschichtllitterung ꝛc. Ausgabe von 1590.

Fischer Fr. Chr. J. Geschichte des teutschen Handels. Bd. 2 (2. Aufl.). Hannover 1797. Bd. 3—4. Hannover 1791. 1792.

Fischer Fr. Die Basler Hexenprocesse in dem 16. und 17. Jahrhundert. Einladungsschrift zur Rede des Rectors K. R. Hagenbach am 24. Sept. 1840. Basel.

Flegler A. Zur Geschichte der Posten. Nürnberg 1858.

Fornerus Fr. Panoplia armaturae Dei, adversus omnem superstitionum, divinationum, excantationum daemonolatriam, et universas magorum, veneficorum et sagarum et ipsiusmet Sathanae insidias, praestigias et infestationes, concionibus Bambergae habitis instructa et adornata. Ingolstadii 1625.

Franck D. Altes und neues Mecklenburg. 19 Bücher. Güstrow 1753—1757.

Franck J. P. Von Verletzungen durch Vorurtheile der Zauberey, Teufeleyen und Wunderkuren, in dessen System einer vollständigen medicinischen Polizey, in der Auserlesenen Sammlung der besten medicinischen und chirurgischen Schriften. Bd. 56, 11—155. Frankenthal 1794.

Franck S. Von dem greulichen Laster der Trunkenheit, so in diesen letzten Zeiten erst schier mit den Franzosen aufgekommen. Ohne Ort 1531.

Franck S. Cosmographie oder Weltbuch: Spiegel und Bildniß des ganzen Erdbodens. Tübingen 1534.

Franck S. von Wörd. Chronica: Zeytbuch und Geschichtbibel von anbegin biß in biß gegenwertig 1565. jar verlengt. In drey Chronick- oder Häuptbücher. Ohne Ort 1565.

Fraustadt A. Geschichte des Geschlechtes von Schönberg meißnischen Stammes. 2 Bde., 1. Band in zwei Abtheilungen. Leipzig 1878.

Freberus J. Eine kirchenhistorische Monographie. 2 Hefte. Stralsund 1837.

Freyberg M. v. Geschichte der bayerischen Landstände und ihrer Verhandlungen. Bd. 2. Sulzbach 1829.

Freyberg M. v. Pragmatische Geschichte der baierischen Gesetzgebung und Staatsverwaltung seit den Zeiten Maximilian's I. 3 Bde. und Bd. 4ª. Leipzig 1836 bis 1839.

Frieblaender E. Aeltere Universitätsmatrikeln. I. Universität Frankfurt a./O. Erster Band. (1506—1648.) Leipzig 1887.

Frieblaender L. Darstellungen aus der Sittengeschichte Roms in der Zeit von August bis zum Ausgang der Antonine. 3 Bde. Leipzig 1865—1871.

Friedrich M. Wider den Sauftenfel. . Item ein Sendbrief an die vollen Brüder im deutschen Land. Frankfurt a. M. 1562.

Friese T. Münz Spiegel, das ist ein new und wolaußgeführter Bericht von der Münz ... sampt einem nützlichen Tractat M. Cyriaci Spangenberg vom rechten Brauch und Mißbrauch der Münze. Franckfurt a. M. 1592.

Frischius A. Corpus juris venatorio - forestalis Romano - Germanici tripartitum. Lipsiae 1702.

Fuchs C. J. Der Untergang des Bauernstandes und das Aufkommen der Gutsherr= schaften. Nach archivalischen Quellen aus Neu=Vorpommern und Rügen. Straßburg 1888.

Fürstenau M. Zur Geschichte der Musik und des Theaters am Hofe der Kurfürsten von Sachsen Johann Georg II. bis Johann Georg IV., unter Berücksichtigung der ältesten Theatergeschichte Dresdens. Dresden 1881.

Gaebe D. Die gutsherrlich-bäuerlichen Besitzverhältnisse in Neu=Vorpommern und Rügen. Berlin 1853.

Gallus G. T. Geschichte der Mark Brandenburg. 2. Aufl. Bd. 3. Züllichau und Frey= stadt 1799.

Geering T. Handel und Industrie der Stadt Basel. Zunftwesen und Wirtschafts= geschichte bis zum Ende des 17. Jahrhunderts, aus den Archiven dargestellt. Basel 1886.

Geffcken J. Der Bildercatechismus des fünfzehnten Jahrhunderts und die catechetischen Hauptstücke in dieser Zeit bis auf Luther. Leipzig 1855.

[Gemeiner R. Th.] Geschichte der Kirchenreformation in Regensburg, aus den damals verhandelten Originalacten beschrieben. Regensburg 1792.

Gemeiner R. Th. Stadt Regensburgische Jahrbücher. 3. und 4. Bd. Regensburg 1821—1824.

** Gilhausen, Arbor judiciaria criminalis. Francofurti 1606.

Glafey A. Fr. Kern der Geschichte des Churhauses zu Sachsen. Franckfurth und Leipzig 1737.

Glaser C. Beiträge zur Geschichte der Stadt Grünberg im Großherzogthum Hessen. Nach städtischen Urkunden. Darmstadt 1846.

Glaser J. C. Anfänge der ökonomisch-politischen Wissenschaften in Deutschland, in der Zeitschrift für die gesammte Staatswissenschaft 10, 682—696. Tübingen 1854.

** Glaser J. Handbuch des Strafprozesses. Leipzig 1883.

Gmelin J. Fr. Beyträge zur Geschichte des deutschen Bergbaues, vornehmlich aus den mittleren und späteren Jahrhunderten. Halle 1783.

Goedeke K. Grundriß zur Geschichte der deutschen Dichtung aus den Quellen. Zweite, ganz neu bearbeitete Auflage. Zweiter Band: Das Reformationszeitalter. Dres= den 1886.

Göbelmann J. G. Tractatus de magis, veneficis etc. 1590, Frankfurt 1601, deutsch von G. Nigrinus. Frankfurt 1592.

Görres J. v. Die christliche Mystik. Bd. 4, Abth. 2. Regensburg 1842.

Goltz G. F. G. Diplomatische Chronik der ehemaligen Residenzstadt der Lebusischen Bischöfe Fürstenwalde. Mit 14 lithograph. Blättern. Fürstenwalde 1837.

Gonzenbach, siehe Schlatter.

Gothein E. Politische und religiöse Volksbewegungen vor der Reformation. Breslau 1878.

Gothein E. Die oberrheinischen Lande vor und nach dem dreißigjährigen Krieg, in der Zeitschr. für die Geschichte des Oberrheins 40 (Neue Folge 1). 1—45. Frei= burg i. Br. 1886.

Gothein E. Wirthschaftsgeschichte des Schwarzwaldes und der angrenzenden Landschaften. 1. Bd. Städte- und Gewerbegeschichte. Straßburg 1891—1892.

Gräße J. Th. Bibliotheca magica et pneumatica oder wissenschaftlich geordnete Bibliographie der wichtigsten in das Gebiet des Zauber-, Wunder-, Geister- und sonstigen Aberglaubens vorzüglich älterer Zeit einschlagenden Werke. Leipzig 1843.

Graeter J. (Zwei) Hexen oder Unholden Predigten. Tübingen 1589.

Greiff, siehe Rem.

** Grevius J. Tribunal reformatum, in quo sanioris et tutioris justitiae via judici Christiano in processu criminali commonstratur, rejecta et fugata tortura cujus iniquitatem, multiplicem fallaciam atque illicitum inter Christianos usum libera et necessaria dissertatione aperuit Johann. Grevius, Clivensis, quam captivus scripsit in ergastulo Amsterodamensi: ob raritatem, elegantiam et varium usum recusa, accurante Jo. Georg. Pertsch, JCto. Guelpherbyti 1737.

Grillandus P. Tractatus de hereticis et sortilegiis omnifariam coitu eorumque penis. Item de questionibus et tortura ac de relaxatione carceratorum. Lugduni 1545.

[Grosius H.] Magica seu mirabilium historiarum de spectris et apparitionibus spirituum, item de magicis et diabolicis incantationibus etc. libri 2. Islebiae 1597.

[Groß H.] Magica, das ist: Wunderbarliche Historien von Gespensten und mancherlei Erscheinungen der Geister, von zauberischen Beschwerungen, Beleidigungen, Verblendungen und dergleichen Gaukelwerk. Item von Oraculis, Verkündigungen ꝛc. 2 Bde. Eisleben 1600.

Großmann Fr. Ueber die gutsherrlich-bäuerlichen Rechtsverhältnisse in der Mark Brandenburg vom 16. bis 18. Jahrhundert. Leipzig 1890.

Grüneisen C. Niclaus Manuel. Leben und Werke eines Malers und Dichters, Kriegers, Staatsmannes und Reformators im sechszehnten Jahrhundert. Stuttgart und Tübingen 1887.

Grüninger C. Sündenzedell und Tugenbregister, in achtundzwanzig Predigten. Frankfurt a. M. 1614.

Grulich Fr. J. Denkwürdigkeiten der altsächsischen kurfürstlichen Residenz Torgau aus der Zeit und zur Geschichte der Reformation. 2. Aufl., von J. Chr. Bürger. Torgau 1855.

** Guarinoni H. Die Grewel der Verwüstung menschlichen Geschlechts ꝛc. [vergl. Goedeke, Grundriß 2, 585 No. 21]. Ingolstadt 1610.

Gumpelzhaimer Chr. G. Regensburgs Geschichte, Sagen und Merkwürdigkeiten. Abth. 2. Regensburg 1837.

Haas C. Die Hexenprozesse. Ein cultur-historischer Versuch nebst Dokumenten. Tübingen 1865.

Häberlin Fr. D. Neueste teutsche Reichsgeschichte, vom Anfange des schmalkaldischen Krieges bis auf unsere Zeiten. 20 Bde. Halle 1774—1786.

Häusser L. Geschichte der rheinischen Pfalz nach ihren politischen, kirchlichen und literarischen Verhältnissen. 2 Bde. Heidelberg 1845.

Häutle Chr. Die Reisen des Augsburgers Philipp Hainhofer nach Eichstädt, München u. s. w. seit dem Jahre 1611, in der Zeitschrift des Historischen Vereins für Schwaben und Neuburg. Bd. 8. Augsburg 1881.

** Hagen C. Deutschlands literarische und religiöse Verhältnisse im Reformationszeitalter. 3 Bde. 2. Ausg. Frankfurt a. M. 1868.

Haggenmüller J. Geschichte der Stadt und gefürsteten Grafschaft Kempten. 2 Bde. Kempten 1840—1847.

Hammer-Purgstall v. Khlesl's, des Cardinals, Directors des geheimen Cabinets Kaisers Matthias, Leben. Mit beinahe tausend bisher ungedruckten Briefen, Staatsschreiben ꝛc. 4 Bde. Wien 1847—1851.

Hans Sachs, herausgegeben von A. v. Keller, in der Bibliothek des Literarischen Vereins in Stuttgart. 19 Bde. Tübingen 1870 fll.

Hasak B. Der christliche Glaube des deutschen Volkes beim Schluß des Mittelalters, dargestellt in deutschen Sprachdenkmalen, oder fünfzig Jahre der deutschen Sprache im Reformationszeitalter von 1470 bis 1520. Regensburg 1868.

Hasak B. Die letzte Rose, oder Erklärung des Vater Unser nach Marcus von Weida 1501 und Münzinger von Ulm 1470 c. Regensburg 1883.

Hasak B. Herbstblumen. Regensburg 1885.

Hassencamp F. W. Hessische Kirchengeschichte im Zeitalter der Reformation. Mit neuen Beiträgen zur allgemeinen Reformationsgeschichte. Bd. 1 und 2, erste Abtheilung. Marburg 1852. 1855.

Hauber E. D. Bibliotheca, Acta et scripta magica und Urtheile von solchen Büchern und Handlungen, welche die Macht des Teufels in leiblichen Dingen betreffen. 3 Theile. Lemgo 1738.

Havemann W. Geschichte der Lande Braunschweig und Lüneburg. 3 Bde. Göttingen 1853—1857.

Havemann W. Sidonia, Herzogin zu Braunschweig-Lüneburg, im Niedersächsischen Archiv 1842, S. 278—303. Hannover 1842.

Havemann W. Elisabeth, Herzogin von Braunschweig-Lüneburg, geb. Markgräfin von Brandenburg. Göttingen 1839.

Hederich B. Schwerinsche Chronica. Rostock 1598.

**Hefele C. J. v. Conciliengeschichte. 7 Bde. Bd. 1—4 in 2. Auflage von Hefele. Bd. 5 und 6 in 2. Auflage von Knöpfler. Freiburg i. Br. 1878 fll.

Hegel C. Geschichte der mecklenburgischen Landstände bis zum Jahre 1555, mit einem Urkunden-Anhang. Rectorats-Programm. Rostock 1856.

Helbach F. Olivetum, das ist Kunstbuch .. wie man aus allen Erdgewächsen, Metallen .. Oel und Salz nach alchymistischer Art extrahiren könne. Frankfurt 1605.

Heppe H. Geschichte der hessischen Generalsynoden von 1568—1582. Nach den Synodalacten. 2 Bde. Kassel 1847.

Heppe H. Geschichte des deutschen Protestantismus in den Jahren 1555—1581. 4 Bde. Marburg 1852—1859.

Heppe H. Kirchengeschichte beider Hessen. 2 Bde. Marburg 1876.

Her. Ein Hexenproceß zu Schongau vom Jahr 1587 und Großer Hexenproceß zu Schongau von 1589—1592, im Oberbayerischen Archiv für vaterländische Geschichte 11, 126—144. 356—380. München 1849.

**Hergenröther-Hefele. Conciliengeschichte, nach den Quellen bearbeitet. Bd. 8 und 9. Freiburg i. Br. 1887 und 1890.

Herminjard A. L. Correspondance des Réformateurs dans les pays de langue française. Tom. 2—5. Genève-Paris 1868—1878.

**Hertzberg G. F. Geschichte der Stadt Halle an der Saale während des 16. und 17. Jahrhunderts (1513—1717). Halle a. S. 1891.

**Herzog J. J. und Plitt G. L. Real-Encyklopädie für protestantische Theologie und Kirche. 2. Aufl. Bd. 1—18. Leipzig 1877—1888.

Heydenreich T. Leipzigische Cronicke. Leipzig [1635].

Hirn J. Erzherzog Ferdinand II. von Tyrol. Geschichte seiner Regierung und seiner Länder. 2 Bde. Innsbruck 1885—1888.

Hirsch J. Chr. Des teutschen Reichs Münz-Archiv, bestehend in einer Sammlung Kayserl. und Reichs-Münz-Gesetze, Ordnungen, Privilegien ꝛc., nebst zuverläsfigen Nachrichten vom Teutschen Münzwesen überhaupt. Theil 1—4. Nürnberg 1756 bis 1758.

Höfler C. Betrachtungen über die Ursachen, welche im Laufe des sechzehnten und fieben-zehnten Jahrhunderts den Verfall des deutschen Handels herbeiführten. München 1842.

Höfler C. Der hochberühmten Charitas Pirkheimer, Aebtiffin von St. Clara zu Nürn-berg, Denkwürdigkeiten aus dem Reformationszeitalter. Bamberg 1852.

** Höhlbaum C. Das Buch Weinsberg. Cölner Denkwürdigkeiten aus dem 16. Jahr-hundert, bearbeitet von C. H. (Publicationen der Gesellschaft für rheinische Ge-schichtskunde III. IV.) 2 Bde. Leipzig 1886—1887.

Hoffmann von Fallersleben. Bartholomäus Ringwaldt und Benjamin Schmolck. Ein Beitrag zur deutschen Literaturgeschichte des 17. und 18. Jahrhunderts. Breslau 1833.

Hoffpredigten für große Herren, Edelleute, reiche Bürger und ihre Kinder. Ohne Ort 1593.

** Holtzendorff Fr. v. Handbuch des deutschen Strafrechts. In Einzelbeiträgen von Engelmann, Geyer, Heinze, v. Holtzendorff, Liman, Merkel, Schaper, Schwarze, Skrzerzka, Wahlberg herausgegeben von v. Holtzendorff. 4 Bde. Berlin 1871—1877.

Holzinger J. B. Zur Naturgeschichte der Hexen. Ein Vortrag. Graz 1883.

Hoppenrod A. Wider den Huren Teuffel und allerley Unzucht. Frankfurt a. M. 1565.

Horst G. C. Dämonomagie, oder Geschichte des Glaubens an Zauberei und dämo-nische Wunder, mit besonderer Berücksichtigung des Hexenproceffes feit Innocenz VIII. 2 Bde. Frankfurt a. M. 1818.

Horst G. C. Zauber-Bibliothek oder von Zauberei, Theurgie und Mantik, Hexen und Hexenproceffen ꝛc. 6 Bde. Mainz 1821—1826.

Hortleder Fr. (Handlungen und Ausschreiben ꝛc.) von Rechtmäßigkeit, Anfang, Fort-und Ausgang des deutschen Krieges Kaiser Carl's des Fünften wider die Schmal-kaldischen Bundesverwandten. Gotha 1645.

** Huber A. Geschichte Oesterreichs. Vierter Band. Gotha 1892.

Hurter Fr. Geschichte Kaiser Ferdinand's II. und seiner Eltern. Personen-, Haus-und Landesgeschichte. Bd. 1—7. Schaffhausen 1850—1854.

** Hurter H. Nomenclator litterarius recentioris theologiae catholicae theologos exhibens qui inde a Concilio Tridentino floruerunt. Editio altera. Tom. I. Oeniponte 1892.

Huschberg J. F. Geschichte des herzoglichen und gräflichen Gesammt-Hauses Orten-burg. Sulzbach 1828.

Jäck J. H. Geschichte der Provinz Bamberg. 3 Theile, von 1006—1808. Bamberg und Erlangen 1809—1810; auch unter dem Titel: Materialien zur Geschichte und Statiftik Bambergs von 1006—1808. Bamberg und Erlangen 1809—1810.

Jäger Dr. Geschichte des Hexenbrennens in Franken im fiebzehnten Jahrhundert, aus Original-Procekacten, im Archiv des Hiftorischen Vereins für den Untermainkreis. Bd. 2, Heft 3, 1—72. Würzburg 1834.

** Jahrbuch, Hiftorisches, der Görres-Gesellschaft, herausgegeben von G. Hüffer, Gramich, Grauert, Paftor und Schnürer. Bd. 1—14. Münfter und München 1880—1898.

Jahrbücher für Nationalökonomie und Statistik. Herausgegeben von B. Hilbebrand Bb. 1—17. Von B. Hilbebrand und J. Conrad Bb. 18—34. Neue Folge von J. Conrad Bb. 1 fll. Leipzig (1863 ff.), Jena bis 1888.

** Janssen J. An meine Kritiker. Nebst Ergänzungen und Erläuterungen zu den drei ersten Bänden meiner Geschichte des deutschen Volkes. Freiburg i. Br. 1891.

** Janssen J. Ein zweites Wort an meine Kritiker. Nebst Ergänzungen und Erläuterungen zu den drei ersten Bänden meiner Geschichte des deutschen Volkes. Freiburg i. Br. 1884.

Jenisius (Jenisch). P. Annabergae Misniae urbis historia. Accessit de incendio ad XXVII. Aprilis anno 1604 immaniter in urbe grassante commonefactio. Dresdae 1605.

Jolles O. Die Ansichten der deutschen nationalökonomischen Schriftsteller des sechzehnten und siebenzehnten Jahrhunderts über Bevölkerungswesen, in den Jahrbüchern für Nationalökonomie und Statistik. Neue Folge. 13, 193—224. 1886.

** Jostes F. Daniel von Soest. Ein westfälischer Satiriker des sechzehnten Jahrhunderts. Erster Band der Quellen und Untersuchungen zur Geschichte, Cultur und Literatur Westfalens. Paderborn 1888.

Isaacsohn S. Die Finanzen Joachim's II. und das ständische Kreditwerk. Eine archivalische Studie, in der Zeitschr. für preußische Geschichte und Landeskunde 16, 445 bis 479. Berlin 1879.

** Iser-Gaubenthurm. Beitrag zur Schwazer Bergwerks-Geschichte, in der Zeitschrift des Ferdinandeums für Tirol und Vorarlberg. Dritte Folge. 37. Heft. Innsbruck 1893.

Juvencius J. Historiae Societatis Jesu pars quinta. Tomus posterior. Romae 1710.

Kämmel O. Johannes Haß, Stadtschreiber und Bürgermeister zu Görlitz. Ein Lebensbild aus der Reformationszeit. Gekrönte Preisschrift. Dresden 1874.

** Kampschulte F. W. Johann Calvin, seine Kirche und sein Staat in Genf. Erster (und einziger) Band. Leipzig 1869.

Kantzow Th. Pomerania oder Ursprund, Altheit und Geschicht der Völker und Lande Pommern, Casuben ꝛc., herausgegeben von H. G. L. Kosegarten. 2 Bde. Greifswalde 1816. 1817.

Kaufmann A. Beiträge zur Culturgeschichte der Grafschaft Wertheim, in Müller's Zeitschr. für deutsche Culturgeschichte. Neue Folge. 1 (246. 309. 481). Hannover 1872.

** Kawerau G. Der Briefwechsel des Justus Jonas. (Geschichtsquellen der Provinz Sachsen. XVII.) 2 Bde. Halle 1884—1885.

** Keiblinger F. A. Geschichte des Benedictinerstiftes Melk in Niederösterreich, seine Besitzungen und Umgebungen. Bb. 1 fl. Wien 1867 fl.

Kiehn M. G. Das Hamburger Waisenhaus, geschichtlich und beschreibend dargestellt. Erster Theil. Hamburg 1821.

Kirchenlexikon oder Encyklopädie der katholischen Theologie und ihrer Hülfswissenschaften, herausgegeben von H. J. Wetzer und B. Welte. 12 Bde. Freiburg i. Br. 1847—1856. 2. Aufl., begonnen von Joseph Cardinal Hergenröther, fortgesetzt von F. Kaulen. Bb. 1—8. Freiburg i. Br. 1882—1893.

Kirchhof H. W. Wendunmuth, herausgegeben von H. Osterley. 5 Bde., in der Bibliothek des Literarischen Vereins zu Stuttgart Bb. 95—99. Tübingen 1869.

Kirchner A. Geschichte der Stadt Frankfurt am Main. Zweiter Theil. Frankfurt 1810.

Kius O. Das Finanzwesen des Ernestinischen Hauses Sachsen im sechzehnten Jahrhundert. Nach archivalischen Quellen. Weimar 1863.

Kius O. Die Preis- und Lohnverhältnisse des sechzehnten Jahrhunderts in Thüringen, in den Jahrbüchern der Nationalökonomie und Statistik Bd. 1, 65—78, 279 bis 309. 513—536. Die thüringische Landwirthschaft im sechzehnten Jahrhundert Bd. 2, 119—160. Jena 1863—1864.

Kius O. Das Forstwesen Thüringens im sechzehnten Jahrhundert, in den Jahrbüchern für Nationalökonomie und Statistik 10, 81—198. Jena 1868.

[Klotzsch J. Fr.] Versuch einer churfächsischen Münzgeschichte, von den ältesten bis auf jetzige Zeiten. 2 Bde. Chemnitz 1779—1780.

Kluckhohn A. Briefe Friedrich's des Frommen, Kurfürsten von der Pfalz, mit verwandten Actenstücken gesammelt und bearbeitet (1559—1576). 2 Bde. Braunschweig 1868. 1872.

Knapp G. F. Die Bauernbefreiung und der Ursprung der Landarbeiter in den älteren Theilen Preußens. 2 Theile. Leipzig 1887.

** Knöpfler A. Die Kelchbewegung in Bayern unter Herzog Albrecht V. Ein Beitrag zur Reformationsgeschichte des 16. Jahrhunderts aus archivalischen Quellen. München 1891.

Koch-Sternfeld J. E. v. Beiträge zur teutschen Länder-, Völker-, Sitten- und Staatenkunde. 3 Bde. Passau 1825. München 1826. 1833.

Köhler J. D. Historische Münzbelustigungen. 22 Bde. Nürnberg 1729—1756.

Köhler J. F. Lebensbeschreibungen merkwürdiger deutscher Gelehrten und Künstler, besonders des berühmten Malers Lucas Kranachs. Nebst einigen Abhandlungen über deutsche Literatur und Kunst. 2 Bde. Leipzig 1794.

Köhler K. Luther und die Juristen. Gotha 1873.

** Köstlin J. Martin Luther. 2. Aufl. Elberfeld 1883.

Kopp H. Die Alchemie in älterer und neuerer Zeit. Ein Beitrag zur Culturgeschichte. 2 Bde. Heidelberg 1886.

Korn L. Geschichte der bäuerlichen Rechtsverhältnisse in der Mark Brandenburg von der Zeit der deutschen Colonisation bis zur Regierung des Königs Friedrich I., in der Zeitschr. für Rechtsgeschichte 11, 1—44. Weimar 1873.

Kosegarten J. G. L. Geschichte der Universität Greifswald. Mit urkundlichen Beilagen. 2 Bde. Greifswald 1856. 1857.

Krabbe O. Die Universität Rostock im fünfzehnten und sechzehnten Jahrhundert. Erster Theil. Rostock und Schwerin 1854.

Krabbe O. David Chyträus. Rostock 1870.

Krause G. Tagebuch Christians von Anhalt. Leipzig 1858.

Kraußold L. Geschichte der evangelischen Kirche im ehemaligen Fürstenthum Bayreuth. Erlangen 1860.

Kriegl G. L. Deutsches Bürgerthum im Mittelalter. Frankfurt 1868.

Kriegl G. L. Deutsches Bürgerthum im Mittelalter, nach urkundlichen Forschungen. Neue Folge. Frankfurt a. M. 1871 (citirt als Bd. 2).

Kropf Fr. X. Historia Provinciae Societatis Jesu Germaniae Superioris. Pars quarta. Monachii 1746.

Küster G. G. Antiquitates Tangermundenses. Berlin 1729.

Kugler B. Christoph, Herzog zu Wirtenberg. Bd. 1. Stuttgart 1868.

** Laemmer H. Monumenta Vaticana historiam ecclesiasticam saeculi XVI illustrantia. Friburgi Brisg. 1861.

Längin G. Religion und Hexenproceß. Zur Würdigung des 400jährigen Jubiläums der Hexenbulle und des Hexenhammers, sowie der neuesten katholischen Geschichtschreibung auf diesem Gebiete. Leipzig 1888.

Landau G. Beiträge zur Geschichte der Jagd und der Falknerei in Deutschland. Die Geschichte der Jagd und der Falknerei in beiden Hessen. Kassel 1849.

Landau G. Die materiellen Zustände der unteren Classen in Deutschland sonst und jetzt, in E. M. Arndt's Germania 2, 329—352. 609—633. Leipzig 1852.

Landau G. Beiträge zur Geschichte der Fischerei in Deutschland. Die Geschichte der Fischerei in beiden Hessen. Herausgegeben von C. Renouard. Kassel 1865.

Lang K. H. Neuere Geschichte des Fürstenthums Baireuth. Th. 3: von 1557—1603. Nürnberg 1811 fll.

Langenn F. A. v. Züge aus dem Familienleben der Herzogin Sibonie. Dresden 1852.

Langenn F. A. v. Doctor Melchior von Ossa. Eine Darstellung aus dem sechzehnten Jahrhundert. Leipzig 1858.

Langethal Chr. Geschichte der teutschen Landwirthschaft. Jena 1856.

Lappenberg J. M. Urkundliche Geschichte des Londoner Stahlhofes. Hamburg 1851.

** Laube G. K. Aus Joachimsthals Vergangenheit, in den Mittheilungen des Vereins für Geschichte der Deutschen in Böhmen 11, 75—111. Prag 1873.

Lauterbach S. Fr. Leben des W. Herberger. Leipzig 1708.

Lauterbecken G. Cornelius. Ein schöner, lustiger und gar nützlicher Dialogus. Frankfurt 1564.

Lauze W. Leben und Thaten Philippi Magnanimi, Landgrafen zu Hessen; in der Zeitschrift des Vereins für hessische Geschichts- und Landeskunde. Suppl. 2. Bd. 1 und 2. Kassel 1841. 1847.

Le Bret J. Fr. Magazin zum Gebrauche der Staaten- und Kirchengeschichte, vornehmlich des Staatsrechts katholischer Regenten in Ansehung ihrer Geistlichkeit. Bd. 1 fll. Ulm 1771 fll.

Lecky W. E. H. Geschichte des Ursprungs und Einflusses der Aufklärung in Europa. Deutsch von H. Jolowicz. 2 Bde. 2. Aufl. Leipzig und Heidelberg 1873.

Ledebur L. v. Allgemeines Archiv für die Geschichtskunde des preußischen Staates. 18 Bde. Berlin, Posen und Bromberg 1830 fll.

Leib J. Consilia, responsa etc., das ist: Außführlich rechtliches Bedencken, wie und welcher Gestalt der Proceß wider die Zauberer und Hexen anzustellen und hierinnen verantwortlich zu verfahren. Mit beigefügten unterschiedl. Universitäten über verschiedene schwere Fälle Bedencken und Informationen. Frankfurt 1666.

Leiser P. Eine Landtagspredigt, gehalten zu Torgaw den 10. Junii 1605. Leipzig 1605.

Lentz C. G. H. Martin Chemnitz, Stadtsuperintendent in Braunschweig. Ein Lebensbild aus dem 16. Jahrhundert. Gotha 1866.

Leonhard. Denkwürdigkeiten von Broos. Hermannstadt 1852.

Lercheimer A. von Steinfelden. Christlich Bedencken und Erinnerung von Zauberey. Woher, was und wie vielfältig sie sey, wem sie schaden könne oder nicht, wie diesem Laster zu wehren, und die, so damit behaft, zu bekehren, oder auch zu straffen seyn. Basel 1593.

Lercheimer A., siehe Binz.

Lesker B. Aus Mecklenburgs Vergangenheit. Regensburg 1880.

Lette A. und L. v. Rönne. Die Landesculturgesetzgebung des preußischen Staates. Bd. 1 fl. Berlin 1853 fll.

Leuthinger N. Scriptorum de rebus Marchiae Brandenburgensis, maxime celebrium
Nicolai Leuthingeri De Marchia et rebus Brandenburgicis commentarii ac
opuscula reliqua nec non Zachariae Garcaei Successiones familiarum atque
res gestae illustrissimorum praesidum Marchiae ab anno 927 ad annum 1582
hactenus ineditae, ad nostra usque tempora continuatae, in unum volumen col-
lectio. Cum praefatione Johannis Gottliebii Krausii. 2 tom. Francofurti et Lipsiae
1729.

Lilienthal J. A. Die Hexenprocesse der beiden Städte Braunsberg. Nach den Criminalacten des Braunsberger Archivs bearbeitet. Königsberg 1861.

Lisch G. C. F. Jahrbücher des Vereins für mecklenburgische Geschichte und Alterthumskunde. (Fortgesetzt von Archivrath Dr. Wigger bis 1886.) Bd. 1—52. Schwerin
1836—1887.

Litterae annuae Societatis Jesu. Ad Patres et Fratres ejusdem Societatis:
ad a. 1581—1591. Romae 1583—1594. 9 vol.
„ „ 1592—1593. Florentiae 1600—1601. 2 vol.
„ „ 1594—1597. Neapoli 1604—1607. 3 vol.
„ „ 1598—1599. Lugduni 1607. 2 vol.
„ „ 1600—1602. Antverpiae 1618. 3 vol.
„ „ 1603—1605. Duaci 1618. 3 vol.
„ „ 1606. Moguntiae 1618.
„ „ 1607—1608. Duaci 1618. 2 vol.
„ „ 1609—1611. Dilingae, sine anno. 3 vol.
„ „ 1612—1614. Lugduni 1618—1619. 2 vol.

Löhneiß G. E. Aulico Politica, darin gehandelt wird von Erziehung und Information
junger Herren, von Ampt, Tugend und Qualitet der Fürsten und Bestellung derselben Rath und Officirer, von Bestellung der Concilien, die ein Fürst in seinem
Lande haben muß, mit angefügtem Bergbuch. Remlingen 1625.

Lori J. G. Sammlung des bayerischen Bergrechts nebst einer Einleitung in die bayerische
Bergrechtsgeschichte. München 1764.

Lorichius J. Religionsfried. Wider die hochschädliche Begären und Rathschläg von
Freystellung der Religion. Cöln 1583.

Lossen M. Der Kölnische Krieg. Vorgeschichte 1565—1581. Gotha 1882.

Lossius L. Ein kurtze vnd einfeltige Trostschrifft, Für diejhenigen, welchen jhr
Vatter, Mutter, Ehegemahel, Kinder, Bruder, Schwester, vnd andere gute Freund,
auß diesem leben abgescheyden, vnd in dem Herren entschlaffen seind. 4°. Frankfurt 1556.

Lünig J. Chr. Europäische Staats-Consilia seit dem Anfang des 16. Seculi. Th. 1.
Leipzig 1715.

Luther M. Sämmtliche Werke. Herausgegeben von J. G. Plochmann und J. A. Irmischer.
Erlangen 1826—1868. 2. Aufl., herausgegeben von E. C. Enders. Bd. 1—26.
Frankfurt 1862—1885.

Luther's M. Briefe, Sendschreiben und Bedenken, herausgegeben von de Wette. 5 Bde.
Berlin 1825—1828.

Luther und das Zauberwesen, in den Hist.-polit. Blättern 47, 890—918. München 1861.

Märkische Forschungen, herausgegeben von dem Verein für Geschichte der Mark Brandenburg. Bd. 1—20. Berlin 1841—1887.

Malleus maleficarum. Opus egregium de variis incantationum generibus, origine,
progressu, medela atque ordinaria damnatione: compilatus ab eximiis Heinrico

Institoris et Jacobo Sprenger ordinis praedicatorum, sacre pagine doctoribus et heretice pestis inquisitoribus: non tam utilis quam necessarius. [Nurenberge] 1519.

Malleus maleficarum. De lamiis et strigibus et sagis aliisque magis et daemoniacis eorumque arte et potestate et poena tractatus aliquot tam veterum quam recentiorum auctorum in tomos duos distributi [nach der Vorrede: opera et fide Joannis Fischardi]. Francofurti 1588.

Marr J. Geschichte des Erzstiftes Trier von den ältesten Zeiten bis zum Jahre 1618. 5 Bbe. Trier 1858—1864.

Mathesius J. Bergpostilla oder Sarepta ꝛc. Nürnberg 1587.

Mathesius J. Diluvium, das ist Auslegung und Erklerung . . von der Sündfluth in vierundfünfzig Predigten, in St. Joachimsthal im sieben- und achtundfünfzigsten Jahr gehalten. Leipzig 1587.

Mathesius J. Postilla prophetica, oder Spruchpostill des Alten Testaments. Leipzig 1588.

Maurer G. L. v. Geschichte der Frohnhöfe, der Bauernhöfe und der Hofverfassung in Deutschland. 4 Bbe. Erlangen 1862—1863.

Maurer G. L. v. Geschichte der Dorfverfassung in Deutschland. 2 Bbe. Erlangen 1865. 1866.

Meder D. Acht Hezenpredigten, darinnen von des Teufels Mordkindern, der Hezen, Unholden, Zauberischen, Drachenleuten, Milchdieben ꝛc. erschrecklichem Abfall, Lastern und Uebelthaten . . bericht wird ꝛc. Leipzig 1605.

Mederer J. N. Annales Ingolstadiensis Academiae. Inchoarunt Valentinus Rotmarus P. L. Oratoriae Professor Ordinarius et Johannes Engerdus. Emendavit, auxit, continuavit et codicem diplomaticum adjecit J. N. Mederer. 4 vol. Ingolstadii 1782.

Mejer L. Die Periode der Hezenprocesse. Hannover 1882.

Meiners C. Historische Vergleichung der Sitten und Verfassungen, der Gesetze und Gewerbe, des Handels und der Religion, der Wissenschaften und Lehranstalten des Mittelalters mit denen unseres Jahrhunderts in Rücksicht auf die Vortheile und Nachtheile der Aufklärung. 3 Bbe. Hannover 1793—1794.

Menzel C. A. Neuere Geschichte der Deutschen seit der Reformation. 2. Aufl. Bb. 1 fll. Breslau 1854. (** Meine Citate nach der ersten Auflage. Breslau 1826.)

Meyfart J. M. Christliche Erinnerung an gewaltige Regenten und gewissenhafte Prädikanten, wie das abscheuliche Laster der Hezerei mit Ernst auszurotten, aber in Verfolgung desselbigen auf Canzeln und in Gerichtshäusern sehr bescheidenlich zu handeln sey [Schleusingen 1635], abgedruckt bei J. Reiche, Unterschiedl. Schriften vom Unfug des Hezen-Processes 357—584. Halle 1703.

Milichius L. Schrap-Teufel. Was man den Herrschaften schuldig sei, womit das Volk beschwert werde, was solche Beschwerungen für Schaden bringen ꝛc. Ohne Ort 1568.

** Mittheilungen des Historischen Vereins für Steiermark, herausgegeben von dessen Ausschusse. Heft 1—40. Graz 1850—1892.

Moehsen J. C. W. Geschichte der Wissenschaften in der Mark Brandenburg. Berlin und Leipzig 1781.

Moehsen J. C. W. Beiträge zur Geschichte der Wissenschaften in der Mark Brandenburg von den ältesten Zeiten an bis zu Ende des sechzehnten Jahrhunderts. Berlin und Leipzig 1783.

Möser J. Patriotische Phantasien. 5 Bbe. Berlin 1842. 1843.

Molitor L. Vollständige Geschichte der ehemals pfalz-bayerischen Residenzstadt Zweibrücken von ihren ältesten Zeiten bis zur Vereinigung des Herzogthums Zweibrücken
mit der bayerischen Krone. Zweibrücken 1885.

Mondschein. Die Straubinger Donaumauth im 16. Jahrhundert. 1887.

Mosch C. Fr. Zur Geschichte des Bergbaues in Deutschland. 2 Bde. Liegnitz 1829.

Moser Fr. K. v. Patriotisches Archiv für Deutschland. 12 Bde. Frankfurt (Mannheim) und Leipzig 1784—1790.

Moser Fr. K. v. Neues patriotisches Archiv für Deutschland. 2 Bde. Mannheim und
Leipzig 1792—1794.

Moser J. J. Corpus juris evangelicorum ecclesiastici oder Sammlung von Evangelisch-lutherischen und Reformirten Kirchenordnungen. 2 Theile. Züllichau 1737.

Muck G. Geschichte von Kloster Heilsbronn von der Urzeit bis zur Neuzeit. 3 Bde.
Nördlingen 1879.

Müller K. A. Forschungen auf dem Gebiete der neueren Geschichte. 3 Theile. Dresden
1837—1841.

Müller K. A. Kurfürst Johann Georg I. von Sachsen; seine Familie und sein Hof.
Dresden 1838. (Theil 1 der Forschungen.)

Müller Fr. Beiträge zur Geschichte des Hexenglaubens und des Hexenprocesses in
Siebenbürgen. Braunschweig 1854.

Müller J. Ueber Trinkstuben, in Müller und Falke's Zeitschrift für deutsche Culturgeschichte. Jahrg. 1857, S. 719—782. 777—805. Nürnberg 1857.

Müller J. S. Annales des Chur- und Fürstlichen Hauses Sachsen von 1400—1700.
Weimar 1700.

Müller M. Fr. J. Kleiner Beitrag zur Geschichte des Hexenwesens im 16. Jahrhundert.
Aus authentischen Acten ausgehoben. Trier 1830.

Musculus A. Wider den Fluchteufel. Von dem unchristlichen, erschröcklichen und grausamen Fluchen und Gotteslästerung treue und wohlmeinende Vermahnung und
Warnung. Franckfurt a. M. 1562.

Mylius Chr. O. Corpus constitutionum Marchiarum, oder Königl. Preuß. und Churfürstl. Brandenburgische . . . Ordnungen, Edicta, Mandata, Rescripta ꝛc. Theil 1—6.
Berlin und Halle (1737 ffl.).

** Neocorus (Adolphi J., genannt N.). Chronik des Landes Dithmarschen. Aus der
Urschrift herausgegeben von F. C. Dahlmann. 2 Bde. Kiel 1827.

Neue Mittheilungen aus dem Gebiete historisch-antiquarischer Forschungen. 16 Bde.
Halle 1834—1863.

Neue und vollständigere Sammlung der Reichsabschiede [von H. Chr. von Senckenberg].
Bd. 2. Frankfurt 1747.

Neues vaterländisches Archiv oder Beiträge zur allseitigen Kenntniß des Königreichs
Hannover, herausgegeben von G. H. G. Spiel, fortgesetzt von E. Spangenberg.
22 Bde. Lüneburg 1822—1832.

Neumann C. G. Th. Magdeburger Weisthümer, aus den Originalen des Görlitzer
Rathsarchivs herausgegeben. Mit einem Vorwort von Ernst Theodor Gaupp.
Görlitz 1852.

Neumann M. Geschichte des Wuchers in Deutschland bis zur Begründung der heutigen
Zinsgesetze (1654). Halle 1865.

Neuwalt H., siehe Bericht von Erforschung, Prob und Erkenntniß der Zauberinnen u. s. w.

Newald J. Das österreichische Münzwesen unter Ferdinand I. Eine münzgeschichtliche
Studie. Wien 1883.

Newald J. Das österreichische Münzwesen unter den Kaisern Maximilian II., Rudolph II. und Mathias. Münzgeschichtliche Studien. Wien 1885.

Niederstetter M., siehe Drey christliche Predigten.

Niehues B. Zur Geschichte des Hexenglaubens und der Hexenprocesse, vornehmlich im
  ehemaligen Bisthum Münster. Münster 1875.

Nigrinus G. Daniel: der allerweiseste und heiligste Prophet, ausgelegt in fünfzig
  Predigten. Ursel 1574.

Nitzsch K. W. Geschichte des deutschen Volkes bis zum Augsburger Religionsfrieden.
  3 Bde. Leipzig 1883—1885.

** Nuntiaturberichte aus Deutschland nebst ergänzenden Actenstücken. Erste Abtheilung:
  1533—1559. Bd. 1 und 2 (bearb. von W. Friedensburg). Dritte Abtheilung:
  1572—1585. Bd. 1 (bearb. von J. Hansen). Gotha und Berlin 1892.

Ochs P. Geschichte der Stadt und Landschaft Basel. Bd. 5—6. Basel 1821.

** Oldecop's Chronik, siehe Chronik.

** Olearius Gottfridus J. H. J. Halygraphia aucta et continuata. Orts- und Zeit-
  Beschreibung der Stadt Hall in Sachsen, vermehret und bis 1679 erweitert. Zu
  Ende ist als ein nützlicher Anhang beygefüget Ernesti Brotuffii 1554 verfaßte und
  niemals gedruckte Chronika von den Salz-Bornen und Erbauung der Stadt Hall,
  ex museo Possessoris autographi Joh. Gottfr. Olearii. Hall in Sachsen 1694.

Olorinus Variscus J. [Joh. Sommer aus Zwickau.] Ethographia Mundi: lustige,
  artige und kurtzweilige, jedoch wahrhafftige und glaubwirdige Beschreibung der
  heutigen newen Welt 2c. Magdeburg 1614. Pars secunda: Malus mulier, das
  ist gründtliche Beschreibung der bösen Regimentsjucht der bösen Weiber 2c. Magdeburg 1614. Pars tertia: Imperiosus mulier, das ist das regiersüchtige Weib 2c.
  Magdeburg 1614. Pars quarta: Geldtklage 2c. Magdeburg [1614]. (Vergl. Goedeke,
  Grundriß 2, 584 No. 8—11.)

Opel J. O. Die Anfänge der deutschen Zeitungspresse 1609—1650, im 8. Bande des
  Archivs für Gesch. des deutschen Buchhandels. Leipzig 1879.

** Osborn M. Die Teufellitteratur des XVI. Jahrhunderts, in den Acta Germanica,
  Organ für deutsche Philologie, herausgegeben von Henning. Bd. 3, Heft 3. Berlin
  1893.

Pallmann H. Sigmund Feyerabend, sein Leben und seine geschäftlichen Verbindungen,
  im Archiv für Frankfurts Geschichte und Kunst. Neue Folge. Bd. 7. Frankfurt a. M. 1881.

Palm H. Beiträge zur Geschichte der deutschen Literatur des 16. und 17. Jahrhunderts.
  Breslau 1877.

Pancratius A. Allgemeine, immerwährende Geistliche Practica 2c. (herausgegeben durch
  Salomon Cabomannus). Franckfurt a. M. 1605.

** Pastor L. Die kirchlichen Reuntonsbestrebungen während der Regierung Karl's V.
  Aus den Quellen dargestellt. Freiburg i. Br. 1879.

** Pastor L. Die Correspondenz des Cardinals Contarini während seiner deutschen Legation
  1541. Herausgegeben und commentirt. Münster 1880.

Paulsen Fr. Geschichte des gelehrten Unterrichts auf den deutschen Schulen und Universitäten vom Ausgang des Mittelalters bis zur Gegenwart. Leipzig 1885.

** Paulus N. Der Augustinermönch Johannes Hoffmeister. Ein Lebensbild aus der
  Reformationszeit. Freiburg i. Br. 1891.

** Paulus N. Katholische Schriftsteller aus der Reformationszeit, im „Katholik" 1892,
  1, 544 fll., und Nachtrag ebenda 1893, 2, 213 fll. Mainz 1892. 1893.

** Paulus N. Der Augustiner Bartholomäus Arnoldi von Usingen, Luthers Lehrer
 und Gegner. Ein Lebensbild. Freiburg i. Br. 1898.

Peez H. Volkswirthschaftliche Studien. München 1880.

** Peinlich R. Zur Geschichte der Leibeigenschaft und Hörigkeit in Steiermark.
 Separatabbruck aus dem „Grazer Volksblatt“. Graz 1881. Selbstverlag.

Pfaff K. Geschichte Wirtenbergs. Zweiten Bandes erste Abtheilung. Reutlingen 1820.

Pfaff K. Miszellen aus der Wirtenbergischen Geschichte. Stuttgart 1824.

Pfaff K. Geschichte der Reichsstadt Eßlingen, nebst Ergänzungsheft. Eßlingen 1840. 1852.

Pfister J. Ch. Herzog Christoph zu Würtemberg. 2 Theile. Tübingen 1819. 1820.

Pflüger J. G. F. Geschichte der Stadt Pforzheim. Pforzheim 1861.

Pieler Fr. J. Leben und Wirken Caspar's von Fürstenberg. Nach dessen Tagebüchern.
 Auch ein Beitrag zur Geschichte Westfalens in den letzten Decennien des 16. und
 im Anfange des 17. Jahrhunderts. Paderborn 1874.

Pohlmann A. W. und Stöpel A. Geschichte der Stadt Tangermünde aus Urkunden
 und glaubwürdigen Nachrichten. Stendal 1829.

Pol N. Jahrbücher der Stadt Breslau, herausgegeben von J. G. Büsching. Bb. 3—5.
 Breslau 1819—1824.

Pontoppiban E. Annales Ecclesiae Danicae diplomatici, oder nach Ordnung der
 Jahre abgefaßte und mit Urkunden belegte Kirchenhistorie des Reiches Dänemark.
 Bb. 3 und 4. Kopenhagen 1747 (1752).

Postilla prophetica, siehe Mathesius.

Prätorius A. Gründlicher Bericht von Zauberei und Zauberern. Frankfurt 1629.

Prätorius J. Eine christliche Predigt auff den newen Jahrßtag, gethan in Pillgramß-
 thal Anno 1589. Görlitz.

Prantl C. Geschichte der Ludwig-Maximilians-Universität in Ingolstadt, Landshut
 und München. 2 Bde. München 1872.

Prognosticon theologicum, das ist geystliche grosse Practica, von der Welt Garauß.
 Leyden 1595.

Prophezeiung aus den grewlichen Hexenbränden, daß der jüngste Tag nicht mehr lange
 ausbleiben kann, sonder für der Thüre stehen muß. Flugblatt. Ohne Ort 1608.

** Puschmann Th. Geschichte des medicinischen Unterrichts von den ältesten Zeiten bis
 zur Gegenwart. Leipzig 1889.

Quaden M. von Kinckelbach. Teutscher Nation Herligkeitt, eine außführliche Beschreibung des gegenwertigen alten und uhralten Standts Germaniä rc. item etlicher
 fürnehmer Personen rc. Cöln a. Rh. 1609.

Quetsch F. H. Geschichte des Verkehrswesens am Mittelrhein. Von den ältesten Zeiten
 bis zum Ausgang des achtzehnten Jahrhunderts. Nach den Quellen bearbeitet.
 Freiburg i. Br. 1891.

Ranke L. v. Deutsche Geschichte im Zeitalter der Reformation. 6 Bde. Berlin 1842 fl.
 (5. Aufl. Leipzig 1873.)

Ranke L. v. Zur deutschen Geschichte. Vom Religionsfrieden bis zum dreißigjährigen
 Krieg. Leipzig 1869.

Ranke L. v. Fürsten und Völker von Südeuropa im 16. und 17. Jahrhundert, vornämlich aus ungedruckten Gesandtschaftsberichten. Berlin 1827 (2. Aufl. 1837).

Rapp L. Die Hexenprocesse und ihre Gegner aus Tirol. Ein Beitrag zur Kulturgeschichte. Innsbruck 1874 (** 2. Aufl. Brixen 1891).

Ratzinger G. Die Volkswirthschaft in ihren sittlichen Grundlagen. Ethisch-sociale
 Studien über Cultur und Civilisation. Freiburg i. Br. 1881.

** Ratzinger G. Geschichte der kirchlichen Armenpflege. 2. Aufl. Freiburg i. Br. 1884.

Raumer G. W. v. Actenmäßige Nachrichten von Hexenprocessen und Zaubereien in der Mark Brandenburg vom sechzehnten bis in's achtzehnte Jahrhundert, in den Märkischen Forschungen 1, 236—265. Berlin 1841.

Raupach B. Evangelisches Oesterreich, das ist, Historische Nachricht von den vornehmsten Schicksahlen der evangelisch-lutherischen Kirchen in dem Erzherzogthum Oesterreich. Hamburg 1732.

Raupach B. Erläutertes evangelisches Oesterreich, das ist, fortgesetzte historische Nachricht von den vornehmsten Schicksahlen 2c. 3 Bde. Hamburg 1736. 1788. 1740.

Rauter Fr. Etwas Näheres über die Hexenprocesse der Vorzeit, aus authentischen Quellen. Essen 1827.

Reformatio Evangelicorum, das ist: Ernstliche Vermahnung und treuherzige Warnung an alle Evangelische in Teutschlandt. Gestellt durch einen Liebhaber der Wahrheit und Gerechtigkeit. Franckfurt am Mayn 1616.

Reiche J. Unterschiedliche Schriften von Uebung des Hexenprocesses. Halle 1703.

Rem L. Tagebuch aus den Jahren 1491—1541, ein Beitrag zur Handelsgeschichte der Stadt Augsburg, mitgetheilt von F. Greiff. Augsburg 1861.

Remigius N. Daemonolatriae libri tres. Francofurti 1597.

Reusch Fr. H. Der Index der verbotenen Bücher. Ein Beitrag zur Kirchen- und Literaturgeschichte. 2 Bde. Bonn 1883—1885.

Reuss R. La sorcellerie au seizième et au dix-septième siècle particulièrement en Alsace, d'après des documents en partie inédits. Paris 1872.

Reuss R. La justice criminelle et la police des moeurs à Strasbourg au seizième et au dix-septième siècle. Causeries historiques. Strasbourg 1885.

Reyscher A. L. Vollständige, historisch und kritisch bearbeitete Sammlung der württembergischen Gesetze. Bd. 1—19 = 29 Bde. Stuttgart und Tübingen 1828—1851.

Rhamm A. Die betrüglichen Laboranten am Hofe des Herzogs Julius von Braunschweig, ein Stück deutscher Culturgeschichte, in No. 565—573 des Feuilleton der Magdeburgischen Zeitung 1882.

Rhamm A. Hexenglaube und Hexenprocesse vornämlich in den braunschweigischen Landen. Wolfenbüttel 1882.

Richard A. V. Der kurfürstlich sächsische Kanzler Nikolaus Krell. Ein Beitrag zur sächsischen Geschichte des 16. Jahrhunderts, nach den noch nicht benutzten Originalurkunden bearbeitet. 2 Bde. Dresden 1859.

Richard A. V. Licht und Schatten. Ein Beitrag zur Culturgeschichte von Sachsen und Thüringen im 16. Jahrhundert. Nach seltenen handschriftlichen Urkunden und anderen Quellen bearbeitet. Leipzig 1861.

Richter A. L. Die evangelischen Kirchenordnungen des sechzehnten Jahrhunderts. Urkunden und Regesten zur Geschichte des Rechtes und der Verfassung der evangelischen Kirche in Deutschland. 2 Bde. Weimar 1846.

Riemann H. Die Schotten in Pommern im 16. und 17. Jahrhundert und ihr Kampf mit den Zünften, in der Zeitschr. für preußische Geschichte und Landeskunde 3, 597—610. Berlin 1866.

** Rieß Fl. Der selige Petrus Canisius aus der Gesellschaft Jesu. Aus den Quellen dargestellt. Freiburg i. Br. 1865.

Ringwaldt B. Die lauter Warheit, darinnen angezeiget, wie sich ein weltlicher und geistlicher Kriegsmann in seinem Beruf vorhalten soll 2c. Erfordt 1586.

Ringwaldt B. Christliche Warnung des trewen Eckarts 2c. Frankfurt a. d. O. 1588.

Ritter A. L. Die evangelischen Kirchenordnungen des sechzehnten Jahrhunderts. Ur-kunden und Regesten zur Geschichte des Rechts und der Verfassung der evange-lischen Kirche in Deutschland. 2 Bde. Weimar 1846.

** Ritter M. Deutsche Geschichte im Zeitalter der Gegenreformation und des 30jährigen Krieges (1555—1648). 1. Band: 1555—1586. (In der Bibliothek deutscher Ge-schichte.) Stuttgart 1889.

** Robitsch M. Geschichte des Protestantismus in der Steiermark. Gratz 1859.

Röhrich T. W. Geschichte der Reformation im Elsaß und besonders in Straßburg. 3 Theile. Straßburg 1830—1832.

Rommel Chr. v. Neuere Geschichte von Hessen. Bd. 1—8. Cassel 1835. 1889.

Rorarius Th. Fünff und zwentzig nothwendiger Predigten von der grausamen regie-renden Thewrung, darin ordentlich und kurtzlich vermeldet, was Thewrung an ir selbst, woher und warumb sie kommen, und wie sich hierin zu halten. Franckfurt am Mayn 1572.

Roscher W. Ueber den Luxus, in dem Archiv der politischen Oekonomie und Polizei-wissenschaft von K. H. Rau und G. Hanssen. Neue Folge. 1, 48—84. Heidel-berg 1843.

Roscher W. Die deutsche Nationalökonomik an der Gränzscheide des sechzehnten und siebzehnten Jahrhunderts, in den Abhandl. der philol.-histor. Classe der k. säch-sischen Gesellsch. der Wissenschaften 4, 265—344. Leipzig 1862.

Roscher W. Nationalökonomik des Ackerbaues und der verwandten Urproductionen. 7. Aufl. Stuttgart 1873.

Roscher W. Ueber die Blüte der deutschen Nationalökonomik im Zeitalter der Refor-mation, in den Berichten über die Verhandlungen der k. sächsischen Akademie der Wissenschaften. Philol.-histor. Classe. 13, 141—174.

Roscher W. Geschichte der Nationalökonomie in Deutschland. (Bd. 14 der Geschichte der Wissenschaften.) München 1874.

Roskoff G. Geschichte des Teufels. 2 Bde. Leipzig 1869.

Rudhart J. Die Geschichte der Landstände in Bayern. 2 Bde. Heidelberg 1816.

Rüdiger O. Aeltere Hamburgische und Hansestädtische Handwerksgesellenbocumente, in der Zeitschr. des Vereins für hamburgische Geschichte. Neue Folge. 3, 526 bis 592. Hamburg 1869.

Rübinger J. De magia illicita decas concionum. Zehn gründliche Predigten von der Zauberei und Hexenwerk aus Anleitung heiliger Schrift ꝛc. Jehna 1630.

Rumpolt M. Ein new Kochbuch, das ist ein gründtliche Beschreibung, wie man recht und wol .. allerlei Speiß .. auf Teutsche, Ungerische, Hispanische, Italienische und Französische weiß kochen und zubereiten solle... Auch ist darinnen zu vernemmen, wie man herrliche große Pancketen sampt gemeinen Gastereyen ordentlich anrichten und bestellen soll. Franckfort a. M. 1587.

Sacchinus Fr. Historiae Societatis Jesu ab anno 1556—1590. 3 vol. Antverpiae 1626, Romae 1649. 1661.

Sachsengrün. Culturgeschichtliche Zeitschr. aus sämmtlichen Landen sächsischen Stam-mes, herausgeg. von Hofrath Dr. G. Klemm, Pastor A. V. Richard und Archivar E. Gottwalb. Bd. 1. Dresden 1861.

Sartorius G. F. Geschichte des Hanseatischen Bundes. 3 Bde. Göttingen 1802—1808.

Sastrowe B. Herkommen, Geburt und Lauff seines gantzen Lebens, auch was sich in dem Denckwerdiges zugetragen, so er mehrentheils selbst gesehen und gegen-wärtig mit angehöret hat, von ihm selbst beschrieben. Aus der Handschrift herausgegeben und erläutert von G. Chr. Fr. Mohnike. 3 Theile. Greifswald 1823 bis 1824.

Sattler Chr. Fr. Geschichte des Herzogthums Würtenberg unter der Regierung der Herzogen. 13 Theile. Ulm 1769—1783.

Saur M. A. Ein kurze Warnung ob auch zu dieser unser Zeit Unholden vorhanden. (Marburg) 1582.

Sauter. Zur Hexenbulle 1484. Die Hexerei mit besonderer Berücksichtigung Oberschwabens. Eine culturhistorische Studie. Ulm 1884.

Sawr M. A. Torturalis Quaestio, das ist: Gründliche und rechte Underwehsung von peinlichen Fragen. Frankfurt a. M. 1593.

Sawr A. Theatrum de veneficis, das ist von Teufelsgespenst, Hexerei ꝛc. Frankfurt 1586.

Schaab K. A. Diplomatische Geschichte der Juden zu Mainz und dessen Umgebung. Mainz 1855.

Schäfer K. W. S. Sachsenchronik für Vergangenheit und Gegenwart. Serie 1, 2, Heft 1—3. 1858 fl.

Schanz G. Zur Geschichte der deutschen Gesellenverbände. Leipzig 1876.

Schanz G. Englische Handelspolitik. Leipzig 1881.

Scheible J. Das Kloster. Weltlich und geistlich. Meist aus der ältern deutschen Volks-, Wunder-, Curiositäten- und vorzugsweise komischen Literatur. 12 Bde. Stuttgart 1845—1849.

Scheible J. Das Schaltjahr, welches ist der teutsch Kalender mit den Figuren, und hat 366 Tag. 5 Bde. Stuttgart 1846. 1847.

Scheible J. Die gute alte Zeit geschildert in historischen Beiträgen zur nähern Kenntniß der Sitten, Gebräuche und Denkart, vornemlich des Mittelstandes, in den letzten fünf Jahrhunderten. Bd. 1. Stuttgart 1847.

Schelhorn J. G. Ergötzlichkeiten aus der Kirchenhistorie und Literatur. 3 Bde. Ulm und Leipzig 1762. 1764.

Scheltema. Geschiedenis der Heksenprocessen. Harlem 1828.

Schenk K. G. F. Geschichte der deutsch-protestantischen Kanzelberedsamkeit von Luther bis auf die neuesten Zeiten. Berlin 1841.

Scherer G. Drey unterschiedliche Predigten vom Geiz, vom Wucher, vom Reiche Gottes. Ingolstadt 1605.

Scherer G. Postill oder Außlegung der sonntäglichen Evangelien durch das ganze Jahr. München 1606.

Scherer G. Postill oder Außlegung der Fest- und Feyrtäglichen Evangelien durch das ganze Jahr. München 1607.

Scherer G. Opera oder Alle Bücher, Tractätlein, Schrifften und Predigen von unterscheidlichen Materien, so bißhero an Tag kommen seind. Jetzo wider auffs new dem gemeinen Nutzen zum besten zusamengetragen. 2 Bde. München 1618—1614.

Scherer G. Erster Theil Aller Schrifften, Bücher vnnd Tractätlein, welche Georg Scherer Societatis Jesv Theologus bißhero . . . durch den Truck außgehen lassen. Gedruckt im Closter Bruck, Praemonstratenser Ordens, in Mähren, Anno 1599.

Scherer G. Christliche Postill von Heyligen sammt vierzehn Predigten von der heiligen Communion. Kloster Bruck 1615.

Schieler K. Magister Joh. Nider aus dem Orden der Predigerbrüder. Ein Beitrag zur Kirchengeschichte des 15. Jahrhunderts. Mainz 1885.

Schindler H. B. Der Aberglaube des Mittelalters. Ein Beitrag zur Culturgeschichte. Breslau 1858.

Schirrmacher Fr. W. Johann Albrecht I., Herzog von Mecklenburg. 2 Bde. (Zweiter Band: Beilagen.) Wismar 1885.

** Schlager J. E. Wiener Skizzen aus dem Mittelalter. Mit Abbild. 5 Bde. Wien 1836—1846.

Schlatter G. F. Annalen der Criminalrechtspflege 1855, S. 1: v. Gonzenbach, Mittheilungen aus St. Gallischen Hexenakten seit 1600.

Schlegel J. K. F. Kirchen- und Reformationsgeschichte von Norddeutschland und den Hannoverischen Staaten. 2 Bde. Hannover 1828. 1829.

Schlözer K. v. Verfall und Untergang der Hansa und des deutschen Ordens in den Ostseeländern. Berlin 1853.

Schmidt C. Der Antheil der Straßburger an der Reformation in Churpfalz. Drei Schriften Johann Marbach's mit einer geschichtlichen Einleitung. Straßburg 1856.

Schmidt M. J. Neuere Geschichte der Deutschen. Bd. 5—7. Frankenthal 1787. 1789.

Schmieder K. Chr. Geschichte der Alchemie. Halle 1832.

Schmoller G. Zur Geschichte der nationalökonomischen Ansichten in Deutschland während der Reformationsperiode, in der Zeitschrift für die gesammte Staatswissenschaft 16, 461—716. Tübingen 1860.

Schneller J. Das Hexenwesen im sechzehnten Jahrhundert, nach den Thurmbüchern Lucerns, im Geschichtsfreund 23, 351—370. Einsiedeln 1868.

Schönlank B. Zur Geschichte altnürnbergischen Gesellenwesens, in den Jahrbüchern für Nationalökonomie und Statistik Bd. 53, Neue Folge 19, 337—395. 588—615. Jena 1889.

** Schönlank B. Soziale Kämpfe vor dreihundert Jahren. Altnürnbergische Studien. Leipzig 1894.

Schoppius A. Triumphus muliebris. Darinnen sampt Auslegung des Buches Tobiä in fünffzig Predigten Alles, was christlichen Eheleuten und tugendlicher Jugend zur Lehre, Trost und Warnung dienlich. Jehna 1604.

Schreiber H. Geschichte der Albert-Ludwigs-Universität zu Freiburg im Breisgau. 2 Bde. Freiburg i. Br. 1857. 1859.

Schröder D. Wismarische Erstlinge oder einige zur Erleuterung der Mellenburgischen Kirchenhistorie dienende Urkunden und Nachrichten, welche in Wismar gesammelt und denen Liebhabern, nebst einigen Anmerkungen mitgetheilt. 1.—7. Stück. Wismar 1732.

** Schultz A. Deutsches Leben im 14. und 15. Jahrhundert. Prag, Wien und Leipzig 1892.

Schultze R. Geschichte des Weins und der Trinkgelage. Ein Beitrag zur allgemeinen Kultur- und Sittengeschichte. Berlin 1867.

Schwager J. M. Versuch einer Geschichte der Hexenprocesse. Berlin 1784.

Schweinichen H. v. Begebenheiten, von ihm selbst aufgesetzt, herausgegeben von J. G. G. Büsching. 3 Bde. Breslau 1820. 1823. Neue Ausgabe von H. Oesterley. Breslau 1878.

Schwendi L. Kriegs-Discurs. Von Bestellung des ganzen Kriegswesens und von den Kriegsämptern. 1593—1594. Neue Auflage von Lobrinus, Dresden 1676, und 1705 noch einmal in Frankfurt a. M. gedruckt.

Scribonius G. A. De Sagarum natura et potestate deque his recte cognoscendis et puniendis. Contra Joannem Euvichium in Republica Bremensi et Her. Neuwaldum in Academia Helmstatiensi Doctores Medicos et Professores. Marpurgi 1588.

Scribonius G. A. Examen Epistolae et Partis Physiologiae de examine sagarum per aquam frigidam. Sine loco 1589.

Scribonius G. A. De examine et purgatione sagarum per aquam frigidam Epistola. Sine loco 1589.

Scribonius G. A. Responsio ad examen ignoti patroni veritatis de purgatione Sagarum per aquam frigidam. Francofurdi 1590.

Scultetus A. Warnung für der Warsagerey der Zäuberer und Sterngucker, verfaßt in zween Predigten. Amberg 1609.

** Seibt W. Studien zur Kunst- und Culturgeschichte. I. Hans Sebald Beham, Maler und Kupferstecher, und seine Zeit. II. Franciscus Mobius, Rechtsgelehrter, Philologe und Dichter, der Corrector Sigmund Feyerabends. III. Helldunkel: Von den Griechen bis Correggio. IV. Helldunkel: Adam Elsheimers Leben und Wirken. Frankfurt a. M. 1882—1885.

** Seifart K. Die peinliche Frage, in Müller's und Falke's Zeitschr. für deutsche Culturgeschichte, Jahrg. 4, S. 665—695. Nürnberg 1859.

Selnekker N. Drei Predigten vom reichen Mann und armen Lazaro. Ein Büchlein von den Bettlern. Leipzig 1580.

[Senckenberg H. Chr. v.] Neue und vollständigere Sammlung der Reichsabschiede Bd. 3. Frankfurt 1747.

Siebenkees J. Chr. Materialien zur Nürnbergischen Geschichte. 4 Bde. Nürnberg 1792—1795.

Sigfridus Th. Richtige Antwort auf die Frage: ob die Zauberer und Zauberin mit ihrem Pulfer Krandheiten oder den Todt selber beibringen können ꝛc. Mit warhafftigen alten und newen Historien ꝛc. Erfurt 1594.

Sigwart J. G. Eilff Predigten von den vornehmsten und zu jeder Zeit in der Welt gemeinesten Lastern. Tübingen 1603.

Silberstein A. Denkfäulen im Gebiet der Cultur und Literatur. Wien 1879.

Sinnacher F. A. Beiträge zur Geschichte der bischöflichen Kirche Säben und Brixen in Tyrol. Bd. 7. 8. Brixen 1880. 1832.

Sixt Chr. H. Paul Eber. Ein Stück Wittenberger Lebens aus den Jahren 1532 bis 1569. Ansbach 1857.

Sleidanus J. Zwei Reden an Kaiser und Reich. Neu herausgegeben von E. Böhmer, in der Bibliothek des Litterarischen Vereins in Stuttgart Bd. 145. Tübingen 1879.

Socher A. Historia Provinciae Austriae S. J. Pars prima (et unica) ab exordio Societatis ejusdem ad annum 1590. Viennae Austriae 1740.

Soden Fr. L. v. Kriegs- und Sittengeschichte der Reichsstadt Nürnberg vom Ende des sechzehnten Jahrhunderts bis zur Schlacht bei Breitenfeld 1631. Bd. 1. Erlangen 1860.

Solban W. G. Geschichte der Hexenprocesse. Neu bearbeitet von Dr. H. Heppe. Stuttgart 1880.

Sommer J., siehe Olorinus Variscus.

Spangenberg Chr. Ehespiegel, das ist Alles, was von dem heyligen Ehestande nützliches, nötiges und tröstliches mag gesagt werden, in LXX Brautpredigten zusammen verfaßet. Straßburg 1570.

Spangenberg Chr. Sächsische Chronica (vermehrte Mansfeldische Chronica bis 1571). Frankfurt a. M. 1585.

Spangenberg Chr. Adelsspiegel, historischer ausführlicher Bericht: was Adel sey und heiße ꝛc. Desgleichen von allen göttlichen, geistlichen und weltlichen Ständen auf Erben. 2 Bde. Schmalkalden 1591. 1594.

Spee Friedr. v. Cautio criminalis seu de Processibus contra Sagas Liber . . . Auctore Incerto Theologo Orthodoxo. Rinthelii 1631.

Sperges J. v. Thyrolische Bergwerksgeschichte mit alten Urkunden. Wien 1765.

Spieker Chr. W. Lebensgeschichte des Andreas Musculus. Ein Beitrag zur Reformations- und Sittengeschichte des sechzehnten Jahrhunderts. Frankfurt a. d. O. 1858.

Spittler L. T. Geschichte Wirtembergs unter der Regierung der Grafen und Herzoge. Göttingen 1788.

Spittler L. T. Geschichte des Fürstenthums Hannover seit den Zeiten der Reformation bis zu Ende des siebenzehnten Jahrhunderts. 1. Bd. Hannover 1798.

** Sprengel K. Versuch einer pragmatischen Geschichte der Arzneikunde. 3. Aufl. 6 Bde. Halle 1821—1828.

Stahl Fr. W. Das deutsche Handwerk. Erster (einziger) Band. Gießen 1874.

Staphorst N. Hamburgische Kirchengeschichte. Erster Theil in vier Bänden. Zweiten Theiles erster Band. Hamburg 1723—1729.

Steinbeck A. Geschichte des schlesischen Bergbaus, seiner Verfassung, seines Betriebes. 2 Bde. Breslau 1857.

** Steinhausen G. Geschichte des deutschen Briefes. Zur Culturgeschichte des deutschen Volkes. 1. Theil. Berlin 1889.

Stengel J. Bewerte Bier-Künste 2c. Daneben von etlichen Kräuter-Bieren. Erfurt 1616.

Stetten P. v. Geschichte der Stadt Augspurg. 1. Bd. Franckfurt und Leipzig 1743.

Steubing J. H. Kirchen- und Reformationsgeschichte der Oranien-Nassauischen Lande. Habamar 1804.

Stieve F. Die Politik Bayerns 1591—1607. Erste Hälfte. München 1878. Zweite Hälfte. München 1888. (Briefe und Acten zur Geschichte des dreißigjährigen Krieges. Bd. 4 und 5.)

Stiller C. Christi Sermon vom verlohrenen Sohn. Fünfzehn Predigten. Leipzig 1616.

** Stintzing R. Geschichte der deutschen Rechtswissenschaft. (Bd. 18 der Geschichte der Wissenschaften in Deutschland.) 2 Abtheilungen. München 1880—1884.

Stisser Fr. A. Forst- und Jagd-Historie der Teutschen. Jena 1788.

Stockbauer J. Nürnbergisches Handwerksrecht des 16. Jahrhunderts. Schilderungen aus dem Nürnberger Gewerbeleben, nach archivalischen Documenten bearbeitet. Nürnberg 1879.

Stöber A. Die Hexenprocesse im Elsaß, besonders im 16. und im Anfange des 17. Jahrhunderts, in der Alsatia 1856—1857 S. 265—338. Mülhausen 1857.

Strauß D. F. Leben und Schriften des Dichters und Philologen Nicodemus Frischlin. Frankfurt a. M. 1856.

Strauß J. Wider den Kleider-, Pluder-, Pauß und Krauß-Teuffel. Freiberg 1581.

Strigenicius G. Diluvium, das ist Außlegung der schrecklichen und doch auch zugleich tröstlichen Historien der Sündflut. In hundert Predigten. Leipzig 1618.

Strigenicius G. Jonas, das ist Außlegung der wunderbaren und doch ganz lehrhafftigen Historien von dem Propheten Jona [Vorrede der ersten Aufl. vom 28. April 1595]. Zum brittenmal aufgelegt. Leipzig 1619.

Strobel G. Th. Miscellaneen literarischen Inhalts. Größtentheils aus ungedruckten Quellen. 6 Bde. Nürnberg 1778—1782.

Strobel G. Th. Beiträge zur Litteratur, besonders des sechzehnten Jahrhunderts. Bd. 1 und 2. Nürnberg und Altorf 1784. 1786.

Strobel G. Th. Neue Beiträge zur Litteratur, besonders des sechzehnten Jahrhunderts. 5 Bde. Nürnberg und Altorf 1790—1794.

Strombeck F. K. v. Deutscher Fürstenspiegel aus dem sechzehnten Jahrhundert, oder Regeln der Fürstenweisheit von dem Herzog Julius und der Herzogin-Regentin Elisabeth zu Braunschweig und Lüneburg. Braunschweig 1824.

Strombeck F. K. v. Henning Brabant, Bürgerhauptmann der Stadt Braunschweig, und seine Zeitgenossen. Braunschweig 1829.

Studien, Baltische. Herausgegeben von der Gesellschaft für Pommersche Geschichte und Alterthumskunde. Bb. 1—41. Stettin 1882—1891.

Studien und Kritiken, Theologische. Eine Zeitschrift für das gesammte Gebiet der Theologie, begründet von C. Ullmann und F. W. C. Umbreit und in Verbindung mit C. Achelis, W. Beyschlag, P. Kleinert und H. Schulz herausgegeben von J. Köstlin und E. Kautzsch. 66 Jahrgänge. Gotha 1828—1893.

Subhoff K. C. Olevianus und Z. Ursinus. Nach handschriftlichen und gleichzeitigen Quellen. (Bb. 8 der Leben und ausgewählten Schriften der Väter und Begründer der reformirten Kirche.) Elberfeld 1857.

**Sugenheim S. Baierns Kirchen- und Volks-Zustände im sechzehnten Jahrhundert. Nach handschriftlichen und gedruckten Quellen geschildert. Gießen 1842.

Svatek J. Culturhistorische Bilder aus Böhmen. Wien 1879.

Tanner A. Universa Theologia Scholastica Speculativa, Practica. Ad methodum S. Thomae quatuor tomis comprehensa. 3 vol. Ingolstadii 1626—1627.

Theatrum de veneficis, das ist: Von Teufelsgespenst, Zauberern und Gifftbereitern, Schwarzkünstlern, Hexen und Unholden vieler fürnemmen Historien und Exempel ꝛc. Frankfurt a. M. 1586.

Theatrum Diabolorum, das ist: Wahrhaffte eigentliche und kurze Beschreibung allerley grewlicher, schrecklicher und abschewlicher Laster, so in diesen letzten schweren und bösen Zeiten an allen Orten und Enden fast bräuchlich, auch grausamlich in Schwang gehen. Franckfurt am Mayn 1575 und 1587.

Tholuck A. Das kirchliche Leben des 17. Jahrhunderts. Erste Abth.: Die erste Hälfte des 17. Jahrhunderts. Berlin 1861.

Thommen R. Geschichte der Universität Basel 1532—1632. Basel 1889.

Trummer C. Abriß der Geschichte des criminellen Zauberglaubens und der Hexen-verfolgung in Hamburg. Neu umgearbeitet 1843.

Trummer C. Vorträge über Tortur, Hexenverfolgungen, Vehmgerichte und andere merk-würdige Erscheinungen in der Hamburgischen Rechtsgeschichte. Bb. 1. Hamburg 1844.

Turmair J., genannt Aventinus. Sämmtliche Werke. Auf Veranlassung Sr. Majestät des Königs von Bayern herausgegeben von der k. Academie der Wissenschaften. 5 Bde. München 1881—1886.

Uhland L. Alte hoch- und niederdeutsche Volkslieder mit Abhandlung und Anmerkungen. 2 Bde. Stuttgart und Tübingen 1844. 1845.

**Uhlhorn G. Die christliche Liebesthätigkeit. Bb. 2: Das Mittelalter. Bb. 3: Die christliche Liebesthätigkeit seit der Reformation. Stuttgart 1884. 1890.

Unschuldige Nachrichten von alten und neuen theologischen Sachen, Büchern, Urkunden ꝛc. Vom Jahre 1701—1749. Wittenberg 1701. Leipzig seit 1702.

Vesenmeyer. Sammlung von Aufsätzen zur Erläuterung der Kirchen-, Litteratur-, Münz- und Sittengeschichte, besonders des sechzehnten Jahrhunderts. Ulm 1827.

Vilmar A. F. C. Vom Hexenwesen, in: Zur neuesten Culturgeschichte Deutschlands Bb. 3, 146—187. Frankfurt a. M. 1867.

Vogel J. J. Leipzigisches Geschicht-Buch oder Annales. Leipzig 1714.

Voigt J. Fürstenleben und Fürstensitten im sechzehnten Jahrhundert, in Raumer's Histor. Taschenbuch, Jahrg. 6, 201—371. Leipzig 1835.

Voigt J. Hofleben und Hofsitten der Fürstinnen im sechzehnten Jahrhundert, in A. Schmidt's Zeitschr. für Geschichtswissenschaft 1, 62—80. 97—183, und 2, 220—265. Berlin 1844.

Voigt J. F. Die hamburgischen Hochzeits- und Kleiderordnungen von 1583 und 1585. Hamburg 1889.

Volk F. Hexen in der Landvogtei Ortenau und Reichsstadt Offenburg. Lahr 1882.

Von der jetzigen Werlte Läufften und wie es dem armen geschundenen und ausgemergelten Volcke darinnen ergeht. Eine ernsthafftige Ermahnung an Alle, so es bessern können. Ohne Ort 1618.

[Vulpius Chr. A.] Curiositäten der physisch-literarisch-artistisch-historischen Vor- und Mitwelt. 10 Bde. Weimar 1811—1828.

Vulpius J. Megalurgia Martisburgica, das ist: Fürtrefflichkeit der Stadt Märseburg 2c. bis 1700 2c. Queblinburg und Aschersleben 1700.

Vulpius J. Magnificentia Parthenopolitana, das ist: Der Haupt- und Handelstadt Magdeburg Herrlichkeit. Wozu kommen, Vota devota publica Magdeburgensia. Nebst Heinrich Merckels Berichte von der 1550 und 51 ergangenen Belagerung. 3 Theile. Magdeburg 1702.

Wachsmuth W. Europäische Sittengeschichte vom Ursprunge volksthümlicher Gestaltungen bis auf unsere Zeit. 5 Theile. Leipzig 1831—1839.

Wackernagel Ph. Das deutsche Kirchenlied von der ältesten Zeit bis zu Anfang des siebenzehnten Jahrhunderts. 5 Bde. Leipzig 1864—1877.

** Wächter C. G. v. Beiträge zur deutschen Geschichte, insbesondere zur Geschichte des deutschen Strafrechts. Tübingen 1845.

Wächter L. Historischer Nachlaß, herausgegeben von C. F. Wurm. Bd. 1. Hamburg 1838.

Wagenseil. Versuch einer Geschichte der Stadt Augsburg. 3 Bde. Augsburg 1820 bis 1822.

Waldau G. E. Vermischte Beiträge zur Geschichte der Stadt Nürnberg. 4 Bde. Nürnberg 1786—1789.

Waldau G. E. Neue Beiträge zur Geschichte der Stadt Nürnberg. Bd. 1. Nürnberg 1790.

Waldschmidt B. Pythonissa Endoria, das ist: achtundzwanzig Hexen- und Gespenstpredigten . . . gehalten in der Kirchen zum Barfüssern in Franckfurt. Franckfurt 1660.

Wassermann L. Der Kampf gegen die Lebensmittelfälschung vom Ausgang des Mittelalters bis zum Ende des achtzehnten Jahrhunderts. Eine culturgeschichtliche Studie. Mainz 1879.

Watt J. v. (Vadian). Deutsche historische Schriften, herausgegeben von E. Götzinger. 3 Bde. St. Gallen 1875—1879.

Weber K. v. Aus vier Jahrhunderten. Mittheilungen aus dem Haupt-Staatsarchive zu Dresden. 2 Bde. Leipzig 1857—1858. Neue Folge. 2 Bde. Leipzig 1861.

Weber K. v. Anna Churfürstin von Sachsen, geboren aus königlichem Stamm zu Dänemark. Ein Lebens- und Sittenbild aus dem sechzehnten Jahrhundert. Aus archivalischen Quellen. Leipzig 1865.

Weber K. v. Archiv für sächsische Geschichte. Bd. 1 fl. Leipzig 1863 fl.

Weck A. Der churfürstlichen sächsischen Residenz und Hauptfestung Dresden Beschreibung und Vorstellung. Nürnberg 1680.

Webel J. v. Hausbuch, herausgegeben von J. v. Bohlen-Bohlendorff, in der Bibliothek des Stuttgarter Literar. Vereins. Bd. 161. Tübingen 1882.

** Wegele F. X. Geschichte der Universität Würzburg. 2 Bde. Würzburg 1882.

Wehrmann C. Die älteren Lübeckischen Zunftrollen. Lübeck 1864.

Weier J. Von den Blendwerken der Dämonen, Zauberei und Hexerei, übersetzt von Fuglinus. Frankfurt 1587.

Weilen A. v. Der ägyptische Joseph im Drama des sechzehnten Jahrhunderts. Ein Beitrag zur vergleichenden Litteraturgeschichte. Wien 1887.

** Weinsberg, Das Buch, siehe Höhlbaum.

Weiße Chr. E. Geschichte der chursächsischen Staaten. Bd. 3 und 4. Leipzig 1805. 1806.

Weller E. Annalen der poetischen Nationalliteratur der Deutschen im 16. und 17. Jahrhundert. Nach den Quellen bearbeitet. 2 Bde. Freiburg i. Br. 1862—1864.

Weller E. Die ersten deutschen Zeitungen herausgegeben mit einer Bibliographie (1505—1599), in der Bibliothek des Litterarischen Vereins in Stuttgart Bd. 111. Tübingen 1872.

[Weller J. G.] Altes aus allen Theilen der Geschichte: Urkunden, Briefe und Nachrichten von alten Büchern. 2 Bde. Chemnitz 1762. 1766.

Weng J. Fr. Die Hexenprocesse der ehemaligen Reichsstadt Nördlingen in den Jahren 1590—1594, in: Das Ries, wie es war und wie es ist. Heft 6 und 7. Nördlingen 1887. 1888.

Westenrieder L. Beiträge zur vaterländischen Historie, Geographie, Statistik und Landwirthschaft. Bd. 3—8. München 1790—1806.

Westenrieder L. Neue Beiträge zur vaterländischen Historie 2c. Bd. 1. München 1812.

Westphal J. Wider den Hoffartsteuffel der jetzigen Zeyt ... kurz und einfeltig Schulrecht. Frankfurt a. M. 1565.

Wette De, siehe Luther.

Weyermann A. Nachrichten von Gelehrten, Künstlern und anderen merkwürdigen Personen aus Ulm. 2 Bde. Ulm 1798. 1829.

** Wiedemann Th. Johann Eck, Professor der Theologie an der Universität Ingolstadt. Regensburg 1865.

** Wiedemann Th. Geschichte der Reformation und Gegenreformation im Lande unter der Enns. 4 Bde. Prag 1879—1884.

Wiederholdt J. L. Betrachtungen des Menschen und Christen über die bisher übliche peinliche Frage oder Tortur. Wetzlar. Ohne Jahr.

Wiggers J. Kirchengeschichte Mecklenburgs. Parchim und Ludwigslust 1840.

[Will G. A.] Historisch-diplomatisches Magazin für das Vaterland und angrenzende Gegenden. 2 Bde. Nürnberg 1781—1782.

Wille J. Das Tagebuch und Ausgabenbuch des Churfürsten Friedrich IV. von der Pfalz, in der Zeitschr. für die Geschichte des Oberrheins 8, 201—295. Karlsruhe 1880.

Winnistede J. Kurze Anzeigung aus der heiligen Schrifft und aus den Büchern der Veter wider die Sacrilegos, das ist wider die Kirchendiebe der jtzigen Zeit. (Am Schluß:) Jena 1560.

Winter E. Encaenia, fünfzehn Kirmeßpredigten ... zu unterschiedlichen Jahren gehalten. Leipzig 1599.

Winter G. Die märkischen Stände zur Zeit ihrer höchsten Blüthe (1540—1550), in der Zeitschr. für preußische Gesch. und Landeskunde 19, 253—310. 545—613, und 20, 505—631. 633—716. Berlin 1882. 1883.

Wittmann P. Geschichte der Reformation in der Oberpfalz. Aus den Acten geschöpft. Augsburg 1847.

Wittmann P. Die Bamberger Hexen-Justiz (1595—1631), aus Urkunden und Acten dargestellt, in Bering's Archiv für katholisches Kirchenrecht 50, 177—223. Mainz 1883.

Wolf A. Lucas Geizkofler und seine Selbstbiographie. 1550—1620. Wien 1873.

Wolf A. Geschichtliche Bilder aus Oesterreich. Erster Band. Aus dem Zeitalter der Reformation. Wien 1878.

Wolf J. Lectionum mirabilium et reconditarum centenarii XVI. 2 tom. Lauingae 1600.

Wolf P. Ph. Geschichte Maximilian's I. und seiner Zeit. Pragmatisch aus den Hauptquellen bearbeitet. 3 Bde. München 1807. 1809.

Zehner J. Fünff Predigten von den Hexen, ihrem Anfang, Mittel und End. Leipzig 1613.

Zeitschrift des Harz-Vereins für Geschichte und Alterthumskunde. 21 Bde. Wernigerode 1868—1888.

Zeitschrift des Historischen Vereins für Schwaben und Neuburg. Jahrg. 1—19. Augsburg 1874—1892.

Zeitschrift des Vereins für hamburgische Geschichte. 8 Bde. Hamburg 1841—1889.

Zeitschrift für allgemeine Geschichte, Cultur-, Literatur- und Kunstgeschichte, herausgegeben unter Verantwortlichkeit der Verlagsbuchhandlung von K. v. Zwiedineck-Südenhorst. 4 Bde. Stuttgart 1884—1887.

Zeitschrift für deutsche Culturgeschichte, herausgegeben von Müller und Falke. 8 Bde. Nürnberg 1856—1875. Neue Folge, herausgegeben von Chr. Meyer. Bd. 1. Berlin 1891.

Zeitschrift für die gesammte Staatswissenschaft. Bd. 1—44. Tübingen 1844—1888.

Zeitschrift für die Geschichte des Oberrheins. Bd. 1 fll. Karlsruhe und Freiburg 1850 fll.

Zeitschrift für die historische Theologie von Chr. Fr. Illgen und Chr. W. Niedner. 36 Bde. Leipzig 1832 fll. Gotha 1866 fll.

** Zeitschrift für katholische Theologie. Bd. 1 fll. Innsbruck 1877 fll.

Zeitschrift für preußische Geschichte und Landeskunde. 20 Bde. Berlin 1864—1883.

Zeitschrift für vergleichende Literaturgeschichte und Renaissance-Literatur, herausgegeben von M. Koch und L. Geiger. Neue Folge. 1—4. Berlin 1887—1891.

Zeitschrift, Historische, herausgegeben von H. v. Sybel und Lehmann. Bd. 1—70. München 1859—1893.

Zimmerische Chronik, herausgegeben von K. A. Barack. 4 Bde. in der Bibliothek des Literarischen Vereins in Stuttgart. Bd. 91—94. Tübingen 1869.

——— ———

Berichtigungen. S. 422 Anm. 1 lies: Ethographia, statt: Ethnographia. S. 502 Zeile 19 von unten lies: in dem Präceptorium, statt: in dem oft gedruckten Präceptorium, und Zeile 18 von unten lies: Hollen † 1481, statt: Hollen † 1497.

Culturzustände des deutschen Volkes seit dem Ausgang des Mittelalters bis zum Beginn des dreißigjährigen Krieges.

Viertes Buch.

Volkswirthschaftliche, gesellschaftliche und religiös-sittliche Zustände. Hexenwesen und Hexenverfolgung.

Erster Theil.

I. Der Handel und die Capitalwirthschaft — Christen- und Judenwucher.

Der deutsche Handel konnte die Höhe, welche er beim Ausgang des Mittelalters erreicht hatte [1], im Laufe des sechzehnten Jahrhunderts nicht mehr behaupten, nahm aber bis in die zweite Hälfte desselben immer noch eine bedeutende Stellung im Weltverkehre ein.

In Oberdeutschland blieben Augsburg und Nürnberg mit ihrer Geld- und Gewerbskraft noch lange Zeit die Mittelpunkte des auswärtigen Handels und standen namentlich mit Oberitalien in inniger Verbindung, wie denn überhaupt, trotz der neuen Handelsrichtung über Portugal, ein vielseitiger Verkehr zwischen Deutschland und Italien sich erhielt. Je höher in Deutschland der Luxus stieg, desto stärkern Absatz fanden hier die aus Italien eingebrachten feineren Tücher, Seidenwebereien, mit Gold und Silber durchwirkte Stoffe. In Augsburg hatten die Fugger und die Welser fast den ganzen Geldhandel nach Italien in Händen, und noch um die Mitte des Jahrhunderts betrieben auch viele Nürnberger Kaufleute besonders in Venedig umfassende Geschäfte. Andererseits siedelten sich italienische Kaufleute und Geldwechsler in Oberdeutschland an. Der Venetianer Bartholomäus Viati, welcher im Jahre 1550 in dürftigen Umständen nach Nürnberg gekommen war, schwang sich durch Handel und Geldgeschäfte zu einem der reichsten Kaufleute empor; bei seinem Tode hinterließ er ein Vermögen von 1 240 000 Florin. Ein anderer italienischer Großhändler in Nürnberg war Torisani aus Florenz. Die lange Reihe der französisch-deutschen und spanischen Kriege, welche Italien zu einer festen Ordnung nicht gelangen ließen, wirkte verderblich auf den italienisch-deutschen Handel ein; aber die Verbindung zwischen beiden Ländern lockerte sich wesentlich erst in Folge der immer trostloser sich gestaltenden

---

[1] Vergl. unsere Angaben Bd. 1, 384 fll. ** Bd. 1, 2 und 3 sind nach der 15., Bd. 4, 5 und 6 nach der 13.—14. Aufl. angeführt.

inneren Zuständme Deutschlands und der ‚daraus herfürquellenden Schwäche und Siechheit' des deutschen Bürgerthums[1].

Mit Frankreich, vorzugsweise mit Lyon, fanden noch fortwährend lebhafte Handelsverbindungen statt, und der Franzose Innocenz Gentillet rühmte im Jahre 1585 die Redlichkeit und Aufrichtigkeit der deutschen Kaufleute: diese übernehmen, schrieb er, die Käufer nicht und suchen nicht von Leuten, welche den rechten Werth der Waaren nicht verstehen, einen unmäßigen Nutzen zu ziehen[2]. Sehr unrühmlich war dagegen die Rolle, welche deutsche Großunternehmer während der Kriege Carl's V. mit Frankreich spielten. Nur auf ihre Handelsvortheile bedacht, suchten sie für günstige Niederlagsrechte und Freiheitsbriefe der französischen Krone wiederholt große Anlehen zu verschaffen und schossen derselben ungeheure Summen vor, wobei sie jedoch nicht selten in schweren Schaden geriethen. Als die Augsburger Kaufleute, welche allein, abgesehen von den Kaufleuten anderer Reichsstädte, über 700 000 Kronen von Frankreich zu fordern hatten, im Jahre 1559 eine Gesandtschaft an König Franz II. abordneten, erhielten sie ‚gute Verheißungen', aber kein Geld[3].

Wie Augsburg, so wurde auch Frankfurt am Main einer der ansehnlichsten Geld- und Wechselplätze. Auf die dortigen Messen strömten nicht allein Käufer und Verkäufer aus allen Gegenden Deutschlands und den Niederlanden, sondern auch aus Frankreich und Italien, aus Polen und England; deutsche und ausländische Kaufleute schlossen dort ihre Rechnungen ab, tauschten ihre Waaren aus, machten ihre Bestellungen: man nannte die Stadt ‚das Oberhaupt aller Messen in der Welt'[4].

Die stärkste Goldquelle Oberdeutschlands war der Handel mit Antwerpen. Vor dem Ausbruch der politisch-kirchlichen Revolution in den Niederlanden nahm diese Stadt als Stapelplatz des portugiesischen und des spanischen Handels, als Knotenpunkt und Hauptmarkt des gesammten Welthandels im nordwestlichen und nordöstlichen Theile von Europa eine der ersten Stellen ein: man zählte dort über 1000 fremde Handelshäuser; selbst Könige hatten dort ihre Factoreien und Niederlassungen. In Antwerpen würden, hieß es, in einem Monate größere Geschäfte gemacht, als in Venedig während seiner besten Zeit in zwei Jahren[5]. Die Stürme der Revolution zerstörten

---

[1] Falke, Gesch. des Handels 2, 21 fll. Höfler, Betrachtungen 5 fll.

[2] Fischer, Gesch. des teutschen Handels 2, 445—446.

[3] v. Stetten 1, 586; vergl. Falke, Gesch. des Handels 2, 40—41.

[4] ** Das Lob der Frankfurter Messe verkündete der berühmte Heinrich Stephanus in einer eigenen Schrift: Francofordiense emporium sive Francofordienses nundinae. S. l. 1574. Einen Neudruck dieser jetzt sehr selten gewordenen Schrift besorgte Jsid. Liseux (Paris 1875).

[5] Vergl. unsere näheren Angaben Bd. 4, 255. ** Siehe auch Ritter, Deutsche Gesch. 1, 46.

diese Blüte, wie die der Niederlande überhaupt. Als der Italiener Luigi Guicciardini, welcher im Jahre 1566 ein glänzendes Bild jener Blüte entworfen hatte, im Jahre 1580 sein Buch zum zweitenmale herausgab, fügte er die Worte hinzu: ‚Die gegenwärtige Zeit verhält sich zu der frühern, die ich beschrieben habe, wie die Nacht zum Tage.‘ [1]

Durch den Untergang Antwerpen's verlor der ganze Rheinhandel seine alte Bedeutung. Die Reichsstände ließen es ruhig geschehen, daß die Holländer freien Paß und Schifffahrt auf dem Rheine sperrten und den Strom benutzten, um das Reich in seinen gewerbreichsten und blühendsten Landstrichen von sich abhängig zu machen. Aller Handel und Verkehr, sagten die Frei- und Reichsstädte im Jahre 1576 in einer Bittschrift an die zu Regensburg versammelten Stände, sei gesperrt, die Zölle und Zollsteigerungen würden fortwährend beschwerlicher. Durch die Kriege mit Frankreich hätten zwar auch die Commercien nicht geringen Abgang erlitten, doch sei dieser zu verschmerzen gewesen, so lange der Paß auf die Niederlande und in das Meer offen geblieben; seitdem aber durch die niederländische Empörung der Handel die nächste Gelegenheit auf die östlichen und anderen Königreiche und Länder verloren habe, seien die Land- und Wasserstraßen verödet, die Nahrung in den Ländern aller Reichsfürsten sei in großen Abfall gekommen und der arme Mann überall bei der langwierigen Theuerung dermaßen erschöpft, daß, wenn diesen schweren Uebelständen nicht durch ernstlich tapfer Zuthun kaiserlicher Majestät und aller Kurfürsten bald abgeholfen werde, ein erbärmliches Verderben gemeinen Vaterlandes einbrechen müsse [2]. Allein von irgend einem ‚ernstlichen tapfern Zuthun‘ war keine Rede. Sechs Jahre später, im Jahre 1582, erklärten die Kurfürsten von Mainz und Trier auf dem Reichstage zu Augsburg: Weil der deutsche Handel, bisher nach dem Meere hin frei und unbehindert, in schwere Fesseln gelegt worden, werde man inskünftig nur mehr mit Erlaubniß der Holländer Handel treiben können [3]. Holländer und Spanier geberdeten sich, als wären sie ‚schrankenlose Herren im Reiche‘. Wie der Rhein, so wurde den Deutschen auch die Schelde gesperrt, und ein willkürliches System von Zöllen und Abgaben lähmte den Nerv ihres Handels. Vornehmlich war es Amsterdam, welches allen deutschen Handel untergrub, und deutsche Kaufleute selbst waren thätig bei der Gründung seiner Handelsmacht; die Stadt verdankte ihren Wohlstand für längere Zeit hauptsächlich dem Hansabunde, der seine Niederlage von Antwerpen dorthin verlegt hatte [4].

[1] Ranke, Fürsten und Völker 1, 485 fll.   [2] Falke, Zollwesen 162—163.
[3] Vergl. unsere Angaben Bd. 5, 24. Quetsch 294—295.
[4] Fischer 2, 642. Höfler, Betrachtungen 8 fll.

Der Hansabund hatte gegen Ende des fünfzehnten und im Anfange des sechzehnten Jahrhunderts den Welthandel der nordwestlichen Hälfte Europa's beherrscht, dann aber neigte er sich allmählich dem Verfalle und dem Untergange zu, und zwar wesentlich in Folge der zunehmenden politischen Machtlosigkeit des Reiches, welches ihm in seinen Kämpfen mit den emporstrebenden fremden Nationen nirgendwo eine Stütze gewährte, sowie in Folge der wachsenden allgemeinen religiösen Zerrissenheit, welche ein geschlossenes, einheitliches Auftreten des Bundes verhinderte [1].

Im scandinavischen Norden, wo der Bund noch in den zwei ersten Jahrzehnten des Jahrhunderts seine alte Oberherrschaft behauptet, im Jahre 1523 durch seine Seemacht die nordische Union gesprengt hatte, verlor er bald den Schlüssel seiner Macht: die dänischen Gewässer; er unterlag nicht so fast den Dänen und Schweden, als vielmehr seinen Nachbarn und Landsleuten, den Holsteinern und den mit diesen verbundenen deutschen Fürsten. Seitdem Herzog Christian von Holstein als Christian III. den dänischen Thron bestiegen und mit Hülfe der schmalkaldischen Fürsten im Jahre 1535 der Stadt Lübeck eine entscheidende Niederlage beigebracht hatte, ging die politische Bedeutung des Hansabundes zu Grunde, seine ganze Stellung erhielt den Todesstoß: die Herrschaft über den Sund und die deutschen Meere

---

[1] Ueber die Wirkungen der Kirchenspaltung auf den Hansabund sagt der Protestant Barthold in seiner Gesch. der Hansa 3, 295—296: ‚So wie unser Vaterland in Folge der neuen Kirchenspaltung nur Unsegen auf sich lud, so hat der Hansa die Reformation noch weniger Gedeihen gebracht. Erstens entfremdete die Verschiedenheit des Glaubensbekenntnisses den lutherischen Hansestädten nicht allein den Kaiser als berufenen Schirmherrn, sondern auch manche Orte, in denen, wie in Köln, in Osnabrück, Münster, Paderborn, Dortmund, die alte Kirche dauernd oder zeitweise sich noch oben erhielt. Zweitens verflocht, zu anderen Zwecken mißbraucht, das Bündniß mit den protestantischen Fürsten unsere Handelsstädte, welche nur in strenger Parteilosigkeit Sicherheit und Gewinn finden konnten, in gefahrvolle und kostspielige Reichskriege, brachte sie in Abhängigkeit von Fürsten und lockerte das schon lose Band noch merklicher. Der Fanatismus der nächsten Geschlechtsalter machte es ferner schwer oder ganz unmöglich, gemeinförderliche Handelsverbindungen anzuknüpfen; es schied sich die christliche Welt, alle geschichtlichen Bezüge und materiellen Vortheile vergessend, in Katholische und Unkatholische; der hansische Kaufmann war nicht mehr bloß Kaufmann, sondern als Eiferer für sein Bekenntniß und Verbreiter des Gifts der Ketzerei ebenso gemieden und gefürchtet, als für Person und Güter gefährdet. Endlich veränderte die erhitzte Theilnahme an kirchlichen Lehrstreitigkeiten den klugen, unbefangenen Charakter der hansischen Gemeinwesen in dem Grabe, und gewannen unduldsame und herrische Pfarrer einen solchen Einfluß auf einfache hansische Verhältnisse, daß thörichter Weise lutherische Rechtgläubigkeit als nothwendige hansische Eigenschaft betrachtet wurde und ein lutherisches Papstthum die Verhansung, die sich sonst schon ohnmächtig genug erwies, als Mittel brauchen wollte, um andersmeinende Bundesglieder, wie Bremen, zum wahren Heile zurückzuführen.'

wurde den Deutschen entwunden [1], und es gab feile deutsche Federn, welche den von Christian eingeführten Sundzoll als unzweifelhaft zu Recht bestehend vertheidigten [2].

Dieser Sundzoll ward die eigentliche ‚Goldgrube‘ des Königs. ‚Es erscheint glaubwürdig,‘ schrieb Samuel Kircher in einem Reisebericht vom Jahre 1586, ‚daß der Sund des Königreichs Dänemark größte Intrada sei.‘ [3] Am drückendsten wurde der im Jahre 1563 aufgekommene Lastzoll, welcher sich zum Beispiel von einer Last Korn auf 10 Thaler, von 6 Schiffspfund Sped auf 1 Thaler, von einer Last Salz auf 1 Thaler und von einem ledigen Salzschiff von jeder Last Salz, die es tragen konnte, auf den vierten Theil eines Joachimsthalers belief. ‚Der Lastzoll‘, sagte Lübeck im Namen der Hanseftädte auf dem Reichstage zu Augsburg im Jahre 1582, sei ‚eine solche Auflage, daß, wenn dieselbe nicht abgeschafft würde, die Stadt mit ihrer ganzen Bürgerschaft in wenigen Jahren in's gänzliche Verderben gerathen und eine wüste Stadt werden müßte, indem dadurch alles baare Vermögen nach Dänemark kommen würde‘. Jedoch nicht allein Lübeck und die Hanseftädte, sondern überhaupt Alle, welche aus und nach der Ostsee schiffen wollten, seien durch diesen ungeheuern, alle Güter übermäßig ver- theuernden Zoll beschwert. Kaiser und Stände möchten doch, um den un- erträglichen Druck zu beseitigen, die Verfügung erlassen: es sollten alle Unter- thanen des dänischen Königs bei ihrem Handel im Reich mit gleichhohen Zöllen und Schatzungen beladen werden, oder sie möchten den Hanseftädten verstatten, an den deutschen Provinzen des Königs durch den Spruch des Kammergerichtes sich schadlos zu halten. Allein Kaiser und Stände er- schwangen sich nur zu dem Beschluß, daß in ihrem Namen, aber ‚auf Kosten der Hanseftädte‘, eine Gesandtschaft nach Kopenhagen geschickt werden solle, um dem Könige die nöthigen Vorstellungen zu machen. Nicht einmal dieser Beschluß wurde in's Werk gesetzt; der ganze Erfolg der Vorstellungen Lübeck's bestand darin, daß die Stadt dem Könige zur Strafe für einige Zeit einen gedoppelten Zoll vom Salze entrichten mußte [4]. Unter König Christian IV. wurden die Hanseftädte auf das schmählichste behandelt; irgend welche Frei- heiten besäßen sie, bedeutete ihnen derselbe, in seinem Reiche nicht; mit Ge- schenk und Gaben sollten sie demüthig vor seinem Throne erscheinen; er lege Abgaben auf, so viele er wolle; denn er sei der Oeconom in seinem Reiche und habe deßhalb Niemanden Rechenschaft abzulegen [5]. Der Ertrag, den

[1] Vergl. unsere Angaben Bd. 3, 339—340.
[2] Barthold, Gesch. der Hansa 3, 423.
[3] Bibl. des Literarischen Vereins 86, 57.
[4] Häberlin 12, 286 fll. Sartorius 3, 111—114.
[5] Sartorius 3, 114—120.

der Sundzoll der dänischen Krone binnen einem halben Jahrhundert ein-
brachte, wird auf etwa 20 Millionen Goldes veranschlagt [1].

Auch in Norwegen und Schweden wurden die Hanseaten mit unerhörten
Zöllen und Abgaben beschwert. Am längsten erhielt sich das ‚Komtoor‘ zu
Bergen, konnte aber auf die Dauer den Wettbewerb mit den übrigen Völkern,
namentlich mit den Holländern und Engländern, nicht mehr bestehen; die
dortigen deutschen Kaufleute wurden von den Königen wie Unterthanen behandelt, bis schließlich die Bürger der Stadt von den meisten Höfen und
Kammern des Comptoirs Besitz ergriffen und die Deutschen daraus vertrieben.
In Schweden hatten die Hanseaten durch König Gustav Wasa im Jahre 1548
alle ihre herkömmlichen Freiheiten verloren. Als sie bei dessen Nachfolger
Erich XIV. um Wiederherstellung derselben nachsuchten, erhielten sie im Jahre
1561 die Antwort: diese Freiheiten seien den Gesetzen und dem Aufblühen
des Reiches zuwider; nur ‚aus Gnade‘ wolle der König den Städten Lübeck,
Hamburg, Danzig und Rostock, nicht aber den anderen Hansen, freien Handel
in den Seestädten zugestehen, jedoch unter der Bedingung, daß man seinen
Unterthanen in jeder Bundesstadt ein Niederlagshaus gewähre und ihm selbst
in den Gebieten der Städte freie Werbung von Mannschaften gestatte, um
diese in einem Kriege, wie immer er wolle, zu gebrauchen; überdies müßten
die Städte sich alles Handels mit den Russen enthalten. Im Jahre 1561
drang Erich in Esthland ein und nahm Reval in Besitz, untersagte den Hanseaten
im folgenden Jahre die Fahrt auf das russisch gewordene Narwa und wollte
‚seine‘ Stadt Reval in den Alleinbesitz des russischen Handels bringen. Da
führte Lübeck, von den Schwesterstädten wenig unterstützt, für diesen ‚Brunn-
quell‘ alter Macht noch einmal einen gewaltigen Krieg. Es war sein letzter.
Sieben Jahre lang (1563—1570) dauerte der schwere und erbitterte Kampf,
welcher viele Tausende um’s Leben brachte und die Stadt in eine furchtbare
Schuldenlast stürzte. Der Stettiner Friede vom Jahre 1570 sprach den
Lübeckern freien Verkehr mit Rußland zu, allein der Vertrag wurde sofort
wieder gebrochen; am Ende des Jahrhunderts waren die deutschen Städte
vom russischen Handel beinahe gänzlich ausgeschlossen, die schwedische Krone
war Erbin der Hansa in der Ostseeherrschaft, Besitzerin ihrer meisten liv-
ländischen Colonieen. In Nowgorod, wo die Hanseaten früher fast den ganzen
Handel in Händen gehabt hatten, war damals die deutsche Niederlassung
längst zerfallen. Franz Nyenstädt, der im Jahre 1570 den dortigen deutschen
Hof besuchte, fand nur noch einige Ueberreste von der steinernen Peterskirche
sowie ein einziges kleines Gemach und eine hölzerne Stube, welche ihm und
seinem Diener als Obdach dienten. Von der ‚alten Herrlichkeit‘ war Nichts

[1] Sartorius 3, 112.

mehr zu sehen. Als die Hanseaten im Jahre 1603 mit dem Czaren Boris
Godunow Verhandlungen anknüpften, um ihre früheren Handelsvorrechte in
Rußland wieder zu erlangen, wollte der Großfürst von einem Bestehen der Hansa
Nichts wissen; nur den Lübeckern ertheilte er einen Freibrief, und die Lübecker
Nowgorodfahrer nahmen das Bildniß des Czaren in ihr Wappen auf [1].

So lange der Hansabund, schrieb Quaden von Kindelbach im Jahre 1609,
in seiner Macht bestand, ‚konnte die Macht der ausländischen Völker nicht
wachsen und zunehmen; nachdem man aber die Sorge, der Hansastädte Gerechtigkeit zu beschirmen, hingelegt, ist nicht allein die Macht, sondern auch der
Uebermuth ausländischer Völker neben unleidlichem Stolz aufgewachsen und so
frech worden, daß sie meinen, sie dürfen Niemand sehr fürchten, sondern mögen
mit Waffen auf das allergreulichste verfolgen, welche sie nur wollen‘ [2].

In England war schon unter König Heinrich VII. jene Zeit vorüber,
in welcher die Hanseaten, nach dem Ausdruck der Vorsteher des Londoner Stahlhofes, das ganze Königreich ‚unter dem Daumen‘ gehalten hatten [3]; aber sie
beherrschten bis über die Mitte des sechzehnten Jahrhunderts hinaus fortwährend noch durch Handel und Gewerbfleiß den englischen Markt. Erschien
auch unter Heinrich VIII. ihre Lage bisweilen derart gefährdet, daß Hamburg
im Jahre 1540 den Rath ertheilte, man solle auf Hinwegschaffung des baaren
Geldvorrathes und des Silbergeschirres aus der Niederlassung des Bundes,
dem Stahlhofe, bedacht sein [4], so nahm der König sie doch immer wieder
von Neuem in Schutz, weil er sie als natürliche Bundesgenossen gegen den
Kaiser und die katholischen Mächte ansah und benutzte und in seinen Geld-
verlegenheiten ihrer Anlehen und Unterstützungen bedurfte [5]. Heinrich's Nachfolger, Eduard VI., ertheilte ihnen im Jahre 1547 noch einmal eine vollständige Bestätigung ihrer alten Freiheiten und Vorrechte, rief aber dadurch
einen heftigen Widerstand der englischen Kaufleute hervor. Die Hanseaten gebieten, klagten dieselben im Jahre 1551, über die englischen Märkte, bestimmen
nach Belieben die Preise der Ein- und Ausfuhr, haben in diesem einen Jahre
44 000 englische Tücher ausgeführt, während wir, als minder Bevorrechtete,
nur 1100 haben ausführen können [6]. In Folge dieser Klagen erklärte Eduard
im Jahre 1552 alle hanseatischen Freiheiten und Vorrechte für null und nichtig

---

[1] Sartorius 3, 188—183. Schlözer, Verfall der Hansa 95. 207. 227, No. 364.
Beer 2, 407—408.
[2] Quaden von Kindelbach, Teutscher Nation Herligkeit (Cöln a. Rh. 1609) S. 389;
vergl. 390. 392.
[3] Sartorius 3, 394.
[4] Fischer 2, 609. Ueber den Stahlhof vergl. unsere Angaben Bd. 1, 384—385.
[5] Schanz, Englische Handelspolitik 1, 226. Falke, Gesch. des Handels 2, 102.
[6] Sartorius 3, 313. 324.

und erhöhte den Zoll für die hanseatischen Güter von 1% auf 20%. Die
im Jahre 1553 auf Eduard folgende Königin Maria war den Hanseaten
günstiger gesinnt; sie gewährte denselben ihre alten Freiheiten, verlangte jedoch,
daß den englischen Bürgern gleiche Freiheiten in den hanseatischen Städten
zugestanden würden. Darauf aber wollten die Hanseaten nicht eingehen.
Unvernünftig wiesen sie die Gleichstellung mit den Engländern zurück und
versagten hartnäckig denselben in den Ostseestädten die Vergünstigungen, auf
welche sie ihrerseits in England Anspruch erhoben [1].

Nach wie vor verlangten sie von der englischen Krone die Bestätigung
ihrer alten ‚wohlerworbenen Rechte‘, konnten aber damit am wenigsten durch-
dringen bei einer Regentin wie Elisabeth, welche darauf ausging, ‚alles Fremde
in ihrem Reiche niederzuhalten‘ und den bereits erstarkten Eigenhandel der
Engländer mit allen Mitteln zu fördern. Die Bemühungen der Bundes-
städte, durch ‚Vorbitte von Kaiser und Reich‘ die Königin zu ihren Gunsten
umzustimmen, waren erfolglos. Der englische Minister Cecil habe ‚die ehrbaren Städte‘, berichteten die Vorsteher der Londoner Factorei im Februar
1568 an Lübeck, wegen ihrer Vorstellung an den Kaiser ‚mit fast unsauberer
gefilzter Schmißrede angezippt‘; sie seien auch in der That überzeugt, daß
die Fürbitte aller Potentaten der gesammten Christenheit ‚bei dieser Königin‘
Nichts fruchten würde [2]. Elisabeth war aus den Berichten ihrer Gesandten
nur zu gut von der innern Zerrissenheit des Reiches unterrichtet und von
dessen Unfähigkeit, durch ernstliche und kriegerische Maßnahmen die norddeutschen Handelsstädte zu unterstützen; viele protestantische deutsche Fürsten
standen in ihrem Sold und Dienst, und unter den mit einander zwieträchtigen
Hansestädten selbst wußte sie Förderer ihrer Bestrebungen zu finden. Bereitwillig öffnete Hamburg den sogenannten ‚wagenden Kaufleuten‘ [3] der Engländer
seine Thore und schloß mit denselben im Jahre 1567 einen förmlichen Vertrag auf zehn Jahre ab, durch welchen diese freie Aus- und Einfuhr und eine
‚privilegirte Residenz‘ erhielten. Im Jahre 1568 kamen 4, im folgenden
Jahre schon 28 Schiffe mit englischen Tüchern und Wolle, letztere im Werthe
von 700 000 Thalern, im Hafen von Hamburg an; von dort drang der
englische Woll- und Tuchhandel immer tiefer in das Innere des Reiches ein [4].
Hamburg, schrieben die Lübecker im Jahre 1581, sei an allem Unglück schuld,
weil es sich zuerst abgesondert und einseitig den Engländern besondere Vorrechte zugestanden habe; wenn man darüber auf gemeinschaftlichen Tagfahrten

---

[1] Vergl. D. Schäfer in den Jahrbüchern für Nationalökonomie, Neue Folge,
7, 96 ffl.   [2] Sartorius 3, 348.
[3] Merchant adventurers, gewöhnlich die Abenturier oder die wagenden Kaufleute genannt.
[4] Falke, Zollwesen 183.

sich habe berathen wollen, hätten die hamburgischen Abgeordneten sich stets dahin ausgesprochen: sie besäßen Befehl, aufzustehen und die Sitzung zu verlassen. ‚Billig ist es zu beklagen, daß es nunmehr leider dahin gerathen ist und wir vor Augen sehen müssen, daß zu unser Aller Schimpf, Spott und endlichem Untergang die fürnehmsten Glieder sich von uns reißen, niederwerfen, was wir bauen, und eine solche Trennung zwischen uns und den Cunthoren machen, daß dieselbigen zu ewigen Zeiten mit keinem Rath wieder zusammenzubringen noch zu repariren sein werden: das Alles fließt allein her aus dem schädlichen Eigennutz als einem Quell alles Unglücks und Verderbs der Regimenter und der Societät.‘ [1]

Noch im Jahre 1554 hatten die Hanseaten in zehn Monaten etwa 36 000 Tücher aus England ausgeführt und ihren Gewinn bei diesem Handel auf 61 254 Pfund Sterling oder 385 896 Carlsgulden angeschlagen [2]. Aber schon im letzten Drittel des Jahrhunderts übte der englische Eigenhandel mit Tuch und Wolle die Herrschaft auf deutschen Märkten aus. Die englischen Tücher und die Wolle, stellte die Hansa im Jahre 1582 den Reichsständen vor, seien wenigstens um die Hälfte theurer geworden, und von den 200 000 Stück, welche von Engländern ausgeführt würden, kämen zum mindesten drei Viertel nach Deutschland; die deutschen Tuchmanufacturen seien dergestalt in Verfall gerathen, daß viele Städte, welche vormals viele Hundert Tuchmacher und unzählige Gesellen gehabt hätten, jetzt entweder gar keine oder doch sehr wenige Meister besäßen; diese müßten überdieß noch mit der Anfertigung geringer Tücher sich begnügen. Auf den Messen zu Frankfurt wurden vornehmlich englische Tücher gekauft. In einer Denkschrift kursächsischer Räthe vom Jahre 1597 wurde hervorgehoben: Durch den Aufsatz, den die ‚wagenden Kaufleute‘ auf die Laken schlügen, würde jährlich fast eine Million Geldes nach England gebracht, das Reich an Baarschaft erschöpft, der Unterthan verarme, sintemal jetzt fast keine Dienst- oder Bauernmagd mehr sei, welche sich nicht mit englischem Tuch wenigstens etwas kleide; dagegen verderbe das Handwerk der Tuchmacher und nehme die Nahrung greiflich ab. Weil das ausländische Tuch in so großer Anzahl herein-, die Wolle haufenweise hinausgeschafft werde, falle auch die Hantirung mit dem Landtuch, welches vorher in großer Menge nach Polen und anderen benachbarten Reichen verführt worden sei [3]. Am Ende des Jahrhunderts berechnete allein der niedersächsische Kreis: binnen 50 Jahren seien bei 32 Millionen Goldgulden für englische Tücher aus dem Reiche gegangen [4]. Das auf unermüdliches Drängen der

---

[1] Sartorius 3, 357 fll. 387—388.   [2] Sartorius 3, 383—385.
[3] Falke, Zollwesen 197.
[4] Häberlin 12, 273 fll. Falke, Gesch. des Handels 2, 109. Falke, Zollwesen 190. Fischer 2, 620; vergl. Jahrbücher für Nationalökonomie 6, 250 Note 405.

Hansa am 1. August 1597 erlassene Reichsgebot: alle Engländer und englischen Waaren sollten binnen drei Monaten aus dem ganzen Umfange des
Reiches gebannt werden, trug nur Schimpf und Schande ein; in Folge desselben sahen die Hanseaten auch die letzten kümmerlichen Ueberbleibsel ihrer
ehemaligen Handelsherrschaft in England vernichtet. Am 23. Januar 1598
erhielten die Kaufleute des Londoner Stahlhofes den Befehl der Königin,
‚innerhalb vierzehn Tagen aus England zu weichen, mit Ausnahme der Unterthanen des Königs von Polen, sofern sie auf ihre hansische Eigenschaft
verzichten würden‘. Nur eine Erstreckung der Frist um einige Monate konnten
die Hanseaten erlangen. Ende Juli trug der Geheime Rath dem Lord Mayor
und den Sheriffs von London auf, im Namen der Königin von dem Stahlhofe Besitz zu nehmen und die Deutschen aus ihren Häusern zu vertreiben.
Als diese gegen die Beraubung ihres Eigenthums Verwahrung einlegten und
nicht gutwillig weichen wollten, drohte der Lord Mayor mit Gewalt, und ‚so
sind wir denn endlich‘, schrieben die Stahlhofsbrüder an Lübeck, ‚weil es
immer anders nicht hat sein mögen, mit Betrübniß unseres Gemüthes, der
Aldermann voran und wir Andere hernacher, zur Pforte hinausgegangen, und
ist die Pforte nach uns zugeschlossen worden, haben auch die Nacht nicht
darin wohnen mögen. Gott erbarm es‘ [1].
    Während so der Untergang der Hansa eine vollendete Thatsache geworden
war, behaupteten sich die Engländer trotz aller Reichsverfügungen im Reich.
Weder aus Elbing noch aus Stade konnte man die wagenden Kaufleute,
welche dorthin ihre Niederlage verlegt hatten, vertreiben. In dem einen Jahre
1600 führten dieselben beispielsweise, außer gefärbten Tüchern aller Art,
60 000 Stück weiße Tücher im Werthe von mehr als einer Million Pfund
Sterling ein [2].
    ‚Zu aller trostlosen Gefährdung‘ des Hansabundes ‚durch ausländische
Potentaten‘ kam noch, daß in demselben Maße, in welchem sein auswärtiger
Handel zerfiel, zwischen den Städten selbst die innere Zerrissenheit und die
gegenseitige Eifersucht sich fortwährend steigerte; in kleinlichem Krämergeist
schlossen sich die Bundesglieder gegen einander ab, suchten allen Verkehr unter
sich durch die mannigfaltigsten Beschränkungen, durch Monopolienzwang, durch
Stapel- und Niederlagsrechte zu hemmen. So klagten die Bremer und die
Lüneburger über einen zu Hamburg eigenmächtig errichteten Zoll; ober-
rheinische Städte beschwerten sich, daß sie dort Häringszoll, Fracht und Umgeld zu erlegen hätten, sächsische, daß sie ihr nach Hamburg geführtes Gut

----

[1] Sartorius 3, 404—408. Lappenberg, Urkundl. Gesch. des Londoner Stahlhofes
(Hamburg 1851) S. 102 fll.
[2] Falke 2, 111.

zu einem gering angesetzten Preis verkaufen und Ruderzoll zahlen müßten. Ebenso klagte Rostock über Lübeck wegen Aufrichtung neuer Zölle, Minden über Bremen wegen Verhinderung der Schifffahrt[1]. ‚Irgend eine gedeihliche, einträchtige Berathung war nicht mehr zu Stande zu bringen‘; wie in Verzweiflung rief der hanseatische General-Syndicus Johann Domann um das Jahr 1606 in einem ‚Lied von der deutschen Hansa‘ aus:

> Vorzeiten wart ihr Hänse,
> Berühmet mit der That;
> Jetzt, sagt man, seid ihr Gänse,
> Von schlechter That und Rath[2].

Wie aber die Hansestädte ‚durch Aufsetzung und Steigerung von Zöllen und Abgaben sich mitten im Frieden einander bekriegten‘, so fand ein solcher Krieg überhaupt im ganzen Reiche zwischen den einzelnen Gebieten statt.

––––––––––

Der Zollbesitz des Reiches, die ergiebigste und sicherste Einnahmequelle desselben, war beim Ausgang des Mittelalters gänzlich zersplittert; die Zollstätten waren nach und nach in den Besitz der Landesherren und der Gemeinden übergegangen. Das Oberzollrecht war nicht mehr ein Bestandtheil der königlichen Macht, sondern von dieser als eine ‚Präeminenz‘ des Collegiums der Kurfürsten anerkannt worden. Carl V. versprach in seiner Wahlverschreibung vom Jahre 1519: er wolle, ‚dieweil deutsche Nation und heiliges römisches Reich zu Wasser und zu Landen zum Höchsten‘ bereits mit Zöllen beschwert sei, ohne Rath, Wissen und Willen der Kurfürsten weder einen neuen Zoll bewilligen noch irgend einen alten erhöhen. Ein auf dem Reichstage zu Nürnberg im Jahre 1523 vorgelegter Entwurf eines neuen Reichszolles, welcher den gesammten auswärtigen Handel durch ein folgerichtig durchgeführtes Grenzzollsystem zur Unterhaltung des Reichskammergerichtes und des Reichsregimentes und zur Handhabung des Landfriedens besteuern sollte, scheiterte an dem Widerstande der Städte, die neben den bestehenden zahllosen Zollstätten nicht noch neue errichtet sehen wollten[3]. Was Carl V. in seiner Wahlverschreibung zugesagt hatte, mußten auch die folgenden Kaiser versprechen; gleichwohl erlaubten sie, um sich unter Landesherren und Gemeinden ergebene Diener und Anhänger zu verschaffen, aus eigener Machtvollkommenheit neue Zölle und Zollsteigerungen, oder sie unter-

---

[1] Sartorius 3, 580 Note. Wächter, Histor. Nachlaß 1, 230 fll. Schmoller, Nationalökonomische Ansichten 266 fll.
[2] Zeitschr. für Hamburgs Gesch. 2, 457 (vergl. 455).
[3] Vergl. unsere Angaben Bd. 2, 267 fll.

stützten wenigstens derartige Gesuche bei den Kurfürsten[1]. Auch die Landesherren legten, unbekümmert um die Reichsverfassung, neue Zölle an oder erhöhten die alten, und so wurde ‚durch die Steigerung aller unentbehrlichen
Waaren die deutsche Nation‘ von einem Jahrzehnt zum andern immer mehr
‚belästigt und ausgeschupft‘. Am frühesten behaupteten Oesterreich und Brandenburg die unbedingte landesherrliche Selbständigkeit im Zollwesen gegenüber dem
Reich und den anderen Fürsten. Einzelne Fürsten erhoben das Drei- oder
Vierfache der früheren Zollsätze. Letzteres war zum Beispiel seit dem Jahre
1566 der Fall in Pfalz-Zweibrücken an allen pfalzgräflichen Zollämtern;
bei Laubach und Erbach mußte man innerhalb einer halben Meile für neun
Karren und einen Wagen 80 Florin, für ein einziges Pferd am Karren
4 Florin 8 Albus verzollen. Von Bremen aufwärts belief sich die Zahl
der innerhalb 23 Meilen errichteten Zölle auf 22; der Zoll für ein Faß
Wein betrug von Dresden bis Hamburg an 30 Zollstätten 9 Thaler
9 Groschen 4 Pfennig. In Folge der niederländischen Revolution wurden
die Zölle derart gesteigert, daß beispielsweise um das Jahr 1594 für ein
Fuder Wein, welches früher mit 8 Thalern belastet war, von Cöln bis nach
Holland 40 Thaler, für eine Last Häringe in der Auffahrt von Holland bis
Cöln statt früher 6—8 Thaler jetzt 48—50 Thaler entrichtet werden mußten.
Jedes Schiff, welches durch die Waal in den Rhein wollte, hatte für diese
Fahrt 125 Florin zu erlegen[2].

Unter den Reichsständen, von den größten bis zu den kleinsten, herrschte im
Zollwesen wie in den Ausfuhrverboten, durch welche die einzelnen Gebiete
sich von einander absperrten, ein innerer Krieg Aller gegen Alle: auf Reichs-
und Kreistagen erhoben sie darüber unaufhörlich Beschwerden wider einander

---

[1] Markgraf Hans von Cüstrin sagte in seinem Testament vom 29. Juni 1560:
er hätte solche Begnadigungen an Zöllen zu Wasser und zu Lande erlangt, daß diese
an baarem Gelde ihm mehr einbrächten als alle Gefälle der Reichslehen. Märkische
Forschungen 13, 482.

[2] Falke, Zollwesen 147 fll. 159. 170 fll. 202 fll. 221. Schmoller, in der Zeitschr.
für preußische Geschichte und Landeskunde 19, 200 fll.; vergl. Schmoller, Nationalökonomische Ansichten 646—647. — Im Herzogthum Bayern bestanden 27 Wasser- und
89 Landzölle. Ein von Herzog Wilhelm IV. im Jahre 1548 eingeführter ‚Neuzoll‘
für Erzeugnisse der Landwirthschaft und Viehzucht, welche aus dem Lande ausgeführt
wurden, trug beispielsweise an den 15 Zollstätten des Rentamtes Straubing bereits im
ersten Jahre mehr als 1963 Fl. ein. Die Einnahmen der Mauth zu Straubing beliefen
sich im Jahre 1550 auf 1214 Pfd., im Jahre 1571 auf 2348 Pfd., im Jahre 1588
auf 5981 Fl. (das Verhältniß zwischen dem Pfund und dem Gulden war etwa wie
28 : 100), im Jahre 1589 auf 10 525 Fl. Vergl. die belehrende Abhandlung von
J. Mondschein, Die Straubinger Donaumaut im sechzehnten Jahrhundert (Festschrift
zur Erinnerung an das fünfzigjährige Bestehen der königl. Realschule zu Straubing,
1887) S. 155. 188. 194.

und schuldigten sich wechselseitig ,des Niederdrucks und Verösung aller Hanthierung und Commercien' an.

,Zu den hochbeschwerlichen und schier unerschwinglichen Zöllen auf Wasser
und Land, so allen inländischen Handel in Abfall bringen, kommt die Unsicherheit
der Reichsstraßen, so für Kaufmannspersonen und ihre Güter voll thätlicher
beschwerlicher Angriffe und gar häufig von Straßenräubern gleichwie belagert
sind.'[1] ,Dazu gesellen sich noch', wurde von Seiten der Kaufleute fast allgemein geklagt, ,als eine anderartige Landplage des inländischen kleinen Kauf-
mannsstandes die in großer Menge und Zahl in Städten und Dörfern umherziehenden ausländischen Hausirer und Krämer, wider die man zur Beschützung
der Inländischen nicht mit gebührlichen Verboten und Strafen fürgeht.' ,Fast
an allen Orten', sagte der schwäbische Kreis im Jahre 1582 in einer Vorstellung an die zu Augsburg versammelten Reichsstände, ,fangen die fremden
Savoyer und andere Hausirer an, sich mit ihren Waaren nicht allein bei
dem gemeinen Mann in den Dörfern und Flecken, sondern auch bei dem Adel
und den höheren Ständen in alle Schlösser, Hofhaltungen, Klöster und Wohnungen dergestalt einzudrängen, daß dadurch die Commercien den Unterthanen
der Fürsten und anderen Ständen in den Städten entzogen werden. Weil
sie auch dabei diese Griffe practiciren, daß sie dem gemeinen Mann die
Waaren, als Tücher, Gewürze und alle Nothdurft, nicht allein vor die Thüre
bringen, sondern ihnen auch Ziel und Fristen zur Bezahlung, dagegen aber
die Waaren desto theuerer geben, damit sie zur Ernte- und Herbstzeit mit
Früchten und Weinen wieder bezahlt werden, so locken sie den armen Mann
dermaßen an sich, daß er, des Borgens halber, nicht mehr nach seiner Nothdurft in die Städte und auf die Märkte geht, sondern diese fremden Hausirer
erwartet. Wenn nun die Früchte und der Wein eingeerntet worden, kommen
dieselben, fordern ihre Bezahlung und rauben dem armen Mann den Vorrath aus der Hand. Sie haben sogar an etlichen Orten angefangen, Keller
und Kasten zum Vorkauf zu miethen, die Früchte aufzuschütten und den Wein
zu behalten. Dadurch aber vertheuern sie alle Victualien, saugen den armen
Mann aus, schmälern das Gewerbe der Unterthanen, bereichern sich mit dem
Wucher, geben auch an keinem Orte Steuer und Abgaben und sind weder
dem Reiche noch den Ständen unterworfen und zugethan. Es erfordert
daher die unumgängliche Nothdurft, besonders weil ohnehin alle Commercien
in ganz Deutschland wegen der langwierigen ausländischen Kriege in merklichen Abgang und Verfall gerathen sind, daß man zur Erhaltung des Ge-

---

[1] Ueber die öffentliche Unsicherheit, die Straßenräubereien und Mordbrennereien
handeln wir in einem spätern Abschnitt.

werbes bei den Ständen und ihren Unterthanen, zur Abwendung des ungebührlichen Eigennutzes und Wuchers der fremden ausländischen Personen,
wie auch der Steigerung und Uebersetzung des armen Mannes, und endlich
zur Verhütung des Vorkaufes und der Vertheuerung der Victualien, auf
dem jetzigen Reichstage nicht allein dieses Unheil durch eine allgemeine Reichs-
constitution ernstlich abstellt, sondern auch die Sache zur wirklichen Execution
dahin bedenkt und richtet, daß allen fremden, in Deutschland nicht geborenen
Personen solches Hausiren und ungleiche Gewerbe verboten wird und die
Verbrecher überall ernstlich gestraft werden.' [1]

Jedoch ‚das Unwesen' bestand nach wie vor [2].

‚Unvergleichlich schlimmer' aber als ‚alles ausländische Hausirerthum'
wirkten auf Handel und Wandel und den gesammten Volkswohlstand die
Aufkaufs- und Preissteigerungsgesellschaften, über welche schon im ausgehenden
Mittelalter und das ganze sechzehnte Jahrhundert hindurch unausgesetzt auf
Reichs-, Kreis- und Landtagen Klage geführt wurde, daß sie Schuld trügen
nicht allein an der Vertheuerung der Preise von Lebensmitteln und Waaren,
sondern auch an der Vermehrung der Einfuhr und der Verminderung der
Ausfuhr des Reiches [3]. Fast auf jedem Reichstage wurden scharfe Verbote
gegen deren gemeinschädliches Treiben erlassen, blieben aber auf dem Papiere
stehen [4]. Den Unternehmungen der Handelsgesellschaften und Großcapitalisten
gegenüber waren die einzelnen Kaufleute, welche nur ein geringes Capital
einsetzen konnten, ‚machtlos und geschlagen'. Schon im Jahre 1557 sagten

---

[1] Häberlin 12, 612—614.
[2] Die Baseler Zünfte sagten im Jahre 1598 über die ausländischen Hausirer:
‚Sie schwärmen allenthalben umher von Haus zu Haus und von Hof zu Hof, in den
Herbergen der Stadt, in den Wirthshäusern der Landschaft und täglich vor den Kirchen,
bei Hochzeiten und ähnlichen Anlässen; sie suchen auch die Märkte heim und betrügen
besonders das Landvolk mit ihren falschen Waaren unter dem Schein wohlfeil Gebens.'
Geering 574 fll. In Bayern erging auf einem Landtage zu München im Jahre 1605
die Beschwerde: ‚Die Savoyer Krämer durchstreifen das ganze Land, betrügen die
Bauers- und anderen Leute mit ihren Waaren, haben sogar Gewölber zu ihren
Waaren.' v. Freyberg 1, Beilagen S. 18; vergl. S. 31. In Brandenburg wurde
eine Verfügung gegen die fremden Krämer bereits im Jahre 1536 erlassen. Mylius 6,
Abth. 1, 38—39. In Württemberg wurde im Jahre 1549 geboten: ‚Die Walhen und
andern ausländischen Krämer sollen Nichts in Städten und Dörfern mehr feil haben
und allein die gewöhnlichen Jahrmärkte besuchen.' Reyscher 12, 165; vergl. 577 und
2, 304.
[3] Vergl. unsere Angaben Bd. 1, 422—431, und Bd. 2, 428—432.
[4] Ueber die Verbote aus den Jahren 1524—1577 vergl. Fischer 4, 802—809.

die auf dem Reichstage zu Regensburg versammelten Städteboten in einer Eingabe an König Ferdinand I.: ‚Sollte es dahin kommen, daß die gemeinen Hanthierungen und Gewerb im heiligen Reich dermaßen eingezogen und geschmälert werden, daß sie allein in etlicher vermöglichen Personen Hand und Gewalt stehen sollten, so wird es nicht allein den ehrbaren Städten zu endlichem Abfall und Verderben, sondern allen Unterthanen zu höchster Beschwerung gereichen.'[1]

Erfolgte, wie nicht selten geschah, aus diesen oder jenen Gründen eine Zahlungseinstellung der Handelsgesellschaften oder der Großcapitalisten, so wurden dadurch Unzählige, welche sich durch größere oder kleinere ‚Einlagen' an den Unternehmungen betheiligt oder ihr Geld darin auf Wucherzinsen angelegt hatten, bisweilen ganze Gegenden in's Verderben gestürzt. Als beispielsweise Höchstetter in Augsburg, welcher ‚eine Zeitlang in seiner Gesellschaft eine Million Gulden verzinst' hatte, im Jahre 1529 mit einer Summe von 800 000 Gulden fallirte, kamen nicht allein Fürsten, Grafen und Edelleute, sondern auch Bauern, Knechte und Mägde ‚in großen Schaden'[2]. Seit der Mitte des Jahrhunderts häuften sich in Augsburg die Bankerotte. In dem einen Jahre 1562 brachten sechs angesehene Handelshäuser ‚ihre Gläubiger um großes Geld'. Georg Neumayr betrog seine Gläubiger im Jahre 1572 um 200 000 Gulden[3]. Als die aus kaufmännischen Emporkömmlingen bestehende ‚Gesellschaft der Manlich' im Jahre 1574 mit einer Schuldenlast von 700 000 Gulden sich für zahlungsunfähig erklärt hatte und in demselben Jahre noch drei andere Kaufleute fallirten, war die Menge der durch sie zu Grunde Gerichteten so groß, daß der Bischof von Augsburg auf der Kanzel verkündigen ließ: Jeder, der in Zukunft den Handelsgesellschaften Geld leihen würde, solle von dem Abendmahle ausgeschlossen sein. Melchior Manlich Vater und Sohn und der Schwiegersohn Carl Neidhard entzogen sich der Bestrafung durch die Flucht[4]; der Rath sah sich zu einer scharfen Verordnung genöthigt ‚wegen der vielen seit einiger Zeit vorgekommenen großen Fallimente sowohl bei Kauf- und Handelsleuten als anderen Personen, so ihr eigen und Anderer Vermögen durch Schwelgen durchgebracht' hatten[5]. Im Jahre 1580 wurden ‚unzählig viel geschädigt und in Armuth gestürzt' in Folge der Zahlungseinstellung des Augsburger Monopolisten Conrad Roth, dessen ausschweifende Handelsunternehmungen durch ein ‚hohes Haupt', den

---

[1] * Frankfurter Reichstagsacten 64ᵇ, Fol. 206.

[2] Vergl. über die Unternehmungen und den Bankerott der Höchstetter unsere Angaben Bd. 1, 429—431.

[3] v. Stetten, Gesch. von Augsburg 1, 541. 551. 604. Wagenseil 2, 293.

[4] v. Stetten 1, 604. 610—611. Fischer 4, 34—36. 835—836.'

[5] v. Stetten 1, 631.

Kurfürſten Auguſt von Sachſen, befördert worden waren trotz eines im
Jahre 1577 von Neuem eingeſchärften Reichsgeſetzes wider die Monopoliſten
und Preisſteigerer.

In dieſem Geſetze hieß es: ‚Wiewol die Monopolia, betrügliche, gefährliche und ungebührliche Fürkäuf, nicht allein in gemeinen geſchriebenen
Rechten, ſondern auch in gemachten und veröffentlichten Reichsabſchieden bei
großen Peen und Strafen, als Verluſt aller Hab und Gut und Verweiſung
des Landes, verboten, ſo iſt doch ſolchen Satzungen, Abſchieden und Verboten
bis anhero mit gebührlicher und ſchuldiger Vollziehung gar nicht nachgekommen
noch gelebt worden, ſondern es ſind in kurzen Jahren etwa viel große Geſellſchaft in Kaufmannsgeſchäften, auch etliche ſonderbare Perſonen, Hanthierer
und Kaufleute im Reich aufgeſtanden, die allerlei Waaren und Kaufmanns-
güter, auch Wein, Korn und anders dergleichen von den höchſten bis auf
die geringſten in ihre Hand und Gewalt allein zu bringen unterſtehen, Auf-
und Fürkauf damit zu treiben, und denſelben Waaren einen Werth nach
ihrem Willen und Gefallen zu ſetzen oder dem Käufer oder dem Verkäufer
anzubringen, ſolche Waaren niemands dann ihnen zu kaufen zu geben, oder
zu behalten, oder daß er, der Verkäufer, ſie nicht näher oder anders geben
wolle, denn wie mit ihm überkomen‘ ſei.

Alle dieſe ‚ſchädlichen Hanthierungen, Auf- und Fürkäufe, und derſelben
gemachte Geding, Vereinigungen und Pacte‘ ſollten inskünftig verboten ſein,
die Uebertreter der Einziehung ihrer Güter und der Landesverweiſung verfallen; Obrigkeiten, welche in der Beſtrafung ſäumig, ſollten 100 Mark
löthigen Goldes entrichten; wer Monopoliſten zur Anzeige bringe, ſollte von
deren verwirkten Gütern den vierten Theil bekommen[1].

Kurfürſt Auguſt kümmerte ſich um dieſe Verbote nicht. Gemäß eines Vertrages mit dem Könige Sebaſtian von Portugal und deſſen Nachfolger Heinrich
ſollte der Augsburger Kaufmann Roth allein allen aus Indien nach Liſſabon
kommenden Pfeffer um einen beſtimmten Preis zum Vertrieb in die europäiſchen
Reiche erhalten. Auguſt machte ſich zum Geſchäftsgenoſſen Roth's; dieſer be-
abſichtigte, mit Hülfe der kurfürſtlichen Gelder den geſammten Pfefferhandel in
ſeine Hände zu bringen und dadurch den Preis deſſelben nach Belieben zu ſteigern,
und nicht allein den Pfeffer, ſondern auch den Zimmet, die Nägelein, die Muscat-
nüſſe und alle anderen ‚kleinen Specereien‘, welche aus derſelben Quelle und
auf demſelben Wege bezogen wurden: durch monopoliſtiſche Beherrſchung der
geſammten Gewürz- und Droguenerzeugniſſe Indiens hofften er und ſeine
Mitgeſellſchafter unermeßlichen Gewinn zu erzielen. Bloß für den Pfeffer
veranſchlagte man den reinen Jahresertrag auf mehr als 38 000 Goldgulden.

---

[1] Neue Sammlung der Reichsabſchiede 3, 388.

In Leipzig sollte eine Bank begründet werden; eine neue Reichspost sollte alle größeren Handelsstädte, welche nach und nach in den Bereich des Gewürzhandels gezogen würden, verbinden, eine regelmäßige Schifffahrtsverbindung zwischen Leipzig und Lissabon hergestellt werden. Um nicht selbst seinen fürstlichen Namen zu einem Handelsgeschäfte herzugeben und sich dadurch ,allerlei Verdrießlichkeiten wegen Steigerung des Pfeffers' und allen spätern Vorwürfen wegen eines von den Reichsverfügungen verurtheilten Unternehmens auszusetzen, errichtete der Kurfürst aus drei seiner vertrautesten Kammerbeamten eine ,Thüringische Handelsgesellschaft des Pfefferhandels zu Leipzig'. Diese mußte in seinem Auftrag und auf seine Gefahr den Vertrag mit Roth und Söhnen abschließen. Im Jahre 1579 kamen ungeheure Pfeffervorräthe in Leipzig an und wurden zum Theil in drei kurfürstlichen Gewölben auf der Pleissenburg untergebracht. Aber schon im folgenden Jahre, nachdem Portugal an Spanien übergegangen war und die spanische Regierung die Erneuerung des Vertrages verweigerte, erfolgte der Zusammenbruch des Augsburger Kaufmannshauses. Viele wurden in's Verderben gestürzt. Roth selbst verschwand plötzlich aus Augsburg und gab sich durch Gift den Tod. Im ersten Schrecken darüber schrieb der Kurfürst: ,Es müsse nun fortgehandelt werden, und sollte es alle Monat einen Menschen kosten.' Bald aber ging er nur darauf aus, seiner ,Handelsgesellschaft' so viel wie möglich die Ausstände zu decken. Zu diesem Zwecke ließ er die in Hamburg, Antwerpen, Frankfurt am Main und Benedig auf Rechnung Roth's lagernden und die unterwegs nach Leipzig befindlichen Gewürzvorräthe mit Beschlag belegen, wobei ihm sein Ansehen als Reichsfürst sehr zu Statten kam. Der kurfürstliche Kammermeister Hans Harrer, welcher in der Gesellschaft gewesen war, endete wie Roth durch Selbstmord [1].

Der Alchymist Sebald Schwerzer wollte den Kurfürsten August zu einer andern gewinnreichen Monopolunternehmung bewegen. Er rieth ihm, den gesammten Zinnbergbau dadurch in seine Hand zu bringen, daß er alle Gewerke nach und nach auskaufe; ,die Kosten würden bald vom Zinnhandel eingebracht werden, wenn für die vielen Käufer nur Ein Verkäufer da sei'. Man brauche daher nur, da Zinn wie das tägliche Brod gekauft werden

---

[1] J. Falke, Des Kurfürsten August portugiesischer Pfefferhandel, in v. Weber's Archiv für die sächsische Gesch. 5, 390—410, und Kurfürst August 307—321. Roth schickte dem Kurfürsten unter Anderm auch Tabakspflanzen, aus welchen man ,Wunderbalsam bereiten könne, der allerlei Wunden und Stiche heile'. Die Höhe des von Roth mit König Sebastian von Portugal abgeschlossenen Vertrages wurde auf 300 000 Gulden angegeben. Greiff 90 Note 104. ** Schon im Jahre 1529 hatten die Fugger in Folge ihrer Betheiligung am spanischen Gewürzhandel bedeutende Geldverluste erlitten. Vergl. Häbler in der Zeitschr. des Hist. Ver. für Schwaben 1892, XIX, 25—45.

müſſe, mit dem Verkaufe einmal längere Zeit inne zu halten, um den Preis tüchtig in die Höhe zu treiben. Aber der kurfürſtliche Kammerrath Hans von Bernſtein warnte in einem Gutachten vom Jahre 1583 vor einem ſolchen Unternehmen, weil das Zinn ſchnell ſteige und falle, je nachdem viel oder wenig gewonnen werde, auch nicht allemal wieder zu Geld gemacht werden könne. Er berief ſich darauf, daß die Augsburger Kaufleute Meyer, welche vor längerer Zeit den Verſuch gemacht hätten, alles Zinn in ihre Hand zu bringen, bei dieſem Unternehmen, weil es an Käufern gemangelt, mehr als eine Tonne Goldes verloren und großen Schaden noch außerdem dadurch angerichtet hätten, daß Bergbau und Zinnhandel Jahre lang niedergelegen ſeien[1].

Durch verunglückte Monopolunternehmungen fallirte eines der berühmteſten Augsburger Häuſer, das der Welſer, im Jahre 1614 mit einer Summe von 586 578 Goldgulden[2].

‚Wie ein ganzes großes Land durch überſchwenglichen und überwucheriſchen Kauf- und Geldhandel‘ geſchädigt werden konnte, zeigte der auf 20 Tonnen Goldes oder 2 Millionen Thaler ſich belaufende Bankerott des Hauſes der Loitze in Stettin.

‚Um dieſe Zeit‘ (1572), ſchrieb der pommerſche Edelmann Joachim von Wedel, der in ſeinem ‚Hausbuche‘ darüber Näheres verzeichnete, ‚iſt der bei Menſchengedenken größte und allgemeine pommerſche Landſchaden und Unfall angegangen und hat man angefangen, der ſchädlichen Geldſchlinger und ewigen Vermaledeiung würdigen Loitzen Betrug und Täuſcherei, viel zu ſpät und wie der Schaden ſchon unheilbar und ſie das Land auf dem Rücken, allererſt zu vernehmen und inne zu werden. Dieſe Landſchaden ſind von geringer Abkunft, Bauern aus dem Dorf Clempin bei Stargard gebürtig geweſen; ſind vor nicht ſo langen Jahren erſtlich zu Dienſt- oder Brauerknechten gegen Stettin gekommen, da ſie durch Freien zu bürgerlichem Stand, Nahrung und Häuſern gerathen. Weil ihnen der Kaufhandel glücklich fortgegangen, haben ſie auch den Wechſelhandel und Umſchläge mit Geldern zu treiben angefangen, folgends auch mit Kaiſer, Königen, Kurfürſten und Fürſten in Umſchläge und Geldhandlungen ſich eingelaſſen.‘ ‚Haben auch angefangen, neben ihren Particularhändeln zu bankettiren, großen Pracht und Uebermuth zu treiben, Herrſchaften, Klöſter, Schlöſſer, Städte und Dörfer an ſich zu bringen, und das Alles aus anderer Leute Beutel; haben ſich auch mit den Vornehmſten vom Adel allhie im Lande befreiet, dadurch ſie endlich in ſolche Freundſchaft, Glauben und Anſehen geſetzt, daß ihnen Nichts verſagt worden. Ein Jeder, dem ſie es angemuthet, hat ſich bei Fremden und Einheimiſchen für ſie in Bürgſchaft einzulaſſen und alles Vermögen aufzuſetzen nicht veräußert; wer Geld gehabt,

---

[1] Falke, Auguſt 298—299. Frankfurter Zeitung 1890, No. 121, zweites Morgenblatt, Feuilleton. [2] Greiff 99 Note 169.

hat's ihnen mit Fleiß angetragen; wer's nicht gehabt, von Anderen durch die
dritte und vierte Hand aufgebracht und ihnen zugeschleppt; also wer mit den
Loitzen in Kundschaft und Handel gerathen konnte, hat es für Glück und
sich schon reich geschätzt. Und das Alles kam daher, daß ihnen keine Gelder,
wie hoch die auch gestiegen, zu theuer waren. Von 100 haben sie 10, 20
und mehr Gulden jährlichen Zins zu geben zugesagt, blinde Hauptsummen,
darin sie die Zinsen, die von etlichen Jahren noch künftig fallen sollen, zu-
geschlagen, angenommen und künftige Zinsen alsfort zinsbar gemacht, und
noch über das Verehrungen an Pferden, köstlichem Geräth und andere an-
genehme Sachen gethan, die Leute, dabei sie ihren Gewinn vermuthet, zu
Gaste geladen, köstlich und wohl tractirt, ihnen mit Musiken und possirlichen
Stocknarren Freud und Kurzweil gemacht und die, so Alles für köstlich und
Goldberge angesehen, beim Trunke zu ihren Gelübden und Umschlägen bewogen.' ‚Und haben diese Geldigel und pommerische Pestilenz auch mit
Bürgern und Bauern, Vorstehern und Vormündern, Wittwen, Klöstern,
Kirchen, Clausen und Hospitälern, Arm und Reich, wer nur Geld aufgeduckt,
ihre Umschläge und Handlungen gehabt und dazu ihre sonderlichen Geier
und Falken, die es ihnen ausgespürt und aus allen Winkeln hervorgesucht,
abgerichtet und umherflattern lassen, dadurch sie Alles, was nach Geld ge-
rochen, erschnappt und in ihre Netze gebracht und das Land so klar und
rein von Gelde gemacht und auspurgirt, daß fast Nichts überblieben, also
daß ein ehrlicher Mann zu seiner Nothdurft oft nicht 100 Gulden zu lehnen
aufbringen konnte. Ja sie haben auch die Herrschaft des Landes nicht vor-
beigegangen und die durch ihre Adhärenten, um verhoffter ihrer Beförderung
und Vortheils willen, dahin bewogen, daß sie dem König von Polen eine
große Summe Geldes, etwa 100 000 Thaler, vorgesetzt haben, die noch diese
Stunde ausstehen. Wie sie nun auch hin und wieder außerhalb Landes in
der Mark, Mecklenburg, Meißen, Preußen, Holstein und sonst viel Gelder,
dafür doch die Pommern Bürge worden und ihnen den großen Schimpf und
Schaden gethan, aufgetrieben und hervorgebracht', ‚hat der zu hoch gespannte
Bogen nunmehr brechen und das Bankerottspielen oder Schelmzunft das Beste
thun müssen, und gegen ihre Creditoren den mehrentheil Gleichheit gehalten
und einem so wenig als dem andern gegeben. Haben sich auch bei Zeiten
aus dem Rauch gemacht und nach Preußen, daselbst sie von dem König in
Polen die Herrschaft Tiegenhof zuvor erlangt und Geleit und Sicherheit
hatten, ihr Refugium genommen, den Karren im Koth stecken lassen', ‚also
daß es zu einem elenden Wesen in diesem Lande gerathen'. Nachdem ‚das
Mahnen, Schmähen, Anschlagen und Einfordern nicht mehr helfen wollte
oder konnte, sind die Sachen zum rechtlichen Proceß an die fürstlichen Hof-
gerichte gerathen; da ist in Schuldsachen ein solch Quäruliren, Disputiren,

Excipiren, Protestiren und Appelliren worden, daß nicht genug zu sagen, und sind alle anderen Sachen vergessen und eingestellt blieben. Die Advocaten, Procuratoren und Executoren, die Baldus mit Recht die Pest Europa's nennt, haben den besten Gewinn davon gebracht, denn ihnen das Ueberrestlein noch vollends zu Theil geworden'. Das Land wurde ,in solch Beschwer geführt, daß Vielen ein öffentlicher Krieg, allda Grund und Boden nach dem Ausgange den rechten Erben und Eigenthumsherren verbleibt, viel erträglicher gewesen; denn hierdurch Viele ihrer Häuser und Habe, Erb und Lehen ganz erblich entsetzet, vieler Geschlechter uralte Stammlehne auf Andere und Fremde transferirt und die Familien ihres Wohlstandes entsetzt, daß keine Hoffnung, daß sie zu vorigem Wesen und Würden wiederum gelangen werden. Was daraus für Herzeleid, Zwietracht und Widerwille erwachsen, mag besser gedacht als ausgesagt werden. Summa: Pommern ist fast umgekehrt und um Geld, Gut, Glauben und meiste Wohlfahrt gebracht worden. Zu besorgen ist, das Land werde diesen Schnappen schwerlich und langsam verwinden oder zu vorigem Vermögen und Glauben wiederum gerathen.' [1]

,Unglück über Unglück in Kaufmannschaft und Geldumschlag hört man', predigte ein Dominicaner im Jahre 1581, ,schier allenthalben klagen, wohin man kommt, und hat es unter Kaufleuten, Handwerkern, Rathsherren, vornehmen Geschlechtern, Grafen und Edelleuten täglich vor Augen, da man siehet, daß unzählig Viel, so in gutem Stand, Reichthum, Wohlhabenheit und großem Ansehen gewesen, verarmet und verdorben sind, Weib und Kind, Verwandte und Andere in's Elend gebracht haben, und ihrer nicht Wenige sich selbst das Leben nehmen. Woher aber kommt dieses viele Unglück und Verderbniß? In den mehrsten Fällen nirgend anders, denn daher, daß der unchristliche, gottlose Geldwucher schier alle Stände ergriffen hat und Jedermann, wer eben etwas zusetzen kann, darauf ausgeht und gerichtet ist, nicht mehr durch ehrliche und gestrenge Arbeit sich und die Seinen zu ernähren und durch mäßige, allein sichere Erwerbniß voranzubringen, sondern alle Mühseligkeit scheut und durch allerlei Geldhanthierung, Einlagen bei Kaufleuten und Gesellschaften, hohe Zinsen und wucherliche Contracte in ganz kurzer Zeit reich und überreich werden zu können vermeint. Sind nicht die Städte voll solcher Müßiggänger worden? Und die Zahl Solcher vom Adel ist nicht weniger groß. So lange sie nun im Glück sind und hohe wucherische Zinsen annehmen, stolziren sie wie die Fürsten, gehen in überköstlichen Kleidern und

----

[1] Wedel's Hausbuch 248—252. Vergl. auch Baltische Studien 11, 81—91, und den Brief des Herzogs Boguslaw XIII. vom 27. Febr. 1605 bei Dähnert 1, 1033.

Geschmuck einher, halten große Gastereien und Gelage, saufen und fressen, daß es ein Aergerniß und eine Schande ist. Aber dann kommt das Unglück aus mancherlei Ursachen, die nicht alle aufzuzählen, in diesem ganzen betrüglichen Geld-, Handel- und Wucherwesen daher; die hastig reich werden wollten, verlieren Zinsen mitsammt dem Hauptgut, haben verschwendet, was sie noch sonst besessen, und gerathen in all den Jammer, von dem ich gesagt habe. O dieses unselige, vermaledeite Geld machen und reich werden wollen ohne Arbeit und Mühe, die Gott der Herr jedwedem Menschen geboten hat, als er zu Adam gesprochen: „Im Schweiß deines Angesichtes sollst du dein Brod verdienen“! Daß dieses Gebot durch all die wucherlichen Geldhändel und Praktiken so insgemein in den Wind geschlagen wird, erachte ich für eines der größten Gebrechen und Laster dieser unserer jetzigen Zeit, woraus nothwendig durch gerechte Strafe Gottes Unglück über Unglück folgen muß.‘ [1]

Johann Brockes, ältester Bürgermeister von Lübeck († 1585), schrieb darüber, seinen Kindern zur Mahnung und Warnung, nieder: ‚In diesen meinen Tagen und Zeiten ist solch eine unerhörte Beschwerniß gewesen und unchristliche Rente und Uebersetzung in der Kaufmannschaft und im Geldausthun, als bei der Welt Zeiten noch nicht gewesen ist: und haben solchen Wucher die vornehmsten Bürgermeister und Rathsherren und Bürger getrieben und die vom Adel aus dem Lande Holstein mit ihren Geldgeschäften, so daß viele Bürger durch ihre Unachtsamkeit, Stolz und Hoffart, sich mit fremdem Gelde groß sehen zu lassen und großen Handel zu führen, da sie Gottes vergessen, Gottes Zorn auf sich luden zu ihrem großen Schaden, da die Rente sie auffraß und sie mitfraßen und sich nicht versahen, bis das Verderben ihnen auf dem Nacken lag. Da hatten sie sich so unter einander, der Eine für den Andern, verbürgt und versiegelt, daß sie Alle dadurch verdarben und arm wurden, und betrogen manchen ehrlichen Mann, der für sie verbürgt und sich verschrieben hatte, so daß bezahlen mußte, wer konnte, wer nicht konnte, mitlaufen und weichen mußte, ja Viele, die durch das Gutsprechen verdorben worden, junge Leute, von großen Herzenssorgen starben. Darum, meine Kinder und Erben,‘ sagt Brockes am Schluß, ‚habe ich dieses zu einem Spiegel und Exempel geschrieben, daß ihr Gott fürchtet, euch zur Demuth und fleißigen Arbeit haltet und nicht nach ausgebreiteteren Geschäften ausguckt, ehe Gott es euch geben will. Denn die mit Gewalt und hastig reich werden wollen, bekommen gewöhnlich Armuth und Bankerott.‘ [2]

---

[1] Predigt über den Gottesspruch: Im Schweiß deines Angesichtes sollst du dein Brod verdienen, gehalten im Münster zu Freiburg durch P. Berthold, Dominicaner-Ordens (1581).

[2] Brockes 1, 84—85; vergl. Falke, Gesch. des Handels 2, 407—408.

Schon Sebastian Franck hatte in seiner Chronik geschrieben: ‚Es ist leider dazu kommen, daß arbeiten gleich ein Schand ist worden, sogar, daß man sie selten mehr zu Ehren braucht und Jeder sein Kind von Jugend darauf zeucht, daß es nicht hart dürfe arbeiten, daß es sich müßig nähre mit Jedermanns Schaden.‘ ‚Was für redlich Händel jetzt unter den Christen und christlichen Kaufleuten, Gesellschaften, Wucherern, Zinskäufern, Geldwechslern fürgehen, empfinden wir freilich allzumahl wohl; das ist eitel Zinskauf, Fürkauf, und das ganze Land mit unnützen Händeln, Gewaaren und Hanthierungen zu Jedermanns Nachtheil erfüllt.‘ [1] Auch Zwingli klagte darüber, daß ‚Niemand mehr mit Arbeit sich nähren wolle‘ [2].

Die alte kirchlich=canonistische Lehre vom Eigenthum und dessen Erwerbung durch werthschaffende Arbeit, von der Würde und Weihe dieser Arbeit, sowie die alten kirchlichen Gesetze und Verbote über Zins und Wucher [3], blieben noch immer in Kraft und wurden immer von Neuem eingeprägt; auch die Reichsgesetzgebung, wenn sie in Bezug auf den Darlehensverkehr Milderungen eintreten ließ, erkannte doch nur, in voller Uebereinstimmung mit der canonistischen Lehre, die Renten und die Interessenbezüge für statthaft an und suchte diese zur Verhütung von wucherischem Mißbrauch zu regeln: die reinen Darlehungszinsen wurden von ihr nicht zugelassen [4]. Wie gewissenhaft strenggläubige Katholiken noch gegen Ende des sechzehnten Jahrhunderts durch die kirchlichen Zinsverbote sich gebunden erachteten, beweist zum Beispiel der berühmte Tonsetzer Orlandus Lassus. Für eine bei der herzoglich bayerischen Kammer angelegte Summe von 4400 Gulden waren ihm 5 Procent ausbezahlt worden; aber er schickte nach dem Tode Albrecht’s V. († 1579) dem Nachfolger desselben, Wilhelm V., den Betrag der Zinsen zurück, ‚aus christlichem gutem Eifer und Gewissen, bevorab auf unserer heiligen allgemeinen Mutter der Kirche vorgehenden gottseligen Unterricht und getreue Sorgfältigkeit, so sie um unser Seelen Hail und ewiger Seligkeit willen trägt‘ [5].

Luther, obgleich er sonst das canonische Recht heftig bekämpfte, stand in den volkswirthschaftlichen Anschauungen entschieden auf dessen Seite, wie namentlich aus seinem ‚Sermon vom Wucher‘ (1519), aus der Schrift ‚Von Kaufhandlung und Wucher‘ (1524) und aus seiner ‚Vermahnung an die

---

[1] Chronik 270. Vergl. Schmoller, Nationalökonomische Ansichten 471 fll.
[2] Schmoller 482.
[3] Vergl. darüber unsere näheren Angaben Bd. 1, 431 fll.
[4] Vergl. Endemann, Studien 2, 156. 316—317.
[5] v. Hormayr, Taschenbuch, Neue Folge 22, 264.

Pfarrherren, wider den Wucher zu predigen' (1540), deutlich hervorgeht.
Auch Melanchthon, ungeachtet seiner sonstigen Vorliebe für das römische Recht,
und eine Reihe anderer angesehener lutherischen Theologen, wie Brenz und
Bugenhagen, hielten fest an den canonistischen Vorschriften und eiferten nach
dem Vorgange Luther's nachdrücklich gegen die Zinsnehmer als Wucherer,
Bedrücker und Aussauger des in Noth befindlichen arbeitenden Volkes, unbekümmert darum, daß sie sich dadurch den Haß ‚gewisser Classen von Menschen‘ zuzogen. Als der lutherische Superintendent Philipp Cäsar im Jahre
1569 eine Schrift wider den Wucher veröffentlichte, war es aber selbst ‚unter
den Verkündigern des göttlichen Wortes‘ schon dahin gekommen, daß er bitter
klagte: die Prediger, welche den Wucher vertheidigen, ‚schmähen viel‘ auf die
gegentheilige Lehre, auf die Prediger, welche diese vortragen, und auf die
Obrigkeiten, welche solchen Geistlichen ein Unterkommen gewähren. ‚Wir
Prediger, die wir den Wucher verwerfen, erregen wider uns den Haß der
ganzen Welt. Daran seid zum großen Theil ihr Amtsbrüder schuld, die
ihr zu Verfechtern des Wuchers euch aufwerfet oder selbst Wucher treibt.‘
‚Es ist zu bedauern, daß nicht allein gewöhnliche Leute, sondern sogar Professoren der Theologie, und zwar gefeierte und vornehme, mit so offenkundigen
Lastern sich besudeln und in ihrer Verblendung sich nicht scheuen, zur Vertheidigung des abscheulichen Wuchers sich herzugeben, im Widerspruch mit den
ausdrücklichen Zeugnissen der Heiligen Schrift und dem einhelligen Bekenntniß
des bessern Theils der Kirche aller Zeiten.‘ [1] Der mansfeldische, später
brandenburgisch-culmbachische Rath Georg Lauterbecken trat in seinem ‚Regenten-
buch‘ namentlich gegen Martin Butzer auf, welcher ‚den Christen erlauben‘
wollte, ‚von 100 Gulden alle Monat einen Gulden zu nehmen, thut auf's
100 jährlich 12 Gulden‘. ‚Wo bleibt das Buch,‘ sagte er, ‚das Doctor
Luther, seliger Gedächtnis, an die Pfarrherren des Wuchers halber geschrieben
und sie mit großem Ernst vermahnt, wider den Geiz und Wucher zu predigen, damit sie sich ihrer Sünden nicht theilhaftig machen, sondern sollen
sie sterben lassen wie die wilden Thiere, ihnen die Sacramente nicht reichen
noch in die christliche Gemeinde kommen lassen?‘ Daran aber werde nicht
mehr gedacht. ‚Wo sieht man einen in all diesen Landen, da wir doch evan-

---

[1] Ph. Caesar, Universa propemodum doctrina de usura, testimoniis Sacro-
sanctae Scripturae et Doctorum purioris Ecclesiae a tempore Apostolorum ad hanc
nostram aetatem fundata, stabilita et confirmata, quae hoc postremo mundi tempore invalescentis prorsus et dominantis Avaritiae ab omnium ordinum hominibus
utiliter legi potest (Basileae [1569]), pag. 72. 74. 92. Ueber die Vorschriften Luther's,
Melanchthon's, Bugenhagen's u. s. w. 26 sqq. 50—52. 63 sqq. Cäsar beruft sich pag. 15
den Wucherern gegenüber sogar auf die Offenbarungen der hl. Brigitta. Vergl. auch
K. Köhler, Luther und die Juristen (Gotha 1873) S. 59 fll. 119. 121.

geliſch ſein wollen, vom Sacrament des Altars und der heiligen Taufe um
Wuchers willen abtreiben? wo verbeut man ihnen, nach Ordnung der Kirche,
Teſtamente zu machen? wo ſieht man einen auf dem Schindanger begraben?
ob er gleich ſein Leben lang der ärgſte Wucherer geweſen und die Kinder
auf den Gaſſen davon zu ſagen wiſſen? Ja ſie werden ſo ſtolz dabei, daß
ſie dem Pfaffen dörfen ein Trotz bieten: er ſolle ſie auf der Kanzel für
Wucherer ſchelten, man woll ihm wol lehren. Ueberdräuen alſo die armen
Pfarrherren, daß ſie eines Theils müſſen ſtill ſchweigen; die anderen ſehen,
daß ſie wenig ausrichten, laſſen es auch wenden und gut ſein, denn ſie von
der weltlichen Obrigkeit weder Hülfe noch Schutz haben, und wucheren diejenigen unterweilen weiblich mit, welche daſſelbig wehren und ſtrafen ſollen.'[1]

In einem Verhöre, welches Martin Butzer im Jahre 1538 mit dem
Wiedertäufer Jorg Schnabel anſtellte, ſagte Letzterer: man gebe vor, daß die
neue Kirche beſſer ſei als die päpſtliche; aber er habe ſich von ihr abgeſondert,
weil der Wucher darin doppelt ſo groß ſei. ‚Im Papſtthum ſei es nicht
geweſen, daß man die armen Leute aus Haus und Hof gedrungen habe,
aber man verbringe ſie jetzt': von 20 Gulden würden jetzt 2—3 Gulden
Zins genommen[2].

Der flacianiſche Theologe Joachim Magdeburgius, der nach Luther's Vorſchriften ſich richtete, klagte vorzugsweiſe über den unter dem lutheriſchen
Abel gebräuchlich gewordenen Wucher. ‚Es leihet dem Bauer', ſchrieb er,
‚ſein eigen Junker ein Malter Korn, den Scheffel zu 18 oder 20 Groſchen,
wenn er auf dem Markte nur 10 oder 12 Groſchen gilt. Da hat der
arme Mann an dem Malter ſchon ein halb Malter verloren, ehe er das
Korn in Sack ſchüttet, und muß dann dem Junker auf's andere Jahr zur
größten Unzeit, auf Martini, wenn alle Zinſe, Schoß, Schatzung, Decimä
und anderes erlegt wird und alles Getreidig am wohlfeilſten iſt, auch zahlen,
ſein Getreidig mit großem Schaden und Unrath über einen Haufen aus-
ſchlagen und den Scheffel wieder zu 10 oder 12 Groſchen geben, da er doch
bald darnach ein Scheffel zu 18 oder 20 Groſchen geben könnte. Muß alſo
abermals der gute Mann ein halb Malter daran verlieren, zu ſeiner gehabten
großen Mühe, und gibt alſo zwei Malter für eins, das iſt von 100 Gulden
Hauptſumme im Jahr nicht mehr denn 100 Gulden Wucher. Und ſolcher
Wucher iſt hie in Thüringen ſo gemein, daß nicht wohl ein Handel gemeiner
darin ſein mag.'[3]

Nicht allein Kaufleute, ſondern auch Adeliche hätten bisher, beſchwerte
ſich Kurfürſt Auguſt von Sachſen am 5. November 1569, auf den Leipziger

---

[1] Angeführt bei Scherer, Drey unterſchiedliche Predigten 57—58.
[2] Niedner's Zeitſchr. für hiſtor. Theologie 28, 628. 632.
[3] Scherer, Drey unterſchiedliche Predigten 54.

Messen ‚große wucherische Contracte und Umschläge‘ betrieben, oftmals von denjenigen, welche Noth halber zu Geldaufnahmen gezwungen gewesen, von 100 Gulden ‚jährlich bis auf 15, 20, 30, 40 und noch mehr Gulden Zins ausgebracht‘[1].

In den Dithmarschen war der Wucher schon im Jahre 1541 so stark eingerissen, daß in einem halben Jahre auf einen halben Gulden Werth 13 Schillinge, von 20 Gulden 20 Gulden genommen wurden. Im Jahre 1585 erließ Herzog Adolf von Schleswig-Holstein einen Strafbefehl gegen die ‚gräuliche Wucherei und Schinderei‘, welche ‚an allen Orten im Kornkaufen, Borgen und anderen Händeln‘ ohne Scheu geübt werde; die Wucherer nehmen, schrieb er, ‚in kurzer Zeit zwei, drei und mehr Pfennige auf einen, und so werde die einfältige Armuth insgemein von Tag zu Tag schrecklich ausgesogen und mit Weib und Kindern zum kalten Wasser gebracht‘. Die Pfändungen nahmen derart zu, daß binnen kurzer Zeit manche Häuser vier-, fünf-, sogar neun- bis zehnmal ihren Besitzer wechselten[2].

Herzog Barnim von Pommern-Stettin sagte in einem Landtagsabschiede vom 10. Januar 1566: ‚Der Wucherhandel nimmt in unseren Landen übermäßig zu, so daß ihrer viele nunmehr von 100 nicht allein 6, 8, 10 und wohl 12 Fl. jährlich nehmen dürfen, sondern sich auch etliche befleißigen, kleinere Summen durch Steigerung und Uebersetzung der Renten und Interessen an sich zu bringen und dann das Geld bei großen Summen aus dem Lande zu führen und noch größeren Wucher damit zu stiften.‘ Es sei damit, klagte er im September desselben Jahres, so weit gekommen, daß man ‚in Zeit der Noth im ganzen Lande nicht wohl 2000—3000 Gulden um gebührliche Interesse aufzubringen‘ vermöge[3]. In einer pommerschen Bauernordnung vom Jahre 1616 heißt es: von einem Gulden nehme man jährlich wohl 4 Groschen Zins, von einem Scheffel Korn einen viertel Scheffel[4].

In anderen Gebieten machte man ähnliche, sogar noch schlimmere Erfahrungen[5].

‚Die verdammten Leute‘, schrieb der Marburger Hofgerichtsprocurator Sauwr im Jahre 1593, ‚haben jetzo eine neue Weise zu wuchern, nehmen nicht Geld von Geld, sondern leihen Geld auf Getreide, Wiesen und

[1] Codex Augusteus 1, 1046—1047; vergl. dazu 1055—1059 erneute Wucherverbote aus den Jahren 1583 und 1609.

[2] Neocorus 2, 141. 293. 382.   [3] Dähnert 1, 496. 506.

[4] Dähnert 3, 837.

[5] ** ‚Ich weiß Einen,‘ sagt Erasmus Sarcerius (1555), ‚der nimmt für ein Darlehen von 8 fl. — 3 fl. Interessen, also 37½ %, ein Anderer für 24 fl. — 18 Scheffel Korn, ein Dritter für 30 Thaler — 5 Thaler.‘ Siehe Neumeister, Sittliche Zustände im Mansfeldischen, in der Zeitschr. des Harzvereins 20, 525 Anmerkung.

Aecker, da einem auf's 100 wohl 15 oder 20 Gulden des Jahres kommen. Und damit man den Schalk nicht merken soll, richten sie Nebenverschreibung auf, in welcher angezeigt wird, daß die Verpfändung nicht höher sei und dem Creditor nicht mehr ertrage, denn den 5ten Gulden von 100.'[1] Die Visitatoren des Kreises Schlüchtern in der Grafschaft Hanau-Münzenberg berichteten im Jahre 1602: das Wuchern sei so allgemein, daß von 20 Gulden ausgeliehenen Geldes ein Fuder Heu als Zins gefordert werde[2].

Johann Mathesius gab 14 verschiedene Arten des herrschenden Wuchers an, darunter: ,wenn man 10 oder 20 Gulden im Jahr von 100 Gulden nimmt, oder eine Woche einen Groschen, oder auf jüdisch 46 Groschen im Jahr von 100, ohne den Aufwucher; oder man leiht einem Handwerksmann 20 Gulden, dafür muß er dem Wucherer Alles umsonst in's Haus arbeiten.'[3] Zacharias Poleus ließ in einer Tragödie die Bauern sich darüber beschweren, daß sie bei Anleihen außer 12 Procent noch Geschenke entrichten müßten[4]. Der Meißener Superintendent Gregor Strigenicius schrieb im Jahre 1598: man nehme von 100 Thalern oft 54 Thaler und 4 Groschen jährlichen Zins. ,Die kaiserlichen Rechte lassen 5 von 100 zu, so dürfen solche Wucherer zehnmal so viel nehmen, und wollen dennoch daneben gute Christen sein.'[5] Der Prediger Bartholomäus Ringwalt wußte davon zu berichten, daß man um 80 Thaler wohl gar 250 Thaler zahlen müsse[6].

In einer Schrift, ,den großen Geldwucherern, den Höllrachen, Höllhunden und Berwölfen zum Jahrmarkt geschenkt', rief der Verfasser aus: ,Einem sollte doch für einem Wucherer grauen; es wäre doch nicht ein Wunder, daß man einen auf der Gasse anspiee. Halten einen die Recht für einen Mörder, Räuber, Dieb, Ehrlosen, Verdammten, Teufelsgenossen, sollte doch einer lieber mit einem Türken und Heiden zu schaffen haben, essen, trinken und umgehen, denn mit einem großen Wucherer; man sollte sie auch nicht bei anderen Christen begraben; es ist ihren Ehren nicht zu nahe, daß man sie auf dem Schindewasen begrabe.'[7]

Wie es in katholischen Gebieten mit der ,wucherlichen Umgehung und Mißachtung der kirchlichen Gesetze und Gebote' aussah, zeigen viele Aeuße-

---

[1] Sauwr, Vorrede Bl. B².

[2] Zeitschr. des Vereins für hessische Gesch. und Landeskunde, Neue Folge 5, 192. 201.

[3] Postilla prophetica 222ᵇ.   [4] Palm, Beiträge 121.

[5] Diluvium 186.   [6] Die lautere Wahrheit 31.

[7] Der Wucherer Meßkram und Jarmarkt (1544) Bl. K 4ᵇ—L. L³. Vergl. Spiegel des Geiz . . . wider die grewlichen Finanzereien 2c. Reimweis gestellt durch einen einfeltigen Leien. Magdeburg 1586. ** ,Der Wucher', schrieb Georg Engelhart Löhneiß (304), ,hat also überhand genommen, daß auch vornehme, an-

rungen des Jesuiten Georg Scherer. ‚Die wucherlichen und unrechten Contracte‘, predigte er, ‚haben dermaſſen überhand genommen, daß dem Weſen
weder zu rathen noch zu helfen mehr.‘[1] ‚Wir Prediger ſind dem Wucher zu
ſchwach, man läßt uns darwider ſchreien und ſchreiben ſo lange wir wollen.
Die Zuhörer kehren ſich nicht daran, ſondern fahren einen Weg wie den andern mit ihrem Zinkes per Zänkes immer fort. Dieſer Ungehorſam ſoll
gleichwohl den chriſtlichen Prediger nicht müde oder matt machen, wider
dieſen ungerechten Mammon ſeine Stimme ohne Unterlaß wie eine Poſaune
zu erheben, damit er ſich nicht fremder Sünden mit Stillſchweigen theilhaft
macht. Es früchte nun die Predigt wider den Wucher oder früchte nicht, ſo
hat dennoch der Prediger ſeinem obliegenden Amte ein Genüge gethan und
ſeine Seele errettet.‘ Wie eine Sündflut habe der Wucher ‚ſchier die ganze
Welt überſchwemmet und ausgetränket‘. ‚Wir reiſſen und beiſſen, ſchinden
und ſchaben, drücken und preſſen einander, daß es ein ewiger Spott und
Schande iſt. Es fället einer den andern mit dem Wucher an, wie die Jagdhunde ein Wild anfallen, und ſind die Juden gegen einander viel barmherziger und mitleidiger als wir Chriſten, die wir uns der Taufe und der
wahren Erkenntniß des heiligen Evangelii rühmen.‘ ‚Durch den verdammten
Wucher bringen wir unſern Nächſten um Haus und Hof und um Alles,
was er hat, wie dann die Wucherer darauf fein abgerichtet ſein.‘ ‚Ich weiß
einen Wucherer, der nimmt wöchentlich von Einem Gulden 5 Pfennig zu
Wucher, das macht im Jahr von 100 nicht mehr als 105: Pfui der Schande!
Mancher leiht einem 1000 Gulden, gibt aber nur 500 an baarem Geld,
und darzu in einem ſolchen Geld, daran der Entlehner verlieren muß, die
anderen 500 gibt er in verdorbenen Waaren, auf das Theuerſte geſchätzt, in
verlegenem Tuch, in ungewiſſen Schuldbriefen, in zähem Wein, hinkenden
Roſſen und ſo weiter; aus dieſem Allem macht er die Hauptſumme völlig

---

ſehnliche Leute mit ſolchem ſchändlichen Laſter inficirt ſind, und muß man dieſe
Wucherer mehr ehren und feiern, als andere, ehrliche Leute; denn Fürſten und Herren
ſind ihre Gefangenen, die ſie alſo mit ſolchem wucheriſchen Gelde gefangen nehmen,
daß ſie thun müſſen, was ſie ihnen vorſchreiben. Desgleichen ſind Land und Leute ihre
Mancipia oder eigenthümlichen Knechte, die ſie mit ihrem unchriſtlichen Wucher aus-
ſaugen und verderben, und wollen dazu noch Chriſten ſein. Wenn ein armer beſchnittener
Jude eine Woche von einem Gulden einen Pfennig nimmt, ſo ſchreit ein Jeder Morbio
darüber. Wenn aber ein unbeſchnittener Chriſtenjude eine Woche von einem Gulden
einen Dreier oder Kreuzer, ja wohl einen Groſchen nimmt, das heißt nicht mit dem
Judenſpieß gelaufen. Item der armen Juden kleiner und geringer Wucher ſticht alle
Leute in die Augen, es ſchreit Jedermann über ſie und will ſie verjagt haben; wenn aber
die Chriſtenjuden von hundert zehn, zwölf, fünfzehn oder mehr nehmen, ſchlagen ihr
Geld etlichemal durchs Jahr um in ihren Wechſeln, da iſt Niemand, der dieſe gedenkt
zu verjagen.‘
[1] Scherer, Poſtille 681ᵇ.

und schlägt noch darauf 8 oder 10 Procent. Ist das nicht ein unchristlicher und teuflischer Wucher?' ,Die gemeinen Diebe stehlen nicht allzeit, sondern mit Gelegenheit etwan bei nächtlicher Zeit oder sonst heimlich und verborgener Weis, schämen sich auch ihres Stehlens, gehen mit untergeschlagenen Augen daher und dörfen Niemand fröhlich ansehen; aber die Wucherdiebe rauben und stehlen Tag und Nacht, weil der Wucher alle Stunde wächst und weniger feiert als eine Beutelmühle. So thun sie das öffentlich ohne alle Scheu und gehen großen Fürsten und Herren täglich vor der Nase um, sitzen in großen Aemtern und tragen guldene Ketten. Ja, diese großen Diebe lassen vielmals die kleinen hängen, gerade als wenn nur das gemeine Stehlen verboten wäre und nicht viel mehr das öffentliche Rauben und Wuchern.' Durch strenge Reichsgesetze sei den Juden das Wuchern verboten worden, ,aber die Christen thun es der Zeit mit Finanzen und Wuchern den Juden weit bevor und rennen oftmals mit dem Judenspieß viel stärker als die Juden selber, welche gelbe Ringe vor Jahren tragen mußten' [1].

Aber ,mit den Christen', sagte ein anderer katholischer Prediger im Jahre 1585, ,soll man, wie viele Weltweisen wollen, fein sachte thun, wenn vom Wuchern und wucherlichen Partiten und Contracten die Rede kommet; nur die Juden soll man schimpfiren, mit Füßen treten, ihnen alles Unglück auf den Hals wünschen, sie als Feinde Gottes und der Menschen verspeien. Mit Verlaub, Herr Gevatter und christlicher Wucherer: ich halt dafür, daß die getauften Juden viel ärger und ärgerer Strafe schuldig sind, denn die un-getauften, und daß das gottlose Laster des Wuchers, so von den Juden auf die Christen übergegangen, von diesen heftiger denn von jenen geübet wird.'

,Damit will ich gleichwohl', fährt der Prediger fort, ,die wucherischen Juden, die nicht arbeiten wollen, sondern nur mit allen, gar den schädlichsten Mitteln unmäßigen Geldgewinn suchen und zusammenkratzen, in keinem Weg entschuldiget haben; denn sie saugen teuflisch das arme, unerfahrene, in Noth befindliche christliche Volk, Handwerker und Bauersmann, mit schändlichen Griffen und Praktiken aus, und verstehen es ebenmäßig meisterlich, die leicht-fertige, auf Geldgier, Prunk und Verschwendung bedachte Welt unter den Vornehmen in ihre Netze und Stricke zu ziehen. Daher denn die gemeine Klage und Beschwerde über den Wucher und sonstig schädliche Hanthierungen der Juden mit Fug und Recht gegründet ist, nicht weniger die über sorglose und verdächtige hohe Herren und Oberkeiten, so die Ausmergelung des Volks durch die Juden geruhig, als wäre es erlaubt, und ohne Strafe und Ahn-dung hingehen lassen, oder gar mit den Juden laichen und unter einer Decke stecken.'

---

[1] Drey underschiebliche Predigten 22. 27. 31—33. 44—45. 47.

‚Daß man aber die Juden, als viele wollen, gar austreiben soll, halte ich für Unnoth. Wenn man sie dazu, wie die Gesetze des Reiches vorschreiben, bringen könnt, daß sie arbeiten und mit ehrlichem Gewerb ihr Brod verdienen, in den offenen freien Messen und Jahrmärkten mit aufrichtigen Commercien und Hanthierungen, wie es selbigen die Gesetze des Reiches nicht verbieten, umgehen, und den von Reichswegen ihnen verstatteten Zins von 5 auf 100, und mehr nicht, nehmen wollen, möchte man sie als ein von Strafe Gottes zerstreutes Volk unter den Christen wohnen lassen. Aber wer sorgt dafür, daß solches alles geschieht? Es geschieht davon so wenig und nichts, daß sie noch heutiges Tages mehr denn je faule Müssiggänger sind, Zins bis zu 40, 60, 80 und noch mehr per Cento nehmen, und ungescheut treiben dürfen, was Kaiser Carolus der Fünfte und die Reichsstände in dem Reichsabschied zu Augsburg Anno 1530 streng verboten haben und in den Jahren 1548 und 1577 wiederum eingeschärfet worden ist, wo die Worte lauten: „Nachdem in etlichen Orten im Reich deutscher Nation Juden wuchern und nicht allein auf hohe Verschreibung, Bürgen und eigen Unterpfand, sondern auch auf raubliche und diebliche Güter leihen, durch solchen Wucher das gemein, arm, nothdürftig, unvorsichtig Volk mehr, denn Jemand genug rechnen kann, beschweren, jämmerlich und hoch verderben: so setzen, ordnen und wollen wir, daß die Juden, so wuchern, von Niemand im heiligen Reich gehauset, gehalten oder gehandhabt werden, daß auch dieselben im Reich weder Fried noch Geleit haben, und ihnen an keinen Gerichten um solche Schulden, mit was Schein der Wucher bedeckt sei, geholfen werde. Wer Juden bei sich leiden will, der soll sie dermaßen halten, daß sie sich des Wuchers und verbotener wucherlicher Kauf enthalten und mit ziemlicher Hanthierung und Handarbeit ernähren, wie eine jede Obrigkeit dasselbig seinen Unterthanen und dem gemeinen Nutzen am zuträglichsten erachten wird." So verordnen die Gesetze. Allein was wir vor Augen haben und durch tägliche Erfahrung belehrt werden, ist das Widerspiel davon, und daraus fleußt der ingrimmig Haß des Volks wider die Juden, und daß sie aus etlichen Landen ohne Schonung vertrieben werden.‘[1]

So verfügte zum Beispiel die bayerische Landesordnung vom Jahre 1553: Die Juden ‚mit ihren Personen sollen im Fürstenthum Bayern nicht mehr Wohnung haben noch auch sonst darin hanthieren dürfen; kein Unterthan

---

[1] Ein nützlich und wohlgegründte Predigt und Vermahnung wider den Geiz und Geldwucher der jetzigen Welt, aus der hl. Schrift und catholischen Lehr zusammengetragen durch Wilhelm Sartorius, Capellan zu Ingolstadt (1585) S. 5. 8—9. — Die Reichsgesetze über den Judenwucher aus den Jahren 1530, 1548, 1551, 1577 in der Neuen Sammlung der Reichsabschiede 2, 342 No. 27. 599 No. 21. 622 § 78—79; und 3, 389—390 No. 20.

darf mit einem Juden, sei es innerhalb oder außerhalb des Landes, in einig
Contract oder Handlung' sich einlassen; werden Unterthanen den Juden durch
Kaufen, Leihen oder Verkaufen Geld schuldig, so verfallen die Schulden dem
Fiscus [1].

In Tirol, wo auch häufige Klagen ergingen: ‚Die armen Unterthanen
stecken hart hinter den Juden mit viel tausend Gulden', wurden die Juden
wohl aus einzelnen Orten ausgewiesen, aber zu einer allgemeinen Austrei-
bung wollten sich Erzherzog Ferdinand II. und seine Regierung nicht verstehen. Würde man, sagte die Regierung um das Jahr 1570, eine solche
Maßregel ergreifen, so müßte man dafür sorgen, daß die jüdischen Gläubiger
vor ihrem Abzuge aus dem Lande von den Unterthanen bezahlt würden, und
dieses sei unmöglich; zudem würden die Vertriebenen doch bald wieder ihre
Rückkehr erwirken, und wenn sie auf benachbarten Gebieten fremder Herren
sich niederließen, könnten sie noch größern Schaden verursachen. Würden die
Juden, hieß es schon früher in einem Schreiben der Regierung vom Jahre
1558, nur arbeiten wie andere Leute, ihre Schmähungen wider die christliche
Religion unterlassen und sich des Wuchers enthalten, so hätte man gegen
ihre Duldung kein Bedenken. Gegen die ‚wucherlichen Contracte' suchte man
die Unterthanen einigermaßen zu schützen, indem man den Juden die Wucher-
verordnungen einschärfte, sie dazu nöthigte, ihre Schuldverträge vor der Obrigkeit abzuschließen, und ihnen verbot, ihre Schuldbriefe an Christen zu verkaufen. ‚Wucherliche Contracte' fanden aber nicht allein bei den Juden statt.
Als Sigmund von Welsberg zur Vertreibung der Juden aus seiner Herrschaft Telvana in Südtirol aufgefordert wurde, entgegnete er: Allerdings
leiht man bei den Juden um 20—40 Procent, aber auch die Christen verlangen 20, und von ihnen ‚werden viel mehr als von den Juden aus Haus
und Hof vertrieben; denn dem Juden versetzt man nur die fahrende Habe,
dem Christen aber auch die liegenden Güter, und zwar um einen sehr geringen
Anschlag'. In Bregenz wurden oft 20—30 Procent verlangt; ein Kaufmann in Rattenberg ließ sich im Jahre 1584 für 100 Gulden auf drei
Wochen 4 Gulden Zins bezahlen [2].

Im Erzstifte Mainz hatte der Erzbischof Sebastian von Heusenstamm
(1545—1555) ‚in Kraft des heiligen Reichs Polizei alle Juden ausbieten und
ihnen und den Unterthanen mit Ernst auferlegen lassen, fürbaß sich Contrahirens
mit Kaufen, Leihen und dergleichen verderblichen wucherlichen Contracten bei
unnachläßiger Strafe zu enthalten'; allein ‚die umgesessenen und unter fremden Obrigkeiten wohnenden Juden' haben sich, schrieb Erzbischof Daniel Brendel
von Homburg im Jahre 1558, darum keineswegs gekümmert, sondern

---

[1] Bayerische Landesordnung Fol. 167. 169.   [2] Hirn 1, 424—425. 444.

fahren fort, ‚die armen einfältigen‘ Unterthanen ‚zu endlichem Verderb zu führen‘. Er erneuerte die Verordnungen, erneuerte sie nochmals im Jahre 1577, befahl im Jahre 1579, sämmtliche Juden aus dem Rheingau zu vertreiben, aber alle diese ‚ernstlichen‘ Maßnahmen hatten eben so geringen Erfolg, wie die gleichlautenden im Jahre 1583 bei ‚unnachläßlicher Strafe‘ eingeschärften Befehle des Erzbischofs Wolfgang von Dalberg. Im Jahre 1605 stiegen die Wucherzinsen der Juden bis zur Höhe von 20—25 Procent, und die Schuldner mußten überdieß noch mit ‚Verehrungen‘ zur Hand sein[1].

Dieselben Erfahrungen machte man in protestantischen Gebieten, und gerade unter den Protestanten äußerte sich am lautesten ‚der ingrimmige Haß des Volkes wider die Juden‘, wesentlich gefördert durch mancherlei Schriften, in welchen dieselben verspottet, nicht selten die gröbsten Verbrechen: Brunnenvergiftungen, namentlich rituelle Morde, ihnen zur Last gelegt wurden[2].

‚Wohin man in deutschen Landen kommt,‘ sagte der lutherische Prediger Jodocus Ehrhardt im Jahre 1558, ‚da höret man jetzunter Nichts denn Klagen über unmäßige Sünden und Laster aller Art, Verderb von Handel und Wandel und Verarmung und nichtsdestoweniger Ueppigkeit und Verschwendung, bis der letzte Groschen aus der Tasche fliegt. Aber nicht ein einzig Klage ist so gemein bei Hohen und Niederen, Theologen, Predigern, anderen Gelehrten, schier auch bei allen Landständen, als die über den Wucher der Juden, dieser Gotteslästerer und Feinde Christi, dieser stinkenden, nagenden Würmer, so überall, wo sie eingeschlichen, die Christen bis auf’s Blut ausmergeln und um Haus und Hof und an den Bettelstab bringen. Was man gegen diese schädlichen Würmer und Blutsauger für Mittel anwendet, ist Alles vergeblich. Darum würde es gut sein, wenn man an allen Orten mit ihnen verführe, wie Vater Lutherus gelehrt und verordnet hat, indem er unter Mehrerem schreibt: „Man

---

[1] Näheres bei R. A. Schaab, Diplomatische Gesch. der Juden zu Mainz und dessen Umgebung (Mainz 1855) S. 177 fll.
[2] Vergl. L. Geiger, Die Juden und die deutsche Literatur, in der Zeitschr. für die Gesch. der Juden in Deutschland Bd. 2, 297—374. Auch Johann Fischart richtete gegen die Juden ein ekelhaftes Spottgedicht, vergl. unsere Angaben Bd. 6, 249—250. Leidenschaftlich heftige Ausbrüche gegen die Juden bei Olorinus Variscus (Prediger Johann Sommer aus Zwickau), Geldtklage 415—446. ‚Es ist sehr lehrreich, zu sehen,‘ sagt Geiger 369, ‚wie sich in der Stellung der Schriftsteller und der Nation zu den Juden das 15. und 16. Jahrhundert unterscheiden. Haß genug existirte in ersterem Jahrhundert auch; an Ausbrüchen des Hasses fehlte es auch keineswegs; trotzdem ist die allgemeine Stimmung eine mildere.‘ Geiger verweist dafür vornehmlich auf die von uns Bd. 1, 417 angeführten Aeußerungen Trithem’s.

stecke ihre Synagogen und Schulen mit Feuer an, und werfe hinzu, wer da
kann, Schwefel und Pech; wer auch höllisch Feuer könnte zuwerfen, wäre auch
gut; und was nicht brennen will, überhäufe man mit Erden und beschütte
es, daß kein Mensch ein Stein oder Schlacke davon sehe ewiglich. Desgleichen
zerbreche und zerstöre man auch ihre Häuser und thue sie etwa unter ein
Dach oder Stall wie die Zigeuner, auf daß sie wissen, sie seien nicht Herren
in unserem Lande. Ferner soll man den Juden das Geleit und Straßen
ganz aufheben, denn sie haben Nichts auf dem Lande zu schaffen. Werdet
ihr Fürsten und Herren solchen Wucherern nicht die Straße legen ordentlicher
Weise, so möchte sich etwa eine Reuterei sammeln wider sie, weil sie aus
meinem Büchlein lernen werden, was die Juden seind, und wie man mit
ihnen umgehen und ihr Wesen nicht schützen solle. Man soll ihnen allen
Wucher verbieten und ihnen nehmen alle Baarschaft und Kleinod an Silber
und Gold und legen es bei Seite zu verwahren, denn sie haben Alles, was
sie haben, uns gestohlen und beraubt durch ihren Wucher, weil sie sonst keine
andere Nahrung haben. Ich höre sagen, daß die Juden große Summen
Geldes geben und damit den Herrschaften nütze sind. Ja, wovon geben sie
es? Nicht von dem ihren, sondern von der Herrschaften und Unterthanen
Güter, welche sie durch Wucher stehlen und rauben. Und nehmen also die
Herrschaften von ihren Unterthanen, was die Juden geben, das ist: die Unterthanen müssen Geld zu geben und sich schinden lassen für die Juden, damit
sie im Lande bleiben, getrost und frei lügen, lästern, fluchen und stehlen
können. Sollten die verzweifelten Juden deß nicht in die Faust lachen, daß
wir uns so schändlich äffen und narren lassen? Und noch reich dazu werden
von unserem Schweiß und Blut, wir aber arm und von ihnen ausgesogen
werden. Sie saugen uns aus, liegen uns auf dem Hals, die faulen Schelme
und müssigen Wänste, saufen, fressen, haben gute Tage in unserem Haus,
fluchen zu Lohn unserem Herrn Christo, Kirchen, Fürsten und uns Allen,
dräuen und wünschen uns den Tod und alles Unglück ohne Unterlaß. Gottes
Zorn ist so groß über sie, daß sie durch sanfte Barmherzigkeit nur ärger
und ärger, durch Schärfe aber wenig besser werden, darumb immer weg mit
ihnen." Solch ein getreuer Rath und Ordnung hat der gotterleuchtete Vater
Lutherus gegeben, und stünd es wahrlich besser und christlicher in deutschen
Landen, wenn man ihm gefolgt wäre. Aber die Juden und Judengenossen
mit ihrem Geld und Geschenken und Darlehen bei Fürsten und Herren und
ihren Räthen haben Alles zu hintertreiben und zu ihrem Vortheil zu wenden
gewußt, so daß wir Christen jetzund von den Juden noch immerfort ausgesogen und durch ihren Wucher geplündert und beraubt werden und schier
ihre Diener und Sclaven geworden sind, weil man sich nach Lutherus nicht
gerichtet hat, der es doch so väterlich gemeint hat. Und sollte noch jetzund,

damit es endlich besser werde, jeder Fürst und Oberkeit Lutheri Bedenken und Vermahnung beherzigen und befolgen.'[1]

[1] Ehrhardt, Bl. A² — B. Luther's ‚Bedenken und Vermahnungen' behaupteten ein großes Ansehen unter den protestantischen Theologen. Lucas Osiander der Aeltere überschickte im Jahre 1598 Luther's ‚Schemhamphoras' an den Herzog Friedrich von Württemberg behufs Begründung seiner Bitte, alle Juden aus dem Lande zu treiben. Moser's Patriot. Archiv 9, 266. Zu gleichem Zwecke ließ die theologische Facultät zu Gießen im Jahre 1612 Luther's Aeußerungen von Neuem abdrucken. Theolog. Bedenken 8—14. ** Als im Jahre 1538 die Judenfrage in hessischen Regierungskreisen eifrig erörtert wurde, zog Landgraf Philipp auch seine Hoftheologen zu Rathe. Butzer verfaßte ein Gutachten, welches von ihm selbst und sechs hessischen Predigern Anfang 1539 zu Cassel unterzeichnet wurde. In diesem Gutachten (abgedruckt in Butzer's Schrift ‚Von den Juden', o. O. u. J. [Straßburg 1539]) wird die Frage vom religiösen und wirthschaftlichen Standpunkte aus erörtert. In religiöser Hinsicht bekunden die protestantischen Prediger wenig Duldsamkeit. Die wahre Religion, so wird ausgeführt, könne nur eine sein, deßhalb solle man ‚widerwärtige und falsche Religion zum hertesten strafen und mit nichten gedulden'. Nicht zu verdammen seien ‚Könige, Fürsten und Städte, welche die Juden bei den Ihren nicht gedulden wollen und sie längst aus ihren Landen vertrieben haben'. Wolle man indessen die Juden dulden, so müsse man sie doch verschiedenen Beschränkungen unterwerfen; so müßten die Oberen mit höchstem Eifer darauf bestehen, ‚daß die Juden nirgend eine neue Synagoge aufrichten'. In wirthschaftlicher Hinsicht lehrt Butzer, eine jede Obrigkeit sei schuldig, zu verschaffen: ‚1. Daß die Juden überall niemandem zum Wucher etwas leihen. 2. Daß ihnen auch alles Grempeln und Kaufmannshändel verboten werden. Denn weil sie sich bereden, sie haben Fug, uns zu betrügen und das Unsere an sich wider Recht zu ziehen, als die nach der Verheißung ihres Gesetzes unsere Herren und wir ihre Knechte sein sollen, werden sie sich allweg drein schicken, daß sie mit den Christen zu derselbigen Nachtheil hantiren. 3. Hat der Herr den Juden dies Recht gesetzt (Deut. 28): Der Fremdling, der bei dir ist, wird über dich steigen und immer oben schweben, du aber wirst herunter steigen und immer unterliegen; er wird dir leihen, du wirst ihm nicht leihen; er wird das Haupt sein, und du wirst der Schwanz sein. — Dies göttlich Recht sollen unsere Obern an den Juden vollstrecken und sich nicht unterstehen, barmherziger zu sein, denn die Barmherzigkeit selbst, Gott der Herr, wiewohl es eine Unbarmherzigkeit und keine Barmherzigkeit ist, der Wölfe schonen zu Schaden der Schafe, der frommen armen Christen. Sie sollen demnach die Juden, nach Gottes gerechtem und barmherzigem Urtheil, also halten, daß sie nicht ob, sondern unter den Christen, der Schwanz bei ihnen und nicht das Haupt seien. Denn die Juden ja ihres Unglaubens und ihrer Verachtung Christi, sammt dem Blut des Herrn, seiner lieben Apostel und so vieler Martyrer, das auf ihr eigen Begehr und nach billigem Urtheil Gottes noch auf ihnen liegt, unter recht gottseligen Obern entgelten sollen. Nun dürfen sie sich aber beß berühmen, und findet sich also in der That, daß sie unsere Herren und wir ihre Knechte seien, und nicht herwider, wie es aber der gütige Gott geordnet hat. Denn sie durch ihr vortheiliges Leihen, Kaufen und Verkaufen den Unsern das Ihre also abziehen, daß sie darbei müßig gehen, Pracht und Muthwillen mit dem Schweiß der Unseren und fast der ärmsten treiben. So halten sie sich auch also, daß weder sie noch ihre Kinder den Unsern knechtlichen Dienst thun, wie aber gar oft die Unseren ihnen thun; denn

In ähnlicher Sprache redete im Jahre 1570 der hessische Superintendent Georg Nigrinus: Gott der Herr habe befohlen, daß die Juden sollten ‚ein Scheusal und Spott sein unter allen Völkern‘. ‚Daraus folgt unwidersprechlich, daß sie unbillig so gehegt und geschirmet werden, daß sie all ihren gräulichen Wucher, Schinderei und Gremplerei so unverhindert treiben, daß sie dabei müßig gehen, Pracht treiben und allen Muthwillen üben mit dem Schweiß der armen, ja fast der ärmsten Christen. Sie sollten billig nach

---

sie von den Unsern immer finden, die ihnen auf den Sabbat die Feuer machen, kochen, waschen und andere Arbeit ausrichten. Und wo ihnen schon das Wuchern gewehrt wird und allein die Grempelei und Kaufmannshändel zugelassen, wie sie geschwind, unverdrossen und uns zu bevortheilen ohne Gewissen sind, ja meinen, sie thun Gott einen Dienst dran, werden sie sich sonder Zweifel also drein schicken, daß sie noch als oben uns und nicht unter uns, das Haupt und nicht der Schwanz sein werden. Derhalben werden keine christlichen Oberen, denen die Religion und gute Polizei lieb ist, diesen Feinden Christi, den Juden, einige Kaufmannshantirung und Grempelei gestatten. 4. Ja, sie werden ihnen auch nicht die saubern gewinnlicheren Handwerke, und nemlich die nicht zulassen, wo man den Werth der Werke zu Erkenntniß und auf Glauben der Werkmeister stellen muß, sondern werden sie verordnen zu den allernachgültigsten, mühseligsten und ungewinnlichsten Arbeiten, als da sind der Bergknappen Arbeit, graben, Wallmachen, Stein und Holz hauen, Kalk brennen, Schornstein und Cloak fegen, Wasenmeister oder Schinderwerk treiben und dergleichen. Denn, wie gesagt, ihr Recht ist ihnen von dem barmherzigen Gott aufgelegt, daß sie bei den Völkern, bei denen sie wohnen, die untersten und der Schwanz seien und am allerhärtesten gehalten werden sollen.‘ Am Schlusse ihres Rathschlages erklären die Prediger: ‚Diese hievorgesetzte Antwort in allen ihren Stücken und Punkten erkennen die nachgeschriebenen Prediger alle einhellig, in ihr selber, wahr, christlich und göttlicher Schrift gemäß; sind also, soviel de jure gefragt würde, aller Dinge eins. Wenn man aber de facto fragen will, ob die Juden im Fürstenthum Hessen diesmal länger zu gedulden seien, wissen sich die Prediger, die im Land wohnen, nicht zu vertrösten, daß die Condition und die Maß, hievor aus göttlichem und kaiserlichem Rechten gesetzt, gehalten werde; sondern wie sie alle Gelegenheit der Regierung und auch Geschwindigkeit der Juden mit schenken und andern Listen wissen und bedenken mögen, müssen sie gänzlich besorgen, daß, so man die Juden länger behalten sollte, solches gewiß Gefahr und Aergerniß an der Religion und an Nahrung der Armen bringen würde, und niemanden wahre Besserung. Derhalben sie einmal erkennen und schließen, daß es nützlicher und besser sein muß, die Juden, als die Sache jetzt zur Zeit im Fürstenthum gestellt, länger im Fürstenthum nicht zu gedulden.‘ Der Landgraf zeigte sich indessen gegen die Juden duldsamer als seine Hoftheologen. Er erließ an die Beamten von Cassel ein Schreiben, worin der Rathschlag der Prediger widerlegt wurde. Einige Tage später befand sich das fürstliche Schreiben, wie auch das Gutachten der Theologen, schon in den Händen der Juden, die begreiflicher Weise gegen die intoleranten Prediger in hellen Zorn geriethen. Um letzteren einen bösen Streich zu spielen, beeilten sie sich, deren Gutachten mit der Antwort des Landgrafen der Oeffentlichkeit zu übergeben; auch rühmten sie die Duldsamkeit der katholischen Kirche im Gegensatze zur Intoleranz der evangelischen Pfaffen. Paulus, Die Judenfrage und die hessischen Prediger in der Reformationszeit. Katholik 1891, 1. 317—324.

Gottes Recht und Ordnung, das er ihnen zur sonderlichen Strafe auferleget, zur Dienstbarkeit und Handarbeit angehalten werden, daß sie durch den Nasen-Schweiß ihrer gräulichen Sünden erinnert werden. Sie klagen heftig: sie seien arme, gefangene Leute, und führen die Klage täglich in ihrem Gebet, als wenn sie von Christen verhindert würden, daß sie nicht in ihr Land kommen können. Aber welcher Teufel hat sie in dieses Land geführt, der führe sie auch wieder hinaus. Es stehen ja alle Straßen offen, wer hält sie? Wie oft sind sie mit Gewalt ausgetrieben, und man kann ihrer doch nicht los werden. Wollte Gott, daß alle Obrigkeiten dem strengen, ernsten Zorn Gottes nachfolgten und sie mit Gewalt zum Lande austrieben, oder sie also hielten, wie sie die Gabianiter und andere Völker hielten in der Dienstbarkeit.' Wolle man sie mit ihrem gräulichen Wucher nicht vertreiben, ‚so wäre es viel besser, man gebe ihnen eine eigene Wüste ein, ein Dorf oder Flecken zu bauen und mit Arbeit sich zu nähren wie andere Menschen, denn daß man sie einzeln hin und wieder stecket, die armen Leute auszusaugen. Wenn sie allein wohnten und müßten mit der Handarbeit sich nähren, so würde ihnen auch viel Kützels vergehen in der Dienstbarkeit, wie anderen Bauern, daß sie nicht wie Edelleute auf hohen Hengsten einherreiten.'[1]

Die theologische Facultät zu Gießen, welche im Jahre 1612 dieses ‚Bedenken' von Neuem veröffentlichte, rief ebenfalls den Zorn Gottes herab auf alle Begünstiger der Juden. ‚Es ist offenbar,' sagte sie, ‚daß aus göttlichem und weltlichem Rechte die Juden schuldig sind, als leibeigene dienstbare Knechte den Christen alle Dienste, Gehorsam und Unterthänigkeit zu erzeigen, und ist demnach göttlichem und weltlichem Rechte zuwider, daß in einigerlei Weise oder Weg ein Gottesfeind, ein Jud, sollte den Kopf über einen Christen erheben, oder im Geringsten demselben einen Hohn, Spott oder Verdrieß anthun. Muß derwegen das eine große Schande sein, daß ein Christ eines Juden halben soll gestöckt, geblöckt, betranget und bezwanget werden, sonderlich um losen Wuchergeldes willen, da eine Obrigkeit vielmehr sollte das göttliche und weltliche Recht gegen die Juden exequiren: dieses ist ein Schandfleck, den man dem Christenthum anhängt, und wird ohne Strafe Gottes nicht abgehen.' Die Juden hätten die ihnen in kaiserlichen Rechten ertheilten Freiheiten durch schändlichen Mißbrauch verwirkt: man dürfe ihnen nicht ihre Synagogen gestatten, müsse sie anhalten zu allerlei knechtischen Arbeiten und ‚sie ein wenig Mores lehren, damit sie wüßten, wie sie nicht Herren, sondern dienstbare Knechte seien'. Namentlich müsse man den Juden ‚den verfluchten Wucher nehmen'; ‚denn es ist unleugbar, daß sie dadurch zu reichen Herren

---

[1] Theolog. Bedenken 21—27; vergl. Goedeke, Grundriß 2, 506 No. 2. Geiger in dem oben S. 33 Note 2 angeführten Aufsatz 338—339.

gemacht, aber die Christen hergegen von ihnen gleichsam beherrschet und in blutige Armuth gesetzt, auch dazu geängstiget und schändlich bedränget werden'. ‚Das will sich übel schicken, daß sie in der Christen Land und Regiment, unter dessen Schutz sie wohnen, wollen als giftige Basilisken und undankbare Kukuk sitzen, und darnach vorgeben, sie haben dessen Privilegia und Freiheiten. Nein, lieber Gesell, die löblichen Kaiser haben dir keine Freiheit gegeben, deine muthwillige Bosheit, Gift und übermachte unmenschliche Unbarmherzigkeit, Unbilligkeit und Schinderei gegen Christen zu üben.'[1]

Nicht weniger heftig hatte sich der württembergische Hofprediger Lucas Osiander im Jahre 1598 ausgesprochen: ‚Die Juden sind ein verfluchtes, vermaledeites, von Gott verworfenes und vermaledeites Volk, des Teufels Leibeigene mit Leib und Seele.' ‚Wo sie in ein Land sich einnisten, da verderben sie mit ihrem jüdischen Wucher und anderen betrüglichen Hanthierungen die armen Unterthanen, richten selbige an den Bettelstab; denn ob sie wohl den Leuten, deren sie wissen zu genießen, guten Kauf geben, oder wohl ein Ding gar schenken, so erschinden sie doch selbiges hernach wieder von den armen Unterthanen, und wer einmal hinter sie kommt, der kommt nicht bald mehr auf einen grünen Zweig. So haben sie auch guten Platz am Hofgericht zu Rottweil, durch dessen Sententias, Acht und Bann sie ihre Schuldner mit dero äußerstem Verderben zur Bezahlung zwingen. Derhalben', mahnte er den Herzog Friedrich von Württemberg, ‚wenn ein Herr will zusehen und schuldig daran werden, daß seine armen Unterthanen noch ärmer werden und endlich von häuslichen Ehren kommen, der mag dieses verfluchte Volk und Ungeziefer in seinem Lande einnisten lassen. Daraus haben auch christliche evangelische Herrschaften, welche wohl reformirt, die Juden aus dem Gebiet abgeschafft und nimmermehr darein gelassen.'[2]

Der Prediger Eberlin von Günzburg rühmte in seiner Leichenrede auf den Grafen Georg II. von Wertheim († 1530) dem Verstorbenen nach, daß er ‚das Volk in dieser Herrschaft erlöset habe von dem großen Landschaden des Judenwuchers, dadurch viel armer Leute schier gar verdorben und zu Bettlern geworden' seien[3]. Der calvinistische Kurfürst Friedrich III. von der Pfalz wollte ebenfalls Juden in seinem Lande nicht dulden und machte seinen Nachfolgern testamentarisch zur Pflicht, sie für ewige Zeiten von der Pfalz fern zu halten, nicht allein weil sie öffentliche Verderber der armen Leute, Landesbeschädiger, Verräther und gefährliche Practicirer, sondern weil sie, ‚was das Höchste, Gotteslästerer und abgesagte Feinde unseres Er-

---

[1] Theolog. Bedencken 2—8.   [2] Moser, Patriotisches Archiv 9, 257—266.
[3] Vergl. A. Kaufmann im Archiv des Histor. Vereins für Unterfranken und Aschaffenburg 20, 9—10.

löfers' feien ‚und aller derer, die feinen Namen ehren und bekennen' [1]. Aber
‚troß Vertreibung und Untersagung des Verkehrs mit den Chriften üben
die Juden', fagte die rebidirte Pfälzer Landesordnung vom Jahre 1599,
‚ebenfo wie zuvor zum Schaden der Einwohner Wucher aus' [2]. In Württemberg hatte Herzog Ulrich bereits im Jahre 1536 den Befehl gegeben,
die Juden, diefe ‚nagenden und fchädlichen Würmer', auszutreiben [3]; allein
fie drangen auch dort wieder von Neuem ein, fo daß Herzog Chriftoph bei
den Reichsftänden durchzufeßen fuchte, fie ein= für allemal aus dem ganzen
Reiche zu verjagen [4]. Gleichzeitig mit Ofiander verlangten die württem-
bergifchen Landftände im Jahre 1598 von dem Judenbegünftiger Herzog
Friedrich die Befreiung von den ‚nagenden Würmern' [5].

Ofiander hielt die Juden für um fo gefährlicher, weil fie Zauberer und
als folche des Teufels Gefellen und Knechte feien [6].

‚Gerade aus diefen Zauberkünften der Juden' komme es, belehrte der
Prediger Jodocus Ehrhardt feine Zuhörer, ‚zum Wefentlichen her, daß fie fo
viel Glück haben mit der Wucherei, und den gemeinen Mann, infonderlich
Fürften und hohe Herren, verftricken und in ihre Neße bringen; denn der
Teufel hilft ihnen als feinen getreuen Liebhabern, Dienern und Gefellen, bis fie
die Chriften verzaubert und mit ihrem Wucher und anderer Ausmergelung
unter fich gebracht haben.' [7]

Näheres darüber wollte Heinrich Schröder aus Weißenburg erfahren
haben. Die Juden, verficherte er im Jahre 1613, find ‚des Teufels Bot-
fchaft'. ‚Diefe Läfterer und Feinde chriftlichs Bluts haben auch etliche ihrer
Rabbi, und fonften auch, die den Teufel zwingen können, daß er ihnen ein
hölzen oder fteinen Bildlein bringt; welcher das am Hals hat, dem kann
kein Oberkeit fein Bitt abfchlagen, noch ungünftig werden. Dadurch bringen
fie dann zuwege, wer Geld hat oder wo Geld ift aufzubringen, daß fie allzeit
die fein, die Fürften und Herren Geld auftreiben und zuwege bringen.
Damit fchleichen fie ein und erlangen Gunft, daß ein folcher Teufels Schaß-
gräber wohl taufend Juden erhält neben ihm, die uns fchinden, befchneiden
auch allen Fürften ihre Münz, graben und fchneiden falfche Siegel'. Und
das Alles bleibe ungeftraft; ‚das macht ihr Schwarzkünftler, der Teufel, der
ihr Schußherr ift'. ‚Durch den Teufel befchwören fie gemeinlich all unfer
Glück, wenn wir mit ihnen handeln; bezaubern die, fo Geld von ihnen ent-

---

[1] Kluckhohn, Friedrich der Fromme 387.
[2] Vergl. Neumann, Gefch. des Wuchers 334.   [3] Reyfcher 12, 112.
[4] Sattler, Herzoge von Württemberg 4, 132.
[5] Mofer, Patriotifches Archiv 9, 274—286.
[6] An der oben S. 38 Note 2 angeführten Stelle.
[7] Ehrhardt Bl. B [2].

lehnen, daß sie nicht bezahlen können, bis der Wucher größer ist denn die Summe.‘[1] ‚Allein wie viel man auch‘, meinte Jodocus Ehrhardt, ‚den zauberischen Künsten der Juden zuschreiben mag, wenn man wissen will, aus welchen Ursachen sie bei so vielen Fürsten, Grafen und Edelleuten, ohnangesehen ihrer Ausmergelung des Volkes, Begünstigung und Vorschub finden, so ist doch nicht die mindeste, viel eher der größten Ursachen eine die, daß solch hohe Herren bei den Juden in tiefen Schulden stecken und ohne sie sich gar nicht über Wasser halten könnten: das ist allbekannt, und könnt man wohl, ich geschweige aus Respect der Könige und Fürsten, viel vom hohen und niedern Adel mit Namen nennen, bei denen solches, wie Jedermann weiß, zum Erbärmlichsten‘ zutrifft. ‚Und können derhalben die Juden in derselbigen Herrschaften ohne Scheu pochen und trotzen und die armen Unterthanen auswuchern und schinden.‘[2]

Nähere Nachrichten liegen aus manchen Gebieten vor.

So berichtet zum Beispiel Melchior von Offa, um die Mitte des sechzehnten Jahrhunderts Statthalter des Grafen Wilhelm von Henneberg: ‚Das kleine Land war voller Juden, welche die armen Unterthanen jämmerlich und zum Beschwerlichsten aussogen und verderbten. Sie hatten mehr Schutz, Ansehen, auch bessern Zutritt beim Grafen Wilhelm als alle Räthe oder vornehme ehrliche Leute der Herrschaft.‘ Vergebens stellte Offa dem Grafen vor: ‚Die Obrigkeit sei schuldig, die Unterthanen vor Verderb zu schützen, und es werde gegen Gott schwer zu verantworten sein, daß man den Juden solchen Wucher zusähe, wie denn einer allein zu Untermaasfeld nahe bei der von Henneberg Festung mehr denn 600 hennebergische Bauern an seinem Strick habe, die ihm Wucher geben müßten.‘ Aergeres noch werde von den Juden zu Meiningen und Schleusingen getrieben; unangesagt dürften sie in des Grafen Leibzimmer kommen, und es werde ihnen, was doch im Reiche unerhört sei, gestattet, Erbgüter zu kaufen. Vergebens legte sich auf Offa's Anbringen auch die Landschaft in's Mittel. Graf Wilhelm erklärte: ‚Seine Hunde und seine Juden wolle er gegen männiglich wohl vertheidigen.‘ ‚Gott erbarm's‘, schließt Offa seinen Bericht[3].

Eine Synode zu Cassel klagte im Jahre 1589 heftig über die Juden, ‚welche die Nobiles mehrentheils über Wasser halten‘. Junker Werner von Gilsa habe vor Kurzem öffentlich vor einer ganzen Gemeinde sich verlauten lassen: ‚Er wolle, daß das Dorf Zimmersrode im Grunde abbrenne, so wolle er eitel Juden in demselben alle Aecker und Wiesen unter Händen thun.‘ Das Volk werde durch die Juden dahin gebracht, ‚an den Sonn- und hohen

---

[1] Bei Scheible, Schaltjahr 5, 216. 219—220.   [2] Ehrhardt Bl. B³.
[3] v. Langenn, M. von Offa 151—152.

christlichen Feiertagen während des Gottesdienstes denselben ihr Bier zu brauen, Vieh zu schlachten und Felddiebstähle auszuführen' [1].

,Müssen nicht die armen Christen', wurde anderwärts gefragt, ,den vermaledeiten Juden schier Alles thun, was sie von ihnen heischen und fordern? Und das aus keiner andern Ursache, als weil sie den Juden mit ihren hoch- beschwerlichen wucherischen Zinsen und Zinseszinsen so jämmerlich verschuldet sind, daß sie oftmals Nichts mehr oder nur wenig noch ihr Eigen nennen können. Wie oftmals sind den Juden die Früchte des Feldes schon ver- schrieben lange ehe sie eingeerndtet worden, und wie viel bleibt dem armen Bauersmann mit Weib und Kind noch übrig? Sage mir, wie viel in den Orten, wo Juden sitzen, die gemeinen Bauern noch eigen Vieh haben? Gehört es nicht all oder mehrstentheils den Juden? Und lassen die vom Adel, so selber unter den Juden stecken und ihre Freunde und Factores sind, solches Alles ungestraft hingehen, schützen nicht den armen Mann auf ihren Gütern gegen die Wucherteufel, so sie doch billig thun sollten, sondern geben viel eher auch dann, wenn die oberste Landesregierung die Juden auszutreiben befiehlt, denselbigen Schirm und Unterschlupf.' [2]

Als in der Markgrafschaft Ansbach-Bayreuth im Jahre 1558 strenge befohlen wurde: ,welcher Jude sich ohne Geleit im Lande betreten lasse, solle Preis sein, und was er an den Unterthanen zu fordern habe, als verfallen angesehen werden', setzten sich die Juden unter den Adelichen fest, bis im Jahre 1582 ein neuer fürstlicher Befehl erging, sie ohne Weiteres von allen ade- lichen Gütern auszujagen. Der Haß gegen die Juden war in der Mark- grafschaft so groß, daß sie vor ihrer Vertreibung in der Zollrolle dem Vieh geflissentlich untergeordnet wurden; bei öffentlichen Gerichten schalt man sie als halbirte, ungläubige Chaldäer und Heiden und wollte ihrem Eide Nichts heimstellen, ,weil sie keine Seele und keinen Gott hätten' [3]. Die Juden sind ,Feinde Gottes und seines Sohnes', bedeutete der Bayreuther General- superintendent Christoph Schleupner im Jahre 1612 der Markgräfin Maria, sie wegen ihrer Begünstigung und neuen ,Einnehmung der verfluchten landes- verderblichen Juden' ernstlich vermahnend: der Fluch Gottes wandere diesen verstoßenen Leuten nach und mache alle Häuser und Länder wüste; sie sind ,Meuchelmörder, die Kaiser, Könige, Kur- und Fürsten getödtet, auch das hochlöbliche Kur- und Fürstenhaus Brandenburg nicht geschont haben; sie treiben unsäglichen Wucher, wie denn gelehrte Leute in öffentlichen Schriften es nachgerechnet haben, daß diejenigen, so von einem Gulden die Woche 2 Pfennig nehmen, in 20 Jahren mit 1 Floren 51854 Floren 13 Schilling 3½ Pfennig bei den Christen erschinden' [4].

[1] Zeitschr. für hessische Gesch. und Landeskunde 6, 312—314.
[2] Ehrhardt Bl. B⁴.   [3] Lang 3, 316—318.   [4] Kraußold 241—245.

Nun hatte sich aber Schleupner bei dieser ‚Nachrechnung‘ übel verrechnet. Er fußte seine Angabe ohne Zweifel auf die in demselben Jahre 1612 von der Gießener theologischen Facultät herausgegebene ‚Tafel des gerechneten Wuchers, wie viel ein Gülden zu 15 Batzen in 20 Jahren von Wucher zu Wucher wuchert, sammt dem Hauptgelde Gesuchs (Wucher) trage; und ist der Schilling für 9 Pfenninge gerechnet‘. Diese Tafel war einem ‚Büchlein‘ entnommen, welches im Jahre 1531 ‚zur Warnung der Christen wider der Juden Wucher‘ geschrieben worden. Es hieß darin: ‚Alle Wochen zween Frankfurter Pfenning von einem Gülden trägt Gesuch: im ersten Jahr 11 Schilling 5 Pfenning, im andern Jahr 1 Gülden 4 Schilling 6 Heller, im dritten Jahr 2 Gülden 6 Schilling ... im zwölften Jahr 110 Gülden 18 Schilling 6 Heller ... im zwanzigsten Jahr 2592 Gülden 17 Schilling 4 Heller. Item 20 Floren in 20 Jahren laut dieser Rechnung 51 854 Floren 13 Schilling 6$\frac{1}{2}$ Heller.‘ [1] Schleupner gab also den hier ‚nachgerechneten‘ Ertrag von 20 Floren als Ertrag eines einzigen an.

Im Volke mußten solch’ tolle ‚Nachrechnungen‘ mit dazu beitragen, den Judenhaß derart zu steigern, daß es nach den Worten Ehrhardt’s ‚in jeglichem Juden schier nichts Anderes denn den leibhaftigen Teufel‘ sah [2].

‚Das teuflische Treiben der Juden mit ihrem Wucher‘ belaufe sich ‚wöchentlich wohl auf vier Heller von einem Gulden‘ [3]. Solches aber sei ‚immer noch eher leidlich, wenn man ihnen sonst nicht noch so viel Schinderisches verstatten‘ würde. ‚Man verstattet ihnen auch, in allem Handel und Gewerbschaften ihre Hand im Spiele zu haben und die Christen in jeglichem Weg auszurauben, wie man jeden Tag da, wo sie sich eingeschlichen und festsitzen, vor Augen sieht.‘ [4]

Darüber hatte schon im Jahre 1535 Philipp von Allendorf geklagt in seinem Gedicht ‚Der Juden Badstub‘: früher habe man den Juden bloß das Wuchern mit Geld erlaubt; jetzt aber sei ‚kein Handel‘ mehr, dessen sie sich nicht bemächtigt hätten: sie handeln mit Wein, Korn, Leinen und Wollenwaaren, Sammet, Seide, Specerei und so weiter. ‚Den größten Handel haben’s im Land‘:

> Jetzund so schröpfen sie uns recht,
> Wir Christen seind der Juden Knecht,
> Die Juden Herren bei uns Armen,
> Es möcht ein steinen Herz erbarmen,
> Daß man sie schröpfen läßt so scharf,
> Darin ihn Niemand wehren darf.

---

[1] Theolog. Bedenken 28.   [2] Ehrhardt Bl. C [1].

[3] In Nürnberg wurde im Jahre 1618 ein Pfandhaus errichtet zum Schutze der bedürftigen Bürger, welche den Juden wöchentlich von jedem Gulden drei Heller Zins geben mußten. Siebenkees 4, 570—571.   [4] Ehrhardt Bl. C [2].

Sie seien in Deutschland wie ‚im gelobten Land‘, freier ‚denn kein Volk in dem Christenstand‘[1]. In einer bereits im Anfang des siebenzehnten Jahrhunderts bekannten ‚Comödia genannt das wohlgesprochene Urtheil eines weiblichen Studenten oder der Jud von Benedig‘ wird den Juden Schuld gegeben, ‚daß sie, ungeachtet wie enge man ihnen ihren Handel und Wandel gebunden, dennoch so weit um sich gegriffen, daß sie nicht allein die Güter vieler Edlen und Uneblen durch Wucher an sich gebracht, sondern auch in den königlichen Regalien, Zöllen und Einkommen ihre Hände mit eingemischt‘ hätten. ‚Nackend und bloß‘ müßten sie weggejagt werden, dann würde man ‚von solchem Ungeziefer befreit, und die Unterthanen würden sich nicht so sehr mehr auf das Leihen und Borgen, als auf ihre Handarbeit und Fleiß verlassen‘[2].

Aber ‚so dicke als auch über die Juden gescholten wird, ist es nicht‘, fragte ein Flugblatt im Jahre 1590, ‚schier eher zum Lachen, wenn es nicht zum Verzweifeln wäre? Wer läßt sie ohne alle Scheu hantieren? wer hilft ihnen? wer will ihrer entrathen? Wer könnte ohne sie das arme Volk, als es doch Brauch und Sitte geworden, bis auf’s Mark ausklauben? Derwegen bleibt es bei dem Spruch:

Judenschuld ohn Zweifel schwer,
Christenschuld gedoppelt mehr.‘[3]

Wie die volkswirthschaftlichen Zustände ‚in Leben, Handel und Wandel‘ sich ausgestaltet hatten, wird in einer ‚ernstlichen Vermahnung an alle Evangelischen Deutschlands‘ vom Jahre 1616 anschaulich geschildert. ‚Wir bekriegen gleichsam und saugen das arme Volk‘, heißt es dort, ‚täglich aus, wir nehmen über sie Geschenk und Wucher und gestatten nicht allein, daß einer den andern, ja die Juden die Christen verderben, sondern leihen noch den Juden selbst Geld vor, daß sie mit uns den nothdürftigen Nebenchristen ausmergeln und also, so viel an uns ist, seines Lebens Länge verkürzen. Was hat Gott nur in hundert Jahren her bei so helleuchtendem Evangelium an uns erzogen? Was hat Gottes Güte und Langmuth bisher verfangen? Sie hat in Wahrheit viele Wölfe erzogen, die den armen Menschen beißen und ausfressen.‘

Die ‚mit Juden laichenden gewaltigen Schindereien‘ kämen von dem Müßiggange her, der besonders in den Städten überhand genommen habe.

---

[1] Der Juden Badstub. Ein anzehgung jrer mannigfeltigen schedlichen Hendel zur Warnung allen Christen (1535) Bl. B 1ᵇ. C 2. 4. In den Jahren 1604 und 1611 wurde die Schrift von Neuem gedruckt; vergl. Goedeke, Grundriß 2, 281 No. 30.

[2] Bei Meißner, Die englischen Comödianten in Oesterreich (Wien 1884) S. 132. 133; vergl. 106.

[3] Judenspieß und Christenspieß, von einem einfältigen, aber bedächtigen Leien (1590), S. 2.

‚Denn der Müßiggänger Früchte ſind vornehmlich Spazierengehen, Spielen, Schlemmen in Kleidung und Haushalten, Pracht treiben, daher mancherlei liſtige Fündlein und Ränke, Geld zu erobern, erfolgen. Wo nun in Stadt und Land die Jugend alſo abgerichtet und gewöhnet iſt, was Beſſerung kann man haben, da ſolche junge Welt zu ihrem Alter gelangt? Die Juden ſind ihre Schulmeiſter, gottloſe wucheriſche Leute ſind ihre Väter und beſten Freunde.‘ ‚Wir ſehen einander an und fragen: wie geht es zu, daß doch ſo gar kein Geld unter den Leuten iſt? wie kommt es doch, daß alle Dinge ſo theuer ſind? Das kommt gar guten Theils daher, daß wir über die Maß viel müßiggehender Finanzer und Gewaltüberer unter uns haben, die Nichts handeln, arbeiten, noch Nuß ſchaffen, ſondern mit wenigem Geld durch der Juden und anderer wucheriſchen Chriſten Gebrauch unmenſchlichen Gewinn treiben. Das Geld kommt aus dem Land gegen Seide, Sammt, Paſmenten und köſtliche Waaren, auch fremden Wein und mancherlei ſchleckhaftige theure ſeltſame Speiſen. Dieſer Dinge aber gebraucht ſich Niemand mit größerem Unmaß und Ueberfluß, als eben die unter uns allzu viel müßiggehenden Wucherer und Schinder, Penſionirer und Rentirer, Judengenoſſen und Judenzer.‘

Durch dieſe aus arbeitsloſem Erwerb lebenden Capitaliſten gerathe das arbeitende Volk in eine förmliche Dienſtbarkeit.

‚Jeder Arbeitsmann in ſeinem Berufe muß für ſolche Leute, wie für die Juden ſelbſt, arbeiten, werken, wirken, dienen und zahlen. Da Andere Geldes nothdürftig ſind, müſſen ſie dieſen Schindereien, weil ſonſt keine Mittel vorhanden, gezwungen nachlaufen. Damit erobern dann ſolche Judenzer etwa unter dem Schein einiger Caution oder Rechtens der Nothdürftigen Güter und Häuſer, und wird ihnen alſo nicht allein armer Leute Hab und Nahrung, Grund und Boden, ſondern auch ihr Schweiß und Blut ſelber, welches dann vor Gott ein Todtſchlag iſt. Denn wer zinsbar iſt und gleichſam ein Lehen hat, der muß ſeinem Herrn anhangen, muß Alles das rathen, reden und thun, das ſein Pfandherr und Junker anbringt und will. Damit dann ſchon die Freiheit gefangen, die Vota verkauft ſind, und viel eine beſchwerlichere Servitut iſt, als weiland geweſen ſein mag.‘

‚Noch erbärmlicher iſt’s, daß, ſo die Eltern verſtorben, arme hinterlaſſene Wittib und Waiſen alsdann erſt recht ausgeſogen, unterdrückt und ſchmählich gehalten, ja in’s Elend und Bettelſtab, oder gar zur Sterbgrube befördert werden, und das muß dennoch nicht todtſchlagen heißen. Meinen wir nicht, der gerechte Gott werde rächen, wenn ſolche große und kleine übelfundirte Rentirer und Judenzer das arme Armuth dergeſtalt noch peinlicher quälen, alle daſſelbe mit Unmaß zuziehen, Städte und Dörfer verderben, ſie gleichſam berauben und plündern?‘

‚Unſere Voreltern und Väter ſchirmten die Armen, liehen den Noth-
bürftigen 100 um 4, wie die alten Gültbriefe hin und wieder ausweiſen; ſie
waren in Allem barmherzig, mitleidig und ehrbarlich. Sie waren ſchlicht,
fromm und einfältig bekleidet, ihre Hände und Herzen waren nach Arbeit
und Ehrbarkeit gerichtet; dagegen trägt der mehrer Theil unter uns ſchier
ganze Krämerladen, und ſind unſere und der Unſeren Hände und Herzen
nicht von Arbeit, Zucht und Ehrbarkeit, ſondern von üppiger und leichtſeitiger
Kleidung und Geſchmuck verſtellet, die doch nichts Anderes ſind als Zeichen-
weiſer weibiſcher und unbeſtändiger Gemüther.‘

‚Jedermann ſpricht unter hoch und niedern Standsperſonen, unter
Gelehrten und Ungelehrten, Bürgern und Bauern, Reichen und Armen: unſer
Weſen mag in der Länge nicht beſtehen, ſondern muß brechen. Wer hat nun
dieß Jedermann und auch dem gemeinen Mann geſagt? In Wahrheit unſer
eigen Gewiſſen. Darum, weil heutigen Tages bei dem gemeinen Pöbel eine
ſolche Erkenntniß iſt, ſo ſtünde den verſtändigen Politicis und Herren Räthen
aller Ort wohl an, wenn ſie dermaleinſt in beſſern Verein treten und rund
heraus ſagten, warum unſer Weſen keinen Beſtand mehr haben könne, und
wie ihm zu thun ſei, daß man wieder in Wohlſtand käme und darin ver-
bliebe.‘ Sonſt ſtehe die Zerſtörung und das Verderben des deutſchen Volkes
durch ausländiſche Könige bevor[1].

Ein katholiſcher Geiſtlicher, Wolfgang Stäblmeyer, Pfarrvicar zu Melten,
der in den Jahren 1589 und 1590 ‚allen und jeden gutherzigen Chriſten
zum Beſten‘ die aus ‚dem Zinsnehmen und Wuchern‘ hervorgewachſenen Zuſtände beleuchtete und dabei namentlich auch auf ‚das Verderbniß durch die
Juden‘ zu ſprechen kam, ſtellte die Frage: ‚Wie ſollten wohl die Juden ſo
viel Unheils und Verderbens mit ihrem Wucher und wucherlichen Contracten,
Geldhandel und allen ſonſtigen Finanzereien und Hanthierungen haben zuwege
ſchaffen können, wenn ihnen nicht die Chriſten überall die Hand geboten,
durch ihre Faulheit in der Arbeit, unmäßigen Pracht und Verſchwendung ihrer
bedürftig geweſen, ſie wohl gar willig aufgeſucht und an ihren wucherlichen
Geſchäften Theil genommen hätten? Da klagt man denn allein die Juden
an, und ſagt nicht, als man billig thun ſollte: Mea maxima culpa, meine
eigene Schuld iſt die größte. Hätte man darnach gehandelt, was die geiſtlichen Rechte und Väter und Lehrer der Kirchen, ſo allen Geldzins und Wucher
ernſtlich mit hohen Strafen verbieten, uns vorſchreiben, und mit ehrlicher
Arbeit in Handwerken und Kaufmannſchaften und was jedem in ſeinem
Stand zu thun obliegt, ſich ernährt, ſo wäre man nicht in all das Unheil
und Verderbniß gerathen, welches man jetzund in allen Ständen vor Augen

---

[1] **Reformatio Evangelicorum** 8—17. 36. 40.

ſehen muß. Um geiſtliche Geſeße und Verbote geben aber die Mehrſten nichts
mehr, lachen und ſpotten Solcher, die noch wider Geldzins und Wucher ſind.
Von Solchen, die einig Geld und Gut haben, beſonderlich die junge Welt,
wollen nur wenige mehr recht arbeiten, ſondern faullenzen, ſchlendern und
prunken, Rips Raps reich werden durch Zinskauf, Verſchreibung, Geldwechsler
und allerlei wucherliche Geſchäfte und Künſte. Da ſind denn die Juden
ihre rechten Gehülfen und Meiſter. Und Alles geht bei Juden und chriſtlichen Judengenoſſen zum Nachtheil, Auswuchern und Verderben aller Derjenigen unter Bürgern und Bauern, die mit ihrer Hände Schweiß ihr täglich
Brod verdienen müſſen, und ſind die unbeſchnittenen Juden oftmals noch viel
ärger, denn die beſchnittenen.‘ ‚Vor Zeiten brachte Wucher in Spott und
Schand. Wenn man für eines Wucherers Haus oder Hof gangen iſt, da
hat es Jedermann des Teufels Gut geheißen; kein Rechtſinniger hätte bei
ihm ein Licht angezündet; die Kinder auf den Gaſſen ſein geflohen vor ihnen.
Aber jeßt hat das Chriſtenthum dermaßen zugenommen, daß man vor ihnen den
Hut rückt; gehen ſie ab mit Tod, ſo begräbt man ſie mit größerem Pracht,
als andere, fromme Chriſten.‘ Bürger und Bauern kämen durch die Wucherer
in's Verderben; Geld und Gut gerathe Wenigen in die Hände. ‚Was einer
lange Zeit in liebem Werth gehalten, das muß geſchäßt, um halbes Geld
verkauft werden, damit der Wucherer ſein Geld mit der Verzinſung habe.‘
‚Wenn die ganze Gemeinde etwas hat, da geht es wohl zu; wenn das Gut
aber auf einen Haufen kommt, ſo iſt es des Landes Verderben.‘

‚Erſt wenn Alles in Grund und Boden gangen, eine kleine Zahl von
Juden und Chriſtenjuden alles Geld und Gut in Händen hat, das Geld
allein, wie die Geizwürmer und Wucherſeelen es nennen, fruchtbar, die Arbeit
hergegen und derwegen unfruchtbar worden, die mehrſten unter Handwerkern,
Bürgern und Bauern eröſet und verarmt und an den Bettelſtab gerathen,
wird man erkennen, wie hochweiſe die Kirche und heiligen Lehrer und das
geiſtlich Recht in ihren Verboten wider den Zins und Wucher geweſen, meß-
wegen ſie die Wucherer gleich mit den Räubern, Brennern und Dieben zu-
ſammengeſeßt, ſie in den Bann gethan, ihnen ein chriſtlich Begräbnus nicht
geſtattet, ihre Teſtamente nicht für gültig angeſehen haben, und wie heilſam
und nüßlich dieſe ſtrengen Verbote und Strafen dem ganzen gemeinen Volk,
hoch und niedrig, geweſen ſind, mögen auch darüber die faulen Geldproßen,
Wucherer, Finanzer und Volksſchinder noch ſo hoch ſchelten und ſchimpfen.‘[1]

---

[1] W. Stäblmeyer, Kurze doch nüßliche Lehr vom Geiz und ſeinen Früchten,
allermeiſt aber vom Wucher, dem gemeynen Laſter (dem Erbmarſchall von Tirol, Balthaſar Trautſon, Freiherrn zu Sprechenſtein und Schroffenſtein gewidmet; Jngolſtabt
1589), S. 34. 53. 108. 112—113. (Predigt) Vom Zinsnehmen und Wuchern und was
daraus für Schaden und Verderbniß erfolgt (Jngolſtadt 1590) S. 4—5. 8.

Als ‚eine besondere Art des Wucherns und Ausschindens, das Juden und Judengenossen unter den Kaufleuten, aber auch Fürsten, Grafen und Herren und städtische Oberkeiten, zu größtem Schaden und Verderbniß der Unterthanen, Vertheuerung aller Lebensmittel und Waaren‘ betrieben, bezeichnete Stäblmeyer ‚das ganz unselig gewordene Wesen mit dem Münzen, Münzverschlechterung, Münzbeschneidung, Münzverfälschung, Ausschleppung guter Münz, und was Alles bei diesem gottlosen Handel nur Namen und Schande hat‘. ‚Dabei ist es denn‘, schloß er, ‚nicht zu verwundern, daß Gott zur Strafe den Münzherren, Bergherren, Münzschändern allen Bergsegen entzeucht.‘[1]

---

[1] Vom Zinsnehmen 11.

II. Münzwesen und Bergwerke.

Auf das tiefste geschädigt wurde aller Handel und Wandel sowie die gesammte Volkswirthschaft durch die unsägliche Zerrissenheit und Verwirrung, welche im Münzwesen herrschte und von einem Jahrzehnt zum andern sich heilloser ausgestaltete. In dieser wachsenden, alle Vermögens-, Vertrags- und Rechtsverhältnisse durchbrechenden Verwirrung spiegeln sich die allgemeinen Zustände des Volks- und Staatswesens getreulich ab.

Reichsmünzordnungen aus den Jahren 1524, 1551, 1559, sowie frühere und spätere Reichsabschiede, kaiserliche Erlasse, welche dem Unwesen steuern sollten, erwiesen sich als vollständig wirkungslos; die Kaiser selbst kümmerten sich in ihren Erblanden um jene Ordnungen nicht; nicht einmal ‚für etliche Jahre‘ konnte man es dahin bringen, ‚eine gleichmäßige, beständige, richtige und wahrhaftige Münze im Reiche aufzurichten‘. Nachdem die Hoffnung, durch Reichssatzungen Einheit zu bewirken, aufgegeben war, verwies man die Regelung der Münzangelegenheiten an die Kreise; aber die auf einem Frankfurter Deputationstage im Jahre 1571 beschlossene Errichtung von Kreismünzhäusern wurde nirgends in's Werk gesetzt. Auch kleinere Münzvereine, welche zwischen süddeutschen Städten, zwischen den rheinischen Kurfürsten und zwischen hanseatischen Städten abgeschlossen wurden, erzielten keine Besserung. In Folge der Religionswirren wurden die Stände einander derart entfremdet und verfeindet, daß sie selbst im Münzwesen sich wechselseitig ‚befriegten‘. Alle, selbst die unbedeutendsten, nahmen selbständige Münzbefugniß in Anspruch und beuteten dieselbe als eine ergiebige Einnahmequelle in jeder erdenklichen Form für sich aus. Sie übervortheilten sich gegenseitig, indem sie die guten groben Münzen einschmolzen und dafür kleine, geringhaltige Geldsorten ausgaben, suchten sich schließlich in der Verschlechterung der Münzen, besonders des Kornes derselben, nach Möglichkeit zu überbieten. Neben den unzähligen Münzstätten entstanden noch zahlreiche sogenannte Heckenmünzen, in welchen die Falschmünzerei in größerem Maßstabe betrieben wurde [1].

---

[1] Vergl. Bode 93 fll. Schmoller, Ansichten 620 fll. Newald, Oesterr. Münzwesen unter Maximilian II. ꝛc. S. 18 fll. 23. 65. 76. 194. Friese, Münzspiegel 206—207.

,Schier Alles im Münzwesen' lief ,auf die Ausnutzung der arbeitsamen Menschen aus', und gab ,es dabei der Manipulationen gar viele und mannigfaltige'. Einige derselben zählte Cyriacus Spangenberg im Jahre 1592 auf, indem er schrieb: ,Die großen Herren thun daran nicht recht, wenn sie durch die Finger sehen und ihren Münzern gestatten, die Münz geringer, denn sie billig sein sollte, zu schlagen, etwan auch wol darum, daß sie selbst desto mehr vom Schlagschatz daran haben mögen. Item, wenn sie auf eigennütziger Räthe Fürschläge böse, untüchtige Münze lassen einschleichen. Item, wenn die Obrigkeit die geringere Münz eine Zeitlang absetzt oder wol gar verbeut und geringlichen einwechselt, darnach über ein Jahr, zwei oder drei fein gemach wieder gehen läßt und dann wieder noch geringer setzt und verbeut, und also abermal einwechselt, noch einmal den vorigen Vortheil daran zu haben: wie und welcher Gestalt wissen die wol, so hierzu rathen und thaten. Item, wenn die Herren den Unterthanen mit leichter Münze lohnen und abkaufen, dagegen aber solche Münze nicht von ihnen für Korn, Holz und Anderes annehmen wollen, sondern sie zwingen und dringen, solches und was sie sonst an Schoß, Zinse und anderem Ungelte schuldig sind, auch mit ihrem großen Nachtheil und Schaden mit schwerer Münz zu bezahlen.'[1]

Auch wider die ,das arme arbeitsame Volk nicht allein durch Wucherzinsen, sondern ebenso im Münzwesen aussaugenden Kaufherren und Kaufgesellschaften' ergingen schwere Klagen. ,Diese Kaufherren', eiferte der Frankfurter Prediger Melchior Ambach im Jahre 1551, ,thun es mit Wuchern den Juden weit bevor, erschöpfen und erösen aller Fürsten, Herren und Lande Schätze, reissen an sich durch Wucher und Finanzen die Münzen, welche sie auch wohl wissen zu beschroten und zu wäschen, und müssen doch gelten, wie und was sie wollen. Darzu bedenken sie sehr wenig den armen Lazarus vor ihrer Thüre hungrig liegend.'[2] ,Bei dem gottlosen Volk der Kaufleute', schrieb ein Eßlinger Chronist, ,ist ein solches Münzenmachen, daß es zum Erbarmen. Hab die Pestilenz die Münzringerung!'[3]

Die nächste und auf allen Reichs-, Deputations- und Münztagen unaufhörlich vorgebrachte Beschwerde bestand darin, daß das an Schrot und Korn so reichhaltige deutsche Geld den Ausländern ,massenhaft zugeschoben' werde. ,Ich habe erfahren,' schrieb zum Beispiel Georg Ilsung, Landvogt von Schwaben, am 21. December 1569 aus Augsburg an den Kaiser, ,daß etlich viel namhafte Kaufleute dahier ungefähr in vier Monaten mehr als 500 000 Gulden mit Aufgabe eines halben Prozent, der publicirten Münzordnung und

---

[1] Nützlicher Tractat vom rechten Gebrauch und Mißbrauch der Münzen, bei Friese, Münzspiegel, Anhang 239 fll.

[2] Ambach, Klage Bl. D 4.   [3] Pfaff, Gesch. von Eßlingen 722.

den Reichsconstitutionen offen und ganz zuwider, haufenweise gen Venedig und von dannen in die Türkei verführt haben. Hieraus erfolgt, daß nicht allein hier zu Augsburg, sondern auch zu Nürnberg ein solcher Mangel an Geld erscheint, daß alle Handlungen untereins gar stecken, kein Handelsmann mit dem andern mehr handeln, noch zu Geld kommen kann: Alles zum verderblichen Schaden und Nachtheil nicht allein des gemeinen Nutzens in Deutschland, sondern auch in der ganzen Christenheit.' Nach glaubwürdigem Bericht seien dermalen in Constantinopel und Alexandrien mehr Thaler und Gulden zu bekommen als im ganzen römischen Reich, ‚also daß uns der Türke nicht mehr mit seinem, sondern mit unserem selbst eigenen Geld, so ihm von des sündigen Gewinnes willen frei öffentlich zugeführt wird, bekriegen darf.'[1]

An Stelle des ‚guten deutschen Geldes' wurde ‚in unmäßiger Menge allerhand geringwerthiges fremdes Geld eingeschleppt und in Umlauf' gebracht, und wie oft auch ‚dieses unselige, das Reich ausmergelnde Verfahren' verboten wurde, so nahm es doch damit im Laufe des sechzehnten Jahrhunderts ‚einen solchen Fürgang', daß es, wie dem Kaiser im Jahre 1607 erklärt wurde, ‚das Ansehen' hatte, als spreche man zu den Fremden: ‚Kommt, nehmt unser gutes Geld und machet geringes böses daraus, wir wollen es also gern als das gute nehmen.'[2] Die italienischen Staaten, welchen es an Bergwerken fehlte, brachten deutsches Gold- und Silbergeld in ihre Münzen[3]; in Holland wurde es zu Gold- und Silberbarren eingeschmolzen[4]; in Polen wurden aus deutschen Reichsthalern geringhaltige Münzen geprägt, und beim Verkauf ihrer Waaren wollten die Polen ihre eigenen, in's Reich verschleppten Münzen nicht annehmen[5]. ‚Zu Augsburg und Nürnberg', schrieb der Reichspfennigmeister Zacharias Geizkofler im Jahre 1607, ‚wird durch etliche Handelsleute in großer Anzahl grobgearbeitetes Silber, als ganze Badewannen und dergleichen, aus unseren guten Münzen gemacht, in Polen verführt und daselbst wieder vermünzt.'[6] In Rußland prägte man, wie der Jesuit Anton Possevin im Jahre 1581 aus Moskau schrieb, die harten deutschen Thaler in Rubel und Denge um; in Tripolis wurden, nach einem Berichte des Augsburger Arztes Rauwolf vom Jahre 1573, aus alten Joachimsthalern türkische Münzen geschlagen[7].

---

[1] * Reichstagshandlungen de anno 1570, tom. 1, 529—581, im Frankfurter Archiv.
[2] Hirsch 3, 329.   [3] Hirsch 2, 162. 350. Fischer 4, 697—698.
[4] Fischer 4, 688.   [5] Hirsch 3, 144. 155. 198. 293.
[6] Hirsch 3, 291. Vergl. die Beschwerden der reichsstädtischen Gesandten vom Jahre 1550 bei Hirsch 1, 319. Für Ober- und Niederschlesien erließ Ferdinand I. im Jahre 1546 ein ‚Münz- und Silberpagament Mandat', in welchem er auf die Ausfuhr von ‚Silber und Pagament' aus dem Lande die Strafe des Feuertodes setzte, ohne Unterschied des Standes der Verbrecher. Steinbeck 1, 168.
[7] Fischer 4, 700. 707.

Dagegen gab es im Reiche ‚viel unterschiedliche fremde Münzsorten, die gegen der rechten Reichsliga nicht bloß 10 oder 20, sondern sogar bis in 50, 60 und 70 Procent zu gering‘ waren [1]. In Württemberg und Schwaben fand man nur mehr wenige Reichsmünzen, man sah fast nur geringhaltiges und stark beschnittenes spanisches, italienisches und polnisches Geld; auch der fränkische Kreis war ‚mit ausländischen bösen Münzen ganz überschwemmt‘ [2]. Die bayerischen Städte und Märkte beschwerten sich im Jahre 1605: ‚Es seien vermuthlich über 200 000 weiße fremde schlimme Pfennige‘ im Umlauf [3].

‚Was aus diesem hochschädlichen Ausführen des eigenen guten Geldes und Einschleppen des fremden für schwerer Nachtheil‘ entstand, lag ‚aller Welt deutlich vor Augen; Jedermann jammerte darüber, aber bei der Uneinigkeit und Zerrissenheit des Reiches und der Stände wider einander‘ wußte ‚Niemand zu helfen‘.

‚Aus der Toleranz der geringen bösen fremden und ausländischen Münzen erfolgte zuvörderst‘, wie in dem Abschiede eines zu Nördlingen im Jahre 1564 gehaltenen Münztages hervorgehoben wurde, ‚Steigerung und Theuerung aller und jeder zu menschlichen Leibes Nothdurft und Nahrung nothwendigen Waaren, täglich Fall und Schwächung der Münzen. Die fremden Nationen bringen die aus guten deutschen Münzen geschlagenen geringen und schlechten Münzen in's Reich und stecken sie mit verderblichem Schaden in den unverständigen gemeinen Mann, wechseln und verführen damit abermals die guten Münzen, und so wird das Reich deutscher Nation an seinem guten Gold und Silber erschöpft, ausgesogen und ersaigert. Was dadurch allen hohen und niederen Ständen und Oberkeiten an ihren jährlichen besetzten und unbesetzten Renten, Zinsen, Gülten und sonst für ein merklicher Abgang zusteht, item wie hoch vermittelst der fremden bösen Münz diejenigen ehrlichen Personen vernachtheiligt werden, die ihre Baarschaft und jährliche Verzinsung anlegen, und nun all ihr Einkommen in solcher geringen hochschädlichen Münze empfangen und sich damit contentiren lassen müssen, das kann ein Vernünftiger leichtlich berechnen.‘ [4] In einem Gutachten des fränkischen, bayerischen und schwäbischen Kreises vom Jahre 1585 wurde mit noch schärferen Worten darauf hingewiesen: ‚Leider müssen alle Vernünftigen bekennen, daß, im Falle man nit anders zur Sache thut, Herren, Oberen, Unterthanen und Knechte über dieser Indulgenz miteinander zeitlich im Grund verderben. Ja es werden auch die Commerzia selbst darob gestürzt werden müssen, wenn man dieser unglücklichen Unordnung länger zusehen soll oder will; denn ob sich gleich wohl etliche viel bereden lassen: da man das böse Geld nicht nehmen werde, so würden die

[1] Hirsch 3, 328.
[2] Hirsch 3, 32. 138. 217. Sattler 5, 175. Fischer 4, 644.
[3] v. Freyberg 1, 44.　　[4] Hirsch 2, 18.

Hanthierungen darob gestürzt und gänzlich in Zerstörung gerichtet, so ist es doch bei der wahren Vernunft und dazu der täglichen Erfahrung halber an dem, daß durch die geringe, fremde und verbotene Münz kein gut oder nützlich Gewerb in die Harr und Läng nie zu erhalten gewesen. Dagegen findet sich im Grund, daß ob der bösen Münze je und allewegen Land und Leute verdorben sind, ja der Fall guter Münzen ist gemeiniglich ein unbetrüglich Judicium des bald nachher gefolgten Untergangs der Lande und Imperien aller Orten gewesen.'[1]

Aber alle Ermahnungen waren ,wie für den Wind gesprochen'. Im Jahre 1607 war es so weit gekommen, daß ,im Reiche schier keine groben gulbenen oder silbernen Reichssorten, sondern nur schlechte geringe, oder fremde geringgültige, aus deutschem Góld und Silber gemachte Münzen zu finden' waren, und ,die wenig vorhandenen groben ganz übermäßig gesteigert und noch von Tag zu Tag gleichsam nach eigenem Willen einer jeden Privatperson übersetzt' wurden. ,Fast lauter fremdes geringhaltiges Geld war im Reiche gemeine Währung und Zahlung', und es wurde ,nunmehr viel eine größere Kaufmannschaft und Gewerb mit den Münzen als mit den Waaren' getrieben[2].

,Sieht man aber einmal', heißt es in einem Flugblatte vom Jahre 1612, ,von dem betrügerischen Ausführen des guten deutschen Geldes ab, so wie von den unzähligen ausländischen schlechten Geldsorten, womit wir überzogen und betrogen werden, und sehen wir uns nach den deutschen Münzständen selber um, was müssen wir da sagen? Es gibt wohl etliche ehrliche Fürsten und niedere Stände, so mit dem Münzen das arme Volk nicht wissentlich betrügen wollen, aber mit Namen weiß ich solche nicht zu nennen. Dagegen habe ich oftmals von bedächtigen, eingezogenen Menschen sagen hören: Wenn man von seltenen Vögeln spricht, so ist zu unseren Zeiten im heiligen römischen Reich deutscher Nation ein aufrichtiger, ehrlicher Münzherr wohl einer der allerseltensten, so man finden kann. Und in Wahrheit: das ist mit dem Münzen ein Fälschen, Ringern, Auf- und Absetzen nach Willkür ohne Aufhören und Maaß, Alles zum unerschwinglichen Schaden des gemeinen armen Mannes, der gar nicht mehr weiß, wo er daran ist, ob er gute oder falsche, halb-, drittel- oder viertelwerthige Münze hat, und wie lange die gute in ihrem Werthe anhält, und

---

[1] Hirsch 2, 339.
[2] Geizkofler's Bedenken vom Jahre 1607 bei Hirsch 3, 286—287. Vergl. das Brandenburg-Ansbachische Bedenken vom Jahre 1602 bei Hirsch 3, 208. Die erzherzogliche Kammer in Tirol klagte im Jahre 1590: ,Es befindt sich bei den vermüglichen Kaufleuten derzeit um des mehreren Geiz und Vortels willen mit dem Geld der Gewerb grösser und boser als mit den Waren zu handlen.' Hirn 1, 584 Note 4.

sich in den unzählbaren umlaufenden Münzen, inländischen, insonders fremden ausländischen, gar nicht mehr zurechtfinden kann: ich schätz die Zahl solcher Münzen auf 2000—3000, sie mag aber wohl noch größer sein.'[1] Allerdings war sie noch größer. Der Münzunternehmer Bartholomäus Albrecht veranschlagte im Jahre 1606 in einer Eingabe an den kaiserlichen Hof: ‚Es sind beiläufig 5000 Geldsorten verschiedenen Gepräges im Umlauf, und man kann gar nicht mehr wissen, woher diese verschiedenen Münzen stammen.'[2]

‚Alle Welt', fährt das Flugblatt fort, ‚münzt jetzunder in deutschem Land und gibt Münzen aus, beschnittene und gar noch schlimmere unbeschnittene Juden, allerhand loses Gesindel, Landfahrer sind Münzmeister, schier Münzherren worden, denn gar viele Stände des Reiches entblöden, sich nicht, selbigen gegen gut Geld und Atzung ihre Münzgerechtigkeit zu übergeben, zu verpachten, und so ist seit langer Zeit ein heilloses Wesen auferstanden und ärgert sich mit jeglichem Jahr.'[3]

Diese Klage war begründet.

‚Von Alters und unvordenklichen Jahren', schrieb Kaiser Maximilian II. im Jahre 1571, ‚seien im Reiche nur in der Arbeit erprobte, redliche, fromme und erfahrene Münzgesellen auf den Münzen gefunden' worden. Seitdem aber ‚das betrügliche Heckenmünzen entstanden', habe sich ‚los und leichtfertiges Gesindlein, so man Meitemacher nennt, hin und wieder in die Münzen verspreit'. Zu diesen hätten sich ‚an etlichen Orten Kesselschläger, Schmiede, Schlosser, Leinen- und Wollenweber und dergleichen andere mehr, mit Verlassung ihres Handwerks, geschlagen', und all dieses Gesindel würde nun von gewinnsüchtigen Münzmeistern zur Anfertigung ‚vieler betrüglichen Münzen und Nachconterfayungen' gebraucht[4]. Im Jahre 1576 ließ der Kaiser den Reichsständen vorstellen: Wenn man nicht besser auf die Sachen sehe, wolle ‚jeder verdorbene Kaufmann, Jude und Goldschmied' jetzt ein Münzmeister werden, ‚bereden die Herren, ihnen mit den Münzen einen sonderen Nutz zu schaffen, mögen auch ihnen für Verstattung des Münzens des Jahrs ein Gulden 40, 50 oder auf's Meiste 100 geben, thun aber denselben Herren und sonsten insgeheim um etliche viel 1000 Gulden Schaden', abgesehen davon, daß ‚auch dieselben Herren, in deren Namen solche untüchtige Münzen geschlagen werden, ihren guten Namen verlieren und allerlei beschwerliche Nachrede nicht unbillig gewarten müssen'. Es sei ‚recht und fürstlich gesagt, daß man eines Fürsten Aufrichtigkeit fürnehmlich an dreien Dingen erkennen solle, nämlich an Reinhaltung der Straßen, an Vollziehung seiner Zusagung

---

[1] Wider die verbrecherischen Münzherren und Münzfälscher — es muß biegen oder brechen (ohne Ort, 1612) S. 2.

[2] Newald, Oesterr. Münzwesen unter Maximilian II. 2c. S. 77.

[3] Siehe Note 1.   [4] Hirsch 2, 116.

und an der Münz'. ‚Und ift', schloß der Kaiser dieses ‚Bedenken', ‚kein
größer Diebstahl, denn wissentlich falsch und unrecht münzen.'[1]

Was ‚das heillose Wesen' in Verpachtung der Münzstätten anbelangte,
so ergingen auch darüber auf zahlreichen Münztagen unaufhörliche, immer
stärkere Beschwerden der einzelnen Kreise wider einander. So heißt es beispielsweise in einem ‚Münz-Probations-Abschied' des niederrheinischen Kreises
vom Jahre 1604: ‚In dem oberrheinischen Kreise werden Münzstände gefunden, welche ihre Münzgerechtigkeit eigenen Nutzens und schändlichen Gesuchs (Wuchers) halben anderen finanzischen Leuten, den Reichsconstitutionen
stracks entgegen, verleihen.' Die Dinge seien dahin gerathen, ‚daß man nun
heillosen Juden und eigennützigen finanzischen Kaufleuten das Münzwesen
gar in Handen stehen und wissend Ding nachgeben, auch endlich geschehen
lassen muß, daß eine jedwedere Privatperson in das hohe Regal des Münz=
wesens ihrem Gefallen nach ein- und vorgreife und den Münzsorten stündlich
andern Werth setze, dieselben verändere und ersteigere.'[2]

Laut ‚der Probationsabschiede', schrieb Geizkofler im Jahre 1607, ‚werden
kleine Münzen, so zu 20, 30, 40 und mehr auf 100 zu gering, unter dem
Präg-Titel und Namen geistlicher und weltlicher Fürsten und Stände, welche
zum Theil ihre Münzstätten an Privatpersonen, Christen und Juden, um
einen jährlichen Bestand verliehen oder verkauft haben, gemünzt'[3].

Namentlich waren es ‚die kleinen Reichsstände', welche mit dem ‚Brechen,
Einschmelzen guter grober Sorten und dem Münzen schlechter geringer Sorten,
als halber Batzen, Dreikreuzerer und Pfennige', sich abgaben und ‚daraus
einen großen Vortheil' zogen. Man berechnete, daß ein Münzstand ‚mit sechs
Gesellen in einer Woche in die 400 und mehr Mark an halben Batzen auf-
arbeiten' könne: deßhalb würden ‚diese Sorten in so großer Anzahl gemünzt'[4];

---

[1] Hirsch 2, 239—240. ‚Ungerechte Münzstände gingen' nicht nur ‚immer breister
mit dem Korne herab', sondern ‚wagten sich sogar an den Stempel gerechter Münz-
fürsten. Selbige hatten die kränkende Erfahrung, Geldgepräge eines zum Theil sehr
schlechten Gehaltes unter fälschlichem Mißbrauch ihrer Namen, Wappen und Bildnisse
zu sehen, welche unter der Hand noch dazu aus den Münzstätten solcher Münzherren
gekommen waren, an welche man sich wegen ihres großen Ansehens nicht einmal mit
einem Vorwurf zu wagen getraute.' Klotzsch 1, 321.

[2] Hirsch 3, 242—243.

[3] Hirsch 3, 287. Im Jahre 1612 schrieb Geizkofler in einem Gutachten für den
Kaiser: ‚Mit dem Münzwesen ist es dahin gerathen, daß nicht allein ein jeder Stand,
er sei so gering, als er immer wolle, seines Gefallens im Münzen mit dem Schrot
und Korn umgehet, sondern es machen sogar die Kauf- und Handelsleute den Valor
der Sorten von einer Zeit zu der andern steigen oder fallen, wie es denn die Erfahrung
von Tag zu Tag je länger je mehr mit des Reiches und dessen Unterthanen unüberwindlichem Schaden zu erkennen gibt.' Lünig, Staatsconsilia 1, 772.

[4] Hirsch 2, 349.

jeder Münzgesell könne mit den halben Baßen ‚wöchentlich bei 7—9 Florin‘ verdienen [1]. Ebenso groß, wenn nicht größer, war ‚der Vortheil bei der Ausgabe leichter und schlechter Heller und geringhaltiger Pfennige‘. Die Grafen von Erbach und Wertheim münzten solche Pfennige in großer Menge [2]; ‚die Grafen zu Solms, die Rheingrafen und andere halten etlicher Orten‘, klagte der niederrheinische Kreis im Jahre 1602, ‚zur verderblichen Beschwerung des gemeinen armen Mannes allein zu dem nichtswürdigen Pfennigmünzen über 20 Personen‘, und ist ‚die Münzstatt den Herrschaften zu 2000, auch 1500 Florin verlegt‘ [3]. Graf Ludwig von Stolberg ließ zu Königstein im Taunus im Jahre 1573 einmal binnen drei bis vier Monaten aus 438 Mark 313 608 Pfennige schlagen; in Frankfurt selbst münzte er aus jeder Mark, statt der vorgeschriebenen 700 Stück, 856 Stück Pfennige; schon im Jahre 1568 liefen beim Rathe Beschwerden ein über die ‚bösen königsteinschen Münzen, so allhier gemünzt werden‘ [4]. Die Pfalzgrafen Reichard von Simmern und Georg Hans von Veldenz und andere Fürsten münzten so schlechte halbe Baßen, daß ‚ein jeglicher Gulden um $2/8$ oder wohl $3/4$ zu hoch ausgebracht wurde‘ [5]; halbe Kreuzer wurden zeitweise zum ‚schweren Schaden‘ des armen Mannes auf’s Hundert um 17—26 Gulden, Pfennige um mehr als 40 Gulden über ihren wahren Werth gemünzt; bisweilen gingen auch von 100 Gulden sogar 75 verloren [6].

Als ‚bösester Ein- und Umlaufsplatz der schlechten Münzen‘ wurde die Frankfurter Messe bezeichnet. ‚Fast alle bösen Münzen, Dreikreuzer und halben Baßen kommen‘, beschwerte sich im Jahre 1585 ein zu Nürnberg gehaltener

---

[1] Hirsch 2, 289.   [2] Hirsch 2, 84.

[3] Hirsch 3, 303. Der Regensburger Reichsabschied vom Jahre 1603 besagte: es sei ‚bei dieser Reichsversammlung vorkommen, daß an etlichen Orten, bevorab im oberrheinischen Kreis, Münzstände gefunden werden, welche zu 20 und mehr Münzgesellen allein zur Fertigung solcher geringen und gleichwohl der Münzordnung gar ungleichmäßigen Sorten (als daran sich ingemein 20, 23, 24, 26 und mehr Gulden prozento Verlust befindet) unterhalten.‘ Neue Sammlung der Reichsabschiede 3, 511. Schon im Jahre 1570 hieß es im Abschiede des Speierer Reichstags: ‚Obwohl nach dem Münzedict von Anno 1559 nur 636 Pfennige auf die Kölnische Mark gehen, und an Hellern aus der feinen Kölnischen Mark nicht mehr denn 11 Gulden und 5 Kreuzer ausgebracht werden dürfen, so ist doch am Tag, wie verächtlich diesem berühmten Edict zuwider gehandelt wird, da etliche Münzstände auf die Mark an Pfennig über 800, auch 900 aufgestückelt, an den Hellern auch kein Maaß gehalten, darum sie alle gute Reichsmünz häufig aufwechseln, in den Tiegel werfen, zu bösen Pfennig oder Heller vermünzen und damit alle Lande ausfüllen.‘ Neue Sammlung 3, 304.

[4] P. Joseph in den Mittheilungen des Vereins für Gesch. und Alterthumskunde in Frankfurt am Main 6, 207—208. 217. 218.

[5] Hirsch 2, 300 fll.

[6] Häberlin 15, 489, und 20, 6. 316. Hirsch 3, 257; vergl. 262.

fränkischer Kreistag, ‚aus den Niederlanden und dem Rheinstrom nach Frankfurt
und werden von dort in den fränkischen Kreis verschoben, so daß es diesem sehr
beschwerlich ist, mit Frankfurt und dem Rheinstrom Gewerbe und Hanthierung zu
treiben.‘[1] Auf der Frankfurter Messe konnte man am leichtesten schlechte Sorten
in Umlauf setzen, ohne bei der großen Menge der Meßfremden befürchten zu
müssen, sofort als Fälscher erkannt zu werden; die geringwerthigen halben Batzen,
Groschen und Pfennige wurden ‚Wagen= und Faßweise‘ dorthin geführt[2].

In Oesterreich gewahrte man, daß ‚ganze Häringstonnen voll Pfennige,
welche außerordentlich geringhaltig‘ waren, ‚in die kaiserlichen Erblande‘ ein=
gebracht wurden[3].

In Brandenburg beklagte sich Kurfürst Johann Sigismund im Jahre
1617, sein Land sei ganz überschwemmt mit schlechten Pfennigen. ‚Man
weiß, daß ein einziger Mann in die 25 Centner solcher Pfennige in’s Land
geführt hat; andere sind erbötig gewesen: wenn man ihnen 2000 Thaler
an Reichsgroschen auszähle, wollten sie binnen drei Wochen dafür 3000 Thaler
an Pfennigen erlegen. Niemand aber will diese Pfennige von den Unserigen
in ihrem alten Werthe annehmen, sondern sie bleiben denselben auf dem Halse
liegen, und kann Mancher, ob er gleich mit solchen Pfennigen wohl zu zahlen
hätte, weder Brod noch Bier dafür bekommen; diejenigen, so an den Grenzen
wohnen und etwas zu verkaufen haben, meiden unsere Lande gänzlich.‘[4]

Aehnlich wurde in Pommern geklagt[5]. Dort lag der heimliche, betrügerische
Handel mit gemünztem Metall in den Händen der zahlreich eingewanderten
Schotten. Diese kauften für schlechtere Stücke die vollwichtigen Münzen im Lande
auf, um sie einzuschmelzen, und brachten dagegen schlechtes Geld in Umlauf[6].

In Mecklenburg beschwerten sich die Landstände im Jahre 1609: aus
gutem silbernem Geld würden durch Zusatz von Kupfer schlechte Münzen
geprägt und im Volke verbreitet[7].

Man äußerte die Furcht: ‚Wenn es mit dem Münzunwesen aller Art
noch lange so weiter gehe‘, würden ‚schließlich nur noch kleine böse Sorten
und kupfernes Geld im Reiche sein‘; während man ‚früher im Reiche keine
kupfernen Münzen gemacht‘ habe, gewinne ‚jetzund, dieweil es an Silber und
Gold ermangele, das Kupfer allen Vorrang‘[8]. ‚Da die geringen bösen Sorten‘,

---

[1] Hirsch 2, 330—334.

[2] P. Joseph, vergl. oben S. 55 Note 4. Häberlin 20, 311. ** In Straßburg erging
gegen die Münzverschlechterer und Verbreiter zu geringhaltiger Geldsorten im Jahre 1589
der Befehl des Rathes, daß sie alle ihre Stellen und Ehrenämter verlieren sollten.
Reuss 113.

[3] Newald, Oesterr. Münzwesen unter Maximilian II. ꝛc. S. 77.

[4] Mylius 4, Abth. 1, 1187.   [5] Dähnert 1, 605; vergl. 3, 645.

[6] Riemann 602.   [7] Franck, Buch 12, 96.

[8] In dem oben S. 53 Note 1 angeführten Flugblatt S. 3.

schrieb der obersächsische Generalmünzwardein Christoph Biner im Jahre 1609, ‚jetzt so gar gemein und in vollem Schwange gehen, dermaßen, daß fast keine anderen in Einnahme und Ausgabe gangbar, so wird, sollte die Obrigkeit solchem großen Unheil nicht mit Ernst steuern, endlich die silberne Münze gänzlich in kupferne verwandelt werden.'[1] In einem in demselben Jahre erschienenen ‚Neuen Gespräch von dem jetzigen unerträglichen Geldaufsteigen und elenden Zustand im Münzwesen' unterreden sich die Münzen über ihre Steigerung:

> Wenn Gold und Silber das Metall
> Wird so verderbet überall,
> Wo wird man endlich nehmen Geld,
> Welches sein rechte Münzprob hält?
> Ist das nicht eine Sünd und Schand,
> Daß Juden münzen im Teutschland?

Das Kupfer aber spricht:

> Ich thu mich an euer Klag nicht kehren,
> Das Ding gereicht nur mir zur Ehren,
> Allein dem Silber und dem Gold
> War man über all Metalle hold,
> Das Kupfer mußt hinten an stehn.
> Jetzt aber wird's viel anders gehn,
> Wann Gold und Silber Urlaub hat,
> So kommt das Kupfer an die Statt.
> Wie werden gefallen dir die Sachen,
> Wenn man aus Kupfer Geld wird machen?[2]

Wie aus der Unzahl der im Reiche verbreiteten ausländischen schlechten Münzen, so ergab sich auch aus dem Uebermaß der umlaufenden einheimischen kleinen und absichtlich zu leicht ausgeprägten Geldsorten zunächst eine ‚Werthsteigerung der guten groben Sorten', welche eine empfindliche Theuerung und Preiserhöhung aller Feilschaften zur unvermeidlichen Folge hatte. Früher galt der Reichsthaler nur 60 Kreuzer[3]; auf dem Reichstage vom Jahre 1566 wurde bestimmt, daß 68 Kreuzer gleich einem Thaler gelten sollten; um das Jahr 1585 wurde der Thaler auf etwa 74, um 1596 auf 84, um 1607 bis auf 88, im Jahre 1616 auf 90, im Jahre 1618 auf 92 Kreuzer

---

[1] Klotzsch 2, 449.

[2] Ohne Ort, 1609. ‚Es kann Niemand läugnen,' schrieb schon im Jahre 1545 die Herzogin Elisabeth von Braunschweig, ‚daß in kurzen Jahren durch das vielfältige Münzen diesen und allen umliegenden Landen großer Schaden zugefügt worden; denn wo sie mit Silber nicht wohl gefasset gewesen, da haben sie den Zusatz zu grob gemacht, und, wie augenscheinlich, schier alle Münze verdorben.' v. Strombeck, Deutscher Fürstenspiegel 81.

[3] Hirsch 3, 150.

‚erhöht‘ [1]. Schon im Jahre 1576 heißt es in einem den Reichsständen übergebenen ‚Bedenken‘: weil allzuviele geringschätzige Landmünzen gemacht werden,
so werden nicht allein Thaler und andere gute Münzen um schändlichen
Gewinnes willen zerbrochen, sondern es steigen auch deßhalb die überbleibenden
guten Thaler und Goldgulden unausgesetzt im Preis, ‚allen Kurfürsten, Fürsten
und Ständen zum höchsten Nachtheil und Schaden, welche an ihren jährlichen
Einkünften allein aus dem Grunde, daß man mit der geringen Landmünz
je länger je mehr gefallen, fast den dritten Theil verloren; denn vor Jahren
hat man mit 26 Albus Landmünz einen Goldgulden kaufen können, dieweil
diese 26 Albus dem Werthe des Goldguldens gleich gewesen; jetzt muß man
zur Erkaufung des Goldguldens 36 Albus haben, daraus der Verlust leichtlich
zu rechnen‘ [2].   Was die Einwirkung der geringhaltigen Münzen auf den
Handel anbelangt, so erklärte ein Deputationsabschied des schwäbischen Kreises
im Jahre 1584: ‚Höchste Gefahr ist im Verzuge‘: wenn man den Uebelständen nicht steuere, werde ‚es in kurzem gewißlich dahin kommen, daß allein
der geringen und bösen Batzen halben die Commerzia zum Fall gerichtet und
zu merklichem Nachtheil und Schaden ganzer Deutscher Nation nicht fortgetrieben
werden könnten, auch Land und Leut darob verderben müßten und würden‘ [3].

‚Zu allem andern Uebel‘ kam ‚noch das Fälschen der Münzen, welches
in zunehmendem Maße gleich wie ein hochgewinnreiches Handwerk‘ auf mannig-
fache Art betrieben wurde ‚durch Beschneiden, Cementiren, Brechen, Waschen,
Saigern, Abgießen, Schwemmen und Granuliren‘; Münzmeister selbst und ihre
Gesellen betheiligten sich an dem verbrecherischen Geschäft [4].

Seit dem letzten Drittel des sechzehnten Jahrhunderts wuchs die Zahl der
sogenannten ‚Kipper und Wipper‘ als ‚eine wahre allgemeine Landplage und Volks-
pestilenz‘ heran. Erstere hatten wahrscheinlich ihren Namen von dem ‚Kippen‘,
das heißt Beschneiden und Verstümmeln der Münzen, Letztere von dem Aus-

---

[1] Vergl. Roscher, Deutsche Nationalökonomik an der Gränzscheide 329. Geizkofler’s
Bedenken bei Hirsch 3, 288.   In Hessen stand der Reichsthaler im Jahre 1592 auf
32 Albus = 24 Gr. = 18 Batzen; im Jahre 1607 auf 33 Albus, in den Jahren
1608—1609 auf 34, im Jahre 1610 auf 36, in den Jahren 1610—1612 auf 40, in
den Jahren 1613—1615 auf 44, in den Jahren 1616—1618 auf 48 Albus.   Jahrbücher für Nationalökonomie 19, 156—157.   In der Grafschaft Lippe, deren Münze
schlimm verrufen war, galt der Thaler im Jahre 1606 noch 24 Fürstengroschen, später
wurde er auf 56, sogar 63 Fürstengroschen festgesetzt. Falke, Gesch. des Handels 2, 384.
Ueber die von 1536—1618 erfolgte Steigerung ‚des guten und gerechten Reichsthalers‘
im nördlichen Deutschland vergl. Chur-Braunschweig-Lüneburg. Landesordnungen und
Gesetze (Göttingen 1740) Bd. 3, 400—406.
[2] Hirsch 2, 288.   [3] Hirsch 2, 301.
[4] Unter der Rubrik ‚Münz-Verfälschen‘ finden sich dafür im Register des zweiten
und dritten Bandes des Münzarchivs von Hirsch massenhafte Belegstellen.

wiegen derselben zu betrügerischen Zwecken, der vollwichtigen zum Ausscheiden und Einschmelzen, der geringhaltigen zur Ausbreitung unter die Leute[1]. Stände, welche gute Münzen prägten, zum Beispiel Augsburg im Jahre 1573, sahen sich der ‚Kipper- und Wipperei‘ am meisten ausgesetzt[2]. Auf einem Münzprobationstag zu Frankfurt an der Oder sagte der Generalwardein des obersächsischen Kreises im Jahre 1573: ‚Aus den kleinen, im Gewicht ungleichen Münzen würden die schweren Stücke ausgelesen und nur die leichteren im Umlauf gelassen, welche dann mit Schaden umgemünzt werden müßten. Man gebe solches den Juden Schuld, aber auch die Christen hätten es sehr wohl gelernt, und es sei, obwohl bei Strafe des Feuers verboten, dennoch bei ihnen ganz gemein, weil eine Bestrafung in Wirklichkeit nicht erfolge: die höchste Nothdurft erfordere, der Scheiderei, dem Kippen und Wippen abzuhelfen.‘ Aber, wie sehr man auch klagte, wurde doch dem ‚umfressenden Schaden und der verderblichen Krankheit‘ nicht abgeholfen[3]. Im Jahre 1586 wurden einige Hansestädte beschuldigt, sie gäben sich mit dem Kippen und Wippen und anderem schädlichen Gewerbe ab[4]. Zu Ostern 1604 begann das ‚Kipp-Wesen‘ auf der Messe in Leipzig[5]. Gleichzeitig nahm es in der

---

[1] ** A. Luschin von Ebengreuth, Das lange Geld oder die Kipperzeit in Steiermark, in den Mittheilungen des Histor. Vereins für Steiermark, Heft 88 (Graz 1890), S. 26 fl., erklärt die Redensart Kipper und Wipper also: ‚Sie stammt vom niederdeutschen Kippe, welches gleich „Spitze“ ist und hauptsächlich in Bezug auf ein Ding gebraucht wird, das auf der Spitze steht und dem Sturze ausgesetzt ist; dann bedeutet es auch die Schaukel als etwas, das auf die Kippe gestellt ist, dann „Fall“, und endlich wegen der schaukelnden Bewegung des Wagbalkens die „Goldwage“. „Wippe“, gleichfalls niederdeutsch, ist nur ein anderer Ausdruck für Kippe = Schaukel und kommt auch verbunden als Kippwipp vor.‘ ‚Hieß die Goldwage Kippe, so lag es nahe, Personen als Kipper zu bezeichnen, welche fortwährend mit der Goldwage hantirten, um das bessere Geld herauszusuchen und so einen betrügerischen Gewinn zu machen. Der Kipper ist demnach ein Münzfälscher und Betrüger.‘ ‚Nach Oesterreich sind diese Ausdrücke damals nicht gedrungen. Man sprach von den entwertheten Münzsorten in amtlichen Erlassen hinterher als von „Interimsmünzen“, wogegen sie der Volksmund „kaiserisches“, gewöhnlich aber „langes Geld“ hieß, entweder wegen der Weitläufigkeiten, die man damit bei Zahlungen hatte, oder wegen des weit über das Feingewicht angesetzten Rennwerthes und der langen Reihen, die man aufzählen mußte, weil alle Gegenstände ein Vielfaches der früheren Preise kosteten. Letztere Erklärung scheint mir mehr zutreffend zu sein, weil man in Steiermark die gute alte Münze im Gegensatz zum ‚Kipper- oder langen Geld‘ auch „das kurze Geld“ nannte.‘ Daß die verworrenen Geldverhältnisse und schlechten Münzsorten zur Hinauftreibung der Preise beitrugen, hebt auch Peinlich, Der Brotpreis zu Graz und in Steiermark im 17. Jahrhundert, in den Mittheilungen des Histor. Vereins für Steiermark, Heft 25 (1877), S. 133, hervor.

[2] Häberlin 9, 74; vergl. Hirn 1, 598 bezüglich der alten guten Tiroler Münzen.

[3] Falke, Kurfürst August 46. 51.

[4] Fischer 4, 655.   [5] Vogel 331.

Mark Brandenburg seinen Anfang [1]. Im Jahre 1609 erklärte Wolf Krämer, Generalwardein des oberrheinischen Kreises, die Münzen würden derart beschnitten, ,daß oftmals 10, 12, 13, auch mehr Stücke an 100 Ducaten und Königsthaler abgehen' [2]. Im Jahre 1614 wurde ,wegen des fast überall einreißenden Uebels' der Geldkipperei ein Münzprobationstag zu Regensburg abgehalten [3]. Bei den Münzmeistern war häufige Klage, der Kaufmann ,wippele und kippele die schwersten Münzen aus' [4].

Neben der Kipper- und Wipperei war ,das rechte Falschmünzen zu vielen Zeiten und an vielen Orten in hohem Schwang', ungeachtet der furchtbaren Strafen, welche auf Falschmünzerei gesetzt waren. Als im Jahre 1564 ein Goldschmied, welcher falsche Münzen gegossen hatte, nach der Bestimmung der peinlichen Halsgerichtsordnung Carl's V. zum Feuertode verurtheilt worden, billigte Kurfürst August von Sachsen dieses Urtheil, weil ,solche Bubenstücke, Verfälschung der Münze und Betrug so sehr gemein' würden, daß man ,die Schärfe des Schwertes Anderen zum Abscheu müsse ergehen lassen'; weil aber der Verbrecher ,nur 9 Fl. Groschen gegossen' habe, wollte er die Strafe dahin mildern, daß ihm ,am Pranger beide Ohren abgeschnitten würden, ein falscher Thaler an die Stirne gebrannt und er darnach auf Lebenszeit des Landes verwiesen werde'. Im folgenden Jahre wurden acht Juden zu Leipzig und zu Pirna ,falscher Münzen halber' in Haft gebracht [5]. Graf Ludwig von Stolberg beschuldigte den Rath zu Frankfurt am Main: er gebe nicht genau Acht auf die Falschmünzer und auf die

---

[1] Küster, Antiquitates Tangermundenses: II. Rittner's altmärkisches Geschichtsbuch 23.

[2] Drei unterschiedl. newe Münzedicta ꝛc. (Frankfurt a. M. 1609) S. 25.

[3] v. Stetten 1, 811.

[4] Münzprobationsabschied des obersächsischen Kreises vom 7. Mai 1618 bei Hirsch 4, 107.

[5] Falke, Kurfürst August 36—37. Der Engländer John Taylor sagt in seinen Reiseberichten aus Hamburg im Jahre 1616: ,Sie haben hier zu Lande wunderbare Folterqualen und Todesarten, je nach der unterschiedlichen Natur der begangenen Vergehungen: so zum Exempel, wer irgend eines Fürsten Münzgeld fälschet, dessen Ahndung ist, daß er in Oel zu Tode gesotten werde, und zwar um nicht mit einem Male in das Gefäß geworfen, sondern um an Scheibe und Tau unter den Achseln aufgehänget und allmählich in das Oel hinabgelassen zu werden, erstlich die Füße, nächstens die Beine, und so sein Fleisch ihm lebendig von den Knochen zu sieben.' Zeitschr. für Hamburger Gesch. 7, 468. In Bremen wurde ein Falschmünzer im Jahre 1519 in der Pfanne auf öffentlichem Markte verbrannt; in Osnabrück einer im Jahre 1531 in einem Kessel gesotten. Dieselbe Zeitschr. 4, 369—370. Zu Augsburg wurden im Jahre 1563 zwei Falschmünzerinnen ,auf die Backen und Stirne gebrannt' und ausgewiesen; im folgenden Jahre erlitt ein Falschmünzer den Feuertod. v. Stetten 1, 557. 559.

Juden, welche deren Erzeugnisse in Umlauf brächten[1]. Gegen den Rath von Cöln erging im Jahre 1582 die Anklage: er habe Personen, welche in großer Anzahl böse falsche Kronen bei sich gehabt und zum Theil ausgegeben hätten, ohne Strafe hinziehen lassen[2]. Der westfälische Kreis erließ auf einem Münztage zu Cöln im Jahre 1584 ein Ausschreiben wider falsche Thaler, ‚die inwendig ganz von Kupfer, auswendig mit Silber stark überzogen‘ seien[3]. Auf einem Münztage in Regensburg kamen im Jahre 1595 falsche Thaler zum Vorschein, ‚die Mark mehr nicht denn 2 Pfennige werth‘, welche David Kißmeier aus Pommern gemünzt hatte[4]. Drei Jahre später machte sich der Münzmeister des Herzogs von Jülich ‚wegen Ausprägung falscher Goldgulden verdächtig‘[5]. Unter dem Gepräge des Abtes von Stablo gingen falsche Thaler aus, welche nicht mehr als 8 Batzen werth waren[6]. In Brandenburg verpachtete Kurfürst Johann Sigismund die von ihm zu Driesen an der polnischen Grenze errichtete Münzstätte einem Münzmeister, welcher nachgemachte ungarische Ducaten, Thaler und Groschen in Umlauf setzte[7]. In Pommern verstanden ‚kunstreiche Männer‘ Schillinge von Kupfer zu schlagen und sie dann in Weinstein zu sieden, daß sie das Ansehen von echten erhielten[8]. In Braunschweig zwang die Regierung unter dem Herzog Friedrich Ulrich den Unterthanen als vollgültige Reichsmünzen Groschen auf, deren 30 Stück einem Reichsthaler gleich sein sollten, die aber nicht einmal einen Werth von 1½ Pfennig hatten[9]. An vielen Orten im Reiche wurden dem ‚armen einfältigen Landmann‘ ‚viele werthlose eiserne und überzinnte und blecherne Pfennige anstatt der guten in die Hand gestoßen‘[10].

Im letzten Jahrzehnt vor dem Ausbruch des dreißigjährigen Krieges war überhaupt das ganze Münzwesen, ‚das willkürliche und unaufhörliche Ringern und Steigern, Beschneiden und Fälschen der Münzen‘ in einen ‚derartig elenden und unerträglichen Zustand gerathen‘, daß ‚eine Empörung des ohnehin mit Lasten und unerschwinglichen Steuern beschwerten gemeinen Volkes, schlimmer denn ein Bauernkrieg, vor der Thüre zu stehen‘ schien[11]. Von mehreren Reichsständen selbst wurde in den Jahren 1611 und 1615 wegen der herrschenden Münzübel ‚ein Aufstand des gemeinen armen Mannes‘ befürchtet[12].

---

[1] P. Joseph, vergl. oben S. 55 Note 4.   [2] Hirsch 2, 286.
[3] Häberlin 14, 53.   [4] Hirsch 3, 50.   [5] Hirsch 3, 118 fll.
[6] Hirsch 2, 221.   [7] Hirsch 4, 25.   [8] Riemann 610.
[9] Bode 166.   [10] Hirsch 2, 288, und 3, 142.
[11] Wider die verbrecherischen Münzherren und Münzfälscher, vergl. oben S. 53 Note 1.
[12] Vergl. die Schriftstücke bei Hirsch 4, 3. 67. ** Interessante Nachrichten über das Münzwesen des 16. Jahrhunderts finden sich in der von Euling publicirten

Der Verfall des Münzwesens stand in engem Zusammenhang mit dem Verfalle der Bergwerke [1].

Während sich, sagte der württembergische Rath Georg Gadner in einem Münzbedenken vom Jahre 1594, ‚die guten goldenen und silbernen Münzen fast aus ganz Deutschland mehrentheils verloren‘ und diejenigen Reichsstände, welche eigene Bergwerke nicht besitzen, ‚allein aus gebrochenem gutem Reichs-

---

Chronik des Hildesheimers Johann Oldecop. ‚In dieser Zeit‘, berichtet derselbe zum Jahre 1510, ‚blieben alle Dinge in gutem Preis, weil die vorgemeldete Münze gut und ungefälscht blieb und nirgends Münze aus Münze geschlagen ward. Warb damals einer befunden, der die Münze beschnitt, der ward aufgehangen; der falsche Münze schlug, ward in einer Pfanne gesotten, so lange, bis ihm das Fleisch von den Knochen fiel. Da war die Obrigkeit zufrieden mit dem Schoß und Landschatz (Steuern) ihrer Unterfassen und sah nicht durch die Finger, daß sich Bürger und Bauer mit Betrügerei und List gegen seinen Nachbar oder den fremden Mann bereichern mochte. Denn man mußte damals des Jahrs zwei Mal zum wenigsten zur Beichte gehn; und die Beicht hielt Manchen zurück, daß er seiner Bosheit steuern mußte. Und deß ward man erst gewahr, als Doctor Martinus Luther die Beicht verbot und allein dem Glauben (was doch offenbar gelogen ist) die Seligkeit zuschrieb‘ (33). Von einem eigentlichen Verbot der Beichte durch Luther kann man wohl nicht sprechen. Wohl aber fällt die Beichte als nutzlos bei Luther weg; bei ihm ist die ‚Buße‘ nur Gewissensschrecken und Glaube, woraus Vergebung erfolgt. Von einem Aufgeben, Preisgeben der Beichte durch Luther zu reden, ist also gerechtfertigt. Hergenröther, Kirchengesch. 2, 253. Die spätere Münznoth wird von Oldecop ebenso wie die Theuerung (vergl. 607—608) direct der lutherischen Lehre zugeschrieben. ‚In diesem Jahre [1554] brachte die Freiheit der lutherischen Lehre viele falsche Münze hervor, nicht allein an Silbermünze, sondern auch an Goldgulden. Viele falsche Thaler wurden geschlagen; ein Theil waren zu leicht, etliche waren von Blei, etliche von Kupfer, und falscher Granulirung, geschlagen. Dazu ließen die Obrigkeiten, wo im Lande die nichtigen und falschen Thaler geschlagen worden, die Umschriften mit Buchstaben betrüglich prägen und so geschickt, daß, wer die Thaler nicht mit Fleiß besah, meinte, es wäre ein guter Thaler und von diesen oder jenen frommen Fürsten gemünzt worden. Der falschen Pagament und miserabeln Pfennige war eine Unzahl. Die Dieberei, Bosheit und Falschheit ward dieser Zeit für einen Erwerb und gute Kaufmannshanthierung erachtet. Etliche Krämer und andere Kaufleute ließen Münze aus Münze schlagen, neun auf einen Silbergroschen oder drei Mathier [niedersächsische Scheidemünze] gewerthet. Die Finanzer führten die Münze aus Hildesheim nach Leipzig und gaben da für Pfennige vier für einen Silbergroschen aus und hatten deren neun auf einen Silbergroschen schlagen lassen. Ein anderer führte sein Kramgut in dem Lande umher oder in ein Feldlager und wechselte sich mit falscher Münze Thaler und Gold ein. Danach, wann ihm seine Münze für Gewürz oder Seidenzeug in Bezahlung gegeben ward, wollte er sie dann nicht wieder nehmen. Dieser Betrüger waren durch alle Lande, und die Obrigkeit sah zu und ließ ihre Bürger sich durch solche Betrügerei bereichern, auf daß ihr Schoß und Schatz besto größer werde‘ (380).

[1] Ueber die Bergwerke und deren Ertrag im ausgehenden Mittelalter vergl. Bd. 1, 378—383.

geld und Granalien' ihre schlechten, geringhaltigen Landmünzen prägen und ausbreiten, ist ‚ander Geld nicht in's Reich zu bringen', weil es ‚an dem Hauptwerk', nämlich an den Bergwerken, fehlt. Denn ‚fast alle Bergwerke haben im ganzen Deutschland abgenommen, sind erhauen und ergraben worden, viel stattliche Gäng haben sich abgeschnitten, noch mehr treffliche Berggebäu sowohl in Böhmen und Meißen als in anderen Landen sind so tief und wassernöthig worden, daß man sie nicht mehr auf den Kosten bringen kann, und wollen sich keine oder doch wenig Gänge mehr finden lassen', woraus nothwendig folgt, ‚daß bei weitem nicht so viel Silber gemacht wird, als nur vor 40 und 50 Jahren gemacht worden'. ‚Außerhalb Oester- reich, Sachsen und Salzburg münzt schier Niemand aus eigenen Bergwerken, und auch diese münzen viel weniger als vor Zeiten', weshalb das verdorbene Münzwesen gar nicht ·mehr in seinen frühern Stand kommen kann[1]. Berg- werkbesitzer und Münzherren ließen sich hören: ‚Es ist männiglich unver- borgen, in was großes Abnehmen die Bergwerk gleichsam aller Orten in Deutschland kommen, also daß die Mark Silber zwei- oder dreimal mehr als von Alters kostet. Sollte man dann die Münzen an Schrot und Korn so gut machen wie damalen, als das Silber mit geringen Kosten zu erobern gewest, so würde der Unkost größer sein als der Nuß, und müßte man die Bergwerk gar liegen lassen. Weil aber besser ist, wenig zu bekommen als gar nichts, so muß man auch die Ringerung der Münze, als das einige Mittel dazu, nicht ausschlagen.'[2] ‚Nicht unzeitig wendet man ein,' heißt es in einem Münzbedenken des oberrheinischen Kreises vom Jahre 1607, ‚daß die Bergwerk erschöpft sind und bei weitem so viel Ausbeut nicht geben, als zuvor, nichts desto weniger die Unkosten und allerhand Victualia' seit einem halben Jahrhundert ‚wohl um den halben Theil ersteigert' sind[3]. Auch Zacharias Geizkofler hob in demselben Jahre hervor, ‚daß die Bergwerk in Deutschland aller Orten in großen Abfall, Tiefe und Verbauung kommen und sowohl der Lohn der Arbeiter, als auch, was man sonsten zu dem Bergwerk von Victualien und Materialien vonnöthen, um die Hälfte und noch wohl höher gestiegen' ist[4]. Nürnberger Kaufleute wiesen im folgenden Jahre insbesondere auf ‚das große Abnehmen der tirolischen, sächsischen und mansfeldischen Bergwerke' hin[5].

Bereits im Jahre 1526 klagten Abgeordnete des Kurfürsten von Sachsen und der Grafen von Mansfeld auf einem Münztage in Nürnberg, daß ‚jetzo

---

[1] Hirsch 3, 28. 30. Sattler 5, Beilagen S. 97 fll.

[2] Angeführt in Paul Welser's Politischen Discurs vom Münzwesen (1601) bei Hirsch 3, 177.

[3] Hirsch 3, 345.   [4] Hirsch 3, 292.   [5] Hirsch 2, 350.

die Bergwerke sich mehr zum Abfall als zum Aufnehmen stellen' [1]. Wenn
Georg Agricola noch im Jahre 1546 den Reichthum der alten Silber-
bergwerke von Freiberg, Annaberg, Schneeberg und Geher, wo das Silber
in gediegenem Zustande gefunden werde, rühmte [2], so waren doch ‚die wesen-
haft ergiebigsten Zeiten‘, in welchen zum Beispiel das annabergische Silbererz
binnen neun Jahren (von 1496—1505) einen reinen Ueberschuß von beiläufig 400 000 Gulden ergeben hatte [3], damals längst vorüber. Seit dem
Jahre 1559 überstiegen zu Annaberg die Ausgaben in mehreren Jahren die
Einnahmen [4]. In Schneeberg, wo noch im Jahre 1581 über 21 000 Thaler,
im Jahre 1582 über 11 000 Thaler unter die Gewerke ausgetheilt worden
waren, sank die Ausbeute von 531 Mark Silber im Jahre 1593 auf
306 Mark im Jahre 1594, auf 140 Mark 9 Loth im Jahre 1598 und im
nächsten Jahre auf 83 Mark 12 Loth [5]. Am Oberharz standen 17 Silbergruben
im Bau, welche vom Jahre 1539 an etwa ein Jahrzehnt hindurch einige Ausbeute lieferten; von da an aber ging es mit dem Silberbergbau raschen
Schrittes abwärts [6]. Das mansfeldische Schieferbergwerk, welches zeitweise
jährlich 18 000 Centner Kupfer geliefert hatte, sank derart herab, daß von
17 Schmelzhütten kaum noch 7 übrig waren [7]. In der Markgrafschaft
Ansbach-Bayreuth veranschlagte man früher den Ertrag der Gruben zu Gold-
kronach auf wöchentlich 1500 Goldgulden [8]; im Jahre 1586 kostete das Bergwerk 5000 Fl. und lieferte an Ausbeute nur 500 Fl.; in der Dürrenwaid seien,
wurde geklagt, 9000 Fl. verwendet worden, und man habe dagegen nur 33 Fl.
Silber erhalten; in 44 Jahren seien gegen einen jährlichen Gewinn von
825 Fl. jährlich über 2778 Fl. aufgeopfert worden, ungerechnet die Besoldung der Bergbeamten [9]; ein Bergwerksoberaufseher zu Jägerndorf urtheilte
im Jahre 1599 über die Bayreuther Bergwerke: beim Schmelzen würden durch
das viele Gekünstel und alchymistische Wesen Erz, Kohlen, Holz und Zeit
verdorben, unter den Bergleuten sei Alchymisterei leider zu sehr eingerissen,
es gebe mehr Bergbeamte als Arbeiter [10]. Auch in Württemberg hatte man
beim Bergbau gemeinlich mehr Zubuße als Ausbeute [11]. In der Schweiz
wurde auf einer Tagsatzung zu Baden im Jahre 1585 erklärt: eine mit den
Reichsmünzen gleichwerthige Münze zu prägen, sei ‚nicht allein hochbeschwerlich,

[1] Newald, Oesterr. Münzwesen unter Ferdinand I. S. 11.
[2] Falke, Kurfürst August 177.
[3] Vergl. unsere Angaben Bd. 1, 381.   [4] Falke, Kurfürst August 171.
[5] Fischer 4, 238—239.   [6] Zeitschr. des Harzvereins 17, 14.
[7] Köhler 16, 1. Ueber den Verfall des Bergwerks Harzgerode vergl. Köhler
14, 300 fl.
[8] Fischer 4, 236.   [9] Lang 3, 241. 253. 255.
[10] Lang 3, 251.   [11] Fischer 4, 239.

sondern unmöglich, aus Mangel des Silbers, weil die bei ihnen vor etlichen Zeiten gewesenen Bergwerke alle oder doch zu mehrerem Theil in Abgang gerathen‘ seien[1].

‚Im stärksten Abgange‘ befanden sich die ehemals ‚so ungeheuer ergiebigen‘ Tiroler Bergwerke. Von auswärtigen, namentlich Augsburger Handelsgesellschaften war dort lange Zeit ein hochschädlicher Raubbau betrieben worden. In den Jahren 1511—1517 hatte beispielsweise die Gesellschaft der Höchstetter aus den Bergwerken zu Schwaz nicht weniger als 149 770 Mark Brandsilber und 52 915 Centner Kupfer erbeutet; die Fugger bezogen aus dortigen im Jahre 1519 ihnen in Versatz gegebenen Bergwerken alljährlich 200 000 Gulden[2]. Auch andere bedeutende Handelshäuser und Gesellschaften, wie die von Georg und Sebastian Andorfer, die Tänzel, die Hofer und so weiter, gewannen lange Zeit zu Schwaz überschwängliche Ausbeuten[3]. Aber die Abnahme trat so sichtlich ein, daß zum Beispiel das Erträgniß der Fugger, welches noch im Jahre 1549 nahezu 13 Procent des Capitals erreicht hatte, im Jahre 1555 nicht mehr als $3\frac{1}{5}$ Procent betrug[4]. Mehrere von den ausländischen Gesellschaften, welche fast den gesammten Berghandel in ihre Hände gebracht hatten, machten Bankerott: ‚starben und verdarben‘, wie die Kammer sich ausdrückte, ‚am Bergwesen‘[5]. Hatte die Landesregierung früher in einem Jahre 40 000 Mark und noch mehr Silber gewonnen, so sah sich Erzherzog Ferdinand II. im Jahre 1569 genöthigt, zur Lieferung von nur 2000 Mark an seinen Bruder, Kaiser Maximilian II., eine Verlängerung der Frist zu erbitten[6]. Der Bergbau, schrieb er im Jahre 1570 an den Bruder, werde immer kostspieliger, bei vielen Bergwerken verzichte er bereits auf Frohn und Zehnt, ja er leiste aus seinen anderen Kammergefällen Gnadengelder und Aushülfen, und dennoch seien viele Bergwerke eingegangen, indem die Kosten des Betriebs höher seien als der Erlös[7]. Das im Jahre 1539 entdeckte Silber- und Kupferbergwerk am Röhrerbühel lieferte um das Jahr 1552 allein an Silber über 22 000 Mark; unter der Regierung Ferdinand's II. nur mehr 7000—8000 Mark; der Falkenstein bei Schwaz, welcher früher der landesfürstlichen Kammer jährlich durchschnittlich 20 000 Gulden Reingewinn eingebracht hatte, ertrug im Jahre 1564 nur mehr 15 000, im Jahre 1572 nur mehr 7000 Gulden[8]. Von den dortigen Gewerkschaften zog

---

[1] Hirsch 2, 324—325.   [2] Greiff 94.   [3] Vergl. Peetz 46. 49.
[4] Zeitschr. des Histor. Vereins für Schwaben und Neuburg 9, 210.
[5] Hirn 1, 548—550. Peetz 153.   [6] Hirn 1, 555.
[7] v. Sperges 111—126. Newald, Oesterr. Münzwesen unter Maximilian II. ꝛc. S. 20; vergl. 23.
[8] v. Sperges 120. Hirn 1, 540. 543—544. Peetz 49. Vergl. A. Schlossar, Von verschollenen Tiroler Bergwerken, in den Beilagen zur Münchener Allgem. Ztg. 1884 No. 106. 209; 1886 No. 313. 314, ** und Isser-Gaudenthurm 143 fll.

fich eine nach der andern zurück; ftatt der früheren 20 zählte man deren nur
noch 4, und diefe erlitten in den Jahren 1557 und 1558 einen Verluft von mehr
als 30000 Gulden. ‚Die meiften und edelften Gänge, die man in großer Anzahl an allen Orten gehabt habe, feien jetzt‘, klagten fie, ‚ganz oder mehrentheils verhauen, und es wolle fich von Neuem in die Tiefe nichts Beftändiges
erbauen laffen, wie es zuvor gefchehen‘ fei: diefes fei ‚vielleicht ihrer Sünden Schuld und eine Strafe von Gott‘[1]. Im Wefentlichen war es eine
Folge des lange Zeit betriebenen Raubbaues, der nun Nichts mehr ein-
brachte. ‚Hoch befchwerlich‘ wurde auch ‚die Calamität‘ zu Rattenberg am
Geyer. Dort, wo man von 1588—1595 noch 498733 Star Silber- und
Kupfererz (das Star zu 108—110 Pfund berechnet) gewonnen hatte, fank
der Ertrag von 1612—1619 auf 177784 Star Erz; um das Jahr
1619 gewann man nur noch 4—5 Loth Silber aus einem Centner Erz,
zuletzt nur 2 Loth[2].

Viel bedeutender noch war der Verfall der böhmifchen Bergwerke.
Der Kuttenberg hatte noch im Jahre 1523 weit über 13000 Mark
Brandfilber in die Münze geliefert, im Jahre 1542 war der Bergbau fo
gefunken, daß er wöchentlich 600 Fl. Aufwand einforderte und doch Nichts
eintrug. Unter Maximilian II. brachte er durchfchnittlich in einem Jahre
der kaiferlichen Kammer nur 26000 Gulden ein. Im Jahre 1616 wurde
durch den Obermünzmeifter und andere glaubwürdige Zeugen den böhmifchen
Ständen dargethan, daß fich beim dortigen Bergwerksbetrieb im Laufe der
letzten zehn Jahre ein Verluft von 805368 Meißener Schock ergeben habe[3].
In Joachimsthal hatte fich der jährliche Reingewinn um die Jahre 1550
bis 1560 auf 40000—60000 Thaler belaufen, er fiel aber allmählich bis
auf 12000 Thaler; im Jahre 1590 warf er nur mehr 6837, im Jahre
1599 nur mehr 3354, im Jahre 1616 nur mehr 1806 Thaler ab[4]. Die
vormals fo volkreiche Stadt gerieth in drückende Armuth[5]. Die unter Kaifer
Matthias jedes zweite oder dritte Jahr abgeordnete Unterfuchungsbehörde,
welche die Gründe des fortwährend größern Verfalls unterfuchen und die
häufigen Streitigkeiten zwifchen den Beamten unter fich und mit anderen
Parteien fchlichten follte, hatte keinen Erfolg. ‚Die muthwillig und unnütze
Gezänk, Haß und Neid, fo unter den Amtleuten‘, heißt es in einem ihrer
Berichte, ‚aus lauter Verbitterung und giftiger Verhetzung fehr eingeriffen,
find bisher die Urfache, wodurch Einheimifche und Fremde baunluftig ge-

---

[1] Zeitfchr. des Hiftor. Vereins für Schwaben und Neuburg 9, 210—211.
[2] v. Sperges 127. Peez 159.
[3] Gmelin 90. Fifcher 2, 674. Mofch 1, 178—179. Newald, Oefterr. Münz-
wefen unter Maximilian II. ꝛc. S. 217—218.
[4] Gmelin 100—102. Fifcher 4, 234—235.　　　[5] Mofch 1, 340.

macht worden und die Bergwerk vollends gänzlich zum Abfall gebracht werden müffen.'[1]

Faſt in allen Gebieten, wo Bergbau betrieben wurde, ergingen bittere Klagen über Untauglichkeit oder Betrüglichkeit der Bergbeamten.

In Sachſen waren in den Jahren 1536, 1554, 1568 und 1589 ſtrenge ‚Verordnungen' für den Bergbau erlaſſen worden, aber bezüglich ihrer Ausführung heißt es in einer Schrift: was bei den Bergwerken ‚für Unter-ſchleife und Unrecht geſchiehet und wie der Segen Gottes mit Gewalt fort-gejagt wird, liegt leider am Tage. Bei denſelben müßte vor allen Dingen eine gründliche Unterſuchung, wie bis dahin hausgehalten wurde, angeſtellt, die Intraden genau geprüft', ‚die Koſten gründlich berechnet, der Bergleute und Bedienten ſündliche Betrügereien beſtraft und abgeſchafft und dann gute gehörige Anſtalt beſſer als bisher gemacht werden, damit dergleichen vor Gott ſo ſtrafbare Dinge, die gewiß ein Großes dazu beitragen, daß der Segen ſich nicht mehr ſo reichlich einſtellen will wie früherhin, hinfort unterbleiben, die Fremden zum Mit- und Anbau angelockt und in's Land gezogen, die verborgenen großen Schätze aber vollends entdeckt und die bereits entdeckten in rechtem Gebrauch verwendet werden möchten'. Die Bergleute ‚rühmen ſich zwar, als ob ſie vor allen Andern die Bergverſtändigſten wären; doch ſie be-trügen ſich gar merklich, indem ſie anderwärts noch immer welche finden, die ihnen große und vorher unbekannte Dinge aufzugeben wiſſen. Allein der liebe Neid iſt zu einer dermaßen horrenden Größe erwachſen, daß, wenn Jemand gekommen, der mehr Erläuterung und Licht in Bergwerksſachen zu geben ſich erkühnet und erboten, ſolcher als ein alberner Tropf verlacht und bei der Kammer ſeine Vorſchläge dermaßen angeſchwärzt worden, daß er mit größtem Schimpf abziehen mußte, oder man hat ihn unter der Hand ſo ge-druckt und alle Mittel aufzukommen benommen, daß er unumgänglich erliegen und zurückſtehen mußte.'[2]

In Heſſen verſchwendete die von dem Markgrafen Moritz meiſt aus Fremden zuſammengeſetzte Bergbehörde bedeutende Summen und bereicherte ſich auf Koſten des Landes; zuletzt erfolgte ein völliger Bankerott. Der Berg-hauptmann Georg Stange, dem dieſer Bankerott zur Laſt gelegt wurde, ver-

---

[1] Newald 220. Ueber die Unzulänglichkeit und geringe Tüchtigkeit der Berg-beamten in Schleſien vergl. Steinbeck 1, 238—239. Der ſchleſiſche Bergmeiſter Hans Unger (1597) konnte weder leſen noch ſchreiben, und doch empfahl ihn die ſchleſiſche Kammer der kaiſerlichen Hofkammer in Wien zur Anſtellung. Auch mit der äußern Stellung und der Beſoldung ſolcher Bergmeiſter ſah es übel aus. Daher unaufhörliche Beſchwerden der Bergmeiſter über ihren Nothſtand, Verſchuldung der Beamten, Miß-trauen und Unzufriedenheit der Gewerkſchaften. S. 240 fll.

[2] Richard 252—253.

theidigte sich im Jahre 1618 in einem Schreiben an den Kanzler und die
Räthe: ‚Bei solchem Regiment, wo Niemand wisse, wer Koch oder Kellner
sei, könne das Bergwesen nicht bestehen; man schmelze zu Jba allen Vorrath auf, mache Kupfer mit Schaden; was aus dem Berg komme, stecke man
wieder hinein, so daß kein Verlag mehr vorhanden sei; die Verwalter zu
Jba und Richelsdorf machten blauen Dunst; in Richelsdorf habe der vorige
Unternehmer, Johann Drachstädt, 50 000 Gulden verbaut.‘ [1]

Unter den ‚zwölf Hauptursachen, dadurch viel fürnehme Bergwerke in
Abgang gerathen und zu Sumpf getrieben werden‘, nannte der braunschweigische Bergrath Georg Engelhart Löhneiß, der ‚viel Unordnung und Mißbräuche‘ beobachtet hatte, in einem dem Herzoge Friedrich Ulrich gewidmeten
Werk an erster Stelle: ‚Wenn ein Bergamt mit versoffenen, faulen, hoffärtigen, losen Leuten bestellt ist, die des Bergwerks keinen Verstand haben und
die Gebäude nicht recht anordnen.‘

‚Zum andern‘, sagt er, ‚wird ein Bergwerk fürnehmlich dadurch zu
Sumpf getrieben, wenn die Obrigkeit die Metalle, als Silber, Blei, Kupfer
und so weiter, den Gewerken so gar gering bezahlet und noch dazu den Neunten
oder Zehnten davon nimmt, den schweren Zechen keine Steuer weder an
Gnadengeld oder Befreiung gibt und nicht bedenkt, daß alle Ding, als Holz,
Kollen, Fuhren, Unschlitt, Eisen, Leder, Proviant und alle Arbeit, so man
zur Forttreibung des Bergwerks haben muß, aufs höchste gestiegen sind‘, ‚und
weder Freiheit noch Bergordnung gehalten wird‘. ‚Deßhalb haben die Gewerke keine Lust oder Beliebung mehr, Bergwerke zu bauen, werden aufläßig,
schelten und schmähen das Bergwerk zum höchsten, sagen, daß es lauter Betrug und Eigennützigkeit sei, davon männiglich abgeschreckt wird und ein Abscheu hat, hinfort Bergwerke zu bauen.‘ Ferner ist ‚das nicht der geringsten
Ursachen eine, wenn die Gewerke mit Erlegung der Zubuß nachläßig sind,
daß den Arbeitern zur rechten Zeit mit guter Münz nicht gelohnet wird, oder
aber die Münz so hoch steigern, daß sie daran etliche Groschen verlieren, auch
wohl anstatt desselben Gewand, Korn und so weiter von den Schichtmeistern
und anderen Officiern zum theuersten annehmen und ihr selbst gebrautes
Bier aussaufen müssen‘ [2].

Was den Bergarbeitern ‚ganz besonders beschwerlich‘ wurde, war die in
vielen Bergwerken eingeführte Verlängerung der Schicht, das heißt der täglichen Arbeitszeit.

[1] Rommel, Neuere Gesch. von Hessen 2, 676—677.
[2] Gründlicher und außführlicher Bericht von Bergwercken 2c. (Leipziger Ausgabe
von 1690) S. 49—50.

Nach dem alten deutschen Bergrecht war die Schicht gemeinlich auf acht Stunden des Tages festgesetzt, und selten kamen längere Schichten vor[1]. Noch im Jahre 1553 erneuerte Ferdinand I. für Oesterreich die von Kaiser Maximilian I. erlassene Bergordnung, in welcher es hieß: ‚Jeder Arbeiter soll, wie von Alters herkommen, Vor- und Nachmittags jedesmal, mit Ausnahme des Sonntags und Samstag Nachmittags, eine halbe Schicht, das heißt vier Stunden, arbeiten.‘ ‚In den hohen Bergwerken um Schlaming, Villach, Steinfeld, Groß-Kirchheim und Kätzthal, wo die Arbeiter ihre Speisen mit sich tragen und 14 Tage oben bleiben müssen, sollen‘, fügt er hinzu, ‚nur 4 Schichten, aber jede zu 10 Stunden gerechnet, gearbeitet, und ihnen die 2 Wochen für 3 bezahlt werden.‘[2] Auch nach den bayerischen und salzburgischen Bergordnungen dauerte die Schicht 8 Stunden und die Zahl der Arbeitstage belief sich im Jahr auf beiläufig 260[3].

---

[1] Vergl. unsere Angaben Bd. 1, 879 Note 1. ** Nach den Untersuchungen von Neuburg, Goslars Bergbau bis 1552 (Hannover 1892) S. 230, dauerte die Arbeitszeit in dem berühmten Rammelsberger Bergwerke bis 1476 nur sechs Stunden; in dem genannten Jahre ward dann eine achtstündige Schichtdauer festgestellt, 1544 aber die rechte Schicht wieder auf sieben Stunden festgesetzt; ob diese Maßregel auf Anbrängen der Knappschaften erfolgte und ob sie überhaupt eine socialpolitische Bedeutung hatte, läßt sich nicht ersehen.

[2] Bucholtz, Gesch. der Regierung Ferdinand des Ersten 8, 244.

[3] Peetz 20. 166—192. Der Salzburger Erzbischof Matthäus Lang bestätigte in einer Bergwerkordnung vom Jahre 1532 ‚das alte Herkommen‘: ‚Es soll in unserem Stift und Lande auf den niederen Bergwerken allenthalben sechsthalbe (5½) Schicht für ein Wochen und acht ganze Stunden für ein Schicht gestanden und gearbeit werden: 4 Stunden Vormittags und 4 Stunden Nachmittags, bis auf den Samstag, da mag der Arbeiter, wenn er die halbe Schicht oder 4 Stunden gearbeitet hat, aufheben.‘ ‚Und wan zwen Panfeyertag in der Wochen sein, so soll man den Arbeitern nur den einen aufheben (den Lohn zurückbehalten), doch daß er die anderen Tag dagegen desto fleißiger sei, und dasselb, so viel ihm möglich ist, in etwa auch herein bring.‘ ‚Aber an den hohen Bergwerken, da die Arbeiter die Speis mit ihnen tragen und die Wochen oben bleiben müssen, da sollen nur 4 Schicht für ein Wochen und zehn ganzer Stunden für ein Schicht gearbeitet und gerechnet werden.‘ Lori 217—218 § 27. Ebenso verordnete Kurfürst Friedrich II. von der Pfalz in einer oberpfälzischen Bergwerkordnung vom Jahre 1548: ‚In der Arbeit soll man 8 Stunden vollkommenlich bleiben, und ehe der Staiger klopft, nicht vom Ort fahren.‘ Lori 259 § 115. Für die Bergwerke in Schlesien lauteten die Verfügungen: ‚Die Arbeiter arbeiten in drei siebenstündigen Schichten, zwischen denen je eine Stunde zum An- und Abfahren bleibt. In der Nachtschichte (von 8 Uhr Abends bis 3 Uhr Morgens) läßt man aber nur im Nothfall arbeiten, und dann suchen sich die Arbeiter durch Gesang munter zu erhalten. Gedoppelte Schichten sind nicht erlaubt. Wie an Sonn- und Festtagen die Arbeit feiert, so wird auch Sonnabends nicht gearbeitet, damit die Arbeiter ihren Lebensbedarf einkaufen können. Bei Nothständen, zum Beispiel Andrang des Wassers, Gefahr des Verbrechens und dergleichen, werden jedoch Ausnahmen gemacht.‘ Stein-

In späterer Zeit aber wurde in manchen Bergwerken die Schichtbauer auf 12 Stunden, mit einer Stunde Pause, ausgedehnt, zum Beispiel in der nassau-katzenelnbogischen Bergordnung vom Jahre 1559, in der braun-schweigischen vom Jahre 1593[1]. ‚Wenn die Glocke geläutet hat,‘ schreibt Löhneiß, norddeutsche Bergwerke betreffend, ‚so sollen die Arbeiter Morgens um 4 Schläge anfahren und in den Gruben bleiben bis um 11 Uhr des Mittags, alsdann sie von dem Steiger ausgeklopft und hernach um 12 abermals angeläutet werden. Solche Stunde von 11—12 nennt man die Löseftunde, darinnen sie essen und ruhen. Sobald es aber 12 geschlagen hat, soll sich ein jeder wieder hinein in die Grube an seine Arbeit machen und darinnen bis zu 4 Schlägen des Abends bleiben, und das ist die Tages-schicht. Alsdann wird abermals geläutet, da sich dann die Nachtschichter ein-stellen. Diese haben auch eine Löseftunde von 7—8 Uhr des Abends, und müssen an der Arbeit bis früh zu 3 Uhr bleiben: solches also fort und fort von einer Schicht bis zur andern. Diese aber nennt man die 12 Stunden Schicht und geschieht nicht über Feiertag.‘ Wurden bei ganz schwierigen Verrichtungen, ‚damit die Arbeiter es ausstehen könnten‘, Schichten von 6 bis 8 Stunden gewährt, so mußte ununterbrochen, auch an den Feiertagen gearbeitet werden, ‚damit einer dem andern den Schlägel und Eisen in die Hand gibt und die Arbeit nicht eine Stunde gesäumet werde‘. Die Schichten der ‚Zimmerleute, Maurer, Tiefgräber und anderen Tagelöhner‘ dauerten im Sommer von 4 Uhr Morgens bis 5 Uhr Nachmittags, im Winter von 5 Uhr bis 4 Uhr[2].

Dabei war der Lohn der Bergleute sehr kärglich gemessen. ‚Die Er-fahrung gibt,‘ sagte Löhneiß, ‚daß der meiste Theil von der Bergburse nichts mehr hat, als was sie wöchentlich mit ihrer sauren Handarbeit verdienen, und in solcher ihrer Arbeit vielfältig zu Schaden und um ihre Gesundheit kommen, daß sie lahm und Krüppel bleiben, ja wol gar um's Leben kommen und viel kleine, unerzogene Kinder hinter sich verlassen.‘ Nun sei zwar her-gebracht, daß jeder Arbeiter wöchentlich zwei Pfennige in die Knappschafts-büchse geben müsse, aus welcher Büchse ihm, wenn er arbeitsunfähig geworden, oder seinen Hinterbliebenen, wenn er um's Leben gekommen, wöchentlich 6 bis 10 Groschen dargereicht würden; damit sei ihnen aber ‚wenig geholfen‘. Darum möge doch, ‚weil der mehrertheil der Bergleute unvermögens und arm‘, die Obrigkeit ‚gegen Kranke und Beschädigte sich mild und gnädig

---

beck 1, 209. Sechs- und siebenstündige Arbeitsschichten kamen auf manchen Berg-werfen vor, vergl. Achenbach in der Zeitschr. für Bergrecht 12, 110 Note, und Achen-bach, Gemeines deutsches Bergrecht 290.

[1] Vergl. Achenbach in der Zeitschr. für Bergrecht 12, 110—111 Note.

[2] Gründlicher und ausführlicher Bericht (siehe S. 68 Note 2) S. 241. 243.

erzeigen'[1]. Herzog Julius von Braunschweig, welcher sich im Jahre 1576 rühmen konnte, daß er den jährlichen Ueberschuß seiner Bergwerke am Harz um 84 000 Gulden höher gebracht habe als sein Vater, stellte die Arbeiter so schlecht, daß er im Jahre 1578 an den Landgrafen Wilhelm von Hessen schrieb: ‚Sie müssen sich mit Covent‘, dünnem Bier, ‚und Wasser begnügen, weil sie geringen Lohn bekommen.‘[2]

Während die Preise der Lebensmittel sich fortwährend steigerten, hielt man die Arbeiter ‚auf ihrem alten Lohn‘. So heißt es beispielsweise in einer Schwazer Chronik: nach einem Pestjahre von 1565 hätten sich diese Preise gegen früher fast auf der doppelten Höhe behauptet, ‚allein der Lohn des armen Arbeiters beim Berg erhöht sich nicht; der gewinnt jetziger Zeit nicht das selig Brod, lebt, schwebt und streckt in höchster Armut‘[3].

Dabei drängte man den Arbeitern, wie Löhneiß unter den Ursachen des Verfalls der Bergwerke mit Recht hervorhob, die Lebensmittel, wenn man sie mit diesen zu versorgen hatte, zum höchsten Preise auf. Solches war namentlich dort der Fall, wo der Bergbau in den Händen gewinnsüchtiger Handelsgesellschaften lag. Die landesfürstliche Kammer in Innsbruck berechnete einmal im Jahre 1556, daß die Gewerke aus ihren Getreidelieferungen an die Arbeiter einen Gewinn von beiläufig 20 000 Gulden erzielt hätten. Vergebens stellte Erzherzog Ferdinand II. den Gewerken vor: sie möchten doch ‚Rücksicht auf die Armen‘ nehmen und das Getreide zu mäßigem Preise liefern. Als die Bergherren auch noch die Bäckerei in ihre Hand nahmen, hatten sich die Arbeiter darüber zu beklagen: die Brode seien zu klein, man gebe wohl auch schlecht gewordene Waare ab, mische sogar Hafermehl unter das Kornbrob. Es ist befremdlich, bedeutete die Kammer den Gewerken, ‚daß ihr, eines so stattlichen und ehrlichen Herkommens und guten Vermögens, mit dem Brodbacken solche Unruhe macht und einen beschwerlichen Ruf‘[4]. Bei ansteckenden Krankheiten, welche in den Jahren 1562—1565 und 1571 in den

---

[1] S. 46.   [2] Bobemann 200—201. 207.

[3] Hirn 1, 557. Die Bergherren gingen gegen Ende des sechzehnten Jahrhunderts häufig sogar auf die Verringerung der Arbeitslöhne aus. Dieselbe bestand zum Beispiel zu Hammereisenbach im Schwarzwald ‚nicht nur darin, daß man dem Arbeiter weniger Stücklohn bezahlte, sondern auch, daß man ihm mehr Lasten und Kosten auferlegte. Vor 1594 bekam ein Knappe von dem gehauenen Kübel Schwarzerz 9 Kreuzer, vom Rotherz 2 Batzen; dieser Lohn wurde von jedem Kübel um einen Kreuzer verringert. Vorher ging der Grubenbau, das Schürfen und Aufwerfen der Gruben sammt dem Geschirr und dessen Reparatur auf Rechnung des Bergherrn, nachher auf Kosten der Bergleute, wodurch, alles Andern zu geschweigen, schon durch den Zeitaufwand ihr Stücklohn erheblich verringert wurde.‘ Mone in der Zeitschr. für die Gesch. des Oberrheins 12, 388—389.

[4] Hirn 1, 557—558.

Bergbezirken des Unterinnthals ausbrachen und die größte Noth und Armuth erzeugten, bekümmerten sich die Gewerke um die Bedrängten nicht; Erzherzog Ferdinand dagegen bewährte dabei den oftgerühmten ‚gutherzigen Zug des österreichischen Geblütes‘, indem er unbeschränkte Vollmacht ertheilte, Gaben zu spenden und erkrankten Familien Gelder vorzuschießen, auch wenn ‚einiger Nachtheil folge‘, das heißt auf Rückzahlung nicht zu rechnen war[1].

Häufig kamen in den Bergbezirken bei den Knappen Arbeitseinstellungen, laute Ausbrüche der Unzufriedenheit über verlängerte Schichtdauer und Theuerung, sogar gefährliche ‚Rottirungen‘ vor[2]. Bei einer ‚Rottirung‘ am Röhrerbühel im Jahre 1567 trugen die Abgeordneten der Beschwerdeführer dem Erzherzog vor: Sie müßten achtstündige Schichten halten, und die Bauart sei sehr gefährlich; ‚seit 26 Jahren seien 700 Arbeiter durch schlagende Wetter zu Grunde gegangen; die Nahrungsmittel seien in zu hohem Preise, so werde der Käse von den Gewerken den Leuten doppelt so hoch verkauft, als er ihnen zu stehen komme; da die Zeit des Einfahrens dem Arbeiter nicht gerechnet werde, entstehe in Folge der tiefen Stollen eine viel zu lange Schicht; auch im Scheidwerk werde man zu kurz gehalten‘. Der mit der Untersuchung dieser Beschwerden betraute erzherzogliche Beamte erklärte: an der Bewegung hätten sich zwar Jene hervorragend betheiligt, ‚die am wenigsten bei den Gewerken in den Büchern‘ hätten ‚und am meisten hinein schuldig‘ seien, aber ‚die Klagen über Theuerung und Arbeitszeit seien gerechtfertigt‘. Der Erzherzog richtete ein ernstes Mahnschreiben an die Bergherren und setzte die achtstündige Bergschicht auf eine sechsstündige herab[3].

Wie gerechtfertigt die Klagen über zu geringen Arbeitslohn waren, in welcher Nothlage sich die Arbeiter befanden, beweist ein Regierungsbericht aus dem Jahre 1571: während das Star Roggen in den Bergorten im gewöhnlichen Preise 50 Kreuzer koste, verdiene ein Arbeiter die Woche kaum einen Gulden. Ein Sieberknab' erhielt wöchentlich 24 Kreuzer, ein Truhenlaufer 30, ein Haspler 36—48, ein Grubenhauer 45 Kreuzer. ‚Um dieses Geld‘, schrieb die Kammer im Jahre 1575, ‚möchte man nicht einmal den Berg besteigen. Wahrlich, diese Leute sind ärmer als die Bettler.‘[4]

In gleich traurige Lage waren im Laufe des sechzehnten Jahrhunderts die gewerblichen und die landwirthschaftlichen Lohnarbeiter vielfach gerathen.

---

[1] Hirn 1, 556.

[2] Ueber einen Aufstand zu Schwaz im Jahre 1525 vergl. Sperges 252. 253. ** Ueber Arbeitseinstellungen ebenda in den Jahren 1548 und 1583 vergl. Jffer-Gaudenthurm 164 ffl.

[3] Beiträge zur Geschichte, Statistik, Naturkunde und Kunst von Tirol und Vorarlberg 1, 257. Hirn 1, 560.

[4] Hirn 1, 559 ffl., wo Näheres über die Unruhen und ‚Rottirungen‘.

III. Gewerbswesen.

Das Gewerbswesen, welches im fünfzehnten Jahrhundert in hoher Blüte gestanden, wurde im sechzehnten durch die religiös-politisch-socialen Unruhen und inneren Kriege, den fortwährend stärkern Verfall des Handels, durch die immer zahlreicheren Zollstätten, durch die in Folge des zerrütteten Münzwesens und der Geldentwerthung immer größere Unsicherheit des Verkehrslebens und durch die Ersteigerung der Bergwerke von einem Jahrzehnt zum andern immer tiefer geschädigt [1].

Je mehr das Bürgerthum von seiner frühern stolzen Höhe herabsank, desto engherziger wurde in den einzelnen Städten der Geist des Zunftwesens; schier jede Stadt suchte die andere von allem Wettbewerb in den Gewerben auszuschließen und schier jede verknöcherte in unaufhörlichen Zunftstreitigkeiten, welche innerhalb ihrer Mauern sich abspielten. Das bestehende Gewerberecht verfiel der Erstarrung. Die Zünfte waren in's Leben gerufen worden, um die Arbeit zu schützen und erwerbsfähig zu machen, begannen aber in empörender Weise das Recht auf erwerbsfähige Arbeit zu verletzen, arteten mit Verlust ihres ursprünglichen, im besten Sinne des Wortes democratischen Characters allgemach in ein aristocratisches Kastenwesen, in eine völlige Monopolwirthschaft aus. Sie verwandelten sich nach Möglichkeit in förmliche Versorgungs- und Bereicherungsanstalten für eine bestimmte Anzahl von Meisterfamilien, welche mit Ausschluß aller Anderen den Markt zu beherrschen und auszubeuten suchten. Zu diesem Zwecke wurde die Zahl der

---

[1] Ueber ‚den wirthschaftlichen Rückschritt im sechzehnten Jahrhundert‘ sagt Schanz, Gesellenverbände 134: ‚Der Factor, der dem Gewerbe das Leben einhaucht, der Handel, war verloren, die Versendung deutscher Producte an fremde Märkte durch die vielen Territorialzölle geradezu unmöglich. Die deutsche Industrie war somit fast ganz auf den einheimischen Markt angewiesen, mit anderen Worten, auf das platte Land. Die ganz verkümmerte Landwirthschaft aber lieferte nur wenigen Grundherren ein beträchtliches Einkommen, nicht der großen Masse der Bauern. Letztere war vielmehr für die Mehrzahl der für den Export geeigneten Artikel kaufsunfähig, und die ungleichmäßige Einkommensvertheilung traf darum jetzt mit harten Schlägen die einheimische gewerbliche Production.‘

Meister beschränkt und den Gesellen die Meisterschaft derart erschwert, daß fast nur noch Söhne von Meistern und die, welche Meisterswittwen oder Meisterstöchter heiratheten, zu einer selbständigen Stellung gelangen konnten. Wenigstens wurde das Meisterwerden an die lästigsten Bedingungen geknüpft. Bald mußte der Nachsuchende seine Lehrlingszeit, welche nicht selten bis auf fünf und sechs Jahre ausgedehnt wurde, in der betreffenden Stadt zugebracht, bald sollte er während dieser Zeit nur bei einer bestimmten Zahl Meister gearbeitet haben, bald am Orte selbst geboren sein. Die Schneidermeister in Constanz stellten im Jahre 1584 an den Rath die Forderung: nur wer nach seiner Lehrzeit noch zehn Jahre lang bei dem Handwerk gewesen sei, könne Meister werden. Viele Zünfte wollten nur denjenigen zum Meisterrecht zulassen, welcher ein Meisterhaus und einen Verkaufsladen besitze [1]. Das Meisterstück wurde immer schwieriger und kostspieliger gemacht. In Eßlingen zum Beispiel verlangte die Schneiderzunft im Jahre 1557 als Meisterprobe die Anfertigung einer ganzen Garderobe. Diese sollte unter Anderm bestehen aus Rock, Hose, Wamms, Kappe und Klagmantel für einen Adelichen, einer ausgeschnittenen Schaube für eine Edelfrau, einem purperianischen Rock und damastenen Wamms für einen Bürger, einer schamloten ausgeschnittenen Schaube und einem Augustiner von Atlas für eine ledige Tochter, einem langen Rock von Schamlot für einen Doctor und so weiter. Nicht selten wurden von den Zünften als Meisterstücke allerlei schwierige und seltsame Arbeiten gefordert, welche nicht verwerthet werden konnten, sondern nur als Schaustücke für die Zunftstube oder das Haus des Meisters dienten. Ueberdieß hatte ein neu Aufzunehmender so viele Abgaben an die Zunft, so viele Kosten für Essen und Trinken der Meister zu entrichten, daß bedürftige Gesellen von vornherein auf die Aufnahme verzichten mußten [2].

Zünfte und Meisterstücke seien vor Alters, sagte die bayerische Landesordnung vom Jahre 1553, ‚darum erfunden worden, damit jeder Zeit in den Handwerken gute und ehrbare Ordnung erhalten und allein diejenigen zu der Meisterschaft zugelassen würden, die ehrbaren guten Wandels und ihres Handwerks kundig und erfahren‘. Aber dieses alte und löbliche Herkommen werde ‚allenthalben im Lande bei den Handwerkern größlich mißbraucht‘: sie ‚unterstehen sich, die, so Meister zu werden und in das Handwerk einzukommen begehren, nicht allein mit übermäßiger Schatzung und Zehrung, sondern auch mit Auflage und Anmuthung ungewöhnlicher, ver-

---

[1] Schanz 132—133. Ueber die Einführung der sechsjährigen Lehrzeit im Nestler- und Säcklerhandwerk zu Nürnberg und in anderen Städten seit dem Jahre 1531 vergl. Schönlank 371 ffl.

[2] Vergl. L. Wassermann, Das Meisterstück, in der Alten und Neuen Welt, Jahrg. 19 (Einsiedeln 1885), S. 717—719.

gebener und unnützer Meisterstücke also zu beschweren und zu beladen', daß
die, welche wegen ihrer Geschicklichkeit der Meisterschaft würdig, ‚etwa mit
sonderem Spott und Nachtheil' davon ausgeschlossen würden, wenn sie die
Kosten jener ungebührlichen Auflagen nicht erschwingen könnten oder der unnützen Meisterstücke unkundig seien[1].

Den Söhnen vieler Handwerker wurde, obgleich sie ‚eines ehrlichen Herkommens, Handels und Wandels', der Zutritt zu den Zünften geradezu
versagt. Die Reichspolizei sah sich deshalb im Jahre 1548 zu der Verordnung genöthigt, ‚daß die Leinweber, Barbierer, Schäfer, Müller, Zöllner,
Pfeifer, Trummeter, Baber und die, deren Eltern, davon sie geboren sind,
und ihre Kinder, so sie sich ehrlich und wohl gehalten haben, hinfüro in
Zünften, Gafeln, Amten und Gilden keineswegs ausgeschlossen, sondern wie
andere redliche Handwerker aufgenommen und dazu gezogen werden sollen'[2].
In Görlitz wollte einmal schon im Anfang des sechzehnten Jahrhunderts
die Zunft der Schuhmacher einen jungen Menschen nicht zur Lehre des
Handwerks lassen, weil sein Vater und Großvater Erbmüller gewesen seien
und er somit als Erbmüller zu betrachten sei; die dortigen Fleischer wiesen
einen angehenden Fleischer ab, weil sein Schwiegervater ein Töpfer sei[3].

Der Abschied des Augsburger Reichstags vom Jahre 1594 hob als
besondere Mißbräuche im Zunftwesen hervor, daß ‚sonderlich in etlichen
Städten die Handwerksmeister neue Innungen machen und darein setzen, daß
ein Lehrjung drei oder vier Jahr lernen soll, und unterstehen sich hernach,
die alten Meister in anderen Städten, welche viele Jahre zuvor, dem damals
üblichen Handwerksbrauch nach, redlich ausgelernt, ihr Meisterrecht gewonnen
und das Handwerk ohne jemands Einrede lange Zeit ruhiglich getrieben haben,
zu tadeln und die Gesellen, so bei denselbigen, vor aufgerichteter neuer
Innungen, redlich ausgelernet haben, oder sonst den alten Meistern arbeiten,
zu schelten, auszutreiben und zu nöthigen, entweder anderwärts zu lernen
oder sich von den neuen Innungsmeistern ihres Gefallens auch ohngeachtet,
was hierinnen die Obrigkeit zur Billigkeit verschafft und anordnet, strafen
zu lassen'. Ferner ‚sollen an vielen Orten die Handwerksmeister den Muthwillen gebrauchen, daß keiner um's Geld arbeiten will, wann derjenige, der
seiner bedarf, zuvor bei einem andern hat arbeiten lassen, ob man auch gleich
dem ersten nichts schuldig geblieben ist. Nebendem sollen auch die Gesellen

---

[1] Bayerische Landesordnung Fol. 126ᵇ—128. Vergl. unten S. 78—79 den Ausspruch des Herzogs Christoph von Württemberg vom Jahre 1567.

[2] Ordnung und Reformation guter Policey, aufgerichtet auf dem Reichstag zu
Augsburg 1548, in der Neuen Sammlung der Reichsabschiede 2, 605.

[3] Das Schöffengericht zu Magdeburg sprach sich wider die Anmaßung der beiden
Zünfte aus; vergl. Th. Neumann, Magdeburger Weisthümer 195—202.

die Meister schelten und halten die anderen Gesellen ab, dahero sich oftmals zuträgt, daß in einer Stadt, oder auch einem Land ein Handwerk ohne Gesellen bleiben muß.'[1]

In Folge der zahlreich einreißenden Mißbräuche wurde die frühere Selbständigkeit und die Gerichtsbarkeit der Zünfte von Seiten der staatlichen Obrigkeiten immer mehr beschränkt. Die Reichspolizeiordnung vom Jahre 1530 hatte noch die Händel, welche das Handwerk betrafen, zum Austrag an die betreffende Zunft verwiesen; die vom Jahre 1577 aber setzte fest, daß sämmtliche Handwerksangelegenheiten von der Obrigkeit ausgetragen werden sollten[2]. In Wien hatte Ferdinand I. bereits in einer im Jahre 1527 mit dem Rathe der ständischen Ausschüsse der Erblande erlassenen, im Jahre 1552 von Neuem geprüften Handwerksordnung die Zechen und Zünfte mit ‚allen ihren selbstgemachten Satzungen, Ordnungen und darüber erhaltenen Bestätigungen' abgeschafft. Kein Handwerk sollte eine gemeine Gesellschaft oder Versammlung halten ohne Wissen und Willen von Bürgermeister und Rath; der obrigkeitlichen Aufsicht sei Alles unterstellt[3].

So wurde das selbständige Leben der Zünfte in seiner Wurzel angegriffen. Aber ein Eingreifen der Obrigkeit that zum Schutze der Käufer und Verbraucher der Arbeiten schon deshalb Noth, weil man sich auf die Ehrlichkeit der Arbeitserzeuger häufig nicht mehr verlassen konnte[4]. So befand zum Beispiel der Nürnberger Rath im Jahre 1563 bei den Glasern, daß ‚der größere Theil der Meister' schlechtes böhmisches Scheibenglas oft für gute venetianische Waare nicht nur zu neuer Arbeit benutze, sondern täglich zum Flickwerk verbrauche und selbe gleich der venetianischen sich bezahlen lasse. Den Schreinern mußte verboten werden, ‚wurmstichiges Holz mit gemaltem Papier zu verkleben und auf solche Weise eine neue Arbeit betrüglich zierlich zu machen'. In Hinsicht auf ‚merkliche Gefährlichkeit und Betrug' wurde im Jahre 1562 dem gesammten Goldschmiedhandwerk ‚das Uebersilbern messingener und kupferner Becher untersagt'[5].

---

[1] Neue Sammlung der Reichsabschiede 3, 442.

[2] Neue Sammlung der Reichsabschiede 2, 345, und 3, 398. Der nationalökonomische Schriftsteller Christoph Besold befürwortete: man solle den Zünften Autonomie über alle ihre Angelegenheiten gewähren, insofern dieselbe weder den Staatsgesetzen noch den guten Sitten zuwiderlaufe. Abreden zur Monopolisirung der Waaren, zur Festhaltung hoher Preise, zur Beschränkung der Käufer in der freien Wahl unter den Zunftmeistern, Vertrinken der Geldstrafen, welche der Armencasse zufließen müßten, seien ihnen nicht zu gestatten. Vergl. Roscher, Deutsche Nationalökonomik an der Gränzscheide 322.

[3] Bucholtz, Ferdinand der Erste 8, 263 fll.

[4] Vergl. A. Gruber in der Zeitschr. für die gesammte Staatswissenschaft 36, 486.

[5] Stockbauer 10, 15. 16.

macht worden und die Bergwerk vollends gänzlich zum Abfall gebracht werden müssen.‘ [1]

Fast in allen Gebieten, wo Bergbau betrieben wurde, ergingen bittere Klagen über Untauglichkeit oder Betrüglichkeit der Bergbeamten.

In Sachsen waren in den Jahren 1536, 1554, 1568 und 1589 strenge ‚Verordnungen‘ für den Bergbau erlassen worden, aber bezüglich ihrer Ausführung heißt es in einer Schrift: was bei den Bergwerken ‚für Unterschleife und Unrecht geschieht und wie der Segen Gottes mit Gewalt fortgejagt wird, liegt leider am Tage. Bei denselben müßte vor allen Dingen eine gründliche Untersuchung, wie bis dahin hausgehalten wurde, angestellt, die Intraden genau geprüft‘, ‚die Kosten gründlich berechnet, der Bergleute und Bedienten sündliche Betrügereien bestraft und abgeschafft und dann gute gehörige Anstalt besser als bisher gemacht werden, damit dergleichen vor Gott so strafbare Dinge, die gewiß ein Großes dazu beitragen, daß der Segen sich nicht mehr so reichlich einstellen will wie früherhin, hinfort unterbleiben, die Fremden zum Mit- und Anbau angelockt und in's Land gezogen, die verborgenen großen Schätze aber vollends entdeckt und die bereits entdeckten in rechtem Gebrauch verwendet werden möchten‘. Die Bergleute ‚rühmen sich zwar, als ob sie vor allen Andern die Bergverständigsten wären; doch sie betrügen sich gar merklich, indem sie anderwärts noch immer welche finden, die ihnen große und vorher unbekannte Dinge aufzugeben wissen. Allein der liebe Neid ist zu einer dermaßen horrenden Größe erwachsen, daß, wenn Jemand gekommen, der mehr Erläuterung und Licht in Bergwerkssachen zu geben sich erkühnet und erboten, solcher als ein alberner Tropf verlacht und bei der Kammer seine Vorschläge dermaßen angeschwärzt worden, daß er mit größtem Schimpf abziehen mußte, oder man hat ihn unter der Hand so gedruckt und alle Mittel aufzukommen benommen, daß er unumgänglich erliegen und zurückstehen mußte.‘ [2]

In Hessen verschwendete die von dem Markgrafen Moritz meist aus Fremden zusammengesetzte Bergbehörde bedeutende Summen und bereicherte sich auf Kosten des Landes; zuletzt erfolgte ein völliger Bankerott. Der Berghauptmann Georg Stange, dem dieser Bankerott zur Last gelegt wurde, ver-

---

[1] Newald 220. Ueber die Unzulänglichkeit und geringe Tüchtigkeit der Bergbeamten in Schlesien vergl. Steinbeck 1, 238—239. Der schlesische Bergmeister Hans Unger (1597) konnte weder lesen noch schreiben, und doch empfahl ihn die schlesische Kammer der kaiserlichen Hofkammer in Wien zur Anstellung. Auch mit der äußern Stellung und der Besoldung solcher Bergmeister sah es übel aus. Daher unaufhörliche Beschwerden der Bergmeister über ihren Nothstand, Verschuldung der Beamten, Mißtrauen und Unzufriedenheit der Gewerkschaften. S. 240 fll.

[2] Richard 252—253.

5*

schien im Jahre 1558 vor dem Kurfürsten August, der durch die Stadt reiste, und that einen öffentlichen Fußfall, um Abschaffung dieses Uebergriffes flehend, damit ihre Zunft nicht ‚zum Bettelsack verurtheilt‘ würde [1].

Die fortwuchernde Krankhaftigkeit des Zunftwesens ergriff auch die Anstalten des öffentlichen Verkehrs; wie die Handwerker, so betrachteten sich auch Boten und Fuhrleute als Genossenschaften mit unantastbaren Vergünstigungen [2].

Wer in einer Zunft bessere Werkzeuge erfand und dadurch raschere und billigere Arbeiten liefern konnte, verfiel der Eifersucht der Genossen, welche dann mit Hülfe der Obrigkeit vor der Anwendung solcher Werkzeuge sich zu schützen wußten. Durch obrigkeitlichen Befehl wurden dann technische Fortschritte plump unterdrückt. So wurde selbst in Nürnberg im Jahre 1572 einem Meister des Fingerhuthandwerks, der ‚ein sonderes neues Drehrad ihm und seiner Arbeit zum Vortheil, aber gemeinen Meistern zu Schaden erfunden und gebraucht hatte‘, auf Klagen dieser Meister ein weiterer Gebrauch unter ‚starker Strafe‘ von dem Rathe untersagt. Desgleichen erhielt ein Nadlermeister, der ein Reibzeug erfunden, im Jahre 1585 unter Strafe von 50 Fl. den Befehl, dasselbe ‚alsbald wegzuthun, nicht mehr zu gebrauchen, viel weniger hie oder auswendig in dem Gebrauch desselben zu unterweisen‘ [3].

Allgemein wurde die Klage, daß die Handwerkersmeister zum großen Nachtheil der Käufer durch Vereinbarung die Preise ihrer Erzeugnisse festsetzten und nach Belieben steigerten und diejenigen Mitglieder ihrer Zunft, welche billiger arbeiteten und verkauften, mit Strafe belegten. ‚Wir kommen in gewisse Erfahrung,‘ heißt es in der Reichspolizeiordnung vom Jahre 1577, ‚daß die Handwerker in ihren Zünften oder sonst zu Zeiten sich mit einander vergleichen und vereinigen, daß einer seine gemachte Arbeit oder Werk in feilem Kauf nicht mehr oder weniger verkaufen soll, dann der andere, und also einen Aufschlag oder Steigerung machen, daß diejenen, so derselben Arbeit nothdürftig sind und kaufen wollen, ihnen die ihres Gefallens bezahlen müssen.‘ [4]

‚Vor etlichen Jahren‘, sagte Herzog Christoph von Württemberg am 31. October 1567, hat man ‚dem Schneiderhandwerk zu Stuttgarten eine Ordnung geben, der Meinung, daß dieselbig zu Fürderung gemeines Nutzens und auch dem Handwerk zu gutem erschießen sollte‘, aber die Schneider haben dieselbe ‚gröblich mißbraucht‘. Sie ‚haben sich verglichen, daß keiner fürohin den Bürgern in Häusern schaffen soll; item an etlichen Orten, daß ein

¹ Falke, Kurfürst August 289.   ² A. Flegler, Zur Gesch. der Posten 31.
³ Stockbauer 89.   ⁴ Neue Sammlung der Reichsabschiede 3, 897.

Schneider in seinem Flecken, darin er sitzt, allein schaffen und in anderen Dörfern oder Orten nicht arbeiten soll; dadurch ist unseren Unterthanen abgestrickt worden, daß einer seines Gefallens einen wohlberichten Schneider hat gebrauchen dürfen. Item, so haben sie unter ihnen Vergleichungen gemacht, was ein jeder von der Arbeit, und daß er nicht darunter nehmen soll, und wo es einer gethan, ihn darob gestraft. Wie dann zu Lorch beschehen, daß sie einem armen Schneider zehn Schilling Strafe abgenommen, von wegen daß er schlichte Hosen um zwei Kreuzer gemacht und den Lohn nicht gedoppelt genommen hat; dergleichen daß er einen Lehrjungen um zwei Gulden angenommen, mit Fürgebung, es sei gar zu wenig: er sollt ihm zwölf oder vierzehn Gulden abgenommen haben'. Seit der getroffenen ‚Vergleichung‘ sei ‚der Lohn beinahe um das halb Theil gestiegen‘[1].

Um der Ausbeutung durch die Zünfte zu entgehen, wurden in manchen Städten die alten Zunftschranken durchbrochen. So gab sich der Rath zu Ulm alle Mühe, um den Wettbewerb auswärtiger Weber mit den Ulmern zu befördern. In Augsburg, Stuttgart, Tübingen wurden Metzgerfreibänke errichtet mit der Bestimmung, daß hier jeder Metzger, auch wenn er der dortigen Zunft nicht angehöre, Fleisch verkaufen dürfe[2]. Auf einem bayerischen Landtage vom Jahre 1608 wurde befürwortet: ‚Zu München seien nicht allein Freibänke anzustellen, sondern man solle auch mit Umgehung der Metzger Vieh einkaufen und aushauen lassen.‘

Auf diesem Landtage kamen überhaupt allerlei Mängel und Mißbräuche im Zunftwesen zur Sprache, und man gab Mittel an zur Hebung des offenbar im Verfall befindlichen Gewerbewesens.

Dahin gehörten: Da an kundigen Werkleuten Mangel sei, komme Alles darauf an, sich mit der nöthigen Anzahl erfahrener und gewandter Handwerker zu versehen. Auch ausländische geschickte Meister seien zuzulassen. Kinder der Armen solle man zur Erlernung eines Gewerbes unterstützen, zum Beispiel durch Errichtung eines Seminariums für Handwerker. Besonders strenge sei gegen die sogenannten Knüttelbünde, die heimlichen Verabredungen der Handwerker unter sich zur Steigerung der Preise, einzuschreiten. Die meisten der von der Obrigkeit bestätigten Ordnungen der Handwerke bedürften einer Revision, welche man ohne Aufschub ernstlich vornehmen müsse. Der Münchener Handelsstand verlangte unter Anderm: Man solle den ärmeren Gewerben unter die Arme greifen; die Unbemittelten würden durch einzelne reiche Handwerker gedrückt. Unter die vielen Hindernisse, welche dem Gedeihen der Gewerbe wie des Handels entgegenstünden, zählte man auch: die Unterstützung arbeitsfähiger Müßiggänger mit Almosen, die Uebersetzung des

---

[1] Reyscher 12, 345—346.   [2] Schmoller, Nationalökonomische Ansichten 524.

Landes mit Fürkäufern und Hausirern, die Sucht, sich in ausländische Fabricate zu kleiden, die Verschlechterung der Münze, die starke Ausfuhr roher inländischer Stoffe, nicht weniger das Hindrängen der jungen Leute zu dem gelehrten Stand und zu Aemtern und Hofdiensten. ‚Das überflüssige Studiren sei ein Hinderniß für die Gewerbe‘: wer ein wenig was erobert habe, schäme sich seines Standes. ‚Sein Sohn muß studiren, um was Besseres zu werden. Verzehrt nun der Sohn die Zeit, ohne ad gradum zu kommen, so ist er unfähig zu einem Gewerbe, trachtet dann nach Hof oder um ein Amt oder Condition, setzt sein Vermögen zu und bleibt ein armer Gesell, während er ein reicher Gewerbsmann hätte werden können. So kommt das Land um die Hanthierungen und um die edle Wissenschaft derselben, und es kommt nirgends zu Continuirung und Ueberlieferung eines stattlichen Gewerbs-vermögens und Wissens, Credits und Verlags, durch mehrere Generationen.‘

Als überaus hinderlich für das Aufblühen der Gewerbe bezeichneten Einige an erster Stelle: Das Land sei mit ‚schädlichen Maulhantirungen‘, mit Wirthen, Bäckern, Bräuern, Metzgern, Branntweinschenken, Köchen und so weiter übersetzt, wodurch die ‚essenden Pfennwerthe‘ vertheuert würden. Andere läugneten die schädliche Einwirkung dieser Gewerbe; bei einem Hin-wirken auf die Wohlfeilheit der Victualien müsse der Bauersmann darben; nur der Handwerksmann gewinne dabei, ‚um leichter im Wirthshaus sitzen zu können, ohne deßhalb seine Waaren wohlfeiler zu geben‘. Die Haupt-ursache der Vertheuerung liege in dem Hange zum Ueberfluß, zu Schleck und Unhäuslichkeit: ‚Der Handwerksmann verspeise zu viel und wolle eher ein junges Händel auf seiner Tafel haben als der Landesfürst.‘ Auch die herzog-lichen Räthe äußerten sich in dieser Beziehung: ‚Die Handwerksleute sollten sich im Essen, Trinken, Kleiden des Ueberflusses enthalten.‘ [1]

Vor dem Erlaß der neuen Landesordnung vom Jahre 1616, welche die schreiendsten Mißbräuche im Handwerksleben zu beseitigen suchte, eine durch-gehende Reform des Zunftwesens und der einzelnen Handwerke aber der Zukunft vorbehielt [2], hatte der Hofrath zu München in einem Gutachten für den Herzog Maximilian I. die gänzliche Abschaffung der Zunftverfassung in Vorschlag gebracht; denn diese sei ‚verderblich, ohne Nutzen, beschwere den armen unvermöglichen Bürger und verursache unnützen Aufwand‘ [3].

Aehnlich wie in Bayern und anderwärts ergingen auch in Sachsen schwere Klagen wider die Entartung des Zunftwesens. ‚Die in vorigen Zeiten ehrbaren und kundigen Handwerksmeister haben es derweilen‘, sagte ein Prediger im Jahre 1550, ‚mehrsten Theils nur auf eigene überschwengliche Köste, Ueber-

---

[1] v. Freyberg 2, 353—365.   [2] v. Freyberg 2, 209 fl.
[3] Wolf, Maximilian der Erste 1, 357.

setzung der Preise und dabei schlechte und oftmals ganz unwerthige Arbeit abgesehen, und thun sich auf ihre alten Privilegien, so Niemand reformiren soll, ungebührlich zu Gute.'[1] Kurfürst Moritz, der in demselben Jahre gegen sie einschritt, erklärte: ‚Die Handwerker fleißigen sich übermäßiger, ungebührlicher Kleidung und großer Zehrung, warten des Trunkes mehr denn der Arbeit, weßhalb sie die Leute nicht allein mit Lohn übersetzen, sondern auch als Trankgeld für ihre Gesellen sonderlichen Lohn verlangen'; ‚die Meister in den Städten fertigen die Waaren so geringe, wie sie dieselben nur aus= bringen können'[2].

Eine lebhafte, mit den Berichten aus andern Städten übereinstimmende Schilderung der verkommenen Zustände liefert eine ebenfalls dem Jahre 1550 angehörige Schrift des Rathes der Stadt Demmin in Pommern. Es heißt darin unter Anderm: ‚Bei der Aufnahme in die Zunft der Wollenweber hat der junge Bruder, der das Meisterstück geliefert hat, zu der Collation für die ganze Zunft zu beschaffen 1 Ochsen, 8 Schafe, 48 Hühner, 6 Tonnen Bier, Zwiebeln, Butter, Pfeffer und andere Gewürze für 18 Mark, am zweiten Tage Wecken, Butter und Käse für 25 Mark. Heirathet er außer= halb des Amts, muß er die Frau durch eine Köste, die 20 Gulden kostet, in dasselbe einführen', und noch so viel Sonstiges bezahlen, daß ‚die Gesammt= summe aller Unkosten 262 Mark' beträgt. ‚Was ein junger Mann all= mählig zusammengekratzt und erworben hat, muß er auf einmal verthun, und soll er Wolle kaufen, so hat er nichts; wenn sich aber einer durch Fleiß wieder aufhilft, so wird ihm das mißgönnt, und um ihn wieder in Kosten zu stürzen, legt sich Jung und Alt bei ihm zu Gast auf. Bei Irrungen zwischen Amtsbrüdern sind sie gleich bei der Hand, die Parteien vor die Morgensprache zu fordern, um ihnen Brüche aufzulegen, damit sie etwas zu schlemmen bekommen.' ‚Bei den Schustern darf ein Wittwer oder eine Wittwe, welche wieder freien und im Amte bleiben wollen, drei Viertel Jahre keine Schuhe machen. Die Schneider machen selten etwas Gutes und verderben den Leuten ihre Kleider.' Das ‚aus Beutlern, Riemenschneidern und Krämern zusammengeflickte Amt' nimmt ‚nicht nur die Hälfte, sondern drei= und vier= fältigen Wucher'. Was aber ‚die Zünfte durch ihre Erpressungen zusammen= bringen, das verschlemmen sie an den großen Festen, dem Sonntag nach Trinitatis, Fastlabend, und besonders am Pfingstfest; auch ist, um die Zahl der Festtage noch zu vermehren, bei allen Zünften die Unsitte eingeführt, daß

---

[1] Ein Predig wider Müßiggang, Völlerei und andere Laster. Von L. B. Jonas (1550), S. 5.

[2] Codex Augusteus 1, 67. Ueber die schwere Benachtheiligung des Volkes durch die Zünfte vergl. auch die ‚Resolution' des Kurfürsten Christian II. vom Jahre 1612 l. c. 1, 178—179.

das Amt der Älterleute jährlich wechselt'. ‚Die wüstesten Zechgelage' fänden, sagt die Schrift, zur Zeit des ‚lustigsten und fröhlichsten aller Feste', am Pfingstfeste, statt. Die Wollenweber ‚beginnen die Feier schon 14 Tage vor Pfingsten und setzen sie noch 14 Tage lang über die gewöhnliche Festzeit hinaus fort, so daß ihre Schlemmereien fünf Wochen dauern; selbst an den Festtagen ziehen sie, anstatt der Spendung des heiligen Geistes zu gedenken, mit Pfeifen und Trummen an der Kirche vorüber. Ihnen eifern die Mühlen- und Bauknechte nach; sie erlauben sich ähnliche Aufzüge während des Gottes- dienstes; durch den Lärm der Pfeifen und Trummen, durch Jauchzen und Schreien zwingen sie den Prediger, inne zu halten, bis der wilde Schwarm vorüber ist, so daß also Gottes Wort bösen Buben weichen muß'[1].

Eine nicht weniger unerfreuliche Schilderung der Zustände entwirft der braunschweigische Bergrath Georg Engelhart Löhneiß.

‚Aller Orten', sagt er, ist ‚eine solche unchristliche Steigerung auf alle Arbeit und Waaren gebracht, daß dadurch nicht allein die Bürger, sondern auch die vom Adel und arme Bauersleute zum höchsten übersetzt und aus- gesogen werden, welches einzig und allein verursacht, daß die Meister täglich auf Hochzeiten, Kindtaufen und anderen Quasereien und Saufen liegen, ihre Weiber und Kinder stattlich kleiden, selbst nicht arbeiten, die Gesellen ihre Werkstätte versorgen lassen, welche sie und ihre Haushaltung ernähren müssen. Darum sie auch ihre Meisterschaft so hoch halten, daß wenig Gesellen, wie geschickt sie auch seien, zugelassen und Meister werden können, auf daß, da ihrer wenig, sie ihre Arbeit aufs theuerste ausbringen mögen. Solche Frei- heit und Innungen werden indem sehr gemißbraucht, daß sie Bürger und Unterthanen zum höchsten übersetzen und zudem sich mit einander zu ver- einigen und vergleichen pflegen, daß keiner seine gemachte Arbeit oder Werk in feilem Kauf mehr oder weniger verkaufen soll denn der andere, also einen Aufschlag oder Steigerung machen, daß diejenigen, so derselben Arbeit von Nöthen haben, ihnen die ihres Gefallens bezahlen müssen. Obwohl nicht ohne, daß die Handwerke eine bürgerliche Nahrung, so folgt daraus nicht, daß es allein bei den Zünften und Gildenmeistern stehe, wen sie dazu tüchtig erkennen und zulassen wollen, welches sie allein zu ihrem Vortheil und den Nächsten zum Schaden brauchen. Wenn sie die Unterthanen ihres Gefallens schatzen und aussaugen', hat die Obrigkeit das Recht, ihre Privilegien wegen des damit getriebenen Mißbrauches abzuschaffen[2].

Auch Landgraf Moritz von Hessen führte Klage darüber, daß die Hand- werksmeister nicht nur auf ihren Zunftstuben über den Preis ihrer Waaren

---

[1] H. Riemann in der Zeitschr. für preußische Gesch. und Landeskunde 3, 603—606.
[2] Löhneiß 498—499.

sich verabredeten, sondern auch wohlfeilere Arbeiter ihrer Innungen eigenmächtig straften[1]. Ueber die Verkommenheit der Handwerker sagte der Landgraf im Jahre 1600: ‚Auf den Werktagen gehen die Handwerksmeister und die Gesellen von ihrem Handwerk, laufen haufenweise den Kindtaufen, Hochzeiten und Weinkäufen ungeladen zu, oder, wo sie das nicht haben können, morgens zur Branntweinsuppe, Nachmittags zum Bierleben in den Trinkstuben; während dieser Zeit muß der Käufer auf den Verkäufer (Handwerksmann) acht und mehr Tage warten, bis derselbe sich wohl ausgezecht hat, und nachher die bestellte Waare so theuer bezahlen, als es dem wohlbegossenen Verkäufer gefällig ist. Daher die Vertheuerung der Waaren. Denn der Handwerksmann nicht für sein Haus und seine Kinder, sondern für seinen Magen sorgt, seine Münze an nasse Waare legt, und wenn er das Maul nicht mit Wein waschen kann, fremde Biere, Brühan und dergleichen verlangt, an Sonntagen und Feiertagen auf Rechnung der ganzen Woche Zeche hält, während die Gesellen, welche an den Werktagen nicht so oft als der Meister spazieren gehen dürfen, ihr Wochenlöhnchen so wacker im Bier herumschwemmen, daß sie Montags nicht einen Heller mehr im Beutel haben, auf den Marktplätzen müßig gehen, die Fenstergläser ansehen, lotterbübisches Geschwätz oder Bärenhäuterspiele anfangen, welche weder zum bürgerlichen Leben noch zur Kriegskunst dienlich sind, als Kugelschießen, Kegelschieben, Luftbälle und dergleichen Lumpereien, darüber sie oft Mord, Diebstahl und andere Bubenstücke anstiften.‘ [2]

Zwischen Meistern und Gesellen hatte sich im Laufe des Jahrhunderts fast allenthalben ein schroffer Gegensatz entwickelt.

Unter vielen Kämpfen mit den Meistern, vornehmlich während des fünfzehnten Jahrhunderts, war es den Gesellen gelungen, sich in den Gesellenverbänden eine gesicherte und geachtete Stellung zu erringen[3]. Am Ende des Jahrhunderts erreichten diese Verbände ihre höchste Blüte, sanken dann aber rasch in ihrer Bedeutung herab[4]. Wo die neue Lehre eingeführt wurde,

---

[1] Rommel, Neuere Gesch. von Hessen 2, 652.

[2] Rommel 2, 728. Landau, Materielle Zustände 348—349.

[3] Vergl. unsere Angaben Bd. 1, 366 fll.

[4] ‚Es ist ganz unrichtig, bei Betrachtung des mittelalterlichen Gewerbewesens immer den ganzen Nachdruck auf die Zunft und Genossenschaft der Meister zu legen; die Theilnahme der Gesellen am gewerblichen Gericht und an den zünftigen Versammlungen, ihre strenge Festhaltung der Ehre und Gewohnheit innerhalb des Gewerbes, ihr Einfluß auf das Lehrlingswesen, ihre große Fürsorge für Regelung des Arbeitsangebotes sind Momente, die ihnen im ehemaligen Verwaltungs-Organismus des

gingen die kirchlichen Gesellenbruderschaften, welche zu gleicher Zeit meist Wohlthätigkeitsanstalten für bedürftige und kranke Gesellen gewesen waren, zu Grunde, und die Gesellen verloren dadurch den Meistern gegenüber ihren besondern Halt und verfielen nicht selten der Ausbeutung derselben[1].

Die Abschaffung der Feiertage kam nicht ihnen, sondern den Meistern zu gut.

Seit der Einführung des neuen Evangeliums seien die Feiertage, sagten zum Beispiel die Straßburger Kürschnergesellen im Jahre 1529 in einer Eingabe an den Rath, beseitigt, ihr Wochenlohn aber um keinen Pfennig verbessert, vielmehr für die Zeit zwischen Weihnachten und St. Jacobstag von den Meistern noch herabgemindert worden, ‚dadurch wir ledigen Gesellen gedrängt werden und mit unserer sauren Arbeit kaum die Kost und Nahrung, geschweige ein Kleidlin zu machen oder zu bessern bekommen mögen. Dieweil nun den Meistern an den Feiertagen ein Merkliches zugeht, verhoffen wir auch aus Billigkeit, daß unser Liblohn an dem Stückwerk keineswegs geringer werde.‘[2]

Die tägliche Arbeitszeit der Gesellen wurde nicht selten bis auf 15, ja 16 Stunden ausgedehnt.

So verfügten zum Beispiel die Zunftmeister der Schwertfeger in Lübeck, Hamburg, Lüneburg, Wismar, Rostock und Straßburg im Jahre 1555: ‚Ein jeder Geselle unseres Handwerks, der seinem Meister recht und frommlich thun will, soll des Morgens um vier Uhr auf der Werkstatt sein. Schläft er aber bis fünf, so soll er des Abends bis um neun Uhr arbeiten, es sei Winter oder Sommer. Die vierzehn Tage, so die Gesellen unseres Handwerks

---

Gewerbes eine sehr zu beachtende Stellung sicherten.‘ ‚Die Gesellen wußten ihre sociale Stellung mehr und mehr zu heben und ihrer Genossenschaft in der Reihe der mittel-alterlichen Corporationen einen würdigen Platz‘ zu verschaffen. ‚Keck und frisch waren sie immer rasch zur That entschlossen, wenn es nöthig war, für ein alterworbenes Recht einzustehen oder ein neues zu erkämpfen; hoch und hehr galt ihnen die Standes-ehre, diese selbst gegen die höchsten Corporationen zu vertheidigen, trugen sie kein Bedenken; heiter und lustig, durch das Wandern etwas verfeinert, wußten sie in ihrer Blüthezeit, etwa Ende des fünfzehnten Jahrhunderts, ihre Feste zu den beliebtesten in den Städten zu machen.‘ ‚Um so bedauerlicher ist es, daß die Gesellenschaften nur so kurze Zeit auf der Höhe ihrer Errungenschaften sich halten sollten und konnten.‘ Schanz, Zur Gesch. der deutschen Gesellenverbände 128—130.

[1] ‚Eine der wichtigsten Folgen der Reformation für das Gesellenwesen mußte die Auflösung der auf kirchlichem Grunde aufgebauten Brüderschaften sein. Die Reformation isolirte, soweit nicht eine weltliche Gesellschaft bestand, den einzelnen Gesellen wieder, und die Meister, die durch das rein gewerbliche Zunftband, ohne Rücksicht auf etwaige Brüderschaften, denen der einzelne angehörte, geschlossen blieben, konnten nun wieder eigennützig die Gesellen ausbeuten.‘ Schanz 64—65.

[2] Schanz 247—248.

binnen Hamburg sonst so lange gehabt haben, um zum Krug und Bier zu gehen, sollen sie hinfürder nicht mehr haben.' Meister oder Gesellen, welche dieser ‚christlichen und löblichen Ordinanz‘ zuwiderhandeln würden, sollten vor das Handwerk geladen, und falls sie sich von demselben nicht richten und strafen lassen wollten, der Obrigkeit angezeigt werden[1]. Eine überaus schroffe Verordnung wider die Gesellen erließen im Jahre 1573 die Rothgießer von Lübeck, Braunschweig, Rostock, Stralsund, Wismar, Lüneburg, Magdeburg, Bremen, Greifswald, Hildesheim, Stade, Hannover, Göttingen und Flensburg. Auch sie verlangten für vier Tage in der Woche eine Arbeit von 16 Stunden, für Donnerstag und Samstag von 14 Stunden; nur jedes Vierteljahr sollten die Gesellen einen freien Montag haben; würden sie sich einen Montag mehr frei machen, so sollten sie jedesmal Tagelohn und Kost verlieren. Der Wochenlohn wurde ein- für allemal bestimmt und sollte für ‚kleine und grobe Arbeit‘ gleich sein. ‚Darzu soll man ihnen kein Bier, sondern Covent‘, dünnes Bier, ‚auf die Werkstätte geben‘. Würden die Gesellen sich diesen und anderen näher angegebenen rauhen Befehlen widersetzen, davon ziehen und an einem andern Orte niedersitzen, so sollten sie in sämmtlichen Städten dieser Vereinbarung als ‚Verächter und Verfolger‘ des Handwerks betrachtet und nirgends gefördert werden, es sei denn, daß sie ‚nach vollkommener Sühne aus Gnade wieder angenommen‘ würden[2]. Bei den Schmieden in den wendischen Städten mußte von 3 Uhr Morgens bis 6 Uhr Abends, bei den Schiffszimmerleuten in Lübeck von Morgens 5 Uhr bis 6 Uhr Abends gearbeitet werden[3].

Die Meister des Schreinerhandwerks zu Freiburg im Breisgau setzten im Jahre 1539 fest: die Gesellen müßten im Sommer und im Winter von früh 4 Uhr bis Abends 7 Uhr bei der Arbeit sein[4]. In Nürnberg dauerte die tägliche Arbeitszeit bei den Tuchmachern 13 Stunden[5], bei den Seilern 15 Stunden[6].

Den übermäßig angestrengten Gesellen war es kaum zu verübeln, wenn sie an den Montagen für den halben oder ganzen Tag von der Arbeit befreit sein wollten, zumal sie ihre genossenschaftlichen Zusammenkünfte an einem Sonn- oder Feiertag nicht abhalten durften[7]. Im Anfange des sechzehnten Jahrhunderts wurde ihnen ziemlich regelmäßig der Montag, bald jede Woche bald alle vierzehn Tage, als halber Feiertag zugestanden, zur Erholung und um in's Bad zu gehen[8]. In Straßburg wurde im Jahre 1536 für die

[1] Rüdiger 588—589.   [2] Rüdiger 564—572.
[3] Wehrmann, Lübecker Zunftrollen 406. 448.   [4] Schanz 261.
[5] Stockbauer 83.   [6] Schönlank 601.
[7] Vergl. Schanz 114—116. Schönlank 601.
[8] Vergl. Stahl, Das deutsche Handwerk 313 fll. Schanz 114—115.

Schlosser- und Sporergesellen die Verfügung erlassen: Diejenigen, welche ,über 8 Kreuzer Lohn und nicht minder' hätten, dürften den Montag Nachmittag frei nehmen[1]; die Schreinergesellen zu Freiburg im Breisgau konnten die Arbeit am Montag Nachmittag nur dann einstellen, wenn in die Woche kein Feiertag fiel[2]. Die Städte Lübeck, Hamburg, Lüneburg, Wismar, Rostock und Mölln vereinbarten sich im Jahre 1574: den Hutmachergesellen solle der Montag frei gegeben werden. ,Wenn aber ein Geselle mehr feiert als den Montag, soll er die ganze Wochen feiern und überdieß sechs Schillinge in die Meisterbüchse geben.'[3]

In demselben Maße, in welchem die allgemeinen Zustände entarteten, trat auch in der ,Feier des guten Montags' eine Entartung ein, welche in vielen Städten und landesfürstlichen Gebieten zur völligen Abschaffung oder zur Beschränkung desselben führte. ,An solchen guten Montagen,' heißt es in einem Erlaß des Nürnberger Rathes vom Jahre 1550, hätten die Gesellen ,fast durchaus nichts Anderes, dann Füllerei, Unzucht, Verwundungen und andere üble Laster geübt und getrieben, auch daneben ihren Meistern ihre Arbeit nicht allein an denselben Montagen, sondern die folgenden Tage danach versäumet'; deßhalb müßten dieselben fürderhin an den Montagen bis zur Vesperzeit ihre Arbeit gebührlich verrichten und in der übrigen Zeit des Tages sich ,aller Füllerei und anderer Ungeschicklichkeit enthalten'; für die Wochen, in welche ein Feiertag falle, sei der gute Montag gänzlich aufgehoben[4]. Die bayerische Landesordnung vom Jahre 1553 wollte denselben ein- für allemal beseitigen, weil ,daraus unbillige Versäumniß der Arbeit, auch unnothdürftige Zehrung und andere Nachtheil erfolgt': Handwerksgesellen, welche sich fürder unterstehen würden, ,den guten Montag zu halten, sollen darum gestraft werden'[5]; der Befehl hatte jedoch einen so geringen Erfolg, daß er in der Landesordnung vom Jahre 1616 ,unter Bedrohung ernstlicher Strafe' wieder erneuert werden mußte[6]. Welche Mißbräuche einrissen, zeigt beispielsweise eine baden-durlachische Verordnung vom Jahre 1554, worin den Wirthen verboten wurde, Handwerksgesellen an den guten Montagen oder bei ihren anderen Gelagen ,Rottenweiß über einen Tag zu halten' und ihnen mehr ,als das Ordinari-Mahl' zu verabreichen[7].

---

[1] Schanz 254.   [2] Schanz 261.   [3] Rübiger 554.

[4] Schönlank 600. ** Vergl. auch das während des Druckes erschienene interessante Werk von Schönlank: Sociale Kämpfe 182 fl.   [5] Baierische Landesordnung Fol. 128.

[6] Vergl. Wolf, Maximilian der Erste 1, 864—865.

[7] Zeitschr. für die Gesch. des Oberrheins 29, 434. Der Drubecker Pastor Balthasar Voigt schilderte in seinem Drama vom Jahre 1618 ,das Sauleben' der Handwerksgesellen mit den Worten:

Macht guten Montag und graffirt,
Zecht, schlagt, sticht, bricht oder junffrirt,

Besondere Gelegenheiten für die ‚Freß-, Sauf- und Rauflust‘ boten die sogenannten geschenkten Handwerke, das heißt diejenigen, welche den wandernden Gesellen bei ihrer Ankunft ein Geschenk zu reichen pflegten, womit ein gemeinsamer Trunk der sämmtlichen Gesellen verbunden war. Diese Gewohnheit führte nicht selten zu ‚allerlei ganz ungebührlichen und gar gefährlichen‘ Ausschreitungen. So besagt eine in Oesterreich im Jahre 1550 für das Weißgerber- und Jocherhandwerk getroffene Verfügung: ‚An mehr Orten, da solch Handwerk gearbeitet wird, beschehen in einer Woche auf der hin- und wiederreisenden Gesellen Ankunft nicht ein oder zwei, sondern zu vier und fünf Versammlungen und Collationen am Abend, daraus dann nicht allein in den Werkstätten viel Versäumniß und verderblicher Schaden, sondern auch allerlei Unrath, Mord, Laster und muthwillige Handlungen erfolgen.‘ [1]

In den Reichspolizeiordnungen aus den Jahren 1530, 1548, 1559 und später und auch in vielen Landespolizeiordnungen und städtischen Verfügungen wurden die geschenkten Handwerke auf das nachdrücklichste untersagt; aber alle diese Befehle scheiterten meist an dem zähen Widerstande der deutschen Gesellenschaft. Als der Rath zu Augsburg am 21. August 1567 diese Handwerke aufhob, standen ‚sonderlich die Schwertfeger- und Kupferschmiedgesellen fast alle auf und gingen aus der Stadt‘; in Folge dessen sah sich der Rath genöthigt, noch gegen Ende des Jahres die Verfügung zurückzunehmen [2].

Ein trauliches Verhältniß zwischen den Meistern und ihren Gesellen und Lehrlingen war selten mehr vorhanden: den eigensüchtig Lohn und Kost nach Möglichkeit schmälernden Arbeitgebern standen nur zu häufig unzufriedene und trotzige Arbeiter gegenüber, welche ihr ‚Werk nur so hinhudelten‘

Dienstags thut ihm dann weh das Haar,
Mittwochens steht's im Zweifel gar,
Obs Urlaub nehm am Donnerstag,
Aber auf Elßleins Bitt und Klag
Gehts Freitags in die alt Werkstat
Und arbeit wie's Lust dazu hat,
Glaubt sich also die Woch hinaus,
Sontags geht wider an der Saus.

A. v. Weilen, Der ägyptische Joseph im Drama des sechzehnten Jahrhunderts 177; vergl. unsere Angaben Bd. 6, 277 fll.

[1] Bucholz, Ferdinand der Erste 8, 270.

[2] v. Stetten 1, 578. Näheres und Neues über die Bedeutung der geschenkten Handwerke für die Gesellenschaft und deren Widerstand gegen die Abschaffung derselben bei Schönlank 355—357. 376 fll. ** und in Sociale Kämpfe 77—97.

und nach zahllofen Zeugniffen der Zeitgenoffen, ohne religiös-fittlichen Halt,
ihren Verdienft ‚durch die Gurgel‘ jagten, dem ‚Sauf- und Freßteufel‘ opferten
und der Liederlichkeit verfielen. Der ehrliche und biderbe Hans Sachs ließ
schon im Jahre 1535 ‚Frau Arbeit‘ klagen: das Handwerk werde unwerth,
weil man den Arbeitern ihren gebührlichen und verdienten Lohn abbreche
und diefelben dadurch ‚verdroffen und verrucht‘ mache,

> Daß jeder auch fein Vortheil sucht,
> Auch das Geringeft einhin ftümpelt,
> Dadurch manch Handwerk wird verhümpelt,
> Auch werdens faul, träg und hinläßig,
> Spielfüchtig, verfuffen und gefräßig [1].

In diesem ‚Suff und Fraß‘ gingen ihnen die Meister, wie vielfach anderwärts, so auch in Nürnberg, mit böfem Beispiele voran. Als der dortige
Rath im Jahre 1550 den Gefellen den Mißbrauch des guten Montags
unterfagte [2], fügte er dem Verbote die Mahnung hinzu: ‚Dieweil sich auch
augenscheinlich erfindet, daß dem jetzt erzählten der Handwerksgefellen unnoth-
dürftigen und überflüffigen Mißbrauch des guten Montags und anderer
müßiger Zeit durch ihrer Meister täglich Praffen und zum Wein Gehen bisher nicht wenig Urfach gegeben worden, so läßt demnach ein ehrbarer Rath
diefelben ihre Bürger, die Meister und Handwerker, ganz väterlich und getreulich ermahnen und warnen, daß sie den gemelten ihren Gefellen, auch
anderem Hausgefind in solchem ein gutes Exempel fürtragen, sich des überflüffigen Zechens und Weintrinkens in Wirthshäufern, sonderlich an Werktagen, enthalten und dermaßen erzeigen wollen, damit Gottes Zorn dadurch
nicht gemehret, auch Niemand Aergerniß gegeben, und sonderlich ihre Weiber
und Kinder vor dem läfterlichen böfen Gebrauch, ihnen in die Wirthshäufer
nachzulaufen und der Füllerei sich auch zu gewöhnen, abgezogen und also
ihnen allen Nuz und Guts zu Seele und Leib geschafft werde.‘ [3]

Welche Klagen dort die Gefellen erhoben und wie schroff sich zwischen
ihnen und den Meistern die Verhältniffe ausgeftaltet hatten, geht aus drei
dem Ausgang des fechzehnten und dem Anfang des fiebenzehnten Jahrhunderts angehörigen Urkunden hervor [4]. Diefelben sind von allgemeinerer Bedeutung für das damalige Handwerksleben, denn die darin gekennzeichneten
Zuftände waren gewiß nicht allein in Nürnberg vorhanden.

In der erften beschwerten sich ‚die Oertengefellen und gemeine Gefell-
schaft des Barchentweberhandwerks‘ in den letzten Jahrzehnten des fechzehnten
Jahrhunderts bei dem Rathe zunächst über das Vorhaben der Meister, den

---

[1] Vergl. unfere Angaben Bd. 6, 212. Vergl. auch Schanz 134 fll.
[2] Vergl. oben S. 86.   [3] Schönlank 600.
[4] Wir verdanken diefelben der trefflichen Arbeit von Schönlank 604—612.

wöchentlichen Betrag ihres Brodgeldes ‚von 50 Pfennig auf 80 Pfennig‘ zu
steigern.   Wir haben, sagten sie, in Zeiten, da das Getreide gar billig gewesen und wir das Brod wohlfeiler hätten bekommen können, die 50 Pfennig
ohne Widerrede bezahlt; deßhalb könnten die Meister bei der jetzigen Theuerung
mit ihnen auch wohl ‚ein kleines Umsehens‘ haben und ihnen gegenüber ‚billig
thun‘. ‚Dabei sollten sie auch sonderlich dies bedenken, daß es mit unserem
Handwerk nicht die Gelegenheit hat wie auf anderen, die der Arbeit halben
stecken, denn wir haben Gottlob ein gutes Handwerk, das nicht steckt, sondern
wenn nur viel Arbeit vorhanden, wären Kaufleute genug darzu, derwegen
sie sich dieser Anzüge nicht gebrauchen können, uns mit dem Brodgeld höher
zu beschweren.‘ Die Kost, welche die Meister ihnen zu reichen schuldig seien,
sei, wie diese selbst wüßten, früher viel besser gewesen als jetzt, ‚und ist dazu
etwa unser einem ein Trunk Bier über Tisch gereicht worden, das man jetzt
nicht thut‘. Ueberdieß ‚haben wir hievor‘, fahren die Gesellen fort, ‚zu einer
Ergötzlichkeit unserer Mühe und Arbeit sieben Feste gehabt, das auswendig
auf anderen Werkstätten noch ist, aber allhier sein uns deren fünf abgebrochen, und hält man uns zwei, als die Faßnacht und Lichtgenß. Es
wird uns auch zum Vesperbrod kein Käs mehr gegeben, wie hievor geschehen;
es wird uns auch die Kost viel schmäler gereicht, denn vor Jahren geschehen.
Die Gesellen an anderen, auswendigen Orten geben für das Brod nicht mehr
dann 5 und 6 Kreuzer, sind auch mit keiner solchen Rüg und Straf beschwert wie allhie.   Denn so unser einer etwan ein Seidlein Biers zu hoher
Notdurft trinket und eine Stunde feiert, werden wir durch sie den nächsten
an die Rüg gegeben und um das Geld gebracht, da wir doch nicht allwegen
Wasser trinken können; denn wir arbeiten unter der Erde in feuchten dunstigen
Gewölben, müssen viel ungesunden Staubes und anderes einnehmen und kann
nicht ein jeder gedulden, zu solchem allem Wasser zu trinken[1]. Daraus auch
erfolgt, daß mancher krank wird, Ew. Herrlichkeit in den Spital oder anderer
Ort gedeiht, welches allein obgemelter Beschwerung und daß wir arme Gesellen so übel mit der Kost und in andere Wege von den Meistern gehalten
werden, Ursach ist.‘

    ‚Und zu dem allen haben wir einen sehr geringen Lohn und kann unser
einer in der breiten und besten Arbeit in der Woche über einen halben Gulden
nicht verdienen und an der schmalen kaum ein Ort‘, einen viertel Gulden.
‚Und müssen dazu dieselbe gut machen, es sei gleich das Garn gut oder
böse, wir arbeiten lang oder kurz an einem Stück. Wir müssen auch zu der

---

[1] Diese noch jetzt als Werkstätten benutzten Keller in den Sieben Zeilen am
Weberplatz zählen übrigens ‚keineswegs zu den schlechtesten Arbeitsräumen des modernen
Nürnberg‘. Schönlank 604 Note.

Meister Arbeit die Lichter kaufen, das sonst auf keinem Handwerk gebräuchlich; desgleichen von einem Hemd 6 Pfennig zu waschen geben, das alles auswendig nicht ist, wollen geschweigen Badgeld, Kleider und anderer nothwendigen Leibsunterhaltung.' Sollte ihnen nun das Brodgeld auf 80 Pfennig gesteigert werden, so könnte mancher unter ihnen an der schmalen Arbeit wöchentlich nicht so viel verdienen, als er dem Meister allein für Brod und Licht geben müsse. ‚Wovon sollten wir denn andere unsere Nothdurften kaufen, also daß uns unmöglich ist, ihrem Begehren Folge zu thun oder die 50 Pfennig steigern zu lassen, müßten eher durch die gedrungene Noth uns in andere Weg versehen.'

Als einen besonders ‚schädlichen Mißbrauch‘, der im Handwerk eingerissen sei, hoben die Gesellen noch hervor, daß man ‚viel beweibte Gesellen einkommen‘ lasse, ‚die etwan letzlich mit Weib und Kindern Ew. Herrlichkeit in die Almosen kommen; sind auch etwan von auswendigen Orten, da sie böse Stücke gemacht, von Weib und Kindern hierher gelaufen‘. ‚So haben auch die Meister Bauernknechte oder Dorfweber, deren einer kaum ein Viertel Jahr gelernt, allein darum gefördert, daß solche Stümpler für gut nehmen müssen, was man ihnen gegeben hat, dadurch wir Gesellen, die nach Handwerks Gewohnheit, Gesetz und Ordnung redlich lernen, ausgedrungen werden.' Oder aber man wolle sie halten, wie man solche Stümpler gehalten, was der gemeinen Gesellschaft zur Beschwerung und dem Handwerk bei auswärtigen Werkstätten zur Verkleinerung gereiche. ‚Derwegen unsere unterthänige Bitte: Ew. Herrlichkeit wollen die günstige Fürsehung thun, daß kein beweibter Gesell allhie mehr eingelassen und gefördert werde, der also vom Land hereinlauft, er weise denn zuvor seinen Lehrbrief auf oder habe andere genugsame Kundschaft, daß er seine Lehrjahre nach Handwerks Gewohnheit ehrlich erstanden und des Handwerks redlich sei, damit durch die Fremden des Handwerks redliche Gesellen nicht so gar von hinnen getrieben und beschwert werden.'

Welche Antwort die Meister auf alle diese Beschwerden ertheilt haben, ist nicht bekannt geworden; dagegen liegt eine solche Antwort vor auf eine von der Brüderschaft der Leinewebergesellen im Juli 1601 dem Rathe überreichte Klageschrift wegen einer von den Meistern eigenmächtig verfügten Lohnverkürzung, wegen ungebührlicher Auflage von Strafgeldern, die nicht einmal den armen fremden und kranken Gesellen zu gut in die Büchse gelegt, sondern von den Meistern vertrunken würden, endlich auch wegen der Beköstigung. ‚Sie geben dem Gesellen von der gemöttelten Arbeit vom Hundert 1, vom Tuch aber ½ Pfennig zu Lohn‘ [1]; ferner gegen Zahlung von wöchentlich

---

[1] Mittling, eine besondere Art Gewebe ‚etwan Leinwand aus Mittelflachs‘, sagt Schmoller, Bayerisches Wörterbuch 1, 1692. Schönlank 606 Note weist darauf hin.

6 Kreuzern ‚die bloße Kost aus der Küche'. ‚Das Brod, Licht, Bier und alle anderen Sachen, was wir bedürfen, müssen wir uns selbst für unser Geld erkaufen, da dann einer die Wochen mit 10 Batzen ganz schwerlich hinauslangt. Und daß sie uns auch fürwerfen, es gelte ein Pfund Fleisch einen Batzen, ist nicht ohne, man gibt uns aber deffen wol desto weniger, denn ob uns wol alle Tage Fleisch zu geben gebührt, so geben sie uns die Woche kaum die Hälfte. Wollten aber in dieser schweren Zeit damit gern zufrieden sein, wenn sie uns nur mit anderen unbilligen und falsch bemäntelten Bürden nicht stetig also beschwerten.' Als Lohnverkürzung gaben die Gesellen mit Bestimmtheit an, daß man ihnen seit Ostern ‚von je einer Elle gemöttelter Arbeit 2 und vom Tuch 1 Pfennig abgebrochen' habe. Der Rath möge sie bei ihrem ‚um viel Jahre her gehabten Lohn schützen und handhaben', um so mehr, weil sie nicht ein Handwerk hätten, ‚das Sommer und Winter geht, sondern müssen in dem Winter gar oft feiern, auch Mancher nach Arbeit in's Elend und zum Thore hinausziehen'.

Der Gegenbericht der Meister erklärte alle diese Beschwerden für ein ‚langes und unnöthiges Geschwätz', bekundete aber auch, daß in der Meisterzunft selbst Zwistigkeiten vorhanden waren. Die Gesellen, hieß es darin, hätten einen höhern Lohn, als sie ‚vor 22 Jahren gehabt' und seien damit zufrieden gewesen. ‚Dieweil aber vor diesem etliche Meister und uns gleich wohl aus Neid die Gesellen mit einem mehrern Lohn, dann vor Alters gebräuchlich gewesen, also verhetzt, daß sie anderen Meistern aus der Werkstatt Urlaub genommen und zu anderen eingestanden sein, haben etliche Aufrührer unter den Gesellen auf diesen Rank gedacht und die ganze Gesellschaft verreizt.' Sie könnten den Gesellen ‚ein Mehreres nicht als vor 12 und 20 Jahren zum Lohne geben'; ‚falsch und leichtfertig' seien dieselben niemals bestraft, die Büchsen von den Strafgeldern niemals entblößt worden. ‚Daß sie vermeinen, daß wir ihnen täglich ihres Gefallens Fleisch für die Blansen[1] setzen, Bier, Brod, Licht und andere Sachen noch dazu schaffen sollen: das sind wir zu thun nicht schuldig, ist uns auch in unserer Ordnung laut eines Gesetzes bei einer Strafe verboten.' ‚Da einem oder dem andern eines Meisters Küche oder der Lohn zu gering, mögen sie es auswendig versuchen, steht ihnen Thür und Thor offen; denn es gibt auf unserem Handwerk allerorts Gesellen genug'; ‚andere arme fremde Tropfen, die weit im Land herumlaufen und nicht Arbeit finden mögen, wären oft froh, daß sie allhie Arbeit hätten'. ‚In Summa' wurden die Beschwerdeführer als ‚Aufrührer und Faullenzer' bezeichnet, die mehr ‚auf den Bierwirthen und Schwelgen' lägen, als auf fleißige Arbeit bedacht seien[2].

---

[1] Blans = aufgesperrter Mund.   [2] Schönlank 606—612.

Die Nürnberger Haftenmacher wollten einmal ‚der theueren Zeiten wegen‘ das Wochengeld der Gesellen für die Kost beinahe auf das Doppelte, auf eine Summe erhöhen, welche ‚mancher Gesell‘, wie der Rath befand, ‚in der Woche überhaupt kaum verdiente‘[1], so daß er also seine ganze Arbeit allein für die Kost hätte verrichten müssen.

Wie wenig Sorge oft in den Zünften, allen alten ehrbaren Zunft-vorschriften zuwider, den Lehrlingen zugewendet wurde, zeigt eine dem Jahre 1595 angehörige Mahnung des Nürnberger Rathes an die Goldspinner, Borten-wirker und Cartetschenmacher: ‚Dieweil auch die armen Jungen, sonderlich die fremden, die Niemand in der Stadt haben, der sich ihrer annimmt, mehren-theils durch Uebelhalten mit der Kost, böse Liegerstätte und üblen Geruch, den sie mit einander in engen Gemächern müssen erbulden, an ihrem Leib mit beschwerlichen Krankheiten infizirt werden, so soll man den gemelten drei Handwerken warnungsweise sagen: würde fürderhin ein fremder Dienstehehalt, der nicht hier Bürger ist, in ihrem Dienst infizirt und verderbt, so sollten sie denselben auf ihre eigenen Kosten heilen zu lassen schuldig sein.‘ Der Rath bestellte für jedes der drei Gewerbe zwei Vorsteher, welche darauf achten sollten, daß die Lehrjungen ‚vor Hunger und Frost geschützt, an ihrer Gesund-heit nicht verletzt, nicht mit Schlagen oder Werfen übel tractirt und über ihr Vermögen mit der Arbeit nicht angestrengt‘ würden[2].

Mit der Entartung und dem Verfalle des gewerblichen Arbeitslebens erfolgte gleichzeitig ein auf die volkswirthschaftlichen Verhältnisse noch schlimmer einwirkender Verfall des Bauernwesens und der Landwirthschaft.

---

[1] Ohne Angabe eines Jahres bei Stockbauer 34.   [2] Stockbauer 24.

IV. Bauernwesen — wirthschaftliche Einwirkung des unbeschränkten Jagdwesens — Verkümmerung der Landwirthschaft.

Seitdem die sociale Revolution vom Jahre 1525 im Blute der Bauern erstickt war, folgte im ganzen Reiche die traurigste Umbildung der agrarischen Zustände[1]. Der Bauernstand, der kräftigste und zahlreichste Theil des Volkes, sah sich, allgemein gesprochen, rechtlos und schutzlos der Willkür der Gewalthaber preisgegeben, und zwar nicht allein in denjenigen Gebieten, in welchen die Stürme der Revolution gewüthet hatten, sondern auch, sogar in höherem Grade noch, in jenen, welche davon unberührt geblieben waren.

Unmittelbar nach der Niederlage der Bauern nahm sich die Reichsgesetzgebung auf dem Speyerer Reichstage vom Jahre 1526 noch einigermaßen der Niedergetretenen und Verfolgten an. Es solle, hieß es in dem Reichsabschiede vom 26. August, gegen die Unterthanen, welche sich des Aufruhrs schuldig gemacht hätten, so verfahren werden, daß sie ‚die Gnade und Barmherzigkeit ihrer Oberen größer und milder dann ihre unvernünftige That und Handlung spüren‘ möchten; jede Obrigkeit besitze Gewalt und Macht, die Unterthanen, welche sich in Gnade und Ungnade ergeben und bestraft worden seien, ‚wiederum in den vorigen Stand ihrer Ehren zu setzen und geschickt zu machen, Rath und Gericht zu besetzen, Kundschaft zu geben‘, das heißt als Zeugen aufzutreten, ‚und Amt zu tragen, in ihren Anliegen und Beschwerden jederzeit gnädiglich zu hören und nach Gestalt der Sachen gnädiglichen und förderlichen Bescheid zu geben, sie auch durch sich selbst, ihre Amtmänner, Schultheißen und andere Diener nicht unbillig beschweren, sondern, welcher Recht leiden mag, dabei bleiben zu lassen‘[2].

Jedoch nur wenige Obrigkeiten übten diese ‚Macht und Gewalt‘; einige derselben, namentlich geistliche, wie die Aebte von Murbach und Maurusmünster, die Bischöfe von Speyer und von Straßburg, ließen gegen die Geschlagenen Milde walten; der Erzbischof Matthäus Lang von Salzburg gab

---

[1] Vergl. was wir Bd. 1, 297 fll. über das landwirthschaftliche Arbeitsleben im ausgehenden Mittelalter und Bd. 2, 401 fll. 440 fll. 573 fll. über die sociale Revolution und ihre Folgen gesagt haben.

[2] Neue Sammlung der Reichsabschiede 2, 274 § 6; vergl. 275 § 8.

am 20. November 1526 den Befehl: unbillige, neu eingeführte Beschwerungen der Unterthanen sollten abgeschafft werden, insbesondere sollte Niemand Macht haben, ‚von Neuem Leibeigenschaft und Todfall auf den Leuten und Gütern, darauf die vor nicht gewesen, aufzubringen‘[1]. Nicht viele Fürsten konnten von sich aussagen, was Herzog Georg der Bärtige von Sachsen bezüglich des Bauernkrieges im Jahre 1527 an den Landgrafen Philipp von Hessen schrieb: ‚Wir haben Gottlob Niemanden Nichts genommen, haben uns Gottlob dermaßen gegen ihnen gehalten, daß wir der keins mit Gewalt haben dürfen von ihnen dringen; sie sein auch, Gott hab Lob, so sehr nicht verarmt, sie sollen neben anderen ihren Pfenning wol zehren mögen, und ihrem Herrn eine Hülf thun können, gleich anderen und vor anderen.‘[2]

In manchen Bauernordnungen späterer Zeit zeigte sich nicht eine Spur von Vergewaltigung der Gemeinden durch die Obrigkeit, zum Beispiel in der dem Jahre 1544 angehörigen Dorfordnung von Kappel bei Villingen, dessen ‚Obherren‘ das Kloster St. Georgen auf dem Schwarzwalde und Junker Jacob von Freyburg waren[3], und in der zwei Jahre später vom Bischofe Philipp von Basel erlassenen Dorfordnung für Schliengen[4].

Aber im Allgemeinen galt von dem deutschen Bauernstande nach der socialen Revolution, was Sebastian Franck schon im Jahre 1534 schrieb: die Bauern sind ‚Jedermanns Fußhader, und mit Fronen, Scharwerken, Zinsen, Gülten, Steuern, Zöllen hart beschweret und überladen‘. Mit dieser ihrer jammervollen Lage, mit dem Haß, der sie gegen ihre Unterdrücker erfüllte, hing dann zusammen, was Franck hinzufügte: ‚Sie sind doch nicht dester frümmer, auch nicht, wie etwan, ein einfältig, sondern ein wild, hinterlistig, ungezähmt Volk.‘[5]

Eine machtvolle kaiserliche Centralgewalt, welche ehedem im Bunde mit der Kirche die eigentliche Grundlage des bäuerlichen Wohlstandes gebildet, die Bauern vor den Uebergriffen der Fürsten und des Adels geschützt, überhaupt den deutschen Bauernstand vor dem Schicksal, in welches der slavische Ackerbauer auf das tiefste hinabsank, bewahrt hatte[6], war nicht mehr vorhanden. ‚Da ist kein Kaiser mehr‘, heißt es in einer Flugschrift vom Jahre 1598, ‚seit vielen langen Jahren kein Kaiser mehr, der sich des armen elenden

---

[1] Vergl. unsere Angaben Bd. 2, 579—580.

[2] Seidemann, Briefwechsel zwischen Landgraf Philipp von Hessen und Herzog Georg von Sachsen, in Niedner's Zeitschr. für histor. Theologie 19, 213. 214.

[3] Mitgetheilt von Roth v. Schreckenstein in der Zeitschr. für die Gesch. des Oberrheins 30, 442—456.

[4] Mitgetheilt von Baber in der Zeitschr. für die Gesch. des Oberrheins 18, 225—248.

[5] Weltbuch Bl. 47.

[6] Vergl. Nitzsch 1, 837—839, und 2, 8—9. 318.

Bauersmannes in diesen unruhigen, zwieträchtigen Zeiten, wo Alles in Unfrieden und Haß entbrennt, wider die unzähligen Harphien, Placker und
Schinder annehmen könnte, wenn er auch wollte. Sage mir, was wird
auf den vielen Reichstägen und anderen Tägen verhandelt? Schier alles
Erdenkliche, aber nichtes Nichts, was zu Nutzen, Heil und Beschützung des
armen Mannes vom Lande dienen könnte und dazu da wäre, seinen Unter-
drückern, Tyrannen und Schindern ein Gebiß einzulegen.'[1]

In der Reichsgesetzgebung war seit dem Jahre 1526 nur noch ein
einziges Mal die Rede von den Bauern, damals, als den Grundherren im
Augsburger Reichsabschied vom Jahre 1555 die aus der Leibeigenschaft fließen-
den Rechte nebst der Leibeigenschaft selbst gewährleistet wurden[2].

,In welch deutschem Lande', fährt die Flugschrift vom Jahre 1598
fort, ,hat der Bauer noch sein altes Recht? wo seine Nutzung an den gemeinen Feldern, Wiesen und Gehölzen? wo gemessene Frohnden und Schar-
werke? wo noch sein eigen Gericht? Daß Gott erbarm! Alles das und
Anderes aus dem vormaligen Ehrenstand der Bauern ist mehrsten Theils gar
so verloschen und erstorben, daß, wer noch von solchem spricht, hören muß:
er sei ein Herrenfeind und ein Aufrührer, verdiene an Gut, Leib und Leben
gestraft zu werden.' ,Und werden wol angesehene Theologen dafür allegirt,
wie scharf man den Bauern und Gesinde zusetzen solle, damit sie nicht gar
üppig werden und wider ihre Oberkeit, so allein über sie Gewalt hat, sich
wiederumb auflehnen mögen.'[3]

In der Zahl solcher Theologen hatte namentlich Melanchthon unter den
frischen Eindrücken der socialen Revolution für die unbeschränkte Gewalt-
herrschaft der Obrigkeit über die Bauern sich ausgesprochen. Jeder, schrieb
er, sei ,schuldig, zu geben, was eine weltliche Obrigkeit eingesetzt' habe, ,es
seien Decimä oder Octavä'. In Aegypten hätte man nicht den Zehnten,
sondern ,den fünften Theil geben' müssen und ,alle Güter' seien ,des Königs
eigen gewesen', ,und hat solche Ordnung Joseph gemacht, der doch den heiligen
Geist gehabt hat, und hat den Pöbel also beschweret, dennoch sind sie schuldig
gewesen, solches zu geben'. Seitens der Bauern sei es ,ein Frevel und Gewalt, daß sie nicht wollen leibeigen sein', denn es sei wider das Evangelium
und habe ,keinen Schein'. ,Ja es wäre von Nöthen, daß ein solch wild,
ungezogen Volk, als Teutschen sind, noch weniger Freiheit hätte, denn es
hat. Joseph hat Aegypten hart beschwert, daß dem Volk der Zaum nicht
zu weit gelassen wurde.' Wenn die Unterthanen wegen der Einziehung des

---

[1] Bauernklage: Ob der arm Mann nicht auch zum Recht kommen soll? (Flugblatt
von 1598) S. 2. Vergl. (D. Sudermann,) Klag der armen Bauern. Straßburg 1616.
[2] Neue Sammlung der Reichsabschiede 3, 19 § 24. Vergl. v. Maurer, Fron-
höfe 4, 580. [3] Vergl. oben Note 1.

Eigenthums der Gemeinden an Wasser oder Wäldern oder wegen Dienste und Zinsen zu klagen hätten, sollten sie den Rechtsweg beschreiten: oft möge ,eine Oberkeit Ursache haben, daß sie gemeine Güter einnimmt, sie zu hegen, oder auch sonst', und wenn es auch mit Gewalt geschehe, dürfe man sich nicht gewaltsam dagegen auflehnen. Auch was die Auflegung von Strafen anbelange, hätten die Bauern nicht das Recht, ,einer Herrschaft darin ein Gesetz zu machen'; denn Gott habe die Obrigkeit geordnet, ,das Uebel zu wehren und zu strafen'. ,Es ist', wiederholte er, ,ein solch muthwillig, blutgierig Volk, die Teutschen, daß man's billig viel härter halten soll; denn Salomon spricht Proverb. 26: Dem Pferd gehört ein Geissel, dem Esel ein Zaum, des Narren Rücken gehört ein Ruthen, und Ecclesiastici 23: Einem Esel gehört Futter, Geissel und Bürde, also einem Knecht Nahrung, Straf und Arbeit.' [1]

Wie Melanchthon, berief sich auch Spalatin bezüglich der Lasten der Bauern auf Joseph: ,Es war wol eine größere Last, daß Joseph, der heilige Gottesmann, den Fünften über das ganze Königreich aufsetzte und anrichtete, und dennoch ließ Gott sich solche Ordnung wol gefallen.'

Luther, welcher ebenfalls unbedingte Unterwerfung unter die Befehle der Obrigkeit verlangte, äußerte sich im Jahre 1529: Die Bauern befänden sich in besserer Lage als die Fürsten: ,Ihr ohnmächtigen, groben Bauern und Esel, wollt ihr's nicht vernehmen? Daß euch der Donner erschlage! Ihr habt das Beste, nämlich Nutz, Brauch, Saft aus den Weintrauben, und lasset den Fürsten die Hülsen und Körner. Das Mark habt ihr, und sollet noch so undankbar sein und nicht beten für die Fürsten, und ihnen nur Nichts geben wollen?' Gesinde und Dienstleute würden, schrieb Luther in seinen Predigten über das erste Buch Mosis, am besten wieder einer Leibeigenschaft unterworfen, wie sie bei den Juden vorhanden gewesen sei. ,Da nahm Abimelech Schaf und Rinder, Knechte und Mägde und gab sie Abraham und sprach zu Sara, und so weiter. Ist ein königlich Geschenk. Das hat er ihr geben über die Schafe, Rinder, Knecht und Mägde, die sind auch Alles leibeigene Güter, wie ander Vieh, daß sie die verkauften, wie sie wollten: wie auch schier das Beste wäre, daß es noch wäre, kann doch sonst das Gesind Niemand zwingen noch zähmen.' Nur wenn ,Faust und Zwang da wäre, daß Niemand mucken dürfe, er hätte die Faust auf dem Kopf, so ginge es besser zu'. Die ,frommen heiligen Leute', von welchen er gesprochen habe, hätten ,fein Regiment gehabt, auch unter den Heiden. Itzt ist's gar Nichts. Ein Knecht galt dazumal ein Gulden oder acht, eine Magd ein Gulden oder sechse, und mußte thun, was die Frau mit ihr macht. Und sollt die Welt noch lange stehen,

---

[1] Corp. Ref. 20, 641 sqq.; vergl. unsere Angaben Bd. 2, 593 fll.

könnt man's nicht wohl wieder halten im Schwang, man müßt es wieder aufrichten'[1].

Daß die Dienstthuenden, nach Luther's Worten, ,leibeigene Güter' seien ,wie ander Vieh', welches die Herrschaft verkaufen könne nach freiem Belieben, wurde besonders auch von vielen Vertretern des altheidnischen römischen Rechtes als rechtmäßig und billig verfochten.

Der bei fast sämmtlichen damaligen bedeutenden Juristen gemeingültige Satz: ,Alles ist rechtmäßig, nicht tyrannisch, was sich irgendwie durch Vorschriften des Corpus juris stützen läßt'[2], gereichte vorzugsweise dem Bauernstande zum größten Verderben.

So setzte zum Beispiel der mecklenburgische Jurist Johann Friedrich Husanus in einer Schrift ,Ueber die Leibeigenen' des Nähern auseinander: die alte, auf Kriegsgefangenschaft beruhende Sclaverei sei durch das Christenthum im Wesentlichen überall beseitigt, aber ohne eine ,dieser alten zu einem großen Theile ähnlichen Sclaverei' könne ein Staat nicht bestehen[3]. Dieser neuen Sclaverei seien vorzugsweise die Bauern unterworfen, deßhalb habe ein Gutsherr das unbedingteste Recht, zu jeder Zeit dieselben aus ihren Höfen zu treiben und das Bauernfeld zum Herrengut zu ziehen[4]. ,Der Sclav-Colone' dürfe seinen Herrn nicht strafrechtlich belangen, müsse demselben Dienste und Abgaben entrichten, bei Verheirathung seiner Tochter zu deren Aussteuer beitragen; auch habe der Herr das Recht, seinen ,Sclav-Colonen' zu besteuern, ihn körperlich zu züchtigen, sein Hab und Gut einzuziehen, selbst Todesstrafe über ihn zu verhängen[5]. Der auf Husanus fußende, als eine ,practische Autorität' angesehene Jurist Ernst Cothmann stellte die Behauptung auf: Schon die Thatsache, daß einer ein Bauer ist, genügt zum Beweise seiner Leibeigenschaft[6].

Wie Husanus, so erklärte auch Georg Schönborner von Schönborn, Kanzler von Hohenzollern, in einem staatsrechtlichen Werk vom Jahre 1614: eigentliche Sclaven seien in Deutschland nicht mehr vorhanden, aber die Sclaverei sei im Allgemeinen rechtmäßig, weil der Besitz dessen, was ein Gebieter durch Kraft und Tapferkeit sich angeeignet habe, gerecht sei[7]. Hatte

---

[1] Vergl. unsere Angaben Bd. 2, 590—595.

[2] Vergl. Roscher, Deutsche Nationalökonomik an der Gränzscheide 275—276, und Gesch. der Nationalökonomik 145.

[3] Der Staat habe eine servitus nöthig, ,vetustae magna ex parte similem'.

[4] ,. . . potest ejicere suo fundo, item alio transferre et villam suo arbitratu sibi e praediis colonis concessis extruere.'

[5] Näheres über das Buch des Husanus ,De hominibus propriis' (1590) bei Böhlau 389 fll.   [6] Böhlau 404 fll.

[7] ,. . . possessio ejus, quod virtute et fortitudine domini acquisitum est, justa.' Roscher, Gesch. der Nationalökonomik 145. 146.

man früher die landwirthschaftliche Arbeit als ganz besonders ehrenwerth erachtet, so verlangte jetzt zum Beispiel der lutherische Theologe Johann Micrälius aus Pommern: der Ackerbau solle lediglich von Sclaven oder von dazu gedungenen barbarischen Menschen getrieben werden [1].

--- · · · ---

Wie sich unter dem Einfluß solcher Grundsätze und Anforderungen von Theologen und Juristen das Bauernwesen ausgestaltete, zeigt die Geschichte desselben namentlich in jenen deutschen Gebieten, wo eine gewaltthätige Erhebung der Bauern nicht stattgefunden hatte und wo man demnach die Vergewaltigung und Unterdrückung derselben nicht damit beschönigen konnte, sie hätten durch ‚Aufruhr und Empörung ihre alten Rechte verwirkt‘.

In Vorpommern und Rügen standen die Bauern noch bis über das erste Drittel des sechzehnten Jahrhunderts hinaus ‚in gebührlichen Rechten und Wohlstand‘. Die erbberechtigten Colonen, schrieb Thomas Kantzow, Geheimschreiber in der fürstlichen Kanzlei zu Wolgast († 1542), ‚geben ihre bescheidenen Zinsen und haben auch bestimmten Dienst. Dieselben stehen wohl und sind reich, und wenn einem nicht geliebet, auf dem Hofe länger zu wohnen oder seine Kinder darauf wohnen zu lassen, so verkauft er's mit seiner Herrschaft Willen und gibt der Herrschaft den Zehnten vom Kaufgeld. Und der wieder auf den Hof zieht, gibt der Herrschaft auch Geld, und also zieht der andere mit seinen Kindern und Gütern frei weg dahin er will.‘ Und diese Bauern, ‚die ihre Erbe an dem Hofe haben, wenn man sie gern bisweilen wegtriebe, so wollen sie nicht weg, und die sind so eigen nicht, sondern ziehen, wohin sie wollen‘. Auch in Rügen ‚stehen die Bauern wohl und sind reich, denn sie haben ihre bescheidenen Zinsen und Dienst, und darüber thun sie Nichts. Und die meisten thun gar keine Dienste, sondern geben Geld dafür, daher es kommt, daß die Bauern sich als frei achten und dem gemeinen Adel nicht nachgeben wollen‘ [2].

Binnen Kurzem aber wurden die Bauern in Pommern und Rügen ‚dem gemeinen Adel‘ schutzlos und hülflos preisgegeben. Der Wohlstand und der Einfluß des Bauernstandes wurden gewaltsam gehemmt, die gutsherrlichen Befugnisse gegen Sitte und Recht bis zur willkürlichen Entsetzung sogar der erbberechtigten Bauern gesteigert. Ein Edelmann selbst, der rügische Landvogt Matthäus von Norman († 1556), klagte schon um die Mitte des Jahrhunderts über die Beeinträchtigung des Bauernstandes durch den Einfluß des fremden Rechtes, die schlechte Verwaltung, den Verfall des Gerichtswesens und die Anmaßung

---

[1] Roscher 145. 149.

[2] Kantzow, Pomerania 2, 418. 432. ** Vergl. v. Brünneck, Leibeigenschaft in Pommern 104 fll.

des Adels. ‚Die Armuth‘, sagte er, ‚werde ausgesogen und verseret‘; man schinde und schabe, mache den Einen nach dem Andern arm. Die guten alten Rechts- und Besitzverhältnisse wurden derart untergraben, daß Norman das ganze Verfahren kurz und treffend mit den Worten bezeichnete: ‚Jetzt thut man, was man will.‘ [1]

Das sogenannte ‚Legen der Bauern‘, das heißt die Einziehung ihrer Höfe seitens der Ritterschaft, hatte damals bereits weit um sich gegriffen. Da jedoch die von den Rittern unter eigenem Pflug gehaltenen Hufen steuerfrei waren, so wurde durch die Einziehung steuerbarer Bauernhufen zum Ritterbesitz die Last der anderen Steuerpflichtigen bedeutend erhöht. Deßhalb beschwerten sich die Städte auf einem Landtage vom Jahre 1550 über das willkürliche Vorgehen der Ritterschaft, welche für ehemals steuerpflichtige Bauerngüter keine Steuer entrichten wolle. Als dann aber der Herzog die Steuerfreiheit derjenigen Hufen, welche die Ritterschaft für ihre Nothdurft gebrauche, für ‚althergebracht‘ erklärte, fingen auch die Städte an, Bauernhöfe einzuziehen, so daß nun die Landesherrschaft ihrerseits ein Jahrzehnt später über das unmäßige Bauernlegen durch Adel und Städte sich beschwerte [2]. ‚Adel und Städte‘, sagte Herzog Barnim in einem Landtagsabschiede vom 10. Februar 1560, ‚unternehmen es übermäßiger Weise, die Pfarrhöfe und Hufen zu neuen Schäfereien und Höfen zu legen, die Hufen werden ungleich versteuert, von vielen Hufen werden die Steuern unterschlagen, Etliche von der Ritterschaft wollen von ihren Städtlein und Flecken unter dem Scheine alter Freiheit Nichts geben, und so werden die Hufen und die Steuern in gemeinen Nöthen verringert.‘ [3]

Von einem Jahrzehnt zum andern verschlimmerte sich die Lage der Bauern. ‚Die Wüstlegung‘ steuerbarer Hufen, das heißt die Einziehung von Bauernhöfen behufs Anlegung großer Schäfereien auf früherm Bauernfeld, wurde so ausgedehnt, daß ein herzoglicher Entscheid vom Jahre 1600 eine noch weitere Ausdehnung von der landesherrlichen Genehmigung abhängig machte [4]. Im folgenden Jahre verlangte der Herzog: wenn mit seiner Genehmigung ein Bauer ohne Verschulden abgesetzt und wüste gelegt werde, müsse sein Gutsherr ihn wenigstens mit all seiner Habe ohne Entgelt abziehen lassen; ‚die armen Bauersleute seien‘, sagte er, durch die Theuerung so erdrückt, daß ‚sie kein paar Ochsen mehr bezahlen‘ könnten [5]. Weil die Bauern immer noch, wo eben möglich, gegen ihre Vergewaltigung Widerstand leisteten, nicht gutwillig ‚bei Absetzung und Veränderung der Höfe weichen‘ wollten, so wurde endlich, nach einigem Widerstreben der Landesregierung, im Jahre 1616 in

---

[1] Gaede 34. 40—41. Fuchs 49 fll. 63.   [2] Fuchs 68—69.
[3] Bei Dähnert 1, 479.   [4] Bei Dähnert 1, 770. Fuchs 70.
[5] Bei Dähnert 1, 784. 789.

einer von römischen Juristen und adelichen Landräthen abgefaßten und von
Herzog Philipp II. veröffentlichen neuen ‚Bauer- und Schäferordnung‘ zunächst für das Stettin'sche Pommern die Befugniß der Gutsherren zur Legung
der Bauern im vollsten Maße gesetzlich anerkannt und den Letzteren alles alte
Recht und aller erbliche Besitz genommen.   Die Bauern, hieß es darin, sind
in unserem Herzogthum und Land keine Emphyteutä, Erbzins- oder Pacht-
bauern, sondern Leibeigene, welche allerhand ungemessene Frohndienste ohne
Limitation und Gewißheit leisten müssen.   Sie und ihre Söhne sind nicht
mächtig, ohne Vorwissen der Obrigkeit von den Höfen und Hufen sich weg-
zubegeben. Demgemäß gehören die Hufen, Aecker, Wiesen und so weiter einzig
und allein der Herrschaft und Obrigkeit jedes Ortes, wie denn die Bauern
und Colonen gar kein Dominium, weder eigenthümlich noch sonst daran haben
und daher auch nicht vorwenden können, daß sie und ihre Vorfahren die
Höfe 50, 60, auch wohl 100 Jahre bewohnt haben. Deßwegen dürfen sich
auch die Bauernsöhne ohne Vorwissen der Obrigkeit als ihrer Erbherren nicht
anderswo niederlassen, und die Bauern müssen, wenn die Obrigkeit die Höfe,
Aecker und Wiesen wieder zu sich nehmen oder den Bauern auf einen andern
Hof versetzen will, ohne alles Widerstreben folgen. Auch die Söhne der
Freischulzen, Lehn- oder Erbmüller und der Krüger, welche Lehnbriefe haben,
sollen gleich anderen Bauern ihrer Herrschaft mit Leibeigenschaft unterworfen
sein [1]. In Pommern-Wolgast wurden große fürstliche Ackerwerke aus gelegten
Bauernhöfen errichtet und auf ihnen wie auf den adelichen Gütern die Dienste
der Bauern verdoppelt. Auch die pommerschen Städte nahmen unter Berufung
auf den mecklenburgischen Juristen Husanus das Recht für sich in Anspruch,
ihre Bauern beliebig absetzen und die Hofwehr einbehalten zu können [2].

In Mecklenburg waren damals die Bauern schon längst jener ‚neuen
Sclaverei‘ verfallen, welche Husanus als nothwendig für das Bestehen eines
Staatswesens ausgab. Auch dort entwickelte sich die Leibeigenschaft, früher

---

[1] Bei Dähnert 3, 835—836. Vergl. Gaede 41—46. Fuchs 71—78. Bei dieser
Knechtung und Beraubung der Bauern ‚ist der Einfluß der römisch-rechtlich gebildeten
Juristen unverkennbar‘. ‚Das für diese Entwicklung grundlegende Werk des Mecklen-
burgers Husanus „De hominibus propriis" vom Jahre 1590 (vergl. oben S. 97) hat
auch auf Pommern Einfluß erlangt.‘ In Rügen unterlagen die Bauern derselben Bedrückung. Fuchs 58—63. ** Ueber den schlimmen Einfluß des römischen Rechts auf
die Bauern in Pommern vergl. auch v. Brünneck, Leibeigenschaft in Pommern 129 fl.;
ebenda 135 fll. über die Bauernordnung von 1616. Der Verfasser kommt zu dem
Resultat, daß die Leibeigenschaft der Bauernordnung von 1616 ‚gleichbedeutend war mit
Grundbehörigkeit oder Gutspflichtigkeit. Sie äußert ihre Wirkung allein in der Entziehung der Freizügigkeit, verbunden mit dem Zwange der ihr unterworfenen Bauern zu
Frohndiensten, die sowohl der Art wie dem Umfange nach ungemessen sind.‘

[2] Fuchs 76—81.

unbekannt, auf Grundlage des römischen Rechtes erst im Laufe des sechzehnten Jahrhunderts; um die Mitte desselben war die Ritterschaft der ehemals freien, dann hintersässig gewordenen niedersächsischen Bauern schon ‚an
Gut und Leben mächtig‘[1]. Man berichtete von dortigen Junkern: sie lassen
ihre Bauern ‚einen Tag hinter den glühenden Ofen spannen und geben ihnen
Nichts, denn rostig versalzene Häringsnasen zu fressen, aber gar Nichts zu
trinken: da wäre kein Wunder, sie leckten vor Durst die Kacheln‘[2]. In
Neukahlen wurde im Jahre 1562 einmal ein Bauer zur Strafe ‚an seinem
Barte festgekeilt‘[3].

Auf den Landtagen erhoben Städte und Ritterschaft bezüglich der Bauern
ewige Beschwerden wider einander. Erstere klagten: die Edelleute nehmen
ihren Bauern, die ihr Vieh verkaufen wollen, von jedem Rind einen halben
Gulden, gestatten überhaupt denselben einen freien Verkauf ihrer Erzeugnisse
nicht. Dagegen klagte die Ritterschaft: in den Städten wird zur Unterdrückung
der Bauern ein gewisser Preis des Korns gesetzt und den Bürgern bei namhafter Strafe anbefohlen, nicht höher zu kaufen; kommt nun der Bauer in
die Stadt, muß er das Korn geringen Kaufs geben, während der Bürger
seine Waare willkürlich steigert und überdieß den Bauer mit schlechter Münze
übervortheilt. ‚Alles, was Andere zu ihrem Vortheil suchen,‘ sagte Herzog
Ulrich im Jahre 1590, ‚geht auf die armen Bauersleute aus; die Fürsten
aber sind schuldig, die Bauern nicht weniger als andere Stände in Acht
zu nehmen.‘[4] Wie sie dieser ‚Schuld‘ nachkamen, zeigte im Jahre 1607
eine landesherrliche Entscheidung auf einem Landtage zu Güstrow. Die
Bauern wurden darin für bloße Colonisten erklärt, welche auf Verlangen
ihre Aecker an den Grundherrn abtreten müßten und eine Erbzinsgerechtigkeit
nicht beanspruchen könnten, selbst ‚wenn sie seit unvordenklichen Zeiten im
Besitze der Güter gewesen‘ seien. Nur wenn es sich um ihre eigenen Vorrechte, namentlich um Steuerfreiheit handelte, beriefen sich die adelichen Grundherren auf das geheiligte ‚alte Herkommen‘. Planmäßig gingen sie mit der
‚Legung der Bauernhöfe‘, dem Abschlachten der Bauern vor; die wohlhabenden
Bauern verwandelten sich allmählich in arme Leibeigene, wodurch auch den
Landstädten, in welchen die Bauern ihre Bedürfnisse eingekauft hatten, ein
unberechenbarer Schaden erwuchs. Bald wurde mit den Leibeigenen wie mit
Pferden und Kühen Handel getrieben[5].

---

[1] ‚Tho Ghube und Live mechtig‘, hieß es auf einem Landtage vom Jahre 1555.
Hegel 211.   [2] Fischart, Geschichtklitterung 95.
[3] Franck, Altes und neues Mecklenburg, Buch 10, 107.
[4] Hegel 197—198.   Franck, Buch 11, 75; vergl. 12, 73.
[5] Näheres bei Böhlau 359—409. A. F. Glöckner bei Lisch, Jahrbücher 10, 387 fll.
Boll, Gesch. Mecklenburgs 1, 352 fll., und 2, 142. 147. 569.

Eine ähnliche traurige Umwandlung ging mit dem Bauernstande in den Herzogthümern Schleswig und Holstein vor. Auch dort faßte die Leibeigenschaft erst im Laufe des sechzehnten Jahrhunderts festen Fuß. Mit Ausnahme einiger Bezirke, in welchen die unterjochten Wenden gehaust hatten, waren die Ritterhöfe ursprünglich nicht viel größer als die Bauernhöfe; erst durch gewaltsame Niederlegung ganzer Dörfer erhielten sie den spätern Umfang. Noch jetzt tragen einzelne Hofkoppeln Namen, welche ursprünglich den Feldmarken untergegangener Dörfer angehörten [1].

In Brandenburg war eine Verschärfung der bäuerlichen Unterthänigkeit schon gegen Ende des fünfzehnten Jahrhunderts eingetreten; es galt als feststehender Grundsatz, daß die Bauern ‚Unterthanen ihrer Junker‘ seien [2]. Kurfürst Joachim I. lieh den heftigen Beschwerden der Bauern über die Ausdehnung und Verstärkung der gutsherrlichen Gewalt zeitweilig williges Gehör und drohte wiederholt der Ritterschaft, als Landesfürst einschreiten zu wollen. Schließlich jedoch trat er ganz auf Seite derselben. Im Jahre 1527 ertheilte er der Ritterschaft das jeder unparteiischen Rechtspflege widerstreitende Vorrecht: er wolle eine Klage ihrer Bauern gegen sie nicht einleiten, bevor nicht die verklagte Gutsherrschaft selbst sich darüber gutachtlich geäußert habe, und er wolle nur dann den Rechtsweg gestatten, wenn er diese Erklärung des Rittergutsbesitzers für ungenügend erachte. Um die Bauern von allen Klagen abzuschrecken, wurde von Joachim II. im Jahre 1540, von Johann Georg im Jahre 1572 die Verfügung erlassen: ‚Der Beschwerde halber, daß die von der Ritterschaft oftmals von ihren Bauern bei Hofe beklagt, darauf erfordert und in Unkosten geführt werden, soll es hinfürder dermaßen zum Abscheu des liederlichen Klagens gehalten werden: wo ein Bauer seine Herrschaft gegen Hofe verklagen würde und seines Klagens nicht genugsame Ausführung thäte, so soll er vermöge unserer Kammergerichtsreformation mit dem Thurme bestraft werden, damit die anderen sich desgleichen muthwilligen Beklagens enthalten.‘ [3] Gleichzeitig wurde den Gutsherren auch das zwangsmäßige ‚Auskaufen oder Legen von Bauern‘ zur Erweiterung des Rittergutes zugestanden: alle Bauern sollten ihre Grundstücke räumen und dem Adel gegen billige Vergütung überlassen, sobald dieser einen neuen adelichen Hof oder auch nur einen neuen Wittwensitz zur Abfindung für eine Frau zu gründen be-

---

[1] Vergl. G. Hanssen, Die Aufhebung der Leibeigenschaft und die Umgestaltung der gutsherrlich-bäuerlichen Verhältnisse überhaupt in den Herzogthümern Schleswig und Holstein (Petersburg 1861) S. 10—12. Hanssen im Archiv der politischen Oekonomie 4, 113 Note 2.

[2] Großmann 12 fll.

[3] Korn 20. Winter, Märkische Stände 19, 277—278. Mylius 6, Abth. 1, 112.

absichtige. Außerdem erhielten die Grundherren das Recht, ‚muthwillige Bauern
zu relegiren‘, das heißt von ihren Höfen aus dem Dorfe zu verweisen; bezahle
ein Bauer ‚nicht zu rechter Zeit seine Pächte‘, so dürfe ‚der Pachtherr den Pacht-
oder Zinsmann selbst darum pfänden‘ [1]. Wurde auch grundsätzlich noch immer
anerkannt, daß die Bauern persönlich freie Leute seien, so führte es doch schon
zur persönlichen Unfreiheit hin, daß in vielen Landtagsabschieden bestimmt
wurde: die Kinder der Bauern hätten ihrer Herrschaft vor anderen Personen
als Gesinde zu dienen. Hieraus entwickelte sich der unbedingte Zwangsgesindedienst, welcher mit Recht als eine überaus harte Knechtschaft angesehen
wurde [2]. Ferner wurde die Freizügigkeit der Bauern verboten und die Aufnahme derselben in jeder Stadt und in jedem andern Dorfe untersagt, wenn
sie nicht einen Entlassungsschein von ihrer frühern Gutsherrschaft beibrachten.

Durch das Auskaufen der Bauern, beschwerten sich die Städte schon
im Jahre 1549, wachse das ländliche Proletariat, dieses ströme in die Städte
und falle hier der Armenpflege zur Last [3]. In der Altmark und Priegnitz
klagte die Ritterschaft selbst im Jahre 1606: ‚das Einziehen der Bauerngüter sei gar gemein geworden, und es werde dabei großer Mißbrauch und
Unordnung gespürt‘; die Bauerngüter würden nicht allein zu Rittersitzen und
Wohnungen des Adels eingezogen, sondern auch ‚zu der Witwen Leibgedingen,
zu Meiereien, Schäfereien, Vorwerken und anderer Nothdurft gebraucht‘;
‚etlichen wurden auch die Aecker und Wiesen genommen, die Hufener zu
Kossöten gemacht, und von den eingezogenen Gütern, als wenn es Rittergüter
wären, keine Steuern gezahlt, so daß der Landschaft an ordentlichen Bauern-
steuern ein Großes nachbleibe‘ [4].

Der Bauer, völlig an die Scholle und an das Gutbefinden seines Gutsherrn gebunden, wurde mit immer stärkeren Frohnden überlastet, je größer
die Rittergüter wurden und zur Bestellung der Aecker häufiger Dienste bedurften. Früher hatte sich die Zahl solcher Dienste nur auf drei oder vier

---

[1] ‚Es war also der Ritterschaft eine Selbsthülfe und ein Executionsrecht in eigener
Angelegenheit mit Umgehung der ordentlichen Gerichte eingeräumt, und erscheint dieses
erst in seiner vollen Bedeutung, wenn man die Schwerfälligkeit des damaligen Kammergerichtes, bei welchem die Bauern sich beschweren konnten, die Entfernung der Bauern
von seinem Sitze, die oben erwähnte Beschwerung der Beschreitung des Rechtswegs und
die Strafen für den Fall des Unterliegens in Betracht zieht.‘ Korn 41.

[2] Noch im Jahre 1594 ließen die altmärkischen Stände dem Kurfürsten vorstellen:
‚Ob man sich wohl zu erinnern weiß, daß es dergestalt in den Reversen der Landstände
bewilligt ist, so thut man daneben doch auch dieß erwägen, quod durissima videatur
esse servitus und contra dispositionem juris communis introducta, nec in omnibus
Marchiae locis pariter recepta, weil es denn gleichwohl zuförderst in der Altmark
nie also hergebracht noch gehalten worden.‘ Korn 32—33.

[3] Winter, Märkische Stände 20, 515.   [4] Großmann 27 Note 5.

Arbeitstage im Jahre belaufen; später verlangten die Rittergutsbesitzer, daß die Bauern zu jeder Zeit bei ihnen zu Diensten sich einzufinden hätten. In der Kurmark bildete sich mit kurfürstlicher Genehmigung die Praxis aus: die Bauern seien zu ungemessenen Diensten verpflichtet, wenn sie nicht den Nachweis eines diesem widersprechenden Gebrauches führen könnten[1]. Für die Neumark ließ Kurfürst Johann Georg, nachdem die Ritterschaft einen Theil der bei seinem Regierungsantritt vorgefundenen sehr hohen Schulden übernommen hatte, im Jahre 1572 durch seinen Statthalter die Bauern ‚anweisen‘, daß sie ihren Junkern ‚wöchentlich mit Wagen, Pflügen und Handarbeit zween Tage und im August‘ — zur Zeit der Ernte — ‚so oft man ihrer bedarf, dienen, ihnen auch zu ihren Gebäuden mit Fuhren und Handdiensten helfen‘ sollten. Daß aber die Junker sogar mit diesen Zugeständnissen sich nicht begnügten, zeigt eine Verfügung des Kurfürsten: es sei nicht seine Meinung, ‚die armen Leute über die zwei Tage mit noch mehreren Diensten gar auszumatten zu lassen‘; er versehe sich, ‚daß Ehrbare und Vernünftige von Adel mit ihren Leuten nicht so unchristlich umgehen und sie über die gewöhnlichen zwei Tage, welche ihnen noch schwer genug werden, mit mehreren Diensten belegen‘ würden[2]. Das den Junkern so erwünschte Wort ‚Leibeigenschaft‘ kommt in Urkunden des öffentlichen Rechtes in Brandenburg erst im Jahre 1653 vor[3].

Auch in der Oberlausitz nahm der Adel behufs Vergrößerung seiner Höfe das Recht der ‚Abmeierung‘, des Auskaufs der Bauern gegen deren Willen, für sich in Anspruch. Er verkaufte deren Güter und mit diesen sie · selbst nach Gutdünken, steigerte die persönlichen Dienste der Bauern, verlangte von ihren Kindern unentgeltlichen Gesindedienst, legte drückende Abgaben auf alle Erbschaften und nöthigte die Bauern zum Angebot der verkäuflichen Bodenerzeugnisse, bevor sie zum Markte gebracht wurden. Wollte ein Bauer sich loskaufen, so verlor der Sohn oder die Tochter das ganze oder halbe väterliche oder mütterliche Erbe; ging einer ohne Erlaubniß davon, verlor er sein ganzes Gut. Wegen Ungehorsams gegen ihre Herrschaft wurden im Jahre 1540 aus einem einzigen Dorfe 35 Bauern in Görlitz vor Gericht gestellt, zwei derselben enthauptet, die übrigen sämmtlich des Landes verwiesen; in demselben Jahre aus einem andern Dorfe 34 Bauern wegen Ver-

---

[1] Korn 33—35. 39. G. F. Knapp, Die Bauernbefreiung und der Ursprung der Landarbeiter in den älteren Theilen Preußens 1, 39—46. Nachweise, wie die Dienste sich steigerten, bei Großmann 39 fll.

[2] Bei Mylius 6, Abth. 1, 101.

[3] Lette und v. Rönne, Die Landesculturgesetzgebung des preußischen Staates 1, XVII. Großmann 53.

weigerung der übermäßigen Frohnden in's Gefängniß geworfen. Der Görlitzer Bürgermeister Johannes Haß, ein streng aristocratisch gesinnter Mann,
äußerte sich: ‚Die Bauern werden gehalten wie unter Heiden und Türken.‘[1]
  So war es fast allenthalben der Fall. In Kursachsen reichten einmal,
im Jahre 1569, die Gemeinden Reinsberg und Dittmannsdorf bei dem Ober-
hofgericht zu Leipzig Klage ein wider ihre Gutsherrschaft: In der vergangenen
Saatzeit seien sie bei ihrer sauern Feldarbeit mit Spießen, Büchsen und anderen Mordgewehren unversehens überfallen, Etliche übel geschlagen, Andere
mit Daumenstöcken geschraubt, gebunden in's Gefängniß geführt worden, darunter 30 Weiber, von denen einige schwanger gewesen seien. Sodann habe
man eine große Anzahl ihres Viehes eingesperrt, welches zum Theil versiecht,
verhungert oder sonst zu Schaden gekommen sei, weil man es weder hätte
füttern, noch melken, noch verpflegen können. Außerdem hätten die Gutsherren von einem jeden Frohnpflichtigen 3 Reichsthaler an Geld oder Samen-
getreide eingezogen und dadurch mehr als 200 Gulden aus den Gemeinden
aufgebracht. Viele hätten die Haft nicht länger ertragen können und sich in
die neue Last gefügt, die übrigen würden noch mit hartem Gefängniß bei
Wasser und Brod beschwert[2]. Als im Jahre 1583 die Bauern aus vier
Dörfern nach Dresden zogen, um bei ihrem Landesherrn, dem Kurfürsten
August, wegen übermäßiger Baufrohnden sich zu beschweren, wurden sie von
dem Kurfürsten ‚Aufrührer‘ gescholten und, wie sie behaupteten, von ihm
sogar mit dem bloßen Schwerte bedroht; ihrer 160 wurden über 8 Tage
lang ins Gefängniß geworfen[3]. Gegen Heinrich von Schönberg, der die
Bauern aus vier ihm untergebenen Dorfschaften ‚mit ungebührlichen Lasten
belegte, sie in ein abscheuliches und ungesundes Gefängniß werfen ließ, selbst
thätlich an ihnen sich vergriff‘, wurde auf deren Klagen bei der Landesregierung in Dresden im Jahre 1599 zu Recht erkannt[4].
  Im Jahre 1580 war eine kurfürstliche Verfügung ergangen: ‚Die armen
Bauersleute, die man sonst wohl in der Woche brauchen kann, sollen am
Sonntag nicht mit Fröhnen, Diensten und Anderem beladen werden, da man
auch das Vieh und Zugochsen am Feiertage ruhen läßt.‘[5]
  Trostlos sind die Schilderungen, welche sächsische Prediger über die Behandlung der Bauern entwarfen.
  ‚Unter den vom Adel und Junkern auf dem Lande‘, klagte zum Beispiel
der Meißener Superintendent Gregor Strigenicius im Jahre 1598, gebe es
nur noch wenige, welche ‚ein rechtes Vaterherz gegen die armen Unterthanen‘

[1] Kämmel, Joh. Haß 8—10. 185—186; vergl. 172.
[2] Fraustadt 1 b, 206—207.   [3] Fraustadt 1 b, 336—337.
[4] Fraustadt 1 a, 285—286. Ueber die Behandlung der Pulnitzer Hintersassen des
Hans Wolf von Schönberg vergl. 1 a, 371.   [5] Beck 695.

besäßen. ‚Man findet unter ihnen der Tyrannen viel, welche ihre Unterthanen also unterdrücken, daß sie nicht können aufkommen noch gedeihen; gehen
oft tyrannischer Weise mit ihnen um, beschweren sie mit großen Frönen und
unerträglichen Bürden, daß sie die Woche über müssen frönen und fahren,
des Sonntags Botschaft laufen, und geben ihnen nicht ein Bißlein Brods
darüber.‘ ‚Viele halten die Unterthanen wie die Hunde, daß sie recht sagen:
ich bin der arm Mann. Freilich arm Mann! Mag leicht ein Unterthan
etwas Geringes verbühret haben, so straft ihn ein solcher Wütherich um
etliche viel Thaler, daß man nur zu verfressen und zu versaufen habe, und
solle der arme Mann darüber in Grund gehen und verderben, da ist kein
Mitleiden und keine Barmherzigkeit.‘ ‚Mancher baut Häuslein, wo er nur
kann und mag, setzt darnach lose Gesindlein drein, damit seine Zinsen und
Frönen gesteigert und gemehrt werden, fragt nichts darnach, wo sie es nehmen,
darvon sie sich erhalten. Was aber dieselben einer Gemeine für Nutz und
Frommen bringen, das werden die Nachbarn wol innen. Wenn die armen
Unterthanen in der Theuerung Korn bedürfen oder sonsten ausgezehrt haben,
läßt man ihnen solches nicht um baar Geld, was es würdig ist, sondern auf
Borg, und schlägt etliche Groschen drüber, mengt auch wohl Trespe, Gersten,
Wicken, Hafer untereinander, und soll und muß Alles für gut Korn hingehen, da es oft Säu- oder Hundsaß viel ähnlicher sieht. Können die armen
Leute nicht alsbald bezahlen, so läßt man schleunige Hülfe wider sie ergehen,
und nimmt ihnen was sie haben, und sollten sie nacket dabei gehen, daß sie
nicht ein Paar Schuhe anzuziehen hätten, oder sollten sie nicht soviel behalten,
daß sie ein Paar Schuhe darum bezahlen könnten. Mancher achtet auch Blutvergießen wie nichts; wenn er schon einen oder etliche auf die Seele genommen
hat, kümmert er sich doch nichts darum. Wenn man ihnen schon Gottes
Wort fürhält, daß solches Unrecht sei, sagen sie: „Was fragen wir nach der
Bibel? was haben uns die Pfaffen zu gebieten? Man muß den Pfaffen
nicht zuviel einräumen, sie wollen sonst das Regiment gar in Fäusten haben
und ein jung Bapsthumb anrichten.“ Wer kann und vermag Alles zu erzählen, was für Gewalt und Frevel von solchen Leuten geübt und begangen wird?‘ [1]

Aehnlich lauten die Klagen des Predigers Cyriacus Spangenberg. In
seinem ‚Adelsspiegel‘ vom Jahre 1591 und in anderen Schriften stellte er,
mit den Zuständen des Bauernwesens genau bekannt, den Fürsten und Adelichen die derbsten Wahrheiten vor Augen. Es werde von diesen, sagte er,
unter Anderm, schlecht gehandelt, ‚wenn sie schwere, vielfältige und unerträgliche Schatzungen und dazu immer neue auflegen; item, wenn sie jährlich die

[1] Diluvium 185.

Zinsen, Holzgeld, Mastgeld und andere Aufsätze gleichwie auch die Lehngelder über die alten Gebräuch und Gebühr zu endlicher Unterbrückung der Armuth unermeßlich steigern'. ‚Item, wenn sie die Unterthanen zwingen, ihnen Korn, Wein und Anderes zu wohlfeiler Zeit zu verkaufen und darnach wieder aufs Theuerste von ihnen anzunehmen und nichts Anderes, wenn sie es gleich um einen nähren Pfennig besser bekommen könnten, zu kaufen.' ‚Item, wenn sie die Unterthanen dahin treiben, drängen und drücken, daß sie wider ihren Willen ihr väterliches Erbe, Aecker, Wiesen, Gärten, Häuser, Grund und Boden verkaufen müssen. Item, wenn sie ihren armen, sonst hoch beschwerten Unterthanen mehr und dazu zuvor unerhörte, ungebräuchliche und unträgliche Fronen auflegen, dafür auch die armen Leute des Ihren nicht warten, noch für sich und ihre armen Kinder ein Stück Brob erwerben können.' ‚Item, wenn sie ihren Dienern, Haupt- und Amtleuten, Schöffen und Schultheißen nachlassen, ihres Gefallens denen, die etwas verwirkt, Geldstrafen aufzusetzen. Da gehet es zu, daß es Gott im Himmel erbarmen möchte, sonderlich wo solche Amtspersonen die Hälfte oder den dritten Theil an den Bußen haben. Da wäre es ihnen leid, daß die Leute fromm wären, sondern wollen lieber, daß sie es so machten, daß sie alle Tage zu büßen haben möchten.'[1] Heftig ereiferte er sich über jene Junker, welche, schrieb er, ‚gegen ihr armes Gesinde so gar tyrannisch sind, halten dieselben, sonderlich wenn es arme verlassene vaterlose Kinder oder Fremde und weit her sind, ärger denn die Hunde, haben ihre Lust, dieselben mit Peitschen und Geißeln ihres Gefallens, auch unverschuldeter Sachen, zu hauen, mit Spießruthen und sonst aufs aller- unbarmherzigste zu handeln. Stoßen ihr armes krankes Gesinde, so etwan durch Seuche, Rothlauf, Hauptkrankheit, Pestilenz angegriffen worden, als die armen Hunde aus, nehmen sich ihrer nicht im Geringsten an, oder lassen sie etwan an einen ungelegenen Ort, in einen wüsten Stall oder Winkel bringen, allda einen Tag oder zwei ihrer ein wenig warten, darnach, wenn es zu lang wehren will, hülflos liegen, verderben und sterben.' Auch sei es ein ‚ärger denn türkischer und heidnischer Gebrauch', daß man, wenn die Seuche ein Haus angreife, die Thüren vernageln lasse, so daß Niemand herausgehen, der Kranken halber Rath suchen und Niemand gegen dieselben ein christliches Werk der Barmherzigkeit üben könne. ‚Und werden also die allbereits elenden und hochbetrübten Leute unmenschlicher Weise noch mehr betrübt, in größer Noth und Elend gedrungen, und die Gesunden mit den Kranken verwahrloset, und als viel an solcher Oberkeit gelegen, von denselben als durch ihre eigene Hand ermordet und umgebracht.'[2] An einer andern

---

[1] Bei Friese, Münzspiegel, Anhang 239—244. 260—261.
[2] Adelsspiegel 2, 411ᵇ. 431. ** Vergl. hierzu unsere Angaben in Bd. 7, 418 fl. über Unbarmherzigkeit gegen Pestkranke in protestantischen Gegenden.

Stelle sprach Spangenberg ein Wehe aus über jene Junker, welche Bauten aufführen ließen ,mit so gar übermachter Beschwerung und Unterdrückung der Armen, von derselben saurem Schweiß und Blut, daß oft die Steine in der Mauer schreien und die Balken am Gesparr ihnen antworten, wie Habacuc sagt'[1].

Der Prediger Bartholomäus Ringwalt legte einem tyrannischen Junker, den er in die Hölle versetzte, die Worte in den Mund:

> Potz Leiden, Herrgott, Sacrament,
> Kreuz, Wunden, Marter, Element,
> War stets mein Sprüchwort und Gebet,
> Alsbald ich nur den Mund aufthet...
> In Summ, ich war im Herzen arg,
> Auch kegen dem Gesinde karg,
> Denselben kaum das Brod vergunbt
> Und ließ sie speisen wie die Hund...
> Den Bauern war ich auch Gefehr,
> That ihnen allerlei Beschwer
> Mit Stock und Diensten ohne Ruh,
> Und pfendet ihnen Kalb und Kuh.
> Ich macht es ihnen rechte saur,
> Schalt sie vor Schelmen, Dieb und Laur,
> Und ließ mich hören öffentlich,
> Sie weren nicht so gut als ich...[2]

Eingehend besprach Johannes Sommer, Prediger zu Osterweddingen, im Jahre 1613 die vielen Bedrückungen der Bauern: ,Die Eltern oder Voreltern der faulen müssigen Pflastertreter, die sich Junker schelten lassen, haben vor langen Jahren ein sehr geringschätzig Geld den Bauern auf die Aecker gethan und sie erblich unwiederkäuflich an sich, ihre Erben und Erbnehmer gebracht. Da muß nun der arme Bauer, seine Kinder und Kindeskinder das schnöbe Geld jährlichen sehr hoch verpächten und ihren sauern Schweiß den faulen müssigen Hummeln in die Stadt führen. Wenngleich der Bauer des Vermögens ist, daß er die Summe könnte und wollte abtragen, so kann er doch nicht: die scharfen Greifvogel haben einmal ihre Schindernägel drein geschlagen und lassen es nun nicht aus ihrer Gewalt. Es ist, sprechen sie, erblich verschrieben und in's Amtbuch registrirt. Aber o Gott, welch eine Ungelegenheit ist das. Do der Acker versetzet wurde, do galt der Wispel Weizen etwa 8 oder 9 Thaler, wie ich dann in Kirchenregistern gefunden habe, daß im Jahre 1540 der Wispel nur zu sieben halbe Gülden gesetzt worden, da er zu unseren Zeiten wol 20 oder 24 Thaler

---

[1] Abelsspiegel 2, 74.
[2] Christl. Warnung des trewen Eckarts Bl. F 5ᵇ—F 6.

manchesmal gilt. Nun befindet sich's aber, daß mancher Ackermann nicht eine einige Fuhr eigenes Ackers bei seinem Hof hat, sondern muß es Alles verpächten und manchesmal 12, 13, 14 oder mehr Wispel Weizen jährlichs davon geben. Da urtheile nun ein weiser Hausvater, wie sie dabei können auskommen. Wenn aber der Bauer stirbt und lässet ein Haufen Kinder nach, da gehet die Geldklage erst an. Denn nach Sachsenrecht ist der jüngste Sohn Erbe, nimmt die Haushaltung an. Das Gut wird ihm auf eine Summe Geldes mit der Obrigkeit Consens geliefert. Davon muß er nicht allein jährlich die schweren Pächte geben, sondern auch seinen Brüdern und Schwestern ihr Erbe und Antheil auf gewisse Termin sammt der hochzeitlichen Aussteuer an Rindern und Schweinen, Schafen, Bettgewand, Kisten und Kasten, Mehl und Bier ohne einige Verweigerung liefern und aus dem Gut mitgeben. Wo er sich nun hinwendet und kehret, da findet er nichts denn Schuld, und stecket sich in jungen Jahren in eitel Sorg und Bekümmerniß. Kann er mit seinem Getreidich nicht zureichen, sondern muß den Samen anderswo, entweder in den Aemtern oder bei den Vorkäufern holen, so gnade ihm Gott, denn do muß er den Wispel etwa zwei Thaler oder mehr theurer annehmen, als er auf dem Markte um baar Geld gekauft wird, und sich bisweilen verpflichten, eitel Reichsthaler zur Bezahlung zu liefern. Do ist heutiges Tags keine Barmherzigkeit bei reichen Leuten, daß sie den Nothdürftigen eine Anzahl Wispel Korn zur Saatzeit liehen und fürstreckten und nach der Ernte mit gleichem ausgeliehenen Maß sich bezahlen ließen. Nein, daran will keiner. Bedarf der Bauer zu seiner Noth ein Stück Geld, so kann er's zu diesen Zeiten um keine reichsüblichen Geldzinse bekommen, sondern muß es mit Korn verpächten und für 100 Thaler einen halben Wispel Weizen oder wol 13, 14, 15 Scheffeln jährlichs geben. O Schlangenbiß! noch sind das Christen.'[1]

Auch ,klagen die Leute auf dem Lande', fährt Sommer fort, ,gar sehr, daß sie von den Gerichtsdienern ziemlich scharf mitgenommen werden', ,denn dieselben, sobald sie eine geringe Ursache haben, so setzen sie ihnen so eine unbillige Geldbuße, daß sich Rechtsverständige höchlich darüber verwundern. Sie citiren sie oftmals in die Aemter, wenn sie etwa Schulden halber verklagt werden, und fordern sowol von dem Verklagten als dem Kläger einen Groschen. Ja, sie sind gar willig zum Auspfänden, wenn auch die Schuld sich nicht über einen halben Thaler verläuft, nur daß sie ihren Beutel spicken. Wenn die Bauern um Erlaubniß, Hochzeit zu halten, anlangen, so erlauben sie ihnen etwa zwei oder drei Faß Bier, wenden ein, die Herrschaft wolle ihnen nicht mehr verstatten. Wenn sie aber am Amt die Strafe erlegen und

---

[1] Olorinus Variscus, Geldtklage 569—571.

von jedem Faß Bier einen Thaler geben, so mögen sie alsbann soviel Bier auflegen, als sie selber wollen: so ist es keine Sünde mehr, und thut den Bauern keinen Schaden mehr, wie sie vorher mit großem Ernst fürgewandt haben.'

Auch ‚wird auf dem Lande sehr darüber geklagt, daß die Vögte nicht eher die Scheunen lassen von dem Herrendienst-Volk rein machen, bis es fast mitten in die Ernte kommt, da die armen Leute, so da in der Erntezeit eine Winterzehrung erwerben sollten, müssen das angeschnittene Korn stehen lassen und davonlaufen, daraus denn auch dieser Schaden inmittelst entsteht, daß der Weizen, ehe der Roggen kann abgeschnitten werden, übrig reif wird und von dem Wind ausgeschlagen, daß die Saat bald auf dem Acker bleibt. Ja, es wird geklagt, daß die Vögte auch mitten in der Ernte, wenn das Korn soll eingeführt werden, das Herrendienst-Volk abfordert, daß sie der Herr-schaft ihren Acker wenden müssen.'

Allerdings haben die Bauern ‚gewisse Verträge, so vor vielen Jahren gemacht, ratificirt und mit dem Magistratssiegel confirmirt worden; aber sie klagen, wie ich auf meiner Reise hin und wieder auf den Dörfern ver-nommen, daß sie dabei nicht geschützt werden, sondern daß man ihnen an vielen Orten neue Bürden auferlegt und den Herrendienst sehr steigert'.

‚Unter anderen Beschwerden auf dem Lande läuft auch dieses für, daß die Obrigkeiten die Mühl- und Schenkzinsen fast jährlich steigern und damit ihr Einkommen melioriren und bessern, dagegen aber der Unterthanen saure Nahrung noch saurer und beschwerlicher machen.' ‚Was sollen die armen Unterthanen machen? Sie müssen schweigen und das Unrecht über sich er-gehen lassen. Unlängst wurde ich auch berichtet, daß die Schösser und Amt-leute nicht allein zur Mastzeit die Hölzer mit Schweinen übertreiben, sondern auch die Fehm und Mastgeld steigern, und immer neue Aufsätze machen, da die armen Leute nur um ihr Geld betrogen werden und magere Schweine wieder zu Haus bekommen, die sie dann zur Unzeit auf's Neue mit ihrem Korn mästen müssen, wollen sie anders ihre Küche versorgen. Aber, weil es kundbar ist, wie denn auch andere Beschwerungen, so achte ich's unnöthig, hiervon weitern Bericht zu thun.'[1]

‚Schier in allen Landen' waren ‚Bauernschinder dem Volke nur zu wohl bekannt', ‚solche Tyrannen', heißt es in einer ‚Bauernklage' vom Jahre 1598, ‚so nicht viel besser sind als ihre Gebrüder in Livland, von denen man weiß, daß sie wider ihre armen Bauer in eigen Person, gleich als wäre es Wolluft, die Henker und Torturirer spielen'[2].

---

[1] Olorinus Variscus, Geldtklage 560—569.
[2] Bauernklage (vergl. oben S. 95 Note 1) S. 7. Als die von dem schwedischen Könige Erich XIV. unterjochten Edelleute Livlands im Jahre 1564 um Begnadigung nach-

In Hessen hielt Landgraf Wilhelm auf einem Landtage vom Jahre 1569 den Adelichen vor, daß etliche unter ihnen gegen ihre Hintersassen dermaßen verführen, als wenn diese Wenden oder Sclaven wären, und als ob sie Gewalt über Leben und Tod derselben besäßen. Etliche hätten sehr alte, beinahe achtzigjährige Männer um geringer Ursachen willen in Thürme und Stöcke geworfen und unerhörter Weise mitten im Winter mit kaltem Wasser begießen lassen, so daß diesen armen Menschen die Füße erfroren seien[1].

‚Des tyrannischen Trangs, Zwangs, Pochens, Schindens, Schabens und Schätzens‘, schrieb der Frankfurter Prediger Melchior Ambach bezüglich ‚der armen Bauern‘ im Jahre 1551, ‚ist kein End nicht und weniger Barmherzigkeit bei diesen Evangelischen denn beim Teufel in der Hölle und ungläubigen Türken. Sie lauern auch wie eine Dohle auf eine Nuß, wie sie den Unterthanen mit Geldstraf zwagen möchten.‘[2]

Der Nürnberger Dramatiker Jacob Ayrer ließ in einem Schauspiel einen Bauern sich beklagen:

> Ich hab ein Junker, ein Bauernschinder,
> Verderbt mich, mein Weib, meine Kinder.
> Darf mich kaum wenden und regen,
> So läßt er mich in Thurn legen.
> Ich muß ihm scharwerken alle Tag,
> Daß ich mein Feld nicht bauen mag.
> Fehlt es mir dann an Zins und Gült,
> So ist er zornig und wilt,
> Daß er mir borget nicht ein Stund,
> Der geizig und geldhungerig Hund.
> Drei Thaler ich ihm schuldig war:
> So drang er mich so heftig gar,
> Daß ich mußt zu dem Metzger laufen
> Und mein ein Ziehochsen verkaufen.
> Nun ist's Zeit, daß man ackern solt.
> Der ein Ochs gar nicht ziehen wolt,

---

suchten, erhielten sie am 12. Mai vom Könige die Antwort: er werde die Edelleute der Wiek erst dann wieder zum Genusse ihrer Güter gelangen lassen und die in seiner ‚Bestrickung‘ Befindlichen frei geben, wenn ihm die gesammte Ritterschaft einen ‚schwedischen Eid‘ leiste und ‚das unchristliche Geisseln und Stäupen abschaffe, womit sie ihre armen Bauern bisher geplagt‘ hätte. Die Harrienser, an welche Erich eine gleiche Forderung stellte, erklärten: namentlich unter den Esthen befinde sich so viel störrisches Gesindel, daß es für eine Gnade anzusehen sei, wenn man demselben das Leben lasse und nur den Leib abquäste: das Quästen aber dürfe um Nichts aufgegeben werden, sonst höre Zucht und Ordnung auf. Vossius 1, 71. Aus dem Hause Uexküll wurden im Jahre 1560 zwei Mitglieder in einem Aufstande ihrer zu hart gequästeten Bauern erschlagen. S. 81.

[1] Rommel, Neuere Gesch. von Hessen 1, 256—257.

[2] Ambach, Klage Bl. C.

> Weil ihm kein Ochs werd gespannet zu,
> Da spannte ich ein meine Khu.
> Damit bin ich zu Acker gefahren,
> Das hat nun der Wütrich erfahren,
> Sagt, daß ich Unrecht gethon hab,
> Fordert mir zehen Gulden ab,
> Das mir zu geben unmöglich ist... [1]

Der Baseler Professor Sebastian Münster, in politischen und religiösen Fragen ein äußerst vorsichtiger Schriftsteller, nahm sich der bedrückten Bauern gegen Adel und Fürsten mit warmen Worten an. ‚Die Bauern‘, schrieb er in seiner Cosmographie, ‚führen gar ein schlecht und niederträchtig Leben. Ihre Häuser sind schlechte Häuser von Koth und Holz gemacht, auf das Erdreich gesetzt und mit Stroh gedeckt. Ihre Speis ist schwarz Roggenbrot, Haferbrei oder gekochte Erbsen und Linsen. Wasser und Molken ist fast ihr Trank. Ein Zwilch Gippen, zwei Bundschuhe und ein Filzhut ist ihre Kleidung. Diese Leute haben nimmer Ruh, früh und spät hangen sie der Arbeit an. Ihrem Herrn müssen sie oft durch das Jahr dienen, das Feld bauen, säen, die Frucht abschneiden und in die Scheuern führen, Holz hauen und Gräben machen. Da ist nichts, daß das arme Volk nicht thun muß und ohne Verlust nicht aufschieben darf.‘ [2]

Als ‚insonderlich beschwerlich und voll Verhängnuß für das Bauernvolk wird in deutschen Landen‘, heißt es in einer ‚Bauernklage‘ vom Jahre 1598, ‚die gewaltige Mehrung der Amtsleute und des Schreibervolks angesehen, so auf Kosten des armen Mannes auf dem Lande Geld und Gut schinden, prassen und prunken wollen. Da werden denn von solchen Harpyen und Blutsaugern immer neue Fündlein und Fallstricke gemacht, wollen Fürsten und Gutsherren aus dem Sack des armen Mannes viel in den Sack schieben, damit sie bei selbigen hoch stehen und nicht gestraft werden, wenn sie für sich selbsten wider alles Recht und Gebühr das Armuth ausklauben und schinden. Ein hochberühmter Theologus der Universität Leipzig sagte mir vor nicht langer Zeit, daß ihm sein Vater gesagt habe: das Amts- und Schreibervolk sei in seiner Jugend nicht des vierten Theils so groß gewesen, denn es bei seinem Mannesalter aufgewachsen, und sei solches bei der Verderbtheit des Lebens, in das wir gerathen, der rechte Fluch des gemeinen Volks worden und kein Wunder, daß man sagen hört: „Jetzund ist die Zeit, da der Bauer weint.“‘ [3]

---

[1] Ayrer’s Dramen, herausgegeben von Keller 4, 2602.
[2] Cosmographey (Baseler Ausgabe von 1588) Buch 3, CCCLXXXIX a—b.
[3] Bauernklage (vergl. oben S. 95 Note 1) S. 8.

‚In vergangenen Jahren‘, schrieb der hessische Regierungssecretär Wigand Lauze im Jahre 1552, ‚war an manchen Orten nur ein Amtmann oder Rentmeister, Schultheiß oder Landsknecht, und sind dennoch dieselben Aemter treulich verwaltet worden‘; jetzt aber ist es dahin gekommen, ‚daß an benannten Orten zugleich ein Rentmeister, Rentschreiber, halber Rentschreiber, Schultheiß, After-Schultheiß, zwei oder drei Landsknechte, zwei oder drei Zöllner, Kornmesser, Burggrafen und andere noch mehr zugleich gebraucht werden.‘ Alle diese Unterbeamten hätten ‚gar keinen bestimmten Jahressold‘ und müßten von den Unterthanen unterhalten werden; ‚unangesehen, daß dieselbigen bereits mit ihren gewöhnlichen Ausgiften alle Hände voll zu thun haben, werden ihnen solche und dergleichen neue Beschwerungen täglich mehr aufgedrungen‘. ‚Denn es haben Etliche nicht genug daran, daß die armen Unterthanen ihnen ihre gebührlichen und althergebrachten Amtsgebühren treulich und unverzüglich leisten, sondern bauen nun hin und wieder in Städten, Dörfern und Meierhöfen große Bäu, Scheuern, Lusthäuser. Darzu müssen die Armen aus ihren eigenen Erbhölzern, wollen sie Frieden und Gemach haben, das Holz geben, auch wohl die genannten Häuser und Scheuern sticken und kleiben.‘

‚Desgleichen findet man ihrer Etliche auch, die sich nicht benügen lassen mit der Ackerung und Düngung, so ihnen an ihren Amtsäckern jährlich geschieht, sondern kaufen daneben alles Erbland zu sich in Städten und Dörfern, was sie dessen nur zu Kauf bekommen mögen: dasselbige müssen ihnen darnach die armen Leute auch ausstellen und vergaden, wie ich dann auf einmal bis in die 25 Pflüge an eines Landsknechtes Länderei ackern gesehen habe. Will der anderen täglichen Hofdienste gern allhier vergessen, mit Brennholz, so sie kaufen, Stroh und Anderes heimzuführen. So ist auch kein Dorf, es hat entweder einen Greben oder Bürgermeister, dem es auch aller Dienste und Ausfahrten freigen muß. Hierum, wenn sich Fürsten und Herren zu Zeiten gründlich erkundigten, wie mit ihren armen Leuten würde umgegangen, glaube ich, sie würden zu mehrmal befinden, daß der Hofedienste, so sie ihren Amtsknechten thun müssen, viel mehr wären denn derer, welche sie den Oberherren selbst zu leisten verpflichtet sind.‘ Manchmal könne ein armer Mann ‚die ganze Woche über kaum einen Tag‘ seiner eigenen Arbeit vorstehen, darum sei es ‚Wunders genug, daß Mancher einen eigenen Gulden hat‘; Viele ‚möchten kaum einen Faden am Halse haben anzutragen oder einen Laib Brod in ihren Häusern behalten‘. Beschwerden des armen Mannes gegen solche Bedrückungen seien wirkungslos und nur geeignet, den Druck noch zu verstärken. Denn die Beamten hätten Mittel genug, dem Beschwerdeführer Wege und Stege zu verlegen, sie hätten Mithelfer am Hofe nach dem gemeinen Sprichwort: ‚Geselle, schone mein, wie ich dein, und bedenke, daß wir in gleichen Schulden sein.‘ Die Beamten nehmen auch etwaige Beschwerde-

führer „zu Zeiten bei dem Hals'. ‚Sie legen ihn in die Gefängniß, laſſen
ihn darin hernach so lange ausſchwitzen, bis daß er froh wird, aus solchen
Kerkern zu kommen, mehr als genugsam Caution und Sicherung zu thun,
solcher Sachen halber weiter nicht anzusuchen: also werden Manchem Hände
und Füße zusammengebunden.' Es gebe auch gute und treue Beamte, wie
er deren selbst einige kenne; aber ‚der allergrößte Haufe' schinde und quäle
den armen Mann ‚nach dem Lieblein: Schäme dich für Nichts, davon dir
nur Nutz mag widerfahren'. ‚In aller Welt Hiſtorien kann man schwerlich
dergleichen lesen; sie wollen ſtracks Alles sein und haben, dagegen sollen alle
armen Leute dem Schinder übergeben sein, Nichts haben noch behalten.'[1]

    ‚Wenn einer von den Amtsknechten', sagte in den Jahren 1574 und
1582 der hessische Superintendent Georg Nigrinus, ‚eines Fingers breit zu
gebieten hat, unterwindet er sich eines Schritts: alle Bauern sollen ihm zu
Gebote stehen. Von dem Galgen, der vor der Hölle soll stehen, sagen sie,
daß alle die daran kommen, die ein Aemtlein haben und sich dessen nicht
übernehmen und gebrauchen. Darum thun sie lieber zu viel denn zu wenig.
Das ist: sie dürfen wohl etwas gebieten in ihres Herrn Namen, das der
Herr nie in Sinn genommen hat. Wie jetzt gemeinlich die Schöffer, Rentmeiſter, Keller, Schultheißen und Förſter thun, als wenn das Land ihr eigen
wäre, die das Armuth also plagen und aussaugen unter dem Namen des
Herrn, daß sie also zu Herren werden.'[2]

    ‚Sollte die ägyptische Knechtschaft und Dienstbarkeit', fragte Nigrinus
an einer andern Stelle, ‚größer und beschwerlicher gewesen sein, dann sie
dem armen Manne jetzund auf dem Hals liegt? welches Seufzen täglich durch
die Wolken dringt.' Der Prophet Isaias habe in seiner Strafrede wider
die Gewaltherren auch ‚den Stand der gegenwärtigen Zeit' treffend beschrieben;
‚aber, mein lieber Esaia, komme ja nicht zu uns in's Deutschland und
predige so scharf den hohen Häuptern und Gewaltigen, du müßteſt sonst bald
mit blutigem Kopf wieder davon gehen; sie würden dich nicht allein mit der
Säge, sondern mit den Zähnen zerreißen.'[3]

    Wie Wigand Lauze in seinen Schutzworten für die armen Bauern nicht
die guten und treuen Beamten angriff, so wollte auch Nicodemus Friſchlin,
als er im Jahre 1578 in einer an der Universität zu Tübingen gehaltenen
Rede die Vertheidigung des Bauernstandes gegen den Adel unternahm, nicht
jene Edelleute gescholten haben, welche ‚gegen die, so geringeren Standes,
holdselig und freundlich sich erzeigen, daheim ein züchtig, nüchtern, draußen

---

[1] Lauze 2, 409—418.   [2] Nigrinus, Daniel (1574) S. 29—30.
[3] Papiſtische Inquisition 726.

ein ehrbares, anfehnliches Leben führen‘. Aber deren Zahl, fagte er, fei
gering im Vergleich mit den ‚Cyclopen und Scharrhanfen, den edlen Centauris
und Onmenfchen‘, welche fich gottlos und unmenfchlich gegen die Bauern
benähmen. ‚Was foll ich fagen von dem graufamen Wüthen, fo etlich Leut=
freffer unter denen vom Adel an ihren Bauern gar jämmerlich begehen?
Denn wie viel meint ihr, daß an denen Orten, da die größte Straflofigkeit
ift, heutiges Tages Edelleute feien, da ein jeder Leutfreffer etlich gar un=
fchuldige Bauern um fchlechter Urfache willen auf den Tod oder auch gar
zu todt gefchlagen hat? Und wer hat jemals gehört, daß man einen Solchen
peinlich fürgeftellt oder mit dem Henker geftraft hätte? Wolan, du feieft
aus anderer Leute Stand wer du wolleft, wann dir von einem folchen Bauern=
fchinder eine Schmach widerfährt, nimm dir für, folche zu rächen: Gott
weich von mir, wo nicht die anderen Bauernfchinder all, gar wenig aus=
genommen, fich gleich einer Kettin aneinander henken, und wider dich Einzigen
eine Meuterei, wie vor Zeiten Catilina zu Rom, anrichten werden. So du
hierin Einen kennft, fo kennft du fie all: alle ftimmen zufammen; bei folchen
Leutfreffern ift Alles gleich und eben; Einer ift an der Uebelthat fchuldig, die
Anderen vertheidigen ihn all. Es bewiefen fürwahr die deutfchen Fürften,
und fonderlich der Kaifer, den Menfchen eine fondere Gnade, wenn fie folche
Onmenfchen mit ihren Pferden und Schlöffern vertilgten, und ließ man fie,
wo fie in einer Uebelthat ergriffen würden, ihres adligen Namens anderer
Geftalt nicht genießen, denn daß man fie als höhere Perfonen auf ein höheres
Rad legte; wie vor diefer Zeit der herrliche Mann Erasmus fehr wohl ge=
mahnt hat.‘ [1]

Wie ein tyrannifcher Bauernfchinder, bei Gericht auf das fchwerfte ver=
klagt, durch feine Standesgenoffen gefchützt wurde, zeigte fich um das Jahr
1568 an einem erfchreckenden Beifpiele in Tirol.

Bartlmä von Lichtenftein auf dem Schloffe Karneid war wegen un=
menfchlicher Behandlung feiner Unterthanen von dem Erzherzoge Ferdinand II.
zu Innsbruck in Haft gelegt worden. Bei dem gegen ihn eingeleiteten Rechts=
verfahren erftreckte fich das Zeugenverhör über nicht weniger als 95 Klage=
punkte. Der Kammerprocurator faßte in feiner Klagefchrift die Ergebniffe
der richterlichen Unterfuchung in die Worte zufammen: ‚Er hat freventhliche
Vermeffenheit mit Weibsbildern begangen, auch viel gräuliche Marterung ehr=
licher Männer, weder Jugend noch Alters gefchont, viel ehrliche Männer mit

---

[1] Strauß, Frifchlin 179—182. Der Tübinger Profeffor Johann Georg Sig=
wart führte im Jahre 1608 als eine Redensart der adelichen Bauernfchinder an: ‚Wir
wollen die Bauern arm machen und ihnen in den Himmel helfen, der Teufel hole fie
dann.‘ Sigwart 122 b—123.

Klemmung der Finger, harter Gefängniß, gar geringer Leibsunterhaltung, Erfrierung des Leibs, nach der Gefängniß mit Streichen, Stoßen, Schlagen, Würfen dermaßen gemartert, daß viele tadelhaft wurden und nun betteln gehen; vielen Unterthanen hat er das Vermögen abgenommen wider Gott, Recht und Billigkeit; für das Gefängniß rechnete er ihnen noch große Kosten an; ohne alles Recht führte er neue Grundzinsen ein und erhöhte die bestehenden, nahm willkürlich Verlassenschaften in Beschlag; in Summa: Niemand konnte bei ihm das Recht erlangen, und Alle spürten seine Thrannei.' Mehrere von seinen Gerichtsunterthanen wiesen beim Zeugenverhör ihre Hände vor, von welchen in Folge des grausamen Klemmens, das der Gerichtsherr in eigener Person vornahm, die Nägel abgefallen waren. Schwangere Frauen der Folter zu unterziehen, bereitete dem Wütherich ein sonderes Vergnügen. Eine Magd, welche die Peinen der Folter überlebt hatte, warf er in das gräuliche Schloßgefängniß und überließ sie hier den Qualen des Hungers und des Ungeziefers. Als eine mitleidige Genossin der Unglücklichen einige Speisereste bringen wollte, welche sie sich selbst am Munde abgespart hatte, begegnete ihr auf der Treppe zum Verließ der Sohn des Wütherichs, der dem Vater an roher Grausamkeit gegen die Gutsunterthanen nicht nachstand, auch der gröbsten Schmähungen gegen die Kirche und das heiligste Altarssacrament sich schuldig machte. Er schlug der Magd die Speise aus der Hand und gab sie seinem Hunde zum Fraß. Wenige Tage später fand man den halbverwesenen Leichnam der Eingekerkerten in der Schloßcisterne. Acht Monate lang lag der Ritter in Haft, und es sollte zunächst auf Verlust seiner Lehensgüter erkannt werden. Aber auf Verwenden des adelichen Hofrechtes zu Bozen wurde er ledig gegeben gegen das einfache Versprechen, sich an Niemand, der Zeugniß wider ihn abgelegt hatte, zu rächen: das Hofrecht sollte das Urtheil sprechen. Bevor jedoch dasselbe seine Entscheidung getroffen hatte, schlug der Erzherzog plötzlich den ganzen Proceß nieder; denn der Lichtensteiner hatte, obgleich er sich neuer Vergehen schuldig gemacht, ,mächtige Freunde' gefunden: für alle seine Verbrechen sollte er dem Landesfürsten nur · eine Strafe von 1000 Gulden erlegen. Der Landeshauptmann gewährte dem Verbrecher, ,was bei Andern allerlei Nachdenkens und Abscheu erregte', in jeder Weise Vorschub. Bei seinen Standesgenossen hatte er durch seinen Proceß, obwohl derselbe in den Acten ausdrücklich als ein ,in diesem Land unerhörter' bezeichnet wurde, so wenig an seiner ,ritterlichen Ehre und Reputation' verloren, daß ihm noch lange Zeit wichtige Vertrauensämter übertragen wurden: bis zum Jahre 1579 war er Viertelhauptmann, bis zum Jahre 1582 Mitglied des landschaftlichen Steuerausschusses [1].

---

[1] Aus Hirn 2, 7—11.

In Bayern ereigneten sich wiederholt gewaltthätige Ausbrüche des Hasses der gequälten Bauern gegen ihre adelichen Unterdrücker. So wurde im Jahre 1581 der letzte Sproß des alten Geschlechtes der Grünbecke zu Niederhausen von seinen eigenen Bauern umgebracht; um dieselbe Zeit wurden auch ein Günzlofer zu Heybach und ein Preyfinger zu Berg im Gäu von ihren Bauern erschlagen[1]. Es gab damals in Bayern nur noch wenige Bauern mit unabhängigem, eigenem Besitzthum und von ansehnlichem Vermögen. Die Zeiten, in welchen mancher bäuerliche Großgrundbesitzer jährlich 2000 Schweine und 200 Kühe zu Markte getrieben hatte[2], waren längst vorüber. Fast die gesammte Bauerschaft war dem Landesfürsten, den weltlichen und geistlichen Gutsherren ‚grunduntertänig‘ und mit schweren Lasten, Abgaben und Frohnden beladen. In Folge der seit einem halben Jahrhunderte sich fortwährend steigernden Steuern, welche meist auf die Bauern und Bürger gewälzt wurden, und bei dem Darniederliegen von Handel und Gewerben waren die Dinge dahin gerathen, daß die Landstände im Jahre 1593 der herzoglichen Regierung vorstellten: ‚Seit dem Jahre 1577 hätten die Unterthanen zwölfmal den zwanzigsten Theil ihres Vermögens hingegeben; der Bauersmann könne mit Weib und Kind sich kaum des Bettels mehr erwehren; Vielen fehle es schon an der Leibesnahrung; sie könnten ihre Güter mit Roß und Vieh nicht mehr bestellen und in nöthigem Bau und Ehren erhalten. Vor den Gerichten kämen fast täglich nur Schuldprocesse vor; in den Inventuren über die Verlassenschaften der Gestorbenen finde man selten etwas Anderes als Schulden.‘[3] Drei Jahre später brachen einzelne Empörungen der Bauern aus, namentlich im Rentamte Burghausen und in der Grafschaft Haag, wurden jedoch durch ernstliche Vorkehrungen, Einziehung und Bestrafung der Rädelsführer rasch und blutig unterdrückt[4].

Dagegen nahmen die Bauernaufstände, welche in den Jahren 1594 bis 1597 Nieder- und Oberösterreich durchtobten, einen überaus gefährlichen Character an. Die damals von den Bauern gegen ihre Grundherren vorgebrachten agrarischen Beschwerden und die darauf bezüglichen Verhandlungen am kaiserlichen Hofe gewähren einen tiefen Einblick in das landwirthschaftliche Arbeitsleben jener Länder und verdienen deßhalb eine nähere Beachtung.

König Ferdinand I. hatte wiederholt in den Jahren 1541, 1542, 1552 Verordnungen zum Schutze der Bauern erlassen: denselben sollte für ihre Ackererzeugnisse der gebührende Marktpreis zu Theil werden, ein wucherlicher Vor-

---

[1] Sugenheim, Baierns Kirchen- und Volkszustände 471 Note 243.
[2] v. Koch-Sternfeld, Beiträge 3, 383.
[3] Wolf, Maximilian der Erste 1, 112. 115.
[4] Wolf 1, 374. Czerny 193 Note 1.

kauf zu ihrem Nachtheile nicht ſtattfinden, namentlich ſollten ſie nicht mehr
gezwungen werden, die Früchte, welche ſie verkaufen wollten, zuerſt ihrer
Herrſchaft ‚anzufailen‘, das heißt zum Kaufe anzubieten und zu einem ge-
ringern Preis, als der Marktpreis war, zu veräußern. Es gab Grundherren,
welche dieſe und ihre eigenen Früchte, wenn das Getreide in Aufſchlag gekommen, unter Auflegung von Frohndienſten (Robot) durch ihre Bauern auf
die Märkte führen ließen, von dieſen ſogar verlangten, ‚einen beſtimmten
Preis dafür heimzubringen und das Fehlende aus eigenem Seckel zu erſetzen‘[1].
Das Alles wurde bei ernſtlicher Strafe verboten. Den Bauern zu ſchwerſtem
Nachtheil gereichte dagegen eine Bewilligung, welche die Stände im Jahre
1563 für Leiſtung der Türkenhülfe von dem Kaiſer ertrotzt hatten. Dem
Verlangen der Stände: er möge den ‚Landherren mit Robotung ihrer Unterthanen kein Maß oder Ordnung ſetzen, wie es etwa durch etliche Erkennt-
niſſe beſchehen‘ ſei, hatte Ferdinand allerdings nur unter dem Vorbehalte ent-
ſprochen: ‚Wenn ein Landmann ſeine Unterthanen über ihr Vermögen und
alten Gebrauch mit gar unerträglichen Bürden und Roboten beſchwere, ſo
ſolle dieſen Unterthanen unverwehrt ſein, am kaiſerlichen Hofe oder an anderen
gebührlichen Orten und nachgeſetzter Obrigkeit zu klagen und um Einſehung
zu bitten.‘[2] Aber die ‚Landherren‘ hatten wenig Sorge um ‚die Einſehung‘
ſolcher Klagen; ſehr viele derſelben ſteigerten nicht allein die Frohnen, ſondern
auch andere Forderungen ohne ‚Maß und Ordnung‘: was den Bauern an
‚Bürden und Roboten unerträglich‘ erſchien, hielten ſie für ‚gar leiblich und
duldſam‘. Aus dem ihnen in demſelben Jahre 1563 gemachten Zugeſtänd-
niß: die Bauern ſollten ‚auch ſchuldig ſein, ihre Kinder, die zum Dienen
tauglich und deren die Eltern und Verwandten nicht ſelbſt bedürftig, ihren
Grundherren vor allen anderen um ziemlich Belohnung zu dienen‘[3], entwickelte ſich für die Bauern allmählich ein überaus drückender Zwangs-
geſindedienſt.

In Unterſteiermark, Krain und Croatien kam es ſchon im Jahre 1573
wegen der wachſenden Laſten der Grundunterthänigkeit zu gewaltſamen Auf-
lehnungen, welche nur mit Mühe im Blute der Empörer erſtickt wurden, eine
Beſeitigung der gerechten Beſchwerden nicht zur Folge hatten. Als die proteſtantiſchen Landſtände dem Erzherzog Carl, um ihn zu ſchrecken, im Jahre
1580 vorſtellten: Verdächtige aus dem Salzburgiſchen zögen durch das Land
und könnten durch ihre bedenklichen Reden die Bauern leicht zu einem neuen
Aufruhr verlocken, erhielten ſie zur Antwort: der Bauer finde zu großes Be-
hagen in dem ruhigen Beſitz ſeines Heimweſens, als daß bloße Worte ihn

---

[1] Bucholtz 8, 256—257.   [2] Bucholtz 8, 301—302.
[3] Vergl. Bucholtz 8, 285.

dieſelben durch abſcheuliche Behandlung zur Flucht gezwungen, müſſen die Eltern ſie wieder herbeiſchaffen; ſind ſie dazu nicht im Stande, werden ſie ſelbſt an Leib und Gut hart geſtraft. Ehemals war die löbliche Sitte, daß ein Straffälliger vor den Richter geladen, verhört und ſein Urtheil vom Amtmann und den Beiſitzern geſprochen wurde; jetzt aber reißt der Herr das Gericht an ſich und urtheilt nach Gutdünken für ſeinen Säckel; wer ſonſt nur 1—2 Gulden zahlte, muß jetzt 30—40 und noch mehr entrichten; von einer Gerichtsbarkeit der Dörfler iſt nicht mehr Rede. Die Klagen, welche bei den höchſten Behörden darüber eingehen, bleiben liegen und werden nie erledigt. Die Burggrafen und Amtleute ſchinden die Bauern und bereichern ſich ſelbſt. Mancher Amtmann, der mit 10 Gulden an ſeine Stelle gekommen, beſitzt in zwei Jahren baare 2000 Gulden Vermögen und kauft die beſten Häuſer, Mühlen und Güter an, was offenbar nur mit Nachtheil der Bauern geſchehen kann. Bei der Ernterobot haben die Bauern früher Eſſen und Trinken gehabt oder auch geringen Lohn, jetzt haben ſie nicht einmal einen Dank, viel weniger irgend einen Lohn. Früher zahlte man für jeden Fruchtbaum 4 Kreuzer, jetzt muß man 18 zahlen, was unerſchwinglich iſt. Sehr läſtig iſt der ‚Hausgulden‘, von jedem Haus einen Gulden, der früher nicht beſtand. Kauft ein Bauer ein Haus, ſo muß er 10 Gulden Einſchreibegeld zahlen, was früher nicht war, und überdieß zählt der Herr den Kaufſchilling und nimmt ſich von jedem Gulden einen Kreuzer ‚Zählgeld‘. Noch über manche andere neu eingeführte Bedrückungen kamen die niederöſterreichiſchen Bauern klagend ein [1].

Die Bauern ob der Enns, welche die freie Ausübung der Augsburgiſchen Confeſſion verlangten, brachten in weltlichen Dingen dieſelben Klagen vor. An erſter Stelle beſchwerten ſie ſich über das von den Grundherren verlangte ‚Freigeld‘ bei Todfall und Beſitzveränderungen unter Lebenden. Anfangs habe die Obrigkeit das Freigeld, von 100 Gulden 10 Gulden, nur von liegenden Gründen, nicht von der Fahrniß, und nur bei einem Kaufe begehrt; jetzt hätte ſie dreierlei oder viererlei Freigeld ausgedacht, und es komme bei vielen Obrigkeiten mit dieſen Freigeldern und anderen unzähligen Auflagen ſo weit, daß der dritte oder halbe Theil des Bauernvermögens in der Hand des Gutsherrn bleibe. Bei etlichen Herrſchaften ſei es zu ſolch unchriſtlicher Beſchwer gekommen, daß eine Frau, deren Mann geſtorben, das ganze Gut, von je 100 Gulden 10 Gulden, verfreien, wann ſie wieder heirathe, das Gut abermals mit 10 Gulden von 100 löſen, und der neue Ehemann wieder, zum drittenmal 10 Gulden von 100 zahlen müſſe; wollten

---

[1] Th. Wiedemann, Geſch. der Reformation und Gegenreformation im Lande unter der Enns 1, 496—498.

Vater oder Mutter ihr Gut den Kindern um einen leiblichen Preis übergeben,
so werde es von den Obrigkeiten des Freigeldes wegen nicht gestattet, sondern
das Gut müsse durch Leute geschätzt und die Schatzsumme verfreit werden.
Zu den Hauptbeschwerdepunkten gehörte auch: Viele Obrigkeiten nehmen die
alten Erbbriefe der Unterthanen, welche über ihre Güter lauten, an sich, verändern dieselben, geben ihnen neue, die mit neuen Herrenforderungen gemehrt
sind, und lassen sich dafür noch schwere Gebühren bezahlen; andere Obrigkeiten steigern die Unterthanen gegen den ausdrücklichen Inhalt der Briefe in
Steuern und Diensten.   Unerträglich seien die von Pflegern, Hofschreibern,
Dienern und Amtleuten willkürlich aufgebrachten und immer mehr erhöhten
Schreibergebühren: man möge doch eine bestimmte leibliche Taxe feststellen und
den scharfen Dienern, von welchen die Bauern hart, sträflich und elend gehalten würden, ein Gebiß anlegen.   Sehr drückend seien auch die den Bauern
bei Hochzeiten und anderen Zusammenkünften aufgedrungenen hohen Zehrungs-
kosten in den herrschaftlichen Tavernen sowie die gezwungenen ‚Anfeilungen‘
aller Feldfrüchte und Wirthschaftserzeugnisse an die Herrschaft.   Was die
Robot anbelange, müsse Mancher mit Roß und Wagen oder mit der Hand
und seinem Leib jährlich 20, 30 oder mehr Tage roboten, gewöhnlich zu
einer Zeit, da er seine eigenen Gründe bauen solle; er müsse das Seinige
liegen und stehen lassen und mit weiten Robotfuhren der Herrschaft Wein,
Kalk, Getreide, Ziegel, Steine und Anderes befördern, dazu noch das Futter
selbst mitnehmen.   Während die Bauern genöthigt seien, ihre Kinder, als
seien sie Leibeigene der Obrigkeit, wider ihren Willen der Herrschaft in Dienst
zu geben, müßten sie selbst für ihre Arbeiten oft fremder Leute sich bedienen.
Die neu verfaßte Zehentordnung schlage zu großem Nachtheil der Bauern aus:
die Zehentleute dürften ihre Feldfrüchte, wegen welcher sie das ganze Jahr
hindurch bauen und arbeiten müssen, ohne Wissen und Bewilligung des Zehent-
herrn nicht schneiden und einfechsen; sie müßten ihr geschnittenes Getreide auf
dem Felde liegen lassen, bis dieser seinen Zehent, wann es ihm gelegen, aus-
gesteckt und weggebracht habe, obgleich doch oftmals, wenn das Letzte abgeschnitten, das Erste im Ungewitter schon verdorben sei.   Etliche nähmen doppelten
Zehent, zum Beispiel vom Heu besonders und vom Grummet besonders, oder
wenn das Feld schon leer oder mit Rübsamen bebaut sei, müsse man auch
von den Rüben den Zehent geben; man werde sogar gedrängt ‚mit dem
armen Küchelzehent von Gartengewächs, Hanf, Flachs, item von Geflügel,
Gänsen, Hühnern, von Eiern und dergleichen‘.   Auch nähmen die Zehent-
herren den Zehent in Anspruch von den Grundflächen, worauf einer ein Haus,
Stadel oder dergleichen baue, während doch von Alters her der Zehent nicht
von dem bloßen Grund, sondern nur von dem mit dem Pflug erbauten Getreide gereicht worden sei.   Von Alters her habe der Zehentherr billig Geld

vom Zehentmann genommen oder das Getreide getreu und ehrlich im Stadel ausgezehntet [1].

Am kaiserlichen Hofe wurden zur Dämpfung des Aufstandes und zur Untersuchung der Bauernklagen langwierige Verhandlungen gepflogen. Daß die Abgaben der Bauern erhöht seien, wollten die Stände nicht läugnen, aber zu ihrer Rechtfertigung brachten sie dem Kaiser vor: Es sei unmöglich, diese Abgaben auf den alten Fuß zu setzen, da die Preise doppelt und dreifach gestiegen seien. Auch seien, sagten sie, die Klagen der Unterthanen so dunkel und unbestimmt, daß man sich in einem gerichtlichen Verfahren darauf nicht einlassen könne. Die Bauern dürften nicht vorgeben, daß ihr Aufstand aus den neu aufgelegten Beschwerden entsprungen sei; denn wenn auch etliche Obrigkeiten den Unterthanen etwas Beschwerliches möchten zugefügt haben, so sei es doch nicht von allen geschehen [2].

Wie Vieles aber geschehen war, wie klar und begründet gerade die schwersten Klagen waren, kam deutlich an den Tag, zum Beispiel, daß von Seiten der Grundherren die Erbbriefe abgefordert und willkürlich verändert wurden. Eine solche Veränderung ‚durch Einverleibung des Freigeldes und andere Neuerungen in die an Stelle der alten gegebenen neuen Erbbriefe‘ sei, sagte der Kaiser, ‚unrecht und unbillig‘ und müsse abgestellt werden [3]. Daß auch die Beschwerden über die unmäßige Höhe des Freigeldes nicht aus der Luft gegriffen waren, zeigte sich bei der Untersuchung in vielen Fällen. Von einem auf 1400 Gulden geschätzten Gute waren 300 Gulden an Freigeld genommen worden: zuerst hatte die Wittwe bei der Uebernahme des Gutes nach dem Ableben ihres Mannes ein solches erlegen müssen, gleich darauf von Neuem bei der Ueber-tragung des Gutes an einen Andern, und als sie dann in Kurzem mit Tode abging, mußten die Kinder nochmals das mütterliche Vermögen ‚verfreien‘. Einige Grundherren beanspruchten, wenn Weib oder Mann abstarben, von je 100 Gulden 10 Gulden Freigeld, bei Verkäufen oder Ablösungen nicht allein dieselbe Summe, sondern auch noch 5 Gulden von 100 als ‚Anlait‘, wobei sowohl das liegende als das fahrende Gut geschätzt, die vorhandenen Schulden aber nicht erst abgezogen wurden. Andere Grundherren nahmen von Gütern, welche schon bei Tod oder Kauf mit 10 Procent verfreit worden waren, noch einmal 10 Procent, wenn die Gelder in eine andere Herrschaft gebracht wurden; desgleichen forderten sie von Pupillengeldern, die schon im Todfall gutsherrlich um 10 Procent vermindert worden, und von Heirathsgütern inner und außer der Obrigkeit, nochmals 10 Gulden von 100 Gulden. ‚Ein Unterthan‘, sagte der Adel des Hausrucks, ‚kann seinem Kind bis auf 30 Gulden unverfreit als Heirathsgut geben; gibt er aber mehr, so ist er von

---

je 10 Gulden 1 Gulden als Freigeld zu reichen schuldig.'[1] Die Bauern seien, erklärten die Gutsherren des Marchlandes, schon im Stande, die Herrenforderungen zu erschwingen, wenn ihnen nur aufgelegt würde, nicht mehr als 30 Gulden Heirathsgut zu geben und nicht über 30 Gulden zu verhochzeiten, einem jeden Knecht jährlich für Alles nicht mehr als 5 Gulden, einer jeden Magd nicht mehr als 3 Gulden zu verabreichen, auch sich aller feinen Kleider zu enthalten: sie sollten nicht Tuch tragen, welches höher im Preise sei als 12 Kreuzer die Elle[2].

Georg Erasmus Freiherr von Tschernembl, der später mit den Brüdern Gottfried und Richard von Starhemberg ‚das calvinistische Triumvirat' in Oberösterreich bildete, ein scharfer Vertreter der „Herrenforderungen" an die Bauern, Wortführer der Grundherren am kaiserlichen Hof, äußerte sich in einem vertraulichen Schreiben: ‚Das Freigeld auch von den Fahrnissen' zu verlangen, entspreche, die Wahrheit zu sagen, weder dem Civilrecht noch dem Landesgebrauch der anderen Provinzen[3]. Gleichwohl wollten die Herren selbst auf dieses Recht nicht verzichten: durch ein Aufgeben desselben würde, bedeuteten sie, ‚eine Verödung des Landes' erfolgen. Wenn ‚ein Theil der Unterthanen alte Erbbriefe habe, daß das Freigeld von der Fahrniß oder die Robot an etlichen Orten gar nicht gebräuchlich gewesen sei, so könnten sie dieselben jetzt nicht mehr geltend machen, nachdem sie durch den Aufstand Ehre, Leib, Leben, Hab und Gut verwirkt' hätten. Habe ein Bauer einen alten Erbbrief, kraft dessen er überhaupt vom Freigelde befreit sei, und sei trotzdem das Freigeld durch langwierigen Gebrauch aufgekommen, so müsse man sich gegen den Wortlaut der Erbbriefe auf das Recht des ungestörten Besitzes und der Verjährung berufen[4].

Neben dem Freigeld war die Robot einer der wesentlichsten Klagepunkte der Bauern. Bei den Klöstern erstreckte sich dieselbe gemeinlich nur auf 2—8 Tage oder Fuhren im Jahr, bei den weltlichen Ständen dagegen stieg sie bis auf 26 Tage; wenigstens 24 Tage, verlangten diese vor der kaiserlichen Behörde, sollten die Unterthanen zur Robot verpflichtet sein[5].

Im Vergleich zu den Robotlasten der Bauern in Pommern, Brandenburg, Mecklenburg und in anderen norddeutschen Gebieten waren diese Forderungen allerdings noch sehr mäßige[6].

Anfangs herrschte am kaiserlichen Hofe eine nichts weniger als günstige Stimmung für die „Herrenforderungen"; man hielt den Ständen ihr ‚unchristliches und ungebührliches' Gebahren gegen die Bauern vor. Aber durch reiche

---

[1] Czerny 180. 288. 290.   [2] Czerny 15 Note.
[3] Czerny 180. 308.   [4] Czerny 309—311.   [5] Czerny 290. 291.
[6] Vergl. unsere Angaben oben S. 98 fll.

‚Handsalben‘, die bei einzelnen Hochmögenden sich bis auf 500 Ducaten beliefen, wußten sie einflußreiche Gönner und Freunde zu gewinnen [1]. Eine kaiserliche ‚Resolution‘ setzte die Robot auf 14 Tage herab und gewährte einige Erleichterungen im Freigeld, welches im Allgemeinen aber vom liegenden und fahrenden Gut ohne Unterschied gegeben werden sollte. Vieh und Früchte sollten nach wie vor den Grundherren ‚angefeilt‘ werden müssen. Ueber Zwangsgesindedienst, Tavernenzwang, ‚Auf- und Abfahrt‘-Gebühren, Schreibergebühren, Sterbehaupt, Steigerung der Grund- und Kücheldienste und andere Beschwerden der Bauern wurden nähere Bestimmungen nicht getroffen.

Nachdem die Empörungen in Nieder- und Oberösterreich im Jahre 1597 gewaltsam gestillt, die Aufrührer entwaffnet, zahlreiche Hinrichtungen erfolgt, blieben die Bauern ihren Gutsherren preisgegeben [2]. Diese beanspruchten allen

---

[1] Czerny 163. 175. 195. 307 Note. 312 Note.

[2] Czerny 313 fll. (** Vergl. Huber 4, 306 fl.) Wenn sich auch bei den durch kaiserliche Bevollmächtigte angestellten Untersuchungen erwies, daß die Bauern mancher Gutsherren unbegründete oder übertriebene Klagen vorgebracht hatten, so läßt sich doch daraus, daß sie nach Unterdrückung des Aufstandes nicht mehr wagten, ihre Beschwerden vorzubringen, keineswegs schließen, diese seien überhaupt ‚äußerst selten‘ berechtigt und ‚meist wenig erheblicher Natur‘ gewesen (Czerny 353). Nachdem sie zu Boden geworfen, lag es im Vortheil der Bauern, Alles zu vermeiden, wodurch sie den Zorn und die Rache ihrer Gutsherren reizen konnten. Als Wolf Wilhelm von Volkensdorf während der Verhandlungen zu Prag von den Ständen Oberösterreichs an den Obersten Morawski, den Unterdrücker des Aufstandes unter der Enns, abgeschickt worden, überzeugte er sich auf allen Straßen: der Oberst habe ‚eine so schöne Execution verrichtet, daß die Bauern sich schier auf die Knie bücken und die Hüte ziehen, so weit sie einen schier sehen können‘; ‚aber man sieht ihrer‘, fügte er hinzu, ‚gleichwohl viele, die Birnen an den Birnbäumen hüten, wie er denn 140 Gefangene mit sich führt, von denen er täglich einige richten läßt, während stets neue eingebracht werden‘ (a. a. O. 318). Sollten etwa die bei der kaiserlichen Commission zu Zwettl im Jahre 1597 gegen 11 Grundherren vorgebrachten und genau angegebenen Beschwerdepunkte der Bauern im Wesentlichen unbegründet gewesen sein? Zum Beispiel die der Bauern von Rapportenstein und vom Amt Langensalza wider die Freiherrn von Landau: alle Steuern und Dienste seien gewaltig erhöht worden, erst seit 12 oder 13 Jahren sei der Hausgulden aufgekommen; das An- und Abfahrgeld habe früher 24 Kreuzer betragen, jetzt betrage es 2—4 Gulden; arme Unterthanen, welche ehemals 7—8 Kreuzer gezahlt hätten, müßten 2 Gulden entrichten; ehemals habe man 6 Tage Handrobot geleistet, jetzt müsse man, ‚so oft dieselbe angesagt werde‘, zur Stelle sein, und zwar ohne Verköstigung; Söhne und Töchter würden zum Hofdienste gezwungen ‚um Spottlohn, der nicht die zerrissenen Schuhe zahle‘, und so weiter. Auszug aus den Beschwerden bei v. Hammer-Purgstall, Khlesl 1, Urkundensammlung 245—248. — Wie die Grundherren den Betrag ihrer ‚obrigkeitlichen Rechte‘ zu steigern wußten, zeigen beispielsweise die Aufzeichnungen des Erasmus von Röbern am Perg bei Rohrbach im obern Mühlviertel. Im Jahre 1601 schätzte derselbe diese Rechte auf 2000 Gulden, im Jahre 1604 auf 6050 Gulden, im Jahre 1605 bereits auf 8850 Gulden. Den Ertrag seiner ‚Hoftavern‘ schlug er auf jährlich 1000 Gulden

Grund und Boden im Lande als ihr alleiniges ‚rechtes Eigenthum‘ und gaben
auf das mündlich und schriftlich oft wiederholte Erbieten der Bauern: sie
wollten sich der Steuern, welche der Landesfürst nothwendig habe, durchaus
nicht weigern, die einfache Erklärung: Die Bauerschaft hat in Steuersachen
gar Nichts zu erbieten; nur allein die Stände haben das Recht, auf die
Unterthanen Steuern zu legen, während sie ihrerseits nach alten Freiheiten
und Gerechtigkeiten nicht schuldig sind, eine Steuer zu reichen oder auf sich
zu nehmen [1].

Unter allen Vorrechten, welche Fürsten und Herren über die Bauern in
Anspruch nahmen, übte keines einen größern Schaden aus und wurde keines
so grausam durchgeführt als das der unbeschränkten Jagd.

Beim Beginne der socialen Revolution im Jahre 1524 hatten die Bauern
als eine durchaus berechtigte Beschwerde aufgestellt, daß die Obrigkeit an
etlichen Orten das Gewild ihnen zum Trutz und mächtigen Schaden halte,
daß das unvernünftige Thier ihnen das Ihrige abfresse, und daß sie, was
wider Gott und den Nächsten sei, dazu stillschweigen sollten. Aber ‚was
ehedem das Landvolk, bevor es im Aufruhr die deutschen Lande in Brand
setzte, hatte erdulden müssen, war noch ein gar Geringes im Vergleich zu dem
tyrannischen Joch, so ihm nach niedergeschlagenem Aufruhr durch Jagden,
Frohnden und Jagddienste auf den Nacken gesetzt‘ wurde [2].

‚Die Fürsten und Gewaltigen‘ sahen sich an ‚als die alleinigen Herren
des Wildes‘; die meisten derselben beanspruchten nicht bloß die höhere Jagd
auf das Roth- und Schwarzwild, sondern auch ‚das kleine Waidwerk nach
Hasen, Füchsen, Vögeln und Hühnern‘; ‚dem Bauersmann wurde schier jegliche Jagd verwehrt‘. Nicht allein die herrschaftlichen Waldungen wurden
gebannt, sondern an vielen Orten sogar die Privatwaldungen, indem man
deren Benutzung je länger je mehr den Gemeinden zu entziehen wußte. Aller
vernünftigen Volkswirthschaft Hohn sprechend, trug die Ausübung des Jagdregals die Hauptschuld an dem Verfalle des Ackerbaues und der Verarmung
der Bauern. Bei der immer größern Ausdehnung ihrer Jagdvergnügungen
zogen die Fürsten und Herren das ganze Volk in Mitleidenschaft, so daß man
Grund hatte zu der Frage: wer es besser habe, das lang gehegte und kurz
gehetzte Wild oder der stets gehetzte und nie gehegte Unterthan [3].

---

an. Die ‚Gült‘ (der Gelddienst und die verschiedenen Zehentabgaben) trug ihm im
Jahre 1601 nur 183 Gulden ein, im Jahre 1606 schon 440 Gulden. Vergl. die lehr-
reiche und anziehende Schrift von L. Pröll, Ein Blick in das Hauswesen eines österreichischen Landedelmanns aus dem ersten Viertel des siebenzehnten Jahrhunderts (Wien
1888) S. 17. 19—20.   [1] Czerny 299—300.
        [2] Bauernklage (1598) Bl. G.   [3] Falke, Kurfürst August 146.

‚Was Schaden, Leids, Jammers, Unterdrückung und Verderb', schrieb
Cyriacus Spangenberg aus eigener Anschauung im Jahre 1560, ‚den armen
Unterthanen durch das verfluchte Jagen zugerichtet wird, ist nicht auszusagen.
So ist auch gar keine Barmherzigkeit bei den Oberherren, daß sie es nicht
glauben noch es sich annehmen. Das Wild zertremmet, frißt und macht ihnen
erstlich zu Schanden, was sie an Früchten gesäet und gepflanzet, ehe es recht
herfürkommen kann, und weil es wächset und stehet. Das müssen sie leiden
und dürfen es nicht wehren. So werden ihnen darnach beide von dem Wild
und auch von der Herren und Junker Jagdhunden ihr Vieh, Kälber, Ziegen,
Schafe, Gänse und Hühner, bisweilen auch ihre Haus- und Hofhunde und
oft dazu ihre Kinder und Gesinde zerrissen und beschädiget. Daran wird
ihnen Nichts erstattet. Ueberdas müssen sie, wenn man jagen will, Alles
liegen und stehen lassen, das Ihre versäumen und Leib und Leben in Gefahr
setzen. Dazu jagt und rennt man um eines Hasen oder zweier Hühner oder
anderes Wilds halber durch ihre Aecker, Wiesen und Gärten, und schonet
hierinnen auch der Weinberge nicht. Da werden die Zäune niedergerissen,
die Früchte zertreten, das Getreide geschleift, die jungen Reiser zu nichte gemacht, Pfähle und Weinstöcke umgestoßen und allenthalben großer Schaden
den armen Leuten zugefügt. Wie können denn dabei die Unterthanen zuletzt
bleiben oder zur Nahrung kommen? Und wenn ihnen denn Alles verderbt
wird, wovon sollen sie dann der Herrschaft geben und dienen?' Hat auch
Jemand je solche Unbilligkeit unter den Heiden erfahren?' Spangenberg
führt den Fürsten und Herren den Spruch zu Gemüthe:

> Wer jagd nach Lust, mit Armer Leid,
> Das ist von Art des Teufels Freud.'[1]

Selbst die für Vermehrung ihrer Einkünfte und ihrer Kammergüter
thätigsten Fürsten, wie Kurfürst August von Sachsen, ordneten der Ausdehnung und Ausnutzung ihres Jagdregals alle anderen staats- und volkswirthschaftlichen Rücksichten unter. August vergrößerte die landesherrliche Wildbahn und setzte dieselbe über weite Strecken seines Kurfürstenthums in
Zusammenhang. Die ihm aus der Einziehung der Kirchengüter zufließenden
Mittel benutzte er zum Ankaufe ansehnlicher adelicher Herrschaften, deren
große Wälder zur Erweiterung der Wildbahn besonders dienlich waren[2].
Damit das Wild mit aller Bequemlichkeit in die Felder der Bauern treten
und in den fetten Saaten äsen könne, erließ er das Verbot, die Felder zu
umzäunen. ‚Dir ist unverborgen,' schrieb er am 7. October 1555 an den

---

[1] Der Jag-Teufel. Theatr. Diabol. 255ᵇ, vergl. 253. ** Vergl. Osborn, Teufelsliteratur 152 fl.

[2] Vergl. Franstadt 2, 280—281, und 1ᵇ, 305 fl.

Schösser zu Pirna, ‚aus was Ursachen wir Willens gewesen, alle Dorfschaften
in unserer Wildfuhr auf dem Gebirg an der böhmischen Grenze gänzlich
hinwegzuschaffen und an andere Orte zu verweisen, desgleichen mit was Bescheid und Condition wir hernach bewilligt haben, daß sie noch länger allda
bleiben und wohnen möchten. Nachdem wir dir aber unter Anderem befohlen, alle Zäune, Hecken und Anderes, so unsere Unterthanen im Amte
Königstein zur Befriedigung ihres Getreides aufgerichtet und dadurch dem
Wildpret seine Gänge und freien Läufe versperrt, wieder niederlegen zu lassen,
welches dann zum Theil geschehen, aber doch, wie wir berichtet, die Zäune,
Hecken und andere vermachte Hinderung in und um die Dörfer Struppen,
Leupoldsheim und so weiter aufrecht stehen sollen, als begehren und befehlen
wir dir hiermit, du wollest unverzüglich alle Zäune, Hecken und andere
Hindernisse in gemeldeten Dörfern gänzlich niederlegen lassen und selbst dabei
sein und davon nicht hinwegkommen, bis dieselben alle niedergerissen, nieder-
gehauen und hinweggeschafft sind.‘ Später gestattete er die Umzäunung der
Felder, verordnete aber die Abschaffung aller Ziegen und aller Hunde, mit
Ausnahme der Kettenhunde, und legte den Bauern die Verpflichtung auf,
daß sie außerhalb der eingezäunten Felder einige Aecker mit gutem Samen
für das Wild bestellen und auf jeder Dorfflur mindestens drei Wildgänge,
300 Ellen breit, offen lassen sollten. Die Unterthanen im Amte Pirna hatten
für das Wild jährlich 150 Scheffel Hafer auszusäen und erhielten dazu nur
einen Beitrag von 33 Scheffel [1]. Auch dem erzgebirgischen Kreise wurde eine
solche Wildsaat auferlegt. Wie beschwerlich die vielen errichteten Wildzäune
für die Bauern wurden, ergibt sich aus einem Bericht des kurfürstlichen Rathes
Komerstadt, der über einen Wildzaun von Ebersbach nach Kalkreuth und von
da gegen Hayer an August schrieb: Die Säue hätten den Grund der Wiesen
wie mit einer Hacke umgerissen; er habe die Leute auf den Knien liegen und
die Rasen nicht ohne Klagen ihres Herzens mit den Händen wieder einsetzen
gesehen; über 1000 Aecker Wiesen seien in den Wildzaun gezogen, während
sich doch die ganze Gegend wegen des geringen und sandigen Bodens von
der Viehzucht ernähre; wenn der Wiesenwachs zu Grunde gehe, müßten
viele Dörfer verderben [2].

Im Volke hörte man sagen: der Kurfürst müsse ‚zu Zeiten unter der
Herrschaft eines besonder bösen Geistes stehen, dieweil er den Unterthanen
mit den unvernünftigen Thieren so grausamlich zusetze‘. Ein Bäcker aus
Stolpen gab an: zwischen Dresden und Stolpen auf der Brücke im Moor-
grund sei ihm ein Geist erschienen und habe ihm aufgetragen, an den Landesherrn die Bitte zu richten, daß er das Wild, welches den armen Leuten so

[1] Weber, Kurfürstin Anna 264—267.   [2] Falke, Kurfürst August 150.

gewaltig großen Schaden thue, abschaffen möge; denn wenn ein armer Mann drei oder vier Scheffel ausgesäet habe, ernte er kaum einen oder zwei; August möge wenigstens den Bauern erlauben, das Wild von den Aeckern zu ver-scheuchen [1].

Welch einen Schaden das Wild anzurichten im Stande war, läßt sich aus der Größe des Wildstandes ermessen. Am 4. October 1562 erlegte der Kurfürst, wie er berichtete, in einem einzigen Treiben auf der Dresdener Haide ,539 wilde Sauen, darunter 52 hauende Schweine'. Am 30. December 1563 beklagte er, daß er, ,weil die Sauen aus Mangel an Gefräß nicht fast feist gewesen, zeitlich von der Sauhatz habe ablassen müssen und nur 1226 Sauen, darunter 200 Schweine, 500 Bachen und 526 Frischlinge', erlegt habe [2]. Im Jahre 1565 schoß er eigenhändig während der Pirschzeit 104 Hirsche ab; im nächsten Jahre wurden deren 330 erlegt [3]. Auf den Jagden vom November 1585 erfing man nicht weniger als 1532 Sauen [4]. Kurfürst Christian I. er-legte im Jahre 1591 während der Hirschfeiste 227 Hirsche, 127 Rehe und viel anderes Wild [5]. Am 19. September 1614 wurde eine ,Hetzjagd durch die Elbe' veranstaltet. Das Verzeichniß des erlegten Wildes führt auf: 28 Hirsche, 19 Stück Wild, 9 wilde Keiler, 10 Rehe, 6 Kegler, 2 hauende Schweine, 16 Bachen und so weiter. Die Ufer der Elbe waren mit Netzen umstellt, das Wild wurde in den Fluß getrieben und von den Pontonschuppen aus geschossen, während der Hof am jenseitigen Ufer zusah [6]. Im Jahre 1617 sah Philipp Hainhofer in dem neu erbauten Jägerhaus in Alt-Dresden 200 Wagen für den Transport von Tüchern, Netzen und Garn, womit man ,fünfzehn Meilen Wegs stellen' konnte [7]. ,Schier jegliches Jahr war ein ge-segnetes an allerlei Wild für die kurfürstliche Küche', ganz abgesehen von der ungeheuern Zahl des Wildes, welches nicht selbsteigen von dem Kur-fürsten erlegt und gefangen genommen, sondern durch die vielen Hof- und Landjägermeister, Oberforstmeister, Förster und Wildmeister eingeliefert wurde [8]. Ein Jagdzug bestand bisweilen aus 4000—5000 Mann [9].

---

[1] Weber, Anna 297.　　[2] Weber, Anna 242

[3] Falke, Kurfürst August 152.　　[4] Müller, Annales 204.

[5] Müller 207.

[6] Ein Bild auf dem sächsischen Jagdschlosse Moritzburg stellt diese Hetzjagd dar. Richard, Krell 2, 333. Als Kaiser Matthias im Jahre 1617 in Dresden war, sah er nebst dem ganzen kurfürstlichen Hofstaate vom Rathhaus aus ,der auf dem Platz angestellten lustigen Jagd' beinahe fünf Stunden lang zu. ,Es sind 8 große Bären, 10 Hirsch, 4 Stück Wild, 10 wilde Schweine und 17 Dachsen nach einander gehetzt und gefällt, letzlich drei schöne Marder von den aufgerichteten hohen Tannenbäumen durch den Herrn Churfürsten herabgeschossen worden.' Opel, Anfänge der Zeitungspresse 70—71.

[7] Baltische Studien 2, Heft 2, 141.　　[8] Glasey 960.

[9] Müller, Forschungen 1, 31.

Im Herzogthum Sachsen war ‚die fürstliche Jagdwuth ebenso gewaltig und gleich unbarmherzig wider das arme Volk‘. Die Beschwerden der Bauern über den furchtbaren Wildschaden fanden eben so wenig Gehör als die der Forstbeamten, daß durch den übermäßigen Wildstand die Wälder nicht zu rechtem Aufwuchs kommen könnten. Pfarrer und Rath zu Jena klagten bitter: das Wild fresse die junge Saat und die Sommerlatten in den Weinbergen ab; mancher arme Mann müsse Aecker, Wiesen oder Weinberge liegen lassen, denn er dürfe das Wild nicht einmal scheuchen; auch würden spitze Zäune um die Weinberge des Wildes halber nicht geduldet. ‚Das Wild verliert seinen Namen,‘ schrieb der Hofprediger Stolz, ‚und wird zahm wie eine Heerde Vieh, tritt heraus aus den Hölzern in die Wiesen, Aecker, Weinberge und Gärten, vergißt seiner gewöhnlichen Speise, die ihm Gott im Holze geschaffen und verordnet hat, und frißt weg, zertritt, zerwühlet und verwüstet das, was den Menschen zum Nutzen gewachsen.‘ Den Predigern am Hofe sowohl wie jenen der an und in der Wildfuhr gelegenen Städte und Dörfer gereicht es zur Ehre, daß sie, wie Herzog Johann Friedrich der Mittlere schrieb, ‚auf den Kanzeln heftig geschrieen, wie das Wildpret den armen Leuten an ihren Früchten trefflichen Schaden zugefügt, daß sie es nicht scheuchen, auch nicht in ihre eigenen Wälder gehen, viel weniger dieselben benutzen dürften; auch daß die Leute durch Jäger, Forst- und Holzknechte übel geschlagen worden‘. In Zukunft aber wurde es den Predigern untersagt, sich der Klagen der Landleute anzunehmen [1].

‚Im Jägeramte‘, mahnten die weimarischen Räthe den Herzog Friedrich Wilhelm im Jahre 1590, seien ‚viele Unkosten mit Dienern, Zehrung, Fuhrlohn und Anderm wohl zu ersparen. Denn wenn ein Hirsch 100 Fl. kostet, so wird aus der Lust ein Verlust. So klagt Jedermann über das viele Wild auf dem Ettersberge, welches, Ew. Fürstl. Gnaden angehörig, so großen Schaden zufügt, daß zu besorgen, es werde aus dem herrschaftlichen Holz eine Wiese werden. Was das Armuth am Getreide für Schaden leidet, und woher sie Zinsen, Steuer und Anderes nehmen, ist leichtlich zu errathen.‘ [2]

Dem Grafen Georg Ernst von Henneberg, einem ‚wüthigen Jäger‘, der im Jahre 1581 nicht weniger als 1003 Stück Rothwild erlegte [3], stellten seine Räthe vor: ‚Mit Ew. Gnaden äußersten und fast schimpflichen Verderben hat man erfahren, daß bis auf den heutigen Tag die Jagd die Ursache und Wurzel alles der Herrschaft Henneberg obliegenden Lastes und Verderbens gewesen und noch ist. Denn zu geschweigen, was beschwerlicher Last

[1] Kius, Forstwesen 182. 186—190.   [2] Moser's Patriotisches Archiv 3, 285.
[3] Landau, Beiträge zur Gesch. der Jagd 251—252.

den armen Unterthanen durch das tägliche Jagen auferlegt, ist Männiglich offenbar und vor Augen, daß bei solchen Jagdübel weder Regiment noch Haushaltung und also einige Ordnung nimmermehr erhalten werden mag. Ursachen sind diese: Daß alle Haus- und Regimentsordnung, auch der Regent selbst an ein unvernünftig wild Thier gebunden ist. Wo man nun dessen inne wird, dahin werden alle Haus-, Hof- und Regiments-, auch Kirchen-ordnungen gezogen. Da müssen alle Ding der Jagd weichen. Zur Unzeit hält man Rathschläge von nothwendigen Dingen, zu Unzeiten ißt und trinket man, zu Unzeiten werden alle Sachen verrichtet, den ganzen Tag stehen Küchen und Keller offen, und was das Aergste ist, des Regenten Will, Sinn und Gemüth wird durch den täglichen Gebrauch der schädlichen Jagd dahin gerichtet, daß man die Jagd für eine Ergötzlichkeit und Recept für zufällige Krankheiten halten will. Daraus über oberzählte Unordnung auch das er-folgt, daß man jährlich solche Ergötzlichkeit fast in allen Aemtern suchen und haben will, dadurch denn ein jedes Amt in sich selbst verzehret wird.‘ [1]

In anderen Gegenden war ‚der Wildstand und das Wildvergnügen gleich ungeheuer‘. Kurfürst Johann Georg von Brandenburg schrieb im Jahre 1579 an Landgraf Wilhelm von Hessen, er habe 436 Hirsche, 190 Stück Wildpret, 4 Bären, 1363 Sauen, 150 Füchse gefangen und geschossen [2]. Im Jahre 1581 belief sich sein Ertrag auf 679 Hirsche, 968 Stück Wildpret, 26 Wild-kälber und über 500 Sauen [3]. Von Ostern 1594 bis Ostern 1598 erlegte der Kurfürst eigenhändig 2350 Hirsche und 2651 Stück anderes Wildpret [4]. Als Landgraf Wilhelm von Hessen im Jahre 1589 beim Kurfürsten auf Besuch war, meldete er aus Cüstrin: auf einer der von seinem Gastgeber ihm angestellten Jagden habe er zuweilen 60—70 Hirsche ohne das Wildpret, ja einigemal sogar 100 Hirsche gehabt [5].

In seinem eigenen Lande war Wilhelm nicht minder glücklich. ‚Im Jahre 1579 bestand seine Jagdbeute in 900 Sauen [6]. Diese Zahl war noch gering im Vergleich zu den Jagderträgnissen des Landgrafen Philipp. Im Jahre 1559 meldete Philipp dem Herzog Christoph von Württemberg: ‚In dieser Schweinhatz haben wir mit unseren jungen Hunden gute Lust gehabt und über 1120 Sauen gefangen. Wir hätten noch 60 Jagden, so wir gewollt, zu thun gehabt; weil wir aber befunden, daß die Säue mager gewesen, haben wir nicht fleißiger jagen wollen.‘ Im Jahre 1560 wurden bereits 1274, im Jahre 1563 sogar 2572 Sauen erlegt, und doch erstreckten sich die Hatzen und Jagden nur auf einzelne Theile der kleinen Landgraffschaft.

---

[1] Landau 11.   [2] Moehsen, Beiträge 94 Note.
[3] Landau 250.   [4] Märkische Forschungen 3, 359.
[5] Landau 254.   [6] Moehsen 94 Note.

Im Jahre 1560 erlegte Philipp noch vor Ablauf der Jagdzeit 60 Hirsche;
vom 1. Juni bis zum 1. August 1561 schoß er 81 Hirsche und fing 96
mit Jagen und hoffte noch 40 zu schießen und 60 zu jagen. Durch Schnee
und Kälte kam im Winter 1570—1571 eine solche Menge von Roth- und
Rehwild um, daß man den Verlust allein im Reinhardswalde auf 3000 Stück
schätzte. Um 1579 konnten in Niederhessen ohne Abbruch der Wildfuhr
430 Hirsche und 510 Stück Wild eingebracht werden. Im Jahre 1582
führte Landgraf Wilhelm 261 Hirsche und 391 Stück Wild als Beute
heim, sein Bruder 280 Hirsche und 483 Stück Wild; im folgenden Jahre
422 Hirsche und 695 Stück Wild, und ähnlich groß war die Beute von
Jahr zu Jahr [1].

Sich gegen Wildschaden zu schützen, war auch in Hessen den Unterthanen nicht erlaubt. Es sei ‚zum Erbarmen‘, sagte Landgraf Philipp, daß
die Bauern sich weigerten, das fürstliche Wild in ihre Felder gehen zu lassen,
da er doch deren Kühe in seinen Wald lasse. Die Bauern sollten also für
ihr Weiderecht im Walde die Weide seines Wildes in ihren Feldern gestatten [2].
Im Jahre 1566 beschwerten sich die Stände auf einem Landtage zu Cassel
über den ‚Schaden des großen feisten Wildprets, welches man nicht einmal
mit kleinen Hunden abhetzen dürfe‘. Drei Jahre später wiederholten sie:
‚Es sei eine gemeine Klage, welchen Schaden das fürstliche Wild durch Ver-
tretung und Abätzung der Früchte anrichte, wie man nicht einmal den Bauern
die Abhetzung noch die gehörige Verzäunung der Aecker, Wiesen und Gärten
verstatte, und dennoch für die Herrschaft bei der Zinslieferung gute reine
Frucht verlange.‘ Zum Troste wurde den Ständen erwidert: man müsse
den Herren, welche die Sorgen der Regierung zu tragen hätten, ihre Erholung gönnen; sie möchten zusehen, wie es in anderen Ländern hergehe [3].
‚In‘ dem ‚Revier um die Stadt Cassel‘ wurde ‚dem gemeinen Mann‘ bei
einer ‚harten Strafe die Hasen zu fahen verboten‘, derhalben sie fast zahm
allenthalben in die Gärten‘ liefen [4]. Bei dem Landgrafen Ludwig V. von
Hessen-Darmstadt legten die Gemeinden des Amts Lichtenberg und die Dörfer
Niederramstadt, Treysa und Waschenbach die Klagen ein: ‚Obwohl das Land,
sonderlich unserer Orten des Gebirgs, sein Vermögen wie vor alten und
sonderlich noch bei wenigen Zeiten nicht mehr so reichlich gibt, so wäre doch
bei diesem geringen Vorrath, welchen der allmächtige Gott zu Erhaltung
menschlichen Lebens jährlich in dem Felde vor Augen stellt, mit schuldiger
Dankbarkeit sich zu behelfen und dabei gemeine Bürden leiblicher zu ertragen,

---

[1] Landau 247—253. Noch weitere Angaben 232—240. Vergl. Weber, Aus
vier Jahrhunderten 1, 464.
[2] Landau 7.   [3] Rommel, Neuere Gesch. von Hessen 1, 252. 255.
[4] Landau 269.

allein des wilden Gethiers werde bei kurzen Jahren und nun je länger je
mehr allenthalben an unsern Orten eine solche große Menge, daß es bis an
die Bannzäune, ungeachtet Zuschreiens, Hütens und Wachens, ganz ohne
Scheu, oftmals am hellen Tage, in und durch die Frucht, Weingärten und
Wiesen häufig einfällt, und was uns Gottes milde Hand bescheeret, dasselbige
mehrerntheils wieder vorn Augen hinwegnimmt, über und über zerschleift und
merklichen Schaden ausrichtet. Auch was alsdann sonderlich in den zarten
Weingärten und Sommerfrüchten die Hirsche nicht verderben, das pflegen die
wilden Schweine vollends dermaßen zu zertreten, zu verwühlen und jämmerlich zu verwüsten, daß der arme gemeine Bauersmann anders nichts denn
durchaus vergebliche Arbeit, darzu merklichen und unüberwindlichen Schaden
zu seinem Verderben schmerzlich sehen muß. Oftmals kann er gegen seinen
blutsauern Schweiß nicht so viel genießen und erheben, damit er sich und
seine Kinder durch die Hälfte des Jahres an täglichem Brod versehen, weniger
den nothwendigen Ackerbau gebührlich ausstellen, allerwenigst die Ew. Fürstl.
Gnaden schuldigen Pächte, Gülten, Renten und Zinsen — die dessen alles
ungeachtet fallen und bezahlt sein wollen — befriedigen möchte.' Die Beschwerdeführer schließen mit der Versicherung, daß, wenn die Zustände nicht milder
würden, sie ihre Länder unbebaut und wüst liegen lassen und mit ihrem
Ackerbau aufhören müßten [1]. Allein Ludwig nahm keine Rücksicht auf Klagen.
Wer gegen Wild sprach, ‚griff ihm in den Augapfel; so lieb hatte er das
Wildpret und die Jäger, daß er auf sonst Niemand achtete‘ [2]. In Hessen,
sagte man, seien ‚fürwahr neben den Fürsten die unvernünftigen Thiere
gleichwie die Herren des Landes‘.

In Franken richtete das Wild solche Verwüstungen an, daß man im
Jahre 1580 von den gequälten Bauern zu hören bekam, sie ‚wollten es nicht
länger leiden, eher selbst Alles verwüsten, Leib und Leben darüber lassen‘.
Landgraf Wilhelm von Hessen fürchtete, daß auch in seinen Landen ‚gleiche
Meuterei‘ entstehen könnte, und mahnte seine Brüder, wohl darauf zu achten
und zu bedenken, ‚daß der Anfang des Bauernkriegs sich auch fast im Lande
der Franken zuerst erspunnen‘. Aus 12 fränkischen Herrschaften schickten die
Bauern unter Führung des Syndicus von Nürnberg 12 Abgeordnete an den
kaiserlichen Hof, um von dem Oberhaupte des Reichs Hülfe und Rettung
aus ihrer Drangsal zu erlangen. Der Kaiser nahm sich der Bedrängten an
und erließ an die fränkischen Herren, namentlich an den Markgrafen von
Ansbach-Bayreuth, strenge Befehle, ‚die Wildfuhren und die Wildbannshegung
anders nicht als dem gemeinen beschriebenen Rechte gemäß allein auf ihrem
Eigenthum, Grund und Boden und also ohne Anderer Nachtheil, Schaden

---

[1] Lanbau 147—148.   [2] Lanbau 15.

und Beschwerung anzustellen: Niemanden solle es verwehrt sein, Grund und Güter mit Zäunen und anderer Befriedung vor dem Wildpret, so gut er könne, zu bewahren, und zur Beschützung der Schafe wider die wilden Thiere und der Feldgewächse und Früchte wider das Roth- und Schwarzwild Hunde bei der Heerde zu halten'. Die Stadt Nürnberg erwirkte gegen die Markgrafen eine kaiserliche Verfügung: ,daß das Gebot, dem Wild die Felder offen zu lassen, damit es in des armen Mannes Schweiß und Blut ungehindert wühlen möge, sowohl dem göttlichen als natürlichen Rechte entgegen sei, mithin die Abjagung, das Schlagen und Fällen des Wildes von seinem eigenen Grund kein Verbrechen sei, darum ein armer Mann an Leib und Gut gestraft werden möchte'[1].

Jedoch die kaiserlichen Befehle blieben wirkungslos. ,Wir sind von Wald umgeben, müssen Tag und Nacht hüten,' jammerten die Dorfmeister von Linden, ,der Feldbau ist durch das Wild gänzlich herabgekommen, unsere Armuth ist unaussprechlich.' Die markgräflichen Beamten von Heilsbronn bestätigten die Wahrheit dieser Aussagen. ,Das Wild ist unzählig vorhanden,' heißt es im Jahre 1582 in einer Beschwerdeschrift der Bauern von Seligenstadt bei Meckendorf, ,alle Felder werden durch das Wild jämmerlich verwüstet, zwei Drittel unserer Ernte im Jahre 1581 waren nur Stumpfen, die Aehren vom Wilde abgefressen. Wir bitten um Erbarmen, daß wir nicht den Bettelstab nehmen und mit Weib und Kindern in's Elend ziehen müssen.'[2] Sie fanden kein Erbarmen. Der Wildschaden, klagten die obergebirgischen Städte im Jahre 1594, ,kommt hauptsächlich von den ungeheuern Bären, Wölfen und wilden Schweinen; die Hirsche weiden wie zahmes Vieh; man verbietet den Unterthanen, hohe Zäune zu machen; Alles kommt an den Bettelstab'; der Fürst, bäten sie, ,möchte doch um Gottes willen einmal hören'[3]. Im Jahre vorher beschwerten sich auch die Ritter des fränkischen Kreises, sie hätten ,ein unsägliches Ungemach' vom Wildpret zu erdulden, ihre Güter würden zu Wildgärten gemacht, die Jagd würde über die Rittergüter ausgedehnt. Wo ein Edelmann es wage, seine Gerechtigkeit handzuhaben, drohe man, ihn als einen Hund zu erschießen und nach Ansbach zu liefern; auf öffentlicher Straße würden sie angefallen, sie seien in Wahrheit zu rechten dienstbaren Knechten geworden[4].

---

[1] Lanbau 145—146. Schon im Jahre 1541 hatten die Landstände von Ansbach-Bayreuth der Regierung vorgestellt: ,Ihre Lasten seien unerträglich'; trotz der herrschenden Theuerung und großen Armuth, welche Viele zwingen, wegzuziehen, habe der Wildstand ,so zugenommen, daß die armen Bauern Samen und Gült nicht erbauen können, daher vielfach mit Weib und Kind entlaufen, und das Vieh verkaufen, um sich des Hungers zu erwehren'. Muck, Heilsbronn 1, 402.

[2] Muck 2, 29. 474.　　　[3] Lang 3, 275.　　　[4] Lang 3, 140—141.

Wie es mit dem Wildstand in Bayern aussah, ergibt sich aus den Jagdbüchern der Herzoge Wilhelm IV. und Albrecht V. Unter Wilhelm wurden in dem einen Jahre 1545 nicht weniger als 2032 Stück Hirschwild geschossen. Für die Jahre 1555—1579 verzeichnete Herzog Albrecht als Ergebniß seiner Jagden: 2779 Hirsche, 1784 Stück Wild, 220 Hirschkälber, 100 Rehe, 150 Füchse, 50 Hasen, 525 Säue, 2 Bären, 33 Eichhörnchen; im Ganzen waren es 5643 Stück, welche er in 1852 Jagdtagen mit eigener Hand erlegte. Die Zahl der Jagdtage belief sich in einzelnen Jahren der Regierung Albrecht’s auf 80, 95, im Jahre 1574 auf 100, im Jahre 1564 sogar auf 103 Tage[1]. Nach der Landesordnung vom Jahre 1553 hatten die Unterthanen wenigstens das Recht, sich vor dem Wildschaden zu schützen. ‚Wo einem armen Mann‘, heißt es darin, das Wild ‚bei Tag oder Nacht in seine Felder zu Schaden gehen würde, so mag das ein Jeder mit seinen oder seiner Nachbaren Hunden wohl daraus jagen.‘[2] Herzog Albrecht gestattete aber um die Felder nur Wildzäune, welche an den vier Ecken nach den Hauptwinden Oeffnungen hatten, durch welche das Wild ungehindert ein- und ausgehen konnte[3]. Als die bayerischen Landstände im Jahre 1605 ernste Klage einlegten: ‚Das Wildpret füge dem armen Manne unerträgliche Schäden zu‘, erhielten sie den Bescheid: man habe ‚zur Abwendung alles Schadens wirklich Anstalt gemacht; hingegen solle man auch die Unterthanen fleißiger zum Jagen antreiben, wodurch sie ihnen den Schaden selbst wenden‘ könnten[4].

In Württemberg wurde den Landständen bei ihren fortwährenden Beschwerden über ‚das übermäßige Wildpret‘ vom Herzoge Friedrich im Jahre 1595 die Vertröstung zu Theil: ‚Damit unsere gehorsamen Prälaten und Landschaft im Werk verspüren, daß wir dieser Klage aus dem Grund abzuhelfen gnädig gesinnt, so sind wir des gänzlichen Vorhabens, fürohin alle Jahr nicht nur drei, wie zuvor geschehen, sondern vier Hauptförste bejagen zu lassen, ungeachtet, daß es mühsam und zumal nützlich genug sein wird, bis sie alle recht bejagt werden.‘ Würde man noch mehrere Förste bejagen, so würde es doch ‚vergebens sein, weil es nicht möglich, dieselben dermaßen zu bejagen, daß der geklagten Beschwerung möchte abgeholfen werden‘[5]. Damit sollten sich die Landstände beruhigen.

---

[1] Jagdregister Herzog Wilhelm’s IV. vom Jahre 1545 und Auszüge aus dem Jagdbuche Herzog Albrecht’s V. (1555—1579), mitgetheilt von F. v. Kobell und Föringer im Oberbayerischen Archiv für vaterländische Gesch. 15, 194—219.
[2] Landesordnung Fol. 125ᵃ.
[3] Landau 157. ** Vergl. dazu Sugenheim, Baierns Kirchen- und Volkszustände 468 fl. [4] v. Freyberg 1, Beilagen S. 5. [5] Reyscher 2, 255.

‚Die edle Waidkunst als wesenhafteste Erlustigung fürstlichen und anderen
hohen Geblütes‘ hatte für die Unterthanen nicht allein die Verwüstung ihrer
mühsam bestellten Aecker, Wiesen, Weinberge und Gärten zur Folge, sondern
sie schuf auch unzählige Jagddienste, welche zu den drückendsten Frohnden
gehörten, weil bei ihnen gar kein Maß vorhanden war und die größte Willkür herrschte. Der Bauer mußte das Jagdzeug aus den Jagdhäusern ab-
und zurückführen, Hunde leiten, zum Treiben des Wildes dienen und dasselbe
einstellen helfen, das erlegte Wild heimführen, Wildhecken machen, Schneisen
und Pirschwege hauen [1].

Im Herzogthum Sachsen beschwerten sich die Gemeinden ununterbrochen
über die wachsenden Jagdfrohnden und über die vielen und oft sehr kostspieligen Netzfuhren, namentlich auch über die schweren Dienste bei der Wolfsjagd. So wandten sich beispielsweise im Jahre 1551 die Dorfschaften im
Amte Roda klagend an den Landesherrn, Herzog Johann Friedrich den Mittlern: manche Leute müßten der Wolfsjagden halber weite Wege machen und
bei 20 Fl. Pön Alles im Stiche lassen und zur Wolfsjagd folgen; das
wäre im Winter wohl zehnmal vorgekommen. Außerdem würden sie oft zu
der Wildpret- und Schweinsjagd mitten in der Erntezeit gefordert, müßten
ihr Getreide und alle Arbeit ruhen lassen. Sie seien arme Leute, hätten
nur magern Boden, da weder Korn noch Gras so gut gedeihe wie an anderen Orten, sondern nur Holz, Dornhecken, dürre Leeden und urwüchsige
Wiesplätze; daher hätten sie kaum des lieben Brodes satt und müßten mit
ihren vielen armen Kindlein nackend gehen und viel Noth leiden. Zu allen
schweren Diensten, Zins und Frohnen werde ihnen jetzt auch noch die neue
Frohne mit der Wolfsjagd auferlegt. ‚Wenn der Knecht oder Amtsfrohner
Abends kommt und gebeut uns bei einer Pön, mit der besten Wehr auf zu
sein früh vor Tage und an dem oder jenem Ort sich finden zu lassen, da
müssen wir allesammt in finsterer Nacht auf. Mancher hat keine Bein- oder
sonst Kleider, weder Schuhe, Kappen noch Handschuhe, ja kein Brod im
Hause, laufen also dahin etliche ein oder anderthalb Meilen, und wenn wir
zur Stelle kommen, kriegt einer nicht einen Bissen Brod, hat auch keins mit-
zunehmen, stehen da, frieren, hungern, daß Mancher umfallen, verschmachten
und sterben möchte, wenn uns Gott nicht sonderlich stärkte. Wenn man endlich nach Hause kommt, so ist nichts da, daran man sich erquickt. Den
andern Tag fordert man uns wieder und läßt die Glocken in der Nacht
läuten, daß das Volk erschrickt. Da wir damit also beschwert bleiben sollten,
so wäre nicht möglich, daß wir uns erhalten könnten, sondern müßten zum
Theil erfrieren, verhungern, verderben oder entlaufen.‘ [2]

---

[1] Vergl. Landau 166.   [2] Kius, Forstwesen 193.

In dem kursächsischen Amte Eilenburg waren 96 Mannen zu Jagddiensten verpflichtet, im Amte Kolditz 643, im Amte Lauterstein 700 Männer. Zu einer im Jahre 1564 beabsichtigten kurfürstlichen Jagd wurden von den Bauern nicht weniger erfordert als 155 Geschirre und 1277 Mannen. Die Unterthanen des Amtes Grünhain erboten sich, für den Nachlaß ihrer Jagdfrohnden jährlich 100 Mann 5 Wochen lang zur Räumung der Wege im Amte Schwarzenberg auf eigene Kosten zu stellen und zu unterhalten. Die ehemaligen Unterthanen von Klöstern und Stiften „erfuhren einen Druck‘, den sie früher, als sie noch unter geistlicher Herrschaft standen, nicht gekannt hatten. „Zu Zeiten der Mönche waren die Unterthanen des Klosters Altenzelle‘, berichtete der kurfürstliche Rentmeister Lauterbach im Jahre 1562, „keine Jagddienste zu leisten verpflichtet, da die Mönche über einmal oder zweimal im Jahre nach hohem Wild und Schweinen nicht gejagt, dabei die Kosten selbst getragen, ihren eigenen Förster gehalten und dessen Wagenpferde und die Zell’schen Klostergeschirre zur Führung der Netze und des Wildprets gebraucht, alle in Anspruch genommenen Dienste aber mit Geld, Essen und Trinken gelohnet‘ hätten. Seitdem aber das Kloster mit dem Amte Nossen an den Kurfürsten gekommen, mußten die Zell’schen Dorfschaften sich zu 44 Netz- und 5 Wildpretfuhren verpflichten, und diese Dienste wurden später noch vermehrt [1]. Bei Erörterung der Landesgebrechen auf einem Landtage zu Torgau hieß es im Jahre 1603: „Die Jagdfuhren und Dienste belangend, ist zum öftern geklagt worden, daß die armen Unterthanen, bisweilen auch die vor Alters gänzlich damit verschonet blieben, in großer Anzahl bei unmüßiger Zeit mit Wagen, Pferden, Tüchern und Zeug, auch Wildpretfuhren, Hunde ziehen oder leiten und sonst zum Treiben und andern etliche 100 Personen durch die Förster und Jäger aufgeboten werden, wobei auch die Jäger, Haidereiter, Förster, Zeugknechte und Andere, so Befehl haben, mit den armen Leuten ohne alles Mitleiden unbarmherzig umgehen, sie und ihr Gesinde vergewaltigen. Sie fordern oft um weniger Füchse oder Hasen willen 100 Personen, halten sie etliche Tage im Regen und Schnee, auch sonsten mit Beschwerniß und Versäumniß ihrer Nahrung, mit großer Anzahl Wagen und Pferden auf, wenn auch gleich die Herrschaft nicht selber zur Stelle ist.‘ Die Felder wegen des Schadens, so das Wildpret den Früchten zufüge, zu vermachen, sei den Bauern nicht gestattet, und überdieß müßten sie auch noch außerhalb der Hecken für das Wildpret Hafer säen und Wildhafer geben. In den Jahren 1605 und 1609 ergingen neue Klagen der Stände: Trotz aller gegebenen Versprechungen, man wolle abhelfen, würden die alten Wildbahnen erweitert, neue eingerichtet; auch müßten „die Leute ihre an

---

[1] Falke, Kurfürst August 154—155.

die vielen Wildbahnen grenzenden Aecker unbesäet lassen, da das Wild und insbesondere die wilden Schweine Alles, Aecker, Wiesen und Weinberge, gänzlich verwüsteten‘; bei Fahr- und Frohndiensten zu den häufigen Jagden müßten manche Unterthanen wochenlang mit Pferden und Geschirr auf eigene Kosten Folge leisten[1].

In Hessen wurden, nach einem Berichte der Räthe vom Jahre 1595, ‚zu Hasen- und Fuchsjagden zu Zeiten statt der Anstellung der Hunde bis zu 300 Leuten erfordert‘[2]. Wer sich den Forderungen nicht bereitwillig fügte, wurde in harte Strafe genommen. Im Jahre 1591 wurden die hessischen Gemeinden Allendorf und Berna, weil sie bei einer Jagd nicht rechtzeitig erschienen waren, in eine Buße von 80 Thalern verurtheilt; im Jahre 1593 verloren 28 Schäfer aus den Aemtern Battenberg und Frankenberg 110 ihrer besten Hämmel, weil sie ihre Hunde nicht zur Jagd gestellt hatten. Ein Meisterjäger des Landgrafen Moritz schoß einem Bauern, der im Treiben etwas zurückblieb, eine Ladung Schrot in den Leib, einem andern, der mit den Hunden sich verspätete, hieb er ein Ohr ab, einem dritten schlug er den Kopf entzwei; erst als er auch dem Landgrafen fluchte, kam er in Untersuchung[3].

‚Würde einer einmal zusammenzählen,‘ schrieb ein lutherischer Prediger im Jahre 1587, ‚wie viel hunderttausend Menschen in deutschen Landen alljährlich Wochen, selbst Monate lang von ihren Arbeiten abgehalten werden, um der Jagdwüthigkeit der Fürsten und Herren zu dienen, so würde er nicht mehr fragen, woher der Boden weniger mehr erträgt denn sonst, und die Armuth so viel größer worden und annoch stetig größer wird. Die Fürstenthümer und Herrschaften selbst verderben in ihren Gütern, sooiel sind der Kosten mancherlei, die auf die Jagd, auf die Dienerschaft, die Hunde, Falken aufgehen. Wollt man Alles berechnen, dürfte man wohl sagen, daß ein Hirsch oder ander Wild, ehe es auf die Tafel kommt, bis an 50, 60 Gulden kostet und noch mehr.‘

Fürstliche Räthe selbst machten solche Berechnungen. In Weimar stellten sie dem Herzoge Friedrich Wilhelm vor: durch die Kosten der vielen Diener und der Zehrung komme ihm ein Hirsch auf 100 Fl. zu stehen[4]; in Dresden berechnete man: jedes Pfund Wildpret auf der kurfürstlichen Tafel koste mehrere Speciesducaten[5]. Im Jahre 1617 hielt der Kurfürst von Sachsen 500 Jäger, ohne die Jungen, in Dienst; die Zahl seiner Jagdhunde wurde

---

[1] Codex Augusteus 1, 162 sqq. Frischius 3, 8. J. Falke, Steuerbewilligungen 31, 170, und Falke, Verhandl. des Kurfürsten Christian II. mit seinen Landständen 1601—1609, in der Zeitschr. für deutsche Kulturgesch., Jahrg. 1873, S. 80—91.

[2] Rommel, Neuere Gesch. 2, 647.   [3] Landau 169. 177.

[4] Vergl. oben S. 130.   [5] Richard, Licht und Schatten 244.

auf 1000 angeschlagen [1]. Die Unterhaltung eines jeden Jagdhundes kostete jährlich nach damaligem Geldwerthe 12—13 Thaler [2]. ‚Viele hundert Hunde‘ galten als ‚nothwendige Equipirung fürstliches Hofes‘. Herzog Heinrich Julius von Braunschweig erschien im Jahre 1592 mit nicht weniger als 600 Rüden zur Sauhatz an der Oberweser. Landgraf Ludwig IV. von Hessen-Marburg brauchte im Jahre 1582 für seine Hunde allein 158 Malter Roggen. Landgraf Moritz von Hessen-Cassel schlug im Jahre 1604 die Aesung seiner 116 Hunde auf jährlich 320 Viertel Roggen und 280 Viertel Hafer an [3]. Auch ‚die fürstliche Falkenlust‘ verschlang große Summen. So hatte zum Beispiel Landgraf Moritz einen Falkenmeister mit einem Knechte und zwei Jungen, welche außer dem Futter für zwei Pferde 370 Gulden Besoldung erhielten; seine 12 Falken kosteten 312$\frac{1}{2}$ Gulden und verzehrten jährlich 1425 Pfund Rindfleisch, 230 Hühner und 52 Steige Eier [4].

Die Fürsten und Herren jagten nicht allein zur Jagdzeit, sondern das ganze Jahr hindurch [5].

‚Die Herrschaft kann nicht alle Stunden im Gericht sitzen‘, schrieb Bartholomäus Ringwalt,

> Aber daß sie durchs ganze Jahr
> Der Jagd nur wolt nehmen war,
> Und sich im Rath nicht finden lan,
> Das, beucht mich, war nicht wol getan.

Er rief ein Wehe zu den Regenten, die

> Keinen hochbedrengten Mann
> Für ire Augen kommen lan,
> Darzu das Wild den armen Leuten
> Lan Schaden thun in Sommerszeiten,
> Und sie darauf mit langer Jagd
> Beschweret und zu Tod geplagt [6].

---

[1] Baltische Studien 2, Heft 2, 141—142.
[2] Landau 97. Was wollten im Vergleich damit die 300 Gulden bedeuten, welche der Kurfürst jährlich für die Vermehrung der Bibliothek zu Dresden spendete? Baltische Studien 2, Heft 2, 145.
[3] Landau 97. ** Wie beträchtlich die Kosten für das Waidwerk Erzherzog Ferdinand's II. von Tirol waren, erhellt aus zahlreichen Acten des Innsbrucker Statthaltereiarchivs. So bezog man beispielsweise für die Zucht junger Fasanen in zwei Jahren um 200 Gulden Ameiseneier. Der Kostenüberschlag für einen gewöhnlichen Jagdausflug setzt 4000 Gulden an. 100 Gulden kostete ein einmaliger Transport von Falken aus den Vorlanden. Hirn 2, 495.
[4] Landau 336—387. [5] Landau 115, vergl. 128.
[6] Die lauter Wahrheit 231. 236.

‚Insondere Klagen des Volkes‘ hörte man ‚schier an allen Orten darüber‘, daß ‚die gottgeweihten Tage zum Jagen mißbraucht‘ würden. ‚Das ist das Allerschändlichste‘, schrieb Spangenberg, ‚wenn man eben auf die Sonntage und andere Festtage gleich unter den Predigten Jagden und Hetzereien anstellt und sich mit den wilden Thieren und Bestien jaget und mit den stinkenden Hunden plaget und die gräulichsten Flüche und Gotteslästerung zu Unehre des Sabbaths oder Feiertags so übel begeht, da nicht allein die Junker selbst die Predigt versäumen, sondern auch ihre Unterthanen, ganze Dorfschaften davon abziehen.‘ [1] In seinem ‚Jagteufel‘ führte er einen besondern Grund an für die Gewohnheit der Sonntagsjagden. ‚Unsere großen Herren saufen sich mit ihren Jungherren krank und schwach, bisweilen am allermeisten an den Sonnabenden, darnach wollen sie mit Versäumniß göttlicher Dienste auf den Sonntag im Jagen sich wieder erquicken.‘ [2]

––––––––––

Zu dem ‚Jagteufel‘, der nach der vorherrschenden Ausdrucksweise der Zeitgenossen ‚in Gesellschaft mit dem Saufteufel‘ stand, ‚gesellte sich auch der Wuth- und Blutteufel‘: ‚woran gar nit zu zweifeln‘, sagte ein Prediger im Jahre 1587, ‚wenn man die grausamen Strafen ansieht und alles unmenschlich tyrannisch Verfahren hoher Häupter und Herren wider die Armseligen, so ihre Jagdgesetze einigerleiweise übertreten‘. ‚Ein blutdürstig Herze‘, schrieb ein anderer Prediger, ‚entsteht nirgends anders her, denn von vielem Jagen und Wildstechen‘: ‚eine Jagd mit Menschen anfangen und die Hunde an sie hetzen und zerreißen lassen‘, sei ‚doch gar ein unmenschlich und tyrannisch Ding‘ [3]. Herzog Moritz von Sachsen befahl einmal, einen Wilddieb ‚einem lebendigen Hirsch zwischen die Hörner zu binden und dann den Hirsch mit Hunden in den Wald zu hetzen, damit dieser elende Mensch von den Bäumen und Hecken zerfleischet und zerrissen‘ würde [4]. Ueber einen Erzbischof von Salzburg wurde dem Volke berichtet: er habe einen Bauersmann, der einen Hirsch erlegt hatte, in die Hirschhaut nähen und auf dem Markte von den Hunden zerreißen lassen [5]. Ein anderer Herr ‚ließ einstmals seiner Unterthanen einen, weil er ein Wildschwein gefället, zur kalten Winterszeit in den Rhein jagen, darin er so lange stehen mußte, bis er eingefroren‘; ein dritter ‚hat auch einen Bauern um dessentwillen nackend anbinden und erfrieren lassen‘ [6]. Der Eng-

––––––––––

[1] Abelsspiegel 2, 393.   [2] Theatr. Diabol. 254.
[3] Hofpredigten Bl. N.   [4] Richard 246.
[5] Kirchhof, Wendunmuth 1, 485. Stiffer 497—498. Beck 232.
[6] Beck 234; er verweist dafür unter Anderm auf Doepler, Theatr. poen. et execut. crimin. cap. 44.

länder John Taylor ſagt in ſeinen Reiſeberichten aus Weſtfalen im Jahre 1616:
‚An einigen Plätzen alldorten iſt es gleich gefährlich, einen Haſen zu ſtehlen
oder zu tödten, wie es in England iſt, eine Kirche zu berauben oder einen
Menſchen zu morden; und doch koſtet es nicht mehr denn zwei Engliſche
Pfennige, den Miſſethäter abzuthun, denn das Beſte und das Schlimmſte iſt
nur ein Strick.'[1] Es ſei in der Welt, ſagte Spangenberg, ein ‚ſo verkehrtes
Weſen' geworden, ‚daß einer bei einem Herrn eher zu Gnaden kömmt, wenn
er zwei oder drei Bauern todtgeſchlagen, denn ſo er einen einigen Hirſch
oder ein Reh geſchoſſen'[2]. Auch der Superintendent Georg Nigrinus ſchrieb:
‚Es ſollte etwa einer lieber einen Bauern umbringen, denn ein Stück Wild
oder Antvogel ſchießen.'[3] Im Allgemeinen waren die Jagdgeſetze ‚der hohen
Häupter gleichwie mit Blut geſchrieben'.

Kurfürſt Auguſt von Sachſen erließ im Jahre 1572 die Verordnung:
Wer in den fürſtlichen Wildbahnen, Forſten, Gehölzen, Wildfuhren, Gehegen
und Wäldern das Wildpret beſchädige oder fange, ſolle ‚mit Staupen ewig
unſeres Landes verwieſen oder ſechs Jahre lang auf Galeeren, in Metalle und
dergleichen ſtetswährende Arbeit verdammt werden'; ſollten dieſe Strafen gegen
die Wildpretsbeſchädigung nicht ausreichen, werde der Kurfürſt höhere und
ſchärfere verhängen[4]. Sieben Jahre ſpäter folgte ſein Befehl: Jeder Wild-
beſchädiger, welchen man auf friſcher That ertappe, ſei ungeſcheut ſofort todt-
zuſchießen[5]. Im Jahre 1584 wurde auf einfachen Wilddiebſtahl der Galgen
geſetzt und dieſelbe Strafe zugleich über Alle verhängt, welche irgendwie einem
Wildpretſchützen Unterſchleif bieten würden[6].

Die ſpäteren Kurfürſten erneuerten dieſe Befehle; Chriſtian I. fügte noch
die Beſtimmung hinzu: ‚Allen Hunden, welche die Unterthanen mit aufs Feld
nehmen, muß, damit ſie nicht die Wildbahn beſchädigen, ein Vorderfuß abgelöst werden'. Ein kurfürſtlicher Erlaß vom Jahre 1618 beſagte: Jeder

---

[1] Zeitſchr. für Hamburger Geſch. 7, 473. ** In den Nürnberger Annalen lieſt
man die kurze, entſetzliche Notiz: ‚A. D. 1614, den 30. Juni, ſind dem Stephan Täub-
ner, einem Bauern von Schoppershof bei Nürnberg, in dieſer Stadt auf der Fleiſch-
brücke die zehn Finger abgehauen, und derſelbe hernach auf ewig der Stadt verwieſen,
weil er dem Herrn Markgrafen viel Wild weggeſchoſſen und ſich's nicht wehren laſſen.
Zuletzt kam er in des Markgrafen (von Ansbach) Hände, der ihn hängen ließ.' Vergl.
Newald in den Blättern des Vereins für Landeskunde von Niederöſterreich, Neue
Folge 14 (1880), S. 216. [2] Landau 147. [3] Nigrinus, Daniel 68.
[4] Friſchius 3, 14. [5] Codex Auguſteus 2, 524.
[6] Codex Auguſteus 2, 526—529. Stiſſer 493. Falke, Kurfürſt Auguſt 149.
Richard 246. ** Die Todesſtrafe gegen Wilderer hatte zuerſt in Sachſen Kurfürſt
Moritz durch ein Mandat vom Jahre 1548 feſtgeſetzt. Vergl. Diſtel, Zur Todesſtrafe
gegen Wilderer in Kurſachſen. Neues aus der Geſetzgebung und Spruchpraxis vor
dem Mandate vom 10. October 1584. Eine Archivſtudie (Sep.-Abdr. aus der Zeitſchr.
für die geſ. Strafrechtswiſſenſch.). Berlin 1898.

Besitzer eines Hundes, welcher das Wildpret beschädigt, ist mit Gefängniß oder mit Zwangsarbeit an dem Dresdener Festungsbau zu bestrafen[1]. Kurfürst Joachim II. von Brandenburg stellte in einer Jagdordnung fest: Wer ein Hirschkalb, Rehlamm oder ein wildes Schwein in den Wäldern greifen würde, dem sollten beide Augen ausgestochen werden; wer einen kurfürstlichen Hasen schoß, dem wurde ein Hase auf die Backe gebrannt[2]. Im Jahre 1574 verschärfte Kurfürst Johann Georg die Strafe dahin: Wer Wildpret schießt, auch Antvögel und anderes Federwildpret, hat in unseren Landen die Strafe des Galgens verwirkt; mit derselben Strafe sollen diejenigen belegt werden, welche den Wildpretdieben Unterschleif gegeben oder ihnen irgendwie Vorschub und Förderung gethan haben[3]. Als ‚unnachlässige‘ Geldstrafen, mit welchen Wilddiebe zu belegen seien, verfügte Kurfürst Johann Sigismund im Jahre 1610: für einen geschossenen Hirsch 500 Thaler, für ein Stück Wild 400, für ein Wildkalb 200, für ein Reh 100, für einen Hasen 50 Thaler; letzte Summe sollte auch Jeder entrichten, welcher eine Trappe, einen Auerhahn, ein Birkhuhn, ein Rebhuhn, ein Haselhuhn schoß; für eine wilde Gans oder einen Kranich waren 40 Thaler, für eine wilde Ente 10, für eine wilde Taube 5 Thaler zu zahlen[4].

Auch Herzog Heinrich Julius von Braunschweig setzte im Jahre 1598 Todesstrafe auf Wilddieberei[5].

Die geringste Strafe, welche Landgraf Philipp von Hessen über Wilddiebe verhängte, war ‚die Wippe‘. Oben am Querbalken eines Schnellgalgens befand sich eine Rolle, in welcher ein Strick lief, an dem die auf den Rücken gebundenen Hände des Verurtheilten befestigt wurden. Derselbe wurde nun in die Höhe gezogen und plötzlich fallen gelassen, doch nur so weit, daß er schwebend blieb und den Boden nicht erreichte. Diese Strafe war um so schmerzhafter, als der Unglückliche nur an den Armen hing und diese dadurch

---

[1] Beck 713. Richard 246. Die Adelichen, welche sich gegen die Jagdgerechtigkeit des Kurfürsten vergingen, mußten schwere Geldstrafen entrichten; so wurden zum Beispiel dem Sohne des Hans von Wildebach (um 1604) 500 Thaler Strafe auferlegt, weil er einen Hasen im kurfürstlichen Wildbann gehetzt, aber nicht einmal erreicht hatte. Zeitschr. für deutsche Kulturgesch., Jahrgang 1872, S. 496.

[2] Vergl. unsere Angaben Bd. 3, 425. Fidicin 5, 291.

[3] Mylius 2, Abth. 3, 4—5.

[4] Mylius 6, Abth. 1, 207; vergl. 4, Abth. 1, 523.

[5] Stiffer 492. **,Wilddiebe und Hehler‘, heißt es in einer Instruction Maximilian's II. vom 1. Februar 1575 für seine ‚Obristen Landt-Jägermeister in Oesterreich under der Enns‘, ‚welche ein Jahr ihres Frevels überwiesen wurden, sind mit einer Geldbuße oder in anderer Weise zu bestrafen. Sollten sie rückfällig werden, so sind sie an die Galeeren abzugeben.‘ Newald in den Blättern für Landeskunde Niederösterreichs, Neue Folge 14 (1880), 215. Siehe auch ‚Kaiser Maximilian's II. Jagdordnung von 1575‘ von Dr. B. Dudik im Archiv für österreich. Gesch. 88, 341.

auf eine unnatürliche Weife rückwärts bis über den Kopf gebogen wurden [1]. Harte Strafen wurden auch über Diejenigen verhängt, welche das Wild von ihren Feldern verscheuchten [2]. Landgraf Wilhelm IV. von Heffen befahl am 27. Juli 1567: die auf frischer That begriffenen Wildschützen zu fangen ‚wie die wilden Säue, auch sobald laffen abführen und an den Galgen, so auf der hohen Warte steht, henken, damit des Abführens halben nicht wieder eine Disputation einfalle wie zuvor' [3]. Einem Wilddieb aus Gottesbüren wurde das rechte Auge ausgestochen und ein Hirschhorn vor die Stirne gebrannt; ein anderer Wilddieb wurde erst auf die Folter gespannt und dann gehängt [4]. Nicht geringer als Wilddiebe sollten Diejenigen gestraft werden, welche in landschaftlichen Teichen gefischt hatten. Als der heffische Amtmann zu Eppstein im Jahre 1575 neun Krebsdiebe auf Leib und Leben anklagen und auf die Folter spannen ließ, fragte er bei dem Landgrafen Ludwig zu Marburg an: ob er das Urtheil, wenn es auf den Strang oder auf Augenausstechen laute, sofort vollziehen laffen solle. Ludwig's Räthe waren, nach Einsicht der Verhandlungen, der Meinung: die Uebelthäter seien noch zur Zeit mit diesen Strafen zu verschonen, Staubbesen und Landesverweisung würden genügen; der Landgraf dagegen befahl die sofortige Vollziehung des Urtheils [5].

Markgraf Georg Friedrich von Ansbach=Bayreuth setzte Leibesstrafen auf jede Ausübung auch des kleinen Waidwerks, und begnügte sich nicht damit, alle Wildpretschützen und Unterschlager von Wildpret mit dem Strange vom Leben zum Tode führen zu laffen, sondern er verordnete im Jahre 1589 dieselbe Strafe für einen jeden Unterthan, der von solchen Unterschlagungen wiffe und diese nicht der Obrigkeit zur Anzeige bringe [6]. In der Markgraffchaft ‚ist das Wildhegen und der Muthwille der Wildmeister den Bauern unerträglich; man fängt diese ein, quält sie mit tyrannischer Gewaltthätigkeit und bringt sie zu peinlicher Tortur.' [7]

[1] Landau 184. [2] Landau 138 fll. [3] Landau 188—189. [4] Landau 188. 192.

[5] Landau, Fischerei 67. Es war üblich, zur Abschreckung der Fischdiebe an den Waffern Galgen aufzurichten (S. 68). Wie groß die Zahl derselben gewesen sein muß, läßt sich aus dem weiten Bodenraum, welchen die herrschaftlichen Teiche beanspruchten, ermeffen. In Niederheffen zum Beispiel umfaßten unter dem Landgrafen Wilhelm IV. die fürstlichen Teiche einen Raum von 881 Acker, und doch waren noch 28 Laichteiche nicht dazu gerechnet. In Oberheffen gab es (im Jahre 1570) 30 herrschaftliche Teiche, darunter 13 Laichteiche. Landgraf Ludwig V. legte im Jahre 1597 einen neuen Teich an, welcher 1000 Morgen umfaßte, im Jahre 1609 wieder einen neuen, welcher 600 Morgen umfaßte und über 20 000 Gulden kostete. S. 16—17.

[6] Muck 1, 615. ** Vergl. auch das Mandat Maximilian's I. von Bayern vom 17. August 1598 bei v. Freyberg 2, 23.

[7] Muck 1, 618. ** Im Gegensatz zu den Jagdgesetzen anderer Fürsten zeichneten sich diejenigen des Erzherzogs Carl durch Milde aus. Vergl. Hurter 2, 354—355;

In keinem Lande ergingen so zahlreiche Jagdgesetze als in Württemberg. Herzog Ulrich hatte schon vor seiner Vertreibung im Jahre 1517 den Befehl gegeben: wer mit Büchsen, Armbrust oder dergleichen Geschoß in fürstlichen Wäldern oder sonst ‚zu Feld an zum Waidwerk geschickten Orten‘ betroffen werde, er schieße oder nicht, dem sollen beide Augen ausgestochen werden[1]. Nach seiner Wiedereinsetzung verfügte er wiederholt von Neuem: man solle jeden Wildschützen ‚härtiglich an Leib, Leben, Ehre oder Gut bestrafen‘; er wolle ihnen auch die Augen ausstechen lassen[2]. Im Jahre 1551 befahl Herzog Christoph: alle Unterthanen sollten binnen vier Wochen ihre Büchsen abschaffen; wer eine Büchse in seinem Hause behalte, oder auf dem Feld, im Holz oder Land ‚mit einer Büchse, so ein Feuerschloß hat, oder einem andern Handrohr, zu Roß oder Fuß, mit oder auch ohne Feuer‘ betroffen werde, solle schwerer Ungnade und Strafe verfallen. Als aber ‚das verruchte Gesinde‘ der Wildschützen sich nicht einschüchtern ließ, wurde im Jahre 1554 verfügt: wer einen Wildpretschützen hause und herberge oder auch nur einen solchen nicht der Obrigkeit anzeige, solle nicht weniger bestraft werden als ein Wilddieb selbst; wolle ein verhafteter Wilddieb nicht vor Gericht bekennen, was er geschossen und wer seine Mithelfer gewesen seien, so solle er zur Folter verurtheilt werden[3].

Jedoch diese wie alle späteren Verordnungen hatten nur, besonders wegen des wachsenden Nothstandes im Volke, eine Zunahme des Unwesens zur Folge. Wie allerwärts, wollte auch in Württemberg ‚der hungernde gemeine Mann, da er das Wild in so überschwänglicher Weise vor sich sah und gehegt und gepflegt sah, während er mit den Seinigen darben mußte und geschabt und geschunden wurde zum Erbarmen, auch mal sich satt essen und einen Braten haben, und verfiel dann dabei wohl auf allerlei Schlechtigkeit und sträfliche

---

Peinlich, Zur Gesch. der Leibeigenschaft 79 fl. Trotzdem stiegen die Willkür und Plackereien der Forstmeister und Forstknechte in's Unerträgliche. Hurter 355 fl. In Tirol buldeten die fürstlichen Jägermeister nur so niedere Zäune, daß das Wild leicht darüber hinwegsetzen konnte. Siehe Hirn 2, 488 fl., wo das Nähere über die harten Jagdgesetze des Erzherzogs Ferdinand II., eines leidenschaftlichen Jägers. Einzelne hier mitgetheilte Details klingen fast unglaublich, sind aber actenmäßig bezeugt. So wurde zum Beispiel ein Mann von Burgau, der sich gegen den Anfall eines Jagdhundes vertheidigt hatte, mit Geld und Kerker gestraft.

[1] Reyscher 4, 49.

[2] Strafbefehle aus den Jahren 1584, 1585, 1541, 1543. Reyscher 4, 70. 71. 77—78.

[3] Reyscher 16ᵃ, 284 fl. Am 8. Januar 1610 erließ Johann Friedrich ein Generalrescript: ‚Alles erfangene Federwildprett soll nirgend anderswohin dann einig und allein zu Unserer Hofhaltung Unserem Küchenmeister um gebührliche Bezahlung geliefert werden. Für einen Antvogel 12, ein Haselhun 8, Feldhun 6, Schnepf 5, Wachtel 2 Kreuzer.‘ Reyscher 16ᵃ, 227.

Verruchtheit, was dann den hohen Häuptern selbs zur Strafe' wurde. ,Mit Bärten, vermummten Angesichtern, auch etwa in Weibskleidern' zogen die Wildschützen bisweilen haufenweise in den Wäldern umher; man legte gar ,vergiftete Kugeln, durch die das Wild unsinnig' wurde, so daß, hieß es in landesherrlichen Erlassen, ,bei der Hofhaltung und sonst diejenigen, so von dem vergifteten Vieh gegessen, unsinnig geworden'. Nicht allein die Forstbedienten wurden so übel behandelt, daß sie nicht mehr wagen durften, ihren Pflichten nachzukommen, sondern die Herzoge selbst kamen wiederholt in Lebensgefahr. Herzog Ludwig getraute sich im Jahre 1588 nicht mehr, ,die Jagdlust zu gebrauchen' [1].

---

[1] Reyscher 2, 134—136, und 4, 81—82. 166—168. Frischius 3, 164—168. 173. Sattler 5, 109. ** Der Kurfürst von Mainz klagt in einem Schreiben an den Landgrafen Moriz vom 3. November 1617, daß die Wildschützen zuweilen in Haufen bis zu 60 seine Wildfuhren durchstreiften. Landau 193.

Zweiter Theil.

I. Fürsten- und Hofleben.

Die fürstliche Hofhaltung wurde im Laufe des sechzehnten Jahrhunderts immer großartiger und glänzender. ‚Schier mit dem Ableben eines jeden Fürsten nimmt‘, schrieb ein Prediger im Jahre 1553, ‚die Zahl der Edelknaben und der Diener, der Schreiber und Küchenmeister zu, und nicht allein an den großen, sondern auch an den kleinen Höfen, so die großen nachahmen zu müssen vermeinen.‘

An dem kleinen Hofe des Markgrafen Hans von Cüstrin gehörten zum Hofstaate 284 Personen, welche Besoldung empfingen[1]. Johann Georg von Sachsen, Administrator des ehemaligen Bisthums Merseburg, verköstigte täglich 114 Personen, ungerechnet die Dienerschaft seiner Hofleute, welche er ebenfalls zum Theil unterhalten mußte. ‚Für Küche, Keller und Lichtkammer‘ verbrauchte er wöchentlich über 1000 Florin[2]. An den Herzog Johann Friedrich den Mittlern von Sachsen-Weimar, dessen Gebiet nur 77 Quadratmeilen umfaßte, schrieben dessen Räthe im Jahre 1561: ‚Es speisen Ew. Fürstl. Gnaden gemeinlich täglich und ungefährlich über fünfzig Tische in 400 Personen; die gestehen allein in Küche und Keller zu unterhalten, wie das Küchen- und Kellerregister aufweist, wöchentlich auf das wenigst 900 Fl. ohne Zuschlag und Gasterei, facit in einer Summe 46 800 Fl. aufs Jahr.‘ Für Anfertigung der Kleidung halte jeder Fürst und jede Fürstin am Hofe fünf Meister und vier Jahrknecht und darüber so viel Schneiderknecht fast durch das ganze Jahr, daß derselben selten unter dreißig, und in den Hofstuben drei Tische besetzen‘[3]. Den Herzog Friedrich Wilhelm von Sachsen-Weimar wiesen die Räthe im Jahre 1590 darauf hin: jährlich kämen aus den Aemtern nicht viel über 30 000 Gulden in die Rentnerei, er aber ver-

---

[1] Märkische Forschungen 13, 446.   [2] Müller, Forschungen 1, 11—17.
[3] Kius, Ernestinische Finanzen 98—99.

brauche mit ſeiner Hofhaltung jährlich über 83 000 Gulden; auch alles Getreide aus den Aemtern werde für die Diener und Hofhaltung verbraucht[1].
In der Hofhaltung des Herzogs Wolfgang von Pfalz-Zweibrücken wurden nach
einem vorliegenden Eßzettel aus dem Jahre 1559 in einer Woche 2296 Perſonen geſpeiſt[2]. Landgraf Wilhelm IV. ſchrieb am 14. März 1575 in Bezug
auf ſich ſelbſt und ſeine Brüder an ſeinen Bruder Philipp von Heſſen-Rhein-
fels: Obgleich die Landgrafſchaft nach dem Tode ihres Vaters Philipp ‚nunmehr in fünf Theile zerſtücket, unterſtehet ſich ein Jeder einen großen an-
ſehnlichen Hof von Edel und Unedel zu halten. Sonderlich nehmen auch
Unſer eins Theils die großen Scharrhanſen in den güldenen Ketten an den
Hof, ſammt Weib und Kindern. Denen muß man Nichts verſagen, ſondern
ihnen Küche und Keller offen ſtellen, darzu groß Dienſtgeld ausgeben. Meinen
damit eine große Autorität zu bekommen, da ſie darnach mit ungewiſchtem
Maul davonziehen, uns deſſen nicht allein keinen Dank wiſſen, ſondern unſer
noch darzu in die Zähne ſpotten. Zudem ſo laſſen wir es dabei nicht, ſondern wollen unſer Frauenzimmer, desgleichen die Edelknaben, auch die Junker
ſelbſt Alles in Sammt und Seide kleiden, item unſere Pferde alle mit Federn
und ſammtenen Zeugen ausputzen, anders nicht, als wären wir welſche Zibeth-
katzen, welches ſich gar übel in dieſe Landesart ſchicket.' ‚Dieſes wird wahrlich in die Länge ſchwer fallen und beſorglich einen böſen Ausgang gewinnen,
ſonderlich wenn dermaleins ein rauher Winter kommt, daß wir in Krieg und
dergleichen gerathen würden. Denn wahrlich der welſche und deutſche Pracht
dienet nicht zuſammen. Sintemal ob ſich wohl die Welſchen in Kleidung
ſtattlich halten, ſo freſſen ſie deſto übler und ſparſamer, laſſen ſich auch
mit einem Gerichte Eier und Salat begnügen, da die Deutſchen das Maul
und den Bauch voll haben wollen, darum unmöglich beide, deutſche und
welſche Gepränge mit einander zu vertragen. Es verderben auch beides,
Fürſten, Grafen und Edelleute, ſo ſolches anſtellen, und kommen darüber in
Leid und Noth.' ‚Dabei laſſen wir nicht, ſondern behängen uns auch, neben
den vielen vom Adel und ſtattlichen Frauenzimmer am Hofe, mit geſchworenen
Doctoren und Kanzleiſchreibern, daß ſchier unſer keiner iſt, der auf ſeiner
Kanzlei nicht ſchier ſo viele, wo nicht mehr, Doctores, Secretarien und
Schreiber und dazu in hoher Beſoldung hat, als unſer Herr Vater ſelbſt',
der das ‚ganze Land beſeſſen' hatte. ‚Zudem hält unſer jeder ſo ein Haufe
Jäger, Köche und Hausgeſinde, daß ſchier zu einem Berg ein eigener Jäger,
zu einem jeden Topf ein eigener Koch und zu jedem Faß ein Schenker iſt,
welches wahrlich in die Länge nicht gut thut. Wir wollen geſchweigen der

---

[1] Moſer, Patriotiſches Archiv 3, 275 ſſ.
[2] Zeitſchr. für die Geſch. des Oberrheins 10, 289.

großen Gebäude, darinnen wir uns ſonderlich vertiefet, desgleichen das Spiel und das Ausreiſen auf Tänze und zu fremden Fürſten, welche beide Stücke den Beutel weidlich fegen und räumen. Denn ob man wohl an etlichen Orten ausquitirt wird, ſo geht einem doch alle Wege noch eins ſo viel auf, als wenn man daheim wäre, ſintemal wir es alle, außer Landgraf Georg, dermaßen angeſtellt, daß wir, wenn wir gleich ausziehen, doch daheim in unſerer Haushaltung ſo viel Geſindes hinterlaſſen, daß man kaum merkt, daß wir ausgezogen ſind.' ‚Es wäre auch wohl viel zu ſagen‘, fügt Wilhelm in einer Nachſchrift hinzu, ‚von vielem Gnadengelde und hoher Beſoldung, ſo uns etliche Diener wohl abfordern dürfen, als wenn wir Könige und Kaiſer wären.'[1] Am württembergiſchen Hofe wurden täglich in der Speiſehalle für die niederen herzoglichen Beamten und Hofdiener beiläufig 450 Perſonen geſpeist; im Ritterſaal waren die fürſtliche Tafel und die Marſchallstafel gemeinlich mit 166 höheren Beamten und Hofdienern beſetzt[2]. Herzog Wilhelm V. von Bayern verköſtigte im Jahre 1588 täglich nicht weniger als 771 Perſonen, außer dieſen noch 44 Perſonen, welche zum Hofſtaate der Herzogin gehörten[3]. Die Kurfürſten wollten in Bezug auf ihren Hofſtaat und ihre Beamtenſchaft es den Königen gleichthun. Der Hofſtaat des Kurfürſten Friedrich IV. von der Pfalz zählte 678 Perſonen[4]. Als die brandenburgiſchen Landſtände an den Kurfürſten Joachim II. das Anſinnen ſtellten, er möge doch bei der allgemeinen Noth und der furchtbaren fürſtlichen Schuldenlaſt die überflüſſigen Hofbeamten entlaſſen, erhielten ſie von ihm zur Antwort: er könne ſeine Hofhaltung, ohne ſeinem kurfürſtlichen Anſehen Eintrag zu thun, nicht einſchränken, denn ‚ein Kurfürſt ſei im Reiche ſo hoch als ein König‘[5]. Der Kurfürſt Chriſtian I. von Sachſen ließ ſich bei jedem Ausgange von 50 jungen Edelleuten zu Pferd, Carabiner genannt, an ihrer Spitze ein glänzender Stab, begleiten; neben denſelben bewegten ſich 100 auserleſene ſtarke Männer, welche man Trabanten nannte[6]. Der Augsburger Philipp Hainhofer ſah im Jahre 1617 im kurfürſtlichen Stalle zu Dresden ‚176 Raiſiger, 84 Kutſchenpferde und 30 Mauleſel'[7]. Manche Fürſten hielten in ihren Marſtällen 400—500 Pferde[8]. Was die allerwärts beklagte ‚Uebermaſſe des Schreibervolkes an den Höfen‘ anbelangte, ſo belief ſich beiſpielsweiſe beim Tode des Herzogs Ludwig von Württemberg († 1593)

[1] Moſer, Patriotiſches Archiv 4, 165—172.
[2] Vergl. unſere Angaben Bd. 6, 82.
[3] v. Freyberg, Landſtände 2, 451—454.
[4] Vergl. unſere Angaben Bd. 5, 136.
[5] Winter, Märkiſche Stände 20, 649—650.
[6] Richard, Licht und Schatten 183.   [7] Baltiſche Studien 2, Heft 2, 129.
[8] Theatrum Diabolorum 410.

die Zahl der ,Canzleiverwandten', ,außerhalb der geheimen Regimentsräthe und der Hofregistratoren', auf 94; ,im obern Rathe' befanden sich 12 Räthe, 6 Advocaten, 5 Secretäre, 12 Schreiber[1].

1. ,Fürstliche Trunke' und Hoffeste.

Sämmtliche Zeitgenossen, welche in ungebundener oder gebundener Rede, in öffentlichen Schriften und Predigten oder in vertraulichen Briefen über das Hofleben berichteten, sprachen sich, abgesehen von wenigen Höfen, in einer Weise aus, daß Leser und Zuhörer eine durchaus abschreckende Vorstellung davon gewinnen mußten. Alle Laster der Zeit seien, sagten sie, an den Höfen wie in ihren Mittelpunkten vereinigt und gingen von dort in das ganze Land, in alle Stände aus. Unter diesen Lastern aber sitze die Trunk-sucht, ,der Saufteufel, der viel andere Teufel commandire, im obersten Regimente'.

,Wie viel sind unter den Fürsten und Herren,' schrieb der braunschweigische Bergrath Georg Engelhart Löhneiß, ,die nicht allein dem überflüssigen Saufen nachhängen, sondern auch große Geschenke und Verehrungen den verfluchten Säufern geben! Etliche saufen sich so voll, daß sie ersticken und auf der Stätte liegen bleiben; Andere sterben in wenig Tagen hernach; Etliche saufen sich zu Narren so gar unsinnig, daß man sie an Ketten legen muß.'[2] Johannes Chryseus schildert im Jahre 1545 in seinem den Herzogen Johann

---

[1] Sattler 5, Beil. S. 90—93. Aus Herzog Gotthard's von Kurland Hofordnung, letztes Drittel des sechzehnten Jahrhunderts:

fein Personal 113 Personen und 77 Pferde;
ihr   „   163   „   „ 141   „
Summa 276 Personen und 218 Pferde.
16 Tische voll Hofpersonal.

An Geld beliefen sich die Ausgaben für Hofkleider des Personals:
des männlichen auf 1622 Thaler;
des weiblichen   „   1478   „
Summa 3100 Thaler.

Monumenta Livoniae Antiquae 2: Historische Nachricht vom Schloß zu Mitau S. 18 fll. Sehr interessanter Ueberschlag des Tischbedarfs a. a. O. 21—23; Hofgesindesold 22—24. Die Hofhaltung brauchte jährlich 200 Ochsen, 130 gemästete Schweine, 2000 Schafe, 500 Lämmer, 100 Kälber von Weihnachten bis Ostern, 1500 Gänse, 4000 Hühner, 25000 Eier, 150 Spanferkel, ,Wildpret als viel desselben zu bekommen' u. s. w., 80 Ohm rheinische Weine, 30 Faß französische Weine u. s. w., für 1198 Thaler Confect. Die Canzlei verbrauchte 30 Rieß Papier.

[2] Löhneiß 142.

Friedrich und Johann Wilhelm von Sachsen gewidmeten ‚Hofteufel‘ das Treiben an den Höfen unter Anderm mit den Worten: es sei dort

> Fressen, saufen so gemein,
> Daß es muß schier groß Ehre sein,
> Wenn einer mehr trinkt denn wol ein Kuh,
> Speit gleich, und thut noch was dazu,
> Geht Alls wohl hin, es ist der Sitt,
> Man ist solchs ungewohnet nit,
> Da hebt man an mit Panctetiern,
> Mit Schlemmen, Praffen, Jubiliern,
> Groß Unzucht wird dabei vollbracht,
> Solchs man schier für kein Sünd mehr acht [1].

Nicodemus Frischlin sagte von dem übermäßigen Trinken an den Höfen:

> Ja, ja mit Bechern pflegt man jetzt bei Hof
> Trankopfer für der Fürsten Wohl zu bringen;
> Das ist ihr Gottesdienst dort, ihr Gebet,

darüber aber verfalle man in Krankheit jeder Art, in Gicht und Zipperlein, Wassersucht, Kolik und Fieber [2]. ‚An etlichen Fürsten- und Herrenhöfen geht es‘, predigte der Meißener Superintendent Gregor Strigenicius, ‚oft so zu. daß mancher mit seinem unmenschlichen Saufen mehr verdient und erwirbt, als ein Anderer, der's ihm in seinem Beruf lässet sauer werden und treulich dienet.‘ [3] ‚Dem heiligen Evangelium zu Schande und Schmach‘, heißt es in der Schrift eines Protestanten vom Jahre 1579, ‚herrscht das Laster un= mäßigen Saufens fürnehmlich an den Höfen derer, so sich evangelisch nennen, mit solcher Gewalt, daß ein etwan nachlebendes nüchternes Geschlecht kaum es für gläublich halten wird, was die Historie unserer Tage darüber zu be= richten hat. Wollte man die Namen solcher aufzählen, so sich aus fürstlichem und sonstigem hohen Geblüt zu Tode gesoffen, es würd ein schön Register abgeben.‘ ‚Wie will ich nüchtern sein, sagen die hohen fürstlichen Herren und ihr Geleit, sind doch alle anderen meines Geblütes fromme Saufbrüder und Vollaffen, es wär absonderlich und zeugte nicht von Ehre und mann= licher deutscher Kraft, wollt ich anders sein denn sie.‘ [4]

Doch gab es auch ehrenvolle Ausnahmen. Herzog Johann Albrecht I. von Mecklenburg war Feind alles unmäßigen Trunkes [5]. Ebenso Herzog

---

[1] Chryseus, Hofteufel, Act 2, Scene 4.   [2] Strauß, Frischlin 108.

[3] Strigenicius, Diluvium 90. Vergl. Gr. Wickgram, Die Biecher Vincentii Obsopei: Von der Kunst zu trinken (Freiburg i. Br. 1537) Bl. E. Olorinus Variscus, Ethnogr. mundi Bl. G 4 [b].

[4] Vom newen Saufteufel ungleich ärger denn der alte (1579) S. 5—6.

[5] Schirrmacher 1, 766. Wie es dagegen um Albrecht's Bruder, Herzog Christoph, bestellt war, vergl. Schirrmacher 1, 284 Note 2.

Julius von Braunſchweig. Im Jahre 1579 traf derſelbe die ſtrenge Verfügung: ‚Die bei unſerer jungen Herrſchaft verordneten Hofmeiſter, Marſchalk,
Kämmerlinge, Präceptoren und Collaboranten ſollen mit allem getreuen Ernſt
und Fleiß daran und vorſein, daß unſeren Söhnen und zubörderſt dem
Herzog Heinrich Julius, Poſtulirten zum Biſchof von Halberſtadt, nicht allein
nicht geſtattet werde, ſich mit einigem übrigen Trunk zu beladen und zu
Völlerei oder anderem unordentlichem Weſen und wildem Leben zu gerathen,
ſondern es ſoll auch in Ihrer Liebden Beiſein kein Geſäuf noch andere Unordnung, rohes und wildes Weſen mit Worten, Geberden, Werken oder ſonſt
angerichtet und Ihre Liebden alſo geärgert und zu Gleichem gereizt und angeführt werden.‘ Wenn bei Anweſenheit fremder Fürſten oder Adelichen nach
dem bei den Deutſchen leider allzuviel eingeriſſenen böſen Gebrauch ein Trinkgelage angeſtellt werden müßte, ſollten die Söhne, ſobald ‚das Geſäuſe‘ beginne, von der Tafel weggeführt werden. Dem Herzoge Heinrich Julius ſei
das ‚vielfältige Zutrinken, auch ſonſt allerhand Völlerei und Leichtfertigkeit‘
in Zukunft ernſtlichſt zu unterſagen[1]. Vom Fürſten Chriſtian von Anhalt
rühmten auch katholiſche Zeitgenoſſen, er ſei ‚gemeinlich nüchternen Lebens‘
und enthalte ſich ‚unmäßiger Trünke‘, geſtatte ‚ſolche auch in ſeiner Nähe
nicht‘, ‚in dieſem gleichwohl ein ziemlich ſeltener Vogel, inmaßen das Gegentheil bei allen fürſtlichen Gaſtereien ſtetig im höchſten Schwang‘[2].

Unter den katholiſchen Fürſten zeichneten ſich Herzog Wilhelm von Cleve[3]
und die bayeriſchen Herzoge Wilhelm V. und Maximilian I. durch Nüchternheit
aus. Philipp Hainhofer, der im Jahre 1613 an den Hochzeitsfeierlichkeiten des
Pfalzgrafen Wolfgang Wilhelm von Neuburg mit der bayeriſchen Prinzeſſin
Magdalena in München Theil nahm, ſagte in ſeinem Reiſebericht: ‚Ich habe
die ganzen acht Tage über keinen vollen oder trunkenen Menſchen geſehen,
welches wohl löblich. Man hat auch nicht mehr herum Trünke gethan, als
alle Mahlzeit auf die Geſundheit des Bräutigams, der Braut und des Hauſes
Bayern.‘[4] Auch an den Höfen der öſterreichiſchen Herzoge Carl und Ferdinand war ‚das Laſter der Trunkenheit unbekannt‘[5]. Dagegen wurde Erzherzog Ernſt, der älteſte Bruder Rudolf‘s II., im Jahre 1575 in die Uebung
des Volltrinkens eingeführt. Er zog ſich in dieſem Jahre in Dresden durch
übermäßigen Weingenuß ‚ein deutſches Fieber zu, welches ſich, wie gebräuchig,

---

[1] v. Strombeck, Deutſcher Fürſtenſpiegel 20. Vergl. Bodemann, Herzog Julius
226—227.

[2] Vergl. Allgemeine deutſche Biographie 4, 145 ſl.

[3] Vergl. Zeitſchr. des bergiſchen Geſchichtsvereins 9, 173.

[4] Hainhofer 238.

[5] Ueber Carl von Steiermark heißt es: ‚Vini, quod his temporibus non im-
merito laudes, contentissimus fuit.‘ Vergl. Hurter 2, 818.

mit einem Parorismo bis vierundzwanzig oder etlich wenig mehr Stunden lang fein geendet und nachgelaffen hat‘. ‚Auf Ihrer Kaiferl. Majeftät Befehl‘ mußte er dort Befcheid thun auf das, was ihm vorgetrunken wurde [1].

An den fächfifchen Höfen war nämlich ‚das ftetig Vollfein ein alt eingewurzelt Uebel und Gewohnheit‘. Zum bloßen ‚Willkomm‘ mußte man dort 14 Becher austrinken. Zeitweife lagen 26 000 Eimer Wein im kurfürftlichen Keller [2]. Die Kurfürften felbft waren als ‚die erften und fürnehmften Großtrinker‘ berühmt und berüchtigt. Als Kurfürft Johann Friedrich im Jahre 1545 mit feinem Vetter Herzog Morih feine leßten ‚freundlichen Zufammenkünfte‘ zu Torgau, Schweiniß und auf dem Schellenberge bei Chemniß hielt, fand überall ‚ein groß überfchwenglich Saufen‘ ftatt. Bei dem ‚Wettfaufen‘, zu welchem der Kurfürft aufforderte, wurden Mehrere, unter diefen Ernft von Schönberg, ‚zu Tode gefoffen‘. Graf Georg von Mansfeld kam dem Tode nahe; Herzog Morih, obgleich er fonft als ‚Toller und Voller‘ feinen Mann ftand, wurde von Johann Friedrich befiegt und mußte fchwer erkrankt in einer Sänfte nach Dresden getragen werden; man fürchtete längere Zeit für fein Leben [3]. Bei einer Gafterei auf dem Fürftentage zu Naumburg im Jahre 1561 trank fich der Rheingraf Philipp Franz an Malvafier zu Tode [4]. Die Trunkfucht war es auch, welche den Kurfürften Chriftian I., der am Hofe feines Vaters Auguft ‚in Dresden von Jugend auf an überfchwengliche Räufche gewöhnt‘ worden, zu Grunde richtete [5]. Als Kurprinz fchrieb er im Juni 1584 an Chriftian I. von Anhalt-Bernburg: ‚Der von Bünau hat mir berichtet, daß Deine Liebden gar nicht mehr ein Beförderer zum Trunke wären, welches mir herzlich leid ift, und wünfche Deiner Liebden von Gott viel glückfelige Zeit und Wohlfahrt und daß Deine Liebden aus folchem Irrthum zum rechten Glauben fich bekehren

---

[1] v. Bezold, Rudolf II. S. 8 Note 2.

[2] Baltifche Studien 2, Heft 2, 131. 187. ‚Der große Willkomm‘, der bei hohen Befuchen und bei Feftlichkeiten ausgetrunken werden mußte, war ein Humpen von 4 oder 8, an manchen Orten fogar von 15—16 Maß. Vulpius 7, 52. ** Das maßlofe Trinken am fächfifchen Hofe war derart zur Regel geworden, daß manche Fürften einer Einladung nach Dresden oder Torgau nicht mehr folgen wollten, weil fie, wie der Kurfürft von Brandenburg fich entfchuldigte, jedesmal ‚fo befoffen gemacht würden, daß fie der Länge nach hinfchlügen‘, oder wie Joachim Ernft von Anhalt einem Anverwandten fagte, ‚man als Menfch ankam und als Sau davon ging‘. Ebeling, F. Taubmann 88.

[3] Vergl. unfere Angaben Bd. 3, 596 Note. Richard, Licht und Schatten 72—78.

[4] Groen van Prinsterer 1, 48. 52. Vergl. Heppe, Gefch. des Proteftantismus 1, 405 Note.

[5] Für einen ‚mit der fremden bei uns habenden Herrfchaft‘ zu Weida abzuhaltenden Abendtrunk verfchrieb fich Kurfürft Auguft 50 Eimer Wein; jeder Eimer enthielt 72 Kannen. v. Weber, Anna 226.

wollen.‘ Diese Bekehrung erfolgte rasch, denn schon vier Wochen später bedankte sich Christian bei dem Fürsten, daß er dem von Bünau ‚so gute Räusche habe beibringen helfen‘, und versicherte seinerseits: ‚Da ich's mit der Zeit wieder vergleichen kann, soll es an mir nicht mangeln.‘ Briefe über ‚redliche Trünke und oftmaligen Vollsuff zur Ehre Gottes und dem Widerpart im Zutrinken zur redlichen Uebung‘ waren ihm ‚liebe Gaben‘. ‚Daß dieser Brief so bös und närrisch,‘ entschuldigte sich bei ihm einmal Fürst Hans Georg von Anhalt, kommt daher, ‚daß ich den guten Rausch noch nicht allerdings los bin und mir die Hände so sehr zittern, daß ich die Feder kaum halten kann‘ [1]. Pfalzgraf Johann Casimir, der schon als Vierzehnjähriger ermahnt werden mußte, nicht ‚Vernunft und Verstand zu vertrinken‘ [2], berichtete im Jahre 1590 dem Kurfürsten Christian von Sachsen über einen Besuch, welchen er dem Markgrafen Georg Friedrich von Brandenburg auf der Plassenburg abgestattet hatte: ‚Ich bin einen Tag auf der Plassenburg stillgelegen, habe den großen Willkommen ausgetrunken, darnach getanzt, habe dann wieder getrunken, derweil der Wirth hat müssen schlafen gehen, habe wieder getanzt und einen hübschen Perlenkranz erlangt, darnach ist unser Wirth vom Schlaf wieder gekommen, hat einen feisten indianischen Hahn bringen lassen, dazu bin ich neben anderen guten Gesellen geladen worden, da haben wir unsern Wirth abermals gegen Bethlehem abgefertigt.‘ [3]

Es gab viele ‚redliche Trinker‘, welche, wie Veit von Vassenheim, im Stande waren, dreimal ein silbernes Becken mit acht Flaschen Wein auf je Einen Zug auszuleeren [4].

‚Ein wahres Unmaß von schier täglicher Vollsuffigkeit und Unfläterei‘ war Kurfürst Christian II. von Sachsen. Als er im Juli 1607 sich am kaiserlichen Hofe zu Prag aufhielt, machte er dadurch ein allgemeines Aufsehen und rühmte sich selbst, ‚zu Prag fast keine Stunde nüchtern gelebt zu haben‘ [5]. Von manchen seiner Theologen wurde er ‚das fromme Herz‘ genannt; aber er sprach nur, um schmutzige und wüste Reden hören zu lassen. Der feingebildete Belgier Daniel Eremita, welcher im Jahre 1609 in Begleitung eines florentinischen Gesandten die deutschen Höfe bereiste, entwarf eine entsetzliche Schilderung von dem wüsten, trunksüchtigen Leben und Treiben am sächsischen Hofe. In dem unförmlichen, durch Ausschweifungen aller Art

---

[1] v. Weber, Anna 232.   [2] Kluckhohn, Briefe 1, LI.
[3] v. Weber, Anna 233—234.   [4] Vergl. Vulpius 3, 359.
[5] Der bayerische Agent Wilhelm Boden schrieb am 15. Juli 1607 aus Prag an Maximilian I., Christian habe die ganze Zeit hindurch gulae et crapulae indulgirt. ‚De ipsius obscoenis verbis vix ausim scribere.‘ Der venetianische Gesandte Soranzo schrieb ebenfalls über den Kurfürsten: ‚l' eccesso suo nel bere è cosa da non credere.‘ Wolf, Maximilian 3, 25 Note 2.   Stieve 2, 898 Note 8.

aufgedunſenen Leib und dem finnigen, gerötheten Geſicht des Kurfürſten fand
er mehr Thieriſches als Fürſtliches. Sieben Stunden lang ſaß man bei der
Tafel, an der es außer übermäßigem Eſſen und Trinken keine andere Unterhaltung gab: der betrunkene Kurfürſt machte nur dann und wann eine unflätige Bemerkung oder brachte die Geſundheit eines Fürſten aus, ſchüttete
oft den Dienenden den Reſt des Bechers in's Geſicht und gab den Hofnarren
Ohrfeigen [1]. Im Jahre 1611 bedeutete der Wild- und Rheingraf zu Salm
dem Kurfürſten: weil die Hofdamen ‚ſtets bei der Tafel ſitzen, ſo iſt es
billig, daß ſie an den Räuſchen ebenſo theilnehmen, als die anderen; die
Herzogin von Braunſchweig, wann ſie voll iſt, iſt über die Maßen närriſch
und luſtig‘ [2]. Das Trinken der hochgeborenen deutſchen Frauen war im
Auslande nicht weniger berüchtigt als das der Fürſten [3].

In einer dem Kurfürſten Chriſtian II. († 1611) gehaltenen Leichenrede betrauerte der kurſächſiſche Hofprediger Michael Niederſtetter den Verſtorbenen als einen ‚Vater des Vaterlandes‘. Der Trauerfall könne ‚nicht
genugſam exaggeriret und mit ſeinem Schaden angezeigt werden‘. Er verglich
den Kurfürſten mit Moſes, aber er hob dabei beſonders hervor, daß Letzterer
120 Jahre, Erſterer nur 27 Jahre und 9 Monate alt geworden ſei. Zu
Moſis Zeiten hätten nämlich die Leute ‚nicht alſo mit übrigem Saufen und
Füllerei auf ſich hinein geſtürmet, damit man ſich das Leben verkürzet und
vor der Zeit um den Hals bringt‘. ‚Großer Herren Diener und die um
einen Fürſten ſein müſſen, ſollen dieſelben nicht zum Saufen und Füllerei
führen und ihnen Anlaß geben, mit großen Pokalen auf anderer Herren Geſundheit zu trinken, damit ſie auf die Herren hinein ſtürmen und ihnen das
Leben verkürzen‘ [4]. Nachdrücklicher noch äußerte ſich Helwig Garth, Superintendent zu Freiberg, in einer Rede: ‚Sonderlich haben Ihro Churfürſtl.
Gnaden, wie männiglich bekannt und keineswegs zu leugnen iſt, zum ſtarken
und übrigen Trunk etlichermaßen Zuneigung gehabt, welches Sie auch hin und

---

[1] ‚... Immanis bellua, voce, auribus, omni corporis gestu convenienti destituta:
nutu tantum et concrepitis digitorum articulis loquitur: nec inter familiares quidem
nisi obscoena quaedam et fere per convitium jactat. In vultu ejus nihil placidum,
rubor et maculae e vino contractae oris lineamenta confuderant... Septem quibus
accumbebatur horis, nihil aliud quam ingentibus vasis et immensis poculis certa-
batur, in quorum haustu palmam procul dubio ipse dux ferebat...‘ Bei Le Bret,
Magazin 2, 337—339.

[2] v. Weber's Archiv für ſächſiſche Geſch. 7, 228. Vergl. Schweinichen 3, 222.

[3] Man habe ihm vorgeſchlagen, ſagte Heinrich IV. von Frankreich, eine deutſche
Frau zu heirathen, ‚mais les femmes de cette region ne me reviennent nullement,
et penserois, si j'en avois espousé une, de devoir avoir tousjours un lot de vin
couché aupres de moy.‘ Oeconomies royales 3, 171.

[4] Drei chriſtliche Predigten ꝛc. Erſte Predigt Bl. B 3. D 4.

wieder im römiſchen Reich, bevorab aber bei den Feinden des heiligen Evangelii, ſehr verſchreiet gemacht: denn da hat er müſſen ihr toller voller Nabal,
ihr Saufbruder und Trunkenbold ſein.‘ [1]

Ueber den Kurfürſten Johann Georg, den Nachfolger Chriſtian’s II.,
ſchrieb der franzöſiſche Geſandte Grammont: Seine einzige Thätigkeit beſtand
darin, daß er ſich jeden Tag übermäßig betrank; nur an den Tagen, an
welchen er zum Abendmahl ging, hielt er ſich wenigſtens des Morgens
nüchtern; dafür trank er jedoch die ganze Nacht, bis er unter den Tiſch fiel [2].
Welche Roheiten bei den Gelagen vorkamen, zeigt ein Brief des Kurfürſten
vom Jahre 1617 an den Landgrafen Ludwig von Heſſen. ‚Euer Liebden‘,
ſchreibt er, iſt unverborgen, ‚was bei Derſelben Abreiſe und den Abend zuvor
durch den Diener Georg Truchſeß für Unbeſcheidenheit in unſerm Hoflager
vorgelaufen, indem er nicht allein gegen unſern lieben und freundlichen
Vetter und Pflegeſohn Herzog Friedrich zu Sachſen mit unverſchämten Reden
und Bedrohungen, Se. Liebden mit dem Leuchter zu werfen, ſich unterſtanden,
auch noch darüber in toller und voller Weiſe unſerm Truchſeß Ulrich von
Günderode am nächſten Morgen im Beiſein Ew. Liebden in’s Geſicht geſchlagen.‘ [3] ‚Voll und toll darauf,‘ ſagte der Großtrinker Fürſt Wolfgang
von Anhalt, ‚das würzt das Gelag, wenn es ordentliche Püffe gibt; Back-
pfeifen und etwan noch ein Mehreres, wenn man auch Blut ſieht, machen
luſtig, und hat man dann Gelegenheit zu einem neuen Trunk, um den
Streit zu vertrinken; was wäre das Leben ohne volle Trünke; denn nicht
umſonſt gibt Gott den Fürſten den reichen Weinſegen.‘ [4]

‚Solch luſtig fürſtlich Leben beim redlichen Trunk und in deſſen Gefolge‘
tritt in dem mit dem Jahre 1611 beginnenden Tagebuche des Herzogs Adolf
Friedrich von Mecklenburg-Schwerin deutlich hervor. Da heißt es zum Beiſpiel in den Jahren 1613—1618: ‚Mein Bruder, Paſſow und Roſen
haben ſich verzürnt; mein Bruder hat nach Roſen mit dem Degen gehauen,
meim Bruder iſt die eine Piſtol losgegangen, meines Bruders Gemahlin
dreimal todt blieben, daß man ſie wieder mit Waſſer und Balſam aufkühlen‘
mußte. ‚Graf Heinrich zu Stolberg hat meinem Bruder zugeſprochen, er
ſolle ſich und ſeine Gemahlin bedenken; den hat er auch mit dem Degen

---

[1] Angeführt bei Köhler, Lebensbeſchreibungen 2, 113 Note. Vergl. Senkenberg 24, xi.
[2] Tholuck, Das kirchliche Leben 1, 214.
[3] Thüringiſches Provinzialblatt 1839 No. 84. Vergl. Tholuck, Das kirchliche Leben
228—229.
[4] Wohlbedächtige Reden von etlichen Trinkliebenden (1621) 19. Ueber dieſen
trunkſüchtigen Fürſten vergl. v. Weber, Anna 227—229. Ueber Ludwig von Anhalt
ſchrieb Eremita: ‚Potum . . . nulla necessitate ad enormes et immodicos haustus
patria consuetudine trahebat.‘ Le Bret, Magazin 2, 344.

hauen wollen. In dem Tumulte hat der närrische Magister, so bei meinem Bruder ist, Rosen für den Kopf gehauen, Rosen's Junge hat dem Magister etliche Wunden in den Leib gestochen.' Einen Edelknaben, ,der sich so voll gesoffen, daß er kaum hat fortreiten können, wacker abgeschmiert'. ,Meinen Kammerdiener mit der Karbatsche abgeschmiert.' ,Meine Frau Mutter viel Stichelreden ausgeworfen; man muß den bösen Weibern viel zu gut halten.' ,Zu dem Landmarschall Hennig Lützow zu Gast gezogen; wie ich schlafen gangen, hat Vollrad Bülow Daniel Block, den Maler, für einen Schelm und Fuchsschwänzer gescholten, er hat ihn aber wieder nicht vergessen, sondern ihn braun und blau geschlagen. Habe Bülowen einen starken Auswischer geben.' ,Christian Friedrich Blom hat mit Herzog Ulrich Quaestion gemacht: die Ursache ist wegen Anna Rantzow, die schilt Blom für eine H... Herzog Ulrich sagt, er möge es verantworten, er solle ihn aus dem Geschwätz lassen, oder er wolle sagen, er löge wie ein Schelm. Herzog Ulrich ließ seine Kammermagd auf mein Gemach zum Tanze holen. Herzog Ulrich und Blom haben sehr grob mit einander geredet in Gegenwart des Frauenzimmers.' ,Bei meiner Mutter Bruder, dem Erzbischof zu Bremen, zu Verden gewesen, hat derselbe über Tafel stark trinken lassen, lauter Malvasier. Nach Essens hat meiner Mutter Bruder seine Maitresse oder Concubine holen lassen, Gertrud von Heimbrock, damit habe ich tanzen müssen.' Der Herzog Adolf Friedrich war tief verschuldet; gleichwohl bestellte er einmal bei einem Weinhändler 190 Ohm Wein [1].

Sprichwörtlich waren insbesondere auch ,die Pommerschen Tränke' [2]. In Pommern wurde, nach dem Berichte Kantzow's, ein Jeder, der nicht in üblicher Weise Bescheid that, zur Tränke geritten; einem zu dieser Strafe verurtheilten Fürsten wurde vorher in den Humpen, den er leeren mußte, gespieen. Von einem der Herzoge wird berichtet, daß er ,ordinarie täglich mindest zwanzig große Kannen Wein suff, bei Gastereien mehr'; von einem

---

[1] Lisch, Jahrbücher 12, 60—66. Auch auf fürstliche Jagden wurden Maitressen mitgenommen. So führte Kurfürst Joachim II. von Brandenburg im Jahre 1568 seine Maitresse Anna Sydow (,die schöne Gießnerin') und die mit ihr erzeugten Kinder auf einer Jagd nach Belitz mit und mußte es mit anhören, daß die als Treiber benutzten Bauern ihre Bemerkungen über diese ,unechte Frau und unechten Kinder' machten, auch den Tadel fallen ließen: ,Wie daß Er's thut, und wir nicht müssen.' Märkische Forschungen 20, 179. Friedrich Holtze bemerkt dazu: ,Die Besonnenheit Joachim's machte dem Gerede dieser banausischen Sittenrichter dadurch ein Ende, daß er die Sydow aufforderte, bei Seite zu gehen.' Das Siechthum der Gattin Joachim's, sagt er S. 172, ,entschuldigt es nach den Begriffen jener Zeit, wenn er den Umgang mit anderen Frauen suchte, denn es genüge, an die Stellung zu erinnern, welche Luther, die erste Autorität des evangelischen Deutschlands in allen kirchlichen Angelegenheiten, zu dieser heiklen Frage einnahm.'

[2] Vergl. Besser, Beiträge zur Gesch. der Vorderstadt Güstrow 2, 287.

zweiten: er war ‚vornehmlich zum Volltrinken sehr geneigt, dadurch er zum
Eifer und Zorn, als des Vollsaufens Gefährten, vielmals bewogen‘; von einem
dritten: er ‚ließ die Räthe regieren und war‘ zum Trunke allwege geneigt,
des oft viel ungeschicktes Dings vorgekommen‘. Als Herzog Barnim im
Jahre 1603 mit Tod abging, wurde bei ‚den jungen Herren keine sondere
Trauer vermerkt‘: ‚denen es Standes halber am wenigsten geschickt, berauschten
sich ziemlich und wohnten mit fröhlichen Geberden und Scherztreibung der
Sepultura bei‘. Der junge Herzog Philipp Julius sagte Anfangs ‚dem
schädlichen Vollsaufen ganz ab und entwöhnte seine Diener davon‘. Aber
‚das Miraculum‘ dauerte nicht lange: ‚es schlug bald wieder um und wurde
auf den alten deutschen Schlag geartet‘[1]. ‚Herzliebster Bruder,‘ schrieb
Herzog Christian von Holstein im Frühjahr 1604 an Franz von Pommern,
‚ich thue mich wegen der gut geleisteten Gesellschaft und der guten Räusche
gegen Dir ganz freundlich bedanken. Neuer Zeitung weiß ich Nichts, als daß
Heinrich von Dorten seinen Paltrock versoffen und wir sämmtliche gute Räusche
überkommen haben. Und ich will bald wieder zu Dir kommen. Lebe wohl,
lebt alle wohl und trinkt Euch voll. Lebt nach des Pastoren Lehre: nach den
heiligen Tagen möcht Ihr wohl saufen und die himmlische Sackpfeife wohl
klingen lassen. Ich möcht auch wohl wissen, ob ihr Andere auch so voll seid
gewesen als wir, und der Magd Bett habet finden können?‘[2]

Freilich ‚fragten dabei manche zucht- und ehrliebende Herzen, ob denn
wohl sothanes Vollsaufen in göttlicher Schrift und heiligem Evangelium, so
die Fürsten stetig im Munde halten und darüber in ihren Scriptis, Verordnungen, Geboten an das Volk so christlich und gottselig, das man Wunders
von ihnen glauben sollte, zu reden gelernet, gegründet sei, und wo die Aussprüche über die Erlaubtheit zu finden‘. Jedoch ‚auf solche Fragen‘, klagte
ein lutherischer Prediger, ‚ist noch keine Antwort gefallen, und so man sie
ohne Scheu öffentlich thun wollt, liefe man wohl große Gefahr, des Verbrechens beleidigter Majestät gezogen zu werden; denn was die Fürsten thun,
soll jetzund Alles recht sein, und soll man sich nicht mucken, sagen die Räthe,
denn Thurm und Gefängniß wären nicht umsonst gebauet‘. ‚Fragt man hin-
wiederum, wer das Incitament für solch fürstliches Saufen, das allem Volk
zum höchsten Aergerniß und bösesten Exempel, und wo die Antreiber zu
finden, so ist es bei Vielen wohl bewußt, daß es an gar manchen Orten
vielfältig die Räthe sind, so am liebsten allein regieren, und wenn der Fürst
toll und voll, alle Gelegenheit haben, das Land auszusaugen.‘[3]

---

[1] v. Medel 190. 888. 890. 433. 453.

[2] Baltische Studien 2, Heft 2, 172—173.

[3] Von der jetzigen Werlte Läuften, eine kurze einfältige und stille Predig von
einem Diener am Wort. Getruckt in Ueberall- und Nimmerfinden (1619) S. 8.

So wurde in Braunschweig der Herzog Friedrich Ulrich seit dem Jahre 1613 von seinen unwürdigen Günftlingen zum Verderben des Landes faft in ftetem Raufch erhalten[1]. Der reuß-geraifche Hofprediger Friedrich Glafer äußerte fich im Jahre 1595 freimüthig darüber, daß die fürftlichen ‚Vollzapfen‘, ftatt ihrem Amte gebührend vorzuftehen, die Gefchäfte den Räthen überließen, wodurch ‚die Händel‘, fagt er, ‚fo verrichtet werden, daß übel ärger gemacht wird‘. Er wußte aus Erfahrung, daß ‚an keinem Ort mehr gefreffen und gefoffen‘ werde, ‚denn an großer Herren und Fürften Höfen, darum es auch in der Regierung leider‘ fo übel ftehe. ‚Unmöglich ift es,‘ mahnte er den jungen Fürften des Landes beim Antritt feiner Regierung, ‚daß folche Vollzapfen follten tüchtige Regenten geben. Diefes follen junge Regenten ihnen zur Warnung laffen gefagt fein, die, wenn fie zufammen-kommen, es für die größte Ehre achten, wenn fie viel Stunden Tafel halten, und für den beften Ruhm, wenn einer den andern toll und voll, ja zum Narren fauft, daß fie von ihren Sinnen nicht wiffen. Da nöthigen und zwingen fie einander, richten einen Saufkampf an, verfchwedern die herrlichen Creaturen Gottes, machen ein folch Gefchrei und Wefen, daß man nicht weiß, ob es kluge oder tolle Leute fein, daß auch ihr eigen Gefindlein und Hof-diener der trunkenen Herrfchaft lachet und fpottet.‘[2]

‚Während man‘, fchrieb Aegidius Albertinus, ‚in Italia und Hispania an der Fürften und Herren Tafeln aufs längft nur zwo Stunden lang tifchet, fo fchoppen und meften die Teutfchen ihre Wampen fechs, fieben oder acht Stunden lang unter Tags. Ift's aber ein Nachtmahl, fo wehret's bis eine, zweite oder dritte Stunde und bisweilen am lichten Tag.[3] ‚Daher es denn‘, fagte ein anderer Zeitgenoffe und ‚Diener am Wort‘, ‚gar nicht zu verwundern, für wie ungläublich viele taufende Gulden an der Fürften und Herren Höfen in jeglichem Jahr verfreffen werden; man erfährt wohl, wie viele Taufende allein die Gewürze koften.‘[4] Herzog Julius von Braunschweig fchloß am 18. Februar 1574 einen Vertrag ab mit einem niederländifchen Kaufmann, nach welchem diefer bis zu Oftern in die fürftliche Hofhaltung zu Wolfenbüttel für die Summe von 4522 Gulden 5 Grofchen 6 Pfennig allerlei Specereien und Gewürze zu liefern hatte, darunter 213 Pfund Ingwer, 313 Pfund Pfeffer, 44 Pfund Nelken, 48 Pfund Caneel, 30 Pfund Saffran, 30 Pfund Anis, 150 Pfund große und kleine Capern, $2^1/_2$ Centner Baumöl, 10 Centner kleine und große Rofinen, 4 Centner Mandeln und fo weiter[5].

---

[1] Schlegel 2, 377—378.
[2] In feinem Oculus principis (Leipzig 1595), bei Mofer, Patriotifches Archiv 12, 355—356.   [3] A. Albertinus, Der Landftörtzer 293—294.
[4] Von der jetzigen Werlte Läuften, vergl. oben S. 157 Note 3.
[5] Zeitfchr. des Harzvereins 3, 812.

‚Gleichwie zum Zeichen für alle Nachwelt, wie viel an ihren Höfen gesoffen worden, laffen manche Fürsten‘, sagte ein anderer Prediger, ‚manche übermäßig große Fässer mit schweren Kosten des Landes und der ausgemergelten Unterthanen aufbauen, als bei Exempel das weltberühmte Faß zu Heidelberg und eins zu Gröningen im Halberstädtischen, so ich felber als ein neues Wunderwert gesehen habe.‘ [1] Letzteres Faß wurde auf Befehl des Herzogs Heinrich Julius von Braunschweig, Postulirten zu Halberstadt, von Michael Werner aus Landau, der auch das Heidelberger Faß ausführte, in den Jahren 1580—1584 ‚erbaut‘. Es koftete ‚ohne das Holz über 6000 Reichsthaler‘, enthielt über 160 Fuder Wein, wurde mehrfach befungen, in einem zur Aufführung in Schulen bestimmten geistlichen Schauspiel des Predigers Balthasar Boigt ‚Der Aegyptische Joseph‘ [2] als ‚ein Wundergebäu‘ ausführlich beschrieben [3].

Zum ‚gewaltigen Aergerniß des Volks‘ gereichten namentlich ‚die fürstlichen Trünke‘ mancher Bischöfe. Als der kursächsische Rath Melchior von Offa den Grafen Franz von Waldeck, Bischof von Münster, Minden und Osnabrück, im Jahre 1543 behufs Aufnahme desselben in den Schmalkaldischen Bund in Waldeck auffuchte, berichtete er: derselbe ‚hat faft Tag und Nacht ein trefflich Saufen gethan, sonderlich mit Hermann von der Malsburg, so daß, wenn er sich gegen Morgen hat zu Bett legen wollen, vier oder sechs von beiden Seiten an ihm haben steuern müffen. Dennoch fiel er einmal hin. Wenn er recht getrunken, so hat man die Trompeten und Pauken auffpielen laffen.‘ [4] Auch Graf Johann von Hoya, Bischof von Osnabrück, Münster und Paderborn, liebte starke Trinkgelage [5]. Ueber den abgefallenen Cölner Erzbischof Gebhard Truchfeß von Waldburg heißt es in einem Briefe vom Jahre 1583: ‚Es verging kein Tag, wo er nicht ein, oft zu mehreren Malen trunken war, und wie er bei währendem Trunk fluchen und schwören konnte, haben mit großem Entsetzen Viele bezeugt, die sich in seiner Umgebung befunden.‘ Am Hofe des Bamberger Bischofs Johann Philipp von Gebfattel herrschte mit übermäßigem Essen und Trinken und Unzucht ein solch ‚unordentlich Wesen‘, ‚daß dafelbst‘, schrieb Bischof Julius von Würzburg im Jahre 1604 an Herzog Maximilian von Bayern, ‚insgemein geglaubt wird: man zweifele, ob auch Ein Frommer vorhanden fei‘. Ebenso war das Hofwesen des Salzburger Erzbischofs Wolf Dietrich von Raittenau ‚übermäßig ärgerlich‘ und ‚fürwahr

---

[1] Von der jetzigen Werlte Läuften, vergl. oben S. 157 Note 3.
[2] Bergl. unfere Angaben Bd. 6, 277—278.
[3] Näheres über das Faß in der Zeitschr. des Harzvereins 1, 74—76. 77. 93—98.
[4] Bergl. unfere Angaben Bd. 3, 536.
[5] M. Loffen, Der Kölnische Krieg 232.

Vielen zum Entsetzen'. Als die Jesuiten demselben einmal ‚ernstliche Vorstellungen machten', nannte sie Wolf Dietrich ‚des Teufels Hausbuben'[1].

Einen getreuen Einblick in das ‚fürstliche Saufleben' des sechzehnten Jahrhunderts gewähren insbesondere die Aufzeichnungen des schlesischen Ritters Hans
von Schweinichen, der als Agent, Kammerjunker, Hofmarschall und Begleiter
zweier Herzoge von Liegnitz an vielen deutschen Höfen verkehrte und Buch
führte über seine Schicksale und die seiner Herren, über die Gelage, welche er
mitmachte, und die Räusche, welche er zu bestehen hatte.

Nachdem er zuerst sein protestantisches Glaubensbekenntniß abgelegt und
seine Ahnen vorgeführt, berichtet er kurz von seinen Jugendjahren und seinen
gemeinsamen Studien mit einem Edlen von Logau und mit dem jungen Herzog
Friedrich von Liegnitz, dessen Vater, Herzog Friedrich III., von dem ältern
Sohne Heinrich XI. seit dem Jahre 1560 im Schlosse zu Liegnitz gefangen
gehalten wurde. ‚Wir mußten auch dem alten Herrn im Zimmer aufwarten;
auch mehrentheils, wenn fürstliche Gnaden einen Rausch hatten, im Zimmer
liegen, denn fürstliche Gnaden nicht gern zu Bett gingen, wenn sie berauscht
waren. Denn Ihro Gnaden waren damals in der Custodia gottesfürchtig;
Abends oder Morgens, sie waren voll oder nüchtern, beteten sie fleißig, Alles
in Latein.'[2] Weil er auf Befehl des gefangenen Herzogs ein Pasquill gegen
den Hofprediger Leonhard Kränzheim, den ‚verlaufenen fränkischen losen Mann',
auf den Predigtstuhl in der Schloßkirche gelegt hatte, mußte Schweinichen
einige Zeit den Hof verlassen. Mit seinem Vater zog er auf Hochzeiten und
Kindtaufen umher und wurde ein allgemein geschätzter Meister im Trinken.
Früher kam es wohl vor, daß er wegen Trunkenheit ‚unter den Tisch fiel
und weder gehen noch stehen noch reden konnte, sondern als ein todter Mensch
weggetragen wurde und man nicht anders glaubte, als er werde sterben'.
Bald aber konnte er sagen, er ‚halte es für unmöglich', daß ihn ‚einer vollsaufen könne'. ‚Keine Gesellschaft', rühmt er sich, ‚hat einigen Unwillen auf
mich gehabt; denn ich fraß und soff mit zu halben und ganzen Nächten, und
machte es mit, wie sie es haben wollten.' Im Jahre 1571 ‚waren im Lande
Unfläter, so man die Siebenundzwanzig hieß, welche sich verschworen hatten,
wo sie hinkämen, unflätig zu sein, auch wie sie ichtes möchten anfangen.
Item, es solle keiner beten, noch sich waschen, und andere Gotteslästerung
mehr, welche dann öfters zu vier und fünfen auf einmal bei meinem Herrn
Vater gewesen, aber wenn ich schon um sie war, bin ich doch mit ihnen
niemals anstößig worden.'

---

[1] Vergl. unsere Angaben Bd. 5, 128. 238—239.

[2] Ueber das Treiben des Herzogs Friedrich III. vor seiner ‚Custodia' vergl. unsere
Angaben Bd 8, 650—651.

Auf den Reisen, welche Schweinichen mit dem Herzog Heinrich machte, hatte er überall das Lob, ‚der letzte auf der Wahlstatt des Saufplatzes zu sein'; ja es wurde seines ‚Wohltrinkens' halber ‚von einem Hof an den andern geschrieben'. ‚Zu Zelle beim Herzog Wilhelm zu Lüneburg mußten die Liegniß'schen und Lüneburgischen Junker um den Platz, welcher ihnen behalten, saufen. Allda habe ich auch neben einem Lüneburgischen den Platz behalten, zuletzt sind wir beide sitzen geblieben. Hernach im Lande Mecklenburg, zu Güstrow beim Herzog Ulrich, hat mich der Trunk übereilt.' In den mit dem Bankettiren oft verbundenen ‚Mummereien' wurde zum Zeichen evangelischer Gesinnung das Klosterwesen der katholischen Kirche verspottet. ‚Fürstliche Gnaden', berichtet Schweinichen zum Jahr 1574, ‚waren dieser Zeit über lustig mit Tanzen und sonsten, sonderlei in Mummerei gehen. Das währet fast ein ganzes Jahr alle Abend in der Stadt zu den Bürgern. Einer sah fürstliche Gnaden gern, der andere nicht. Gemeinlich waren vier Mönche und vier Nonnen, und fürstliche Gnaden waren allzeit eine Nonne.' Auch nach anderen Orten fuhr der Herzog ‚auf einem großen Wagen in solcher Mummerei'; Schweinichen aber hatte, wie er schreibt, dazu wenig Lust, ‚denn es in solcher Mummerei seltsam zuging, daß die Jungfrauen mit den Nönnlein, nicht mit den Mönchen, den Abtritt nahmen, als eine Jungfrau mit der anderen'. Als einmal die Herzogin mit der Maitresse ihres Gemahls nicht zu Tische sitzen wollte, schlug ihr der Herzog ‚eine gute Maulschelle, davon die Fürstin taumelte. Also fahre ich zu und fasse fürstliche Gnaden in die Arme, halte etwas auf, bis sich die Fürstin in die Kammer salbiren kann. Mein Herr aber wollte der Herzogin nach und sie besser schlagen, bin ich geschwind da und schlage die Kammerthür vor fürstlichen Gnaden zu, daß fürstliche Gnaden nicht hernach konnten. Darauf waren fürstliche Gnaden auf mich ziemlich zornig, mit Vermeldung, ich sollte ihn ungehofmeistert lassen, es wäre sein Weib, er möchte machen, was er wollte.'

Schweinichen mußte überall seinem Herrn ‚vor dem Trunk stehen', das heißt ihm beim Zechen aufwarten und seine Trinkduelle ausfechten. In Dillenburg beim Grafen Johann von Nassau, wo fünf Tage lang getrunken wurde, errang er besondere Ehre. ‚Auf den Morgen gab mir der Graf den Willkommen. Wenn ich aber den ersten Abend das Lob hatte bekommen, daß ich des Herrn Grafen Diener alle hätte vom Tische weggesoffen, wollte sich der Graf heimlich an mir rächen mit dem Willkommen, welcher von drei Quarten', etwa zwölf Flaschen, ‚Wein war. Nun wollte ich gern wie den vorhergehenden Abend Raum behalten, nahm den Willkommen von dem Grafen an, gehe vor die Thüre und probire mich, ob ich ihn im Trunk austrinken möchte, welches ich auch also ahndete. Wie ich solche Probe gethan hatte, lasse ich mir wieder eingießen, bitte den Herrn Grafen, mir zu ver-

lauben, seinem Diener zuzutrinken. Nun war ich schon beim Grafen verrathen worden, daß ich zwei zuvor im Trunke hatte ausgesoffen, derowegen
war der Graf wohl zufrieden; trinke ich derowegen noch eins seinem Marschall im Trunke zu. Ob er sich wohl davor wehret, ward ihm doch vom
Grafen geschafft, daß er ihn annehmen mußte. Wie ich nun den Becher zum
andernmal austrank, verwunderten sich die Herren alle; der Marschall aber
konnte mir in Einem Trunk nicht Bescheid thun, darum er auch denselben
zweimal zur Strafe austrinken mußte, jedoch mit vielen Trünken. Darüber
ward der Marschall berauscht, daß man ihn wegführen mußte, ich aber
wartete bis der Mahlzeit Ende auf.'

Nachdem Herzog Heinrich wegen übler Haushaltung und reichsverräthe-
rischer Umtriebe auf kaiserlichen Befehl abgesetzt worden, trat Schweinichen
in die Dienste des neuen Herzogs Friedrich IV. ein. Er wurde dessen Hofmarschall und fuhr fort, für jede Woche pünktlich alle Gelage zu verzeichnen,
bei welchen er sich mit seinem neuen Herrn ‚steif betrank‘. Im Jahre 1589
begleitete er Friedrich nach Holstein, wo dieser die Tochter des Herzogs Johann zur Ehe nahm. ‚Was nun täglich für groß Gesäufe gewesen, kann
leicht abgemessen werden. Des Morgens, wenn man aus dem Bett aufgestanden, ist das Essen auf dem Tisch gestanden und gesoffen bis zur rechten
Mahlzeit; von der rechten Mahlzeit wieder bis zur Abendmahlzeit: welcher
nun reif war, der fiel ab.' Auch in Berlin, wo Friedrich IV. den Kurfürsten von Brandenburg im Jahre 1591 besuchte, gab es schon ‚starke gute
Räusche bei der Morgenmahlzeit‘. Am Tage der Abreise ‚erfolgte zum Früh-
stück ein groß Gesäufte, daß Herr und Diener wohl berauscht worden‘. ‚Unterwegs sah ich, daß meinem Jungen durch den Trommler, welcher sonst ritt und
sich auch vollgesoffen hatte, die Stelle auf dem Kutschen, da er zuvor gefahren,
eingenommen war, und daß der Junge bei dem Kutschen laufen mußte.'
Schweinichen wollte diesen ‚Despect‘ seiner Person sich nicht gefallen lassen,
machte dem Herzog Vorstellungen, ‚und weil ein Wort das andere gab, wurden‘,
schreibt er, ‚fürstliche Gnaden entrüstet und wollten mit dem Rappier zu mir,
dessen ich denn erwartete und wollte nicht weichen, sondern hielt mich mit
meinem Rappier auch in Acht.' Ein guter Trunk versöhnte die Streitenden
wieder. Zu Liegnitz lagen fürstliche Gnaden und Diener fast täglich ‚im
Luder‘; sogar bevor man aufstand, Morgens im Bett, fielen ‚schon große
Trünke‘ vor.

Außer allen schon genannten hohen Herren und außer dem jungen
Herzog von Braunschweig, der Schweinichen ‚todt saufen wollte‘, zeichnete sich
nach dessen Bericht der Kurfürst Friedrich IV. von der Pfalz dadurch aus,
daß er ‚nichts konnte als Saufen‘. Ganze Wochen hindurch brachte Schweinichen
in Begleitung seines Herzogs am kurfürstlichen Hofe mit Trinken zu. Nicht

weniger wurde in Sulzbach, wohin der Kurfürst mit seinen Gästen zum Pfalzgrafen Otto Heinrich zog, Tage lang ‚gefressen und gesoffen' [1].

‚Zur Abhilfe übermäßigen Trinkens' wurde derselbe Kurfürst Friedrich IV. gegen Ende des Jahres 1601 zum ‚Patron' eines vom Landgrafen Moritz von Hessen gestifteten Mäßigkeitsordens ernannt. Für die Dauer eines Jahres sollte jedes Mitglied sich gegen eine ansehnliche Strafe verpflichten, binnen vierundzwanzig Stunden nicht mehr als zwei Mahlzeiten zu halten und bei jeder Mahlzeit nicht mehr als sieben Ordensbecher mit Wein zu trinken. Wie groß diese Ordensbecher sein durften, wird nicht gesagt. ‚Damit auch Keiner über Durst zu klagen habe, so solle einem Jeden sowohl zu beiden Mahlzeiten als auch zu jeder Zeit erlaubt sein, Bier, Sauerbrunnwasser, Juleb', eine Art Syrup, ‚und dergleichen schlechtes Getränke zuzutrinken'; nur die fremden und gewürzten Weine, Meth und trunken machendes Bier sollten ausgeschlossen sein [2]. Aber gerade der ‚Patron' dieses Ordens zog sich durch übermäßige Trunksucht seinen frühen Tod zu. Auch Landgraf Moritz, der Stifter des Ordens, obgleich ein gelehrter und vielseitig gebildeter Fürst, war von diesem Laster keineswegs frei. Als er einmal mit großem Gefolge den Kurfürsten von Brandenburg in Berlin besuchte, zogen nach zehntägigem Aufenthalte ,Herr und Knechte von dort so mächtig voll nach Spandau, daß sie fast das Spandauische Thor nicht finden konnten' [3].

Am hessischen Hofe ging es schon frühzeitig ‚mit guten starken Trünken, und was daraus erfolgt, nicht besser denn anderswo'. Landgraf Philipp sprach aus langer Erfahrung, als er im Jahre 1562 an Herzog Christoph von Württemberg schrieb: ‚Das Laster des Saufens' sei bei Fürsten und Volk ,so gar gemein' geworden, daß man es ‚nicht mehr für Sünde achte' [4]. Im Jahre vorher klagte er demselben Herzog: ,Es ist ein Geschrei an uns gelangt, daß unsere drei Söhne Wilhelm, Ludwig und Philipp sollten sich in Unzucht mit etlichen Weibspersonen geben, auch der Leute Töchter zu ihnen reizen und ihnen hernach mit Gewalt unehrliche Dinge thun'; auch ‚bei nächtlicher Weile in die Stadt gassiren' gehen. Er habe sie zur Rede gestellt. Die Ausschweifungen läugneten sie nicht, wohl aber ‚verneinten sie aufs höchste, daß sie mit Gewalt mit der Leute Töchtern unzüchtig gehandelt'. Sie verlangten die Angeber zu wissen. ‚Auf solches haben wir', schreibt Philipp, ‚geantwortet, die Dinge seien zum Theil offenbar und nicht Noth, ihnen die

---

[1] Vergl. unsern Aufsatz ‚Aus dem Leben deutscher Fürsten im 16. Jahrhundert' in den Hist.-pol. Bl. (1876) Bd. 77, 351—364. 428—444. Schweinichen's ‚Denkwürdigkeiten' neu herausgegeben von H. Oesterley. Breslau 1878.

[2] Die Statuten des Ordens bei Rommel 2, 857—361.

[3] Buchholtz, Versuch 3, 479 Note.

[4] Spittler und Meiners, Göttinger histor. Magazin 3, 740 fll.

Anfager zu nennen; habt ihr es nicht gethan, fo hütet euch davor.‘ Der
Herzog möge, bat der Landgraf, feinen Sohn Ludwig an den Hof nehmen
und ihn zur Gottesfurcht ziehen: er fei ‚ein treuer, frommer junger Menfch
und ein guter Waidmann‘; ‚er trinkt auch fehr gern fich voll, welches ihm
aber nicht gut ift, denn er ein- oder etlichemal in große Krankheit, Seiten-
und Bruftkrankheit und anderes gefallen‘. Deßhalb möge der Herzog wehren,
‚daß er die Nacht hinausgehe in andere Häufer, auf den Gaffen zu gaffiren
und zu jubiliren‘: ‚es wäre denn Sache, daß Ew. Liebden felbft eine ehrliche
Freude vorhätten.‘ [1] ‚Der ärgften Unfläter einer im Saufen und der fcheuß-
lichften Unzucht‘ war Chriftoph Ernft, einer der Söhne Philipp’s aus feiner
Verbindung mit Margaretha von der Sale. Derfelbe trieb auf dem Schloffe
Ulrichftein ‚ein folch erfchreckliches Wefen‘, daß die drei Landgrafen Wilhelm,
Ludwig und Philipp im Jahre 1570 mit 300 Mann zu Roß und 500 zu
Fuß gegen ihn auszogen und ihn gefangen nahmen. Sie hätten fich, er-
klärten fie, dazu genöthigt gefehen wegen des Verbrechens ‚unerhörter Schand-
lafter und Benothzwingung, auf Wehklagen, Anrufen und Rachefchreien der
zum höchften beleibigten und betrübten Eltern der gefchändeten Kinder‘ [2].

Als Herzog Chriftoph von Württemberg nach dem Wunfche Philipp’s
von Heffen deffen Sohn Ludwig an feinen Hof nahm, bedeutete er dem
Landgrafen: ‚Sodiel das Zutrinken belangt, wiffen wir zum Theil wohl,
daß Seine Liebden ziemlich und zum Theil mehr getrunken, dann die
wohl vertragen mögen, aber Seine Liebden wird die Gelegenheit bei uns
nicht haben, daß diefelbige zum überflüffigen Trinken billig Urfache fchöpfen
mögen.‘ [3] Und doch ftand Chriftoph felbft, fo wenig wie Albrecht V. von
Bayern, wegen Nüchternheit nicht in befonderm Rufe. Als der junge Pfalzgraf Ludwig im Jahre 1561 in Neuburg auf einer fürftlichen Kindtaufe
war, fchrieb deffen Vater Kurfürft Friedrich III.: ‚Wenn mein Sohn nur
vor Herzog Albrecht von Bayern und Herzog Chriftoph von Württemberg
des Trunkes halber kann gefund bleiben; es fetzt ihm der Keuchen nunmehr
hart zu‘ [4] Mit feinen eigenen Söhnen hatte Chriftoph wegen übermäßiger
Trunkfucht große Noth. Nachdem er mit feinem älteften Sohne Eberhard,
welcher fich durch diefes Lafter und durch andere Ausfchweifungen ein frühes
Grab bereitete, im Sommer 1565 eine Reife nach Darmftadt gemacht hatte,

---

[1] Mofer, Patriotifches Archiv 9, 123—182.

[2] v. Weber, Anna 399—401, wo Näheres über die Schandthaten von Chriftoph Ernft.

[3] Mofer, Patriotifches Archiv 9, 182—186. ** In einem Briefe des Grafen
Georg von Württemberg an feinen Neffen Chriftoph vom 23. October 1553 heißt es
in Betreff des übermäßigen Trinkens: ‚Du weißt wohl und haft oft empfunden, daß
es dir zu Uebel und Unftatten kommt.‘ Kugler, Herzog Chriftoph 1, 898.

[4] Kluckhohn, Briefe 1, 209.

mußte er ihm vorhalten: ‚Auf der ganzen Reise auf und ab bist du fast alle Tage zweimal voll gewesen, zu geschweigen der Unfuer die ganze Nacht mit Saufen, Schreien, Brüllen wie ein Ochs, zu Darmstadt, Heidelberg und sonsten; bist seitdem wenige Tage nüchtern gewesen und thust dir dein junges Leben, Gesundheit, Stärke, Verstand, Vernunft, Gedächtniß, ja auch die Seligkeit und ewiges Leben vertrinken.‘[1] Auch sein Sohn Ludwig, der ihm im Jahre 1568 in der Regierung folgte, war von Jugend auf dem Trunke ergeben und hatte seine besondere Freude daran, Andere zu Boden zu trinken. Auf einer Schweinhatz machte er zwei Reutlinger Abgeordnete und den Stadt- syndicus, welche er zur Jagd eingeladen hatte, so betrunken, daß sie be- wußtlos auf den Wagen geladen werden mußten; er ließ hinter ihnen ein wildes Schwein aufbinden und schickte sie so wieder nach Hause[2]. Er wußte zuletzt nicht mehr, was Nüchternheit sei. Sein Geheimrath Melchior Jäger hielt ihm am 9. September 1591 vor: er habe ‚das Zuvieltrinken in eine solche übermäßige Uebung gebracht, daß ihn bedünke, wie es auch viel ander Leute spüren, Ihro fürstliche Gnaden könnte die rechte vollkommene Nüchtern- heit nicht wohl mehr prüfen‘. Dadurch werde ‚die Natur und Complexion verwirrt und wie eine glühende Kohle immermehr entzündet und der natür- liche Durst also obruiert, daß derselbig schier kein ordentlich Statt mehr haben kann‘. Auch erfolge ‚durch solche beständige Trunkenheit‘ ‚viel Böses‘, ab- gesehen davon, daß ‚das Kammergut in betrübten Umständen sei und solche Schwelgereien nicht mehr ertragen könne‘[3]. Gleichwohl wurde im Jahre 1593, nach dem Tode dieses Herzogs, der von seinen Hofpredigern den Beinamen ‚der Fromme‘ erhielt, eine amtliche Lobschrift im Lande verbreitet, worin es hieß, er sei ‚die Tage seines Lebens eines gottseligen Wandels befließen und aller Laster herzlich feind gewesen‘, habe in Württemberg und in anderen Herrschaften ‚das Reich Christi erweitert‘. Weil man aber ‚leider eines Theils die großen herrlichen Gaben und Gnaden, mit welchen der Allmächtige in dieses hochlöblichen Fürsten Person das Land gleichsam überschüttet, wenig erkannt‘ habe, so habe Gott zur Strafe ‚diesen gottseligen Landesfürsten durch schnellen und allzufrühen Tod abgefordert‘[4].

‚Wer wäre wohl im Stande,‘ fragt ein Zeitgenosse, ‚alle die bösen Exempel aufzuzählen, so von den fürstlichen Höfen, Grafen und Herren und allen Vor-

---

[1] Pfister 2, 59 fll.   [2] Sattler 5, 135.   [3] Sattler 5, 134.
[4] Moser, Patriotisches Archiv 2, 129—140. Eigenthümlich ist, daß Moser diese amtliche Schrift als ‚ein rührendes Zeugniß der Liebe des Landes‘ bezeichnen kann. Der Hofprediger Lucas Osiander der Aeltere entschuldigte in einer Leichenrede die Trunk- sucht des Herzogs mit den Worten: ‚Ob aber etwa zu Zeiten Ihre fürstl. Gnaden nach Erheischung und Gelegenheit derselbigen Complexion, oder wenn Ihre fürstl. Gnaden

nehmen gegeben werden mit unmenſchlichen Saufereien, Praſſereien, ich geſchweige der Unzucht aller Art, währenddem, was Niemand läugnen mag, die
Verarmung der Lande mit jedwedem Jahre zunimmt! Es ſchreit zum Himmel,
was an den Höfen an jedwedem Tage, wie man hört, inſonderheit bei fürſtlichen Beſuchen und bei Feſtlichkeiten, als Hochzeiten, Kindtaufen und dergleichen vielen Feſten, aufgeht.‘ [1]

Als die Herzoge Friedrich Wilhelm und Hans von Sachſen-Weimar ‚mit
etlichen Grafen, Freiherren und Anderen vom Adel‘ im Jahre 1590 den
Landgrafen Ludwig von Heſſen in Marburg beſuchten, wurden am 8. Juli
‚zum Morgeneſſen vertrunken ein Fuder und drei Viertel Wein und elfund-
einhalb Viertel Paderborniſches Bier‘. Zum Nachteſſen wurden ‚ein Ohm
und neun Viertel Wein auf Herzog Friedrich's Gemach für die, ſo zum Spiel

vom Reiſen, oder von vielen und großen Geſchäften müde und matt geworden, ſich mit
reichlicherm Trunk erquicken wollen und nicht eben die rechte Maß getroffen, ſo iſt
ſolches aus keinem böſen Fürſatz beſchehen, ſich ſelbſten oder Andere mit überflüſſigem
Trunk zu beſchweren, ſondern iſt aus lauter Gutherzigkeit hergefloſſen, daß Ihre fürſtl.
Gnaden gern derſelben Gäſte über dero Tafel frölig und luſtig gemacht hätten‘; Rie-
mand hätte ‚zu ſolcher Zeit‘ aus ſeinem Munde ein zorniges oder unzüchtiges Wort,
ſondern ‚lauter Freundlichkeit gehört und geſehen‘; er habe dabei ‚gemeinlich ſeine geiſtliche Lieder ſingen laſſen, dadurch er ſich der Gottſeligkeit und Furcht Gottes erinnert‘.
Auszüge bei Strauß, Friſchlin 573. ‚Alles, ſo an den Armen ſträflich,‘ ſagt Hans
Wilhelm Kirchhoff in ſeinem Wendunmuth, ‚wird großen Herren verblümet und aufs
Beſte ausgelegt, dergeſtalt, wenn ſie Banket, Füllerei und Praſſen Tag vor Tag anrichten, werden ſie, ſonderlich von Füllwanſt, Suchdentrunk, koſt- und gaſtfrei aus-
gerufen. Geht es auf dem Kopf zu Bett, ſpricht Glathart Seidenweich: wie dünkt euch,
war der Herr nicht luſtig?‘ Vergl. S. Th. Dithmar, Aus und über H. W. Kirchhoff
(Marburg 1867) S. 39. ** Bemerkenswerth iſt, wie Butzer das übermäßige Trinken
des Herzogs Ludwig II. von Pfalz-Zweibrücken ‚verblümete‘. Dieſer Fürſt ſtarb, erſt
30 Jahre alt, am 8. December 1532 ‚an der Schwindſucht, welche Krankheit er ſich
durch zu häufigen Genuß geiſtiger Getränke zugezogen hatte‘. Mit dieſer Trunkſucht
waren noch andere Untugenden verbunden, ſo daß nach Ludwig's Tod der neugläubige
Prediger Schwebel wegen der zu haltenden Leichenrede in große Verlegenheit gerieth.
Er wandte ſich um Rath an Butzer. Dieſer antwortete: ‚Euer Fürſt war mit großen
Fehlern behaftet, doch hatte er auch ungemein viel Gutes; denn er hörte Gottes Wort;
nun iſt es aber etwas Großes, die Stimme Gottes zu hören und ſich gegen dieſelbe
nicht feindlich zu zeigen, wie diejenigen thun, die nicht aus Gott geboren ſind. Dann
hielt er auch Treue in ſeinen Verſprechungen, was gewiß eine große Tugend iſt bei
hohen, beſonders bei fürſtlichen Perſonen; er hatte auch keine Luſt am Blutvergießen.
Das ſchändliche Laſter des übermäßigen Trinkens hat ſeinen edlen, guten Geiſt bennoch
nicht ſo ſehr verderben können, daß er gegen das Reich Chriſti (das heißt die neue
Lehre) feindlich hätte auftreten wollen. Dieß iſt aber ein ſicherer Beweis, daß er ein
Kind Gottes geweſen; denn jene, die nicht aus Gott geboren ſind, können Gottes Wort
nicht alſo leiden und dulden.‘ Centuria epistolarum ad Schwebelium (Bipont. 1597)
p. 191. Hiſt.-pol. Bl. 107, 658 ff.
   [1] Von der jetzigen Werlte Läuften (vergl. oben S. 157 Note 8) S. 5—6.

darin gewesen, und Andere, so aufgewartet haben, gegeben'. ,Die Totalsumme vom Nachtessen vor dem Schlaftrunk war 1 Fuder, 13 Viertel und 3³/₄ Maß, 2 Maß spanischen Weins, 16 Viertel Paderbornisches Bier.' Am folgenden Tage, als auch Landgraf Wilhelm IV. von Gießen zum Besuch sich eingefunden hatte, wurden verbraucht ,zum Morgen- und zum vordern Trunk 2 Fuder 11 Viertel Wein, 12 Viertel Einbeckisch Bier'; zum Nachtessen ,2 Fuder, 1 Ohm und 5 Viertel Wein, ¹/₂ Viertel Einbeckisch Bier, zum Schlaftrunk 6¹/₂ Viertel'. Am 11. und 12. Juli gingen auf: 2 Fuder, 5 Ohm, 19 Viertel; ,an Speisebier 3¹/₂ Fuder'[1]. Bei der zu Leipzig im Jahre 1561 gefeierten Hochzeit der Prinzessin Anna von Sachsen mit Wilhelm von Oranien wurden 3600 Eimer Wein und 1600 Fässer Bier vertrunken[2]. Ungleich größer noch war der Aufwand bei der Hochzeit, welche Günther XLI. von Schwarzburg mit der Gräfin Catharina von Nassau im Jahre 1560 zu Arnstadt feierte. Die darüber vorhandene ,Wahrhaftige Nachricht' besagt: ,Zum Beilager verordnet, sind aufgegangen: 20 Lägel Malvasier, 25 Lägel Reinfall, 25 Fuder rheinischer Wein, 30 Fuder Würzburger und Frankfurter Wein, 6 Fuder Neckarwein, 12 Faß Brayhahn, 24 Tonnen Hamburger Bier, 12 Faß Einbecker Bier, 6 Faß Goße, 6 Faß Windisch Bier, 6 Faß Neustädter Bier, 10 Faß Arnstädter Bier, 30 Faß Zellisch Bier, 10 Faß englisches Bier, 12 Faß Muhme, 100 Faß Speisebier'; ,dabei ist nicht gerechnet, was sonsten an alten Kräutern als: Hirsch-Zung, Salbei, Beifuß und dergleichen aufgegangen. Auch ist im Pfarrhofe für die Wagenknechte und anderes gemeines Gesindel aufgegangen: 1010 Eimer Landwein, 120 Faß Bier.' Dem Verbrauch an Getränken entsprach der an Speisen aller Art. Für ,die Personen hohen und niederen Standes wurden geschafft unter Anderem: 120 Stück Hirsche, 126 Stück Rehe, 150 große und kleine wilde Schweine, 850 Hasen, 20 Auerhähne, 300 Rebhühner, 35 Birkhähne, 200 Schnepfen, 60 Haselhühner, 85 Schock Krammetsvögel, 150 Stück welsche Hühner, 20 Schwäne, 24 Pfauen, 14 Schock Endvögel, 8 Schock wilde Gänse, 100 Stück Ochsen, 1000 Stück Hämmel, 70 Schock Hühner, 45 Schock zahme Gänse, 175 Stück Capaunen, 245 Spanferkel ganz gebraten, 200 Seiten Sped, 8 Stück Rinder, 47 Bratschweine, 150 Stück Schinken, 16 gemästete Schweine, 200 Fässer eingemachtes Wildpret, 120 Schock große Karpfen, 21 Centner Hechte, 4 Centner grüne Aale, 7 Fuder Krebse, 3 Tonnen gesalzene Hechte, 6 Tonnen gesalzener Lachs, 2 Tonnen Stähr, 1 Tonne gesalzener Aal' und noch manche andere Fischspeisen[3]. Bei fürstlichen Festessen

---

[1] Die Vorzeit, Jahrg. 1824, S. 286—291.
[2] Weck 851. Vulpius 1, 201—202.
[3] Vulpius 10, 187—190. Vergl. das Verzeichniß der auf der Hochzeit des Markgrafen Sigismund im Jahre 1594 zu Königsberg verzehrten Speisen bei Vulpius

auf Hochzeiten und Kindtaufen wurden nicht selten 80, 100, sogar 200 bis 300 Speisen aufgetragen[1], letztere Zahl bei dem Hochzeitsessen des Herzogs Wilhelm von Bayern im Jahre 1568. ‚Köstlich ging es für Allem her‘ bei der im November 1609 gefeierten Hochzeit des Herzogs Johann Friedrich von Württemberg mit der brandenburgischen Markgräfin Barbara Sophia. ‚Die hochfürstlichen Freuden‘ dauerten volle acht Tage. Es waren zugegen 17 Fürsten und 22 Fürstinnen, 5 königliche und fürstliche Gesandte, 52 Grafen und Freiherren, über 500 Adeliche und 100 gräfliche und adeliche Frauen und Jungfrauen, beiläufig 2000 bürgerliche Diener. Die Mahlzeit an der Fürstentafel bestand aus zwei Gängen, jeder zu 40 Gerichten, beim dritten ward vielerlei Confect aufgetragen. Da gab es Wildpret von jeder Art, Auerhähne, Fasanen, Schwäne und Pfauen, Gemsen und Hirsche, Salmen, Lachse, Lampreten; künstliche Schauessen aus der geistlichen und weltlichen

---

[1], 202—203. Auf der Hochzeit des Herzogs Erich des Jüngern von Braunschweig im Jahre 1545 wurden verzehrt: 124 Ochsen, 36 Rinder, 200 Hämmel, 3057 Hühner, 572 Seiten Speck und so weiter, 880 Malter Roggen, 44 Malter Roggen für die Hunde verbacken und so weiter. Archiv des Histor. Vereins für Niedersachsen, Jahrg. 1849 S. 804—306. Bei der Hochzeit des sächsischen Kurfürsten Christian II. im Jahre 1602 wurden ‚außer den fürstlichen und anderen Tafeln‘ nur ‚an gemeinem Gesindel bis 180 Tisch alltäglich gespeist‘. Müller, Forschungen, Lieferung 1, 148.

[1] Beispielsweise sei der Speisezettel eines kleinen Festessens vom Februar 1565 bei der Taufe eines Sohnes des Prinzen Wilhelm von Oranien angeführt: 'Erstes Gericht: Rothe Carotten, Endivien, Granatäpfel, Citronen, Peterfilien, Salat imperiale, gefüllte junge Hühner, grünes Kalbfleisch, gebratene Capaunen, Torten von Blanc manger, gefülltes Hammelfleisch, kleine Pastetchen, Englische Pastetchen, warme Wildpretspastetchen, gebratene junge Gaisen, gebratene Fasanen, gebratene Löffelgänse, gebratene Tauben, gebratene Reiher, gebratene wilde Gänse, gebratene Pfauen. Zweites Gericht: Gesottenes Hammelfleisch, gesottenes Lammfleisch, gesottene junge Gaisen, junge versottene Hähne, Schweinewildpret, Hirschwildpret in Pfeffer, warme Capaunpasteten, Pasteten von Lammfleisch, Pasteten von Finken, Torten von Kalbfleisch, gefulbirte (gefüllte?) Pasteten, gebratenes Kalbfleisch, Gigotten (gigots) von Hammeln mit Hachée, gebratene Feldhühner, gebratene junge Hühner, gebratene Krammetsvögel, gebratene Kaninchen, gebratener Auerhahn, gebratenes Birkhuhn, gebratenes Haselhuhn, gebratene grobe Vögel, kleine gebratene Vögel, gebratene Sardellen, Oliven, Capern, Pomeranzen, Citronen. Drittes Gericht: Kalter Schwan, kalter westfälischer Schinken, geräucherte Zunge, kaltes Hirschwildpret, Wildpretpastete, calecutische Hühnerpastete, Fasanenpastete, Schwanpastete, Hasenpastete, Kaninchenpastete, Feldhühnerpastete, Reiherpastete, wilder Schweinskopf, Saufissen de Bologne, Blanc manger, Pastete von Schinken, Gelatine von Spanferkeln. Das vierte Gericht: Parmesankäse, Confect von Birnen, Coriander, Englische Torten, Pflamen-Torten, Biscuit, Oblien, Rosquillen, Zinther Waffeln, getrönte Zinther Kuchen, getrönte Rollen, Marzipan mit Pomeranzen, Früchte von Genua, Marmelaben, Succaben, Pingelanben, Pasteten von Aalen, Misquois, Pomeranzenblüten, römischer Caneel, Zinther Rieten, Tortilles, Pistazien, Roffiolat gesolirt, Mandeltorten, Zinther Torten gesoltirt, Mousqueten. Summa 92.‘ v. Weber, Anna 104—107.

Geschichte, den Berg Helicon mit der Hippocrene, den Musen und dem Pegasus, den Actäon ‚mit einem lustigen Gejaydd‘ und den Raub der Sabinerinnen, neben der Susanna, und dem Propheten Jonas in einem Schiff mit 60 verborgenen ‚wohlriechenden Schlägen‘, welche nacheinander losgingen[1]. Als Herzog Friedrich von Württemberg im Jahre 1603 von dem englischen König Jacob I. den Orden des Hosenbandes erhielt, ließ er in dem großen Rittersaal zu Stuttgart ein Gastmahl anrichten, welches an die Zeiten des Lucullus erinnerte. Dem abwesenden König, welcher seine eigene Tafel hatte, wurden 90 verschiedene, so fein und gut zubereitete Speisen vorgesetzt, daß ein Anwesender glaubte, selbst der Gaumen eines Apicius würde sie vortrefflich gefunden haben. Alle Speisen waren mit so vielen, seltenen und kostbaren Gewürzen zubereitet, daß sie, wenn man den Deckel abnahm, den ganzen Saal mit Wohlgerüchen erfüllten. Unter den Schauessen, welche zugleich zur Speise dienten, zählte man Pasteten aller Arten, von den künstlichsten Figuren und allen möglichen Farben, vergoldete, versilberte und andere, verschiedene Vögel: aufrecht stehende Schwäne und Kraniche, welche die Hälse emporstreckten, vielfarbige Pfauen, die sich selbst in ihren Spiegeln betrachteten. Die Fische wurden theils in ihrer natürlichen Gestalt aufgetragen, theils vergoldet, versilbert, durch mancherlei Farben geschmückt und in Pasteten eingeschlossen. Unter den zum bloßen Anschauen bestimmten Schauessen befand sich auf der für den König bestimmten Tafel ein Hercules in ungewöhnlicher Größe, der zwei Männer unter seinen Füßen mit der Kinnlade eines Esels grausamlich zu ermorden schien. ‚Welch eine Wildheit in dem Gesichte,‘ schreibt ein Anwesender, ‚welch eine Grausamkeit in den Geberden! Wie künstlich, wie zum Leben war Alles ausgedrückt!‘ Den Tisch des Herzogs Friedrich zierte eine Minerva, auf einem Bogenkreuz stehend, das auf vier Säulen ruhte. Auf einem andern Tisch waren fünf wilde Männer zu sehen, aus frischen Zweigen von Orange- und Citronenbäumen zusammengesetzt[2].

Hatte man in früherer Zeit ‚die rechte Speisepracht der Fürsten und Herren‘ lediglich in der Masse der Speisen gesucht, so ging man jetzt zugleich nicht bloß auf die Feinheit und Mannigfaltigkeit derselben, sondern auch auf ganz absonderliche Genüsse aus. ‚Die Küchenmeisterei‘ entwickelte sich zu ‚einer solch fürnehmen Kunst‘, daß zum Beispiel die Erzherzogin Anna Catharina

---

[1] Beschreibung bei Pfaff, Miscellen 81—90. Zeitschr. für deutsche Culturgesch. Jahrg. 1859, S. 266—271. Die Zahl der Gäste ging auch bei den Festlichkeiten kleinerer Fürsten oft in's Ungeheuere. Zu dem Beilager des Herzogs Johann Friedrich des Mittlern von Sachsen-Weimar mit Agnes, der Wittwe des Kurfürsten Moritz, im Jahre 1555, waren deren so viele geladen, daß 8700 Reisige und 500 Wagenpferde in der Umgebung von Weimar untergebracht werden mußten. Kius, Ernestinische Finanzen 12.

[2] M. J. Schmidt, Neuere Gesch. der Deutschen 7, 170—175.

von Tirol selbsteigen für ein kaum fünfjähriges erzherzogliches Töchterchen ein
Kochbuch zusammenstellte, in welchem in 651 ‚Recepten‘ berichtet wurde, ‚was
in der Hofmundküche des Erzherzogs‘ Ferdinand II. ‚durch das ganze Jahr
zubereitet‘ wurde; unter den reichhaltigen Anweisungen zur Bereitung von
Fleischspeisen werden nicht weniger als 32 Gerichte von Schweinefleisch aufgeführt[1]. Der Prediger Erasmus Grüninger äußerte im Jahre 1605 die
Meinung, es wolle, weil ‚das Fressen so leckerhaft und seltsam geworden‘,
‚schier mehr Lernens dazu gehören, bis einer ein Koch, als bis einer ein Doctor
würde‘[2]. Aehnlich sagte Gregor Strigenicius: ‚Das Kochen ist aufs höchste
kommen, daß es fast unmöglich einem Menschen, Alles zu begreifen und zu
behalten, geschweige denn rechtschaffen zu gebrauchen und zu üben. Man läßt
sonderlich große Bücher davon ausgehen und drucken, wie man auf mancherlei
Art allerlei gute Bißlein zurichten und bereiten solle. Die alte Weise der
Deutschen taugt nicht mehr; es muß Alles auf Welsch, auf Spanisch, auf
Französisch und Hungerisch zugerichtet sein, mit einem polnischen Sode, oder
auf Böhmisch Art und Weise.‘[3]

Der beste Beleg dafür ist das Kochbuch, welches der ‚kurfürstlich Mainzische
Mundkoch‘ Marx Rumpolt im Jahre 1581 bei Sigmund Feyerabend zu Frankfurt am Main herausgab[4]. Unter den weltlichen Künsten, erörterte er in einer
feierlichen Widmung an die Kurfürstin Anna von Sachsen, sei die Küchenmeisterei
‚ohne Zweifel nicht die geringste‘; den Fürsten müsse ‚an einem Mundkoch mehr
gelegen‘ sein ‚denn an allen anderen Dienern, sie seien so hoch und geheim,
als sie immer mögen‘; neben dem Mundkoch verwalte ‚der Mundschenk an eines
Fürsten oder Herrn Hof fast das alleradelichste Amt‘. Rumpolt, ‚ein geborner
Ungar‘, hatte ‚mit großer Mühe und Arbeit‘ dem Kochen viele Jahre lang ob-
gelegen, war an vieler Herren Höfen gewesen und betonte wiederholt in seinem
Buche mit allem Nachdruck, daß er ‚keine Speisen zu beschreiben sich unterstanden‘
habe, welche er nicht während seines langjährigen schweren Amtes ‚mit eigener
Hand gemacht‘ habe[5]. ‚Die Kunstfertigkeit‘, welche sich in dem Buche offenbart, um ‚allerlei Speiß auf teutsche, ungerische, hispanische, italienische und
französische Weiß zu kochen und zu bereiten‘, ist allerdings eine ‚gewaltige und
wundersame‘, und doch hielt sich Rumpolt keineswegs für den größten Koch-

---

[1] Hirn 2, 496—497.   [2] Grüninger 243.
[3] Strigenicius, Diluvium 89.
[4] Ohne Genehmigung des Verfassers ließ Feyerabend im Jahre 1587 eine neue
Ausgabe erscheinen und gerieth deßhalb mit Rumpolt in Streit. Vergl. Becker, Jobst
Amman 109—110. Pallmann 56.
[5] Rumpolt, Vorrede, ferner Bl. 4ᵃ—6ᵇ und CLXXXIII (das Buch hat doppelte
Paginirung). Ein Exemplar des höchst seltenen Buches findet sich in der reichen ‚Koch-
bücher-Sammlung‘ des Herrn Theodor Drexel in Frankfurt am Main, der es mir
freundlichst zur Verfügung stellte.

künstler; man möge, mahnte er bescheiden die Leser, in seinem Buche nicht ‚die Größe der Kunst ansehen‘, sondern vielmehr sein ‚treues und geneigtes Gemüth, Anderen im Besten zu willfahren‘: er wolle nur eine Anleitung geben und Andere ‚zum Nachdenken in weiterer Kunstfertigkeit‘ anreizen [1]. Nachdem er zum Beispiel des Nähern beschrieben, wie ‚von einem Castraun oder Hammel 45erlei Speiß und Trachten zu machen‘, fügt er hinzu: ‚Du kannst auch wol mehr Speiß von einem Hammel zurichten, denn das ist nur eine kleine Anleitung und Verzeichnuß, wie sich einer zur Kocherei artlich anlassen und stellen soll.‘ [2] Auch von dem Ochsen beschrieb er nur ‚etliche Speisen‘, nämlich ‚83erlei‘, die man auf gleiche Form und Weise auch von einer Kuh anrichten könne; von dieser aber wären außerdem noch ‚siebenerlei Speiß und Trachten aus dem Euter zu machen‘. Von einer Spansau lehrte er 32 Zubereitungen, von einem Schwein 43, von einer jungen Geis 34, von einem Hirsch 37, von einem Capaun 44, von einem Fasan 22, von einem Krammetsvogel 17, von einem Adler 9. Aber wie zur Zeit der römischen Cäsaren verlangte auch der damalige Geschmack allerlei Gerichte von Nachtigallen, Wiedehopfen, Schwalben, Kuckuck und Zaunkönigen, die sich ‚braten lassen und einmachen in Pasteten, gut zu essen‘. Zu nicht weniger als ‚17erlei Speiß und Trachten‘ wären ‚allerlei kleine Vögel‘ geeignet, nur dürfe man ‚keine Spatzen oder Sperling nehmen, denn dieselbigen sind gar ungesund‘. Auch ‚das wilde Pferd‘ gehöre in den Bereich der Kunst; unter Anderm lasse sich davon ‚die Geil wie von einem einheimischen Pferd‘ zurichten, ‚wie vorhin vermeldt ist von der Böcke Geil‘. ‚Laß es dir nicht seltsam sein,‘ mahnte Rumpolt, ‚daß von einem Stück Wild, das gefangen ist worden und ein Kalb in ihr gehabt, das auch nicht recht zeitig ist gewesen, ich's von Stund an hab herausgenommen und flugs das Häutchen herabgezogen, in einem kalten Wasser ausgewaschen, ausgeweidt und eingesalzen, flugs angesteckt, gebraten und also ganz auf ein Tisch geben. Also hab ich's vor die jungen Herren von Oesterreich zugericht. Es würde wol mancher schlechter Bauer nicht darvon essen, würde besorgen, er freß den Tod daran, ist aber eine gute herrliche Speise.‘ [3] Neben den Schnecken, aus welchen sich ‚neunerlei liebliche‘ Speisen herrichten ließen, gehörten die Frösche zu den damaligen Leckerbissen: man verzehrte künstlich ‚gebackene Frösch‘, ‚gesottene Frösch‘, ferner ‚gefricusirte Frösch mit Agrastbeer und Wasser angemacht, wol gepfeffert und nicht viel gesalzen‘; ‚du kannst sie auch wol einmachen mit Agrastbrüh in Pasteten, die von weichem Teich aufgetrieben, so werden sie gut und wolgeschmack; Frösch gekocht schwarz mit Karpfenschweiß sind gut und wolgeschmack.‘ [4] Der Hecht ist bei Rumpolt mit 40, der Krebs mit 23, die Forelle mit 18, der Salm mit 17 ver-

---

[1] Vorrede 4ᵇ und S. LXIIIᵇ.   [2] Bl. XXIX.   [3] Bl. XLIIIᵇ.   [4] Bl. LXXXVII.

ſchiedenen Gerichten vertreten; zur Herſtellung einer kunſtvollen ‚Hollopotriba‘ wurden 90 Speiſen verwendet; ‚das Zugemüß‘ ließ ſich auf 225 Arten zurichten. Es kamen 36 Arten von Suppen, 46 von Torten, 54erlei Confecte, 50erlei Salate auf den Tiſch. Von einem Mandelkäſe konnte man ‚allerlei Figuren machen: Adam und Eva, ein Schweinskopf, ein Kappaun, ein Hecht, ein Froſch, eine Schildkröte, Kalbsfüße‘ und ſo weiter; ‚man kann auch die Käs machen von allerlei Farb, auch übergülden und überſilbern.‘ Von Zuckerſachen richtete der Künſtler auf einem Bankett Alles zu, ‚was der Menſch erdenken kann‘, zum Beiſpiel: ‚Spanſau, Kappaune, weſtfäliſche Schinken, Teller, ein Tiſchtuch, Salzfäſſer, Zulegſtück von einem Hammel, ein Schloß und Alles, was in das Schloß gehört, ein Wagen mitſammt den Pferden, auch wie Perſonen darin ſitzen, Eidechſen und Schlangen, auch allerlei Thier und Menſchen‘, ‚und über den letzten Gang Donner und Blitz, von Roſenwaſſer und Confect zugericht.‘ Aus ‚Aepfelſaft‘ ſtellte er her: ‚Schweinskopf, Kalbskopf, Bilder, Eidechſen und Schlangen‘; ferner ‚Bäume und kleine Muscateller Birn daran geſteckt, das hat man auch nicht viel geſehen‘ [1].

Nicht mit Unrecht ſagte man von dem Buche: Da es ‚gänzlich aus dem Leben genommen‘, könne ‚man daraus klärlich erſehen, welch eine gewaltige und wunderſame, vielen eingezogenen Menſchen ohne Zweifel hoch ärgerliche Kunſtfertigkeit und Ueberflüſſigkeit die Kocherei ſonderlich an den Höfen in dieſen letzten, gefährlichen, mit allen erdenklichen Nöthen, Jammer, Elend und Armuth beladenen Zeiten erreichet‘ habe. ‚Man möchte meinen,‘

---

[1] Bl. 13—14. 18. 26. Zu der ‚Hollopotriba‘, deren Zubereitung zwei bis drei Tage in Anſpruch nahm, wurde unter Anderm verwendet: ‚Rindfleiſch, alles Mögliche vom Schwein, Welſch, Capaun, Rebhuhn, Haſelhuhn, Faſan, geſotten und gebraten, aber Alles nur halb gar, Kalbfleiſch, geräuchertes Rind-, Kalb- und Hühnerfleiſch, Gänſe, Enten, Krammetsvögel, kleines Gevögel, geſottenes und gebratenes Hammelfleiſch, geſottene Sülzen, gelbe Rüben, Spinat, weiße Stickelrüben, Haſenbraten, weiße Waſſerrüben, gebratener Auerhahn, gebratener indianiſcher Hahn, gebratener Birkhahn, gebratene und geſottene Trappen und junge Hühner, Hirſch-, Reh- und Schweinebraten, allerlei Kräuter, Parmeſankäs, geräuchertes Schweinefleiſch, Weißkraut, Hirſchohren, Lamm-, Hammels- und Ochſenfüße, Lamm- und Geisfleiſch, Pfeffer, Muscat, Ingwer und Saffran, Braten von Gemſen, Steinböcken, Murmelthieren, Schnepfen, Spanferkeln; geräucherte Ochſenzungen und Kuh-Euter, geſotten.‘ ‚Und eine ſolche Speis kannſt du auf zehen oder zwölf Tiſch zurichten oder wol nur auf ein Tiſch. Und muß ſich ein Koch flugs tummeln, daß er dieſen Zeug allen zuſammen bringt.‘ Von der ‚Caperbatten‘, einer Zuſammenſtellung von verſchiedenem Geflügel, heißt es: ‚Es hat ein Koch zween Tag darmit zu ſchaffen.‘ ‚Und es muß ein guter geſchwinder Koch ſein, der auf vier Tiſch ſolche Speis zurichtet.‘ S. CXL ᵃ⁻ᵇ. Ein Recept zur Bereitung einer Paſtete mit ‚lebendem Küniglein‘ (Kaninchen) beſagt: ‚Du mußt mit dem Fürſchneider reden, daß er die Paſteten auf dem Tiſch aufſchneidt, wenn's aufgeſchnitten iſt, ſo ſpringt es heraus; ſo iſt es fein höflich und zierlich.‘ Rumpolt LXII.

die Menschen müßten ‚bei den viel hunderterlei Gerichten, so sie nach Beschreibung des Buches sich vorsetzen lassen, bersten ob all dem Gefräß‘, ‚und
wie viel unermeßliche Kosten gehen dabei auf, und wie viel Hunderttausende
kosten nicht die unzählig anderen Festivitäten, wie Feuerwerke, Ringrennen,
Fastnachtsbelustigungen, Schauspiele, Ballets, und was nur Namen hat, so
an den Fürsten- und Herrenhöfen zugerichtet und als wären sie Wunderwerke
beschrieben werden, und als eine rechte fürstliche Recreation wollen angesehen
werden, wenn auch die Unterthanen hungern und darben!‘ [1]

————————

Großartige Feuerwerke gehörten zu den Lieblingsvergnügungen der Fürsten.
Kurfürst Johann Georg von Brandenburg veranstaltete im Jahre 1586 bei
einem Besuche des Kurfürsten Christian I. von Sachsen, des Pfalzgrafen
Johann Casimir und einiger anderen Fürsten zu Cüstrin ein Feuerwerk, dessen
Kosten sich auf 6000 Gulden [2] beliefen: die Bildnisse des Papstes, des
Sultans, des Czaren und des Chans der Tataren wurden in diesem Werke
vorgeführt und verbrannt; die Kosten der Bewirthung schätzte man auf
8000 Ducaten [3]. Bei einem vom Landgrafen Moritz von Hessen zur Feier
der Taufe seines Sohnes Otto im Jahre 1594 angerichteten Feuerwerke ging
der Berg Helicon sammt dem Pegasus unter Raketen und Feuersäulen in
Flammen auf; im Jahre 1596 zur Feier der Taufe seiner Tochter Elisabeth
waren in einem ‚Feuerwerke bei 60 000 Schüsse ausfahrende und feuer-
sprühende Raketen zu hören und zu sehen, mit gar wundersamem Schrecken und
Grausen‘. Auch ein Feuerwerk vom Jahre 1600 begriff 60 000 Schüsse und
Raketen [4]. Beliebte Darstellungen in solchen ‚Feuervergnügungen‘ waren
Jason's Eroberung des goldenen Vließes, die Entführung der Proserpina,
das Urtheil des Paris und andere mythologische Erzählungen; zum Andenken
an diese Feste wurden sogar Münzen und Medaillen geprägt [5].

---

[1] Von den vielen Anzeichen, so uns den nahe bevorstehenden schrecklichen jüngsten
Tag verkünden. Flugblatt von 1598, S. 3. 5.

[2] Nach gegenwärtigem Geldwerth etwa 80 000 Mark.   [3] Moehsen 551.

[4] Rommel 2, 398. Vulpius 2, 550. ** Ein Feuerwerk, welches Friedrich von Württemberg im Jahre 1596 abbrennen ließ, kostete bei 1200 Gulden. Sattler 5, 194.

[5] Vulpius 1, 214, und 10, 464 Note. Bei der Hochzeit des Herzogs Johann Wilhelm von Cleve mit der unglücklichen Jacobäa von Baden zeigt ‚eine Abbildung ein Rennen
über die Schranken, und zwar in dem Augenblicke, in welchem die „Valien“ vermöge
eines künstlich angebrachten Feuerwerks entzündet werden und nach allen Richtungen
Flammen und Leuchtkugeln auswerfen. Auch hatte man Speere gebraucht, welche inwendig hohl und mit Feuerwerk gefüllt waren; dieses entzündete sich während des
Rennens durch angebrachte Lunten und gab dann einen Knall wie aus einer Muskete.‘
Bei einem am nächsten Tage gehaltenen Fußturnier auf dem Düsseldorfer Markt ist

„Ungleich verwunderlicher noch und kostspieliger‘ waren die an den Höfen häufig angestellten Maskeraden, Preisschießen, Ringelrennen, Schäfereien, Scheintourniere und allerlei phantastische und abenteuerliche Aufzüge, die oft Wochen lang dauerten. Ihre Beschreibungen und Abbildungen füllten zuweilen ganze Foliobände. Man machte die in den Ritterbüchern dargestellten Rittergefechte mit Zauberern, Feen, Unholden und Drachen nach, und vergnügte sich damit, in den „Inventionen‘, die zu den wichtigen Hofangelegenheiten gerechnet wurden, Mythologie und Geschichte „wundersam zu verwenden und darzustellen‘ [1]. Besonders berühmt waren die sächsischen „Inventionen‘, welche Johann Maria Nosseni aus Lugano, der im Jahre 1574 in kurfürstliche Dienste getreten war, leitete. Die Garderobestücke wurden zu Dresden in vier großen „Inventionskammern‘ aufbewahrt, die nöthigen Geräthschaften und Maschinen in einem eigenen „Inventionshaus‘. Eine Invention vom Jahre 1601 kostete über 3600 Thaler, eine andere im folgenden Jahre beiläufig 2800 Thaler. Eine von Nosseni im Jahre 1598 für den Landgrafen Ludwig V. von Hessen-Darmstadt angefertigte belief sich auf beinahe 4200 Thaler und trug außerdem dem „Künstler‘ ein Geschenk von 100 Kronen ein [2].

Auf einem zu Dresden bei der Vermählung des Kurfürsten Christian I. im Jahre 1582 veranstalteten „Ringrennen‘ traten drei sächsische Edle zu Pferde als Venus, Pallas und Juno auf; Bacchus ritt zu Esel zwischen musicirenden Frauen; Actäon als Hirsch zu Pferde war geleitet von Jägern und vier musicirenden Nymphen in einem Wasserbehälter; ein Narr, ein Gelehrter und ein Mönch ritten auf Pferden mit doppelten Köpfen; eine Dame zu Pferd zog drei Reiter an Ketten nach sich. Auch der Papst zu Pferd wurde vorgeführt, ferner ein Engel mit einem Drachen, eine Eule mit einem brennenden Nest auf dem Kopf, aus welchem drei junge Eulen aufflogen. Bei einem zwei Jahre später veranstalteten „Ringrennen‘ schritt der Gott Saturn einher mit einer Sense und einem Kind in den Händen, mehrere andere Kinder in einem Korb auf dem Rücken tragend; ein säch-

---

„zuletzt zu beiden Seiten die Erde aufgeborsten mit solchen Donnern und Schlägen, daß Jedermann sich dessen verwundern müssen und manigem ein Schrecken gemacht.‘ Zeitschr. für deutsche Culturgesch., Jahrg. 1859, S. 327.

[1] Vergl. die Beschreibungen derartiger Feste bei Vulpius 2, 543—550; 4, 239—245; 10, 464—469. G. R. Weckherlin gab im Jahre 1616 auf 114 Seiten in Quart einen „Triumph neulich bei der fürstlichen Kindtaufe‘ heraus, zwei Jahre später auf 76 in Querfolio eine „Kurze (!) Beschreibung des zu Stuttgarten bei der fürstlichen Kindtauf und Hochzeit jüngst gehaltenen Freudenfestes‘, und gleichzeitig eine „Beschreibung und Abriß des jüngst zu Stuttgarten gehaltenen fürstlichen Balleths‘. Wendeler 106—107. Vergl. Drugulin 117 No. 1326.

[2] Fürstenau 82—85.

fiſcher Edler ſaß als Seenymphe auf einem Elephanten, deſſen Decke das Meer mit Seethieren darſtellte; ein anderer, auf geflügeltem Pferd, einen Schlangenſtab in der Hand, hatte vor ſich Engel zu Fuß und zu Pferd, welche Turnierlanzen und Scepter trugen[1]. Als Kurfürſt Chriſtian II. von Sachſen im Jahre 1602 mit der däniſchen Prinzeſſin Hedwig ſein Beilager hielt, ,ſchwammen auf der Elbe', heißt es in einer Beſchreibung, ,vier Sirenen auf das allerkünſtlichſte; desgleichen ließ ſich auch Neptun auf einem großen Wallfiſch mit vier Pferden auf das artigſte neben den Sirenen ſehen. Das ,Ringrennen' geſchah in Aufzügen von einer römiſchen Invention, einer tartariſchen mit Lindwürmern und Affen, einer Invention von Zigeunern, einer von Jungfrauen in braunen und leibfarbenen Röcken, mit Spiegeln, Schwertern und Geigen, und einem Avantürier in einem güldenen Stück mit einem brennenden Herzen. Dann kam ein Mönch mit einem Schubkarren, darauf ſaß ein altes Weib; andere Mönche hatten Strohſchütten auf dem Rücken, in welche Weibsperſonen gebunden, denen die Schleier und Beine hervorragten; der Vorfechter hatte Nonnenkleidung an. Dann folgten unter anderm ein Aufzug von Mohren, von Wilden, ein Wagen mit der Venus und ein Zug von wilden Weibern, mit wenig grünem Gewand auf einer Seite bedeckt. Beim Jägeraufzug war ein Drache, der Feuer ſpie, und ein Berg, auf welchem eine Jungfrau und ein Bär ſaßen. Bei der auf dem Schloſſe abgehaltenen Fechtſchule bekam keiner Geld, wenn der andere nicht blutete; zweien wurde faſt ein Auge ausgeſtoßen, einem ein Arm faſt entzwei geſchlagen, viele gingen mit blutigen Köpfen aus dieſem Spiel.'[2]

Ueber eine bei der Taufe des brandenburgiſchen Markgrafen Chriſtian veranſtaltete Feſtlichkeit ſchreibt die Bürgermatrikel zu Cölln an der Spree: ,1581 den 27. Februar haben die Herrſchaft und derſelben Diener und Hofleute, in mancherlei Farben, ſtattlichen ſeidenen und anderen Kleidern vermummt, etliche wie Bergleute, eines Theils wie Mönche, ſo junge Nönnlein hinter ſich auf den Roſſen gehabt, eines Theils wie Löwen, Bären, Elephanten, eines Theils wie Bauern, auch eines Theils wie Jungfrauen zugericht, nach dem Ringe mit Rennſtangen gerannt, und die das Beſte gethan, ſeind alle mit guldenen und ſilbernen Credenz, mit vorreitenden Drometen und Heerpaucken gar ſtadtlichen begabt und verehret worden.' ,Auch hat deſſelbigen Tages des Churfürſten von Sachſen Sohn, ein gar überaus ſchön geſchmücket, mit Gold, Silber, guldenen und ſeidenen Teppichen geſchmückt Häuslein, darauf ein Knabe nackter Geſtalt,

[1] Vergl. Andreſen 2, 4—8.

[2] Vulpius 9, 325—329. ** Vergl. dazu den Bericht über den Aufzug vor Herzog Friedrich von Württemberg am 21. Februar 1599 bei Scheible, Schaltjahr 8, 115. Auch hier werden unbekleidete Wilde aus Amerika erwähnt, außerdem ein ,Venusberg aus Arcadia und andere ſeltſame Inventiones'.

mit gefärbter Leinwand bekleidet, mit seinem schießenden Bogen, in der Gestalt
Cupidinis, Filii Veneris, an einem Eisen angefaßt, gestanden, auf die Bahn
führen und bringen lassen. Welch Häuslein zwei Schwanen fortgezogen, und
in demselben gar eine stattliche und liebliche Musica gehalten worden, daraus
denn auch etliche Tauben schön geschmückt geflogen.‘ Am 1. März erschienen
Prinz Christian von Sachsen und Graf Burkhardt von Barby in einem
goldenen Schiff, welches auf Rädern bewegt und von einem langbärtigen
Zwerge, ‚der sich ganz abenteuerlich und seltsam geberdet‘, gezogen wurde.
Am folgenden Tage wurde ‚zu Abend um zehn Uhr von der Thumbkirchen
herunter ein gar schön, artiges, wolgerichtet und abgemaltes Häuslein, so
auf der Stechbahn bald beim Glockenthurm erbaut und mit allerhand Artel-
lerey, Pafskettlein und Schießwerk erfüllet, künstlichen durch einen fliegenden
Drachen auf der Leinen angezündet‘, und daraus wurden ‚etliche tausend
Schosse wunderlicher Weise gesehen und gehöret‘, und damit endete ‚die fröh-
liche Kindtauf fürstlich und herrlich in Freuden‘ [1].

Bei der Hochzeit des Landgrafen Otto von Hessen im Jahre 1613
folgten auf die Darstellung des Actäon und der Diana mit ihren unbeklei-
deten Nymphen acht abenteuerliche Aufzüge, dann ein Schäferspiel, eine
Schiffercompagnie und constantinopolitanische Kreuzritter in rothen Mönchskappen, von Jesuiten und Nonnen begleitet, welche auf Zwergpfeifen bliesen.
Abenteuerliche, von den vermummten hessischen Rittern zu Wasser und zu
Land bestandene Kämpfe gegen Riesen, Drachen, Tyrannen, für bezauberte
oder gefangene Königinnen und ihre Töchter, und ungeheure, die ganze
Gegend von Cassel erleuchtende Feuerwerke, wobei ein Berg sammt dem darauf
sitzenden Abgott unter unzähligen Feuersäulen krachend in die Luft flog, beschlossen die Feier [2]. Bei der Hochzeit des Herzogs Ludwig Friedrich von
Württemberg im Jahre 1617 wurde ein Tempel der Venus im großen Hoch-
zeitssaal errichtet; Venus stand in schöner Beleuchtung auf einem Altar, vor
ihr standen sechzehn Ritter in weißen Gewändern, welche sie nach der Musik
abwarfen, um im Ballet zu erscheinen [3].

Die französischen Ballets bürgerten sich seit dem Ende des sechzehnten
Jahrhunderts an den deutschen Höfen ein: geschmack- und ordnungslose ‚Inventionen‘, in welchen mit dem Tanze der Dialog, das gesungene Recitativ,
bisweilen auch Lieder, Duette und Chöre abwechselten. Ihre Erfindung ging
gewöhnlich von den hohen Herrschaften selbst aus, welche sich an der Ausarbeitung des Textes, der Fertigung der Musik und der Anordnung der
Tänze betheiligten. ‚Die Ballete wirst du dir gefallen lassen,‘ sagt ein

---

[1] Friedländer xiv—xv Note.   [2] Rommel 2, 397—398.
[3] Rommel 2, 190 Note.

Dresdener Herausgeber einiger solcher Geschmacklosigkeiten, ‚sintemal die Erfindung von solchen Personen herrührt, bei denen man ohne hohe Ungnade der Wahrheit nicht leichtlich widersprechen kann. Daß die Aegyptierinnen unter Amerika gesetzt seien, ist nicht etwa aus Unwissenheit geschehen, sondern denen es gnädigst also beliebet, die haben dessen erhebliche Ursachen‘. Tanzmeister gehörten neben den Mundköchen nicht selten zu den gesuchtesten ‚Künstlern‘. In Dresden bezog ‚der Springer Adrian Rothbein‘, der die Edelknaben ‚im Springen und Tanzen‘ unterrichten mußte, einen Jahrgehalt von 100 Thalern; im Jahre 1602 einmal eine Begnadigung von 1000 Gulden[1]: außerordentlich hohe Summen, wenn man sie beispielsweise mit der Besoldung der Professoren an Gymnasien und Universitäten vergleicht[2]. Fünf Engländer, welche bei der Tafel aufspielen und ‚mit ihrer Springkunst Ergötzlichkeit machen‘ mußten, erhielten in Dresden seit dem Jahre 1586 freien Tisch zu Hof, jährlich 500 Thaler Gehalt, 40 Thaler Hauszins und ein Kleid[3].

Als eine ‚insonders gesegnete Zeit für fürstliche Solennitäten‘ galt alljährlich die Fastnacht. Im Jahre 1609 nahmen in Dresden die Fastnachtsfestlichkeiten, welche zu Ehren mehrerer anwesenden Fürsten und Fürstinnen angestellt wurden, volle achtzehn Tage in Anspruch; binnen sechs Tagen wurden nicht weniger als 43 Ringrennen abgehalten, drei Tage nach einander auf dem Altmarkte eine Menge Hirsche, Rehe, Bären, Schweine, Füchse, Wölfe und Dachse gehetzt[4].

Auch ‚Kampfspiele zwischen wilden Thieren‘ sollten bisweilen bei Festlichkeiten ‚zur Erlustigung des hohen Geblütes‘ dienen. Bei einer Kindtauffeier zu Dresden wurde am 26. September 1614 ein Kampf zwischen Bären, Hunden, Ebern und Stieren auf dem Markte vorgeführt; bei einer ‚Lust- und Kampfjagd‘, welche dort am 7. August 1617 stattfand, sah man unter den wilden Thieren 8 Bären, von denen einer über 7 Centner wog. Bei einem zu Torgau veranstalteten Fest wurden an drei Tagen Thierhetzen abgehalten; ‚zuerst kämpften 3 Bären mit Ochsen und englischen Hunden auf freiem Feld; dann wurden 20 Wölfe auf dem Schloßhof gehetzt, zuletzt 5 Bären in Streit mit Ochsen und Hunden gehetzt‘[5].

‚Sothane fürstliche Freudenspiele‘ kamen ‚manchen Landen‘, klagte eine Schrift, ‚hochtheuer zu stehen von wegen der schweren Kosten für die Auffütterung so vieler wilden Thiere‘. ‚Andere Fürsten‘, fügt die Schrift hinzu,

---

[1] Fürstenau 86—93.   [2] Vergl. unsere Angaben Bd. 7, 75 fll. 175 fll.
[3] Fürstenau 70—71.
[4] Der Maler Daniel Bretschneider mußte auf 66 Blättern in Querfolio ‚alle Inventionen und Aufzüge‘ darstellen. Sachsengrün 1, 184 fll. 232 fll. 247 fll.
[5] Müller, Forschungen 1, 144. Müller, Annales 312. Grulich 129—130.

‚haben mehr Lust an Affen, die sie mit schwerem Geld kaufen und wohl gar,
als wären es vernünftige Geschöpfe, aufziehen.'[1] Kurfürst Friedrich IV.
von der Pfalz zahlte einmal für einen Affen 15 Königsthaler[2]. Landgraf
Georg I. von Hessen hatte einen Affen, welcher am 29. Mai 1595 ein
Junges warf. Dasselbe mußte von der Frau eines Kochs gepflegt und
gesäugt werden, und täglich wurde dem Landgrafen, der sich in Schwalbach
zum Gebrauche der Brunnencur befand, über das Befinden des Säuglings
Nachricht erstattet; auch dessen ‚Conterfait, welches Peter der Mahler gemacht', wurde ihm eingeschickt, ‚und berichtet', meldete Joachim von Wals-
burg, Hofmeister der jungen Prinzen, ‚des Kochs Weib, daß sie es, wenn
sie es gesäuget, in ein Leintuch und Pletzplacken lege, darin es dann sonderlich des Nachts gar still liege'[3].

2. Fürstlicher Schmuck an Kleidern und Kleinodien — Glücksspiele und Goldmacherei.

‚Mit Aufzählung der stetigen Schlemmereien und Saufereien, der gleich
stetigen Festlichkeiten und was sonst nur zur Erlustigung zu gedenken sein
mag, reicht man', wurde geklagt, ‚noch weit lange nicht aus, so man berechnen
will, was Fürsten und Herren dem Volke für Kosten auftreiben. Da muß
man noch hinzunehmen zubörderst den übermäßigen Geschmuck ihrer Kleider
an kostbaren Waaren, Gold, Silber und Perlen für sich und die Ihrigen.
Das geht damit, als die Erfahrung zeigt, so überschwenglich voran, daß es
auf die Länge nicht halten kann. Da muß Alles strotzen von Gold und
Silber, stetig wollen neue Kleinode, immer größer und kostspieliger, angeschafft
werden. So Hochzeiten gehalten werden, sind wohl große Wagen von Nöthen,
um die Kleider und kostbaren Geschmuck fortzuschaffen, und überbietet Einer
den Andern, und ist alte Einfachheit und Haushältigkeit nimmer zu finden.'[4]
Erschien eine Fürstin im fürstlichen Putz, so war das Haupt geschmückt mit
einem Perlenkranz oder einem mit Gold und Perlen gewundenen Kranz, oder
sie trug eine Haube von Gold- und Seidenstoff mit Perlensternen und goldenen
Schlingen. Den Hals umgab ein Halsband, mit Smaragden, Saphiren, Rubinen
und Perlen verziert, daran irgend ein Kleinod mit mancherlei Edelsteinen. Die
Schultern bedeckte ein Koller, bald von Goldstoff, bald von Sammet, mit Silber
oder goldenen Borten verbrämt, zuweilen mit Hermelin oder Marder gefüttert,
oder auch von weißem, goldburchwebtem Damast, mit Marder unterlegt. Auf
der Brust hielt dieses Koller ein goldenes Häftlein zusammen, welches immer

---

[1] Von den vielen Anzeichen ꝛc., vergl. oben S. 173 Note 1.   [2] Wille 255.
[3] Archiv für hessische Geschichte und Alterthumskunde 13, 531—533.
[4] Von den vielen Anzeichen ꝛc., vergl. oben S. 178 Note 1.

reich mit Smaragden, Saphiren, Rubinen und Amethysten besetzt und mit irgend einer mit Edelsteinen umsetzten Figur geschmückt war. Die goldenen Halsketten waren zum Theil mit sogenannten Mühlsteinen und Kampfgräbern, Feuerhaken von Gold, goldenen Birnen oder anderen Früchten verziert. Die Aermel schmückten künstliche Perlenstickereien, welche allerlei Figuren bildeten, zum Beispiel eine ,mit einem Vogelfänger, vier Saphiren, fünf Rubinen, einer Smaragdlilie, drei Rubinrosen und einem dreieckigen Diamant, unter dem Vogelfänger drei Rubin- und Diamantrosen'. Eine besondere Pracht bildeten auch die zahlreichen kostbaren Schmarallen-, Türkis-, Diamant- und Rubinringe; auch der Gürtel war mit Perlenzügen und mit goldenen Ringen und Stiften versehen[1]. Das Gewicht der von den damaligen Fürstinnen bei festlichen Gelegenheiten angelegten Kleider und Schmucksachen läßt sich auf beiläufig 20 Pfund berechnen[2].

Kurfürstin Anna von Sachsen trug Schleier, an welchen sich bis an 600 goldene Knöpfe und eben so viele Perlen befanden[3]. Die kaum fünfzehnjährige Prinzessin Anna Eleonore von Hessen-Darmstadt besaß im Jahre 1616 unter Anderm zehn kostbare Röcke, von welchen einer 3100 Florin gekostet hatte; auf einer Schürze ,von guldin Tuch mit Perlen und Gold gestickt' belief sich der Werth der Perlen auf 500 Florin[4]. Unter der Habschaft der Erzherzogin Catharina von Oesterreich befanden sich im Jahre 1549 ,7 mit Diamanten, Rubinen und Perlen geschmückte Halsbänder, 19 Ketten und Armbänder, 7 guldin Gürtel, 12 Barete, 27 guldin Hauben' und viele andere Kostbarkeiten mehr[5].

Wie die Fürstinnen, so behingen sich die Fürsten bei festlichen Gelegenheiten mit goldenen Ketten, goldenen Adlern, Armbändern, Medaillen und dergleichen, alle mit Edelsteinen, Diamanten, Rubinen, Saphiren geschmückt. Herzog Albrecht von Preußen ließ einmal bei dem Goldarbeiter Arnold Wenck in Nürnberg ein Halsband verfertigen, in welches 8 große und kleine Saphire, 11 Rubinrosen, 38 größere und kleinere Rubinkörner, 1 großer Diamant, 29 größere und kleinere Diamanttafelstücke und 6 Stücke Smaragd eingesetzt wurden. Für ein anderes diamantenes Halsband, wozu die Steine aus Venedig verschrieben wurden, zahlte der Herzog dem Künstler 2000 Gulden. Eine von ihm bestellte Medaille wurde ohne den Arbeitslohn auf 682 Gulden

---

[1] Aus der Schilderung bei Voigt, Hofleben 1, 130—132.
[2] Vergl. die Zeitschr. des Vereins für Gesch. und Alterthumskunde Schlesiens 14, Heft 2, 417: Das Oberkleid der Herzogin Barbara von Liegnitz-Brieg wog 3 Pfund, der Perlenrock 10 Pfund, die große goldene Kette 2 Pfund u. s. w.
[3] v. Weber, Anna 175.
[4] Archiv für hessische Gesch. und Alterthumskunde 10, 430—432.
[5] Chmel, Die Handschriften der Hofbibl. zu Wien 1, 245—259.

geschätzt. Von Georg Schulthe aus Nürnberg bezog er eine Sammlung von allerlei Kleinobien im Werthe von 4796 Gulden[1]. Kurfürst August von Sachsen beauftragte den Augsburger Kaufmann Conrad Roth, ihm aus Lissabon mitzubringen ‚eine Schnur großer Perlin für ungefähr 6000 Ducaten, einen besten orientischen Magnet, einen orientischen Saphir, so an den Hals zu hängen, 300 schön geschnittene Carneoles, um an den Arm zu hängen, Alles was Frembes aus den Indias kommt‘[2]. Ein ‚durchaus mit gezogenem Gold gestickter Rock, mit violbraunem Sammet zugerichtet, daran 41 Rubinen und Diamanten‘, wurde dem Kurfürsten auf 5000 Thaler berechnet[3]. Im Besitzstand des Kurfürsten Christian I. von Sachsen zählte man ‚15 Ketten, 7 Kleinödter, 75 Ringe, 13 Armbänder, 23 Stück seltene Schmucksachen‘, darunter eine Kette mit kleinen platten Gliedern, die viermal um den Hals ging und an welcher die Bilder der Ahnen, mit 51 Rubinen und 4 großen Diamanten auf beiden Seiten besetzt, an einer schweren Perle hingen[4].

Welch hohe Beträge am fürstlichen Hofe zu Wolfenbüttel für kostbare Pelzwerke, unter denen der Zobel den ersten Rang einnahm, und für edle Gesteine verausgabt wurden, geht aus Kaufverträgen hervor, welche Herzog Julius von Braunschweig mit Hans Rautenkranz, Bürger von Braunschweig, im Jahre 1574 abschloß. Am 26. Januar dieses Jahres hatte Rautenkranz bereits 5600 Thaler für Zobel berechnet; vier Wochen später berechnete er für weiter gelieferte ‚6 Zimmer Zobel und 42 Stück lose und gar schöne Zobel 5000 Thaler, für einen großen Smaragd 9000, für einen Diamanten 3600, für einen weißen Saphir 600, einen vierkantigen Amarant oder Smaragd in einen Ring gesetzt 200, für einen Türkis mit Gold versetzt 350 Thaler‘: ‚that Alles in Allem zusammen 24 350 Thaler‘[5]. Solche Summen wurden in einem einzigen Jahre verausgabt.

Landgraf Moritz von Hessen gab für Ankäufe auf der Frankfurter Messe bisweilen in Einem Jahre, wird berichtet, zwei Tonnen Goldes, etwa 200 000 Gulden, aus[6]. Am württembergischen Hofe befand sich ‚ein unendlicher Reichthum an kostbaren Gefäßen und überköstlichen Schmucksachen‘. Bei Gelegenheit eines Armbrustschießens in Stuttgart sah der Pritschenmeister Lienhart Flexel im Jahre 1560 den herzoglichen Schenktisch angefüllt mit großen goldenen Trinkbechern und großen silbernen Flaschen. ‚Der silbernen Becher‘, sagt er, ‚waren so viele, daß ich die Zahl nicht schreiben will.‘ Ebenso sah er ‚zahllose Schüsseln von Silber, viel tausend Gulden werth, denn in lauter Silber trägt man zu essen‘[7]. Herzog Friedrich von Württemberg erschien im Jahre

---

[1] Voigt, Fürstenleben 241—245.   [2] Archiv für sächsische Gesch. 5, 334.
[3] v. Weber, Anna 179.   [4] Richard, Licht und Schatten 60.
[5] Zeitschr. des Harzvereins 3, 310.   [6] Rommel 2, 683.
[7] Zeitschr. für deutsche Culturgesch., Jahrg. 1856, S. 198.

1605 bei einem Fefte mit mehr als 600 Diamanten geſchmückt[1]. Den koſt-
barſten Schatz erwarb ſich Herzog Albrecht V. von Bayern. Für einen Balaß
und Diamanten bezahlte er einmal 24 000 Gulden, für ein Kleinob 10 500
Gulden, für ein Kleinob mit Perlen 12 000 Kronen, für Goldſchmiedearbeiten,
welche er in München und Augsburg ſich anfertigen ließ, 200 000 Gulden[2].
Der Mainzer Erzbiſchof Albrecht von Brandenburg betraute im Jahre 1530
einen Augsburger Goldſchmied mit der Anfertigung eines goldenen Kreuzes,
zu welchem er verſchiedene Kleinobien im Werthe von mindeſtens 40 000
Gulden lieferte[3].

Wie ſehr die fürſtliche Pracht an Kleibern und koſtbarem Schmuck im
Laufe eines Jahrhunberts zugenommen hatte, zeigt ſich namentlich bei ben Hoch-
zeitsausſtattungen der Prinzeſſinnen. Als Anna, die Tochter bes römiſchen
Königs Albrecht II., am 20. Juni 1446 mit dem Markgrafen Wilhelm III.
von Meißen ſich vermählte, erhielt ſie eine Ausſtattung, welche im folgenden
Jahre von dem Könige Friedrich IV. bei Vermählung ſeiner Schweſter Catharina mit dem Markgrafen Carl von Baden nachgeahmt wurde. Anna's
Ausſteuer beſtand aus: 4 wollenen Gewändern für ſie ſelbſt und 2 für jede
der Jungfrauen; dazu Aermel und ‚Jopplen‘ von Damaſt zu einem Rock
und zu dem andern Rock Aermel und ‚Joppl‘ von ‚Zembl‘, einem koſtbaren
Seidenſtoff; ferner erhielt ſie 3 goldene Gewänder von Sammet und Damaſt,
2 mit Hermelin und das dritte mit Zobel gefüttert, 2 Sammetröcke und
1 Damaſtrock, mit buntem Pelzwerk gefüttert; außerdem noch einige ‚Joppen‘
und 2 Damaſtjacken. An Kleinobien beſaß ſie: ‚2 Halspanb, 12 Hefftl,
32 Ring petzer und enger und 4 Mark Perl, 3 Gurtl, 12 groß Schützl,
4 klain, 1 Naterzung‘, 1 verſteinerter Fiſchzahn, gefaßt und als Zierat
verwendet, ‚12 Khoppf‘, eine Art Becher, ‚8 weiß Pecher, 2 Khannbl,
12 Löffel, 2 Pech‘, Geſtelle für Löffel und Meſſer, ‚1 Gießvaß, 2 Par
Tiſchmeſſer‘; ein vergoldeter Wagen, mit 6 Pferden beſpannt, führte bie Braut
dem Bräutigam zu[4].

Sehr verſchieden von dieſer Ausſtattung einer deutſchen Königstochter
um die Mitte des fünfzehnten Jahrhunderts war die Ausſteuer, welche ſeit
der Mitte des ſechzehnten deutſche Fürſtentöchter erhielten. Als Hedwig, die
Tochter bes Kurfürſten Joachim II. von Brandenburg, im Jahre 1560 mit
dem Herzog Julius von Braunſchweig Hochzeit hielt, brachte ſie mit: 6 koſt-
bare Halsbänder, unter dieſen: ein Halsband mit einem Kleinod, in Hals-
bande 7 Diamanten, 13 Rubine und 14 Perlen; im Kleinobe 12 Diamanten, 3 Rubine, 1 Smaragd und 7 Perlen; ein Halsband mit einem

[1] Pfaff, Geſch. von Wirtemberg 2ᵃ, 41—42.
[2] Vergl. unſere Angaben Bd. 6, 125.   [3] Archiv für Unterfranken 27, 206.
[4] Zeitſchr. für beutſche Culturgeſch., Jahrg. 1878, S. 451—453.

Kleinob, im Halsband 3 Diamanten, 4 Rubinen unb 16 Perlen, im Kleinob
1 Rubin, 1 Smaragb, 6 Diamantlein und 1 große Perle; 5 Armbänder,
barunter 2 mit je 7 Rubinen unb 30 Perlen; 10 Kleinobien, barunter
ein Kleinob mit 1 Smaragb, 2 Diamanten, 1 Rubin unb 1 großen Perle;
ein Kleinob mit 3 Diamanten, 1 Rubin, 1 Smaragb unb 1 Perle; ein Dia-
mantkreuz mit 10 Diamanten unb 3 anhangenben Perlen; 20 Ringe, barunter einer mit 11 Diamanten, einer mit 5 Diamanten unb 6 Rubinen; 9 golbene
Ketten, barunter eine ‚maulkorbige‘ Kette, welche 362 Kronen, eine Panzerkette,
welche 326 Kronen wog; eine andere wog 329 rheiniſche Golbgulben.　In
ihrem Silbergeſchirr befanden ſich unter Anbern: eine Gießkanne unb Becken,
12 ſilberne Schüſſeln, 12 Becher, 12 Teller, 12 Löffel. Zu ihren Kleibungs-
ſtücken gehörten: 8 weite Röcke aus Golbbrocat, Seibenbamaſt, Atlas unb
Sammet, barunter ein ‚gelb glanz gezogen golben Stück‘, mit Perlen geſtickt,
‚barauf ſind 480 Loth gegangen; bazu 200 Loth Perlen zu anberm Schmuck
verreicht‘; 24 enge Röcke aus Golbbrocat, Seibenbamaſt, Atlas unb Sammet,
barunter ‚ein roth gezogen golden Stück mit erhabenen golben unb ſilbernen
Blumen unb bie Bruſt mit Perlen geſtickt; ein gelb gezogen golden Stück mit
erhabenen golbenen Blumen, bie Bruſt unb Aermel mit Perlenborten gebrämt‘; 10 Unterröcke, barunter ‚ein rother golbgeſtickter Unterrock mit Hermelin
gebrämt; einer von ſchwarzem Sammet mit rothem golbenem Stück gebrämt
unb unten mit Hermelin gebrämt‘; 4 gefütterte Röcke aus Golbbrocat, Atlas,
Sammet unb Seibenbamaſt, unter welchen ‚ein roth gezogen gülden Stück mit
Zobel gefüttert‘; 5 Mäntel aus Sammet, Atlas unb Seibenbamaſt, barunter
‚ein ſchwarzer Sammetmantel mit einer geſteppten Bräme unb mit Marber gefüttert; ein roth ſeibener Atlasmantel mit rothem gülbenem Stück gebrämt unb
mit Hermelin gefüttert‘; 42 Hauben, meiſt von Seibe, Silber unb Golb, barunter 6 Hauben mit Perlen, 8 geſtrickte Hauben von Silber unb Golb; 15 Gürtel,
barunter 2 mit Perlen, bie anberen meiſt von Silber unb Golb; 42 Schürzen,
barunter ‚eine ſilberne Zinbelſchürze mit Perlen, eine ſilberne Zinbelſchürze mit
Glanzborten von Silber unb Golb, eine Schürze mit rother Seibe unb Golb-
borten‘; 22 Nachthemben, faſt alle mit Borten von Silber, Golb unb Seibe.
Auch brachte ſie mit ‚2 golbene Wagen mit 10 Wagenpferden‘[1]. Bei der Ausſtattung der Prinzeſſin Anna von Preußen, welche ſich im Jahre 1594 mit bem
Kurfürſten Johann Sigismunb von Brandenburg vermählte, beliefen ſich allein
bie Koſten der eingekauften Kleinobien auf 14 138 Mark Silber; für ein

---

[1] Bobemann, Herzog Julius 209—214. Vergl. bas Hochzeitsinventarium der Prinzeſſin Eliſabeth von Sachſen vom Jahre 1570 (barunter 12 Hauben mit zahlreichen
Diamanten, Rubinen unb anberm Geſchmeibe) in der Zeitſchr. für beutſche Culturgeſch.,
Jahrg. 1870, S. 391—397. Aehnliche Angaben über Brautausſtattungen bei Habe-
mann, Eliſabeth von Braunſchweig 107 fll.

Halsband ‚mit 32 Diamanten, Perlen und güldenen Rosen‘ wurden 1487, für ein anderes 3000, für ein drittes mit 18 Rosen, worunter 5 Rubin-, 4 Diamantrosen, welches man aus Nürnberg kommen ließ, 3750 Mark bezahlt; ein viertes goldenes Halsband kostete 3115 Mark. Die Zahl der größtentheils mit Diamanten und Rubinen geschmückten Ringe der Braut betrug 144; für Perlen wurden 1745 Mark, für eine goldene Kette 265 Mark verausgabt. Für den Kleiderschmuck der Braut wurden verwendet ‚16 Stück glatter Sammet von schwarzer, carmesinrother und Pomeranzen-Farbe, 3 Stück geblümter Sammet, Sammet auf Sammet-, Sammet auf Atlasboden und Sammet-Caffa, 6 Stück Atlas von mancherlei Farben, 80 Ellen glabgoldene Stücke silberweiß, gelb, violenbraun und grün, 50 Ellen Taletha mit Gold und Silber gestreift, 500 Ellen Silber-Posament, 350 Ellen Silber- und Gold-Steilwerk, allerlei goldene und silberne Borten‘ und so weiter [1].

Den Ausstattungen der Fürstinnen ‚mit überschwenglichen Kleinodien, Kleidungen und sonstigem Pracht‘ entsprachen die Hochzeitsgeschenke. Bei einer fürstlich Jülicher Hochzeit im Jahre 1585 füllten dieselben, als man sie zur Schau ausstellte, neun Tische: ein ‚herrlicher köstlicher Schatz von Kleinodien, ansehnlichen Halsbändern, Ketten, Brasseletten, Medalien, Ohrengehenken, neben allerhand Trinkgeschirr in Gestalt von Thieren, Fischen, Vögeln, auch Schiffen und Brunnen‘ [2]. Als Hochzeitsgeschenke einer Prinzessin von Württemberg werden im Jahre 1610 aufgeführt: ‚Ein Halsband mit 43 großen Perlen, thut 3225 Goldgulden; eine Perlenkette von 2280 Stück, thut 4564 Gulden; ein Kleinod mit Diamanten zu 2000 Gulden; ein Kleinod von Diamanten und eine goldene Kette zu 1700 Gulden; ein Diamanthalsband 1500 Gulden; ein dergleichen 1400 Gulden; ein gleiches 1600 Gulden; eine Perlenkette 4000 Gulden; ein Kleinod mit Sapphir 4000 Gulden; ein Kleinod mit diamantenen Federlein gegen 1000 Gulden; ein Halsband mit Diamanten und Rubinen 650 Gulden; eine Perlenkette 300 Gulden; ein Paar Armbänder 200 Gulden; ein Kleinod mit Diamanten 700 Gulden; ein gleiches 250 Gulden‘; die Landschaft von Württemberg schenkte eine fünffache goldene Kette zu 877 Gulden und ein Kleinod zu 200 Gulden [3].

Zu den vornehmsten Handelshäusern, welche den Fürsten die meist aus Italien bezogenen Kostbarkeiten lieferten, gehörten die der Florentiner Lorenz de Villani in Leipzig, Laux Endres Durisani und Thomas Lapi in Nürnberg. Aber auch die großen deutschen Handelshäuser hatten eigene Fabriken, Webe- und Wirkwaarengeschäfte für die Verfertigung der prächtigsten und

[1] Voigt, Fürstenleben 235; Hofleben 1, 100.
[2] Zeitschr. für deutsche Culturgesch., Jahrg. 1859, S. 321.
[3] Moser, Kleine Schriften 9, 380. Vulpius 4, 245—247.

kostspieligsten Gold- und Silberstoffe. Aus vorhandenen Rechnungen ergibt sich der hohe Werth dieser Waaren. So berechnete beispielsweise Thomas Lapi im Jahre 1535 ein Stück rothen goldenen Atlas von 29 Ellen auf 313 Goldgulden, ein goldenes Stück Atlas von gezogenem Golde von 12 Ellen auf 120 Goldgulden, ein silbernes Stück Atlas von gezogenem Silber von 12 Ellen auf 108 Goldgulden. Derselbe Kaufmann überschickte im Jahre 1536 dem Herzoge Albrecht von Preußen zwei ganz goldene und silberne Stücke von gezogenem Gold und Silber, wovon das goldene von 38 Nürnberger Ellen 380 Gulden, das silberne von 40 Nürnberger Ellen 360 Gulden kosten sollte. Zwei Stücke Damast von rother und aschgrauer Farbe zu einem Preise von 170 Gulden fand der Herzog für seine und seiner Gemahlin Kleidung zu schlecht [1]. Der Mainzer Erzbischof Albrecht von Brandenburg ließ einmal durch die Welser von Augsburg zwei Kisten wollene und seidene Gewänder aus Venedig kommen, für die er 1500 Ducaten und 190 venetianische Goldgulden schuldig blieb [2].

Zu den vielen ,Stücken, so gemeinlich den großen Herren ihre Kammer plündern', rechnete Melchior von Offa in einem dem Kurfürsten August von Sachsen im Jahre 1556 überreichten ,politischen Testament' nächst der übermäßigen ,Bausucht' namentlich auch ,die großen übermäßigen Spiele' [3]. ,Welch erschreckliche Summen bei solch hohen Spielen, so schier zu den täglichen Recreationen der Fürsten und Herren gerechnet werden wollen, oft in wenig Tagen und Monaten ausgegeben werden und verloren gehen, läßt sich', heißt es in einer Schrift, ,aus Erfahrung der Kammerrechner bezeugen, so den Fürsten die Gelder liefern müssen, und kaum wissen, wie sie solche aus den erschöpften Kammern zu wege bringen sollen.' [4] Kurfürst Johann Friedrich von Sachsen verspielte zuweilen an Einem Tage 500, 700, 1000 Gulden; in den Jahren 1538—1543 einen Betrag von 19282 Gulden, im Jahre 1544 binnen zwölf Wochen 12344 Gulden. Johann Friedrich der Jüngere von Sachsen verlor im Jahre 1555, als er erst 17 Jahre alt war, 300 Florin, vier Jahre später 864 Florin. Kurfürst Joachim II. von Brandenburg büßte im Spiele binnen kurzer Zeit 40000 Gulden ein [5]. In einer ,Rechnung über die preußische Reise' des Kurfürsten Johann Sigismund vom 11. Juli 1608 bis zum 23. August 1609 verzeichnet der Kammerschreiber Johann Grabow für die einzelnen Tage das Spielgeld seines Herrn;

---

[1] Voigt, Fürstenleben 237—240.　　[2] Archiv für Unterfranken 27, 201—202 Note.
[3] Vergl. Glaser 684.　　[4] Von den vielen Anzeichen rc., vergl. oben S. 178 Note 1.
[5] Kius, Ernestinische Finanzen 9; vergl. 84.

die ſtärkſten Poſten belaufen ſich im Januar 1609 auf 55, 77 und 88 Reichsthaler, im Februar auf 109, 135, 286, am 2. und 5. März auf 333 Reichsthaler und ſo weiter[1]. Am 10. Mai 1613 ließ der Kurfürſt, ‚als er mit
Moriz von Heſſen und Joachim von der Schulenburg ſpielte, 233 Thaler
8 Gr. holen, und dem Landgrafen 600 Thaler auszahlen, welche er ihm früher
im Spiele ſchuldig geblieben war‘[2]. Kurfürſt Friedrich IV. von der Pfalz
verſpielte, laut ſeines Ausgabenbuches, beiſpielsweiſe vom 9.—24. Auguſt
1599 die Summe von 290 Goldgulden, am 10. September 50 Goldgulden
und 99 Gulden, am 16.—18. September 128 Goldgulden und ſo weiter[3].

‚Sind die Rentkammern und die Beutel der Fürſten und Herren leer
durch übermäßiges Hofgeſind, Banketiren, Feuerwerk, Fechten, Ringrennen, groß-
mächtige Aufzüge und Maskeraden, überköſtlichen Kleiderſchmuck, Kleinode von
Gold, Silber, Perlen und Diamanten, nicht am wenigſten auch durch Bauten
und hohes Spiel, ſo ſollen‘, klagte der Prediger Leonhard Breitkopf im Jahre
1591, ‚die Goldmacher kommen und den Schatz wieder anfüllen, und die
Fürſten zu Cröſuſſen machen: und ſind doch dieſe Goldmacher die allerunver-
ſchämteſten Buben, Charlatans, Herumſtreicher, ſo erſt recht die Fürſten und
Herren, wie alles Volk, mit unermeßlichen Koſten betrügen und in Spott und
Schande bringen.‘[4] Der Prediger Johann Sommer aus Zwickau rechnete in
ſeiner ‚Geldtklage‘ die ‚bei Fürſten und Herren, auch Edel und Unedel ſich
ſehr einniſtenden‘ Goldmacher zu den Urſachen, weßhalb Deutſchland mit jedem
Jahre ärmer werde. ‚Wollte Gott,‘ ſagte er, ‚daß den Deutſchen die Augen
möchten geöffnet werden, daß ſie möchten beſſer Achtung auf die Geldbiebe
geben!‘[5]

Die Goldmacher, welche aus niederen Metallen Gold und Silber her-
zuſtellen verſprachen, gehörten gleichſam zu dem Hofſtaate der meiſten Fürſten.
Unter vielen anderen beſaßen die Kurfürſten von Sachſen, von Brandenburg
und der Pfalz, die Herzoge von Braunſchweig, die Landgrafen von Heſſen
an ihren Höfen ‚hochberühmte Laboratorien‘, um Gold und Silber erzeugen
zu laſſen; manche Fürſten lagen auch perſönlich dieſer ‚heiligen Kunſt‘ fleißig
ob. ‚Meine Räthe ſehen nicht allzu gern,‘ ſchrieb Landgraf Wilhelm IV. von
Heſſen im December 1571 an Herzog Julius von Braunſchweig, ‚daß ich mit
dergleichen Künſten umgehe; wollten lieber, wie es auch wohl beſſer wäre, ich

---

[1] Märkiſche Forſchungen 19, 355 fll.
[2] Märkiſche Forſchungen 20, 26 Note 1.   [3] Wille 265 fll.
[4] Charfreitagspredigt Bl. B²; vergl. unſere Angaben Bd. 6, 467.
[5] Olorinus Variscus, Geldtklage (Magdeburg 1614) S. 268—286.

bliebe auf der Canzlei, wartete meiner und meiner Unterthanen Sachen ab; wer kann aber allzeit dasitzen und ihme die Ohren lassen vollwaschen?'[1]

Besonders gesucht waren die Goldmacher in Dresden; das dortige kurfürstliche Laboratorium wurde vom Volke ‚das Goldhaus‘ genannt[2]. Kurfürst August von Sachsen behauptete im Jahre 1578 in einem Brief an einen italienischen Alchymisten, er sei in seinen künstlichen Verrichtungen bereits so weit gediehen, daß er aus acht Unzen Silber in sechs Tagen drei Unzen reinsten Goldes herzustellen vermöge[3]. Die ‚Feuerkünstler‘ waren an seinem Hofe angesehene Gäste und erhielten reichlichen Unterhalt, aber ‚so sie allzu geheimnißvoll, mußten sie wohl auch die Folter probiren‘. Um aus dem ‚Künstler‘ Velten Merbitz das Geheimniß, wie man Silber aus Mercur bereiten könne, herauszubringen, ließ der Kurfürst denselben im Jahre 1562 zweimal foltern; das zweite Mal zwei volle Stunden lang, bis der Scharfrichter erklärte, er müsse aufhören, wenn Merbitz ihm nicht unter den Händen sterben solle. Ein anderer Feuerkünstler, Daniel Bachmann, welcher ‚den Stein der Philosophen zu solviren, zu digitiren und zu coaguliren‘ und binnen vier Monaten einen Centner Gold zu machen versprochen hatte, verfiel während seiner Arbeit in Wahnsinn. Er wurde deshalb an eine Kette gelegt und diese an der Mauer so befestigt, daß er den Ofen, in welchem seine Mixtur kochte, erreichen konnte. Der Kurfürst äußerte sich: er habe zwar genugsam Ursache, den Bachmann an Leib und Leben zu strafen, wolle aber denselben, weil er seiner Vernunft nicht mächtig sei, lediglich des Landes verweisen; wenn er sich aber wieder finden lasse, werde er ihn ohne alle Gnade in einen Sack stecken und in's Wasser werfen lassen[4]. Mit einem dritten Alchymisten, David Beuther, der in den Jahren 1575—1582 an seinem Hofe war, machte der Kurfürst ebenfalls schlechte Geschäfte. Er war diesem so günstig gesinnt, daß er ihm ein Kind aus der Taufe hob und dann von der Frau Hofalchymistin verlangte, sie solle ihn ‚nicht mehr Ihro kurfürstlichen Gnaden oder gnädigster Herr, sondern nur Herr Gevatter nennen‘. Allein Beuther ergab sich einem liederlichen Leben und wollte trotz seines eidlich abgelegten Versprechens seine Kunst nicht entdecken. Deßhalb erwirkte der Kurfürst gegen ihn ein gerichtliches Urtheil: ‚man solle ihn wegen seiner Untreue zur Staupe schlagen, ihm die beiden Finger wegen seines Meineides abschlagen, und ihn ewig gefangen halten, auf daß er seine Künste nicht an andere Potentaten bringe‘[5]. Die

---

[1] Havemann, Gesch. der Lande Braunschweig und Lüneburg 2, 394. Kopp, Alchemie 1, 222 Note. ** Ueber Landgraf Wilhelm IV. vergl. von dem vorliegenden Werke Bd. 7, 342 ff.   [2] Kopp 1, 127.

[3] Vulpius 9, 547—548; vergl. 3, 25. v. Weber, Anna 273.

[4] v. Weber, Anna 275—276.

[5] Schmieder 311—315. Kopp 1, 149. Köhler 16, 6--7.

Kurfürstin Anna unterstützte die chemischen Arbeiten ihres Gemahls. Auf dem Schlosse Annaburg erbaute sie ein kostbares Laboratorium mit vier chemischen Oefen, welche die Gestalten von einem Pferde, einem Löwen, einem Affen und einem Steinadler hatten, alle in Lebensgröße. Der Steinadler prangte mit goldenen Flügeln und enthielt in seinem Innern eine sogenannte Capelle. Das Gebäude mit seinen hohen Schornsteinen glich ‚einer vielbethürmten Kirche‘ [1]. Nach dem Tode ihres Gemahls ‚wollte sie‘, wird berichtet, ‚einen Schatz haben, ließ alles Hausgeräthe sich von Gold machen und zu künftiger Transportirung einmauern; aber damit nicht zufrieden, wollte sie die Tinctur selbst haben‘. Als sie den im Gefängniß sitzenden Beuther durch den Scharfrichter mit dem Tode bedrohen ließ, falls er ihr das Geheimniß nicht verrathe, nahm dieser Gift. ‚Ihr war nicht wohl bei der Sache zu Muthe, und sie gebot dem Scharfrichter Stillschweigen.‘ [2] Um dem Goldkoch Alexander Setonius sein Geheimniß zu entlocken, ließ Kurfürst Christian II. denselben im Jahre 1603 wiederholt grausam foltern [3].

Am Hofe des Kurfürsten Joachim II. von Brandenburg zählte man binnen zehn Jahren nicht weniger als elf Alchymisten, welche ansehnliche Summen verschwendeten [4]. Einer der berühmtesten Alchymisten war Leonhard Thurneissen zum Thurn, Leibarzt des Kurfürsten Johann Georg von Brandenburg, mit dem viele Fürsten und Fürstinnen in brieflichem und persönlichem Verkehre standen. Herzog Christoph von Mecklenburg, Herzog Ulrich zu Güstrow, die Kurprinzessin Catharina von Cüstrin, die Markgräfin Elisabeth von Ansbach und Andere schickten ihm Destillirer und Laboranten zu, um von ihm allerlei geheime Künste zu erlernen, mit deren Ausübung sie sich in ihren Laboratorien dann selbst beschäftigten. Thurneissen spiegelte dem Kurfürsten unter Anderm vor, ‚das Wasser Spree führe in seinem Schlich Gold und eine schöne Glasur; das Gold halte 23 Carat, einen halben Gran‘; an einigen Orten der Mark könne man Rubine, Smaragde und Saphire finden [5]. ‚In den heiligen Ostertagen‘ 1583 bestallte Johann Georg seinen Hofapotheker Michael Aschenbrenner, der ‚sich sonderlich zu etlichen metallischen Arcansachen, die wir mit göttlicher Verleihung anzurichten und in einem sondern Laboratorio forstellen zu lassen entschlossen, als ein Laborant gebrauchen lassen‘ solle [6].

‚Guten Theiles eine Beute, wie der Engelseher, so auch der Alchymisten‘ wurde der unglückliche Herzog Johann Friedrich der Mittlere von Sachsen.

---

[1] Vulpius 8, 25, und 10, 153.   [2] Vulpius 10, 153—154.
[3] Schmieder 342—343. Kopp 1, 127.
[4] Voigt, Fürstenleben 344. ** Ueber Goldmacher und Alchymisten am lippischen Hofe vergl. Falkmann 374 ffl.
[5] Kopp 1, 107 ffl. Vergl. unsere Angaben Bd. 6, 470 ff.
[6] In v. Ledebur's Archiv 15, 369—371.

Am 6. November 1566 hatte er mit zwei Predigern, Abel Scherding und Philipp Sömmering, einen Vertrag geschlossen, in welchem diese versprachen, ‚den geheimen Stein der Weisen zuzurichten und dem Herzog diese Kunst zu lehren‘, nur müsse er ‚diese Gottesgabe bei sich geheim halten‘. Für ihre ersten Kunstversuche erhielten sie 760 Thaler[1]. Gleichzeitig mit Sömmering erschien in Gotha ein ehemaliges Hoffräulein vom Dresdener Hofe, Anna Maria von Ziegler, welche nach ihrem eigenen spätern Bekenntniß ihr uneheliches Kind ertränkt hatte und auf Betreiben Sömmering’s, mit dem sie in Verbindung trat, dessen Frau durch Gift aus dem Leben schaffte. Vom Herzog Johann Friedrich, ‚den sie gänzlich für sich einnahm‘, erhielt sie einen eigenhändig mit seinem Blut geschriebenen Brief, daß er ‚seine Gemahlin abthun‘ und sie ehelichen wollte. Vor der Welt hatte Johann Friedrich sie mit seinem Kammerdiener und Hofnarren Heinrich Schombach, Schiel-Heinz genannt, verheirathet. Nach der Uebergabe Gotha’s und des Grimmensteins[2] flohen Sömmering, Schombach und Frau Anna im Jahre 1571 nach Wolfenbüttel, um am Hofe des Herzogs Julius von Braunschweig ihr Glück zu versuchen. Zu ihrer Gesellschaft gehörte auch der Freibeuter und Straßenräuber Silvester Schulfermann, der sich in Wolfenbüttel für Frau Anna’s Bruder ausgab und von Sömmering als Gehülfe benutzt wurde. Genauere Nachrichten, welche über das langjährige Treiben dieser Gaunerbande am Hofe des Herzogs Julius bekannt geworden, sind von allgemeiner culturgeschichtlicher Bedeutung, und zwar um so mehr, weil es sich dabei um die gelungene volksverderbliche Bethörung und Ausbeutung eines Fürsten handelt, der fast in allen Theilen der Wissenschaft umfassende Studien gemacht hatte und dem die Sorge für sein Land sonst keineswegs fern lag.

Wie andere Fürsten ‚meistentheils dem Jagdteufel anhängig seien‘, schrieb Herzog Julius einmal an seine Stiefmutter, so hänge er ‚dem Bergteufel‘ nach[3]. Deshalb war ihm Sömmering willkommen schon allein durch das Versprechen: er und seine Genossen seien im Stande, ‚die Bergwerke des Landes dahin zu bringen, daß Se. Fürstlichen Gnaden davon jährlich an die 200 000 Thaler höher genießen sollen als zuvor‘. Ueberdieß würden sie dem Herzog ‚ein Loth der philosophischen Tinctur, dadurch andere geringere Metalle zu Gold gemacht werden und das eines Fürstenthums, wo nicht mehr, werth sein solle, mittheilen‘. Sie würden ‚den Proceß lehren, daß Illustrissimus zum gewaltigsten Potentaten des gesammten Europa’s werde‘. Das Alles sollte nach einem im Jahre 1571 förmlich abgeschlossenen Vertrag in Jahresfrist geleistet werden, wogegen der Herzog den Abenteurern mitsammt der Frau Anna Obdach, Zehrung und reiche Geldmittel zuwies und ihnen eine bedingungslose

---

[1] Der Vertrag bei Vulpius 3, 19—22.

[2] Vergl. unsere Angaben Bd. 4, 241 ff.   [3] Bobemann 200.

Zusage fürstlichen Schutzes urkundlich ertheilte. Zu ihren Förderern und
Genossen am Hofe zählten sie unter Anderen den Pfarrer Ludwig Hahne aus
Schlitz in Hessen, welchen der Herzog auf Empfehlung Sömmering's zu seinem
Hofprediger und Gewissensrath ernannt hatte, obwohl er vom hessischen Land-
grafen Ludwig wegen Falschmünzerei mit peinlicher Klage verfolgt wurde.
Sömmering, zum herzoglichen Kammer-, Berg- und Kirchenrath ernannt,
erlangte bald in kirchlichen und in weltlichen Angelegenheiten überwiegenden
Einfluß. Ein Schreiben von seiner Hand trägt die Unterschrift: ‚Philipp
Therocyclus, fürstlicher beständiger getreuer Kammerrath, wenn es auch allen
Teufeln und Gottlosen leid wäre.‘ Als ‚ein rechter Theologus‘, rühmte er,
habe er die Kirchen und Schulen des Herzogthums vor dem Gifte der
Sacramentirer und Flacianer bewahrt und dafür gesorgt, daß nicht Ein Cal-
vinist aus Wittenberg das Volk von Grund aus verderbe. So lange ‚der
Stein der Weisen‘ trotz aller Arbeiten noch nicht zum Vorschein kommen wollte,
suchte Sömmering mit seinen Laboranten den ungeduldig gewordenen Herzog
durch andere Kunsterzeugnisse zu befriedigen. Er fertigte ‚constellirte Musketen-
rohre‘ an, aus denen nicht Ein Schuß fehlgehen sollte; er kaufte für den
Herzog einen ‚glückseligen Hut‘ und suchte nach dem Sophienkraut, das hohen
Verstand und Weisheit verleihe. Auch ging er darauf aus, das Mercurialkraut
zu finden, welches, mit Quecksilber übergossen, einen gülden färbenden wunder-
baren Saft von sich gebe. Einmal sei, berichtete er, ‚ein Bock vor der Thür
gestanden, dem der Bart abgeschnitten; da sei die Stelle mit Mercurialwasser
bestrichen worden und wäre dem Bock ein güldener Bart gewachsen‘. Dieses
Krautes halber wurde ein eigener Bote nach Dux in Böhmen geschickt und einem
herzoglichen Gesandten, der an das kaiserliche Hoflager verreiste, eingeschärft,
die seltene Pflanze ausfindig zu machen. Ferner ließ Sömmering auf Wunsch
des Herzogs sich angelegen sein, künstliche Perlen herzustellen, und gegen den
Andrang des Wassers in die Salzwerke einen Corrosivstein zu gebrauchen,
‚der das Gestein durchfresse bis in die ewige Tiefe und dem Gewässer Ablauf‘
verschaffe. Er grübelte mit dem Herzog darüber nach, ob man nicht durch
Vergiftung der Wiesen mit Arsenik und metallischem Rauch den Trotz der
unbotmäßigen Stadt Braunschweig beugen könne. Gegen bösen Hals und
Gicht schenkte er dem Herzog einen Unkenstein, der einer Schlange aus dem
Kopf genommen worden, ‚wohl an die 100 Thaler werth‘; gegen die Pest
ein ‚um den Hals zu tragendes Präparat aus Molchen, dem allergiftigsten
Gewürme, das sich nur von Sternschnuppen und schwefeliger Materie nährt‘.
Frau Anna hatte den Herzog bald völlig in ihrem Netz, so daß dessen bisher
glückliches Verhältniß zu seiner Gemahlin, der Herzogin Hedwig, jahrelang auf
das tiefste erschüttert wurde. Vergebens wurde Julius von seiner Schwester,
der Markgräfin von Cüstrin, gewarnt: ‚Sömmering sei ein verlaufener Pfaff,

der sein Amt und ehelich Weib verlassen und sich an die Zieglerin gehängt
habe; der verführe und verblende Se. Liebden, daß dieselbige sich aller Herren
und Freunde entäußere. Anna Zieglerin sei ein loses Weib schon vor zwanzig
Jahren gewesen; sie hätte von ihr Wunder gehört, wie sie es solle getrieben
haben, und wäre anrüchig bei Kur- und Fürsten im ganzen Reich. Man
wisse, wie geringe sie nach Wolfenbüttel gekommen seien, jetzt in Sammet und
Seide einhergehen; es werde bei allen ehrlichen Leuten des Herzogs nicht im
Besten gedacht.‘ In einem von einem getreuen Unterthan des Herzogs abgefaßten ‚Bericht von Anna Zieglerin‘ werden die Künste aufgezählt, durch
welche diese in Verbindung mit Sömmering den Herzog bethörte. Vieles
aus dem Bericht läßt sich nicht mittheilen. Unter Anderm heißt es: ‚Sie
geben meinem Herrn für, daß der Theophrastus Paracelsus einen Sohn mit
einer Gräfin von Oettingen erzeugt hat, welches mit Willen, gutem Wissen
und Zulassen des Grafen, ihres Herrn und Ehegemahls, geschehen. Derselbe
heißt Carolus und übertrifft den Theophrastus Paracelsus und alle Philosophen,
so je auf Erden gelebt haben. Er sei ein großer cabalistischer Philosoph, in
Summa in allen Thaten und Werken Gott gleich, ohne allein, daß ihm die
Unsterblichkeit mangelt. Er allein übertrifft mit Reichthum, Weisheit und
Verstand alle Kaiser, Könige und Fürsten, die in der ganzen Welt sein.
Er machet und verwandelt alle Metalle in wahrhaftig, beständig Gold, thut
was er will; kann hie und dort, dazu unsichtig sein, wenn er will; weiß
alle geschehenen und zukünftigen Dinge; es ist ihm nichts unmöglich und
verborgen. Sein Name und Titel, den er führt, heißt Carolus Graf zu
Oettingen, Herr zu Hohenschwan und Niederbayern. Demselben ist diese
Anna Zieglerin vermählt, darum daß sie so rein und keusch, anderen Weibern
vorzusetzen und den Engeln gleich ist. Wenn er sie nur möchte von Wolfenbüttel kriegen, daß sie ihm der Herzog und ihr Mann Heinrich Schombach will
folgen lassen, so will er ihrem Mann seine Schwester geben mit 20 000 Rb.
Dem Herzog will er ewige Freundschaft und den Stein der Weisen schenken.
Mit Anna Zieglerin will der Graf eine neue Welt anrichten, in wenig Jahren
unzählig viel Kinder erzeugen, die sollen ohne Krankheit leben in die drei-,
vier- oder sechshundert Jahre wie unsere Voreltern im Anfang der Welt.‘
Die Anna Zieglerin sei ‚allein das Faß der Ehren und reine Werkzeug,
dadurch solches geschehen‘ müsse. Der Herzog glaubte an alle diese Vorspiegelungen, verwendete ‚auf solchen Grafen großes Geld, damit er in seiner
Freundschaft erhalten und begriffen werde‘; er bot ‚dem Grafen‘ sogar seine
Tochter zur Ehe an, die dieser aber ausschlug, denn es war ihm nur ‚um
Anna Maria Zieglerin zu thun, die allerreinste und keuscheste auf dieser Erden,
damit er bei ihr sein Leben und Gesundheit erhalten und sein Vorhaben voll-
führen‘ möge. ‚Solchen Grafen hat auch der Herzog müssen zu Gevatter

bitten.' ,Es kommen zu oftermal Schreiben gen Wolfenbüttel an den Herzog und Anna Zieglerin von solchem Grafen, die Diener aber kriegt man nicht zu sehen; allein die H ... bringt die Briefe und verschickt sie wieder.' Auch als Sternseherin spielte sich Frau Anna auf. Sie weiß ,um die Constellationen des Himmels, constellirt dem Herzog seine Kleider; ohne ihr Vorwissen darf er nichts anfangen, ausreisen oder was ausrichten, auch keinen Diener annehmen'. ,Die H ... gibt dem frommen Herzog teuflische und unglaubliche Dinge vor und bezaubert ihn, Alles zu glauben, um ihrem Willen zu folgen.' Wiederholt habe der Herzog sich geäußert: er wolle, wenn seine Gemahlin stürbe, die Zieglerin heirathen; wenn er ihren Namen nannte, ,entblößte er mit großer Reverenz sein Haupt'; sie sei, ,sagte er rund heraus, von Gott ein sonderlich geschaffen Weib voll aller Keuschheit, göttlicher Gaben, hohen Verstandes, dergleichen an Tugenden nicht lebet noch gelebt hat'. ,Wie doch der Teufel hohe Leute bethört!' Weil der Herzog, heißt es weiter in dem Berichte, ,der H ... und dem Schelmen einen Eid geschworen und eine sonderliche Obligation gegeben, daß er über sie halten wolle, so kommen ihre Laster und bösen Thaten nimmer an's Licht und vor die Räthe, sondern der Herzog spielt mit ihnen unter einem Hütlein. Die H ... und der Pfaffe rathen ihm, er solle seinen Räthen und dem Adel nicht trauen, die meinten ihm nicht mit Treuen. Sie bestellen ihm neue Räthe, die auf ihrer Seiten sind, ändern also das ganze Regiment zu Hofe, wollen es bestellen mit ihren Leuten; zu welchem Ende es gemeint wird, ist zu dieser Zeit zu früh zu melden. In Summa: die H ... und der Pfaffe haben bei dem Herzog zu dieser Zeit das Regiment in Händen.'

Allmählich aber kamen verschiedene Betrügereien an den Tag, und Sömmering, Frau Anna und ihre Helfershelfer fühlten sich nicht mehr sicher am Hofe. Im Jahre 1574 faßten sie, als der Herzog bei seinem Schwager, dem Kurfürsten von Brandenburg, in Berlin auf Besuch war, den Plan, die ihnen verhaßte Herzogin zu ermorden ,und dann davonzunehmen, was sie zusammenraffen könnten und sich zum Lande hinauszumachen'. Das Verbrechen kam nicht zur Ausführung, wurde aber dem Herzog bekannt. Auch andere Verrätherien wurden entdeckt. Sömmering hatte durch Nachschlüssel den Briefwechsel des Herzogs aufgespürt und eine Anzahl der wichtigsten Geheimschreiben, unter diesen Entwürfe zu einer Umgestaltung der Reichsverfassung, für sich abgeschrieben; er hoffte die Papiere am kurfürstlich sächsischen Hofe, mit dem der Herzog in stetem Zerwürfnisse stand, zu seinem Nutzen zu verwerthen. Die Verbrecher entflohen, wurden aber eingeholt, in Ketten gelegt und strenger Untersuchung unterzogen. Sömmering versuchte sich im Gefängniß zu entleiben. ,Wie er gerufen: Christe, willst du nicht helfen, so schicke einen Teufel, und komm du Teufel und hilf mir, da sei', versicherte er, ,der Teufel

dagestanden wie ein Holzknecht mit einem grauen Hut und habe gesagt: er
könne ihn nicht wegbringen, es wären Kreuze im Fenster, und habe ihm ein
Messer gegeben, damit solle er sich erstechen; habe es auch an seinem Leibe
versucht, aber es habe nicht durchgehen wollen.‘ Noch immer pochte Sömmering auf seine Kunst: Er wolle ‚Sr. Fürstlichen Gnaden nicht ein, zwei
oder drei Tonnen Goldes, sondern etliche Millionen zu Wege bringen, und
solle das Land aller Steuern und Schatzung frei werden, wolle den Bergwerken nutzen und den Stein der Weisen herrichten‘. Vor seiner Verhaftung
hatte er sich dem Herzog gegenüber auf seine großen Verdienste in Kirchen-
sachen und auf die Unsträflichkeit seines Wandels und seiner frühern geistlichen Amtsführung berufen. Jetzt wurde er völlig entlarvt. ‚Wir befinden
bei den Leuten‘, schrieb Julius an den Kurfürsten von Brandenburg, ‚so
viel Schelmerei und Bubenstücke, als Ew. Liebden nicht wohl glauben werden;
es ist billig Gott zu danken, daß die gnädige Allmacht die teuflischen Fürhaben wider unsere herzfreundliche allerliebste Gemahlin und andere kur- und
fürstliche Personen nicht hat zur Vollstreckung kommen lassen.‘ Am 7. Februar
1575 fand der Strafvollzug statt. Sömmering, Schombach und Schulermann
wurden geschleift und geviertheilt, Frau Anna in einem eisernen Stuhle verbrannt; der Hofprediger Hahne wurde später mit dem Schwerte gerichtet.

Aber alle traurigen Erfahrungen, welche der Herzog mit den Goldköchen
gemacht, hielten seinen Nachfolger Heinrich Julius nicht ab, durch andere
‚Feuerphilosophen‘ den ‚Stein der Weisen‘ zu suchen [1].

‚Was ein- oder zehn- oder neunundneunzigmal nicht glückt, kann leichtlich‘,
versicherten Männer von gelehrtem Ansehen, ‚zum hundertenmal trefflich gelingen.‘

---

[1] A. Rhamm, Die betrüglichen Laboranten am Hofe des Herzogs Julius von
Braunschweig, im Feuilleton der Magdeburgischen Zeitung 1882, No. 565—578.
A. Beckmann, Therocyclus in Wolfenbüttel 1568—1575, in der Zeitschr. für deutsche
Culturgesch., Jahrg. 1857, S. 551—565. Algermann’s Bericht bei v. Strombeck,
Feier des Gedächtnisses 200—203. Kopp 1, 125. ** Siehe ferner A. Rhamm, Die
betrüglichen Goldmacher am Hofe des Herzogs Julius von Braunschweig, nach den
Proceßacten dargestellt. Wolfenbüttel 1885. Aus den hier benutzten Acten ergibt sich,
daß Algermann nicht völlig als sicherer Gewährsmann anzusehen ist, vergl. S. 109
Anm. 142. Die Erste, welche Frau Anna als Betrügerin erkannte, war die Herzogin
Hedwig. Schon wenige Monate nach der Ankunft in Wolfenbüttel klagt die Zieglerin
dem Herzog Julius, daß die hohe Frau grimmigen Zorn auf sie geworfen habe, und
einige Zeit hernach führt sie von Neuem Beschwerde, daß die Herzogin ihr feindselig
sei; gern will sie ihr Kreuz tragen, aber es thut ihr wehe, von einer tugendreichen
Frau so verkannt zu sein, und da sie von Ihrer Fürstl. Gnaden Zuneigung zu dem
lautern Evangelio erfahren, so übersendet sie als Geschenk die Bücher Martin Luther’s,
darin zu lesen, bittend, der Heilige Geist wolle die fromme Fürstin erleuchten, auf daß
sie von ihrem ungerechten Verdacht ablasse! Gleichwohl war der Herzogin Mißtrauen
gegen die Abenteurerin nicht zu überwinden. A. a. O. 21; vergl. 76.

Betheuerte doch Johann Pontanus, Professor der Heilkunde an der Universität zu Jena, später zu Königsberg († 1572), daß er erst nach mehr als 200 mißlungenen Versuchen die Meisterschaft in der Goldkunst erreicht habe[1].

Kein Wunder, daß darum auch die Fürsten, obschon ‚häufig durch die Goldköche ihr wirklich Geld in Rauch aufging‘, immer von Neuem ‚ihr Glück versuchen und alle Arcana, um reich zu werden und viel Wunders zu sehen, entdecken‘ wollten.

Im südlichen Deutschland gehörte zu diesen Fürsten Herzog Friedrich von Württemberg. An seinem Hofe erschien im Jahre 1596 der gewaltige Goldmacher Georg Honauer aus Olmütz in Mähren, welcher durch seine betrügerische Kunstfertigkeit ‚ein solches Ansehen bekommen bei den Leuten, daß er sich endlich für einen Freiherrn ausgegeben und sich Georg Honauer, Herr zu Brumhofen und Grobenschütz nennen ließ, mit Grafen und Freiherren auf den Duz soff, oftmals 70 oder 80 Pferde auf der Streu hielt, auch seinen eigenen Stallmeister hatte‘. Um dem Herzog seine Kunst zu beweisen, verlangte und erhielt er 36 Centner 18 Pfund mömpelgardisches Eisen neben einer Summe Geldes, machte sich aber, nachdem er angeblich ‚600 000 Gulden verthan, nach einem Vierteljahre heimlich davon und entwendete dem Herzog noch viel Geldes, Kleinodien und andere Sachen‘. Während man ihm nachsetzte, hatte der Herzog aus dem ihm früher gegebenen Eisen einen Galgen verfertigen lassen. Er war ‚schön roth angestrichen, 18 Schuh hoch. Oben auf ihm stand noch ein anderer Galgen, einer Fahne gleich, welche von dem Winde konnte umgetrieben werden‘. Nachdem der Abenteurer in Oldenburg ergriffen und auf einen Wagen geschmiedet nach Stuttgart gebracht worden, ließ ihn der Herzog in einem Kleide von Goldschaum mit Hut, Schuhen und Federn am 2. April 1597 an die Spitze der Fahne hängen. ‚An die unteren vier Theile des Galgens ließ er für die vier Schichtmeister aus dem Bergwerk, welche Honauer in seinem Betrug dienen und behülflich sein sollten, vier Ketten machen, sie daran zu henken.‘ Auch sein Stallmeister wurde gehängt, ‚aber an einem absonderlichen daneben aufgerichteten hölzernen Galgen‘. Eine ‚Seltsame, unerhörte neue Zeitung‘ machte dem deutschen Volke das Ereigniß bekannt[2].

Auf den Herzog aber machte das Ereigniß keinen Eindruck.

Im folgenden Jahre richtete Friedrich einen Vertrag auf mit einem andern Goldmacher aus Zürich, der ihm versprach, aus einer Mark Silber wenigstens ‚3½ Loth Gold ganz gerecht‘ zu verfertigen und ihn die Kunst völlig zu lehren. Er erhielt sofort 10 000 Gulden, machte auch mehrere

---

[1] Kopp 1, 224.

[2] Berichte bei Pfaff, Miscellen 70 fll. Scheible, Schaltjahr 1, 45—50; vergl. unsere Angaben Bd. 6, 468.

Proben, welche gut gelangen, indem sein Bruder heimlich Gold in den Tiegel warf. Allein sein Betrug wurde endlich entdeckt, die Tinctur, welche er dem Herzog gegeben, für falsch befunden, und auch er endete ohne Proceß und Urtheil an dem eisernen Galgen. Dasselbe Schicksal erlitt ein dritter Goldmacher, der Italiener Peter Montanus [1].

Schon im November 1595 schrieb Martin Crusius, Professor der Philologie an der Universität zu Tübingen, in sein Tagebuch, aus Vorsicht in griechischer Sprache: ,Von Georg Weyganmeyer', Professor des Hebräischen, ,habe ich Folgendes gehört: In Stuttgart sind zwei Juden, der eine ist aus Ferrara und heißt Abraham, der andere ist ein Deutscher. Abraham macht Gold, verwandelt Wasser in Wein, Stein in Brod. Der Jude sagt, diese Dinge seien nicht magisch, sondern aus der hebräischen Cabbala. Die Besseren am Hofe sind mißvergnügt. Aber Jedermann schweigt zu diesen Dingen. Herr, was will das werden!' [2] Nur der Hofprediger Lucas Osiander schwieg nicht. Im Jahre 1598 machte er dem Herzog ernstliche Vorstellungen wegen Begünstigung des welschen Juden, vor dessen Goldmacherei er ihn schon früher gewarnt hatte. Dieser Jude sei ein Zauberer und habe noch andere Juden, welche der Zauberei befliffen, in's Land gezogen; Zauberer aber seien des Teufels Gesellen, und wer sie fördere, mache sich ihres Abfalls von Gott theilhaftig. Der Herzog, ergrimmt über diese Ermahnung, erwiderte seinem Hofprediger und Prälaten: er sei ein ehrloser, nichtswerther Pfaffe, ein Ehrenschänder, ein Lügner und ein Teufelskind; der Jude habe stattliche Zeugnisse über sehr kunstreiche Sachen, die er verstehe, insbesondere besitze er eine unbekannte herrliche Invention des Salpeter- und Pulvermachens, durch welche die Zeughäuser des Landes versehen werden sollten [3].

Friedrich siedelte zahlreiche, von ihm unterhaltene Alchymisten in dem Städtchen Großsachsenheim an, unbekümmert um die Landstände, welche im Jahre 1599 ihn baten, er möge ,sich mit solchen Betrügern nicht so weit einlassen, daß er großen Schaden durch sie erleiden könnte' [4]. In den Jahren 1605 und 1606 ließ er sich durch mehrere Goldmacher abermals überlisten. Der Goldkoch Johann Heinrich Müller, ein ehemaliger Barbiergeselle, welcher vom Kaiser Rudolf II. wegen seiner Künste in den Adelsstand erhoben worden und sich seitdem v. Müllenfels nannte, hatte bereits, bevor er nach Stuttgart kam, viele andere Fürsten, unter diesen den Markgrafen Joachim Ernst von Ansbach, den Kurfürsten Friedrich IV. von der Pfalz, um unglaublich hohe Summen betrogen; auch bei Friedrich trieb er sein Wesen, bis

---

[1] Berichte bei Pfaff, Miscellen 74—80.
[2] Weyermann, Neue Nachrichten 603.
[3] Der bemerkenswerthe Briefwechsel bei Moser, Patriotisches Archiv 9, 257—273.
[4] Sattler 5, 230; vergl. Kopp 1, 126.

er im Jahre 1607 auf deſſen Befehl an den Galgen gehängt wurde [1]. Als Friedrich's Nachfolger Johann Friedrich, von Schuldenlaſt erdrückt, die Landſtände um Hülfe anrief, ſtellten dieſe ihm vor: wenn er die Alchymiſten, ‚als Betrüger, deren ſich eine ganze Geſellſchaft zu Großſachſenheim ſchon eine Zeit her feſtgeſetzt habe, aus dem Lande ſchaffe, könnten ſich die Kräfte ſeiner Kammer bald wieder erholen‘ [2].

Auch in München, berichtet Philipp Hainhofer, gibt es ‚ein Laboratorium, Brenn- oder Diſtilier-Haus, in welchem man auch Gold gemacht hat‘ [3]. Am dortigen Hofe ſpielte ſich einmal ein entlaufener Mönch aus Cypern unter dem angenommenen Namen ‚Graf Marco Bragadino‘, der im Jahre 1588 nach Deutſchland gekommen war und in Wien durch ſeine Künſte großes Aufſehen erregt hatte, als Goldmacher auf. Zwei ſchwarze Bullenbeißer, welche er mit ſich führte, erklärte er für ſeine ‚Medien‘, um magiſche Wirkungen zu bewerkſtelligen. Unter Hülfe der Jeſuiten wurde er als Betrüger entlarvt und nebſt zwei Genoſſen in einem mit Flittergold beklebten Gewand aufgeknüpft [4]. ‚Die Alchymiſterei und Kunſt, Gold und Silber zu machen aus einer Materie, die nicht Gold und Silber iſt, ſoll‘, heißt es in einem öffentlichen Befehle des Herzogs Maximilian, ‚gänzlich und allerdings verboten ſein, weil dieſelbe ſelten geſchieht ohne Zauberei und Aberglauben und dergleichen Teufelswerk. Die Uebertreter des Verbotes ſollen entweder mit einer namhaften Summe Geldes oder in Ermangelung deſſelben mit Gefängniß, Landesverweiſung oder in anderer Weiſe nach rechtlichem Erkenntniß geſtraft werden.‘ [5]

Am Innsbrucker Hofe des Erzherzogs Ferdinand II. von Tirol hörte man Wunderdinge von ſächſiſchen Alchymiſten, ‚die aus Eiſen Kupfer, aus Kupfer Gold machten, alle 7 Wochen 100 Mark, daraus ſich der Kurfürſt großen Nutzen ſchaffe‘. So machte man auch dort Verſuche. Ferdinand II. hatte ſeine eigene chemiſche Küche und ſtand mit Alchymiſten in häufigem Verkehr. Der Goldkoch Gabriel von Mayrwiſen forderte ihn im Jahre 1591 auf, einen Vertrauensmann zu ſenden, dem er einige Millionen Gulden verſchaffen werde. Zwei Jahre ſpäter berichtete Hans Jäger von Imſt dem Erzherzog: er habe mit drei anderen Künſtlern einen Bund geſchloſſen unter gegenſeitiger Verpflichtung, daß jeder alle ſeine ‚Kunſtſtücke‘ dem andern mittheilen ſolle; nun ſei einer unter ihnen ſo glücklich geweſen, den Stein der Weiſen aufzufinden, wolle aber wortbrüchig den Genoſſen das Geheimniß nicht entdecken. Um ihn dazu durch Kaiſer Rudolf zu nöthigen, erbat ſich Hans Jäger einen Empfehlungsbrief Ferdinand's an denſelben [6].

---

[1] Zeitſchr. für die Geſch. des Oberrheins 26, 468—470. Adelung 6, 90—105.
[2] Sattler 6, 51. [3] Bei Häutle 129.
[4] Juvencius, Hist. Soc. Jesu pars 5, 388. Kopp 1, 174.
[5] Zeitſchr. für deutſche Culturgeſch., Jahrg. 1873, S. 102. [6] Hirn 1, 364—365.

Rudolf II. wurde allgemein als der oberste Schutzherr der fahrenden Alchymisten aus sämmtlichen Ländern Europa's angesehen, wie denn dessen Hof zu Prag überhaupt als ‚das wahre Mecca‘ aller jener zahllosen Künstler galt, welche sich mit Zauberei und Teufelsbeschwörungen, Chiromantie, Astrologie, Verfertigung von Zauberspiegeln und dergleichen beschäftigten. Der Kaiser hatte stets wenigstens 20 Alchymisten in Arbeit, um alle jemals in Vorschlag gebrachten Mittel der Metallverwandlung zu erproben. Vielen dieser Künstler ertheilte er den Adelsbrief und verschwendete an sie unglaublich hohe Summen. Sein Hofalchymist John Dee, Sohn eines Londoner Weinhändlers, lebte durch kaiserliche Begnadung in so glänzenden Verhältnissen, daß er eine durch englische Kaufleute an ihn vermittelte Berufung des Czaren Feodor, der ihm außer voller Beköstigung und Bedienung am Hofe einen Jahrgehalt von 2000 Pfund Sterling anbot, nicht annehmen wollte. Der englische Goldkoch und Geheimkünstler Eduard Kelley, ein Apotheker, wurde von Rudolf in den Ritterstand erhoben und mit Glücksgütern überhäuft, der polnische Betrüger Michael Sendiwoj zum Hofrathe ernannt und so reichlich beschenkt, daß er sich nicht allein ein Haus, sondern auch zwei große Güter kaufen konnte. ‚Wie viel Gold Rudolf's chemische Küchen verbrauchten, läßt sich‘, heißt es in einem Bericht, ‚gar nicht berechnen‘; die Zahl seiner alchymistischen Künstler belief sich während seiner langen Regierung auf 200, ‚und bis in seine letzten Jahre ließ er nicht einen Augenblick die Hoffnung fahren, daß es ihm gelingen werde, Gold zu bereiten‘. Gleichzeitig ‚herrschte bei Hofe ein solcher Mangel an Baarschaft‘, daß man einmal, wie der bayerische Gesandte Joachim von Donnersberg im Juli 1610 nach München schrieb, ‚dem Einkäufer aus der Hofküche, der nur noch Einen Gulden im Rest hatte und sich bei der Kammer um weitere Geldverordnung anmeldete, den Bescheid ertheilte: er solle sich mit dem Gulden so lange behelfen, als er könne, denn für diesesmal sei Nichts vorhanden‘ [1]. In einem dem Kaiser Matthias im Jahre 1616 überreichten ‚Discurs über Reformation des Kammerwesens‘ veranschlagte der Hofkammerdirector Christoph Siegfried von Breuner die von Rudolf II. hinterlassene Schuldenlast auf 30 Millionen Gulden [2].

‚Zu den allerlei Vergnügen und Recreationen der Fürsten‘, die ‚gleichermaßen den Landen theuer zu stehen‘ kamen, gehörten auch, klagten einsichtige Zeitgenossen, ‚die vielen Besuchs- und Badefahrten und sonstige allerlei Zusammenkünfte, die wohl zum Theil nothwendig, als wenn man bei Exempel Reichs- und andere Tage besuchen‘ mußte, ‚aber doch nicht mit solchem Pracht und unendlich starken Gefolgschaften und übermäßiger Zahl von Pferden,

---

[1] J. Svatek, Culturhistorische Bilder aus Böhmen 44 fll. 64—86. Schmieder 300—308. Kopp 1, 194—197.

[2] Hurter 3, 75.

oftmals bis zu vielen Hunderten, wohl gar Tauſenden‘ ‚ausgeführt werden
ſollten‘[1].

Auf dem Reichstag zu Worms erſchien Landgraf Philipp von Heſſen
im Jahre 1521 mit 600 Reiſigen; Kurfürſt Johann Friedrich von Sachſen
brachte im Jahre 1544 nach Speyer 400 Pferde mit; im Jahre 1562 zog
Kurfürſt Auguſt von Sachſen nebſt ſeiner Gemahlin und einigen ihn be-
gleitenden Fürſten mit 800 Pferden, im Jahre 1582 mit 1146 Pferden,
unter welchen 700 Leibroſſe waren, nach Augsburg zum Reichstag. Das
Gefolge des Herzogs Ulrich von Mecklenburg-Schwerin beſtand auf letzterm
Reichstag aus 112 Perſonen, 150 Wagenpferden, etwa 70 Leibroſſen; für
die auf 97 Meilen berechnete Wegſtrecke wurden 35 Reiſetage angeſetzt; die
Koſten der Reiſe und des Aufenthaltes in Augsburg beliefen ſich auf mehr
als 20 000 Thaler[2]. Joachim II. von Brandenburg hatte auf dem Wahltage
des Kaiſers Maximilian II. (1562) 68 Grafen und Herren mit 452 Pferden
und vielen Dienern in ſeiner Begleitung, obgleich die kurfürſtliche Caſſe vollſtändig leer und nirgends Geld aufzutreiben war, ſo daß der Rentmeiſter
Thomas Matthias in Frankfurt den Hof aus ſeinem eigenen Vermögen
und Credit erhalten mußte[3]. Als Kurfürſt Auguſt von Sachſen im Jahre
1584 zum Gebrauche der Bäder nach Schwalbach reiſte, nahm er 16 Leib-
pferde mit und ſo viel Begleitung, daß er außerdem noch 209 Roſſe nöthig
hatte, 24 für Küchen- und Kellerwagen. Die Tagemärſche waren ſo kurz,
daß er unter ſchweren Koſten erſt am achtzehnten Reiſetage ſein Ziel erreichte[4]. Erzbiſchof Wolf Dietrich von Salzburg beſuchte im Jahre 1591
das Bad Gaſtein mit einem Hofgefolge von 240 Perſonen und 139 Pferden[5]. Landgraf Moritz von Heſſen nahm bei einer Reiſe nach Berlin ein

[1] ** Die Reiſeſucht nahm im ſechzehnten Jahrhundert immer mehr zu. Schon
damals ward es in fürſtlichen und adelichen Kreiſen Sitte, die Jugend durch Reiſen in
das Ausland zu bilden. Die große Cavaliertour umfaßte ziemlich regelmäßig die Niederlande, England, Frankreich und Italien. Steinhauſen, Geſch. des deutſchen Briefes 2, 6,
wo darauf hingewieſen wird, wie außerordentlich ſchnell der fremdländiſche Einfluß gerade
durch das Reiſen auf die Einzelnen wirkte. Ueber die Wirkungen der damaligen Reiſeſucht ſagt Steinhauſen 2, 8: ‚Man darf ſich den unzweifelhaft guten nicht verſchließen,
aber man muß doch ſagen, die ſchlimmen waren ſtärker, und unter den vielen ſchlimmen
war die Verachtung der Mutterſprache die ſchlimmſte. Sie wird auch von den Straf-
rednern der Zeit am meiſten gerügt‘; vergl. S. 19.

[2] Kius, Erneſtiniſche Finanzen 6—7. Liſch, Jahrbücher 9, 174—176. 185. 199. 210.

[3] Moehſen 474 Note. 479—480.

[4] v. Weber, Aus vier Jahrhunderten 2, 21—27. Unterwegs gab es zu Marburg
und zu Mainz ‚gute ſtarke Trünke‘. v. Bezold 2, 229 Note 2.

[5] Vulpius 9, 422. ** Als der Bamberger Biſchof Ernſt von Mengerstorf im
Herbſt 1588 ſich anſchickte, nach Kärnten zu reiſen, wurden 78 Pferde für den Biſchof
und die höheren Dienſtmannen beſtimmt. 20 Hofjunker, 9 Kammerjungen, der biſchöf-

Gefolge von 3000 Rossen mit [1]. Auf einem in Naumburg zur Erneuerung der Erbverbrüderung zwischen Kursachsen, Kurbrandenburg und Hessen im Jahre 1614 abgehaltenen Tage zählte allein das Gefolge des Kurfürsten Johann Georg I. von Sachsen 546 reisige Pferde, 196 Kutschpferde, 23 Tragesel, das seines Bruders August 116 Personen, 121 reisige und Kutschpferde, das des Kurfürsten Johann Sigismund von Brandenburg 488 Personen, 124 reisige und 363 Kutschpferde [2]. Die Brautreise, welche der Pfälzer Kurfürst Friedrich V. im Jahre 1613, umgeben von 191 Personen, zur Vermählung mit der englischen Königstochter unternahm, kostete dem von Belastungen aller Art erdrückten, ausgemergelten Kurfürstenthum beinahe 100 000 Pfund Sterling [3].

‚Uebermäßig gewordene Belastung, Ueberschuldung und Verarmung‘ lautete die allgemeine Klage fast in sämmtlichen deutschen Gebieten. ‚Oder kannst du mir‘, fragte ein Prediger im Jahre 1562, ‚ein einig Land nennen im ganzen Reich, wo nicht durch fürstlichen Pracht, Verschwendung, Verschleuderung, Verschlemmung, Bausucht, schlechte Wirthschaft, Unterschleif und Betrug der Räthe und Diener, überflüssige Gnadengaben an Solche, so es um Nichts verdienen, Kriege, Verwüstung und theuere Zeiten die Steuern und Frohnden, und was von Druck und Abgaben nur Namen hat, stetig wachsen und Verschuldung und Armuth die Ueberhand gewinnt?‘

In Sachsen wußte Kurfürst Moritz seine Landstände zu veranlassen, daß sie 600 000 Gulden von den landesfürstlichen Schulden übernahmen [4]. Als dann im Jahre 1553 Kurfürst August zur Regierung kam, fand er eine Schuldenlast von 1 Million und 667 078 Gulden vor; zehn Jahre später überstieg dieselbe die Summe von 2 Millionen, und doch habe ihm inzwischen, berechnete August im Jahre 1563, die Tranksteuer 1 Million und 900 000 Gulden getragen, seine Aemter und Bergwerke hätten ihm 4 Millionen und 382 583 Gulden eingebracht. ‚Wo es hin ist kommen,‘ sagte er, ‚das weiß Gott.‘ Er wolle von nun an ‚mit besserm Fleiß‘ zu dem Seinen sehen, sonst würde ‚unser Herr Gott dadurch erzürnt, und es wäre auch bei wenig Leuten rühmlich‘ [5]. Er vermehrte die Einkünfte seiner Kammergüter, dehnte das Bergregal über das Land aus und suchte die fürstliche Selbstherrlichkeit so viel als thunlich auf das ganze volkswirthschaftliche Gebiet zu übertragen. Um die auf Rechnung der Kammer betriebenen Eisen- und Salzwerke zu

---

liche Leibarzt, zwei Doctoren der Rechte, der Hofkaplan, drei Domherren, ein Dechant, der bischöfliche Zahlmeister, zwei Couriere, zwei Trompeter und ein Barbier bildeten das Gefolge. Beiträge zur Kunde steiermärkischer Geschichtsquellen 1891, 28, 28.

[1] Buchholtz, Versuch 3, 479 Note.　　　　　[2] Müller, Annales 276—279.
[3] Häusser 274; vergl. unsere Angaben Bd. 5, 658.
[4] Kius, Ernestinische Finanzen 3.
[5] v. Weber's Archiv für sächsische Gesch. 7, 220—221.

einem regalistischen Monopol zu machen, verbot er die Einfuhr von fremdem
Eisen und Salz und suchte den Preis beider Erzeugnisse durch gesetzlichen
Zwang möglichst zu steigern [1]. Wie alle Jagd, so sollte auch die Fischerei
kurfürstliches Eigenthum sein. Im Jahre 1568 befahl er: bei allen Hege-
wässern und Bächen solle auf je 1000 Ellen ein Galgen aufgerichtet und
Jeder, der bei der Fischerei betreten werde, ohne alle Gnade und Rücksicht
an dem nächsten Galgen aufgeknüpft werden. ‚Wider etliche muthwillige Verbrecher‘, welche gefischt hatten, wurde im Jahre 1572 die Strafe des Galgens
vollzogen [2]. Das Land sollte immer höhere Steuern aufbringen. Auf die
wiederholte Bitte der Landstände, der Kurfürst möge doch die Ausgaben seines
Hofes verringern, erfolgte stets die Antwort: ‚die Hof- und Haushaltung sei
in jeder Weise eingeschränkt‘ [3]. Als August im Jahre 1565 mit neuen
Forderungen hervortrat, bedeuteten die Stände, ‚die Unterthanen seien durch
die vielen Hülfen und Steuern erschöpft, außerdem sei der meißnische und
erzgebirgische Kreis mit einer neuen Kohlensteuer belegt, und alle Unterthanen
seien so in Armuth gerathen, daß eine fernere Steuer zu bewilligen nicht
wohl möglich sei‘. Im April 1567 gab ein Ausschußtag dem Kurfürsten
zu bedenken: ‚Der letzte Steuertermin habe trotz aller Mühe nicht eingebracht
werden können. Wegen andauernden Mißwachses und Theuerung habe der
größte Theil der armen Leute kaum Brod für sich und ihre Kinder und
müßte solches mit Borgen und Sorgen bei Anderen suchen.‘ Im folgenden
Jahre baten Ritterschaft und Städte des Voigtlandes: der Kurfürst möge
sich mit der Tranksteuer begnügen und die Landsteuer (Schocksteuer) fallen
lassen, ‚in Rücksicht auf die große Noth und Armuth der Unterthanen, welche
Sägespäne und Kleie essen und deren viele Hungers sterben und ihre Güter
verlassen müßten‘ [4]. Im Jahre 1579 belastete August eigenmächtig den Ge-
treidehandel mit einer neuen Steuer im Betrage von 6 Pfennigen auf jeden
erkauften Scheffel. ‚Diese Steuer habe‘, klagten die Stände im Jahre 1582,
‚die Armuth, sonderlich in den Städten, mehr denn alle anderen Steuern auf
die Kniee gebracht‘; sie bäten, ‚so hoch, als sie nur bitten könnten, der Kurfürst möge aus Erbarmen mit der Armuth das Ungeld und Scheffelgeld
alsbald abschaffen‘. August willfahrte der Bitte, aber nur unter der Bedingung, daß die Landsteuer auf Grund und Boden, bewegliches Vermögen
und Gewerbe bedeutend erhöht würde: 150 000 Fl. sollten ihm jährlich

---

[1] Falke in der Zeitschr. für deutsche Culturgesch., Jahrg. 1873, S. 393.
[2] Falke, Kurfürst August 122.
[3] Falke, Steuerbewilligungen 81, 138. 151.
[4] Falke, Steuerbewilligungen 81, 141. 144. 145. In einer Torgauer Chronik
wird zum Jahre 1580 berichtet: viele Leute hätten vor Armuth und Hunger die Trebern
im Bräuhaus gegessen. Arnold 1, 792.

entrichtet werden [1]. Persönlich hatte sich der Kurfürst ‚gut vorgesehen‘; er hinterließ bei seinem Tode im Jahre 1586 einen Schatz von mehreren Millionen [2]; aber die Liebe der ausgesogenen Unterthanen nahm er nicht mit in's Grab [3].

Unter seinen Nachfolgern verschwand der Schatz, und ‚die kurfürstlichen Schulden wurden von einem Jahr zum andern beträchtlicher, die Steuern und Schatzungen desto größer‘. Die Unterthanen, schrieb der Hofprediger Paul Jenisch im Jahre 1591, seien so von allen Mitteln entblößt, daß sie kaum noch das Leben mehr übrig hätten [4]. ‚Die Beschwernisse, Schatzungen, neue Ränke und Fündlein‘, sagte Nicolaus Selnekker, ‚nehmen überhand, und führet doch der Teufel Alles wieder weg, als flöge und stäubete es davon, und haben doch die Herren noch keinen fremden Feind.‘ [5]

Herzog Wilhelm von Sachsen-Weimar, der nach dem Tode des Kur-fürsten Christian I. († 1591) für den minderjährigen Christian II. bis zum Jahre 1601 die vormundschaftliche Regierung führte, war in allen Angelegen-heiten des Reiches einer der ehrenwerthesten Fürsten des Jahrhunderts, aber ‚ein nichts weniger als sparsamer und haushälterischer Fürst‘. Während die Einnahmen aus den Aemtern seines Herzogthums jährlich über 80 000 Gulden hätten einbringen müssen, sanken sie durch schlechte Verwaltung und Betrügereien der Domänenpächter auf 30 000 Gulden herab; manchen Aemtern mußte sogar noch zugeschossen werden. Trotzdem brauchten Küchen- und Kammer-schreiber in einem Jahre gegen 80 000 Gulden, die nicht aus den Einnahmen, sondern nur aus erborgtem Gelde bestritten werden konnten. ‚Ew. fürstlichen Gnaden‘, mahnten Kanzler und Räthe im Mai 1590 den Herzog, ‚kaufen stetigs viel Pferde mit großem Geld; wir achten, daß ein jedes junges Pferd 300 Thaler kostet, und verderben die meisten, ehe sie zugeritten und ge-braucht werden. Auch können sich Ew. Gnaden wohl übriger Gastereien, Hin- und Wiederreisen, Beilager und dergleichen mäßigen, denn durch solche Sachen ist der Vorrath erschöpft, daß man nun Wein und Anderes mit

------

[1] Falke, Steuerbewilligungen 31, 151—152. Falke, Kurfürst August 287. Weitze 4, 160—173.

[2] Bei Weitze 4, 854 wird der Schatz sogar auf 7 Millionen Thaler geschätzt.

[3] Erzherzog Ferdinand von Tirol schrieb darüber am 6. Februar 1586: ‚Sui enim subditi et potiores quidem ex nobilitate ipsi alias infensi sunt, prouti non multis abhinc annis plurimi insidias in ipsum struentes, veneno etiam interimere conati, qui deinde detecto scelere ac fraude, extremo supplicio affecti sunt.‘ v. Bezold 2, 344. Der venetianische Gesandte Zane schrieb am 4. März 1586 an den Dogen, August sei gestorben ‚con poco sentimento delli sudditi [Lücke; i quali?] furono sempre oltragiati durante la sua vita e della prima moglie, sorella del re di Danemarca‘. v. Bezold 2, 853.

[4] Annales Annaberg. 45.   [5] Auslegung des CI. Psalms 360.

großen Unstatten kaufen muß.' Im Ganzen sei der Herzog innerhalb der drei letzten Jahre ‚über drei Tonnen Goldes in Schaden gerathen'. ‚So weiset das jüngste Verzeichniß, daß man diesen Sommer zu allem Einkommen, Land- und Tranksteuer über 50 000 Gulden borgen muß, und ist wohl vermuthlich, es werde nach Michaelis nicht besser und gewißlich das Aufnehmen größer werden. Soll man nun alle Jahre eine Tonne Goldes zubüßen oder Schuld machen, so muß Ew. Gnaden endlich Verderbniß darauf folgen, denn das ganze Ordinari-Einkommen wird nicht zureichen, daß man allein die Summen verzinse. Soll man dann allein die arme Landschaft gar in Steuern erschöpfen, so will dabei zu bedenken sein Gottes schwere Straf und Ungnad, so über Herr und Knecht ergehen wird. So ist's ungewiß, ob's bei den Leuten zu erhalten. Und ob's die Leute gern thäten, so vermögen sie es nicht mehr. Soll man dann das Armuth mit Jagdgeldern, Bausteuer, Dienstgeldern, doppelter Tranksteuer beschweren, so wird Gott Ursache gegeben, seinen Zorn desto heftiger wider uns auszuschütten. Es kann aber diesem Unrath mit Einem Wort geholfen werden, das heißt: Parsimonia, Sparsamkeit oder Haushältigkeit', vor Allem zunächst in den persönlichen Ausgaben des Fürsten und in dem ganzen Hofwesen[1].

Im Kurfürstenthum hatten die Stände im Jahre 1601, ungeachtet ‚des bekannten ganz erschöpften und bekümmerlichen Zustandes der Unterthanen', eine Erhöhung der Landsteuer um die Hälfte des bisherigen Betrages bewilligt und dagegen die Verbriefung erhalten, daß ‚die Wildbahnen und Jagdgehege nicht weiter gemehrt werden' sollten. Als dann im Jahre 1605 Christian II. wiederum neue höhere Steuern verlangte, trat der Theologe Polycarpus Leiser in einer ‚Landtagspredigt' zu Gunsten der Regierung ein. ‚Die hohe Obrigkeit', sagte er, sei ‚das Auge des ganzen Landes'. ‚Wenn die Augen Gebrechen haben, da grübelt man nicht viel darin, sondern man verhängt sie mit grünem reinem Cartek und sieht, wie man den Fluß anderswohin abwenden könne'; so müßten auch die Unterthanen die Gebrechen der Obrigkeit zudecken, ‚frommen gehorsamen Kindern' nachfolgen, welche willig thun, was sie ihren Eltern an den Augen absehen können. ‚Sie disputiren nicht viel dawider, sondern halten dafür, die Eltern haben ihres Befehls genugsame und erhebliche Ursachen.'[2] Die Stände aber hielten dem Kurfürsten vor: der frühern verbrieften Zusicherung sei durchaus nicht entsprochen worden, vielmehr habe sich der Wildstand überall vermehrt, neue Wildbahnen und Gehege seien eingerichtet und die alten erweitert worden, und überall griffen die Jagd- und Forstbeamten mit der größten Willkür in die Gerichtsbarkeit

---

[1] Moser, Patriotisches Archiv 3, 275—288. Kius, Ernestinische Finanzen 26. 133—134.

[2] Landtagspredigt 35. 39.

und in die Rechte der Einzelnen ein. Gegen eine neue Verbriefung, ,endlich
diesen Beschwerden gründlich und alsbald abhelfen zu wollen', wurde die
Landsteuer wiederum um ein Drittel, die bisherige Tranksteuer um das
Doppelte erhöht. Von jedem Faß mußten jetzt 40 Groschen entrichtet werden,
während die Steuer bisher nur 20, vor dem Jahre 1555 nur 10 Groschen
betragen hatte. Außerdem wurde auf jeden Eimer Wein noch eine besondere
Steuer von 5 Groschen bis zum Jahre 1611 zugestanden. Nichtsdestoweniger
waren die Schulden des Kurfürsten im Jahre 1609 wieder so hoch gestiegen,
daß er ohne Zuthun der Stände aus denselben ,nicht herauszukommen wußte'.
Die Stände sollten, forderte er, so viel baares Geld erlegen, daß der ganze
Hof auf zwei Jahre lang alle Kosten davon bestreiten könne. Die Räthe
warnten ihn aber vor einer Berufung der Landschaft, weil dieselbe Bericht
darüber verlangen würde, wie es gekommen, daß seit dem jüngsten Landtag
ungeachtet der erhöhten Steuern die Kammerschulden so hoch gestiegen seien.
Nachdrücklich erinnerten sie den Kurfürsten daran, daß ,in den Jahren 1601
und 1605 eine so große und hohe Steuer bewilligt worden wie nie zuvor,
selbst nicht in Zeiten, da das ganze Land wider die Feinde in öffentlicher
Noth gestanden' habe. Damit hätten sie sich bereits dermaßen angegriffen,
daß die Gerichtsherren auf dem Lande und die Räthe in den Städten großen
Zwang und Ernst brauchen müßten, um von den armen Leuten die fälligen
Steuern einzubringen. ,Würden die Landstände erfahren, daß der Kurfürst
nicht allein seine eigenen Unterthanen, sondern auch manche Ausländer mit ansehnlichen Gütern begnadigt und damit wie mit den Zahlungen an Juweliere und
Händler Schulden auf die Kammer gehäuft habe in der Absicht, solche der Landschaft wieder zuzuweisen, so werde diese, dadurch vor den Kopf gestoßen, nur
schwer zu weiteren Steuern zu bewegen sein.' Unbekümmert um diese Ab-
mahnung, berief der Kurfürst die Stände zusammen mit dem Begehren, ,die getreuen Unterthanen' sollten nicht allein die bisherigen Steuern auf neun Jahre
verlängern, sondern die Tranksteuer nochmals um ein Bedeutendes steigern.
Dießmal aber schienen die Stände bis zur Steuerverweigerung vorschreiten zu
wollen, denn ,überall sei lauter Verderb und Zurückgang in allen Sachen vorhanden'; jedoch nach langen Verhandlungen wurde eine nochmalige Erhöhung
der Landsteuer zugestanden unter dem feierlichen Versprechen des Kurfürsten:
er wolle in Zukunft keine weiteren Schulden machen und ohne Zustimmung der
Stände nicht mehr Geld aufnehmen. Dessenungeachtet fand man bei seinem
Tode im Jahre 1611 eine noch sehr bedeutend gesteigerte Schuldenlast vor[1].
Der Hofhalt zu Dresden verschlang damals die Hälfte der Einnahmen aus

---

[1] Falke, Steuerbewilligungen 31, 170 fll., und Falke, Verhandlungen Christian's II.
mit seinen Landständen 1601—1609, in der Zeitschr. für deutsche Culturgesch., Jahrg
1873, S. 80—91. Weiße 4, 356. Weck 445.

sämmtlichen Aemtern des Kurstaates [1]. Die Hofprediger Michael Niederstetter und Paul Jenisch wiesen in ihren dem Kurfürsten gehaltenen Leichenreden deutlich genug hin auf die ‚allerhand Beschwerung und Anlagen‘, welche ‚armen Leuten ziemlich sauer und schwer ankommen, zuvoraus in der sonsten schweren und theuern Zeit, da man mit dem lieben täglichen Brod genugsam zu thun hat‘. Der Kurfürst habe Lust gehabt, meinte Jenisch, der ‚Untreue, Bevortelung, Auffatz, Bedrängniß des Armuts, sammt Finanzerei und Unrecht zu wehren, wo nicht Leute sich in Weg gelegt oder es sonst hinaus zu führen schwer geacht und gemacht hätten‘ [2].

In anderen Fürstenthümern waren die Zustände keineswegs besser.

Den Herzog Ernst II. von Lüneburg kostete die Hofhaltung und die Regierung ungefähr das Doppelte seiner Einnahmen. Im Jahre 1600—1601 betrugen letztere beiläufig 37 000, im folgenden Jahre 35 000 Gulden, während die Ausgaben in diesen beiden Jahren sich auf mehr als 122 000 Gulden beliefen; er hinterließ dem kleinen Fürstenthum eine Schuldenlast von 527 000 Gulden [3].

Am Hofe des Herzogs Franz I. von Lauenburg erreichte ‚die Verschwendung einen so hohen Grad‘, daß im Jahre 1567, als die jüngste Tochter sich mit dem Herzog Wenceslaus von Teschen vermählen sollte, gar keine Mittel für die Ausstattung vorhanden waren. ‚Unser Bruder Herzog Franz und Sr. Liebden Gemahl‘, meldete die Königin Dorothea von Dänemark am 9. September des genannten Jahres der Kurfürstin von Sachsen, ‚haben uns geschrieben und gebeten, ihre Tochter, so den Herzog zu Schlesien haben soll, kleiden zu helfen. So haben wir die Antwort gegeben, daß sie als die Eltern dazu zu gedenken wissen werden, und daß es besser wäre, das Ihrige zu der armen Kinder Bestem zu sparen, das sonst böslich verzehrt und umgebracht wird. Aber wir wissen doch wohl, daß keine Verwarnung hilft. Unser Bruder fährt immer fort und versetzt Alles, was zu Handen ist, und wachsen die Kinder auf, daß in Wahrheit wohl guter Rath von Nöthen ist, wie dem Ding letztlich zu helfen. Hiemit übersenden wir Ew. Liebden 18 Ellen Blhandt, unseretwegen dem Fräulein zu verehren und ihr einen weiten Rock daraus machen zu lassen. Wir haben die Vorsorge getragen, da wir diesen Zeug an die Eltern gesendet, er möchte dem Fräulein nicht zukommen.‘ [4]

In Mecklenburg waren die meist aus eingezogenem Klostergut bestehenden Haus- und Kammergüter dem Herzog Johann Albrecht (1547—1576) verpfändet oder verwüstet anheimgefallen und brachten bei mangelhafter Ver-

---

[1] Müller, Forschungen 1, 199—206. 209—212.
[2] Drei christliche Predigten, erste Predigt Bl. D², zweite Bl. D⁴.
[3] Havemann 2, 521—522.   [4] v. Weber, Anna 45—46.

waltung immer nur wenig ein. Im Jahre 1553 hatten die Landesschulden bereits eine Höhe von 900 000 Gulden erreicht. ‚Der Zustand unseres Staatswesens‘, schrieb der Herzog im Jahre 1568, ‚ist seit vielen Jahren ein überaus elender; dazu kommt, daß unsere Räthe theils Betrüger theils Lügner sind.‘ Unter den drückendsten Bedingungen erhob er Anlehen, konnte aber nur einzelnen Gläubigern die Zinsen, nur den wenigsten Dienern ihren Sold entrichten; im Auslande wurden gegen ihn als säumigen Bezahler Schmähungen laut[1]. Als er im Jahre 1571 auf einem Landtage zu Güstrow eine neue Schuldentilgung verlangte, erklärten die Adelichen: Vor 15—16 Jahren hätten die Stände durch Uebernahme der Landesschulden die fürstlichen Häuser und Aemter, ‚gänzlich gefreit; durch diese und andere Lasten und durch die theuere Zeit seien sie fast alle ausgezehrt und untergesenkt worden, und die armen Bauern seien verarmt und hätten nicht das trockene Brod, während die Landesherren mit fürstlichem Einkommen fürstlich versehen seien‘. Sie erhielten darauf zur Antwort: ‚Die vorige Beschwerung hätte nicht so sehr die Ritterschaft, den vornehmsten Stand, sondern vielmehr den niedersten Stand betroffen, daher der niederste und mittlere Stand allerdings in Armuth gekommen: jetzt solle sich die Ritterschaft besser angreifen; andere Fürsten seien ebenfalls in Schulden vertieft und von ihren Landschaften daraus befreit worden.‘ Auf einem Landtag im Jahre 1572 war Johann Albrecht persönlich zugegen und ließ den Ständen vorstellen: ‚Seit der letzten Zusammenkunft hätten sich die fürstlichen Schulden noch weiter vermehrt; es handele sich nicht um die Frage, ob man schuldig sei, die Hülfe zu thun, sondern allein davon sei Rede, durch welche Wege und Mittel man die Gelder zusammenbringen möge.‘ Die Stände erwiderten: ‚Das Land habe sich auf die verbriefte fürstliche Zusage, daß die Stände, nachdem sie einmal die Schulden auf sich genommen, mit ferneren Anforderungen verschont werden sollten, verlassen und durch alle Stände auf das Höchste sich angegriffen, nunmehr aber seien sie gänzlich erschöpft: die Ritterschaft, welche ein freier Stand sein solle, habe sich mit Geld, Kornpächten, Roßdiensten belegt und müsse ihren arm gewordenen Bauern zu Hülfe kommen. Wie stark sich die Städte und die Bauern angegriffen, sehe man an ihren verfallenen Häusern; schon viele hätten sich verlaufen, andere würden folgen.‘ ‚Der Augenschein zeige,‘ erklärten die Landstädte, ‚daß sie in äußerste Noth, Armuth und Elend gerathen seien.‘ Die Abgesandten von Rostock hoben hervor: ihre Stadt sei dem Untergange nahe, bereits mit einer Schuld von 400 000 Gulden beladen; ‚insonderheit beschwerte sich die Stadt Güstrow über große Schulden und Armuth vieler Leute; die guten Vermögens geachtet würden, ließen des Abends im Finstern das Brod vor den Thüren durch

---

[1] Lisch, Jahrbücher 8, 84. 88 Note 1. 114, und 23, 79—80.

ihre Kinder betteln'. Auf letztere Beschwerde erging der fürstliche Bescheid: Güstrow habe gute Nahrung von dem Hoflager, die Bevölkerung nehme zu und es würden viele neue Gebäude errichtet, die Armuth komme von den theuern Zeiten her und finde sich auch in anderen Städten[1]. Auf die Anforderung, auch die Prediger sollten zur Tilgung der herzoglichen Schulden beitragen, überreichte in deren Namen der Superintendent Conrad Becker am 30. Juni 1572 dem Landesfürsten eine Bittschrift des Inhaltes: ‚Die Stifte und Klöster, wovon den armen Predigern, welche ihr Patrimonium verstudirt, sollten Zulagen geschehen, seien nun hinweg'; die Prediger ‚müssen Hunger und Kummer leiden bei dem Amt, haben in diesen theueren Zeiten ihre Bücher oder Kleider versetzen oder verkaufen müssen, um ihren armen Kindern Brod zu kaufen und sich des Hungers zu erwehren', ‚also daß die Prediger nichts Eigenes haben; wovon sollen sie es nehmen', um den Herzog zu unterstützen?[2] Als die Landstädte im Jahre 1582 aufgefordert wurden, Kutschen und Pferde zur Reise des Herzogs Ulrich auf den Augsburger Reichstag zu stellen, trat der vorherrschende ärmliche Zustand scharf hervor; die meisten klagten über Armuth, Noth und ‚um sich fressende Schuldbeschwerung'; mehrere besaßen kaum die zu ihrem Ackerbau nöthigen Pferde, anderen fehlten die Mittel, auch nur ‚einen Gutschen zu bereiten' oder einige Pferde zu schicken[3]. Bei einem Deputationstage zu Wismar sagte Vicke von Strahlendorf im Jahre 1610: er sei wohl 40 Jahre auf Landtagen gewesen, und man sei allezeit den Fürsten beigesprungen; bei seiner Zeit wären wohl 1 Million und 400 000 Gulden beigesteuert, daneben Vertröstungen ertheilt worden, es sollten die Beschwerden abgeschafft werden, aber davon sei Nichts erfolgt[4]. Am Hofe des Herzogs Johann VII. von Mecklenburg-Güstrow trat eine solche Ueberschuldung ein, daß der Herzog im Jahre 1590 den Landständen erklärte, er könne es in seiner bedrängten Lage nicht länger aushalten, er wolle außer Landes gehen; er endete als Selbstmörder. Seine Wittwe erhielt zu ihrem Unterhalte und zur Bestreitung der Kosten für die Erziehung ihrer Kinder wöchentlich 2 Gulden, für die Bedienung 33 Schillinge; sie wohnte zu Lübz in einem verfallenen Hause, Betten und Leinenzeug fehlten[5].

Zu den am tiefsten verschuldeten Landen gehörte seit Joachim II. auch das Kurfürstenthum Brandenburg. Im Jahre 1535, beim Tode seines Vaters Joachim I., hatten sich die Finanzen der Mark noch in guter Ordnung befunden. Aber schon im Jahre 1540 mußten die Landstände 1 Million Gulden landesherrlicher Schulden übernehmen, im Jahre 1542 weitere 519 000 Gulden; im folgenden Jahre konnten nicht einmal mehr die Zinsen der Schulden be-

---

[1] Franck, Altes und neues Mecklenburg Buch 10, 192—197. 219.
[2] Bei Schirrmacher 2, 292—294.   [3] Lisch, Jahrbücher 9, 173.
[4] Franck, Buch 12, 116.   [5] Vergl. Lesker 73—74.

zahlt werden. ‚Die von der Landschaft‘, schrieb der Rath Eustachius von Schlieben an Joachim, ‚haben gegen Ew. kurfürstlichen Gnaden den Glauben verloren, Bürgen sind nicht zu bekommen.‘ Die Kirchengüter wurden verschleudert. Wo er nur konnte, nahm der Kurfürst bei seinen Unterthanen Anlehen auf und sah sich dabei genöthigt, als Unterpfand für die Zinszahlung und Rückzahlung nicht allein Kammergüter und Zolleinnahmen zu verpfänden, sondern auch zu Gunsten der Gläubiger auf wichtige Hoheitsrechte zu verzichten. So erhielt beispielsweise im Jahre 1541 der Rath zu Tangermünde das Gericht in der Stadt für ein Darlehen von 1000 Gulden, die Stadt Werben das Gericht und den Straßenzoll für 800 Gulden, Neustadt-Eberswalde das dortige Gericht für 200 Gulden. Im Jahre 1549 war von dem gesammten Krongut kaum irgend ein Amt noch im vollen Besitze des Kurfürsten; dieser gestand, daß er ‚auf unchristlichen und beschwerlichen Wucher‘ habe Geld aufnehmen müssen. Die neue Schuldenlast belief sich in demselben Jahre 1549 auf 1³/₄ Millionen; dazu kamen bis 1564 nicht weniger als 1 Million und 700 000—800 000 Thaler; die Finanzen geriethen in vollständige Zerrüttung, da der Kurfürst immer neue Schulden auf Wucherzinsen aufnahm; bei seinem Ableben im Jahre 1571 beliefen sich seine Schulden auf mehr als 2¹/₂ Millionen; im Jahre 1572 sollte die Landschaft sogar 3 689 980 Thaler abzahlen[1]. Gegen Ende des Jahrhunderts sagte Kurfürst Joachim Friedrich: die Kurlande seien mit großer Schuldenlast dermaßen beschwert, daß einestheils die jährlichen Zinsen, viel weniger die Hauptsummen abgetragen werden könnten[2].

In Braunschweig trat ‚durch überprächtigen Hofstaat und allerlei Verschwendung die Schuldencalamität‘ erst nach dem Tode des Herzogs Julius ‚grausam hervor‘. Julius, ein guter Verwalter, der besonders durch Ausbeutung der Bergwerke reich geworden, hinterließ bei seinem Tode im Jahre 1589 seinem Nachfolger Heinrich Julius einen Schatz von beinahe 1 Million Gulden. Der neue Herzog aber führte ‚großen ausländischen Pracht, zahlreiche Dienerschaft ein, die er auf das prächtigste ausputzte‘, richtete viele kostspielige Bauten auf, hielt große Feste, Feuerwerke, Maskeraden, uniformirte mit früher unerhörten Kosten seine Soldtruppen und verausgabte einmal im Jahre 1605 für eine einzige Musterung derselben die Summe von 30 000 Thalern. Als er im Jahre 1613 starb, war nicht allein der Schatz seines Vaters verschwunden, ohne daß man anzugeben wußte, wohin das Geld gekommen, sondern es lag auch eine Schuld von 1 Million und 200 000 Thalern auf dem fürstlichen Kammergut; oft stand ein einziger Edelmann mit der fürst-

---

[1] Isaacsohn 455 fll. Winter, Märkische Stände 19, 550—554, und 20, 542. 549. Rius, Ernestinische Finanzen 4. Vergl. unsere Angaben Bd. 3, 425 fll.
[2] Köhler 20, 255.

lichen Kammer wegen einiger Tonnen Goldes in Rechnung [1]. Unter dem
Herzog Friedrich Ulrich erfolgte eine völlige Zerrüttung des gesammten Staatswesens; der Herzog lebte ‚so in steter Völlerei, daß er schwerlich zu sich selbst
kommen und seine Gedanken sammeln konnte‘. Seine unwürdigen Günstlinge
Anton und Joachim von Streithorst und deren Anhänger erhielten ihn in
beständigem Rausch und bemächtigten sich aller Herrschaft. Sie veräußerten
zur Befriedigung ihres verschwenderischen Luxus zuerst die Kammergüter, dann
die Klostergüter, verheerten die Wälder und verpachteten die Münzstätten,
wodurch das schlechteste Geld in Umlauf kam, alle Preise in’s Ungeheuere sich
steigerten und der auswärtige Handel fast gänzlich aufhörte. Vergebens bat
die verwittwete Herzogin im Juni 1617 ihren Sohn auf das beweglichste,
er möge doch zusehen, ob in seinem Regimente Alles im Stande, ‚oder ob
vielmehr die Armuth übernommen und ausgemergelt, mit geistlichen Gütern
als mit Adlersfedern übel gebahret werde und die Unschuldigen gedrückt
würden‘ [2]. Trotz der allgemeinen Verarmung wurde der Rath von Hannover
veranlaßt, am 14. Februar 1618 dem Herzog zu Ehren ‚ein Fastel-Abend-
Convivium‘ zu veranstalten, dessen Kosten sich auf beinahe 5000 Thaler
beliefen [3].

In ähnlicher Zerrüttung wie im nördlichen Deutschland befand sich,
namentlich seit der zweiten Hälfte des sechzehnten Jahrhunderts, der Staats-
haushalt in den meisten süddeutschen Gebieten [4].

In der Pfalz schrieb während der Regierung des Kurfürsten Otto Heinrich († 1559) die Pfalzgräfin Maria, Gemahlin des spätern Kurfürsten
Friedrich III., an Herzog Albrecht von Preußen: Wenn Otto Heinrich stirbt,
werden wir ‚zweimal mehr Schulden finden, als wir in unserm ganzen
Fürstenthum Einkommen haben‘ [5]. Im Jahre 1562 konnte Friedrich mit
seinem Schwiegersohn Johann Friedrich von Sachsen in Thüringen nicht zusammenkommen aus Mangel an Geld. Er könne, klagte er, ‚auf der Reise
den Wirth nicht bezahlen‘. ‚Muß mit Sorgen und Aengsten und nicht ohne
Mühe früh und spät denken und trachten, wie ich gegen vorstehender Frankfurter Herbstmesse Trauen und Glauben erhalte‘ [6]. Unter dem Kurfürsten

---

[1] Bobemann, Herzog Julius 223. Spittler, Gesch. Hannovers 1, 331 fll. 365.
377. 382. Henke, Calixtus 1, 42. Havemann 2, 504—507.

[2] Spittler, Gesch. von Hannover 1, 390 fll. Schlegel 2, 377—378. 656—657.
Neues vaterländisches Archiv 4, 101—102.

[3] Zeitschr. des historischen Vereins für Niedersachsen, Jahrg. 1873, S. 24 Note.

[4] ** Wie ungünstig sich, namentlich seit dem Jahre 1580, die Finanzlage Ferdinand’s II. von Tirol gestaltete, zeigt eingehend Hirn 1, 644 ff.

[5] Vergl. unsere Angaben Bd. 6, 81.

[6] Kluckhohn, Briefe 1, 328. 334; vergl. 30.

Friedrich IV. ſteigerte ſich die Schuldenlaſt derart, daß die kurfürſtlichen
Rentmeiſter im Jahre 1599 erklärten: die Kammer habe den Credit verloren.
Gleichwohl verbrauchte der Hofſtaat des verſchwenderiſchen Friedrich jährlich
unter Anderm 400 Fuder Wein, 2000 Malter Korn, 2500 Malter Spelz,
9000 Malter Hafer. Unter ſeinem Nachfolger Friedrich V. wurden durch
einen alles Maß überſteigenden Aufwand die letzten Kräfte des Landes auf-
gezehrt, die fürſtlichen Kammern von Schulden erdrückt[1].

In den ‚Aufzeichnungen einer fürſtlichen Perſon' aus dem Ende des
ſechzehnten oder dem Anfange des ſiebenzehnten Jahrhunderts heißt es über
ihre zerrütteten Vermögensverhältniſſe: ‚Die Häuſer ſind leer, das Geld
davon, die Schulden eingenommen, die Unterthanen abgemattet, daß ſie,
verarmet, weder uns noch ihren Kindern viel dienen können, ihre übrigen
Güter ſind verpfändet, viel Fuhren abgeſtellt, Kühe und Schaf ſind der
Wucherer, und hat das Land an Fuhren, Wagen und Pflug ſehr abgenommen. Die Güter ſind faſt verwahrlost, die Mitgift verzehrt, alle Renten
endurch, etliche Zehnten darvon, Gülten und Penſion abgelöſet und das Einkommen geſchwächt. Noch ſo viele Tauſend dazu entlehnet und nicht nur auf
gemeine Penſion', das heißt gegen landesübliche Zinſen. ‚Bisher haben wir
in Noth weder vor uns gehabt noch unſeren Unterthanen die Hand bieten
können, ſo ſie doch uns Tag und Nacht haben rennen und laufen müſſen,
wie billig. Womit bezahlen wir die Diener und armen Leut, die täglich
klagen und ſeufzen? Wie bringet man das arme Volk wieder in Eſſe aus
dem Hunger und Huddeln, daß ihnen nicht allenthalben von Nachbarn ge-
ſpottet werde?'[2]

Wie mannigfaltig unter den verſchuldeten Fürſten die Bedrückungen des
Volkes waren, erſieht man beiſpielsweiſe aus einem Verſprechen, welches der
Markgraf Eduard Fortunatus von Baden im Jahre 1589 den Landſtänden
ertheilte: die unter dem Markgrafen Philipp (1569—1588) eingeführten
Laſten und Beſchwerden, ‚als Salzgelt, Frongelt und Habern, Grabengelt,
neuen Futter-Habern, Steigerung der Leib- und Todfäll, neuen Drottwein,
neu Echerit Gelt und was ihnen noch weiteres neulicher Zeit abgeſtrickt, aufgelegt und wider alt Herkommen zugemuthet' worden, ſollten abgeſchafft werden;
was aber ‚auf Zoll, Umbgelt, Aufſchlag geſchlagen und erhöht worden, ſammt
dem Salzhandel', müſſe ‚in vorigem angefangenen Weſen bis zu halber oder
ganzer Ablöſung der jetzigen obliegenden Schulden verbleiben'. Im Jahre 1582
hatten die Landſtände als Vermögensſteuer aus liegender und fahrender Habe,

---

[1] Vergl. unſere Angaben Bd. 5, 135 fl. 658.

[2] Mitgetheilt von v. Weech in der Zeitſchr. für die Geſch. des Oberrheins 36,
166—169.

Lehen und Eigengut 8 Batzen von je 100 Gulden Werth bewilligt, im Jahre 1585 diese Steuer auf 12 Batzen erhöht; im Jahre 1588 übernahmen sie 300 000 Gulden von den fürstlichen Schulden[1]. ‚Was die Unterthanen unter Eduard Fortunatus erlitten, war nicht zu beschreiben.‘ Zeitgenossen, welche die Schäden des deutschen Fürstenlebens mit gebührender Strenge beurtheilten, wiesen namentlich auf ‚das wahrhaft abschreckliche und über alle Maßen gräuliche Leben‘ dieses Markgrafen hin und fragten: ‚Muß nicht, wo solch ein Leben Jahre lang im heiligen Reiche hat geführt werden können, ohne daß die höchste Oberkeit eingegriffen und ein Schrei durch alle Fürsten ging, unsagbar Vieles faul und rottig sein?‘[2] Durch Trunksucht, unsinnige Verschwendungen und niedere Ausschweifungen richtete sich Eduard Fortunatus derart zu Grunde, daß er zuletzt durch Straßenraub und Falschmünzerei ‚sich wieder aufhelfen wollte‘. ‚Er ritt‘, heißt es in einem glaubwürdigen Bericht aus dem Jahre 1595, ‚zur Räuberei mit seinen Dienern auf die Straßen, versteckte sich in die Kornfelder, fiel heraus und beraubte die Reisenden ohne Scheu und Scham, warf die Fuhrleute nieder und nahm von den Kaufleuten, was er bekommen konnte. Das that er Alles frei und öffentlich, ließ die Beraubten binden und zählte in ihrer Gegenwart das ihnen abgenommene Geld. Dann theilte er es nach Wohlgefallen mit seinen Raubgesellen. Dabei kam es auch zu Mordthaten, wie an einem welschen Krämer geschehen, der erschossen wurde. Mit den ihm abgenommenen Sachen schmückte der Markgraf sein Schloß aus.‘ Falschmünzerei betrieb er mit Hülfe eines verdorbenen italienischen Seidenkrämers Franz Muscatelli. Dieser prägte aus einer von ihm bereiteten ‚sonderbaren Mixtur von Metallen Ferdinandische Thaler, Klippenthaler, Portugalser von zehn Ducaten Werth, welche auf der Frankfurter Messe ausgegeben wurden. Der Markgraf selbst war zugegen, wenn gemünzt wurde, und zog das zu Augsburg erkaufte Preßwerk mit eigener Hand. Um die Stempelschneider zu bekommen, gebrauchte er Gewalt und hielt sich Alles für erlaubt.‘ Selbst ‚vor meuchelmörderischen Versuchen schreckte er nicht zurück‘. ‚Durch ein von Muscatelli zubereitetes Giftwasser wollte er einem seiner Vettern, als er sie zu Gaste hat, das Leben nehmen. Eben das war er zu thun gesonnen, als sein Vetter Markgraf Ernst Friedrich nach Ettlingen kam, dort die Passion vorstellen zu sehen. Dieses Giftwasser, dessen noch eine gute Portion zu Baden auf dem Schlosse gefunden worden, hat seinen wirklichen Effect an vielen Personen gethan, wie die urzichtlichen Aussagen beweisen und darthun.‘ Auch nahm ‚Markgraf Fortunatus ein teuflisch-zauberisches Mittel zur Hand, um

---

[1] v. Weech, Badische Landtagsabschiede, in der Zeitschr. für die Gesch. des Oberrheins 29, 342. 354. 356. 359. 362—365.

[2] Von den vielen Anzeichen, vergl. oben S. 173 Note 1.

den Markgrafen Ernſt Friedrich zu tödten‘. ‚Das ſollte geſchehen durch ein
ſonderlich dazu geformtes Bildlein, welches Ernſt Friedrich’s Perſon repräſen-
tiren und nach Ausweiſung ſeiner negromantiſchen und zauberiſchen bei ihm
gefundenen Bücher mit Beſchwörungen und anderen teufeliſchen Zierlichkeiten
und Solennitäten hat zugerichtet werden ſollen.‘ Hierbei wollte er ſich des
Paul Peſtalozzi aus Graubünden bedienen. Er hatte von demſelben ‚einen
Eid genommen und ſich mit ihm zu dem gräulichen Bubenſtück verbunden,
und mit Verluſt ihrer Seelen, ihres Heils und ihrer Seligkeit dem leidigen
Satan ſich ſelbſt zum ewig verfluchten Pfande geſetzt‘ [1]. Der Markgraf ‚iſt
dahin gerathen,‘ ſchrieb Doctor Franz Born von Madrigal am 28. Januar
1595 an Herzog Wilhelm von Bayern, ‚daß er nach den leichtfertigſten Leuten
geſtellt, als Schalksnarren, Kupplern, Freibeutern und Gottabgeſagten, Negro-
manten, falſchen Münzern und dergleichen. Und wiewohl er ehrliche Kanzler
und Pachter gehabt, ſind doch in der Verwaltung der Juſtiz die leichtſinnigſten
und ſolche Leute gebraucht worden, welchen keine Unbilligkeit zu groß geweſen.
Durch dieß Alles iſt der Markgraf ſo tief in Sünden gerathen, daß er ſich
nicht geſcheut, zu öffentlichen und erſchrecklichen Zaubereien die Sacramente
Chriſti zu profaniren, wie ich ſolches klagend aus dem Munde eines ſeiner
Kapläne vernommen habe. Auch wollte er deſſen Hülfe haben zu teufeliſcher
Conſecrirung eines Ringes, eines Calamiten oder Magnetſteins, eines verzauberten Buchs, eines Bildes, damit den Markgrafen Ernſt Friedrich umzubringen.‘ ‚Alſo daß gegen Gott faſt alle heiligen Sacramente auf eine Art,
die ich lieber mündlich als ſchriftlich erzählen möchte, von ihm und etlichen
der Seinigen geſchändet, der Teufel öffentlich angerufen und dergleichen ſündliche Impietäten vorgegangen, daß es kein Wunder wäre, Gott hätte das
ganze Land verſenkt.‘ Die Anhänger des Markgrafen, fügt Franz Born
hinzu, ‚haben auch in den Städten allen Uebermuth und Muthwillen geübt,
alſo daß wir Alle im ganzen Lande in einem beſtändigen Feuerbade geſeſſen
und die armen Leute in ſteter Furcht waren. Wie denn zuletzt Keiner mehr
Etwas von Beſoldung bekam, Keiner mehr Etwas hatte und nicht einmal
mehr das nöthige Wachs und Oel zum Gottesdienſte gekauft werden konnte.‘ [2]
    Die Markgraffchaft Ansbach-Bayreuth hatte im Jahre 1557 dreimal ſo
viel Schulden, als die Einnahmen betrugen. Gleichwohl faßte Markgraf Georg
Friedrich in demſelben Jahre den Plan, die neue Plaſſenburg aufzuführen;
er verwendete auf den Bau eine noch größere Summe, als das volle Ein-

[1] Gründlicher, Wahrhafter und Beſtendiger Bericht: Was ſich zwiſchen dem Markgrafen Ernſt Friedrich zu Baben ꝛc. und zwiſchen Markgraf Eduardi Fortunati Diener-
ſchafft und ihm ſelbſt verloffen ꝛc. 1595. Vergl. Vulpius 8, 397—400. Häberlin
19, 28—45.
[2] Vulpius 3, 175—176.

kommen des Landes in vier Jahren beſtreiten konnte. Im Jahre 1560 war die Schuldenlaſt des kleinen Fürſtenthums auf 2 Millionen und 500 000 Gulden geſtiegen; die Hofhaltung beſtand damals aus beinahe 200 Perſonen. Die dem Volke auferlegten Beſchwerden wurden ſo unerträglich, daß die Stadt Ansbach im Jahre 1594 die Frage ſich vorlegte, ‚ob man es unter den Türken nicht beſſer hätte‘[1].

In Württemberg hatte Herzog Ulrich im Jahre 1550 eine Schuldenlaſt von 1 Million und 600 000 Gulden hinterlaſſen, welche eine jährliche Zinszahlung von 80 000 Gulden erforderte. Im Jahre 1554 wurden die Zinſen, welche Herzog Chriſtoph zu zahlen hatte, bereits auf mehr als 86 000 Gulden veranſchlagt[2]. Die Landſchaft übernahm in dem genannten Jahre die Summe von 1 Million und 200 000 Gulden, aber nach Ablauf von elf Jahren hatten ſich die Kammerſchulden auf das Doppelte vermehrt[3]. Neue Steuern verlangend, ſchrieb Chriſtoph im Jahre 1564 an ſeine Räthe: ‚Männiglich iſt bekannt, was alle umliegenden Lande ihren Herren und Oberen zur Abhelfung ihrer Schuldenlaſt thun. Die kaiſerlichen Erblande im Elſaß, Sundgau, Breisgau, Hochberg, Land Hagenau haben alle Schuldenlaſt auf ſich genommen und bald Anfangs 300 000 Gulden baar bewilligt, und dazu auf jede Maß Wein einen Rappen geſchlagen, thut fünf Maß einen Batzen. Bayern hat vor etlichen Jahren einen Zollaufſchlag bewilligt, der ſich jährlich über 200 000 Gulden beläuft, und hat auf jüngſtem Landtag die ganze Schuldenlaſt ſammt den Gülten auf ſich genommen. Pfalz hat dem Kurfürſten über 600 000 Gulden zu zwei Zielen gegeben. Die Markgraffſchaft Baden hat über die erlangten Zölle und Aufſchläge ihren beiden Herren das Umgeld 15 Jahre lang zu ſteigern bewilligt und daneben, wie wir berichtet, noch andere Auflagen zugeſtanden. Heſſen hat ſeinem Herrn 16 Jahre lang den Schenkpfennig, wie ſie es nennen, der Jahrs über 50 000 Gulden thut, bewilligt ohne die andere große Schatzungsbewilligung, welche die Landſchaft zuvor eingegangen. Aehnlich haben Sachſen und andere Länder gehandelt.‘[4] In zwei Gutachten erwiderten die Räthe darauf dem Herzog: der Aufwand des Hofweſens müſſe nothgedrungen beſchränkt werden; die Ausgaben ſeien während ſeiner Regierung allerwärts fort und fort und zwar dergeſtalt geſtiegen, daß weder der Herzog noch die verarmte Landſchaft dieſelben fürder erſchwingen könne. Man müſſe deßhalb durchaus gebührende Aenderung, und zwar Ringerung vornehmen, ‚namentlich mit den Gebäuden, Proviſionen, Auslöſung fremder Herrſchaften, Weinverehrungen, Geſtüten, Tapiſſerei, Hausrath,

---

[1] Voigt, Wilhelm von Grumbach, in v. Raumer’s Hiſtor. Taſchenbuch 7, 163. Lang 3, 19. 261. 277. 295. Vergl. unſere Angaben Bd. 6, 82.
[2] Kugler 1, 291.   [3] Rehſcher 17ᵇ, LXX.   [4] Bei Kugler 2, 582.

Burgvögten, Bären, Löwen, Gewild, Schwanen, Pfauen, ausgeliehenem Geld, Jägerkosten, Hof- und Küchengebrauch: die ausgesogene Landschaft könne nach Allem,·was sie bisher geleistet habe, mit Fugen nicht weiter getrieben werden‘ [1]. Nichtsdestoweniger übernahm die Landschaft im Jahre 1565, ungeachtet der seit 1554 geleisteten Zahlungen, auf's Neue 1 Million und 200 000 Gulden und verpflichtete sich, die Summe fortwährend selbst zu verzinsen [2]. Aber erst nach dem Tode Christoph's im Jahre 1568 begann in Württemberg ‚die rechte Verschwendung‘ unter den Herzogen Ludwig, Friedrich und Johann Friedrich. Das von Herzog Ludwig bei Stuttgart erbaute Lusthaus kam auf drei Tonnen Goldes zu stehen [3]. Im Jahre 1583 übernahm die Landschaft 600 000 Gulden nebst Verzinsung [4]. Aber es folgten immer höhere Schulden. Herzog Friedrich wollte nach dem Glanze der Höfe von Paris und London, welche er besucht hatte, auch seinen Hof einrichten und brachte bei seinem Regierungsantritt französische Edelleute, Financiers und Comödianten in's Land. Als er nach langen vergeblichen Bemühungen im Jahre 1603 zum Ritter des Hosenbandordens ernannt worden, schickte er wiederholt eine Gesandtschaft mit kostbaren Geschenken zu dem Ordensfeste nach London ab und feierte es selbst jährlich mit größter Pracht. Im Jahre 1605 dauerten die Feierlichkeiten in Stuttgart volle acht Tage [5]. Im Jahre 1599 hatten ihn die Landstände bringend gebeten, ‚keine unnöthigen Unkosten aufzuwenden und die Pracht an seinem Hofe mit überflüssigen Besoldungen und kostspieligen Lustbarkeiten einzuziehen‘. Noch in demselben Jahre hatte er ‚eine mit großen Kosten verbundene Fastnacht gehalten, besondere Aufzüge von allerhand symbolischen Erfindungen, Ringelrennen und kostbare Feuerwerke, welche die Kräfte seiner Kammer und des Kirchenguts sehr schwächten, vorgestellt‘; binnen sechs Jahren, klagten die Stände, hätten sie ihm 16 Tonnen Goldes verwilligt: seine Unterthanen könnten ihm Nichts mehr beisteuern [6]. Im Jahre 1605 beschwerten sie sich von Neuem über ‚die bei allen Dingen vorgehenden unziemlichen Köstlichkeiten und Ueberfluß‘. Friedrich erwiderte: ‚Wer thut es, als die von der Landschaft selbst?‘ Auf die weitere Beschwerde der Stände: in dem Spitale zu Stuttgart seien die vom Herzog Ludwig angeordneten Krankenwärterinnen nicht angerichtet worden, lautete die Antwort: ‚Sie haben sich dessen nicht anzunehmen; können es nicht thun, werden es auch nicht anrichten.‘ Als die Stände des Nähern angaben, in welchen Aemtern die Zölle, die Steuern, das Umgeld, die Frohndienste erhöht worden, erfolgte der einfache Bescheid: ‚Ist Nichts erhöht worden; wer es sagt, spart die Wahrheit. Sie klagen

---

[1] Bei Kugler 2, 584.   [2] Reyscher 17[b], LXX fll.
[3] Spittler, Gesch. Wirtembergs 190.   [4] Reyscher 2, 333.
[5] Pfaff, Gesch. Wirtenbergs 2[a], 41—42.   [6] Sattler 5, 230.

oft, da sie Nichts zu klagen haben.' Daß den ‚gemeinen Waldgedings-
Verwandten im Darmstätter Amt die Gerechtigkeit des Jagens und Hegens,
die sie seit undenklichen Zeiten gehabt, abgestrickt worden, und daß sie und
die im Wildbad altem Herkommen zuwider für jeden Stamm Holz einen
Kreuzer zahlen' müßten, läugnete der Herzog nicht ab, aber, sagte er, ‚Bauern
sollen nicht jagen, wir haben das Waldgeding zu einem neuen Forst angerichtet;
wer Holz haben will, geb auch, was billig und recht ist'. Die Beschwerde der
Stadt und des Amtes Brackenheim, daß ihnen zu Herbstzeiten der von Alters
gewöhnliche Lohnwein entzogen worden, wurde damit erledigt: ‚Das übermäßige
und ohnlässige Saufen haben wir abgestellt, wie billig, und hat uns die Landschaft darein nicht zu reden.'[1] Nur an seinem Hofe wollte Friedrich keinerlei
Beschränkung sich gefallen lassen, und die Stände sollten ihm in Nichts einreden, nicht klagen, sondern lediglich zahlen und neue Steuern bewilligen.

Im Jahre 1607 nöthigte er dieselben, abermals eine fürstliche Schuld
von 1 Million und 100 000 Gulden zu zahlen; hätten sie doch, wurde
ihnen gleichsam zum Troste gesagt, auch unter den zwei letzten Herzogen
3 Millionen übernommen[2]. Im folgenden Jahre, als Friedrich starb,
betrug die Fehlsumme von Neuem beinahe anderthalb Millionen; die Cassen
waren so erschöpft, daß man genöthigt war, alle Ausgaben mit entliehenem
Geld zu bestreiten[3]. Dieses hinderte aber den Nachfolger Johann Friedrich
nicht, im Jahre 1609 bei seiner Hochzeit mit Barbara Sophia, der Tochter
des Kurfürsten Joachim Friedrich von Brandenburg, ‚gleich einem Crösus zu
wirthschaften'[4]. Der unter dem Herzog Friedrich allmächtige Minister Matthäus
Enzlin wurde, nachdem er mehrere Jahre im Gefängniß gesessen, im Jahre 1613
als Veruntreuer öffentlicher Gelder und als Landesverräther hingerichtet[5].
Jedoch auch die neuen Räthe halfen an der wachsenden Verwirrung der
Finanzzustände mit. Vergebens stellte im Jahre 1610 ein Ausschuß der
Landstände dem Herzog vor: ‚Die Erfahrung bezeuge, daß der größte Theil
des Landes wegen übergroßer Armuth die bisherigen Beschwerden nicht ertragen
könne, auch der mittlere und vermöglichere Theil, der etliche Tausend Gulden
werth an Gütern besitze, durch die vielen, besonders im Weinbau gehabten

---

[1] Die Beschwerdeschrift vom 25. Januar 1605 und die Resolutionen des Herzogs
bei Moser, Patriotisches Archiv 1, 332—342.
[2] Sattler 5, 276. Spittler, Gesch. Wirtembergs 220—221. Pfaff, Gesch. Wirtembergs 2ᵃ, 34—39.
[3] Pfaff 2ᵃ, 54—55. [4] Vergl. oben S. 167 ff.
[5] Die ihm zuerkannte Strafe: es solle ihm zuerst die rechte Hand abgehauen,
sein Kopf ihm vor die Füße gelegt und alsdann auf einen Pfahl gesteckt werden, wurde
ihm erlassen: ‚weil er ein absonderlicher Literatus und schon etliche Jahre in carcere
gewesen.' v. Hormayr, Taschenbuch, Neue Folge 13, 144.

Mißjahre dergestalt zurückgesetzt worden, daß er sich selbst in Schulden ver-
tiefen müsse, um die Renten, Zinsen, Steuern und den Hausgebrauch zu
bestreiten.‘[1] Der Herzog schaltete weiter ohne Rücksicht auf die Klagen der
Stände über die unnöthige Hofdienerschaft, die Feste, die Alchymisten und
Musikanten am Hofe. Bis zum Jahre 1612 war abermals eine neue
Schuldenlast von einer Million aufgehäuft; ‚man wußte nicht, wohin all' das
Geld gekommen‘. Der ewigen Geldforderungen müde, wollten die Stände
nicht mehr zusammenkommen[2]. Hatte die jährlich zu entrichtende Ablösungs-
summe im Jahre 1583 sich auf rund 141 000, im Jahre 1591 auf 192 000,
im Jahre 1607 auf 200 000 Gulden belaufen, so stieg sie bis zum Jahre 1618
bis auf 259 000 Gulden[3].

Auch in Bayern herrschte, wie die Stände namentlich unter den Herzogen
Albrecht V. und Wilhelm V. fast auf jedem Landtage mit allem Recht sich
beschwerten, eine übermäßige, den Einkünften des Landes keineswegs entsprechende Hofpracht. Nachdem die Stände im Jahre 1568 für die Kosten
der Hochzeit des Herzogs Wilhelm 100 000 Gulden bewilligt hatten, wurden
sie im Jahre 1570 von der Erklärung Albrecht's überrascht: die Summe sei
nicht ausreichend gewesen, er habe dafür noch weitere 90 000 Gulden leihen
müssen, welche nun die Landschaft zahlen solle; überdieß seien ‚durch kostspielige Reisen, Tagsatzungen, Vermehrung der Räthe, Verminderung der
Einnahmen‘ große Beträge aufgegangen, deren Deckung eine Erhöhung der
Steuern erheische. Die Stände wiesen hin auf ‚die gänzliche Erseigerung
des Landes und die gegenwärtige Theuerung, welche den Landmann zwinge,
Haber, Kleien und selbst Baumrinden unter sein Brod zu mahlen‘, ließen sich
aber dennoch zur Uebernahme einer fürstlichen Schuld von 300 000 Gulden
herbei und zu einer Besserung des Kammergutes um 20 000 Gulden. In
demselben Jahre beliefen sich die Einnahmen auf 150 000, die Ausgaben
auf mehr als 414 000 Gulden. Im Jahre 1572 bedurften allein die Hof-
ämter 100 000 Gulden, so viel als die gesammten Kammergefälle eintrugen.
Zur Tilgung der Schulden bewilligten die Stände immer neue Steuern,
baten aber wiederholt den Herzog: ‚er möge Gott zu Lob ein Einsehen thun,

---

[1] Sattler 6, 48.   [2] Spittler, Gesch. Wirtembergs 223—280.
[3] Reyscher 17ᵇ, LXXIX. In einer um das Jahr 1600 verfaßten Handschrift heißt
es: ‚Drei Dinge nehmen überhand in Württemberg: Gottesläftern, Vollsaufen, Nichts
mehr borgen. Drei Dinge sind beschwerlich in Württemberg: viel Wildpret, viel
Frohnen, viel Rechnungen. Drei Dinge werden unnachläßlich gestraft in Württemberg:
Wildpret fällen, verfallene Zinsen nicht zahlen, Amtleute erzürnen. Drei Dinge werden
lüderlich gestraft in Württemberg: der von Adel Todtschlag und Uebertrut, hoher
Amtleute Diebstahl, der Reichen wucherliche Contracte und Zinsbrief. Drei Dinge ver-
schwinden in Württemberg: das geistliche Einkommen, armer Leute Steuern, gemeiner
Vorrath.‘ Zeitschr. für deutsche Culturgesch., Jahrg. 1859, S. 791—792.

besonders in der Schneiderei, Jägerei, Cantorei, in Gebäuden, Ankäufen und
Schenkungen' [1]. Bei seinem Tode im Jahre 1579 hinterließ Albrecht seinem
Sohne Wilhelm V. eine Schuldenlast von 2 Millionen und 336 000 Gulden.
Im Jahre 1583 war eine neue Schuldsumme von 731 000 Gulden aufgelaufen,
zu deren Zahlung sich die Stände bequemen mußten. Daß die Beschränkung des
Hofhaltes, wie der Herzog vorgab, auf das strengste vollzogen worden, mochte
den Ständen wenig einleuchten, da der Hofstaat Wilhelm's im Jahre 1588 nicht
weniger als 771, derjenige der Herzogin 44 Personen zählte. 'Die auf dem Lande
liegende Schuld', erklärten in dem genannten Jahre die Stände, sei um 1 Million
und 400 000 Gulden schwerer als unter Herzog Albrecht, und wäre auch unter
diesem Fürsten auf die Länge nicht zu erschwingen gewesen, um wie viel
weniger jetzt, da das Land ärmer geworden. Als Wilhelm im Jahre 1593
einen Landtag nach Landshut zusammenrief, erschien er in Begleitung seiner
Gemahlin, seines Bruders Ferdinand und seines ältesten Sohnes Maximilian
mit einem Gefolge von 317 Personen, 346 Pferden und verlangte von den
Ständen die Uebernahme einer neuen Schuld von anderthalb Millionen, welche
seit dem Jahre 1588 sich aufgehäuft hatte. Eindringlicher wie jemals führten
ihm die Stände zu Gemüthe: 'Dem Bauer könnten neue Auflagen ohne Befürchtung eines Aufstandes nicht aufgebürdet werden, da er ohnehin schon hart
am Bettelstabe sei; seit 1577 sei nun schon zum zwölftenmal der zwanzigste
Theil des Vermögens als Steuer erhoben worden; seit 1563 habe die Landschaft für Schulden und Zinsen an 10 Millionen dargestreckt.' Trotzdem
übernahmen sie auch jetzt die anderthalb Millionen, bewilligten außerdem eine
Besserung des Kammergutes um jährlich 50 000 Gulden, eine Erhöhung der
Steuern auf Meth, Bier und Branntwein, und eine Salzsteuer, deren Ertrag
der Herzog auf 100 000 Gulden berechnete [2].

Erst nachdem Wilhelm im Jahre 1598 die Regierung an Maximilian I.
übergeben hatte, traten geordnete Verhältnisse im Staatshaushalte ein, und
das eingezogene und nüchterne Leben am Münchener Hofe machte allgemein
den günstigsten Eindruck. Wilhelm widmete sich in seiner Zurückgezogenheit
den Uebungen thätiger Menschenliebe, speiste mit seiner Gemahlin nur aus
irdenem Geschirr. 'Ihre Durchlaucht', schrieb der Augsburger Protestant
Philipp Hainhofer, welcher im Jahre 1611 den Münchener Hof besuchte,

---

[1] v. Freyberg, Landstände 2, 378 fll. Ueber Albrecht's Ankäufe an Kostbarkeiten
vergl. unsere Angaben oben S. 181. ** Nähere Nachrichten über das überaus glänzende,
kostspielige Leben am Hofe des bayerischen Erbprinzen Wilhelm (des spätern Herzogs
Wilhelm V.) zu Landshut gibt Trautmann im Jahrbuch für Münchener Gesch. 1,
236—247.

[2] v. Freyberg, Landstände 2, 402 fll. Rudhart, Landstände in Bayern 2, 224.
Eugenheim, Bayerns Zustände 404 fll.

‚haben einen versperrten Gang zu ihrem Pilgerhaus, in welchem sie stets Fremde oder Advenas beherbergen, speisen und kleiden und auch noch Zehrung darzu geben, wie sie denn auch täglich zwölf hausarme Männer und zwölf Weiber speisen und jährlich zweimal kleiden, selbst die Kranken und Armen visitiren, sehr großes Almosen geben und wohl ein Patron der Armen sein.' Der Herzog wolle, daß sein Gebet auf den zwei Flügeln des Fastens und Almosengebens zum Himmel fliege, und beherzige den Spruch: je mehr Gott einem gegeben habe, um so mehr sei ihm derselbe verpflichtet. Am Hofe des regierenden Herzogs Maximilian gehe Alles, fährt Hainhofer fort, im Vergleich mit ‚anderen fürstlichen Hofhaltungen gar eingezogen zu'. ‚Es ist, so viel die Zehrung anlangt, Alles auf der italienischen geistlichen und weltlichen Fürsten Art gerichtet, allda man auch nicht viel Tafeln in der Ritterstuben und in der Dürnitz [1] gedeckt und übersetzt findet. Durch diese ökonomische Sparsamkeit werden jährlich viel tausend Gulden erspart', ‚wie denn bis Dato bei diesem bayerischen Hof gute Bezahlung und viel Schuldengeld abgelöst worden ist'. ‚Ueberflüssigem Essen und Trinken, Spielen, zu vielem Jagen, Ritterspielen und anderen Kurzweilen und Vanitäten fragen Ihre Durchlaucht nicht nach, halten ein gutes Regiment'; ‚erhalten einen großen Gehorsam und Respect, sein in ihrer päpstlichen Religion gar eifrig, beichten und communiciren oft, gehen fleißig in die Kirchen, auch fleißig in die Räth, und machen durch ihre Gottesfurcht, Nüchternheit, christlich Leben und gut Exempel auch ihre Offiziere und Räthe fromm und fleißig'. Im Jahre 1613 schrieb Hainhofer von Neuem aus München: ‚An diesem Hofe ist treffliche gute Ordnung in allen Sachen, schleunige Bezahlung, ein nüchternes, stilles und friedliches Leben. Der regierende Herr macht sich von all seinen Räthen fürchten und lieben', ‚ist früh und spät in der Arbeit'. Hainhofer wohnte in demselben Jahre in München der Hochzeit des Pfalzgrafen Wolfgang Wilhelm mit der bayerischen Prinzessin Magdalena bei und meldete darüber: ‚Die ganze fürstliche Hochzeit über ist Alles friedlich und wohl abgangen, allein hat der Graf von Eisenberg mit einem Truchseß des Herzogs Maximilian ein Duell halten wollen, wie sie dann einander schon erschienen. Sobald es aber der Herzog Maximilian erfahren, hat er ihnen Frieden geboten.' An Essen und Trinken sei kein Mangel gewesen, aber ‚die ganzen acht Tage über' habe er ‚keinen vollen oder trunkenen Menschen gesehen, welches wohl löblich. Man hat auch nicht mehr herum Trünke gethan, als alle Mahlzeit auf die Gesundheit des Bräutigams, der Braut und des Hauses Bayern'. ‚Bei Hof, nachdem man Alles aus Silber gespeist und viel Gesind emporgangen, ist's Wunder, daß Nichts weggekommen, und Alles so still zugangen, als wenn gleich keine fremde Herrschaft wäre

---

[1] ** Heizbares Zimmer, Speise- und Gastzimmer.

da gewesen: Ihre Durchlaucht hat in Allem eine sehr gute Ordnung und geschwinde Expedition gehalten.'[1] Mit diesen Berichten stimmt vollständig, was der Belgier Thomas Fyens, eine Zeitlang der Leibarzt Maximilian's, am 31. Juli 1601 über den Herzog, das Hofleben und die Hofleute an Justus Lipsius schrieb. ‚Die Stadt München', fügte er hinzu, ‚ist sicherlich schön, volkreich und groß, sie besitzt sehr hohe Gebäude und sehr glänzende und reinliche Straßen, und die Leute sind gesitteter als im übrigen Deutschland.'[2]

[1] Bei Häutle 63. 77—79. 164. 238. 239.

[2] ‚Serenissimus Dux noster (Maximilianus) et conjux ejus firma valetudine sunt, nihil praeter infoecunditatem dolentes. Principes certe sunt piissimi, benignissimi et prudentissimi. Ipse Dux in nullo non scientiae genere versatus. Latine, italice, gallice est peritissimus: moribus modestus, sapientia maturus et circumspectus in loquendo, in vultu et moribus gravitatem cum quadam benignitate conjunctam gerens.' ‚Omnes nobiles aulici modesti, morati, probi, omne vitium ex ista aula exulat, ebriosos, leves, inertes homines Princeps odit et contemnit. Omnia ad virtutem, modestiam, pietatem comparata. Senior Dux Guilielmus, moderni Ducis pater, in publico nusquam comparet, cum sua sanctissima conjuge Renata vitam quasi monasticam degit apud Patres Societatis in palatio, quod sibi juxta, imo in collegio eorum exstruxit.' ‚Urbs Monacensis est certe pulchra, populosa, magna et altissimis constructa aedificiis, nitidissimis et mundissimis strata plateis. Homines magis quam in alia Germania morati.' Petri Burmanni Sylloge epistolarum 2, 80. 81. Vergl. F. Stieve, Urtheile über München, im Jahrbuch für Münchener Gesch. 1, 324. ** Ein schönes Lob spendete im Anfange des siebenzehnten Jahrhunderts der Augustinermönch Milensius der Stadt München. Derselbe schreibt: ‚Betrachtet man den Eifer dieser Stadt für den alten katholischen Glauben, die Frömmigkeit der Herzöge und der Bürger, die Pracht der Kirchen, die Ehrfurcht gegen die Geistlichen, das Leben endlich und die Sitten aller Einwohner, wie sie sich durch eine fast klösterliche Zucht und Eingezogenheit auszeichnen, so kann man wohl sagen, die ganze Stadt sei ein Kloster, so daß sie nicht mit Unrecht ihren Namen (Monachium) trägt, nicht mit Unrecht klösterliche Abzeichen (ein Mönch, das bekannte Münchener Kindl) in ihrem Wappen führt.' Milensius, Alphabetum de monachis et monasteriis Germaniae et Sarmatiae citerioris Ord. Erem. S. Augustini (Pragae 1613) 105. Paulus, Hoffmeister 229.

II. Leben des Adels.

Das Leben der Fürsten mit ‚beim größten Theil überschwänglichem Essen und Trinken, unzähligen und langbauernben Festlichkeiten, Pracht und Ueppigkeit in der Kleidung und allem Geschmuck‘ biente ‚dem Adel und dem Bürger und Bauersmann zum nachahmenden Exempel, so daß, wie allenthalben vor Augen, Einer den Andern barin zu übertreffen‘ suchte [1].

Wie die kleineren und kleinsten Fürsten sich in allem nur erbenklichen Luxus nach den größeren richteten und ihrerseits von den Grafen zum Vorbild genommen wurden, so führten ‚die Edelleute auf ihren Schlössern gleichmäßig gräfliches Uebermaß ein‘, zuvörberst in allem Essen und Trinken.

‚Mit Auftragen und Fürsetzen so vieler Essen und Trachten‘, schrieb Cyriacus Spangenberg im Jahre 1594 in seinem ‚Adelsspiegel‘, ‚stellt man sich jetzund so, als wollte man die Natur vorsätzlich ersticken, ersäufen und mit Speise und Trank gar zu Boden stürmen. Es bedürfte wahrlich einer guten, starken und ernsten Reformation, aber die solches Einsehen haben und gute Ordnung machen sollten, treiben solchen unnützen und übermäßigen Pracht am allermeisten und geben Anderen damit das größte Aergerniß, hierin nachzufolgen. Denn wie es an großer Herren Höfen, wenn sie Taufen, Hochzeiten, Beilager, Heimfahrten, Schützenhöfe oder sonstige Zusammenkünfte halten, zugeht, und was für ein Wust an Speise und Trank da aufgeht und verthan wird, sieht man nicht allein daselbst, sondern man hört es auch, wo man nur durchwandert und reiset, von den armen Leuten, die dazu schaffen und geben müssen, und sieht es auch an ihren nassen Augen und ihren und ihrer Weiber und Kinder mehrentheils verschmachteten Leibern. Was dann der Adel da sieht, will er bei seinen Taufen und Tänzen alsbann den Oberen nachthun oder boch je nahe herbeirücken. Viele vom Adel, wenn auch nur Freund zu Freund kommt, stellen Alles gräflich und fürstlich an, nicht allein mit gemeiner Hausspeise und mit guten Fischen und Wildpret, sondern es müssen auch wälsche Essen und ausländische Speisen von Austern und seltsamen, weit hergebrachten Vögeln, Fischen und Gewächsen da sein, und auch

---

[1] Von den vielen Anzeichen 2c., vergl. oben S. 173 Note 1.

nicht ein- und zweierlei Getränke, sondern vier-, fünf- und mehrerlei Wein, ohne den Malvasier, Rheinfall, spanische und französische Weine, und drei- oder viererlei Bier daneben. Man treibt Hoffart mit übergüldeten und übersilberten Essen. Wo hat Gott befohlen, daß man Gold und Silber zur Speise brauchen soll?'[1]

Der Kochkünstler Marx Rumpolt war der Meinung, daß zu einem Grafen- und Herrenbankett beiläufig 60 Speisen ausreichend seien, zu einem Bankett der Edelleute 45 oder sogar noch weniger Speisen[2].

Aber diese Zahl war für viele keineswegs ausreichend.

Bei der Hochzeit eines Tiroler Freiherrn wurden, berichtet Hippolytus Guarinoni, zum Festmahle 300 Gerichte aufgetragen und 100 Sorten ,Confects und Geschlecks'. Im Jahre 1610 waren bei der Hochzeit eines gemeinen Edelmannes zu Hall ,der Tafeln 7 gar wohl mit Hochzeitsleuten oder Hochzeitsfratzen übersetzt; sie dauerte 2 Tage; auf jede Tafel kamen 4 Trachten, jede Tracht mit 13 ansehnlichen Gerichten: thut auf eine Tafel 52, auf 7 Tafeln 364, zu zwei Mahlzeiten 728, auf zwei Tage 1456 Gerichte. Hier sag ich Nichts von allerlei Wein und ausgesoffener Menge.' Man setzte in Tirol bei den Festmahlen den Gästen bisweilen 20 Sorten Wein vor[3]. Seit etlichen Jahren, heißt es in einer Verordnung des Herzogs Maximilian I. von Bayern vom 26. März 1599, sei ,insonderheit unter dem Stand der Ritterschaft und des Adels ein so merklicher Abfall an dem zeitlichen Vermögen erfolgt', weil bei den Hochzeiten so viele überflüssige, verschwenderische Unkosten aufgewendet würden: als eine Einschränkung dieses Aufwandes sollte gelten, daß Niemand vom Adel inskünftig mehr als 1000—1500, höchstens 2000 Gulden für die Hochzeit aufwenden dürfe[4]. Der bayerische Graf Ladislaus zum Hag († 1567) hatte für seine Hochzeitsfestlichkeiten beinahe 42 000 Gulden verausgabt, nach gegenwärtigem Geldwerthe mindestens eine halbe Million Mark[5]. Herzog Heinrich Julius von Braunschweig hielt es im Jahre 1595 für einen übertriebenen Aufwand, daß der junge Burkhard von Saldern zu seiner Hochzeit unter Anderm ,28 Faß Einbeckisch Bier' verbraucht habe, welche man ,mit großen Kosten an den Ort der Festlichkeit' habe versenden müssen. ,Täglich', sagte er, wurden auf dieser Hochzeit ,fast 500 Pferde gefüttert. Zur Heimführung wurden 80 Ohm, wie auch an allerhand süßen Getränken, doppelter Braunschweigischer Mumme, Zerbster und Goslarisch Bier, auch Hanoverischen Brühan, die Fülle eingekauft. Diese Hochzeits- und Heim-

---

[1] Adelsspiegel 2, 248—249.
[2] Rumpolt 30[b]—37[b], wo ein Verzeichniß der Speisen
[3] Guarinoni 793. 798. 804—805.
[4] Westenrieder, Neue Beiträge 1, 287—288
[5] Köhler, Münzbelustigungen 15, 46.

führungskosten erstreckten sich auf 5600 Reichsthaler.' Während der Heimführung hatte Burkhard ,die Dienste fast fürstlich, oder zum wenigsten gräflich
bestellt, von Knechten, Jungen, Kutschern und Spielleuten 15 Tische voll
gespeist, denselben auf eine Mahlzeit 12 Essen auftragen lassen; den Sonntag
zum Getränke Mumme und ander Bier, den Montag und Dienstag aber von
anderm Getränke durchaus, so viel sie saufen konnten. Auf seinem und der
Braut und ihrer Freunde Tischen waren solche stattliche, prächtige, kostbare
und überflüssige Speisen, dergleichen vor diesem unter solchen Personen man
nicht gesehen hat. Solchen fürstlichen und gräflichen Pracht hat man auch
beim Tanzen fortgeführt. Spielleute waren von verschiedenen Orten in Allem
27 verschrieben.'[1] In Braunschweig selbst war es hoch hergegangen, als der
prinzliche Hofmeister Curd von Schwicheldt im Jahre 1580 sich verehlichte.
Zu den Festlichkeiten, welche vier Tage dauerten, erschienen Gäste mit 600
Pferden; an jedem der vier Tage wurden 75 Tische gedeckt. Verzehrt wurd
unter Anderm 20 Ochsen, 36 Schweine, 80 Hämmel, 40 Kälber, 80 Lämmer,
32 Spanferkel, 240 Gänse, 580 Hühner, 12 Hirsche und ,Stücke Wilds',
12 wilde Schweine, 16 Rehe, 50 Hasen, 20 Speckseiten, 6 Schock große Hechte,
8 Schock Karpfen; ferner 6 Fuder Wein, 2 Lagel Malvasier, 2 Lagel Ali
cantenwein, 2 Lagel Rheinwein, 12 Tonnen Hamburger Bier, 8 Faß Ein
becker Bier, 24 Tonnen hannoverschen Brühan, 6 Faß Zerbster Bier, 10 Fa`
,Goslarisch Krug', 56 Faß ,gemein Goslarisch Bier', 4 Faß Braunschweige
Mumme[2]. ,Dürstiger noch nach redlichem Trunk' waren ,die adelichen Kehler
auf einer im Jahre 1543 abgehaltenen Hochzeit des Conrad von Sickinge
mit Elisabeth von Cronberg: binnen 5 Tagen wurden 113 Fuder Wein vertrunken[3]. Der kurcölnische Rath Caspar von Fürstenberg schlug im Jahre
1608 die Kosten der Hochzeit seines Sohnes auf 2500 Thaler an, ,wo nicht
darüber'. Die Festlichkeiten dauerten vom 12.—18. October; die Heimbringung
der Braut nach dem Schlosse Bilstein begann am 3. November, und man
verbrachte noch vier Tage lang mit ,Freuden, Trinken und Tanzen'[4]. Bei
der Vermählungsfeier des Herrn Burkhard Schenken mit der Wittwe von
Hohenstein im Jahre 1598 wurden allein vom Adel 58 Personen zu den
Diensten bestellt[5]. Alle Grafen und Herren im Reich übertraf der böhmische
Edelmann Wilhelm von Rosenberg. Als er sich im Jahre 1576 mit Anna
Maria von Baden vermählte, gingen 1100 Eimer ungarischer, rheinischer und
anderer deutschen Weine auf, 40 ,Pipen', etwa 12 000 Maß, spanischer Weine,

---

[1] Köhler 16, 168.
[2] Bodemann, Herzog Julius von Braunschweig 332—333.
[3] Die Vorzeit, Jahrg. 1825, S. 177 Note.   [4] Pieler 294—296.
[5] Richard, Licht und Schatten 25—26.

903 Fässer Weizen- und Gerstenbier und so weiter; die Pferde fraßen 37 033 Scheffel Hafer [1].

Wie sehr die Prunksucht in Kleidern und Kostbarkeiten unter dem Adel zugenommen, zeigt beispielsweise ein Vergleich des Inventars des pfälzischen Adelichen Meinhard von Schönberg vom Jahre 1598 mit dem seines Sohnes Hans Meinhard vom Jahre 1616. Der Vater besaß nur wenige Kleinodien an Gold und Juwelen, an Silbergeräth eine Kanne, 30 Becher, 2 Salzfässer und 28 Löffel, der Sohn dagegen unter Anderm: viele silberne Waschkannen und Becken, Schüsseln, Teller, Leuchter und Schreibzeuge; eine in Gold gefaßte Diamantkette von 115 Gliedern; eine goldene Rosenkette von 40 Diamanten; eine Medaille, mit 63 Diamanten versetzt; eine goldene Rose mit 41 Diamanten; 9 Diamantknöpfe; 2 blaugeschmelzte Sterne, jeder mit 6 Diamanten; ein Hutband von 23 goldenen Sternen, jeder mit 7 Diamanten; einen goldenen Federbusch mit einer goldenen Huthafte mit 20 Diamanten und viele andere ähnliche Kostbarkeiten. Der Schmuck an Perlen allein füllt zwei engbeschriebene Folioseiten. Am deutlichsten tritt die Steigerung des Luxus in der ‚Kleidung‘ hervor. Die gesammte Garderobe des Vaters ist auf 2 Blättern verzeichnet, die des Sohnes nimmt 10 volle Bogen ein. Ersterer hatte sich mit 2 oder 3 Kleidern von Sammet und Seide begnügt, Letzterer verfügte über 72 vollständige Anzüge. Die meisten Kleider sind von Atlas in mancherlei Farben, mit Taffet gefüttert oder durchzogen, wo sie durchschnitten waren, mit Gold, Silber oder Seide, oft mit Gold und Silber zugleich gestickt. An Stelle der Barette finden sich 21 kostbare französische und spanische Hüte und nach der Farbe der Kleider eben so viele mit Gold oder Silber oder Perlen gestickte Hutbänder. Mit gleicher Farbe von jedem Kleide waren die seidenen Strümpfe mit in Gold oder Silber gestickten Zwickeln. Auch gehörten dazu besondere Hosenbändel und Schuhrosen, mit goldenen und silbernen Spitzen besetzt. Die Menge der mit Gold oder Silber gestickten Handschuhe ist so groß, daß zu jedem Anzug eine eigene Art derselben erforderlich gewesen zu sein scheint. Während der Vater sich mit seinen einfachen getäfelten Zimmern, großen massiven Bettstellen und dauerhaften Holzstühlen begnügt hatte, richtete der Sohn reich tapezirte Gemächer ein, Betten von Sammet und Seide mit silbernen Schnüren und silbernen Fransen, gepolsterte Sessel von Sammet, mit goldenen und silbernen Blumen gestickt. Der Vater hinterließ 2 Pferde und eine wohlbeschlagene Kutsche, der Sohn 15 Pferde mit prachtvollen Geschirren, deren Beschreibung 8 Folioseiten einnimmt. Auch viele sammtene, mit Gold und Silber gestickte Sättel, ebenso Damensättel, übersilberte oder

---

[1] Vulpius 1, 200—201. Roscher, Luxus 56; vergl. Chmel, Handschriften 1, 378.

vergoldete Stangenbügel werden verzeichnet [1]. Der Braunschweiger Burkhard von Saldern ließ sich in seinem Hause einen Saal erbauen, dessen Ausschmückung mit grünem Tuch etliche Tausend Thaler kostete, ‚ohne die Malerei und verguldete Arbeit, so daran geschehen‘ [2]. Man gebe oft, klagten Sittenprediger, für ein einziges Bett 500—600 Gulden aus [3]. Graf Günther von Schwarzburg verausgabte im Jahre 1560 für Kleider und Pferdeschmuck 1500 Reichsthaler, für Tapeten, Teppiche und Vorhänge in seinen Gemächern 10 000 Reichsthaler [4]. ‚Man findet‘, heißt es in einer Schrift, ‚seit langen Jahren nur wenige vom Adel, so nicht über große und übergroße Schulden klagen; aber wenn sie auch noch so tief darin stecken, zeigen sie gleichwohl in ihren Anschaffungen einen so übermäßigen Pracht und Verschwendung, als wären sie reich begabt und von hohem Vermögen.‘ [5] Als beispielsweise Graf Ulrich von Regenstein im Jahre 1541 seine Tochter mit dem Grafen Wolfgang von Stolberg verehelichte, war sein Schuldenwesen auf eine erschreckende Höhe gestiegen; ein Stück der Herrschaft war verpfändet, Manches veräußert worden: gleichwohl ließ er die Braut in einem mit 6 Rossen bespannten Wagen dem Bräutigam zuführen; 4 Pferde zogen den Wagen, welcher die Kleider und Kleinode enthielt, womit sie, ‚wie einer Tochter und Gräfin von Regenstein geziemt‘, versehen worden; viertehalbhundert Gäste und Rosse nahmen an dem Ehrenzuge Theil. Die der Tochter verschriebenen 8000 Gulden Heirathsgeld konnte Ulrich nicht bezahlen und gerieth in eine solche Bedrängniß, daß seine vielen Gläubiger ihn mit Schmähbriefen und Schandbildern verfolgten, seine Ehre, sein Haus und Geschlecht in der unflätigsten Weise öffentlich in den Koth zogen [6].

---

[1] Auszug der Inventarien in Moser's Patriot. Archiv 8, 235—248. Ohne Verweisung auf Moser von Chr. v. Stramberg mitgetheilt in der Zeitschr. für deutsche Culturgesch., Jahrg. 1858, S. 282—240. In der ‚Gerade‘ der Gräfin Hans Heinrich von Schönberg befanden sich im Jahre 1605 zahlreiche mit Gold und Silber durchwirkte Gewänder, 45 Paar große Tücher und außer dem Hauptschmuck und anderen Kostbarkeiten ‚1 Umhang und Kleinod für 100 Goldgülden, 15 kleine Gliederkettlein mit 1 Ringe für 200 Goldgülden, 1 Paar Ketten für 230 Goldgülden, 2 Gliederketten für 206 Goldgülden, 1 Panzerkette für 40 Goldgülden, 1 kleines Gliederkettchen für 27 Goldgülden, ferner Perlenketten, gülbene, vergoldete und silberne Gürtel, Armbänder‘, und so weiter. Fraustabt 1, 518.

[2] Köhler 16, 168.   [3] Theatrum Diabolorum 385.

[4] Vulpius 10, 190. ** Caspar von Fürstenberg zahlte für ein ‚Hutband‘ 120 Reichsthaler. Sein Goldgeschmeide war 27½ Pfund 2 Loth schwer; für den halben Betrag konnte er in Mainz ein prachtvolles Haus mit Weingärten rc. kaufen. Pieler 163—164.

[5] Von den vielen Anzeichen rc., vergl. oben S. 178 Note 1.

[6] Zeitschr. des Harzvereins 7, 4—32. ** Ein außerordentlicher Luxus ward auch im Jahre 1591 bei der Hochzeit Anton Fugger's mit der Gräfin Barbara von Montfort entfaltet. Vergl. L. Brunner, Aus dem Bildungsgange eines Augsburger Kaufmannssohnes am Schlusse des sechzehnten Jahrhunderts, in der Zeitschr. des Historischen Vereins für Schwaben und Neuburg 1, 175 Note.

Als ‚einer der Principalgründe der Verschuldung des Adels‘ wurde von den Zeitgenossen allgemein ‚der unsägliche Aufwand in Kleidungen und Geschmuck‘ angegeben, ‚womit die Grafen und Edelleute es den Fürsten gleichthun‘ wollten. ‚Mancher vom Adel‘, schrieb Chriacus Spangenberg, ‚hat so viel und mehr Röcke, Mäntel, Schauben und dergleichen, als Sonntage im Jahre find, ohne die mancherlei Hauben, Hüte, Kappen, Gürtel, Handschuhe, Ketten, Halsbänder, Armringe und anderen Ringe.‘[1] Sächsische Edelleute trugen Pluderhosen von Seide und Goldstoffen, zu welchen 60—80 Ellen Zeug genommen wurden; manche brauchten dafür sogar 130 Ellen. Eine einzige Hose kostete oft mehr, ‚als ein ganzes Dorf Einkünfte trug‘, so daß ‚manche Adeliche allein durch diese Tracht sich in ihrem zeitlichen Vermögen zu Grunde‘ richteten. Auch trug man Röcke, mit Seide und Sammet gefüttert, welche bis 500 Gulden kosteten. Eine Gräfin, erfuhr man, ließ sich ‚einen güldenen Schweif machen mit gar ansehnlicher Arbeit, darzu sie dem Goldschmied drittehalbtausend Gulden zuwog und anderthalbhundert Gulden zum Macherlohn geben mußte‘[2]. Für eine Einschränkung adelichen Aufwandes wurde angesehen, daß ein Kleid nicht über 200 Thaler kosten sollte[3].

‚Von der alten deutschen männlichen Adelstracht‘ wollten ‚nur noch sehr wenige etwas wissen‘: sie sei, sagte man, ‚altväterisch und nicht mehr Mode‘. ‚Es ist leider dahin gekommen,‘ schrieb Chriacus Spangenberg im Jahre 1594, ‚daß schier nichts Deutsches, ich geschweige denn etwas Altes mehr gilt in der Kleidung beim Adel; es muß Alles ausländisch sein: spanische Kappen, französische Hosen, ungarische Hüte, polnische Stiefel, böhmische Mützen, italienische oder wälsche Bäuche und Kragen[4]. Und überdieß muß es darzu Alles bunt, zerhackt, zerpickt und zerhauen sein; geht mancher also zerhudelt und zerludert daher, als ob die Säue aus ihm gefressen hätten. Und doch soll es ein kostlicher Wohlstand sein, darauf sie schwören, es stünde ihnen gar hübsch an.‘ ‚Es sehe doch einer von Wunders wegen, welch’ ein Unstand es ist, wenn ein feiner junger Held, viel närrischer steht’s den Alten an, also hereinzeucht, daß

---

[1] Adelsspiegel 2, 453.

[2] Richard, Licht und Schatten 23. Theatrum Diabolorum 391. 400. Die Teufelstracht der Pluderhosen (1592) S. 391; vergl. Bulpius 1, 254.

[3] Vergl. die Vereinbarung mehrerer adelichen Familien im Braunschweigischen vom Jahre 1618 in der Zeitschr. für deutsche Culturgesch., Jahrg. 1856, S. 109. Sogar den Hunden würden oft, klagten Sittenprediger, so kostbare Halsbänder angelegt, ‚daß man davon wohl einen hausarmen Mann mit Weib und Kindern kleiden möchte, die man aber wissentlich nackend gehen‘ lasse. Adelsspiegel 2, 454[b].

[4] ** Schon im Jahre 1562 schrieb der venetianische Botschafter Giacomo Soranzo in seinem Gesandtschaftsberichte über Deutschland, der deutsche Adel habe italienische und spanische Sitten, nè vivono socondo l’ antico modo di Germania. Albéri ser. I, vol. 6, 126.

ihm ein Haufe Leinwand, zusammengekräuselt, gedreht und gefalten, bis über die Ohren um den Kopf herum, wie eine umlaufende Wehre oder Stacket über sich ragend oder bis auf die Schultern herabhangend, um den Hals herpampelt, wie man die schändlichen Geträse jetzund machet, oder auch wohl vorne über die Hände herfürhangen, wie dem Adler die Federn über die Klauen. Es steht doch zumal häßlich und gibt keine Anzeigung eines männlichen, tapfern Gemüthes. Ach, wenn unsere Vorfahren, die feinen, trefflichen, rittermäßigen Leute, die vor 60, 80, 100 und mehr Jahren gestorben, jetzund sollten wieder kommen und solche Zärtlichkeit und Leichtfertigkeit an ihren Nachkommen sehen, was meinet ihr wohl, daß sie dazu sagen würden? Anspeien würden sie uns, nicht allein solchen weibischen Wesens, sondern auch der Thorheit halben, daß man so viel unnützes Geld an so unnöthige und dazu unflätige und ärgerliche Kleidung wendet. Ein Junker hat drei Paar Hosen gehabt, die allein 800 Kronen gestanden. Ist's nicht eine Schande? Ich will jetzt anderer unnützer Pracht geschweigen, die man zujüngst auch an die Schuhe leget, die von Sammet, auch wohl von gülden Stücken gemacht und mit Perlen dazu gestickt werden müssen.‘ [1]

‚Die Einen‘ vom Adel, fährt Spangenberg in seinen Schilderungen fort, ‚setzen ihre Wolluft in Spiele, verspielen auf einen Sitz einige 100, wohl auch 1000 Gulden. Andere setzen ihre Luft darein, viel Gesinde, Knechte und Diener zu haben, haben ihre eigenen Trumeter, Lautemeister oder Citharschläger, Sackpfeifer, Gaukler und Stocknarren, die sie bald grün, bald roth, bald grau oder blau kleiden, bald mit ungarischen, bald mit braunschweigischen, bald gar mit breiten französischen Hüten versehen und darüber nicht ein Geringes verthun. Dabei sagen sie, wenn sie solchen übermäßigen Pracht mit Essen, Trinken, Kleidern, Bauen, Spielen treiben, warum sie es nicht thun sollten, wer es ihnen wehren wolle, es sei das Gut ihr, mögen damit thun, was sie wollen, haben Niemand zu verrechnen. Aber dann antworte ich also und sage Nein dazu, denn alles Gut ist uns von Gott nur zu Lehen gegeben, wir sind nicht Herren darüber, sondern nur von Gott gesetzte Haushälter, dem wir zu seiner Zeit, wie wir damit umgegangen, bei einem Heller Rechenschaft werden thun müssen.‘ [2]

‚Der Verweichlichung in Kleidung und Pracht‘ entsprach ‚insonderlich unter den Jungherren ein faules, verweichlichtes Leben‘. ‚Bei dem jungen Adel‘, schrieb Graf Reinhard von Solms, ‚ist keine andere Uebung denn bis in den hohen Mittag schlafen, die andere Hälfte des Tages müßig schlinkschlanken gehen und mit dem Frauenzimmer alfanzen oder mit den Hunden spielen und die halbe Nacht darauf saufen; darnach alle Gedanken nur auf wälsche

---

[1] Abelsspiegel 2, 443. 454.   [2] Abelsspiegel 2, 456. 457.

neue närrische Kleidung und Tracht legen, und wenn es dann zum Ernst und zu einem Zuge kommt, von Nichts denn nur von Zärtlichkeit wissen und sich damit bekümmern, wie man nur wohlgeschmückt und geziert, als ob man etwa zum Tanze reisen solle, ausziehe, wie man Pferde von einerlei Farbe und einen Haufen buntgekleideter Lakaien und anderer unnützer Beiläufer mit sich habe, darzu eine sonderliche Kabrusche auf einer eigenen Kutsche, als ob solches gar wohl stünde, öffentlich auf das stattlichste herausgeputzt mit sich führe, darnach die Bärte stutze und dergleichen Leichtfertigkeit treibe, zu eigenem und gemeinem Unrath.‘ [1]

Früher seien, sagte Herzog Julius von Braunschweig im Jahre 1588, ‚die lecken, freudigen Deutschen wegen ihrer männlichen Tugend bei allen Nationen berühmt‘ gewesen; jetzt aber habe ‚die tapfere und männliche Rüstung und Reuterei nicht allein merklich abgenommen, sondern sei fast gefallen‘, ‚solches fürnehmlich dahero verursachet, daß sich fast alle unsere Lehnleute, Diener und Verwandten, ohne Unterschied, Jung und Alt auf Faullenzen und Gutschen-Fahren zu begeben unterstanden‘: wenn sie am Hofe zu schaffen hätten, dürften sie nicht ‚mit Gutschen, sondern nur mit ihren reisigen Pferden erscheinen‘ [2].

Von dem Leben des Adels im Allgemeinen entwerfen namentlich die Prediger eine wenig erbauliche Schilderung. Die Trunkenheit, schrieb Luther, welche wie eine Sintflut Alles überschwemmt habe, herrsche insbesondere unter dem Adel. ‚Ich gedenke, da ich jung war, daß das Saufen unter dem Adel eine treffliche, große Schande war, und daß löbliche Herren und Fürsten mit ernstlichem Verbot und Strafen wehrten. Aber nun ist es unter ihnen viel ärger und mehr denn unter den Bauern‘: es werde für eine adeliche Tugend gehalten; wer nicht mit ihnen eine volle Sau sein wolle, werde verachtet. ‚Ja, was sollt mehr hie zu wehren sein, weil es auch unter die Jugend ohne Scheu und Scham eingerissen, die von den Alten Solches lernet und sich darinnen so schändlich, muthwillig, ungewehret, in ihrer ersten Blüte verderbt, wie das Korn vom Hagel und Platzregen geschlagen, daß jetzt das mehrer Theil unter den feinesten, geschicktesten jungen Leuten, sonderlich unter

---

[1] Spangenberg, Adelsspiegel 2, 406ᵇ. ** Die größere Menge der Adelichen des sechzehnten Jahrhunderts, sagt Steinhausen (Gesch. des deutschen Briefes 1, 150), konnte überhaupt nicht oder doch nur so unvollkommen schreiben, daß die doch nur wenigen Briefe, die sie zu erledigen hatten, einem Schreiber überlassen bleiben mußten. Vergl. ebenda 152 ein Beispiel, wie höchst ungeschickt der Stil auch der schreibgewandteren Herren war.

[2] Bei v. Hormayr, Taschenbuch, Neue Folge 16, 265—270. Vergl. über das Kutschenfahren des Adels auch die Verordnungen des Kurfürsten August von Sachsen vom 26. März 1580 im Codex Augusteus 1, 2185—2186, und des Kurfürsten Joachim Friedrich von Brandenburg vom 24. März 1607 bei Mylius 3, Abth. 2, 15.

dem Adel und zu Hofe, vor der Zeit und ehe sie recht zu ihren Jahren kommen, sich selbs um Gesundheit, Leib und Leben bringen?'[1] ‚Die Adelichen', äußerte sich Nicolaus Selnekker im Jahre 1565, ‚sind zum größern Theile Epicurer, garstige Säu, frech und stolz, Gotteslästerer, Scharrhansen, unzüchtige Wänste, Fresser und Säufer, voller Franzosen und Unlust, und zu allen Untugenden und Lastern geneigt und willig, bei denen alle Zucht und Ehre eine Schande, und alle Schande und Laster eine Ehre ist, und alle Unzucht und Garstigkeit ein großer Ruhm, daß sie derwegen alle gottesfürchtigen Leute auf Erden meiden, und halten sie kaum werth, daß sie die liebe Sonne bescheinen soll, will geschweigen, daß man sie zu Gottes Ehre und zu Beschützung der Land und Leute brauchen sollte. Denn sie sind auch Gott dem Herrn und seinem Worte spinnenfeind und gram, und halten's und nennen alles, was ihnen Gott sagen läßt, für Pfafferei, Fabel und Gaukelei. Ihre Gewalt heißt trotzen, scharren und pochen; ihre Frömmigkeit heißt Gotteslästerung, Verachtung Gottes Worts und Verlachung aller Diener desselben; ihre Zucht heißt Hurerei, freche, wilde Wort, unzüchtige, garstige Geberde, Fressen, Saufen und Speien. Ihr Recht heißt Gewalt und Uebermuth, Frevel, Trotz, Unrecht, Jedermann verachten und mit Jedermann umgehen, wie sie wollen. Ihre Zier heißt Franzosen, stinkender Athem, räudige Hände und Füße, Keuchen und Schnauben.' ‚Da ist nun kein Wunder, daß sie von dem gemeinen Mann fast an allen Orten verachtet werden.'[2] Der Prediger David Veit sagte im Jahre 1581 in einer Leichenrede auf Hans von Selwitz, der zu Jena in einem nächtlichen Tumult tödtlich verwundet worden: ‚Mit großen Schmerzen sehen und erfahren wir allenthalben in Städten und auf dem Land, daß der größte Haufen eben Derjenigen, welche wegen ihres adelichen Herkommens und Geschlechts sich mehr der Gottseligkeit, Ehrbarkeit und Tugend fleißigen sollten denn andere gemeine Leute, dahin gerathen, daß sie dafür halten, es könne Keiner für Einen vom Adel geachtet werden, der nicht die schrecklichsten und gotteslästerlichsten Flüche hören läßt, im Reden vom Ehestand, von Jungfrauen und Frauen die frechsten und unzüchtigsten Wort und Geberde führet. Wie ganz und gar epicurisch, wilde und wüste man es mit dem Saufen hält, ist am Tag und offenbar. Man begnügt sich nicht mit Kandeln und anderen ordentlichen Trinkgeschirren, sondern man brauchet Stuntzen, Kübel und andere Gefäße, welche für das unvernünftige Vieh geordnet und gemacht sind. Wie auch die Unzucht bei solchem Leben und Wesen überhand nehme, ist offenbar und zu beklagen.'[3]

---

[1] Vergl. unsere Angaben Bd. 2, 426.

[2] Auslegung des Psalters (Nürnberg 1565) 2, 78, und 3, 131.

[3] Eine Predigt über der Leiche zc. (Jhena 1581) Bl. E 2. Wolfgang Bütner, Pfarrer zu Wolferstedt, schrieb im Jahre 1576: ‚Die Lacedemonier haben rund

Aehnlich schrieb Spangenberg in seinem ‚Adelsspiegel‘: Der größte Theil des
Adels sei der Trunkenheit ergeben. ‚Es muß oft ein Hof, eine Mühle, eine Schenke,
ein Teich, ein Fuhrwerk, eine Schäferei, oft wohl ein ganzes Dorf versetzt oder
verkauft sein, damit man nur einen vollen Kropf und weidlich zu schlemmen
habe. So bleibt es auch nicht dabei, daß schlecht Einer dem Andern einen
guten Trunk brächte und immer für sich hinsöffe und sich seines Gefallens
füllte, sondern dringet und zwinget Einer den Andern, ihm Bescheid zu thun,
ohne Ablassen, etwa auch mit bösen, zornigen Worten und gräulichen Flüchen.
Trinken bei viertel und halben, auch wohl ganzen Ellen, auf's wenigste bei
Spannenlang oder Handbreit einander zu, oder bei dem Gewichte bei etlichen
Pfunden. Etwan trinket man zweierlei Getränk auf einmal aus zwei Gläsern,
so man zugleich an's Maul setzen und also hineinschütten muß. Etwan thun
sie auch kleine lebendige Fischlein in Bier oder Wein und saufen's so mit
hinein. Sind auch wohl an Gläsern, Krügen, Bechern, Kannen und Flaschen
nicht begnügig, sondern saufen einem Andern wie das Rindvieh, ja wie die
Säue aus Kübeln, Gelten, Eimern und anderen großen Gefäßen zu und für
großem Fürwitz auch wohl aus Schuhen, Kammerscherben, Todtenschädeln.
Wie man denn Exempel weiß, daß sich solches und dergleichen in Leistungen
und über dem Einreiten, da man Tag und Nacht bei einander sitzt, frißt
und säuft, zugetragen, daß sie auch einmal eine Katze, so von Einem auf den
Tisch geworfen, von einander gerissen und aus dem einen Theil einander
zugesoffen, welches doch nur zu hören abscheulich. So ist's auch mehr denn
einmal geschehen, daß Etliche einander Glas und Krausen zugesoffen, welches
ihnen auch nicht allzuwohl bekommen. Denn zu solchen Unmenschen macht
die Völlerei die Leute, daß sie anders nicht thun, als ob sie unsinnig, toll
und thöricht, ja ausgelassene lebendige Teufel aus der Hölle wären.‘ Nicht
gering an Zahl waren die von dem herzoglich bayerischen Secretär Aegidius
Albertinus im Jahre 1598 geschilderten ‚versoffenen Brüder, welche, wenn
sie ihr väterlich Erbgut haben durch die Weinstraß gejagt, von dem einen
befreundeten oder unbefreundeten Edelmann zum andern ziehen und sie helfen
ausfressen, verzehren und verderben. Item, welche von dem einen Kloster
in's andere hinein rumpeln, darin fressen, saufen und dermaßen hausiren,
als wären sie nur für dergleichen umstürzende, liederliche, versoffene Bursche

---

und gerade bei ihnen keinen Sonnenbrater und Pantoffelklitscher geheget. Wenn heut
die Lacedemonier unsere Junker in diesem Lande, die Nachtraben, die Bier- und Wein-
meister, die reubischen Spieler und die Hurenfehnrich, sollten sehen und die teuflische
Ignaviam, Tregheit und Faulheit strafen, hilf Gott, wo würde unser Pfarrherr und
unser Caplan zu S. Joannes Münster, en campo flore et vacca del porta, ihre
zopffichte Bärte und Quergeschritte und hohen Trette hinschürgen und hinsetzen?‘ Archiv
für Litteraturgesch. 6, 311.

und nicht viel mehr zu Erhaltung der geistlichen und betenden eingezogenen
Männer gestiftet.'[1]

   ‚Zum höchsten verschrieen und wie die Saufgelage zum bösesten Exempel
für das gemeine Volk' waren ‚die adelichen tollen, bübischen, unzüchtigen
Tänze, rechte Hochzeiten und Schulen des Teufels in Stadt und Land'[2].
Es ging dabei oft so wüst her, daß man eigene ‚Artikelbriefe zum guten
Schutze der Ehrbaren' aufstellte. So heißt es zum Beispiel in den ‚Artikeln
des adelichen Tanzes zu Delitsch, so jährlich auf Petri und Pauli gehalten

---

[1] De conviviis 76[b]. Philipp Camerarius berichtet über ein Trinkturnier bei
Gelegenheit einer adelichen Hochzeit, wobei Einer, der in wenigen Stunden 18 Maß
Wein trank, den Preis erhielt. Carpzov, Practica nova 3, 374. Ueber ‚unmäßiges
Saufen' am Hofe der Grafen von Mansfeld (1564) vergl. Spangenberg, Sächsische
Chronika 701. Von dem Grafen Christoph Ludwig von Wertheim heißt es in einem
Bericht aus dem Jahre 1612: ‚Senior führt zu Löwenstein sein altes Wesen, daselbsten
geht die silberne Flasch Tag und Nacht per circulum, und ist ein solches Saufen, daß
des Hauptmanns von Hall Anzeig nach man insgemein dafür hält, er werde sich noch
toll und unsinnig saufen.' A. Kaufmann 312. Ueber das wilde Treiben hessischer
Junker, die sich ‚voll und toll' getrunken, ‚im Felde umhergelaufen, losgeschossen', wobei
einer ‚mit einem langen Rohr getroffen' und gestorben, vergl. das Schreiben des Landgrafen Wilhelm IV. vom October 1585 an den Schultheißen zu Homberg in ‚Die
Vorzeit', Jahrg. 1823, S. 317—319. Ueber Hieronymus von Schallenberg besagt eine
Aufzeichnung: ‚Er hat letzlich acht Tag und Nacht nach einander gesoffen und ist in einer
Stund in der Tafern lebendig und todt gewesen.' v. Hormayr, Taschenbuch. Neue Folge 8,
230. Eine wahrhaft abschreckende Beschreibung eines adelichen Trinkgelages mit allen Un-
flätereien liefert Bartholomäus Ringwalt in seinem ‚Speculum Mundi, Der Welt Spiegel'
(1590) Bl. A 6[b]—D 4. E 3—F 5; vergl. unsere Angaben Bd. 6, 348—354. —
Cardinal Otto von Augsburg stiftete im Jahre 1545 mit 42 Grafen und Freiherren eine
Gesellschaft zur Abschaffung des ‚Zutrinkens', welches den Adel verderbe. Histor. Jahrb.
der Görres-Gesellschaft, Jahrg. 1886, S. 192. Christoph Vitzthum von Eckstädt und
Vespasian von Rheinsberg erklärten am 1. Januar 1592: ‚Wir haben zwei silberne
Flaschen einer Größe und eines Musters verfertigen lassen, und soll es Jedem freistehen,
in ehrlichen Zusammenkünften, da sich's Ehren halber nicht anders thun läßt, die hiezu
geordnete Flasche in einem Tage vor oder nach Mittage zum höchsten drei Mal voll
Wein auszutrinken; nach den drei Flaschen soll man nur für den Durst trinken, sei es
Wein oder Bier.' Auf die Uebertretung wurden 1000 Gulden Strafe gesetzt. Müller,
Trinkstuben 727—728. Als Andreas von Roebell vom brandenburgischen Kurfürsten
Johann Georg ein Canonicat zu Havelberg erhielt, gelobte er am 26. Januar 1577
bei ‚adelichen Ehren und Treuen', daß er sich ‚des Volltrinkens enthalten und auf jeder
Mahlzeit mit zween ziemlichen Bechern Biers und Weins die Mahlzeit beschließen'
wolle. Würde er ohne kurfürstliche Erlaubniß trunken befunden, so wolle er sich, sobald
er dazu aufgefordert würde, in der Küche einstellen ‚und mit vierzig Streichen weniger
einen, inmaßen dem hl. Paulo geschehen, von dem, so Ihre churfürstl. Gnaden dazu
verordnen werden, mit der Ruthe geben lassen'. Bei v. Hormayr, Taschenbuch, Neue
Folge 20, 141—142.
   [2] Vom geilen und gotteslästerlichen Tanzen (1560) S. 4.

wird‘, im Jahre 1606: ‚Jeder soll sich im Tanze züchtig und sittig halten, nicht Mantel abwerfen, laufen noch schreien, Frauen und Jungfrauen auch nicht abreißen‘, ‚sich auch nicht verdrehen noch dergleichen Ueppigkeit beginnen‘, ‚oder andere Leichtfertigkeit gegen die Frauenzimmer gebrauchen, als mit Haubenabreißen oder dergleichen.‘ ‚Wilde, freche und ungeberdige Jungfrauen‘, welche zum ‚bösen Exempel der anderen, adelichen, ehrentugendsamen Frauenzimmer‘ gereichen, sollen ‚zur Abscheu durch gebührende Mittel abgeschafft und nicht geduldet werden‘. ‚Die ungehaltene freche Jugend‘ wurde vermahnt, nicht des Nachts ‚die Wachen anzulaufen‘: die Uebertreter sollten 10 Thaler Strafe zahlen [1].

Mit der ‚Sauf- und Spielsucht so unzählig Vieler vom Adel‘ hing der ‚Nachtschwarm und das Tumultuiren, tödtliche Verwundung in nicht weniger unzählig vielen Fällen, sonderlich das schier allgemeine Laster des Fluchens, Schwörens und Gottesläfterns‘ enge zusammen. ‚Wer wäre wohl‘, fragte ein Prediger im Jahre 1561, ‚jemals in einer Adelsgesellschaft gewesen, ohne daß er das gräuliche, gräßliche, teuflische Fluchen und Schwören bei dem mehrsten Theil zum Entsetzen gehört hätte?‘ ‚Das ist so offenbar, daß die kleine Zahl der Bedächtigen unter dem Adel ohne Scheu bekennen, dieses verfluchte Laster sei in keinem Stande so zu Hause als in ihrem Stand.‘ ‚Ich sage solches mit Schmerzen, um so mehr, dieweil ich nicht ein Feind des Adels bin, gar mit nichten, vielmehr ihn ehre, so er seines Namens würdig ist, und unter ihnen etliche Freunde habe, die mir günstig sind, auch meinen Kindern, aber nicht läugnen wollen, daß es wahr sei, was ich sage.‘ [2] Feinde des Adels, wie Nicodemus Frischlin, behaupteten: ‚In etlichen Landschaften haben die Adelspersonen zusammengeschworen und ein Pakt mit einander gemacht, daß Keiner niedergehen oder aufstehen soll, Keiner den Andern grüßen, denn in’s leidigen Teufels Namen. Mir grauset, davon zu reden.‘ [3]

‚Es wird wahrlich‘, klagt ein Zeitgenosse, ‚den Junkern nicht wohl nachgeredet, die ihre Pfarrkirchen so schändlich verfallen lassen, daß weder Dach noch Fach daran in baulichem Wesen erhalten werden, sondern also zerrissen und zerfallen stehen, daß man allenthalben hindurch sehen mag und die Leute unter dem Gottesdienst und der Pfarrer selbst auf dem Predigtstuhl zu Winterszeit und im Regenwetter nicht trocken stehen kann, sind darzu oft finstere, räuchige Cavaten, wie die Spelunken anzusehen.‘ Ebenso lassen Viele

---

[1] Curiosa Saxon. 1764 S. 77.

[2] Vom Fluchen und Gottesläftern, insonders unter hohen Personen. Eine Hauspredigt (1561) Bl. B und C[3].

[3] Strauß 179 fll. Die von Frischlin in seiner Oratio de vita rustica entworfene Zeichnung des Adels ist überaus derb, aber in ihren Grundzügen schwerlich übertrieben; vergl. Wachsmuth 5, 293.

‚die von den Vorfahren oder anderen Leuten wohlgebauten Schulen gar verfallen‘, nicht minder ‚die Spitäler und Siechenhäuser, so die Alten und Vorfahren guter Meinung aus christlicher Liebe gestiftet‘. ‚Daß man nun dieselbigen für die Armen und Elenden wohlgestifteten Wohnungen und Herbergen so übel lässet wiederum verfallen, ist eine böse Anzeigung der Unbarmherzigkeit und der gegen die Armen erkalteten oder wohl gestorbenen Liebe,
was freilich dem Adel nicht wohl ansteht und wenig Ruhm bringt.‘ ‚Vor
Zeiten ward groß Geld gewandt auf die Mettenbücher, Missale, Antiphonia,
Psalteria, stattlich auf Pergamen geschrieben; da gab Jedermann gern zu,
wollte ihm ein Jeglicher damit ein Gedächtniß stiften; aber wann jetzt mancher
Junker eine Bibel soll in die Kirche kaufen, da hat man so viel Ausflucht
und Bedenken.‘ [1] ‚Vor Zeiten hielten es die Junker für eine große Schande,
wenn nicht ein Jeglicher für sich selbst etwas zur Erhaltung der Gottesdienste
gestiftet hätte. Da ging es bei 50, 100, 200 Gulden daher, die dazu gegeben wurden. Wann höret man jetzt, daß Einer vom Adel zur Erhaltung
der Kirchen und Schulen, welches doch die besten zwei Kleinode eines jeden
Vaterlandes sind, 10 oder auch nur 5 Gulden gebe? Ja, wenn sie doch nur
noch, was Andere dazu gegeben haben, dabei ließen!‘ [2] ‚Man sieht, man
hört, man erfährt täglich, wie es in aller Welt zugeht, da Einer hier ein
Zinslein, der Andere dort einen Zehnten, der Dritte ein Stück Ackers, der
Vierte ein Wieslein, der Fünfte einen Holzflecken, der Sechste einen Garten,
der Siebte einen Weinberg, der Achte einen Hopfenberg, der Neunte einen
Weidenwachs, der Zehnte ein Fischwasser, der Elfte ein ander Gefälle, Einkommen oder Gerechtigkeit den Kirchen entzieht und zu sich reisset. Und findet
man etwan auch wohl solche Junker, die wahrlich nicht viel übrig behalten
würden, wenn sie Alles das, was sie an geistlichen Gütern zu sich gerissen,
wieder geben sollten. Summa: sie wollen sich Alle in unseres Herrn Gottes
Rock theilen und will ein Jeder etwas davon haben und will Keiner der
Letzte sein.‘ Es seien viele Kirchen, Pfarren, Caplaneien und Schulen vor
Alters genugsam und also versehen worden, daß sich die Diener derselben
dabei wohl behelfen könnten; aber man lasse sie nicht dabei, der Junker nehme
die Pfarrgüter unter seinen Pflug und gebe dem Pfarrer, was ihm beliebe,
nehme die Aecker fort, die dem Junker gelegen, und gebe schlechtere dafür,
kaufe liegenden Grund ab, bezahle aber die Zinsen nicht und treibe andere
Schmälerung. ‚Ich will jetzt davon nicht viel sagen, daß der Junker nicht
so gar wenig gefunden werden, die ohne alle Scheu mit öffentlicher Gewalt
die Kirchengüter zu sich reissen. Und stehen Exempel genugsam vor Augen,

---

[1] Vom Fluchen und Gottesläftern Bl. C. Adelsspiegel 2, 392ᵇ—393.
[2] Adelsspiegel 2, 423ᵇ.

daß adeliche Geschlechter, die zuvor, als sie sich an ihren Erbgütern genügen ließen, gar wohl gestanden, aber nachdem sie Kirchengüter zu sich gerissen, in Armuth und Verderb gerathen sind.‘ [1] ‚Bernhard Hund, Herzog Johannsen Kurfürsten von Sachsen Rath, hat oft gesagt: Wir vom Adel haben die Klostergüter unter unsere Rittergüter gezogen, nun haben die Klostergüter unsere Rittergüter gefressen und verzehrt, daß wir weder Klostergüter noch Rittergüter schier mehr haben.‘ [2]

‚Um sich aufzuhelfen, verfallen die Junker jetzunder gemeinlich darauf, selbst allerhand Krämerei und Kaufmannschaft zu führen, Bäcker, Brauer und Weinschenker zu sein. Dieses will auch zum jetzigen Leben des Adels gehören, und wäre aller Dinge ungleich besser als faullenzen, auf den Polstern sitzen und Krausen und Becher ausleeren, wenn nur solche Hanthierung, ob sie auch wohl von den alten Adelichen der Vorzeit nicht ihres Standes würdig geachtet worden, zum Nutzen und Förderung ihrer Unterthanen geschähe; aber weit davon ab, werden diese durch die neue Hanthierung des Adels gemeinlich auf das Höchste geschädigt und in Unrath gebracht, wie man darüber an allen Orten genugsam Klagen hört: die neue Hanthierung ist fürwahr eine neue erbärmliche Bauernschinderei geworden, sonderlich dann, wenn die Adelichen nicht allein Verkäufer, sondern auch Fürkäufer sind und alle Preise vertheuern.‘ Viele begnügen sich nämlich nicht damit, ‚Kaufmannschaft, Krämerei und dergleichen Gewerbe zu treiben, alle bürgerliche Nahrung mit Ochsentreiben, Brauen, Backen, Wein schenken und Fleischaushauen an sich zu ziehen, sondern machen sich, welches noch viel ärger ist, des bösen Namens Monopoliorum theilhaftig, kaufen allen Wein, Korn, Wolle, Hopfen und dergleichen auf, werden also zu Fürkäufern und dann fürder auch zu theueren Zeiten des Armuths Schinder und Blutigel. Schütten Korn auf Theuerung auf, kaufen die geringsten und allerärgsten Weine ein, bringen sie hernach ihren armen, arbeitsamen Unterthanen theuer genug auf, daß sie ihnen die dem guten gleich bezahlen müssen. Brauen lose untüchtig Bier, schenken's gleich theuer und zwingen die armen Leute, solchen ihren Sudel zu trinken, und bei großer Geldstrafe in ihrer höchsten Müdigkeit, Mattigkeit oder Krankheit weder für sich noch für ihre schwachen Weiber und Kinder anderswo einigen Labetrunk an Wein oder Bier zu holen. Lassen allerlei Speise wie die rechten Speck-socken und viel theurer denn Andere auswägen, und müssen bisweilen auch die Fleischer so lange innehalten, bis sie ihre Waare losgeschlagen und ihre Schäflein geschoren.‘ ‚Man findet auch solche, die, ehe sie die Früchte ihren armen Unterthanen in einem leidigen Kauf lassen sollten, dieselbigen ehe ließen die Mäuse im Stroh auffressen oder auf dem Boden lebendig werden und zum

[1] Adelsspiegel 2, 394—395. [2] Adelsspiegel 2, 64ᵇ.

Fenster ausfliegen. Wie ich dann einen gekannt, der, ehe er das Korn den armen Leuten in der Nachbarschaft in gewöhnlichem Kauf lassen wollte, vor großer Bosheit dasselbige oben vom Haus herab vom Fenster aus in die Saale schütten ließ.‘ ‚Der gemeine Mann redet etwan vom Adel wie von den Wölfen: je jünger je besser, denn die Jungen können nicht so großen Schaden thun als die Alten.‘ [1]

---

[1] Eine Predig, Ob christliche Barmherzigkeit müsse ausgestorben sein? (1569) Bl. A². Adelsspiegel 2, 847ᵇ. 357. 461ᵇ. Vergl. Strigenicius, Diluvium 185. ** Der Convertit Gerhard Lorichius, damals Pfarrer in Wetzlar, schrieb über die Adelichen Folgendes: ‚Qui hodie nobilitatis gloriam sibi vendicant, prae caeteris sunt fere omnes inhumani, illiberales, astuti, feroces, difficiles, insuaves, intractabiles, severi, semper ad ulciscendum, si quam acceperunt iniuriolam, proni... Sunt etiam legum egregii contemptores nobilistae nostrates... Hic assiduas crapulas, vestium et luxum phrigium et vanitatem insanam praeteriero, non hic molliciam sardanapali-cam indicavero, non denique scortationes, stupra et adulteria, non propudiosum et infandum fastum, usuram et quaeque avaritiae monumenta proferam... Quis hodie latrocinando grassatur liberius, quis praedatur audacius, quis publicam pacem perturbat frequentius atque paludati nostrates et eorum ministri?.. Adeo crudelitas in Germania invalescit, ut etiam sanguinarii homines, homicidae sacrilegi, imo etiam qui ferro et igne omnia devastant incendiarii, nobilitatis absolutae gloriam sibi mereantur.‘ Monotessaron passionis Christi Jesu, cum expositione omnigenae orthodoxae doctrinae fecunda... authore Gerhardo Lorichio Hadamario (Salingiaci [Solingen] 1588) p. 118 a.

III. Das Leben der Bürger und der Bauern.

‚Wenn Einer‘, heißt es in einer ‚Christlichen Predigt‘ vom Jahre 1573, ‚das Leben der Bürger und Bauern unserer Zeit beschreiben will, und was sie am mehrsten von Fürstenhöfen und Adel gelernt haben, so muß er billig seinen Anfang nehmen mit dem unmäßigen, verschwenderischen Geschmuck in allen Kleidungen und Kostbarkeiten, so bei Bürgern und Bauern und bis in die gemeinsten Stände getrieben wird, und dann gleich darauf von dem viehischen Fressen und Saufen reden, von den unmenschlichen Gastereien und Füllereien, so in Stadt und Land nach dem Exempel der Fürsten und Herren getrieben wird und wie im obersten Regimente sitzt.‘ ‚So wollen wir dann zuvörderst‘, fährt der Prediger fort, ‚von dem Kleider-, Mode-, Schmuck- und Hoffartsteufel handeln, und sodann von dem Fraß- und Saufteufel‘; ‚mit Verlaub, liebe Christen,‘ fügt er hinzu, ‚daß ich so garstige Namen nenne, aber ich kann nicht anders; denn ich will fein wahr und deutsch reden und kann die garstigen, uns Allen hochschädlichen Sachen nicht mit schönen Namen verblümen.‘ [1]

1. Kleidung und Mode — Schönheitsmittel — Gold- und Silber-schmuck — Aufwand in den niederen Ständen.

Ein alles Maß überschreitender Aufwand in Kleidern und die ‚absonderlichste Modesucht‘ war eine Erbschaft des ausgehenden Mittelalters [2], welche sich aber im Laufe des sechzehnten Jahrhunderts noch immer steigerte und im umgekehrten Verhältnisse stand zu dem abnehmenden Wohlstand des Landes. In den ersten Jahrzehnten nach dem Ausbruch der religiösen Bewegungen schien es allerdings, als sollte eine ‚mehrere Eingezogenheit und Bedächtigkeit in den Trachten‘ zur Geltung kommen; aber gar bald hatten Sittenprediger zu klagen, es sei ‚mit der Pracht und der Unverschämtheit der Kleider unter ihren Augen von einem Jahr zum andern immer ärger‘ geworden, und ‚die Mode sei

---

[1] Ein christlich Predigt wider das unmäßig Schmücken, Praffen und Vollsaufen (1578) Bl. A.

[2] Vergl. unsere Angaben Bd. 1, 400—412. ** S. auch Schultz, Deutsches Leben **316 ff.**

wandelbarer und koſtſpieliger denn je zuvor'; auch käme alle Fremdländerei in
Deutſchland immer mehr auf[1]. ‚Faſt alle Völker und Länder', ſchrieb Joachim
Weſtphal im Jahre 1565, ‚halten ihre eigene beſondere Tracht und Form der
Kleidung, daß man ſagen kann: Das iſt eine polniſche, böhmiſche, ungariſche
oder ſpaniſche Tracht. Allein wir Deutſche haben nichts Gewiſſes, ſondern
mengen Alles durcheinander: Welſch, Franzöſiſch, Huſerniſch, gar nahe aller
Dinge Türkiſch dazu; wolle man bloß nach der Kleidung urtheilen, ſo wiſſe
man gar nicht, was man aus uns machen, wofür man uns halten ſolle.'[2]
‚Iſt leider am Tage,' ſagte der Meißener Superintendent Gregor Strigenicius,
‚mit den welſchen Kleidern und franzöſiſcher Tracht bringt man uns allerlei
welſche Praktiken, franzöſiſche Sitten und viel ausländiſcher Wörter mit herein.
Es iſt ein böſes Omen, wenn man die gewöhnliche Kleidung fahren läßt und
ſich auf fremde Tracht befleißiget; und iſt zu beſorgen: die Nationen, denen
man's in der Kleidung will nachthun, werden noch einmal Deutſchlands
mächtig werden.'[3]

Ueber den unaufhörlichen Wechſel der Mode heißt es bei Joachim Weſtphal im Jahre 1565: ‚Wer wollte oder könnte wohl erzählen die mancherlei
wunderlichen und ſeltſamen Muſter und Art der Kleidung, die bei Mann-
und Weibsperſonen oder Volk in dreißig Jahren her auf- und wieder ab-
gekommen iſt: von Ketten, Schauben, Mänteln, Pelzen, Körſen, Röcken,
Kappen, Kollern, Hüten, Stiefeln, Jacken, Schürzen, Wammſen, Hart-
kappen, Hemden, Kragen, Bruſtlatzen, Hoſen, Schuhen, Pantoffeln, Büchſen,
Pulverflaſchen' und ſo weiter? ‚Da hat's müſſen ſein polniſch, böhmiſch,
ungariſch, türkiſch, franzöſiſch, welſch, engliſch oder teufliſch, nürnbergiſch,
braunſchweigiſch, fränkiſch oder ſächſiſch, kurz, lang, eng, weit, ſchlicht, gefalten, verbrämet, verkörbert, verwülſtet, verbörtelt, mit Frenzlin, mit Zotten,
mit Knotten, ganz, zerſchnitten, gefüttert, ungefüttert, unterzogen, gefüllet,

---

[1] Predig wider den übermäßigen und unverſchämten Kleiberſchmuck (1542) Bl. L.
[2] Der Hoffartsteufel Bl. B 7.
[3] Strigenicius, Jonas 384[b]. (** Vergl. auch die Klagen des Auguſtiners Joh. Hoffmeiſter bei Paulus, Hoffmeiſter 361 ff.) Mit den Zeugniſſen der Zeitgenoſſen ſtimmt es
demnach ſchlecht, wenn Julius Leſſing in ſeinem Vortrag ‚Der Modeteufel' (Berlin
1884) behauptet: ‚Wir empfinden die ernſte geſchloſſene Tracht der Reformationszeit
als den treuen Ausdruck jener Zeit männlich kraftvollen Ringens' (S. 9), und: ‚Der
ſelbſtändige Aufſchwung Deutſchlands in der Reformation brachte auch für das Kleider-
weſen Deutſchlands die einzige Zeit völliger Unabhängigkeit und ſelbſtbewußter Ge-
ſtaltung' (S. 17). Vielmehr galt ſchon für jene Zeit, was Moſcheroſch († 1669) im
Philander von Sittewald ausruft: ‚Kum hierher! Solſtu ein Teutſcher ſein? Deine
ganze Geſtalt gibt uns viel ein Anderes zu erkennen. Denn ſobald kann nicht eine
wälſche närriſche Gattung aufkommen, daß ihr ungerathene Nachkömmlinge nicht ſobald
dieſe müßt nachäffen und faſt alle viertel Jahr ändern.'

mit Ermeln, ohne Ermel, gezupft, geschoben, mit Tallaren, ohne Tallaren, mit verlorenen Ermeln, mit Narrenkäpplin, bunt, kraus, spitz, stumpf, mit Trabeln, Zotten und auch ohne derselben; da hat's ledern, filzin, tüchin, einen, Vorstall, Kartek, Sammt, Karmesin, Zendel' und so weiter sein müssen, ohne Maß und Ziel. ,Jetzt hat man den Schweizerschnitt, bald den Kreuz- schnitt, den Pfauenschwanz in die Hosen geschnitten, und ist eine solche schänd- liche, gräuliche und abscheuliche Tracht daraus worden, daß ein fromm Herz dafür erschrickt und seinen Unwillen daran sieht. Denn kein Dieb am Galgen so häßlich hin und wieder bommelt, zerludert und zerlumpet ist als die jetzigen Hosen der Eisenfresser und Machthansen; pfui der Schande.' [1]

Diese Tracht, die absonderlichste von allen und das deutlichste Kenn- zeichen einer verwilderten Zeit, war die Pluderhose, welche seit der Mitte des sechzehnten Jahrhunderts besonders in den protestantischen Gebieten allgemein in Gebrauch kam. ,Um diese Zeit', schreibt Oldecop in seinen Annalen zum Jahre 1555, ,kamen die großen Hosen auf. Schlobber- oder durchzogene Hosen wurden gemacht von 6 Ellen englisches Tuch und 99 Ellen Karteken durchzogen, hatten vorn so große Ritze auch kraus mit Karteken durchzogen, was bisweilen ganz schändlich sich anließ.' Die nur bis zum Knie herab- gehende Hose von festerm Stoff wurde von oben herab in senkrechte, etwa handbreite oder schmälere Streifen rundumher zerschnitten, welche oben und am Knie zusammenhingen. Um das Bein herum zog man durch diese Schlitze eine solche Menge leichtern, vielfarbigen Stoffes, daß er aus den Oeffnungen heraus in dichten, faltigen Massen bis gegen die Füße herabfiel. Man nahm dazu einen sehr dünnen Seidenstoff, Kartek oder Arras, oft 30, 50, selbst 90 Ellen und mehr, so daß ,die Pluderhose' ein sehr kost- spieliges Kleidungsstück wurde. Sie war eine Erfindung der Landsknechte, welche sich auf dem Gebiete der Trachten und der Mode an die Spitze der Bewegung stellten. Nach dem Berichte einer Nürnberger Chronik soll die Pluderhose zuerst im Jahre 1553 im Lager des Kurfürsten Moritz vor Magdeburg aufgekommen sein [2]. ,Wilder Leut', ließ Hans Sachs im Jahre 1557 den Beelzebub zu Lucifer über die Landsknechte sagen:

---

[1] Hoffartsteufel a. a. O.

[2] Falke, Deutsche Trachten- und Modenwelt 2, 45 fll. Falke, Zur Cultur und Kunst (Wien 1878) S. 129 fll. ** Die Stelle aus Oldecop's Chronik ist jetzt im Ori- ginaltext gedruckt in der Ausgabe von Euling 384 fll. Der genannte Chronist will die neue schamlose und kostspielige Tracht als einen Auswuchs der mißdeuteten evan- gelischen Freiheit hinstellen und Luther direct dafür verantwortlich machen. ,Nun weiß ich ganz wohl,' schreibt er, ,wo dieser Teufel mit seiner Hoffart hergekommen ist; denn ich bin im Anfang dieser Freiheit darüber und an gewesen zu Wittenberg und auch mehr als ein Jahr, und gebe das Zeugniß vor Gott und will darauf sterben, daß der Same, Geburt und ganze Geschlecht des Hosenteufels nirgends anders woher

> Wilder Leut hab ich nie gesehn:
> Ihr Kleider auf den wildsten Sitten
> Zerflammt, zerhauen und zerschnitten,
> Eins Theils ihr Schenkel blecken theten,
> Die andern groß weit Hosen hetten,
> Die ihnen bis auf die Füß rab hingen,
> Wie die behosten Tauber gingen. . .
> In Summa wüst aller Gestalt,
> Wie man vor Jahren uns Teufel malt [1].

In einem auf einem fliegenden Blatt vom Jahre 1555 abgedruckten Volksliede heißt es:

> Welcher nun will wissen,
> was noch erfunden sei:
> die Kriegsleut sind geflissen
> auf solche Buberei,
> sie lassen Hosen machen
> mit einem Ueberzug,
> der hangt bis auf die Knochen,
> daran han sie nicht genug.
>
> Ein Latz muß sein daneben
> wol eines Kalbskopfs groß,
> Karteken drunter schweben
> Seiden ohn alle Maß,
> kein Geld wird da gesparet
> und sollt er betteln gon,
> damit wird offenbaret,
> wer ihn wird geben den Lon.
>
> Ihr Fürsten und ihr Herren
> laßt euch zu Herzen gen,
> tut dises Laster weren,
> heißt sie davon absten,
> denn Gott wills an euch rechen,
> euch ist geben die Gwalt,
> thut ihren Willen brechen,
> denn Gottes Straf kommt bald [2].

---

[1] gekommen ist als allein aus der Lehre, die Doctor Martinus Luther zu Wittenberg angehoben hat' (S. 386 der Ausgabe von Euling).

[1] Hans Sachs, herausgegeben von A. von Keller 5, 128.

[2] Uhland, Alte hoch- und niederdeutsche Volkslieder 1, 525—531. Vergl. 2, 1020 zu No. 192. Wenn Lessing (Modeteufel 9) hervorhebt: ,Die Pluderhose des Landsknechtes ist uns ein lebendiger Ausdruck des prahlerischen Hochmuthes jenes phantastischen Gesindels', so muß zur Kennzeichnung jener Zeit hinzugefügt werden, daß diese Tracht bei den anderen Ständen, namentlich auch beim Adel in Gebrauch kam.

Einige Fürsten suchten allerdings ‚der teuflischen Tracht‘ zu wehren.
Joachim II. von Brandenburg stellte einmal drei Landsknechte, die mit ihren
Hosen auf der Straße einherrauschten und zu größerm Aufsehen einen Musikanten mit der Geige vor sich her aufspielen ließen, öffentlich in einem ver-
gitterten Gefängniß drei Tage lang aus; der Fiedler mußte die ganze Zeit
vor ihnen spielen. Ein andermal ließ er einem adelichen Herrn, der am
Sonntag in prächtiger Pluderhose zur Kirche ging, den Hosengurt zerschneiden,
so daß der ganze Plunder zur Erde fiel und der Edelmann in diesem sonderbaren Aufzug zum Gelächter des Volkes nach Hause eilen mußte. Andreas
Musculus, der Generalsuperintendent der Mittelmark, veröffentlichte im Jahre
1555 seine ‚Vermahnung und Warnung vom zerluderten, zucht- und ehr-
verwegenen pludrigten Hosenteufel‘ [1] und setzte darin auseinander, ‚daß alle
die, es seien Landsknechte, Edel-, Hofleut oder noch größern Standes, so sich
mit solchen unzüchtigen Teufelshosen bekleiden, des neuen herfürkommenden
Hosenteufels, aus dem allerhintersten Orte der Hölle, geschworene und zu-
gethane Gesellen‘ seien. Diese neuen Hosenteufel bringen es zu Wege, sagt
er, daß die Feinde des Evangeliums ‚sich daran stoßen, ärgern und gänzlich
schließen, daß nicht möglich sei, man singe, sage und schreibe von dieser
Lehre, wie und was man will, daß sie von Gott sei‘. ‚Es möchte sich‘,
fährt er fort, ‚billig ein Christ hoch darüber verwundern und der Ursachen
nachdenken, wie es immermehr komme, daß solche unzüchtige und unehrliche
Kleidung sonst bei keinem Volk erfunden als allein bei den Christen, und
nirgend in keinem Lande so gemein und erschrecklich als eben in den Ländern
und Städten, in welchen Gott seine Gnade ausgegossen, sein liebes Wort und
reine Lehr des Evangelii hat lassen predigen. Denn wer Lust hätte, von
Wunders wegen viele und in Menge solche unflätige, bübische und unzüchtige
Pluderteufel zu sehen, der suche sie nicht unter dem Bapstthum, sondern gehe
in die Städte und Länder, die jetzunder lutherisch und evangelisch genennet
werden, da wird er sie häufig zu sehen kriegen, bis auf den höchsten Greuel
und Ekel, daß ihm auch das Herz darüber wehe thun, und darfür als für
dem greulichsten Meerwunder sich entsetzen und erschrecken wird.‘ [2]

Auch andere Prediger eiferten heftig auf der Kanzel gegen die Pluder-
hosen und berichteten in eigenen Schriften von allerlei Wunderzeichen, aus
welchen das Mißfallen Gottes an dieser Tracht hervorgehe. So veröffentlichte
Andreas Celichius, Generalsuperintendent der Altmark, im Jahre 1579 ‚Eine
Historie von einer häßlichen Wunder- und Mißgeburt‘ in einem Ort bei
Stendal, wo ein unzeitiges Kind mit weiten niederländischen Hosen auf die
Welt gekommen sei. Ein Diaconus zu Templin schrieb im Jahre 1583 eine

[1] ** Vergl. Osborn, Teufelsliteratur 98 ff.
[2] Im Theatrum Diabolorum, Der Hosenteufel 433.

ausführliche Abhandlung, ‚wie von einem Schaf in der Ukermark zu Templin drei Früchte gekommen, als zwei wohlgestalte Lämmer, die dritte aber eine Mißgeburt an Gestalt eines Paar Pumphosen, allen Hoffärtigen in Kleidung zur Warnung gestellt‘. In demselben Jahre gebar, verkündigte man dem Volke, ‚eine Zimmermannsfrau in Prenzlau ein Kind, welches nicht allein ein Paar pausende Pumphosen an hatte, die bis auf die Füße hingen, sondern auch um Hals und Hände mit einem Gekröse verzieret war‘. Musculus führte die ganz absonderliche Historie vor: Als einmal ein Maler einen Teufel in pluderigen Hosen abgemalt habe, da sei der Teufel gekommen und habe dem Künstler ‚einen gewaltigen Backenstreich gegeben und gesagt: er habe ihm Gewalt gethan, denn er sei nicht so scheußlich und gräulich, als er ihn mit den Luderhosen abconterfeit habe‘. Demnach, sagte Musculus, kann ‚diese Tracht nicht zum Wohlstand und Zierde dienen, weil selbst der unreine und unflätige Teufel sich darin schämt‘ [1].

Trotz aller Warnungen und Mahnungen nahm die neue Mode überhand bei den Handwerkern [2], Kaufleuten, Rathsherren, und sie drang bis in die höchsten Stände vor. ‚Du siehst‘, schrieb Musculus, ‚keinen Wenden, so geringen Standes er ist, der mit so kurzen und aufgethanen Kleidern vor Jungfrauen und Frauen, vornen gar bloß und entdecket, gehe, der nicht um seine Lenden einen Schurz habe und sich ehrlich zudecke. Diese Ehrbarkeit ist jetzunder gar vergessen und hindangesetzt‘, ‚daß mich’s nicht anders ansieht, als sei die Ehrbarkeit aus Deutschland gewandert und an deren Statt allenthalben der unzüchtige und unsaubere Teufel eingesetzet. Alle Nationen: Wahlen, Spanier, Franzosen, Polen, Ungern, Tatern, Türken, haben ihre Kleider und gewöhnliche Zudeckung des Leibes, wie sie es von ihren Eltern empfangen, behalten. Allein Deutschland hat der unverschämte Teufel gar besessen und eingenommen, daß jetzunder mehr Zucht, Scham und Ehrbarkeit im Venusberg und vor Zeiten in den Hinderhäusern gewesen ist, als bei uns Deutschen, die wir doch uns alle jetzunder Ehrbar, Ehrsam und Ehrnveste schreiben und

---

[1] Moehsen 497—499. Vergl. Spieker, Andreas Musculus 166—175. ** Siehe auch Bartsch, Sächsische Kleiderordnungen 20.

[2] ** Auch bei den Studenten, ja selbst bei den Schulknaben. In Wittenberg kam es so weit, daß die Studenten der Pluderhosen wegen, deren Ankauf mitunter den jährlichen Ertrag eines Dorfes verschlang, die Collegiengelder nicht mehr bezahlten. 1580 verlangte die Regierung von den Stipendiaten auf der Universität Leipzig, nichts Zerschnittenes, es sei mit Seide über oder unter den Kleidern, zu tragen. Die Schulordnung aus demselben Jahre verordnet: ‚Die Knaben sollen nicht wie Landsknechte, sondern ehrbar gekleidet sein, nicht zerhackte, sondern solche Kleider tragen, die bei frommen und ehrbaren Leuten gebräuchlich sind‘, und die Lehrer sollen keinem gestatten, ‚zerschnittene Bloderhosen, Federhüte, große weite Sackärmel, zerschnittene Schuhe‘ und dergleichen zu tragen. Bartsch a. a. O.

nennen, und nicht so viel Ehrbarkeit, Ehr und Zucht haben, als eine Mücke mag auf dem Schwanz wegführen.‘ [1]

Die Obrigkeiten konnten die Mode nicht bannen[2], aber sie suchten in ihren Kleiderordnungen wenigstens die Masse des durchzogenen kostbaren Stoffes zu beschränken. Der Rath von Braunschweig erlaubte im Jahre 1579 den Bürgern 12 Ellen Seide, der von Magdeburg im Jahre 1583 höchstens 18 Ellen Kartek, aber diese Zahl nur den Schöffen, den Patriciern und den Wohlhabenden in der Gemeinde, der von Rostock im Jahre 1585: 12—14 Ellen Seide, aber nur den Adelichen[3].

Außer der Pluderhose war ‚der Gänsebauch‘ die ‚unter dem Männervolk gräulichste Kleidung‘: ‚ein großer hangender Bauch‘, schrieb Kirchhof um das Jahr 1601, ‚wie ihn jetzt die Schneider mit Baumwolle ausfüttern, eine schändliche Tracht‘[4]. Schon im Jahre 1586 predigte Lucas Osiander gegen ‚die häßlichen langen ausgefüllten Gänsbäuche, die oben gleich unter dem Hals anfangen und herab bis weit unter die Gürtel hangen, wie ein Erker an einem Haus hängt, das er schier umziehen möcht‘. Zur besondern Zierde wurde das Wamms mit buntem Besatz in Streifen von Seide, Sammet oder Goldstoff oder mit goldenen und silbernen Schnüren versehen[5]. ‚Und wer wollt alle Ueppigkeit aufzählen, so guten Theils Jung und Alt unter den Mannspersonen sonst noch treiben?‘ ‚Um die Hüte tragen sie goldene Spangen mit Ringen wie die Weibergürtel. Die Haare müssen also gestrobelt sein wie bei einer bösen Sau, und hinten sind sie zottig, als hätten die kleinen Katzen daran gesogen. Sehen aus wie ein polnischer Bauer, der Morgens aus dem Stroh kriecht. Dazu haben sie auch Weiberkröse, und darüber hängen goldene Halsketten herab. Die Aermel aber sind so wurstig und dick, daß sie aussehen wie die Commißsäcke.‘ ‚Die Aermel kann Einer wegen der Weite und Größe kaum am Arm tragen. Mancher versteckt darein sein Hab und Gut, wie jener Fürst zu einem seiner Räthe sagte: „Ich halt, du hast dein Rittergut in die Aermel gesteckt.“ Diese Aermel müssen vorn auch eingefältet sein, daß sie Kröß gewinnen.‘[6]

Wenn wir den verlorenen Sohn des Evangeliums, schilderte Caspar Stiller zu Freistadt, ‚während seines Luderlebens nach jetziger Welttracht

---

[1] Theatrum Diabolorum 432[b].

[2] ** Im Jahre 1565 verbot Graf Johann von Nassau die ‚schändliche Tracht der langen zottigen Ploderhosen bei hoher Straf des Gefängniß und einer namhaften Geldbuß‘; die Schneider, welche in Zukunft solche Hosen machen würden, sollten ebenfalls mit Gefängniß- und Geldstrafen belegt werden. Achenbach, Gesch. der Stadt Siegen von 1530 bis 1560 S. 14.

[3] Falke, Deutsche Trachtenwelt 2, 49.   [4] Wendunmuth 2, 200.

[5] Falke 2, 124. Vergl. Strauß, Kleider-Pausteufel 24—30.

[6] Richard, Licht und Schatten 51.

unserer Lande sollten herausstafiren, würden wir sagen müssen, er wäre in einem seidenen Mantel hergetreten, hätte ein graußles Haar und einen schönen Hut mit Bockenfedern und einer Perlenschnur aufgehabt, ein klein Sammet-Wamms und große Lugdunische Hosen an, schöne Kragen oder Koller von köstlichem Kammertuch, Ringe an den Fingern, Armbänder um die Hände, eine schöne güldene Kette um den Leib herum, ein steifes Rapir an der Seite, seidene Strümpfe, duppeltafende langzottliche Hosenbänder, glatte Cordewanische Schuhe und sammetne Pantoffeln darüber an den Füßen'. ‚Er trug auch allzeit was Wohlriechendes bei sich, einen schönen Kranz im Hut oder einen Bisemknopf in der Hand, ja wohl alle seine Kleider werden haben müssen einen lieblichen Geruch von sich geben.'[1]

Wer sich, spottet ein Flugblatt aus dem Jahre 1594, ein großes Ansehen machen wolle, müsse ‚nicht auf gute alte deutsche Art, sondern spanisch, welsch und französisch gekleidet gehen und solche Geberden und Sitten brauchen, vornehmlich auch einen hohen, spitzigen, aufgeschlagenen Filzhut tragen, dazu einen großen, breiten, ausgenähten Kragen und eine straubigte Marcolfuskolbe, einen Igelskopf und Schopf und einen fein gestutzten Bart'[2]. Um für stattliche Personen angesehen zu werden, ‚ziehen Etliche', heißt es bei Aegidius Albertinus, ‚ganz lange und zöpfechte Bärt auf Griechisch, Andere lassen den Bart um den Mund kurz hinwegstutzen und ziehen nur zween lange Knebel oder Katzenschwänz; Andere findet man, die lassen ihre Bärt schier ganz abscheeren auf die türkische Manier, also daß nur zwo Spitzen neben herausgehen oder sonsten nur ein klein Löcklein Haar; Andere lassen ihre Bärt markesotten (sic) auf Französisch oder Spanisch oder Italienisch'. ‚Andere Fantasten lassen ihre Haar lang wachsen, daß es ihnen hängt bis über die Achseln, Andere lassen gar kein Haar wachsen; item sie ziehen mit entblößtem Hals daher schier bis auf die Hüfte hinab, lassen sich oftermals scheeren, zwagen, wüschen, zaffen, waschen und bisweilen malen; sie nehmen köstlichen Geruch zu sich, bestreichen sich mit Rosenwasser, köstlichem, wohl-schmeckendem Balsam, Muskat und Zibet, stehen oftermals eine Stunde oder halb vor dem Spiegel'; ‚wenn das Herrlein aus dem Haus geht, sieht er mehrers gleich einem spanischen Dockemändel und einem halben Weib als einem herrlichen und gravitetischen Mann'[3].

---

[1] Stiller Bl. K 2ᵇ—K 3. Bl. O 2.

[2] Scheible, Schaltjahr 4, 131—132. ** ‚Die Schneider', sagte Cyriacus Spangenberg im Jahre 1570, ‚zerhacken und zerflammen die Kleider, das einer siehet (aussieht), als hätten die Säu aus ihm gefressen, und hencken die Lobben umher, als wäre einer etwan eine Woche oder vier am Galgen gehangen.' Ehespiegel 69ᵇ. Vergl. auch oben S. 223.

[3] Haußpolizei Theil 4, 118ᵇ—119. Vergl. Aegidius Albertinus, Der Welt Tummel- und Schauplatz 922—923. 926.

‚Gleich üppig, verschwenderisch, sonderbar, schändlich und wandelbar wie die Männertracht' war, wie die Sittenprediger klagten, ‚die Tracht der Frauen und Jungfrauen in großen und kleinen Städten, auch gar unter Bauersweibern und -Töchtern, die alle, was sie bei Fürstenhöfen und Adel vor Augen gesehen, nachmachen' wollten. ‚Solche üble Sucht' wäre allerdings ‚auch bereits in vorigen Zeiten vielfältig' hervorgetreten, aber es würde damit, wie Niemand läugnen könne, immer ärger und wirke ‚um desto schädlicher, weil Wohlstand und Vermögen, wie es offenbar am Tage, schier mit jeglichem Jahre' abnehme.

‚Bürgerinnen und ihre Töchterlein', besagen die Schilderungen, ‚tragen Sammetbarette mit Marder und feinen Straußfederlein, item Kleidung von Nesselgarn oder die gar durchlöchert sind. Etliche unterlegen die durchlöcherten Aermel mit güldenem Zendel und verbrämen ihre Kleider mit güldenen Kettelein. Und was soll man sagen von den gestutzten und geschwänzten, aufgezupften, gestickten Kleidern und daß die Röcke jetzund von Perlen starren müssen? Da wird nichts Gutes daraus und bald Jammer und Noth folgen.' ‚Und daß ja unsere, der Deutschen, Thorheit recht wohl an den Tag kommt, müssen jetzt auch Schellen dabei sein, daß Frauen und Jungfrauen silberne Schellchen am Arme tragen. Dabei hangen dann die Krollen fein bunt, die reichen halb über die Hände, daß man sie durch alle Schüsseln schlägt und schleift; die müssen also durchlöchert sein, daß sie kaum an einander hangen wie ein Spinnweb.' ‚Es muß auch der Schlunz im Koth sein, da man die Gassen mit kehret.' ‚Es ist auch gar ein neuer Fund, daß man die Weiberröcke unten in Schweifen mit alten Feigenkörben, ja mit Draht starrend macht, welches vorhin mit Filz geschehen ist.' Auch tragen sie ‚durchsichtige Kleider von Nesselgarn mit bloßen Armen und offener Bubengasse'. ‚Nicht weniger wird mit den Haaren absonderliche Ueppigkeit von Unzähligen getrieben.' ‚Die natürlichen Haare taugen Nichts, sie müssen gebleicht sein', ‚sie tragen feine, große, dicke, gelbe, geborgte oder erkaufte Haarflechten.' ‚Es ist jetzunder ein gemeiner Gebrauch, einer Todten, die hübsches Haar hatte, die Haar abzuschneiden und in das Haar zu flechten.' ‚Die Weibsbilder machen mit ihren Haaren einen Säuhag. Denn die Haare müssen über sich gezogen werden über einen Draht: gleichwie man in den Säuhägen die Ruthen über die Tremel zeucht.' Das Haar richtete sich dabei von Stirn und Schläfen und aus dem Nacken aufwärts und gipfelte sich nach italienischem Muster gekräuselt in vielfacher Weise empor. Durch Nadeln und Draht in ihrer Höhe festgehalten, durch klebrige Stoffe gesteift, trugen die Haare oft ein schweres Gewicht von Geschmeide, Perlschnüren, Juwelen und anderen Kostbarkeiten. ‚Auch haben die Weibspersonen jetzt von Welschland herüber bekommen kleine sammtene Hütlein, nicht zu bedecken das Haupt, sondern

allein zur Zierde und Hoffart; die sind so klein, daß sie nicht den vierten
Theil des Hauptes bedecken mögen, und sieht so aus, als wenn ein Weib
einen Apfel auf den Kopf setzte und spräche: Das ist ein Hut.'[1]

,Wer wollt wohl aufzählen, wie viel des schweren Goldes an aller
solch unnöthigen Weiberpracht in einem einzigen Jahr in einem kleinen
Städtlein, ich geschweige der großen, aufgeht?' ,Rath jetzt um Gottes willen,
freundlicher Leser, wie groß dieselbe Weibsthorheit, Hoffart und Bosheit
sein muß, die für einen Kragen allein zu schmücken, zu putzen und aus-
zukrösen 50 Reichsthaler Wäscherlohn ordinari geben darf. Rath wiederum,
woher manch großer Herr und Frau in Armseligkeit, Mühe, Schand und
Unglück kommen.'[2]

Ein besonderer Aufwand wurde mit den Schleppen getrieben. In
Nürnberg war im fünfzehnten Jahrhundert das Verbot ergangen: Frauen
und Jungfrauen dürften die Kleider ,nicht länger tragen, dann die ein Dritt-
theil einer Elle auf die Erde gehen: bei Strafe von einem jeden Kleid, das
länger wäre, eines jeden Tags oder Nachts drei Gulden'[3]. Jetzt trugen
,Bürgerinnen und ihre Töchterlein gar in geringen Städten zuweilen Schleppen
von zwei Ellen lang und noch länger', und zwar nicht allein als eine Aus-
nahmsform bei Festlichkeiten, sondern auch auf den Straßen zum Staub-
aufwirbeln und Mitschleppen des Kothes. ,O ihr närrischen Weiber,' rief
Aegidius Albertinus aus, ,es ist nicht genug, daß ihr auf euren Kopf legt
fremde Haar, seidene, güldene und mit Perlen erfüllte Hauben, einen hohen
Hut und großmächtigen Federbusch; es ist nicht genug, daß ihr euren Leib
ziert mit so vielerhand fürwitzigen und köstlichen Kleidern, euren Hals behängt
mit so vielen Ketten und Halsbändern, den Leib mit Gürteln, die Arme
mit Armbändern und die Finger mit Ringen; es ist nicht genug, daß ihr
mit euren weiten und breiten Kutten, mit euren geflügelten, zerhackten, zerschnittenen und zerfetzelten Kleidern daher rauschet wie ein großmächtiges
Schiff mit ausgespannten und vollen Segeln': ,es muß euch auch hinnach-
schleppen ein großmächtiger Schweif'. ,Gehet ihr im Winter auf die Gassen,
so faßt ihr den Koth auf mit diesem eurem Schweif; gehet ihr im Sommer
aus, so fasset und erweckt ihr den Staub; die Augen derer, die hinter euch
gehen, erfüllt ihr mit Staub und macht sie blind und trüb; etliche zarte
Menschen pflegen bisweilen von wegen solches Staubs krank zu werden, sie
überkommen den Husten, speien aus und fluchen dem Weib, welches vor ihnen
hergeht und solchen Staub gemacht hat. O köstlicher Schweif, o herrlicher

---

[1] Theatrum Diabolorum 388 fll. Falke 2, 135—136. Richard 50—51.
[2] Guarinoni 67.
[3] Baader, Nürnberger Polizeiordnungen 99.

schöner Besen, der du so fein fleißig kehrest die Gassen und so fleißig auf-
hebst den Roth!‘[1]

‚Als ein rechtes Anzeichen verderblicher Hoffart und Ueppigkeit, welche
in vorigen Zeiten in Deutschland nur bei verzärtelten vornehmen Frauen in
einigem Gebrauch gewesen, nunmehr aber insgemein auch bei Bürgersweibern
und -Töchtern und jungen Mannspersonen und Leckern eingerissen‘, rechneten
Sittenprediger ‚das Schminken, Stirnmahlen und Anschmieren von allerlei
fremden Farben, wie es in den gemeinen Ständen so gemein wol bei keiner
andern Nation zu Hause‘ sei. ‚Es soll schön sein dieses Schmieren, und
macht doch in Kurzem schrumplich, häßlich und fahl.‘[2] ‚Die Materialien,
daraus der Anstrich gemacht wird, sind‘, schrieb Aegidius Albertinus, ‚unflätig
und unsauber und das Mischmasch vieler unterschiedlichen Dinge, welche
hierzu gebraucht werden, stinkt dermaßen übel, daß es nur Diejenigen am
besten wissen, welche es bereiten und damit umgehen.‘ ‚Wenn das Angesicht
warm und erhitzt wird, alsdann zerschmilzt der Anstrich, und zwischen der
weißen Farbe luckt herfür eine schwarze, gelbe und blaue Farbe durch einander‘,
und diese unterschiedlichen Farben machen das Angesicht häßlich und schändlich,
bisweilen rinnen von demselben ‚sogar die Tropfen herunter‘. ‚Und ob sie
schon hierauf sagen möchten, daß solches nur denen geschehe, welche keine gute
Meisterinnen sind, so sage ich doch hinwieder, daß keine eine so gute Meisterin
sein könne, daß, obschon sie betriegen möchte die Augen, sie dennoch nicht
betriege die Nasen.‘ Gewiß würden die Weiber ‚es für eine Unform und
Häßlichkeit halten, wenn sie sechs Finger hätten an der Hand‘; warum aber
glauben sie denn, daß ‚drei Finger dick Anstrichs ihnen wol anstehe im
Angesicht?‘[3] Weil die Weiber, sagte er an einer andern Stelle, ‚Quecksilber, Schlangenschmalz, das Roth von Nattern, Mäusen, Hunden oder
Wölfen, und sonst viel andere schändliche und stinkende Ding, die ich Scham
halber nicht nennen darf, zu ihrem Anstrich gebrauchen und ihre Stirn,
Augen, Wangen und Lefzen mit Gift damit reiben und salben, so haben
sie gleichwohl eine kleine Zeitlang ein glänzendes und scheinendes Angesicht,
aber über eine kurze Zeit hernach werden sie desto schändlicher, unflätiger,
grausamer, ungestaltsamer und älterer, und in ihrem 40. Jahre scheinen sie
70 alt zu sein‘[4]. ‚Meister Portius Vincentz, welcher die schöne Kunst‘ des

---

[1] Haußpolizey, Theil 4, 212 fll. 228ᵇ fll.

[2] J. Reinhold, Predig wider den unbändigen Putzteufel (1609) S. 3.

[3] Haußpolizey, Theil 4, 212 fll.

[4] Lucifers Königreich 106—107. ** Der Herzog Heinrich Julius von Braun-
schweig eiferte in einer seiner Comödien gegen die Frauen, die sich ‚mit Farbe und
Schminke beschmieren, machen also aus Gottes Ebenbild eine häßliche, leichtfertige
Teufelslarve‘, ‚da sie doch dadurch ihr Angesicht und Gesundheit aufs letzte verderben

Schminkens ‚an viel Menschen probirt und recht erfunden‘ hatte, veröffentlichte im Jahre 1593 eine ‚Schminke für die Jungfrawen und Weiber, die sich unterm Angesichte gerne schön machen und schminken, dabei eine gewisse Kunst, wie man's machen solle, das eins das andere müsse lieb haben‘[1]. ‚Für insonders rechte, bisher unbekannte und unergründliche Fünde sehen die hoffärtigen Weiber‘, schrieb der Prediger Johann Reinhold im Jahre 1609, ‚die Bücher an, so in Frankfurt erschienen sind aus des italienischen Chirurgen Leonhardi Fioravanti Werken. Daraus wollen sie alle Geheimnisse und Secreten lernen von man weiß wohl welchen verborgenen Arzneien, und wie sie ihre Schönheit vermehren sollen: kaufen solche Schriften mit großem Gelde auf, als wären es Offenbarungen Gottes und unschätzliches Heilthum.‘[2] Zu diesen Schriften gehörte ein im Jahre 1604 in Frankfurt erschienenes ‚Compendium der secreten Geheimnisse und verborgenen Künste‘, in welchem das vierte Buch ‚von allerlei Schminken‘ handelte, ‚welche die Weiber zu den Angesichtern und Brüsten zu gebrauchen pflegen‘. An der Kunst des Schminkens, hieß es dort, sei ‚zu dieser Zeit nicht weniger gelegen als an der Medicin und Chirurgie selbst‘. Unter Anderm lehrte es die Zubereitung eines Oeles, ‚so nicht allein ein schön Angesicht, sondern auch ein fröhlich Gemüth mache‘; ein anderes Oel machte ‚alle Angesichter, so damit bestrichen werden, dermaßen schön und glatt, daß sie einem Spiegel gleich scheinen‘[3]. Unter den mehr als 100 Arten von Oelen, welche der Prediger Friedrich Helbach im Jahre 1605 beschrieb, befand sich auch ein von einem italienischen Arzt erfundenes Wunderöl: ‚Wer von diesem Oel ein Monat an einander alle Tage etwas nimmt, wird jung geschaffen scheinen; welcher es aber ein Jahr lang an einander treiben würde, der wird, ob er gleich alt, einem jungen gleich sehen.‘ Auch das viel verwendete Balsamöl machte ‚ein lauter Angesicht und den Menschen jung geschaffen‘; die Wirkung eines dritten Oeles erfuhr ein berühmter Arzt ‚von einem Weib, welche des Schmucks oder Schminkens eine Meisterin gewesen war‘[4]. ‚Man will auch in unserer Zeit‘, heißt es weiter bei Reinhold, ‚für die Gesundheit und Schönheit, wie sie sagen, Perlen trinken und Edelsteine fressen: und hört man nicht nur von hohen fürstlichen und adlichen Herren und Frauen, sondern auch von Bürgers-Weibern und Töchtern und jungen Leckern und Alfanzern, wol gar Kaufmannsdienern, daß sie solches treiben,

---

und vor der Zeit alt, schrumplich, auch wol eines Theils gar blind werden.‘ Schauspiele des Herzogs Heinrich Julius 82.

[1] H. Hayn, Bibliotheca Germanorum erotica (Leipzig 1885) S. 484.

[2] Wider den unbändigen Putzteufel, Predig von J. Reinhold (1609) S. 5.

[3] Compendium rc. Aus dem Italienischen von wegen seines vielfältigen Nutzens ins Teutsch versetzet (Frankfurt 1604) S. 273—327.

[4] Helbach 92. 103—104. 111.

wenn sie dazu nur Geld aufbringen können.'[1] Der Straßburger Arzt Gual-
therus Ryff gab eine ‚von den alten Aerzten verordnete‘ Anweisung, wie man
‚ein Confect von edlem Gestein‘ bereiten könne. ‚Es benimmt‘, sagte er, ‚die
bleich tödtlich Farb und machet den Menschen wohlgestalt, gibt dem Athem
und ganzen Leib einen guten anmuthigen und lieblichen Geruch, treibt weit
hinan allen melancholischen Unmuth, Trauern und Schwermüthigkeit, bringt
auch die halb Verstorbenen wieder zu Kräften.'[2]

Besonders auffallend war den Zeitgenossen, daß ‚hoffärtige und leichtfertige Weiber die gleichen Thorheiten, so sie an sich selber wendeten, auch auf
ihre ganz jungen Kinder übertrügen‘. ‚Oder sei es nicht‘, fragten sie, ‚auf das
Höchlichste zu verwundern, daß es je mehr und mehr in Gebrauch kommen will,
Mägdlein, sogar Knäblein von 4—8 Jahren mit Schminken zu bedecken, zu
malen, zu salben und mehrerlei andere Ueppigkeit zu treiben mit der unschuldigen
Jugend? auch solche Kinder zu kleiden in Sammet und Seide, sie zu behängen
mit Perlen und goldenen Ketten?'[3] In einer Hamburger Kleiderordnung vom
Jahre 1583 heißt es: ‚Da auch mit den Kindern, Mädchen und Knaben, in
kurzen Jahren an Kleidung und Zierung ein unmäßiger Hochmuth getrieben
worden‘, so solle unter namhafter Strafe ernstlich verboten sein, den Kindern
goldene Hauben aufzusetzen, die Knaben mit seidenen Gewändern, Perlen und
Gold zu schmücken. Zwei Jahre später wurde dieselbe Verordnung wiederholt[4];
im Jahre 1618 erfolgte die Verfügung: Kinder unter 8 Jahren sollen nicht
goldene Ketten tragen, vom 8. Jahre an nicht schwerere als von 20 Goldgulden; um die Hände dürfen sie solche Ketten überhaupt nicht tragen; auch
nicht sammtene, mit Gold oder Silber gewirkte Kleider[5].

——— · ———

Wie hoch der Aufwand in Kleidungen und Schmuck gestiegen war, trat
namentlich bei Hochzeiten und anderen Familienfesten hervor.

---

[1] Vergl. oben S. 244 Note 2.
[2] Spiegel und Regiment der Gesundtheit (Frankfurt, ohne Jahr) Bl. 204ᵇ.
[3] Reinhold a. a. O.; vergl. S. 244 Note 2.
[4] Voigt, Die hamburgischen Hochzeits- und Kleiderordnungen 16. 47.
[5] Zeitschrift für Hamburger Gesch. 1, 560. ** Siehe auch Bartsch, Sächsische
Kleiderordnungen 23 fl. Der genannte Forscher urtheilt: ‚Kein Jahrhundert hat mit
dem Schmuck an Gold, Silber, Perlen und Edelsteinen so reichen Luxus getrieben,
wie ihn das 16. Jahrhundert und der Beginn des 17. Jahrhunderts in Deutschland
sah. Deutschland stand dabei keineswegs obenan; trotzdem läßt sich der Aufwand, den
das deutsche Volk damals in Geschmeide aufweist, in gar keinen Vergleich zu dem
unserer Tage stellen. Besonders waren, wie sich denken läßt, die Frauen lüstern danach, so daß Luther in seiner derben Weise sie ‚tolle Thiere‘ nennt, ‚die mit Schmuck
nicht zu ersättigen seien‘.'

‚Als ich noch ein Knabe war,‘ schrieb der Meißener Superintendent Gregor Strigenicius im Jahre 1595, ‚trugen die Jungfrauen allhier zu hochzeitlichen Ehren silberne Ketten mit dünnen und breiten Gliedern, sammete Gürtel mit silbernen oder übergüldeten Spangen. Das war dazumal der größte Schmuck. Jetzt müssen es lauter güldene Ketten sein, die einmal oder etliche um den Hals herum gehen, und lauter silberne Gürtel; die Perleborten müssen für großen Perlen starren und auf's Kunstreichste zubereitet sein. Man will immer was Neues, Seltsames haben. Was fremd, ausländisch, türkisch, spanisch, französisch, das hat man am liebsten. Muß Alles verschnüret, verbrämet, gekräuselt und wunderlich und seltsam gestickt sein. Da muß man mehr auf Kleidung und Schmuck wenden, als sonst in der Haushaltung ein ganzes Jahr aufgeht: bei 400 oder 500 Gulden. Für dieser Zeit hätte ein Hausvater alle seine Kinder drein kleiden können, was man jetzund nur auf Eine Tochter wenden muß. Vor Zeiten setzten die Jungfrauen ihre Kränze auf das Haupt, jetzund setzen sie die kleinen Kränzlein auf die Stirn oder hängen sie auf eine Seite, auf ein Ohr; da muß man sie anheften, daß sie nicht herunterfallen. Um den Hals muß man große, lange, dicke Gekröse haben aus köstlicher theurer Leinwand; die müssen gestärkt und mit heißen Eisen aufgezogen werden, mit einem silbernen oder andern Drate, der sonderlich dazu gemacht ist, unterbaut werden, daß er das Gekröse trage.‘ ‚Die Ermel müssen unter'm Arm durchsichtig sein, daß man die weiße Haut sehen und erkennen mag. Was man für Hoffart mit den Röcken treibt, ist desgleichen offenbar und am Tage. Die müssen ihre hohe Schweife haben von Sammet und Seide, eines Theils auch durchsichtig sein, damit man das untergelegte Gold und Silber sehen könne. Unter denselben muß ein Springer sein, darinnen ein Reif, damit die Kleider wie eine Glocke einen Cirkel geben und weit um sich sparren. Darinnen walzen sie daher wie die Bierfasse‘, ‚daß sie nicht wol in und aus den Gestühlen in der Kirche kommen können.‘ Halb verzweifelt fügte Strigenicius hinzu: ‚Nun tragt immer hin, wer weiß, wer's einmal zerreißet; vielleicht schmückt noch Bruder Landsknecht seine Hosen und Fetzen damit.‘ [1] ‚Ein einziges kostbares Hochzeitskleid‘, schrieb Johann Sommer im Jahre 1613, genügt nicht mehr, sondern es müssen ‚3, 4, 5, 6 Hochzeitskleider von unterschiedlichem Sammet und seidenen Zeugen sein‘, daß der Bräutigam ‚sich alle Tage zwei- oder dreimal umkleiden kann. Ja da muß manchmal dreierlei Sammet unterschiedlicher Farben zu einem Wamms genommen und durchgeschnitten werden, daß man es sehen kann; da müssen die Kragen mit Perlen besetzt sein, und wird ein solcher Pracht gesehen, daß sie einhergehen wie die englischen Comödienspieler im Theater.‘ [2] Bei Hoch-

---

[1] Strigenicius, Diluvium 64ᵇ—66.　　　[2] Olorinus Variscus, Geldtklage 472.

Zeiten in Berlin und Cölln an der Spree überlüden sich, sagte Kurfürst Joachim Friedrich von Brandenburg im Jahre 1604, auch Unvermögliche ‚mit Kleidern und anderen Unkosten dergestalt zur Uebermaß‘, daß sie ‚bald nach solchen Hochzeitsfreuden die Kleider auf den Tröbelmarkt schicken und kaum um halb Geld wieder verkaufen‘ müßten [1].

Nicht selten beliefen sich ‚die Kosten einer Hochzeit an Kleidern und Geschmuck und sonstiger Pracht ungleich höher, als das ganze Heirathsgut‘ betrug. So gab beispielsweise der Frankfurter Verlagshändler Sigmund Feyerabend im Jahre 1589 seiner Tochter eine Mitgift von 600 Florin, während er für die Hochzeit 1000 Florin herausgabte [2]. Als Lucas Geizkofler im Jahre 1588 mit der Tochter eines Augsburger Patriciers sich verlobte, wurden ihm aus dem väterlichen und mütterlichen Vermögen der Braut als Heirathsgut und Heimsteuer 2000 Gulden zugesagt, wogegen er ‚seiner versprochenen Ehegemahlin zu rechter Widerlegung auch 2000 Gulden und zu einer freien Morgengabe 500 Gulden vermachte‘. Bei einem solchen Heirathsgut und einer solchen Heimsteuer, Widerlegung und Morgengabe werden als Geschenke des Bräutigams für die Braut aufgezählt: zwei goldene Ketten, von welchen eine ‚neunmal um den Hals ging‘; ein Smaragdring und eine goldene Haube, mit Perlen gefaßt; ferner zwei Mahlringe mit Rubinen und Diamanten, ein Ring mit Saphiren, ein goldenes Armband und ein paar Armbänder mit ‚Gesundsteinen‘; ferner ein Stück Atlas, ein Stück ‚Canafas‘ und ein Stück Damast. Auch die Verwandten erhielten reiche Geschenke an goldenen Kleinodien und an kostbaren Stoffen. Nach Geizkofler's genauer Berechnung kam ihm, die Bewirthung der Gäste eingeschlossen, die Verlobung auf 326 Gulden 39 Kreuzer, die Hochzeit auf 5873 Gulden 37 Kreuzer zu stehen [3]. Sehr straffällig wegen übertriebener Köstlichkeit erachtete der Kurfürst von Sachsen die Hochzeit, welche der Leipziger Doctor Jonas Möstel im Jahre 1618 feierte. Dieser Doctor hielt seinen Ausritt mit nicht weniger als 124 Pferden. Er selbst ritt ‚einen braunen Gaul, daran die Stange und Bügel wie auch die Sporen und der Bandbegen vergoldet, der Sattel mit einer Sammetdecke, welche mit goldenen Borten, darin schwarze Seide mit eingewirkt, belegt war; das Kleid, so er angehabt, war von braunem Seidenatlas, auf dem Hute hatte er einen Federbusch, auch ein Kleinod darauf, wie dann auch das Roß auf dem Kopf und Schwanz mit Federn geziert‘ war. Bei dem Kirchgang trug der Bräutigam ‚ein schönes schwarzes Sammetkleid, daran Aermel von goldenen Stücken waren, und einen schwarztuchenen und mit Sammet dem Kleide gleich gefütterten und auf schwarzen

---

[1] Mylius 5, Abth. 1, 78.   [2] Pallmann 63.
[3] Wolf, Lucas Geizkofler 145—149.

Atlas gesteckten Strichen verbrämten Mantel'. ‚Die Braut hatte einen braunen
Sammetrock mit sechs breiten goldenen Borten an und trug am Halse Perlenketten mit einem Kleinod. Nach gehaltener Copulation ließ man in dem
Chor die Trompeten mit einstimmen, auch zwei Heer- oder Kesselpauken
darunter schlagen.'[1] Eine noch größere Pracht entfaltete auf seiner Hochzeit
der Sohn des Bunzlauer Bürgermeisters Ramsler im Jahre 1614. ‚Die
Brautjungfer trug in ihrem künstlich gelockten Haar einen wunderbar zusammen-
gesetzten Blumengarten, in welchem 252 auserlesene Blumen mit Blättern
und Zweigen, ganz nach der Natur gefärbt, befindlich waren. In den Ohren
hingen große Kronleuchter und um den Hals große goldene Ketten mit
Schleifen und Bruststücken von Diamanten; aus dem Busen stieg ein eine
Elle hoher, mit Drath gesteifter Spitzenkragen empor, der mit Goldflittern durch-
näht und mit Goldspitzen besetzt war, in welchem der Kopf verborgen lag;
der Rosa-Drocketrock war über einen Reifrock ausgespannt und das Geschwänze
(die Schleppe) davon zwei Gewändt lang, dessen ganzer unterer Rand mit
breiten goldenen Spitzen garnirt war; das Kleid hatte steife Aermel-Aufschläge,
aus welchen dreifache große Spitzen-Engageanten hervorquollen. Auf dem
goldenen Vorsteck-Latze blühte ein ganzer Garten von bunten seidenen Blumen;
die mit Gold gestickten weißen Kläppchen-Handschuhe hatten keine Hand, ließen
die bunten Ringe an den schönen Fingern sehen, die bald an der auf der
linken Brust hängenden goldenen Uhr, bald mit dem $3/4$ Ellen langen Spiegel-
fächer spielten. Den Uebergang vom Busen herab bis zum Berge des Reifrocks
machte ein eng geschnürter Gürtel. Die Strümpfe waren von weißer Seide
mit goldenen Zwickeln. Das ganze, so voll und reich beladene Wesen schwebte
hin und her auf ein Paar hohen ausgeschnittenen Schuhen von roth seidenem
Zeug, deren Schnäbel beinahe $1/2$ Fuß lang, und deren weiße, spitzige Absätze
sehr hoch waren.'[2]

Der Pracht der Hochzeitsfeste entsprachen die Geschenke. Bei der Hochzeit des kurmainzischen Kammerdieners Matthis Kreydt zählte man im Jahre
1603 unter den Geschenken einen goldenen Pokal, 16 vergoldete Becher, unter
diesen zwei ‚gar große, jeder um 100 Florin werth', und allerlei Silber-
geschirre im Werthe von 1000 Florin[8].

In einer Reichsordnung vom Jahre 1530 waren den Kauf- und Gewerbs-
leuten goldene Ringe gestattet worden, ihren Frauen Gürtel im Werthe von
20 Gulden, von gleichem Werthe ein Schmuck am Halskoller, ihren Töchtern

[1] Weber, Aus vier Jahrhunderten, Neue Folge 1, 57—63.
[2] Aus dem Bericht des Matheus Ruthard, der auch die ähnlich kostbare Kleidung
der Braut und des Bräutigams und die ganze Hochzeitsfeier beschreibt, in v. Ledebur's Archiv 3, 166—170.
[8] Archiv für hessische Gesch. und Alterthumskunde 11, 652. 655.

und Jungfrauen ein Haarbändlein, nicht über 10 Gulden werth; Frauen von Rathsherren und von den Geschlechtern sollten eine Kette von 50, einen Gürtel von 30 Gulden tragen dürfen. Aber ,diese Ordnung des Reiches und andere, so später erlassen wurden, kamen so wenig in Uebung, daß sie nach und nach wol um das Vier- und Fünffache überschritten wurden, wie in vielen Bürgerordnungen der Städte' sich zeigte. Der Rath von Weißenfels mußte im Jahre 1598 den Bürgern verbieten, Ketten zu tragen von mehr als 50, Armbänder von mehr als 12 Goldgulden im Werth[1]. In Hamburg sollten nach einer Verfügung des Jahres 1583 die goldenen Ketten der vornehmen Bürgerinnen einen Werth von 180 Goldgulden, ihr bestes Halsband einen solchen von 100 Goldgulden nicht übersteigen; Jungfrauen unter 15 Jahren wurde der Gebrauch goldener Ketten untersagt[2]. Der braunschweigische Bergrath Georg Engelhart Löhneiß eiferte gegen übertriebenen Schmuck, aber eine Haube im Preise von 6 Thalern dürfe man der Frau eines Handelsmannes und Krämers erlauben, auch ,mögen sie eine Schnur von 20 Goldgulden und um eine Hand 5 Goldgulden tragen, aber nicht mehr'[3].

,Die überschädlichste Pracht', welche ,Deutschland arm mache', wurde nach dem Urtheil der Zeitgenossen ,mit Sammet und Seide und anderen kostbaren Stoffen unter allen Ständen, gar unter gemeinen Bürgersleuten und Bauern, Handwerksgesellen und Dienstmägden', getrieben. Der ,in einem Jahre in Deutschland allein für die männlichen und weiblichen Kopfbedeckungen benöthigte Sammet' werde, schrieb Johann Cornelius von Friedensberg im Jahre 1597, ,auf 300 000—400 000 Gulden veranschlagt'. Was den Seidenverbrauch anbelange, sei auf Einer Frankfurter Messe mit einer einzigen Kaufmannsgesellschaft ein Vertrag auf Lieferung von Seide im Werthe von anderthalb Millionen Gulden abgeschlossen worden[4].

———

Wie die Vornehmen sich unter einander in Pracht und in blinder Nachäffung alles Ausländischen überboten, so drangen die Moden der Zeit bis in die untersten Schichten des Volkes ein und beseitigten die alte einfache Tracht der Dienenden und des Arbeiters. Man könne, wurde geklagt, ,die Mägde, wie Jedermann in allen deutschen Landen vor Augen habe, schier nicht mehr von ihren Herrschaften unterscheiden', ,die Ueppigkeit in der Kleidung' sei auch bei ihnen ,zu einem fressenden Gifte geworden'. ,Sie tragen

---

[1] Neue Mittheilungen 15, 484.
[2] Voigt, Die hamburgischen Hochzeits- und Kleiderordnungen 11—12. 15.
[3] Löhneiß 281.   [4] Goldast, Politische Reichshändel 555.

Sammet, Seide, ſchöne Röcke, ſchöne Hemden mit großen langen Gekröſen, langen ausgenähten und gelöcherten Tatzen vorn an den Aermeln, ſchöne feuerrothe Stiefel von reuſſiſchem Leder, Niederſchuhe mit weißen Höhen, Sammetgürtel, ſeidene Halskoller, Sammetbeutel, theure Börtlein, Borten von allerlei Seide, roth, grün, gelb, ſchwarz, weiß.‘ Wenn ſie ſich ver- miethen, verlangen ſie nicht bloß genugſamen Lohn an Geld, ſondern auch ‚etwa 24 Ellen Leinewand, Unter- und Oberhemd, ein Halskoller von Schamlot, ein Sammetbörtlein, ein Paar Tanzſchuhe, ein Paar rothe Stiefeln, ein Ge- mächte, zwei Schleier, einen brabäntiſchen und einen gemeinen‘[1]. Den Mägden, forderte Löhneiß, müſſe man die insbeſondere koſtſpieligen ‚hohen ausgehackten Trip- und Klipſchuhe‘ ſowie ‚die weiten Aermel‘ verbieten[2].

‚Mit den Mägden‘ ſtanden ‚die Handwerksgeſellen gleich wie im Wett- lauf‘. ‚Mancher arme Geſell‘, ſchrieb der Prediger Martin Bohemus zu Lauben in der Oberlauſitz, ‚hat ſeidene Strümpfe, ſeiden Beingewand, ſeiden Mantel, ſeiden Hut, und Alles muß Sammet und Seide ſein. Manche Dienſt- magd muß Seiden in die Kleider ſchmieren, und wagt darauf, was ſie ein ganzes Jahr erwirbt oder der Herrſchaft abzwackt, daß ja der Hoffart Nichts fehle. Weiber ſchicken ſich in Mannskleider und die Männer in Weibskleider, welches doch Gott als eine große Leichtfertigkeit ausdrücklich verboten hat.‘[3] ‚Es iſt jetzt leider der Gebrauch,‘ ſagte Andreas Schoppius, Prediger zu Wernigerode, ‚daß armer Bürger und Bauern Töchter und Mägde lange und köſtliche Krollen und unflätige Kalbaunen auf die Halskragen machen, eben wie die vom Adel; item ihre Brüſtchen mit Sammet oder Poſament an den Händen oder vorne herunter vom Hals bis auf den Gürtel beſetzen laſſen, daß ein gemeiner vom Adel für etlichen Jahren ſich ſolcher Tracht geſchämet hätte.‘[4] In Heſſen klagte Hartmann Braun, Pfarrer zu Grünberg, im Jahre 1610: ‚Arme Taglöhner wollen Seiden und Sammet tragen. Dienſt- mägde, ſo das Jahr kaum drei Gulden verdienen, wollen auf Pantoffeln hereingehen, wollen doppelblaue Krägen haben und tragen Röcke mit 7 oder 9 Leiſten.‘[5] Aegidius Albertinus eiferte dagegen, daß Dienſtmägde ſogar Schleppen trügen wie die vornehmen Frauen[6].

---

[1] Reinhold Bl. 4. Der Tanzteufel, im Theatrum Diabolorum 222—223. In Joſt Amman’s ‚Im Frauenzimmer wird vermeldt von allerlei ſchönen Kleidungen‘ ꝛc. (Frankfurt am Main 1586) finden ſich zwei Abbildungen von Frankfurter Mägden:
Tragen nach altem Brauch
Auf ihrem Haupt Belzhauben rauch;
wenn eine Magd in die Kirche geht, nimmt ſie ‚Stuhl und Mantel an den Arm‘.
[2] Löhneiß 281.   [3] Bohemus 1, 777. 782.   [4] Triumphus muliebris 63.
[5] Niedner’s Zeitſchr. für hiſtor. Theologie 44, 436.
[6] Hauspolizey, Theil 4, 228.

Daß die Sittenprediger in ihren Schilderungen ‚des übermäßigen Kleider-Geprunkes bei Dienstmägden, Handwerkern, Handwerksgesellen und sonstigem Gesinde‘ nicht übertriebene Farben auftrugen, beweisen die von Fürsten und städtischen Obrigkeiten erlassenen Aufwandgesetze.

In einer kursächsischen Kleiderordnung vom Jahre 1550 wurden den Handwerksleuten Sammet, Atlas, Doppeltaffet und andere gute Seidenzeuge, goldene Ketten, Armbänder, Ringe, flitterne Hauben und Perlborten gänzlich untersagt; ‚allen Dienstboten von Weibs- und Mannspersonen sollten Seide und Sammet, Gold und Silber, fremd und ausländisch Tuch und alle bunten Schweife, sonderlich die Springer und güldenen Kränze, auch Goldgulden, goldene Steinlein nebst anderm Armschmuck zu tragen gänzlich verboten‘ sein, ebenso den ‚gemeinen Handwerksburschen das haufenweise Tragen von Strauß- und anderen fremden Federn in allerlei Farben‘; auch sollten sich dieselben ‚rechtsilberner oder goldener Schnüre oder Posamentborten an Mänteln, auch Hosen und Wams, Kollern oder Leibern, silberner Knöpfe und seidener Strümpfe enthalten‘[1]. Die Stände der Oberlausitz verordneten im Jahre 1551: Arbeiter und Tagelöhner auf dem Land und in den Städten sollen ‚keinerlei Gold, Silber, Perlen oder seidene Borten‘ tragen, ‚noch ausgestickte Kragen an Hemden, sie seien mit Gold oder Silber ausgestochen, auch keine Straußfedern, von ausländischem fremden Geflügel, oder seidene Hosenbänder oder ausgeschnittene Schuhe, noch Barett‘ tragen; ihre Weiber und Kinder müssen ‚alle Kragen, Schleier mit güldenen Leisten, güldene, silberne und seidene Gürtel, alles Gold, Silber, Perlen und Seidengewand‘ ablegen[2]. In einer für Berlin und Cölln an der Spree erlassenen Verfügung sagte Kurfürst Joachim Friedrich von Brandenburg im Jahre 1604: ‚Wer die jetzige neue Manier und Pracht mit Kleidungen unter Mannen, Gesellen, Weibern, Jungfern und sonderlich unter den Dienstmägden in diesen beiden Städten allenthalben ansiehet, und gegen die vorige Trachten, so ehemals allhier bräuchlich gewesen, hält und estimiret, muß billig mit Verwunderung bekennen, daß die Hoffart schier über alles der Leute Vermögen gestiegen und zugenommen habe, auch also, daß noch täglich damit kein Aufhörens ist, bevoraus bei den Weibspersonen, die fast alle Monat gleich neue Trachten annehmen oder selber aufbringen und keine der andern in dem etwas zuvor geben will, trotz ihrer vielen Dürftigkeit und Armuth.‘ Die Dienstmägde ‚treten nunmehr so stolz und stattlich einher, daß man fast keinen Unterschied mehr unter ihnen und Bürgerkindern erkennen kann‘. Deßhalb dürften in Zukunft ‚Dienstmägde bei Strafe eines Schocks keine seidenen Kleider tragen, weniger dieselben mit Sammet verbrämen lassen, noch mit sammtenen

[1] Vergl. Richard 64—65.   [2] Codex Augusteus 2, Theil 3, 85.

Brämen zieren lassen, auch dürften sie keine güldenen Borten und güldenen Schnüre auf ihren Haupten tragen'[1]. In der kleinen Stadt Hainau überluden sich ‚Tagelöhner und Handarbeiter mitsammt ihren Weibern und Kindern, desgleichen auch die Dienstmägde mit allerlei Pracht, Tracht, Geflitter, Geflunkel und Kleidung'. ‚Viele', sagte der dortige Rath im Jahre 1598, ‚verwenden so all ihren Lohn auf die narren Hoffart, jagen dadurch alles, was sie verdienen und erwerben, schändlich durch und müssen desto zeitlicher an den Bettelstab kommen.' Deßhalb seien denselben inskünftig strenge verboten: ‚alle durchlöcherte, geriebene, gebrämte, geglettete, gestickte, weitärmlichte Kittlichen und Jacken, gefaltene Schürztücher und gekrönelte Schleier, desgleichen Corallen oder Armzier, Carteken und dergleichen, Zöpfe mit Seide, Gold und Silber oder solcher Schnüre, sie wären alt oder neu'; die Dienstmägde dürften sich nicht ‚Narrenstaat an den Hals hängen und sich über ihre Frauen erheben'[2]. In demselben Jahre erließ der Rath von Weißenfels eine Bürgerordnung, in welcher es unter Anderm hieß: Den Dienstboten und Taglöhnern ‚soll Seiden und Sammet, Gold und Silber gewirkt, gesponnen, fremde und ausländische Tuche, bunte Borten und BuffenSammet, Schweife an Röcken und Schürzen, Springer und allerlei Armschmuck' zu tragen untersagt sein. Handwerksgesellen sollten nicht ‚gestrickte seidene Strümpfe und der großen langen Straußfedern' tragen[3].

In den großen Städten war einem noch größern Aufwand zu begegnen. So mußte beispielsweise der Rath zu Nürnberg im Jahre 1568 den Dienstmägden unter Anderm untersagen, Haarbänder von Perlen anzulegen, ihre Röcke und Unterröcke mit Sammet und Seide zu verbrämen, auch kleine goldene Borten, mit Silber oder Gold beschlagen, zu tragen[4]. Der Rath von Hamburg verlangte in den Jahren 1583 und 1585, ‚Mägde, Ammen oder andere

---

[1] Mylius 5, Abth. 1, 78—80. Vergl. die Verordnung vom Jahre 1580 bei Mylius 5, Abth. 1, 70. Die Verordnung vom Jahre 1604, welche überhaupt die Trachten der einzelnen Stände regeln und die übermäßige Pracht und Verschwendung einschränken wollte, war bereits im Jahre 1600 vom Kurfürsten erlassen, von der städtischen Behörde aber wegen der ‚Schwierigkeit einer solchen Maßregel' vier Jahre zurückgehalten worden. Als sie endlich ‚auf bringendes Ermahnen des Kurfürsten im Jahre 1604 bestätigt und publicirt' wurde, konnte sie, ‚weil die Einwohnerschaft, besonders aber die Gewerke, sich dagegen sträubten, nicht zur Ausführung gebracht werben'; der Lehns-Secretär vermerkte dabei, daß ‚man mit dieser neuen Ordnung übel angelaufen sei'. Fibicin 5, 502.

[2] v. Ledebur, Archiv 3, 184—185. Gleichzeitig verordnete der Rath: ‚Das Brustwerk nackt zur Schau herum zu tragen, wird Frauen und Jungfrauen auf's Ernstlichste verboten', ‚da das Feiltragen desselben nur Ergerniß und Wollust erwecken thut'; auch ‚das neu eingeführte Begrüßen mit Küssen zwischen Manns- und Frauenvolk' wurde verboten. S. 179. 180.

[3] Neue Mittheilungen 15, 485.   [4] Siebenkees 1, 98—100.

gemeine Frauenspersonen sollen nicht Cochenil oder dergleichen hohe Farben an Wämsen, Schorten oder Röcken tragen, auch keine Perlen oder gülden Reden, keine Ringe um die Kleider, keine Tripen-Tuffeln oder -Schuhe, keine sammtte Borden, keine Wulken um den Hals, kein Seidenwerk, keine mit Sammit Brustwämse oder Kragen‘ [1]. In einer Ordnung vom Jahre 1618 verbot der Hamburger Rath allen Handwerkern und Kaufmannsbediensteten Sammet, Caffar, Atlas oder Damast zu Wämsen, Hosen und Aermeln, ingleichen Handschuhe von Perlen oder Gold, auch goldene Stifte auf den Handschuhen und alle goldenen und silbernen Schnüre auf den Kleidern, sowie die seidenen Strümpfe‘; ihre Frauen dürften inskünftig nicht ‚Sammet, Caffar, Atlas und silberne Mallien und Schnürketten‘ gebrauchen, ihre Perlenschnüre dürften nicht über 100 Mark werth sein [2].

Dieselbe ‚Ueppigkeit und Verschwenblichkeit in Kleidern und Geschmuck, so man in den Städten und Städtlein findet, trifft man‘, heißt es in einer Schrift ‚Vom Putzteufel‘, ‚schier in allen Landen des Reichs auch unter dem gemeinen Bauersvolk, ohngeachtet, daß ihre Verarmung zunimmt und die Zahl der ganz Dürftigen mit jeglichem Jahr größer wird: was sie haben, wollen sie zu einem Theil an Kleider und Geschmuck legen, zum andern an Fraß und Büllerei. Man kann sie sagen hören: Was soll ich sparen? ich will Hab und Gut lieber an mich, Weib und Kinder wenden, damit stolziren oder es durch die Gurgel jagen, denn es Fürsten und Adel geben an Schatzungen und Steuern, so ohnedas unerschwinglich geworden und bis auf Blut und Leben gehen.‘ Johann Mathesius dagegen gab den Bauern bezüglich des sie belastenden Druckes zu bedenken: ‚Wenn Bauern Gold und Sammet tragen wollen, da gilt das alte Sprichwörtlein: Weidenkopf und einen solchen stolzen Bauern muß man in drei Jahren einmal behauen. Und wer weiß, woher sich die großen Schatzungen verursachen, weil jetzt der Bauer mit seiner Tochter sich also herfür putzet wie eine arme Gräfin.‘ [3] Zacharias Poleus aus Frankenstein ließ in einer ‚Tragedie‘ aus dem Jahre 1603 zwei Bauern über die schlimme Lage ihres Standes sich besprechen: unter Anderm sei der Wucher so groß geworden, daß man den Bauern 12 Procent, ungerechnet die Geschenke, abnehme; an diesem aber trüge der unter ihnen herrschende Kleideraufwand wesentliche Schuld. Wenn jetzt eine Bäuerin einen Mann nehme, wolle sie ‚alle Hoffart han‘:

Was sie nur sicht an Kleidung neu,
Das muß sie han, tregt's ohne Scheu
Und hat bei ihr gar keine Schand,
Ob's schon nicht gebürt ihrem Stand;

---

[1] Voigt, Die hamburgischen Hochzeits- und Kleiderordnungen 17. 47—48.
[2] Zeitschr. für Hamburger Gesch. 1, 561—562.   [3] Bergpostilla 45.

> Denn sie sich itzt gar nicht tunt schämen,
> Lassen ihn gewaltig vorbrämen
> Die Röcke, Halskoller an allen Orten
> Mit seiden Schnüren und sammten Borten,
> Haben ihr schön gelesne Kragen,
> Wie sie itzund pflegen zu tragen
> Die Reichen und vornehmen Adelsleut;
> Dann auch seind ihnen fort mehr heut
> Die sammet Wörtlein gar zu gering,
> Lassen's ihn machen von besserem Ding,
> Als von Silber, Gold, schön so dermaßen
> Mit Perlen sie's auch beheften lassen.

Die Vorfahren hätten Nichts gewußt von solcher Pracht, sondern wären mit einem Rock von schlechtem Tuch oder Leinwand zufrieden gewesen,

> Itzt aber, wenn ein wenig Geld hat
> Ein Jungfrau oder Bauersknecht,
> Muß es fürwar nicht sein so schlecht,
> Thun sich auf's allerprechtigst kleiden
> In schönen Zeug von Sammet und Seyden,
> Das ich gewiß glaub, vorzeiten sich
> Kein Herr gekleidet so statlich,
> Wie manch Bauer sich herauß jetzt bricht,
> Solchs man teglich vor Augen sicht [1].

Schon in einer Reichspolizeiordnung vom Jahre 1530 hieß es: ‚Wir wollen, daß die Bauern keinerlei Gold, Silber, Perlen oder Seiden, ausgestickte Krägen an Hemden, sie seien mit Gold oder Seiden ausgestochen, auch kein Brusttuch, Straußfedern oder seiden Hosenbendel und ausgeschnitten Schuh noch Barretten‘ tragen; ihren Weibern sind außerdem noch verboten ‚alle Kragen, Uebermüder, Schleier mit goldenen Leisten, goldene, silberne, seidene Gürtel, Korallen, Paternoster, alle Gold-, Silber-Perlen und Seidengewand‘ [2]. Eine pommersche Landesordnung vom Jahre 1569 fügte diesen Verboten noch hinzu: die Weiber, Töchter und Mägde der Bauern sollten sich ‚der Pantoffeln mit Goldschaum oder Goldfellen, sowie der corduanischen Schuhe und Pantoffeln‘ enthalten [3]. Wie die Bürger in Pommern, schrieb Kantzow, ‚frisch dem Adel nachsetzen, so wollen die Bauern den Bürgern Nichts nachgeben und tragen nun englisch und ander gut Gewand, je so schön, als ehemals der Adel oder Bürger gethan haben, und übersteigen sich so hoch damit, daß sie es von dem Ihren übel können ausrichten‘ [4]. In den zu

---

[1] H. Palm, Beiträge zur Gesch. der deutschen Literatur (Breslau 1877) S. 121—122.

[2] Neue Sammlung der Reichsabschiede 2, 337.

[3] Dähnert 3, 817; vergl. die erweiterte und erklärte Schäferordnung vom 16. Mai 1616 bei Dähnert 3, 831—832.

[4] Kantzow 2, 406—407.

Hamburg gehörigen Dörfern Bill und Ochsenwärder trugen ‚die Höferer und Kötener' und ihre Frauen ‚sammet und seiden Stückwerk oder Franfen, auch Pofamente, feidene und damaftene, mit Sammet befetzte Kragen'[1]. Aehnlich war es allerwärts, im Norden und im Süden der Fall. So heißt es beispielsweise in einer Salzburger Chronik: ‚So oft eine neue Manier in Kleidung oder fonft auffommt, fo vermeint ein Jeder, er müffe der Erfte es haben; wie dann an dem Bauernvolk um Salzburg beide Mann und Weib, auch Junggefellen und Dirnen zu fehen, wie fie fich in Sammet und Seiden bekleiden, welche Kleider vorhin in der alten Welt Rittern und Frauen genugfam gewefen wären.'[2] Es war ‚Lautere Wahrheit', was der Prediger Bartholomäus Ringwalt im Jahre 1585 fagte:

Es ift jetzund in allen Landen
Groß Schotz und fchwere Zeit vorhanden,
Wie folches einem jedern Stand
Ift mehr denn allzuwohl bekannt.
Doch wird der Pracht nichts abgebrochen,
Man trägt zerfchnitten und zerftochen,
Gefteppt, verbrämt, gerikt, zerriffen,
Verlumpt, verbörtelt und zerfpliffen;
Ja man braucht Springer und Verdunzen
Und groß Gekröfe wie die Plunzen...
Ach, lieber Gott, was will auf Erden
Noch aus der großen Hoffahrt werden,
Die man betreibt zu unfer Zeit
Ohn aller Stände Unterfcheid![3]

Alle von Fürften und ftädtifchen Obrigkeiten für die einzelnen Stände ergangenen und immer von Neuem eingefchärften Aufwandsverbote blieben ohne Erfolg. Damals fo gut wie fpäter galt, was Lauremberg in feinem Gedicht ‚Von almodifcher Kleiderdracht' fagt:

De löfflike Kleder-Ordinantz
Werd geholden weder half noch gantz;
Der hogen Avericheit Mandaten
Achtet man als Scholappen up den Straten.

Die Aufwandsgefetze bewiefen nur die Größe und Hartnäckigkeit des Uebels, fowie ‚die Machtlofigkeit' Derjenigen, ‚welche gebieten durften', aber, nach den zutreffenden Worten des Predigers Reinhold, ‚felbfteigen und in ihren Familien fich um keine Gebote bekümmerten und den Unterthanen felbft das

---

[1] Vergl. Voigt, Hamburgifche Hochzeits- und Kleiderordnungen 27—28. Zeitfchr. für Hamburger Gefch. 6, 524—525.
[2] Scheible, Klofter 6, 671—672.
[3] Hoffmann von Fallersleben, B. Ringwaldt 20—21.

böseste Exempel fürtrugen‘. Weil die Gesetze auf Standesunterschiede begründet waren, so übten sie sogar einen schädlichen Einfluß aus, indem sie
die Eitelkeit und die Vergnügungssucht der niederen Stände anreizten, es den
höheren gleichzuthun.

Vergebens wiesen die Sittenprediger darauf hin, wie deutlich man an
dem üppigen und verschwenderischen Leben, welches sowohl in Bezug auf
Kleidung und Schmuck als auch auf Essen und Trinken, Gastmähler, Familien-
feste und öffentliche Lustbarkeiten allgemein eingerissen, die Anzeichen eines aller
höheren geistigen Interessen baaren Sinnes und eines religiös-sittlichen Verfalles erkenne, und wie doppelt verderblich übertriebener Aufwand und maßlose Genußsucht einem Volke seien, dessen äußerlicher Wohlstand fortwährend
sich vermindere [1].

2. Essen und Trinken — Familienfeste und öffentliche Lustbar-keiten — ‚rechte Bankette der Bürger und der Bauern‘ — künst-liche Weine und Biere — der Branntweingenuß — die Lebensdauer.

‚Als ich noch jung war,‘ schrieb Luther, ‚gedenke ich, daß der mehrere
Theil, auch aus den Reichen, Wasser tranken, und die allerschlechteste Speise,
und die leicht zu überkommen war. Etliche huben auch kaum in ihrem dreißig-
sten Jahre an Wein zu trinken. Jetzund gewöhnt man auch die Kinder zu
Wein, und zwar nicht zu schlechten und geringen, sondern zu starken und
ausländischen Weinen, auch wol zu destillirten oder gebrannten Weinen, die
man nüchtern trinkt‘: die Trunkenheit, fügt er hinzu, sei ‚ein gemeiner Land-
brauch worden‘ [2]. Aehnlich schrieb der Theologe Jacob Andreä, Propst zu
Tübingen und Kanzler der Universität, im Jahre 1568: das Laster der
Trunkenheit habe erst ‚bei Mannesgedenken so gar allenthalben überhand
genommen‘; ‚unsere lieben Voreltern‘ unter dem Papstthum ‚haben, wie ich
von Alten viel und oft gehört, trunkene Leute und Weinsäufer zu keinen
Aemtern gebraucht, man hat sie in allen Gesellschaften und Heirathen gescheut
und geflohen, die Buben sind ihnen als unnützen, heillosen Leuten nachgelaufen,

---

[1] ‚Bei einem gesunden Volke ist auch der Luxus gesund, bei einem kranken Volke
krankhaft. In der Geschichte eines jeden wirthschaftlichen Institutes läßt sich die Geschichte des ganzen Volkes, gleichsam in verjüngtem Maßstabe, wieder erkennen.‘ ‚So
lange der Wohlstand eines Volkes wächst, pflegt auch dessen Consumtion zu wachsen.
Der Verfall beginnt, wenn bei stillstehendem oder gar abnehmendem Wohlstande die
Consumtion zu wachsen fortfährt. Alsdann ist jeder Luxus unklug. Nun pflegt aber
der wirthschaftliche Verfall eines Volkes von dem moralischen und politischen selten
getrennt zu sein. Bei verfallenden Nationen ist der Luxus daher in der Regel auch
unsittlich.‘ Roscher, Luxus 51. 53.
[2] Vergl. unsere Angaben Bd. 2, 426.

als die nirgend zu gebrauchen wären‘: jetzt dagegen wird die Trunkenheit ‚gemeinlich weder bei hohen noch niedern Standes Leuten für keine Schande mehr gehalten‘. ‚Wie wir gehört, daß auf päpstische Weise fasten kein gutes Werk, auch Gott nicht gefällig, sondern Sünde und Unrecht sei, haben wir, das ist der größte Haufen unter uns, gleich das Kind mit dem Bade ausgeschüttet und anstatt des Fastens Fressen, Saufen, Schlemmen und Bankettiren angestellt, und wenn man uns von einem christlichen Fasten sagt, hat die Vermahnung eben ein Ansehen, als wenn man uns vermahnte, wieder päpstisch zu werden.‘[1] Wer bei den Leuten in Gunst bleiben und nicht in große Ungnade fallen wolle, dürfe, schrieb der Frankfurter Prediger Melchior Ambach, ‚dieses säuisch Laster nicht strafen; denn voll und säuisch sein heißt bei diesen „frölich, besteubt, wohlbeschenkt und guter Dinge sein“, item „einen guten Rausch oder Trunk haben“ und dergleichen. Wo sie etwa über lang gewahr werden, daß man‘ — in Predigten — ‚diesen Kot gerüret hat, stellen sie sich mit Fluchen und Lästern wie trunkene und nicht wohlbesinnte Leute.‘[2] Die Altgläubigen, mahnte ein anderer Prediger, äußern sich wegen des furchtbaren Saufens unter den Evangelischen: ‚Siehe da, sind das die Christen? Sind das die Evangelischen? Sind das die Früchte des Evangeliums, das sie rühmen? Schön Evangelium. Der Teufel nehme solch Evangelium an. Wäre es das rechte Evangelium, so würden ja andere Früchte denn diese daraus folgen.‘[3] Zu ihrer Entschuldigung, sagte der Prediger Matthäus Friedrich im Jahre 1562, bringen die Trunkenbolde vor: ‚Das Halb und Ganz Saufen sei nicht Sünde, weil es nicht in Gottes Wort verboten sei. Sie meinen, weil diese Worte: Saufet nicht zu Halben und Ganzen, nicht in der Schrift stehen, sei es nicht darin verboten. Sie sagen auch: „Ich bin nie andächtiger zum Gebet, als wenn ich einen Rausch habe. Ich muß im Bett trinken, ich kann nicht schlafen, ich hab denn einen Rausch. St. Paulus spricht: Saufet euch nicht voll Weins, da wird des Bieres nicht gedacht. Ich sehe, daß Jedermann zu Halben und Ganzen säuft, was soll ich denn thun? Liest man doch, daß sich Noah und Loth auch trunken getrunken haben.“ An etlichen Orten ist ein sonderlicher neuer Orden angerichtet, der wird der Sauforden genannt, möchte wohl der Sauorden heißen: in welchen Niemand genommen wird, der nicht wohl saufen, übel essen, übel liegen, die ganze Nacht sitzen, Frost und Kälte leiden, des Teufels Martyrer sein kann.‘[4] Auch der Meißner Superintendent Gregor Strigenicius berichtete darüber: ‚Man hat jetzunder unter uns allhier einen neuen Sauforden, die Centius-Brüder, wie sie sich nennen, aufkommen lassen,

---

[1] Vergl. Döllinger 2, 875—878.
[2] Von Zusauffen und Trunckenheit ꝛc. Franckfurt am Mayn 1543.
[3] Theatrum Diabolorum 289ᵇ.
[4] Wider den Saufteufel C 7. D 7 fll. K⁴.

die fich zufammen verbinden, daß fie einander, wenn fie erfordert werden,
wollen faufen helfen.‘ [1]

Den Bergarbeitern zu Joachimsthal führte der dortige Prediger Johann
Mathefius im Jahre 1557 zu Gemüthe: Auf den ‚fäuifchen, epicurifchen und
unmenfchlichen Gaftereien und Füllereien‘ fängt man ‚des Morgens frühe an,
fchwedert Wein und Bier in fich wie in einen Laugenfack, fehet alsdann an
zu habern, zu fluchen und zu fchelten wie auf einer Bauern-Kirmes, redet
fchlammige und fchandbare Worte, fpottet der Sacramente, wie ich felbft mit
fchmerzlichem Herzen gefehen habe‘. ‚So find auch alle Schenkhäufer voll,
nicht allein an Feiertagen, fondern auch in der Woche, und das Bergwerk
ftecket dennoch, was follte denn gefchehen, wenn es wohl ftünde? Auch die
Weiber halten ihre Bierorten und machen leer Gefchirr, kugeln auf dem
Tifch wie die Bauernweiber. Jungfrauen wollen nicht weiter nippen und
lippen, fondern lernen nun auch faufen, fchlingen und fingen. Und die es
follten wehren, freffen und faufen auch mit.‘ ‚Bei vollen Regenten, bei welcher
Rathfchlägen Wein Herr ift und die Oberhand hat, da ift kein Glück, man
greif’s gleich an wie man will. Durch Freffen und Saufen werden die Leiber
erhitzt und brünftig gemacht, und Frau Venus mit ihrer Gefellfchaft zeucht
da ein, findet Platz, Raum und Stätt und nimmt die tollen und vollen Leute
gar ein.‘ ‚Die Leute müffen zu faufen haben, wie die Thüringer Bauern
Hamburger Bier machen, wenn fie Wein in’s Bier gießen und daraus ein
Gemenge und groben ftarken Trank bereiten, wie auch Etliche gern rheinifchen
Wein und Malvafier unter einander trinken.‘ [2] Mathefius vertrat übrigens
keineswegs einen fehr ftrengen Standpunkt. Gott könne, predigte er, ‚einem
ehrlichen Deutfchen ein ehrliches Räufchlein zu Gute halten; Mancher kann
nicht fchlafen, wie Pfalzgraf Ludwig, der muß ihm ein Küffen trinken. Mancher
muß die Sorge und Unmuth vertrinken. Und man findet viel guter Leut,
da fie was Gutes fchreiben, reden, fchlagen follen, fo müffen fie zuvor einen
guten Trunk haben, wie Doctor Scheid, Bifchof zu Segovien. Doctor Fleck
hat auch fein Kendlein mit Malvafier auf der Kanzel gehabt.‘ ‚Aber diefe
Lob- und Schutzrede des Weins und der Trunkenen gehört und gehet nicht
die an, die fich fäu- und fticke wicke voll und gar zu Narren trinken, ohne
Noth, und wenn fie Niemand anders haben, mit den Fuhrleuten und Haus-
knechten fich vollfaufen, und folches alle Tag treiben, machen aus dem Tag
Nacht und aus der Nacht Tag, wälzen fich in Koth und Unflat wie eine
Sau, welche am Unflat ihr Wildpret und Wolluft hat, fpeien wie die Gerber-
hunde‘, ‚hauen und ftechen, beißen und fchlagen um fich wie die Metzen-
gäul‘ [3].

---

[1] Strigenicius, Diluvium 624.   [2] Mathefius, Diluvium 13—16.
[3] Mathefius a. a. O. Bl. 235ᵇ—236.

Nicht erfreulicher ist das Bild, welches Andreas Pancratius, Super-intendent im Vogtlande, im Jahre 1575 entwarf. ‚Wenn man in Mahl-zeiten zusammenkommt, sitzt man wohl gar bis um ein, zwei Uhr in der Nacht und an den Morgen dazu. Was aber für schöne Zucht und für ein ehrbar Leben aus diesem Säuwesen folge, das wird man zum Morgen inne‘; ‚wir saufen uns arm, krank und in die Hölle dazu‘. ‚Muß über dieses viel desto mehr klagen, daß auch solche Leute, die ihres Standes halben eine sonder-liche Autorität und männlichen Ernst haben sollten, in diesem Laster er-soffen sind.‘ [1]

Aus Hessen schrieb Hartmann Braun, Pfarrer zu Grünberg, über die herrschende Trunkenheit und ihre Folgen im Jahre 1610: ‚O mein Gott, behüt, was für Muthwillen treiben doch die jungen Gesellen, die Knechte und Handwerksburschen, da sie sich voll Wein gesoffen! Sie rufen und schreien des Nachts auf der Gassen wie junge Teufel aus der Hölle. Sie kommen mit Fleiß vor die Häuser der Obrigkeit, vor die Häuser der Prediger, vor die Häuser der Rathsherren, ihren Muthwillen zu treiben. Sie halten auf den Kirchhöfen des Teufels Fest. Sie zerhauen die Linden, sie werfen mit Steinen in die Fenster, da auch wohl die Obrigkeit und Prediger zu Gaste sind. Sie schlagen Pasquille und Schmähkarten an, hangen sie an die Kirch-thüren, an die Rathshäuser. Sie ziehen den Leuten die Räder aus den Wagen und schüren sie in andere Gassen, sie werfen sie in die Brunnen, zerhauen sie in Stücken. Sie brechen den Krämern die Laden auf, tragen die Waare durch die Gassen umher, schlagen und nageln sie den Bürgern an die Häuser. Sie werfen frommen Bürgern in Stuben und Schlafkammern die Fenster aus, daß die Steine in die Gemächer fallen, erschrecken damit nicht allein die Eltern und Kinder, sondern wenn nicht der liebe Gott ganz besonders hütete und wachte, so würden die kleinen Kinder auf den Bänken über Tisch und in den Wiegen doch getroffen und todt geworfen.‘

Von trunksüchtigen Predigern sagte Braun: ‚Ein solcher hängt seinen Pfaffenrock an Nagel, setzt einen fremden Hut auf, bindet das Rapier auf die Seite, purschet auf dem Tanzplatz mit herum; er kommt aufgezogen mit dem Rollwagen, Garten-Gesellschaft, Stürzebecher, machet über Tisch einen sonderlichen Extract aus dem Pater Noster‘: ‚eben durch solche bekommt das liebe Evangelium einen bösen Namen: „Ei, sind das evangelische Prä-dikanten, und treiben es selbst so unflätig wüste?“‘ Von den Trunkenen macht mancher ein Zechlied auf seinen Prediger; ach Gott, du weißt es, wie die armen Prediger in Dörfern und in Städten bei dem Weingelage leiden

___

[1] Pancratius 54—55. 143. 147. Vergl. was er 65—66 über die jungen Gesellen und Jungfrauen sagt.

müssen und so viel seltsame Namen davontragen'[1]. ‚Mancher Prediger‘, klagte Strigenicius, ‚darf wol eine ganze Nacht sitzen und saufen bis an den Morgen, darnach tritt er auf die Kanzel und predigt, und ist voll nicht des heiligen Geistes, sondern des süßen Weines, und plabert daher, was ihm einfällt. Mancher ist so voll, wann er taufen soll, daß er das Kindlein nicht halten kann und allerlei Aergerniß anrichtet. Mancher läuft unerfordert in die Häuser herum, wann Essenszeit oder er etwa ein gut Gelach weiß, wie eine Antonius Sau, läßt sich mit der Naschbarten werfen, frißt und säuft mit den Trunkenen, man kann's ihm so wunderlich nicht machen, er kann Alles leiden, nur um des Trunkes willen, und will doch ein Diener des Worts und ein Knecht des Herrn sein. Säuft sich aus der Gewehr, daß er niederfällt wie ein Ochs, daß man ihn heimführen muß wie eine Braut, kann über kein Gerinn oder Pfütze schreiten, er fällt darein und wälzet sich darinnen wie eine volle Sau. Das ist je zumal ein trefflicher Uebelstand und zu erbarmen. Doch findet man manchen, der achtet's nicht, ob ihm schon dergleichen viel mehr begegnet und widerfahren ist.‘[2] Auch Sigismund Evenius fand es ‚höchlich zu verwundern‘, ‚daß auf den Hochzeits-mahlen, über deren Unordnungen wohl ein absonderliches Buch zu schreiben wäre, die Prediger zugegen sind und mit Fressen, Saufen, garstigen Zoten, leichtfertigem Possenreißen, Außholhippung ehrlicher Leute, Schreien, Zanken, Schlagen, Hauen und Stechen, Tanzen und dergleichen Ueppigkeiten solches Unwesen theils approbiren und gutheißen, theils die Einfältigen ärgern, die Asoten aber und Bacchusbrüder in solcher ihrer Asotia oder wüstem Wesen stärken‘[3].

Aus katholischen Ländern wurde über die ‚von einem Jahrzehnt zum andern zunehmende Völlerei mit Essen und Trinken‘ nicht weniger geklagt. ‚Die ehrwürdige Nüchternheit‘, schrieb der herzoglich bayerische Secretär Aegidius Albertinus im Jahre 1598, ‚ist allenthalben und bei allen Ständen aus-gemustert, die gesunde Mäßigkeit hat wenig Platz, und das Zusaufen und Weinverderben hat dermaßen eingerissen und eingewurzelt, daß eine noth-wendige unentbehrliche Nothdurft und Gewohnheit daraus ist worden, die unmöglich abzustellen; denn die es strafen und abwehren sollten, liegen selbst im Spitale krank, ja die Gesetzgeber sind die Ersten, die es verbrechen.‘ ‚Es muß Alles verfressen und versoffen sein, was wir aufbringen. Es jagt Einer den Andern: die Edelleute halten's wie die Herren; die Herren halten's, daß die Fürsten kaum hinnach kommen noch das Ziel erreichen, derwegen es dann kein Wunder, daß die Unterthanen dergleichen thun.‘[4] ‚Wer‘, sagte er an

---

[1] St. Pauli Pfingstspruch von der leiblichen und geistigen Trunkenheit (1610) Bl. B 2ᵇ. C 2ᵇ. D.
[2] Strigenicius, Diluvium 90ᵇ. [3] Evenius 139. [4] De conviviis 89.

einer andern Stelle, ,die allergrößten Gläser, Becher und Willkomm aussaufen
kann, der ist bei den Weingänsen der beste; wer am allerlängsten sitzen oder
stehen und mit Saufen ausharren kann, der ist ein tapferer Saxen=Kerl.
Ja zu einer ewigen Gedächtniß schreiben sie ihren Namen an die großen
Pokale mit diesen Worten: Herr Peter Ochs, Paul Elephant und so weiter
hat dieses Glas in einem einigen Suff ausgetrunken und in einem einigen
Athem und Schlund ausgehebt, daß ihnen die Blätter und ein Ader möcht
zerschnollen sein. Andere Gänsritter möchten gern in die Chronik kommen,
derwegen lassen sie in den Wirthshäusern ihre Wappen und Namen entweder
in die Fenster oder auf Tafeln malen und in die Trinkstuben zum ewigen
Gedächtniß aufhängen, daß sie daselbst ihr Erbgut verschwendet und rein
gesoffen haben.'[1] Entsetzlich ist die Schilderung, welche Albertinus von den
Wirthshäusern entwirft, die ,nicht unbillig der höllische Schlund genannt'
würden. ,Die Wirthshäuser und Saufhäuser sind nunmehr schier nichts
Anders als ein Zunder und Schule aller irdischen und höllischen Laster, und
ist das ganze Land mit ihnen übersetzt, alle Städte und Märkte überladen
und schier alle Gassen damit verwüstet. Der Tag verkehrt sich darin in die
Nacht, die Nacht in den Tag; die Menschen verändern sich in wüthige,
unsinnige, rasende, tobende Bestien und Schweine. Wer Schalksnarren, Fuchs=
schwänzler, Fatzmeister, Spieler, Doppler, Tänzer, Flucher, Schwörer, Gottes=
lästerer, Raufer, Balger, Huren, Buben begehrt zu haben, der verfüge sich
in die Wirthshäuser, daselbst wird er sie fein lustig finden.' ,O wie viele
Menschen gehen frisch, fröhlich und gesund in die Wirthshäuser, die man aber
todt wiederum hinausträgt!' Es sei unmöglich, daß der Mensch nicht krank
werde von so vielem ,ungerechten, falschen und vermischten Getränk', zum
Beispiel wenn man verlegenen oder schlechten Wein mit Alaun oder Brannt=
wein vermische, verdorbenen Frankenwein mit Alantwurzeln, Wermuth, Salbei
einschlage und so weiter[2].

Das allgemein in Gebrauch gekommene sogenannte Zutrinken, bei welchem
der Gegenpart immer Stich halten mußte, trieb das Laster der Trunkenheit
auf die höchste Spitze.

,Die Trunkenbölze', schrieb der Tübinger Professor Johann Georg Sig=
wart im Jahre 1599, ,lassen sich mit dem Wein, den sie vor sich stehen haben,
nicht ersättigen, sondern streiten mit Trinkgeschirren mit einander, wie mit
Spießen und Waffen. Im Anfang thut der Fürnehmste unter ihnen einen
Angriff, facht einen Umtrunk an. Ueber ein Kleines fährt er mit einem

---

[1] Lucifers Königreich und Seelengejaidt oder Narrenhatz 229; vergl. Schultze 210.
Scherer, Postille 470.
[2] Lucifers Königreich 239—240. Ueber das Treiben in den Schenken vergl. auch
Olorinus Variscus, Geldtklage 189 fll.

Trunk kreuzweise. Bald stellt man Andere an, die auf allen Seiten mit Gläsern und Bechern zuschießen. Ueber ein Kleines kommen die Gäste und Zechbrüder selbs an einander, Mann an Mann, Zwen an Zwen: da muß es zu Halb, zu Ganz, zu Einem Trunk, zu Einem Suff ausgesoffen sein, ohne Schnaufen und Bartwischen: da Manchem in solchem Saufen mehr über den Bart herabläuft, als viel kranke, alte und dürftige Leute in einem ganzen Monat trinken oder sehen. Und gleichwie zwen Helden an einander bestehen, also saufen diese ein Wett mit einander. Und welcher obsiegt und den Platz behält, der bringt den Preis davon. Es werden auch zu Zeiten Verehrungen und Gewinne geordnet denen, die am mehrsten saufen können. Summa, man spielet es und wettet es einander zu, damit ja der Wein hineingebracht werde, und sollte es auch von Einem dem Andern eingegossen werden‘. Dabei wolle man ‚am heimischen Wein sich schier nicht gern mehr begnügen lassen‘, sondern müsse auch fremde, stärkere Weine haben, ‚welches vor Jahren, bevorab bei gemeinen Leuten in diesem Land, ein unerhört Ding gewesen, nun aber gar gemein geworden‘ [1]. ‚Nicht nur über Tisch und in währender Mahlzeit‘, heißt es bei Aegidius Albertinus, ‚geschieht das Zubringen und Gesundtrinksaufen‘, sondern ‚nachdem man einander lange und stark genug über Tisch zugesetzt, gepeiniget und geängstiget hat, so geht's erst hernacher rechtschaffen an. Alsdann bringt man einander eins, zwei, drei, vier, sechs, zehn, zwölf Gläslein St. Johannes Segen, Alles stehend und zu Fuß, bis sie weder stehen, gehen noch sitzen, und nimmer reden, lillen noch lallen können, und der eine hie, der andere dort auf der Bank niedersinkt oder wie eine Sau unter den Arlen weggetragen oder in einen Wagen wie ein gebundenes Kalb geworfen und hinweggeführt werden muß. Dieser Gestalt machen die vollen Säu einander den Kehrab und Garaus, und dieser Gestalt kommen die vollen Bestien, wissen selbst nicht wie, letzlich von einander, nachdem sie zuvor allerhand bestialische, säuische, unzüchtige, schändliche Händel getrieben haben.‘ [2] Seinen ‚Landstörzer‘ läßt Aegidius sagen: ‚Als ein Engländer mich fragte, wie mir Deutschland gefalle, antwortete ich: Es gefällt mir dieses Fraß- und Schlauraffenland ausbündig wol; denn man thut darin Nichts als Fressen, Saufen, Singen und Klingen.‘ [3] Man trank nicht allein aus Gläsern und Bechern, sondern man hatte ‚von dem Adel und hohen Herren gelernt‘, auch aus ‚schmutzigen, fingersdick fettgeschmierten Schüsseln, Gießfässern, Häfen, Jungfrauschühlein, Filzhüten, Strümpfen, selbst aus unreinen Geschirren zu saufen‘ [4].

---

[1] Sigwart 101—104.   [2] Lucifers Königreich 232—238.
[3] Der Landstörzer 289—290. Ueber die zahlreichen ‚Schimpfbüchlein vom Saufen und Saufrecht‘ vergl. unsere Angaben Bd. 6, 412—418.
[4] Vergl. oben S. 260. Fischart, Geschichtklitterung (Ausgabe von 1590) S. 28. 156. Braun, St. Pauli Pfingstspruch (vergl. oben S. 260 Note 1) Bl. B. Guarinoni 711.

‚Das Fressen und Saufen‘ war ‚so allgemein in Schwang gekommen‘,
daß ‚man es‘, klagte ein Prediger, ‚nicht allein für sich als eine sonderliche
Fertigkeit und Kunst ansieht, sondern auch wohl als eine gewinnreiche Hanthierung, so daß Fraß- und Saufkünstler in Deutschland umherziehen und
sich auf Messen und Jahrmärkten sehen lassen und ihre Künste für Geld
zeigen wollen, was ihnen denn oftmals übel bekommt. Auf der Messe zu
Frankfurt hat einmal ein Fraßkünstler gegen zwei Pfennig zum Eintritt trockenen
Halses gleich nach einander 30 Eier und ein Pfund Käse und einen großen
Laib Brod gefressen; als er aber am selben Tag nochmals so viel hat fressen
wollen, ist er todt zu Boden gesunken. In Straubing wollt sich ein solcher
Kerl öffentlich auf dem Markt produciren und binnen einer Viertelstunde zehn
Maß Landwein und dazwischen fünf Maß Wasser aussaufen; es wird ihm
aber auch wohl nicht gut bekommen sein. Und laufen Junge und Alte, Kinder
und Mägdlein dazu, und nehmen teuflische Eltern gar ihre ganz kleinen Kinder
mit, um solches anzusehen, und werden Kinder auf solch öffentlich Schau-
fressen und Saufen, damit sie Geld verdienen sollen, abgerichtet, so daß die
hohe Oberkeit wohl ein Einsehen haben und solch teuflische Künste verbieten
sollten.‘[1] Dieses geschah im Jahre 1596 zu Regensburg. Als dort ein
Mann ankündigte, er wolle seine Kunst im Vielfressen zeigen und 20 Pfund
Fleisch auf einmal verzehren, ließ ihn der Rath zum Thore hinausweisen mit dem
Bedeuten: man solle sich nicht mit Fressen, sondern mit Arbeiten nähren[2].

—— — ——

Was ‚die Gelegenheiten zum Saufen‘ anbelangt, so gibt es deren in
Deutschland, schrieb Johannes Sommer, Prediger zu Osterweddingen, ‚alle
Monate, alle Wochen, alle Tage‘. ‚Daß ich jetzo geschweige des Kannen-
triegs auf Hochzeiten und Kindtaufen, so hat man leider so viel Gastereien
erdacht, daß man sie nicht alle beschreiben kann. Es kann weder Weihnachten
noch Ostern, Pfingsten oder Himmelfahrtstag christlich und feierlich gehalten
werden, man muß dem Baccho dabei dienen, und vielleicht mehr als Gott,
und wird aus dem Gottesdienst ein Götzendienst, den man mit nasser Andacht
begeht. Neben denselben hohen Festen sind die Special-Fraß und Quaßfest:

‚Das Wörtlein Saufen selbst‘, schrieb der Prediger Erasmus Grüninger, ‚heißt in
unserer deutschen Sprache nicht schlecht trinken zur Nothdurft und gebührlichen Freud,
sondern es heißt: wider Willen und Natur hineinschütten und sich mit Wein so anfüllen, daß man davon möchte übergehen, vielleicht vom hebräischen Wort Saba, welches
heißt: trunken werden, oder Soph, das ist soviel als schöpfen oder verschwenden.‘
Grüninger 215.
[1] Ein christlich Predig Bl. C.   [2] Gumpelzhaimer 2, 1014.

da gibt man die Erndte-Gans, den Herbstmost, die Lerchenstreng, das Wei-
mal, den Willkommen, das Valete, den Lichtbraten, das Strafmal, das Kind-
betmal, da verschenket man den Namen und löset sich, da beschenkt man neue
Stuben, da hält man ein Kränzel-Convivium, da hat man ein Schützenmal,
da feiert man die nasse Fastnacht, da hält man St. Urbano und Martino
ein Sauffest; ja es können auch die Verstorbenen nach ihrem Tod des Bacchi
Macht nicht eher sich entledigen, bis die überbleibenden Erben, Freunde und
nächste Nachbarn das Requiem aus Kannen und Gläsern singen, daß ihnen
der Gersten- und Rebensaft zu den Augen hinaus thut dringen, und also die
Seelmeß vollbringen. Was soll ich sagen von Herrenmalen, so bei neuen
Amtsbestallungen geschehen? desgleichen vom Magistrimal, vom Doctorat',
,von Bücherzechen, von Abend- und Nachtzechen?'[1] Für all diese Gelegenheiten galt der Spruch: ,Gaudeamus, glim glam Gloria, reicht uns das volle
Glas, daß wir Einer den Andern eichen oder ahmen und sehen, in welches
am meisten geht; wer reif ist, der falle ab.' ,Diese Sprache verstehen die
wahren Germanen wohl, die rechten Hoppenbrüder, von denen Deutschland
zu kleinen Ehren das Sprüchwort kommen ist bei anderen Nationen, daß frei
weidlich saufen heißet germanisiren.'[2] In Ruppin dauerten die Schmäuse
bei der Wahl neuer Rathsverwandten, ,die Rathsköste', volle fünf Tage[3].
Nach der feierlichen Eröffnung der hohen Schule zu Altorf im Jahre 1575
saßen die zahlreich Betheiligten ,zehn ganzer Stunden lang' beim Abschieds-
trunk beisammen[4]. Am ärgerlichsten erschien ernsten Männern ,der Wolfs-
fraß über die Armen und Nothdürftigen', wenn zum Beispiel bei Rechnungs-
abnahmen in den Spitälern ,große Gelage und Fressereien' auf Kosten ,der
Armengüter' gehalten wurden. Ob man denn nicht, fragte Guarinoni, bei
solchen ,Spitalfressereien' auf ,die großen und jämmerlichen Klagen der Armen',
für welche die Güter gestiftet seien, hören wolle, ,wie sie dermaßen erbärmlich
bei so herrlich ihnen gestifteten Einkommen leiden und das Schmer für Schmalz,
das Bein für Fleisch, die Kleiben für den Rocken annehmen müssen? Ist
dir nicht verwunderlich das gemeine Geschrei fürkommen, daß man, und nicht
mit Ungrund, gemurret hat, wie man etlichen Spitälern das Ihrige ver-

---

[1] Olorinus Variscus, Geldtklage 195—196. Aegidius Albertinus zählt in Lucifers
Königreich 217—219 ebenfalls auf, bei welch' verschiedenen Gelegenheiten ,die Fressereien'
gehalten würden, und bezeichnet ,zwölferlei Söhne und Töchter des Fraßes'. ,Der erste
Sohn heißt Dominus praeveniens oder Junker Frühzeiter, dann ehe und bevor die
Fresser aus dem Bett kommen und ihre Kleider angelegt haben, muß man ihnen zu
essen und zu trinken bringen' und so weiter. ,Die erste Tochter heißt Frau Bibania
oder die versoffene Metz, und muß immerdar zu saufen haben. . .'
[2] Theatrum Diabolorum 382.   [3] Tholuck, Das kirchliche Leben 233.
[4] Waldau, Neue Beiträge 1, 358.

cassiret und verdistilliret und bis in etliche Tausend hinein schuldig wird?‘ [1] Für nicht weniger abscheulich wurde der schier gebräuchliche ‚Fraß der Juristen‘ bei Aufnahme von Inventaren erachtet. ‚Eben als ich hier schreibe,‘ sagt Guarinoni im Jahre 1610, ‚ist eine dergleichen gerichtliche Inventur eines gemeinen abgelebten Bürgers beschlossen worden. Die Beisitzer, Gerhaben, Anweiser, Gerichtschreiber und so weiter haben nicht mehr als vierzehn ganze Tage gesessen, daneben im Pauß hinein gefressen und gesoffen, als wenn sie vornehmlich deßhalb daselbst hingekommen wären, und wo man gedachte, ein ansehnliches Vermögen zu inventiren, ist zuletzt kaum so viel verblieben, daß der arme hinterlassene Pupill sich jährlich einmal kleiden möchte.‘ [2] ‚Wie es bei Gerichtssitzungen‘, sagt ein anderer Zeitgenosse, ‚gar oftmals mit Fressen und Saufen hergeht, davon weiß wohl schier jede Stadt ihr Liedlein zu singen, insonders wissen es die armen Weiber, so man als Hexen torturiren läßt, daß, währenddem sie von dem Henker grausam und teuflisch gepeinigt werden, die Gerichtsherren wie der Henker selber fressen und saufen, toll, voll und taumelich sind.‘ ‚Gott der Allmächtige strafe die Verruchten. Aus den Gerichtsstuben selbs werden auch sonsten oftmals Saufhäuser gemacht.‘ [3] In Regensburg erging im Jahre 1596 ein Rathsschluß: ‚Nachdem ein ehrbares Stadtgericht vor wenig Tagen, was vormals auch öfter geschehen, oben auf dem Rathhaus in der Gerichtsstube dermaßen gezecht, daß etliche Hausgenossen unter den Armen herab und hinwärts geschleppt werden müssen, ist ihnen solch übermäßig Zechen sonderlich auf dem Rathhaus oder Gerichtsstube verboten‘ worden [4].

Am häufigsten wurde allgemein geklagt über das ‚gräuliche Fressen und Saufen auf den Hochzeiten‘. Dasselbe gereicht, sagte Andreas Schoppius, Pfarrer zu Wernigerode, ‚dem ganzen Lande zu Schaden und Nachtheil, wie wir sehen, daß Mancher sich von wegen der Hochzeit dermaßen mit Schulden beladet, daß er viele Jahre, wo nicht die ganze Zeit seines Lebens, ein armer Mann ist. So könnte ein ganz Ort sich bisweilen eine Zeitlang behelfen mit dem, das auf Einer Hochzeit unnützlich verprasset, ja wol verderbt und endlich für Hunde und Katzen geschüttet wird. Die Obrigkeit macht kein Gesetz, oder hält nicht darüber; wir Prediger lassen es auch zu mehrem Theil in die Haar gehen, was wir für Unordnung, Unrath und Sünde auf den Hochzeiten sehen, wo wir nicht selbs groß Aergerniß geben.‘ ‚Sonderlich ist allhie und anderswo ein gräulicher Mißbrauch eingerissen, daß die Knechte

---

[1] Guarinoni 786—787.   [2] Guarinoni 782.
[3] Ein christlich Predig Bl. D. Für die Völlerei bei den Folterungen der Hexen bringen wir später Belege bei.
[4] Gumpelzhaimer 2, 1017.

und Mägde' vor der Hochzeit ‚die Nacht über eine Tonne Bier auflegen, dasselbe aussaufen und dabei allerlei Leichtfertigkeit treiben mit schandbaren
Worten, Gesängen, Tänzen und Geberden, und sind des Morgens toll und
voll, in Summa treiben ein unchristliches, ja teuflisches Wesen.'[1] ‚Bei der
Copulation junger Eheleute in den Kirchen', heißt es bei Sigmund Evenius,
‚wird an den meisten Orten ein solcher Tumult, Laufen und Rennen, Geschrei
und Lachen, Aufsteigung auf Stühle und Bänke, Außholhippung Braut und
Bräutigams, dieses oder jenes Hochzeitsgastes, daß es eine Schande zu sehen
und zu hören. Ja, an den Orten, da die Brautpredigten gehalten oder die
Vertrauungen zu Abend verrichtet werden, spüret man oft eine solche Füllerey,
daß Leute über der Predigt einschlafen, ein solches Geschnarch und andern
Unfug treiben, daß züchtige, gottselige Augen und Ohren dafür ein Abscheu
haben. Es wird aber von den Predigern gemeiniglich als ein altes, gewöhnliches Fastnachtspiel geduldet und darwider nichts Sonderliches geredet und
angeordnet.'[2] Die düsterste Schilderung ‚des Hochzeitstreibens, wie es gemeinlich
im Gebrauch', findet sich in Cyriacus Spangenberg's ‚Ehespiegel' vom Jahre
1570. ‚Der mehrer Theil Gäste', liest man dort unter Anderm, ‚saufen sich
in einer Weise voll, daß sie weder reden, sehen noch hören mögen', ‚und
soll es ein köstlich Ding sein, aus einem großen Kübel zu saufen', ‚und
wann die Esel den Pott haben ausgesoffen, gehen Einem die Augen zu, der
Andere fällt in einen Winkel, der Dritte macht sich sonst so garstig mit Worten
oder auch mit der That, daß es von Säuen zu viel wäre.' Zu den
Säufern gesellen sich ‚Spieler und Habermetzen', auch Solche, welche Lust
haben ‚an unnützen Gauklern, Stocknarren, Hemmerlingsknechten und dergleichen
losem Gesinde: die müssen ihnen unzüchtige Lieder und Reime hersingen und
andere Narrentheidige und ungereimte Gewäsch treiben, dadurch die umstehende
Jugend zum höchsten verärgert wird'. Bei den nach der Mahlzeit abgehaltenen
Tänzen ‚siehet man ein solch unzüchtig Aufwerfen und Entblössen der Mägdlein, daß Einer schwüre, es hätten die Unfläter, so solchen Reihen führen,
aller Zucht und Ehre vergessen, wären taub und unsinnig und tanzten St. Veit's
Tanz, und ist in der Wahrheit auch nicht viel anders: nun sind gemeinlich
jetzt alle Tänze also geartet, gar wenig ausgenommen; das junge Volk ist
gar vom Teufel besessen, daß sie keine Zucht, Ehre noch Tugend mehr lieben',
‚ich schweige der unzüchtigen Wort und Geberden, so die garstigen Esel am
Tanze treiben. Und da ein frommes Kind daran ein Abscheuen hat und
sich mit solchen groben unflätigen Teufelsköpfen zu tanzen beschweret, dürfen

---

[1] Triumphus muliebris 127. 145; vergl. über Schoppius unsere Angaben Bd. 6,
411—412.
[2] Evenius 134—135.

sie ehrlicher Leute Kinder in's Angesicht schlagen und groß Pochen und Trowen
fürgeben. Solche Buben sollt man ernstlich strafen.' Andere ‚laufen mit
der Trommel die ganze Nacht um durch alle Straßen und Gassen, machen
mit ihrem Geschrei eine ganze Stadt oder Flecken unruhig. Und wann sie
auf dem Markte Boden, Tische, Bänke und Alles umgestoßen, Wagen, Karren
in Bach geführt, zerlegt, umgestürzt, verführet oder zerbrochen haben, und in
den Häusern über den Kachelofen gestiegen, herabgefallen, Tische, Thür, Fenster
und Bänke zerschlagen und Nichts dann Schaden gethan und bis an hellen
Morgen geschwärmet haben, rühmen sie Solches gar meisterlich und wollen
noch gar herrlich darum gelobet sein. Wäre doch nicht Wunder, daß sie
Gott die Erde verschlingen ließe.' Dazu kommt noch ‚bei den Leuten dieser
Landart, daß man nicht mit einem Tage auf den Hochzeiten zufrieden ist,
sondern man hält auch Nachtag und den Mittwoch, ja auch wohl den Donnerstag dazu, daß nur ja Alles verzehret werde. Wie nützlich aber Solches den
Landen sei, beweiset die Erfahrung'[1].

Daß Spangenberg's Schilderung nicht übertrieben war, geht aus der
kursächsischen Kirchenordnung vom Jahre 1580 hervor. Es werden darin
Verfügungen getroffen gegen die bei den Hochzeiten in den Dörfern ‚gemeinlich' vorkommenden ‚großen Unordnungen'. Schon vor dem Kirchgang würden
im Hause der Braut ‚ungebührliche Sachen mit großem Aergerniß, besonders
der Jugend, getrieben'; auch stelle der Brautvater ‚ein ärgerliches Gefräß' an,
und der Prediger müsse, bis dieses beendet, in der Kirche warten, dann käme
ein Theil der Gäste in Begleitung des Bräutigams gemeinlich trunken, toll
und voll zur Kirche, ein anderer Theil treibe sich während der Trauung
schreiend und jauchzend im Dorf oder auf dem Kirchhof herum[2].

In anderen Gegenden herrschte dasselbe wüste Treiben, dieselbe sinnlose
Verschwendung. Auf dem Schwarzwalde schilderten die Bauern selbst die bei
den Hochzeiten und anderen Festlichkeiten eingerissenen Uebelstände und riefen
im Jahre 1608 die Hülfe der Obrigkeit zu deren Besserung an. ‚An ehrlichen Hochzeiten', sagten sie in einer Eingabe, ‚wird es sowohl bei Armen
als auch Reichen mißbräuchig gehalten, daß man Morgens zur Morgensuppe
in Haufen zu den Hochzeitspersonen hinzieht, sich zu Tisch setzt, mit Suppe,
Fleisch und Gebackenem gespeist wird, auch Wein im Ueberfluß hingestellt
wird, so daß sich Alle volltröpfen und saufen, dermaßen, daß, wenn man zur
Kirch geht — was vielmals schon vor 10 oder 11 Uhr nicht dazu kommt —,
wenig andere Gottesfurcht beim Hinziehen verspürt wird, als daß Alles jauchzt
und schreit, die jungen Gesellen die Wehr herausziehen, in die Zäune hin und
wieder hauen, einander zu Boden reiten, die Hüt abschlagen, sammt aller

---

[1] Ehespiegel 278ᵇ—305.   [2] Richter, Kirchenordnungen 2, 443.

anderen Boshaftigkeit, als wenn sie ein Faßnachtspiel hielten. So thun sie
auch, nachdem man aus der Kirch kommt und noch einen Weg zum Wirthshaus macht, desgleichen nach dem Mahl, so man zum Tanz geht. Wenn
man dann wieder in die Kirch und zum Opfer gehen soll, fallen sie von
einer Wand zur andern. Sobald das Hochzeitsmahl angesetzt wird, heben sie
auch zugleich an zu schreien und singen; und an dem bewendet es sich nicht,
sondern zu Abend zieht das junge Volk haufenweise mit den Hochzeitsleuten
in ihre Häuser, springt, tanzt halbe Nächte und kommt nicht herein. Gleicherweise wollen sie vor den Hochzeiten mit etlichen Schapeltägen vom Haus und
von der Arbeit weg sein, dem Tanz und Anderm nachlaufen, worob die
Bauern wegen der Ehehalten Versäumniß sich auch hoch beklagen. An Sonn-
und Feiertagen wollen die Mädlin und Knecht nit zur Hochzeit, sondern nur
an Werktagen, damit sie nit arbeiten dürfen.‘ Solche Unordnung möge die
Obrigkeit abschaffen und genau bestimmen, wie viel Wein man bei der Morgensuppe auf jeden Tisch geben oder wie man sich verhalten solle, damit man
bei Zeiten mit gebührender Andacht zur Kirche komme. An dem ‚andern
Hochzeitstage‘ zeige sich eine gleiche ‚Voll- und Tollerei‘. ‚Die armen Un-
vermögenden möchten das schon gern vermeiden, aber sie können es nicht, um
des Rufes der Unnachbarschaft zu vermeiden, und weil ihnen vorgehalten wird,
daß Solches ein schuldiger Brauch; und doch müssen sie Desjenigen, was so
unnothwendig verbraucht wird, mit dem ganzen Hausgesind ein ganzes Jahr
an der Haushaltung ermangeln und mögen es neben Erlegung schwerer Zinsen,
Steuern und Schatzungen nur schwer wiederum erhausen.‘[1]

In Bayern waren ähnliche Uebelstände zu beseitigen. In seinem Fürstenthum, sagte Herzog Wilhelm V. in einer Verordnung vom Jahre 1587, gehe
es ‚auf dem Lande beim gemeinen Bauersvolk, wenn die Hochzeit halten, ganz
ärgerlich und übel zu: wenn die Braut vom Hause abgeholt würde, ‚saufe
sich männiglich alldort bei der Suppe also an, daß sie wohl erst voller und
toller Weise um 11 oder 12 Uhr mit Poltern, Jubiliren, Schreien und anderer
Ungebühr in die Kirche kommen und, wie leider aus übermäßigem Trunk
allemal beschieht, die Kirche unehren‘[2].

Ueber Hochzeiten in Tirol wußte Guarinoni zu berichten: welch ein Schauspiel sei es, ‚zu sehen, wenn man an Hochzeitstagen sechs Stunden ob der
Tafel gesessen und hernach auf dem Tanzhaus die ganze Welt fällt und liegt
gleichsam über einem Haufen: Mann und Weib, Mutter und Tochter, Schwester
und Bruder, Bube und Magd, Jungfrau und Löfler, Wittib und Buhler.
Es ist mit einem Wort an solchen Orten also beschaffen, als es bei keinem

[1] Gothein, Die oberrheinischen Lande 40 fl. zu S. 15.
[2] Westenrieder, Neue Beiträge 1, 287.

Heiden, Türken, noch gröbsten und unschambarsten Völkern zu finden, und sich nicht umsonst die durchreisenden Fremden verwundern und billig fragen: ob man daselbst an Christum glaube? ob nicht daselbst jenes Land sei, allda Zucht und Ehre ein End hat?‘[1]

‚Dieselbe Ueppigkeit und Verschlemmung, Trunkenheit und Füllerei wie auf Hochzeiten und Kindtaufen[2] findet‘, schrieb ein Prediger im Jahre 1573, ‚nach üblichem Gebrauch auch bei Begräbnissen statt, wie ich dann selber zu mehreren Malen dabei gewesen bin, daß bis in die 80, 100, 140 160 und noch mehr Gäste geladen waren, und zu meinem Herzeleid habe sehen müssen, wie sie zu Haufen toll und voll wurden, hinter'm Tisch wie ein Stock umfielen und liegen blieben oder sich führen lassen mußten, letzlich gar Sackpfeifer, Leierer und Trummelschläger geholt wurden, um der Seele, wie sie sagten, aufzuspielen und sie in den Himmel zu geleiten.‘[3] ‚Die Trauerleute‘, meinte Sigmund Evenius, ‚trauern meistentheils mit dem Habit allein, ohne Herzensbetrübniß, wie aus dem häuslichen Schlampampen oft auf zween, drei, vier Tischen mit den stattlichsten Trachten und kostbarlichsten Getränken, auch wol mit Nöthigung der Trauerleute zum Trunk und Außhaltung derselben bis in die finstere Nacht, mit Fürwendung, daß die Seel recht müßte vertrunken werden, abzunehmen.‘[4]

‚Wie es aber, wenn erst die Kirmessen und die rechte Fastnacht mit allerlei Mummereien in Städten und Dörfern gefeiert werden, mit Schlemmen und Demmen dahergeht, das lehrt uns‘, heißt es in einer Predigt vom Jahre 1573, ‚mit jeglichem Jahre die Erfahrung.‘ ‚Da geußt man in sich als in einen Schlauch und hört nicht eher auf, bis die Sinne verloren seind.‘[5]

---

[1] Guarinoni 722. ** Ueber den Luxus in Essen und Trinken und Bekleidung, die Genuß- und Unterhaltungssucht im Bauernvolke Steiermarks vergl. Peinlich, Zur Gesch. der Leibeigenschaft 76 fl.

[2] ** Von den ‚schändlichen, schädlichen und sündhaften‘ Kindtaufsmißbräuchen in Oberdeutschland entwirft der Nürnberger Patricier Berthold Holzschuher in einem socialpolitischen Reformproject vom Jahre 1565 folgende interessante Schilderung: ‚Wenn das Kind acht Tage alt ist, so muß man ein Weißfat oder Kindschenk halten mit Fressen und Saufen, alba werden noch mehr Gulden verdampft und unnützlich verthan. Ein stillschweigender Schaden ist, daß die Zeit so unnützlich verfeiert und damit umgebracht wird. Denn heute ist es bei einem Nachbauern, morgen beim andern, und ist selten ein Dorf, wo nicht alle Wochen eine, zwei, drei Kindschenken gehalten werden; das ist ein gemeiner Schaden, denn dadurch wird das Volk arm, vergeudet (veröfiget) die Gaben Gottes, Speise und Trank, wird faul, verfeiert die Zeit, bringt dieselbe sündlich zu mit überfleißigem Fressen, Saufen, Gottesläftern und anderen Untugenden.‘ Ehrenberg, Ein finanz- und socialpolitisches Project aus dem 16. Jahrhundert, in der Zeitschr. für die gesammte Staatswissenschaft 46 (1890), 782.

[3] Ein christlich Predig Bl. E.   [4] Evenius 137.

[5] Ein christlich Predig Bl. E.

In ‚Fünfzehn Kirmeßpredigten‘, welche Erasmus Winter, Prediger im Alten-
burgiſchen, im Jahre 1599 herausgab, wird das in den Kirmeßtagen herr-
ſchende ‚allgemeine Laſterleben mit Freſſen und Saufen, Unzucht und Gottesläſterung‘ aus eigener Anſchauung näher gekennzeichnet. Es ereigne ſich
dabei, ſagt er, gemeinlich ſo viel Zank, Mord und Todtſchlag, daß ‚man aus
täglicher Erfahrung ſage: der Kirmeß-Ablaß ſei ein blutiger Kopf‘. ‚Wenn
man dieſer Laſter halben ſtraft, ſo iſt es eben, als wenn man einen Schlag
in’s Waſſer thäte; man richtet Nichts damit aus, als daß man ſich Spott
und Hohn, Scheltworte oder Verleumdung über den Hals zieht.‘ [1]

　　‚Saufen ſich die Leute auf den Kirmeſſen drei oder vier Tage lang toll
und voll, ſo muß ihnen eine gerechte Faſtnacht oftmals fünf oder ſechs Tage
dauern: da wird bei dem Vermummen nicht ſelten gehauen, geſchlagen, verwundet, daß die Balbierer ſagen, die Kirmeß und die Faſtnacht ſei für ſie
die geſegneteſte Zeit des ganzen Jahres.‘ [2] In einem Befehl, welchen Kurfürſt Johann Georg von Sachſen im Februar 1615 wider die Faſtnachts-
mummereien zu Leipzig erließ, heißt es: ‚In der vorigen Faſtnacht ſind unterſchiedliche Rotten in abſcheulichen Schandkleidern mit Mordgewehren, mit
ausgezogenen türkiſchen Säbeln und anderen Waffen auf offenem Markte
herumgelaufen wie das unſinnige Vieh, bis ſie im Scharmützel ſich gegenſeitig
verwundet haben und Etliche ermordet worden ſind.‘ In einem andern kurfürſtlichen Erlaß vom März 1615 werden die in der Hauptſtadt Dresden zur
Zeit der Faſtnacht erfolgten ‚vielfältigen Mordthaten‘ gerügt [3]. ‚Weniger
mördlich, aber ungeziemend genug‘ waren andere Faſtnachtsluſtbarkeiten, bei
welchen man ‚fürſtliche Feſtivitäten‘ nachahmte und ‚ſich in allerlei Verhöhnungen‘ gefiel. So ſchrieb über die Nürnberger Faſtnacht vom Jahre 1588
der Kaufdiener Ulrich Wirſung: ‚Wir hatten uns auch eine luſtige Gaukel-
fuhre ausgedacht, auf der ſaßen Aerzte, Baber mit Schneppern und Apotheker
mit großen Spritzen, auch lag ein Kranker hinten auf dem Schweife der
Fuhre, die einen Drachen darſtellte, liegend in den letzten Zügen, und zwei
Meßpfaffen, ſitzend neben ihm, die ſangen: „St. Urſula, gib uns Wein und
nimm dieſen Kranken auf.“ [4] Die Mummen hatten ſich angepuppt als Mohren-
weiber, Heidenmänner, luſtfeine ſchöne Frauen‘, das heißt als Luſtdirnen, ‚und
fahrende Weiber, Einige als Vögel, Meerweiber, auch als heidniſche Prinzeſſinnen,
Schäferameien, Zauberinnen, Nonnen, Klausnerinnen, andere als Pickelhäringe,

---

[1] Winter, Kirmeßpredigten Bl. 9. 11. 15. 17. 30. Um ſeine Zuhörer von dieſem
Laſterleben abzuſchrecken, malte ihnen Winter einmal mehrere Stunden lang die Hölle
und ihre Strafen aus: die Predigt füllt über 36 Druckſeiten, Bl. 42ᵇ ſſ.

[2] Ein chriſtlich Prebig Bl. F.

[3] Codex Augusteus 1, 1481—1485.

[4] Sct. Ursula, da nobis vinum et recipe aegrotum.

Mönche, Gauſdirnen und ſo weiter, in allerlei Trachten und Kleidungen‘, ‚immer Einer ſonderbarer geformt als der Andere.‘ Unter vielen anderen Mummereien ‚tobte einher das wilde Heer, gar ſonderbare Figuren, gehörnt, geſchnäbelt, geſchwänzt, bekrallt, bebuckelt‘, ‚hintendrein auf einem ſchwarzen wilden Roſſe Frau Holda, die wilde Jägerin. Es beſtand aber das wüthende Heer aus lauter fröhlichen Zechgeſellen und Luſtigmachern, Kaufherrenſöhnen, Kaufmannsdienern, Studirmachergeſellen und drei Schulmeiſtern, die ihre Stimmen gar wohl und ſtark hören ließen.‘ Auch Schüler der St. Lorenzſchule, als Hirtenmädchen verkleidet, ſangen ein Lied. Eine derartige Faſtnacht war allerdings ein ſolch ‚glücklicher Tag, daß, wenn die Narren des Morgens blühten, ſie dieſen Tag noch reif wurden und ſo häufig abfielen, daß auf jeder Gaſſe Vorrath davon zu finden war‘. Ferner ‚kam angezogen, gar ſchön herausſtaffirt, der Venusberg mit dem ganzen erfreulichen Venushofe. Es ſaß die zärtliche Frau Venus auf einem mit Tauben beſpannten Muſchelwagen, umgeben von ihren ſchönen Jungfrauen, wozu die Tändlerinnen ihre Töchter und feinen Knaben hergegeben hatten; mitten unter ihnen ſaß der edle Ritter Tannhäuſer‘. ‚Ein anderer Zug hatte ſich angeſchloſſen, lauter Mönche und Nonnen; dieſe verführten gar ein ſeltſames Geplärr, ſagten: ſie wären Geisler, und ſchlugen derb auf einander los, daß die Kappen und Schleier tüchtig umherfuhren; zwölf Pfaffenköchinnen, faſtnachtsluſtige Fleiſchergeſellen, gebehrdeten ſich ſehr übel. Wir aber ſchlugen nun ein Theatrum auf, und ſtellten dar gar kurz und fein die Reiſen und Gefährlichkeiten des jungen Tobias.‘ ‚Wie wir das Spiel geendigt hatten, hörten wir, es ſei gekommen eine gar vornehme Frau, zu halten Faſtnacht mit den zarten Nürnbergerinnen. Dachte ich, wer muß die ſein?‘ ‚Da erſchienen zwölf Engel mit großen goldenen rauſchenden Flügeln, deren einer vorging, deſſen Namen ſtand auf ſeiner Leibbinde, hieß Gabriel. Die Leute ſagten: Die Engel ſind das Gefolge der fremden vornehmen Frau, die des Biſchofs von Bamberg.‘ [1]

Im Jahre 1540 hatte der Rath zu Nürnberg ein Wägelein anfertigen laſſen, um die auf den Straßen liegenden Betrunkenen wegzuſchaffen [2]. Im Jahre 1557 hatte er zu rügen, daß ‚ſich täglich ſo viel gefährlicher Verwundungen aus und von wegen der Fülle des Weins zutragen und auch andere Ungeſchicklichkeiten von ſolchen vollen Manns- und Weibsperſonen begangen werden‘ [3].

---

[1] Vulpius 10, 390—407; vergl. 581, wo die Angabe des Jahres 1588. Der Bamberger Biſchof Ernſt von Mengerstorf, unter dem faſt das ganze Stift proteſtantiſch wurde (vergl. F. Stieve, Die Politik Bayerns 2, 387), wohnte dieſem Feſte bei, fand Wohlgefallen an den Verhöhnungen der kirchlichen Dinge und nahm auch Zoten ‚nicht krumm oder genau‘. S. 395. 397. 401.

[2] Vulpius 10, 145.   [3] Walbau, Vermiſchte Beiträge 3, 253.

‚Die Saufereien‘ gingen ‚manchen Orts so weit, daß die Volleulen wohl gar, als es denn landkundig ist, daß Solches auch an fürstlichen Höfen bisweilen geschieht, todt auf dem Platze liegen blieben‘[1]. ‚Die fürstlichen Räthe im Herzogthum Württemberg haben einst‘, heißt es in Scherer’s Postille, ‚über 400 Personen verzeichnet, welche deren Orten in Banketten und Ladschaften vom Herbst bis auf den ersten Sonntag der Fasten umgebracht worden, wie der Lutherische Manlius schreibt.‘[2] ‚In Jahrbüchern‘ wurde ‚der gute Wein, weil sich Viele daran zu Tode getrunken, Mordbrenner genannt: wie denn im Jahre 1599 in Thüringen sich Viele, sonderlich die Weiber, krank, unsinnig und todt gesoffen‘[3]. In einem Wirthshause an der böhmischen Grenze tranken sich einmal fünf Gesellen in Einer Nacht zu Tode; in Cassel kamen im Juni 1596 an Einem Tage drei Personen in Folge der Trunkenheit um’s Leben[4].

‚Wenn ich aber‘, schrieb ein Prediger im Jahre 1573, ‚über die Trunkenheit und das ganze unmäßige Gesäufe und was daraus an Fluchen, Schwören, Gotteslästern, Unzucht treiben, Verwundungen, Mord, Todtschlägen, todt auf dem Platze liegen bleiben und sonst, wie wir vor Augen haben, erfolgt, ehrlich reden soll, so muß ich dabei auch vielen Herren und Oberkeiten in’s Gewissen reden und sagen, daß sie nicht zum kleinen Theil selbs daran Schuld tragen. Dieß nicht allein, weil sie mit bösestem Exempel dem Volk voranschreiten, sondern sogar dem Saufen förderlich sind durch Aufrichtung von Brauereien, Brennereien, Tabernen‘; ‚wollen viel Ausschenken und recht viel Ungeld und Accise bekommen‘[5]. Aus denselben Gründen bezeichnete der Prediger Erasmus Sarcerius im Jahre 1555 ‚viele Herren und Adeliche, auch etliche Räthe in den Städten‘ als Hauptbeförderer der überhandnehmenden Trunksucht[6]. In einem Briefe Martin Butzer’s an den Landgrafen Philipp von Hessen heißt es am 19. April 1540: mit der im Lande eingerissenen Trunksucht stehe es am ärgsten in Marburg, weil die dortigen Rathsherren größtentheils ‚Weinschenken‘ seien. ‚Sie richten alle Trunkenheit an, daß die Leute täglich wie das Vieh auf den Gassen liegen, Alles daher, daß sie selbst Trunkenbolde sind und dann aus ihrem Geiz gern viel Wein verschenken wollten.‘[7] ‚Dieweil der Trank‘, betonte der Prediger Ludwig Milichius, ‚den Herren nun Geld trägt, so ist kein Ueberfluß zu groß, keine Schwelgerei so

---

[1] Ein christlich Predig Bl. F.
[2] Scherer’s Postille 188. Es geschah vom Herbste 1540 bis zur Fasten 1541; vergl. Bolz, Württembergische Jahrbücher 1852 S. 179.
[3] Arnold 1, 788.　[4] Kirchhoff, Wendunmuth 1, 269, und 2, 439.
[5] Ein christlich Predig Bl. F.　[6] Zeitschr. des Harzvereins 20, 524.
[7] Vergl. unsere Angaben Bd. 3, 442.

säuisch, kein Bankett so prächtig, keine Zeche so gottlos, keine Wirthschaft und Gasterei so unorbig, läßt man es zu. Uebermäßige Hochzeit und große Kindtauf anrichten, Kirmes halten, die ganze Nacht saufen, unter der Predigt beim gebrannten Wein oder sonst im Luder liegen, in jedem Dörflein und Winkel ein oder zwei Tabern halten und so weiter, ist Alles wohl gethan, dieweil es viele Accise bringt.'[1]

‚Dabei thun aber die Herren gleichwol sehr ehrbar und lassen Gesetze und Ordnungen ergehen, daß man nicht so viel Saufen und Zutrinken, nicht zu viel Gäste laden und schwelgen soll. Was soll's helfen? wer hält's denn? Die Leute lachen darüber, und ist ihnen schier zum Gespött. Man hört sie sagen: die Oberkeiten liegen selbs krank im Bett und wollen Andere curiren; ei des Wunders: fangen sie einmal zu voran mit sich selbs an.'[2]

Die zahlreichen von Fürsten und städtischen Obrigkeiten erlassenen Gesetze, in welchen, unter Androhung namhafter Strafe, jedem Stande genau vorgeschrieben wurde, wie viel Aufwand er bei Familienfesten: Hochzeiten, Kindtaufen, Begräbnissen und so weiter, treiben, wie viele Gäste er einladen und wie er diese bewirthen dürfe, vermochten nicht, der eingerissenen Trunksucht, Ueppigkeit und sinnlosen Verschwendung zu steuern, namentlich weil die Gesetzgeber selbst dem Volke mit schlechtem Beispiele vorangingen und nicht die Quellen abgruben, aus welchen die Uebelstände immer neue Nahrung sogen. Wichtig sind diese Aufwandsgesetze insbesondere deßhalb, weil sie einerseits deutlich zeigen, was man damals unter ‚Einschränkung des Ueberflusses' verstand, und andererseits die fortwährende Zunahme der Ueppigkeit und Verschwendung darthun.

So hatte zum Beispiel Joachim I. von Brandenburg in einer Polizeiordnung vom Jahre 1515 für die Hochzeitsfeierlichkeiten der Reichen nicht mehr als 5, dem gemeinen Mann nicht mehr als 3 Tische mit Gästen zu besetzen erlaubt, damit nicht ‚an Einem Tage mehr verzehrt würde, als man in einem Jahr zur Haushaltung' brauche; auch dürfe eine Hochzeit nicht länger als zwei Tage dauern: Alles bei Strafe von einer Mark Silber. Sechsunddreißig Jahre später, im Jahre 1551, erließ Kurfürst Joachim II. eine neue Verordnung, worin er, die eingerissene Uebertreibung einschränkend, vorschrieb: Niemand von den Bürgern und Einwohnern der Städte dürfe bei Hochzeiten mehr als 156 Gäste einladen und mehr als 13 Tische setzen, abgesehen jedoch von den Tischen der Köche, Mägde, Aufwärter, Pfeifer und

---

Trommelschläger; die einheimischen Gäste sollten nicht länger als drei Tage bewirthet werden, die auswärtigen dürften länger bleiben[1].

Gemäß einer Nordhäuser Rathsverordnung vom Jahre 1549 sollten bei Hochzeiten inskünftig nur mehr 140 Personen geladen werden: der Koch und der Bräutigam hatten jedesmal vor einer Hochzeit an Eidesstatt vor dem Rathe auszusagen, wie hoch sich die Zahl der gebetenen Gäste und der angerichteten Essen belaufe[2]. In einer Greifswalder Hochzeitsordnung vom Jahre 1592 wurde den Handwerkern nur 80, den vornehmeren Bürgersleuten 120 Familien einzuladen gestattet, jedoch Fremde ausgenommen[3]. Eine Polizeiordnung der Stadt Münden beschränkte die bisherige Ueppigkeit im Jahre 1610 dahin, daß bei großen Hochzeiten nicht über 24 Tische zu je 10 Personen, bei kleinen nicht über 14 Tische besetzt werden sollten[4]. Ebenso verfügte eine Hamburger Ordnung vom Jahre 1609: zu einer ganzen oder Weinhochzeit dürften nicht mehr als 240 Personen geladen werden; im Landgebiete der Stadt sollten nach einer Vorschrift vom Jahre 1603 die Hochzeiten nicht länger als 3 Tage dauern[5]. In Lübeck mußte der Bürgermeister Brockes im Jahre 1611 gegen die Bauern einschreiten, welche ‚4 oder 5 Tage Hochzeit hielten und dazu 20 und mehr Tonnen Bier aussoffen‘[6]. Auch im Braunschweigischen speisten gewöhnliche Bauern oft 24 Tische voll Hochzeitsgäste, gaben 10 oder 12 Essen bei Einer Mahlzeit und tranken 20 Fässer Bier, wenn nicht mehr, aus[7]. In Württemberg schritt Herzog Ludwig im Jahre 1585 gegen das ‚aller Orten bei Reichen und Armen eingerissene übermäßige Schlemmen, Banketiren und Verschwelgen sonderlich in Haltung der Hochzeiten‘ ein: auch unter ‚geringen Vermögens- und Standespersonen‘ würden nicht allein bei den Hochzeitsfesten, sondern auch insgemein fast bei allen Privatgastungen bis in die 10, 12, 16 und mehr köstliche Essen aufgetischt, ‚bei Nachhochzeiten 8, 9, 10 und mehr Tische allein von Schenkweibern und Töchtern besetzt‘[8].

Wie ein ‚rechtes Bürger- und Bauern-Banckett‘ beschaffen sein müsse, darüber gab der Kochkünstler Marx Rumpolt im Jahre 1581 aus langjährigen Erfahrungen nähern Bericht.

Zu einem ‚Frühmahl‘ auf einem ‚Bancket der Bürger‘ hielt er folgende Speisen für ausreichend. ‚Der erste Gang: Ein Rindfleisch gesotten, mit

.[1] Moehsen 494—495.   [2] Neue Mittheilungen 5, 99.
[3] Baltische Studien, 15. Jahrg., Heft 2, S. 195. 200.
[4] Spittler, Gesch. des Fürstenthums Hannover 1, 380—381.
[5] Zeitschr. für die Gesch. Hamburgs 1, 547, und 5, 467.
[6] Brockes 2, 10—11 Note.   [7] Vergl. Löhneiß 284.
[8] Reyscher 12, 440—444.

Merrettich; eine Kappaunen-Suppe mit geräuchertem Fleisch umlegt und ein Lungenbraten auch in der Suppe; eine gute gefüllte Spansau; ein saur Kraut gekocht mit geräuchertem Speck und mit alten Hühnern. Der ander Gang: Schweinen Fleisch in einem Pfeffer; ein Kälbern Braten; eine Hammelskeul, ein Schweinen Braten; ein Kappaun, eine Gans, Feldhühner, Vögel, ein Lamm oder Kitzlin: dies Alles gebraten und in einer Schüssel angericht; eingedämpft Rindfleisch mit Wacholderbeer; ein Reis gekocht in Milch; Kalb-fleisch gekocht, gelb mit Limonien; eine Kälberne Gallrat sauer und gelb. Der dritte Gang: gebackene Kuchen; Holhippen; braun Gebackenes; Strauben Gebackenes; allerlei gute Käs, große und kleine Nüsse.‘ Zu einem ‚Früh-mahl am Fasttag‘ sollten aufgetragen werden: ‚Der erste Gang: Eine Wein-suppe; gesottene Eier; ein Eier und Schmalz; blau abgesottene Karpfen; eingemachte Ael, gelb. Der ander Gang: Spenat gekocht mit kleinen Rosein; gebackene Koppen; blau abgesotten Forellen; Brücken in Pfeffer; eingemachte Hecht, gelb, auf Ungerisch. Der dritte Gang: gesotten Krebs; ein gefüllter Stockfisch, eingedämpft; Zwetschken; blau abgesotten Hecht im Speck; ein Gallrat von einem Hecht, gelb. Der vierte Gang: allerlei Obst, Holhippen, Gebackenes und Käs.‘[1]

Bei einem ‚Bancket‘ vermögender Bauern sollten zum ‚Frühmahl an einem Fleischtag‘ auf den Tisch kommen: ‚Der erste Gang: ein aufgeschnitten lauter Rindfleischsuppen, Rindfleisch gekocht und ein Kappaunen und dürr Fleisch; der ander Gang: eine gebratene Gans, eine gebratene Hammelskeul mit Salben gespickt, eine gebratene Sau, gebratene Hühner, ein Kälbern Braten und Bratwurst; der dritte Gang: ein sauer Kraut gekocht und mit geräuchertem Speck und Bratwürsten umlegt; der vierte Gang: eingemachte alte Hühner, gelb; der fünfte Gang: ein Schweinene Gallrat; der sechste Gang: Aepfel und Birn, Nüß, Käs, allerlei Gebackenes, Kuchen und Holhippen.‘ Bei einem ‚Nachtmahl‘ ebenfalls in sechs Gängen: ‚ein Salat, harte Eier, Bratwürst, einen zerschnittenen Schinken, dürr Fleisch; eine gute Hennensuppe mit einem Rindfleisch; eine Schüssel voll allerlei grob Gebratenes; ein grün Kraut mit einem geräucherten Spanferkel; eingemachte junge Gäns in einem Pfeffer, endlich allerlei Gebackenes, Kuchen und Holhippen.‘ An einem ‚Fasttage‘ genügten für die Bauern zum ‚Frühmahl‘: ‚eine Erbsensuppe, gesottene Eier; blau abgesottene Karpfen und Essig dazu; ein sauer Kraut mit dürrem Lachs gesotten und Backfisch und Bratfisch auf das Kraut; gelbe Hecht gekocht auf Ungerisch; ein weiße Gallrat gemacht von Karpfen, sauer, dazu allerlei Ge-backenes, Kuchen und Holhippen, auch Steigleber- und Setzküchlein, Aepfel, Birn, Nüß und Käs.‘[2]

---

[1] Rumpolt Bl. 38. 39.   [2] Rumpolt Bl. 40—41.

Zu ‚guten, trefflichen Banketten und Gelagen bei hohen Standespersonen wie bei Bürgern und Bauern‘ gehörten aber auch ‚beneben den gewöhnlichen Weinen, groben und feinen, wie Gott sie geschaffen hat, gar künstliche Weine‘, zu deren ‚Zubereitung man große Kunst und lange Experienz besitzen‘ mußte. Rumpolt besaß eine solche. ‚Allen Menschen hohes und niedriges Standes, Weibs- und Mannspersonen zu Nutz‘ lehrte er ‚guten süßen Wein‘ zu machen, ‚der süßer sei denn der Most, und darzu lauter und klar‘, nicht weniger ‚mancherlei köstlich Wein von Kräutern, Specereien und Anderm‘, auch ‚gewürzte Wein‘: ‚Borrago-Wein, Ochsenzungen-, Rosmarin-, Fenchel-, Anis-, Nägelein-, Wermut-, Augentrost-, Alant-, Salbei- und Jsop-Wein‘. Aus Menschenfreundlichkeit berichtete er sogar ‚von etlichen gewaltigen, heimlichen, verborgenen Künsten zu den Weinen, welche ein Vater kaum seinem Kinde sollt lehren‘, ermahnte aber dabei: ‚das soll man Alles thun an heimlichen Stätten, daß der Heimlichkeit nicht Jedermann innen werde‘; denn ‚diese Kunst‘, sagt er, ‚ist wenig Leut wissens, und eins Nutz halben ist sie 1000 Gulden werth einem Weinschenk oder Verkäufer‘. Dazu kam noch ‚eine andere heimliche Kunst, daß man einen Wein viel löblicher, stärker und wohlgeschmackter kann machen, denn er von Natur gewachsen ist‘, und eine dritte geheime Kunst, ‚mit welcher Einer zu Benedig mehr denn 12 000 Ducaten überkommen‘. Darum sei sie ‚billig lieb zu haben und in Ehren zu halten dem, der Willens ist, sich zu nehren und bald reich zu werden, als er wol mag durch die Kunst darzu kommen‘ [1].

‚Weinkünste‘ aller Art wurden ‚ein hoch einträglich Geschäft‘. Der Rath zu Leipzig sah sich im Jahre 1539 zu einer neuen Weinordnung genöthigt, weil ‚wegen Verfälschung des Weines die Krankheiten in der Stadt von Tag zu Tag heftiger‘ wurden und die Aerzte sich beschwert hatten, daß sie für ihre Kranken ‚keinen Schluck reinen guten Weins erhalten könnten‘ [2]. Der Cölner Rath mußte im Jahre 1562 einen Befehl erlassen gegen ‚neue mit Speck abgerichtete Weine, welche zuvor unerhört und der Gesundheit des Menschen zum höchsten schädlich‘ waren [3]. Durch Einmischung von Branntwein, Kalk, Alaun und anderen unnatürlichen Dingen werde der Wein, schrieb Aegidius Albertinus, ‚jämmerlich und erschrecklich gefälscht‘ [4].

---

[1] Rumpolt CLXXXIV—CXCVI. Der Prediger Friedrich Helbach zu Wickenrodt behandelte in einer eigenen Schrift ‚alle geärzte und Kräuterwein‘; vergl. Helbach, Vorrede A 2ᵇ.

[2] Wassermann, Lebensmittelfälschung 24—28. Richard 199.

[3] Zeitschr. für deutsche Culturgesch., Neue Folge. Bd. 3, 61—62.

[4] Vergl. K. v. Reinhardstöttner im Jahrbuch für Münchener Gesch. 2, 48. Ueber die verschiedenen gebräuchlichen Arten der Weinfälschung und Weinvergiftung siehe Guarinoni 678. 682. 683. 690. 695—696. Ebenso wurden häufig auch die Gewürze

‚Hocherfinderisch‘ war man auch in allerlei ‚bewährten Bierkünsten‘. Man bereitete unter Anderm ‚Roßmarin=Bier, ausbündig gut den Melancholicis‘; ‚Scordien=Bier, gut wider Gift, Colicam und förderlich für der Weiber Blödigkeit‘; ‚Lavendel=Bier, welches gewaltig das Haupt stärkt und auch ein köstlich Ding ist wider den Schlag‘; ‚Melissen=Bier, stärkt das Herz und die lebendigen Geister und ist den Frauen sehr gesund und nützlich‘, daneben ‚auch Nelken=Bier, Alantwurzel=Bier, Braun Bethonien=Bier, Wachholderbeer= Bier, Lorbeer=Bier, Wermut=Bier, Salbeien=Bier‘; letzteres ‚nimmt das Zittern der Kniescheiben und anderer Glieder weg, stärkt die wackelten Zähn und macht, daß sie feststehen‘; ‚das Beyfuß=Bier ist den Weibern gut, denn es dient wider die Unfruchtbarkeit‘; auch das ‚Poleyen=Bier, Hysop=Bier‘ und andere wurden als sehr heilkräftig gepriesen [1].

Von den verderblichsten Folgen war insbesondere die Zunahme des Brannt= weingenusses. Das dadurch angerichtete Weh wird bereits in einem Gedichte aus dem Jahre 1493 beklagt [2]. In einer Nürnberger Polizeiordnung vom Jahre 1496 heißt es: es werde ‚von viel Menschen in dieser Stadt mit Nießung gebrannten Weins ein merklicher Mißbrauch und Unordnung täglich, besonders aber an Sonn= und Feiertagen geübt‘. Von erfahrenen Aerzten habe der Rath gehört, wie schädlich der Branntwein für die Gesundheit sei, wie er tödtliche Krankheiten und Seuchen bewirke, zumal er ‚aus böser und schädlicher Materie, und auch in anderer Weise, als es menschlicher Natur dienlich‘ sei, gebrannt werde. Daher ergehe das Gebot, daß inskünftig an Sonn= und Feiertagen nicht mehr Branntwein feilgeboten und verkauft werden dürfe; an Werktagen dürfe man denselben kaufen, aber nur in seinem eigenen Hause, und täglich nicht mehr als für ‚einen Heller Werth oder Pfenwerth‘ trinken; auf jeder Uebertretung stehe eine Strafe von einem Pfund neuer Heller [3]. Im Laufe des sechzehnten Jahrhunderts nahm der Genuß des Branntweins nicht allein in der Stadt, sondern auch auf dem Lande immer

---

und Specereien ‚mit schädlichen Dingen‘ gefälscht, wodurch ‚für den gemeinen Mann Betrug, Krankheiten, Schaden und Verletzung‘ entstanden. Vergl. die württembergische Verordnung vom Jahre 1563 bei Reyscher 12, 825; die Reichspolizeiordnung vom Jahre 1577 in der Neuen Sammlung der Reichsabschiede 3, 892; die kurpfälzische Landesordnung vom Jahre 1582 Tit. 23. Für Tirol vergl. K. Elben, Zur Lehre von der Waarenfälschung (Freiburg 1881) S. 55. Vergl. auch unsere Angaben Bd. 1, 428, Bd. 2, 482 fl., und Olorinus Variscus, Ethnogr. Mundi J⁵.

[1] Stengel Bl. D 3ᵇ—E 2.

[2] Vergl. unsere Angaben Bd. 1, 410 Note 1; vergl. auch Weller, Altes 2, 805—809.

[3] J. Baader, Nürnberger Polizeiordnungen, in der Bibliothek des Literarischen Vereins zu Stuttgart 63, 264—265. ** Schulz, Deutsches Leben 509.

mehr überhand [1]. In einer Verfügung, welche das Landpflegamt zu Nürnberg am 8. Februar 1527 an Pfleger, Bürgermeister und Rath zu Altorf ergehen ließ, wird ernstlich gerügt, daß dort viele Leute keine Scheu trügen, an den Sonn- und Feiertagen während der Predigt ‚auf den offenen Gassen und Straßen, auch in den offenen Wirthshäusern mit branntem Wein und in ander Weg sich zu überfüllen‘; mit gebührlicher Strafe solle dagegen eingeschritten werden, weil aus solcher ‚übermäßiger Fülle viel Unraths und unchristlicher Handlung mit Unehrung und schmählicher Ausrufung des Wortes Gottes, Trunkenheit, Hader, Verwundung, Gotteslästerung und andere muthwillige, schändliche Sachen‘ erwüchsen. Zu Nürnberg und in seinen Vorstädten, desgleichen auf dem Lande, bestanden damals bereits allenthalben Branntweinbrennereien, welche Steuern und Umgeld entrichteten [2]. Für Bayern bestimmte die Landesordnung vom Jahre 1553: Keiner dürfe täglich mehr Branntwein trinken ‚als zwei Pfennige an Werth‘; als dem gemeinen Nutzen höchst schädlich sei bei schwerer Strafe verboten, aus Weizen, Gerste und dergleichen Getreide Branntwein zu machen [3]. ‚Aus den Frühmessen‘, predigte der Jesuitenpater Georg Scherer, ‚ist leider an vielen Orten ein Frühessen und früh Branntweintrinken geworden.‘ [4] In Hessen war im Jahre 1524 ein allgemeines Verbot des Verkaufs und Ausschenkens von Branntwein erlassen worden; weil aber ‚das übermäßig Saufen des brannten Weins‘ nicht zu bannen, so erfolgte im Jahre 1559 eine neue scharfe Verordnung, es solle ‚damit kein Gelag mehr, weder von Wirthen, Bürgern, Bauern, Edelen und Unedelen gehalten, auch der Branntwein hierzu nicht, sondern allein kranken und gebrechlichen Manns- und Weibspersonen verkauft werden‘ [5]. Wie erfolglos auch diese Verordnung war, zeigt eine andere, im Jahre 1579 für die Stadt Grünberg ergangene: ‚Da in gebrannten Weinschenken eine große Unordnung sei und Aergerniß gegeben werde, indem nicht allein die Einwohner der Stadt, sondern auch Diejenigen, so von den umliegenden Dörfern zur Predigt kommen, vor und unter der Predigt sich toll und voll saufen, die Meisten die Predigt versäumen, Etliche voll in die Predigt kommen und Aergerniß geben‘, so dürfe in Zukunft vor und unter der Predigt nicht mehr Branntwein getrunken werden [6]. ‚Die hohe Obrigkeit‘, predigte der Meißener

---

[1] ** Schon 1522 wird in die Trautenauer Chronik des Simon Hüttel (herausgeg. von L. Schlesinger, Prag 1881) eingetragen über einen Schulmeister und Stadtschreiber: ‚er trank sich bei dem alten Hans Hoffman zum „nassen König“ in Brantenwein zu Tode.‘ Schultz, Deutsches Leben 509.

[2] J. Baader, Zur Gesch. des Branntweins, im Anzeiger für Kunde der deutschen Vorzeit 15, 315—318.

[3] Bayerische Landesordnung 97ᵃ. 98ᵇ.   [4] Scherer, Postille 446ᵇ.

[5] Vergl. O. Stölzel in den Jahrbüchern für Nationalökonomie 7, 160. 161.

[6] Glaser 133.

Superintendent Gregor Strigenicius, ,hat ernstlich geboten, man solle das unordentliche Leben mit dem Branntweinschenken unter der Predigt und sonsten einstellen. Wer thut's? Ist ein solch Gesäufe, daß Sünde und Schande ist, und gehet wunderlich zu, sonderlich an denen Orten, da es mehr als einerlei Gerichte gibt. Wenn schon eine Obrigkeit es nicht leiden will und man schaffet es ab in Rathsgerichten, so ziehen sie über das Wasser, über die Brücke in ein ander Gericht, da siehet man durch die Finger und läßt allerlei Unfug unter der Predigt stiften und anrichten.'[1] In der Stadt Zwickau werden im Jahre 1600 nicht weniger als 34 Branntweinbrennereien erwähnt[2]; zu Zittau stieg die Zahl derselben im Jahre 1577 über 40. ,Bei uns', klagte der Zittauer Archidiaconus Andreas Winziger, ,ist des Fressens und Saufens kein Ende. Wenn bei Gastgeboten nicht ein Jeglicher einen guten Rausch davon bringt, daß er weder gehen noch stehen mag, wenn sich das Gastgebot nicht bis in die weite Nacht vollstreckt, so ist es leider kein rechtes Gastgebot gewesen. Es saufen sich also viel Leute vor der Zeit zu Tode.' Im Winter blieben die Bürger beim Heimgehen oft liegen und erfroren. Der Rath verordnete: die ,gebrannten Weinbörner sollen den Branntwein nicht bei Pfennigwerth, halben und ganzen Seideln verkaufen, sondern mindestens in halben und ganzen Kannen[3]. In Berlin durfte noch im Jahre 1574 der Branntwein bloß in den Apotheken verkauft werden, aber schon im Jahre 1595 bezog der Rath eine Abgabe von den Branntweinbrennereien[4]. In Frankfurt an der Oder belief sich die Zahl derselben im Jahre 1604 auf 80, wurde jedoch durch Rathsbeschluß auf 14 herabgesetzt[5].

Johann Bußleb, Lehrer an der Schule zu Egeln, ließ im Jahre 1568 in seiner Comödie ,Ein Spiegel, beide wie die Eltern ihre Kinder auferziehen, auch die Kinder gegen die Eltern sich verhalten sollen', den Branntwein gewissermaßen als ein dem Teufel verbundenes Wesen auftreten und schrieb ihm einen ganz besondern Einfluß auf die Unzucht und das Sittenverderbniß zu. Ein Sohn, der sich thätlich an seinem Vater vergreift und in alle Laster und Schanden versinkt, ruft in dem Spiele aus: ,Der Brantewein, der sol es geben.'[6]

---

[1] Strigenicius, Diluvium 90b. Nach einer Verfügung des Herzogs Friedrich Wilhelm vom Jahre 1595 sollte Branntwein nur von Hefe, nicht von Getreide gebrannt werden, weil dadurch das Getreide zu hoch im Preise gesteigert werde; ,mit den Getreidetrebern gemästete Schweine verursachen beim Genusse den Aussatz'. Codex Augusteus 1, 1434—1438.

[2] Tholuck, Das kirchliche Leben 235.   [3] Müller, Trinkstuben 724—725.
[4] Moehsen 488—489.   [5] Märkische Forschungen 4, 832.
[6] Zeitschr. des Harzvereins 1, 352. — Ueber Verbote gegen den Verkauf des Branntweins im Nassauischen vergl. Steubing 177; in Basel und in Straßburg vergl. Geering 578.

In Folge ‚des übermäßigen Fressens und Saufens‘ nehme in Deutschland, wurde schon frühzeitig hervorgehoben, ‚das Lebensalter der Menschen,
ordinary gesprochen, zum Verwundern ab‘. ‚Man klagt‘, schrieb Sebastian
Frand im Jahre 1531, ‚es werde Niemand mehr alt. Dank haben wir,
daß wir mehr Wein verderben, dann unsere Vorfahren ausgetrunken haben,
fressen wie die Säue, wie kann es die Natur verdauen? Ich glaube festiglich,
daß der Zehnte keines rechten Todes sterbe. Die Weiber übertreffen die
Männer im Saufen und in der Völlerei.‘[1] ‚Ach, ach,‘ sagte ein anderer
Zeitgenosse, ‚die großen Trünke thun es und helfen dazu‘, daß ‚jetzund ein
Mann kaum mit Noth 40 Jahre erreichen kann. O der Fluß aus der rechten
Hand machet das Herz matt und bringt Podagra und andere Kräuter mit
sich, dieß ist dann solcher müssigen Junker rechte Kurzweil, darnach sie ge-
rungen haben‘[2].

Aehnlich heißt es in den im Jahre 1599 zu Leipzig erschienenen Predigten des Erasmus Winter: Durch das unmäßige Fressen und Saufen gibt
es ‚wenig alte Leute, und ist selten Einer 30 oder 40 Jahre alt, der nicht
ein Stück von einer Seuche am Halse trüge, es sei nun der Stein, Zipperlein, Wassersucht, Darre, Schlag, Husten oder dergleichen, dadurch er denn
zum Mörder am eigenen Leibe wird‘[3]. Auch der Prediger Erasmus Grüninger berief sich im Jahre 1614 auf die allgemeine Erfahrung, daß durch
das gotteslästerliche Saufen das ‚Alter der Menschen in Deutschland immer
mehr abnehme‘. ‚Wenn die Menschen‘, sagte er, ‚über ihre 40 oder 50 Jahre
kommen, sind sie gemeinlich nichts mehr nütze. Vor Jahren haben sich die
Leute um die Zeit, da jetzt unser Alter angeht, etwan erst verheirathet
und sind in ihrem besten Thun gewesen. Um uns fängt es dann zumal
schon allenthalben an zu krachen und will zu alten Häusern gehen. Wenn
die Gäste so abgefertigt werden, daß man sie für halb todt hinweg tragen,
führen, schleppen müsse, da ist es wacker zugegangen! Was will noch aus
uns Deutschen werden, wenn wir selbst uns und Anderen so hart, so unbarmherzig, so tyrannisch sind!‘[4] Ausländer, welche Deutschland besuchten, machten
dieselben Beobachtungen. So schrieb zum Beispiel der Venetianer Giacomo
Soranzo im Jahre 1562 die kurze Lebensdauer der Deutschen ihrem unmäßigen Trinken zu. Ein Alter von 47 Jahren werde in Deutschland, berichtete Giovanni Correr im Jahre 1574 nach Venedig, nicht für ein niedriges
gehalten[5]. Als Markgraf Hans von Cüstrin im Jahre 1570 schwer erkrankte,
schrieb dessen Arzt an den Kurfürsten Joachim II. von Brandenburg, es sei

---

[1] Von dem gräulichen Laster der Trunkenheit Bl. C. C³. F².
[2] Der Faulteufel im Theatrum Diabolorum 363.
[3] Winter, Encänia 166.   [4] Grüninger 230—231.
[5] Bei Albèri, Le Relazioni degli Ambasciatori Veneti ser. 1, vol. 6, 126. 179.

zweifelhaft, ob derſelbe wieder geneſen werde, denn er ſei ‚nunmehr eines hohen
Alters, als 58 Jahre‘ [1]. Weil man ‚mit Saufen und Füllerei auf ſich hineinſtürme‘, ſo werde es, ſagte der kurſächſiſche Hofprediger Michael Niederſtetter
im Jahre 1611 in ſeiner Leichenrede auf Chriſtian II., ‚faſt für ein Wunderwerk geachtet‘, wenn ‚heut zu Tage Einer 70 oder 80 Jahre alt‘ werde [2].
Es galt als etwas ganz Ungewöhnliches, daß der im Jahre 1566 verſtorbene
Graf Wilhelm Werner von Zimmern ein Alter von 81 Jahren erreichte [3].
Die Mehrzahl der Menſchen, ſchrieb der Tiroler Arzt Hippolytus Guarinoni
im Jahre 1610, werde nicht älter als 30—40 Jahre; unter 1000 Perſonen
männlichen und weiblichen Geſchlechts erreiche kaum eine das 50., unter 5000
kaum eine das 60., unter 10 000 kaum eine das 70. Jahr [4]. Aus ſeinen
langjährigen Erfahrungen als Arzt handelte Guarinoni insbeſondere auch
‚Vom Gräuel der verſoffenen und vollen Weiber und Jungfrauen und von
den daraus folgenden unmenſchlichen und ſchrecklichen Uebeln‘ [5]. Unter 300
Perſonen, verſicherte er, gibt es nicht 10, welche nicht am Magen leiden [6].
Weil ‚die Leute etwan zu unordentlich leben‘, ſo haben wir, verzeichnete der
Augsburger Philipp Hainhofer im Jahre 1617 in ſeinem Reiſetagebuch,
‚von Nürnberg bis Berlin immer Kranke getroffen‘ [7].

‚Alle Welt‘ mußte mit Lazarus von Schwendi ſagen:

Saufen, Freſſen und voll ſein
Iſt worden Ehr, und ſo gemein,
Als wer es unſer Thun allein.

---

[1] Märkiſche Forſchungen 13, 425. [2] Drey chriſtliche Predigten Bl. B 8ᵇ.
[3] Zimmeriſche Chronik 4, 197—198.
[4] Guarinoni 2. 12. ** Lange vor Guarinoni hatte Luther dieſelbe Bemerkung
gemacht: ‚Wenn wir denn nun fünfzig Jahre alt werden, ſo haben wir ausgearbeitet
und werden dann wieder zu Kindern.‘ ‚Aber wenn ich, Doctor Martinus Luther, als
ein Dreiundſechziger ſterbe, ſo gläube ich nicht, daß ihr ſechszig oder hundert mit mir
ſterben, denn die Welt wird itzt nicht alt.‘ Sämmtl. Werke 57, 255. 256. In ähnlicher Weiſe ſchrieb 1588 der proteſtantiſche Pfarrer Nicolaus Florus: ‚Die ganze
Natur nimmt an ihr ſelber immer ab und verliert ihre Kraft und Macht. Unter
Tauſenden findet man kaum Einen, der 70 oder 80 Jahre erreicht. Dazu geben wir
aber auch Urſach mit unſerm unmäßigen Leben, Freſſen und Saufen, deſſen kein Ende
noch Maß iſt. Unſere Vorfahren haben mit großer Mäßigkeit gelebt, darum ſind ſie
auch zu ihrem natürlichen Alter gekommen. Aber deren, die ein ſtattlich Alter erreichen,
ſind wenig, der größere Theil ſtirbt gemeiniglich, ehe er zu 40 Jahren kommt; wer 50
oder 60 erreicht, iſt alt zu unſeren Zeiten.‘ Florus, Auslegung des 90. Pſalms (Straßburg 1583) K. 6. 7; ſiehe Döllinger 2, 57.
[5] Guarinoni 721—727; vergl. 772. ‚Rathe zu, günſtiger Leſer, woher es komme,
daß faſt alle junge, ſo wol ſaugende, als nächſt abgeſpente Kinder in der Wiegen den
Grimmen und das Urgicht oder die Freyß leiden? daß die mehrern dadurch ermordt
und von ihren eignen Müttern abgemetzget werden?‘ S. 723.
[6] Guarinoni 817. [7] Baltiſche Studien 2, Heft 2, 15.

Man spürt, wie teutsche Nation
In Abgang thut barüber ghon.
An Stärk und Gräde man abnimmbt,
Die alten Held man nicht mehr findt,
Das Alter, das uns gönnet Gottes Will,
Verkürzen wir zum halben Ziel.
Der alt Spruch wird an uns bewert:
Gefräß und Gseuf mehr tödt, dann's Schwert [1].

---

[1] ‚Ermahnung an die frommen Teutschen, unlängst vor seinem End gestellt.‘ Nicht anders lautete das Urtheil des Aegidius Albertinus: ‚Viel mehr Menschen sterben durch den Fraß als durch den Krieg oder durch das Schwert.‘ Christi Königreich und Seelengejaid (München 1618) S. 149. Ueber ‚das Fraß- und Saufleben‘ an Schulen und Universitäten vergl. unsere Angaben Bd. 7, 50 fl. 162 fl. 179 fl. 190 fl. 197 fl. 200 fl. 210 fl.

IV. Bettlerwesen — Armenordnungen — Beraubung der Armen — Ursachen der zunehmenden Verarmung — wachsende Bettler- und Vagabundennoth.

1.

Schon im erften Viertel des fünfzehnten Jahrhunderts erließ der Rath zu Bafel eine Bekanntmachung über die verfchiedenen ‚Betrügniffe, damit die Gilen und die Lamen' umgingen, welche namentlich auf dem Kohlenberg vor der Stadt ihr Wefen trieben [1]. Mit Benutzung der in diefer Bekanntmachung dargelegten Gaunerkunftftücke und Gaunerfprache (Rothwelfch) fchilderte Sebaftian Brant im 63. Abfchnitt feines ‚Narrenfchiffes' vom Jahre 1494 diefes ganze Treiben mit anfchaulichen Farben. Viele, noch jung und ftark und zur Arbeit tüchtig, fagte er, betteln und lernen auch fchon frühe ihre Kinder dazu an. Damit die Kinder recht fchreien und heulen, bricht man ihnen wohl ein Glied entzwei oder ätzt ihnen viele Wunden und Beulen. Der Eine geht, fo lange er beobachtet wird, auf Krücken; fobald er allein ift, bedarf er deren nicht; ein Anderer verfteht es, fich epileptifch zu ftellen; wieder Andere fchleichen gekrümmt und gebückt einher oder leihen einen Haufen Kinder zufammen und durchziehen mit diefen das Land:

> Dan es fint leiber Bättler vil,
> Und werden ftäts ie me und me;
> Dann bättlen das but nieman we,
> On dem, der es zu Not muß triben.
> Sunft ift gar gut ein Bättler bliben,
> Dann bättlen des verbürbt man nit.
> Vil bgont fich wol zu Wißbrot mit,
> Die brincken nit den fchlechten Win,
> Es muß Reinfal [2], Elfaffer fin.
> Mancher verloßt uf bättlen fich,
> Der fpielt, bubt, halt fich üppeklich;
> Dan fo er fchon verfchlemt fin Hab,

---

[1] Avé-Lallemant 1, 122—182; **4, 57—58.
[2] Wein von Rivoglio.

> Schlecht man im bättlen doch nit ab;
> Im ist erloubt der Bättelstab.
> Vil neren uß dem Bättel sich,
> Die me Gelts han, dann du und ich.

Zu diesen Bettlern gehörten auch die mit allerlei falschen Reliquien umherziehenden sogenannten ,Heiltumfürer und Stationirer‘, welche nirgends, sagt
Brant, eine Kirchweih versäumen, auf der sie öffentlich ausschreien,

> Wie daß sie füren in dem Sack
> Das Heu, das tief vergraben lak
> Unter der Kripf zu Bettlehein,
> Das sei von Balams Eselsbein,
> Ein Feder von Sant Michels Flügel,
> Ouch von St. Jörgen Roß ein Zügel,
> Oder die Buntschuh von Sant Claren [1].

Schon in dem Baseler Rathsmandat wird ausdrücklich angegeben: Etliche
ziehen herum ,mit Heiltum und thun sich aus, wie daß sie Priester seien, und
thun sich eine Platte scheeren, wiewohl sie ungeweiht und ungelehrt sind‘.
,Etliche sind auch ein wenig gelehrt und doch nicht geweiht, und sprechen: sie
seien Priester, und thun sich eine Platte scheeren als ein Priester und wandeln
um und um in den Landen und sprechen, sie haben fern heim zu ihren
Landen und seien von Rom kommen oder sonst anderswoher und seien beraubt‘, ,und betriegen die Leute damit‘ [2].

,Man sollte‘, sagte Thomas Murner in seiner ,Narrenbeschwörung‘ vom
Jahre 1512, ,die Schelmen billig schwemmen‘ (ertränken): die verstellt Epi-
leptischen, Rasenden, Gebrechlichen, die falschen Bettler für Heiligthümer und
Kirchen, die angeblich geweihten Priester, welche sich von einem Knaben
führen lassen,

> Die falsch Heiltum umher fieren,
> Betler und die Stazenierer,
> Die Gott und alle Welt betriegen
> Und den Herren Brief abliegen,

---

[1] Narrenschiff No. 63: ,Von Bettleren‘; Ausgabe von Goedeke (Leipzig 1872)
S. 113—116. Schon in dem Gedicht ,Des Teufels Netz‘ aus der ersten Hälfte des
fünfzehnten Jahrhunderts (herausgeg. von Barack in der Bibl. des Literarischen Vereins,
Stuttgart 1863) werden (S. 201—203) die Bettler und Landstreicher, wie sie die Leute
betrügen, körperliche Gebrechen vorschützen und in Ueppigkeit leben, anschaulich beschrieben. ** Siehe auch Schulz, Deutsches Leben 227 fl. Culturgeschichtlich höchst interessant und bis jetzt viel zu wenig beachtet ist die Schilderung der 26 Arten von betrügerischen Bettlern mit ihren rothwelschen Namen durch Matthias von Kemnat,
Chronik Friedrich's I. in den Quellen zur bayerischen und deutschen Geschichte (München
1862) 2, 101 fll.

[2] Avé-Lallemant 1, 128. 130.

Wie ſie Sant Veltin hab geplagt,
Damit er alle Land ußjagt;
Die andern fallent uf den Grund,
Daß in gruſamlich ſchumt der Mund;
Die dritten fierent ſie an Ketten,
Als ſie ein Tüfelichen hetten;
Die vierten künnent Wunden machen
Und liegent, daß die Balken krachen,
Wie ſie hont der Heiligen Buß,
Das oft der Frumm entgelten muß [1].

Johann Schweblin, Spitalmeiſter zu Pforzheim, berichtete in einer Schrift vom Jahre 1522 über die ſchweren Unkoſten, welche bei den ‚Queſtionirern‘, ‚ſo von wegen der Armen und Spitalen Queſt halten oder Almuſen ſammeln‘, aufliefen für Erlangung der päpſtlichen Bullen, Ausrüſtung und Zehrung der Sammler und ſo weiter: von je 1000 Gulden, die geſpendet würden, blieben, meinte er, nicht 10 den Armen übrig. Denn abgeſehen von dieſen ‚Queſtionierern‘ werde man ‚unträglich beſchwert‘ durch ‚ſo mancherlei Stationierer, die das unverſtändige Volk beſtreichen, zu gut Deutſch beſch . . . . . und betrügen: man baut viele neue Kirchen und Capellen, richtet zu jeder einen Bettel auf; dann kommen die Apoſteuzler, ausgelaufen Mönch, landräumig Pfaffen, Lahmgeſchlagene, finden einen alten Bildſtock, ein Bild darin, eins iſt gut für Peſtilenz, das ander für Sant Kürius Plag, das dritt entledigt beſeſſen Menſchen, das viert heilet wüthende Hund, das fünft iſt für den gähen Tod, und was jeder kann erdenken. Ich laß jetzmal bleiben, will bald hernach, ſo ich Weil hab, ettlich aus ihnen, ſo viel ich ihrer kenne und erfahren hab, eigentlich beſchreiben zu gut der frummen Chriſten, daß ſie nicht durch ſolche Stirnſtoßer überführet werden.‘ [2]

Dieſe in Ausſicht geſtellte ‚Beſchreibung‘ iſt ſehr wahrſcheinlich die in vielen Auflagen verbreitete Schrift: ‚Liber vagatorum, der Bettlerorden‘, ‚dictirt von einem hochwürdigen Meiſter Nomine Expertus in Truſis‘, ‚allen Menſchen zu einer Unterweiſung und Lehre und Denjenigen, die dieſe Stück brauchen, zu einer Beſſerung und Bekehrung‘. ‚Und wird dieſes Büchlein getheilt in drei Theil: das erſt Theil ſagt von allen Narungen, die die Bettler oder Landfahrer brauchen‘, ‚dadurch der Menſch betrogen und überfürt wird‘; ‚das ander Theil ſagt etlich Notabilia, die zu den vorgenannten Nahrungen gehören; das dritt ſagt von einem Vocabulari, Rotwelſch zu Teutſch genannt.‘ [3] Eine niederdeutſche Ueberſetzung der Schrift hebt ausdrücklich

---

[1] Narrenbeſchwörung No. 16: ‚Der verloren Huf‘, in der Ausgabe von Goedeke (1879) S. 59—63, wo auch die Erklärungen der Ausdrücke Murner’s.

[2] Ermanung zu dem Queſtionieren abzuſtellen überflüſſigen Koſten. Geben zu Pforzen am erſten Tag des Chriſtmonat 1522; vergl. Uhlhorn 2, 336—337. 433.

[3] Avé-Lallemant 1, 165—184.

hervor von dem Vocabular: ‚So ist die Auslegung hierin gedruckt, so viel des ein Spitalmeister am Rhein gewußt hat, der dann dieses Buch zu Pforzheim zuerst hat drucken lassen dem gemeinen Besten und aller Welt zu gut.‘ [1] Wohl 20 verschiedene Arten betrügerischer Bettler, welche durch eine eigene Gaunersprache mit einander im Zusammenhang standen, werden in dem ‚Liber vagatorum‘ mit besonderen Namen aufgezählt.

Um sich der ‚ungefügen Noth‘ zu erwehren, wurden fast in allen größeren Städten Bettelordnungen erlassen und von den Stadträthen bürgerliche Armenpfleger ernannt. Es entstanden Gemeinde-‚Almosen‘, deren Verwaltung und Verwendung in den Händen der städtischen Behörde lag.

Der besten Armenordnungen erfreuten sich die Niederlande. Schon im vierzehnten und fünfzehnten Jahrhundert besaßen dieselben eine so wohl eingerichtete städtische Armenpflege, wie sie kaum in irgend einem Gebiete des Reiches bestand. Diese Armenpflege schloß sich enge an die Spitäler an. Für alle Arten der Erwerbsunfähigkeit, für gebrechliche Greise und alte Frauen, für Krüppelhafte, für Waisenkinder wurden Spitäler gegründet und von diesen aus auch Hausarme unterstützt, die bedürftigen Fremden verpflegt und beherbergt. Die sogenannten ‚Heiligen-Geist-Tafeln‘, Armentische und Armenhäuser, bestanden in allen niederländischen Städten. In Antwerpen hatte bereits im Anfange des fünfzehnten Jahrhunderts jede Pfarrei ein solches Armenhaus, welches auch Durchreisende beherbergte und im Erkrankungsfalle verpflegte. Um in den einzelnen Pfarreien eine gleichmäßige Vertheilung der Spenden zu ermöglichen, wurde vom Rathe eine aus 14 Personen bestehende Armenbehörde eingesetzt, welche gemeinsam mit den verschiedenen Verwaltern der Heilig-Geist-Tafeln die Armenpflege zu leiten und der Gemeinde über den allgemeinen Zustand des Armenwesens Rechenschaft abzulegen hatte. Zu noch größerer Vereinheitlichung der Verwaltung ernannte der Rath nach der Mitte des Jahrhunderts einen ‚Armenmeister‘ zum ersten Vorstand des gesammten Armenwesens und ordnete diesem Armenräthe bei, deren Wahl und Einsetzung mit großen Feierlichkeiten verbunden war. Die Erwählten mußten einen Eid leisten, für alle Armen treu sorgen zu wollen, und empfingen dann die

---

[1] Bei Avé-Lallemant 1, 202; die Pforzheimer Ausgabe abgedruckt 165—184; die aus diesem Original (vergl. S. 142) angefertigte niederdeutsche Uebersetzung 185—206. Uhlhorn 2, 515, Note 12 hat auf die von uns aus letzterer angeführte Stelle bereits aufmerksam gemacht und überhaupt unseres Wissens zuerst die Ansicht ausgesprochen, daß Schweblin der Verfasser des ‚Liber vagatorum‘ sei. Wie Avé-Lallemant 1, 206 fl., hält Uhlhorn gewiß mit Recht den ‚Liber vagatorum — Bettlerorden‘ des Pamphilus Gengenbach (bei Goedeke, P. Gengenbach 343—370) nur für eine in Reime gebrachte Bearbeitung des Pforzheimer Originals. Ist Schweblin der Verfasser, so kann das ‚Büchlein‘ frühestens im Jahre 1523 geschrieben sein.

‚Börse der Barmherzigkeit‘, in sieben eigene Säckchen vertheilt für die verschiedenen Werke der Barmherzigkeit. Sie sollten die Hungrigen speisen, die
Durstigen tränken, die Nackten bekleiden, die Kranken und Irrsinnigen, denen
sie Backwerk und Zucker spendeten, besuchen, die Verlassenen trösten, der Gefangenen sich annehmen und für die Bestattung der armen Todten sorgen.
Zugleich empfingen sie einen Gürtel als Sinnbild des Liebesbandes, welches
sie mit den Armen verbinden sollte. Auch die Frauen der Armenräthe widmeten den Armen ihre Sorgfalt und verpflegten besonders Wöchnerinnen und
Kinder. Ferner gab es eigene ‚Waisenmütter‘ und ‚Waisenväter‘, seit dem
Jahre 1495 eine eigentliche ‚Waisenkammer‘ oder das Waisenamt. Mit der
Sorge für dauernd Erwerbsunfähige, wie Irrsinnige, Blinde, Stumme, wurden
zwei Räthe betraut, von welchen der eine aus den Bürgern, der andere aus
den Handwerksgilden erwählt war. Bürgermeister und Schöffen nannten sich
‚Obervögte‘ oder ‚Vormünder‘ aller dieser Unglücklichen. Während man also
die Leitung des Armenwesens zu vereinheitlichen suchte, wurde die Armenpflege immer mehr individualisirt.

Aehnlich wie in Antwerpen war die Gestaltung des Armenwesens in
Brüssel, Löwen, Mecheln, Gent, Brügge, Namur und so weiter. Dem Rathe
zu Brüssel bestätigte Papst Nicolaus V. im Jahre 1448 die weltliche Verwaltung sämmtlicher Spitäler. In manchen Städten bediente man sich der
‚grauen Schwestern‘ zum Besuche der Armen und zur Vertheilung der
Almosen [1].

Aus der Armenpflege, wie sie in den Niederlanden längst bestanden
hatte, ging jene musterhafte Armenordnung hervor, welche der Rath zu Ypern
in dem Jahre 1524 oder 1525 einführte und welche von Kaiser Carl V.
als Grundlage der Armengesetzgebung für die gesammten Niederlande benutzt
wurde. Die Yperner Ordnung ging von dem göttlichen Gebote aus, daß
Jeder verpflichtet sei, nach Kräften seinen Lebensunterhalt zu gewinnen. Für
die Erwerbsunfähigen solle das christliche Erbarmen der Gemeinde sorgen.
Das Betteln wurde gänzlich untersagt. Die verschiedenen Arten der Armen
wurden genau unterschieden, die Anstaltspflege und die Hausarmenpflege wurde
strenge begrenzt, über die Errichtung von Armenschulen, über die Behandlung
der Fremden ergingen nähere Bestimmungen; die ganze Armenpflege wurde
unter eine einheitliche Verwaltung gestellt [2].

In den deutschen Städten suchte man zunächst wenigstens das Bettlerwesen durch bestimmte Bettelordnungen zu regeln.

---

[1] Näheres über das Gesagte bei P. Alberdingk Thijm, Gesch. der Wohlthätigkeitsanstalten in Belgien (Freiburg i. Br. 1887) S. 94—196.

[2] Ehrle, Beiträge zur Gesch. und Reform der Armenpflege (Freiburg i. Br. 1881),
und Ratzinger, Armenpflege 442 ff.

So wurde beispielsweise in Wien nach einer von Kaiser Friedrich III. im Jahre 1442 erlassenen Ordnung ein Bettlermeister angestellt, welcher volle Gewalt über alle Bettler und Bettlerinnen, Einheimische und Fremde, besitzen, jede ‚Unsittigkeit, Unordnung oder unziemliche Handlung‘ mit dem Pranger oder mit Gefängniß strafen sollte. Es fiel ihm ob, dafür zu sorgen, daß ‚Niemand das Almosen nehme in Bettlerweise‘, er sei denn ‚des redlich und ehrhaftiglich notdürftig‘; auch dürfen, besagte die Ordnung, nur Solche betteln, welche das Vater Unser, das Ave Maria und den Glauben beten können und mindestens einmal im Jahre, zu Ostern, zur Beichte gehen. Nur solchen Leuten gibt der Bettlermeister ein Zeichen ‚öffentlich zu tragen, dabei männiglich solche Rechtfertigkeit des Bettlens erkennen möge‘. Leute, welche ohne Nothdurft betteln oder welche mit Betrügereien umgehen, sollen von dem Bettlermeister zuerst in der Stille gewarnt, wenn sie nicht folgen, gestraft werden [1].

Für Cöln am Rhein verkündete eine Morgensprache des Rathes im Jahre 1446: ‚Da viel Leute, Manns- wie Frauenspersonen, aus welschen, deutschen und anderen Ländern, weiter Meulenstößer, Pflastertreter und Lediggänger hier in dieser Stadt auf Geilerei und Faulenzerei ledig gehen, die doch gesund sind und wohl arbeiten könnten, so gebieten unsere Herren vom Rathe, wie sie auch früher schon geboten haben, daß solche gesunde Leute, sie seien Männer oder Frauen, innerhalb drei Tagen nach dieser Morgensprache sich zur Arbeit stellen und um ihr Brod dienen. Wer von ihnen Solches nicht thut, sondern nach dieser Zeit in der Stadt müßig bleibt, soll aus dieser Stadt gejagt werden, und wenn er in die Stadt zurückkömmt, soll man ihn in das Halsband schließen und ausziehen und mit Ruthen aus der Stadt schlagen.‘ [2]

In Nürnberg wurde zur Regelung des Bettlerwesens schon in der letzten Hälfte des vierzehnten Jahrhunderts eine Verfügung getroffen des Inhalts: ‚Zum ersten, so soll Niemand vor den Kirchen noch in der Stadt bitten, und soll auch Niemand betteln in den Kirchen noch in der Stadt, er habe denn der Stadt Zeichen, und dasselbe Zeichen soll ihm von des Raths wegen‘ von einem dazu Verordneten gegeben werden. Nur diejenigen sollten dieses

---

[1] Uhlhorn 2, 456.

[2] Annalen des Historischen Vereins für den Niederrhein Heft 28—29 (Cöln 1876) S. 298. ** Ueber die Gründe des erschreckenden Anwachsens des Bettlerunwesens gerade in Cöln vergl. B. von Woikowsky-Biedau, Das Armenwesen des mittelalterlichen Köln in seiner Beziehung zur wirthschaftlichen und politischen Geschichte der Stadt. Breslauer Dissert. 1891, S. 48 fl. Der Verfasser kommt zu dem Resultat (S. 62), daß ‚der Vorwurf gegen die mittelalterliche Armenpflege, sie sei principiell eine kritiklose gewesen und habe dadurch den Bettel gezüchtet, nicht gerechtfertigt ist‘.

Zeichen erhalten, und zwar jedesmal nur auf ein halbes Jahr, für welche wenigstens zwei oder drei glaubhafte Bürger die eidliche Versicherung gäben, daß sie des Almosens nothdürftig seien. Leuten, die nach Befund des Rathsverordneten, ‚wol gewandern oder gearbeiten möchten,‘ und die des Almosens nicht nothdürftig wären, denen soll man nicht erlauben zu betteln, noch kein Zeichen geben‘. Fremde Bettler sollten nicht länger als drei Tage in der Stadt geduldet werden [1]. Die sogenannte ‚Fleisch- und Brodstiftung‘, welche der Bürger Burkhard Sailer im Jahre 1388 gegründet und der Verwaltung des Rathes unterstellt hatte und welche durch Vermächtnisse anderer wohlhabender Bürger, namentlich aber in Folge päpstlicher Ablaßgewährungen in den Jahren 1460, 1474, 1479 und 1501 zu einem in Wahrheit ‚Reichen Almosen‘ herangewachsen war, durfte keinem ‚öffentlichen Bettler‘, sondern ‚nur rechten hausarmen Leuten‘ und unter diesen nur ‚den ärmsten‘ verabreicht werden. Auch hier wurde vorgeschrieben, daß ‚zwei ehrliche und glaubwürdige Bürger, so der ansuchenden Personen Thun und Lebenswandel Wissenschaft‘ hätten, denselben erst ‚ein Zeugniß‘ geben müßten. Den zum Almosen Zugelassenen wurde ein bleiernes Erkennungszeichen eingehändigt [2]. Eine genauere Bettlerordnung erließ der Rath im Jahre 1478. Das Almosen, sagte er darin, ist ‚ein sunder loblich und verdienstlich, tugendhaftes Werk und Gutthat; die es unnothdürftiglich und unwürdiglich einnehmen, verschulden sich damit schwerlich und merklich‘. Damit nun nicht ‚den armen nothdürftigen Menschen ihre Nahrung des Almosens‘ durch unwürdige und unnothdürftige Bettler und Bettlerinnen ‚abgebrochen und entzogen‘ werde, sollten die dazu verordneten Almosenherren, bevor sie einen Erlaubnißschein zum Bettel ausstellten, sich näher darnach erkundigen, ‚in was Standes, Wesens und Vermöglichkeit‘ Diejenigen seien, welche um Erlaubniß einkämen, ob sie ehelich oder ledig seien und wie groß die Zahl ihrer Kinder sei, um ‚dadurch zu verstehen, ob Nothdurft des Bettels vorhanden‘. Kinder von Bettlern, welche älter als acht Jahre, sollten überhaupt nicht betteln, weil sie wohl im Stande seien, ihr Brod zu verdienen; solchen Kindern solle man in der Stadt oder auf dem Lande zu einem Dienste verhelfen. Diejenigen Armen männlichen und weiblichen Geschlechtes, welchen das Betteln gestattet war, wurden in ein Verzeichniß eingetragen. Sie durften, falls sie ‚nicht Krüppel, lahm oder blind‘, ‚an keinem Werktag vor den Kirchen an der Bettelstatt müßig sitzen, sondern mußten ‚spinnen oder eine andere Arbeit, die in ihrem Vermögen‘, verrichten. Wer einen ‚offenbaren, erbärmlichen Schaden an seinem

---

[1] Bei Waldau, Vermischte Beiträge 4, 828—831.

[2] Stiftungsbrief bei Waldau, Vermischte Beiträge 4, 881—890. Dazu Th. Volbehr, Ein Beitrag zur Gesch. des Armenwesens, in den Mittheilungen aus dem germanischen Nationalmuseum 2, 211—215.

Leibe oder Gliedern' habe, ,dadurch die schwangeren Frauen durch Gesicht Schaden empfahen möchten', sollte diesen Schaden ,verdecken, nicht offenbar noch sichtlich tragen'. Denjenigen Armen, welche sich schämten, öffentlich bei Tage Almosen zu erbitten, wurde ein besonderes Abzeichen gegeben, welches ihnen gestattete, im Dunkeln zu betteln, aber im Sommer nur in den zwei ersten, im Winter in den drei ersten Stunden nach Anbruch der Nacht, und nie ohne eine Laterne zu tragen. Den Kindbetterinnen wurde durch ,ehrbare Frauen' eine besondere Fürsorge zu Theil. Auswärtigen Armen war der Bettel nur an wenigen bestimmten Tagen des Jahres erlaubt [1].

Wie der Rath zu Nürnberg, so ging auch der Würzburger Bischof Rudolf von Scherenberg in seiner Bettlerordnung vom Jahre 1490 durch Beschränkung der Armenpflege auf die eigene Gemeinde, Prüfung der Bedürftigkeit der einheimischen Armen, Verpflichtung zur Arbeit und Sorge für die Arbeit der Kinder darauf aus, daß den wahren Armen das Almosen nicht geschmälert, den Unwürdigen aber entzogen werde [2].

In Frankfurt am Main wurden die ersten bürgerlichen Almosenpfleger, drei Rathsherren und ein Mann aus der Bürgerschaft, im Jahre 1437 ernannt. Diese sollten unter Oberaufsicht des Rathes aus den demselben von Bürgern übergebenen Vermächtnissen Geld oder Naturalien austheilen an ,solche Personen, welche heimlich Hauskummer leiden und doch ihre Tage mit Ehren zugebracht haben, an Hausarme, die sich von ihrer getreuen Arbeit nähren und doch keinen ausreichenden Verdienst haben; an solche Menschen, welche sich früher ihren Bedarf erworben haben, jetzt aber Arbeits oder Krankheits halber es nicht mehr zu thun vermögen; an fromme Hausarme, welche mit Kindern überladen sind und dieselben nicht ernähren können; endlich an fromme hausarme Frauen, welche Kindbetterinnen sind oder ihrer Entbindung entgegensehen'. Die Ausspendungen fanden in einer Kirche statt. Im Jahre 1486 traf der Rath die Verfügung, daß nur Denjenigen, welche acht Jahre lang Bürger gewesen seien oder so lange in Frankfurt gedient hätten, die bürgerlichen Almosen gereicht werden sollten; im Jahre 1495 schloß er ,etliche unnütze Personen, die der Almosen nicht ganz nothdürftig' waren, von denselben aus. Die Armen erhielten das Recht, an bestimmten Wochentagen Holz zu ihrem Gebrauch im Stadtwalde zu lesen; ältere Arme wurden als Pfründner in ein Spital aufgenommen [3].

---

[1] Baader, Nürnberger Polizeiordnungen 816—320.

[2] Ueber diese Würzburger noch ungedruckte Ordnung vergl. B. Gramich in der Literarischen Rundschau für das katholische Deutschland 1888, S. 500—501. Die Ordnung schloß sich enge an die Nürnberger an.

[3] Kriegl, Bürgerthum 163—166. 543 Note 145 und 146.

Wie bei der Austheilung der Almosen, so ging man in den ‚Ordnungen‘ vieler Spitäler darauf aus, daß ‚christliche Barmherzigkeit und Mildigkeit‘ nur wirklich Bedürftigen und Würdigen zu Theil werde. So bestimmte der Nürnberger Conrad Mendel für das von ihm errichtete und der Verwaltung des Rathes übergebene Spital, ‚daß darin sollen sein zwölf Männer in der Ehre der heiligen Zwölfboten, die sollen sein alt, krank und arm, die sich mit einer Arbeit und eigenem Hab fürbaß nicht nähren mögen, und die sollen hinein genommen werden lauterlich um Gottes willen, bei dem Bann, also daß darin nicht soll angesehen werden weder mit Gaben, noch keinerlei Hoffnung zeitlichen Gewinns. An denselben armen Mannen sollen vollbracht werden die Werke der Barmherzigkeit, wann da wird der Hungrige gespeist, der Durstige getränkt, der Nackend gekleidet, der Sieche getröstet‘. ‚Müßiggänger, offenbare Bettler, Störzer, bübisch Volk und unehrlich Gesinde‘ wurden für alle Zukunft ausgeschlossen. Denn der Stifter wollte Gott zu Lob und Ehre nur sorgen für ‚getreue, harte Arbeiter, die sich mit harter Arbeit genährt haben und arm und krank‘ und mit ‚gutem Leumund und Ehren herkommen sind‘[1]. Ebenso sollten auch in einem zu Augsburg im Jahre 1454 errichteten Spital nur solche arme Männer Aufnahme finden, ‚die ihr Handwerk vor Alter und Krankheit nicht mehr gewirken mögen und ihre Tage mit Ehren hergekommen sind, die nie öffentlich gebettelt oder Almosen genommen haben‘. Ein zu Cöln im Jahre 1450 gegründetes Spital stand nur ‚den Allerärmsten und Kränksten, sie seien Cölner oder Auswärtige‘, offen. Zwei Spitäler in Magdeburg waren für ‚Pilger und gebrechliche Leute‘ bestimmt; Niemand durfte um Geldes und Gutes willen darin aufgenommen werden[2]. In manchen Spitälern, zum Beispiel in Freiburg, Luzern, wurden Pfründen für Irrsinnige gekauft; an vielen Orten wurden für diese Unglücklichen eigene Häuser gebaut, wie in Bamberg im Jahre 1471, in Lübeck 1479, in Eßlingen um 1500[3]. Die überaus zahlreichen sogenannten ‚Elendenherbergen‘ nahmen sich dürftiger Reisender fürsorglich an. Auch ‚Elenden-Bruderschaften‘ wurden zu diesem Zwecke gestiftet[4].

‚Von unschätzlichem Werthe‘, namentlich für die größeren Städte, war jene ‚freiwillige Armen- und Krankenpflege‘, von welcher das ‚Weihegärtlein‘ im Jahre 1509 schrieb: ‚Es sind aus Gnaden Gottes in unseren Städten noch gar viele Hunderte von Brüdern und Schwestern, so sich aus christlicher Liebe und Mildigkeit zusammenthun, um allein um Gottes willen den armen Kranken, Siechen, Presthaften, Aussätzigen zu dienen.‘[5]

---

[1] Stiftungsbrief von 1388 bei Waldau, Vermischte Beiträge 4, 178—193.
[2] Uhlhorn 2, 332—334. [3] Uhlhorn 2, 298.
[4] Vergl. zum Beispiel für Frankfurt a. M. Kriegk, Bürgerthum 152—160.
[5] Wyhegertlin für alle frummen Cristenmenschen (Mainz 1509) Bl. 7.

Als treue Krankenpfleger wurden besonders die aus Laienbrüdern bestehenden Genoffenschaften der ‚willigen Armen‘ oder der Alexianer gerühmt,
welche in Hildesheim, Halberstadt, Trier, Cöln, Aachen, Frankfurt am Main,
Straßburg, Augsburg und anderwärts ihre Häuser hatten und sich männlicher Kranken, namentlich der Irrsinnigen, und der Bestattung der Todten
annahmen.   Der Klosterreformator Augustinerpropst Johannes Busch, der
über die Genoffenschaften zu Hildesheim und Halberstadt die Oberaufsicht
führte, entwirft von dem Leben und Wirken der erstern, im Jahre 1470
gegründeten eine erbauliche Schilderung.   Die Einwohner, sagt er, sind den
Brüdern im Allgemeinen sehr gewogen, ‚da sie bei den Kranken, welche
Krankheit sie auch haben mögen, wachen und dieselben Tag und Nacht bis
zum Tode pflegen, sie im Guten stärken, im letzten Kampfe gegen die Versuchungen des Teufels ermuntern, und dann auch die Leichen besorgen und
sie zu Grabe tragen‘.   ‚Sie erweisen solche Werke der Barmherzigkeit Allen,
von welchen sie dazu ersucht werden.‘ [1]   Nicht weniger Lob wurde dem Eifer
der Brüder zu Halberstadt gespendet.   Der Rath zu Cöln stellte ihnen das
Zeugniß aus, ‚daß sie Tag und Nacht den Armen und den Reichen im Leben
und Sterben willig ihre Dienste leisten‘, und übergab ihnen im Jahre 1487
noch ein zweites Haus.   Auch Alexianerinnen waren in vielen Städten für
die Krankenpflege in Hospitälern und Privatwohnungen thätig [2].   Geringeres
Lob, oft herben Tadel erfuhren die Beguinenhäuser; manche derselben entfalteten jedoch in der zweiten Hälfte des fünfzehnten Jahrhunderts eine gesegnete Wirksamkeit für die Krankenpflege und die Erziehung der Waisenkinder [3].
Neben solchen Vereinen mit klösterlicher Einrichtung bestanden mancherorts
Bruderschaften von Männern und Frauen zur freiwilligen Krankenpflege. In
Straßburg zum Beispiel verpflichtete sich jedes Mitglied, jährlich einen Tag
und eine Nacht zu pflegen.   Auf den Kanzeln wurde zum Eintritt in die
Bruderschaft aufgefordert; Frauen sammelten für die Kranken milde Gaben
in den Häusern ein [4].

Einen besonders hervorragenden Platz als ‚Fürsorger und Vater der
Armen‘ nimmt der Straßburger Domprediger Geiler von Kaisersberg († 1510)
ein, vorzugsweise auch in seinen Bemühungen für eine geordnete Armenpflege.

‚Der Geist frommer Liebe gegen alle Nothdürftigen‘, der aus seinen
Predigten und Schriften spricht, war nicht verschieden von jenem, der in allen
damaligen, kirchlich bestätigten Unterrichts- und Erbauungsbüchern zu Tage

---

[1] Grube, Johannes Busch (Freiburg i. Br. 1881) S. 243—247.
[2] Uhlhorn 2, 390—394.
[3] Vergl. Kittel, Die Beguinen des Mittelalters im südwestlichen Deutschland.
Programm. Aschaffenburg 1859.
[4] Uhlhorn 2, 889.

tritt; aber durch Klarheit der Gedanken und Wärme des Ausdrucks übertrifft Geiler die meisten seiner Zeitgenossen.

‚Barmherzigkeit um Gottes willen‘ sei, predigte er, ‚das köstlichste Gut‘. ‚O verachte den Armen nicht, auf dem das Auge Gottes ruht, dessen der Herr stets eingedenk ist, für den er Sorge trägt! Christus wurde arm geboren, lebte in Armuth; wegen der Armen ist er in die Welt gekommen, ihnen das Evangelium zu verkünden. Er hielt die Armen für würdig, an seinem Tische zu sitzen; mit den Armen ist er umgegangen, und er hat ihre Gesellschaft der der Reichen dieser Welt vorgezogen. Er ist der Stab der Hoffnung, worauf die Armen sich stützen, während du dich auf das Rohr des Reichthums und der Freunde stützest, das leicht zerbricht und die Hand durchbohrt.‘[1] ‚Ich erinnere mich nicht,‘ sagte er mit dem heiligen Ambrosius, ‚je gehört und gesehen zu haben, daß Einer eines bösen Todes gestorben wäre, der gern Barmherzigkeit geübt hat. Ohne Liebe und Barmherzigkeit aber kann kein Mensch eines guten Todes sterben. „Wer Güter dieser Welt hat und sieht seinen Bruder Noth leiden und verschließt sein Herz vor ihm, wie soll in ihm die Liebe Gottes bleiben?“ Hast du kein Geld und Gut, schenke dein Herz, gib gute Worte. Höre den Psalmisten: „Selig, wer auf die Armen und Dürftigen merkt; am Tage der Trübsal wird der Herr ihn erlösen.“ Verstehe wohl: „Wer auf den Armen merkt.“ Es schreit der zerrissene Rock, die abgezehrte Gestalt und die Blässe des Armen; es schreit das Alter, die Krankheit und die Blässe des Armen: selig, wer den Armen besser versteht, als seine Worte es besagen!‘ ‚Hast du nur einen Sohn, so lasse Gott den Herrn für die Armen den zweiten sein; hast du zwei Söhne, so nimm ihn als dritten; hast du drei Söhne, nimm ihn als vierten an: das heißt mildthätig sein.‘[2] Nicht allein auf die zeitlichen und äußerlichen Güter: Wein, Brod, Geld, Kleider und dergleichen, müsse sich die Barmherzigkeit gegen die Armen erstrecken, sondern auch auf ‚die innerlichen und geistlichen Güter, die Milch der guten Lehre und Unterweisung der Unwissenden, die Milch der Andacht, der Weisheit, des Trostes‘. Auf alles dieses beziehe sich das Wort des Evangeliums, ‚wie der Herr wird die Schafe zu der rechten Hand stellen und ihnen das Reich geben, darum daß sie die Armen gespeiset, getränkt und gekleidet haben und so weiter, und sprechen: Kommt her, ihr Gesegneten meines Vaters, besitzet das Reich, das euch von Anfang der Welt bereitet ist; denn mich hat gehungert, und ihr habt mir zu essen gegeben und so weiter‘[3]. ‚Lade‘ nach der Mahnung des Herrn ‚Arme, Krüppel, Lahme und Blinde ein, und selig wirst du sein, weil sie Nichts haben, dir es zu vergelten; denn es wird dir

---

[1] De Lorenzi 2, 48—49.   [2] De Lorenzi 1, 267—272. 414.
[3] Die Stelle bei Hasak, Der christliche Glaube 375.

vergolten werden bei der Auferstehung der Gerechten‘. Jedoch müsse man nicht deßwegen Barmherzigkeit ausüben. ‚Gib dein Almosen aus Liebe zu Gott, ohne Hoffnung auf Vergeltung; gib reichlich und aus gutem Herzen; mache kein einträgliches Geschäft aus der Barmherzigkeit; angle nicht mit dem Würmlein deiner Gaben nach großen Fischen.‘[1] Das gelte überhaupt von allen guten Werken eines Christen: nur solche seien nach Lehre der Kirche Gott wohlgefällig und wahrhaft verdienstlich, welche allein ‚um Gottes willen‘ verrichtet würden. ‚Sei nicht geflissen, in deinen guten Werken ein Aufsehen zu haben der Höll oder des Himmels, sondern diene Gott darum, daß er ist dein Vater.‘ ‚Etliche Menschen dienen Gott allein um das ewige Leben, das da auch eine Creatur ist Gottes; diese Meinung in deinen guten Werken ist unvollkumen und verderbt dir dein gutes Werk.‘ ‚Die, die da Gott dienen um das Himmelreich, um ihres Nutzens willen, daß sie nicht in die Hölle kummen, die suchen allein sich selber.‘[2]

---

[1] De Lorenzi 2, 251 und 3, 180. 385.

[2] Predigten von dem Baum der Seligkeit, 7. Predigt. Ueber die ‚Verdienstlichkeit der guten Werke‘ spricht sehr schön das im Jahre 1494 in Augsburg erschienene Buch ‚Die Liebe Gottes‘: ‚Kein menschlich Werk ist wahrhaftiglich gut, noch tugendhaft zu nennen, es werde dann dasselbe Werk mit Gott angefangen und in Gott geendet. Soll die Liebe, die wir haben zu unserm Nächsten, wahrhaftiglich gut und tugendhaft sein, so gehöret dazu, daß wir sie anfahen mit Gott, also daß wir Gott lieb haben allein durch seinen Willen‘ — ‚und daß dieselbe Liebhabung und der gute Wille, den wir also haben zu Gott, uns sei eine Ursache und eine Vermahnung darzu, daß wir unsern Nächsten auch lieb haben und ihm Gutes wollen und günnen. Es gehöret auch darzu, daß wir die Liebe unseres Nächsten enden und leiten in Gott, also daß wir unsern Nächsten endlichen lieb haben durch Gottes Willen und ihm alle Güter, die er hat oder der er bedarf, sie seien geistlich oder leiblich, die alle ihm wollen und günnen endlich darumb, daß er dardurch Gott dem Herrn müge dienen und ihn loben und ehren und sein Wohlgefallen erfüllen.‘ Also solle ‚man es verstehen‘ ‚vom Almosengeben‘ wie von jedem ‚guten Fürsatz und von allen auswendigen und inwendigen Werken, der fürwahr keines tugendlich gut ist, es sei dann, es werde mit Gott angefangen und in ihm geendet. Soll aber überdaß ein Werk bei Gott verdienlich sein und ihm wohlgefallen, so gehört noch mehr darzu, wann es ist Notdurft, daß ein Mensch dieselbe Zeit, wo er das Werk vollbringt, hab in seiner Seele die Gnade, die da heißt die eingegossen Liebe, anders so ist dasselbe Werk nicht verdienlich des ewigen Lebens bei Gott, noch ihm wohlgefällig.‘ Bei Hasak, Der christliche Glaube 163—164. So wurde, wie bezüglich der Almosen, so überhaupt bezüglich aller guten Werke von der Kirche gelehrt und in den Predigten und in den Unterrichts- und Erbauungsbüchern dem Volke vorgetragen. Vergl. unsere Angaben Bd. 1, 44—49. Darum konnte mit Recht Martin Eisengrein bei Herausgabe seiner ‚Tröstlichen Predigt, daß man Verzeihung der Sünden und die Seligkeit allein in dem Verdienste Christi des Herrn suchen solle, und ob man dieses Verdienst Christi vor Jahren im Papstthum auch gelehrt habe‘, nach Anführung vieler Zeugnisse im Jahre 1565 ausrufen: ‚Siehe, es hat sich die katholische Kirche, eine Mutter aller Gläubigen, jederzeit beflissen, das Verdienst

Was im Besondern ‚das Almosengeben und jegliche Unterstützung des Dürftigen nicht etwa um Lohnes willen, sondern aus gestrengem göttlichen Gebot und Vermeidung von Todsünde‘, anbelangte, so finden sich darüber bei Geiler ähnlich strenge Aussprüche wie bei Marcus von Weida, welcher in einer ‚Erklärung des Vater Unsers‘ vom Jahre 1501 bei der vierten Bitte auseinandersetzte: ‚Wir werden Gott unserm Herrn schwere Rede und Antwort geben müssen von unserm zeitlichen Brod und Gut, wie wir das gebrauchen; denn wir sind Knechte und nicht Herren darüber, und es steht uns nicht allein oder Jeglichem für seine Person allein zu, sondern auch Anderen steht es mit zu, und Denselben sollen wir es zu gebührender Zeit und ziemlicher Weise mittheilen, das ist: in der Not unserm Nächsten zu Hülfe kommen. Denn in der Not sollen alle Ding gemein sein, sunderlich unter uns Christen.‘ ‚Darum bitten wir nicht ein Jeglicher um sein Brod, sunder um unser Brod.‘ Die Reichen, welche den Armen nicht in der Noth beispringen und Almosen geben, ‚thun nicht weniger Sünde, als nähmen sie einem Andern das Seine mit Gewalt. Und also essen sie fremdes Brod, das ihnen mit der Zeit nicht wohl bekommen wird‘. Wer also nicht fremdes Brod essen wolle, solle handeln, wie Tobias seinen Sohne gelehrt habe: ‚Wende dein Angesicht von keinem armen Menschen. Denn also geschieht es, daß auch das Angesicht Gottes nicht von dir gewandt wird. So viel dir möglich, sollst du barmherzig sein. Hast du viel, so gib überflüssig; hast du wenig, so theile dasselbe mit Liebe. Denn du machst dir damit einen trefflichen Schatz, der dir am Tage der Not wird zu Trost und Hülfe kommen.‘[1] Dabei dürfe aber Niemand denken,

---

Christi Jesu, an welchem all unser Heil und Seligkeit steht, auf soviel und mancherlei Weise ihren geliebtesten Kindern, den Rechtgläubigen, fürzuhalten und nur wol in ihre Herzen einzubilden, daß ja ein jedweder unpartheiischer Richter bekennen muß, daß sie nicht allein ihrer Ehre ein Genüge gethan, sondern auch durchaus Nichts unterlassen, das nutzlich und förderlich darzu hätte sein mügen.‘ Wer aber trotz Allem behaupten wolle, ‚man habe im Papstthum das Verdienst Christi nicht gelehrt, ein Solcher, wenn ich die Wahrheit frei heraus bekennen solle, gedünkt mich, daß er nicht allein die Bücher der approbirten Theologen, so vor dieser Zeit geschrieben, nicht gelesen, sondern daß er auch nicht oft in die Kirchen der Christgläubigen gekommen sei.‘ Bei Hasak, Herbstblumen 42. 74.

[1] Hasak, Die letzte Rose oder Erklärung des Vater Unsers nach Marcus von Weida (Regensburg 1883) S. 68—64. Vergl. das ‚Plenarium‘ vom Jahre 1514 bei Hasak, Die Himmelsstraße oder die Evangelien des Jahres in Erklärungen für das christl. Volk (Regensburg 1882) S. 380—381. Als ‚strenges Gebot‘ wurde überhaupt allen Gläubigen bezüglich der Armen und Kranken an’s Herz gelegt: ‚So du nicht Sorge hast um die Notbürftigen, die Gebrechlichen, Waisen und Siechen und ihnen nicht helfen willst nach Vermögen, so bist bu‘, heißt es in dem ‚Wyhegertlin für alle frummen Cristenmenschen‘ vom Jahre 1509 (Bl. 5), ‚nicht anders denn ein Mörder deines Nächsten.‘ Aehnlich sagt der um das Jahr 1470 erschienene ‚Spiegel des Sünders‘ bei dem fünften Gebot: ‚Hast bu dem Hungerigen dein Brod versaget, oder

‚daß er auf Erden so viel Gutes thue oder thun möge, daß ihm Gott sein göttlich Reich aus Pflicht oder von Recht zu geben schuldig sei, sunder es kommt aus bloßen Gnaden und aus der Kraft des bittern Leidens Christi‘ [1].

Wie eindringlich Geiler aber auch ‚zum Almosengeben aus Liebe zu Gott und gestrengem Gebot‘ ermahnte, so warnte er doch ebenso eindringlich, daß man nicht ‚blindlings‘ geben und jeden beliebigen Bettler und ‚unnothdürftig und unwürdig Heischenden‘ unterstützen solle. Ein Thor sei, sagte er, wer seine Gabe nicht in der rechten Weise, in der rechten Zeit und in rechtem Maße darreiche [2]. Er wollte das nicht so verstanden haben, als solle man bei jedem Stücklein Brod, welches ein Armer begehre, erst ‚das ganze Leben des Armen untersuchen‘. ‚Er begehrt ja mit Lazarus nur ein Stücken Brod. Mag

---

beinen Nebenchristenmenschen in großer Not gesehen und bist ihm nicht zu Hülf gekommen, so du wol mochtest, so hast du ihn, als Sant Paulus spricht, getödtet.‘ Geffcken, Bildercatechismus, Beil. S. 64. Ebenso mahnte gleichzeitig der ‚Spiegel des Christenglaubens‘ von Ludolf von Göttingen: ‚Wenn ein Mensch den andern sieht Armuth und Mangel haben, läßt ihn vor Hunger und Kummer sterben, hilft ihm nicht nach seinem Vermögen, so ist er ein Menschenmörder vor Gott.‘ Geffcken, Beil. S. 95. ‚Die Himmelsstraße‘ vom Jahre 1510 sagt: Wider ‚das 10. Gebot: „Du solt nit begeren das Ding deines Nächsten“ — ‚sündent die Verhalter leiblicher oder geistlicher Werk der Barmherzigkeit oder Almusen, als die den Armen, Dürftigen, so sie es vermügen und offenlich Not ist, nit zu Hülf kommen‘. Hasak, Herbstblumen S. 110. Marcus von Lindau sagte in seiner ‚Erklärung der zehn Gebote‘ beim fünften Gebot, der Christ dürfe sich nicht mit denjenigen Gaben für ‚arme, hungerige Leute oder sonst Leute in der Notdurft des Leibes‘, zu welchen er unter Todsünde verpflichtet sei, begnügen, sondern müsse auch darüber hinaus den Nothdürftigen behülflich sein und vor allen Dingen sich hüten, denselben hart zuzureden und sie ungütlich anzufahren. ‚Darumb, so man Gott selber thut, das man ihnen thut, solt du dich fleißen und dein Gesinde dazu gewöhnen, daß sie allen armen Leuten gütlich zusprechen und sie dabei nit betrüben.‘ Und beim neunten Gebot mahnte er abermals: ‚Alle Diejenigen thun Todsünde, die da armen Leuten nit helfen, so sie des notdürftig sein und sie ihnen zu helfen vermöchten. Darumb spricht auch Sanctus Gregorius in dem Rechtbuch: Der hungerigen Leut ist das Brod, das du behaltest; der nackenden Leut ist das Gewand, das du verschließest; der armen Leut sind die Schuh, die bei dir veralten. Also merkest du wohl, daß die Geizigen den armen Leuten das Ihrige vorenthalten und thun Todsünd, wenn sie ihnen in ihrer Notdurft nit zu Hülfe kommen.‘ Hasak, Ein Epheukranz oder Erklärung der zehn Gebote Gottes (von Marcus von Lindau) nach den Originalausgaben von 1483 und 1516 (Regensburg 1889) S. 62. 110. Die zahlreichen Beichtbücher der Zeit forderten, ähnlich wie das Frankfurter Beichtbüchlein vom Jahre 1478, zur Gewissenserforschung auf, ob man die Armen ‚an Christi Statt behandelt‘, ob man ihnen nach Vermögen ‚die heiligen Werk der Barmherzigkeit mit Heimsuchen, Speisen, Drenken, Cleiden, Erlösen, Beherbergen und Begraben‘ erzeigt, oder ob man sie angefahren, sie lange vor der Thüre gelassen oder gar nicht angehört habe. Münzenberger, Das Frankfurter und Magdeburger Beichtbüchlein (Mainz 1881) S. 13—14. Aehnlich das Magdeburger Beichtbüchlein 34.

[1] Hasak, Die letzte Rose 44.		[2] De Lorenzi 2, 251.

er auch ein recht sündhafter Mensch sein, so ist er immer noch einen Bissen Brod werth, da Gott noch die Sonne über ihn scheinen läßt und ihm Leben, Luft, Wasser und dergleichen gewährt.‘ ¹   Dagegen wollte er namentlich ‚die schlichten Bürgersleute‘ ‚ernstlich vermahnt haben‘ vor den ‚Scheinarmen‘, welche durch allerlei Mittel beflissen seien, ‚recht viel zu erhalten‘. ‚Solche Scheinarme‘, sagte er, ‚weise ab; denn jedes Almosen, das du ihnen spendest, schadet ihnen und dir selbst, weil du ihnen Anlaß zur Sünde gibst.‘ ²

Ueber diese Scheinarmen und falschen Bettler sagte er in seinen Predigten über Brant's ‚Narrenschiff‘ vom Jahre 1498: Einige betteln, obgleich sie ihre Nothdurft wohl gewinnen könnten; starke Bettler, die nur dem Müßiggang fröhnen wollen, sind strafwürdig; Andere betteln nur aus Geiz, um viel Geld zusammenzubringen, und machen sich dadurch schwerer Sünde schuldig; wieder Andere betteln ‚aus Gleißnerei, als die Andacht erzeigen und lange Gebete beten. Also seint die Stationirer, die zeigen der Heiligen Heiltum, so es nit ist, verkünden großen Ablaß; also seint die vor den Kirchen sitzen und zeigen Beinbruch und Wunden; dergleichen betrügen die Leut; sie kommen all in Schafskleidern, sind aber zuckende Wölfe.‘

Zu den ‚Bettler-Narren‘ rechnete er aber auch Diejenigen, welche ‚betteln nicht ordnen‘.

‚Es ist eine große Bettlerei und sind vil Bettler hie. Das ist der Gebrest der Herren im Rat, daß sie es nit ordnen und schicken. Sie achten sein nit. Man solt etliche Herren darüber setzen. Es ist Almusen genug hie, es wird aber ungleich ußgeteilt. Es nimmt Einer so vil Almusen, daß Fünf genug daran hetten.‘ ³

Seine eigentliche Absicht war dahin gerichtet, daß die Obrigkeit Mittel und Wege finde, um alle öffentliche Bettelei abzuschaffen. ‚Glücklich die Stadt‘, predigte er im Jahre 1497, wo die Sache der Armen derart geregelt ist, daß man in ihr gar keine Bettler findet! ‚So könnte es in Straßburg sein, wenn man nur wollte.‘ ⁴   Die Sache kam im Rathe zur Verhandlung, und im Jahre 1500 wurde eine ‚Ordnung‘ erlassen: Es sei dafür gesorgt worden, daß die Armen mit ziemlicher Nothdurft versehen würden, deßhalb dürften in Zukunft weder Fremde noch Einheimische in den Straßen, in und vor den Kirchen betteln oder heischen; an die Zöllner erging der Befehl, fremde Bettler nicht mehr in die Stadt zu lassen ⁵.

---

¹ De Lorenzi 1, 415.   ² De Lorenzi 3, 179—180.

³ Keiserspergs Narrenschiff, so er geprediget hat zu Straßburg 1498 (Straßburger Ausgabe, gedruckt bei Joh. Grieninger 1520) Bl. 129 ᵇ—180.

⁴ L. Dacheux, Jean Geiler de Kaysersberg (Paris-Strasbourg 1876) p. 91 not. 2.

⁵ Dacheux, Geilers von Kaysersberg XXI Artikel und Briefe (Freiburg i. Br. 1877), Anmerkungen zu Artikel XIII, S. 67.

Im folgenden Jahre befürwortete Geiler bei dem Rathe die Einrichtung einer geordneten Armenpflege. Es sei nothwendig, sagte er, in Straßburg sowohl wie in der ganzen Christenheit, dafür Sorge zu tragen, daß nur den rechten Armen das Almosen zu Theil werde, nicht Denjenigen, welche dessen am wenigsten würdig und bedürftig seien. ‚Sprechent die Kaiser im Rechtbuch: „Unser Menschlichkeit steht zu, den Dürftigen zu versehen und Fleiß anzukehren, daß den Armen nicht abgehe an Nahrung.“ Darum sollte das ein Kaiser und die Versammlung der Fürsten versehen, als das auch an Etliche gebracht worden, aber vergebens. Darum Noth ist, daß eine jegliche Comun die Seinen versehe.‘ Man habe in der Stadt großes Almosen an Spenden und dergleichen, es fehle aber an der richtigen Austheilung. Ein einziger Armenpfleger sei dafür nicht ausreichend. Man solle die Stadt in sechs oder sieben Bezirke vertheilen und jedem Bezirk einen Aufseher vorsetzen, der sich nach ‚dem Wesen‘ der Armen erkundige und dafür sorge, daß die starken Bettler und die Kinder, welche ihr Brod verdienen könnten, zur Arbeit angehalten, und ‚allein die Armen und zu der Arbeit Ungeschickten‘ zum Almosen zugelassen würden [1].

---

[1] Dacheux, Geilers XXI Artikel, XIII, S. 30—31. Ueberblickt man die von uns angeführten Thatsachen, so macht es einen eigenthümlichen Eindruck, bei Uhlhorn 3, 13 fll. über ‚die mittelalterliche Liebesthätigkeit‘ zu lesen: ‚Zu dem Gedanken, daß es die Aufgabe der christlichen Gemeinde und des christlichen Gemeinwesens ist, den Bettel durch eine geordnete Armenpflege zu bekämpfen, erhebt man sich nicht, konnte man sich auch nicht erheben, so lange die mittelalterlichen Anschauungen über Liebesthätigkeit in Kraft blieben. Darin liegt gerade der Mangel der mittelalterlichen Liebesthätigkeit, daß sie über die Stufe des zufälligen und ungeordneten Almosengebens nicht hinaus gekommen ist.‘ ‚Zu einer geordneten Liebesthätigkeit, die den Zweck verfolgt, der drohenden Armuth vorzubeugen oder die vorhandene Armuth zu beseitigen, oder wo das nicht möglich ist, die Armen zu unterhalten und ihnen ihre Noth thunlichst zu erleichtern, kommt es nicht.‘ ‚Mit diesem ungeregelten Almosengeben zog man sich ein arbeitsscheues, in allen Listen und Trügereien ausgelerntes Bettelvolk groß, und man kann der Kirche den Vorwurf nicht ersparen, daß sie an der Bettelplage selbst mitschuldig war. Im letzten Grunde wurzelten diese Mängel darin, daß man Almosengeben als ein verdienstliches Werk ansah, und zwar liegt das Verdienstliche nicht darin, daß man dem Armen hilft, sondern daß man auf einen Theil seines Eigenthums verzichtet. Der Zweck, den man bei allem Almosen verfolgt, ist immer in erster Linie, das eigene Seelenheil oder das Seelenheil seiner Angehörigen zu fördern. Deßhalb hat man auch kein Interesse daran, was das Almosen bei den Armen wirkt, ob es ihnen wirklich eine Wohlthat ist oder zum Schaden gereicht. Den Zweck, den man als den eigentlichen Hauptzweck im Auge hat, Verdienste zu erwerben, sein Seelenheil zu fördern, erreicht man ja in jedem Falle. Es ist im Grunde auch gleichgültig, wer die Almosen empfängt.‘ ‚Ja, das zu erstrebende Ziel kann jetzt gar nicht mehr sein, der Armuth zu wehren. Gäbe es keine Armen mehr, so hätte man ja keine Gelegenheit mehr, Almosen zu geben und dadurch Verdienst zu erwerben. Die Armen sind ein der

Wenn Geiler es rügte, daß der Kaiser und die Versammlung der Fürsten sich des Armenwesens nicht gehörig annähmen, so wurde doch in den Abschieden des Reichstags zu Lindau 1497, zu Freiburg 1498, zu Augsburg 1500 wenigstens bestimmt: ‚Eine jede Obrigkeit soll der Bettler halber ernstliches Einsehen thun, damit Niemand zu bettlen gestattet werde, der nicht mit Schwachheit und Gebrechen seines Leibes beladen und des nicht nothdürftig sei. Auch sollen die Kinder der Bettler zeitlich, so sie ihr Brod zu verdienen geschickt sein, von ihnen genommen und zu Handwerkern oder sonst zu Diensten

---

Christenheit nothwendiger Stand, deßhalb nach dem im Mittelalter unzählige Mal angeführten Worte Gregor's des Großen nicht zu verachten, sondern als Patrone zu verehren; der Christenheit würde etwas fehlen, wenn sie nicht da wären. So viel ist klar, das Motiv, welches der ganzen mittelalterlichen Liebesthätigkeit zu Grunde liegt, Förderung des eigenen Seelenheils, bringt keine geregelte Armenpflege hervor, sondern nur zufälliges Almosengeben, zufällige Wohlthätigkeitsübung.‘ Das Alles sei durch Luther's Satz von der ‚Rechtfertigung des Menschen vor Gott allein durch den Glauben‘ anders geworden. ‚Er schneidet die Verdienstlichkeit der Werke und damit das Motiv der mittelalterlichen Liebesthätigkeit in der Wurzel ab und setzt ein neues Motiv an die Stelle: die aus dem Glauben erwachsende dankbare Liebe. Von da an ändert sich auch der ganze Character der Liebesthätigkeit.‘ ‚Von Erwerbung eines Verdienstes ist so wenig mehr die Rede, daß, wer Almosen gibt, wenn auch noch so reiche, damit nur seine Christenpflicht thut.‘ ‚Wie stark hebt Luther in dem Buche von der Freiheit eines Christenmenschen hervor, daß man bei den guten Werken nie das Seine suchen soll, und spricht von hier aus ein verwerfendes Urtheil über die mittelalterliche Liebesthätigkeit.‘ Riggenbach 6—8 berichtet über das ‚mittelalterliche Zerrbild des biblischen Christenthums‘ unter Anderm: ‚Der Besitzende wird nicht genöthigt, auf einen möglichst nützlichen Gebrauch seiner Güter bedacht zu sein; er wird bloß angewiesen, sich dessen, quod super est, der moles asinaria, wie ein Scholastiker den Reichthum nennt, zu entledigen. Damit ist natürlich eine vernünftige Armenpflege ausgeschlossen.‘ ‚Die scholastischen Theologen haben des übrigens gar kein Hehl, daß die Werke der Barmherzigkeit in erster Linie als gutes Geschäft für den Geber zu empfehlen seien.‘ ‚Die Almosen sollen nicht etwa Dankopfer, sondern Sühnopfer sein pro remedio animae.‘ ‚Mit jedem neuen Almosen wächst nach der kaufmännischen Anschauungsweise des Papismus das „Haben“ des Gebers und nimmt sein „Soll“ verhältnißmäßig ab.‘ ‚So lange eine allgewaltige Kirche Gott und alle Heiligen zu Bettlern machte und so den schamlosesten Bettel theoretisch und practisch sanctionirte, konnte an eine geordnete Armenpflege und an eine Hebung der socialen Mißverhältnisse nicht gedacht werden.‘ Dagegen habe ‚die Reformation‘, rühmt Riggenbach 83, einen ‚gewaltigen Fortschritt gegenüber dem Mittelalter‘ bethätigt. ‚An die Stelle der aus selbstsüchtigen Motiven hervorgehenden, bequemen, schnellfertigen, aber gedankenlosen und eben darum entweder ohnmächtigen oder gar unheilvollen Almosen und Stiftungen ist eine vom lebendigen Christenglauben beseelte Hingebung an die Armen getreten.‘ Wie sich diese ‚Hingebung‘ in Wahrheit bewährt hat, zeigen die Thatsachen, welche wir beibringen werden. Auch Uhlhorn spricht sich in Bezug auf den Erfolg der protestantischen Armenpflege Nichts weniger als befriedigt aus. ** Vergl. von dem vorliegenden Werke Bd. 7, 426 Note 4.

geweist werden, damit sie nicht also für und für dem Bettlen anhangen.'[1]
Auf dem Augsburger Reichstage vom Jahre 1530 wurde die weitere Verordnung erlassen: jede Obrigkeit solle Vorsehung thun, ,daß eine jede Stadt
und Commun ihre Armen selbst ernähre und unterhalte, und im Reiche nicht
gestattet werde, Fremden an einem jeglichen Orte zu betteln. Und so darüber
solche starke Bettler befunden, sollen dieselben vermöge der Recht oder sonst
gebührlich bestraft werden, Anderen zu Abscheu und Exempel'. Doch wurde
hinzugefügt: Wenn ,eine Stadt oder ein Amt also mit vielen Armen beladen
wäre, daß sie der Ort nicht möchten ernähret werden', so solle die Obrigkeit
,dieselben Armen mit einem brieflichen Schein und Urkunde in ein ander Amt
zu fördern Macht haben'[2].

Durch besondere Umsicht und Milde zeichnete sich eine Armenordnung
aus, welche Bischof Conrad III. von Würzburg, im Anschluß an die frühere
Ordnung vom Jahre 1490, im Jahre 1533 für die Stadt Würzburg erließ.
Darin wurde vorgeschrieben: Die Almosenpflege soll von sechs redlichen Bürgern
besorgt werden, welche genaue Verzeichnisse über alle Armen aufstellen und
über die Verhältnisse eines jeden eingehende, im Einzelnen vorgeschriebene
Erkundigungen einziehen sollen. Jeder für würdig erklärte Arme erhält ein
blechernes Zeichen, welches er öffentlich tragen muß. Arme, welche mit ,den
bösen Blattern oder Schäden der Franzosen' beschwert sind, sollen in's
Franzosenhaus, andere Kranke und namentlich auch erkrankte und von ihren
Herrschaften deßhalb entlassene Dienstboten, damit diese nicht, wie zuweilen
geschehen, hülflos dem Elende erliegen, in's Armenhaus aufgenommen und
darin geheilt werden. Ferner sollen die ihrer Niederkunft nahen armen Frauen
unterstützt werden; armen Waisen soll geholfen werden, damit sie ein Gewerbe erlernen können; armen Jungfrauen soll man eine Aussteuer geben,
jungen redlichen, aber dürftigen Eheleuten zum Beginn ihres Handwerks einen
Vorschuß bewilligen, ebenso armen Hökern, damit dieselben nicht gezwungen
werden, das Ihrige mit Schaden hinzugeben. Zur Aufsicht über die Bettler
wurden statt der bisherigen vier Bettelvögte die vier geschworenen Stadtknechte
bestimmt, den Sondersiechen wurde ein bestimmter Ort zum Sammeln ihrer
Almosen angewiesen, nur solchen armen Schülern das Sammeln von Almosen
durch Singen gestattet, welche auch wirklich die Schule besuchten. Weiter
wurde verordnet, daß, wenn für die vom Tagelohn lebenden Weiber die Feldarbeit zu Ende sei, dieselben Almosen erhalten sollten, wogegen für die Zeit
der Arbeit ihnen nur dann Etwas gereicht werden sollte, wenn sie kranke

---

[1] Neue Sammlung der Reichsabschiede 2, 32. 48. 80.
[2] Neue Sammlung der Reichsabschiede 2, 343. Wiederholt auf dem Reichstage
zu Augsburg im Jahre 1548 und auf dem Frankfurter Deputationstag im Jahre 1577
Bd. 2, 601, und 8, 893.

Männer oder Kinder oder Säuglinge hätten, durch die sie von der Arbeit abgehalten würden. Auch sollten die Almosenpfleger die armen Kranken besuchen und sich über deren Bedürfnisse unterrichten[1].

Unter den deutschen Synoden, welche sich mit der Armenpflege beschäftigten, ragt namentlich die Cölner Provinzialsynode vom Jahre 1586 hervor. Das kirchengemeindliche Armenwesen wurde in den Spitälern concentrirt, welche nicht allein Kranke und erwerbsunfähige Arme, Greise, Waisen, verwahrloste und ausgesetzte Kinder, Irre und Aussätzige aufnehmen, durchreisende Fremde zwei Nächte nach einander beherbergen, sondern auch die Hausarmen mit Lebensmitteln unterstützen sollten. Jeder bedeutende Flecken, jede Pfarrei sollte ein solches Hospital- errichten und gehalten sein, den Ortsarmen Aufnahme zu gewähren. Würden die Einkünfte eines Spitals nicht ausreichen zur Verpflegung sämmtlicher Ortsarmen, so sollte der Pfarrer einige rechtliche Männer der Gemeinde beauftragen, während des Gottesdienstes Sammlungen zu veranstalten; auch sollte in jeder Kirche ein Almosenstock zu Gunsten der Spitäler aufgestellt werden. Jedoch sollten nur jene hülfsbedürftigen Personen Pflege und Unterstützung finden, welchen Krankheit, Schwäche oder Alter es unmöglich mache, sich durch ihrer Hände Arbeit die nöthige Nahrung und Kleidung zu erwerben. Lediglich für diese sollte nach den canonischen Bestimmungen die kirchliche Armenpflege und die Wohlthätigkeit der Geistlichen und der Laien sich thätig erweisen. Arbeitsfähigen Bettlern und solchen Leuten, welche, obgleich ihnen weder Nahrung noch Kleidung mangele, nur aus Faulheit und Arbeitsscheu um Aufnahme bäten, sollten nicht allein die Spitäler verschlossen, sondern auch jeglicher Bettel gänzlich untersagt sein. ‚Denn es ist besser,‘ sagte die Synode, ‚daß dem Hungernden das Brod entzogen werde, wann er anders, seines Unterhaltes sicher, die Arbeitspflicht vernachlässigt, als daß es ihm gereicht und er so in seiner sündhaften Faulheit bestärkt werde.‘ Den rechten Armen aber sollten die Vorsteher alle Sorgfalt zuwenden und wohl bedenken, daß Derjenige ein Mörder der Armen sei, welcher ihr Wohl vernachlässige[2].

An ‚überaus kläglichen schweren Mißbräuchen‘ fehlte es nicht. Wie es zum Beispiel in Würzburg aussah, bevor Bischof Julius Echter von Mespelbrunn sein großartiges Juliusspital in's Leben rief[3], geht aus einem Protocoll des dortigen Domcapitels vom 21. October 1572 hervor: ‚Dombechant be-

---

[1] Mitgetheilt von Scharold im Archiv des Histor. Vereins von Unterfranken und Aschaffenburg 5, Heft 3, 186—149. Zweckmäßige Verordnungen zur Beschränkung des Bettlerunfugs wurden auch im Bisthum Bamberg erlassen in den Jahren 1546, 1569 und so weiter. Jäck, Bambergische Jahrbücher 255.

[2] Vergl. Ehrle 32. Ratzinger, Armenpflege 469—470.

[3] Vergl. unsere Angaben Bd. 5, 283, und Näheres bei Buchinger 247 fll.

richtet, daß in allen Spitälern und Armenhäusern große Unordnung, und in langen Jahren keine Rechnung darin angehört worden; sei in diesen Tagen eine Weibsperson auf offener Straße todt gefunden worden, die ohne Zweifel in gedachten Gotteshäusern keine Unterkunft habe finden können.'[1] Als beispielsweise Abt Ulrich Hackl von Zwettl im Jahre 1597 von der niederösterreichischen Regierung den Auftrag erhielt, mit drei anderen Mitbevollmächtigten die Zustände im Wiener Bürgerspitale zu untersuchen, fand er bei einer ‚unversehens und unvermerkt des Spittlmeisters‘ am 20. Juni vorgenommenen Visitation in 9 Stuben beiläufig 400 Personen untergebracht: in der ‚Kinderstuben‘ 35 Kinder, 18 Weiber und Ammen, in der ‚Schülerstuben‘ 43 Schüler, in der ‚Frau Mutterstuben 50 Weiber‘ und so weiter. Oft lagen Drei oder Vier in einem Bette beisammen; die mit ansteckenden Krankheiten Behafteten waren von den anderen Kranken nicht abgesondert; in den Krankenzimmern herrschte große Unsauberkeit und unerträglicher Gestank; ein Medicus von der medicinischen Facultät, welcher wöchentlich zweimal die Kranken besuchen sollte, war bereits seit drei Wochen nicht mehr gekommen, besuchte überhaupt nicht die Kranken in den einzelnen Stuben, sondern ließ sich nur vom ‚Spitalknecht‘ den Urin der Kranken bringen und verordnete darnach seine Mittel, welche aber den Kranken oft gar nicht gereicht oder verwechselt wurden. Der Spitalmeister verwendete die Erträgnisse eines Beneficiums, welches für einen Geistlichen im Spitale gestiftet war, für sich selbst, und so waren die Kranken ohne Seelsorge, viele starben ohne Beichte und Communion dahin[2]. In dem von König Ferdinand I. gestifteten, von Erzherzog Ferdinand II. erweiterten Hospitale zu Innsbruck, dessen Verwaltung unter staatlicher Aufsicht stand, mußte die Regierung oft einschreiten, weil sich Niemand um die Pflege der armen Leute, nicht einmal um deren Begräbniß bekümmerte. Als einmal im Winter von weitem her arme Kranke auf einem Schlitten in's Spital geführt wurden und dieses bereits überfüllt war, legte man dieselben vor dem Spitale irgendwo im Schnee ab und überließ sie ihrem Schicksal[3].

‚In unseren haderigen, um die heilige Religion zwieträchtigen, hässigen, wucherischen, unseligen Zeiten hat auch‘, heißt es in einer ‚Christlichen Klageschrift‘ vom Jahre 1578, ‚unter uns Katholischen die milde Gutthätigkeit und Liebe der Vorfahren gegen Arme, Nothdürftige, Kranke und Sondersiechen nicht zu-, sondern viel eher in etlichen Orten und Städten gar abgenommen, so daß man ihrer sich nicht mehr so christlich erbarmt, als vordem schier allerorts in Brauch gewesen und sich nach Gottes Gebot und Ordnungen und Satzungen der Kirche gebühret.‘ Um jene Menschen, ‚so leider zu dieser letzten gefähr-

---

[1] v. Wegele, Universität Würzburg 1, 148 Note 8.
[2] Nach den Acten dargestellt von Stephan Rößler im Wiener ‚Vaterland‘ 1885, No. 94 fll.   [3] Hirn 1, 498—494.

lichen Zeit etlicher Maßen in Geiz und Wucher also ersoffen, daß sie fast alle
Pietät, Tugend und Andacht vergessen haben, wieder zu den Werken der
Barmherzigkeit, christlicher Liebe und Mildigkeit' anzuleiten und zu führen,
veröffentlichte der Frankfurter Stiftsprediger Valentin Leuchtius im Jahre 1598
einen dem Bischof Neithard von Bamberg gewidmeten, beinahe 600 Seiten
starken 'Historischen Spiegel von den denkwürdigen Miraculn der vortrefflichen
Tugend der Hospitalität und Freigebigkeit gegen den armen Dürftigen'. Dieser
'Spiegel' sollte zum Beweise dienen, daß 'die Tugend der Mildigkeit nicht in
den bloßen Worten, nicht in dem vergeblichen Rühmen des Mundes und der
Zunge' bestehe, 'sondern in den vollkommenen Werken und rechtschaffenen
Thaten, in der gegenwärtigen Hülfe und in dem inniglichen Mitleiden des
Herzens über eines Andern Dürftigkeit, Noth und Elend' [1].

2.

Aehnlich wie Geiler von Kaisersberg befürwortete Luther in seiner Schrift
'An den Adel deutscher Nation' vom Jahre 1520 die Abschaffung des öffentlichen Bettels. 'Es sollt', sagte er, 'ja Niemand unter den Christen betteln
gehen'; jede Stadt sollte ihre Armen selbst versorgen, alle fremden Bettler
abschaffen, die wirklichen Armen von den Buben und Landläufern sondern,
für Erstere eine geordnete Pflege einführen. 'So müßte da sein ein Verweser
oder Vormund, der alle die Armen kennet, und was ihre Noth wäre, dem
Rath oder Pfarrer ansagte, oder wie das auf's Beste möchte geordnet werden.'
Er ging nur darin weiter als Geiler, daß er auch alle Bettelmönche und
Wallbrüder, durch welche das Volk bisher übermäßig geschatzt worden sei,
abgeschafft wissen wollte.

In den nächsten Jahren entstanden in vielen Städten vortreffliche Armenordnungen: in Augsburg und in Nürnberg im Jahre 1522, in Straßburg
und in Regensburg im Jahre 1523, in Breslau im Jahre 1525. Die
Nürnberger Ordnung, welche in allem Wesentlichen noch in katholischen Anschauungen wurzelte [2], verbot den Bettel überhaupt, bemaß reichlich die durch
Armenpfleger zu spendenden Almosen und wollte bedrängten und verarmten
Bürgern nach Möglichkeit zu Hülfe kommen. Sie wurde mehrfach gedruckt,
und in einer Leipziger Ausgabe wurde als ihr Erfolg gerühmt: 'Jetzt finden

---

[1] Cöln 1598. Vorrede. Der zweite Theil des Buches, Bl. 347 b—393, handelt
'Von den schändlichen Lastern des Geizes und des Wuchers, welche den Tugenden der
schönen Mildigkeit und Hospitalität ganz und gar entgegen und zuwider seind'. Am
Schluß der Vorrede bittet der Verfasser den Leser: 'Du wollest mich in deinem andäch-
tigen und innigen Gebet lassen trewlich anbefohlen sein, wie ich denn auch deiner in
dem meinigen nimmer vergessen will. Gott mit uns Allen.'

[2] Vergl. Fr. Ehrle, Die Armenordnungen von Nürnberg (1522) und von Ypern
(1525), im Histor. Jahrbuch der Görres-Gesellschaft 9, 450—479.

sich die Straßen und Kirchen sauber und rein von dem umlaufenden Volke, was Jedem wohlgefällt.'[1] Auch in der Straßburger Ordnung wurde, wie Geiler früher gewünscht hatte, alles Betteln untersagt und eine Armenverwaltung eingesetzt[2].

Die erste völlige Neuordnung des Armenwesens im Sinne des neuen Evangeliums versuchte Carlstadt im Jahre 1522 zu Wittenberg. Dieser Ordnung gemäß sollte alles Betteln, auch das der Bettelmönche, das Sammeln der Stationirer und Kirchenbitter aufhören; sämmtliche den Gotteshäusern, der Geistlichkeit und den Gewerken zustehenden Zinsen sollten in einen ‚Gemeinen Kasten' fließen und aus diesem die Geistlichen und die Armen versorgt, auch den Bürgern Capitalien zu 4 Procent vorgestreckt werden. Reiche der Kasten dazu nicht aus, so müsse einem Jeden, er sei Priester oder Bürger, seinem Vermögen nach eine Armensteuer auferlegt werden[3]. Diese Ordnung jedoch kam nicht zur Ausführung. In demselben Jahre war Luther's Freund Wenceslaus Link als ‚Ecclesiastes' von Altenburg für die Regelung des dortigen Armenwesens bemüht, und es wurde eine Ordnung erlassen, jedoch ohne Erfolg. Gegen Ende October des folgenden Jahres ereiferte sich Link in einer an den Bürgermeister und Rath gerichteten Schrift sehr heftig gegen ‚die ganze Schelmenzunft', nämlich ‚Pfafferei, Müncherei und alles geistlich genannte Wesen, so gemeinlich auf Faulenzen und Bauchmastung gerichtet' sei, und warnte davor, daß man nicht ‚mit Giften, Stiften, Testamenten und dergleichen vermeinten Almosen zu Müßiggang fördern und die starken Schelme mästen' solle. Im Uebrigen konnte er über die aufgerichtete Ordnung nichts Tröstliches berichten. ‚Man hat', klagte er, ‚vor einem Jahre fürgenommen eine gemeine Collecte zur Unterhaltung der Armen, darzu auch zwei Kasten vor die Kirchen gesetzt und hernachmals fremder Bettler und Schüler Umlaufen untersagt. Aber leider solches christlich Vornehmen ist bisher nicht allein nicht fortgegangen, sondern auch mehr zurückgefallen, also daß viel frommer Leute, die dazu zu helfen geneigt, haben Hand abgezogen, viel Murmel unter gemeinem Volk erwachsen. Derhalben ich vielmals Anregen auf der Kanzel gethan, solchem christlichen Anfahen Folge zu thun, hat aber Nichts wöllen angenommen werden.' ‚Wo die Liebe kalt ist und nicht hilft der Noth, so vermaledeit Gott und entziehet seinen Segen, welches allhie zu Aldenburg meines Bedünkens am Tage liegt, da lauter Verderben an zeitlichen Gütern und Verachtung des göttlichen Wortes gespüret wird, ohne Zweifel, daß keine

[1] Uhlhorn 3, 57.

[2] ** Vergl. A. Baum, Magistrat und Reformation in Straßburg bis 1529 (Straßburg 1887) S. 56—61. Nach Reuss, Justice criminelle 86, hatte das Verbot des öffentlichen Bettelns wenig Erfolg: bald nachher wurde wieder öffentlich gebettelt.

[3] Uhlhorn 3, 61.

Lieb noch Mitleidung gegen den Mitverleibten erzeigt, ja kein Glaube noch Treu iſt, alſo daß ein Gliedmaß am andern nicht hanget; beſorge auch, es werde Gott härtiglich plagen, wo nicht Beſſerung geſchieht, ſonderlich mit gemeinem Kaſten, deß Niemand groß achtet.'[1] Im Laufe des Jahres 1523 kam unter dem unmittelbaren Einfluſſe Luther's eine ‚Ordnung eines gemeinen Kaſtens' in dem ſächſiſchen Städtchen Leisnig zu Stande. Dieſem Kaſten ſollten alle kirchlichen Stiftungen, die Beſitzungen der Klöſter, fromme Spenden und Vermächtniſſe zugewendet werden. Die Verwaltung deſſelben ſollten zehn aus dem Rath, aus den Adelichen, aus den Bürgern und Bauern jährlich erwählte Männer übernehmen und daraus die Pfarrgeiſtlichen und Kirchendiener, die deutſchen Schulen und die Armen berſorgen[2]. Erſtere wurden aber ſo wenig berſorgt, daß Luther ſchon im Jahre 1525 klagte, die Leisniger würden ihre Prediger noch durch Hunger forttreiben. Nach Befund der kurſächſiſchen Kirchenbiſitatoren bom Jahre 1529 betrieb der dortige Prediger ein bürgerliches Gewerbe und mußte ſich namentlich bom Bierſchenken ernähren; was den Schulmeiſter betraf, ſo fanden die Biſitatoren im Jahre 1534, daß demſelben ſeit fünf Jahren gar keine Beſoldung gereicht worden war[3].

Allmählich erhielten alle proteſtantiſchen Länder und Städte ihre eigenen Armenordnungen und Armenkaſten unter Verwaltung von Männern, welche bald Diaconen oder Leviten, bald einfach Kaſtenmeiſter oder Kaſtenherren genannt wurden und nach genauen Vorſchriften die Armenpflege beſorgen ſollten.

Auf katholiſcher Seite ergingen ſcharfe und wegwerfende Urtheile über dieſe Pflege.

‚Erſt ſetze ich', ſchrieb Georg Wizel im Jahre 1535, ‚wider ihren (der Secten) Ruhm, daß ſie faſt allenthalben die Stipendien, welche unſere Eltern mit großem Gelde den Armen geſtiftet, abgeſchafft und unnütz gemacht haben, welche That nicht allein wider die Liebe, ſondern auch wider die Redlichkeit iſt: wider die Liebe, weil es der Armuth abgeht; wider die Redlichkeit, weil der letzte Wille der Verſtorbenen nicht berrückt werden ſoll. Ebenſo ſind abgethan die Seelbad, Caren, die jährlichen Ladungen etlicher Dürftigen, Gotteseſſen und ſo weiter, und bergeht alſo die Wohlthat an den Armen.' Ueberhaupt würden die Armen, ſagte Wizel an einer andern Stelle, mit größerer

---

[1] Von Arbeyt und Betteln, wie man ſolle der Faulheyt vorkommen und yederman zu Arbeyt ziehen (1523, am Schluß: gedruckt zu Zwickaw durch Jörg Gaſtel). Vorrede (von Freytag nach Simonis und Judä 1523) Bl. B 3 fll. Vergl. die Angaben von Ehrle, Armenordnungen 474—475.

[2] Ehrle, Armenordnungen 473. Uhlhorn 3, 62—64. ** Siehe auch Robbe in der Zeitſchr. für Kirchengeſch. 10, 575.

[3] Burkhardt, Sächſiſche Kirchen- und Schulbiſitationen 95. 188.

Härte als früher behandelt. ‚Vor Zeiten waren Chriſten, die hatten die armen Bettler ſo lieb, daß ſie dieſelbigen ihre Herren hießen, item ihre Söhne, und Etliche wuſchen ihnen ihre Füße, macheten ihnen ihre Bettlein, kocheten und dieneten ihnen zu Tiſch, als Chriſto ſelbſt. Jetzt iſt es dahin gekommen, daß man ihnen die Stadt verbietet, jagt ſie hinaus, ſchließt die Thüre vor ihnen zu, als ob arme elende Leute Teufel wären und aller Lande geſchworene Feinde.‘ [1] Jener alte katholiſche Geiſt, der es als ein Gott wohlgefälliges Werk betrachtete, wenn ſogar die Großen der Erde den Armen ‚als Chriſto ſelbſt‘ perſönliche Dienſte erwieſen, war ſo unverſtändlich geworden, daß zum Beiſpiel der Prediger Johann Brenz es für etwas ganz Verwerfliches anſah, daß Kaiſer Carl V. im Jahre 1544 am Gründonnerstag zu Speyer zwölf Armen die Füße wuſch. ‚Wird der Sohn Gottes‘, ſchrieb Brenz an Melanchthon, ‚ſolche Schauſpiele lange ertragen können? Er wird es nicht.‘ [2]

Was die neuen Armenkaſten anbelangte, ſo wollte Wizel gerade in ihnen einen Beweis dafür finden, daß ‚durch Urſach dieſer Partei alle guten Werke ihre Würde verloren‘ hätten. ‚Man ſehe nur zu,‘ ſagte er, ‚wie ſie es mit dem Kaſten ſpielen, welcher in Wahrheit mehr ein Wucher- oder Pfaffenkaſten iſt, denn ein Gottes- oder Gemeindekaſten.‘ [3] ‚Der neue Armenkaſten, den ſie eingeführt haben, nützt hauptſächlich nur den Vorſtehern der Secte; den Armen aber werden kaum jene Pfennige zu Theil, die man an den Sonntagen einſammelt. Der Betrag der Einſammlung iſt äußerſt gering nach dem Zeugniß ihrer eigenen Klagen. Kaum die Wenigſten ſind dieſem Armenkaſten gewogen, und es läugnet Niemand, daß die Armen und Dürftigen unter dieſer Herrſchaft härter leben und elender hungern, als es in der römiſchen Kirche der Fall war.‘ [4]

Aehnlich ſchrieb der Abt von St. Michaelis in Lüneburg: ‚Wir vermahnen die Obrigkeit ſammt ihrer Gemeinde, daß ſie den Kaſten-Predigern und ihren Diaconen oder Kaſtenherren nicht allein in den Mund, ſondern auch in die Hand ſehen. Denn die Armuth klaget jetzt viel mehr als früher. Etlicher wegen iſt aus dem Gotteskaſten ein Judasbeutel geworden. Wo

---

[1] Döllinger 1, 50. 55.

[2] ‚. . . Haec spectacula filius Dei diu perferre posset? Non feret.‘ Brief vom 22. April 1544 im Corp. Reform. 5, 368. Ebenſo entſetzlich war es in den Augen Butzer's, daß der Kaiſer ‚täglich knieend lange Gebete herſagte, den Roſenkranz betete auf der Erde liegend und die Augen auf ein Bild der Jungfrau gerichtet‘; Butzer wollte daraus erkennen: ‚der Kaiſer ſtreitet jetzt offen wider Chriſtus.‘ Brief an Calvin vom 25. October 1548 in Calvini Opera 11, 634.

[3] Döllinger 1 (2. Aufl.), 35.

[4] Döllinger 1, 64. Uhlhorn 3, 104 führt dieſen Ausſpruch Wizel's an, läßt aber den durchaus begründeten Satz: ‚Der Betrag der Einſammlung iſt äußerſt gering nach dem Zeugniß ihrer eigenen Klagen‘, einfach weg.

bleibt, was in den Kasten kommt? Das wissen die Kastenherren und ihre Prediger, deren etliche mit Tausenden wollen besoldet sein, besser als die Armuth. Ich schweige, wo Vieles verschwindet, daß es Niemand findet.‘ ‚Wo ist die Stadt, da solche Leute bei den Kasten gesetzt werden, wie in der Apostelgeschichte Capitel 6‘ zu lesen? Wo haben die damals eingesetzten ‚Diaconen darnach geprediget und gejaget, daß sie möchten in ihre Kasten oder Verwahrung kriegen die Güter des Tempels, die Einkünfte der jüdischen Priesterschaft? Sie nahmen in Verwahrung, was die Brüder ihres Glaubens brachten.‘ Der Hamburger Prediger Stephan Kempe erwiderte dem Abte im Jahre 1531: Es sei die Art ‚loser Buben‘, Andere zu verdächtigen. ‚Was Rede hast du doch zu solcher mörderischer Vermahnung an die Obrigkeit und die Gemeinde? Klagen die Armen? Was sind das für Arme? die weligen Landlöpers und Truggelers? oder die weligen Bettelmönchlein? Denen hättest du billig zur Antwort gegeben 2 Thessal. 3, daß sie arbeiteten und essen ihr eigen Brod. Sind es auch noch welche Andere, lasse sie zum Vorschein kommen, wer sie sind, daß man sehe, was ihnen fehle.‘

Wie unzählige Arme zum Vorschein kamen, welche nicht zu den Landstreichern und zu den Bettelmönchen gehörten, zeigt die Geschichte jedes Landes und jeder Stadt. Viele Protestanten und protestantische Obrigkeiten bekamen Grundes genug, nach der ‚Vermahnung‘ des Abtes den Kastenherren ‚auf die Hand zu sehen‘, und diese Vermahnung nicht, wie Kempe, für ‚ehrlos, aufrührerisch und blutdürstig‘ zu erachten[1].

In Württemberg wurde von den Herzogen häufig geklagt, daß die erlassenen Kastenordnungen nicht gebührlich gehandhabt, die Armenkasten schlecht verwaltet, die Armengüter verschwendet würden. Sonderlich, heißt es in einer Verfügung vom Jahre 1552, sei ‚von etlichen Ober- und Unter-Amtleuten, Gemeinden, Sonderpersonen und Pflegern mit täglichem Schlemmen, unnöthiger und überflüssiger Zehrung und sonst allerlei ungebührlicher Geschwind- und Eigennützigkeit‘ zum Nachtheil der Armenkasten verfahren worden: ‚Spital-Geld, Früchte, Wein, auch liegende Güter‘ habe man ‚zu Selbstvortheil und Eigennutz‘ verwendet, für die Armen wenig gesorgt. ‚Vornehmlich bei den Hausarmen‘, schrieb Herzog Christoph zehn Jahre später, erscheine aus Mangel an Fürsorge ‚hin und wieder großer Mangel und Hungersnoth‘: der Armen wolle sich ‚Niemand beherzigen‘, und so werde ‚das verordnete Sammeln

---

[1] Bei Staphorst, Zweiten Theiles erster Band 234—237; vergl. Uhlhorn 3, 103 bis 104 und 75, wo die Aussprüche Kempe's über den Vorzug des ‚gemeinen Kastens‘ vor ‚den Doren und strouwenden Giften‘ (den zerstreuten Almosen und Gaben an den Thüren), welche der Abt ‚preise‘. Das ‚Pröwe-Bock‘ des Abtes, gegen welches Kempe seine Polemik richtet, habe ich nicht auffinden können. ** Ueber dieß verlorene Werk vergl. A. Wrede, Die Einführung der Reformation im Lüneburgischen durch Herzog Ernst den Bekenner (Göttingen 1887) S. 151 ff.

für die Armen unterlassen'. Ueberdieß werde das Einkommen der Spitäler
und anderer Almosenstiftungen zu sonderm Eigennutz und nicht den Dürftigen
zu gute verwendet. Die Kastenordnung und die Stiftung der Armenkasten
werde oft und von Vielen ‚dahin verstanden, als ob die Armen allein davon
erhalten und die Gemeinden Nichts mehr zu thun schuldig sein sollten'. Auch
der Herzog Johann Friedrich ‚befand im Werk', daß die erlassenen Kastenordnungen ‚dergestalt in Vergeß gestellt worden, daß durch allerlei Unordnung, Unfleiß und Versäumniß die Armenkasten und Spitäler hin und wieder
so übel verderbt und eröset worden, auch eigennützig, betrüglich mit dem
Armengut gehandelt und dasselbe verschwendet' werde, daß die Armen nur
kümmerlich erhalten würden. Wohlhabenden Geizigen, welche trotz Ermahnung
gar kein oder kein entsprechendes Almosen darzureichen gewillt seien, sollte
nach einer Verfügung vom Jahre 1614 ihrem Vermögen gemäß eine wöchent-
liche Armensteuer auferlegt werden; wenn sie widerspänstig, sollten sie ‚um
eine Summe Geldes in den Armenkasten gestraft werden' [1].

Ueber die ‚Gotteskasten' in Hessen sagte eine Marburger Synode vom
Jahre 1575, dieselben seien ‚eines Theils ganz und gar arm, eines Theils
gar nicht vorhanden' [2].

‚Wie die tägliche Erfahrung gibt,' beschwerte sich Kurfürst Johann Georg
von Brandenburg im Jahre 1573, ‚nehmen die gemeinen Kasten mehr ab
als zu', und zwar einerseits, weil die Zahl der armen Leute, welchen daraus
zu helfen, ‚wegen der geschwinden Zeiten und Theuerungen' größer werde,
und andererseits, weil ‚nunmehr Niemand daran bescheidet oder gibt' [3].

In einer kursächsischen Verordnung vom Jahre 1588 heißt es: Die Armenkasten sind ‚fast in Vergessen gestellt' [4].

‚Wohlan,' ließ der Lutheraner Wolfgang Ruß die Leute sprechen, ‚wir
haben gute Tage überkommen! Der Pfaffen Pfründen und Zehnten müssen's
Alles thun, sie können's Alles ertragen, müssen Jedermann auswarten. Ist's
nicht ein gut Leben und wohlangesehen? Wir dürfen Nichts mehr um Gottes
willen geben, auch so darf mir kein Bettler mehr für das Haus kommen, so
darf ich auch keinen mehr daheim suchen.' ‚Unter den reichen Weibern ist es
gemein, daß eine jegliche ein klein Hauptgut hat und vermag. Sie haben
einen Beutel zum Spielgeld, einen eigenen zum Kramgeld, einen zum täglichen Brauch ihres Hauses; dem vierten, dem armen Leut Seckel oder Beutel,

---

[1] Reyscher 12, 319. 321—322. 340. 685—638. 656. 660 Note.

[2] Rommel, Neuere Gesch. von Hessen 1, 204. Der Wiedertäufer Jorg erklärte
im Jahre 1538: die traurigen Erfahrungen, welche er als protestantischer Kastendiener
gemacht habe, hätten ihn der Wiedertäuferei in die Arme getrieben. Niedner's Zeitschr.
für histor. Theologie 28, 627.

[3] Mylius 1², 298.   [4] Codex Augusteus 1, 1429.

ist der Boden aus; derselbige ist aus Teufelshaut gemacht, bleibt kein Kreuz(er) darin, kömmt auch keins heraus, ich geschweige denn darein. Das arme Bettelhäuslein, der gemeine Kasten, der Pfaffen Pfründen und Zehnten müssen es Alles thun.'[1]

In Frankfurt am Main betrugen die in den Armenstöcken gesammelten Gaben, welche der Verwaltung der Kastenherren unterstellt waren, in den Jahren 1531—1536 jährlich im Durchschnitt noch 372 Gulden, 1555—1556 sanken sie auf 182 Gulden, 1560—1561 auf 149 Gulden herab[2]; im Jahre 1583 waren sie so unbedeutend geworden, daß der Rath sich dahin aussprach: ,In dieser Stadt ist man in Reichung der Almosen so genau und sparhaftig, daß, wann die Almosenkasten jährlich in den Kirchen hin und wieder aufgeschlossen werden, kaum so viel darin befunden wird — welches bei Christen zu vermelden eine Schande —, daß man wenige Arme durch's Jahr, ja wohl kaum Einen Monat nach Nothdurft unterhalten könnte. Wie dann mehr als zu viel wahr und beweislich, daß der mehrere Theil oft nicht in einem Viertel-, ja wohl in einem ganzen Jahr den Armen so viel steuert, als er bei einer Zeche im Wirthshaus auf einmal durchbringt und verzehret.'[3]

Besonders traurig sah es mit dem Armenkasten und der bürgerlichen Armenpflege in Hamburg aus, wo während des Mittelalters eine vielseitige und umsichtige Fürsorge für die Armen in Blüte gestanden hatte[4]. Die bei Einführung der neuen Lehre in's Leben gerufene neue Ordnung des Armenwesens gerieth sehr bald in Verfall. Die von den Armenvorstehern von Zeit zu Zeit festgesetzten Artikel beweisen, daß schon im Jahre 1558 wenig Zusammenkünfte in Armenangelegenheiten mehr stattfanden und die ,Diaconen' unter Strafe angehalten werden mußten, ihren Dienst zu versehen. Wiederholt fanden Bestrafungen derselben statt. Im Jahre 1600 gestanden sich die Armenvorsteher selbst, ,es werde viele unnütze Rede in der Gemeinde auf sie gesprengt, daß sie ihres Amtes nachlässig und versäumig seien, der Armuth nicht fleißig genug vorständen und unter sich uneinig und zwiespaltig seien'. Sie wurden angehalten, bei Ausübung ihres Amtes nicht auf ,Freundschaft

---

[1] Döllinger 1, 232 Note 49.   [2] Uhlhorn 3, 110—111.

[3] Kirchner, Gesch. Frankfurts 2, 480. Im Jahre 1587 verfügte der Rath: kein Testament solle in der Kanzlei bestätigt werden, in welchem nicht dem gemeinen Kasten und dem Spital oder dem Stadtbau etwas vermacht worden.

[4] Koppmann, Hamburgs kirchliche und Wohlthätigkeitsanstalten im Mittelalter. Hamburg 1870. Lappenberg-Gries, Die milden Privatstiftungen zu Hamburg (2. Ausg. Hamburg 1870) xv ffl. Büsch, Historischer Bericht von dem Gange und fortdauernden Verfall des Hamburger Armenwesens seit der Zeit der Reformation. Hamburg 1786.

oder Gunst' zu sehen, auch keine ,Gift oder Gabe zu nehmen', sondern lediglich das Beste der Armen zu suchen[1]. Im Jahre 1613 reichten die Vorsteher des Waisenhauses dem Rathe eine Bittschrift ein, in welcher sie erklärten: ,Vergangener Zeit haben wir dienstlich zu erkennen gegeben, daß die liebe Armuth allhie von den Vorstehern des Gotteskasten mit nothdürftiger Handreichung so übel versehen und versorgt werde. Die tägliche Erfahrung ist vor Augen, daß viele hausarme Leute vorhanden, die ihrer großen Noth und Armuth halben sich des Bettelns vor der Bürger Thüren nicht enthalten können, und es wird fast sehr darüber geklagt, daß sie aus dem Gotteskasten keine Hülfe bekommen.' ,Zudem so sind viele arme Wittwen vorhanden, die uns täglich anlaufen und klagen, daß sie ihrer Kinder so viele haben, welche sie mit ihrer Hände Arbeit nicht ernähren können'; wenn sie bei dem Gotteskasten um Almosen und Hülfe bäten, würden sie allzeit abgewiesen, und sähen sich dadurch gedrungen, ihre Kinder von Jugend auf an Bettelei, Müßiggang, Dieberei und andere unziemliche Mittel zu gewöhnen, ,dabei sie hernach ihr Lebenlang bleiben und schwerlich davon wieder abzubringen sind, wie die tägliche Erfahrung erweiset, welches dann sehr zu erbarmen ist'. Wenn arme Leute krank darniederlägen, würde ihnen und ihren Kindern aus dem Gotteskasten Nichts oder Wenig zu Theil, ,und müssen in großem Elend erbärmlich und ohne Hülfe dahinsterben, wie solcher Fälle, wenn es nöthig, mehr denn zu viel können erwiesen werden'. Unter diesen armen Leuten sei ,große Noth, Elend und Jammer'; für mehrere derselben hätten sie, die Vorsteher des Waisenhauses, bittlich bei den Kastenherren sich bemüht und diesen genau angegeben, ,wo dieselben wohnen, wie viel Kinder sie haben, und was ihrer Aller Nahrung, Mängel und Gebrechen sein'; allein es sei ,für die armen Nothleidenden nicht allein keine Hülfe erfolgt, sondern denselben eines Theils noch Dasjenige, was sie sonst aus dem Gotteskasten gehabt, dazu abgeschnitten und entzogen worden'. Besonders möge man doch der ,armen hochbedrängten Wittwen' sich erbarmen, ,die zum Theil kleine und saugende Kinder, zum Theil auch kranke und gebrechhaftige, oder sonst der Kinder so viel haben daß ihnen unmöglich ist, dieselben mit Waschen, Scheuern, Spinnen und anderer Weiberarbeit zu ernähren. Ja, wenn sie noch mit Waschen, Scheuern Arbeit hätten, wäre ihnen wohl gewünscht. Denn sie suchen Arbeit, ob sie schon von ihren kleinen Kindern nicht abkommen können. Aber dieweil sie mehrentheils nacket und bloß von Kleidern sind, will sie Niemand in seiner Arbeit haben, und müssen Alles nur aus dem Spinnewucken suchen'. ,Es wird die Noth und Klage der Armen je länger je mehr und größer.' Die Kastenherren seien uneinig mit einander, aber der Rath möge beherzigen,

---

[1] Kiehn 1, 6. W. v. Melle, Die Entwicklung des öffentlichen Armenwesens in Hamburg (Hamburg 1883) S. 19 fll.

‚ob solche Uneinigkeit genugsam Ursach sei, so viele arme gebrechliche Wittwen und Waisen sitzen und hungern zu lassen. Und wäre wohl zu wünschen, daß Diejenigen, welche solchen Nothleidenden, Armen, Unmündigen, Wittwen und Waisen zuwider sein, dieselbigen bisweilen persönlich besuchten, ihre große Noth, Elend, Seufzen und Thränen sähen und höreten, und es nicht allein auf die Köster und Pracher-Voigte (Bettelvögte) ankommen ließen, so würden sie sich ohne Zweifel wohl eines Bessern bedenken und diese Sachen ihnen mit mehrerem Fleiß und Ernst angelegen sein lassen. Denn es gibt leider die tägliche Erfahrung, daß nicht allein die armen Eltern darüber in Mißmuth kommen, sondern auch viele Kinder in's Verderben gehen, fast verhungern, ihre Gesundheit verlieren und sonst in andere Ungelegenheiten mehr gerathen, wie denn viele gebrochene und an der Gesundheit verletzte Kinder bei solchen armen Leuten vorhanden. Und sind auch etliche Fälle vor Augen, daß durch solche unbarmherzige Härtigkeit die Eltern verursacht werden, ihre armen Kinder sitzen zu lassen, und wann sie davon gelaufen, kommen alsdann dieselben Kinder zu uns in's Waisenhaus. Etliche bieten die Kinder aus dem Weg zu geben, und ist ihnen gleich, wer sie bekommt, wenn sie ihrer nur quit werden; sagen ausdrücklich, sie müssen doch täglich ihr Herzeleid an ihren Kindern sehen, daß dieselbigen vor ihren Augen verderben und umkommen.‘ ‚In Summa‘, es sei ‚sehr hochnöthig‘, daß Bürgermeister und Rath selbst sich der Sachen mit ernstem Einsehen annähmen, ‚damit der lieben Armuth zur Nothdurft möge geholfen, auch besser fürgestanden und nicht etwa der große Zorn und Strafe Gottes über diese Stadt verhenget werden‘. Zur Entschuldigung der Kastenherren fügten die Bittsteller noch am Schlusse hinzu, es sei ihnen ‚nicht unbewußt, daß die Gotteskasten wenig Vorrath haben und jährlich zu kurz kommen, dahero aus lediger Hand übel zu geben ist‘. Darum möge der Rath auch auf Mittel und Wege denken, wie dem Gotteskasten Vorrath verschafft werde, ‚dieweil Gott diese Stadt vor anderen Städten sowol an Volk als auch an guter Nahrung und stattlicher Handlung reichlich gesegnet‘ habe und es demnach eine große Schande vor Gott und den Menschen sei, die Armen ‚ganz hülflos zu verlassen‘[1].

Das Waisenhaus selbst, dessen Vorsteher sich in so warmen Worten der Armen annahmen, war im Jahre 1597 gegründet worden[2], an Einkünften aber nicht zum besten bestellt. Jährlich zweimal wurden für dasselbe auf Verordnung des Rathes durch die Vorsteher Gaben und Almosen gesammelt, und der Rath ließ auf den Kanzeln um recht milde Beisteuer bitten. Die Vorsteher, sagte er im Jahre 1609, ‚haben nicht allein umständlich berichtet, wie die Last des Waisenhauses will unerträglich schwer fallen‘, weil dasselbe ‚mit

---

[1] Bei Staphorst, Ersten Theiles vierter Band 677—688. Kiehn 1, 377—391.
[2] Kiehn 1, 7 fll.

einheimischen und ausländischen Waisenkindern, auch leider mit elenden Finde-
lingen und verlassenen Kindern, davon die Rabeneltern verlaufen, groß angefüllt und überhäuft worden, sondern sie klagen auch sehr beweglich, daß
die Einkünfte selbigen Hauses wegen der geringen Renten und merklichen
Abbruchs der milden Gaben sehr verringert werden'[1].

Diese Abnahme der Mildthätigkeit für die Armen wie überhaupt für
alle guten Zwecke und die Zunahme einer nimmersatten Habsucht war eine
ständige Klage unter den Protestanten. Niemand sprach sich darüber häufiger
und schärfer aus als Luther. Unter dem Papstthum, sagte er, ,da schneite
es zu mit Almosen, Stiften und Testamenten', unter den Evangelischen dagegen
wolle ,Niemand einen Heller geben'[2]. ,Unter dem Papstthum waren die
Leute milde und gaben gern, aber jetzt unter dem Evangelio gibt Niemand
mehr, sondern Einer schindet nur den Andern, und ein Jeglicher will Alles
allein haben. Und je länger man das Evangelium prediget, je tiefer die
Leute ersaufen in Geiz, Hoffart und Pracht, eben als sollte der arme Bettelsack
ewig hie bleiben.' ,Alle Welt schindet und schabet, und will doch Niemand
geizig, sondern Jedermann will gut evangelisch und rechte Christen sein. Und
gehet solch Schinden und Schaben über Niemand so sehr als über Bruder
Studium und über die armen Pfarrherren in Städten und Dörfern.' Diese
müssen ,herhalten und sich schinden und würgen lassen', und was Bauern,
Bürger und Adeliche erschinden, ,das verprassen, verschlemmen und verprangen
sie mit allzu überflüssiger Kost und Kleidung, jagen's entweder durch die
Gurgel oder hängen's an den Hals. Darum habe ich oft gesagt, solch Wesen
könne nicht länger stehen, es müsse brechen; entweder der Türke oder sonst
Bruder Veit wird kommen und auf einmal rein wegnehmen, was man lange
Zeit geschunden, gestohlen, geraubet und gesammelt hat, oder der jüngste Tag
wird drein schmeißen und des Spiels ein Ende machen.'[3]

An anderen Stellen heißt es in seinen Schriften: ,Im Papstthum war
Jedermann barmherzig und mild, da gab man mit beiden Händen fröhlich
und mit großer Andacht.' Jetzt wolle man, obgleich man sich doch dankbar
erzeigen solle ,für das heilige Evangelium', nirgends Etwas geben, ,sondern
nur nehmen'. ,Zuvor konnte eine jegliche Stadt, danach sie groß war, etliche
Klöster reichlich ernähren, will geschweigen der Meßepfaffen und reichen Stift';
jetzt sperre man sich, auch nur zwei oder drei Prediger, Seelsorger und Unter-
weiser der Jugend in einer Stadt zu ernähren, selbst dann, wenn es nicht
,vom eigenen, sondern fremden Gute' wäre, ,das noch vom Papstthum her

---

[1] Riehn 1, 348—349; vergl. Staphorst 649—650.
[2] Sämmtl. Werke 43, 164.
[3] Sämmtl. Werke 5, 264—265; vergl. 23, 313.

überblieben' sei [1]. Und wiederum: ‚Die, so da sollten rechte Christen sein, weil sie das Evangelium gehöret, die sind viel härter und unbarmherziger worden als zuvor; wie man itzt Solches siehet für Augen allzustark erfüllet. Zuvor, wo man sollt unter des Papstthums Verführung und falschen Gottes= diensten gute Werke thun, da war Jedermann bereit und willig.‘ ‚Itzt hat dagegen alle Welt nichts Anders gelernt, dann nur schaben, schinden und öffentlich rauben und stehlen durch Lügen, Trügen, Wuchern, Uebertheuern, Uebersetzen. Und Jedermann gegen seinen Nächsten handelt, als halte er ihn nicht für seinen Freund, viel weniger für seinen Bruder in Christo, sondern als seinen mördlichen Feind, und nur allein gern Alles wollt zu sich reißen, und keinem Andern Nichts gönnet. Das gehet täglich und nimmt ohne Unterlaß überhand, und ist der gemeinste Brauch und Sitte in allen Ständen, unter Fürsten, Abel, Bürgern, Bauern, in allen Höfen, Städten, Dörfern, ja schier in allen Häusern. Sage mir, welche Stadt ist so stark oder so fromm, die da itzt möchte soviel zusammenbringen, daß sie einen Schulmeister oder Pfarr= herrn ernährte? Ja, wenn wir's nicht zuvor hätten aus unser Vorfahren milden Almosen und Stiftungen, so wäre der Bürger halben in Städten, des Adels und Bauern auf'm Land das Evangelium längst getilget, und würde nicht ein armer Prediger gespeiset und getränket. Denn wir wollen's auch nicht thun, sondern nehmen und rauben dazu mit Gewalt, was Andere hiezu gegeben und gestiftet haben.‘ Dem ‚lieben Evangelio zu dank‘ seien die Leute ‚also schändlich böse‘ geworden, ‚daß sie nu, nicht mehr menschlicher, sondern teuflischer Weise unbarmherzig, nicht genug daran haben, daß sie gleichwol des Evangelii noch genießen, davon fett werden mit Rauben und Stehlen der Kirchengüter, sondern müssen auch denken, so viel an ihnen ist, das Evangelium vollends gar auszuhungern. Man zähle und rechne es an den Fingern hie und anderswo, was die dazu geben und thun, so des Evangelii genießen, ob nicht unserhalb, die wir itzt leben, schon längest kein Prediger, kein Schüler mehr wäre, daß auch unsere Erben und Nachkommen nicht wissen könnten, was wir gelehret oder geglaubt hätten.‘ ‚Sollten wir doch billig uns schämen für unseren Eltern und Vorfahren, Herren und Königen, Fürsten und Anderen, die so reichlich und mildiglich gegeben, auch zum Ueber= fluß, zu Kirchen, Pfarren, Schulen, Stiften, Spitalen und so weiter, deß doch sie und ihre Nachkommen Nichts ärmer sind worden.‘ Es sei ‚noch eine Gnade, wo Gott etwa einen frommen Fürsten und fromme Oberkeit gibt, die da etwas erhalten, was noch der Bröcklein übrig sind, daß es nicht Alles zu Grund weggerissen wird von den anderen Greifen und Geiren, Räubern und Dieben.‘ [2]

---

[1] Sämmtl. Werke 13, 123.   [2] Sämmtl. Werke 14, 389—391.

‚Ich fürchte,‘ predigte er über die Beraubung der Wittwen und Waisen, ‚daß wir mit dem Evangelio also scherzen, daß wir für Gott ärger seien dann die Papisten. Denn soll’s je gestohlen sein, so ist’s noch besser einem Reichen dann einem armen Bettler oder Waisen gestohlen, der Nichts hat dann einen Bissen Brod. Sirach sagt: Betrübt nicht Wittwen und Waisen, denn ihre Thränen gehen nicht unter sich, sondern über sich, das ist, sie schreien über sich. Gott wird nicht vergebens der Wittwen und Waisen Vater genennet, denn wenn sie von Jedermann verlassen sind, so fragt doch Gott nach ihnen.‘ Er rief ein Wehe aus: ‚Wehe euch Bauern, Bürgern, Edelleuten, die ihr Alles zu euch reißet, scharret und kratzet, und wollet dennoch gut evangelisch sein.‘ [1]

Weil man im Papstthum so mildthätig gewesen, so habe Gott zum Lohne dafür damals gute Zeit geschenkt. ‚Christus verheißet und spricht: Gebet, so wird euch gegeben, ein voll, gedrückt, gerüttelt und überflüssig Maaß wird man euch geben. Und Solches auch die Erfahrung vieler frommen Leute allzeit gezeiget, der, so vor uns milde Almosen zu Predigtamt, Schulen, Erhaltung der Armen und so weiter reichlich gestiftet und gegeben, und Gott ihnen auch dafür gute Zeit, Friede und Ruhe gegeben hat; daher auch das Sprüchwort unter die Leut kommen und Solches bestätigt: Kirchengehen säumet nicht, Almosengeben armet nicht, unrecht Gut wudelt nicht. Daher man auch jetzt in der Welt das Gegenspiel siehet: weil solch unersättiget Geizen und Raub gehet, da Niemand Gott noch dem Nächsten Nichts gibt, sondern nur, was von Anderen gegeben, zu sich reißen, dazu der Armen Schweiß und Blut aussaugen, gibt uns auch Gott wieder zu Lohn Theuerung, Unfried und allerlei Unglück, bis wir zuletzt uns selbs unter einander auffressen müssen, oder sämmtlich, Reiche mit den Armen, Große mit den Kleinen, von einem Andern müssen aufgefressen werden.‘ [2]

Dieselben Klagen über Abnahme der Mildthätigkeit gegen die Armen, welchen ehemals durch Stiftungen aller Art und Almosen geholfen worden sei, finden sich zahllos bei anderen Predigern des neuen Evangeliums [3].

Eine ‚grausame Unbarmherzigkeit‘, schrieb der Prediger Thomas Rorarius im Jahre 1572, habe allenthalben überhand genommen; man halte dafür, ‚Almosengeben sei ein verloren Ding‘, und doch müsse ein Jeglicher, der seinen Glauben erweisen wolle, ‚durch gute Werke gegen den Nächsten hervorbrechen‘; wie

---

[1] Sämmtl. Werke 44, 356—357.   [2] Sämmtl. Werke 13, 224—225.

[3] Die Prediger des Herzogthums Pfalz-Zweibrücken bezeugen in einer gemeinsamen Schrift vom 21. Mai 1599 eine Abnahme der Liebesthätigkeit. ‚Die Alten‘, klagen sie, ‚haben die Kirchen reichlich begabt, jetzunder erlöscht die Liebe, daß wenige geben, und was gegeben ist, kommt in Abgang oder wird mißbraucht.‘ J. Schwebel, Teutsche Bücher und Schriften Theil 2 (Zweibrücken 1598), S. 848.

man in früheren Zeiten die Armen reichlich und wohl bedacht habe, solle man ‚billig auch jetzund noch thun‘: nur der Barmherzige werde bei Gott Barmherzigkeit finden [1].

Die katholischen Voreltern, sagte Andreas Musculus, Generalsuperintendent der Altmark, hätten fleißig an die zukünftigen Dinge gedacht, und um zukünftige Strafen zu verhüten, ‚Alles gethan, was sie nur immer thun konnten mit Kasteien, Fasten, Beten, Almosengeben, Stiften und dergleichen‘; jetzt dagegen frage man weder nach dem Himmel noch nach der Hölle, denke weder an Gott noch an den Teufel. ‚Kirchen, Schulen, Hospitäler sind zerrissen, geplündert und beraubt, die Jugend wird jämmerlich versäumt, den Kindern armer Eltern der Weg zu den Studien verschlossen, die liebe Armuth wird verlassen.‘ Man nehme und stehle ohne Unterlaß, predigte Musculus zu Frankfurt an der Oder, schone Nichts, ungeachtet es der armen Leute Schweiß und Blut sei: der Teufel hause besonders auf dem Rathhause. ‚Die alten Frauen müssen in baufälligen Hospitälern erfrieren und verhungern; ihre Kammern sind wahre Hundelöcher, Ratten und Mäuse nisten in ihren Strohsäcken, Niemand kümmert sich darum. Es ist die Armuth, so lange ich hier gelebt, nie so schlecht versorgt gewesen als jetzt‘, im Jahre 1576. ‚Die Kastenherren verdienen die Hölle an den Armen; die Armen sollen nicht vor der Kirchthüre stehen, und doch wollen sie ihnen Nichts geben.‘ [2]

Johann Winistede, Prediger zu Quedlinburg, bat flehentlich die dortigen Rathsherren: ‚Sie wollen ja allen möglichen Fleiß anwenden, daß der armen Leute in den Hospitalen des heiligen Geistes, Sancti Johannis, Unser lieben Frauen fleißig gepflegt werde, und daß ihnen ihre Güter nicht verrückt noch verkleinert werden, so ihnen vor Zeiten um Gottes willen zugewandt und zu einer milden Almosen gegeben.‘ [3]

Im Mansfeldischen lag nach den Berichten des Erasmus Sarcerius um das Jahr 1555 ‚die Armenpflege ganz darnieder‘; ‚die Spitäler‘ wurden ‚liederlich verwaltet; die Gelder, welche eigentlich zur Armenpflege bestimmt waren, wurden unrechtmäßig verwendet.‘ [4]

Die Stadt Parchim in Mecklenburg hatte noch im Jahre 1563 zehn aus katholischer Zeit stammende Spitäler und Armenhäuser, in jenem Jahre aber mußten sie, weil viele Stiftungen verschleudert worden, auf vier beschränkt werden [5].

---

[1] Fünfundzwanzig Predigten 35 b. 98 b. 154 fll.

[2] Vergl. unsere Angaben Bd. 4, 186. Spieker, Andreas Musculus 189—190. 288—290.

[3] Kurtze Anzeigung, Vorrede Bl. C.

[4] Neumeister, Sittliche Zustände im Mansfeldischen, in der Zeitschr. des Harz-vereins 20, 525. 526.   [5] Boll 1, 890—899.

Bezüglich der von Alters her gestifteten Spitäler, klagte Ambrosius Pape, lutherischer Pastor zu Klein-Ammensleben, im Jahre 1586, ‚fällt ein großer sträflicher Mangel für, nämlich, daß man nun nicht mehr arme Leute, die Nichts haben, sondern die Reichen aufnimmt. Wer nicht 20 Thaler, 50 oder 100 Gulden geben kann, der darf nicht eins Ansuchung thun, daß er möchte aufgenommen werden.‘ Der Einwand, man ‚könne sonst mit dem wenigen Einkommen nicht zureichen‘, sei nicht stichhaltig, denn man könne auf den Kanzeln die Zuhörer ermahnen, daß ein jeder Christ Etwas zuschieße nach seinem Vermögen und seine milde Hand gegen die Armen aufthun wolle, welches Gott reichlich vergelten würde‘. ‚Dazu könnte man etliche Leute aus solchen Armenhäusern von Haus zu Haus gehen lassen und eine Steuer sammeln: hilf Gott, das würde manchen Menschen zuträglich sein, nicht allein, daß andere Bettler nicht dürften umgehen und ihnen beschwerlich sein, sondern daß diese verordneten Armen auch für ihre Handreichern und willigen Gebharten bitten und ihnen alle selige Wolfahrt gönnen und wünschen würden.‘ Den Armen nach Vermögen zu geben, sei von Gott ernstlich geboten, und es stehe darauf ‚Gottes unbetriegliche Verheißung und Belohnung‘. Pape führte dafür ganz im katholischen Geiste eine Menge von Bibelsprüchen an, zum Beispiel: ‚Wer sich des Armen annimmt, der leihet dem Herrn auf Wucher, der wird ihm wieder Gutes vergelten‘; ‚Almosen erlösen von allen Sünden, auch vom Tode‘; ‚Wie das Wasser ein brennend Feuer löschet, also tilget das Almosen die Sünde, und der oberste Vergelter wird’s hernachmals gedenken‘; ‚Machet euch Freunde mit dem unrechten Mammon, auf daß, wenn ihr nun darbet, sie euch aufnehmen in die ewigen Hütten.‘ [1]

Die Prediger selbst konnten sich die Thatsache nicht verhehlen, daß die neue Lehre von der Rechtfertigung allein durch den Glauben allenthalben den Nerv der Opferwilligkeit durchschnitt.

So sehr man auch, schrieb der berühmte Theologe Andreas Hyperius, seit dem Jahre 1542 Professor an der Universität zu Marburg, zur Mildthätigkeit gegen die Nothleidenden auffordere, wolle sich doch Niemand ihrer annehmen: handgreiflich zeige es sich leider, daß alle Liebe in den Herzen der Menschen erloschen sei. Deßhalb müsse man auf der Kanzel mit dem Satze vom allein rechtfertigenden Glauben sparsamer sein, die Zuhörer zum Eifer für gute Werke anspornen und sie, so weit solches möglich, wieder zu einem fruchtbringenden Glauben zu bringen suchen [2].

Aehnlich sprach sich der Generalsuperintendent Christoph Fischer aus: Die Werke der Barmherzigkeit sind gar erfroren, die der Unbarmherzigkeit

---

[1] Bettel- und Garte-Teufel (vergl. unten S. 342) im Theatrum Diabolorum 2, 183—184.

[2] Döllinger 2, 215—216.

mit Gewalt gewachsen. Die lieben Vorfahren haben durch Testamente und auf andere Wege zur Erhaltung der Kirchen und Schulen milde Gebräuche gestiftet, aber jetzt erfährt man leider täglich, daß die Liebe gegen die Armen, gegen Spitäler, hausarme Leute, arme Studenten und Andere gar erkaltet ist; man schindet und schabt vielmehr die Armen und saugt sie aus bis auf den untersten Grat [1].

Bei den Vorfahren, schrieb Sixt Bischer, Pfarrer zu Lützelburg, im Jahre 1608, ‚sind die Werke der Barmherzigkeit in steter Uebung gewesen gegen die armen Leute in den Spitälern, Siechenhäusern und Lazarethen; denen haben sie Speiß, Trank, Labung, Geld, Leylach, Hember und andere Nothdurft reichlich zugetragen. Wo sind die Werk der Barmherzigkeit hinkommen? wo Trauen und Glauben, wo Zucht und Ehrbarkeit? wo ist das Gewissen hinkommen?‘ [2]

Der Mangel an ‚freiwilliger Armen- und Krankenpflege um Gottes willen‘ machte sich unter den Protestanten namentlich fühlbar bei den damals so häufig auftretenden pestartigen Krankheiten. Man mußte Pfleger und Pflegerinnen für Geld dingen und erhielt eben auch nur solche, welche mehr um des Lohnes willen als aus Liebe dienten [3]. ‚Diejenigen,‘ heißt es in einer Verfügung des Kurfürsten August von Sachsen vom 21. April 1572, ‚welche verordnet sind‘, in Sterbensläufen ‚die Kranken zu speisen, und dieselbigen nicht warten, sondern sie verschmachten und Hungers sterben lassen, sollen willkürlich mit Gefängniß oder Verweisung‘ des Landes ‚nach Gelegenheit der Verbrechung bestraft werden. Oft bringen die Todtengräber oder Andere Diejenigen um, so am Tode liegen, darnach stehlen sie, was sie finden. Solche sollen als Räuber mit dem Rade gestraft, oder, wenn sie die Leute allein umgebracht und nicht bestohlen haben, mit dem Schwerte gerichtet werden.‘ [4]   In Kempten besuchten die Prediger im Jahre 1564 aus Furcht

---

[1] Döllinger 2, 306—307. Vergl. auch, was Daniel Greser, im Jahre 1542 Superintendent in Dresden, sagt 2, 849—850; ferner A. Pancratius, Allgemeine, immerwährende geistliche Practica (Franckfurt 1605) S. 66. 148.

[2] Lützelburgische Bekehrung (München 1608) S. 26—27. Der katholische Polemiker Johannes Nas übertrieb im Allgemeinen nicht, wenn er sich äußerte: ‚Weil der neue Glaube so kräftig, daß er allein genug ist zur Seligkeit, so hören auf alle Werke der Barmherzigkeit. Wann hat man so viel armer Leute gefunden als jetzt? Wann sind die Spitäler so arm gewesen als jetzt? Wie viele Klöster hat man eingezogen unter dem Schein, die Spitäler zu begaben, aber sie sind nie so viel schuldig gewesen als jetzt. Wo sind die Particularia der Schulen hin kommen? Wie viel armer Leut sind bei den Klöstern ernährt worden?‘ Die Lehre vom alleinseligmachenden Glauben habe alles thätige christliche Leben vernichtet; durch sie sei Deutschland in Grund und Boden verführt worden. Vergl. unsere Angaben Bd. 5, 393. 394.

[3] Uhlhorn 3, 181.   [4] Codex Augusteus 1, 118.

vor der ausgebrochenen Seuche Niemand auf dem Krankenlager; auch wollte der Rath sie dazu nicht zwingen[1]. Daß die Jesuiten ‚bei solch schweren Zeiten in freiwilligem Dienste sich heldenmüthig auswiesen‘, erregte eine ‚besondere Aufmerksamkeit‘ der Protestanten. Nach einer Pest in Constanz, wo im Jahre 1611 drei Patres und drei Brüder bei Besorgung der Kranken und Sterbenden vom Tode ereilt wurden, schrieb der Prediger Heinrich Lauber: ‚Das können auch die Feinde der Jesuiter, so in Constanz gewesen, nicht abstreiten, daß sie in Zeit der Contagion, wo alle Welt schier von Sinnen war und kleinmüthigen, furchtsamen Herzens, als muthvolle Helfer der Armen sich dargethan haben, wofür sie zu loben sind, mag man sie sonst auch bestreiten.‘ In einer Chronik von Hall wird gerühmt: ‚Bei der Pest haben sonderlich die Herren Jesuiten den Kranken geistliche und zeitliche Hülfe und Trost erzeigt, woran in diesem Dienste auch drei Patres als Opfer der Nächstenliebe verschieden.‘[2] Unter den Protestanten ergingen wohl gar obrigkeitliche Befehle, die mit der Pest Behafteten weder zu besuchen noch ihre Leichen zu begleiten. Als Herzog Wolfgang von Zweibrücken am 2. December 1563 einen solchen Befehl erlassen hatte, stellten die Prediger des Amtes Lichtenberg, was denselben zu großer Ehre gereicht, dem Herzoge vor: es sei unnatürlich, lieblos und unchristlich, ‚Niemanden zu verpflegen und zu trösten‘[3]. ‚Wehe den Kranken bei uns Evangelischen zu Zeiten schwerer Contagion,‘ klagte der genannte Prediger Heinrich Lauber im zweiten Jahrzehnt des siebenzehnten Jahrhunderts; ‚wie gar Wenig sind bei uns, die ihnen gutwillig helfen wollen, und viel eher alle Welt, die wir doch unseres Glaubens mehr als die Papisten getröstet sein sollten, voll Furcht und Schrecken vor dem Tode, lassen mehrentheils gar die nächsten Blutsverwandten, Vater, Mutter, Kind, elend in Noth und Tod.‘[4]

Auf diese bei den katholischen Vorfahren ungekannte Erscheinung hatte Georg Wizel schon früher hingewiesen. ‚Ist es nicht,‘ fragte er, ‚die höchste Schmach, daß Diejenigen, welche vorher als Anhänger des Antichrist (um in ihrer Sprache zu reden) die Pest gar nicht oder jedenfalls nur sehr wenig fürchteten, jetzt als Christen eine so entsetzliche Furcht an den Tag legen? Fast Niemand besucht mehr die Kranken, Niemand wagt mehr, den von der Pest Befallenen beizustehen. Niemand will sie auch nur von der Ferne ansehen, und alle Menschen sind von seltsamem Schrecken ergriffen. Wo ist jener

---

[1] Haggenmüller, Gesch. von Kempten 2, 82.

[2] Vergl. unsere Angaben Bd. 5, 208—210, wo noch Näheres über die charitative Wirksamkeit der Jesuiten. ** Siehe ferner von dem vorliegenden Werke Bd. 7, 423 fl. 427 fl.

[3] [J. G. Faber,] Stoff für den künftigen Verfasser einer pfalz-zweibrückischen Kirchengesch. 2, 24. 53. 60—63.

[4] Von Wercken christlicher Barmherzigkeit Bl. C.

Alles vermögende Glaube, der jetzt so oft gepriesen wird, wo die Liebe des Nächsten? Sage mir doch in Christi Namen, ob jemals weniger Zuversicht, weniger Liebe unter den Christen gewesen ist.'[1] Luther selbst ist der beste Gewährsmann für diese Thatsachen. Als im Jahre 1539 in Wittenberg eine ansteckende Krankheit ausgebrochen war, schrieb er an Wenceslaus Link: ‚Es flieht Einer vor dem Andern, und man kann weder einen Aderlässer noch einen Diener mehr finden. Ich halt, der Teufel hat die Leute besessen mit der rechten Pestilenz, daß sie so schändlich erschrecken, daß der Bruder den Bruder, der Sohn die Eltern verläßt‘: er wollte darin eine von Gott verhängte Strafe erkennen ‚für die Verachtung des Evangeliums und den wüthenden Geiz‘. In einem Briefe an den Prediger Conrad Cordatus berichtete er dieselbe Thatsache, suchte aber dafür eine andere Erklärung. ‚Auch hier hat sich große Unbarmherzigkeit von Verwandten gegen Verwandte gezeigt, so daß es mir außerordentlichen Kummer verursachte und mich beinahe mehr versucht hätte, als gut gewesen wäre. Es ist dieses eine ganz neue und wunderbare Pest dieser Zeit, da der Satan, während er nur Wenige mit der Krankheit heimsucht, Alle durch einen unglaublichen Schrecken wie zu Boden schlägt und in die Flucht treibt: wahrlich, es ist dieses etwas Ungeheueres und eine völlig neue Erscheinung bei dem so mächtig und hell scheinenden Evangelium.'[2]

Von furchtbarer Bedeutung für das ganze Armenwesen wurde die Wegnahme und Verschleuderung der Kirchengüter und unzähliger milder Vermächtnisse nicht allein für den Pfarr- und Kirchendienst, sondern auch für Hospitäler, Schulen und Armenhäuser.

Luther hatte schon im Jahre 1523 die Furcht ausgesprochen, daß die geistlichen Güter ‚in die Rappuse‘ kämen und ‚ein Jeglicher zu sich reiße, was er erhascht‘, ‚wie im Böhmerland geschehen‘ sei[3]. Im Jahre vorher hatte Thomas Murner über den Raub der Kirchengüter vorausgesagt:

> Wann si die Güter alle nemen
> Und auf ein Haufen legten zusemen,
> So wird dem Armen das darvon,
> Als si in Böhem haben gethon,

---

[1] Döllinger 1, 64—65.

[2] Bei de Wette 5, 218—219. 225—226; vergl. 5, 134—135, wie er seinen Freund Nicolaus Amsdorf, der in Magdeburg Zeuge derselben Erscheinung gewesen war, am 25. November 1538 zu trösten suchte. Dazu die Erklärungen Döllinger's 1, 345—348. ** Siehe auch unsere Angaben Bd. 7, 412 fll.

[3] Sämmtl. Werke 22, 107. 110.

Da auch der Arm meint, daß ihm würd
Vom geraubten Gut ein ziemlich Bürd,
Da nahm es der Reich und ließ den Armen
Sich im Elend gon erbarmen [1].

Später hatte Luther es vor Augen, daß Jedermann wolle ‚fett werden mit Rauben und Stehlen der Kirchengüter‘ [2]. ‚Der Teufel‘, schrieb er, ‚versuchet sich schier bei allen Ständen, daß sie mit dem Kirchengut und gemeinen Almusen sehr untreulich umgehen. Große Herren halten mit den Kirchengütern Haus, daß es wohl besser döchte, wie leider nur zu viel am Tage ist.‘ Was die Vorfahren dazu reichlich gegeben und geordnet, wollen sie selbst behalten und in eigenen Nutzen wenden. ‚Also Bürger und Bauern: was sie ihren Pfarrherren geben sollen, siehet man, wie es so untreulich geschieht. Darumb geht auch, wie der Prophet Malachias droht, Gottes Zorn so augenscheinlich, daß Jedermann, die großen Herren ebensowohl als Bürger und Bauern, bei solchem Gut zu Bettlern werden. Das wäre noch zu leiden, wo nicht der Jammer dran hinge, daß dieweil Schulen und Kirchen dahinfielen und die armen Leute gar darunter versäumet würden. Das ist des leidigen Teufels Geschick, der siehet wohl, wo es endlich hinaus will.‘ In jedem Fürstenthum, jeder Stadt und jedem Dorf bedürfe man solcher Leute, die ‚mit den Kirchengütern recht umgingen, die nicht auf ihren Nutz und Geiz, sondern auf die sähen, denen solcher Güter von Rechts wegen gehören‘, nämlich den Kirchendienern, den Armen und armen, zum Studiren tauglichen Knaben. ‚Also ist der Mangel an dem, daß wir nicht Leute haben, die zu solcher Verwaltung gehören, redliche, gottesfürchtige und geschickte Leute.‘ [3]

Auf das tiefste schmerzte ihn die Behandlung der Kirchendiener: der Pfarrherren und Prediger. Diesen gönnt, sagte er, Niemand etwas, ‚und dazu wird ihnen, was sie haben, vor dem Maul hinweggenommen von der schändlichen, undankbaren Welt, Fürsten, Adel, Bürgern und Bauern, daß sie müssen mit ihrem armen Weib und Kindern Noth leiden und elende, verstoßene Wittwen und Waisen nach ihnen lassen‘ [4]. ‚Man siehet es allenthalben, wie die Amtleute, Schösser, Richter, Bürger, Bauern und Nachbauern mit ihnen umgehen; halten sie geringer und verächtlicher denn Kühe- und Säuhirten.‘ [5] ‚So wird auch der Adel noch zufahren und die Pfarren zu sich reißen. Wir haben ihnen die großen Stift und Kirchengüter gelassen, auf

---

[1] Vergl. unsere Angaben Bd. 6, 226.

[2] ** Im Jahre 1530 klagte Luther: ‚Ein jeglicher Bauer, der nur fünf weiß zu zählen, der reißet Aecker, Wiesen und Hölzer zu sich von den Klöstern.‘ Sämmtl. Werke 47, 229.

[3] Sämmtl. Werke 3, 270—271.   [4] Sämmtl. Werke 13, 208.

[5] Sämmtl. Werke 3, 47. 48.

daß sie uns sollten allein die Pfarren versorgen, aber sie thun's nicht.'[1] ‚Sonderlich die vom Adel machen aus ihrem Pfarrherrn einen Calfactor und Stubenheizer, einen Botenläufer und Briefträger, nehmen ihm seine Zinse und Einkommen, darauf er sich mit Weib und Kind nähren soll, und sind doch alle gut Evangelisch.' ‚Täglich', klagte er an einer andern Stelle, ‚siehet man an Bürgern, Bauern und Adel, daß nun Niemand gern mehr einen Heller zum Evangelio und Predigtamt gibt, ja Jedermann stiehlt und raubet lieber den armen Kirchen, was vor Alters gegeben ist.' Auf den Dörfern müßten die Pfarrherren wohl gleich den anderen Bauern die Kühe und Säue hüten. ‚Die Pfarrherren und Prediger werden nicht allein verachtet, sondern auch sonst übel gehalten.'[2]

Luther steht mit seinen Klagen keineswegs allein.

‚Nie hat man sich', schrieb Melanchthon im Jahre 1528, ‚unfreundlicher, häßlicher gestellt gegen die Pfarrer und Diener der Kirchen, denn eben dieser Zeit. Etliche, die fast Evangelisch sein wollen, reißen zu sich die Güter, so Pfarrern, Predigtstühlen, Schulen, Kirchen gegeben sind, ohne welche wir zuletzt Heiden werden. Das gemeine Volk und Pöbel weigert seinen Pfarrern ihre Gebühren, und das thun Diejenigen am ersten, so fast Evangelisch sich rühmen, so doch Niemand mit den Lehrern und Predigern unfreundlicher umgehet.'[3]

Die ‚undankbare Welt', schrieb Johann Winistede, ‚hält es ja leider gemeiniglich so, daß die frommen treuen Prädikanten, dieweil sie dienen und arbeiten können, kaum von der Hand in den Mund haben. So sie aber siech oder krank werden und sterben, so müssen ihre armen Weib und Kinder nach Brod gehen und gar zu Bettlern werden.'[4]

‚Der erste arme Lazarus', predigte Nicolaus Selnekker im Jahre 1580, ‚sind die Kirchen, denen man damit rathen und helfen soll, daß sie recht bestellt und versorgt werden, daß arme Pfarrer und Prediger ihr Amt verrichten können und ihre Unterhaltung haben. Denn wir sehen es und erfahren es leider, daß an vielen Orten ein solcher Mangel ist, daß mancher armer Pfarrer bei seiner großen und schweren Arbeit schwerlich kann sein Brod für sich und die Seinen haben.'[5]

---

[1] Sämmtl. Werke 62, 298—294.
[2] Sämmtl. Werke 6, 182. 325; vergl. 214.
[3] Unterricht Phil. Melanchton wider die Lere der Wiederteuffer aus dem Latein verteutschet durch Justus Jonas. Wittenberg 1528. D 3ᵇ. ** Luther's Freund Paul Eber klagt, daß man die Kirchendiener entblöße und verhungern lasse, und prophezeit, die Zukunft werde augenscheinlich erweisen, wie wenig Segen die Spoliationen Denjenigen brächten, die sich ‚ob den geistlichen Gütern wol gewärmt und gemästet' hätten. Sirt 26.
[4] Kurtze Anzeigung Bl. Hᵇ.   [5] Selnekker, Drei Predigten E 3.

Es sei ein schweres Nothfasten, sagte der Prediger Hartmann Braun, wenn die Prediger ‚mit einem Hundebrod abgespeist werden und ihre Kinder nicht länger zu beissen und zu brechen haben, als so lange die Väter leben‘ [1].

Wenn wirklich einige Prediger reichlich besoldet wurden [2], so war doch deren Zahl äußerst gering. Selbst in Nürnberg beschwerten sich ‚Schaffer und Caplän bei St. Sebald und St. Laurenz‘ bei dem Rathe, daß sie mit Weib und Kindern ‚am täglichen Brod große Noth gelitten und noch täglich leiden‘ müßten und ihnen, ‚so sich je zu Zeiten Leibsschwachheit und Krankheit zutrügen‘, die ‚nothwendige Hülfe‘ mangele [3]. Der Theologe Johann Knipstro erklärte, daß er als Prediger zu Stralsund vor den Thüren habe betteln müssen, wenn nicht seine Frau mit Stickerei Etwas verdient hätte. Der Superintendent Johann Freberus übergab dem Stralsunder Rathe im Jahre 1547 eine Schrift ‚Von dem rechten Gebrauch und Mißbrauch geistlicher Güter‘, worin er bringend um eine ‚wenigstens nothdürftige Versorgung der mit Frau und Kindern hungernden Prediger‘ bat [4]: die Kirche und die Armuth werde beraubt [5].

Es sei doch ‚eine gräuliche große Sünde‘, sagten mehrere Professoren der Rostocker Universität in einer Bittschrift an die Herzoge von Mecklenburg, daß ‚viele Herren‘ die milden Stiftungen früherer Zeit wegnähmen ‚und dabei zu sehen, daß die Kirchen im ganzen Land und sonderlich auf den Dörfern also jämmerlich bestellt‘ seien [6]. Um nur leben zu können, mußte zum Beispiel der Prediger zu Gnoien in Mecklenburg neben seinem Amte auch die Stelle eines fürstlichen Küchenmeisters und Zolleinnehmers versehen [7]. Ein Wesenberger Kirchenvisitationsprotocoll vom Jahre 1568 klagte, daß die Einkünfte der Gotteshäuser, ‚welche die Junker noch nicht zu sich gerissen, von den Bauern in Bier versoffen‘ würden [8].

In Pommern-Stettin befand Herzog Barnim XI. im Jahre 1540 ‚aus täglicher und steter Erfahrung, daß die liegenden Güter, Hauptsummen, Zinsen

---

[1] Braun, Zehn christliche Predigten 116.

[2] Vergl. oben S. 306, was der Abt von St. Michaelis in Lüneburg schrieb. Wie Bugenhagen sich beschenken ließ, darüber vergl. Paulsen 186 Note 1.

[3] Walbau, Vermischte Beiträge 4, 445—448.   [4] Kosegarten 1, 177. 195.

[5] Im Einzelnen gab er an: der Prediger Andreas Winter habe jährlich nur 30 Gulden Gehalt; mit diesen könne er sein Haus nicht aufrecht erhalten; der Prediger Alexander Grote bekomme nur 23 Gulden, von welchen er noch 10 Gulden für Wohnung abgeben müsse, so daß er nur 13 für die Haushaltung übrig habe. Wenn ein Prediger sein Amt treu erfüllen wolle, so tadele, schimpfe und richte man ihn, zähle ihm alle Bissen schier im Munde und gönne ihm kaum eine Handvoll Ehren. Joh. Freberus 1, 83—84.

[6] Krabbe, Universität Rostock 1, 567 Note.   [7] Franck 9, 181.

[8] Boll 1, 206.

und auch andere Nutzungen, ſo zu den Pfarrkirchen vor Alters vereinigt geweſen, durch die Patronen oder Stifter verrückt, auch von anderen Per= ſonen den Kirchen entwandt, die Hauptſummen und Renten durch die Schuldner, nach vielfältigem Anfordern und auserſtandenen Rechten, nicht bezahlt und entrichtet' würden: dadurch ſei ‚ein plößlicher Untergang' des ganzen Kirchen= weſens zu beſorgen [1].

Es iſt ‚offenbar und leider dahin gerathen', ſagte Kurfürſt Joachim II. von Brandenburg im Jahre 1558, ‚daß ein Jeder gerne von Jeſu Rock ein Stück haben will, und ſich derwegen viel Leute befleißigen, die geiſtlichen Güter, es ſei auch unter was unbefugtem Schein ſie immer können, an ſich zu bringen und ſich damit zu bereichern' [2]. ‚Dem göttlichen und allem be= ſchriebenen Rechte zuwider' ſuche ‚faſt ein Jeder', heißt es in einer Verfügung des Kurfürſten Johann Georg vom Jahre 1573, die geiſtlichen Güter und Einkommen, welche ‚die lieben Eltern und Vorfahren aus chriſtlicher guter Andacht für Kirchen und Schulen gegeben', an ſich zu reißen; man unter= ſtehe ſich, den Pfarreien ihre Hufen, Aecker, Wieſen, Holzungen, Zehnten, Pächte und Zinſen, zum Theil ſelbſt mit Gewalt, wegzunehmen; namentlich werde den Dorfpfarrern faſt Alles, ‚davon ſie ſich, auch ihre armen Weiber und Kinder erhalten ſollen, entzogen', und ‚dürfen doch Solches aus Furcht nicht klagen, ſind auch zu Zeiten unvermögend, es zu thun': ein ‚ſonderlicher Fiscal' ſolle angeordnet werden, um ‚wider die Verbrecher zu procediren' [3].

Auf den Dörfern und in den kleinen Städten ſah es allenthalben am ſchlimmſten aus. So berichtete beiſpielsweiſe Erasmus Sarcerius um das Jahr 1555 aus eigener Anſchauung aus dem Mansfeldiſchen unter Anderm: ‚Die vornehmen Herren ſuchen ſich die Lehngerechtigkeiten und Lehngüter der Geiſtlichen anzueignen und laſſen es geſchehen, daß ihre Amtleute und Schöffer thätlich vorgehen. Die Pfarrhäuſer verfallen und die Wirthſchaftsgebäude derſelben liegen wüſte. Mit der Verwaltung der Kirchengüter ſteht es nicht beſſer. Die Gefälle an die Kirchen werden häufig gar nicht bezahlt, auch von Niemanden eingetrieben. Aus den Kirchencapitalien baut man Wege und Brücken, gibt Schmäuſe, verborgt ſie unter einander ohne hypothekariſche Sicher= heit. Insbeſondere bleibt der Adel die an die Kirchen fälligen Zinſen und Renten ſchuldig, und von freiwilligen Schenkungen an die Kirchen und wohl= thätigen Stiftungen iſt keine Rede mehr. Adeliche und Bürgerliche ziehen die Stiftungen ihrer Vorfahren wieder als ihr Eigenthum an ſich, als ob ſie

---

[1] Dähnert 2, 575. Ueber die Verſchleuderung des Kirchenvermögens in Barth vergl. Baltiſche Studien 1, 196.

[2] Mylius 1ᵃ, 268.

[3] Mylius 1ᵃ, 299. 385. 387. Ueber die Einziehung und Verſchleuderung der Kirchengüter im Brandenburgiſchen vergl. unſere Angaben Bd. 3, 424—427.

gar nicht zu Gottes Ehre geschenkt seien. Häufig schlägt man sehr entfernte Pfarreien zusammen, daß es Einer Kraft gar nicht möglich ist, sie zu verwalten. Denn wie sollen zumal alte Pastoren am Sonntag in drei, ja manchmal in vier Kirchen predigen? Dabei sind die Pastoren blutarm. Brod und Wasser ist ihre Nahrung und Trank; ja manche müssen ihr Trinkwasser um Geld kaufen.'[1]

'Wo vor Zeiten', schrieb der Lutheraner Anton Prätorius im Jahre 1602, 'zwei oder drei Prediger gewesen, wird jetzt kaum einer gehalten. Die Alten haben Stifte, Klöster, Kirchen und Clausen gebaut und sie alle mit jährlichen Zinsen und Einkommen reichlich versorgt, auf daß es ja nicht an Gottesdienst und Dienern mangeln sollte.' Diese Kirchen und Klöster habe man eingezogen, verwende die Gefälle aber nicht zu rechtem Brauch. 'Wie der König Belsazer in seinem herrlichen Mahl mit seinen gewaltigen Hauptleuten und Weibern prangte mit den geraubten güldenen Tempelgefäßen, und soff sich daraus voll, also thun noch seines Gleichen Eiferer. Damit sie stolze Roß und Diener halten können, muß Christus des Seinen entbehren.'[2]

Unaufhörlich ergingen aus allen protestantischen Ländern und Städten solche Klagen über die Beraubung der Kirchen und der Armen, und zahlreiche Stimmen wiesen auf die schon augenscheinlichen Folgen des Gottesraubes hin.

'Vor Zeiten', sagte der Diacon Eckhard Lüncker in Marburg im Jahre 1554 in einer Leichenpredigt, 'sind die Diener der Kirchen und die Armen von den Zehnten ernährt und erhalten worden, zu diesen unseren Zeiten aber werden diese Güter wunderbarlich von einander gerissen, hin und wieder zertheilt, die Diener des göttlichen Wortes beraubt, die Armen versäumt.'[3]

Bei der Veränderung der Religion, schrieb Wolfgang Kaufmann, Diacon zu Mansfeld, im Jahre 1565, hat 'Jedermann zu den Kirchengütern gegriffen; was an Gründen, Aeckern, Wiesen, Holzwachs, Weingärten und Häusern zu Kirchen, Schulen und Hospitälern gestiftet gewesen, hat man entwendet, unter sich getheilt und verkauft und dafür nur geringe und bisweilen unsichere Geldzinsen angewiesen: das Gewisse hat man ihnen genommen und auf das Ungewisse sie gewiesen'[4].

In der Kurpfalz wiesen die von dem Kurfürsten Otto Heinrich bestellten lutherischen Kirchenvisitatoren in einer demselben am 8. November 1556 eingereichten Schrift bezüglich der Kirchengüter darauf hin: 'Viele Leute hohen

---

[1] Zeitschr. des Harzvereins 20, 522—523.

[2] Prätorius 169—170. 'Ich weiß etliche Pfarrherren, deren einer hat fünf, der andere sechs, der britte acht, der vierte zehn, zwölf, weniger oder mehr Dörfer neben seinem Wiesen- und Ackerbau, davon er sich ernähren muß, zu versehen: kommt an etliche Ort selten, an etliche nimmermehr, und die Leute zu ihm auch also.'

[3] Döllinger 2, 207 Note.   [4] Döllinger 2, 285.

und niedern Standes verſündigen ſich groß und ſchwerlich an Gott und
erweden ſeinen grimmigen Zorn über ſich und die Ihren, daß ſie ſolche Güter,
ſo einmal Gott und ſeiner Kirche ergeben, zu ihren Händen ziehen, getreue
Kirchendiener laſſen Armuth und Noth leiden und damit Urſach geben, daß
der Kirchendienſt nicht allein verachtet, ſondern auch aus Mangel der Perſonen
wüſt und öde gelegt wird.‘ Schon ‚bezeuge die Erfahrung‘, fügten ſie hinzu,
‚leider nur mit zu viel großem und unüberwindlichem Schaden deutſcher
Nation, wie ſo gar wenig ſolch geraubt Kirchengut Denjenigen, es ſeien hohe
oder niedere Obrigkeiten, genützt hat: auf dieſe Stunde ſind dieſelbigen nicht
allein nicht deſto reicher, ſondern noch dazu faſt wohl verarmt und müſſen
unterweilen Land und Leute verſetzen und beſchweren‘. Die katholiſchen Vorfahren des Kurfürſten hätten beſſer gehandelt. ‚Es ſind‘, ſagten die lutheriſchen
Viſitatoren, ‚Euer kurfürſtlichen Gnaden Vorfahren und Eltern gleichwohl
hochberühmte, reiche und gewaltige Kurfürſten und Regenten geweſen an Land
und Leuten, ob ſie ſchon die Kirchengüter nicht zu ihren Handen gezogen,
ſondern vielmehr die Kirchen gehandhabt und von dem Ihrigen reichlich
dotirt haben.‘ [1]

Früher, predigte Andreas Musculus im Jahre 1555, ‚ſind Fürſten und
Herren ſo reich geweſen, daß ſie ohne Kirchengüter und ohne Beſchwerung
der Unterthanen ſolche große Gebäu der Klöſter, Stifte, Hospitäler, wie noch
vor Augen, haben können aufrichten, große Kriege daneben führen, und haben
noch große Schätze überbehalten. Jetzunder nehmen Fürſten und Herren wieder,
was ihre Großeltern zur Kirche gegeben haben, beſchweren die Unterthanen,
und iſt gleichwohl Nichts da; es verſchwindet Eines mit dem Andern. Zu
jener Zeit hat Einer eine Stadt, Kirche und andere große Gebäu, darob wir
uns jetzunder verwundern, können aufrichten, was jetzunder ein ganzes Land
zu thun nicht vermöchte.‘ Früher ſeien Mönche und Geiſtliche in großer Zahl
reichlich verſorgt worden, und doch hätten Bürger und Bauern noch übrig
behalten und ſeien reiche Leute geblieben. ‚Jetzunder nehmen die Edelleute
die Hufen und Wieſen von den Kirchen, die Bauern geben Nichts, die Bürger
haben die Beneficia und Stifte — und hat gleichwohl Niemand Nichts dabei,
ſein Bettler gegen unſere Voreltern.‘ [2]

Durch die Einziehung und Verſchleuderung der Kirchengüter wurden aber
nicht allein die Kirchen und ihre Diener beraubt, ſondern auch, wie proteſtantiſche Zeitgenoſſen in ſämmtlichen proteſtantiſirten Ländern und Städten unaufhörlich hervorhoben, ‚die Armen und Kranken und anſonſt elenbigen

---

[1] Schmidt, Antheil der Straßburger 50—51.
[2] Im Hofenteufel bei Scheible, Schaltjahr 2, 404—405.

Menſchen, denen die milden Stiftungen und Gaben der Vorfahrer nicht mehr zu gute' kamen.   Darum müſſe ‚Zorn und Rache Gottes auf dieſen Gottes- raub folgen'.

‚Ganz Deutſchland', ſchrieb Nicolaus Medler, Superintendent zu Braun- ſchweig, im Jahre 1546, ſtehe jetzt wegen ſolchen Raubes ‚in Fährlichkeit'. ‚Denn Gott wird noch ſtrafen ſolche Laſter der Menſchen durch eine ſolche Verwüſtung und Verheerung, die ſonſt lang kaum gehört iſt, darum daß ſie bis anher Niemand hat können ſtillen oder ſtrafen.'[1]

In derſelben Stadt eiferte der Superintendent Joachim Mörlin gegen den ‚Julianiſchen Teufel' der evangeliſchen Gottesräuber mit den Worten: ‚Wohlan, du ſeieſt, wer du willſt, der du der Kirchengüter zu dir geriſſen haſt viel oder wenige, heimlich oder öffentlich, ſo haſt du das Gericht und ſchwere Laſt auf deiner Seel und Gewiſſen, dafür du an Gottes jüngſtem Gericht ſollſt und mußt Antwort geben.'   Man reiße alle frommen Stiftungen der Vorfahren weg, reiße ‚im klaren Lichte des lieben Evangeliums' in Kirchen und Schulen Gott die Güter aus den Händen und laſſe ihn gleichſam ‚ſchmach- ten, daß ihm das Herz im Leibe wehe thut'.   ‚In Summa: Wucher, öffent- liche Räuberei und andere große Sünden ſind ſchwerliche Laſter, ſchaden aber ja ſo weit nicht als dieſes grauſame Fürhaben mit dem Kirchenraub.   Das betrübet und beraubet Gott da mit, daß es Urſache gibt zu einer künftigen gräulichen Barbarei'.   ‚Weil die Sünde zu groß, muß Gott mit grimmigem Zorn auch zeitlich darein greifen und dir die löcherigen Taſchen an die Seite gürten, bis er dich zuletzt an die Erde drücket.'   ‚Dein Blut über deinem Hals.'[2]

‚Ich habe geſehen,' ſchrieb um das Jahr 1559 der Prediger Lampadius zu Halberſtadt, ‚wie man in etlichen Fürſtenthumen, Grafſchaften, auch Städten, mit den Kirchen-, Schulen- und Armengütern geſpielet, ſie verſchenkt, ver- praſſet und mißbraucht hat und noch mißbraucht.'   Man treibe mancherlei Schinderei mit dergleichen Gütern und richte mit Kaufen und Verkaufen der- ſelben ‚allen Muthwillen und Gottesläſterei' an.   Die aber, welche ſolche Güter ‚frev0entlich unter ſich haben und den Kirchen, Schulen und Armen das Ihre davon nicht geben, die haben Feuer in ihren Häuſern, wie der Prophet Micha ſagt, dadurch ſie werden verbrennet werden.'

‚Auch an großen Fürſtenhöfen', äußerte ſich der proteſtantiſche Juriſt Melchior Krüger, Syndicus der Stadt Braunſchweig, ſeien alle dieſe Güter ein Brand in Kaſten und Kammer und brächten ein Unglück nach dem andern über Land und Leute herbei, ‚alſo daß man ſchatzet und ſchabet und dennoch

---

[1] Winiſtede, Kurtze Anzeigung Bl. H 4ᵇ.
[2] Hortleder, Von Rechtmäßigkeit 5, 1882—1883.

einen Tag so reich oder je so satt ist als den andern'. ‚Es wäre auch Schade,' fügt er hinzu, ‚daß es besser gedeihen sollte.'

Aehnlich sprach sich Erasmus Alber aus: Man reiße den Kirchen und den Armen die Güter weg, lasse die Armen Noth leiden, nehme ihnen das Brod aus dem Munde, schinde das arme Volk, wie es vordem nie erhört worden, und werde in der Hölle den Schweiß und das Blut der Armen bezahlen müssen [1].

Gleich unerschrocken sprach sich Nicolaus Selnekker über die ‚Aussauger und Kirchenfeger' aus: unbekümmert um Kirchen, Schulen und arme Leute, raube und stehle man ungescheut, stolzire und prange mit den Gütern, welche man durch Gewalt oder List und seltsame Praktiken an sich gebracht habe; was man davon darreiche, sei ganz gering: ‚Sie geben eine Mücke und nehmen ein Kameel, oder da sie einen lausigen Heller geben, stehlen sie ein Pferd.' [2]

Räuberisch, sagte der Prediger Bartholomäus Ringwalt in seinem Zeit- und Sittengedicht ‚Die lauter Wahrheit' im Jahre 1585, greife man die Stiftungen an, große und kleine, welche die frommen Alten von ihrem sauern Schweiß und Blut errichtet hätten, sorge aber weder für Hospitäler noch für Schulen, in welchen man die Kinder der armen Leute unterrichten könne, und werde dafür in gerechter Strafe an Geblüt und Gut verderben [3].

‚Man könne wohl', stellte der braunschweigische Hofprediger Basilius Sattler im Jahre 1618 seinem Herzog Friedrich Ulrich vor: ‚sieben bis acht fürstliche und gräfliche Häuser nennen, die heruntergekommen und ganz ausgegangen seien, weil man die geistlichen Güter in weltlichen Brauch gewandt habe.' [4]

Besondere Beachtung verdient eine Schrift, welche der Prediger Johann Winstede im Jahre 1560 ‚Wider die Kirchendiebe jetziger Zeit' herausgab. Er rief darin die Strafe des Himmels herab auf Alle, welche den Kirchen und den milden Stiftungen nicht allein wegnähmen, was die Reichen dafür früher von ihrem Ueberfluß gegeben, ‚sondern auch was arme Wittfrauen aus den Wocken gezanet und arme Handwerksleute oft von ihrem Munde gespart zum hungrigen Mahl, auch ihren eigenen Erben entzogen' hätten. ‚Sie reißen es zu sich,' sagte er, ‚als wäre es ihr eigen, verschlemmen und verpanketiren es, mit vieler Armen Schaden und Nachtheil.' [5] ‚Daß auch Etliche' von den eingezogenen kirchlichen Gütern ‚in den Klöstern Schulen halten lassen, das thun sie allein, wie das Werk an ihnen selbst an vielen Orten anzeigt, zu einem Schein, als thäten sie was Großes davon. Darum

---

[1] Winstede, Kurtze Anzeigung Bl. B 1—2. J 2ᵇ—3. Hortleder, Von Rechtmäßigkeit 5, 1381—1384. 1400—1401. Vergl. unsere Angaben Bd. 3, 739 fll.

[2] Döllinger 2, 344.   [3] Vergl. unsere Angaben Bd. 6, 241—243.

[4] Spittler, Gesch. des Fürstenthums Hannover 1, 415.

[5] Kurtze Anzeigung Bl. E.

ist schier Niemand so sehr derselben Klöster und ihrer Güter gebessert, als
eben die Schösser, Verwalter und so bereits reich genug sein. Wie man aber
die armen Lectores und Knaben an vielen Orten hält, speiset und instituirt
von solchen großen Gütern, sind viel frommer Leute schon inne worden, nicht
ohne großen Schaden und Versäumniß ihrer armen Kinder.‘ [1] Wenigstens
den Armen möge man nicht entziehen, was ihnen ‚für Alters christlich gegeben
und rechtschaffen fundirt, als da sein Spende, Tücher, Schuhe und dergleichen
Oblation und milde Almosen‘; ‚denn man muß ihnen dasselbige, was sie
unter dem Papstthum gehabt haben, nun nicht entziehen oder verkürzen‘ [2].

In den maßlosesten und leidenschaftlichsten Ausdrücken erging sich Winistede wider· ‚die römische, satanische Synagoge mit ihren Töchtern, das ist
Stiften und Klöstern‘; er verlangte, daß ‚den Papisten‘ alle Kirchengüter
weggenommen würden [3]; aber ‚dreimal ärger‘ als die Papisten verführen ‚die
jetzigen Gewaltthäter‘, welche ‚unter dem Schein des Evangelii die Kirchengüter unter sich reißen‘. ‚Sie verkaufen dieselben erblich und eigen, als wären
sie ihrer, versetzen, verpfänden, verschenken sie, lohnen ihren Dienern damit
oder unwürdigen Personen, unmündigen Kindern, verleihen sie ihren unnützen
Hofschranzen, die sie unordentlicher Weise verkleiden, verschlemmen und verzehren, wenig oder wol gar nichts dafür thun, allein arme Leute damit
übersetzen, plagen, fluchen, schwören bei Gottes Namen, Wunden, Martern;
auch Niemands davon helfen, sondern viel mehr mit neuen und unbilligen
Fronendienst und Auflage wie Pharao und seine Vögte in Egypten die Armen
damit viel mehr beladen und beschweren, aussaugen und bis auf den Grat
schinden.‘ [4] ‚Man muß gegen sie beten den 83. Psalm: O Gott, mache sie
wie ein Wirbel und wie die Stopfel für dem Winde. Sollt es ihnen auch
noch der Türk, Franzose, Hispanier, Moscoviter oder ein ander Tyrann
wieder abschatzen, abrauben oder abbrennen, und einen solchen Raub und
Diebstahl an ihnen rächen, oder sich darüber unter einander noch selbst zu
balgen, raufen, stechen und erwürgen.‘ [5] ‚Sage doch, lieber christlicher Leser,
wovon kömmt es doch her, daß vor Alters die frommen Kaiser, Könige,
Fürsten, Grafen, Edelleute, ja die gewaltigen Bischöfe selbst, ihre Unterfassen
so gar nicht schatzten oder mit unbilligen Diensten beschwerten, sondern sich
an ihren Renten, Einkommen und Gebühren genügen ließen und dennoch an
allen Orten vollauf und genug hatten, dazu auch noch ohne Beschwerung
ihrer Land und Leute nicht allein Burgen und Schlösser baueten, sondern
auch große reiche Stifte und Klöster fundirten und bauen ließen? Nun
aber, nu sie schatzen, schinden und schaben, auch wieder zu sich reißen als

---

[1] Bl. D 2[b].   [2] Bl. H.   [3] Bl. C 2[b] fll. D 2.
[4] Bl. D 2.   [5] Bl. G. 3.

ein Jus Patronatus, was ihre Voreltern oder ander fromme Christen vor
Zeiten Gott zu Ehren gegeben haben, mangelt es an allen Orten und haben
weder die Herren noch die Unterfaſſen Etwas. Und da ſie mit den geiſtlichen
Gütern wollen zubüßen, da gerathen ſie erſt in den rechten Verderb und
werden gar zu Bettlern. Die Erfahrung bezeugt's, daß die Fürſten, Herren,
Edelleute und Städte, welche ihr Einkommen durch die Kirchengüter faſt
doppelt erhöht haben, faſt doppelt ärmer ſind denn zuvor. Wohlan, woher
kommt nu die Urſache eines ſolchen großen Armuths? Kommt ſie nicht
davon, daß Salomon ſagt: „Einer theilt das Seine aus und wird reicher,
der Andere nimmt anderer Leute Gut und wird ärmer"? Solche Arbeit gibt
ſolchen Lohn. Denn unrecht Gut gedeiht nicht, dieweil Gott dazu nicht ſeinen
Segen, ſondern den Fluch gibt, wie die Schrift an allen Orten bezeugt und
die Erfahrung täglich mit ſich bringt. Darum führen auch die Prädikanten,
ſo zu Hofe Suppeneſſer und Fuchsſchwenzer ſein, ſammt ihres Gleichen Juriſten
und böſe Chriſten mit ihrem Heucheln und Liebkoſen ihre Herren in keinen
geringen Schaden, beide, Leibs und Seelen; thun auch den chriſtlichen Kirchen
und Schulen keinen geringen Abbruch, ſo da lehren, daß die Potentaten
vollkommene Gewalt haben über die Kirchengüter, damit zu gebahren nach
ihrem Gefallen und dieſelbigen hinzukehren, wo ſie hin wollen.'[1]

Berückſichtigt man alle dieſe Aeußerungen von proteſtantiſchen Zeitgenoſſen,
deren Zahl ſich leicht noch verdoppeln und verdreifachen ließe, ſo findet man
vollſtändig begründet, was von katholiſcher Seite im Jahre 1577 ausgeſprochen
wurde in einer ‚Klage der Armen und Dürftigen wider die, ſo entweder
unter dem herrlichen Schein des heiligen Evangelii, oder auch unter Titel
und Namen, daß ſie es wollen beſſer anlegen als die Geiſtlichen, die Kirchengüter gewaltiglich zu ſich reiſſen.'[2]

Freventlicher Weiſe, heißt es darin, würden die Kirchengüter eingezogen,
die Stiftungen und Spenden der Vorfahren für die Armen; ‚und ſoll nun
hinfort die Barmherzigkeit eingezogen ſein, ſo jetzt am meiſten Arme auf
Erden leben und billiger alle Wohlthat zu dieſen Zeiten blühen ſollte'.

‚Zum Andern ſind meiſtlich alle losgeſtorbenen Pfaffenlehen weggeriſſen
und verändert, welche rechte Almoſen ſind und für Almoſen eingeſetzt, gegeben
und genommen ſind. Kommen ſolche gar ſelten einem Armen zu Nutz,
ſondern die Armen müſſen die Zinz hierzu noch wol mit ihrem Schaden reichen,
wiewohl Nichts darum gethan wird.' Deßgleichen ſeien ‚die Kleinodien der
Kirchen, welche Reiche und Arme in früheren Zeiten geſchenkt, weggenommen
worden, aber keinem Armen zu Gut gekommen'.

---

[1] Bl. D 3—4. Vergl. Vorrede B 3.   [2] Ingolſtadt. 6 Bl.

Nun sage man zwar, ,die Spenden und solche Dinge seien in den gemeinen Kasten geschlagen und würden daraus den Armen noch heutigen Tages
gereicht'; aber man wisse nicht, wie mit den Gütern ,gekartet' werde. ,Wie
können die Stifter erfahren, ob ihr allwege ihr gemein Almosen ausgebet oder
was ihr thut? Ihr machet viel Argwohns, und muß Mancher gedenken, sein
ausgewendetes Gut komme, weiß nicht wohin. Wäre es nicht christlicher und
aufrichtiger gehandelt, ihr hättet die obgenannten großen Almosen in ihrer
Stiftung und Ordnung bleiben lassen, angesehen, daß erst so viel hundert
elender, dürftiger Menschen erfreuet sind, da nun etlichen wenigen etwas wird?'
,Der verfallenen Lehenzinß sind auch etliche in Kasten geeignet, aber gemeinlich
nicht die besten. Denn was fett ist, das fällt weder in Kisten noch in Kasten,
sondern in die Kaufgewölbe und Weinkeller. Wer weiß nicht, daß der Kasten
den Namen haben muß, wie alle geistlichen Lehen und Präbenden darin ver-
storben, aber andere gute Gesellen haben es in der That? Daß es doch
wahr wäre, was sie rühmen: Arme könnten sein auch genießen; aber es ist
ein Spiegelfechten.'

,Sollen die Pfaffen die Lehen nicht mehr haben, so solltet ihr sie auch
nicht haben, weil sie euch weniger zuständig, sondern ihnen mehr gestiftet sind.
Wer soll sie denn haben? Antwort: Gebt sie den Armen. Was für ein
Christ bist du denn, der du Gut nach dir ziehen und einnehmen willst, das
nicht dein ist? Ist dir nicht bedacht noch gemacht von einem Vorfahren,
und thust Solches noch mit eigener Gewalt. Ja, sprichst du, es ist eitel verdammt böses Gut mit den Pfaffen-Lehen, ist nicht besseres werth. Antwort:
Warum nimmst du dasselbige verdammt böses Gut und weidest dein Fleisch
damit auf's aller pfäffisch? Ist es böses Gut, so laß du es liegen und
sprich: Ich will sein auch nicht. Alsdann wird es seine Herren wohl finden,
nämlich die Armen und die Fundatoren, so bedürftig worden, welcher erster
Schweiß die Lehen sind. Ist viel Uebriges da, siehe, so bessere man die
Pfarrämter und Schulen, Hospitäler, Franzosenhäuser und so weiter damit.
Davon wird Gott viel Dankes von Vielen gesagt und ihm sein rechtes Lob
gegeben im christlichen Dienst. Es sind ja die Fundationen, wie man sie
nennt, zu Gottesdienst geeignet, darum sollen sie billig bei Gottes Dienst
bleiben, welcher am meisten in der Liebe und Barmherzigkeit stehet. Was ist
es denn nun, daß du dastehest und schreiest stets wider die Lehen und ihre
Stifter und richtest sie alle hinab zur Hölle, und dein Herz hänget dir doch
nach dem, was dein Maul schilt?'

Aber selbst angenommen, fährt der Verfasser fort, ,alle Lehen kommen
in Kasten. Wessen ist aber dann der Ruhm davon? euer oder der Stifter?
Wie kann es aber euer sein, da euer die Lehen nicht sind und habt weder
Heller noch Pfennig dazu gegeben, sondern thut nicht mehr, denn daß ihr

nehmet, was Andere gegeben haben? Die Stifter haben es gegeben und werden von euch zum Lohn verdammt. Ihr aber nehmet es und werdet zur Strafe gelobt. Also geht es widersinnig, und ist der Ruhm erschollen, wie ihr so reiche Kasten habt, gerade als ob ihr sie mit eurem Gelde reich gemacht hättet. Die Alten tragen ein, ihr traget aus. Die Alten füllen eure Kasten, ihr leeret sie. Und so es also evangelisch ist, in eure Kasten zu geben, so ist Niemand evangelischer denn die Alten, weil sie am meisten gegeben, ja weil sie eben eure Kasten in vielen Städten allein aufgerichtet haben. Welches ist nun evangelischer: Geben oder Nehmen? Das soll uns Gottes Wort verantworten Act. 20: Geben ist seliger denn Nehmen. Dem Urtheil nach sind unsere Vorfahren seliger denn ihr. Dann aber hättet ihr wohl Ruhm von eueren Kasten, wenn es mit eurer eigenen Baarschaft, ohne anderer Leute Geld, angerichtet worden wäre. Aber es ist mit Diesem wie fast mit Allem, nämlich daß ihr es von Kirchischen habt, was Gutes euere Secte hat.‘

‚Auch prüfet man an Anderen wohl, wie hart ihr bei dem Almosen haltet. Wo kommen die großen Klostergüter hin? wer frisset dieselbigen Almosen? Mönche sollen sie nicht haben. Woher sollst du sie denn haben? Laß richten: auf welcher Seite befindet sich die rechte Besitzung? Es ist um Gottes willen ausgegeben. Um wessen willen nimmst du es? Jene waren Bettler, was bist du? Sprichst: Sie haben nichts Göttliches darum gethan. Was Göttliches thust du darum? Sie haben damit gesündigt. Nicht alle, halte ich. Wozu brauchst du der reichen Abteien und Propsteien anders denn zu weltlichem Pracht und Lust? Waren jene nicht barmherziger und gütiger gegen ihre Untersassen, gegen die Wanderer und gegen allerlei Arme denn ihr jetzige neue Mönche? O das ist so wahr, als ihr wahre Harpyen seid. Konnte nicht früher der gemeine Mann der Klöster mehr genießen denn jetzt? Hatte nicht mancher Bauer ein Trost da in seiner Noth? Was hat er jetzt? Wem ist jetzt mit dem trefflichen großen Gut geholfen? Sind auch durch eure Barmherzigkeit etliche Klosterzinsen abgegangen? Wird auch der Dienst und die Arbeit durch eure christliche Liebe gelindert? Ja, in welchem allerkleinsten Werk der Barmherzigkeit hat sich euer rechtschaffener Glaube bewiesen aus den eingenommenen Klöstern? Es zeuget genugsam hiervon das gemeine Wort, das etliche Arme sagen, nämlich, sie wollten ihre vorigen Mönche auf dem Rücken wiederum holen. Aber was hilft ihnen ihr Klagen! Sie thäten wie die Aesopischen Frösche. Also ist es ihnen auch ergangen. Ich will das Schwert einstecken. Das: „Et reliqua“ wird sich selbst mit der Zeit offenbaren in aller Menschen Augen.‘

‚Wie viel christlicher, besser und löblicher wäre es, ihr hättet die Bettelgüter unter die Bettler verstreuet, dahin Bettelgut gehört, und also mehr von euch singen lassen: „Er zerstreute es, gab es den Armen“, als: „Der Raub der Armen ist in eurem Hause." Ach Herr Gott, wie viel Hundert hunge-riger, durstiger, nackter, betrübter, verlassener Menschen möchten in diesen Orten deutschen Landes von den Brosamen der reichen eingenommenen Klöster getröstet und erquicket werden! Ach, daß es euern Herzen einmal kund würde, was Noth die Armuth leidet, ob sich in euch doch ein Funke evangelischer Liebe entzünden wollte!' ‚Sollt euch doch der leibliche Schade, den ihr täglich vor Augen sehet, der Gerechtigkeit vermahnen. Denn siehe an das Klostergut. Wo ist es, wo bleibt es?'

‚Von den Tempelgütern, ob dieselben zum Almosen gewendet oder auch zum gemeinen Nutzen der Städte, will ich zu sagen unterlassen, und es lieber großen Leuten heimstellen, welche da beide Weisheit und Macht haben. Das allein sage ich: es wäre evangelischer gewesen, wo man je hätte eingreifen wollen, es für Andere als für sich zu nehmen.' Von den goldenen, silbernen, seidenen Kleinodien ‚hättet ihr doch zum wenigsten eine Anzahl zu des Armen Trost wenden, von so viel Centner Silber nur eine silberne Spende zur Ehre Gottes und zu eurem Heil austheilen mögen'.

‚Das weggenommene Kloster- und Kirchengut ist zerstäubet', sagte der-selbe Verfasser in einer andern Schrift vom Jahre 1578, ‚und liegt der Fluch darauf, als die Protestirenden selber hundertfach klagen. Haben etwan die Armen gewonnen? Ist die Armuth linder worden oder nicht viel eher drückender, vielfältiger, denn sie war vor den Spaltungen in der Religion, in den Zeiten christlichen einigen Glaubens? Frage in allen deutschen Landen, so fehlt dir die Antwort nicht, und kannst du selber sehen in Dörfern und Städten.' [1]

---

[1] Siehe unsere Angaben Bd. 4, 57—58. ** Vergl. ferner die Schrift: ‚Wie und was maßen Gott der Herr zu allen Zeiten gestraffet hab die, so frevenlich, wider recht, fug und billichkeit Geistliche güter eingezogen, Kirchen und Klöster beraubt und entunehret haben. Durch ainen gutherzigen Christlichen und Catholischen beschriben' (Ingolstadt 1560). Hier heißt es (Bl. H a—b): ‚Das ist ohne allen Zweifel und ganz in täglicher Erfarniß, daß ein einzig Kloster, das noch unbeschwert und unangefochten in seinem alten Wesen und Herkommen bleibt, allen armen Menschen, es seien Unter-thanen, Hausarme oder Handwerksleut, mehr nützet und hilflich ist, denn zehn Klöster, so in die Hand und Gewalt der Tyrannen gekommen sind. Denn da muß alles in einen Sack; welchem ob also sei, will ich beiderlei Hintersassen und arme Leut darum sagen lassen. Welche unter denen, die die Kirchen und Klöster beraubt, haben doch ihren armen Leuten geholfen und solche Güter auf sie gewendet, wie sie mit großem Schein und kleiner Wahrheit fürgeben? Wo hörst du, o Christenmensch, von größerer, schwererer, unchristlicher Schatzung, Steuer, Beschwerung gegen den Armen, als bei denen, so die Armen stets im Mund, aber nicht im Herzen tragen und fürwenden, als bei denen, die da alle geistliche Güter eingenommen und ohne Recht und Billigkeit an sich gebracht haben?' Vergl. Paulus, Hoffmeister 327 ff.; desselben Verfassers Schrift über Usingen 89 fl. und den Aufsatz über Lorichius im Katholik 1894, 1, 520.

Allerdings war die Armuth im Laufe des sechzehnten Jahrhunderts keineswegs ‚linder‘, sondern ‚viel drückender und vielfältiger‘ geworden, und das
Bettler- und Vagabundenwesen, welches man hatte ausrotten wollen, war zu
einer ‚der schwersten Landplagen‘ ausgewachsen und verschlimmerte sich von
einem Jahre zum andern.

3.

Die furchtbaren Wirkungen des Bauernkrieges waren in den Gegenden,
in welchen er getobt hatte, ‚für alle Zukunft des heiligen Reiches in Wohlstand
und Gedeihen nimmermehr zu verwinden‘ [1]. Dem Kriege folgte eine zehn-
jährige Theuerung, ‚wie sie in solcher Dauer in vorigen Zeiten niemals erhört
worden‘. Sebastian Franck schrieb darüber im Jahre 1531: ‚Die große
Theuerung währt heut noch und ist je länger je heftiger aufgestiegen in allen
Dingen, so menschliche Nothdurft erheischt. Diese Theuerung schreiben Viele
allein der Untreu und dem wucherischen Fürkauf zu, die Alles aufkaufen,
was der lieberlich gemein Mann hat. Alsdann, wenn es ihnen in die Faust
kommt, muß man ihr Lied singen und nach ihrem Willen bezahlen.‘ ‚Vor
Zeiten währet keine Theuerung über ein Jahr oder halbs. Im Jahr 1527
stieg der Wein das Fuder von 5 Fl. bald bis auf 25 und 30 Fl., das Korn
auch, aber schier so bald wieder herab. Jetzt kann man bei dieser untreuen
Welt keiner Theuerung mehr los werden, so gar ist alle Ding übersetzt und
auf den Fürkauf und Vortheil gespielt.‘ Aber die Noth kam noch aus anderen Gründen: ‚weil der arm gemein Mann zehrlich und lieberlich ist, immer
ihm selbst mehr aufsattelt, darlegt und verthut, dann er gewinnt oder erschwingen mag, alle Zeit in Tag lebt und so evangelisch ist — gefällt es
Gott —, daß er Nichts übrig behält.‘ ‚Die Bauern, so solchem Unfall sollten
rathen, haben selbst Nichts, in guten Jahren Alles verthan, und mehr dargelegt, als sie vermöcht haben, wachsen jetzt hinter die Herren.‘ ‚Wenn man
zu guten Jahren nur den Ueberfluß aufhöbe und der gemein Mann nicht so
lieberlich wäre mit Essen, Trinken, Kleidern und Panketten, so möcht man
diesem Jammer und Untreu der Welt allem fürkommen und rathschaffen.‘ [2]

Später schlug der Schmalkaldische Krieg ‚auch den allererrsten und vordem reichsten Städten solche Wunden, daß sie davon nimmer genasen‘. So
konnte die Stadt Augsburg, welcher der Krieg bis an drei Millionen Gulden
gekostet hatte, seit dieser Zeit sich nicht mehr erholen. Im Jahre 1553
mußte die Stadt, weil ‚fast gar kein Geld-Vorrath bei dem gemeinen Wesen
war und die jährlichen Einkünfte kaum zur Bestreitung der täglichen großen

---

[1] Vergl. unsere Angaben Bd. 2, 573 fll.
[2] Chronik 724 fll.

Ausgaben erklecklich ſein wollten', bei einigen Geſchlechtern und Kaufleuten um einen ergiebigen Vorſchuß handeln. Im Jahre 1569 mußte, abgeſehen von den ‚vielen übrigen Bettlern‘, ‚allein 1700 Perſonen in dem Leihhaus das Almoſen gereicht werden‘; im folgenden Jahre ſtieg dieſe Zahl auf mehr als 4000[1]. Der Rath von Memmingen ſchrieb am 30. November 1553 an Georg Beſſerer von Ulm, die Stadt ſei durch den Schmalkaldiſchen Krieg ‚in ſolche Schuldenlaſt, Armuth und äußerſtes Verderben geronnen, dermaßen mit Zinſen beſchwert, die Bürgerſchaft durch vielfältige Steuern erſchöpft und erſogen‘, daß die jährlichen Ausgaben größer ſeien als die Einnahmen, und man das ‚große Einkommen‘, ſo man ‚auf dem Land gehabt‘, habe verkaufen müſſen[2]. Frankfurt am Main beantragte im Jahre 1547 Verringerung ſeines Reichsanſchlags nach ſeinem ‚jetzigen geringen Vermögen‘. Schon früher, ‚da die Stadt noch in gutem und vermöglichem Weſen geſtanden‘, ſei der Anſchlag ſchon ‚hoch und beſchwerlich‘ geweſen, jetzt aber nicht mehr zu erſchwingen ‚in Anſehung der vielfältigen und merklichen Ausgaben, dadurch die Stadt gar erſchöpft, auch der ſchweren Schulden, womit ſie beladen ſei, auch des übermäßigen Schadens‘, den ſie ‚von beiderlei Kriegsvolk durch Heerzüge und Brand und Einlagerung der Söldner‘ erlitten habe[3].

Größer noch waren die Schäden, welche der ‚evangeliſche Krieg‘ des Markgrafen Albrecht von Brandenburg-Culmbach[4], ſpäter die Kriege in den Niederlanden, die Alles verwüſtenden Einfälle der Holländer und der Spanier über die Länder und Städte verhängten[5]. ‚Durch die andauernden Unruhen, Streifereien, Plünderungen, Durchzüge, Mißernten und Reichsſteuern ſind die meiſten Gebiete‘, ſchrieb Kurfürſt Johann Adam von Mainz am 3. Januar 1603, ‚ſo erſchöpft, daß nicht nur die Herrſchaften nicht mehr fortkönnen, ſondern die Unterthanen kaum mehr das trockene Brod haben und die alten Reichsſteuern nicht einzubringen ſind, geſchweige denn neue, wenn man ſie nicht von Haus und Hof treiben und einen allgemeinen Aufſtand erwecken will.‘[6] ‚Von wegen des Kriegs der Niederlande und andern nehmen‘, heißt es in einer Schrift aus dem Jahre 1598, ‚die Handtierungen und Trafiken ab, welches verurſacht, daß auch der Fürſten, Grafen und Herren Einkommen,

---

[1] v. Stetten 1, 405. 500. 589. 592.
[2] * Im Frankfurter Archiv, Mittelgewölbe D 43 No. 1 Fol. 318.
[3] * Inſtruction des Rathes für Ogier v. Melem, im Frankfurter Archiv, Mittelgewölbe D 42 No. 21 Fol. 199.
[4] Vergl. unſere Angaben Bd. 3, 692—696.
[5] Vergl. unſere Angaben Bd. 5, 148—151. Stieve, Die Politik Baierns 2, 298 fll.
[6] Stieve, Die Politik Baierns 2, 628 Note 4. ** Im Jahre 1597 klagte der weſtfäliſche Kreis, ſeit dem letzten Reichstage habe er um eine Million Gulden abgenommen. Häberlin 21, 267.

Zölle und andere Gefälle sich täglich verringern. Die Pracht der Kleidung (welche die Fremden einführen) nimmt die Ueberhand; alle Notdurft, die von ferne gebracht wird, deren man nicht entrathen kann, die werden alle Tage teurer. Dieweil nun ein Jeder nach seinem Stand leben will und muß, so werden die Unterthanen sehr hart beschwert, und den Fürsten, Grafen und Herren, deren so viel sind und täglich mehr werden, denen werden ihre Lande zu klein, zu eng und zu gering. Ingleichen steht es mit den Edelleuten, deren auch so eine große Menge ist, und die sich so sehr vermannigfaltigen und täglich anwachsen, daß sie nicht wissen, wovon sie leben sollen, und können von wegen der Menge ihrer Kinder (wiewohl etliche reich sind) mit allem ihrem Einkommen nicht zu- oder auskommen. Und in etlichen Fürstenthümern, wo die leibige Dienstbarkeit [Leibeigenschaft] im Gebrauch ist, die eine Ursache ist, arme Lande und Leute zu machen, wie man bei der Erfahrenheit sehen mag, daß die Länder arm sind, da die im Schwange ist, da werden auch die armen Leute so sehr geplagt und bedrängt, daß sie kaum ein Stück Brodes, ihre Weiber und Kinder zu erhalten, erarbeiten können. Die Handwerksleut und Handwerksgesellen in den Städten, deren sind und werden auch täglich so viel, daß Einer dem Andern die Nahrung entzieht, daß sie nicht leben können.‘ [1]

Wie die Schuldenlast selbst der früher reichsten Städte stieg, beweist zum Beispiel Nürnberg. Vor dem Kriege mit dem Markgrafen Albrecht von Brandenburg-Culmbach belief sich dort die städtische Schuld auf 453 000 Gulden, im Jahre 1600 erreichte sie bei dem Verfalle des Handels und dem Stocken aller Gewerbe die Höhe von 3 Millionen und 475 000 Gulden, im Jahre 1618, vor dem Ausbruch des dreißigjährigen Krieges, von 4 Millionen und 904 000 Gulden [2]. In gleichem Niedergang und zunehmender Verschuldung befanden sich die Hansestädte [3].

Zu den Kriegen und Unruhen, dem Niedergang des Handels und der Gewerbe, der fortwährend wachsenden Verschlechterung des Münzwesens gesellten sich pestartige Krankheiten, welche in keinem Jahrhundert so häufig als im sechzehnten auftraten, viele Tausende hinwegrafften und Noth und Elend verbreiteten [4]. Nicht selten entstanden solche Krankheiten in Folge von Hungersnöthen, in welchen allerlei gesundheitsschädliche Nahrungsmittel gesucht wurden. So verbreiteten sich beispielsweise in Bayern bei Mißernten und einer herrschenden furchtbaren Theuerung während der Jahre 1570—1572 allgemeine

---

[1] Stieve, Die Politik Baierns 2, 301.

[2] Soden, Kriegs- und Sittengesch. Nürnbergs 1, 2, und 3, 392; vergl. 1, 376.

[3] Vergl. oben S. 5—18.

[4] ** Vergl. unsere Angaben Bd. 7, 891 ffl.

Seuchen[1]. Aus gleichen Ursachen breitete sich im Jahre 1581 im Lüneburgischen, 1588—1593 im schlesischen Gebirge, 1596 in Hessen eine ‚anhero
in diesen Landen unbekannte, giftige, ansteckende Schwachheit‘ aus, die sogenannte ‚Kriebelkrankheit oder ziehende Seuche‘, in deren Gefolge Epilepsie,
Starrsucht und Wahnsinn sich einstellten[2]. ‚Wie sollten nicht insonders die
Armen, bei den unzählig vielen Theuerungs- und Hungerjahren in allerlei
contagiöse Krankheiten verfallen,‘ sagte ein Prediger im Jahre 1571, ‚da sie
sich mit Gott weiß welchenungesunden, ekelhaften Speisen, verdorbenem Getreide, Fleisch von Hunden und Katzen und sonstigem ungenießlichem Fleisch
zu Tausenden behelfen müssen? Was gibt man denn auch in besseren Jahren
den Armen für Nahrung und Fleisch? Werden nicht alle Waaren in be-
trieglicher Weise gefälscht?‘[3] Auf die Frage: ‚Warumb vieler Orten Teutschlands so viel der Aussätzigen, Siechen und Siechhäuser? antwort ich dir,‘
schrieb der Tiroler Arzt Hippolytus Guarinoni, ‚eben guten Theils aus un-
reinem Fleischgefräß, so man meistens den armen Leuten zu geben pflegt,
weil man sich förchten thut, die Ansehnlicheren möchten hinter das Gespör
und die Bößwicht hinter die billige Straf kommen.‘[4]

‚Das ist‘, schrieb Thomas Rorarius, Prediger zu Giengen, im Jahre 1572,
‚die Klage, die man jetzund führt und spricht: Ach, das Gott sei geklagt,
daß es so jämmerlich und elend in unseren Landen worden ist. Es ist kein
beständiger Friede, kein Glück, Segen und Stern in der Welt mehr‘; wo sich
Einer hinkehre, sei Jammer und Noth. ‚Kommt Einer in Bayern, so ist's
theuer; kommt Einer in Schwaben, so ist's noch theuerer; sucht er den Fried,
so findet er den Krieg.‘ ‚Ein ungeduldiger Weltmensch möchte wohl sagen:
Ich wollt, daß ich nie geboren oder aber für längst gestorben wäre, denn
daß ich solchen Jammer und Trübsal leide an mir und meinem Weib und
Kindern und dann auch an aller Welt sehen und hören muß.‘ ‚Ist Jemand,
der eine Mahlzeit um zwei, drei oder mehr Batzen isset, so wollt er gern
mehr essen, unangesehen, daß er vor wenig Jahren um einen Batzen sich
wohl begraset hat. Ist Jemand, der trinkt, so will's kein Kraft mehr geben,
ist entweder verfälschet oder sonst in Abnehmen kommen, wie man denn spricht:
vor Jahren waren diese oder jene Wein die besten; wann Einer eine halbe
Maß trank, hätte er gut und genug und empfund es beide, im Magen und
Haupt, und ward fröhlich und guter Dinge davon, jetzund aber sind es die
ärgsten oder je nicht viel werth und dennoch theuer genug zu bezahlen. Also

---

[1] Westenrieder, Neue Beiträge 1, 304; über die ungemeine Theuerung vergl.
Gumpelzhaimer 2, 948. 989.

[2] Sprengel 3, 107—111. ** Vergl. unsere Angaben Bd. 7, 404 fl.

[3] Predig über Hunger- und Sterbejahre, von einem Diener am Wort (1571) Bl. 2.

[4] Guarinoni 747.

geht es mit der Hantierung und dem Gewerbe auch‘: ‚alle guten Dinge nehmen von Tag zu Tage ab, alle bösen Stücke zu‘ [1]. ‚Auch der Erdboden nimmt ab; es wollen die Weingärten nicht mehr so viel guten Wein, die Felder nicht so viel Schöber und Garben und die Bäume nicht so viel und gut Obst bringen, als nur vor wenig Jahren geschehen.‘ [2]

‚Ich befinde,‘ sagte Polycarpus Leiser in einer Rede zu Torgau im Jahre 1605, ‚daß die Nahrung sehr abnimmt und Alles jetzo um gedoppelt Geld bezahlt werden muß. Ja man kann schier nicht mehr die Nothdurft bekommen. Die Ställe werden ledig an Vieh, die Wasser sind veröset an Fischen, die Luft gibt wenig Geflügel, Bürger und Bauern werden arm. Die Nahrung fällt, die Hoffart steigt; im Schwelgen, Fressen und Saufen lassen wir nicht das Geringste nach.‘ [3]

‚Da wird hundertfach nach den Ursachen gefragt,‘ sagte der schon erwähnte Prediger im Jahre 1571, ‚weßhalb in Ländern, Städten und Dörfern Alles zusehends ärmer wird und verderbt; der Eine gibt diese, der Andere wieder andere Ursachen an, die mehrsten aber liegen vor aller Welt sichtlich zu Tage: da sind Kriege und Verheerungen, Brandschatzungen, Mißwachs, Hungersnöthe, Seuchen und Pestilenz, Stocken von Handel und Gewerben, Unsicherheit der Wege, elendige Justiz, Aussaugung der Unterthanen durch Steuern, übermäßige Zölle, im Münzen Betrug aller Art, daß man schier nicht mehr zu einem rechten Pfennig kommen mag, und dazu kommt, als wäre alle Welt von Sinnen, gleichwohl übermäßige Pracht und Hoffart in den Kleidungen über den Stand und Vermögen eines Jeglichen weit hinaus, nicht weniger übermäßiger und schlechthafter Fraß und Suff, als müßt man Alles verthun, was man noch in Händen hat. Sage mir überdieß, wie viele wollen noch redlich arbeiten und nicht viel eher betteln gehen und auf Anderer Kosten leben? Sind nicht die Bettler unzählig geworden und wachsen wie aus dem Boden heraus?‘ ‚Eine nicht geringe, sondern gar fürnehmliche Ursache der Verarmung und des Verderbens‘ seien auch die unzählig vielen leicht-

---

[1] Fünfundzwanzig Predigten Bl. 60ᵇ—61. 89ᵇ. 41. ‚Die Leute sagen jetzt: seither das Evangelium ist aufkommen, sieder ist es nie gut gewesen.‘ Da Gott um der Sünden willen mit Armuth und Hunger strafe, da wolle Niemand um des Evangeliums willen solche Strafen geduldig tragen, sondern es erhebe sich Ungeduld, Murren und Lästern wider Gott und sein Wort. Andreas Lang im ‚Sorge-Teufel‘, Theatr. Diab. 535; vergl. 587.

[2] Bl. 47ᵇ. Unter seinen Glaubensgenossen hörte Rorarius die Rede: ‚So lange wir unter dem Papstthum gelebt und den lieben Heiligen mit Messen und Wallfahrten und so weiter gedient, da war eine güldene Zeit und Alles genug. Seit der Zeit aber, da wir ermelt Papstthum und Heiligendienst verlassen und die neue Lehre angenommen haben, da ist Alles verderbt und weder zu nagen noch zu beißen.‘ Bl. 76ᵇ.

[3] Landtagspredigt 31. 41.

sinnig geschlossenen Ehen, ‚wo man sich zusammenthut und Kinder zeugt, ohne zu wissen, von was zu nagen und zu beißen, und verkommt so selbst an Leib und Seele, und richtet die Kinder gleich von den frühesten Jahren auf den Bettel an.‘ ‚Und kann ich dieses Orts nicht billigen,‘ sagt der Prediger, ‚was Lutherus geschrieben hat: „Ein Knabe soll zur Ehe greifen, wenn er zwanzig, ein Mägdlein, wenn es fünfzehn oder achtzehn Jahre ist, und Gott sorgen lassen, wie sie mit ihren Kindern ernährt werden." Nein, man soll nicht eher zur Ehe greifen, und die Oberkeiten sollten nicht zulassen, es zu thun, bevor man nicht weiß, von was zum wenigsten nothdürftig zu leben und die Kinder zu ernähren, denn ansonst gibt es, wie die Erfahrung bezeugt und in unzählig viel Tausenden vor Augen, ein lüderlich und verdorben Geschlecht.‘ [1]

Georg Engelhart Löhneiß, der über die Ursachen der vor Augen liegenden Verarmung eingehende Betrachtungen anstellt, rechnete unter Anderm wesentlich dahin den allgemein überhand nehmenden Wucher sowie ‚die vielerlei Neuerungen und erdachten Fündlein der mancherlei Schatzungen, damit die Unterthanen dermaßen beschwert und ausgesogen werden, daß sie Alles, was sie erkrummen und erkratzen, dahin geben müssen‘. ‚Daß aber Gott‘, fügte er hinzu, ‚so mancherlei Schatzung und Beschwerung kommen läßt, Solches geschieht um unserer Sünden willen, und sieht man vor Augen, wie die Leute in Städten und auf dem Lande verderben und was für Veränderung in allen Ständen

---

[1] Predig von Hunger- und Sterbejahren Bl. 4. Zu der Forderung Luther's (Sämmtl. Werke 20, 85 fll.) und der noch weiter gehenden des Eberlin von Günz-burg: ‚sobald ein Mägdlein fünfzehn, ein Knabe achtzehn Jahre alt sei, solle man sie zusammen geben zu der Ehe‘, bemerkt Oskar Jolles 196: Diese Forderungen sind ‚volkswirthschaftlich natürlich nicht haltbar, aber auch vom ethischen Standpunkte aus klingen sie höchst bedenklich. Ohne Aussicht auf genügende Subsistenz eine Ehe ein-gehen und Kinder zeugen. heißt nicht Gott vertrauen, sondern geradezu Gott versuchen. Derartige Ehen wären Handlungen von äußerster Immoralität, die ihrer Gemein-gefährlichkeit wegen strafrechtliche Ahndung verdienten.‘ ‚Größeres Uebel als durch solche Heirathen kann schwerlich in die Welt gebracht werden. Auch im günstigsten Falle müßten so zeitig geschlossene Ehen die körperliche und geistige Bildung der Nach-kommenschaft nachtheilig beeinflussen.‘ S. 207 führt Jolles einen Ausspruch Pufen-dorff's an, der ‚im verständigen Gegensatz‘ zu Luther's Ansichten betont: ‚Matrimonii autem contrahendi occasio non ex sola aetate aut generandi aptitudine intelligitur; sed ut copia quoque sit decentis conditionis, nec non facultas alendi uxorem et prolem nascituram, ac ut mas quoque sit idoneus ad gerendum partes patris fa-milias.‘ ‚Igitur non modo non est necessarium, sed stultum insuper iuvenes animum ad uxores adplicare, qui sibi suisque nihil nisi strenuam esuritionem possint pol-liceri, ac civitatem mendicabulis sint impleturi, aut qui ipsi supra pueros parum sapiant.‘ ‚Ganz folgerichtig steht Pufendorff auch dem Cölibat durchaus nicht schroff gegenüber.‘

ist.' Zu diesen Sünden gehöre als die allererste Ursache der Verarmung ,das übermäßige Fressen und Saufen', dieser ,Mißbrauch der Gaben Gottes', welcher ,Theuerung und Mangel aller Dinge' erzeuge, als zweite Ursache ,die große übermäßige Pracht und Hoffart in köstlicher Kleidung, daraus die allgemeine Armuth folgt'. Aber ,es sind die Leute gleichsam blind, daß sie ihren Schaden und Verderben nicht sehen; wollen auch nicht haben, daß man es ihnen sagen soll' [1].

Auch der Prediger Rorarius gab als Ursachen der Verarmung an: ,Niemand will mit seinem Stand zufrieden sein; Jedermann will höher fahren, dann sich gebührt': der Bauer will dem Bürger, dieser dem Edelmann ,mit Zehren, Pracht und Bankettiren' es gleich thun, Niemand ,in dieser argen versuffenen Welt sich mäßig erzeigen'. ,Aus dem Essen hat man ein Fressen, aus dem Trinken ein Saufen gemacht.' ,Man will nimmer arbeiten, sondern nur faulenzen und müßig gehen.' Darum fehle es ,an Dreschern, Ackerknechten, Taglöhnern, Knechten und Mägden, die Einem um einen gebührlichen Lohn was Nothwendiges verrichten sollen'. Man wolle lieber betteln als arbeiten und mit Ehren ein Stück Brod verdienen; ,darüber muß das Land noch voller Bettler werden' [2].

---

[1] Löhneiß 304—305; vergl. seine oben S. 82 angeführten Worte.

[2] Fünfundzwanzig Predigten 54b. 72b—73. 75b. 79b. ** Die Wahrnehmung, daß das Volk überall mehr in Armuth versank, veranlaßte den Nürnberger Patricier Berthold Holzschuher zur Abfassung eines ,socialpolitischen Reformprojectes, das er Ende März 1565 dem Rathe der Stadt Hamburg und wie es scheint auch anderen deutschen Städten und Fürsten unterbreitete. Als Ursachen der Armuth führt Holzschuher an: einerseits, daß das ,gemeine Volk ganz leichtfertig und in Armuth heirathe', was um so bedenklicher sei, als ,Gott bei solcher Armuth viel Kinder bescheere', die zu Zeiten sammt den Eltern an den Bettelstab geriethen, anderertseits, daß das Volk, insbesondere die Jugend, ,zu gerhaft, frech, freimüthig im Ausgeben' sei, mit ,Kleidung, Bankathieren, in aller Hoffart und Rezligkeit je einer uber den andern oder aufs weingst dem andern gleich sein' wolle, ,unangesehen des geringen Vermugens am Gut oder der Narung'. Daraus folge, daß die Kinder ,in Schulden einwachsen und zu Armut geraten, und so sie dan zu heyratten komen, so findt sie unvermuglich der Narung, und da Gott der Herr Kinder bescheert, so haben sie dieselben Kinder alsban kumerlich zu erneren und irem Pracht nach zu erhalten, und so sie, die Eltern, sterben, denselben Kindern wenig oder nichts an der Narung zu verlassen, dadurch dan die Kinder gleich in das Ellendt komen, darin die Eltern warn, und etwa durch solche Armut in Untugendt, Unzucht und allerley Leichtfertigkeit zu Mißhandlung geraten, . . . dan auch ganz ploß und ungleichmeßig heiratten oder gar ungesegnet sein müssen'. Zur Verhütung solcher Verhältnisse hält es Holzschuher für nöthig, daß dem Menschen, sobald er auf die Welt kommt, die Hand gereicht und geholfen werden müße. Das soll nun durch eine als zwangsweise Heirathsgutsversicherung sich characterisirende Einrichtung und in der Weise geschehen, daß für jedes neugeborene Kind bei Gelegenheit der Geburtsanzeige der Betrag von mindestens einem Thaler gegen eine Staatsschuldverschreibung erlegt, das

22 *

Die allgemein verbreitete Faulheit wurde überhaupt als ‚einer der hauptsächlichen Krebsschäden‘ der Zeit bezeichnet.

Im Jahre 1542 erklärte der Ausschuß der Landstände im Herzogthum Sachsen, es sei ‚überall Mangel an Dienstboten, denn Jedermann wolle betteln gehen‘ [1].

‚Viele müssige Männer und Weiber‘, heißt es in einer kursächsischen Polizeiordnung vom Jahre 1550, ernähren sich von Almosen und wollen aus muthwilliger Faulheit nicht arbeiten; obwohl sie ihre Nahrung sich verdienen können, ziehen sie den Müßiggang und Bettel vor, und dadurch wird es schwer, Taglöhner und Dienstboten zu erlangen. Ein kurfürstlicher Befehl wider die Landbettler vom Jahre 1588 besagt: Junge, gesunde, starke Manns- und Weibspersonen befleißigen sich des Bettelns und richten ihre Kinder dazu an, so daß die Einwohner in den Städten auf allen Gassen, die Wandersleute auf den Dörfern und Landstraßen angelaufen werden, zu geschweigen, welcher Gestalt die fremden Landstreicher und Marktbettler die Straßen belagern und männiglich mit unverschämter Entblößung des Leibes und deren Glieder anschreien und beschweren; vater- und mutterlose Waisen laufen in den Städten und auf dem Lande in der Irre herum [2]. Es mangele an Arbeitern, sagte Landgraf Ludwig von Hessen im Jahre 1571, weil der größere Theil, wie die Erfahrung zeige, sich des Müßiggangs befleißige. Viele, welche ihr Brod wohl verdienen könnten, statt zu arbeiten, mit ihren Kindern bettelnd umherzögen, weßhalb es so schwer sei, Tagelöhner zu bekommen, und nicht allein der Pöbel verdorben, sondern auch der Wohlstand überhaupt zerrüttet werde. Stärker noch klagte über den ‚übermäßig einreißenden‘ Müßiggang und das Bettlerunwesen, in Folge dessen allgemeiner Mangel an Arbeitsleuten vorhanden, Landgraf Moritz von Hessen im Jahre 1601 [3].

Dreifache der Summe aber, sobald das Kind zu seinen mannbaren Jahren kommt und sich verheirathet, gegen Rückgabe der auf den Namen lautenden Schuldurkunde ausgezahlt wird. In dem Falle, daß die Eltern vermögenslos sind oder die Pathen zur künftigen Steuer des Heirathsgutes Nichts beitragen, kann die Erlegung des erwähnten Betrags ganz oder theilweise nachgelassen und trotzdem die Berechtigung auf spätere Ausbezahlung der dreifachen Summe ausgesprochen werden. Der Nachlaß selbst wird von Holzschuher als ‚ein Werk der Barmherzigkeit‘ bezeichnet — ein Umstand, welcher die bewußt socialpolitische Tendenz des Projects im Gegensatz etwa zu einer charitativen deutlich erkennen läßt. Vergl. K. Frankenstein, B. Holzschuher, ein Socialpolitiker des 16. Jahrhunderts, in der Beil. zur Allg. Zeitung 1891, No. 197, und Ehrenberg in der Zeitschr. für die gesammte Staatswissenschaft 46 (1890), 717—785.

[1] Falke, Steuerbewilligungen 30, 488.

[2] Landau, Materielle Zustände 344. Codex Augusteus 1, 1398. 1403 fll. 1429 fll.

[3] Landau 845 fll.

Zuſtände dieſer Art herrſchten faſt allenthalben [1].

‚Alle Welt', ſagte Luther in den Evangelienpredigten der Kirchenpoſtille, ‚iſt voll unnützer, untreuer, böſer Buben, unter Taglöhnern, faulen Hand= werkern, Knecht, Mägden, und des müſſigen, faulfreſſigen Bettelvolkes, welche allenthalben nach all ihrem Muthwillen und Trutz, ungeſtraft, den anderen, rechten Armen ihr Schweiß und Blut ablügen, trügen, rauben und ſtehlen.' [2] Zur Warnung gegen all derartiges Geſindel, von dem er ſelbſt ‚dieſe Jahre her' mehr, als er bekennen möge, betrogen worden ſei, veranſtaltete und be= vorwortete Luther in den Jahren 1528 und 1529 neue Ausgaben des Liber vagatorum [3] unter dem Titel ‚Von der falſchen Bettler Büberei'. Dringend mahnte er: ‚Billig ſollte eine jegliche Stadt und Dorf ihre eigenen Armen wiſſen und kennen, als im Regiſter verfaſſet, daß ſie ihnen helfen möchten, was aber ausländiſche oder fremde Bettler wären, nicht ohne Brief und Zeugniß leiden. Denn es geſchieht allzugroße Büberei darunter, wie dieß Büchlein meldet. Und wo eine jegliche Stadt ihrer Armen alſo wahrnähme, wäre ſolcher Büberei bald geſteuert und gewehret.' [4] Jedoch der Büberei wurde ſo wenig geſteuert, daß Cyriacus Spangenberg im Jahre 1560 eine neue Ausgabe des ‚Büchleins' veranſtaltete, weil, ſagte er, ‚die falſche Bettelei und Büberei ſo ſehr überhand nimmt, daß ſich ſchier Niemand vor Betrügerei hüten kann'. Wer ſich davor wolle verwarnen laſſen, möge ‚dieſes Büchlein fleißig gebrauchen; wem nicht zu rathen iſt, dem iſt auch nicht zu helfen' [5]. Zwanzig Jahre ſpäter klagte der Superintendent Nicolaus Selnekker: ‚Man findet viele Bettler, die alle Unzucht treiben, und ſind Diebe, Verräther und Mörder, aller Schelmerei gewohnt, Zigeuner, Zauberer, Räuber und Grund= buben. Darauf ſoll auch die Obrigkeit gute Acht haben. Wer kann ſie aber alle abſchaffen?' [6] Um jedoch nach Möglichkeit zu helfen, ließ er das ‚Büch= lein von den Bettlern' mit Luther's Vorwort von Neuem zu Leipzig erſcheinen und ſagte in der Vorrede: ‚Man hat Einkommens genug zu Kirchen, Schulen, Spitalen und der Armen Unterhaltung, wenn nur der leidige Satan die Augen uns nicht verblendete und unſere geizigen Herzen nicht ſo gar einnähme und durch's Almoſen unſern eigenen Nutz, Gewinn und Reichthum ſuchete. Aber es iſt ſolch Vermahnen und Rathen faſt umſonſt, darum geht es auch alſo, daß oft Geiſtliche und Weltliche mit einander müſſen Beſchwerniß leiden, ſo lange es wehret.' ‚Es ſind der Landſtreicher und fahrenden Schüler zu viel, die mit lauter Bubenſtück umgehen und die man in wohlgeordneten

---

[1] ** Am Rhein war die Vagabundennoth am ſchlimmſten um die Mitte des ſech= zehnten Jahrhunderts. Vergl. Quetſch 265 Note.

[2] Sämmtl. Werke 14, 391. [3] Vergl. oben S. 285—286.

[4] Sämmtl. Werke 63, 269—271. [5] Avé-Lallemant 1, 152. 154—155.

[6] Selnekker, Drei Predigten Bl. H.

Policeien nicht leiden soll. So wollen sich ihrer Viel mit anderer Leute Arbeit
nähren und derselben genießen, betteln und gehen müßig, arbeiten Nichts oder
ja nichts Tügliches und wollen nur forbern und Anderen schädlich und beschwerlich sein, wie Solches sehr gemein wird mit großer Schand der Oberkeit
in jeder Stadt.' „Das thut auch wehe und ist unrecht, daß Etliche, so es
verbieten sollten, selbst nehmen von Juden, Zigeunern, Gäuklern, Teriacks-
krämern und losen Buben Geschenk: Becher, Geld und Geldes Werth, und
lassen sie frei ihre Truphas, wie sie es nennen, Büberei, Betrug, Boppen und
Färben, Lügen und Betrügen ohne Scheu an christlichen Orten, in Städten
und Dörfern treiben, und beschönen es hernach mit Freiheiten, Paß und alt
hergebrachter Gewohnheit. Pfui der Schand, daß man sich Solches nur darf
vernehmen lassen. Ist doch keine christliche Ader in solchen Leuten, die auch
den Teufel selbst, Türken, Juden, Moskowiter und die ärgsten Buben könnten
hausen und herbrigen, wenn sie nur Geld geben, wie es dann mit der
Zeit auch geschehen wird, daß sie über ihren Dank solche Leute werden
haben müssen, und dazu ihre Knechte sein. Recht also, ihr wollet es nicht
besser haben. Vom Teufel und seinem Gesind wollen reich werden, ist lauter
Teufels Segen und Verderbung an Seel und Leib und an aller Wohlfahrt.
Wer es nicht glauben will in Gottes Namen, der mag's erfahren in eines
Andern Namen mit seinem und der Seinen zeitlichem und ewigem Schaden,
Spott und Hohn.'[1]

　　　Eine ausführliche Darstellung des gesammten Bettlerunwesens lieferte Ambrosius Pape, Pastor zu Klein-Ammensleben, in seinem „Bettel- und Garte-Teufel'
vom Jahre 1586[2]. Dieses Unwesen, schrieb er, sei immer furchtbarer und
unerträglicher geworden, weil Niemand den Muth habe, demselben entschieden
entgegenzutreten, weil die Obrigkeit in der Bestrafung nachlässig sei und nicht
auf Abhülfe sinne. „Wo einem jeglichen Buben sein Muthwill gestattet wird,
da geht es übel zu und die gottlose Rotte wächst von Tag zu Tag und wird
täglich ärger, wie hier denn geschehen ist und noch immer geschieht. Weil
der Anfang und die bequemlichste Zeit, diesem Uebel zu wehren, verschlafen
und versäumet worden und es gleich wie der Krebs um sich gefressen und das
Land fast eingenommen und den guten Samen schier gar verschlungen hat,
muß man sich der Sache desto ernster annehmen, keinen Fleiß und Mühe
sparen und den Unterdrückten helfen.' Deßhalb schreibe er sein Buch als
„eine treueste und kühne That': vielleicht gelinge es ihm, dem durch die zahllosen Bettler bedrängten Volk einen Heiland zu erwecken. „O frommer Gott,

---

[1] Selneffer, Vorrede Bl. A 3—4.

[2] Magdeburg 1586/1587; vergl. Goedeke, Grundriß 2, 482 (** siehe auch Osborn,
Teufelsliteratur 159 fl.); abgedruckt im Theatrum Diabolorum 2, 158 b—192.

ist es so weit kommen, ist keine Obrigkeit, die hierin Einsehen hat und strafet? Warumb gibt man Schatzung und Schoß? nicht darum, daß man möge wiederumb Schutz und Schirm von ihr haben? Wo bleibt denn das Schwert, das Gott gegen muthwillige Buben zu gebrauchen ihr ernstlich befohlen hat? Geht es doch schlimmer und schändlicher zu als in einem öffentlichen Kriege. Es soll ja Friede sein, da ein Jeder seiner Nahrung gewarten und das Seine geruhlich besitzen und seiner Güter mächtig sein sollte. So geht es leider, sehe ich wohl, aus einem andern Faß, weil man allwegen mit Furchten sein muß, als werde ihm das Seine genommen, gestohlen und beraubt, nicht anders, als wenn es in der Feinde Lande wäre.' [1]

Wie alle Zeitgenossen, bezeichnete auch Pape als Ursachen des immer zunehmenden Bettels die allgemein herrschende Arbeitsscheu, weil ‚Niemand schier sich mehr des Sauern ernähren, sondern gute Tage haben' wolle; ferner die herrschende Schlemmerei und Trunksucht, die Vernachlässigung des Hauswesens durch die Hausväter, die Verkommenheit des Gesindes, dessen ‚Muthwille, Trotz und Frevel, Untreue und Büberei' in Städten und Dörfern so groß sei, ‚daß man nicht genug davon schreiben' könne. Viele Reiche würden arm und zu Bettlern aus besonderer Strafe Gottes wegen ihrer Bedrückung und Aussaugung der Armen und wegen des bei Hoch und Niedrig allgemein im Schwange gehenden Raubes der geistlichen Güter: der Kirchen, Schulen, Spitäler und anderen Armenhäuser [2].

Unter den verschiedenen Arten von Bettlern, von welchen man täglich überlaufen werde, führte er an erster Stelle ‚die muthwilligen Gartenknechte und wehrhaften Bettler' auf, die eigentlichen ‚Marterhansen' des ganzen Landes, deren gemeingefährliches und ruchloses Treiben er später eingehend schilderte. Denselben am nächsten stehen, sagte er, ‚die jungen Strotzer und starken Schelme, die nicht arbeiten wollen, sondern Lust und Liebe haben, mit jungen Weibsstücken, gemeinen H . . . . und garstigen Säcken sich zu schleppen', ‚stehlen, rauben und morden auf End und Wege, da sie können und mügen'. ‚Diesen sind verwandt die Leirer, Geigeler und Sackpfeifer, welche um kein Almosen bitten, sondern einen Psalm oder Lieblein daher klingen lassen, und was sie damit sammeln, verspielen, versaufen und mit ihren Madunnen verzehren und alle Büberei mit treiben helfen.' Dann kamen ‚auch viel sonderliche Teichgräber, Drescher und Wagenbeche, die sich beklagen, daß sie keine Arbeit kriegen können und keinen Herrn haben'. Zu ihnen gesellen sich ‚Schreiber und allerlei Handwerker', die angeblich, weit und breit gewandert, das Ihre verzehrt, verkranket oder durch die Gewalt der Räuber verloren haben'; ferner ‚die Scholares, die um ein Viaticum schriftlich oder mündlich

---

[1] Fol. 159 fll. 181 [b]. [2] Fol. 163 [b] fll.

bitten'; auch ,kommen oft zu Handen Prediger und andere gemeine Leute', welche behaupten, sie seien wegen Bekenntniß reiner Lehre verfolgt worden, oft aber nur ,um ihrer Missethaten und gottlosen Lebens willen ihres Dienstes entsetzt sind und das Land haben räumen müssen'. Größer ist die Zahl der ,alten verlebten Leute, so, schwach und stumpf, ihr Brod nicht mehr verdienen können und von einem Dorf zum andern stolpern und ihr Packelchen füllen, auch der hohen Feste nicht verschonen'. ,Von diesen Bettlern sein viele, so die ärgsten Schelme sind, als man finden möchte, schänden die Leute, haben auch gemeinlich junge Weiber bei sich; sie gehen auch gern gregatim und ziehen daher wie ein Haufen Talter, aber in die Dörfer wissen sie sich zu sondern, damit sie desto mehr erbetteln mögen. So geht es mit denen, die für die rechtesten Armen angesehen werden, welches Mancher wohl nicht glauben dörffte, wenn er es nicht selber sähe und erführe.' ,Darnach findet man auch solche Betrüger, welche sich ausgeben, als sie daheim einen Haufen Kinder hätten, die sie nicht ernähren könnten.' ,Zudem kommen angebliche oder wirkliche vater- und mutterlose Waisen, ,so nirgends keine Anhaltniß haben oder sonst kein Gutes thun wollen, sich des Bettlen behelfen müssen'. Schlimmer noch steht es mit den ,Gebrechlichen, Lahmen, Blinden, Stummen, Hinkenden, mit der schweren Krankheit, reißendem Stein, Krebs, Erbgrind und Aussatz Beladenen', die ,alle Flecken und Dörfer durchkriechen und aus den Kirchen und Gemeinden eine Steuer begehren; ihrer kommen so viel, daß manche Kirche des Jahrs nicht halb des Geldes aufzuheben hat, als sie ausgäbe, wenn sie einem jeglichen Bettler geben sollte'. ,O wie viele haben solche Schäden ihnen selbst muthwillig gemacht, daß sie nur mit Müßiggang sich nähren mögen! Denn gleichwie in Märkten und auf Messen in den großen Städten die Bettler sich pflegen zu schmieren, daß ihre Arme, Beine und Angesicht scheußlich anzusehen sein, also können es diese auch, und haben ohne Zweifel etliche die Kunst gelernt und brauchen sie mehr und öfters als des lieben Vater Unsers, ist ihnen auch lieber als ein neuer Rock.'

Pape erzählt nun, welche traurigen Erfahrungen er selbst mit all diesen verschiedenen Arten von meist betrüglichen Bettlern gemacht habe, und wie man sich, namentlich auf dem platten Lande, vor der Masse der starken Bettler seines Eigenthums und seines Lebens kaum mehr sicher fühle.

Kurz, ,die Büberei' der ,grausam vielen Arten' von Bettlern sei so groß, als ,sonst auf Erden kaum eine zu finden' [1].

Auch in den großen Städten, wo man die Abschaffung des Bettels 'auf das ernstlichste betrieben hatte, nahm derselbe ,in erschröcklicher Weise' zu. In Lübeck zum Beispiel hatte der Rath im Jahre 1531 allen Bettel unter-

---

[1] Fol. 166 fll.

sagt, aber schon im Jahre 1553 mußte er die Verfügung erlassen, daß der
Bettelvogt mit den Frohnen Sonntags Morgens auf alle Kirchhöfe gehen und
die Bettler in die Predigt weisen und ihnen auch verbieten solle, ihre Wunden
schamlos zur Schau zu stellen[1]. In Hamburg klagte der Rath im Jahre
1604: der Bettel habe in der Stadt derart überhand genommen, daß die
Bürger und Einwohner ‚nicht allein von Morgens bei währender ihrer Ruhe,
vor ihren Häusern, bis auf den Abend, wenn sie schlafen gehen, dermaßen
ungescheut überlaufen werden, daß sie dadurch an ihrem Schlaf verhindert
werden, sondern auch kein ehrlicher Mann, der Etwas im Hause oder auf der
Straße mit Anderen zu reden hat, vor den Bettlern, seine Rede ohne Verhinderung zu enden, gesichert ist‘[2]. Als Nicolaus Selnekker im Jahre 1580
das ‚Büchlein von den Bettlern‘ zu Leipzig neu herausgab, sagte er in der
Vorrede: ‚Bei uns ist Nürnberg derwegen billig gerühmt, daß sie keine Landstreicher, Bettler, Zigeuner, Juden, Gäukler, Teriackskrämer und dergleichen
Betrüger in ihre Stadt und Gebiet weder innerhalb noch außerhalb öffentlicher Messen und Märkte kommen läßt, und versorget ihre armen Leute selbst.‘[3]
In Nürnberg selbst aber sprach man anders. Trotz aller mehrmals erlassenen
Verordnungen gegen ‚das Umstreinen und Betteln hiesiger und fremder Personen auf den Gassen und in und vor den Häusern‘, ‚gibt doch‘, erklärte der
dortige Rath am 28. Juli 1588, ‚die tägliche Erfahrung, daß man bisher
solchem Verbieten wenigen Gehorsam erzeigt hat. ‚Die gemeine Bürgerschaft
alhie wird mit den Landstreichern, Bettlern und Störzern, sonderlich mit dem
immerwährenden Schreien und Heulen der jungen Kinder, von Knaben und
Mägdlein, bei Tag und Nacht auf den Gassen und vor den Häusern, bevorab
zu Winterszeiten, übermäßig beschwert.‘ Deßhalb sei es nothwendig, noch
schärfere Verfügungen zu treffen und die Zahl der Bettelrichter und Schützen
zu vermehren. Diese sollten ‚die Größeren der alten Bettler in den Bettelstock
oder nach Gelegenheit ihrer Verwirkung in das Loch gefänglich‘ einziehen, ‚die
kleinen und jungen Kinder in das Siechhaus‘ führen, bis ‚gegen ihre Eltern
und Angehörigen die Gebühr fürgenommen‘ werde. ‚Männiglich von Bürgern oder Inwohnern‘ sei bei ernstlicher Strafe verboten, die Bettelrichter und
Schützen bei Ausführung ihres Befehles ‚zu verhindern, sie zu schmähen, anzutasten, noch ihnen einigen Einhalt mit Worten oder Werken zu thun‘. Das
Beherbergen, Behausen und Unterschleifen unnützer, schädlicher Bettler, Störzer
und Landstreicher und andern leichtfertigen Gesindels wurde bei schweren Geld-
bußen von Neuem untersagt[4].

[1] Avé-Lallemant 1, 42 Note.
[2] Staphorst, Ersten Theiles vierter Band 686. Kiehn 1, 260; vergl. 363.
[3] Selnekker, Vorrede A 8.
[4] Waldau, Vermischte Beiträge 4, 498—505.

Das Bettler- und Gaunerwesen in Oberschwaben, dem Elsaß und der nördlichen Schweiz wurde von Nicodemus Frischlin in einer Comödie aus dem Jahre 1597 anschaulich geschildert; auch andere Dichter malten die Annehmlichkeiten des Bettlerlebens aus[1]. ‚Die Bettler und Landstörzer, Müßiggänger, Stationirer, Landstreicher‘, schrieb Aegidius Albertinus im Jahre 1612, ‚wollen lieber in Müßiggang allenthalben herumstörzen und betteln, dann arbeiten und ihr Brob mit Ehren gewinnen: sie befinden sich dabei dermaßen wohl, daß sie das Betteln das güldene Handwerk nennen; und treiben es meisterlich, denn sie durchziehen, durchlaufen und durchstreichen alle Länder auf und nieder, hin und wieder, besuchen alle Jahrmärkt und Kirchtage, aller Fürsten und Herren Höfe, Stift und Klöster.‘[2] Ueber die Bettler auf der Frankfurter Messe heißt es in einem Gedicht:

> Sie pflegen wol die ersten gseyn
> Mit alten, jungen, groß und klein,
> Geritten, gfahren und gegangen,
> Mit vil Kindern an sich hangen;
> Auf zwanzig, dreißig Meil fürwar
> Hab ich sie sehen kommen bar.
> Solt einer etwan bleiben auß,
> Man meynt, es stünd nicht wol zu Hauß,
> Er wer entweder verdorben
> Ober etwan gar gestorben.
> Jeder vil tausend starck, glaubt mir,
> Allda einnemen ihr Quartier:
> Auf den vornemesten Landstraßen
> Sie sich allzeit finden lassen.
> Haltens hie auch für ihr Wahlstatt,
> Da sich versamlet ihr Reichs Rath,
> Pflegen da ihren König zwehlen,
> Vil Hochzeiten da anstellen.
> Einer muß seyn bey ihn verschmächt,
> Der heyrathet auß dem Geschlecht;
> Dann ihr Geschlecht erstreckt sich weit,
> Drein ghören auch etlich Spilleuth,
> Fahrende Schuler und Gartknecht.
> O Haustrer man mit zehlen möcht[3].

Wie groß die Armennoth und wie ungeheuer die Zahl der umherziehenden Bettler, geht aus zahlreichen unzweifelhaften Berichten deutlich hervor.

---

[1] Vergl. unsere Angaben Bd. 6, 377.
[2] Der Welt Tummel- und Schauplatz (1612) S. 884 fll.
[3] M. Mangold, Marckschiff, in: Mittheilungen des Frankfurter Alterthumsvereins 6, 347.

So erschienen zum Beispiel in Straßburg im Jahre 1529, zur Zeit großer Theuerung, 1600 auswärtige Arme, welche in einem der aufgehobenen Klöster untergebracht und bis zum nächsten Frühjahre gespeist wurden; im Jahre 1530 wurden in der dortigen Elendenherberge 23 545 Auswärtige vorübergehend unterhalten. Im Jahre 1566 zählte man einmal an Einem Tage um Johannis 900 Fremde, welche ,von Hungers wegen' sich eingestellt hatten. Der Rath ließ sie eine Nacht ,in der Elendenherberge liegen und gab ihnen zu essen und zu trinken; des Morgens wurden sie wieder für das Thor gewiesen' und zogen dann in solch ungeheueren Schaaren bettelnd weiter. Von Johannis 1585—1586 belief sich die Zahl der in derselben Herberge verköstigten Zuzügler auf 41 058, im folgenden Jahre sogar auf 58 561; an einheimische Bedürftige hatte der Rath während dieser beiden Jahre bei etwa 30 000 Einwohnern nicht weniger als 142 203 Unterstützungen zu vertheilen [1]. Zu Basel hatte man es zeitweise in Einem Jahr mit 40 000 fremden Bettlern zu thun [2]. Ebenso herrschte in Württemberg ein ,unerschwinglicher Ueberlauf nicht allein von armen Weibern und Kindern aus den benachbarten Städten und Flecken, sondern auch von einheimischen und fremden Gartknechten, Landröcken, Studenten, Musikanten, Schreibern, Schulmeistern, Lakaien und dergleichen' [3].

4.

Für unzählige ohne Heimath, ohne festen Beruf und Wohnsitz umherschweifende Menschen wurde der Bettel zum eigentlichen Lebensberuf; das immer stärker auftretende Vagabundenthum war eines der deutlichsten Anzeichen des Siechthums und der Auflösung des Volks- und Gesellschaftslebens, der Verkommenheit nicht allein der socialpolitischen, sondern auch der religiössittlichen Zustände. ,Dieweil der höchsten Oberkeit im Reiche und den Landes- und städtischen Oberkeiten schier alle Kraft abhanden kommen, und Fürsten und Volk von oben bis unten in Verderbniß gerathen sind, so können auch',

---

[1] Mone, Zeitschr. für die Gesch. des Oberrheins 1, 151. 152. 155. Röhrich, Gesch. der Reformation im Elsaß 1, 268 fll. Jahrbücher für Nationalökonomie und Statistik, Neue Folge, 8, 416. Auch in Offenburg war ,großer Ueberlauf der armen Leut, welche sonntäglich mit Haufen die Bürgerschaft' beschwerten. Selbst in die abgelegene Stadt Wolfach kamen Haufen von wandernden Bettlern aus den höheren und niedrigsten Schichten der Gesellschaft, Edelleute, Geistliche, Schulmeister, Studenten, Bürger und Bauern, Kranke, Verwundete und andere Gebrechliche. Zeitschr. für die Gesch. des Oberrheins 19, 161—163. So erhielten zu Wolfach zum Beispiel Almosen im Jahre 1600 vier arme wandernde Schulmeister, im Jahre 1604 ,ein Schulmeister von Chur, so mit Weib und Kindern allhie gewesen'; ,ein armer Schulmeister von Muntzingen'.

[2] Ochs 6, 305. [3] Reyscher 12, 616; vergl. 635—636.

betonte ein Prediger im Jahre 1571, ‚alle die vielen Mandate und Strafbefehle wider Bettler, Vaganten, Landstreicher, gartende Knechte, Zigeuner,
verbrecherisch Gesindel von jeglicher Art und Namen, Diebe, Räuber und
Mörder so gar Nichts ausrichten, wie wir täglich vor Augen sehen.‘ [1]

  ‚Das verbrecherisch Gesindel von jeglicher Art und Namen‘, das rechte
Gaunerthum, welches Betrug, Diebstahl, Raub und Mord gewerbsmäßig
betrieb, wuchs aus dem Bettler- und Vagantenthum hervor und stand mit
dessen Zunahme in gleichem Verhältniß.

  Die Berichte der Zeitgenossen über das Treiben dieses Gesindels grenzen
an das Unglaubliche.

  ‚Das Lügen und Betrügen‘, sagte Ambrosius Pape in seinem ‚Bettel-
und Garte-Teufel‘, dessen ‚die grausam vielen Arten‘ von Bettlern ‚sich vernehmen lassen, wäre noch zu leiden, wenn es dabei bliebe‘; aber es bleibe
nicht dabei: ‚sie berauben, würgen die Leute und gehen jämmerlich mit ihnen
um, daß schier kein Mensch sicher aus dem Hause gehen, ja mit Wolmacht
in seinem eigenen Hause allein schlafen darf und das Seine vertheidigen,
wie uns deren Exempel genugsam bekannt sein‘. Ist in irgend einem Dorf
eine Hochzeit, ‚so finden sie sich haufenweise ein, so daß ihrer oftmals mehr
sein als der geladenen Gäste, daß man sich auch verwundern muß, woher
solch Gesinde alles komme und wer ihnen die Zeitung so gewiß bringet, daß
hier und dort Etwas zu thun. Es kommen gezogen Jung und Alt, Weib
und Kind und dürfen fast den ganzen Hof füllen und Schichte bei Schichte
sich lagern oder 4—6 Tische einnehmen und besitzen, denen man alle Tag
fast so viel aufträgt als den gebetenen Gästen‘. ‚Also geht es leider auf
den Dörfern zu, daß dem wohl der Gräuel angehen mag, der Hochzeit
anrichten soll. Ich habe oft gesagt: wenn ich zehnmal sollte freien, auch
die allerreichsten, und auf ein Dorf in solchen Zeiten Hochzeit halten, hätte
ich wahrlich ein Bedenken, denn die Büberei ist gar zu groß und ist keine
Furcht bei solchen Tropfshelfen. Des Winters drängen sie sich zu den Stuben
hinein und finden sich für die Tische und um die Kachelöfen, daß man
weder aus- noch eingehen kann.‘ Wenn sie dann ‚die Gelegenheit in den
Häusern sein abgesehen, kommen sie des Nachts, brechen ein, stehlen und
tragen davon, was ihnen geliebet, und so sie einen Groll auf den Haus-
wirth haben und blutgierig sein, oder sich sonst befürchten müssen, daß sie
ihren Diebstahl nicht vollenden könnten, wenn sie vielleicht erwachten, dürfen
sie auch ermorden Alles, was sie antreffen, wie man dann leider erfährt und
neulich an unserm Nachbarn, dem Pfarrherrn zu Ebendorf, ist bewiesen worden.‘
Pape zählte viele erschreckliche Morde auf, welche in seiner nächsten Nähe

----

[1] Predig von Hunger- und Sterbejahren Bl. 5.

innerhalb vierzehn Tagen geschehen seien, ‚daß wer es höret, die Haare wohl gegen Berg stehen mögen und die Haut sich darob erschüttere‘ [1].

‚Die schier unausrottliche, oftmals unmenschliche Auszwackung, Beraubung, Ausbrennung unzähliger Bauern und armer Leute‘ durch ‚Bettler, Landfarer, Zigeuner, lose Buben, gartende Knechte und Mordbrenner‘ erscheint nach den übereinstimmenden Schilderungen aus fast sämmtlichen deutschen Gebieten, besonders seit der zweiten Hälfte des sechzehnten Jahrhunderts, als eine ‚der höchsten Beschwernisse und fressenden Schäden‘ namentlich des landwirthschaftlichen Arbeitslebens. Möchte doch Gott, schrieb Hans Sachs im Jahre 1559, uns einen deutschen Hercules schicken, der das Land von Raub, Mord und Plackerei säubere; denn vor den Räubern und Mördern sei Niemand mehr sicher [2].

In demselben Jahre traten die fränkischen Reichsstände zu einem Bunde zusammen bloß und allein ‚wegen der schädlichen, hochnachtheiligen und beschwerlichen Plackereien, Reutereien, Mord- und Räubereien, welche sich vielfältig im heiligen römischen Reiche‘ zutrügen und ereigneten. Sie hatten aber mit ihrem Bunde eben so wenig Erfolg als die einzelnen Stände mit ihren zahlreichen Verordnungen wider das Gesindel. Es konnte auch ein Erfolg nicht erzielt werden, weil fast das einzige Mittel, welches man anwandte, die Ausweisung war und so eine Obrigkeit der andern das Gesindel zujagte und man dasselbe dadurch in einer steten Flutung erhielt und zu den mannigfaltigsten Gaunereien und Verbrechen trieb [3].

‚Die Bösesten unter all dem räuberischen und mörderischen Volk‘ waren die aus dem Dienst entlassenen Landsknechte, ‚gartende‘, das heißt umherschweifende Knechte genannt, welche in zahlreichen Rotten umherzogen, sich bei den Bauern, wohl auch in Märkten und kleinen offenen Städten einquartierten und die gröbsten Ausschreitungen begingen. In ihrem Gefolge befanden sich oft allerlei ‚Landsterzer, Bettler und Bettlerinnen, Zigeuner, Gaukler und dergleichen Gesindel, was nur Namen hat‘. Sie begnügten sich nicht mit Plündern, Rauben und Morden, sondern legten auch Feuer in die reifen Saaten [4]. In Bayern zum Beispiel traten ‚die Gartenden‘ als wahre

---

[1] Bl. 172. 180 b. 184 b fll.; vergl. oben S. 342 fll.

[2] Hans Sachs, herausgegeben von Keller 8, 508. Als der Augsburger Lucas Rem mit seiner Frau im Jahre 1585 von Wildbad nach Ulm fuhr, nahm er ‚in großer Gefahr Straßenräuberei halb viel Volk, Geleit, Reiter und Fußknechte‘, und vergleitete‘ so ‚gar viel Geld‘; die Reise dauerte vom 12.—16. September. Greiff, Rem’s Tagebuch 28.

[3] Landau, Materielle Zustände 388 fll.

[4] Der Geschichtschreiber Aventin erklärte mit Recht als die Hauptursache des Uebels: Niemand sorge für die entlassenen Kriegsknechte. ‚Ist eine große Plag von Gott‘, schrieb er im Jahre 1529, ‚daß die, so Leib und Leben für den gemeinen Nutz,

‚Landzwinger‘ [1] auf, gegen welche die Gemeinden und Landgerichte sich wie in einem steten Kriegszustande befanden. Im Jahre 1565 brannten sie einmal in den Landgerichten Pfaffenhofen und Schrobenhausen vier große Dörfer nieder [2]. ‚Das verruchte Unwesen‘ wurde so stark, daß Herzog Albrecht V. wiederholt eine allgemeine Landjagd wider die Frevler anordnen mußte. ‚Am fünfzehnten Tag eines jeden Monats‘, befahl ein herzoglicher Erlaß vom 1. Mai 1568, ‚sollen alle Pfleger, Richter und Amtsknechte streifen und zusammenstoßen‘; wer ergriffen würde, hieß es in späteren Verfügungen, solle auf die Galeeren geschickt oder mit dem Strange gerichtet werden. Ein herzoglicher Befehl vom Jahre 1579 rügte scharf die strafbare Fahrlässigkeit der fürstlichen Oberbeamten, welche, ‚ungeachtet der vielfältig ausgegangenen Mandate, den herrenlosen gartenden Knechten, Störzern, Bettlern und Land-streichern wissentlich gestatteten, sich des verbotenen Gartens, Bedrängens und Beschwerens der armen Unterthanen ohne Scheu zu gebrauchen‘ [3]. Als die Landstände im Jahre 1593 die schwere Noth des Bauernstandes schilderten, erwiderte Herzog Maximilian I.: man möge ‚den Bauern zum Besten allerlei Sachen verordnen, insbesondere aber auf Mittel denken, wie die gartenden Landsknechte, Bettler, Stationirer ihnen vom Halse geschoben werden könnten‘ [4]. Fünf Jahre später war es aber, wie der Herzog klagte, noch immer ‚kundlich am Tage, was der gemeine arme Bauersmann, sonderlich in den Weilern und auf den Einöden, zeithero für gewaltthätige nächtliche Ueberfälle, Be-drängniß, Plünderung und etwa auch Gefahr Leibs und Lebens von den herrenlosen gartenden Knechten, Störzern, Bettlern, Stationirern, Zigeunern und dergleichen müßig gehendem heillosem Gesindel ausstehen‘ mußte: ein Uebel, welches ‚allermeist‘ aus Hinlässigkeit vieler Obrigkeiten und Beamten ‚herfließe‘ [5]. Im Jahre 1612 erging die Verfügung: man solle ‚die gartenden Trossen, Stationirer und gewaltübenden Soldaten von den Abwegen auf die

für Land und Leut müssen wagen und setzen, müssen betteln gehen, haben keine gestifte Pfrund, kein Freiheit nit, so die Anderen, so Lehen und Güter innen haben, daheim praffeln, schlemmen, schinden und schaben. Wenn man ihr, der Kriegsleut, darf, so raspelt man's auf, ritzig und reudigs, geheißt ihnen gulden Berg; wenn man ihrer nimmer darf, so jagt man's aus wie die stutzaten Hund, läßt Geschäft über sie aus-gehen wie über Mörder und Räuber.‘ ‚Ist uns Deutschen eine große Schand, daß man ein Kriegsmann, der sein Leib und Leben für ein Herrn, Land und Leut setzt, nit bezahlen solle, noch viel größer Schand, daß man ihn bei Henken und aller Un-gnad aus dem Land beut. Nachmals muß er dann mit Beschwer des gemein Manns heim garten, ist er ein wenig ehrlich, kann betteln.‘ Aventin 1, 216. 247—248.

[1] Vergl. Schmeller 2, 1179.   [2] Westenrieder, Beiträge 8, 296.
[3] Westenrieder 8, 298 fll.   [4] Wolf, Gesch. Maximilian's 1, 114—115.
[5] Ernewerte Mandata und Landtgebott Herzog Maximilian's I. vom 13. März 1598 Fol. XXVII.

offenen Landstraßen führen und an einem sichtbaren Baum ohne weiteres
Malefizrecht aufhängen'; dabei solle ,Jedem sein Verbrechen auf einem per-
gamentenen Zettel auf die Brust geheftet' werden [1].

Wie in Bayern, so hatte man auch in Baden mit zahlreich umherschweifenden
,herrenlosen Kriegsknechten, Bettlern und Landstreichern' zu thun, welche ,be-
sonders in den Dörfern mit Ueberlaufen, Sammeln, Haischen und Diebstählen
merklichen Schaden' anrichteten. Berittene Straßenräuber sprengten gar auf
freier Landstraße an, plünderten und mordeten. Im Jahre 1576 verwarnte
Markgraf Philipp II. die Unterthanen wegen ,der Mordbrenner', welche sich
abermals zusammengeschlagen hätten. Im nächsten Jahre folgten drei neue
Erlasse gegen eine gefährliche ,Mordbrennergesellschaft', welche sich durch ,rothe
Knöpfe auf den Hüten' kenntlich mache. In den Jahren 1581 und 1582
war es mit mehreren ,diebischen und mörderischen Gesellschaften und Brennern'
so weit gekommen, daß, weil dieselben ,heimlicher Weise Unterschleif und
Hülfe' fanden, ,schier Niemand in seiner Behausung' sich mehr sicher fühlte.
Auch ,kommt es', sagte der Markgraf im letztern Jahre, ,täglich vor, daß
Unterthanen ehrvergessener Weise heimlich entlaufen und Weiber und Kinder
zurücklassen'; zur Strafe dafür sollten ,denselben Weiber und Kinder alsbald
nachgeschickt werden' [2].

Zu ,all dem anderartigen losem, diebischem und mörderischem Gesindel'
gesellten sich zum Schrecken der Bauern in Baden wie anderwärts die Zigeuner,
welche, laut einer Nachricht aus dem Jahre 1591, nicht selten ,in größerer
Anzahl, beritten oder zu Fuß und stark bewehrt, rottenweise in die Dörfer
fielen, durch Brand und Einbruch viel Schaden anrichteten oder die Leute auf
freiem Felde gewaltsam niederwarfen, auszogen und beraubten' [3].

Wie es in Württemberg mit der öffentlichen Sicherheit aussah, zeigt eine
Verordnung des Herzogs Christoph vom Jahre 1556, in welcher es heißt:
,Wir befinden täglich, daß die mordbrennerischen Buben ihr mörderisch Fürnehmen in's Werk bringen': ,nicht allein etliche Häuser und Scheuern, sondern ganze Flecken, Dörfer und Schlösser' seien durch angelegtes Feuer verzehrt worden, und zwar ,also eilends, geschwind und unversehens, daß auch
etwa die Alten nicht entfliehen konnten und sammt den jungen Kindern
jämmerlich und erbärmlich verkommen und verbrennen' mußten [4]. Durch

---

[1] v. Freyberg 2, 5—9.

[2] Vergl. die Belege dafür von 1570—1584 bei Roth v. Schreckenstein in der
Zeitschr. für die Gesch. des Oberrheins 30, 132. 149. 155—156. 402—412.

[3] J. Bader, Gesch. der Stadt Freiburg 2, 88.

[4] Reyscher 12, 295. In Eßlingen wurden im Jahre 1528 vier Mordbrenner
verhaftet und geräbert. Trotzdem nahm ,der Mordbrand immer mehr zu, und die
Mordbrenner ließen sich überall auf dem Lande und in den Städten sehen'. Im Jahre

Fehdeluftige, welche ‚ganzen Communen und Gemeinden‘ ihre Absage zuschickten, wurde ‚den Unterthanen mit Brand und in anderem Weg viel Schadens‘ zugefügt und ‚nicht geringe Ursache zu allerhand Empörungen und Aufwiegelungen‘ gegeben [1].

In Hessen wurde im Jahre 1590 geklagt: Allerlei fremde Bettler, ausländisches und anderes herrenloses Gesindel schleiche sich ein, darunter auch Solche, welche unter den Freibeutern in den Niederlanden gestanden. Sie legten Brand an, machten Kundschaft auf die Reisenden, wegwarteten auf den Straßen und beraubten die Wanderer, oft sogar in der Nähe volkreicher Städte. Im Jahre 1600 erging eine gräflich schaumburgische Ordnung gegen die umlaufenden Gardenknechte, Landstreicher, fremden Bettler, Planetenleser und anderen Gauner, welche die armen Unterthanen vielfach beschwerten, sonderlich aber auf Hochzeiten und Kindtaufen sich häufig einfänden und die Leute zu Tractationen zwängen. Sogar bei Begräbnissen nahmen die Vagabunden ein Almosenrecht in Anspruch. Das Trauerhaus wurde von einer Schaar von Bettlern und Kindern umlagert; alle begehrten von den Leidtragenden Almosen, und wenn ihrem Verlangen nicht gutwillig entsprochen wurde, traten sie mit Trotz und Drohungen auf. In ganzen Haufen kamen sie in die Städte und Dörfer, drangen gewaltsam unter dem Scheine des Bettelns in die Häuser, machten die Straßen unsicher, übten Raub, Mord und Brand. In einem Schreiben des Kurfürsten von Mainz werden sie als ‚heimische und wälsche Bettler‘ bezeichnet, in einer nassauischen Verordnung als ‚herrenlose und gardende Knechte, Sonnenkrämer, Knappsäcke, Zigeuner, Mordbrenner, reislaufende Burschen, loses Gesindel, Spitz- und Lotterbuben‘. ‚Diese Landstreicher und Gardirer‘, heißt es in einem öffentlichen Ausschreiben, ziehen meist herum ‚mit fälschlich erdichteten oder erkauften Urkunden auf angeblich erlittenen Brand- oder Wasserschaden und anderes Unglück, welches sie ausgestanden, als durch Gefängniß, gewaltthätigen Ueberfall, unbillige Verweisung, Dienstentsetzung, Religionsverfolgung, oder auf Leibesgebrechlichkeit‘; eine genaue Nachforschung aber habe ergeben, daß solche Urkunden nur als ‚Deckmantel großen Betrugs und fälschlicher Bosheit‘ gebraucht würden [2].

In Sachsen nahmen selbst unter dem Kurfürsten August, welcher den Ruf hatte, ‚einer der gestrengesten Fürsten im heiligen Reiche‘ zu sein, ‚Wegelagerei, Straßenraub und Mordbrand, vornehmlich auf dem platten Lande‘, trotz zahlreicher, immer schärferer Strafverfügungen fortwährend zu. Solche

---

1540 hielt eine Mordbrennerbande zu Eßlingen ihre Zusammenkünfte. Pfaff, Gesch. von Eßlingen 168—169.
[1] Reyscher 12, 293—294.
[2] Landau, Materielle Zustände 839—840.

Verordnungen ergingen in den Jahren 1555, 1559, 1561, 1566, 1567, 1569, 1570, 1571, 1577, 1579, 1581, 1583. Da hörte man, ‚Männer und Weiber werden von den Landplackern daniedergeschlagen, ausgeraubt, ermordet‘; ‚die durch lose Buben und Mordbrenner verursachten Brände nehmen so überhand, daß dadurch unersetzlicher Schaden entsteht‘; ‚von wegen der gartenden Landsknechte und anderer verschlagener Diebe müssen die Unterthanen an Sonn- und Feiertagen sich des Einbrechens der Diebe befahren‘; ‚oft zu 20, 30 und mehr laufen die herrenlosen Knechte einher und nehmen den Leuten das Ihre mit Gewalt‘; bei Mordbrennereien und Raubanfällen solle die Sturmglocke alle Mannen in Dörfern und Städten zur schleunigen Abwehr und Verfolgung der Verbrecher zusammenrufen; ‚haufenweise treibt sich unter dem Namen Zigeuner ein aus Deutschen und anderen Nationen zusammengelaufenes, verzweifelt loses Gesindel im Lande herum, lagert sich bei den Unterthanen ein, sticht und raubt, übt allerlei abscheuliche Gotteslästerung, Zauberei und Unzucht‘; mit den ‚Plackereien, Räubereien, Zusammenrottungen wird es immer schlimmer‘ [1]. Unter dem Administrator und den Kurfürsten Christian I. und Christian II. und Johann Georg folgten fast von Jahr zu Jahr ähnliche Schilderungen und gleich scharfe, aber wirkungslose Strafbestimmungen. So heißt es beispielsweise unter Christian I. in den Jahren 1588 und 1590: Fremde Landstreicher und Marktbettler belagern die Straßen; Zigeuner, mit Büchsen bewehrt, treiben Straßenräuberei und vergewaltigen die armen Leute auf dem Lande [2]. Bei Leipzig lieferten sich Bettlerhaufen förmliche Schlachten auf offenem Felde. Um das Jahr 1616 wurden, besagt ein Bericht, ‚durch das Laster des Mordbrandes viele Städte, Flecken und Dörfer in großen, fast unüberwindlichen Schaden, ja theils gänzlichen Verderb und Untergang gesetzt‘ [3].

‚Im Harz grassirten um das Jahr 1586 gewaltige Mordbrennerbanden derart, daß schier Niemand auf dem Lande sich mehr sicher wußte, viele Schutthaufen und Trümmer zu sehen waren und in sehr vielen Dörfern gar kein Getreidig gezogen werden konnte und zu finden war.‘ Im Juli 1590 brannten mehrere Wochen hindurch alle Holzungen in den Graffschaften Wernigerode, Regenstein, Hohenstein und im Gebiete des Bischofs von Halberstadt. Die Städte Heringen und Suhl wurden durch angelegtes Feuer völlig ausgebrannt [4]. Die Stadt Tangermünde wurde im September 1617 durch sechs Mordbrenner

[1] Codex Augusteus 1, 54. 155. 158. 690. 1403—1415.
[2] Die vielen Mandate im Codex Augusteus 1, 1431—1438. 1439—1440. 1443—1446. 1449—1452. 1485—1488.
[3] Tholuck, Das kirchliche Leben 220. Heydenreich 275.
[4] Winnigstädt’s Chron. Halb. bei Abel 422.

in Brand gesteckt: ‚486 Wohnungen und 53 mit Getreide angefüllte Scheunen wurden in Asche verwandelt‘ [1].

Für die Oberlausitz war im Jahre 1590 der Befehl ergangen: ‚Die zusammen rottirten Gartknechte, Diebe, Räuber und Bettler sollen von Stadt zu Stadt, von Flecken zu Flecken, von Dorf zu Dorf verfolgt werden; die vom Land sollen den Städten, die Städte dem Land nach allem Vermögen darin Beistand leisten.‘ Aber ‚trotz aller Mandate‘, erklärte Kaiser Rudolf II. am 20. Januar 1605, ‚nehmen die Morde und Todtschläge, Ehebrüche, Blutschanden, muthwillige Frevel, Concussionen und Vergewaltigungen armer Leute durch den ungezogenen Adel und andere freche Leute auf dem Land und in den Städten je länger je mehr überhand, und mit der Verfolgung auf frischer That und ebenfalls mit der Strafe wird gar kein Ernst gebraucht, sondern die Verbrecher werden davongeholfen oder sonst übersehen.‘ [2]

Dieselben Zustände herrschten in Mecklenburg. Um das Jahr 1540 ‚war die Straßenräuberei‘, schrieb Sastrowe, ‚im Lande zu Mechelnburg daher gar gemein, daß dieselbe nicht ernstlich gestraft wurde, und ließen sich vom Adel fürnehme Geschlechter dabei finden‘ [3]. Im Jahre 1563 wurde den Herzogen Johann Albrecht und Ulrich vorgestellt: Plackerei und Straßenraub nähmen im Fürstenthum sehr überhand, und die Straßenräuber würden nicht ernstlich bestraft [4]. Auf Beschwerde der Ritterschaft über die gartenden Knechte, Landstreicher und Bettler wurde von der Regierung landesväterlich anerkannt, daß dieselben vorzugsweise den Bauern zur Last seien, dafür sollten aber auch ‚die armen Bauern‘ zu deren Vertreibung die Kosten tragen; jede Hufe sollte beisteuern zur Anstellung von ‚Einspännigen‘, durch die das Gesindel aus dem Lande geschafft werden solle, ‚denn‘ es sei gewiß, ‚daß die armen Bauern mehr durch das herren- und ehrlose Gesindel als durch die Türkensteuer ausgesogen würden, und öfter solche Bettler dem Bauer mehr in einem Tage kosten als ein Einspänniger im ganzen Jahr‘ [5]. Auch ‚der Morbbrand wüthete‘ im Lande. Ein herzogliches Rundschreiben vom Jahre 1577 machte allen Ortsobrigkeiten die Zeichen der Mordbrenner und der Diebe bekannt, welche angeblich ‚von ausländischen Potentaten und heimlichen Feinden ausgeschickt seien, Städte und Dörfer mit Brand zu verheeren‘; es sind ganz ähnliche Zeichen: die Bilder des Dudelsacks, des springenden Löwen, des Andreaskreuzes, der Pfeilspitze mit Ring und so weiter, wie sie um die Mitte des sechzehnten Jahrhunderts auch in anderen

---

[1] Pohlmann 301—302.
[2] Codex Augusteus 2, Theil 3, 117—120. 133—136.
[3] Sastrowe 1, 196.
[4] Franck, Altes und neues Mecklenburg. Buch 10, 116—117.
[5] Franck Buch 12, 64 vom Jahre 1607; vergl. 93—94 vom Jahre 1609.

deutschen Landen, in Sachsen, Thüringen, Brandenburg, Pommern, als von Mordbrennern, Räubern, Zigeunern und sonstigem Gesindel gebraucht vorkommen [1].

In Pommern-Stettin verkündeten die Herzoge Barnim und Philipp im Jahre 1549, daß sie über ‚die Gefangennehmung und Bestrafung der überhand nehmenden Straßen-Beschädiger, Mordbrenner, Befehder und Bedräuer‘ mit dem Kurfürsten von Brandenburg und den Herzogen von Mecklenburg zu gemeinsamen Maßregeln sich verständigt hätten [2]. ‚Wider des heiligen Reiches ausgekündigten Landfrieden und unsere mehrmalen deßhalb ausgegangenen ernsten Mandate sagen viele muthwillige Leute‘, hieß es in einem herzoglichen Gebotsbriefe vom Jahre 1560, ‚um geringe, auch oft ohne alle gegebene Ursache ihrem Widertheile ab‘ und beschädigen nicht allein diese, sondern ganze Städte, Dörfer und Flecken mit Brand, Mord, Vieh- und Pferdestechen. ‚Ihrer Viele‘ nehmen zum Vorwand ihres Gebahrens ‚wörtliche und thätliche Injurien oder Schmähworte, die ihnen vor 10, 20 und 30 Jahren begegnet und durch Verjährung und sonst lange erloschen sind, oder ziehen die Zucht und Strafe, die ihre Meister und Herren in ihren Lehr- und Dienstjahren gebraucht haben, hervor‘, ‚rotten sich mit anderer loser Gesellschaft zusammen und erscheinen in gemehrten Haufen mit Geschützen, Wehren und Waffen‘ im offenen Feld, brennen, rauben und morden in den Gemeinden, in welchen ihre Widersacher gesessen sind: wider alle solche Verbrecher solle mit Leibesstrafen, Hinrichtung durch das Schwert eingeschritten werden, ernstesten Falles solle man sie ‚mit Feuer oder Schmöch vom Leben zum Tode‘ richten [3]. Im Jahre 1569 setzte ein Landtagsabschied das ganze Land in Schrecken durch einen ‚aus anderen Landen und fürstlichen Höfen‘ erhaltenen ‚glaublichen‘ Bericht, daß nicht weniger als 700 Mordbrenner ‚auf Deutschland bestellt‘ seien und ‚allbereits Städte, Flecken und Dörfer mit Feuer angezündet‘ hätten [4]. Daneben ergingen häufige Straferlasse wider ‚gartende Knechte, umlaufende Teichgräber, fremde Bettler und Landstreicher, Zigeuner, Rohrleute, Wahrsager und dergleichen Landfahrer, auch allerlei unbekannt loses mit Weib und Kindern aus fremden Orten‘ hereinziehendes Gesindel: welche insgesammt besonders die Dörfer heimsuchten und unsäglichen Schaden anrichteten. Wenn die Zahl dieser Vergewaltiger, besagte, ähnlich wie in Sachsen, eine herzogliche Verordnung vom Jahre 1569, so groß sei, daß die Einwohner eines Dorfes außer Stande, sich dagegen zu schützen, so solle Sturm geläutet

---

[1] Lisch, Jahrbücher 26, Quartal- und Schlußbericht 19. Ueber die gartenden Knechte und andere Landstreicher in Mecklenburg vergl. Franck Buch 12, 64. 93—94.
[2] Dähnert 3, 410. 412—413.
[3] Dähnert 3, 414—415. [4] Dähnert 1, 533.

werden, und die Bauern aus den benachbarten Dörfern sollten den Bedrängten zu Hülfe eilen[1].

Aus Brandenburg lauteten die Berichte ‚gleich beschwerlich und kummervoll'. Schon im Jahre 1542 beklagten sich die Landstände über die ‚vielen fremden Bettler', welche des Mordbrandes beflissen seien[2]. Auf einem Landtage vom Jahre 1549 hieß es: in Folge des Auskaufens der Bauern durch den Adel wachse das ländliche Proletariat und belästige die Städte; durch Straßenräuber und räuberische Ueberfälle herrsche ‚große Unsicherheit' auf allen Verkehrswegen[3]. Man wendete dieselben Sicherheitsmaßregeln an wie in Sachsen und Pommern, fand jedoch ‚damit keine Hülfe und Erleichterung'. Durch einen Befehl des Kurfürsten Joachim II. vom Jahre 1565: wider die vielen Friedbrecher ‚sollen die vom Adel neben den Bauern aufsein, sie gefänglich einziehen, und wenn sie nicht stark genug, an die Glocken schlagen und dieselben mit Hülfe ihrer Nachbarn in Haftung bringen'[4], ließen sich die Landstreicher, Straßenräuber und Mordbrenner so wenig einschüchtern, daß sie auf gemeinen Landstraßen, in Flecken und Dörfern ‚mit Rüstungen und vielen Büchsen sich gefaßt machten', so daß Kurfürst Johann Georg im Jahre 1572 eine ‚Verbesserung' der früheren Verordnungen für nothwendig erachtete. So oft Räubereien und Mordthaten in einem Dorfe vorkämen, sollten, verordnete er, alle umliegenden Dörfer, Mann für Mann, mit den besten Wehren herbeieilen und die Mörder und Räuber verfolgen, auch in die Gebiete benachbarter Fürsten, mit welchen die Landesherrschaft sich darüber verständigt habe[5]. Nichtsdestoweniger wurden, wie ein neuer kurfürstlicher Erlaß vom Jahre 1584 bekennen mußte, alle Arten von Landplackern, ‚Landsknechte, Teichgräber, in Backöfen sich aufhaltende Bettler und Müßiggänger', ‚je länger je frecher und muthwilliger': ‚welches fürnehmlich', sagte Johann Georg, ‚daher verursacht' werde, daß dieselben von Landesangehörigen ‚gehauset und geheget' würden, man ihnen sogar ‚Dasjenige, was sie den Leuten abbringen, rauben und stehlen', ablaufe und ihnen so in ihren Uebelthaten Vorschub leiste[6]. Die Ansicht: das ‚verzweifelt Rauben, Brennen und Morden sei jetzo so hoch gestiegen, daß es damit wohl nicht ärger werden' könne, erwies sich nach späteren Verfügungen aus den Jahren 1590, 1595, 1596, 1599, 1603, 1606, 1612, 1615, 1616 als unbegründet; denn eine jede derselben kennzeichnete die noch

---

[1] Dähnert 3, 418—419. 420. 604—605. 621. 821. 842—843.
[2] Winter, Märkische Stände 19, 592.
[3] Winter, Märkische Stände 20, 515. Erlaß des Kurfürsten Joachim II. von 1550 bei Mylius 6, Abth. 1, 82—83.
[4] Mylius 5, Abth. 5, 2.   [5] Mylius 5, Abth. 5, 5—6.
[6] Mylius 5, Abth. 5, 15; vergl. 28.

stets wachsende Verschlimmerung der Zustände. ‚Das Brennen, Garten,
Betteln nimmt je mehr und mehr überhand, die Thäter werden immer
verwegener‘, hieß es im Jahre 1596, und drei Jahre später: ‚Täglich
laufen Klagen ein‘ über das zunehmende Unwesen des umherstreifenden
Gesindels. Das Fehdewesen, sagte Kurfürst Joachim Friedrich im Jahre
1603, wird ungeachtet aller exequirten schweren Leibes- und Lebensstrafen
‚fast aller Oerter durch unser ganzes Kurfürstenthum so gar gemein und
nimmt überhand, daß sowohl unbekannte fremde Leute ohne einzige gegebene
noch bewußte Ursache, als auch schier ein jeder verdorbener Gottes- und
Ehrvergessener Bube, der inner Landes ist und dem man in seinen vor-
fallenden unrichtigen Händeln nicht allerdings seines eigenen Willens und
selbsterdachten Rechtens pflegen und gleichsam thun und lassen will, was
ihm nur selber gefällig, sich unterstehen, nicht allein Brand- und Absags-
briefe sammt anderen feindlichen Zeichen wider ganze Städte, Flecken, Communen, Dörfer und andere ehrliche Leute zu schreiben, zu stecken und
anzuhängen, sondern auch dieselbe schändliche und unchristliche That des
Ansteckens und Mordbrennens an sich selbsten darauf vorzunehmen, zu Werk
zu richten und darüber viele unschuldige Leute in äußersten Jammer, Verderb und Elend zu stürzen, wie dann leider die Exempel bekannt und am
Tage‘; ‚dieses Laster ist so häufig eingerissen, daß daraus die Betrübung und
Verunruhigung des ganzen Landes zum höchsten‘ erfolgt. Mit Feuer und
Schwert solle dagegen eingeschritten werden; allein nach Ablauf von drei
Jahren folgte das Bekenntniß: ungeachtet aller früheren Befehle auf Feuer und
Schwert werde das Fehden und Mordbrennen, die Ausraubung der Unterthanen
durch gartende Knechte und Bettler, sonderlich auf den Dörfern, im ganzen
Land ungescheut weiter getrieben; deßhalb müsse auch Jeder, der den Ver-
brechern mit Rath und That beistehe oder sie der Obrigkeit, wenn er dazu
im Stande, nicht anzeige, so gut wie sie selbst mit Feuer und Schwert gestraft werden. Was damit ausgerichtet wurde, besagt eine Verfügung des
Kurfürsten Johann Sigismund aus dem Jahre 1615: ‚Noch niemals‘ sei die
Zahl des verbrecherischen Gesindels ‚so stark gewesen als eben jetzo‘: ‚bis auf
die 60 laufen sie in Einem Haufen, rottiren sich zu Haufen‘ und haben ‚noch
niemals mehreren Unwillen und Frevel‘ begangen ‚als eben jetziger Zeit‘. ‚Sie
schätzen die Leute ihres Gefallens, erbrechen die Thüren und Häuser mit Gewalt, nehmen öfters mit, was nicht mitgehen will, greifen die Fußgänger auf
den Straßen an, berauben sie, schlagen sie wohl gar zu todt, verursachen
auch in den Städten viel Unfug, Mord und Todtschlag.‘ Aber noch gegen
Ausgang des nächsten Jahres liefen die ‚Bösewichter und Lumpengesindel‘
mit ‚Oberwehren gerüstet‘ nach wie vor in starken Haufen durch's Land und
griffen ‚nun auch zu mehrenmalen‘ die Bauern sogar in den dem Kurfürsten

‚unmittelbar zustehenden Gerichten‘ an, schlugen ‚dem armen Bauersmann und den Seinigen die Arme und andere Gliedmaßen entzwei, raubten in den Häusern, was ihnen gefiel, verderbten das Uebrige‘, setzten überhaupt ihrem ‚wilden, zuvor nicht von Feinden, geschweige von Gartenden gehörten Unwesen kein Ziel oder Maaß‘ [1].

---

[1] Die kurfürstlichen Mandate aus den Jahren 1590—1616 bei Mylius 5, Abth. 5, 19—35; 6, Abth. 1, 187—189. 271—276, und 3, Abth. 1, 5—6.

Dritter Theil.

I. Allgemeine sittlich-religiöse Verwilderung [1].

1.

Die alte Einfachheit der Sitten, das ordnungsgemäße Gleichgewicht der Stände, Rechtsinn und schlichte Frömmigkeit waren schon gegen Ende des Mittelalters vielfach aus dem deutschen Volksleben gewichen. Ein steigender Luxus machte sich durch alle Schichten der Gesellschaft breit und zehrte an dem Bestande. Religiosität und Sittlichkeit waren vielerorts in starkem Niedergang begriffen.

Durch Luther's Auftreten ward den zerstörenden Kräften nicht bloß kein Einhalt geboten, sondern die allgemeine Lage vielmehr nach allen Seiten verschlimmert. ‚Die kirchliche Revolution und die gewaltsame, kein bestehendes kirchliches Recht, keinen kirchlichen Besitzstand, keine Gewissensfreiheit schonende Art der Einführung des neuen Religionswesens rief eine allgemeine chaotische Verwirrung und Verwilderung im Volke hervor.' [2] Indem Luther die bisherige Macht der Kirche bekämpfte, untergrub er gerade die wirksamsten sittlichen Kräfte, welche sich dem einbrechenden Verfall hätten entgegenstellen können. Indem er Religions- und Kirchenwesen der Fürstengewalt auslieferte, verweltlichte er Beides zugleich und überantwortete das religiöse Volksleben der Willkür der bereits entarteten Höfe. Die Fürsten konnten unmöglich auf Einen Tag zu Theologen werden, selbst wenn lauteres Interesse für die Religion sie zur Neuerung gedrängt hätte. Letzteres war aber nicht der Fall. Ihr Streben ging vor Allem dahin, die politische Macht und den Besitz zu erweitern, welche der Umsturz in ihre Hand gegeben, und im steigenden Prunk, Wohlleben und Genuß die reichen Mittel zu verzehren, welche der Kirchenraub ihnen verschafft hatte. Während viele neugläubige

---

[1] Von dem Herausgeber verfaßt.

[2] Vergl. Janssen, An meine Kritiker 177, wo für das oben Gesagte sehr merkwürdige Aussprüche des streng protestantischen Geschichtschreibers Droysen angeführt werden.

Prediger am Hungertuche nagten, lebten die Fürsten in Saus und Braus, huldigten maßlos den Freuden des Tanzes und der Jagd und hielten Gastereien und Feste, deren Luxus weit über die Stellung der Gastgeber hinaus ging. Nicht wenige neugläubige Fürsten gaben dem Volke durch ihren sittenlosen Lebenswandel das schlimmste Beispiel. Von ihren allzeit überfüllten Tafeln, aus ihren mit unzüchtigen Bildern behängten Prunkgemächern ergingen die Glaubensdecrete, Kirchenordnungen, Ernennungen von Predigern, Haftbefehle, auch wohl Bluturtheile gegen Diejenigen, welche über Glauben und Rechtfertigung nicht genau so dachten wie sie. Das Wohlleben, der Luxus und die Maitressenwirthschaft der Fürsten wurden von dem Adel nach Möglichkeit nachgeahmt[1]. Der Sinn für Gerechtigkeit, öffentliche und private Wohlthätigkeit, Religiosität und Sittlichkeit mußte darunter ersticken. Von keinem religiösen Ideale gehoben, verkam der einstige ritterliche Sinn in rohem Waid- und Kriegswerk, die adeliche Minne in frecher Buhlschaft, der kühne Unternehmungsgeist in politisch-religiösen Raufereien, Käuflichkeit und Prahlerei. Für die gräßliche Verwilderung und Sittenverderbniß der höheren Stände sind die Denkwürdigkeiten des Ritters Hans von Schweinichen ein ebenso sprechendes Zeugniß wie eine Schrift des kurfürstlich brandenburgischen Leibarztes Leonhard Thurneissen zum Thurm für die gleichen Zustände in den bürgerlichen Kreisen[2].

Es handelt sich hier keineswegs um Ausnahmszustände; alle Zeitgenossen berichten einstimmig Dasselbe. Die Schriften und Briefe der Gründer des neuen Kirchenthums sind angefüllt mit Klagen über die allgemein wachsende Verwilderung und Entsittlichung. Ganz offen wird hier eingestanden, daß erst seit Einführung der neuen Lehre die unheilvolle Veränderung eingetreten, daß die Zustände nirgends so schlimm seien als bei denen, die sich evangelisch nennen. So schrieb im Jahre 1556 der protestantische Theologe Andreas Musculus: ,Wenn Einer Lust hat, einen großen Haufen Buben, frecher Leute, Betrüger, Finanzer, Wucherer zu sehen, der gehe nur in eine Stadt, da das Evangelium gepredigt wird, da wird er sie häufig finden. Denn es ist wahr, daß man muthwilligere Leute, bei denen alle Ehrbarkeit und Tugend verloschen, nirgend finde, weder unter Heiden, Juden, Türken, als bei den Evangelischen, bei welchen der Teufel gar los geworden.'[3] Aehnliche Klagen ertönen über den Bauernstand und die gesammte ländliche Bevölkerung. Auch riß thörichte Kleiderpracht, Unmäßigkeit, Völlerei, unbändige Genußsucht ein. Bei den engeren Schranken der vorhandenen Mittel folgte

---

[1] Vergl. oben S. 218—232.
[2] Vergl. Janssen, Zur Sittengeschichte des 16. Jahrhunderts, im Katholik, Neue Folge 31, 41—46.
[3] Arnold 1, 755—756.

dann in erschreckender Raschheit Verarmung, Elend, Jammer und die Schaar all jener Verbrechen, welchen eine entartete, hülf- und mittellose, halb oder ganz verzweifelte Menge anheimzufallen pflegt. Ganze Banden von Vagabunden und Bettlern durchzogen das Land und machten Stadt und Dorf unsicher. Zerlumpte Hausirer trugen die schamlose Volksliteratur, Kalender, Zeitungen, Flugblätter, Carricaturen, in die entlegensten Weiler und Dörfer. Ein Proletariat, wie es das Mittelalter in dieser Ausdehnung nicht gekannt, verbreitete sich über die deutschen Gauen.

Anstatt der ‚reinern und geläuterten‘ Gottesverehrung, welche die Väter des kirchlichen Umsturzes verheißen hatten, überflutete religiöse Gleichgültigkeit, Leichtfertigkeit, Spott über das Heilige, freche Gotteslästerung alle Kreise des Volkes. Es gab im Grunde nichts Heiliges mehr. Die protestantischen Secten verhöhnten einander in ebenso maßloser und unwürdiger Weise, wie sie gemeinsam in Verspottung des Papstthums wetteiferten. Die erhabensten Geheimnisse des Christenthums wurden in den Wirthshäusern verhandelt und Fluchen und Lästern ebenso häufig als das Beten selten. ‚Da sitzen jetzt alle Bierhäuser voll unnützer Prediger,‘ schrieb Caspar von Schwenckfeld bereits im Jahre 1524, ‚lassen sich bedünken, so sie nur einen Zank mit Gottes Wort anrichten, Widerpart halten könnten, und schreien, saufen und alle Eitelkeit treiben, es stünde ganz wohl in der Christenheit, man rede stets von Gott, und sagen, sie stehen bei Gottes Wort.‘ [1]

Das allgemeine Verderben ergriff sehr bald auch die im Verbande der Kirche Gebliebenen und vergiftete hier gleichfalls alle Lebensverhältnisse. Zahlreiche Zeitgenossen heben ausdrücklich hervor, daß es vor Allem ‚die Laster der Evangelischen‘ gewesen seien, welche die Katholiken verführten. ‚Durch eure fleischlichen Lehren und eure stinkenden Beispiele‘, rief Wizel im Jahre 1538 den Neugläubigen zu, ‚habt ihr die Papisten zu derselben Zügellosigkeit verführt.‘

So verbreitete sich eine sittlich-religiöse Verwilderung ohne Gleichen über die verschiedenen Theile des Reiches. Das Gute, das unzweifelhaft noch vorhanden war, verschwand beinahe gegenüber der zerstörenden und auflösenden Richtung, welche auf alle Gebiete des Lebens ihre furchtbaren Wirkungen ausübte [2].

---

[1] Wehermann, Neue Nachrichten 517. An den Herzog von Liegnitz schrieb Schwenckfeld über Luther unter Anderm: derselbe habe einen Haufen toller, unsinniger Menschen, die an der Kette gelegen, losgemacht, für die es, wie für das Ganze, besser gewesen wäre, wenn er sie an der Kette gelassen hätte, da sie nunmehr mit ihrer Tollheit viel mehr als vorher schadeten und schaden könnten. A. a. O. 519—520.

[2] Ueber die Mischung von Bös und Gut im Leben der Menschheit fand ich unter den Papieren Janssen's nachstehende Bemerkung: ‚In jedem Zeitalter der Geschichte

,Wir können leider nicht verneinen,' heißt es in einem mit Bibelsprüchen durchwebten Schreiben des Constanzer Rathes vom 5. Februar 1544, ,dann daß Deutschland in allen ärgerlichen Sünden und Lastern ganz und gar ersoffen, daß auch der Stadt und dero Bürger Regiment und Leben sehr befleckt ist, die alte bürgerliche Zucht ist hingefallen. Ehre und Reichthum werden zu Pracht, Hoffart, Ueberfluß und Muthwillen mißbraucht, anderer Laster zu geschweigen. Diejenigen, welche Gottes Wort angenommen, bleiben in der alten Haut. Unser Herkommen, Freiheit und Session wollten wir gern erhalten und rathschlagen ernstlich darüber; wie aber rechte christliche Zucht, Gottseligkeit und Frommheit bei uns gepflanzt werde, wird wenig bei uns erwogen. Es ist zu besorgen, Gott hab sich endlich fürgenommen, das Teutschland mit Blut und sonst zu strafen, und wie es sich mit fremdem Blut vollgesoffen und alle Bosheit gesauffet, auch noch darin verharret, also muß es mit gleichem Maße in seinem Blut ertrinken und in eigener Bosheit umkommen.' [1]

Am tiefsten scheint es Luther empfunden zu haben, daß der von ihm gepredigte neue Glaube nicht die Früchte trug, die er der Welt verheißen hatte. Schon im Jahre 1523 hatte er seine Umgebung mit Sodoma und Gomorrha verglichen. ,Alle Welt', klagte er, ,gehet in Fressen, Saufen, Unkeuschheit und in allen Lüsten frei, daß es sauset und brauset.' ,Wir sind', äußerte er zwei Jahre später, ,zum Spott und zur Schande aller anderen Land geworden, die uns halten für schändliche unfläthige Säu, die nur Tag und Nacht trachten, wie sie voll und toll sein, und keine Vernunft noch Weisheit bei uns sein kann.' Deutschland führe durchaus ,ein eitel Säuleben, daß wenn man es malen sollt, so müßt man es einer Sau gleich malen' [2]. Für die Folgezeit lassen sich immer ernstere und bitterere Klagen Luther's von Jahr zu Jahr nachweisen. Nachdem das neue Evangelium ein Jahrzehnt hindurch gepredigt worden, schrieb derselbe: ,Es ist keine Strafe noch Zucht, keine

---

stehen die erhaltenden und die zerstörenden Kräfte neben einander; die Zeitalter unterscheiden sich nur dadurch, welche von beiden Kräften die vorherrschenden sind. Wenn die zerstörenden Kräfte vorwalten, vernichten sie auch das Gute, was gleichzeitig von Menschen geschieht. Im Allgemeinen finden wir in der Geschichte weit überwiegend nur das Böse aufgezeichnet, und das Gute müssen wir meist nur aus seinen die Geschlechter und Zeitgenossen überlebenden Wirkungen erkennen. Walten nun aber die zerstörenden Kräfte vor, so unterdrücken sie zugleich diese Wirkungen des Guten, so daß die nachfolgenden Geschlechter kein Mittel haben, dieses Gute zu erkennen und zu würdigen. So war es in Deutschland seit der Kirchenspaltung und der Revolution.' Vergl. hierzu auch Bd. 6, 10—11.

[1] * Stadtarchiv zu Frankfurt am Main. Vergl. Bd. 3, 550 Note 2.

[2] Sämmtl. Werke, Erl. Ausg. 28, 420; 36, 411. 300. Frankf. Ausg. 10, 83; 8, 295. 294.

Furcht noch Scheu; allerlei Muthwille, beide unter Bauern und Edeln, ist auf's Allerhöchst kommen, daß, wo man dawider auch redet, sie nur desto ärger werden und zu Trotz und Verdrieß desto mehr thun, denn sie sehen und wissen, daß ihn so hingehet und ungestraft bleibt. Und ist fast itzt die Zeit, da der Prophet Amos von sagt: Es ist eine Zeit, daß auch ein weiser Mann muß stille schweigen. Denn so man dawider will reden, so stellen sie sich nicht anders, denn als sei ihn damit angezeigt, wie sie es mögen ärger machen. Wie könnte es doch ärger werden, so weder Schweigen noch Reden hilft? Schweigt man, so werden sie von Tage zu Tage ärger; redet man dawider, so werden sie noch ärger. Da muß denn wohl der Arme und Elende bleiben und ungerettet bleiben. Das ist alles der Fürsten und Oberherrn Schuld, die Solches so haben lassen einreißen, daß sie nu nicht können wehren, ob sie gleich gern wollten. Aber es wird Einer kommen, der uns solchen muthwilligen Kitzel vertreiben wird. Denn es ist zu hoch kommen, wir machen's zu viel, daß der Sack reißen und der Strick brechen muß.‘ [1]

,Eben also stehet's itzt auch allenthalben, da Jedermann, Bauer, Bürger, Adel, sammelt nur viel Thaler, harret und geizt, frißt und säuft, treibt allen Trotz und Muthwillen, gerade als wäre Gott lauter Nichts, und sich Niemand des armen Christi mit seinem Bettelstab annimmt, sondern dazu unter die Füße tritt, bis auch bei uns, eben wie zu Sodom und Gomorra, aller Gehorsam, Zucht und Ehre untergehet (weil kein Vermahnen und Predigen nicht helfen will), und so gar übermachet, daß es nicht also stehen kann. Ich weissage von Herzen ungerne, denn ich oft erfahren, daß es allzu wahr worden; aber es stehet ja leider allenthalben also, daß ich sorgen und nun schier mich darein ergeben und verschmerzen muß, es werde Deutschland auch gehen, wie es Sodom und Gomorra gangen ist, und Deutschland gewest sein, es geschehe durch Türken, oder (wo nicht bald der jüngste Tag drein schlägt) durch sich selbs in einander falle; denn es ist so gar übermachet und überböset, daß es nicht ärger werden kann; und ist noch ein Gott, so kann er es ungestraft nicht lassen.‘ [2]

Das Nahen des Weltendes verkündete Luther auch im Jahre 1532: ‚Wer könnte es Alles erdenken, was itzt in allen Ständen und Händeln solcher Tücke regieret und gebraucht wird? Denn was ist die Welt, denn ein großes, weites, wildes Meer aller Bosheit und Schalkheit, mit gutem Schein und Farbe geschmückt, die man nimmermehr ausgründen kann? sonderlich itzt zur letzten Zeit, welches ist ein Zeichen, daß sie nicht lange stehen kann und gar auf der Gruben geht. Denn es gehet, wie man sagt: Je älter je kärger,

---

[1] Sämmtl. Werke, Erl. Ausg. 39, 249—250.
[2] Sämmtl. Werke, Frankf. Ausg. 14, 399.

je länger je ärger; und wird Alles so geizig, daß schier Niemand für dem Andern nicht Essen und Trinken haben kann, obgleich Alles genug von Gott gegeben wird.'[1]

Den allgemein verbreiteten Geiz, verbunden mit schändlichem Betrug, bejammerte Luther von Neuem im folgenden Jahre. Dieses Laster herrsche bei dem Bauernvolk wie bei den Bewohnern der Städte. ‚Jedermann sammelt Geld, schlemmet und prasset, beleuget und betrüget daneben Einer den Andern, wo er kann.'[2]

Zu den Lastern, welche erst nach Einführung des ‚neuen Evangeliums' sich besonders weit verbreiteten und zu entsetzlicher Höhe erhoben, rechnet Luther neben Geiz, Dieberei, Wucher, Zorn, Neid, Völlerei die Ueberhandnahme der Gotteslästerung und des Ehebruches. ‚Und dennoch bekümmern sie sich Nichts darum, fahren immer fort und lassen's Rosen tragen. Da mangelt's an Sünde nit, sondern daran, daß man's nicht erkennen und davon nicht ablassen will.'[3] Fast das ganze weibliche Geschlecht sei von Unsittlichkeit angesteckt. ‚Wenig sind ihr, Frauen und Jungfrauen, die sich ließen dunken, man könnte zugleich fröhlich und züchtig sein. Mit Worten sind sie frech und grob, mit Geberden wilde und unzüchtig. Das heißt itzt guter Dinge sein. Sonderlich aber steht es sehr übel, daß das junge Mägdvolk mit Worten und Geberden so überaus frech ist und fluchen wie die Landsknecht, ich geschweige der schandbaren Wort und ärgerlichen groben Sprichwort, die immer Eins von dem Andern hört und lernet.'[4]

Die schlimmsten Früchte seiner Lehre traten Luther bei dem heranwachsenden Geschlechte entgegen. ‚Es ist jetzt allenthalben leider der gemeinsten Klagen eine über den Ungehorsam, Frevel und Stolz des jungen Volkes, und insgemein in allen Ständen.' ‚Es ist zum Erbarmen, wie wir unsere Kinder so übel jetzt ziehen; da ist keine Ehre noch Zucht; die Eltern lassen ihren Kindern den Willen, halten sie in keiner Furcht; die Mütter sehen nicht auf ihre Töchter, lassen ihnen Alles nach, strafen sie nicht, lehren sie weder züchtig noch ehrbarlich leben.' ‚Es ist eine große Klag und leider allzu wahr, daß die Jugend jetzt so wüst und wild ist und sich nicht mehr will ziehen lassen. Wie gar wenig fragen sie nach den Eltern, Schulmeistern und Obrigkeit; sie wissen nicht, was Gottes Wort, Taufe und Abendmahl sei, gehen hin im dummen Sinne, sind wüst und unerzogen, wachsen in ihrem Sode und Muthwillen auf.'[5]

---

[1] Sämmtl. Werke, Erl. Ausg. 43, 229.
[2] Sämmtl. Werke, Frankf. Ausg. 2, 411.
[3] Sämmtl. Werke, Frankf. Ausg. 2, 205.
[4] Sämmtl. Werke, Frankf. Ausg. 6, 401.
[5] Angeführt von Döllinger, Reformation 1, 341—342.

‚Gott im Himmel sei es geklagt!‘ rief Luther bereits im Jahre 1532 aus, ‚man findet itzt Knaben und Mägdlein von zehn, zwölf Jahren, die Marter, Velten, Franzosen und andere gräuliche Schwür fluchen können und sonst mit Worten schambar und grob sind.‘ [1]

Aber freilich, man könne sich über solche Verhältnisse nicht wundern, wenn man sehe, wie die Kinder erzogen würden. ‚Und will itzt Niemand Kinder anders ziehen, denn auf Witze und Kunst zur Nahrung; denken schlecht nichts Anders, denn daß sie frei seien und stehe in ihrer Willkühr, die Kinder zu ziehen, wie sie es gelüstet, gerade als wäre kein Gott, der ihnen anders geboten hätte, sondern sie selbst sind Gott und Herren über ihre Kinder.‘ ‚Das merke dabei, wenn man nicht Kinder zeucht zur Lehre und Kunst, sondern eitel Freschlinge und Säuferkel machet, die allein nach dem Futter trachten: wo will man Pfarrherr, Prediger und andere Personen zum Worte Gottes, zum Kirchenamt, zur Seelsorgen und Gottesdienst nehmen?‘ ‚Da müßte ja beide, geistlich, weltlich, ehelich, häuslich Stand zu Boden gehen und ein lauter Säustall aus der Welt werden. Wer hilft aber dazu? Wer ist schuldig an solchem Gräuel, denn eben solche gräuliche, schädliche, giftige Eltern, so wohl Kinder haben, die sie zu Gottesdienst ziehen könnten, und ziehen sie allein zum Bauchdienst?‘ [2]

Nicht bloß die Eltern, bemerkte Luther im Jahre 1529, auch die Prediger treffe bezüglich der Erziehung der Jugend schwere Schuld.

‚Daß wir den Katechismum so fast treiben und zu treiben beide begehren und bitten, haben wir nicht geringe Ursachen, dieweil wir sehen, daß leider viel Pfarrherren und Prediger hierin sehr säumig sind und verachten beide, ihr Amt und diese Lehre: etliche aus großer hoher Kunst; etliche aber aus lauter Faulheit und Bauchsorge, welche stellen sich nicht anders zur Sachen, denn als wären sie um ihres Bauchs willen Pfarrherren oder Prediger, und müßten Nichts thun, denn der Güter gebrauchen, weil sie leben; wie sie unter dem Papstthum gewohnet. Und wiewohl sie Alles, was sie lehren und predigen sollen, itzt so reichlich, klar und leicht für sich haben in so viel heilsamen Büchern‘, ‚sind sie nicht so fromm und redlich, daß sie solche Bücher käuften; oder, wenn sie dieselbigen gleich haben, dennoch nicht ansehen noch lesen. Ah, das sind zumal schändliche Freßlinge und Bauchdiener, die billiger Säuhirten oder Hundeknechte sein sollten, denn Seelwarter und Pfarrherren.‘ [3]

Wie Alles mit Zwang durchgeführt werden sollte, so gedachte Luther auch in diesen Verhältnissen durch Zwang Wandel zu schaffen. Als Mark-

---

[1] Sämmtl. Werke, Frankf. Ausg. 6, 441.
[2] Sämmtl. Werke, Erl. Ausg. 54, 119—120.
[3] Sämmtl. Werke, Erl. Ausg. 21, 26. Zahlreiche andere Urtheile über die Prediger und das heranwachsende Predigergeschlecht bei Döllinger, Reformation 1, 305 fll.

graf Georg von Brandenburg über die Roheit und Trägheit von Alt und
Jung bei dem Gottesdienſt klagte, welche nach Abſchaffung des katholiſchen
Glaubens eingetreten, antwortete Luther am 14. September 1531: ‚Der Pöbel,
ſo des alten Wahnes gewohnt, muß alſo verſauſen und ſich ausfaulen; mit
der Zeit wird’s beſſer werden. Es iſt auch faſt der Prediger Schuld. Es
muß angehalten und getrieben ſein, wie Sanct Paulus lehret; denn der Haufe
iſt nu in die fleiſchlich Freiheit gerathen, daß man eine Weile muß ſie laſſen
ihre Luſt büßen. Es wäre fein, daß Ew. Fürſtl. Gnaden aus weltlicher
Obrigkeit geböte beiden, Pfarrherren und Pfarrkindern, daß ſie alle bei einer
Strafe müßten den Katechismus treiben und lernen, auch daß, weil ſie Chriſten
ſeien und heißen wollen, auch gezwungen würden, zu lernen und wiſſen, was
ein Chriſt wiſſen ſoll.‘[1]

Während Luther hier die Verwilderung als etwas Vorübergehendes und
Zufälliges auffaßt, muß er an anderen Stellen doch wieder geſtehen: ‚Hätte
ich dieſe Aergerniſſe vorhergeſehen, ſo hätte ich nimmermehr angefangen, das
Evangelium zu lehren.‘ ‚Wer wollte auch‘, ſagte er im Jahre 1538, ‚an-
gefangen haben, zu predigen, wenn wir zuvor gewußt hätten, daß ſo viel
Unglück, Rotterei, Aergerniß, Läſterung, Undank und Bosheit ſollte darauf
folgen? Aber nun wir darinnen ſind, müſſen wir herhalten und Solches lernen
und ſehen, daß es nicht Menſchen Thun noch Kraft iſt, ſondern der heilige
Geiſt ſelbſt thun und erhalten muß; ſonſt wären wir die Leute nicht, die
Solches ertragen und ausführen könnten.‘[2]

Die Verwilderung war ſo groß, daß Luther ſehr häufig betonte, alle
Verhältniſſe ſeien jetzt umgekehrt. So ſchrieb er im Jahre 1530: ‚Ein Fürſt
iſt Kaiſer; er iſt auch wohl ein Kaufmann und Händler. Deßgleichen, ein
Grafe iſt Fürſt, Edelmann iſt Grafe, Bürger iſt edel, Bauer iſt Bürger, Knecht
iſt Herr, Magd iſt Frau, Junger iſt Meiſter; Jedermann iſt, was er will,
und thut, was ihm gelüſt; hält ſich, wie es ihm gefällt. Was daraus dem
armen Haufen für Gut und Recht geſchieht, das findet man wohl. Und wer
kann auch ſolche Untugend alle erzählen oder genugſam beſchreiben?‘[3] Fünf
Jahre ſpäter vernimmt man die Klage: ‚Denn dahin iſt die Welt heutigs
Tags, Gott ſei es geklaget, gerathen, daß faſt alle Laſter leider izt zur Tugend
worden. Geizen muß izt heißen, endelich ſein, vorſichtig handeln, beſcheiden
und nahrhaftig ſein. Und wie man mit dem Geiz thut, alſo ſchmücket man
izt alle Sünde und Untugend in Tugend. Mord und Hurerei ſieht man
noch ein wenig für Sünde an; aber andere Sünden müſſen faſt alle den

---

[1] De Wette 4, 307—308. Vergl. Sämmtl. Werke, Erl. Ausg. 54, 254—255.
[2] Bei Döllinger 1, 304—305.
[3] Sämmtl. Werke, Erl. Ausg. 39, 249.

Namen haben, als wären sie nicht Sünde, sondern Tugend. Sonderlich hat sich der Geiz so schön geschmücket und geputzet, daß es nimmer Geiz heißt. Kein Fürst, kein Grafe, kein Edelmann, kein Bürger noch Bauer ist mehr geizig, sondern sind alle fromm, daß sie sprechen: Das ist ein nahrhaftiger Mann, das ist ein geschickter Mann, der denkt sich zu nähren.‘

‚Also geht's mit anderen Sünden auch: Hoffart muß nicht Hoffart noch Sünde, sondern Ehre heißen. Wer hoffärtig ist, da spricht man: Das ist ein ehrlicher Mann, der hält sich stattlich und ehrbarlich, der will seinem Geschlecht einen Namen machen. Zorn und Neid muß nicht mehr Zorn, Neid und Sünde heißen, sondern Gerechtigkeit, Eifer und Tugend. Wer zürnet, neidet, hasset, da spricht man: Der Mensch ist so emsig, so ernsthaftig und eifrig um die Gerechtigkeit, er hat billige Ursach zu zürnen, man hat ihm Gewalt und Unrecht gethan 2c. Also ist kein Sünder mehr in der Welt, und Gott sei es geklagt, die Welt ist voll Heiligen. Es spricht Seneca: Ibi deest remedii locus, ubi vitia honores fiunt (Dort gibt's kein Heil, wo das Laster geehrt wird); wenn es also zugehet, daß die Laster zu Tugend und Ehre werden, da ist weder Hülfe noch Rath mehr. Wo die Laster in Tugend geschmückt werden, da ist es aus.‘[1]

‚So fragten nun die Pharisäer und dieser reiche Mann Nichts darnach, gleichwie heutigs Tages unsere Junker, Bauer, Bürger, Adel auch Nichts darnach fragen, man predige und sage, was man wolle. Ist's doch itzt dahin gekommen, daß das grobe Laster, Saufen und Schwelgen, nicht mehr für Schande gehalten wird, sondern Völlerei und Trunkenheit muß nu Fröhlichkeit heißen. Und gleichwie alle Laster sind zu Tugend worden, also ist's auch mit dem Geiz, daß ich keinen Fürsten, keinen Grafen, keinen Edelmann, keinen Bürger noch Bauer mehr weiß, der geizig ist; und machen's gleichwohl allesammt so, daß wenn sie könnten auf dem Markte einen Scheffel Korn um vier Gulden geben, so thäten sie es. Jedermann scharret, kratzet, schindet und schabet, daß es kracht, vom Fürstenstand bis auf den Magdstand. In Summa: Alles ist ausfätzig von Geiz, und will doch Niemand für geizig gehalten sein.‘

‚Und wie es mit dem Geiz gehet, also gehet es auch, wie gesagt, mit anderen Sünden, als Zorn, Neid, Haß, Hoffart und dergleichen. Was kann man dazu thun? Predigt man dawider, so lachen und spotten sie es, wollen ihre Sünde nicht erkennen noch Unrecht gethan haben, wollen schlechts diesen Weg fahren, den der reiche Mann hie gefahren ist zur Höllen zu; und müssen auch mit dem reichen Manne in die Hölle fahren, da hilft kein Bitten für. Ursach, wenn sie gestraft werden, so färben und schmücken sie ihre Sünde

---

[1] Sämmtl. Werke, Frankf. Ausg. 5, 254—255.

und Laster in eitel Gerechtigkeit und Tugend; wie kann ihnen denn geholfen werden? Weil sie es denn also haben wollen, so lassen wir sie auch mit dem reichen Mann dahin fahren, in Abgrund der Höllen: Was können wir dazu thun, weil sie ungestraft sein wollen, wollen nicht Buße thun noch sich bessern.‘ [1]

‚Die ganze Welt ist nichts Anderes, denn ein umgekehrter Decalogus und des Teufels Larve und Contrafeit, eitel Verachtung Gottes, eitel Gotteslästerung, eitel Ungehorsam, Hurerei, Hoffart, Dieberei, Mord ꝛc., wird schier reif zur Schlachtbank; so feiert der Teufel nicht durch den Türken, Pabst, Rotten und Sekten.‘ [2]

‚Schlimmer jedoch als Geiz, Hurerei und Unzucht, so jetzt allenthalben überhand‘ nehme, schrieb Luther im Jahre 1532, müsse er achten ‚die Verachtung des Evangelii‘. ‚Geiz, Hurerei und Unzucht sind wohl große, schreckliche Sünde, und unser Herrgott strafet sie auch mit Pestilenz und theuer Zeit; aber es bleibet gleichwohl Land und Leute stehen. Aber diese Sünde ist nicht Ehebruch und Hurerei, ja sie ist nicht etwa eine menschliche, sondern teufelische Sünde, daß man die große Gnade der väterlichen Heimsuchung Gottes so soll verachten, verlachen und verspotten.‘ [3]

‚Wie voll die Welt der Undankbaren für das Evangelium ist, das sehen wir leider vor unseren Augen, nicht allein an denen, welche die erkannte Wahrheit des Evangeliums wissentlich verfolgen, sondern auch noch unter uns, die wir das Evangelium empfangen und uns desselben rühmen; der große Haufe auch so schändlich undankbar dafür sind, daß nicht Wunder wäre, daß Gott mit Blitz und Donner, ja mit allen Türken und Teufeln aus der Hölle darein schlüge. So bald haben wir vergessen, wie wir sind unter dem Papstthum geplagt und als mit einer Sündfluth überschwemmt und ersäuft gewesen mit so mancherlei wunderlichen Lehren, da die Gewissen in Aengsten gewesen und gerne wären seelig worden. Aber nun, da wir durch Gottes Gnade von dem Allem sind erlöset, so danken wir auch dafür eben also, daß wir Gottes Zorn nur schwerer auf uns laden. Denn rechne doch selbst, was es für eine unleidliche Bosheit ist, da wir von Gott solch große, unmäßliche Wohlthat, Vergebung aller Sünden, empfangen und Herren sind worden des Himmels, und er doch nicht so viel bei uns damit kann erhaben noch uns bewegen, daß wir daran gedächten und um deßwillen unserm Nächsten ein Wort vergäben von Herzen, ich will schweigen, daß wir ihm auch geben und dienen sollen. Wir haben das Evangelium, Gott Lob!

---

[1] Sämmtl. Werke, Frankf. Ausg. 5, 256—257.
[2] Sämmtl. Werke, Erl. Ausg. 57, 308.
[3] Sämmtl. Werke, Frankf. Ausg. 4, 6.

das kann Niemand läugnen; was thun wir aber dazu? Wir gedenken alleine darauf, daß wir wissen davon zu reden, mehr wird Nichts daraus; lassen uns dünken, es sei genug, daß wir's wissen; haben keine Sorge, daß wir auch dermaleins darnach thäten; darauf aber haben wir eine große Sorge, wenn irgend Einer einen oder zween Gulden verlieren sollte, da sorget er und fürchtet sich, daß ihm das Geld nicht gestohlen werde; aber das Evangelium kann er ein ganzes Jahr entrathen. Gott kann die schändliche Verachtung seines Wortes ungerochen nicht lassen, wird auch nicht lange zusehen.'[1]

,Je mehr man predigt,' lautet ein Ausspruch aus dem Jahre 1533, ,je toller und beißiger sie werden, und thun's nur desto mehr zu Trutz aus lauter Muthwillen. Schösser und Amtleute thun auch also; wenn sie der Pfarrherr vermahnet und spricht: Das ist Gottes Gebot; so sprechen sie: Nu will ich's nicht thun, weil's der Pfaff saget; was geht's den Pfaffen an, wie ich haushalte? soll er mich meistern?'[2]

Acht Jahre später schrieb Luther: ,Dahin ist's kommen, daß nicht wohl kann weiter kommen; daß nun anfangen etliche Junker, Städte, ja auch Dreckstädtlein, Dörfer dazu, und wollen ihren Pfarrherren und Predigern wehren, daß sie nicht sollen auf der Kanzel die Sünde und Laster strafen, oder wollen sie verjagen und erhungern; dazu wer ihnen nehmen kann, der ist heilig. Klagen sie es den Amtleuten, so müssen sie geizig heißen, die Niemand ersättigen könne. Ei, sprechen sie, vor Zeiten hatte ein Pfarrherr 30 Gulden und war wohl zufrieden; jetzt wollen sie 90 und 100 haben. Aber daß sie, die Amtleute, geizig, diebisch, räubisch und Herren untreu sind, das ist christliche Heiligkeit.'[3]

Angesichts des entsetzlichen Zustandes, der sich, wie Luther wohl erkannte, erst seit der Verkündigung der neuen Lehre herausgebildet, kam er zuletzt dazu, den Untergang der Welt herbeizusehnen. ,Die Welt ist', sagt er ,mit großem, tiefen Seufzen', ,so böse und unbändig, daß sie keine Disciplin, Zucht, Strafpredigt und Reformation mehr leiden will. Es ist die Welt gar rege geworden, nachdem das Wort des Evangelii offenbaret ist, sie knackt sehr; ich hoffe, sie werde bald brechen und in einen Haufen fallen durch den jüngsten Tag, auf den wir mit Sehnen warten. Denn alle Laster, Sünde und Schande sind nun so gemein worden und in Brauch kommen, daß sie nicht mehr für Sünde und Schande gehalten werden.'[4]

---

[1] Döllinger, Reformation 1, 297—298. Zahlreiche andere Stellen über die Verachtung des ,Evangeliums' und seiner Diener sind chronologisch zusammengestellt bei Pastor, Reunionsbestrebungen 112 fll.

[2] Sämmtl. Werke, Frankf. Ausg. 6, 8.

[3] Sämmtl. Werke, Erl. Ausg. 32, 78.

[4] Sämmtl. Werke, Erl. Ausg. 57, 318—319.

Schon im Jahre 1537 war bei Luther ‚kein Zweifel‘ mehr, ‚der jüngst Tag sei nicht fern, obwohl die hochverständige und übervernünftige Welt deß kein Sorge trägt, gewiß, es habe noch lange nicht Noth; und wird je länger so verrucht und böse, daß, wo gleich kein jüngster Tag nicht kommen sollt, müßte doch sie selbst, die hochverständige Vernunft, sagen: Es möge und könne die Länge so nicht stehen noch bleiben, sondern müßte entweder eine Sünd-fluth oder Sodoma Exempel kommen, wo es anders wahr ist, daß ein Gott sei, der Unrecht strafe; wie von Anfang der Welt der Exempel unzählig viel und noch täglich vor Augen sind, wenn die hochverständige und tiefverblendete Vernunft solche grausame Strafe sehen könnte und sich dadurch bewegen ließe.

‚Es ist eine alte Sage, durch viel Lehrer wiederholet, daß nach Offen-barung des Endechrists sollen die Leute so wilde werden, daß sie hinfort von keinem Gott Nichts mehr wissen noch halten wollen, sondern ihres Gefallens ein Jeglicher thun und lassen, wie der Teufel und das Fleisch lehren. Solche Zeit sehen wir allda vor Augen erfüllet. Denn nachdem durch Gottes wunder-liche und sonderliche Gnade des leidigen Endechrists, des Pabstthums, gräu-liche, schreckliche Lügen und Verführung nun offenbart und an den Tag kommen sind, fahen die Leute an, gar Nichts mehr zu glauben. Und weil sie von den Banden und Stricken des Pabstthums sich los und ledig fühlen, wollen sie auch des Evangelii und aller Gottes Gebot ledig und los sein, und soll nu forthin gut und recht sein, was sie gelüstet und gut dünkt. Das will recht das Ende am Liedlein werden, ob Gott will.‘[1]

Je älter Luther ward, desto mehr häuften sich seine Klagen über die Verwilderung des sittlichen und gesellschaftlichen Lebens, die Zunahme aller Laster, selbst in seiner nächsten Nähe. Am 8. September 1541 schrieb er an Link in Nürnberg, der über die dortige ‚Verachtung des Wortes‘ geklagt, er möge sich trösten, es herrsche jetzt die schwerste aller Versuchungen, die freche Ausgelassenheit des Lebens ohne Gesetz und ohne Wort: ‚Die Unsrigen wollen jetzt das Wort Gottes nicht einmal mehr ertragen oder nur hören, welches doch ohne Tadel der Laster nicht gelehrt werden kann.‘ Zwei Monate später ging ein Klagebrief über ‚die einheimischen Türken‘ an den Prediger Anton Lauterbach in Pirna ab: ‚Ich habe wegen Deutschlands beinahe alle Hoff-nung aufgegeben, da Geiz, Wucher, Thrannei, Uneinigkeit und das ganze Heer der Untreue, Bosheit und Schalkheit bei dem Adel, an den Höfen, in den Städten und Dörfern und zudem noch Verachtung des Wortes und Un-dankbarkeit allenthalben herrschen.‘ Von demselben Tage ist ein Klagebrief an Justus Jonas über die ‚ganz satanische Verachtung des Wortes‘ datirt[2].

---

[1] Sämmtl. Werke, Erl. Ausg. 63, 345—346.

[2] De Wette 5, 398. 407. Am 23. Januar 1542 schrieb Luther von Neuem an Jonas über die heillose Sicherheit des großen Haufens, der jetzt so rasend sei, daß er

‚Jene unsägliche Verachtung des Wortes‘, schrieb der Urheber der kirchlichen Spaltung Deutschlands in demselben Jahre, ‚und die unaussprechlichen Seufzer der Frommen zeigen an, daß die Welt aufgegeben und daß sich naht der Tag ihres Verderbnisses und unseres Heils. Amen, es geschehe so, Amen. So war die Welt vor der Sündfluth, so vor dem Untergange Sodoma's, so vor der babylonischen Gefangenschaft, so vor der Zerstörung Jerusalems, so vor der Verwüstung Roms, so vor dem Unglücke Griechenlands und Ungarns, so wird sie sein und ist sie vor dem Sturze Deutschlands.‘ Die Ansicht, der jüngste Tag müsse wegen der allgemeinen Verwilderung nahe sein, kehrt in den Briefen Luther's aus dieser Zeit immer häufiger wieder. Alle Laster, Geiz und Wucher, Feindschaft, Treulosigkeit, Neid, Hochmuth, Gottlosigkeit, Gotteslästerung‘, seien derart gestiegen, daß der Herr Deutschland wohl nicht länger schonen werde. ‚Ich bin es satt,‘ heißt es in einem Briefe an Amsdorf vom 29. October 1542, ‚in diesem gräßlichen Sodoma zu leben, ja nur Etwas davon zu sehen. Der jüngste Tag ist nahe, die Welt verdient den Untergang.‘ Und am 2. April 1543: ‚Ach,. daß doch derselbige Tag unserer Erlösung schier käme und machte des großen Jammers und teuflischen Wesens ein Ende!‘ Wiederholt wünschte um diese Zeit Luther nicht nur sich, sondern auch den Seinigen, durch einen baldigen Tod diesem ‚satanischen Zeitalter‘ entrückt zu werden; selbst wenn Gott seine liebste Tochter Margaretha, meinte er am 5. December 1544, jetzt hinwegnehme, werde ihm das keinen besondern Kummer verursachen. Die Wiege des neuen Evangeliums, Wittenberg, erschien ihm als ein zweites Sodoma und das eifrig neugläubige Leipzig mit seinem Geiz und Stolz noch ärger als Sodoma. ‚Sie wollen verdammt sein,‘ schrieb er sechs Wochen vor seinem Tode an Amsdorf, ‚so geschehe, was sie haben wollen.‘ [1]

Daß Luther bei seinen düsteren Schilderungen keineswegs übertreibt, zeigen zahllose Aussprüche seiner Freunde und Gehülfen, die nicht minder schwer wiegen als die Geständnisse des Führers selbst. Die Klage über die allgemein wachsende Zuchtlosigkeit und Verwilderung und die Verachtung des ‚Evangeliums‘ bildet auch bei Melanchthon den Grundton seiner Schriften und Briefe. Welche Zustände unter der Herrschaft des neuen Evangeliums eingetreten, erfuhr dieser bereits im Jahre 1527 bei Gelegenheit einer Kirchenvisitation in Thüringen. Dem Justus Jonas war damals ein Sohn gestorben; Melanchthon tröstete ihn, indem er auf die

---

nicht nur die täglich zuströmenden Wunder des Evangeliums, sondern auch die Wuth des Teufels verachte. A. a. O. 429. Vergl. Döllinger, Reformation 1, 348 ff.

[1] De Wette 5, 502—503. 552. 703. 772. Döllinger, Reformation 1, 319. 348 ffl. Vergl. auch von dem vorliegenden Werke Bd. 3, 571.

traurigen Zuſtände der Zeit hinwies. ‚Ich glaube, daß du nun zu Wittenberg beſſer ſiehſt, welch ein tiefer Fall und Untergang allem Guten droht,
wie groß der Haß der Menſchen unter einander iſt, wie ſehr verachtet alle
Ehrbarkeit, wie groß die Unwiſſenheit derer, welche den Kirchen vorſtehen, und
zu alledem, wie gottvergeſſen die Fürſten ſind.‘ [1] Fortan zieht durch den
ganzen vertraulichen Briefwechſel Melanchthon's die Klage hindurch über die
zunehmende Verſchlechterung der Zeiten. Wenn er tröſtet, betont er faſt
ſtets, daß der Tod ihm ein erwünſchter Hafen ſein werde, der ihn den unerträglichen Zuſtänden entrücke. Namentlich in die Seele ſeines vertrauten
Freundes Camerarius ſchüttete er ſeine unſägliche Trauer, ſeine Todesſeufzer
aus [2]. ‚Mich ergreift eine alle Begriffe überſteigende Angſt,‘ ſchrieb er im
Juni 1528, ‚wenn ich den Zuſtand dieſer Zeiten betrachte. Niemand haßt
das Evangelium bitterer als gerade diejenigen, welche von unſerer Partei ſein
wollen. Die Bosheit der Bauern iſt unerträglich und auf den Gipfel geſtiegen;
ſie werden ihre Gottloſigkeit ſchneller, als wir es wollen möchten, auf's härteſte
büßen müſſen.‘ Wiederholt betonte er, daß mehr als die Anſchläge der
Gegner ihn die Sünden und Laſter der proteſtantiſchen Fürſten, Prediger
und des Volkes ängſtigten [3].

Im Jahre 1545 theilte Melanchthon die proteſtantiſche Partei in vier
Claſſen ein. ‚Die erſte bilden‘, ſagte er, ‚diejenigen, welche das Evangelium auf
natürliche Weiſe lieben, das heißt ſie haſſen die Bande der kirchlichen Geſetze
und Gebräuche und lieben dagegen die Auflöſung der Disciplin. Da ſie
nun der Anſicht ſind, daß die Lehre des Evangeliums der geradeſte und
kürzeſte Weg zur Erlangung einer Zügelloſigkeit ſei, die alles Läſtige ab-
ſchüttele: ſo wenden ſie ſich dem Evangelium mit blinder Liebe zu. Zu
dieſer erſten Claſſe iſt der größte Theil des gemeinen Volkes zu rechnen,
welches von dem Grunde der Lehre und den Quellen der Streitigkeiten Nichts
verſteht und den Lauf des Evangeliums wie der Ochs das neue Thor an-
ſchaut. Die zweite Claſſe bilden die Vornehmen und der Adel, die ihre
Meinungen von der Religion nach der Geſinnung und Neigung der eben
Regierenden zu richten und zu beugen verſtehen. Solcher ſind an den Höfen
jetzt viele, welche dieſe oder jene Religion billigen, nicht weil es ihre Ueberzeugung iſt, ſondern weil ſie bei den Fürſten nicht anſtoßen wollen. Wieder
Andere, und zwar iſt dieß die dritte Claſſe, tragen großen Schein der
Frömmigkeit und ganz beſondern Eifer zur Schau, ſuchen aber unter dieſem

---

[1] Corp. Ref. 1, 888.
[2] Vergl. Corp. Ref. 1, 918. 1000. 1110; 3, 58; 5, 241; 8, 674. 832.
[3] Vergl. die Stellen bei Döllinger, Reformation 1, 373 ff. Ueber Melanchthon's
Klagen über die Fürſten vergl. von dem vorliegenden Werke Bd. 3, 549 ff.

Vorwande nur ihre Lüfte zu befriedigen. Zu dieser Claſſe gehören viele leichtfertige Menſchen. Endlich beſteht die vierte Claſſe aus den Auserwählten,
welche ihre Ueberzeugung auf eigenes Verſtändniß gründen; doch deren ſind
wenige.' [1]

,Der größte Theil der Deutſchen', ſchrieb Melanchthon im Jahre 1548,
,haßt ſowohl die Lehre Gottes wie uns.' [2] Unerträglich ſei die Tyrannei der
Fürſten und des Adels, die Unverträglichkeit und Verleumbungsſucht der
Prediger, bejammernswerth der Verfall der Wiſſenſchaft, entſetzlich die Zügelloſigkeit des Volkes. Ganz wie Luther klagte er beſonders über die Verachtung, Mißhandlung und Aushungerung der Prediger, die allgemeine
Verwilderung, das gänzliche Verſchwinden der Gottesfurcht und eine eigenthümliche religiöſe Leichtfertigkeit [3]. Dazu kam die Uneinigkeit unter den Neugläubigen, ſelbſt über wichtige Lehrpunkte. Angeſichts dieſer Zuſtände lauten
die Briefe Melanchthon's immer ſchmerzlicher und ſchwermüthiger. ,Wenn ich ſo
viele Thränen wie die Elbe hätte,' ſchrieb er im September 1545, ,ſo könnte
doch meine Trauer nicht geſtillt werden.' Später genügte ihm die Elbe nicht
mehr, er wollte ,ſo viel weinen wie Elbe und Weſer zuſammen' [4]. Rathlos ſtand
er der Erſcheinung des allgemeinen Verfalles gegenüber; wie Luther verſuchte er
den entſetzlichen Jammer aus den Einwirkungen des Teufels zu erklären; dann
wieder nahm er die Aſtrologie zu Hülfe oder verwies auf die Nähe des
jüngſten Tages: ,Wehe, wehe! in dieſer letzten Zeit nimmt ſich die Welt eine
grenzenloſe Frechheit heraus; bei den Meiſten iſt die Ungebundenheit ſo groß,
daß ſie gar keine Schranke der Zucht leiden.' [5] In den Briefen iſt des
Jammerns kein Ende. ,Dieſe überaus traurige Verwirrung', heißt es hier,
,bereitet mir ſolchen Schmerz, daß ich gern aus dieſem Leben ſcheiden möchte.
Die Fürſten bringen der Kirche durch unbegreifliche Aergerniſſe tiefe Wunden
bei und nehmen mit den kirchlichen Würden auch das Kirchenvermögen hinweg; nur wenige unterſtützen mit eigener Freigebigkeit die Diener der Kirche
und der Wiſſenſchaft. Die Anarchie beſtärkt deßhalb die Verwegenheit der
Böſen, und die Vernachläſſigung der Wiſſenſchaft droht neue Finſterniß und
neue Barbarei. Die Gegenwart iſt voll Verbrechen und Wuth und mehr
auf Sykophantenthum erpicht, als es die frühere Zeit war. Ganz offen wächst
die Verachtung der Religion. Zur Zeit unſerer Vorfahren herrſchte noch
keine ſolche Genußſucht, wie ſie bei unſeren Leuten täglich überhand nimmt.
Daher kommen die Kriege, die maßloſen Plünderungen und die anderen großen

---

[1] Corp. Ref. 5, 725—726. Döllinger 1, 377—378.
[2] Corp. Ref. 6, 778.   [3] Vergl. Döllinger 1, 376 fl. 395 fl.
[4] Corp. Ref. 5, 852; 7, 543.
[5] Melanchthonis Comment. in Matthaeum.

Calamitäten, weil Alle um die Wette eine unbeschränkte Freiheit und die vollständigste Ungebundenheit für alle ihre Gelüste zu erhalten suchen.‘ [1]

Ganz übereinstimmend mit Luther und Melanchthon sprachen sich die übrigen Väter der Neuerung in Sachsen: Spalatin, Lange, Jonas, Amsdorf, Bugenhagen und Cruciger, über den seit der politisch-religiösen Revolution eingetretenen sittlichen Zustand aus. Justus Jonas äußerte schon im Jahre 1530: ‚Die, so sich evangelisch nennen, suchen zum Theil nur fleischliche Freiheit am Evangelio. So nun die Früchte des Evangeliums folgen sollten, werden sie ruchlos, und ist nicht allein keine Gottesfurcht mehr bei ihnen, sondern auch keine äußerliche Zucht; werden der Predigt satt und überdrüssig, verachten ihre Pfarrherren und Prediger als Kehricht und Koth auf der Gasse und wollten gern sie und das Evangelium mit Füßen treten. Ueber das verachtet Bauer und Bürger alle gute Kunst und Lehre; was man schreit, vermahnt, Schulen zu halten zu guter Kinderzucht, lassen sie ihnen Alles zu viel sein, und will Niemand solch nützlich, hochnöthig Amt in Gottes Namen erhalten helfen, da sie vor um Bauchs willen all ihre Güter zugewandt haben. Und wird dazu der gemeine grobe Mann so frech, roh und bärenwild, als wäre das Evangelium darum kommen, daß es losen Buben Raum und Freiheit zu ihren Lastern machen wollt.‘ [2]

‚Die Unserigen‘, schrieb Bugenhagen im Jahre 1531, ‚wollen nichts Anderes hören als das Evangelium; sie bessern sich aber nicht daraus, sondern werden wild und ruchlos.‘ Amsdorf gestand im Jahre 1554: ‚die schlimmsten Laster gingen jetzt in vollem Schwange, es sei auf's Höchste gekommen, daß es auch nicht mehr höher kommen könne; wie mit einer Sündfluth sei die Welt jetzt damit überschwemmt, auch bei denen, so das Evangelium rühmen; man achte die Laster nicht mehr für Sünde, sondern für ehrliche, löbliche Werke.‘ [3]

Klagen, Nichts als Klagen dieser Art ertönten auch von Seiten der übrigen Mithelfer am Werke der kirchlichen Revolution. Der Hamburger Prädikant Aepinus starb mit der Ueberzeugung, es werde in Kurzem ein Epicuräerthum einreißen, vermöge dessen die Leute ohne Scham und Scheu mit aller Religion und allem Glauben nur ihr Gespötte treiben würden. Der Hamburger Prediger Westphal klagte im Jahre 1553: ‚Nicht nur das gemeine Volk mißbraucht die evangelische Freiheit, befriedigt ohne Scheu seine Leidenschaften, ist aller Gottesfurcht baar und stürzt kopfüber von Laster zu Laster, auch die Oberen leben in schrankenloser Frechheit nach ihren Gelüsten.‘ Wenn die Pre-

---

[1] Vergl. das Motto zum 3. Bande des vorliegenden Werkes.

[2] Döllinger 2, 115; vergl. von dem vorliegenden Werke Bd. 3, 70. Siehe auch das merkwürdige Schreiben des J. Jonas an die Fürsten von Anhalt vom 10. Mai 1538 bei Kawerau, Briefwechsel des J. Jonas 1, 283 fll.

[3] Döllinger 2, 145. 123.

diger zu dem Sündenleben nicht völlig die Augen zudrücken und nur mit einem kleinen Finger die Wunde berühren wollten, so schalt man sie Aufwiegler und Hochverräther. Ein Jahr früher hatte Hermann Bonnus in Lübeck eingestanden: ‚Wenn man das Evangelium predigt, so geschieht es meistens, daß die Menschen, in einem falschen Wahn von der evangelischen Freiheit befangen, fleischlich leben und glauben, sie dürfen Alles thun, was sie nur gelüstet, als wenn sie weiter an keine Gesetze gebunden wären und fortan keine guten Werke mehr zu thun brauchten.‘ [1]

In einem Kirchenlied des Erasmus Alber heißt es:

Aerger ist's nie gewesen
Von Anbeginn der Welt;
Ein Jeder mag's wohl lesen,
Was Christus hat gemeld't.

Kein Lieb noch Glaub' auf Erden ist,
Ein Jeder braucht sein' Tück und List;
Der Reich' den Armen zwinget
Und ihm sein Schweiß abbringet,
Daß nur sein Groschen klinget [2].

Ganz in demselben Sinne sprach sich der hessische Pfarrer Justus Alber aus. Ein anderer hessischer Prädikant, Johann Rosenweber, Pfarrer zu Marburg, legte im Jahre 1542 das Geständniß ab: ‚Sehen wir unter die Evangelischen, so finden wir bei dem großen Haufen Anderes nicht, denn fleischliche Sicherheit, Mißbrauch christlicher Freiheit, Eigennutz, Eigenehre, sonderlich aber große Undankbarkeit, große Gotteslästerung, große Verachtung des Wortes und Sorge der zeitlichen Nahrung.‘ ‚So groß ist die Verachtung der Religion,‘ klagte ein dritter hessischer Prediger, ‚so wird die Tugend mit Füßen getreten, daß man sie nicht für Christen, sondern für entmenschte Barbaren halten muß.‘ Selbst Butzer schrieb im Jahre 1544 seinem Landgrafen über ‚das Aergerniß, welches die Verschwendung, Schand und Unzucht der Neugläubigen allenthalben errege‘. Ein Jahr später erklärte er, man sehe ‚nicht wenige Päpstische, die in Andacht zu Gott, in Zucht und Ehrbarkeit des Lebens, in Treue, Glauben und Friedsamkeit gegen den Nächsten, in Mildigkeit gegen die Armen viele Evangelische übertreffen‘. Capito in Straßburg meinte, die Welt habe ‚die Scheinheiligkeit‘ mit ‚offener Läugnung der göttlichen Vorsehung und mit dem lasterhaftesten Epicuräerthum‘ vertauscht. ‚Die Menge, an Zügellosigkeit gewöhnt, ist nun völlig unlenksam geworden; es ist, als ob wir mit Brechung der papistischen Autorität zugleich die Kraft der Sacramente und des ganzen seelsorglichen Amtes vernichteten. Denn die Leute schreien: Das Evangelium

---

[1] Döllinger, Reformation 2, 486. 495. 498.　　　[2] Wackernagel 220. 231.

verstehe ich gut genug; ich kann ja selber lesen; wozu brauche ich deine Mühe? Predige denen, die dich hören wollen, und laß ihnen die Wahl, anzunehmen, was ihnen beliebt.'[1]

Die Verwilderung des unter der Herrschaft der neuen Lehre heranwachsenden Geschlechtes hebt der württembergische Pfarrer Johann Klopfer hervor: ‚Es ist jetzt keine Scham noch Scheu, keine Zucht noch Ehre, ja so gar keine Gottesfurcht bei dieser verruchten jungen Welt, und die Jugend will sich weder strafen noch ziehen lassen.' Auch der Nürnberger Prädikant Althamer meinte, eine so böse Jugend sei noch nie gewesen wie jetzt. Der württembergische Theologe Brenz warf den Lutheranern in der Vorrede zu seinen Predigten vor: Sie hätten nun schon viele Jahre das reine Evangelium bis zum Ekel und Ueberdruß predigen hören, seien aber nicht um ein Haar besser geworden, stürzten sich vielmehr kopfüber in immer schändlichere Laster. Ihre Gottlosigkeit übertreffe noch weit die der Sodomiten, und man könnte gar nicht Zeit genug finden, alle Laster der jetzigen Zeit aufzuzählen, denn ihrer seien so viele als Menschen. Von Tag zu Tag steige die Frechheit; Scham und Scheu aber schwänden in demselben Maße; man treibe die Laster bereits ohne alles Hehl und trage sie offen zur Schau, und so allgemein sei die Verdorbenheit, daß Sittenreinheit nicht nur selten geworden, sondern gar nicht mehr zu finden sei. Nicht etwa der Eine oder Andere verletze die göttlichen und menschlichen Gesetze, sondern allenthalben stürze man in Schaaren herbei, um alle Begriffe von Recht und Unrecht zu verwirren. Dieß Alles aber werde überboten durch den Gräuel der übermäßigen Verachtung des Evangeliums. Der Augsburger Prediger Caspar Huberin glaubte schon im Jahre 1531 an dem durch die Religionsänderung eingetretenen Zustande verzweifeln zu müssen: je mehr man schreibe, lehre und predige, desto ärger werde es; man scheue sich schier vor keiner Sünde mehr. Ein anderer Augsburger Prädikant, Caspar Meier, beklagte ganz in derselben Weise den völligen moralischen Indifferentismus seiner Glaubensgenossen. Gallus in Regensburg schrieb: ‚Der große Haufe der Evangelischen geht sicher dahin, ohne alle Buße und Besserung. Es ist so hoch gekommen, daß es nicht wohl höher kommen kann. Das äußerste Sittenverderben wächst in's Unermeßliche.' Jakob Schopper, Pfarrer zu Biberach, entwarf im Jahre 1545 eine ganz trostlose Schilderung der Früchte der neuen Predigt: die jungen Leute stürzten sich in dieser letzten, durch und durch verderbten Zeit in verschiedene Laster; es reiße ein völlig barbarisches Lasterleben ein. Schopper weissagte eine allgemeine Katastrophe[2].

----

[1] Döllinger, Reformation 2, 207—208. 223. 14. 33. 45 fl. Vergl. von dem vorliegenden Werke Bd. 3, 550.

[2] Döllinger 2, 79. 98. 319. 353. 577. 578 Note 14. 574.

Gleich traurige Geständnisse über das seit der kirchlichen Revolution eingerissene Sittenverderben legten die angesehensten protestantischen Philologen
und Schulmänner, Juristen und Staatsmänner ab. ‚Alle Lebensverhältnisse‘,
schrieb Joachim Camerarius im Jahre 1546, ‚sind von frecher Sittenlosigkeit
durchdrungen; fast allenthalben herrscht offene und schamlose Ungerechtigkeit.‘
Der Freiberger Rector Johann Rivius faßte im Jahre 1547 seine Lebens-
erfahrungen in die Worte zusammen, daß seine Zeit sich durch die in's Ungeheuere gesteigerte Zuchtlosigkeit vor allen vorangegangenen Jahrhunderten
auszeichne und das vollendetste Sittenverderben nun zu einer solchen Höhe
gestiegen sei, daß Gottlosigkeit und Epicuräerthum über das Christenthum Herr
geworden, das Gesetz um seine Geltung gekommen und die blinde Lust fast
allein gewaltig zu sein scheine. ‚Der bei weitem größte Theil der Leute‘,
fährt Rivius fort, ‚kümmert sich heut zu Tage nicht um Zähmung der
Fleischeslust, um Nüchternheit und Mäßigkeit, hängt der Völlerei und anderen
Lastern nach, stürzt sich endlich kopfüber in alle ausschweifende Lust und läßt
sich dabei von keiner Furcht vor Gott irre machen, fröhnt den Leidenschaften
und treibt alle Gottlosigkeit — rühmt sich aber dabei fleißig des Glaubens,
thut mit dem Evangelium groß und prahlt mit der wahren Religion. Wenn
jetzt das Volk hört, daß es keine andere Genugthuung für die Sünde gebe
als den Tod des Erlösers, so ergibt es sich sogleich, als wenn man jetzt
ohne Anstand sündigen dürfe, den Tafelfreuden und dem Wohlleben, thut,
was ihm einfällt, vergnügt sich an geschlechtlichen Genüssen und Schmausereien;
denn man dürfe ja nun, meinen sie, nicht mehr fasten und nicht mehr beten;
ja, man trägt nicht einmal mehr Bedenken, zu rauben, zu stehlen und Andere
zu beeinträchtigen, gerade als wenn Christus durch sein Erlösungswerk den
Sündern die Macht, ungestraft im Laster dahin zu leben, verschafft hätte.
Oder — wie Viele gibt es denn, die wahre, thätige Buße thun, während sie
viel Rühmens von ihrem Glauben machen? Viele suchen heut zu Tage nur fleißig
ihr Gewissen damit zu beschwichtigen, daß sie alle Stellen in der Bibel,
welche von Gottes unermeßlicher Barmherzigkeit lauten, gierig zusammenlesen,
die anderen aber, welche Lebensbesserung fordern, keines Blickes würdigen,
und gehen so als Opfer der Selbsttäuschung und Verblendung zu Grunde. —
„Wenn du ein Ehebrecher bist, oder ein Hurer, oder ein Geiziger, oder
wenn du mit anderen Sünden und Lastern befleckt bist, glaube nur, und
du wirst selig sein. Du brauchst dich auch durch das Gesetz gar nicht
schrecken zu lassen, denn Christus hat es erfüllt und für die Sünden der
Menschen genuggethan." Solche Reden geben frommen Seelen großes
Aergerniß, verführen zu einem gottlosen Leben und bewirken, daß die
Menschen, ohne irgend an eine Lebensbesserung zu denken, verstockten Herzens
in Schande und Laster fortleben; so ermuthigen jene Ansichten die Gott-

losen nur noch zu allen Lastern und nehmen ihnen jede Veranlassung, ihr Leben zu bessern.‘

In demselben Jahre schrieb der Meißener Rector Georg Fabricius: ‚Ich glaube nicht, daß es je eine verdorbenere, gegen alle Tugend und Ehrbarkeit feindlicher gesinnte Zeit gegeben hat als die jetzige.‘ Der protestantische Jurist Melchior von Ossa führte die ‚gewaltige Zunahme aller Laster‘ in Uebereinstimmung mit vielen anderen Protestanten ausdrücklich auf die Predigten wider die guten Werke zurück[1].

Bestätigt und ergänzt werden diese grauenhaften Schilderungen durch zahlreiche unzweideutige Urkunden, Chroniken, Gesetze, Kirchenordnungen und Visitationsprotocolle. Diese Quellen gestatten einen Einblick in die besonderen Schäden der einzelnen Landschaften und liefern den Beweis, daß auch nicht ein einziges protestantisches Territorium von der sittlich-religiösen Verwilderung verschont blieb.

Kursachsen, die Wiege des neuen Glaubens, hatte bereits Luther als dasjenige Land bezeichnet, in welchem das Verderben zu besonders furchtbarer Höhe gestiegen sei[2]. Durchaus bestätigt und mit Einzelheiten belegt wird dieser Ausspruch durch die kursächsischen Visitationsberichte von 1527—1529. Viele Pfarreien, so wird hier bezeugt, seien gänzlich verwaist, andere mit unfähigen oder unsittlichen Menschen besetzt. Der Prediger zu Lucka ‚hatte drei lebendige Eheweiber aufzuweisen, ohne von zweien geschieden zu sein‘. Das Volk lebe bösartig, wild, sittenlos und in offener Auflehnung gegen die Diener am Wort. In Cölpin riefen die Bauern dem Prediger zu: ‚Was predigt der lose Pfaff von Gott? Wer weiß, was Gott ist, ob auch ein Gott ist?‘ In Zinna verweigerten sie das Erlernen des Vater Unsers, weil es ‚zu lang‘ sei. Manche Gotteshäuser wurden zur Schafschur und zur Niederlage des Pfingstbieres benutzt, andere durch Unsittlichkeit entweiht. ‚Zu Reiden wollten die Bauern ihren Geistlichen steinigen, und als dieser sich beklagte, lachte der Richter dazu.‘[3]

Eine zweite Visitation des Kurkreises Wittenberg in den Jahren 1533 bis 1534 zeigte dieselbe Verwilderung. Die Visitatoren heben hervor: ‚Mangel an Kirchen- und Schuldienern, Zunahme von Lastern aller Art, Verachtung

---

[1] Siehe Döllinger 2, 598. 600 fl. 606; vergl. von dem vorliegenden Werke Bd. 3, 725, und Bd. 7, 302. 303. 304. 393. Gleich ungünstige Urtheile von Ausländern hat Janssen, An meine Kritiker 11 zusammengestellt. Man braucht jedoch weder diese noch die einheimischen katholischen Zeugnisse herbeizuziehen, die protestantischen genügen vollkommen und wiegen um so schwerer.

[2] Vergl. die Stelle bei Döllinger 1, 302 fl.

[3] Vergl. die Citate aus Burkhardt in dem vorliegenden Werke Bd. 3, 69—70 und die wissenschaftliche Beilage zur Leipziger Zeitung vom 20. November 1890.

und Lästerung des göttlichen Wortes, leichtfertiges und muthwilliges Bezeigen während des Gottesdienstes; Störung der Predigt durch offene Widersprüche oder unziemliche, laute Unterhaltungen. In Globig reichte man sich während des Gottesdienstes die gefüllte Bierkanne, des schlimmen Bezeigens gegen die Jungfrauen während des Gottesdienstes nicht zu gedenken. Etliche Bauernknechte haben unter dem göttlichen Amte und Predigt auf die Jungfrauen, Frauen, das ander Volk ihren Harn gelassen'[1].

Auch später ward es keineswegs besser. Die sogenannte Wittenbergische Reformation vom Jahre 1545 klagt über die Zügellosigkeit der Zeit und die gänzliche Verwilderung Vieler, die einst eine Pest des Menschengeschlechtes werden würden[2].

,Denn obwohl', heißt es in einer Naumburger Chronik zum Jahre 1547, ,von Anfange zu rechnen, das heilige Evangelium bis auf diese Zeit fast in die 28 Jahr allhier geprediget worden, also daß mit Besserung der Leut das Steigen und Fallen sich ziemlich und leiblich geändert, und fürwahr die Lehr zu dieser Zeit ohn Zweifel aus Gottes sonderlicher Schickung stattlicher denn je zuvor gewesen und im Schwang gangen, so hat's doch gar keine Frucht bracht, ohn die Gott vielleicht sonderlich auswählet, daß die Leut Mordens, Stehlens, Raubens, Unzucht zu treiben und allen Muthwillen unsträflich zu üben also gewohnet, daß keine Hoffnung mehr der Besserung gewesen und daß die Obrigkeit letzlich schier matt worden, dem greulichen Uebel zu begegnen und zu steuren. Und ist Naumburgt, welche länger denn vor 40 Jahren bei unsern Landen den grewlichen Aufbruch und erschrecklichen Zunehmen der Mordgruben gehabt, auf's new ein lauter Raubhaus und schier ein Sodoma worden. Wie jemmerlich nun dis alle christliche Herzen gequelet, hat ein jeglicher Christ und ehrlicher Mensch leicht zu bedenken, und mangelt an Nichts mehr, denn daß Gott mit seinem jüngsten Tage hernach folge und mache es gar aus, sonst wird freilich keine Besserung zu hoffen sein.'[3]

Von den sittlichen Zuständen in der Grafschaft Mansfeld entwarf der streng lutherische Theologe Erasmus Sarcerius im Jahre 1555 folgendes Bild: ,Fast an allen Orten, wo man hinkommt, findet man bei den Leuten wenig oder schier keine Gottesfurcht. Gottes Wort zu hören, ist das Volk hin und wieder sehr träg und nachlässig, ja hat schier einen Ekel davor. Viele Leute lästern sogar Gott und sein Wort, die Sacramente und den Gottesdienst zum heftigsten und sagen wohl, daß seit der Zeit, wo das Evangelium in die deutschen

---

[1] Burkhardt, Sächs. Kirchen- und Schulvisitationen 136. 140. 149. 150—154. 191. 198—201. Vergl. Janssen, Ein zweites Wort an meine Kritiker 84 ff.

[2] Döllinger 2, 640.

[3] Neue Mittheilungen aus dem Gebiete historisch-antiquarischer Forschungen 13, 538—539.

Lande gekommen, nimmer Friede, Glück und Heil darinnen gewesen. Und wenn während der Predigt und des Gottesdienstes gespielt, gezecht, verkauft und namentlich Nachmittags zur Zeit des Gottesdienstes, der Predigt und Catechisation Tänze, Kegel- und Ballspiele gehalten werden, ingleichen viele Leute auf den Kirchhöfen stehen und unnütze Dinge daselbst treiben oder vor den Schenken und Spielhäusern sitzen und sonst Allerlei für der Hand haben, so muß ja doch dieß sattsam beweisen, daß eine jährliche Kirchenvisitation nöthig sei, um dieß abzuschaffen. Ebenso dringlich macht sie die Unwissenheit vieler jungen und alten Leute im Beten und den anderen Stücken des Catechismus, die häufige Widerspänstigkeit gegen das Lernen, ja der Spott und Hohn darüber, wodurch es auch kommt, daß man oft sogar Dinge für Tugend und gute Werke hält, die gräuliche Sünden und Laster sind. Groß ist ferner die Anzahl derer, die in vielen Jahren nicht zum Sacrament des Altars gegangen, 40, 30, 20, 10 Jahre lang nicht; sie haben's weder papistisch noch evangelisch empfangen. Und wenn auch die Leute in die Kirche kommen, plaudern sie dort oft von unnützen Dingen, singen nicht, loben, ehren und preisen Gott nicht; ja Viele schämen sich, in der Kirche deutsche Gesänge mitzusingen, während man doch andere Schelmenlieder, Buben- und Hurenlieder von ihnen hört. Schrecklich und abscheulich wie die Verachtung des Wortes Gottes und der Sacramente ist auch fast bei allen Leuten die Geringschätzung des Priesterstandes, namentlich Seitens der Amt- und Gerichtsleute. Deßhalb haben die Pastoren und Seelsorger auch bei Niemandem Schutz und Schirm, sind trostlos und verlassen und wissen nicht, wohin sie sich wenden sollen. Selbstverständlich leidet darunter das Amt, und das Studium der Theologie wird allgemein gescheut. Wer wollte sich auch so offenkundigen Ungerechtigkeiten und Verfolgungen aussetzen? Und Amtleute, von denen solche Behandlung ausgeht, stellen Geistliche an und setzen sie ab. Wer aber an den Landesherrn und das Consistorium appelliren will, kann sich außer auf Absetzung noch auf den Spott gefaßt machen: Ich will dir Herr genug sein.'[1]

Ganz besonders klagt Sarcerius über die Entheiligung der Sonn- und höchsten Festtage. ,An keinem andern Tage wird so viel Unfug, Ueppigkeit, Untugend, Schande, Laster, Schalkheit, Buberei, Gottlosigkeit geübt, als gerade an dem Tage des Herrn. Des Morgens sitzt man, namentlich in den Städten, in den Kneipen beim Branntwein. Und auf den Dörfern gehen Manche schon in der Frühe zu Wein und Bier, sitzen vor den Schenken und Kirchen, treiben unnützes Geschwätz, spielen Karten, würfeln, tanzen und

---

[1] Vergl. Zeitschr. des Harzvereins 20, 520 fll. Siehe noch andere Zeugnisse bei Döllinger 2, 642 und in dem vorliegenden Werke Bd. 8, 573. 737.

springen. Ja, je größer die Feste, desto mehr ruchlos Wesen. Am Char-
freitag wird Kuchen gebacken, Oftern wird durch Unmäßigkeit im Essen und
Trinken entweiht, Pfingsten durch das sogenannte Pfingstbier. Da hebt man
am Sonnabend zuvor mit der größten Glocken zum Pfingstbier an zu läuten,
gleich als wären die Glocken dazu verordnet. Nach dem Glockengeläute gehet
das Saufen von Stund an; da kommen Mann und Weib, Jung und Alt,
Mägde und Knechte zusammen und zechen bis in die Mitternacht hinein, bis
Jedermann toll und voll ist. Die Folge davon ist, daß die Kirchen am
Festtage selbst leer sind und keine Rede mehr ist von der Feier des Sacra-
mentes. Nach dem Gottesdienst fängt das Schwelgen wieder an, und Pastoren
helfen dazu und sitzen obenan; die Landsknechte und Gerichtsknechte aber
schreiben auf solche Festtage Herrendienste aus.'[1]

Ueber die Verwilderung in Hessen schrieb Franz Lambert schon im
März 1530 an Butzer: ,Mir schaudert vor den Sitten dieses Volkes.' Der
Chronist Wigand Lauze beklagte im Jahre 1539 die Roheit und Wildheit
der Neugläubigen in Hessen; ein Bedenken der dortigen Theologen und Prediger
sagt geradezu, es seien jetzt Zeiten wie in Sodoma und Gomorrha. Die
Amtleute warfen die Hauptschuld der Verwilderung auf die Prädikanten[2].
Im Jahre 1542 klagte Landgraf Philipp selbst, daß zu Folge eingelaufener
Berichte ,sich jetzt in ziemlicher Anzahl Prädikanten und Seelsorger übel halten,
böses ärgerliches Leben führen, sich mit Vollsaufen, Spielen, Wuchern und
dergleichen auch eines Theils noch böseren Lastern beladen, sich in den Zechen
mit den Leuten raufen, schlagen, zanken und sonderlich auch gegen die Weiber
unzüchtiglich halten und erzeigen sollen'[3].

Die Verwilderung in den Gebieten des Markgrafen Georg von Branden-
burg-Ansbach hatte bereits im Jahre 1530 eine solche Höhe erreicht, daß der
Landesherr die Messe wieder einführen wollte. Brenz bezeichnete das als
nutzlos; solchem verruchten Wesen könne nur die Predigt des Evangeliums
und ernste Handhabung guter Polizei wehren. Wie weit dieß der Fall war,
zeigen die Untersuchungsacten vom Jahre 1548. In jedem Hause des Dorfes
Weißenbronn, wird hier berichtet, wohne eine öffentliche Dirne. In Ammen-
dorf bezeichneten die Bauern ihren Prediger als einen ,Bösewichts-, Diebs- und
Hurenpfaffen'. In Erlbach, Wallmersbach und Buchheim wurden die Prediger
von den Bauern getödtet. Allenthalben Verwilderung, Verbrechen, Religions-
losigkeit und Unsittlichkeit[4].

---

[1] Zeitschr. des Harzvereins 20, 523—524.
[2] Vergl. von dem vorliegenden Werke Bd. 3, 440—441.
[3] Heppe, Kirchengesch. 1, 287. Entsetzliche Nachrichten über die Pfarrer zu
Zweften seit dem Jahre 1580 S. 336 Note 4.
[4] Vergl. von dem vorliegenden Werke Bd. 3, 689—690 und Döllinger 2, 646 fl.

Gleich schlimme Zustände herrschten nach den Angaben eifriger Lutheraner in der mächtigen Reichsstadt Nürnberg, welche als ‚eine der schönsten Perlen im Kranze des Evangeliums‘ gerühmt wurde. Daß aus dem neuen Evangelium gute Früchte erwachsen seien, konnte Hans Sachs nicht erkennen. Im Gegentheil beklagte er bereits im Jahre 1524 ‚den unzüchtigen Wandel der Lutherischen, durch welchen dieselben die evangelische Lehre in Verachtung gebracht‘. ‚Alles wird jetzt so zur Fleischeslust verkehrt,‘ schrieb Willibald Pirkheimer, ‚daß die letzten Dinge viel ärger sind als die ersten. An Schlechtigkeit der Sitten thun wir es auch den Heiden zuvor, rühmen uns der evangelischen Freiheit und verkehren sie ganz in zügellose Freiheit des Fleisches. Wir scheinen alle Hoffnung auf Christus zu setzen, den wir doch nur zum Deckmantel unserer Laster haben.‘[1] Je länger die Predigt der neuen Lehre andauerte, desto schlimmer wurde es in der alten Reichsstadt.

Im Jahre 1531 beklagten die Nürnberger Prediger die Unordnung beim Empfang des Abendmahles. ‚Wir wissen durch Erfahrung, daß zum hochwürdigen Sacrament ohne allen Unterschied laufen Narren, leichtfertige Menschen, Kinder ꝛc. Es langt uns auch an, daß etwa Buben, so der Schusser spielen, sollen vom Spiel hinzugelaufen sein und gesagt haben: Komm, laß uns trinken. Wie dem Allem, so kann Niemand läugnen, daß schändliche Unordnung ist, wenn Jedermann ohne Unterschied hinzulauft, daraus eigentlich Gottes Zorn erweckt wird, Land und Leute zu plagen, mag zum Theil auch ein groß Ursach sein, daß jetzund so gar ungezogene Jugend und freche Welt ist, voller Gotteslästerung, Verachtung Gottes und der Menschen, Widerspänstigkeit, Unzucht ꝛc., allermeist da man sich evangelisch rühmt; ist zu besorgen, es werde sich noch gräulicher ereignen.‘[2]

Auch in den österreichischen Erblanden geberdete sich das Volk, seitdem ‚die verführerischen Secten und Lehren tiefer eingerissen, von einem Jahr zum andern wilder, ungezähmter und viehischer‘. Die religiös-sittliche Verwirrung und Verwilderung nahm zu, je mehr die neuen Lehren eindrangen, je weniger der katholische Clerus seine Pflicht erfüllte[3].

Nicht anders stand es seit der gewaltsamen Einführung der neuen Lehre in Württemberg. Die Verwilderung des Volkes wurde auch hier, wie Myconius im Jahre 1539 bezeugt, befördert durch den schlechten Lebenswandel vieler Prediger und deren Weiber. Der Trunksucht und Unzucht, klagte derselbe, werde gar kein

---

[1] Siehe von dem vorliegenden Werke Bd. 2, 357 fl.; Bd. 3, 85 fl. Vergl. auch das Urtheil Christoph Fürer's über die wachsende Gottlosigkeit und Sittenlosigkeit in Folge der neuen Lehre bei Höfler, Denkwürdigkeiten der Charitas Pirkheimer xxxvii. Vergl. ferner Mittheil. des Vereins für Nürnb. Gesch. 5, 227.

[2] Strobel, Neue Beiträge 2, 385.

[3] Vergl. von dem vorliegenden Werke Bd. 4, 96 fll.

Maß mehr gesetzt. Die Herren und Obrigkeiten, schrieb der Prädikant Conrad Sam zwei Jahre nach Einführung der neuen Lehre in Ulm, ‚suchen jetzt gemeiniglich in ihrem ganzen Leben nichts Anderes denn Wollust und Pracht. Sie haben einen Bund mit der Hölle und dem Tod gemacht, sagen: Wir wollen fressen und saufen und thun, was uns gelüst, Tag und Nacht, vielleicht sterben wir morgen, und kommt der Dinge, die der Pfaff sagt, keines über uns.‘ Zu Augsburg mußte der Rath bereits im Jahre 1537 eine strenge ‚Zucht- und Polizeiordnung‘ gegen die allgemeinen Laster erlassen. Als solche werden bezeichnet: Gottesläfterung, Fluchen und Meineid, Völlerei, Ehebruch, Nothzucht, Blutschande, Bankerott machen. Auch in Zürich schmeckte man sehr bald ‚so gar bittere Früchte des heiligen Evangelii, daß es zum Entsetzen war‘. Die Strafmandate des Rathes von 1527—1531 weisen auf eine steigende Sittenverderbniß und Verwilderung hin. Das Schlimmste, meldete H. Wolff im August 1529 an Zwingli, sei, daß die Jugend so übel und schändlich erzogen werde: ‚Summarum, alle Laster sind im höchsten Werth‘ [1].

Auch in Straßburg mußte der Rath bereits im Jahre 1529 eingestehen, ungeachtet aller Strafmandate seien die Laster ‚je länger je mehr eingerissen‘ [2]. Drei Jahre später erklärten die Straßburger Prediger in einer Eingabe an den Magistrat, ‚der schreckliche Abfall von göttlicher Lehre und aller Ehrbarkeit mit so viel seltsamen Fantasien und Irrthümern sei in Straßburg gewaltiger eingerissen, als an irgend einem Ort im ganzen Reiche‘. Oeffentlich sage man ‚auf den Stuben und allenthalben, neben viel anderen unerhörten Gottesschmachen, es sei weder Höll noch Teufel. Wie ein Unerhörtes wäre das vor Zeiten gewesen! So nehmen wir zu, das lernen wir in unserer verwähnten Freiheit‘ [3]. Schon einige Jahre vorher hatte der eigentliche Begründer der Neuerungen, Butzer, auf das ‚steigende Verderben‘ unter den Anhängern ‚des Evangeliums‘ hingewiesen [4]. Um dieselbe Zeit erklärte der Straßburger Stadtschreiber Peter Butz in einer öffentlichen Rathssitzung: ‚Nachdem eine gute Zeit lang das Wort Gottes klar und lauter in dieser Stadt gepredigt und durch viel Volk gehört worden, sind doch, Gott erbarm's, wenig christliche Früchte gefolgt‘; während ‚Ehebruch, Hurerei, Gottesläfterung, Wucher sammt anderen wissentlichen und von Gott verbotenen Lastern öffentlich und ungescheut und leider ungestraft geübt‘ würden, habe sich ‚die christliche Unterhaltung der Armen hoch gegen der vorigen gewendet‘ [5].

---

[1] Vergl. von dem vorliegenden Werke Bd. 3, 299. 286. 354. 252.
[2] Röhrich, Mittheilungen aus der Geschichte der evangelischen Kirche des Elsaßes (Straßburg 1855) 1, 265.   [3] Zeitschr. für hist. Theologie (Gotha 1860) S. 60 fll.
[4] Vergl. von dem vorliegenden Werke Bd. 3, 100 fl., und Döllinger 2, 654.
[5] A. Baum, Magistrat und Reformation in Straßburg bis 1529 (Straßburg 1887) S. 187.

Solche Zustände blieben keineswegs auf die Städte beschränkt. ‚Es ist aller Pfarrer auf dem Lande einhellige Klage,‘ sagt die Straßburger Kirchenordnung vom Jahre 1534, ‚daß in allen Flecken eine große Verlassung sei, das Wort Gottes zu hören; es sind auch, die, so man predigt, unter der Kirchenthüre stehen, zu geilen und Muthwillen zu treiben, daß sie die, so predigen und zuhören, irre machen; an etlichen Orten halten die Schultheißen zur Zeit der Predigt Gericht und Gemeinde.‘ [1]

Dieselbe Verachtung der neuen Predigt bezeugen die Visitatoren der Kurpfalz vom Jahre 1556. Der große Haufe des Volkes habe sich einem ‚gottlosen und epicuräischen Leben‘ ergeben, ‚das Volk lebt wild in den Tag hinein, gleich wie das unvernünftige Vieh, achten ihrer Kirchendiener wenig‘. ‚Bei dem mehrern Theil der Pfarrherren‘ wurde ‚merklicher Unfleiß befunden, also daß sehr wenige bisher Unterricht im Catechismus ertheilt und Kinderlehr gehalten haben‘. ‚Viele Pfarrherren führen ein unzüchtiges Leben, woraus gar schimpfliche Reden bei den Papisten entstehen.‘ [2]

Aehnliche Klagen brachte der Prädikant Schwebel gegenüber dem Pfalzgrafen Ruprecht von Zweibrücken vor. ‚Große Undankbarkeit und Bosheit des gemeinen Volkes herrsche gegen die reinen Lehren des Evangeliums.‘ ‚Dieß beklagen wir Alle,‘ schrieb einige Zeit später der Hofprediger Glaser, ‚daß nur ganz Wenige dem Evangelium folgen, daß ein großer Theil des Volkes dasselbe verachtet, daß sogar Einige es verfolgen.‘ ‚Sehr Viele in unserm Lande‘, berichtete Nicolaus Thomae, Pfarrer in Bergzabern, ‚hätten gern, daß die Wahrheit mit ihren Dienern und allen Pfaffen im Pfefferland wären.‘ In Folge dieser Klagen suchte Pfalzgraf Ruprecht durch Zwang seine Unterthanen dazu zu bringen, die neugläubigen Prediger anzuhören, obgleich Kanzler Schorr eindringlichst vor solchen Maßregeln warnte, da man damit nur Heuchler großziehe. Diese Befürchtung bestätigte einige Jahre später der Prediger Thomae mit seinen Klagen über die ‚Heuchelei und das Scheinchristenthum mancher Leute‘. Die sittlichen Zustände waren dem entsprechend. ‚Eure Fürstliche Gnaden ist wohl wissend,‘ schrieb Schwebel an Herzog Ruprecht, ‚wie viele Menschen es befremdet und ärgert, daß sich alle Bosheit überflüssig und unverschämt sehen läßt, darzu so viel schreckliche Plagen einfallen bei unseren Zeiten, da sich Viele der Erkenntniß des Wortes Gottes rühmen, welches Etliche bewegt, Gott und sein Wort zu lästern, als ob die neue Lehre, wie sie es nennen, und die Veränderung des Gottesdienstes daran schuldig wären.‘ Trostlos fügte er hinzu: ‚Weil Gott sein Wort bei unseren Zeiten so reichlich verkündigen läßt, wir aber immerdar

---

[1] Döllinger 2, 654 fl.

[2] Näheres in dem vorliegenden Werke Bd. 3, 738 fl.; Bd. 4, 41 fl.

ärger werden, ist zu besorgen, Gott werde es gar ausmachen, welches mit dem jüngsten Tag geschehen wird, der allen Zeichen nach nicht fern ist.' In ähnlicher Weise jammerte Schwebel's Amtsbruder Thomae in einem Briefe vom Jahre 1542 an einen Freund: ‚Nirgends sind, es ist schrecklich zu sagen, wahre Früchte einer ernsten Reue und des Evangeliums sichtbar. Ich habe sehr oft schon mit großer Sehnsucht daran gedacht, mit den Meinigen auszuwandern, damit uns nicht begegne, was in den vergangenen Jahren die Völkerschaften der benachbarten deutschen Länder ertragen haben.' ‚Alles scheint zu wanken und dem Verderben entgegen zu eilen. Wir sollten unsere Zuflucht nehmen zum Gebet, dem letzten Heilmittel aller Uebel; aber das Volk, überall aufgebracht wegen des durch mancher Fürsten Treulosigkeit erlittenen Verlustes an Geld und Kriegsmannschaft, will nicht beten! Ja, es erfleht mit den Türken alles Uebel.' ‚Auch die Geistlichen', heißt es in demselben Briefe Thomae's, ‚sind nicht rein von Verbrechen und sind hie und da von Unzucht, Geiz, Ehebruch und Völlerei befleckt, gerade so heilig geachtet, wie einst im Papstthum.' Schwebel selbst gab Thomae zu bitteren Klagen Anlaß, daß er ‚durch seinen unersättlichen Geiz das Evangelium schädige': ‚wer möchte Mitgeistlicher zu sein wünschen unter solchen Verhältnissen!' [1]

Ganz dieselben Erscheinungen wiesen die norddeutschen Städte auf, in welchen unter Gewaltthätigkeiten, Raub und Plünderung die neue Lehre eingeführt worden. Unruhige Köpfe, Metzger, Schneider, verlaufene Mönche, Buchbinder waren die ersten Macher: sie wurden Pastoren und Superintendenten. So war es in Hildesheim, so in der alten Hansestadt Soest [2].

Unter solchen Hirten mußte das Volk verwildern. In welchem Grade dieß im Braunschweigischen der Fall war, bezeugt ein Bericht vom Jahre 1545: ‚Die Kirchen sind leer, aber die Gastereien voll; die Niederen machen es den Oberen nach, und ist des Saufens und aller Liederlichkeit kein Ende.' [3]

Eine im Jahre 1535 in Mecklenburg vorgenommene Visitation lieferte sehr traurige Ergebnisse. ‚Das arme Volk in den Dörfern muß ohne alle Lehre und Wort Gottes wie das Vieh leben.' [4] Auch hier ist eine steigende Verschlimmerung bemerkbar. Im Jahre 1542 wird Klage geführt über die Undankbarkeit des Volkes, welches ‚vom Papstthum und seiner teuflischen Gefangenschaft gnädiglich erlöst' worden, aber sich so benehme, ‚daß Gott vom Himmel den König von Babel kommen lassen müsse' [5]. Alle späteren Kirchen-

[1] Vergl. Hist.-pol. Bl. 107, 889 ff. 892 ff. 898—899.
[2] Vergl. die Einleitung von Jostes zu Daniel von Soest. Paderborn 1888.
[3] Siehe von dem vorliegenden Werke Bd. 3, 530.
[4] Lisch, Jahrbücher 8, 37 fll. 46.
[5] Schröder, Mecklenburg. Kirchenhistorie 1, 464; vergl. 2, 316. 544.

ordnungen und Kirchenvifitationen sprechen sich über die Zunahme aller Sünden
und Laster aus.   Thomas Aderpul fand im Jahre 1548 zu Malchin ‚leider
keine Frucht, sondern eitel Verachtung Gottes, seines heiligen Wortes und der
heiligen Sacramente; indem sich Jedermann desto länger desto mehr in alle
Sicherheit, Gierigkeit, Schwören, Schwelgen und Ungerechtigkeit begab. Wo
ist der, der sich von Sünden bessert?   Wo ist der, der sich seines Nächsten
in Wahrheit annimmt? Ja, Einer kann dem Andern fast nicht mehr
glauben‘ [1].

Für die Verwilberung und Entfittlichung des Volkes seit Einführung der
neuen Lehre in Pommern ist ein claffischer Zeuge der fürstliche Geheimschreiber
Thomas Kantzow, der selbst Lutheraner war und dem ‚Evangelium‘ treu an-
hing.   Der Unterschied zwischen der alten Zeit katholischen Glaubens und
Lebens und den seit der kirchlichen Revolution eingetretenen Zuständen war so
augenfällig, daß Kantzow sein Erstaunen über die ‚große Veränderung aller
Sachen‘ nicht verbergen kann.   An dem Volke ‚päpstlichen Glaubens‘ konnte
er die Andacht, Mildthätigkeit, Enthaltsamkeit, seine Achtung der Priester
rühmen.   Jetzt sehe man allenthalben Ruchlosigkeit, Beraubung der Gotteshäuser, Fraß, Muthwillen und Unerzogenheit, große Verachtung der Prediger
und Kirchendiener [2].

Auch das Ländchen Dithmarschen, vor der kirchlichen Umwälzung ausgezeichnet durch religiösen Eifer und strenge Zucht, gerieth nach Einführung
der neuen Lehre in argen sittlichen Verfall. ‚Hurerei und unleibliche, heidnische, jüdische, ja türkische Wucherer‘, sagte bereits im Jahre 1541 der Prädikant Nicolaus Boje, ‚nehmen so überhand, daß es Gott muß geklagt sein,
daß weder Predigt, Lehre, Vermahnung, Drohung und Schrecken mit Gottes
Zorn und seinem rechtfertigen, strengen Urtheil dazu hilft. Leider erfahren
wir täglich, hören und haben glaubwürdigen Bericht, wie der schändliche Ehebruch so offenbar unverschämt getrieben wird.‘ Die schärfsten Mandate gegen
Ehebrecher, Jungfrauenschänder, Zauberer, Sonntagsschänder waren alle ‚leider
den Tauben gesungen‘; es schien, als seien ‚die Verbrecher der Ansicht, es
gebe weder Gott noch Teufel‘ [3].

---

[1] Lisch, Jahrbücher 16, 124. Vergl. dazu von dem vorliegenden Werke Bd. 8,
74. 738.

[2] Vergl. von dem vorliegenden Werke Bd. 3, 736.

[3] Neocorus 2, 140. Vergl. Döllinger 2, 450, wo die protestantischen Zeugnisse
über die Zustände der katholischen Vorzeit mitgetheilt sind.

2.

Die Wellenschläge der politisch-kirchlichen Revolution verbreiteten sich über alle Gebiete Deutschlands und brachten auch in den katholisch gebliebenen Landestheilen sehr bald bei Clerus und Volk die verderblichsten Wirkungen hervor. Widerwillig wurden die katholischen Landschaften in die allgemeinen politischen Kämpfe hineingerissen; sie konnten sich den von überallher eindringenden Einflüssen nicht entziehen, und die beständige Nothwendigkeit der Abwehr auf religiösem und politischem Gebiet gönnte den aufbauenden, erhaltenden Kräften keine ruhige Entfaltung. Viele Katholiken hatten nicht den sittlichen Muth, sich dem eindringenden Bösen mannhaft entgegenzustellen; auf noch zahlreichere übte das Beispiel der Abgefallenen einen berückenden Einfluß aus.

Wie verderblich die Lehren und Sitten der Protestanten auf die im Verband der alten Kirche Verbliebenen einwirkten, beweisen zahlreiche Zeugnisse gut unterrichteter Zeitgenossen. Schon im Jahre 1525 hatte der Mainzer Canonicus Carl von Bodmann die ,fast unglaubliche Zunahme der Zuchtlosigkeit bei dem deutschen Clerus seit der Verkündigung des neuen angeblichen Evangeliums' betont. Auch vor dem Auftreten der neuen Secten habe es unter dem Welt- und dem Ordensclerus Aergernisse genug gegeben: jetzt aber sei es ungleich schlimmer geworden, nicht allein beim Clerus, sondern in allen Ständen. Kein Wunder, denn mit der Kirche und ihrer Lehre sei im Volke alle Religion angegriffen. ,Wie kann man Hohe und Niedrige dadurch bessern, daß man ihnen die vorhandenen Zügel ihrer Leidenschaften vollends wegnimmt, alle kirchliche Zucht zertrümmert, die kirchlichen Strafgesetze verachtet und verspottet, Fasten und Beichten für unnütze, wohl gar für schädliche Dinge erklärt? Will man die Gier nach Geld und Gut dadurch stillen, daß man den Mächtigen die reichen Kirchengüter als bequem zu erreichende Lockspeisen vorhält? die Heiligkeit des Familienlebens dadurch sichern und schützen, daß man über die Ehe Grundsätze verkündet, welche jeden ernsten Christen erröthen machen?'[1] Noch stärker betont Georg Wizel die ,Verführung der Papisten' durch die ,fleischlichen Lehren' der Neugläubigen. ,Nur allzuschnell', schrieb er im Jahre 1538 in seiner ,Aufdeckung des Lutherthums', ,haben die Meisten dieß Gift eingesogen, daß die Werke Nichts seien, die Sünden den Gläubigen nicht zugerechnet werden, Christus wolle ein vernunftgemäßes, bürgerliches Leben, das heißt ein weltliches. Was dem irdischen Adam schmeichelt, zieht schnell durch's ganze Land.'[2]

Daß das katholische Deutschland ,dieß Gift so schnell einsog', lag aber nicht allein an der den menschlichen Leidenschaften so sehr schmeichelnden neuen

---

[1] Vergl. von dem vorliegenden Werke Bd. 2, 178 fl. 345.

[2] Döllinger, Reformation 1, 63. Vergl. auch Zeitschr. für kathol. Theologie 14, 118.

Lehre, sondern vor Allem auch an der Haltung Derjenigen, deren heilige Pflicht es gewesen wäre, dem Verderben entgegenzutreten. Wenige rühmliche Ausnahmen abgerechnet, hat der deutsche Episcopat in der ersten Periode der Kirchenspaltung eine durchwegs sehr traurige Rolle gespielt. Was der päpstliche Legat Aleander im Jahre 1521 nach Rom berichtete: ‚Die Bischöfe zittern und lassen sich verschlingen wie die Kaninchen‘, behielt seine Geltung für die ganze erste Hälfte des sechzehnten Jahrhunderts. Erst als der Geist der katholischen Restauration auch in Deutschland eindrang, trat in diesen Verhältnissen ein Wandel zum Bessern ein. Welcher Art die Zustände waren, die vorher geherrscht hatten, zeigt zum Beispiel die erschreckende Thatsache, daß im Jahre 1524, mitten in der Zeit der größten Noth, bei einem zu Heidelberg abgehaltenen Armbrustschießen ‚etliche Bischöfe zum Aergerniß des Volkes öffentlich tanzten und jubilirten‘. ‚Es waren‘, setzt der Berichterstatter hinzu, ‚meist Herren aus hohem Geblüt.‘ In diesen Worten ist die eigentliche Grundursache des Verfalles des deutschen Episcopates angedeutet: derselbe war fast durchaus zu einem Monopol der Adelichen und Fürsten geworden. Diesen hohen Herren war es, wie der gut katholische Carl von Bobmann sagt, ‚weniger darum zu thun, ihre Heerde zu weiden, als sie auszuweiden‘. ‚Es ist am Tage,‘ schrieb der edle Herzog Georg von Sachsen, ‚daß aller Ursprung dieses Irrsales, so Gott über uns verhängt, von dem bösen Eingang der Prälaten Ursache hat; denn Gott spricht: Wer nicht zur Thür eingeht, der sei nicht rechtschaffen. Nun ist es leider jetzt nicht der wenigste Mißbrauch in der Christenheit, daß wir Laien hohen und niedern Standes das nicht achten. Denn wie wir unsere Kinder, Brüder und Freunde zu bischöflichen Aemtern und Würden bringen mögen, so sehen wir nicht nach der Thür, sondern wie wir sonst die Unsrigen hineinbringen mögen, es sei unter der Schwelle oder oben zum Dach hinein, so achten wir's nicht.‘[1]

Der Dominicaner Wilhelm Hammer wies darauf hin, daß in anderen Ländern, in Italien, England, Frankreich, die würdigsten Männer, welche sich durch Frömmigkeit und Gelehrsamkeit auszeichneten, zu Bischöfen und Domherren ernannt würden, während auf den Adel der Geburt keine Rücksicht genommen werde. ‚In Deutschland hingegen sind die höheren Stellen eine Beute für die Adelichen. Alles ist mit Adelichen angefüllt. Niemand kann Bischof oder Domherr werden, wenn er nicht im Stande ist, so und so viele Ahnen aufzuweisen. Ob aber auch Einer die nöthigen Kenntnisse besitze oder einen ehrbaren Wandel führe, darnach wird nicht gefragt.‘[2] Der

---

[1] Vergl. von dem vorliegenden Werke Bd. 2, 345. 346. 349.

[2] Hist.-pol. Bl. 108, 487. Vergl. auch die ganz ähnlichen Klagen des Gerhard Lorichius im ‚Katholik‘ 1894, 1, 514.

Augustinermönch Johannes Hoffmeister klagte: ‚Es sind leider Viele an solchem Hirtenamt, die ihrem Namen gar nicht oder doch sehr wenig nachkommen. Der frommen Hirten sind zu wenig, der bösen aber nur zu viel. Man hat fürwahr nun eine lange Zeit der Kirche Gottes übel gewartet, man gebe gleich die Schuld, welchem man wolle. Ich sage, es ist unserer Sünden Schuld, die wir besserer Hirten nicht werth sind. Aber doch wehe und immer wehe allen denen, die mit solchen unnützen und sehr schädlichen Hirten die Gemein Gottes beladen. Wären die Kirchen mit gelehrten und frommen Seelsorgern versehen gewesen, wir würden jetzund nicht einen solchen Jammer in unserer Kirche haben.‘ [1]

Johann Eck, gewiß ein unverdächtiger Zeuge, bemerkte über die Verweltlichung der Bischöfe Deutschlands: ‚In bischöflichen Aemtern haben sie den Weihbischof; sonst in geistlichen Sachen haben sie ihren Vicar; in rechtlichen Händeln haben sie den Official; soll man predigen, so ziehen sie etwan einen Mönch herfür; soll man einen betrübten Sünder absolviren, so ist der Penitenzer da. Wo es aber Geld, Renten, Zinsen betrifft, da muß man sich an den gnädigen Herrn wenden.‘ [2]

In einem andern Werke schrieb Eck Folgendes: ‚Die Prälaten, Bischöfe, Aebte, Pröpste, Pfarrer, welche Chorgebet und Gottesdienst bei Seite lassen und, einzig auf zeitliche Zinsgelder und Gefälle bedacht, prächtige Bauten aufführen, unterdessen aber Kirchen und Altäre nicht schmücken, um Religiosität und Gottesdienst sich nicht kümmern — gilt von Solchen nicht, daß „sie selbst in getäfelten Häusern wohnen und das Haus des Herrn wüste lassen“? (Aggäus 1, 4.) Das sind blinde Aufseher und Wächter, spricht Isaias (56, 10). Zu diesen gehören auch die Cleriker, welche ihr Brevier vernachlässigen und Bücher und Studium dem Gebet vorziehen. Sie mögen den Fluch fürchten, der ihnen angedroht wird: „Verflucht ist, wer das Werk Gottes nachlässig — betrügerisch, wie eine andere Lesart sagt — verrichtet.“ Das sind Söhne Naamans, der die Wasser und Flüsse von Damascus den Fluten des Jordan vorzog und auf des Elisäus Geheiß in diesen sich nicht waschen wollte. So ziehen auch Jene nach den Eingebungen ihrer Willkür Lesung von oft auch profanen Büchern dem Stundengebet vor, das doch von der Kirche auf Eingebung des Heiligen Geistes eingesetzt und vorgeschrieben ist. Wehe ihnen! Zu dieser Classe gehören auch die Händler mit geistlichen Stellen, jene pfründenreichen Hofschranzen, vor deren Pfründenjägerei kein Land mehr sicher ist. Die fragen nicht darnach, wer das Patronatsrecht über die Kirche hat, wie viele Seelen ihrer Obhut anvertraut sind, ob die gestifteten Anniversarien und was sonst noch zu Gottes Ehre und Lob eingeführt ist, auch nach Ge-

---

[1] Predig über die sonntäglichen Evangelien 85ᵇ. 86ᵇ. Vergl. Hist.-pol. Bl. 107, 893—894. [2] Christliche Predigten. Dritter Theil. 1558. Bl. 32ᵃ.

bühr verrichtet werden. Das sind Miethlinge, deren Auge nur gerichtet ist auf den Erwerb durch Pensionen und Stellen, wo sie nicht zu residiren brauchen. Oder vielleicht sind sie noch Schlimmeres: reißende Wölfe, welche die Heerde zerstreuen und vernachlässigen, welche, nach dem Wort des Apostels, suchen, was das Ihrige ist, und die Frömmigkeit als Erwerbszweig benutzen. Die sind es, die „in getäfelten Häusern wohnen und Gottes Haus wüste lassen". Denn Disputationen für den Glauben halten sie nicht; sie schreiben nicht Bücher, um Andere zu unterrichten; sie belehren nicht das Volk; selten oder nie lesen sie Messe; kaum je oder nie beten sie ihr Brevier. Weißt du, was das für Seelenhirten sind? So, wie Zacharias sie gezeichnet hat: „Nimm dir noch das Geräth eines thörichten Hirten. Denn siehe, ich lasse einen Hirten aufkommen im Land, der nach dem Verlassenen nicht sieht, das Zerstreute nicht aufsucht, das Zerschlagene nicht heilt, und was noch steht, nicht hält, sondern das Fleisch der Fetten ißt und ihre Klauen zerbricht. O Hirt und Götze, der du die Heerde verlässest!" (Zach. 11, 15—17.) Von solchen Götzen ist Deutschland bereits voll. O Götzen, o Götzen!" [1]

Der Bischof Gabriel von Eichstätt gestand im Jahre 1530, das Lutherthum sei eine Plage von Gott, ‚daß wir Bischöfe als gar Nichts dazu thun. Ich habe zu Augsburg mit den und den Bischöfen davon Reden gehabt, aber es haftet Nichts, es geht Nichts zu Herzen.'

Wie weit es gekommen war, zeigt ein protestantischer Bericht aus demselben Jahre, in welchem der Primas der deutschen Kirche, Cardinal-Erzbischof Albrecht von Mainz, und der Erzbischof Hermann von Köln als ‚halb evangelisch' bezeichnet werden. Der Mainzer Erzbischof blieb nun zwar auf Seiten der alten Kirche, aber er ‚diente ihr weder durch Muth des Glaubens, noch durch geistlichen Wandel und Züchtigkeit, noch durch Fürsorge für wahrhaft geistliche Hirten zu Aufnehmen und Gedeihen'. Der Fürstbischof Erich von Paderborn und Osnabrück erröthete nicht darüber, bei der Hochzeit eines Grafen von Tecklenburg und einer Nonne als Zeuge zu dienen. Der münsterische Bischof Friedrich von Wied empfing niemals die bischöfliche Weihe; Ernst von Bayern, Bischof von Passau und Erzbischof von Salzburg, fand es gleichfalls nicht nöthig, die höheren Weihen zu nehmen, und war heimlich mit einer Jungfrau aus dem niedern Adel verheirathet; Franz von Waldeck, Bischof von Münster, Minden und Osnabrück, fröhnte offen und ungescheut der Trunksucht und Unsittlichkeit [2].

---

[1] Eck, Comment. super Aggaeo D v b. Vergl. Wiedemann 382. Siehe auch das Gutachten Eck's vom Jahre 1523 im Histor. Jahrbuch 5, 372 fll., und die Klagen Usingen's bei Paulus, Usingen 79 fl.

[2] Vergl. von dem vorliegenden Werke Bd. 8, 212. 317. 428. Ueber Ernst von Bayern siehe Hist. Jahrbuch 1894, 15, 588.

‚Der Geist der deutschen Bischöfe ist wirklich‘, heißt es in einem Schreiben des päpstlichen Nuntius Morone vom Jahre 1540, ‚wie Se. Majestät sagt, weibisch in den Dingen, in welchen er männlich sein sollte, wie im Widerstand gegen die Gegner unseres Glaubens, und männlich in den Angelegenheiten, in welchen er weibisch sein sollte, nämlich im Trinken und Concubinenwesen. Diese Oberhirten wollen in Frieden leben, wenn er nur für ihr Leben aushält.‘ Von allen Bischöfen konnte der päpstliche Diplomat nur den von Wien und den erwählten Bischof von Trient loben. ‚Alle übrigen verrathen keinerlei Achtung vor dem Apostolischen Stuhl. Von allen Seiten vernehme ich, daß sie nur ihren Vortheil im Auge haben. Zwar könnte auch an mir und meiner Unwürdigkeit die Schuld der Vernachlässigung liegen; ich glaube mich aber nicht zu täuschen, wenn ich für gewiß annehme, daß sie von der geringen Zuneigung der Bischöfe herrühre und von einem aus der Unwissenheit herstammenden Gelüste, sich vom Joche des Gehorsams zu befreien.‘ Morone fürchtete deshalb das Schlimmste, den Abfall aller deutschen Lande von der katholischen Kirche [1]. Auch der päpstliche Legat Cardinal Gasparo Contarini sprach sich im folgenden Jahre sehr ernst über die Nothwendigkeit einer kirchlichen Reform in Deutschland aus [2]. Das Schlimmste war, daß viele deutsche Bischöfe um diese Zeit bereits alle Heilmittel für wirkungslos hielten. Morone war mit Recht anderer Ansicht. Er hatte mit höchstem Eifer darauf gedrungen, daß die Reform der Sitten und Abstellung der Mißbräuche noch vor dem Concil schonungslos in's Werk gesetzt werde, ‚damit das Gericht anfange vom Hause des Herrn‘, und er hatte persönlich vom Papste die sich darauf beziehenden Aufträge erhalten. Mit denselben ging er nach Dillingen, wo damals Bischof Christoph von Stadion mit seinem Capitel residirte.

Der Bericht Morone's über seine Unterhandlungen in Dillingen gewährt einen klaren Einblick in die überaus schweren Schäden des deutschen Kirchenwesens. ‚Inzwischen‘, schreibt er, ‚habe ich mit dem Bischof über die Reformation und das Concilium verhandelt, und es war nöthig, mit größerm Fleiß das Capitel sowohl im Einzelnen als im Ganzen zu ermahnen wegen der Concubinen, der Gastereien und des Vollsaufens, des Spielens und Jagens, der Unwissenheit und mangelnden Geistesbildung, in welchen Lastern Manche schwer sündigen. Sie zeigten sich gutwillig, die Ermahnungen anzunehmen und eines bessern Lebens sich zu befleißigen. Der Bischof ist ein Mann von 64 Jahren, von guten Anlagen, von vieler Erfahrung und der gelehrteste unter den fürstlichen Bischöfen Deutschlands. Seine Gnaden haben sich ent-

---

[1] Laemmer, Mon. Vat. 275 sq. 277 sq. 285.
[2] Siehe Pastor, Correspondenz des Cardinals Contarini (Münster 1880) S. 38—39.

schuldigt, daß sie von Einigen und vielleicht auch zu Rom für einen Lutheraner
gehalten werde; er sagt, das sei er nicht, obwohl er der Ansicht gewesen sei,
daß man, um des Friedens seines Vaterlandes willen und um größerm
Schaden zuvorzukommen, den Lutheranern Einiges hätte concediren sollen, wie
zum Beispiel die Communion unter beiden Gestalten, ohne welche man das
Volk nicht beim Gottesdienst festhalten werde. Auf meine Vorschläge dankte
er Sr. Heiligkeit für die väterlichen Ermahnungen, welche er auszuführen so
gut als möglich bemüht sein werde, obwohl er arge Schwierigkeiten in der
Verbesserung so großer Irrthümer voraussehe, die sich im Clerus durch die
allgemeine Nachlässigkeit eingeschlichen hätten. Wenn sich Se. Heiligkeit oder
deren Vorfahren vor 20 Jahren an die Aufgabe gemacht hätten, dann wäre
es viel nützlicher gewesen, während jetzt nach seinem Ermessen Alles vergebens
sein werde, weil die Bischöfe auch beim besten Willen Nichts ausrichten
könnten. Und hier zählte er viele Hindernisse auf, wie die Exemptionen
der Capitel, den zügellosen Adel Deutschlands, den Rückhalt, welchen die
schlechte Haltung der Cleriker in den fleischlichen Vergehen an der lutherischen
Licenz finde, die Tyrannei der weltlichen Fürsten, den Mangel an katholischen
Predigern. Sodann sagte er, daß er auch von einem Concil das Heilmittel
für so große Unordnungen nicht mehr zu hoffen vermöge, wenn nicht Deutschland sich erst einigte und seine besonderen Leidenschaften ablegte; und hier
griff er bald die Bayern, bald den Kaiser und andere Fürsten an. Auf diese
Reden Sr. Gnaden, so sehr sie auf Wahrheit beruhten, habe ich zu verschiedenen Malen Einwendungen gemacht, indem ich ihn ermahnte, den Muth
nicht zu verlieren und es nicht zu machen wie die verbitterten und saumseligen
Leute, welche, während sie das Vergangene bejammern und über die Zukunft
nachgrübeln, die Sorge für die Gegenwart versäumen, und indem sie die Hände
müßig in den Schoß legen, das Uebel nur ärger werden lassen. Seine Gnaden
müssen es nicht diesen nachmachen, sondern seine Gaben und seine Gelehrsamkeit
zum Dienste Gottes benutzen, und wenn Seine Gnaden aus den angegebenen
Gründen nicht auf seine ganze Jurisdiction rechnen könne, so möge sie mindestens die wenigen Seelen zu reinigen bestrebt sein, welche sie in seiner Macht
habe; denn wer in Wenigem getreu gewesen, der werde über Vieles gesetzt
werden.'[1] Als Morone bei dem Cardinal Albrecht von Mainz, dessen Bereit-
willigkeit dem Heiligen Stuhl gegenüber er übrigens sehr belobt, die Reformfrage
zur Sprache brachte, mußte er wieder ganz ähnliche Einwürfe hören, wie sie
ihm in Dillingen entgegengehalten worden waren. Der Cardinal erklärte ihm
geradezu: daß alle seine Priester Concubinarier seien, das wisse er schon,
darüber brauche er sich nicht erst zu erkundigen; auch sei es ganz gewiß, daß

---

[1] Brief aus Speier vom 8. Februar 1542 bei Laemmer, Mon. Vat. 402—403.

sie, sobald man Miene machen würde, ihnen ihre Concubinen nehmen zu wollen, entweder Lutheraner werden oder Weiber verlangen würden. Zugleich deutete der Cardinal ein Deutschland eigenthümliches Hinderniß der Reform an, indem er dem Nuntius vorstellte: er sei genöthigt worden bei seiner Wahl, wie auch alle anderen Bischöfe Deutschlands, mehrere sehr schwere Eide zu leisten; diese müßten durch die Autorität des Heiligen Stuhles jedenfalls nachgelassen werden, weil er sonst kein Recht zu strafen habe, wenn selbst Jemand in seiner Gegenwart einen Menschen erschlüge[1].

Wie gerade die Thätigkeit der besten Oberhirten durch die Exemptionen, besonders der Bettelmönche, gehemmt war, zeigt ein Bericht des seeleneifrigen Wiener Bischofs Faber an König Ferdinand. ‚Die Oberen der Bettelorden in Wien‘, heißt es hier, ‚geben um einen Bischof Nichts, schlagen sich zusammen, schreiben und drohen mir mit einer Klage nach Rom. Die von Wien verleihen Manuale (Handgeld), der Priester bezieht davon im Jahre nur 6 oder 10 Gulden, und ob nun dieser Priester von mir lebt und mein Beneficiat ist oder nicht, ist gleich viel; stirbt er, so unterliegt er der Execution derer von Wien, und ich bin eine Null. Das Domcapitel, die Capitularen sollen unter dem Bischof stehen in geistlichen und weltlichen Dingen, allein sie wollen exempt und frei sein, und der Bischof ist ihnen eine Null. Ist ein Cleriker bei der Universität eingeschrieben, ob er nun sein Lebtag weder eine Lection hält noch hört, nichtsdestoweniger ist er exempt und gehört zu der Universität. Will ich einen Solchen wegen Excessen strafen, hilft ihm die Universität, er ist wie sie exempt. Ist ein Solcher auf einer Pfarre oder Caplanei, wenn auch zehn Meilen von Wien entfernt, so ist er doch exempt wie die Universität. Will ein Bischof von Wien nicht eine Null sein, muß er mit den Bettelmönchen, denen von Wien, der Universität und dem Domcapitel zanken und kriegen oder den Unrath stehen lassen. Ich habe gar keine Gewalt; ich kann Nichts abstellen; die Religion wird nicht besser, wohl aber schlechter; denn es herrschet viel Nachläßigkeit, und allenthalben gehet Vieles vor, das ich eben nicht abstellen kann.‘[2]

Eine besondere Ursache der Verwilderung des Volkes in den katholischen Theilen Deutschlands ist in dem außerordentlichen Priestermangel zu suchen, welcher seit der politisch-kirchlichen Revolution eingetreten war.

In der alten Zeit katholischen Glaubens und Lebens hatte es sich jede Familie zur höchsten Ehre angerechnet, einen Diener des Altares stellen zu können. Ueberaus groß, vielfach sogar zu groß war die Zahl Derjenigen, welche sich dem geistlichen Stande widmeten. So klagt Felix Hemmerlin in

---

[1] Laemmer, Mon. Vat. 412—418.
[2] Wiedemann, Reformation und ████████tion 2, 2—3.

der Mitte des fünfzehnten Jahrhunderts über unbesonnene Ertheilung der Weihe: in Constanz weihe man jedes Jahr 200 Priester, wohin solle das führen?[1] Jetzt war das Gegentheil eingetreten: der katholische Clerus, den die Neuerer als die Quelle alles Uebels hinstellten und auf jede Weise verächtlich zu machen suchten, drohte auszusterben. Der Bischof Georg von Brixen meldete im Jahre 1529, daß seit vier Jahren in seinem ganzen Sprengel sich nicht mehr als zwei Priester hätten weihen lassen. ‚Aus Mangel an guten Priestern‘, schrieb Bischof Faber von Wien einige Jahre später, ‚geht Alles zu Grunde.‘ Ganz dieselbe Thatsache beklagte Bischof Gabriel von Eichstätt[2]. In Bisthümern, wo früher 50—60 Priester die Weihen empfingen, fand man nach dem Zeugnisse des bayerischen Rathes Albrecht von Widmanstadt gegen Ende der vierziger Jahre des sechzehnten Jahrhunderts kaum drei, und diese waren höchst unwissend[3]. Geradezu entsetzliche Daten über die Verwahrlosung des armen Volkes in Folge des Priestermangels enthält ein Bericht des päpstlichen Nuntius Pietro Paolo Vergerio aus Prag vom 28. December 1533. ‚Höre, wie es um die Kirche Christi in diesem Lande steht In dem ganzen großen Königreiche Böhmen sind nur sechs Priester geweiht worden, und diese sind ganz arme Leute, welchen ich wegen ihrer Bedürftigkeit umsonst den Dispens ertheilt habe, daß sie sich von jedem Bischof weihen lassen könnten. Der Bischof von Passau erzählte mir, daß in seiner ganzen Diöcese innerhalb vier Jahren fünf Priester geweiht worden sind. Der Bischof von Laibach sagte mir, daß aus seinem Sprengel in acht Jahren nur 17 Priester hervorgegangen sind. Die Berichte über die in Folge Priestermangels leerstehenden Pfarreien klingen ganz unglaublich. Das ist aber nicht etwa bloß im schismatischen Böhmen der Fall, sondern in ganz Oesterreich, in ganz Deutschland.‘[4]

---

[1] Vergl. Ranke, Deutsche Gesch. 1², 251.

[2] Vergl. von dem vorliegenden Werke Bd. 4, 97 fl. 107. 154. 156.

[3] Paulus, Hoffmeister 247.

[4] Nuntiaturberichte 1, 1, 152. Eine sehr interessante Statistik für die Diöcese Würzburg gibt C. Braun im ersten Theile seiner Geschichte der Heranbildung des Clerus in der Diöcese Würzburg seit ihrer Gründung bis zur Gegenwart (Würzburg 1889). Danach wurden zu Priestern geweiht:

In den Jahren	Weltpriester	Ordenspriester	im Ganzen
1520	55	46	101
1521	74	41	115
1522	39	38	77
1523	31	21	52
1524	23	12	35
1525	7	1	8
1526	11	14	25
1527	6	4	10

Einige Jahre später berichtete Morone von Wien aus an Aleander: Auch in den katholischen Gegenden herrsche eine unglaubliche kirchliche Verwirrung. Nach dem, was er in Tirol, in Bayern und in einigen Orten Oesterreichs gesehen, könne er als Augenzeuge sprechen. Vielfach seien die Pfarreien gänzlich verwaist, so daß das Volk, auch wenn es noch gut gesinnt sei, der Sacramente entbehren müsse, wofür man als Entschuldigung angebe, man wolle die Entscheidung des Concils abwarten[1]. Aber auch einige Zeit nach Beginn des Concils zeigte sich keine Besserung. Aus dem Jahre 1548 liegen aus zahlreichen Diöcesen Deutschlands die ärgsten Klagen über den großen Priestermangel vor[2]. ‚Der priesterliche Stand‘, schrieb damals der Benedictinerabt Nicolaus Buchner, ‚ist durch langwährende Verachtung im Reich deutscher Nation aus wohlverschuldeten Sünden mit Absterben der Alten und Nichtaufpflanzen der Jungen beinahe zu nichte geworden.‘[3] Vor dem Auftreten der Jesuiten entbehrten mehr als 1500 Pfarreien, obwohl damals viel umfangreicher als heut zu Tage, geradezu aller Seelsorge[4]. Die Klöster

In den Jahren	Weltpriester	Ordenspriester	im Ganzen
1528	3	7	10
1529	5	4	9
1530	2	3	5
1531	4	23	27
1532	2	4	6
1533	12	5	17
1534	5	3	8
1535	3	3	6
1536	9	18	27
1537	0	6	6
1538	2	15	17
1539	19	12	31
1540	7	12	19
1541	22	32	54
1542	7	23	30
1543	6	27	33
1544	14	14	28
1545	7	15	22

In den Jahren 1520—1524 wurden größtentheils noch Jene zu Priestern geweiht, welche bereits vor dem Auftreten Luther's zu dem geistlichen Stande sich entschlossen hatten. Vergl. Duhr in der Zeitschr. für kathol. Theologie 14, 117—118.

[1] Nuntiaturberichte 1, 2, 80. 83. Vergl. auch Pastor, Correspondenz des Cardinals Contarini 27, und Newald, Gesch. von Gutenstein (Wien 1870) 1, 209.

[2] Siehe Pastor, Reunionsbestrebungen 414.

[3] Paulus, Katholische Schriftsteller 549.

[4] Rieß, Canisius 19. Der Eichstätter Weihbischof Leonhard Haller schrieb im Jahre 1553: ‚Es sind zuvor die Bettelorden den Laienpriestern zu Gehülfen in der Lehr und dem Dienst des Wortes Gottes gegeben und confirmirt worden, und wer

der alten Orden waren in Folge des allgemeinen Verfalles nicht im Stande, dieser Seelsorgenoth zu steuern. Nur zu häufig galt von denselben der Ausspruch Johann Eck's: ‚In den Klöstern ist die Liebe Vieler erkaltet, Christus waltet nicht mehr in ihrer Mitte.' Der Zuwachs war auch hier fast ohne Ausnahme sehr spärlich. So befand sich zum Beispiel in Benedictbeuren im Jahre 1541 nicht ein einziger Priester, in Andechs kein zum Prälaten tauglicher Mönch, und noch im Jahre 1558 klagte Herzog Albrecht von Bayern: ‚Viel unserer Gotteshäuser sind mit wenig Ordenspersonen besetzt und dieselben gar nit zu bekommen.'[1]

Es kann bei solchen Zuständen nicht Wunder nehmen, daß auch in dem katholischen Deutschland die Verwilderung und Entsittlichung beständig im Wachsen begriffen war. Es gibt keine Gegend, aus welcher in dieser Hinsicht nicht erschütternde Klagen und erschreckliche Zeugnisse vorliegen. Mehr oder weniger wurden sie alle in den Wirbelsturm hineingerissen, welchen die ‚lutherische Licenz' geschaffen hatte.

Vielleicht am traurigsten waren die Verhältnisse in den österreichischen Landen, obgleich gerade hier Ferdinand I. und seine Gemahlin in sittlicher Hinsicht ein leuchtendes Beispiel gaben[2]. Eine auf Faber's Rath durch König Ferdinand im Jahre 1528 angeordnete Visitation deckte die schwersten Schäden auf. Bis in die Klöster war die neue Lehre eingedrungen. Aus Wien wird berichtet: ‚Bei St. Dorothea las der Dechant lutherische Bücher; in der Zelle des Pater Martin fand man lutherische Schriften; in den Frauenklöstern Maria Magdalena vor dem Schottenthore und St. Laurenz lasen die Nonnen lutherische Bücher und stritten über die alte und die neue Lehre; die Nonnen bei St. Jacob und Himmelpforten lasen lutherische Bücher und meinten, sie wären ja verständlicher als das Brevier; die Clarissinnen bei St. Anna

---

Alters gedenkt in vierzig Jahren und darüber, der wird wahrhaftig Zeugniß geben, daß um dieselben Jahre aus einem einzigen Bettelkloster mehr taugliche Personen zu Verkündigung des Wortes Gottes genommen hätten mögen werden weder jetzund aus einer ganzen hohen Schule, deren ich will keine haben ausgenommen in unseren oberen und hohen deutschen Landen; das haben wir den neuen Reformirern zu danken.' Grundt und Kundtschaft auß Göttlicher Geschrift und den hailigen Vättern, das Fleisch und Blut Jesu Christi im Ambt der heiligen Meß durch geweyhte Priester warhafttigklich geopfert werde (Ingolstadt 1553) Bl. H⁴ᵇ.

[1] Huschberg, Gesch. der Grafschaft Ortenburg 371—372. Klagen von anderen Zeitgenossen über den Mangel an Ordensgeistlichen bei Paulus, Hoffmeister 243 fl. 247. Vergl. auch Hist. Jahrb. 1894, 15, 587. Ueber die Abnahme der Novizen in Mell siehe Keiblinger 1, 747 Note. 750 fl. 765 Note. 768 ffl. Von welcher Gesinnung manche alte Ordensniederlassungen erfüllt waren, zeigt ein Bericht Vergerio's vom Jahre 1584 aus Prag über Dominicaner, welche in einem ihnen unterstellten Nonnenkloster das Lutherthum einführen wollten; siehe Nuntiaturberichte 1, 1, 226; vergl. auch 1, 2, 145.

[2] Vergl. Baumgarten, Karl V. Bd. 3, 362—368.

lafen lutherifche Bücher und nahmen es mit dem Gelübde der Keufchheit fehr ungenau. Bei den Schotten fanden fich nur fieben Mönche. Abt Michael hielt offen eine Maitreffe bei fich im Klofter. Der Prior der Carmeliter wurde wegen Unfittlichkeit verhaftet. Bei der Frohnleichnamsproceffion fanden allerlei leichtfertige Spiele, die mehr Gelächter als Andacht erweckten, ftatt; geiftliche Perfonen, Klofterleute, Handwerker, Bürger hatten ein fo ausgiebiges Frühftück zu fich genommen, daß fie betrunken zur Proceffion kamen, Flafchen oder Kandeln mit Wein gefüllt mit fich trugen und fich gegenfeitig zutranken.'[1]

Berichte aus den fpäteren Jahren zeigen eine ftets wachfende Verwirrung, Entfittlichung und Verwilderung von Clerus und Volk. Der Prieftermangel, für deffen Abhülfe König Ferdinand und Bifchof Faber nach Kräften thätig waren, blieb nach wie vor außerordentlich groß. Im Jahre 1537 erklärte der römifche König dem Nuntius Morone: nicht einmal einen einzigen guten Caplan könne er finden, denn alle feien entweder Concubinarier oder Unwiffende oder Säufer oder hätten fonft einen andern großen Fehler[2].

Eine von König Ferdinand im Jahre 1543 angeordnete neue Vifitation beftätigte durch ihre Ergebniffe, daß der Prieftermangel das Hauptübel. Es zeigte fich, daß ,eine namhafte Anzahl von Pfarreien und Beneficien feit Jahren unbefetzt war, derohalben das arme Volk ohne Taufe, Beicht und Reichung des Altarfacramentes leben und fterben muß'. Als Gründe führen die Vifitatoren an: daß ,die Lehensherren theils aus Verachtung und Nachläffigkeit, theils um das Einkommen an fich ziehen zu können, die Pfründen nicht befetzen; dann weil die Lehensherren von den Pfarrern Penfionen fordern, fie mit Roboten befchweren und den Nachlaß mit Gewalt an fich reißen; überdieß werden die Pfarren und Beneficien derart mit Steuern belaftet, daß fie nicht zu erfchwingen find. Die incorporirten Pfarren werden von den Prälaten mit hohen Penfionen befchwert und mit geringer Competenz verfehen. Hieraus erklärt fich auch der Mangel an Prieftern. Bei gegenwärtiger Perfecution der Kirchen, Spaltung in der Religion, Schwächung der geiftlichen Immunität, Verachtung und Verhöhnung der Priefterfchaft ftreben Wenige nach der priefterlichen Würde und auch nicht zur Lehrung für die General- und Particular-Schulen. Der geiftliche Stand, die geiftlichen Schulen nehmen täglich mehr ab, und wenn keine Abhülfe gefchieht, werden beide fich in kurzer Zeit ganz verlieren. Daß der geiftliche Stand ungebührlich, verächtlich gehalten wird, liegt nicht fo fehr in der Zeit als in dem ärgerlichen Leben der Geiftlichen.'[3]

---

[1] Wiedemann, Reformation 1, 56—57. [2] Nuntiaturberichte 1, 2, 227.
[3] Wiedemann, Reformation 1, 93—95.

Wie reißend das Verderben zunahm, enthüllte die Klostervisitation vom Jahre 1561. Nach Schluß derselben ging nachstehender Bericht an den Wiener Bischof ab: ‚Gnädiger Herr, das ganze Klosterwesen ist also verderbt und durchaus corrupt, daß meines Erachtens diese Masse nirgend mehr anzugreifen ist. Alle Religiosen und Klosterleut sind von ihren Regeln, Statuten und Canonen so weit abgewichen, daß sie nicht mehr dazu zu weisen oder zu bewegen. Die Ordinarii, Provinciale, Vicare und Prälaten sind derart erkaltet, daß sie sich des Schadens gar nicht annehmen, weder Rath noch Hülfe suchen, und es nicht einmal gerne sähen, wenn den Klöstern geholfen würde.‘

‚Fast in allen Klöstern‘, berichten andere Acten, ‚wird das hochwürdige Sacrament des Altares den Laien unter beiden Gestalten öffentlich gereicht, dazu außerhalb der Messe consecrirt und in dem Repositorio nicht gehalten, der Canon und die Collecten in der heiligen Messe entweder gar ausgelassen oder aber wunderbarlicher, eigensinniger Weise nach ihrem Willen verändert und verkehrt, das Gebet für die Abgestorbenen nicht gebraucht und die Kinder ohne Ceremonien mit ungeweihtem Wasser und ohne Chrisma getauft. In jüngster Visitation ist vorgekommen, daß der Concubinatus nicht nur bei den incorporirten Pfarren, sondern in den Klöstern selbst gar überhand genommen und Viele ohne alle Scheu ihre vermeinten Eheweiber oder Concubinen in und außer den Klöstern mit sonderlichem Aergerniß der Laien und zum Nachtheil der verarmten Klöster und Gotteshäuser unterhalten und ernähren. An mehreren Orten sind theils Conventualen, theils andere fremde Prädikanten, die verführerisch, sectisch und durchaus unserer katholischen, wahren Religion zuwider predigen und nicht allein die Conventbrüder, sondern auch die armen Laien von der Wahrheit und dem rechten Weg abwenden und erbärmlich verführen.‘ [1]

Noch deutlicher spricht eine damals angefertigte Tabelle, in welcher von 44 Klöstern die Zahl der Conventualen oder Nonnen, der Weiber oder Concubinen und der Kinder angegeben wird. Es werden hier unter Anderm verzeichnet: ‚in Klosterneuburg 13 Conventualen, 2 Nonnen, 6 Weiber, 8 Kinder; in St. Florian 10 Conventualen, 12 Weiber oder Concubinen, 18 Kinder; in Göttweih 1 Laienpriester, 7 Weiber, 15 Kinder; und in Summa in 36 Mannsklöstern 182 Conventualen, 135 Weiber und 223 Kinder‘ [2]. Ein im Jahre 1563 zusammengestellter ‚summarischer Extract aller Klöster der fünf unterösterreichischen Erblande, wie die nächst gehaltene Visitation und Reformation befunden worden‘, berichtet, daß auf 132 Klöster mit den Pfarren

---

[1] Wiedemann, Reformation 1, 157. 163.
[2] Sickel im Archiv für österreichische Gesch. 45, 6—7.

nur 436 Mönche und 160 Nonnen kamen. Von den 436 Mönchen waren verehelicht 55, im Concubinate lebten 199. Unzählige andere waren aus ihren Klöstern ausgesprungen. ‚Darin besteht das Ekelhafte,‘ sagt der Geschicht-schreiber des Stiftes St. Florian, ‚daß großentheils nicht wirkliche Ueberzeugung die Leute dem Lutherthum in die Arme warf, sondern der Reiz ungebundener Neuheit und die Lust des Fleisches.‘ [1]

Es bedarf nicht mehr der weitern Ausführung, daß bei solchen Verhält-nissen das Volk in den österreichischen Landen der Entsittlichung und Ver-wilderung anheimfallen mußte. Ja man darf ernstlich zweifeln, ob damals Oesterreich überhaupt noch zu den katholischen Ländern zu zählen war. Meinte doch ein so genauer Kenner der dortigen Zustände wie Petrus Canisius, kaum noch ein Achtel der Bevölkerung sei ‚wirklich katholisch‘ [2].

Ganz ähnliche Zustände fanden die Visitatoren in der Steiermark. Ueber das Frauenkloster in Admont wird berichtet: ‚Man hat etwa in 14 Tagen keine Meß gelesen, denn sie haben Nichts darauf gehalten; von ihren Brüdern und Freunden haben sie lutherische Bücher und Tractatl zugeschickt erhalten. Vier sind ausgeloffen, die eine kam wieder zurück, drei haben sich verheirathet.‘ Das Frauenkloster zu Göß und das Chorherrenstift Pöllau wurden dagegen im besten Zustand befunden: ‚sind der lutherischen und anderen verführerischen Secten ganz entgegen‘. Auch die Stifte St. Lambrecht, Seckau und Stainz gaben zu Ausstellungen keinen Anlaß. Nicht dasselbe läßt sich von den meisten Landpfarreien sagen. Der Pfarrer zu Dechantskirchen erklärte auf der Kanzel: ‚Das Jahr will ich euch zugeben, daß ihr das Sacrament empfangt; aber auf's Jahr soll ein Jeder die Wort sprechen wie der Priester, denn ein Jeder ein Priester mag sein. Auch hat er auf der Kanzel gebetet, helft mir Gott bitten umb die Pfarrer zu Pirkfeld, Friedberg und Grafendorf; der allmächtige Gott wolle sie bekehren zu dem rechten christlichen Glauben. Ist aus den Ursachen geschehen, daß sie nit seines lutherischen Glaubens seind gewesen.‘ Ein anderer steierischer Priester setzte bei Verlesung des Visitations-mandats auf der Kanzel bei: ‚Es muß Gott erbarmen, daß man solche Ding lesen, das Wort Gottes aber schweigen muß. Es werde aber bald überall das lautere Evangelium verkündet werden.‘ Derselbe Mann nannte das heilige Sacrament ein Affenspiel und verwarf die guten Werke, denn ‚Christus hat Alles gethan, wir bedürfen Nichts zu thun‘. In Bruck war die neue Lehre schon tief eingedrungen; man predigte dort offen: ‚Gott hat hinweg-genommen den Himmel, die Höll und die Sünd. Der Teufel ist Nichts mehr.‘ In Leoben war ein Vicar ganz lutherisch und hatte ‚seine Dirn‘ zum Weibe

---

[1] Siehe Bucholtz 8, 212—213. Vergl. auch von dem vorliegenden Werke Bd. 4, 99.

[2] Vergl. von dem vorliegenden Werke Bd. 4, 436.

genommen. Die Knappen von Schladming wollten nur mehr ‚die Gemainbeicht‘, ein allgemeines Sündenbekenntniß, ablegen. In Knittelfeld wurden Bürger beschuldigt, daß sie zwei oder gar drei Eheweiber hätten. In Marchburg waren ‚wenig Priester, die celebriren, und es gehen wenig Leute zur Kirche‘. Bessere Zustände fanden sich fast nur in den Gebirgsgegenden. In der Landeshauptstadt Graz förderten dagegen zahlreiche Bürger das Lutherthum; ein Schulmeister leitete die Kinder zum Verbrennen der Heiligenbilder an [1].

Nicht minder groß war die religiös-sittliche Verwirrung in Tirol. Die religiöse Neuerung hatte auch hier in weiten Kreisen Eingang gefunden, nicht ohne Schuld der Geistlichkeit. Der Weltclerus hatte bis hinauf in die höheren Stufen der Hierarchie während des ganzen sechzehnten Jahrhunderts verhältnißmäßig wenige Mitglieder von tadellosem Wandel, kirchlichem Geiste, seelsorgerlichem Eifer aufzuweisen. Sittliche Gebrechen, besonders das tief eingewurzelte Uebel des Concubinats, niedriger Bildungsstand und gedrückte materielle Lage schädigten sein Ansehen. Bei einer Visitation im Jahre 1577 entbehrte jeder der fünf anwesenden Domherren des Brixener Capitels der Weihe. Aus Trient meldete der Stadthauptmann Kuen im Jahre 1565, daß die Hälfte der 18 Capitelsherren nie eine Messe celebrire, einige von ihnen aus dem Grunde, weil sie unter der Anklage begangenen Mordes ständen; der Dompropst komme im ganzen Jahre nur einmal in den Dom, nämlich wenn es gelte, die ‚Jahresnutzung‘ in Empfang zu nehmen. Bei solcher Sachlage begreift man, weßhalb im Jahre 1567 bei einer Festlichkeit zu Ehren des Landesherrn in Innsbruck für den Clerus ein besonderer Platz hergerichtet wurde, wo er der Wuth des Volkes entzogen werden sollte [2].

Wie verbreitet das Concubinat bei der Seelsorgegeistlichkeit war, ergibt sich aus den Visitationsprotocollen; ein solches für Brixen vom Jahre 1578 zählt in einigen 60 Pfarren nahe an 100 Concubinarier auf. Noch schlimmer sah es in dieser Beziehung im Trienter Sprengel aus. Zu dem auch in Tirol fühlbaren Priestermangel kam hier noch ein besonderer Uebelstand hinzu: das Fehlen von deutschen Seelsorgern; die italienischen Stellvertreter zeigten sich meistens unwürdig. Die Klöster und Stifter waren mit wenigen rühmlichen Ausnahmen gleichfalls stark verweltlicht, manche fast ganz verwaist [3].

Kirchliche Zustände dieser Art mußten nicht bloß das Eindringen der neuen Lehre befördern, sondern auch das sittliche Leben des Volkes in der schlimmsten Weise schädigen. Schon im Jahre 1551 hob Mameranus gegenüber den Räthen König Ferdinand’s hervor, wie besonders schlimm sich die

---

[1] Robitsch 35—59.
[2] Hirn 1, 78—80. 91—92. Vergl. auch Hist.-pol. Bl. 6, 577 fll.
[3] Hirn 1, 88. 92 fl. 86. 98 fll.

Zustände in Tirol gestaltet. Es herrsche keine Ehrfurcht mehr vor dem Heiligen; Niemand wolle, auch nicht am Sonntage, die Kirche besuchen; von 300 Erwachsenen erschienen kaum 20 zum Sonntagsgottesdienst, und selbst diese hörten weder die ganze Predigt noch die ganze heilige Messe[1]. Selbst in den Städten gab es Erwachsene, welche nicht einmal die zehn Gebote und das Vater Unser kannten. Mit solcher Unwissenheit gingen Roheit und Verbrechen Hand in Hand. Die Gerichtsacten verzeichnen grobe Verletzungen des Eigenthums, Mord und Todtschlag ‚in erschreckend großer Zahl‘. Die Landesordnung von 1573 bezeugt das Ueberhandnehmen von Gotteslästerung, Fluchen und Schwören, Uebermaß in Speise und Trank, in Kostbarkeit der Kleidung und Spiel, Todtschlag, schwere Vergehen gegen die Sittlichkeit, Wucher und Betrug[2].

Auch in den österreichischen Vorlanden hatte sich die sittlich-religiöse Verwilderung unaufhaltsam ausgebreitet. Besonders die Klöster waren hier gänzlich zerrüttet. Das Gleiche war im Elsaß der Fall[3]. ‚Wir können nicht läugnen,‘ schrieb ein gründlicher Kenner der Zustände im westlichen und südlichen Deutschland, ‚daß sich in den Klöstern viele Müßiggänger, viele eigensinnige und trotzige Verächter des heiligen Gehorsams befinden; aber deren Zahl ist durch die unselige neue Lehre vermehrt worden.‘[4]

Ueber die sittliche Verwilderung im hohen und niedern Clerus wie bei der Laienwelt in Südwestdeutschland bringt die Zimmerische Chronik entsetzliche Mittheilungen. Was hier zum Beispiel über den Abt von Weingarten oder die Frauenklöster zu Kirchberg und zu Oberndorf (‚des Adels Hurenhaus‘) berichtet wird, läßt in einen Abgrund von Leichtfertigkeit und Lasterhaftigkeit blicken. Bei weitem die Mehrzahl der hier mit größter Offenheit erzählten anstößigen Vorgänge, an welchen Geistliche betheiligt sind, gehört der Zeit nach dem Ausbruch der Kirchentrennung an. Der Standpunkt des Chronisten ist in folgenden Worten ausgesprochen: ‚Was kann aber die Religion, unsere christliche und unfälige Ordnung, der Orden, das alt Herkommen und wohl Ansehen unserer Vorfahren und so viel heiliger gottseliger Leut dafür?‘[5]

---

[1] Druffel, Acten 1, 861—864.   [2] Hirn 1, 74 fl. 457.

[3] Vergl. Hirn 1, 122 fl., und 125 fl. über den Klosterverderber Heinrich von Jtetten. Siehe auch Levy, Gesch. des Klosters Herbitzheim (Straßburg 1892) S. 47 fl. Der Straßburger Bischof Erasmus schrieb am 14. September 1551 an den Kaiser: ‚Betreffend die Reformation hat das gegenwärtig scisma und Zwispaltung den clerum und die Priesterschaft im Bisthum also in ein dissolut, frech und frei Leben gebracht und geführt, daß man bis anhero derhalben nicht viel erhalten und ausrichten hat können.‘ Durch Vorgehen gegen die Concubinen der Pfarrer würde man nur die Pfarreien veröden. Schon jetzt sei Mangel; die alten sterben, wenige entschließen sich jetzt, geistlich zu werden. Druffel, Briefe und Acten 3, 126.

[4] Paulus, Hoffmeister 24.   [5] Zimmerische Chronik 2, 552.

Wie die Zimmerische Chronik, so gestatten auch die Denkwürdigkeiten des Cölner Bürgers Hermann von Weinsberg einen tiefen Einblick in die religiösen und sittlichen Zustände eines katholischen Landstriches. Das Bild, welches dem Leser vor Augen tritt, ist auch hier ein durchaus unerfreuliches. Ein fortschreitender Verfall im ganzen Bereich der privaten und öffentlichen Zustände ist unverkennbar. Das Familienleben war durch häufigen Unfrieden und Verletzung der ehelichen Treue zum größten Nachtheil der Kindererziehung gestört; im kirchlichen Leben standen manchen erfreulichen Erscheinungen sehr viele betrübende gegenüber [1].

Einen ähnlichen Eindruck empfängt man beim Durchblättern des Geschichtswerkes des Hildesheimer Chronisten Johann Oldecop. Der Verfasser verfällt übrigens nicht in den Fehler, welcher fast allen damaligen Schriftstellern gemeinsam ist: der Nichtberücksichtigung des vorhandenen Guten gegenüber dem mehr in die Augen fallenden Schlimmen. Oldecop weiß von nicht wenigen vortrefflichen, frommen und eifrigen Geistlichen zu berichten [2]. Auch an tief ergreifenden Zügen eines innigen Glaubenslebens, einer aufrichtigen Begeisterung für den katholischen Glauben, der in liebevoller Werkthätigkeit sich lebendig erweist, fehlt es in der Chronik nicht. Besonders erfreulich ist es auch, in der Stadt des heiligen Bernward zwei ausgezeichneten Bischöfen zu begegnen: Valentin von Teutleben (1537—1551), der aus Wehmuth und Kummer um sein geliebtes Stift Hildesheim starb und dessen ‚züchtiges Leben, treuen Fleiß, Mühe und Arbeit um das Stift Niemand auszusprechen vermag‘, und Burchard von Oberg (1557—1573), der mit seltenem Muthe der blinden Wuth lutherischer Bürger die Stirne bot und ganze Nächte im Dom zubrachte, um Rettung für sein Bisthum zu erflehen. Die Lage war allerdings eine unsäglich traurige; hatte doch von 1551—1556 der sittenlose Friedrich von Holstein sich ohne Weihe und päpstliche Bestätigung den Titel eines Bischofs von Hildesheim angemaßt. Johann Oldecop täuschte sich denn auch nicht über den Ernst der Zeit. Zeuge dessen ist die noch erhaltene Inschrift seines Hauses zu Hildesheim:

‚Im Jahre des Herrn 1549. Die Tugend hört auf, die Kirche ist

---

[1] Vergl. Unkel im Histor. Jahrbuch 11, 545 fll. Vorwiegend die Nachtseiten zeichnet Ennen 4, 46 fll. Ueber die religiös-sittliche Verwirrung in anderen geistlichen Gebieten siehe in dem vorliegenden Werke Bd. 4, 113 fll. 381. 448 fll. Bessere Zustände herrschten im Herzogthum Jülich; vergl. die Mittheilungen aus den Visitationsprotocollen vom Jahre 1559 bei Koch, Die Reformation im Herzogthum Jülich, Heft 2 (Frankfurt a. M. 1888), S. 83 fl. 107 fl. (S. 109 lies bei Merssen: ‚Der Pastor erhielt ein gutes Zeugniß‘, statt ‚schlechtes‘).

[2] Chronik des Oldecop 100. 222 fl. 243 fll. 308. 419 fll. 445; über die Verderbniß des hohen Clerus namentlich 262.

erschüttert, der Clerus irrt, der Teufel regiert, die Simonie herrscht. Gottes
Wort bleibt in Ewigkeit.'[1]

Von allen deutschen Territorien hatte Bayern am meisten sowohl gegen
die neuen Lehren sich abgesperrt als auch den schweren Mißständen im
Kirchenwesen mit Ernst abzuhelfen gesucht. Trotz der großen Energie, welche
die bayerischen Herrscher in dieser Hinsicht entwickelten, ward das erstrebte
Ziel nur sehr unvollkommen erreicht. Viele Bischöfe, zu deren Sprengeln
Bayern gehörte, verharrten in träger Gleichgültigkeit; andere klagten, daß
ihnen ‚die Hände gebunden' seien durch die zahlreichen Exemptionen. Die Dom-
herren, meist aus dem verwilderten Adel hergenommen, erregten vielfach durch
ein schmachvolles öffentliches Sündenleben das größte Aergerniß. Um die niedere
Weltgeistlichkeit und den Ordensclerus war es nicht besser bestellt. Nach Ed's
Zeugniß war das Concubinat bereits um 1540 ‚allgemein verbreitet'[2]. Die
Visitationen der Jahre 1558 und 1559 ergaben, daß im Allgemeinen durch-
aus unerfreuliche Zustände herrschten; im Einzelnen war jedoch noch manches
Gute vorhanden[3]; so gab es unter den Klöstern einige von vortrefflichem
Geiste erfüllte, wie zum Beispiel das alte Benedictinerstift Metten. Allein die
Mehrzahl war zerrüttet und verdorben; manche wurden nur noch durch die
Furcht vor dem Herzog zusammengehalten. Bei solchen Zuständen waren auch
die strengen Polizeimaßregeln der Regierung nicht im Stande, das Eindringen
protestantischer Einflüsse zu verhüten. Es bildete sich in Folge dessen eine
Mischreligion der seltsamsten Art heraus. Dieselbe ‚hielt vom Papste nichts
und von den Bischöfen wenig, verwarf die Ohrenbeichte, die Firmung und
die letzte Oelung, forderte das Abendmahl unter beiden Gestalten und die
Beseitigung oder Verdeutschung der Messe, verlachte den Ablaß und glaubte
deßhalb auch nicht an das Fegefeuer, erklärte die Fasten und die kirchlich
vorgeschriebene Enthaltung von Fleischspeisen für unnöthig, eiferte gegen Wallfahrten und Kreuzgänge sowie gegen die Anrufung der Heiligen und die
Verehrung der Reliquien, verachtete das Klosterleben und das Cölibatsgesetz'[4].

Der offene Uebergang zum Protestantismus war mithin für die Anhänger
dieser Richtung nur noch eine Frage der Zeit. Der latente Protestantismus
in dem äußerlich noch katholisch gebliebenen Theile des Clerus, schrieb ein
deutscher Erzbischof im Jahre 1560, schade der Kirche und dem Volke

---

[1] Anno Dom. 1549. Virtus. ecclesia. clerus. demon. simonia. Cessat. turbatur.
errat. regnat. dominatur.   Verbum Domini manet in eternum etc.

[2] Vergl. von dem vorliegenden Werke Bd. 4, 107 fll.

[3] Vergl. Knöpfler, Kelchbewegung 55 fll., wo Sugenheim's Parteilichkeit gut beleuchtet wird.

[4] Stieve, Die Reformationsbewegung im Herzogthum Baiern, in der Allg. Ztg.
1892, Beilage No. 38.

ungleich mehr als der offene Abfall [1]. Die Rückwirkung dieses Religions-
zustandes auf das sittliche Leben förderte dieselben Erscheinungen zu Tage
wie dort, wo die neue Lehre offen bekannt wurde. Das Volk war gänzlich
verwildert. An vielen Orten besuchten nur noch einige Frauen und alte
Weiber die Kirche. Stets gefüllt waren dagegen die Schenken. Es kam
vor, daß die Bauern am heiligen Ostertage in der Kirche ein großes
Faß Bier austranken und dem Pfarrer das Haus anzündeten. Gotteslästern, Schwören, Fluchen, Trunksucht und Unzucht waren fast allenthalben
an der Tagesordnung. Wenn Musculus hervorhebt, daß das Fluchen und
Gotteslästern vorzugsweise in den protestantischen Ländern und Städten im
Schwang, so bekunden die Mandate der bayerischen Herzoge, daß das ‚erschreckliche Uebel‘ auch bei ihren Unterthanen ‚in stetigem Zunehmen begriffen‘
war. Gotteslästerung und Schwören, klagt die bayerische Landesordnung vom
Jahre 1553, nimmt von Tag zu Tag zu. Die Bauerschaft und der gemeine
Mann liegen dem Spiele ob, nicht allein an den heiligen Nächten und Feier-
tagen, sondern auch an den Werktagen, Tag und Nacht. Ein Mandat Herzog
Albrecht's V. vom Jahre 1566 bezeugt das Ueberhandnehmen der ‚zwei Laster
der Gotteslästerung und Trunkenheit‘ nicht allein ‚bei erwachsenen und betagten
Mannspersonen, sondern — das zuvor nie erhört — auch bei den Weibspersonen‘; ja ‚auch die jungen, unerwachsenen Kinder sind damit behaftet‘ [2].
    Alle seine wider das Gotteslästern und Fluchen wiederholt erlassenen
Polizei- und Landesordnungen, heißt es im Jahre 1570 in einem Edicte des
genannten Herzogs, würden nicht beobachtet: ‚schier männiglich, sonderlich der
gemeine Mann, Jung und Alt‘, verfalle öffentlich und ohne alle Scheu in
diese Laster, ‚zum Theil aus böser, verdammlicher Gewohnheit, zum Theil aus
viehischer, unmenschlicher Trunkenheit und eines Theils aus unchristlichem
Zorn. Das Uebel wachse je länger, je mehr.‘ [3]

    Blickt man auf die Zustände in Oesterreich, Bayern und den geistlichen
Gebieten zurück, so drängt sich die Frage auf, ob überhaupt nach der Mitte
des sechzehnten Jahrhunderts dem protestantischen noch ein wahrhaft katholisches Deutschland gegenüberstand. Der vollständige Sieg der neuen Lehre
war jedenfalls auch für diese Reichstheile ungleich wahrscheinlicher als das
Gegentheil. Es gab keinen Punkt in Deutschland, an welchem die Kirche
damals nicht bedroht war: selbst der Schutz, den sie bei einigen katholischen
Fürsten fand, war eine Gefahr nicht nur für ihre Freiheit, sondern auch für

[1] Siehe von dem vorliegenden Werke Bd. 4, 115.

[2] Sugenheim, Baierns Kirchen- und Volks-Zustände 530; vergl. 58 fl.

[3] Westenrieder 8, 352 fl. Ueber die Verwilderung des weiblichen Geschlechts
vergl. Sugenheim 530 Note.

ihre Lehre und Disciplin. Hatten ja der Kaiser und die bayerischen Herzoge lange Zeit die Gestattung des Abendmahlskelches und der Priesterehe, die sich überall als rasche Ueberleitung zum Protestantismus auswiesen, als Rettungs= mittel der Kirche betrachtet.

Nie hat die Kirche Deutschlands in größerer Gefahr geschwebt — aber aus der höchsten Noth hat Gott der Herr sie errettet.

Viele Momente wirkten hier zusammen: das Concil von Trient, die neuen Orden, vor allen Jesuiten und Capuziner, die Bemühungen ausgezeich= neter Päpste und ihrer Nuntien, endlich die Anstrengungen einiger katholischen Fürsten und tabelloser Bischöfe von der Art eines Otto von Truchseß, Balthasar von Dernbach und Echter von Mespelbrunn.

Die nachhaltigen Reformbestrebungen nahmen ihren Ausgang von den drei ersten Jesuiten, welche auf deutschem Boden wirkten: Petrus Faber, Claudius Jajus und Nicolaus Bobadilla. Die Briefe und Tagebücher dieser Männer athmen einen heiligen Ernst, Liebe und Sanftmuth auch gegenüber den Irrgläubigen. Ihre Erfolge führten sie wesentlich zurück auf das Exercitien= buch des heiligen Ignatius. Durch dasselbe wurde dem Orden ein Mann ge= wonnen, der zu den hervorragendsten und einflußreichsten katholischen Re= formatoren des sechzehnten Jahrhunderts gehört: Petrus Canisius, der erste Provincial des Ordens für Oberdeutschland und Oesterreich. Was dieser Mann und seine Ordensbrüder auf den Kanzeln, in den Schulen, an den Krankenbetten leisteten, erregte selbst die Bewunderung protestantischer Zeit= genossen. Jesuitisch und streng katholisch wurde im deutschen Sprachgebrauch gleichbedeutend.

Was den Bemühungen der Jesuiten die feste Grundlage gab, den dauern= den Erfolg sicherte, war das Concil von Trient, durch dessen Decrete eine religiöse und sittliche Erneuerung auch in Deutschland herbeigeführt wurde. Am frühesten und mächtigsten ward Bayern von der katholischen Restaurations= bewegung ergriffen: es wurde der Hauptherd des neu erwachenden kirch= lichen Lebens und erlangte dadurch fast die Bedeutung einer europäischen Großmacht. Dann folgten die rheinischen Erzstifte sowie Fulda; endlich er= mannte man sich auch in Oesterreich und begann mit Ernst dem Verderben entgegenzuwirken [1].

Alle Bemühungen Einzelner, dem geistigen und sittlichen Elend zu steuern, waren bisher erfolglos geblieben. Erst als der mächtige Strom eines neuen innern kirchlichen Lebens durch die Männer der katholischen Restauration, vor Allen die Jesuiten, nach Deutschland geleitet ward, machte sich eine allmäh-

---

[1] Vergl. von dem vorliegenden Werke Bd. 4, 881 ffl. 891 ffl. 404 ffl. 436 ffl. 448 ffl. 480 ffl.

liche Befferung bemerkbar. Freilich fand an der religiöfen Gleichgültigkeit,
Entfittlichung und Verwilderung der Katholiken auch die Thätigkeit der beften
und energifchften Vertreter der katholifchen Reftauration anfänglich die größten
Hinderniffe und nicht felten hartnäckigen Widerftand. Es ift unglaublich, mit
welchen Schwierigkeiten namentlich die erften Väter der Gefellfchaft Jefu, ein
Faber, ein Canifius, zu kämpfen hatten. Es koftete unfägliche Mühe, die
leer gewordenen Gotteshäufer wieder zu bevölkern, die Anhörung der Predigt
und den Empfang der heiligen Sacramente wieder in Aufnahme zu bringen.
So in Ingolftadt und München wie in Prag und Wien. Erft das Wieder-
aufleben practifcher Religiofität, die Heranbildung eines neuen Gefchlechtes in
chriftlicher Zucht und Frömmigkeit, die Erziehung eines fittenreinen Clerus ftellte
der um fich greifenden Verwilderung nach und nach einen Damm entgegen.

Von Stadt zu Stadt, von Ort zu Ort erneuerten fich indeß die Schwierigkeiten; Kriegsläufte und Unruhen zerftörten nur zu oft wieder, was mit
unendlicher Mühe kaum aufgebaut war. Es bedurfte der größten Energie, um
das vielfach hoffnungslos fcheinende Werk fittlicher Erneuerung unter Verfolgungen, Hemmniffen und Schwierigkeiten aller Art auf fo weiter, ftets
bedrohter Linie aufrecht zu erhalten und in nicht geringem Umfang wirklich
durchzufetzen.

Aller diefer Bemühungen ungeachtet war die Befferung der fittlichen und
religiöfen Zuftände des katholifchen Volkes im großen Ganzen keine durch-
greifende und allgemeine. Die Schäden waren zu groß, fie hatten fich zu tief
eingefreffen und traten bald hier, bald dort wieder hervor. Vifitationen wie
Berathungen der Provincialfynoden brachten noch beftändig fchwere Mißftände
zu Tage. Die Bifchöfe ftießen bei der Ausführung der Vorfchriften des Concils
von Trient auf vielfache Schwierigkeiten, nicht bloß bei mächtigen und reichen,
auf ihre exempte Stellung fich berufenden Stiften und Klöftern, fondern nicht
felten auch bei einzelnen Geiftlichen. Belege dafür bieten beifpielsweife die Vifi-
tationsprotocolle der Diöcefe Conftanz von 1571—1586. Diefelben liefern
gar traurige Sittenbilder und zeigen die überaus große Verbreitung des Concubinats bei der Geiftlichkeit[1]. Die Berichte der Cölner Nuntien enthalten
manches Erfreuliche, aber auch vielfach das Gegentheil. ‚In Cöln‘, heißt es
hier, ‚ift viel Frömmigkeit und Gewiffenhaftigkeit. Die Cölner Pfarrer find
gelehrt und wetteifern mit den Jefuiten an Seeleneifer und Aufopferung
während der Peftzeit. Viele fehr gewandte Canoniften finden fich in der
Stadt und Geiftliche genug, welche befähigt find, jede Diöcefe zu regieren.

---

[1] Siehe Gmelin in der Zeitfchr. für Gefch. des Oberrheins 25, 129 fll. Für die
allgemeinen Zuftände, bei welchen wieder der Prieftermangel hervortritt, vergl. auch
W. E. Schwarz, Zehn Gutachten über die Lage der katholifchen Kirche in Deutfchland
1573—1576. Paderborn 1891.

Die Cölner Stiftsgeistlichkeit ist nicht opferwillig für das allgemeine Wohl. Die rheinische Bevölkerung ist namentlich in der Religion unwissend; sie ist sehr habsüchtig, auch der Clerus. Es herrscht am Rhein eine große Corruption der Charactere, die Leute sind stets unentschlossen und den Tafelfreuden sehr ergeben; ungeachtet der schlechten Zeiten nehmen die Gastereien bei Geistlichen und Laien kein Ende.' [1]

Der Nuntius Minutio Minucci betont in seiner Denkschrift über den Zustand der katholischen Kirche in Deutschland vom Jahre 1588, daß vor Allem für gute Bischöfe und Canoniker gesorgt werden müsse. Manche Bischöfe seien noch immer zu schwach, viele Canoniker führten das alte Sündenleben, nicht wenige seien offene Ketzer. Ueberaus schädlich seien die beständigen Streitigkeiten zwischen Bischof und Capitel und die unerlaubten Verträge, welche die Bischöfe bänden. ‚Dieß Uebel', sagt Minucci, ‚herrscht in allen Sprengeln Deutschlands, am meisten in Salzburg, Regensburg und Passau. Es ist dahin gekommen, daß die Capitel Bischöfe und die Bischöfe zu Canonikern geworden sind.' Der Nuntius dringt auf Hebung der katholischen Hochschulen und Seminarien, strenge Beobachtung der tridentinischen Beschlüsse, Abhülfe des Priestermangels. Am meisten verschont von der Häresie seien Bayern und das Erzbisthum Trier. In ganz Deutschland sei unverkennbar ein Rückgang der Cultur, eine Zunahme der Verwilderung zu bemerken [2].

‚Wir erfahren leider täglich und sehen,' schrieb der Freiburger Theologe Professor Jodocus Lorichius im Jahre 1583, ‚daß unser katholisches Volk in allen Sünden des Ueberessens und Uebertrinkens, der Unkeuschheit, der Hinlässigkeit im Dienste Gottes, der üppigen Hoffart in Kleidung, des Fluchens und Schwörens, des Wuchers, Lügens, Betrügens, Neids, Hasses und vieler anderen noch schwereren abscheulichen Laster ohne Unterlaß fürfährt, daß hernach auch wir Geistliche wenig gebessert werden. Und in Kürze davon zu melden: der mehrer Theil Geistlicher und Weltlicher, beider Herren und Unterthanen bei uns Katholischen lebt anders nicht, als ob kein Unglück auf Erden oder in der Kirche Gottes wäre, das uns sollt angehen und bekümmern. Man springt und tanzt, hält Bankette und Schauspiele, pflegt Freud und Wollust, treibt Hoffart in Kleidung, Speis, Trank, Gebäude, Hofhalten und anderen Stücken, als ob wir Nichts wüßten noch hörten von denen, die den christlichen Glauben und Gottesdienst verachten, schmähen und schänden.' [3]

Auch in Oesterreich blieben vielfach trotz der unermüdlichen Wirksamkeit der Jesuiten und Capuziner die Zustände bei Clerus und Volk vielfach höchst

---

[1] Unkel im Histor. Jahrbuch 11, 546 fl.
[2] Nuntiaturberichte 3, 1, 750. 752. 755. 763. 765 fl. 774 fl.
[3] Religionsfried 44—45.

betrübend. Bei Visitationen stellten sich arge Mißstände heraus. Der Priestermangel war noch im Jahre 1591 so groß, daß ein so abgesagter Feind der verheiratheten Geistlichen wie Klesl zum Pfarrer von Ips einen Mann vorschlug, welcher mit Weib und Kind dort einzog[1]. In Wien gab es noch in den achtziger Jahren des sechzehnten Jahrhunderts offene Ungläubige; es wird berichtet, daß sich dort im Jahre 1584 drei Aerzte vor ihrem Tode für confessionslos erklärten; ein vierter verbat sich das Geläute bei seinem Begräbnisse und verlangte, daß sein Leichnam in ungeweihter Erde bestattet werde[2].

Erfreulichere Nachrichten liegen über Tirol und die Vorlande vor. Hier errang die katholische Restauration bedeutende Erfolge. Schon in den siebziger Jahren konnte der Graf von Hohenems versichern, der kirchliche Zustand der Grafschaften Bregenz und Hohenberg sei mit ganz wenigen Ausnahmen tadellos; ein Gleiches glaubte einige Jahre später der Coadjutor des Stiftes Brixen auch von Sterzing berichten zu können, und der Kanzler der Vorlande meldete im Jahre 1592, mit den Geistlichen bessere es sich[3]. Gleichwohl konnte auch hier das in einem hundertjährigen Zerstörungsprocesse Niedergerissene nicht während einiger Menschenalter wieder aufgebaut werden. Wie schlimm es vielfach bei Adel und Volk aussah, ergibt sich aus dem im Jahre 1610 in Ingolstadt erschienenen Werke des Tiroler Arztes Hippolytus Guarinoni: ‚Die Gräuel der Verwüstung menschlichen Geschlechts‘. Was sich aus den Schriften des herzoglichen Hofsecretärs Aegidius Albertinus für Bayern ergibt, das bezeugt dieß culturgeschichtlich unschätzbare Werk für Tirol: eine vielfach tief eingewurzelte Sittenverderbniß und Verwilderung in den höheren wie in den niederen Ständen.

Sehr schlimme Dinge berichtet der Tiroler Arzt von der öffentlichen Unsittlichkeit auf den Straßen und namentlich in den Badhäusern, die sich, wie auch im eigentlichen Deutschland allerwärts, als wahre Brutstätten des Lasters erwiesen[4]. ‚Von dieser Bad-Unzucht‘, sagt er, ‚hätt ich ein besonders groß Buch zu schreiben, und wurde dasselb dennoch nit genugsam ergründen mögen. Von welcher ein ansehnlicher Prediger in einer fürstlichen Stadt Teutschlands etlich und zwanzig Predigt nach einander gethan und kaum den Anfang berührt hat. Wann aber die Stadt-Obrigkeiten die erschrecklichen Laster und Uebel, so wohl als sie Gott und die Badenden wissen und sehen, vor Augen hätten, würden sie nit so thöricht und unwitzig sein und solche Schand- und Lasterhäuser (wo sie nit anders angestellt werden)

---

[1] Huber 4, 322 fl. 295; vergl. 227 fl.

[2] Puschmann 283. Vergl. von dem vorliegenden Werke Bd. 7, 141.

[3] Hirn 1, 278; vergl. 269 über das Resultat der Visitation des Brixener Clerus.

[4] Guarinoni 929—930. 944—947. 950. 955.

in ihren Städten noch davor leiden.' ‚Merk auf, Herr Stadtrichter und Burgermeister, deinen schönen Burgerslust, deine schöne politische Stadt-Ordnung; besinn dich, ob du nicht bisher gesehen hast und alle Wochen noch siehest, daß deine wohlerzogene Burger und Burgerinnen sich in ihren Häusern entblößen und also nackend über die öffentliche Gassen bis zum Bad- oder Schandhaus vor aller Fürgehenden Augen gehen dürfen?' Die sittlichen ‚Abschäulichkeiten des gemeinen Bads‘, sagt Guarinoni, seien fast unzählbar. ‚Wie viel unaussprechliche Laster sein darinnen gesponnen und vollendt worden! Wie viel Mord- und Bubenstück werden darin entzündet und bisweilen auch verrichtet!' [1]

Es verdient die höchste Anerkennung, daß selbst Angesichts solcher Zustände die Vertreter der katholischen Restauration, vor allen die volksthümlichen Capuziner und die gelehrten Jesuiten, nie und nirgends erlahmten. Immer von Neuem sieht man diese Männer voll Milde und Kraft, voll Heiligkeit und Seeleneifer hinausziehen in Stadt und Land, um dem Verderben entgegenzutreten, zu arbeiten für das Wohl der Kirche, des Staates, der Gesellschaft.

3.

Eine wenigstens theilweise Besserung der sittlichen Zustände, wie sie das katholische Deutschland durch die kirchliche Restauration erfuhr, haben die protestantischen Gebiete fast ohne Ausnahme nicht aufzuweisen. ‚Das evangelische Widerspiel‘ des Concils, die Concordienformel, vermehrte nur noch die religiöse Verwirrung und die theologischen Streitigkeiten; eine geschlossene Thätigkeit, wie sie die neuen Orden bei den Katholiken entfalteten, war auf protestantischer Seite von vornherein nicht möglich. Nicht wenige wohlmeinende und ernste protestantische Pfarrherren traten allerdings nach Kräften dem sittlichen Verderben, besonders durch ihre ‚Zeugnißpredigten‘, entgegen; allein die Thätigkeit dieser Männer blieb vereinzelt, und mit ihrem Tode war meist Alles aus. Ihre Urtheile sind das vollgültigste Zeugniß für das beständige Wachsthum der sittlich-religiösen Verwirrung in den protestantischen Landestheilen; manche ihrer Klagen machen einen geradezu erschütternden Eindruck; sie werden bestätigt durch die Aussprüche zahlreicher anderer Zeitgenossen.

‚In diesem Jahre‘ (1556), sagt Cyriacus Spangenberg, ‚hörte man mehr, denn man zuvor erfahren, in allen Landen Klage von Morden und Todtschlägen, Placken und Räuberei, Stehlen, Wuchern, Uebersetzung der Armen, Verrätherei und Untreu und von vielen schändlichen Sünden, Ehebruch, Hurerei, Jungfrauenschänden und dergleichen Schanden.' [2] Zur selben

---

[1] Guarinoni 948. 949.   [2] Sächsische Chronica 685.

Zeit klagte der protestantische Pfarrer Justus Menius: ‚man sehe in aller
Welt, wie der große Haufe des Glaubens und Evangeliums Freiheit so
schändlich mißbrauche, gleich als wäre Gottes Sohn darum gestorben, daß
wir nun desto freier sündigen möchten‘. ‚Die Undankbarkeit und Sicherheit, welche auf die Offenbarung des Evangeliums gefolgt ist,‘ heißt es in
einer im Jahre 1556 erschienenen Schrift eines Nordhäuser Prädikanten, ‚ist
unbeschreiblich.‘ Eine in demselben Jahre gedruckte und von Melanchthon
mit einem Vorwort versehene Schrift des Christoph Lasius schildert den Zustand der Lutheraner in den düstersten Farben. Was der Weinberg für
Frucht trage, sei leider am Tage; es wolle schier keine Zucht mehr helfen,
Niemand scheue sich vor Gottes Zorn. Fleischliche Freiheit sei bei Vielen
unter dem Völklein, das sich evangelisch rühme, das Beste, was am Evangelium gesucht werde, und der Weinberg der christlichen Kirche, zu guter Letzt
so wohl gepflanzt, wolle Nichts tragen, denn saure und unreife Beeren eines
unfruchtbaren Lebens. Lasius beschreibt das ‚Thun und Leben auch Derjenigen,
welche die Besten seyn wollten‘, in folgender Weise:

‚Was achten solche Potentaten unserer Bußpredigt? Ist es nicht
genug, daß sie evangelisch sind? Sind sie doch rein, wenn sie nur die
großen Klecks nicht thäten. Also verhält sich's auch mit dem evangelischen
Adel; da finden sich nicht wenig Bauernteufel, die Nichts thun, als ihre
Unterthanen mit Hofdienst plagen. Ja Etliche (vom Adel) pflügen die Pfarr-
güter, nehmen ganze Wispel Korn davon, setzen darnach einen Esel auf die
Kanzel, der buchstabirt das Evangelium aus der Postille, nimmt ein schmutziges
Partek, und läßt es gut sein. Die tückisch verschliffenen Bauern auf dem
Lande schlagen auch in diese Art, meinen, wenn sie beten können, zur Kirche
gehen und Predigt hören, so sei Gott bezahlt; daß sie aber, wenn sie zu
Markt kommen, schinden und schaben, und daheim allen Muthwillen treiben,
ihrem Nächsten nirgends mit dienen, das gehe wohl hin, weil sie im Gottesdienst so fromm sind. Dieß ist, Gott erbarm' es, der neue Gehorsam zu
jetziger Zeit, da das Evangelium so hell und klar gepredigt wird. Auf
unserer Seite hört man am liebsten die eitle süße Gnade predigen, fein sanft
daherfahren, und der Buße mit keinem sonderlichen Ernst gedenken. So
blöde und verzagte Gewissen, als nun die Gesetztreiber machen, so freche und
verwegene Gnadensünder werden, wo man die Bußpredigt fallen läßt. Die
am Evangelio viel schwätzen können, wissen sehr wohl, wer Christus ist, welch
süße Gnade er erworben habe, item, daß gute Werke nicht selig machen, thun
ihrer deßhalb desto weniger, auf daß sie nicht Ursache haben, darauf zu
bauen, brauchen das liebe Evangelium zur fleischlichen Freiheit, thun also
Christo und seinem Worte eine große Schande an, und der neue Gehorsam
bleibt gar dahinten. Unsere zungengläubigen Gnadensünder, vom Papst ab-

gefallen, dem Evangelio zugethan, wissen, daß gute Werke nicht selig machen, daß Gott gnädig sei allen Bußfertigen, die Gnade begehren. Darum machen sie sich auch mit ihrer Buße fertig, als die das Evangelium wohl gefaßt haben von fleischlicher Freiheit.'[1]

Ein gar trauriges Sittengemälde entwarf der protestantische Prediger Andreas Musculus im Jahre 1559 in seiner ‚Unterrichtung vom Himmel und der Hell'. In der Widmung des Buches hebt er ‚die große Sicherheit, Verachtung und Undankbarkeit' hervor, mit welcher ‚die Deutschen, wie nie ein Volk zuvor von der Apostel Zeiten her, sich eingelassen' in diesen ‚allergefährlichsten, bösen und letzten Zeiten', wo den Leuten ‚im mehrern Theil die Ohren durch muthwillige Sicherheit verstopfet', daß ‚mit Rufen, Schreien und Schreiben Nichts bei ihnen zu erhalten'. Deßwegen hat er bereits drei Bücher herausgegeben: ‚Erstens, was wir Deutschen in Sonderheit für Unglück, Straf und Zorn Gottes zu gewarten. Zweitens, wie auf solchen Zorn der jüngste Tag nicht lang säume, sondern bald folgen werde. Drittens, wie muthwillig und schändlich sich der größte Hauf in Deutschland, welches so reichlich mit dem lautern Wort begnadet, betrage.' ‚Unsere armen Voreltern waren nicht so vergessen, gedachten traun an solche zukünftige Dinge gar fleißig, liefen und ranten nach Hülf und Rhat, solche zukünftige Qual zu verhüten, thaten alles, was sie immer mehr thun konnten mit Kasteien, Fasten, Beten, Almosengeben, Stiften und desgleichen, waren aber von Gott mit dem rechten Weg zur Seligkeit nicht begnadet, konnten und mochten außerhalb Gottes Wort durch Menschensatzung die Thür zum Himmel weder finden noch treffen. Wir aber, die wir so reichlich mit Gottes Erkentnis und rechter Straß und Bahn zum ewigen Leben begnadet und den Himmel so weit eröffnet für Augen haben, verhalten uns, wie man sagt im Sprichwort: Wenn man ein Ding nicht hat, verlangt man darnach; hat man's aber, so acht man's nicht. Wornach sich unsere Eltern herzlich gesehnet, darfür eckelt uns sehrer als den Jüden für dem Manna, das treten wir mit Füßen. Wir sein des Evangelii, Sacrament, der Lehr von Beichten, Büßen so überdrüssig, als hetten wir's mit Löffeln gegessen, wie man pfleget zu sagen.' ‚Schöne herrliche seidene Kleider, gute Tag, Fressen, Saufen und Sauleben haben (mit dem reichen Man), darauf stehet all unser Herz, Sinn und Gedanken. Um Abrahams Schoß, um Moysen, Luther und die Propheten ist es uns gar nicht zu thun. Wir fragen numehr weder nach Himmel oder der Hölle, gedenken nicht mehr weder an Gott noch an Teufel, lauter Säu trägt nun Deutschlandt, Säu wird auch Christus bald in seiner herrlichen Zukunft finden, welche nicht eher schreien,

---

[1] Döllinger, Reformation 2, 176. 545 Note. 266—267.

als wenn der Schlächter mit der Keul für den Kopf schlägt. Je näher zu diesen Zeiten das jüngste Gericht und ewig Verdamnis sich nahet, je sicherer, frecher, säuischer und mutwilliger sich die Leut einlassen, und eilen ja so sehr zu der Hölle als die Hölle zu ihnen. Die rohe und sichere Welt isset und trinket, lebet in Sauß. Es kommt aber die Zeit, so kommt der Teufel, nimmet am besten Tisch dein Seel weg und wirft sie über Hals und Kopf in solche Qual und Pein, wie der Herr vermeldet.'[1] Insbesondere über die Verwilderung der Jugend schrieb Musculus: ‚Wir alle schreien und klagen darüber, daß die Jugend nie ärger und boshaftiger gewesen, weil die Welt gestanden, als eben jetzunder, und nicht wohl ärger kann werden.'[2]

Paul Eber, seit 1559 Stadtpfarrer von Wittenberg, bekam Angesichts des Zustandes der protestantischen Kirche und der Verwilderung des Volkes Zweifel, ob seine Kirche die wahre sei. ‚Unsere ganze evangelische Kirche ist mit so viel großen Zerrüttungen und Aergernissen befleckt, daß sie Nichts weniger zu sein scheint, als deß sie sich berühmt. Denn schaust du auf die evangelischen Lehrer, so siehst du, daß ihrer Etliche aus Ehrgeiz oder aus neidischem Eifer oder Vorwitz die rechte Lehre zerstören und falsche Lehre keck ausbreiten oder hartnäckig beschirmen, Etliche aber unnöthigen Streit erwecken und mit unversöhnlichem Neid und Haß darob halten, Etliche aber die Religion hin und wieder biegen nach Gefallen und Begierlichkeit der Herren oder des Volks, deren Gnad und Gunst sie höher achten, als die Ehre Gottes und Erweiterung der Wahrheit, Etliche aber alles das, so sie mit wahrhafter Lehre aufgebaut, mit ihrer Leichtfertigkeit und schändlichem Leben wieder zerstören. Welche Makeln oder Gebrechen an den Lehrern die Gottseligen nicht wenig betrüben und viel der evangelischen Lehre abwendig machen. Dagegen, so du das evangelische Volk anschaust, siehst du den schändlichsten Mißbrauch der Religion und christlichen Freiheit, Verachtung und Unachtsamkeit des heiligen Kirchendienstes, viel lästerlicher Disputationen, Verschleuderung der Kirchengüter, Undankbarkeit gegen die treuen Diener des Worts, Aufhebung aller Zucht, zügellose Widerspänstigkeit der Jugend und die reichlichste, täglich nachwachsende Saat aller Laster. Bei dem Anblick dieser Uebel muß man freilich heftig erschrecken und mag etwa zweifeln, ob unsere evangelische Kirche, darin so viele Spaltungen, Zertrennungen und scheußliche Laster gesehen werden, die rechte Kirche sein könne.'[3]

---

[1] A. Musculus, Unterrichtung vom Himmel und der Hell. Erfurt (1559), Cap. III. IV. Andere Aussprüche von Musculus, besonders über die religiös-sittlichen Zustände im Kurfürstenthum Brandenburg, siehe in dem vorliegenden Werke Bd. 4, 185 ff.
[2] Theatr. Diabol. 137b.   [3] Döllinger, Reformation 2, 160—161.

Gleich hoffnungslos äußerte ſich um dieſelbe Zeit der proteſtantiſche Philologe Joachim Camerarius.

Es ſei jetzt ſo weit gekommen, berichtete im Jahre 1563 der lutheriſche
Prediger Bartholomäus Wolfhart, daß die Leute, wenn ſie in zwei, drei
oder vier Jahren oder auf dem Todbette etwa das Abendmahl begehrten,
weber von Taufe noch Nachtmahl, weber von Chriſto noch von ſeinem Ver-
bienſt, weber von Sünde noch Gerechtigkeit Etwas wüßten; doch ſollten die
armen Prediger von Stund an da ſein, eitel Gnade und Vergebung der
Sünden predigen, Sacramente reichen und chriſtliche Begräbniß halten; wollten
ſie das nicht thun, ſo brenne der Rhein und die Donau. Es ſei, fährt
Wolfhart fort, die Liebe nicht allein erkaltet, ſondern gar ausgeflogen, unb
die Herzen bagegen erfüllt mit eitlem, bitterm Haß, Neid, Zank, Zorn, Feinb-
ſchaft und Mord. Da ſei keine Zucht und keine Ehrbarkeit; es hätten Hurerei,
Ehebruch und bergleichen ſchändliche Laſter ſo weit überhand genommen, baß
er zweifle, ob es könne verbeſſert werden. Der Feiertag werbe zu Nichts
angewendet als zu Freſſen, Saufen, Spielen, Tanzen und bergleichen; Gottes
Wort und Diener ſeien ſo verachtet, baß wer nur einen Prediger weiblich
umtreiben und plagen könne, wähne, er ſei Hans Dampf in allen Gaſſen.
‚Jetzt, ba wir nun aus der gräulichen babyloniſchen Gefängniß der rothen
Hure zu Rom durch die Offenbarung des heiligen Evangelii erlediget und los
geworden, und ganz leicht, ja ohne beſondere Mühe, Koſten und Gefahr lernen
können, und auch erlangen, was uns nutz und gut iſt an Leib und Seel,
ſo iſt Niemand, der es achtet: wenn man’s gleich predigt, ſo kommt der
größte Theil nicht bazu; die ba kommen, höret etwa Eins ein Stücklein und
laufet wieder bavon, die Anderen, ob ſie es ſchon hören, gehet es ihnen doch
auch zu einem Ohr ein, zum andern aus.‘[1]

Von einer ‚Lebensbeſſerung‘ fand auch der fränkiſche Prädikant Johann
Schrymphius keine Spur. ‚Die fleiſchliche Ungebundenheit, die zügelloſe Frechheit habe eine babyloniſche Verwirrung, eine völlige Barbarei und ein viehiſches
Leben im Gefolge.‘ Auch der bekannte Georg Major ſah im Jahre 1564
‚drohende Barbarei bereits vor der Thüre‘.

Ein Jahr ſpäter ſchrieb der proteſtantiſche Theologe Nicolaus Selnekker:
‚Summa kein Laſter kann erbacht noch ausgeredt werben, bas nicht mit
Haufen jetzt unter den Leuten, auch wohl den meiſten Theil ungeſtraft, ginge.
Keine Gottesläſterung, kein Bubenſtück iſt mehr zu viel. Wo wollen wir doch
zuletzt immer mehr hinaus? Das Wort Gottes iſt ſo grauſam durch bas
ganze Deutſchland geläſtert, geſchänbet und verachtet, baß unmöglich iſt, baß
nicht etwas Schreckliches ſollte folgen. Die Menſchen wollen ſich ben Geiſt

---

[1] Döllinger 2, 598. 303—304.

Gottes nicht mehr strafen lassen, man predige und sage, was man wolle. Was, sprechen sie, hat das der Pfaff gesagt? Wie, sollen wir das leiden? Harr', harr', mit dem Schelm in den Thurm; ich will ihm das Cantate legen, der Teufel hole ihn denn.' Selnekker theilt den Haufen der ‚Evangelischen' in zwei Theile: die Einen leben ruchlos, die Anderen verzweifeln [1].

Ganz ähnliche Erfahrungen über den religiösen und sittlichen Zustand des protestantischen Volkes sprach der Tübinger Theologe Jacob Andreä aus. ‚Der lutherische Haufe in Deutschland läßt wohl dem Worte Gottes seinen Platz und Raum, da es gepredigt wird; aber da wird keine Besserung gespürt, sondern ein wüst, epicurisch, viehisch Leben mit Fressen, Saufen, Geizen, Stolziren, Lästerungen des Namens Gottes.' Jede Zurechtweisung werde als ‚neu Papstthum und neue Möncherei' verschrien. „Wir haben", sprechen sie, „gelernt, daß wir allein durch den Glauben an Jesus Christus selig werden, der mit seinem Tode alle unsere Sünden bezahlt hat, wir können es nicht mit unserm Fasten, Almosen, Gebet oder anderen Werken bezahlen. Darum so laß uns mit diesen Werken zufrieden, wir können wohl durch Christus selig werden; wir wollen uns allein auf die Gnade Gottes und das Verdienst Christi verlassen." Und damit alle Welt sehen möge, daß sie nicht päpstisch seien, noch sich auf gute Werke verlassen wollen, so thun sie auch keins. Anstatt des Fastens fressen und saufen sie Tag und Nacht, anstatt der Almosen schinden sie die armen Leute, anstatt des Betens fluchen, lästern und schänden sie den Namen Gottes so jämmerlich, dergleichen Lästerungen Christus von den Türken überhoben ist. Anstatt der Demuth regiert Stolz, Pracht, Uebermuth, Ueberfluß in Kleidungen, entweder auf das schärfeste oder unflätigste zugerichtet. Das Alles muß evangelisch heißen, und es bereden sich diese armen Leute noch dazu, sie haben einen guten Glauben zu Gott in ihrem Herzen, sie haben einen gnädigen Gott, und seien besser, denn die abgöttischen und aposteißlichen Päpstler.' [2]

‚Ein Teufel, der päpstische, ist ausgejagt,' heißt es in einer im Jahre 1568 gedruckten Schrift des Christoph Lasius, ‚aber mit sieben ärgeren wieder gekommen.' Ursache davon sei ‚die flacianische Sammetbuße'. Die ‚macht es gar gelind, setzt ihre seidenen Pönitenzer auf lauter sammtene Polster, lehrt, die Bekehrung könne auch Denjenigen widerfahren, die gar Nichts zur Sache thun und weder Reue noch Leid haben'. Der flacianischen, das heißt lutherischen Lehre von der Passivität des Menschen in der Bekehrung wird auch in einem Gutachten der Leipziger und Wittenberger Theologen vom Jahre 1570 die Schuld an dem herrschenden Verderben beigemessen. ‚Der große Haufe', heißt

---

[1] Döllinger 2, 320. 170. 339 fl. 342 ff.
[2] Vergl. von dem vorliegenden Werke Bd. 4, 492 fll.

es hier, ,ist in ein wildes, wüstes und gottloses Leben geführt, und alle Zucht und Fleiß, sich an Gottes Wort zu halten, wird aufgehalten, wie wir denn leider vor Augen sehen, daß allenthalben die Leute, beide hohen und niedrigen Standes, in solch epicurisches Leben gerathen, daß in der ganzen Welt fast kein Ort zu finden ist, wo nicht größere Zucht, Ehrbarkeit und Tugend zu finden, als eben bei denen, die Gottes Wort täglich hören.' [1]

Gleich trostlos äußerte sich der thüringische Pfarrer Johann Belzius. ,Willst du einen großen Haufen wilder, roher, gottloser Leute in allerlei Ständen bei einander finden, bei welchen jene Sünden häufig geschehen und täglich im Schwang gehen, so gehe in eine Stadt, da das heilige Evangelium innen gelehrt wird und die besten Prediger gefunden werden, da wirst du sie häufig bei einander sehen.' [2] ,Das heilige Evangelium', schrieb Ludwig Milichius im Jahre 1568, ,das nun länger als vierzig Jahre getreulich ist gepredigt worden, hat so wenig Frucht geschafft, daß nie das Volk so schnöde gewesen, als nun. Im Anfang, als man des Antichristes los ward, die Klöster verstörte und die christlichen Güter verrupfte, da war das Evangelium lieb und angenehm.' Jetzt aber, nachdem man aus dem Gefängniß erledigt sei und das Kirchenrauben ein Ende genommen, sei man des Evangeliums müde geworden: ,Der Fluch frisset das Land, denn die verschuldeten es, welche darin wohnen.' [3] Man fluche, schwöre, schwelge und wuchere, schrieb drei Jahre früher der Prediger Hoppenrod, ,mehr denn je früher gesehen noch gehört worden' [4].

Marius Mening, Superintendent in Bremen, äußerte sich im Jahre 1569: ,Bei der Wuth und Zerfleischung der Prediger und der Fabricanten neuer Dogmen wird die kirchliche und staatliche Zucht vernachlässigt. Daher wird die ganze Welt heuchlerisch, sicher, epicurisch und zügellos, die größten Laster und Sünden werden, weil sie in Sitten und Gewohnheiten übergegangen sind, für Tugenden gehalten, und die Welt erkennt fast keine Sünde mehr an, als Diebstahl und Mord. Die Sünden wider die anderen Gebote der ersten und zweiten Tafel werden für sehr gering geachtet.' [5]

Die Evangelischen hätten zwar das Wort rein, meinte im Jahre 1576 der protestantische Theologe Simon Musäus, mißbrauchten es aber so schändlich, daß auf sie die Worte anwendbar seien: ,Höret des Herrn Wort, ihr Fürsten von Sodom! Nimm zu Ohren unseres Gottes Gesetze, du Volk von Gomorrha! Wenn ihr schon viel betet, so höre ich euch doch nicht, denn eure Hände sind voll sündlicher Werke nach Fleisch und Blut.' Von der jetzigen Zeit habe

---

[1] Döllinger, Reformation 2, 261—263.   [2] Döllinger 2, 200—201.
[3] Schrap-Teufel Bl. B².   [4] Wider den Hurenteufel Bl. A 4.
[5] Niedner's Zeitschr. 36, 349.

Christus gesagt: ‚Wenn des Menschen Sohn kommen wird, meint ihr, daß er auch Glauben finden wird auf Erden?‘ und es sei leider zu besorgen, daß das jetzige sündliche Wesen in allen Ständen gegen Himmel geschrieen habe und der grimmige Zorn Gottes bereits angegangen sei; Gott müsse dem Fasse vollends den Boden ausstoßen [1].

‚Alte und erfahrene Männer‘, sagte Caspar Hofmann, Professor zu Frankfurt an der Oder, im Jahre 1578, ‚ergießen sich jetzt in Seufzen und Wehetlagen, und können kaum sich der Thränen enthalten, wenn sie an die frühere Rechtschaffenheit, Religiosität, Ordnung und sittliche Zucht denken, und dagegen jetzt Alles voll von Lastern, Parteiungen und trauriger Ver- wirrung sehen. Sie erkennen auch leicht, welches Ende diese zügellose Anarchie in allen Ständen noch nehmen werde, und fürchten nichts Geringeres, als gänzliche Barbarei.‘ ‚Wenn wir die fromme und ungeheuchelte Liebe unserer Väter und Ahnen zur Religion, ihr eifriges Streben nach Tugend und Ehr- barkeit, mit der Verkehrtheit unserer Zeit vergleichen, so werden wir nicht nur bemerken, daß Character und Sitten des Volkes schlechter geworden, sondern auch klar erkennen, daß kaum irgend eine Zeit aller Religiosität, Rechtschaffen- heit, Zucht, Bescheidenheit und Ehrbarkeit so feind gewesen ist, wie die unsrige. Klagt doch selbst das Volk, welches vor den eigenen Lastern erschrickt, ohne sich bessern zu wollen, überall, es sei mit Sünden und Freveln auf's Höchste gekommen, Schande aller Art habe den äußersten Grad erreicht, alle Bande der Scham und Gottesfurcht seien zerrissen, zügellos stürze man sich in die niederträchtigsten Schändlichkeiten.‘ Die katholischen Vorfahren, betonte Hof- mann, hätten auch reichlich für die Bedürfnisse der Kirche gesorgt; aber was immer sie für Lehrer, Schüler und alle Hilfsbedürftigen gestiftet, werde nun zu ganz anderen Zwecken verwendet. In redlicher Einfalt hätten sie an ihrem Aberglauben — dafür hielt Hofmann den katholischen Glauben — gehangen, jetzt aber, nach dem Wiedererscheinen des Lichtes, wolle fast Jeder sich selbst eine wahre Religion machen, und was ihm in den Kopf komme, solle auch von Anderen als Richtschnur der Wahrheit angesehen werden. So komme denn auch eine bissige Schrift nach der andern zum Vorschein, in denen man sich gegenseitig mit giftigen Pfeilen Ehre und guten Namen zu morden suche. ‚Theologen und Prediger selbst streuen den Samen der Zwietracht aus, sind die Brandfackeln des Hasses und der Verwirrung; sie selbst, auf die Unkennt- niß des Volkes und den Schutz der Großen vertrauend, zerfleischen die Kirche und werden, wenn nicht ein Abgesandter Gottes ihre unbändigen Leiden- schaften in die Schranken weist, die Theologie zu Grunde richten. Das ge- wöhnliche und urtheilsunfähige Volk steht bei all den vielen Wegweisern zum

---

[1] Döllinger 2, 290.

Himmel, von denen der eine dahin, der andere dorthin zeigt, in beständigem Zweifel, weiß nicht, nach welcher Seite es sich wenden soll, wird verwirrt durch den Zuruf so verschiedenartiger Stimmen. Daraus entstehen dann Spaltungen im Volk, die meistens in Bitterkeit und Feindschaft enden.' Nochmals hebt Hofmann hervor: ‚Die Frucht der Streitigkeiten der Theologen und der Art ihrer Führung ist, daß sie sich selbst die äußerste Verachtung zuziehen, ihr Ansehen vernichten und zugleich die Lehre, die nach ihren Sitten beurtheilt wird, in Mißachtung bringen. So entsteht allmählich nicht nur Verachtung, sondern Haß gegen die Religion; im Volke verbreitet sich wilde Ausgelassenheit, die Gottlosigkeit und epicurische Irreligiosität wächst, und der Atheismus steht bereits vor der Thüre. Was glaubt man nun, wie weit wir noch haben bis zur völligen Barbarei?'[1]

Johann Kuno, Pastor zu Salzwedel, gestand im Jahre 1579: Allerlei Laster seien nun so gemein, daß man sie ohne alle Scheu begehe, ja nach sodomitischer Art derselben sich noch rühme; die gröbsten, unflätigsten Laster seien Tugenden geworden, auch die gröbsten Hauptsünden seien nun fast zu gering, man entdecke schier täglich neue, und daher komme es auch, daß so mancherlei neue Krankheiten entstünden. Denn ‚was den Ehebruch anbelangt, ist es damit nicht leider dahin gekommen, daß man's ungestraft hin passiren läßt? Gemeine Hurerei, wer achtet die mehr für Sünde? Wie ein köstlich Ding ist es geworden um die Zauberei! Fressen und Saufen, wie es damit gehalten wird, was ist es noth, davon zu sagen? Dahin ist es gekommen, daß man mit dieser Sünde certirt, wie man mit Tugend, Ehrbarkeit und anderen ehrlichen Uebungen thun sollte; leider erwirbt Mancher die höchsten Aemter und besten Güter mit Saufen. Also hat sich die Welt verändert und die Augen verkehrt, daß sie nun gleich durch ein finster Glas Schande für Ehre, Laster für Tugend, Unehrbarkeit für Redlichkeit ansieht und auch practicirt.'[2]

Schändliche, gräuliche Sünden, klagte einige Jahre später ein anderer protestantischer Pastor, gingen jetzt leider fast allenthalben bei Jungen und Alten im Schwange. Besonders der Ungehorsam der Jugend sei gemein, und es werde damit von Tag zu Tag ärger. Der große Haufe verhöhne alle Religion. Der Breslauer Professor und Pastor Esaias Heidenreich theilte im Jahre 1581 seine Glaubensgenossen in zwei Haufen: in die eigenwilligen bösen Christen, die sich rühmten, sie bedürften keiner Bibel, keiner Predigt und keiner Kirche, sie hätten genug am Lichte der Natur, nach dem sie sich

---

[1] De barbarie imminente (Francof. 1578) A 8 sqq. B 5—8. Döllinger, Reformation 2, 615 fl.

[2] Döllinger 2, 525.

richteten; der andere Haufe höre zwar Gottes Wort, aber sein Leben sei eigenwillig und teuflisch. Des Kirchengehens wie des Wortes Gottes seien nun die Lutheraner so überdrüssig, daß viele Hausväter und Hausmütter im Lande zu finden seien, die sammt ihren Hausgenossen viele Zeit in die Kirche nicht gesehen hätten. ‚All unser Thun ist gerichtet auf Geiz, Hoffart, Schwelgen, Lügen und Trügen.‘[1]

Der Pfarrer Josua Loner, ein eifriger Bekämpfer des Calvinismus, kündigte im Jahre 1582 an, Gott werde nun nicht lange mehr zusehen können, sondern der schändlichen Welt bald Feierabend geben, denn leider sehe und erfahre man, daß die verdammliche Verachtung und Verfolgung des reinen Wortes Gottes, gräuliche Gotteslästerung, schändliche sodomitische Unzucht sammt allen anderen Untugenden und Lastern sehr überhand nähmen; der christliche Glaube sei sehr dünn und gering, die Liebe in den Herzen der Menschen erkaltet und wohl zu Eis gefroren, auch bürgerlicher Glaube und Treue ganz gering und seltsam. Deutschland habe Gott vor allen anderen Ländern mit der reinen Erkenntniß Christi begnadigt, aber man sehe und erfahre leider, daß die Leute des heiligen Evangeliums satt und überdrüssig seien.‘[2]

‚Es wird immer ärger‘, heißt es in einer im Jahre 1584 erschienenen Schrift des Breslauer Pfarrers Sigmund Suevus, ‚daß man klagen und sagen muß:

> Die Sicherheit mit Sünd und Schand
> Bei Jung und Alt nimmt überhand;
> Dagegen Guts in aller Welt
> Mit großer Macht zu Boden fällt.‘

‚Es sind noch hin und her etliche fromme Herzen,‘ sagt Johann Schuwardt in einer Trauerrede aus dem Jahre 1586[3], ‚aber unter dem andern Haufen kaum zu ersehen, und wenn uns der Herr dieß Wenige nicht hätte lassen überbleiben, so wären wir längst wie Sodom und Gomorra; denn es ist sonst nichts Gesundes von der Fußsolen biß aufs Haupt. Ach, wenn die Herzen offen stünden und durch ein Fensterlein könnte hineingeschaut werden, ist leider zu besorgen, man würde eine große Anzahl finden, nicht allein schlechter geringer, sondern auch wol hoher vornehmer Personen, die leichtlich wider zum Bapstumb, in vergeblicher Hoffnung besserer Tage, willigten, und den Jesuitern zu ihrem Gesang Amen sprechen.‘ ‚So wir ferner zurück denken, und fahen an von Geistlichen bis an die Weltlichen um zu rechnen, finden wir mehr denn zuviel in allen Winkeln des Landes zu beklagen. Und

---

[1] Döllinger 2, 538.   [2] Döllinger 2, 311—312.
[3] Joh. Schuwardt, Trawrige Klagrede über den Todtsfall ... Augusti, Herzogen zu Sachsen. 1586.

ob wir gleich mit unserm Propheten Hieremia in Gedanken stehen wollten: wolan, der arme Hauf und Pöbel ist unverständig, darum ist nit Wunder, daß es bei demselben unrichtig zugehet; die Hirten aber und Gewaltigen werden ja des Herrn Weg lieben und seinem Recht zu folgen wissen, so kommt uns doch auch für die Hand, was er zu seiner Zeit gesagt, daß Dieselbigen fast alle sammt das Joch auch zerbrochen und die Seile zerrissen haben. Stehlen und Rauben ist eine Zeitlang [das heißt seit längerer Zeit] so gemein worden, daß sich Niemand für dem Galgen scheuet. Wir sitzen wie auf dem Böhmischen Walde oder Fiderholz, daß bald Niemand eine Stunde sicher ist. Im Garten kann man Nichts behalten; auf dem Felde ist Alles preis. In der Scheunen, wenn man einen Tag drischet, finden sich bald, die es auf Nacht holen. Bei Nacht kann schier Niemand mit Ruhe ohn Gefahr schlafen. Am Tage ist's unmöglich, daß man genug auffschauen und wehren möge. Bei den Reichen ist Nichts denn Geitzen und Wuchern, Eigennutz, Vortheil und Betrug, Heuchelei, Schauewort aus falschem Herzen, keine Liebe, Erbarmung noch Hülfe der Elenden und Nothdürftigen. Bei den Armen widerum Nichts denn Lügen, Undank, Faulheit, Müssiggang, Trotzen und Frechheit. Ach, es ist kein loser Bettelbube, der Gott fürchtet, in Demut lebet oder Jemand ein gut Wort gibt. Die man im Winter ernähret, fügen ihren Wolthätern, wenn der Sommer kommt, den größten Schaden zu. Ei, ei, das Herz im Leibe blutet mir, wenn ich so viel Untugend sehen und erfahren muß. Wer hilft jetzund Einer dem Andern, daß er sein Gut und Nahrung erhalten möge?' ‚Gottes Drohen und Strafe macht Niemand furchtsam noch zitternd, die Leute haben eiserne Stirnen und steinerne Herzen.'

Die Jugend müsse in ihrer besten Blüte verderben, schrieb im Jahre 1589 ein ansbachischer Superintendent; ein anderer Prediger gestand im folgenden Jahre: ‚Der deutsche Feigenbaum thut sich im wenigsten nicht bessern, sondern nur bösern, behängt sich von Jahr zu Jahr, von Woche zu Woche mit allerlei Gewürm und Geschmeiß, daß sein Ungeziefer bis in den Himmel schreit.' [1]

‚Man findet heutiges Tags viel Leute unter dem Papstthum,' predigte der Meißener Superintendent Gregor Strigenicius, ‚die von Jugend auf der papistischen Religion gewohnt sind, und wollen unsere Religion nicht annehmen um deßwillen, daß so viel böser Buben unter uns sind, die ein ärgerliches und schändliches Leben führen. Wenn man sie vermahnet, sie sollen von den papistischen Gräueln abstehen und evangelisch, oder wie sie es pflegen zu nennen, lutherisch werden, so heben sie an, diese Lehre auf's gräulichste zu lästern: „Was, soll ich auch ein lutherischer Bube werden, bei welchen weder

---

[1] Döllinger 2, 613 Note. 583.

Zucht noch Ehrbarkeit, weder Glaube, Liebe noch Treue ist? Wo findet man ärgere Buben, denn eben unter den Lutherischen? Da siehet man allerlei Aberglauben und Zauberei, da hört man gräuliche Gotteslästerung, daß kein Wunder, wenn sich die Erde aufthäte und verschlinge solche Gotteslästerer lebendig. Die Verachtung der Predigt geht in vollem Schwang bei ihnen; da ist keine Ordnung in allen Ständen; man lebt in Zorn, Neid, Haß und Widerwillen, Hurerei, Unzucht, Ehebruch, Rauben, Stehlen, Wuchern, Lügen und Trügen, Fressen und Saufen Tag und Nacht; das sind gemeine Sünden unter ihnen: wäre es die rechte Religion, derer sie sich rühmen, sie würden sich anders in die Sache schicken. Die Früchte sind nicht gut, wie sollte dann die Religion recht sein?" Lassen sich also durch das ärgerliche Leben derer, so diese Lehre bekennen, davon abschrecken.'[1]

Derselbe Prediger gestand ganz offen: ‚Wir sehen, wie die Welt an allen Tugenden und an Allem, was recht und christlich ist, abnimmt, und wird je länger je ärger; es ist keine Zucht mehr, alle Sünde und Schande nehmen mit Gewalt überhand; und sie will ihr Nichts sagen lassen, meinet, sie sei frei, möge thun, was sie gelüstet. Und dazu haben die unbescheidenen Lehrer zu unseren Zeiten treulich geholfen mit ihrem Geschrei: Gläube nur, gläube nur, wenn du gleich ein Ehebrecher bist, schadet Alles nicht.'[2]

Selbst Bartholomäus Ringwalt, eine gemüthsheitere und lebensfreudige Natur, sprach sich im Jahre 1597 voll Verzweiflung über die Zustände aus. ‚So lang', sagte er,

> ‚. . . nicht diese Welt vergeht,
> Kein Besserung zu gewarten steht.
> Wie denn dasselb der Christen Schaar
> Dermaßen täglich wird gewahr,
> Daß mancher Mensch in Dorf und Stadt
> Schier kein Lust mehr zu leben hat;
> Er geht dahin, das mag ich sagen,
> Als wär er an den Kopf geschlagen,
> Acht wenig seiner eignen Hab,
> Und wünscht, daß er nur läg im Grab.'[3]

‚Fressen, Saufen, ein epicurisch, säuisch Leben führen,' schrieb zu derselben Zeit ein Prediger, der in den verschiedensten Theilen Deutschlands seine Beobachtungen hatte machen können, ‚nehmen je länger je mehr überhand zu Hofe, in Städten und Dörfern.' Man sei frecher denn zu Noah's und Lot's Zeiten. Derselbe Vergleich findet sich in einer Schrift des Predigers Valerius Herberger aus dem Anfang des siebenzehnten Jahrhunderts: ‚Die

---

[1] Strigenicius, Jonas 189.   [2] Strigenicius, Jonas 361.
[3] Hoffmann von Fallersleben 5.

Welt ist auf der Hefe, die Neige ist gräulich, die Grundsuppe der Welt stinkt ärger als Kürschnerbeize, darum muß der jüngste Tag nicht fern sein.‘ [1]

Eine sehr natürliche Erklärung dieser Zustände innerhalb der neuen Kirche gab im Jahre 1610 der Wittenberger Professor Wolfgang Franz, indem er den lutherischen Prädikanten offen vorwarf, daß sie zum großen Theile ihren seelsorglichen Pflichten vortrefflich nachzukommen glaubten, wenn sie den Leuten nur den allein rechtfertigenden Glauben einbläuten. Die Folge sei, daß, wenn man die einzelnen Stände im Leben durchgehe und das sittliche Verhalten derselben betrachte, man Alles von Gottlosigkeit, von unzählbaren Sünden und Lastern strotzen sehen werde. ‚Und doch schreien alle diese Leute immerzu aus vollem Halse vom Glauben, vom Glauben und von Nichts als vom Glauben.‘ [2]

Weil man predige, ‚gute Werke helfen nicht zur Seligkeit‘, schrieb um dieselbe Zeit ein anderer Diener des ‚neuen Evangeliums‘, so meine der große Haufe, ‚sie haben gute Fug und Recht, in Wollust, Schand und Untugend zu leben, wie sie nur selbst wollen.‘ ‚Unzucht, schandbare Wort und Hurerei, Schinden und Schaben, leichtfertig und falsch Schwören, die Leut fälschlich gegen einander verliegen und an einander hetzen, sammt anderen Schanden und Lastern mehr, gehet jetzt unter uns Evangelischen gemein im Schwang, und will doch ein Jeder ein guter, gläubiger Christ sein.‘ [3]

‚Wenn heutigen Tages‘, sagte Johannes Sommer aus Zwickau, protestantischer Pastor zu Osterweddingen, im Jahre 1614, ‚alte betagte Leute zusammenkommen, so fällt gemeiniglich die Rede darauf, wie es jetzund in deutschen Landen an Moribus und Sitten, Religion, Kleidung und ganzem Leben eine große merkliche Veränderung genommen, also daß, so Diejenigen, welche vor 20 Jahren Todes verblichen, jetziger Zeit wieder von den Todten aufständen und ihre Posteros und Nachkömmliche sähen, dieselben gar nicht kennen würden, sondern meinen, daß es eitel Französische, Spanische, Welsche, Englische und andere Völker wären, die doch aus ihren Ländern entsprossen und mehrentheils aus ihrem Vaterland niemals kommen sein. Bei Vielen hat es ein wunderliches Ansehen, daß Teutschland so geschwind in Sitten und Kleidung degenerirt und von Tag zu Tag größere Veränderung fürfällt.‘ Er wolle in seiner Ethnographia mundi die heutige neue Welt in ihrem Glauben, ihrem Wandel, ihren Sitten und Geberden, ihrer Kleidung und Tracht, kurz in ihrem ganzen Leben darstellen, und es sei nicht seine Schuld, daß er nur über Laster berichte; er könne ‚nicht anders schreiben‘,

---

[1] Döllinger 2, 293. 541.   [2] Döllinger 2, 570.

[3] Caspar Chemlin, Sieben christliche Predigten (Gießen 1611) S. 34. 38. Gegen die Katholiken war Chemlin so ergrimmt, daß er predigte, im Sacrament des Altares beteten dieselben ‚den leibigen höllischen Teufel selbst an‘. S. 64.

weil eben ‚in dem gegenwärtigen Zustand der Welt keine Tugenden, sondern eitel Laster überhand genommen'. ‚So habe ich kein ander Muster, als das gegenwärtige ist, machen können.' ‚Daß ich aber in diesem Büchlein den Ethicum einführe, daß er alle und jede Laster beschönet, ihnen ein Färblein anstreichet und ein Tugendmäntelchen umhängt, ist nicht von mir dero Ursache geschehen, daß es mein Intent und Meinung wäre, die Laster zu entschuldigen und zu vertheidigen, sondern daß ich hiemit hab wollen männiglich zu verstehen geben, wie die heutige Welt ihre Laster unsträflich halte und als löblich und recht verfechten wolle.' ‚Was kann Dedekindus der Theologe dafür, daß er den Grobianum so grob beschrieben hat? Sollte er darum auch ein Grobianus sein? Was will man Johann Fischart anhaben, daß er in seinem Pantagruel im achten Capitel die trunkene Litanei allen Bauchbrüdern ziemlich unflätig hat beschreiben müssen? Sollte er darum auch ein Unflat sein? Sollte er ein Hurer und Hurenwirth sein, weil er im fünften Capitel die Hurenhäuser und Huren so artig weiß zu erzählen, als wenn er in allen Frauenhäusern gute Kundschaft gehabt hätte? Sollten darum die Theologi Teufel sein, weil sie den Jagteufel, Saufteufel, Spielteufel, Kleiderteufel und so weiter und in Summa ein ganz Theatrum Diabolorum geschrieben haben? Das wird kein Verständiger sagen. Darum, ob ich auch ziemlich grob Werk (Werg) und nicht allzeit klein Garn im Lande feil habe, so hoffe ich doch, das Werk werde nicht mir, sondern der jetzigen Welt, so es also gesponnen und noch täglich spinnet, zugemessen.'[1]

In einer im Jahre 1618 verfaßten Schilderung der Zustände in der neuen Kirche gesteht der Sangershauser Superintendent Pandocheus, daß ‚heutigen Tages die Welt noch neunmal ärger geworden sei als zu Mosis Zeiten'. ‚Denn wann hat man gräulichere und größere Verachtung Gottes, seiner Diener und seines heiligen Wortes erfahren? Wann ist die Gotteslästerung so arg gewesen? Wann hat man mehr Unzucht und Hurerei, die jetzt zur Tugend werden will, in der Welt erfahren? Wann ist Fressen und Saufen, Schinden und Schaben, Kargen und Geizen so gemein gewesen? Wann hat man mehr des stinkenden Stolzes und Hoffart in der Kleidung erfahren, als eben jetzund geschieht? Man lasse alte, betagte, ehrliche, fromme Leute herfürtreten, die da 30, 40, 50 oder wohl 60 Jahre zurücksehen können, und lasse sie ihre Meinung sagen, was gilt es, wo sie nicht bekennen werden, ein solches wildes, wüstes Leben haben sie niemals gesehen und erfahren?'[2]

---

[1] Ethnographia mundi Bl. A 2. 3—4. Ueber Sommer vergl. das vorliegende Werk Bd. 6, 370. 410.
[2] Döllinger 2, 549.

Die Berichte der protestantischen Prediger und Theologen über den seit der Mitte des sechzehnten Jahrhunderts fortschreitenden Verfall in Sitte, Religion und Leben, den sie vor Augen hatten, enthalten keine Uebertreibungen. Gegen eine solche Annahme spricht schon die Thatsache, daß diese Klagen von Männern herrühren, welche das stärkste Interesse und die mächtigste Versuchung hatten, die Dinge in ein günstiges Licht zu stellen und die wahre Sachlage vor Anderen, namentlich vor den Gegnern der neuen Kirche, zu verbergen[1]. Es fehlt aber für alle protestantischen Landestheile nicht an anderen Quellen, welche die allgemeine Verwilderung der Neugläubigen bestätigen, manche Gebrechen noch deutlicher vor Augen führen als die Klagen der protestantischen „Zeugnißprediger'. Aus diesen Urkunden ergibt sich freilich auch, daß ein sehr großer Theil der neugläubigen Prädikanten gleichfalls von dem Verderben ergriffen war.

Welch entsittlichenden Einfluß die neue Lehre in Pommern ausübte, bezeugen alle Chronisten dieses Landes. Ganz in Uebereinstimmung mit Thomas Kantzow sagt der Stralsunder Chronist Berckmann zum Jahre 1558: ‚Es ward leider noch ärger als vorhin in allen Ständen und Aemtern, in allem Handel, in aller Kaufmannschaft, was soll ich viel sagen? — in allem Wesen; in Summa, es war Alles verdorben in der Stadt.'[2] Eine fünf Jahre später erschienene pommerische Kirchenordnung ertheilte den Predigern den strengen Befehl, die Leute ernstlich zur Buße zu ermahnen, ‚dieweil bei uns Evangelischen das gottlose Wesen, die Sicherheit, die epicurische Verachtung des göttlichen Wortes und der Sacramente gräulich überhand nimmt und alle Gottseligkeit in den Menschen erkaltet'[3]. Elf Jahre später wird in Synodalstatuten von Neuem bittere Klage geführt über die allgemeine Zügellosigkeit und die gottlose blinde Liebe zu sittlicher Ungebundenheit. Haß, Neid und Feindschaft nähmen leider gräulich überhand in Städten und Dörfern, unter allen Menschen hohen und niedern Standes, Blutsfreunden, Brüdern, Schwestern, daß es erschrecklich und erbärmlich anzusehen sei[4]. Der pom-

---

[1] ‚Das Bitterste', bemerkt Döllinger 2, 693, ‚was Menschen, die ihr ganzes Leben, ihre ungetheilte Thätigkeit einem Werke gewidmet, begegnen kann, ist doch wohl dieß, daß man zuletzt selber über das, was zu dieser gesammten Thätigkeit als Zweck zum Mittel sich verhält, ein wegwerfendes Urtheil zu fällen nicht umhin kann. Und in dieser Lage befanden sich die Reformatoren und ihre nächsten Nachfolger.'
[2] Berckmann's Chronik von Stralsund, herausgeg. von Mohnike und Zober, 152.
[3] Balthasar's Sammlung zur pommerischen Kirchenhistorie 1, 130. 180 fll. Richter, Kirchenordnungen 2, 231.
[4] Moser, Sammlung evangelisch-lutherischer und reformirter Kirchenordnungen 1, 105. Vergl. Döllinger 2, 665. Ueber kirchliche Zustände in Mecklenburg siehe auch Krabbe, Chyträus 249—252 Note. Ueber das schreckliche Fluchen der Pommern vergl. Spieker, A. Musculus 184.

merische Chronist Joachim von Wedel schrieb um das Jahr 1604: die
Familienbande seien gänzlich aufgelöst. ‚Wer der Welt Wesen und Thun
ansieht mit evangelischem Herzen, der muß schier denken, daß nicht Menschen,
sondern eitel Teufel unter Menschen-Larven und -Gestalt also leben, und ist
Wunder, wie doch die Welt ein Jahr noch stehen kann.‘ [1]

Auf die Zustände in Mecklenburg werfen die Kirchenordnungen und
Kirchenvisitationen der zweiten Hälfte des sechzehnten Jahrhunderts grelle
Schlaglichter. Alle sprechen sich über die Zunahme aller Sünden und Laster
aus. ‚Gotteslästerung‘, heißt es in einem Visitationsprotocoll vom Jahre
1558, ‚ist so gemein, daß das gemeine Volk Gottes Leiden und Wunden
lästert und schmäht, also daß Niemand kann ausgeschlossen werden vom
Höchsten bis zum Hirten hinter dem Vieh und den Mägden hinter den
Schweinen, wenn sie die austreiben.‘ Eine Polizeiordnung vom Jahre 1562
schritt gegen die Flucher und Gotteslästerer mit den schärfsten Strafen ein:
mit Gefängniß, im Wiederholungsfalle mit dem Halseisen oder ‚Abnehmung
etlicher Glieder‘. Aber neunzehn Jahre später berichteten die Visitatoren von
Neuem: ‚Fluchen und Schwören sei fast gemein.‘ Ueber andere Sünden sagt
ein Visitationsprotocoll vom Jahre 1568: ‚Die Sünde öffentlichen Ehebruches,
der Hurerei und Unzucht geht dermaßen im Schwange, daß man zu Sodom
und Gomorrha nicht wohl mag gröblicher Exempel erfahren haben.‘ Die Einkünfte der Gotteshäuser, welche ‚die Junker noch nicht zu sich gerissen‘, würden
von den Bauern ‚in Bier versoffen‘. In demselben Jahre schrieb der herzogliche Fiscal Doctor Behm: ‚Das Morden will fast eine unstrafbare Gewohnheit werden; Todtschläge und Ehebrüche bleiben der Geschenke und der Privatpersonen Einmischung wegen ungestraft.‘ Laute Beschwerden erhoben sich
gegen die vielen untüchtigen und lasterhaften Prädikanten. ‚Viele Mitglieder
der Geistlichkeit‘, berichtet ein Visitationsprotocoll vom Jahre 1568, ‚sind
höchst nachlässig in ihrem Amte und grenzenlos unwissend; manche lesen nur
gedruckte Postillen in der Kirche vor und können selbst damit nicht recht zu
Stande kommen; sie gehen mit ihrem Leben leichtfertig um und geben ihren
Gemeinden großes Aergerniß mit Sauferei und anderer gleicher Unordnung.‘
Eine Polizeiordnung vom Jahre 1572 erlaubte den Pastoren auf dem Lande,
für ihr Haus Bier zu brauen, und zwar ‚ihres Amtes halber und damit sie
desto weniger Ursache hätten, in die Krüge zu gehen, sich vollzutrinken und
ihren Pfarrkindern Aergerniß zu geben‘. Herzog Ulrich schuldigte im Jahre
1578 den Superintendenten von Güstrow an, ‚daß er in seinem Kreise ungelehrte, strafwürdige Pastoren gesetzt, die mit öffentlichen Lastern, als Ehe-

---

[1] Hausbuch 457. Ueber die Verwilderung in Preußen siehe von dem vorliegenden
Werke Bd. 4, 189. 192.

bruch, Völlerei, und anderen Untugenden befleckt feien: um einer geringen
Verehrung willen habe er damit durch die Finger gefehen'. In dem ehelichen
Leben vieler Prediger traten fchlimme Verhältniffe ein; auch nagten viele am
Hungertuch[1]. Befonders in dem letzten Viertheil des fechzehnten Jahrhunderts
tauchten eine erfchreckliche Menge wilder und untüchtiger Prediger in Mecklenburg auf, und eine nicht geringe Anzahl derfelben führte ein wahres Land-
ftreicherleben[2]. Das Volk fowohl in den Städten als auf den Dörfern, fagt
ein Chronift im Jahre 1598, ward immer ,roher und wilder'[3].

Aehnlich lauten die Berichte über die Zuftände in der Mark Brandenburg. ,Die Lehre ift dazumal in Brandenburg gut gewefen,' fchreibt der
Chronift Treptow, ,aber ein böfes Leben mit Gottesläfterung, mit Ausfaugen
der armen Leute von der Obrigkeit mit Schoß und eines Nachbarn durch
den andern. Wie das unfer Herrgott zuletzt hat ftrafen wollen, werdet ihr
Nachkömmlinge wiffen zu fagen, und wünfche ich hiemit eine beffere Zeit, als
wir erlebt haben.'[4] Ueber einen ,gräulichen Mißbrauch an den Leichen' berichtet die brandenburgifche Vifitationsordnung vom Jahre 1573: ,daß fich
eine große Mennige Volcks oder lofe Rott in die Heufer, do die Verftorbene
liegen, begeben, alda zwey oder drey Thonne Bier außfauffen, und wann fie
tholl und voll fein, alle Büberey, Untugendt und Leichtfertigkeiten treiben,
und alfo die Leute, fo gnugfam vorhin betrübet und kaum fo viel haben, daß
fie die Begrebnuffen außrichten können, vollendt betrüben.'[5] Trotz allem
Predigen ward es auch hier keinesiwegs beffer. Im Jahre 1600 klagte Kurfürft Joachim Friedrich, ,daß infonderheit Ehebruch und Hurerei unter den
Kirchen- und Schuldienern gar gemein', und acht Jahre fpäter rief er aus:
,Ach lieber Gott, wie wird das Todtfchlagen und die Hurerei fo allgemein!
Gott muß das Land ftrafen.'[6]

Im Herzogthum Braunfchweig hatte man gleiche Zuftände vor Augen.
Im Jahre 1568 erklärte Martin Chemnitz an der Spitze der Geiftlichkeit,
eine Kirchendisciplin für Braunfchweig betreffend, daß alle Lafter, Sünde
und Schande wachfen und überhand nähmen[7]. 1582 bekannte Herzog Julius,
die Unzucht nehme immer mehr überhand; ,das Lafter fei nicht nur im Lande,

---

[1] Lefker 57 fll., wo die näheren Citate. Vergl. auch Jahrbücher des Vereins für
mecklenburgifche Gefch. 1893, 58, S. 51 ff.

[2] Sagt Lifch in den Jahrbüchern des Vereins für mecklenburgifche Gefch. 18, 159.

[3] Hederich, Schwerinifche Chronik Bl. A³. Zeugniffe von Roftocker Theologen
über die Folgen der Reformation aus dem Ende des fechzehnten Jahrhunderts ftellte
Lefker im ,Katholif' 1892, 1, S. 325 fll. zufammen.

[4] Gallus 3, 101.   [5] Richter, Kirchenordnungen 2, 379.

[6] Tholuck, Das kirchliche Leben 116. Golz, Chronik von Fürftenwalde 242.

[7] Lentz, M. Chemnitz 163.

ſondern auch am Hofe gemein'[1]. Ein im Jahre 1593 erlaſſenes Mandat
des Herzogs Heinrich Julius gegen Unzucht aller Art zeigt, wie allgemein
verbreitet und wie tief eingewurzelt dieſes Laſter war[2]. Schon im Jahre 1588
hatte Herzog Julius verlangt, die Superintendenten ſollten auf die Oberamt-
leute, Amtleute, Amtſchreiber und andere Befehlshaber ſehen, es ſolle denſelben
in ihrem Hurenleben Nichts nachgeſehen werden. Gleichzeitig forderte er die
Theologen auf, ſie möchten auf eine Methode denken, wie dem leidigen Saufen
der Weiber und der Prediger vorgebeugt werden könne: ,ſitzen und ſaufen
ſich in Branntwein toll und voll'. Gegen Ende des Jahrhunderts verfiel
eine immer größere Zahl von Predigern dem Trunke. Das Conſiſtorium nannte
dieſe Gattung Prediger ,die Secte der Aquaviter', die ſich bald mit den
Junkern oder mit den Bauern im Kruge bisweilen bis zur Bewußtloſigkeit
betranken. Bei einer Kirchenviſitation im Jahre 1588 fand man, daß unter
dreißig Predigern kaum ein einziger eine höhere Bildung als an der Stadt-
ſchule von Göttingen oder Hannover oder Braunſchweig empfangen. Im
Jahre 1571 wurde ſogar ein ehemaliger Knochenhauer zum Superintendenten
nach Peine berufen. Von manchen Predigern wurde das Sittenrichteramt in
ehrenrühriger Weiſe ausgeübt. Ein Prediger erklärte auf der Kanzel: in ſeiner
Gemeinde ,gebe es keine einzige Jungfer'. Ein anderer ſchalt ein proteſtantiſches
Jungfernſtift: es ſei ein Hurenhaus. Ein dritter bezeichnete ſeine ſämmtlichen Gemeindeglieder als Mordbrenner, Wölfe und unvernünftige Thiere. Der
Superintendent zu Königslutter predigte im Jahre 1586 vier volle Stunden
gegen einen Maurergeſellen, worauf dieſer ihm mit einem Hammer einen
Schlag in den Nacken gab, daß er die Sprache verlor[3]. Faſt zahllos waren
im Herzogthum die Klagen auf Vollziehung der Ehe. Die Eheverſprechungen
waren gewöhnlich von Umſtänden begleitet, die auf ein allgemein eingeriſſenes
Sittenverderbniß ſchließen laſſen[4].

In der Grafſchaft Diepholz führte die Gräfin im Jahre 1596 heftige
Klage: es gehe ein ſolch wüſtes und wildes Leben im Schwange, daß es
ein Wunder ſein würde, wenn Gott nicht ſtrafe und es der Unſchuldige mit-
vergelten müſſe[5]. Für die Grafſchaft Hoya verfügte eine Polizeiordnung,
daß ,Knechte und Jungen' bei Hochzeiten ihre Schwerter und Spieße ablegen ſollten, ,weil ſich der Todtſchläge zu viele ereigneten'[6]. In dem osna-
brückiſchen Amte Fürſtenau kamen nach einem vorliegenden Regiſter während
der Jahre 1550—1600 im Durchſchnitt jährlich 2 Todtſchläge und 120 blutige
Schlägereien vor[7]. Die Grafen von Solms ſahen ſich wegen des ,ſo gar

---

[1] Schlegel 2, 292.   [2] Schlegel 2, 332.
[3] Schlegel 2, 82. 312—313. 341—343.   [4] Sagt Schlegel 2, 344—345.
[5] Schlegel 2, 402.   [6] Havemann 2, 862.
[7] Möſer, Patriotiſche Phantaſien 2, 310.

überhand nehmenden Lasters der Unzucht und Hurerei' genöthigt, ihre im
Jahre 1571 erlassene Landesordnung dahin „zu verbessern', daß inskünftig
Nothzüchter, Ehebrecher und Ehebrecherinnen mit dem Schwerte gerichtet,
Kuppler und Kupplerinnen nach Gelegenheit der Verhandlungen mit Landes-
verweisung, Pranger, Abschneiden der Ohren oder Aushauen mit Ruthen ge-
straft werden sollten [1].

Mit scharfen Strafen versuchte man auch in Kursachsen der Verwilderung
und Entsittlichung Einhalt zu thun — jedoch mit welchem Erfolge? Im
Jahre 1557 beklagte Kurfürst August von Sachsen die Zunahme alles gottlosen Wesens. „Auf den Dörfern ist auch sehr eine schändliche Gewohnheit
eingerissen, daß die Bauern auf und an den hohen Festen, als Weihnachten
und Pfingsten, ihre Sauferei bald am Vorabend des Festes anfangen und die
Nacht über treiben und Morgens die Predigt entweder gar verschlafen oder
betrunken in die Kirche kommen und darinnen wie die Säue schlafen und
schnarchen. In etlichen Orten mißbrauchen die Bauern ihre Kirche, welche
ein Bethaus sein soll, schroten das Pfingstbier darin, damit es frisch bleibe,
und saufen es daselbst aus mit Gotteslästerungen und Fluchen. Und
dürfen wohl in der Kirche die Priester und das Ministerium verächtlich
verhöhnen und verspotten, treten auf die Kanzel, richten Predigten an zum
Gelächter.' Im Jahre 1566 rügte der Kurfürst von Neuem „ein leider
jetzt unter Jungen und Alten gemein und übermäßig gewordenes gottloses
Wesen, dessen sich auch die Heiden schämen sollten'. Ein scharfes Mandat
erging gegen die von dem Hofgesinde und anderen Adelichen „nicht ohne
Gotteslästerung mit großem Getümmel' in Dresden aufgeführten Nachttänze,
deren „kein Ende sein' wolle. „Vor Alters', mahnte der Kurfürst schon in
einem frühern Edicte, sei „das Tanzen zur ehrlichen Ergötzlichkeit und Freude
des jungen Volkes gehalten worden'; jetzt aber werde es „in Städten und
Dörfern zur Unzucht mißbraucht, sonderlich weil die Mannspersonen mit ihren
Kleidern nicht bedeckt sich beim Tanze sehen' ließen. Selbst an öffentlichen
Orten wurden wilde und seltsame Tänze nackend oder halb bekleidet aufgeführt. In Dresden selbst mußte mit scharfen Strafen eingeschritten werden
gegen eine Anzahl Leute, welche „eingestandener Maßen bei Nacht auf dem
Kirchhof um die Kirche und über die Gräber hinweg nackend oder in Hemden
mit Schwertern allerlei Tänze' gehalten hatten [2]. In Zwickau gehörten Ehebruch, Mord, Nothzucht, Brandlegung und Falschmünzerei zu den gewohnten
Erscheinungen. In Naumburg und Zeitz nahmen besonders im letzten Drittel
des sechzehnten Jahrhunderts die schweren Verbrechen in furchtbarem Grade

---

[1] Solms'sche Gerichts- und Landesordnung 237—246.
[2] Falke, Kurfürst August 331—332.

zu [1]. Bei Leipzig lieferten sich seit dem Jahre 1609 Bettlerhaufen auf offenem Felde Schlachten, bei welchen Einige todt verblieben; von Mordanfällen auf offener Straße, von gewaltthätigen Aufständen der Volkshaufen berichten die Chroniken aus verschiedenen Gegenden [2]. ‚Das Sittenverderbniß‘, heißt es im Jahre 1610 in einem Edicte an die kursächsischen Prediger, ‚ist jetzt aller Orten so groß, daß nicht nur fromme Seelen, sondern auch die leblose Natur selbst seufzt und ein allgemeiner Umsturz bevorzustehen scheint. Denn viele von den Zuhörern tragen sich mit dem Wahne, sie seien treffliche Christen, wenn sie sich mit dem Munde des Glaubens rühmen und einige Schriftstellen von der unaussprechlichen Barmherzigkeit Gottes und der ohne Zuthun des Menschen vor sich gehenden Begnadigung des Sünders hermurmeln können, obgleich sie dabei ihr Leben schändlich und bis zur Infamie beflecken.‘ Deßhalb sollten die Pastoren die Gnadenpredigt so vortragen, daß ‚zugleich die Schärfe des Gesetzes die Verhärteten und Gottlosen treffe, deren Zahl überall ungeheuer ist, und sollen sich also ernstlich der Predigt der Buße befleißigen‘ [3].

Der berühmte lutherische Theologe und Hofprediger August's von Sachsen Nicolaus Selnekker († 1592) entwarf von seinen Amtsbrüdern folgende Schilderung: ‚Der meiste Theil der Wächter sind blind; sie gehen dahin wie eine blinde Kuh, wo sie ihres Herzens Lust hintreibt, zur Hurerei, wie man an den Papisten hat gesehen, zur Füllerei und gutem Schlampamp, wie man an unseren Herrlein erfährt; denn in den Sünden, die sie am meisten sollten strafen, Ehebruch, Sauferei und anderen Lastern, stecken sie bis in die Ohren. So ist das Leben gar fern von der Lehre, daß man schier nicht mehr weiß, wo man einen feinen Mann, Lehrer oder Pfarrherrn finden solle, der nicht große Laster auf sich hätte.‘ [4]

Mit der Unsittlichkeit der Prediger ging vielfach Hand in Hand die ärgste Unwissenheit. Schon im Jahre 1563 meinte ein Dorfpastor in der Gegend von Halle bei der Visitation: es gebe drei Götter. Bei einer andern Visitation im Gothaischen wußte ein Dorfpfarrer Nichts vom Catechismus. Melanchthon stellte einem andern die Frage: ob er seinen Bauern den Decalog lese; die Antwort war: er besitze den Autor nicht [5]. Es werden vielleicht noch 50 Gerechte im ganzen Lande Sachsen sein, meinte Johann Schuwardt in seiner ‚Klagrede‘ vom Jahre 1586 [6].

---

[1] Vergl. unten den Abschnitt Criminalstatistik.

[2] Tholuck, Das kirchliche Leben 220.

[3] Moser, Sammlung evangelisch-lutherischer und reformirter Kirchenordnungen 1, 929 fl.

[4] Calinich 7.   [5] Arnold Theil 2, Buch 16, Cap. 14.

[6] Vergl. oben S. 418 Note 3. Ueber die Zustände an der Wittenberger Universität vergl. von dem vorliegenden Werke Bd. 4, 171 fl.

Eine außerordentliche Verwilderung deckte eine in den Jahren 1562—1564 vorgenommene Visitation des magdeburgischen Gebietes auf. Die Protocolle sind angefüllt mit Klagen über die Roheit, Unsittlichkeit und Unwissenheit der Leute, von welchen viele nicht einmal die zehn Gebote kannten; in der Stadt Calbe fand man solche, die gar nicht beten konnten und von der Auferstehung der Todten Nichts wußten. Solche Zustände werden verständlich, wenn man die Berichte über die Beschaffenheit der neugläubigen Pfarrer im Magdeburgischen liest. Die Unwissenheit ging so weit, daß einer derselben erklärte, Gott Vater und die Mutter Gottes seien die erste Person in der Gottheit. Ein anderer Pfarrer, ein ehemaliger Schenkknecht, war geständig, ‚daß er sein Weib aus dem gemeinen Hause zur Ehe genommen, habe es aus christlicher Liebe gethan und dadurch eine arme Sünderin zur Buße bracht. Jam quaeritur, ob er das Weib aus christlicher Liebe oder wegen ihrer Schöne zur Ehe genommen'[1].

Sehr wenig wählerisch gingen auch die Prediger in Hessen bei Auswahl ihrer Frauen zu Werke. Im Jahre 1556 wurden die dortigen Visitatoren ausdrücklich angewiesen, den Pfarrern vorzuhalten, daß ‚ihre Weiber züchtig, eines ehrbaren Wandels seien, nicht Weinsäufer und Säue'. Zehn Jahre später beschloß die Generalsynode, weil bei vielen Pfarrern das Laster der Trunkenheit immer mehr zunehme, so sollten alle, die sich nicht bessern wollten, mit Amtsentsetzung und Excommunication gestraft werden. Auch hier waren ‚vagirende Prediger, welche ohne Amt und Brod als Landstreicher umherzogen, gar nichts Seltenes'[2].

Ueber den Pfarrer Heinrich Sprenger zu Bauerbach, Amts Amöneburg im Kurhessischen, lief im Jahre 1575 bei seinem Vorgesetzten, dem Superintendenten Tholde in Frankenberg, ein Bericht folgenden Inhaltes ein: Der Herr Sprenger maße sich vieles Unleidliches an, was der Länge nach zu erzählen nicht nöthig sei; ‚doch hat er vergangenen Palmtag dieses vergangenen Jahres seinen armen Pfarrkindern das Nachtmahl gereicht und im Wirthshaus ein Bierglas holen lassen und die Armen mit dem Blut Christi (als hätte er keine Ceremonien der Kirche) daraus getränkt; zum andern hat er gleichfalls den armen Pfarrkindern auf das hohe österlich Fest wollen das Nachtmahl des Herrn reichen, hat's vielleicht an Hostien gemangelt, hat er im Beckers-Haus einen Weck holen lassen, welches Alles schimpflich zu hören, mit dem Nachtmahl des Herrn also leichtfertig umzugehen. Daneben ist er eine unruhige Person mit Hadern, als das dann keinem Pfarrer nit wohl

[1] Danneil 1, 26. 35—86; 2, 8. Noch andere Mittheilungen aus dieser Arbeit siehe in dem vorliegenden Werke Bd. 4, 179 ffl.
[2] Heppe, Kirchengesch. 1, 387 465—466.

anstehet.' Er (Berichterstatter) habe Besserung gehofft, jetzt aber komme ihm
‚glaublich und offenbar vor, daß gemelter Herr Heinrich sich mit einer Hure
auf dem Lohnberger Walde habe finden lassen' [1].

‚Allerhand Schand und Laster', sagten die Landgrafen Wilhelm, Ludwig,
Philipp und Georg in ihrer Kirchenordnung vom Jahre 1572, ‚nehmen je länger
je mehr überhand.' Sie eiferten gegen ‚das Vollsaufen mit übermäßiger,
viehischer und unnatürlicher Verschwendung' und gegen die Unzucht. ‚Wie sehr
auch das schändliche Laster des Ehebruchs', klagten sie, ‚je länger je mehr einreißt
und überhand nimmt, solches ist zu viel am Tage und weisen es die Exempel
genugsam aus.' Sie hielten deßhalb die schärfsten Strafen für nothwendig:
wenn ein Ehemann mit einer verheiratheten Frau sich des Ehebruchs schuldig
mache, sollten Beide mit dem Schwerte gerichtet werden [2]. Auf den Generalsynoden wurde besonders auch hervorgehoben, daß ‚der Aberglaube in der
ärgsten Weise herrsche'. Der Superintendent Meier verlangte im Jahre 1575
die strengste Ahndung, ‚indem das Unwesen der Zauberei in neuerer Zeit so
sehr überhand nehme, daß man demselben mit aller Gewalt zu wehren verpflichtet' sei; ein anderer Superintendent aber erklärte es für eine bedenkliche
Sache, ‚einen Zauberer in Betrachtung zu nehmen, denn wenn man ihm zu
nahe komme, so thue er einen Ausfall und verursache große Noth' [3]. Der
Marburger Hofgerichtsprocurator Sauwer schrieb im Jahre 1593: die Zeit
sei schlimmer geworden, als die Zeit Juvenal's gewesen, besonders habe das
Gotteslästern und Fluchen die höchste Höhe erreicht. ‚Täglich tragen sich',
sagte er ferner, ‚so viele gräuliche Mordthaten zu bei dem Weine, daß ich
die Zeit meines Lebens mehr Todtschläge nie erfahren, denn sich jetziger Zeit,
auch um geringer Ursachen willen, begeben.' [4]

Im Nassauischen klagten Kirchenvisitatoren im Jahre 1572: die Pfarrer
würden verachtet, die Kirchengüter verschleudert, Gotteslästerungen wären allgemein, und helfe kein Vermahnen [5]. Im Jahre 1595 entwarf Wilhelm
Zepper, Professor der Theologie in Herborn, folgende Schilderung des kirchlichen Zustandes jener Gegenden: ‚Daß wir sehen, wie die Kirchen hie und da
keine Prediger haben, wie das Volk in Städten und Dörfern ohne die nothwendige Lehre des göttlichen Worts, ohne Catechisation, Gebrauch der Sacramente und Disciplin, nicht anders als Schafe, die keinen Hirten, ja als un-

---

[1] Der Bericht ging vom Scholaster in St. Johann in Amöneburg aus. Heinrich
Eprenger wurde von dem Superintendenten suspendirt und von der Generalsynode zu
Marburg im Jahre 1575 abgesetzt. Siehe Zeitschr. für hessische Gesch. Cassel 1869,
Neue Folge 2, 156.

[2] Kirchenordnung von 1572 Bl. A². A⁵—B⁴.

[3] Heppe, Generalsynoden 1, 138.   [4] Sauwer, Vorrede B 1—2.

[5] Vergl. von dem vorliegenden Werke Bd. 4, 490.

vernünftiges Vieh, die nichts Menschliches haben, als die Gestalt, herumirren, daß Leute aus den Geringsten im Volke, das ist Schneider, Schuster, Soldaten und Idioten, die weder schwimmen noch baden können und Nichts gelernt haben, auf die Kanzeln gestellt werden, und also Schwenckfeldianer, Mennonisten, Libertiner, Postellianer, ja Atheisten und Monstra der gräulichsten Irrthümer, hin und wieder in den Kirchen wie aus der Hölle zum Vorschein kommen, und das arme Volk nicht besser als das Vieh lebt und stirbt, daß wir sehen, wie die Schulen schändlich verachtet werden, daß man in denselben die noch übrigen Studien kaltsinnig tractirt oder solche gar unterdrückt liegen, daß die Kirchen- und Schul-Häuser, die Collegien, Hospitäler und Krankenhäuser hie und da einfallen wollen, ja schon eingefallen sind.'[1]

Aehnliche Früchte trug die Predigt des „neuen Evangeliums' in der Kurpfalz. Was hier in den Visitationsberichten über die Zuchtlosigkeit und Sittenlosigkeit des Volkes und die Unwissenheit der Prediger erzählt wird, ist derart, daß sich darüber ohne Verletzung des Sittlichkeitsgefühls nicht berichten läßt[2]. Wie konnte es auch anders sein in einem Lande, welches innerhalb weniger Jahre wiederholt seine Religion wechseln mußte und von den giftigen Schmähungen der calvinischen und lutherischen Prediger wiederhallte? Die Religionsveränderungen raubten dem Volke alle Religion; dasselbe gerieth in einen Zustand halb thierischer Verwilderung[3].

In Straßburg wurden die Verbrechen so häufig, daß der Rath im Jahre 1568 zwei Schandhäuslein baute, worin Diejenigen, welche zum viertenmal der Gotteslästerung überwiesen worden, ausgestellt werden sollten[4]. Völlerei und Unzucht, bekannten die Prediger im Jahre 1576, nähmen trotz aller Ermahnungen unaufhörlich zu. „Wie eine vornehme Magistratsperson selbst geklagt', meldet das Protocoll eines dortigen Kirchenconventes vom Jahre 1611, „sei es von der Schindbrücke an den ganzen Staden hinab so voller Hurenwinkel, daß daselbst kein einziges Haus gefunden werde, darin nicht Huren seien.'[5] Drei

---

[1] Döllinger 2, 644—645 Note.   [2] Sagt Wittmann 69.

[3] Vergl. von dem vorliegenden Werke Bd. 4, 40 fll. 194. 200. 342. 489 ff.; 5, 137 fll. Am 20. September 1568 klagt Ursinus in einem Briefe an Bullinger über die ‚licentia infinita et horribilis divini nominis, ecclesiae doctrinae purioris et sacramentorum profanatio et sub pedibus porcorum et canum conniventibus atque utinam non defendentibus iis, qui prohibere suo loco debebant, conculcatio'. Gott ertrage viele und große Mängel und Gebrechen, ‚sed cum publica et ex professo suscepta illorum approbatio et defensio accidit, solet exardescere Nemesis divina'. Bei Sudhoff 340 Note.   [4] Silbermann, Localgesch. von Straßburg 169. 171.

[5] Aus den handschriftlichen Acten des Straßburger Kirchenconventes bei Tholuck, Das kirchliche Leben 238. In Hamburg, behauptete Schuppe (Die ehrbare Hure 449), seien 1000 Huren.

Jahre später klagte der Stadtschreiber Junt mit besonderm Bezug auf die lutherischen Prediger: ‚Es ist ein Uebermaß der Pracht an Kleidung, und neulicher Zeit ein solch übermäßig Fressen und Saufen in dieser Stadt jähling geworden, daß gewiß eine große Strafe und Commotion oder Mutation allernächst vorhanden sein muß. Es saufen sich nunmehr die Pfarrer ohne Scheu bei den Gastereien, deren keine ist, es müssen ein Pfarrer oder zwei obenan sitzen, so voll, daß ihrer Einer den Hut, der Andere das Buch, und wenn sie die Arme nicht durch den Schlitz an den weiten Aermeln durchsteckten, auch den Rock vom Leibe verlierten. Wie neulich Magister Speccer, Pfarrer zu St. Aurelian, gethan, dem man heimlich acht Maß Wein gereicht, die er allein getrunken und dazwischen doch eine feine Leichenpredigt gethan, die ihm 25 Gulden eingetragen; und jetzund dieser nächst vergangenen Tage Magister Schiring, Diaconus im Münster, welcher so voll über die Gassen geführt worden, daß Zwei neben ihm gehen und seinen Kirchenrock unter dem Arm tragen mußten, daß er also ohne Rock in Hosen und Wamms zwischen Zwei dahergeschleppt worden. Als er an sein Haus kam, wollte er selbst schellen, worüber er aber ein Loch in den Kopf fiel, ohne es zu fühlen, sondern seiner Frau zuschrie: Wein her, und seine Begleiter wollte trinken machen — Alles am hellen Tage und vor vielen Zuschauern.‘ [1]

Als der Straßburger Rath im Jahre 1620 einen allgemeinen Bettag anordnete, gab der Kirchenconvent die Antwort: ‚Ihnen (den Predigern) komme das Predigen sehr beschwerlich für, dieweil sie hiebevor auch etliche unterschiedliche Bußpredigten gethan, aber man habe sich im Geringsten nicht daraus gebessert; es gingen allerhand öffentliche Schand und Laster im Schwang; eine Obrigkeit wolle ihnen die Hand bieten und solche Laster

---

[1] Tholuck, Das kirchliche Leben 115—116. Seltsam ist es, daß Reuß (Justice criminelle 185) schreibt: ‚Le 16e siècle fut réellement parmi nous (in Straßburg) un *âge d'or* pour la moralité publique et privée…‘ und p. 192: ‚Nous en avons la preuve manifeste dans les statistiques officielles relatant le mouvement de la population de notre ville… De 1581—1670 très-peu de naissances illégitimes; 1581: 4; 1583: 6 etc.; en moyenne 1 illégitime sur 90 à 150 légitimes.‘ ‚Par là on peut s'assurer combien la pureté des moeurs devait être générale à cette époque.‘ Dagegen hatte Reuß (p. 179) erklärt, daß in Folge der strengen Verbote viele Kinder getödtet wurden. ‚Cette sévérité, quelque utile qu'elle fût sous d'autres rapports, avait pourtant le fatal inconvénient d'augmenter le nombre des nouveaux-nés sacrifiés par des filles coupables, désireuses avant tout de supprimer les témoins de leurs faiblesses.‘ Damals ‚le nombre des enfants illégitimes mis à mort immédiatement après leur naissance, y était proportionnellement bien plus considérable qu'il ne l'est de nos jours.‘ Ob demnach die ‚statistiques officielles‘ eine ‚preuve manifeste‘ der damaligen Sittenreinheit, des damaligen ‚goldenen Zeitalters‘ liefern, mag der Leser entscheiden.

ernstlich strafen, denn die Unzucht dermaßen überhand genommen, daß man es nur für einen Possen achte.'[1]

Im Jahre 1565 brachte Herzog Christoph von Württemberg die Klage sogar vor den Landtag: das lose Gesindlein achte den Eid so wenig, daß es ein Sprüchwort wäre: es sei so gering Eide schwören als Rüben essen[2]. In einem Generalrescript des Herzogs Johann Friedrich von Württemberg vom Jahre 1613 heißt es: ‚Es ist offenbar, wie die schwersten Sünden und Laster: als schändliche Verachtung des Schatzes göttlichen Wortes und der heiligen Sacramente, Fluchen und Schwören, muthwilliger Ungehorsam wider Zucht und Ordnung, Unbarmherzigkeit gegen den armen und bedrängten Nächsten, abscheuliche und unerhörte Unzucht, Hurerei und Schandbüberei, neben anderer Leichtfertigkeit, Trunkenheit und Völlerei nicht abgestellt, sondern noch mehr überhand genommen, ja täglich immer höher steigen und wie eine Sündflut das Land überschwemmen.'[3]

Im Bayreuthischen beschwerten sich im Jahre 1564 die Pfarrer nicht bloß über schlechte Einkünfte und baufällige Wohnungen, sondern insbesondere auch über Roheit und Ruchlosigkeit in ihren Gemeinden. Der Pfarrer zu Aichig klagte, daß er auf offener Straße angegriffen und verwundet und dazu drei Wochen lang in Verstrickung genommen und gehalten worden sei. Der Pfarrer von Zöbern klagte, daß man ihm auf dem Wege aufgelauert und ihn habe ermorden wollen. Ein anderer Pfarrer berichtete, daß er zweimal fast zu Tod geschlagen und mit Weib und Kind im Viehstall liegen müsse, weil das Haus ganz verwüstet worden sei. Der Pfarrer von Hirschberg beschreibt seine Wohnung folgendermaßen: ‚In der Pfarrstube ist kein Ofen, keine Bank, kein Fenster, kein Laden; in der Küche kein Herd, keine Thür; die Mauern des Hauses sind eingefallen, Keller- und Kammerthür ohne Schlüssel.'[4]

Ein Edict des Markgrafen Georg Friedrich von Ansbach-Bayreuth vom 4. April 1565 stellt fest: alle früheren Mandate haben nicht geholfen; Gotteslästern, Fluchen und Schwören haben noch mehr überhand genommen und werden auch von kleinen Kindern öffentlich und straflos getrieben. In ‚allen Aemtern und Pfarreien' herrsche außerdem Voll- und Zusaufen und anderes unzüchtiges Leben. Ein neues Mandat vom 22. September 1572 besagt: Keine Vermahnung und Verwarnung zur Besserung will mehr helfen; Gotteslästerung, Hurerei und Ehebruch gehen in allem Schwang und werden ungescheut getrieben; zu Zauberern und Wahrsagern herrscht ein großer Zulauf. Das Ergebniß einer in demselben Jahre vorgenommenen Visitation lautet: Die

[1] Döllinger 2, 655—656.   [2] Döllinger 2, 653.
[3] Vergl. Tholuck, Das kirchliche Leben 224—225.   [4] Krautzold 152.

Unterthanen führen ein solch gottloses Leben, daß dergleichen nicht gehört. Im Jahre 1576 schrieb der Pfarrer von Adelhofen, er sei vor Dieben und bösen Buben seines Lebens nicht sicher, schon sechsmal seien ihm Läden und Fenster herabgerissen worden. ‚Solches ist nicht allein mir widerfahren, dann neuerer Zeit Viele also angegriffen worden und die Kirchhäuser aufgebrochen und viel großer Schaden zugefügt.‘ So war es fast allerwärts im Lande. Diebs- und Räuberbanden zogen Jahrzehnte lang mit Weib und Kindern herum, spielten sich bei Tag als Krämer auf, brachen des Nachts ein und zogen mit dem Raube davon[1]. Die Zustände wurden derart, daß das Con-sistorium zu Bayreuth im Jahre 1582 sich gegen den Gregorianischen Kalender erklärte, weil der jüngste Tag vor der Thüre stehe und man deßhalb einen neuen Kalender nicht mehr brauche; eine Verordnung vom Jahre 1594 be-ginnt mit den Worten: ‚Nachdem die Welt anfängt, gebrechlich und bau-fällig zu werden, ist es hoch von Nöthen, sie mit einer Consistorialverordnung zu schützen.‘[2]

Eine Kirchenvisitation, welche im Jahre 1560 in der nürnbergischen Land-schaft ihren Anfang nahm, lieferte dieselben Ergebnisse, welche wie in anderen protestantischen Gebieten zu Tage getreten waren. Zum Beispiel in Hersbruck: ‚Der Pfleger Gabriel Tetzel war selten, und zwar in Nürnberg, zum Abendmahl gegangen. Versäumung des Abendmahls und Wahrsagerei ging stark im Schwang, auch das Wetteranläuten, und die Frau des Pflegers zu Reichened hatte mit Wahrsagern und Zigeunern viel zu schaffen. In zehn Jahren war keine Almosenrechnung abgefordert worden. Die Kindtaufen waren so kostbar, daß fast Niemand mehr Gevatter werden wollte. Der Pfarrer, Andreas Hegenauer, hatte allenthalben ein vortreffliches Lob und war sehr gelehrt. Die Alfelder hatten ein garstiges Lob: ein Müller hatte gar den Pfarrer geschlagen. Es wurde auch der Frühmesser zu Förrenbach, Georg Kraus, herzu gerufen, welcher ein alter, verächtlicher Mann war. Der Pfarrer zu Happurg, Peter Taig, sagte: er habe vor Schrecken Nichts antworten können. Er hatte sich mit seiner Köchin vergessen. Die Schule daselbst war eingegangen. Es fanden sich viele Zauberhändel. In Reichenschwand war ein schlechter Pfarrer, Georg Lichtenthaler. Einer sagte hier: Wenn Einer weidlich flucht, so wird’s ihm fein leicht um’s Herz und um die Brust. In der Kirche zu Henfenfeld wurde ein ärgerliches Saufgemälde angetroffen. In Velden war der Stadt-schreiber zugleich Meßner. Der Pfarrer, Leonhard Widmann, wurde für einen heimlichen Calvinisten gehalten, weil er das Kreuzzeichen ausließ. Man be-

---

[1] Muck 1, 537. 536—540. 541; 2, 27. 72. 238; 3, 3—4. Ueber die zunehmende Lasterhaftigkeit vergl. auch 2, 103—105.

[2] Döllinger 2, 648. Vergl. 649 und 651 über die Verwilderung der Protestanten in Oesterreich.

ſchwerte ſich, daß er den Catechismus nicht einmal wie das andere predige. Es war ein rechtes Laſterneſt, beſonders in Anſehung des Gottesläſterns. Alle, Hohe und Niedrige, ausgenommen der Pfleger, Caspar Paumgärtner, haben Nichts gekonnt. In Lauf waren die Rußigen fleißiger und frömmer als die Bürger. Der Pfleger, Paulus Lotſcher, ein wackerer Mann, ſagte: Einen ſolchen unzüchtigen Ort habe er noch nicht angetroffen als Lauf. Die Koſten der Kindtaufen waren übertrieben, da die Weiber mit Saufen nicht mehr aufgehört, bis ſie einander nicht mehr gekannt und nicht mehr nennen können.'[1]

Trunkenheit, Unzucht, Fluchen und Gottesläſterung ſind überhaupt die-jenigen Laſter, über welche ſeit dem Siege der politiſch-kirchlichen Revolution als über beſonders ſtark hervortretende Erſcheinungen geklagt wird.

Nicht wenige proteſtantiſche Prediger ſprechen es geradezu aus, daß ‚das Fluchen und Schwören und Gottesläſtern unter den Evangeliſchen viel ärger als unter den Papiſten' ſei und ‚ein ſo gemeines Laſter geworden, wie zuvor niemals erhört worden'. Der Prediger Carl Seibold brachte im Jahre 1578 dieſe Thatſache in Verbindung mit der Beraubung des Kirchengutes, der Ein-ziehung kirchlicher Spenden und Almoſen und dem daraus ‚nothwendig er-folgenden ſchweren Unmuth und Zorn im armen, hülflos gewordenen Volke'. Da aber dieſe Gottesläſterung nicht allein ‚unter den Armen ſchier täglicher Uebung geworden und es damit immer ſchlimmer' werde, ſondern dieſelbe in allen evangeliſchen Ständen im Schwange gehe, ſo ſei ſie, ſagte er, ‚das für-wahr ſichtlichſte Zeichen, daß aller wahrhafte Glaube an Gott und Chriſtum, den Herrn und Seligmacher, wie man auch mit dem Munde davon ſprechen mag, in den Herzen ſchier gänzlich abgenommen und ausgetilgt worden'. ‚So habe ich viele Gutherzige in manchen deutſchen Landen oftmals klagen hören: man möge das Säculum, worin wir leben, wohl ein ungläubiges nennen, ungeachtet mehr als je zuvor vom Glauben geſprochen und disputirt wird, ſo daß man gar auf allen Bierbänken davon ſchwätzen hört. Denn wie mögen wohl die alltäglichen gräulichen Läſterungen Gottes, der Wunden und Marter Chriſti und ſeiner heiligen Gliedmaßen beſtehen mit wahrhaftem Glauben? Sag einmal, wie viele Menſchen kennſt du, ſo nicht läſtern und fluchen und Alles vermaledeien, daß man vor Scham in die Erde ſinken möge? Das Sprechen vom Glauben thut's nicht, und es wäre ungleich mehr evangeliſch, man ſpräche nicht davon, ſondern enthalte ſich der Laſter und verrichte im Glauben gute Werke, wie deren unſere Vorfahren, ob ſie ſchon in den Finſter-niſſen des Papſtthums ſteckten, verrichtet haben. Wo hat man in früheren Zeiten gehört, daß ſolche Gottesläſterungen ſo im Schwange gegangen als jetzund, wo allbereits die Jugend darin eine Fertigkeit beſitzt, daß man meinen

---

[1] Siebenkees, Materialien zur nürnbergiſchen Geſch. Bd. 1, Stück 4, 235—240.

möge, der Teufel habe ſein Regiment auf Erden aufgeſchlagen?' ‚Ich ſage
nochmals, daß Sprechen und Disputiren vom Glauben thut's nicht, ſo doch
immer Alles gottloſer geworden.'[1] Aehnlich hatte ſchon Sebaſtian Franck ſich
dahin ausgeſprochen: ‚Bei mir iſt gewiß und beſchloſſen, auch bezeugen dieß
zuſammt der Schrift Erfahrung alle Hiſtorien, daß nie eine glaubensloſere,
ausgelaſſenere Welt geweſen, dann dieſe letzte, da Jedermann vom Glauben
ſingt und ſagt.' ‚Es iſt', ſagte er, ‚kein Gewiſſen der Sünde mehr, weil
man das Herz beredet hat, die Werke helfen nicht, allein der Glaube mache
ſelig.'[2]

Die Klage über die zunehmende Gottesläſterung war allgemein. ‚Es
hat ſich', ſchrieb Jacob Andreä, ‚ein grauſam und erſchreckliches und zuvor
der Geſtalt unerhörtes Laſter erhoben, nämlich die Gottesläſterung, dadurch
der Name des Herrn auf das läſterlichſte geſchändet und geſchmähet wird.
Nichts iſt in dem göttlichen Weſen unverſucht geblieben, das nicht auf das
läſterlichſte zum Fluchen und Schelten ohne alle Noth aus lauter Leichtfertigkeit mißbraucht wird.' Man ſchände und ſchmähe die Kraft Gottes, die
heilſamen Wunden, das Kreuz, die Marter und Leiden Chriſti, ſeinen heiligen
Leib, die Taufe und das Sacrament und was der Menſch nur erdenken
möge. ‚Das ſchreckliche Laſter iſt auch gemein bei Leuten hohen und niedern
Standes, bei Mann und Weib, Jungen und Alten, auch bei den kleinen
Kindern, die noch nicht wohl reden können, welches bei unſeren Vorfahren
nicht geweſen iſt.'[3]

Der Tübinger Profeſſor Johann Georg Sigwart äußerte ſich im Jahre
1599: Vor Jahren ſind allein die Kriegsgurgeln der Gottesläſterung bezichtigt worden. ‚Von dieſen haben es nach und nach gelernt die Schiff-
und Fuhrleute, Metzger und Jäger, Huſaren und Bierſieder, Holzflößer
und ſo weiter. Aber heut zu Tage iſt ſie ſo gemein geworden, daß ſie
nicht nur bei etlichen Zünften oder in einem Haus, Dorf, Stadt oder Land
regiert, ſondern es hat gar nahe die ganze Welt durchdrungen. Es fluchen
nicht allein die Männer, ſondern auch die Weiber; nicht allein die Alten,
ſondern auch die Jungen, Herr und Knecht, Frau und Magd, gar auch die
jungen Kinder, die noch nicht beten' können, ‚die können doch dermaßen
ſchwören, daß ſie es manchmal den Alten vorthun. Alſo daß man in Wahrheit ſagen möchte, es ſei ein Schwören, Fluchen und Läſterteufel in die Welt
ausgangen und habe ſich auf die Zungen des größten Theils der Menſchen
geſetzt, dieſelben zum Läſtern, Fluchen und Schwören zu leiten. Wenn man

[1] C. Seibold, Vom Gottesläſtern und Fluchen, jetzund in aller Welt gemein
(1578) Bl. 1. 4—5.

[2] Geſchichtsbibel 250ᵇ. 251ᵃ.

[3] In der fünften Planetenpredigt Bl. 181.

mit einander zerfällt und uneins wird und gleich mit Streichen nicht zu-
sammenkommt, so wirft man doch beiderseits mit gräulichen Lästerworten und
Gottesschwüren zu, darunter die heiligen Wunden, Marter, Taufe und
Sacramente Christi, unseres theuern Erlösers und Seligmachers, leiden müssen.
Und solches nicht bei einer Zahl, sondern bei viel Tausend, daß einem Christen
die Haare emporstehen möchti.‘ Wenn Einem Etwas nicht nach Wunsch von
Statten gehe, ja um Nichts willen nehme er die größten Gotteslästerungen
in den Mund. ‚Und hat Mancher des verdammten Fluchens dermaßen gewohnt, daß er oft wohl drei Worte auch mit seinem Freunde im Guten
reden kann, das eine muß ein Gottesschwur sein, welches so gar gemein
worden, daß man schier dessen Nichts mehr achtet.‘ [1]

‚Ohne einige Ursache,‘ predigte um dieselbe Zeit Erasmus Winter im
Altenburgischen, ‚aus Leichtfertigkeit, Muthwillen und Zorn, auch oft aus
lauter, böser teuflischer Gewohnheit fluchet man bei Gott im Himmel, schilt,
schmähet, lästert und schändet und wünscht bei dem allerheiligsten Namen
Gottes, bei dem Leiden, Sterben, Marter und Wunden, ja den Sacramenten
Christi dem Nächsten alles Arges und Böses: das ist bei allen Menschen,
Jung und Alt, Frau und Mann, Obrigkeit und Unterthanen, gar gebräuch-
lich und gemein, wie es Jedermann weiß und höret. Denn es ist kein Kind,
kein junger Töffel, er thue oder beginne, was er wolle, so müssen alle Wunden,
Element und Sacrament dabei sein, daß Einem, der es höret, das Herz im
Leibe erkalten möchte. Wem der Rachen aufgeht, der flucht einem andern
Nebenchristen alle Seuchen, Plagen, Marter, Wunden und Krankheiten an
den Hals, und ist leider fast Nichts mehr am Himmel, am Firmament, Ge-
stirn und auf Erden, dabei man nicht flucht.‘ [2]

Auch der märkische Generalsuperintendent Andreas Musculus erklärte
das Fluchen und Gotteslästern für eine besondere Sünde der Evangelischen.
‚Es haben‘, schrieb er, ‚die Heiden auch ihre Flüch und Lästerung gehabt,
deßgleichen unsere Voreltern; aber der grausamen Gotteslästerung, so jetzunder
in allen Ständen, bei Jung und Alt, gebräuchlich, hat Gott die Thür bis
auf diese Zeit nicht öffnen lassen.‘ ‚Nicht ohne sonderliche Gottesverhängung‘
sei ‚sie mit und neben dem Evangelium innerhalb vierzig Jahren aufgekommen‘.
‚Sie hat ganz Deutschland und sonderlich die Oerter und Städte, da das
heilige Evangelium gepredigt wird, also eingenommen und erfüllet, daß auch
nu ferner fast bei jedermänniglich das dritte oder ja vierte Wort eine gräuliche Gotteslästerung ist, und die deutsche Sprach nicht mehr sich will reden
lassen oder lieblich lauten und klingen, sie sei denn mit Gotteslästerung dick
und feist gespickt, welches Lästern und Schänden nun für keine Sünde,

---

[1] Sigwart 124—125.   [2] Winter, Encaenia 177. 178ᵇ—179.

ſondern für ein Zier und Schmuck der Red geachtet wird; daß auch die jungen Kinder, als mit dem Abc, bald von der Wiegen an damit aufgewachſen und viel fertiger und geläufiger ſein in mancherlei Art und Weis zu fluchen, als in den Artikeln des Glaubens und Vater-Unſer oder Gebet, an welches Statt die Gottesläſterung getreten und kommen iſt. Denn die Hausväter können ſolche Läſterung in ihren Häuſern, von ihrem Geſind und Kindern, auch wohl am Tiſche, ohn allen Verdruß anhören, nicht anders als hieß fluchen beten; die Oberkeit hat wie die Schlang gegen ſolchem Fluchen auch die Ohren zugeſtopft, will's nicht hören, und ob ſie es höret, für keine Sünd hält und rechnet.‘ ‚Die jetzige neue Sünde der grauſamen Gottesläſterung, ſo von der Welt Anfang nie erhört und noch auf dieſe Stunde bei keiner Nation oder Volk auf Erden als bei uns allein gebräuchlich, verdient mehr denn zu viel, daß uns Gott auf's Gräulichſte ſtrafe und heimſuche, und wird ohne Zweifel Deutſchland als ein heißes Bad zugerichtet werden, auch aus der Urſache, daß ſolchem erſchrecklichen Schmähen und Schänden nicht gewehret noch von der Obrigkeit geſteuert wird.‘ [1]

Was der märkiſche Generalſuperintendent ſagte, war begründet; aber die Folgen der kirchlichen Revolution erſtreckten ſich auch auf die katholiſchen Länder: auch hier war die Gottesläſterung immer mehr eingeriſſen [2]. Weßhalb dieß aber auf proteſtantiſcher Seite in einem beſonders hohen Grade der Fall war, iſt unſchwer zu erkennen. Die Predigt bildete den Mittelpunkt des neuen Gottes-dienſtes. Sie beſtand hauptſächlich darin, daß Alles, was dem Volke bisher heilig geweſen, als ein Gewebe teufliſcher Greuel dargeſtellt und verflucht wurde. Hatte Luther hier den Ton angegeben, ſo ſuchten ſeine Nachfolger ihn noch zu überbieten. Das Volk wurde auf dieſe Weiſe religiös abgeſtumpft und zum Fluchen geradezu angeleitet [3]. Was konnte es helfen, wenn ein Prediger wie Andreas Schoppius das ‚teufliſche‘ Fluchen, ‚das ſo gemein iſt, daß einem die Haare gegen Berg ſtehen‘, beklagte und verurtheilte, aber zugleich ſeinerſeits auf der Kanzel mit kräftigem Fluchen über die Katholiken herfuhr, ‚die von einem Papſtgötzen und Biſchofslarven des verfluchten Antichriſts Character, Zeichen und Merkmal (als da ſind prima tonsura und clericatus) an-nehmen, das iſt, laſſen ſich, doch nicht in Gottes Namen, ihre Bärte und Haare vom Flackenweiher und deſſelben Dienern abſchneiden und beſcheeren, darzu ihre Häupter und Finger ſchmieren und ſalben, ſich weihen und mit der rothen babyloniſchen Huren Habit bekleiden, rothe und braune Baretlein aufſetzen, item auf einen Meßaltar als des Teufels Wiegen und Brautbett

---

[1] Fluchteufel Bl. B⁴—D⁵. Im Theatr. Diabol. 207. 213. Ueber das Ueberhand-nehmen der Gottesläſterung beſonders bei der Jugend vergl. Löhneiß 264.

[2] Siehe oben S. 404.

[3] Sehr gut hierüber ſpricht Döllinger 2, 996 fll.

erheben und dergleichen Affen- und Pfaffenwerk und Geberden mit des Teufels Gesinde treiben‘, ‚aus heidnischem Unglauben zu Meßpfaffen, verthumbten Herren, des Teufels Vicarien und Statthaltern, zu verfluchten Mönchen, Nonnen und so weiter sich machen‘ [1].

Dazu kam das ‚Keifen und Beißen‘ der neugläubigen Theologen unter einander und die Behandlung der religiösen Streitigkeiten im täglichen Leben. Das arme Volk vergaß seinen Catechismus und stritt sich in Weinschenken und Barbierstuben, ob die Musculisten oder die Prätorianer den wahren Glauben hätten, ob man ein Accidenter sein müsse oder sagen könne, ‚der Teufel sei des Menschen Töpfer‘, die schwangeren Weiber trügen leibhaftig den Teufel im Leibe, die verwesenden Leichname im Grab führen fort, die wesentliche Erbsünde zu sein. Bei solchen Gesprächen kam es nicht selten zu Schlägen und blutigen Köpfen. Wie die Wellen im vom Sturm gepeitschten Meere jagte eine neue theologische Meinung die andere. Die Leute wußten zuletzt nicht mehr, was glauben; Unzählige ergaben sich dem Aberglauben, Andere einem nackten Unglauben [2].

Glaubenslosigkeit und Abneigung gegen alles positiv Kirchliche war im Zeitalter der Kirchenspaltung häufiger, als man gewöhnlich annimmt. Die Klagen Luther’s und Melanchthon’s über die Verachtung des Evangeliums [3] deuten darauf nicht minder hin wie die Aussprüche anderer Zeitgenossen. Bereits im Jahre 1542 sagte Johann Brismann in seinem zu Königsberg gedruckten ‚Trostbrief wider allerlei Aergerniß und Trübsal der Christenheit‘: ‚Die Epicurer lassen sich ihres gottlosen, gräulichen Geschwätzes öffentlich hören und reden unverschämt von der Auferstehung der Todten und dem zukünftigen Leben ganz spöttlich und höhnisch; sie verachten die ganze Heilige Schrift alten und neuen Testamentes und plaudern gar lästerlich von allen Artikeln des heiligen christlichen Glaubens.‘ [4] Aus Straßburg ist seit 1550 eine ganze Reihe von Verordnungen nicht bloß gegen Gotteslästerung, sondern auch gegen Unglauben vorhanden [5].

‚Dräuet man den Epicurern mit dem jüngsten Tag,‘ sagte der Tübinger Professor Johann Georg Sigwart, so ‚sprechen sie: Man hat lang davon geprediget, wann kommt er einmal? Denkt unser dabei, es wird Nichts daraus: hätten wir unterdessen zu fressen und zu saufen oder Gelds genug zu zählen!‘ ‚Wenn man ihnen mit dem Teufel und der Höll dräuet, sagen sie: Der Teufel ist nicht so schwarz und häßlich, wie man ihn macht; die Hölle nicht so heiß, als sie die Pfaffen einbrennen. Sie muß dennoch also

[1] Triumphus muliebris 9. 133.
[2] Vergl. von dem vorliegenden Werke Bb. 4, 357. 483—484. 93. 7. 9. 58.
[3] Vergl. oben S. 368 fll.   [4] Erläutertes Preußen 3, 216—217.
[5] Reuss 243. 253. 256. 257—258. 259—260.

sein, daß man's erleiden kann, und es ist ebenso gut darein geregnet als darein gebratet, man wird manchen guten Gesellen darin finden.'[1]

Der Pastor Jacob Koler gab im Jahre 1587 zu Wittenberg eine Schrift zum Nachweise der Unsterblichkeit der Seele heraus, weil einige seiner Zuhörer in Berlin behaupteten, die menschliche Seele sterbe zugleich mit dem Körper. Das sei, meinte Koler, ein Kunstgriff des Teufels, der sich nun im Greisenalter der Welt alle Mühe gebe, das Gewissen der Leute mitten in ihren öffentlichen Sünden und Lastern einzuschläfern[2].

Caspar Hofmann, Professor der Philosophie und Medicin zu Frankfurt an der Oder, äußerte sich in einer im Jahre 1578 gedruckten Rede über die Wirkungen des Zwiespalts der Prediger auf das Volk in folgender Weise: ,Welche Früchte sind das Ergebniß dieser Streitigkeiten und Fechterkünste? Diejenigen, welchen die höchste Verehrung gebührte, wenn sie wären, was ihr Name besagt, bringen sich selbst in die tiefste Verachtung: ihr Ansehen schwindet, ihre Lehre wird nach ihrem Benehmen beurtheilt, ihre Kampflust zieht das Volk von der Frömmigkeit ab und stürzt es in Streitigkeiten. Der Geist verwickelt sich in vielfache Zweifel auch über Wahrheiten, die früher ganz sicher schienen. So kommt es allmählich nicht nur zur Vernachläßigung der Religion, sondern zum Haß gegen dieselbe. Unter dem Volk entsteht zügelloser Muthwille, Gottlosigkeit und gottvergessener Epicureismus erhebt das Haupt, und schon steht der Atheismus vor der Thür, so daß wir fast Alles als wirklich und thatsächlich vor Augen sehen, was durch das Wort unseres Herrn Jesus Christus und des heiligen Paulus vorhergesagt wurde.'[3]

,Daß man', schrieb Ringwalt im Jahre 1588, viel Epicurer und Titelchristen finde, ,welche von dem Himmel und der Hölle gar wenig und fast Nichts halten, siehet man erstlich an den nassen Brüdern wohl, welche sich täglich oder so oft sie zusammenkommen mit einander zu sonderer Ehr, Dienst, Lieb und Wohlgefallen vollsaufen und darüber solche grobe Zoten und leichtfertige Gotteslästerung treiben, daß es schrecklich anzusehen und zu hören ist'. ,Zum Andern, so vernimmt man's auch an den großen Land-dieben, welche so unbarmherzig und unverschämt wuchern, finanzen, schinden und schaben, als wie kein Gott wär.' ,Zum Dritten höret und siehet man's auch an vielen anderen Sycophanten und leichtfertigen Gesellen, welche öffentlich und unverschämt, wenn man ihnen mit der ewigen Verdammniß droht, sagen dürfen: Was frag ich darnach, mag immerhin; ich mag hinkommen,

---

[1] Sigwart 123.   [2] Döllinger 2, 541.
[3] C. Hofmann, De barbarie imminente, bei Dornarius 65—66. Vergl. dazu Guarinoni 1033—1034.

wo ich kann, ich werde ja Gesellschaft finden; und so weiter. Solche und dergleichen spöttische Reden mehr gefallen jetzund hin und wieder bei den Christen, wenn man des Himmels und der Höllen erwähnet, wie ich's denn auch oftmals selber vernommen.‘ ‚Wie gar schrecklich, liederlich, spöttisch und leichtfertig reden doch jetzund die eigenwilligen jungen und alten Leute von des Himmels und der Höllen Gelegenheit! mit welchen Worten sie genugsam bezeugen, daß sie entweder von der Auferstehung Nichts halten oder aber sich ja verstockter Weise, wie die lebendigen Teufel, der ewigen Verdammniß müssen übergeben haben.‘ [1]

Um sich ‚ein groß Ansehen zu machen‘ vor den Menschen, müsse man, heißt es ironisch in einem fliegenden Blatt vom Jahre 1594, sich ‚vor dem jüngsten Gericht, Teufel und höllischen Feuer nicht fürchten, und es für Fabelwerk halten, welches von den alten Weibern erdichtet sei‘ [2].

Eine besondere Ursache des Unglaubens wird in einem fliegenden Blatt vom Jahre 1581 berührt: das beständige Verkündigen des nahenden jüngsten Tages durch die neugläubigen Prediger. ‚Es spotten viele Leute des jüngsten Tages,‘ heißt es in jenem Blatt, ‚und aller Derer, die davon predigen, die Leute zur ernsten Vorbereitung zu ermahnen, und sagen: man habe so oft und viel vom jüngsten Tag gesagt, es sei dennoch Nichts daraus worden, wo bleibt der Tag des Herrn?‘ [3] Zur Wiederbelebung des entschwundenen Glaubens an den jüngsten Tag und ‚um zu wenigst den gemeinen Mann vor dem grassirenden gottlosen, epicurischen Unglauben thunlichst zu bewahren‘, wurden alle möglichen Wunder berichtet. Die neugläubigen Prediger betrachteten solche Wundergeschichten als ein überaus geeignetes Mittel, ‚zu Buße und Besserung des wild und viehisch gewordenen Lebens‘ anzuspornen [4].

---

[1] Wackernagel 672.   [2] Bei Scheible, Schaltjahr 4, 133.
[3] Scheible 4, 646.
[4] Vergl. von dem vorliegenden Werke Bd. 6, 426. 446.

II. Zunahme der Verbrechen — Criminaljustiz [1].

1.

Ein trauriger Beleg dafür, wie ‚wild und viehisch' das Leben der Nation nach der Zerstörung der religiösen Einheit geworden, war die Zunahme der Verbrechen, besonders der Sittlichkeitsverbrechen.

Bereits im ausgehenden Mittelalter waren die Fleischessünden ungemein stark in Deutschland verbreitet; in dem Jahrhundert der Kirchenspaltung kam es so weit, daß neben dem Saufen die Unzucht ‚als ‚das größte deutsche Laster' galt. ‚Soboma und Gomorrha, selbst der Venusberg sind Kinderspiel gegen die jetzt umlaufende Unzucht,' urtheilte der Generalsuperintendent der Mark, Andreas Musculus [2]. Eine entartete Kunst, eine Schand- und Schundliteratur [3] verbreiteten das Laster über alle Theile des Reiches und vergifteten damit die breiten Schichten des Volkes. Was sehr gut unterrichtete Zeitgenossen, wie zum Beispiel Hippolytus Guarinoni, in dieser Hinsicht über den katholischen Theil der Nation berichten, ist gewiß stark; es wird aber weit übertroffen durch das, was die Neugläubigen selbst über die Zustände in ihrem eigenen Lager erzählen. Daß das Verderben hier eine ganz unerhörte Höhe erreichte, war eine naturnothwendige Folge der von Luther über Keuschheit und Ehe verkündigten Lehren.

Mit aller Deutlichkeit hatte Luther es ausgesprochen, der Geschlechtstrieb verlange gebieterisch Befriedigung, der Mensch stehe unter der Naturnothwendigkeit dieser Befriedigung, darum sei sein Wille nicht frei, er könne kein Gelöbniß der Keuschheit ablegen, er müsse ein Weib nehmen. ‚Also wenig, als es in meiner Macht steht, daß ich kein Mannsbild sei, also wenig steht es auch bei mir, daß ich ohne Weib sei. Wiederum auch, also wenig, als in deiner Macht steht, daß du kein Weibsbild seiest, also wenig steht es auch bei dir, daß du ohne Mann seiest.' Die Ehe be-

---

[1] Von dem Herausgeber verfaßt.

[2] Vergl. von dem vorliegenden Werke Bd. 4, 185.

[3] Vergl. von dem vorliegenden Werke Bd. 6, 129—151. 226—237. 241—259. 285—298. 340—363. 382—393. 394—424. 425—457. 458—527.

raubte Luther nicht nur ihres sacramentalen Characters, sondern erklärte sie für eine rein äußerliche, leibliche Verbindung, welche mit Religion und Kirche eigentlich Nichts zu thun habe. Er befürwortete die Aufhebung des Verbotes der Ehe zwischen Christen, Juden und Heiden und lehrte, daß die Vielweiberei nach der Schrift erlaubt und nur ärgerlich sei, weil die Christen auch ‚erlaubte Dinge unterlassen müßten‘. Er scheute sich nicht, ‚dem einen Theil zu erlauben, außer der Ehe seine Begierde zu stillen, wenn die Ehe auch noch existirte, nur damit der Natur Genüge gethan werde, welcher man nicht widerstehen könne‘ [1]. Noch weiter als Luther ging in seinen Ansichten über die Vielweiberei Philipp Melanchthon. Derselbe forderte in einem über den Ehehandel Heinrich's VIII. von England abgefaßten Gutachten diesen König ganz offen zur Vielweiberei auf. Eine im Jahre 1541 auf Veranlassung des hessischen Landgrafen Philipp verfaßte Schrift des Predigers Lenning erklärte, das Verbot der Polygamie beruhe auf falschem Verständniß der heiligen Schrift und papistischem Zwang, die mehrfache Ehe sei keine Sünde [2].

Von welchen Folgen solche Lehren für das sittliche Leben werden mußten, erfuhren die Führer der Neugläubigen sehr bald. Kein Landestheil, kein Stand blieb von der Sittenverderbniß verschont: die Grundlage der menschlichen Gesellschaft, die Ehe, wankte in ihren Grundfesten.

Bereits im Jahre 1528 klagte der Ulmer Reformator Conrad Sam: ‚Unzucht und Ehebruch sind ganz gemein in aller Welt; es verführt Einer den Andern, man hält's für keine Sünde noch Schande mehr, ja man rühmt sich der begangenen Bubenstücke.‘ Sam, der seit dem Jahre 1524 als evangelischer Prediger in Ulm wirkte, hatte nicht übertrieben. Es genügt in dieser Hinsicht, an einen Ulmer Rathsbeschluß vom Jahre 1527 zu erinnern, welcher dem Inhaber des Bordells befahl, Knaben von 12 bis 14 Jahren nicht mehr einzulassen [3]. In Augsburg verzweifelte der Prediger Caspar Huberin im Jahre 1531 an dem durch die Religionsveränderung eingetretenen Zustande. ‚Die Hurerei‘, schrieb er, ‚ist sehr gemein geworden und geht bei männiglich ungestraft hin; junge ledige Gesellen meinen, es schade nicht, es gehe ihnen wohl hin, dieweil sie nicht Eheweiber haben. Die Ehemänner, so ein wenig ein Ansehen haben und reich sind, wollen ihre Büberei schmücken und mit

---

[1] Vergl. Hagen, Deutschlands literarische und religiöse Verhältnisse 1, 233—234. Hagen fügt hinzu: ‚Man sieht, diese Ansicht von der Ehe ist fast dieselbe, welche man im Alterthum hatte und wie sie später in der französischen Revolution wieder zum Vorschein gekommen.‘ Weitere Belege für das oben Gesagte bei Janssen, Ein zweites Wort an meine Kritiker (13.—16. Tausend) 92 fll. und Hist.-polit. Bl. 11, 412 fll.

[2] Vergl. von dem vorliegenden Werke Bd. 2, 383 Note; Bd. 3, 467 fl.

[3] Kriegk, Bürgerthum 2, 217.

Geld hinausführen, meinen auch, man dürfe ſie nicht ſtrafen, ja, die etwa
ſolche Unzucht ſtrafen ſollen, ſtecken ſelber bis über die Ohren darin.'[1]

Selbſt dem Schand- und Nubitätenmaler Nicolaus Manuel ward die
Sittenverderbniß zu arg:

> Ehebruch iſt jetzund ſo gemein,
> Niemand ſeins Weibs gelebt allein.
>
> . . . .
>
> Das Hurenleben geht empor,
> Ja in der Stadt und zunächſt davor,
> Und die kaum noch ſind halb gewachſen,
> Die treiben Muthwill auf der Gaſſen...
> So ſind es Huren überall
> Und iſt derſelben dazu kein Zahl,
> Der gleichen Schand iſt jetzt ſo viel,
> Daß Niemand haben mag der Weil,
> Davon zu ſingen oder zu ſagen[2].

Ueber die Verachtung des Eheſtandes hatte bereits Luther wiederholt
Klage geführt. ‚Dennoch ſiehet man gleichwohl, wie das junge Geſind und
der Pöfel dahin fället, und den Eheſtand als ein ſchweres und unleibliches
Leben fleuhet, und will ſolchem wilden, frechen Geſinde immer mehr lieben
das frei und ungefangen Leben, denn ſolches eingezogen, züchtiges und löb-
liches Leben in der Ehe. Aber es findet ſich die Straf mit der Zeit nur
allzu viel.'[3]

Auch Spangenberg ſieht ſich zu dem Eingeſtändniß gezwungen: ‚Der Eheſtand iſt in aller Welt ſchier von Jedermann verachtet und verſprochen, daß
auch Viele, die ſich Chriſten rühmen, weniger davon halten denn die Heiden.'
Als gebräuchliche Spottreden über den Eheſtand führt er an: ‚Narr, nimm
ein Weib, ſo hat deine Freude ein Ende. Item: Hochzeit, kurze Freud,
lange Unluſt. Item: Ein Ehemann hat zween fröhlicher Tage, den Brauttag
und wann ihm ſein Weib ſtirbt. Item: Ohne Weib leben, das beſte Leben.
Item: Guter Muth iſt halber Leib; hüte dich, Narr, und nimm kein Weib.
Item: Selten wohl und allweg Wehe iſt das tägliche Brod in der Ehe.'
‚Solcher Schandſprüche, die der Teufel erdacht hat und dem Eheſtande zur
Schmach und Schande durch ſeine verfluchten Werkzeuge redet und ausſpeiet,
hat die Welt gar viel.'[4]

Viele Prediger führten Klage namentlich über die unzüchtigen Tänze.
Der Frankfurter Prädikant Melchior Ambach ſchrieb im Jahre 1543 eine

---

[1] Döllinger 2, 578.
[2] Grüneiſen 442—443. Ueber Manuel vergl. von dem vorliegenden Werke Bd. 6, 87. 146. 287—293. 374 ff.
[3] Sämmtl. Werke, Frankf. Ausg. 3, 513.   [4] Eheſpiegel 33.

besondere Strafpredigt gegen ,das tolle, tobende, rasende, wüthende, leichtfertige, unzüchtige, geile, hurische und bübische Tanzen, so gemeinlich von der
unzüchtigen Welt beschieht'. Er schildert, wie es bei diesen schamlosen Tänzen
hergehe, und trotz seines sonstigen blinden Eiferns gegen ,die Papisten', denen
,das Evangelium' nicht verkündet worden, sagt er: ,O wie sein wir so feine
evangelische Christen! Vor Mittag gehen wir zu des Herrn Tisch und Nachtmahl, Nachmittag laufen wir mit der Welt und Teufel am Vorreihen, spielen,
saufen, ja sein unzüchtiger und leichtfertiger, dann die Nichts von Gott und
seinem Evangelium wissen. Derhalben hört übel und wird veracht das heilig
Evangelium in aller Welt, unseres schändlichen und ärgerlichen Lebens halber.'
,Nach vielfältigem gehörtem Evangelium sein wir verruchter, leichtfertiger und
unzüchtiger, dann eben die das Evangelium nie lauter und rein gehört haben.
Man sieht und erfährt es oftmals, daß Gott die Tanzgesellen und Metzen
auf dem Tanzplatz schlägt und stürzt'; aber man sei so blind und verstockt,
daß ,Etliche zu Sterbens Zeiten sagen und die Eltern rühmend von ihren
Kindern: „Wenn ich mich nur zuvor satt getanzt hätt, wollt ich darnach
gern sterben."' [1]

Gegen Ambach's wohlgemeinte Schrift trat, dem streitsüchtigen Geiste der
Zeit entsprechend, Jacob Patz, Prädikant zu Neustadt a. K., mit heftigen
Schmähungen auf, nannte Ambach einen Narren und Wiedertäufer, so
daß dieser sich im Jahre 1545 zu einer ,Wahrhaftigen Verantwortung' genöthigt sah.

Daß Ambach's Urtheil durchaus berechtigt war, zeigen zahlreiche Stimmen
anderer Zeitgenossen. Die von einem andern Prediger im Jahre 1567 im
,Tanzteufel' gegebenen Mittheilungen gestatten erschreckende Einblicke in die
Verwilderung und Entsittlichung der Zeit; es werden in der genannten Schrift
schändliche Tänze beschrieben, wo ,den Dirnen und Mägden die Kleider bis über
den Gürtel, ja bis über den Kopf fliegen'. An einer Stelle werden Tänze
,im bloßen Hemd' erwähnt. Der Verfasser sagt, er habe sich oft dagegen
krank gepredigt, jedoch vergeblich; besonders in den Dörfern laufe jetzt alle
Welt zu den wilden Tänzen, ,zu ihrer Teufels-Wallfahrt, als unsere alten
Vorfahren zum heiligen Wallen gelaufen haben' [2].

---

[1] Vom Tanzen, Urtheil auß heiliger Schrift und den alten christlichen Lerern
gestellt durch M. Melchior Ambach, Prediger zu Frankfurt (Frankfurt am Mayn 1543)
Bl. B 1—D 3 b.

[2] Theatrum Diabolorum 219 b. 220. 221. 222; vergl. ferner über unzüchtige
Tänze Winter, Encaenia 14 b—15. Nürnberger Verordnungen dagegen bei Siebenkees,
Materialien 1, 172 fl. Einen Tanz bei einer Geschlechterhochzeit zu Augsburg im
Jahre 1575 beschreibt H. v. Schweinichen, Leben und Abentheuer 1, 155. Siehe auch
oben über Sachsen S. 423.

Derartige Lustbarkeiten erklären die Klage Osiander's: ‚Hurerei und Ehebruch sein gemein und leider aller Orten allzu viel ungestraft'; daraus folge ‚der unchristliche Gräuel, daß Weiber und Töchter unter Blutsfreunden, da ihre Zucht, Ehre und Keuschheit billig am besten verwahrt sein sollte, schier am allerwenigsten sicher seien'. Osiander's College Link gesteht: ‚Zu unseren Zeiten lacht und spottet man zu den Lastern der Unkeuschheit.' [1]

Aus Ravensburg wird berichtet: ‚Zwei Ehepaare verständigten sich vermöge der christlichen Freiheit dahin, einige Nächte zu wechseln; das fremde Fleisch schmeckte ihnen, bis der Rath darauf kam und sie auf einige Jahre auswies.' [2] Aus Nürnberg liegt bereits seit dem Jahre 1524 eine Reihe von Rathsbeschlüssen gegen Solche vor, die ‚mehr denn Ein Eheweib' genommen hatten. Später (im Jahre 1540) klagte Hans Sachs, die Unzucht habe je länger je mehr um sich gefressen; alle Gassen seien voll unehrlicher Weiber und Ehebrecher; Niemand schäme sich mehr; man halte es für Ruhm und Ehre, unzüchtig zu sein [3]. Auch an anderen Orten blieb die Vielweiberei keineswegs auf die Kreise der Wiedertäufer beschränkt. In Schweidnitz ward im Jahre 1558 Bastian Maurer, ein Schneider, mit dem Schwerte hingerichtet, weil er zwei Weiber genommen. Ebendort wurde im Jahre ,1560, den 20. April, ein zweiundsiebenzigjähriger Greis enthauptet, weil er zwei getraute Weiber gehabt, sich für einen Schatzgräber ausgegeben und zwei Jungfrauen, Schwestern zu Faulbrück, so er nach seinem Vorgeben zum Spiegel (beim Schatzgraben) gebraucht, geschwängert' [4].

Aus dem Städtchen Hetstädt wird berichtet: ‚Im Jahre 1564, den 16. September, ist Hans Scheite ausgestäupt, darum daß er bei Leben seines Weibes noch eine Andere genommen. Im Jahre 1571 ist Paul Rammolter der Kopf abgehauen worden, weil er zwei Weiber sich hatte geben lassen, eine zu Hetstädt, die andere zu Bühren im Amte Kelbra.' [5] Auch in Thorn kam Vielweiberei nicht selten vor, so daß der Magistrat im Jahre 1589 das Verbot ergehen ließ: ‚Niemand solle bei Verlust seines Kopfes zwei Weiber auf einmal nehmen'.

Die Zwickauer hatten bald nach der Religionsveränderung ein eigenes Gefängniß für Ehebrecher erbaut. Dasselbe wurde jedoch nicht lange gebraucht, weil, wie der Chronist Wilhelmi meinte, ‚der Hansen vielleicht zu viele gewesen' [6].

---

[1] Döllinger 2, 434—435.   [2] Egelhaaf 2, 446 Note 2.

[3] Döllinger 2, 443 und über H. Sachs das vorliegende Werk Bb. 6, 211. 214.

[4] Vulpius 8, 393. 394.

[5] Hoppenrod's Bericht von Hetstädt, bei Schöttgen und Kreyssig, Dipl. Nachl. Th. 5, S. 144. 145.

[6] Döllinger 2, 446.

In einem alten lutheriſchen Kirchenliede heißt es:

> Die fünft Kunſt iſt gemeine,
> Iſt Ehebruch, Unkeuſchheit;
> Das kann jetzt Groß und Kleine,
> Hat man jetzund Beſcheid.
> Man ſchämt ſich auch Nichts mehre,
> Man hält's gar für ein Ehre,
> Niemand thut es faſt wehren,
> Welcher's jetzt treibet viel,
> Will ſeyn im beßten Spiel.

In Uebereinſtimmung hiermit klagte Sarcerius im Jahre 1554, die Jugend ſei jetzt ,alſo verſchmitzt auf alle Unzucht, daß ſie hiervon mehr Beſcheid wiſſen, als vor Zeiten die älteſten Leute'. Der Regensburger Prediger Waldner meinte gleichfalls: ,Ein Maidlein oder Knabe bei zehn Jahren weiß jetzt der Buberei mehr, denn etwa die Alten bei ſechzig Jahren gewußt haben; darnach iſt des Ehebruchs, der Unzucht und Blutſchande kein Ende.'[1] Auf der heſſiſchen Generalſynode vom Jahre 1569 erklärte der Superintendent von Allendorf: Unzucht gehöre daſelbſt zum guten Ton, und der Ehebruch ſei ganz an der Tagesordnung[2].

,Gräuliche Laſter', heißt es in einer im Jahre 1565 erſchienenen Schrift des Predigers Hoppenrod, ,ſodomitiſche Unzucht und Hurerei' ſeien im Schwange, und man achte dieſe Laſter ,nicht mehr für Sünde, ſondern man rühme ſich ihrer als köſtlicher Thaten'. Eine Haupturſache des wachſenden Gräuels ſei die böſe, nachläſſige Kinderzucht, welche ,ſehr gemein in aller Welt'. ,Wenn die Kinder klein und unerzogen, laſſen die Eltern ſie Morgens und Abends etliche Stunden nackend und bloß durch einander laufen, daß ſie ſich alſo jung der Schamhaftigkeit und Zucht entwöhnen.' Man lehre den Kindern ,unzüchtige Lieder, Reime und Märlein' und laſſe ſich vor ihnen ,in Geilheit und Leicht-fertigkeit' ſehen. ,Wenn der Sohn alle Hurenhäuſer durchläuft, bei allen böſen Gelagen und Burſchen liegt, Solches wird ihm geſtattet.' ,Es hilft auch nicht wenig zu aller ſodomitiſchen Sünde, daß man in der Haushaltung ſolch eine ſchändliche und läſterliche Tracht in der Kleidung geſtattet jetziger Zeit, da man Dasjenige, ſo Gott und Natur verſtecket und verborgen haben, ent-blößet. Die Alten haben es wahrlich nicht gelitten.' Auch die Obrigkeit trage ſchwere Schuld. ,Hurenhäuſer werden geſtattet und zum allerhöchſten

---

[1] Döllinger 2, 435—436. 448.

[2] Heppe, Heſſiſche Generalſynoden 57; vergl. 75. 77. Joh. Piſtorius ſchrieb am 29. September 1569 an Ph. von Heſſen: ,Intellexi corruisse plane disciplinam ec-clesiae, ita ut ibi (in dioecesi Ziegenhayna) regnent vitia non toleranda, praesertim in commixtionibus ante copulacionem publicam in ecclesia et adulteriis.' Niedner's Zeitſchr. für hiſt. Theologie 29, 230 Note.

befördert und besser in Verwahrung und baulichem Wesen denn Kirchen und Schulen erhalten.'[1]

Im Braunschweigischen klagte der Superintendent Christoph Fischer im Jahre 1573: Unzucht und Ehebruch reißen leider dermaßen ein, daß man es für keine Sünde mehr halte. Sieben Jahre später schrieb Conrad Porta in seinem Jungfrauenspiegel: Die Beschwerung und Bestrickung der Gewissen durch den Tand des unseligen Papstes sei nun durch das Licht des Evangelii in den meisten Orten deutschen Landes gefallen; der Teufel aber als ein unverdrossener, tausendkünstiger Geist feiere noch nicht, sondern wie er in anderen durch das Evangelium gereinigten Ständen wieder komme mit sieben ärgeren Geistern, so thue er nun im Jungfrauenstande auch. In der Zeit des Papstthums hätten sich die Jungfrauen oft gar zu sehr gemartert und kasteiet, jetzt plage der Teufel diesen Theil des menschlichen Geschlechtes mit allzu großer Sicherheit, Vorwitz und Geilheit; viele derselben und schier die meisten würden gar zu roh, wild und unachtsam[2].

Zu Klagenfurt reichte im Jahre 1583 der Prädikant dem Magistrat die Beschwerde ein: Unsittlichkeit und Unzucht nähmen in seiner kleinen Gemeinde dergestalt überhand, daß gegenwärtig nicht weniger als 21 ledige Weibspersonen schwanger wären[3].

Ueber das Ländchen Dithmarschen berichtet der Chronist Neocorus, seit dem Jahre 1590 Prediger zu Büsum: ,Es liegt zu Tage, daß Ehebruch und Unzucht immer weiter einreißen.' In Weßlingburen, zu katholischen Zeiten wegen seiner Keuschheit und Züchtigkeit Marienland genannt, seien an Einer Fastnacht 40 Mädchen geschändet worden, in der Gemeinde Meldorp innerhalb eines Jahres 26, in Barrelt 22, in Lunden 16. In katholischen Zeiten seien zu Lunden einmal an einem Ostertage 1300 Menschen zum heiligen Sacrament gegangen, jetzt herrsche allenthalben Verachtung desselben. ,Ach Gott, welch ein Eifer ist zu dem Worte Gottes gewesen in solcher Finsterniß des Papstthums! Wo ist jetzt, bei dem Licht des Evangeliums, der Eifer? wo ist jetzt das Herz? Man ist des Wortes nicht allein satt, sondern überdrüssig. Uns ekelt und welgt schier vor der seligen Wallfahrt zum Sacramente.'[4]

Mit den schärfsten Strafen suchten die Obrigkeiten das wachsende Verderben einzudämmen. Diese Thätigkeit der Einzelterritorien auf dem Strafrechtsgebiet liefert den besten Beweis für den Verfall auf religiösem und sittlichem Gebiete. Während im Allgemeinen die Particulargesetzgebung sich an Carl's V. Halsgerichtsordnung anschloß und sich darauf beschränkte, diese wörtlich einzuführen,

[1] Wider den Hurenteufel B. C². C⁷. D³.
[2] Döllinger 2, 432.   [3] Hurter 1, 552.
[4] Neocorus 1, 410 und 2, 361. 428; vergl. Döllinger 2, 450.

finden wir nach ihr im Reich oder in verschiedenen Territorien verschärfende Strafvorschriften gegen die Gotteslästerung und Zauberei, die sogenannten Fleischesverbrechen, wie widernatürliche Unzucht, Ehebruch und vermutheten Ehebruch, Blutschande und Bigamie, sowie gegen Zweikampf und Selbstmord.

Die neue Landesordnung des Herzogs Moritz von Sachsen bestimmte im Jahre 1543: Ehebruch soll an Mann und Frau mit dem Schwerte bestraft werden [1].

In Württemberg waren im Jahre 1586 Ehebruch, Hurerei und Unzucht ,dermaßen gemein worden, daß man solch unzüchtig Wesen schier für keine oder ja geringe Sünde ansehen' wollte. Man sah sich deßhalb zur ,Erhöhung und Schärfung der Strafe' gezwungen. Ein Mandat des Herzogs Ludwig vom 21. Mai 1586 wegen Bestrafung der Fleischesverbrechen bestimmte: nicht allein wer Nothzucht und Blutschande verübe, sei mit dem Tode zu bestrafen, sondern auch Derjenige, welcher ,zum andern Mal ehebrüchig' werde: es solle dann der Mann enthauptet, das Weib ertränkt werden [2]. Herzog Johann Adolf von Schleswig-Holstein suchte im Jahre 1592 der allzusehr eingerissenen Unzucht durch Bestrafung mit dem Staupenschlag und Landesverweisung zu steuern [3].

Heinrich Julius, Herzog von Braunschweig, erließ am 3. Januar 1593 ein sehr scharfes Mandat, weil Ehebruch und Hurerei ,so heftig im Schwange gehen' und die bisher gebrauchten Strafen wenig geachtet werden: Ehebruch, Blutschande und Nothzucht sollen ,nach jeder Unthat Gelegenheit unterschiedlich, jedoch in alle Wege am Leben' bestraft werden; für andere Unzuchtssünden wurden festgesetzt: Thurmstrafen, Stellung an den Pranger, Ausklingung mit dem Becken, Anhängung der Schandsteine, Landesverweisung; ,insonderheit aber soll, wenn solche Hurerei in Klöstern, Kirchen oder auf unseren Schlössern nicht ohne großes Aergerniß begangen, an Weibs- und Mannspersonen das Schwert gebraucht werden' [4]. Aber auch die schwersten Strafen halfen nicht. Wie hätte es auch besser werden sollen, da die neugläubigen Fürsten dem Volke fast beständig das schlimmste Beispiel gaben [5] und vielfach

---

[1] Codex Augusteus 1, 19. Wiederholt am 30. September 1609 (S. 147—150).

[2] Reyscher 4, 443—450; vergl. Sattler 5, 102.

[3] Köhler 7, 260.

[4] Chur-Braunschweig.-Lüneburg. Landesordnungen 4, Cap. 8, 49—52.

[5] Vergl. oben S. 153 fl. 156. 165 fl. Die hier angeführten Beispiele lassen sich noch leicht vermehren. Von dem Grafen Georg, dessen Eifer und Frömmigkeit Heyd (Ulrich Herzog von Württemberg 3, 144 fll.) höchlichst rühmt, erzählt zum Beispiel der Baseler protestantische Prediger Joh. Gast in seinem Tagebuche unterm Jahre 1548 Folgendes: ,Zum argen Scandal wurde Graf Georg (damals in Basel) Nachts um 11 Uhr von den Stadtwächtern mit Sebastian Hasen's Eheweib aufgegriffen. Sie war bereits bei Jahren und im Papstthum eine Nonne gewesen, die das Gelübde der Keusch-

selbst der Predigerstand sittenlos lebte? So heißt es zum Beispiel in einem brandenburgischen Edicte vom Jahre 1600: wir haben ‚Bericht erlangt, daß insonderheit der Ehebruch und Hurerei unter den Pastoren, Kirchen- und Schuldienern gar gemein gewesen und ist‘ [1]. Ein drei Jahre später erlassenes Mandat des Kurfürsten Joachim Friedrich sagt, ‚daß etliche für keine Sünde mehr achten, mit Concubinen und anderen losen Weibern Haus zu halten, mit denselben Kinder zeugen‘: solche Uebel und Laster, worin die Unterthanen ‚ersoffen‘ seien, sollten strengstens abgeschafft werden [2].

Wirkungslos wie alle Strafmandate erwies sich auch die im sechzehnten Jahrhundert in den meisten Städten von oben herab vorgenommene Aufhebung der Häuser der Unzucht. Man war dabei meist weit von einer tiefern sittlichen Erregung entfernt und gedachte sich mit solchen äußerlichen Demonstrationen abzufinden [3]. Besser wurden die Zustände dadurch nicht [4], vielmehr zeigt sich,

---

heit abgelegt hatte. Der Graf soll zu den Wächtern gesagt haben: „Es geziemt sich nicht, einen Fürsten dergestalt zu überfallen.“ Sie aber antworteten: „Wir überfallen keinen Fürsten, sondern haben einen Schalk aufgegriffen, der unter dem Vorwand des Evangeliums sich nicht gescheut hat, dieser guten Matrona Schmach anzuthun. Warum heirathest du nicht? Du weißt, daß Unzucht wider Gottes Gebot ist, und ein Un- züchter, wer er auch sei, verdient, mit Schimpf und Schmach bezeichnet zu werden.“‘ Gast's Tagebuch, herausgeg. von Buxtorf-Falkeisen (Basel 1856) S. 63. Vergl. eben- daselbst S. 88 Näheres über die schändliche Aufführung Friedrich's III. von Liegnitz in Basel im Jahre 1551.

[1] Mylius 1, Abth. 1, 350.   [2] Mylius 1, Abth. 2, 31.
[3] Sagt Döllinger 2, 434. Dabei muß anerkannt werden, daß Luther schon seit dem Jahre 1520 die Abschaffung der Bordelle energisch verlangt hatte. Deshalb darf man jedoch die Aufhebung der Häuser der Schande nicht allgemein als Folge der Religionsneuerung hinstellen. Schlager (Wiener Skizzen 5, 390) sagt: Die ersten Schritte zur Aufhebung der Frauenhäuser geschahen in Oesterreich und Bayern. Kriegk (2, 329 fl.) hat sich von dem in dieser Hinsicht herrschenden Vorurtheil noch nicht ganz frei gemacht, indessen ergibt sich aus seiner Darstellung Folgendes: 1) Die Abschaffung der Frauenhäuser begann bereits vor der Kirchenspaltung. 2) Die Hauptursache war die gesteigerte Gefahr der Ansteckung seit dem Auftreten der Lustseuche. Daß man auch auf protestantischer Seite an manchen Orten noch Bordelle unterhielt, beweist unter Anderm folgender Ausspruch des Frankfurter Predigers Melchior Ambach vom Jahre 1551: ‚Was wollt ihr evangelischen Herren dazu sagen, die ihr öffentliche Hurenhäuser, Hurenschulen und Hurerei in euern Gebieten und Städten unverschämt wie Heiden zulasset? und derselben nicht allein nicht strafet, sondern als gemeinen Nutzen bestellet, besetzet, heget, erhaltet, um das Geld schirmet und als eure lieben Söhne und Töchter visitiret und freundlich vermahnet, daß sie ja züchtig seien? Ja, was noch teuflischer ist: so die armen Huren an etlichen Orten schon gern aus dem ehrlosen Leben kommen wöllten, werden sie verhütet und drinnen zu bleiben bezwungen. Dazu helfet ihr evangelische Herren. Wer ist hier der oberste Hurenwirth?‘ Ambach, Klage Bl. C 3ᵇ. Vergl. auch oben S. 447 die Klage von Hoppenrod.
[4] Vergl. Zimmerische Chronik 2, 128. 561—562.

je mehr das Jahrhundert seinem Ende zugeht, eine unläugbare Verschlimmerung. Wenn es in einem Reime vom Jahre 1596 heißt:

Lügen, Völlerei, Unzucht und Schand,
Unrecht: dieß sind die Herren im Land [1],

so wird das von allen Beobachtern der Zeitverhältnisse bestätigt.

„Die Venus" sei „zu dieser Zeit sehr hoch aufgegangen,' heißt es in einer im Jahre 1605 erschienenen Schrift von Wilhelm Alardus, „Unzucht und Ehebruch, allerlei Geilheit und schändliche Brunst ist so gemein, daß viele Leute solche Sachen nicht für Sünden achten. Es geht leider daher wie Jerem. 5 geschrieben: Nun ich sie gefüllet habe, treiben sie Ehebruch und laufen in's Hurenhaus; ein Jeglicher wiehert nach seines Nächsten Weibe wie die vollen müßigen Hengste.' [2]

„Es ist bei unseren Leuten einestheils nichts Neues oder Ungewohntes,' äußerte zur selben Zeit Erasmus Grüninger, „daß sie ihre verübte Büberei, leichtfertiges Hurenleben, Mord und Blutvergießen, Betrug, Wucher und Finanz, auch andere dergleichen saubere Thaten, bei anderen Leuten, in öffentlichen Mahlzeiten oder Zechen, als wann sie's eben wohl getroffen hätten, erzählen, rühmen und damit als schönen Tugenden prangen.' „Ehebruch ist jetziger Zeit ein gemein Laster. Man schämet sich dessen nicht, man bekennt's unverhohlen, und ist so offenbar, daß unverschämte Leute einander etwa damit veriren, es in ein Possen ziehen und ein Gelächter damit treiben.' „Etliche Leute unter uns halten es für ein unmöglich Ding, daß dergleichen Laster sollten mögen abgeschafft werden, weil sie so gar überhand genommen und zu einer gemeinen, durchgehenden Gewohnheit geworden.' „In unserem Herzogthum Württemberg war die Hurerei hiebevor etwas Seltsames und Ungewöhnliches, und jetzt ist die Büberei so gemein, daß man sich deren gar nicht mehr schämt, sondern noch darin gesehen sein will, und pranget solch ehrbar Gesindlein mit Kleidern, Kleinodien und Schmuck mehr als andere Leute.' [3]

„Dem Fleische und seinen Lüsten dienen wir unläugbar alle,' gestand im Jahre 1607 der norddeutsche Schulmann und Prediger Otto Casmann, „und die Meisten nehmen das Evangelium zum Vorwande, um desto ungescheuter sündigen zu können. Unersättliche Völlerei und beispiellose Schwelgerei regiert nun überall; die tiefste Sicherheit, Ausschweifungen aller Art und wilde Lust wüthen allenthalben. Inzwischen sehen wir die evangelischen Theologen und

---

[1] Vergl. Frischlin's Deutsche Dichtungen 173.
[2] Alardus, Panacea sacra B. 3. Klagen vom Jahre 1612 über zunehmende Unsittlichkeit und liederlichen Lebenswandel in Nürnberg bei v. Soden, Kriegs- und Sittengesch. 1, 302.
[3] Grüninger 10. 17. 29. 35—36.

Prediger entweder über nichtswürdige oder abgeschmackte Dinge im feind-
seligsten Hader begriffen und sich gegenseitig schändlich zerbeißen, oder in
Wohlleben versunken müßig dahin lungern und an Leichtfertigkeit der Sitten,
schwelgerischem Leben und stolzem Uebermuthe mit den schlimmsten Kindern
dieser Zeit gleichen Schritt halten. O welche Sünden der blinden Fleischeslust
sieht man jetzt! Die Hurerei hält man für keine Sünde mehr und scheut sich
nicht, sie auch öffentlich zu vertheidigen. Der Ehebruch ist zum Scherz und
zur Unterhaltung geworden, und Ehebrecher stehen in Gerichtsjälen, Raths-
häusern und auf theologischen Lehrstühlen dem gemeinen Wesen vor. Wären
nur nicht auch mit dem schrecklichen Laster der Sodomie Leute behaftet, welche
die Vorsteher christlicher Kirchen und die obersten Herren über Religion und
Glauben sein wollen!' [1]

Mit der allgemein waltenden Unzucht nahmen Diebstahl, Raub, Mord und
Brandstiftung, Selbstmorde und ruchlose Anschläge gegen das allgemeine Wohl
in schrecklichem Maße überhand, insbesondere auch die Zahl der von jugendlichen
Uebelthätern begangenen Verbrechen [2]. Wie der herrschende Aberglaube großen

---

[1] Döllinger 2, 620.

[2] In sehr bemerkenswerther Weise spricht sich Ludwig Gilhausen in seiner Schrift
Arbor judiciaria criminalis (Francof. 1614) über die Zunahme der Criminalfälle aus.
,Aus zwei Gründen', sagt er in der Vorrede, ,habe ich die Last [der Ausarbeitung dieses
Werkes] auf mich genommen, obschon meine Schultern ihr nicht gewachsen sind. Zunächst weil in unserm verdorbenen und der Neige der Zeiten nahen Jahrhundert leider
fast alle Verbrechen so überhand genommen haben und ganz gewöhnlich begangen
werden, daß man es nicht genug beklagen kann. Denn was soll ich sagen von dem
Verbrechen gegen die göttliche Majestät, der Blasphemie gegen Gott? Alle Gottesfürchtigen müssen gestehen, dieß Verbrechen sei jetzt so häufig, daß auch die Kinder auf
der Gasse, die noch kaum sprechen können, schreckliche Verwünschungen, Lästerungen und
Blasphemien ausspeien. Von den mehr herangewachsenen mag ich gar nicht reden.
Wären die Strafen, welche der gerechte Gott auf dieses Verbrechen im Alten Bund gesetzt
hatte, noch in Gebrauch, so würden die Steine kaum ausreichen oder gar nicht bei-
zuschaffen sein, mit denen man an den Lästerern nach Verdienst die gerechte Strafe der
Steinigung vollziehen könnte. Und was das Verbrechen gegen die irdische Majestät
betrifft: ist nicht auch dieses gerade so häufig und verbreitet? Unserm Fürsten [dem
hessischen Landgrafen Ludwig, der in dem Vorwort angeredet wird] ist es zur Genüge
bekannt, und sicherlich klagt er nicht wenig darüber. Wie häufig Aufruhr und
Rebellion der Unterthanen gegen ihre Obrigkeit ist, bezeugen mit augenscheinlicher
Klarheit die Geschichtsbücher an vielen Stellen. Von den Räubereien noch Vieles
beizubringen, ist nicht nöthig. Denn so zahlreiche und unmenschlich grausame Raub-
anfälle, Morde, Plünderungen herrschen, mit Ausnahme von Hessen, überall, daß der
Nachwelt Zeugnisse von deren Existenz im Ueberfluß zukommen werden. Die Diebstähle
sind heut zu Tage sehr zahlreich. Nicht selten wird in Städten, wo große Handels-
niederlagen sind, eine ganze Diebsbande gefangen und gehängt. Zeuge dafür ist die
eigene Erfahrung, Zeuge die Umgegend. Mit Processen wegen Ehrenkränkung sind die

und kleinen Dieben Gelegenheit und Vorwand zu den tollsten Preßereien gab, so drückte er dem gesammten übrigen Verbrecherwesen den Character des Dämonischen auf. Selten hat die Giftmischerei, verbunden mit den wüstesten abergläubischen Formeln, so geblüht wie in dieser Zeit. Zaubertränke, Zauberformeln, Beschwörungen, Verwünschungen, Anrufungen des Teufels, Verträge mit dem Teufel spielen massenhaft in die verbrecherischen Thaten hinein, welche gegen Leib und Leben des Nächsten unternommen werden. Wie die Wollust, so zeigt sich auch die ihr verwandte Grausamkeit in immer brutalerer, scheußlicherer Weise. Die von Teufelsspuk und von Teufelsbildern abgehetzte Volksphantasie bleibt bei dem prickelnden Schauer dieser Schreckvorstellungen nicht stehen, sie nimmt sie in's Leben hinüber und verleiht dem Laster zugleich den Character des Teuflischen und Thierischen. Manche der Criminalstatistiken jener Zeit machen den Eindruck eines wahren Schauergemäldes: der Gegensatz gegen die frühere katholische Zeit tritt in oft ganz auffallender Weise zu Tage.

In Stralsund war der Umsturz des alten Kirchenwesens und die Einführung der neuen Lehre ,unter unsäglichen Gräueln' erfolgt. Die vom Rathe berufenen Prädikanten brandmarkten in ihren Predigten den Papst, die Bischöfe und alle Geistlichen, Mönche und Nonnen als Wölfe, Betrüger und Bösewichter und forderten das Volk auf, den gesammten Clerus der Stadt auszuplündern und die Hände zu waschen in seinem Blut. In einem öffentlichen Fastnachtsspiele wurde nicht allein der Papst, sondern auch der Kaiser, selbst der Heiland zum Gegenstand des Spottes gemacht. Als ein Priester am 10. October 1524 in St. Nicolai zum Gehorsam gegen die geistliche und weltliche Obrigkeit aufforderte, riß ihn der Pöbel von der Kanzel, schleppte ihn auf den Markt und schlug ihn dermaßen, ,daß er blutete wie ein geschlachtetes Schwein'. Dieß geschah ,im Beisein des meisten Theiles' des Rathes. Auch waren viele Rathsherren anwesend, als ein anderer Geistlicher in der Nicolaikirche von dem Stadtbüttel und dem Henker derart verwundet wurde, daß er ,in der Kirche wohl einen Ketel voll Blutes blutete'. Ein Lesemeister des St. Catharinenklosters wurde nahezu erwürgt. Die Klosterfrauen sahen sich den schimpflichsten Verfolgungen ausgesetzt. Die Nonnen des St. Brigittenklosters wurden während des Gottesdienstes mit Koth und Steinen beworfen, von den Prädikanten als ,Himmelshuren' gescholten, zuletzt gewaltsam vertrieben. Auf Anreizung der Prädikanten drang der Pöbel in die

Gerichte überschwemmt. Leute aus der Hefe des Volkes beleidigen und verleumden ohne Scham und Scheu Andere, nicht nur Solche, die sich sonst guten Rufes und Namens erfreuen, sondern mit den schwärzesten Lügen und Beschimpfungen aller Art zerreißen und zerfleischen sie ganz Unschuldige. Die übrigen Vergehen will ich der Kürze halber gern mit Stillschweigen übergehen.'

Kirchen und Klöster ein, plünderte sie aus, besudelte die Altäre, zerschlug die Bilder der Heiligen und die Crucifixe, trat die heiligen Hostien mit Füßen. Sämmtliche Geistlichen und Mönche, ihrer Güter beraubt, mußten die Stadt verlassen, und der städtische Syndicus suchte es sogar als eine vom Rathe geübte Großmuth darzustellen, daß er den Ausgeplünderten und Mißhandelten erlaubt habe, sich anderwärts eine Heimath zu suchen[1]. ‚Die von Stralsund‘, sagte ein Zeitgenosse, ‚haben Wind gesäet, sie werden Sturm ernten! Die ungestraft verübten Verbrechen und Blutthaten werden ein ganzes Geschlecht von Verbrechern und Blutdürstigen heranziehen.‘[2] So geschah es. Binnen 33 Jahren, von 1554—1587, kamen in Stralsund 167 Morde und Todtschläge vor. Während dieses Zeitraumes wurden 21 Personen wegen verschiedener Verbrechen gestäupt, 89 aus der Stadt verwiesen; 27, größtentheils Ehebrecher und Blutschänder, zuerst gestäupt und dann aus der Stadt verwiesen; 46 gehängt, einmal zu gleicher Zeit ein Vater, Sohn und Schwiegersohn; auch wohl 3 Diebe an Einem Tage gehängt, an einem andern 5 Räuber enthauptet. Die Strafe der Hinrichtung erlitten 38 wegen Raubs, Mordes, Brandstiftung, Ehebruchs, Blutschande und ‚absonderlicher Unzucht‘. 18, meist Mörder, wurden gerädert, 7 wegen Zauberei, Mordes und Falschmünzerei zum Feuer verurtheilt, 2 lebendig begraben; Einer wurde ertränkt[3]. Der Stralsunder Rathschreiber Joachim Lindemann berichtet zum Jahre 1564 von einer Familie: der Vater wurde vom Sohne erschlagen, der Sohn mit Zangen gerissen; zwei andere Söhne wurden von Bauern erschlagen; der vierte Sohn, der den Bruder wegen des ermordeten Vaters hat anklagen müssen, hat die Mutter hernach geschlagen; die Mutter hat auf der Schreiberei angehört, an welchem Orte der Stadt ihr Sohn gerissen werden sollte, und hat doch kein Zeichen von Schmerz und Betrübniß wegen des Sohnes und Ehemannes an sich sehen lassen[4].

In der pommerischen Chronik des Joachim von Wedel-Wedel ist zum 17. Juni 1581 die Hinrichtung eines Mörders und Straßenräubers berichtet, der nach seinem Bekenntniß seine 6 Kinder und 964 Menschen umgebracht. Ein zweiter derartiger Verbrecher ward am 16. September desselben Jahres gerichtet: derselbe hatte 544 Personen ermordet, ‚darunter 24 schwangere Weiber, denen er die Frucht ausgenommen und zu seinen Zaubereien gebraucht‘[5]. Nachdem in Thorn die neue Lehre die Oberhand gewonnen, häuften

---

[1] Vergl. die in dem vorliegenden Werke Bd. 3, 83 Note 1 citirten Aufsätze.
[2] Merkwürdige Rechtsfälle ꝛc. (1739) S. 32 ff.
[3] Baltische Studien 7, Heft 2, 13—21.
[4] Baltische Studien 8, Heft 2, 16—17.
[5] Wedel's Hausbuch 283; vergl. 354 zum Jahre 1594: eine Wittwe ermordet ihren Sohn und ihre Schwägerin; ein fünffacher Kindermörder zu Klein-Mullingen.

sich sofort die Injurien und Criminalfälle ‚auf unerhörte Weise‘; von 1540—1650 wurden über 90 Verbrecher mit dem Tode bestraft: Diebstahl, Kirchenraub, Straßenraub, Todtschlag, besonders aber Kindermord, Giftmord, Nothzucht, Sodomiterei, Bigamie, Ehebruch, Blutschande, Zauberei, Selbstmord ‚waren an der Tagesordnung‘[1].

In Mecklenburg beklagte Herzog Johann Albrecht I. bereits im Jahre 1566 ‚die erschreckliche Zunahme von Mord und Todtschlägen, selbst unter Verwandten‘[2]. Zwei Jahre später äußerte der herzogliche Fiscal Dr. Behm im October 1568 auf dem Rechtstag zu Wismar: ‚Das Morden will fast eine unstrafbare Gewohnheit werden; Todtschläge und Ehebrüche bleiben der Geschenke und der Privatpersonen Einmischung wegen ungestraft.‘ ‚Zu Rostock im Monat August 1567 allein drei Hinrichtungen: eines Sohnes, den sein eigener Vater, Gerd Schmidt, ein Wollenweber, richten lassen, darum daß er dem Vater einen Kasten erbrochen, Geld daraus gestohlen und seine Stiefmutter geschlagen. Den 17. August ist ein Kleinschmidt mit dem Schwert gerichtet, welcher sich berühmet, daß er seines Meisters Braut, ehe sie gefreiet, geschwängert hätte.‘ ‚Zur selben Zeit ward auch ein Knecht gerichtet, der hatte Zahlpfennige vor Goldgulden ausgegeben.‘[3] Zu Malchin und Neubrandenburg kamen in kurzer Zeit nach dem Jahre 1568 sechs Morde vor; auf den Landtagen war das ständische Geleit der Todtschläger wiederholt Gegenstand der Verhandlung[4].

Interessantes Material zur Criminalstatistik der beiden Städte Zeitz und Naumburg enthält die Chronik des Naumburger Dompredigers Zader. Für Zeitz wird hier aus dem fünfzehnten Jahrhundert nur ein Mord berichtet. Seit dem Jahre 1549 aber wird von sich stets häufenden Verbrechen Meldung gethan. 1549 ward ein reicher Bauersmann gerichtet, der ‚aus lauter Mißgunst ein hochzeitlich Bier vergiftet‘; im Jahre 1579 eine Brandstifterin; im Jahre 1585 ein gewisser Michel Schulze, der ‚am grünen Donnerstag 6 Höfe angesteckt‘; im Jahre 1587 ein Schneider, ‚etwan über 16 Jahr alt, weil er mit Gift die Kinder getödtet‘; im Jahre 1588 ein Bauernweib, welches mit 175 Männern Unzucht getrieben; im Jahre 1589 Clemens Strauß wegen Unzucht mit einem einjährigen Kinde; im Jahre 1603 ein Bauernsohn, 18 Jahre alt, wegen Diebstahls; im Jahre 1618 ein Knabe von 13 Jahren; im Jahre 1620 ein Schulknabe, 18 Jahre alt, ‚der ein Weib mit einem Beil erschlagen‘. Eine ähnliche Reihe der scheußlichsten Verbrechen: Brandstiftung, Nothzucht, Gift-, Kinds- und Gattenmord, wird aus Naumburg

---

[1] Döllinger 2, 657.   [2] Schirrmacher 1, 560.
[3] Lisch 8, 99. 191. Vergl. oben S. 424.
[4] Lisch 8, 100 Note. Vergl. Spalding, Mecklenburger Landesverhandlungen 43. 58.

aufgezählt, 88 Fälle in der Zeit von 1532—1638; auch hier begegnen wir vielen jugendlichen Missethätern. Dazu kommen zahlreiche Selbstmörder. Die meisten Verbrechen, nämlich 57, fallen in die Zeit von 1579—1618. Im Ganzen wurden in den beiden genannten Städten von 1552—1664: 141 schwere Verbrechen begangen [1].

Die von dem Geschichtschreiber der Stadt Halle aus dem sechzehnten und dem beginnenden siebenzehnten Jahrhundert erzählten ‚Blut- und Uebelthaten machen auf den Leser einen oft geradezu schauerlichen Eindruck, namentlich wenn man sich erinnert, daß die Stadt auch jetzt, wo sie materiell noch in ganz prächtiger Blüte stand, nicht über 14 000 Einwohner, darunter noch keine nennenswerthe sogenannte fluctuirende Bevölkerung, hatte‘.

Einige dieser Verbrechen erregten weithin das größte Aufsehen; so die im Juni des Jahres 1572 erfolgte Ermordung des unglücklichen dritten Sohnes des Hans von Schönitz, ‚der seit 1562 mit Catharina Bötticher verheirathet war und in seinem Palast am Markte lebte‘. Er ward daselbst von seinem Schreiber Christoph Wind aus Zangern bei Salzburg, dem er eine Ohrfeige gegeben, ermordet und beraubt. ‚Ganz unerhört aber war es, daß sogar ein reicher Pfänner, der Pfandbesitzer des Rittergutes Seeben und Gutsherr zu Groitzsch, Friedrich Kersten, eines fürstlichen Kammermeisters Sohn und seit acht Jahren des hochbejahrten Alt-Rathsmeisters Johann Tentzer Schwiegersohn, einen Raubmord beging. Dieser nämlich lockte am 4./14. Juni 1605 den Frankfurter Juwelier Jacob Spohr aus Antwerpen, der in Halle im „Blauen Hecht“ abgestiegen war, unter passenden Vorwänden in sein Haus, erschlug ihn hier mit einem schweren Hammer, raubte ihm Kleinodien im Werthe von 8000 Gulden und verstedte nachher verschiedene Theile des zerstückelten Leichnams an mehreren entlegenen Orten außerhalb der Stadt.‘ [2]

‚Unter diesen Umständen waren Henker und Büttel in Halle in jenen düsteren Zeiten sehr stark beschäftigte Leute. Die Bürger hatten nur zu oft Gelegenheit, zu sehen, wie zunächst solche Strafen vollstreckt wurden, die noch nicht an Leib und Leben gingen. Zu der Ausstellung im Halseisen, am Pranger und zu dem schimpflichen, namentlich für schlechte Weibspersonen bestimmten „Auspauden“ war neuerdings (seit dem Jahre 1550) der Gebrauch gekommen, die vielen frechen Burschen und Dirnen, die in der Umgegend der Stadt in Gärten, Aeckern, Wiesen und Weinbergen allen möglichen zerstörenden Unfug trieben und vielerlei muthwillige Diebstähle verübten, durch

---

[1] Zeitschr. für Culturgesch. 1859, S. 584 fll. 637 fll. 774 fll.

[2] Olearius 349 fl. Dreyhaupt 2, 515 fll. 958 und Gen. Beilage 176. Hertzberg 2, 330—331.

eine Strafe einzuschüchtern, welche für die Zuschauer komisch genug sich aus-
nehmen, für die Gestraften dagegen oft sehr gefährlich werden konnte. Man
errichtete nämlich vor der Moritzpforte, an dem Damme, der zwischen der
Saale und dem feuchten Stadtgraben nach Glaucha führte, einen Balken mit
einem Schwengel, durch welchen ein Korb in Bewegung gesetzt werden konnte.
In diesen Korb setzte man die Gartendiebe, um sie dann je nach Belieben
in das Wasser des Grabens zu tauchen oder einfach in den schlammigen
Graben fallen zu lassen. Unendlich häufig hatten ferner die Bürger das
Schauspiel der öffentlichen Auspeitschung von Männern und schlechten Weibern
wegen mancherlei Frevel, auch wegen frecher Pasquille, — die an der Staup-
säule begonnen wurde.'[1]

,Um Pfingsten 1582 ereignete sich in Leipzig und einem nahegelegenen
Dorfe, Großzschocher, etwas Unerhörtes. Die Todtengräber beider Ortschaften
hatten (wie man damals glaubte) durch Zauberei und durch eingegebenes
Giftpulver, aus Kröten, Schlangen und Molchen zubereitet, ein großes
„Sterben" verursacht. Sie legten eine Leiche auf die andere, brachen den
Todten die Daumen entzwei und schlossen ihre Hände; auf den Straßen ver-
gruben sie in großen Töpfen „Giftgeschos" mit Todtenköpfen, damit die darüber
Hinwegschreitenden auch vergiftet und angesteckt werden sollten, und beraubten
die Häuser der Ermordeten. Endlich verrieth ein Bauernmädchen, deren
Mutter sie erwürgt, diese Schandthaten, und die Todtengräber wurden nun
gefänglich eingezogen. Beim Verhöre behaupteten sie, daß ihre Weiber und
Schwägerinnen, als alte Zauberinnen, so mancherlei und erschreckliches „Wetter
gemacht" und mit dem Teufel im Bunde gestanden haben. Der Meister zu
Leipzig, der das Giftpulver zubereitet hatte, gestand, seine erste Frau, seinen
Knecht, nebstdem viele Menschen mit Gift getödtet zu haben. Alle vier
Angeklagten wurden mit glühenden Zangen zerrissen und nach dem Rädern
auf das Rad geflochten. Die als Zauberinnen verurtheilten Weiber aber
wurden zu Asche verbrannt.'[2]

Im folgenden Jahre 1583 wurden ebenfalls zu Leipzig eine Gift-
mischerin, die ihren Mann getödtet, ihre Schwester und ihre Magd, die dabei
geholfen, enthauptet und auf's Rad gelegt. Im Jahre 1584 ermordete ebenda
ein Fleischer seinen Vater; am 2. Februar 1585 wurden in Leipzig an
Einem Tage 7 gehängt, 1 enthauptet[3].

[1] Herzberg 2, 332—333.
[2] Sachsengrün (Culturgeschichtliche Zeitschr. aus sämmtlichen Landen sächsischen
Stammes, herausgeg. von Hofrath Dr. G. Klemm, Pastor A. B. Richard und Archivar
E. Gottwald) Bd. 1 (Dresden 1861), S. 156.
[3] Richard 15. Heydenreich 177. 178. Vergl. auch Vogel, Leipziger Geschicht-
buch 245 ffl.

In den Jahren 1610 und 1611 ward zu Colbiß in Kursachsen je eine Frau hingerichtet wegen Ehebruchs mit Pfarrer und Schulmeister[1].

In Torgau zeigte sich seit Beginn des siebenzehnten Jahrhunderts die allgemeine Verwilderung in einer auffallenden Menge der gröbsten Verbrechen und unnatürlichsten Schandthaten; den Schuldigen wurden Arme und Beine abgehauen[2].

Sehr groß war die Zahl der beim Spiel begangenen Mordthaten. So berichtet der Verfasser des ‚Spielteufels‘: ,Wie ich's oftmals gehöret habe, daß auf dem Spiel Etliche umb einer Nuß willen sind erstochen worden, so habe ich's selbst gesehen, daß zu Dahme ein Maurer über dem Spiel einen Zimmermann ermordet und der Thäter bald nach wenig Tagen wieder= umb den Kopf verlieren mußte. Deßgleichen geschahe zu Wittenberg, da ein Fleischergesell über dem Spiele einen andern erstach und er des dritten Tages auch umbbracht und zugleich in ein Grab geleget wurden.‘[3]

Die Acten des sächsischen Hauptstaatsarchives von den Jahren 1604 bis 1606 zeigen, daß Unzucht und Ehebruch häufig, am meisten aber Mordthaten vorkamen[4].

Aehnliche Zustände waren im Fürstenthum Ansbach=Bayreuth eingetreten. Ungeachtet aller früheren Strafandrohungen, sagte ein markgräfliches Mandat vom Jahre 1562, werde die Gottesläfterung je länger je mehr bei Männiglich, Jung und Alt, sonderlich auch bei den Amtspersonen, denen Solches zu wehren obliege, ohne Scheu zum leichtfertigsten getrieben; man lebe öffent= lich in ärgerlicher Völlerei und Unzucht[5]. Im Jahre 1583 berichteten die fürstlichen Räthe: auf allen Kirchweihen ereignen sich Mord und Todtschlag[6]. Verbrechen aller Art häuften sich so, daß in dem kleinen Gebiete von kaum 90 000—100 000 Seelen in der Zeit von 1575—1603, binnen 28 Jahren, 1441 Menschen gefoltert, 174 hingerichtet wurden; gegen 309 wurde Staup= besen erkannt[7].

Sittliche Verwilderung und scheußliche Verbrechen aller Art weisen auch die katholischen Gebiete auf.

Das Bild, welches die Criminalacten des zu Mainz gehörigen Oben= waldes liefern, ist ein überaus trübes. Seit dem Jahre 1534 waren Kirchen=

---

[1] Zeitschr. für Culturgesch. 1856, S. 413.   [2] Grulich 128—129.

[3] Theatr. Diabol. Der Spielteufel 440.

[4] Zeitschr. für Culturgesch. 1872, S. 494 fll.

[5] Lang 3, 323. Krautzold 155—156.

[6] Lang 3, 323.

[7] Zweiter Jahresbericht des Histor. Vereins des Rezatkreises 1889, S. 19 fll. Vergl. von dem vorliegenden Werke Bd. 3, 689 fl.

diebstähle, Mordthaten und mörderische Schlägereien an der Tagesordnung; Ehebruch und Blutschande war etwas Gewöhnliches [1].

Auch in den österreichischen und bayerischen Landestheilen gab sich die steigende religiöse und sittliche Verwüstung allenthalben durch eine zunehmende Verbrecherwelt kund. Die Versuche der Landesfürsten, dem Verderben Einhalt zu thun, waren erfolglos. Die Strenge, mit welcher Maximilian I. von Bayern gegen die Fleischesvergehen vorging, gab sogar Gelegenheit zu noch größeren Verbrechen, zu Kindermord und heimlicher Fruchtabtreibung [2].

In Tirol zeigte sich in der Zeit Erzherzog Ferdinand's II. neben den allerwärts beobachteten Uebeln eine ganz neue Erscheinung: ‚die Bildung ganzer Gruppen von Uebelthätern, welche sich zusammenthaten und bei verbrecherischen Attentaten gemeinsame Sache machten'. Diebsgesellschaften machten selbst die Umgegend der Städte unsicher [3].

Eine solche Diebs- und Räubergesellschaft hatte bereits im Jahre 1558 die aus Schlesien nach Meißen führende Heerstraße beunruhigt. Die Mitglieder dieser Bande scheuten auch vor den ‚entsetzlichsten Mordthaten' nicht zurück. Man ergriff ein Mitglied dieses Verbrecherbundes, welches ‚in dieser Charten-Gesellschaft der rothe König hieß'. Als dieser im Verhöre ‚schärfer angegriffen ward', bekannte er, ‚daß er vor seine Person 49 Mordthaten begangen, und unter diesen einem Schindelmacher in einem Walde den Kopf zerspalten, der 5 kleine, unerzogene Kinder, und nicht mehr als 4 böhmische Pfennige bei sich gehabt'. Man erfuhr jetzt auch die Namen aller Wirthe, ‚welche mit dieser Gesellschaft im vertraulichen Verständnisse gelebt hatten'. ‚Die vornehmsten Mitgenossen waren die Kretschmar oder Wirthe in den Schenken zu Kohlweese, in der sogenannten Grube und zum Schöpß. Die ersten zwei hatten ihren leiblichen Bruder ermordet, damit sie seine erhaltene väterliche Erbportion, bestehend in 300 Marken, an sich bringen könnten. Nachmals hatten sie den entseelten Körper in ein Faß gespindet, und weil er zu lang gewesen, hatte der Wirth von Kohlweese eine Axt genommen und dem todten Körper damit den Kopf abgehauen; sodann Löcher in das Faß gebohrt und es in einen Teich geworfen.' Am 30. April 1558 wurden ‚sieben Missethäter von dieser Charten-Gesellschaft abgethan. Den 7. Mai wurden auch die Brüder vor gehegtem Gerichte verurtheilt; allein, weil der Eine sein Bekenntniß widerrufte, wiederum zurückgeführt. Als aber endlich dieser trotzige Mensch sein Verbrechen ohne weiteres Läugnen gestund, erging, was Urthel und Recht mit sich brachte,

---

[1] Zeitschr. für Culturgesch. 1859, S. 409 fll.
[2] Sugenheim 517 fll. 532 fll. Wolf, Maximilian I. Bd. 1, 405.
[3] Hirn 1, 503 fl.; vergl. 507 und 75 über eine Kirchenräuberbande im Oberinnthal (1569).

und der Eine ward lebendig gespießt, dem Andern aber der Kopf abgeschlagen und dem Körper nachmals ebenfalls ein Pfahl durch den Leib
getrieben.'[1]

In Schlesien entdeckte man im Jahre 1606 eine Giftmischerbande. „In
diesem Jahre', so wird berichtet, „hat zu Frankenstein das boshaftige todten-
gräberische Gesinde und desselbigen Anhang aus Eingeben und Antrieb des
höllischen Jägers, Mord- und Lügengeistes hochschädliche Giftpulver und
Salbe gekocht und zugerichtet, in Scherben, Töpfen, Näpfen, Papierdüten
und hölzernen Büchsen gehalten, damit fleißig auf den Gassen und in Häusern
gestreuet und geschmieret: insonderheit in denen Häusern, darinnen sie wegen
der Todten zu verrichten gehabt, Treppen, Lehnen und Thürschwellen besäet,
und darneben die Handhaben an Thüren beschmieret, und in viel Häuser,
auf daß sie in Kurzem darinnen zu schaffen und zu rauben Anlaß und Gelegenheit überkommen, ihr Giftpulver heimlich eingeworfen, auch wohl Etlichen,
unterm Schein einer besondern Verwahrung und Arznei, eingegeben und bei
zweitausend Menschen meuchlerischer Weise ermordet. Mit den Todten sind
sie ganz unbarmherzig umgegangen, sie beraubet, ihnen ihre Sterbekittel aus-
und die Ringe vom Finger abgezogen, sie kreuzweise, nach ihrem Zauber-
oder Aberglauben, daß es fluges sterben sollte, geleget. Den Todten haben
sie die Köpfe mit Grabeisen abgestoßen und etliche Stücke von denselben zu
ihrem Mordpulver gebraucht, auch zu dem Ende mit Messern Apostemata
aufgeschnitten, faul Fleisch mit Rodehauen in Gräbern gesucht und abgelöset.
Ihr zween haben aus einem ungetauften Kindlein und aus zweien todten
schwangerer Frauen Kindlein die Herzlein aufgeschnitten, nach ihrer Art ge-
theilet und gefressen, damit es ihnen sieben Jahr sollte wohl gehen. Einer
unter ihnen hat anderswo mit einer todten Jungfrauen, so er neben seinem
Gesellen drei Tage im Kirchlein verhalten, seine Unzucht gebüßet. Haben sich
auch verlauten lassen auf den Herbst die Kirchengestühle zu vergiften, daran sollte
sie die grimmige Kälte nicht hindern. Diese Cainische Mörderei haben zwei
Todtengräberknechte den 6. September, da sie sich vor der Frühpredigt in
Branntwein vollgesoffen und mit einander uneins worden, nach Gottes gerechtem
Gericht und Urtheil entdecken und verrathen müssen. Darum hat man auf dieser
zwei Vögel Gesang das ganze Nest aufgehoben und zur Haft und Examen
gebracht. Nach Aussage ihrer schrecklichen Thaten sind den 20. September
acht Malefizpersonen justificiret, mit glühenden Zangen an Brüsten und
Fingern gebrannt und gezwicket, zweien die Hände abgehauen, der Principal
auch gerädert und nachmals vier verbrannt und vier an Säulen geschmöcht.

---

[1] S. Großer, Lausitzische Merckwürdigkeiten (Leipzig und Bautzen 1714). Erster
Haupttheil 192.

.Den 24. October: wegen des giftigen Säewerks Ursula, Caspar Hübner's, und Susanne, des Dieners Tochter, an Fingern und Brüsten mit glühenden Zangen gebrannt, gräulich zerrissen und zerfleischt, und mit Margareth, Caspar Schetsen Weib, die an der Wassersucht im Gefängniß gestorben, auf einem angezündeten Stoß Holz zu Staub und Asche verbrannt. Folgendes Jahr, den 23. Februar: Barthel Milde, der unter dem Schein, die Todten zu begraben und die Häuser zu säubern, von neuem Gift gestreuet, die Häuser erbrochen und Diebstahl begangen, mit feurigen Zangen an Fingern beider Hände und an jeder Brust gezwackt, lebendig an einen Pfahl geschmiedet und beim Feuer von ferne bei einer guten Stunde geschmöcht. Drei Weibs-personen auf Leitern gebunden, Pulver am Hals gehenkt und auf dem Holz-haufen mit feurigen Zangen an Brüsten gerissen und mit umgekehrtem An-gesicht verbrannt, dieweil sie auch das Giftpulver ausgestreut. Den 5. October: Hans Lack, ein Todtengräber, der Vater, lebendig verbrannt; sein Sohn, 14 Jahre alt, stehend und betend, geschwinde enthauptet. George, des Schleuniger's Sohn, von 13 Jahren, und Paul, Freudiger's Sohn, ein Knabe von 11 Jahren, sind auch zur Haft eingezogen worden, weil sie von ihren bösen Eltern das Gifthandwerk gelernet und derselben Tod mit Gift-streuen rächen wollen.' [1]

Auch sonst ist die schlesische Criminalstatistik eine der an Verbrechen reichsten. In Brieg wurden im Jahre 1570 zwei Missethäter gerichtet, welche 120 Mordthaten verübt hatten [2]. Zum Jahre 1575 wird berichtet: ‚Zu Sagan ward Peter Wolfgang, sonst Pusch-Peter genannt, die rechte Hand abgehauen, mit Zangen gerissen, zur Stadt hinaus geschleift und an einen Spieß gezogen. Hat 30 Morde, darunter 6 schwangere Frauen und so viel Leibesfrüchte, denen er die Herzlin ausgezogen und sie gefressen, daß er nicht möchte gefangen werden, 41 Wittwen, 6 Kirchenraube und andere Unthaten mehr begangen.' [3] ‚Den 1. Juli 1615 ward zu Neumarkt der Bauer Peter mit glühenden Zangen gezwickt, mit dem Rade zerstoßen, beim Feuer ge-schmaucht. Hat in Ober- und Niederschlesien, Lausnitz, Oesterreich, Mark und Pommern 69 Personen, darunter 4 Schwangere, jämmerlich ermordet, 12 Kirchen beraubt, die Stadt Goldberg ausgebrannt, zu Breslau auf dem Elbinge den Tischlerkretscham, Zimmerhof, sammt zwei Häusern, auch vor Liegnitz

---

[1] Pol 5, 32—33.

[2] In A. Knoblich's Chronik von Lähn (Breslau 1868) finden sich interessante Mittheilungen darüber, wie der Rath und die Bürger von Lähn um das Jahr 1572 Diebe, Landschädiger und Brandstifter aus Furcht frei laufen ließen und sogar gegen Bestrafung schützten. S. 114—121.

[3] Pol 4, 79. Vergl. die schreckliche Hinrichtung des Raubmörderhauptmannes Martin Kürschner a. a. O. 5, 113—114.

ein stattlich Vorbrig, dem Rath zugehörig, in Brand gesetzt und in die Asche gelegt.'[1] In Breslau stieg die Zahl der Hinrichtungen und die unnatürliche Gräßlichkeit der Verbrechen in's Ungeheuere: von 1530—1580 wurden 109 Morde und Todtschläge bestraft und außerdem noch 87 Personen hingerichtet; Blutschande und Bigamie nahmen unaufhörlich zu[2].

In Straßburg ,hatte in katholischen Zeiten Ein Galgen genügt; im Jahre 1585 aber wurde ein zweiter und im Jahre 1622 ein dritter gebaut'. Die Unsittlichkeit nahm von Jahr zu Jahr zu[3].

In besonders auffälliger Weise tritt die mit den Religionsneuerungen beginnende Vervielfältigung der Verbrechen in Nürnberg hervor. ,Die Zahl der Hinrichtungen verdreifachte sich dort im sechzehnten Jahrhundert, und in gleichem Maße stieg die unnatürliche Gräßlichkeit der Verbrechen.'[4] Beim Durchgehen der Chroniken, namentlich der zweiten Hälfte des sechzehnten Jahrhunderts, erstaunt man ,über die Menge der Gewaltthaten und der Gräuel, der Todtschläge, der mehr oder minder schweren Diebstähle, der Betrügereien'[5].

Von hohem Interesse ist das Tagebuch des Nachrichters Franz Schmidt, welcher im Jahre 1577 sein trauriges Handwerk zu Nürnberg begann, im folgenden Jahre fest angestellt wurde und bis 1617 im Dienste

---

[1] Pol 5, 125—126.

[2] Vergl. Döllinger 2, 657 und Pol Bb. 3 und 4. Ebers sagt S. 337: ,Es ist auffallend, daß solche unnatürliche Laster (Blutschande, Polygamie und so weiter) besonders im Verlaufe des sechzehnten Jahrhunderts verzeichnet sind'; in sonderbarem Widerspruch damit heißt es dann S. 341: ,Besonders mit der Reformation milderten sich die rohen Ausbrüche der Sittenlosigkeit und machten einem geregelten bürgerlichen Zustande immer mehr Platz.' In einem Verzeichniß der Verbrechen zu S. 342 werden aufgeführt von 1530—1555: 51 Morde und Todtschläge, 5 Kindsmorde, 1 Straßenraub, 7 Diebstähle, 6 Brandstiftungen, 1 Biandrie (verstellte), 2 Bigamien, 1 Blutschande, 5 Excesse wegen Ehebruchs, 22 Selbstmorde; nachgewiesen sind ferner folgende Bestrafungen ohne Angabe der Rechtsverletzungen, für welche sie erfolgten: 18 wurden geköpft, 2 gehangen, 8 verbrannt, 6 gerädert, geviertheilt und mit Zangen gerissen, 4 lebendig begraben, 1 wurde gespießt. In den Jahren 1555—1580: 50 Morde und Todtschläge, 8 Kindsmorde, 9 Verbrechen der Unzucht und Blutschande (Einer hatte 7 Weiber) und so weiter.

[3] Vergl. oben S. 432. Silbermann, Localgesch. von Straßburg 169—171. Döllinger 2, 656. Vergl. Reuss 210 über den Proceß der M. Schreiner in Straßburg vom Jahre 1618; derselbe zeigt die sittliche Verkommenheit der oberen Kreise der Stadt: 27 Ehemänner, 18 Junggesellen, 3 Wittwer hatten mit ihr verbrecherischen Umgang gehabt.

[4] Döllinger 2, 656; hier ist Note 24 eine Tabelle über die Zunahme der einzelnen Verbrechen gegeben.

[5] Dr. Lochner, Zur Sittengesch. von Nürnberg, in der Zeitschr. für Culturgesch. 1856, S. 236.

blieb. Gleich um das Jahr 1578 mußte er 13 Personen zum Tode führen; bei einem Verbrecher macht er die Bemerkung: ‚mit dem Schwert gerichtet, den hab ich anadomirt und geschnitten‘. Im Jahre 1579 belief sich die Zahl der Hinrichtungen ebenfalls auf 13; in den beiden Jahren zusammen die Zahl Derjenigen, welche andere schwere Leibesstrafen: Abschlagen der Finger oder der rechten Hand, Brennen durch die Backen, Ausstreichen mit Ruthen, erlitten, auf 17 [1]. Die Verbrechen waren schwer und mannigfaltig. So verzeichnet er zum Beispiel für das Jahr 1580 unter genauer Angabe der Namen der Delinquenten: Am 26. Januar 3 Kindsmörderinnen mit dem Schwerte gerichtet, die Häupter auf das Hochgericht genagelt. Am 15. Februar Einen, der zwei Weiber genommen, mit Ruthen ausgestrichen. Am 23. Februar einen Räuber mit dem Schwerte gerichtet. Am 29. Februar Eine, die ihr Kind abgetrieben und in das heimliche Gemach geworfen, mit Ruthen ausgestrichen. Am 3. März einen Brudermörder mit dem Schwerte gerichtet und auf das Rad gelegt. Am 27. März eine Diebin mit Ruthen ausgestrichen. Am 28. April 2 Diebe mit dem Strange gerichtet. Am 5., 14. und 19. Mai, am 18. Juni, am 5. und 8. Juli 5 Diebe und 2 Diebinnen mit Ruthen ausgestrichen. Am 15. Juli 2 Diebe mit dem Strange und einen Mörder, der 3 Morde begangen und mit der Frau eines der Ermordeten Hochzeit gehalten, mit dem Rade gerichtet. Am 18. und 20. Juli und 2. August 4 Diebe mit dem Strange gerichtet, einen mit Ruthen ausgestrichen. Am 16. August einer Mörderin drei Griffe mit einer Zange in den Leib gegeben, danach stehend mit dem Schwerte gerichtet, den Kopf an einer Stange über sie gesteckt, den Körper unter dem Galgen begraben. Am 23. August einen Krebsdieb, der zuvor auf den Galeeren gewesen, mit Ruthen ausgestrichen. Am 7. September einer Kupplerin die Finger abgeschlagen. Am 17. September 2 Diebe mit dem Strange gerichtet; ‚sind im Hinausführen frech und muthwillig gewesen, gejauchzet, den Galgen einen argen Kirschbaum geheißen‘. Am 30. September 2 Diebinnen mit Ruthen ausgestrichen. Am 4. October einen Dieb mit dem Strange gerichtet. Am 20. October eines Schützen Weib, dabei eine Hure, mit Ruthen ausgestrichen. Am 17. November einen Schwestermörder mit dem Rade gerichtet. Am 1. December Einen, der 3 Weiber genommen und Kinder mit ihnen gezeugt, und eine Weibsperson, die auch Kinder mit ihm gezeugt, mit Ruthen ausgestrichen. Am 6. December eine Mörderin, die ihr eigenes sechsjähriges Kind vorsätzlich ermordet und Willens gewesen, auch ihre anderen 4 Kinder zu ermorden, mit dem Schwerte gerichtet. Am 12. December einen Dieb mit Ruthen ausgestrichen [2]. Man ersieht aus dem

---

[1] v. Endler 8—11. 127—129.   [2] v. Endler 11—14. 129—130.

Tagebuch, wie häufig die Verbrechen der Blutschande, der Nothzucht, der Sodomiterei (einmal sogar mit 11 Personen) bestraft werden mußten. Häufig hatte der Nachrichter es mit Bigamisten und Trigamisten zu thun; einmal mit einem Manne, der 4, und einmal mit einem solchen, der 5 Weiber genommen. ,Gräulich' insbesondere waren auch die zahlreichen Fälle ,der Mörderei'; Schmidt führt wiederholt auf: Vater-, Bruder- und Schwestermord, Gatten- und Gattinnenmord, 14 Kindsmörderinnen; Mörder, welche 3, 5, 8, sogar 20 Morde begangen, darunter solche, welche ,Weiber lebendig aufgeschnitten, Kindlein die Hände abgeschnitten' [1]. Die unnatürliche Gräßlichkeit der Verbrechen erweckt Staunen. Im Jahre 1576 kam es vor, ,daß ein Mann sein eigen Kind lebendig eingegraben und erstickt, hernach wieder ausgegraben, daß Herz herausgerissen und gefressen. Dann hat er auch ein Wirthstöchterlein lebendig eingegraben, gleichfalls wieder ausgegraben und mit demselben Unzucht getrieben' [2]. ,Summa Summarum', schließt der Nachrichter Franz Schmidt im Jahre 1617 sein Tagebuch, habe er 361 Personen vom Leben zum Tode hingerichtet und außerdem 345 Personen am Leibe gestraft, mit Ruthen ausgestrichen, ihnen die Ohren abgeschnitten und Finger abgeschlagen. Darauf habe er seinen Dienst aufgegeben und sei ,wieder redlich gemacht worden'.

Eine sehr bedenkliche Erscheinung im Zeitalter der Kirchenspaltung ist die Zunahme der Selbstmorde. Der Mainzer Weihbischof Michael Helding klagte darüber in seinen Predigten auf dem Augsburger Reichstage in den Jahren 1547—1548. ,Wir müssen's jetzund und mit Herzenleid an der unseligen Christenheit sehen und bekennen, daß die Christenheit nie zu keiner Zeit so gar in der Gewalt des Teufels gelassen sei, als zu unseren unseligen Zeiten. Wann haben die Sünden greulicher überhand genommen? Wann hat der Teufel so viele Menschen in Verzweiflung getrieben, daß sie trostlos werden und sich selbst entleiben?' [3]

,In diesem Jahre 1545', heißt es in einer schlesischen Chronik, ,geriethen viel Leute in Städten und in Dörfern in solche Angst, daß sie sich ertränkten, erhängten, erstachen. Etliche Bauern, wenn sie in die Stadt fuhren, erhingen sich an die Wagen, ehe es ihre Knechte inne wurden.' [4]

Im Brandenburgischen suchte man die Selbstmordmanie durch die Bestimmung vom Jahre 1582 einzudämmen, daß die Erben der Nachlassen-

---

[1] Vergl. bei v. Endler insbesondere S. 4. 7. 22. 86.

[2] Histor.-diplomatisches Magazin 2, 252.

[3] Von der Hailigsten Messe Fünfzehn Predige zu Augsburg auff dem Reichstag im Jar MDXLVIII gepredigt. Ingolstadt 1548. Erste Predigt.

[4] Pol 3, 130. Ueber die Zunahme der Selbstmorde und Verbrechen in Basel während der Jahre 1600—1618 vergl. Ochs 6, 762—769.

schaft des Selbstmörders verlustig gehen sollten[1]. In anderen protestantischen Gegenden, zum Beispiel in Frankfurt am Main, wurde dagegen die im Mittelalter übliche entehrende Behandlung der Leiche der gewöhnlichen Selbstmörder allmählich gemildert. Jedoch verschärfte man die Behandlung der Leichen von Solchen, die sich im Gefängnisse umgebracht oder durch Selbstmord sich der Criminalstrafe entzogen hatten[2].

Der Hildesheimer Chronist Johann Oldecop weist zum Jahre 1556 auf die sich bei den Neugläubigen steigernde Zahl der Selbstmorde hin. ‚Die sich in diesem Jahre‘, schreibt er, ‚hier zu Hildesheim selbst erwürgt und umgebracht haben, das sind alle lutherische Bürger oder Bürgerinnen gewesen und hiebevor von dem heiligen christlichen Glauben, auch von Gott und dem Gehorsam der heiligen christlichen Kirche abgefallen. Derhalben ist der Satan ihrer mächtig, und steht zu befürchten, daß die lutherischen Prädikanten die kleinen Kinder nicht recht segnen, nicht genugsam den bösen Geist daraus bannen.‘[3]

Luther, welchem die bei seinen Anhängern immer häufiger werdenden Selbstmorde nicht entgingen, hatte sie im Jahre 1542 für ein Werk des Satans erklärt, dem Gott innerhalb der lutherischen Kirche eine solche Gewalt gegeben zur Strafe für den Undank und die Verachtung des ‚Evangeliums‘[4]

2.

Während das Zunehmen der rohesten und scheußlichsten Verbrechen das Ansehen und die Macht der Criminaljustiz herabdrückte, zwang es dieselbe gewissermaßen zu immer strengeren Strafen. Die allgemeine Verrohung und Verwilderung drang in die Zeugenverhöre, in die Gerichtsverhandlungen, in die Strafurtheile, in den Vollzug derselben ein.

Im ausgehenden Mittelalter bereits waren die einzelnen Territorien des Reiches bestrebt, durch möglichst strenge Strafen der Verübung von Verbrechen entgegenzuwirken: die bloßen Drohungen der Strafgesetze erscheinen jetzt so überwiegend als Ernst, daß nicht nur fast alle Verbrechen, und zwar selbst die geringfügigsten, wie zum Beispiel das Verunreinigen von Brunnen, die Beleidigung von städtischen Nachtwächtern, mit dem Tode bestraft werden, sondern daß zugleich die bei weitem größere Zahl derselben mit möglichst qualvoller Todesstrafe belegt wird. Besondere Strenge zeigte sich namentlich bei der immer mehr steigenden Verfolgung des Hexenwesens[5]. Jedoch ist die

---

[1] Peinliche Halsgerichtsordnung Fol. 84, No. 162.
[2] Kriegt 1, 221.   [3] Oldecop 390.
[4] Brief an A. Lauterbach vom 25. Juli 1542. bei be Wette 5, 487.
[5] Näheres darüber vergl. unten.

Strenge nicht überall dieselbe. Am weitesten ging hier vielleicht das Nürnberger Recht (1479), während das Cölner Stadtrecht (1437, gedruckt 1570) sich vergleichungsweise durch auffallende Milde auszeichnet. Demselben sind qualificirte Todesstrafen unbekannt, und selbst die schwersten Verbrechen werden mit einfacher Enthauptung bestraft. Dabei ist in ganz Deutschland dem Ermessen der Gerichte der weiteste Spielraum gelassen. In der österreichischen Landgerichtsordnung (1514) zum Beispiel sind nur die unerlaubten Handlungen aufgezählt, die Art ihrer Bestrafung aber ist schlechthin dem richterlichen Ermessen überlassen.

Die damit gegebene Willkür in der Strafverhängung verschlimmerte sich mit dem Eindringen des römischen Rechtes und der Verdrängung des Anklageprocesses durch den im canonischen Rechte ausgebildeten Inquisitionsproceß. In den einheimischen Strafgesetzen wurde vielfach auf das römische Recht als ergänzende Rechtssätze Bezug genommen, wodurch Zahl und Art der strafbaren Handlungen sich änderten. Dabei war das römische Strafrecht, welches ein so durch und durch nationales Gepräge trägt, wenig verstanden. Wichtiger noch als diese Reception des fremden Rechtes war die Verdrängung der Rathsherren und Schöppen aus den Gerichtshöfen und deren einseitige Besetzung durch gelehrte Richter, wodurch der gerade wegen der Lückenhaftigkeit und Unbestimmtheit der Strafgesetze so dringend nothwendige Zusammenhang der Anschauungen der Richterbank mit den Volksanschauungen verloren ging. Dazu kam die veränderte Stellung des Richters zu dem Beschuldigten, der im Inquisitionsprocesse rechtlos der freien Verfügungsgewalt des die Untersuchung führenden Richters preisgegeben war. Das inquisitorische Princip drängte geradezu dahin, das ganze Strafverfahren formlos zu machen, um in der Erforschung der materiellen Wahrheit möglichst wenig beschränkt zu sein. Man ließ die schützenden Formen fallen, wenn nur in der Sache selbst kein Unrecht geschah. Der zwingendste Beweis der Wahrheit einer Anklage ist deren Geständniß; nur auf Geständniß und Zeugen konnte eine Verurtheilung erfolgen. Wo sie fehlten, versuchte der Untersuchungsrichter die Herstellung des vollen Beweises durch die Folter. Die Mißbräuche und Uebelstände waren bereits am Ende des fünfzehnten Jahrhunderts so groß geworden, daß das Kammergericht auf die Abfassung einer neuen, für ganz Deutschland bestimmten Strafgesetzgebung drängte und der Reichstag zu Freiburg im Jahre 1498 ein neues Strafverfahren in Aussicht nahm.

Am deutlichsten zeigte sich der allgemein beklagte Verfall der Strafrechtszustände Deutschlands in dem maßlosen Gebrauch der Folter [1].

---

[1] Holtzendorff, Handbuch des deutschen Strafrechts 67.

Der gerichtliche Gebrauch der Folter kam in Deutschland zwar schon um die Mitte des vierzehnten Jahrhunderts vor[1]; aber erst seit dem Ausgang des fünfzehnten und im Laufe des sechzehnten Jahrhunderts erfolgte die furchtbare Ausbildung derselben. Das Foltern ward jetzt von den Untersuchungsrichtern wie eine besondere Wissenschaft und Kunst betrieben. Auch diejenigen Juristen, welche anerkannten: es sei Nichts so grausam und so unmenschlich, als den nach Gottes Ebenbild geschaffenen Menschen auf der Folter zu zerreißen, es sei überdieß die Folter ein gefährliches und sehr zweifelhaftes Mittel zur Erforschung der Wahrheit, hielten doch daran fest, es seien zu diesem Zwecke im Falle der Noth Folterqualen in Anwendung zu bringen. Der Jurist Petrus von Ravenna, der im Jahre 1511 die Abschaffung der Tortur befürwortete, blieb ebenso wie später der Spanier Ludwig Vives nur eine vereinzelte Erscheinung[2]. ‚Wie überaus zweifelhaft das grausame Mittel', erfuhr man, ohne daraus Belehrung zu schöpfen, an zahlreichen gräßlichen Beispielen, am gräßlichsten einmal in Pommern, wo in Stettin im Jahre 1518 ein Kirchendieb und Mörder verhaftet wurde, welcher bekannte, früher einen Kirchendiebstahl begangen zu haben, um dessen willen auf falschen Verdacht hin nach den durch die Folter erpreßten ‚Bekenntnissen' 3 Priester, 17 Küster, 18 andere Männer und 18 Frauen und Jungfrauen, im Ganzen 118 Personen, hingerichtet worden waren[3].

In den neuen Rechtsbüchern, durch welche man den unerträglichen Zuständen in Deutschland abzuhelfen suchte, war die Tortur beibehalten. So in der im Jahre 1507 von dem Bamberger Fürstbischofe Georg publicirten Bambergischen Halsgerichtsordnung. Der geistige Urheber dieses Rechtsbuches war Johann Freiherr zu Schwarzenberg, der ein Vierteljahrhundert lang das höchste weltliche Amt des Fürstbisthums Bamberg bekleidete[4].

Aus der Bamberger Halsgerichtsordnung ging hervor die ‚Peinliche Gerichtsordnung Kaiser Carl's V. und des heiligen römischen Reiches, auf den Reichstagen zu Augsburg und Regensburg 1530 und 1532 aufgericht und beschlossen'[5]. Auch auf die Entstehung dieses neuen Straf-

---

[1] Vergl. Seifart 668—672 und Knapp, Das alte Nürnberger Criminalrecht. Berlin 1891.

[2] Baltische Studien 20, 160, und unten S. 476.   [3] Seifart 687.

[4] Stinzing 612 fl. 618 fll. Schwarzenberg wandte sich sehr bald der neuen Lehre zu, verließ den bambergischen Dienst und übernahm das Amt des Haushofmeisters bei dem Markgrafen Casimir und Georg von Brandenburg. Er starb am 21. October 1528. Ueber Schwarzenberg's Sohn Christoph, welcher der alten Kirche treu blieb, siehe Paulus in den Hist.-pol. Bl. Bb. 111 (1893), S. 10 fll., und Bb. 112, S. 144 ff.

[5] Vergl. Holzendorff, Strafrecht 1, 67 fll. Stinzing 621 fll. Glaser, Strafproceß 1, 78 fll.

gesetzes, der sogenannten Carolina, hat Schwarzenberg einen wesentlichen Einfluß ausgeübt. Es war nun keineswegs die Absicht dieses großen Juristen, die Ausübung der Strafjustiz zu mildern, sondern nur, sie zu einer gerechtern zu gestalten: ‚sie sollte nur den Schuldigen, aber diesen auch in verdientem Maße, mit ihrer ganzen Kraft und Strenge treffen‘ [1]. Zu diesem Behufe sind für eine Reihe von Verbrechen die Thatbestände genauer fixirt und die verschiedenen Schuldgrade sorgfältiger als bisher geschieden. Den seitherigen Uebelständen konnte aber auch durch die Annahme der Carolina in den Einzelterritorien nicht begegnet werden, weil auch sie auf die fremden Rechte als ergänzende Strafrechtsquellen verwies und dem richterlichen Ermessen weite Freiheiten beließ. Die Strafen sind der Zeitrichtung entsprechend äußerst hart; doch sind die bis dahin bei der Todesstrafe üblichen Grausamkeiten vermieden. Die Verhängung der Todesstrafen erfolgte: ‚zum Schwert, zum Feuer, zur Viertheilung, zum Rade, zum Galgen, zum Ertränken, ausnahmsweise zum Lebendigbegraben und Pfählen‘. Als Zusätze zur Todesstrafe erscheinen noch: ‚das Schleifen zur Richtstatt durch die unvernünftigen Thiere und das Reißen mit glühenden Zangen‘, und als verstümmelnde Strafen: ‚Abschlagen der Finger oder der Hand, Abschneiden der Ohren, Ausstechen der Augen und Aushauen mit Ruthen‘.

Was die Folter oder peinliche Frage anbelangt, so versuchte die Carolina deren Anwendung durch Aufstellung genauer Vorschriften über ihre Voraussetzungen möglichst einzuschränken. ‚Nur wo es sich um ein Capitalverbrechen handelte, auf das Todes- oder lebenslängliche Gefängnißstrafe stand, sollte die peinliche Frage in Anwendung kommen. Und dazu sollte der Thatbestand des Verbrechens, so weit nur möglich, bereits ermittelt sein. Es mußten ferner hinreichende Anzeichen vorhanden sein, die einen bringlichen Verdacht gegen den peinlich zu Befragenden begründeten. Auch sollte der Grad der Tortur sich richten nach dem Maß der körperlichen Kräfte des Angeklagten. Das während der Tortur abgelegte Bekenntniß sollte keine Bedeutung haben, die Aussagen des Gepeinigten sollten nicht aufgezeichnet werden; vielmehr war, sobald er sich zu Aussagen bereit erklärt, der Marterapparat zu entfernen und erst nach einer Zwischenzeit das Verhör vorzunehmen und die nunmehrigen Aussagen zu protocolliren. Endlich mußte der Gepeinigte in einem mehrere Tage später erneuten Verhör das früher Ausgesagte bestätigen.‘ [2]

Diese Vorschriften der Halsgerichtsordnung Carl's V. wurden im sechzehnten wie im siebenzehnten Jahrhundert nur selten beobachtet. Fast allent-

---

[1] Stintzing 620—621.
[2] Vergl. Calinich 285—286 und Glaser, Strafproceß 1, 87 fll.

halben im ganzen Reiche gingen die Gerichte in der Anwendung der Folter
weit über die Carolina hinaus.

Grauenerregend ist schon die Beschreibung der in jener verwilderten Zeit
gebräuchlichen Folterwerkzeuge. Die Sammlungen von Rechtsalterthümern
sind noch heute überreich an Werkzeugen, durch welche man den Beweis der
Schuld aus den unglücklichen Opfern der damaligen Justiz herauszupressen
suchte. Als mildeste Mittel, Geständnisse zu erzwingen, dienten die Daumenschrauben oder Daumenstöcke, ‚kleine eiserne Pressen, deren innere Flächen ein-
gekerbt waren. Zwischen diese gekerbten Flächen ward das oberste Glied des
Daumens eingeschraubt; oft lösten sich den also Gefolterten die Nägel oder es
trat eine Lähmung der Finger ein. Eine kleinere Art von Daumenschrauben
hieß Jungfernstöckel'. Noch ungleich schmerzlicher waren die Beinschrauben
oder spanischen Stiefel, ‚größere Pressen, welche um die Waden und Schienbeine gelegt und allmählich zugeschraubt wurden. Zur Erhöhung der Qual
hielt der Henker mit dem Schrauben von Zeit zu Zeit ein und klopfte mit
einem Hammer oder Schlüssel gegen das gepreßte Schienbein. Ein kleines
eingekerbtes Brett war auf der innern Fläche der Presse so angebracht, daß
es gerade auf das Schienbein zu liegen kam und sich beim Zuschrauben heftig
gegen den Knochen drückte.' Große Qualen verursachten auch die Schnüre.
Dieselben bestanden ‚aus hanfenen, federkieldicken Bindfäden, an deren Enden
sich hölzerne Quergriffe befanden. Diese Schnüre wurden dem Angeklagten
ein- oder zweimal um den nackten Oberarm gewunden; darauf ergriffen die
Peiniger die an den Enden der Schnüre befindlichen Handgriffe und zogen
dieselben hin und her, wodurch sich sehr bald unter großen Schmerzen die Haut
abschürfte.' Noch schrecklicher wirkte der sogenannte trockene Zug, das heißt
das Ausrecken der Glieder auf der Leiter oder Folterbank, was jedoch gewöhnlich
erst im dritten Foltergrade angewandt ward. ‚In der Regel wurde der zum
trockenen Zug Verurtheilte an den auf dem Rücken zusammengebundenen Händen
in die Höhe gezogen und seine Füße mit Gewichtstücken beschwert, deren größere
oder geringere Schwere den Foltergrad verminderte oder verstärkte.'[1]

Ward durch diese Mittel noch kein Geständniß von dem Gefolterten
erpreßt, so schritt man zur Erhöhung der Marter. Hierzu diente der sogenannte gespickte Hase, ‚eine hölzerne, mit Pflöcken beschlagene Walze, welche
im Rücken des an der Leiter Aufgezogenen gedreht wurde und ihre Pflöcke
in das Rückgrat drückte'. Eine noch ärgere Qual wird in den Folteranwei-
sungen also beschrieben: ‚Sechs oder nach Gelegenheit mehr oder weniger der
größten Gänsefedern zieht der Scharfrichter aus einem Flederwisch, taucht sie
in einen Tiegel mit zerlassenem Schwefel, welche angezündet und dem In-

---

[1] Seifart 674—675.

quifiten an beide Seiten des Leibes geschmiffen werden, da dann, wenn selbige
hängen bleiben, sie den brennenden Schwefel weit um sich spritzen. Sonsten
aber pflegt man außer diesem noch dazu Kiehnstöckchen, spitzig geschnitten,
wenn vorher die Armen auf der Folter etwas nachgelaffen, zwischen die Nägel
an allen zehn Fingern zu stecken, selbige unterwärts anzuzünden und also aus-
brennen zu laffen, welches manchmal zwei Minuten dauert, hernach mit stark
brennenden Pechfackeln den Leib zu betupfen, da dann von den Wergflocken
gemeiniglich was kleben bleibt, so auf dem Leibe gegen eine Minute lang
brennt; und letztlich dergleichen elende Menschen auch auf glühende Ziegel zu
stellen und die Beine darauf zu halten, welches gemeiniglich vier Knechte mit
allen Kräften kaum zu bewirken vermögend sind, welches nach derer Inqui-
siten Angaben sie vor den schmerzhafteften Grad der Folter halten.'[1]

Angesichts solcher Marterwerkzeuge wird es begreiflich, daß ganz Unschuldige sich schuldig bekannten, nur um den Folterqualen zu entgehen. So
erzählt Sastrowe, wie im Jahre 1544 ein völlig Unbetheiligter sich als Mörder
bekannte ‚zur Verhütung peinlicher Verhör, dafür er sich mehr als vor dem
erschrecklichen Tode entsetz'[2].

Empörend war auch der Leichtsinn, mit welchem man an manchen Orten
die Folter anwandte. So wurde zum Beispiel in Hamburg zu Anfang des
siebenzehnten Jahrhunderts ein sehr gebildeter, ehrenwerther Patricier von
böswilligen Menschen fälschlich eines abscheulichen Verbrechens beschuldigt und
daraufhin zwölf Jahre im Gefängniffe festgehalten. Viermal folterte man
ihn, ohne ihm ein falsches Geständniß abzwingen zu können. Endlich brachten
ihm die Verwendungen seiner zahlreichen Freunde und ein kaiserlicher, mit
Androhung der Acht versehener Befehl die Freiheit wieder[3].

Manche Richter und Criminalisten erfanden zu den gebräuchlichen Marter-
werkzeugen noch zahlreiche neue und dehnten auch die Dauer der Folter länger
aus, als gesetzlich gestattet war. Ihrem Namen nach deutschen Ursprunges
waren folgende Folterwerkzeuge: ‚Die pommerische Mütze, ein knotiger mit
eisernen Gliedern versehener Strick, der um den Kopf gepreßt wurde; das
mecklenburgische Instrument, womit die Daumen und großen Zehen zusammen-
geschraubt wurden; die braunschweigischen Stiefel, der lüneburgische Stuhl,
der mannheimer Bock, das bambergische Instrument.' Der niederländische
Jurist Damhouder († 1581), welcher durch seine Schriften für die deutsche

---

[1] Zedler, Lexikon 44, 1476. ‚Die Betrachtung derartiger Scenen', sagt Lecky 1, 103,
nachdem er die verschiedenen Arten der Tortur in Schottland geschildert, ‚gehört zu den
schmerzlichften Pflichten, welche dem Geschichtschreiber obliegen; aber es ift eine, vor
der er nicht zurückschrecken muß, wenn er ein gerechtes Urtheil über die Vergangenheit
abgeben will.'

[2] Sastrowe 1, 83—87.   [3] Grevius 337—389.

Praxis sehr einflußreich wurde[1], bezeichnet diese Folterweisen als einestheils selten in Uebung, anderntheils außer Gebrauch gekommen. Welch' wahrhaft teuflische Mittel jedoch zu Damhouder's Zeit in manchen deutschen Städten ungescheut angewandt wurden, zeigt ein Vorfall aus dem Jahre 1570. Damals versuchte man in Frankfurt am Main einen standhaften Angeschuldigten, an welchem alle bekannten Folterkünste vergeblich erschöpft waren, dadurch zu dem Bekenntniß seines vorausgesetzten Vergehens zu bringen, daß man ihm eine umgekehrte Schüssel, in welche man eine lebende Maus setzte, auf den bloßen Leib band[2]. Wenn ein solches Verfahren in einer großen Reichsstadt möglich war, so läßt sich leicht ermessen, welche Gräuel bei den Gerichten kleiner Territorien vorkommen mochten, wo die Henker das Blut- und Marterwerk unter Anleitung oft ganz ungebildeter und roher Schreiber vornahmen. Damhouder berichtet Näheres über solche Teufel in Menschengestalt, die mit mehr als thierischer Rohheit ein besonderes Vergnügen daran fanden, die ihnen zur Folter Ueberantworteten in unerhörter Weise zu mißhandeln und zu martern[3].

Allein ganz abgesehen von solchen empörenden Auswüchsen, sind schon die von Damhouder als Augenzeugen geschilderten allgemein gebräuchlichen Folterarten gräßlich genug. So erzählt er folgende Maßregelung. Der zu Folternde wird zunächst entkleidet und, die Hände auf den Rücken gefesselt, auf einer Bank festgebunden. Darauf werden ihm die großen Zehen mit Schnüren umwickelt. Mit Hülfe dieser Schnüre, die auf einer Rolle liefen, wird dann der Körper gewaltsam und bis auf das Aeußerste auseinander gezerrt. Eine weitere Qual bereitete man dem Unglücklichen dadurch, daß man Schienbeine und Schenkel gleichfalls mit Striden umwand und durch kräftige Drehung derselben den Körper nach unten hin zerrte. Eine weitere Marter bestand darin, daß man dem Delinquenten kaltes Wasser in solcher Menge eingoß, daß der Leib bis zur äußersten Grenze aufschwoll. ‚Das ist so ungefähr die Art,‘ fährt Damhouder fort, ‚wie man bei uns zu foltern pflegt. Sollte bei einmaliger Pein das Geständniß nicht erfolgen, so ist es üblich, die Tortur zu wiederholen und mit ihr empfindliche Geißelung zu verbinden.‘ Diese Art der Tortur räth er als besonders wirksam und erfolgreich zur Auspressung des Geständnisses an[4].

Wie mit der fortschreitenden Verwilderung das Folterwesen gleichen Schritt hielt, zeigt die haarsträubende Schilderung, welche Johann Grevius im Jahre 1624 entwarf. ‚Es gibt jetzt mehr Arten von Foltern‘, sagt er, ‚als Glieder

---

[1] Siehe Stinking 604 fl.   [2] Krieg! 1, 216.   [3] Vergl. Seifart 682.
[4] Damhouder cap. 37, 19 sq. Vergl. Tormenti genus hodiernos apud carnifices usitatum bei Gilhausen 433.

am menschlichen Leibe. Oft kommt es vor, daß man sie an Einem Menschen fast
alle zusammen in Anwendung bringt.' [1] Von diesen Arten erwähnt Grevius:
Anbrennen des ganzen Körpers; Einschließen in den sogenannten ehernen Stier,
der glühend gemacht wurde; Eingießen großer Mengen von Urin in den
Mund des Delinquenten; erzwungene Schlaflosigkeit; Quälen des bereits ge-
folterten Körpers durch Bienen- und Wespenstiche; Auflegen von Essig, Salz
und Pfeffer auf die wunden Körpertheile; Schwefeleinguß in die Nase. Als
eine der heftigsten und unerträglichsten Martern, durch welche gleichwohl dem
Körper kein Schaden zugefügt werde, bezeichnet Grevius folgende Folterart:
Man bindet den zu Inquirirenden auf einer Bank an und bestreicht dessen
Füße über und über mit Salzwasser; alsbann läßt man eine Ziege, welche
Thierart, wie bekannt, nach dem Salze sehr begierig ist, die Fußsohlen des
Gemarterten ablecken.

Vielleicht mehr noch als durch die Aufzählung der einzelnen Arten der
Tortur wird das peinliche Verfahren jener verwilderten Zeit beleuchtet durch
eine von Grevius nach dem actenmäßigen Bericht des Petrus Borrius mitgetheilte Foltergeschichte aus dem Jahre 1576. Dieselbe spielt in Nordholland und faßt alle Schrecken und Gräuel des damaligen Folterwesens wie
in einem Bilde zusammen [2].

Der Statthalter Wilhelm's von Oranien in Nordholland hatte ein Ausschreiben erlassen, man solle auf die in der Provinz zusammengeströmten
Fremden ein wachsames Auge haben, da sie ihm verdächtig seien. Daraufhin
wurden über 20 umherziehende Bettler verhaftet. Der Statthalter ernannte
den Balliven von Nordholland sammt drei Beamten aus Hoorn, Alkmar und
Bredenrode zu 'Commissären' oder Richtern. Die Leute gestanden sofort einige
Diebstähle und ähnliche Vergehen ein. Man schritt nun zur Folter und
fragte sie nach den Bauern, mit welchen sie bei ihren Wanderungen durch
die Dörfer vertrauten Umgang gepflogen. Die Bettler nannten mehrere, welche
ihnen wiederholt Unterkunft und größere Almosen gewährt hätten, darunter einen
gewissen Jacob Cornelii und dessen Sohn Nannius Jacobi, zwei sehr reiche
Männer. Die Richter wollten dann wissen, ob diese Bauern sie nicht mit
Geld bestochen hätten, einige Dörfer anzuzünden in dem Augenblicke, in
welchem die Spanier die Provinz angreifen würden; es solle ihnen, fügten
die Commissäre bei, Verzeihung und Freilassung zu Theil werden, wenn sie
die Wahrheit unumwunden eingeständen. Die Bettler gaben endlich an,
Jacob Cornelii und sein Sohn hätten ihnen ein solches Ansinnen gestellt.

Wie der Foltermeister später erzählte, wurden auf Geheiß der Commissäre
einem dieser Armen, Johann Driemont mit Namen, die Hände auf den Rücken

---

[1] Grevius 56.   [2] Grevius 540—560.

gebunden und an die zwei großen Zehen Gewichte von zwei Centnern gehängt. Die Richter lasen unterdessen von einem Blatte die Namen verschiedener Bauern ab und fragten, ob nicht diese ihn zur Brandstiftung angereizt hätten. Daran knüpften sie von Zeit zu Zeit Mahnungen wie: ‚Du mußt es sagen; wir wissen es schon zur Genüge; du mußt sie anklagen, sonst wirst du alle Tage auf diese Weise gefoltert.‘ Der Bettler schwieg. Die Commission aber begab sich zum Essen in das Gasthaus „zum Aethiopier“, nachdem sie den Foltermeister beauftragt, mittlerweile stramm seines Amtes zu walten. Drei Stunden hielt der Mann seine Marter aus; dann bat er, man möchte die. Richter rufen, er könne nicht mehr. Diese ließen etwa eine halbe Stunde auf sich warten, und als sie endlich erschienen, fragten sie, ob der Angeklagte eine Angabe machen wolle. ‚Was wollt ihr denn von mir hören, meine Herren?‘ entgegnete dieser. Sie sagten: ‚Nennst du uns die Spießgesellen, die du bei deinen Verräthereien gehabt, so wollen wir dir das Leben schenken.‘ Diese Versicherungen und das Uebermaß der Schmerzen bewogen endlich den Unglücklichen, die Bauern anzuschuldigen, deren Namen auf dem Blatte standen. Dem Scheiterhaufen entging er trotzdem nicht. An der Richtstätte angelangt, fiel er auf die Kniee nieder und rief Gott zum Zeugen an dafür, daß er und die Bauern so wenig des Verrathes schuldig seien als die Kieselsteine, welche den Richtplatz bedeckten, oder irgend ein Kind, das in der letzten Nacht erst geboren worden. Auch die übrigen Bettler wurden hingerichtet, der eine hier, der andere dort, und sie alle versicherten im Angesichte des Todes vor dem Prediger des Ortes und vielem Volke, die Bauern seien unschuldig. Gegen diese lag Nichts vor als die Angaben der Bettler. Dennoch ließen die Commissäre auch sie verhaften und foltern. Mehr als acht Kannen Branntwein gingen am Leibe des Jacob Cornelii in Flammen auf; der ganze Körper ward schwarz davon; alles Fleisch an den Fußsohlen verbrannte. Aber Cornelii ließ sich kein Geständniß abpressen. Nachdem man ihn Tags darauf den Vormittag über wiederum gräßlich gepeinigt, führte man ihn des Nachmittags den Commissären vor. Er sprach einige Worte und brach vor ihren Augen todt zusammen. ‚Da sehen wir's,‘ riefen sie, ‚der Teufel dreht ihm den Hals um; er schleppt den Halunken mit sich in die Hölle!‘ Seine Leiche ließ man zerstückeln, obwohl er Nichts gestanden und Andere seine Frömmigkeit und Andacht rühmten. Vom Vater ging man zum Sohne über. Nannius Jacobi wurde dreiundzwanzigmal gefoltert; man benutzte dazu Wespen, Bienen, glühende Kohlen, brennende Kerzen, flüssig gemachten siedenden Speck und so weiter. Sechs Tage ließ man ihn Durst leiden, obwohl er jämmerlich um einen frischen Trunk flehte. Ratten, durch Hitze zum Beißen gereizt, wurden ihm an die entblößte Brust gesetzt. Der Statthalter selbst hatte die Thiere geschickt. Andere Foltern waren derartig, daß der Anstand sie zu schildern verbietet: Nannius sagte schließlich Ja zu Allem, was die Commissäre von ihm wissen wollten, und diese sprachen über ihn das Todesurtheil mit der Begründung: ‚Sintemalen Nannius Jacobi, dermalen in Haft, ohne alle Foltern und eisernen Bande gestanden hat‘ und so weiter. Als aber Nannius zu Hoorn auf die Richtstätte gebracht wurde, erklärte er feierlich, seine Angaben seien gänzlich unwahr; nur die Folterqual und falsche Versprechungen hätten sie ihm abgerungen. Ein Volksauflauf stand zu befürchten; darum ward die Hinrichtung aufgeschoben. Im Gerichtsgebäude überhäufte die Beamtenschaft ihr Opfer mit den bittersten Vorwürfen; man werde ihm, hieß es, ein Glied nach dem andern vom lebendigen Leibe reißen lassen, wenn er nochmals von seiner Unschuld rede. Am folgenden Tage begaben sich die Commissäre zu Nannius, der abermals seine und der Uebrigen Unschuld betheuerte. Man gab ihm spanischen Wein zu trinken, bis er berauscht war, und führte ihn so zum Richtplatze zurück. Als er nochmals Etwas zu seiner Rechtfertigung lallen wollte, übertönte Johann Epes, der Prediger des Ortes, seine Worte durch großes Geschrei. Das Volk murrte, als es den Armen sterben sah. Von da an nannte man jene vier Commissäre die ‚Bluträthe‘; sie wurden bald Gegenstand des allgemeinen Hasses; die Behörde von Hoorn, ja der Oranier selbst sahen sich bemüßigt, ihrem Unwesen zu steuern und mehreren verklagten Bauern ihre Unschuld durch öffentliche Urkunden zu bezeugen.

Aehnliche Fälle werden namentlich aus Sachsen berichtet. Hier ließ unter Anderm der Kanzler Brück einen herzoglichen Secretär auf nichtige Anklagen hin zweimal auf die Folter legen und trieb den Henkermeister so lange zum Spannen des Delinquenten an, bis dieser erklärte: ‚wenn er noch stärker spannen sollte, so würde der Angeklagte wie eine Saite zerbersten, zumal ihm bereits das Blut aus dem Nabel gesprungen‘[1].

Die Gräßlichkeit der Folter förderte eine für jene Zeit ungemein kennzeichnende Erscheinung zu Tage: unter den zahlreichen Räuber- und Gaunerbanden des sechzehnten Jahrhunderts gab es Verbrecher, welche sich in Wäldern gegenseitig mit den ausgesuchtesten Martern peinigten, um im Falle einer Verhaftung gegen die sie erwartende Folter abgehärtet zu sein[2].

---

[1] Vergl. vom vorliegenden Werke Bd. 4, 242 ff.
[2] So berichtet der kaiserliche Commissär J. Damhouder († 1581) in seiner Practica rerum criminalium: ‚Atque inter hujuscemodi (verschiedenartigen Malefizpersonen) reperies (expertus et ex propria ipsorum confessione loquor), qui sese mutuis suppliciis in nemoribus excarnificant et ad omne tormentorum genus forti animo perferendum docent, exercent et obdurant, ne quando capti serioque torturam subeuntes tormentis cederent, sed uti cuncta exercito corpore

‚Wo jeßund‘, schrieb ein lutherischer Prediger im Jahre 1583, ‚alle herrliche göttliche Kunst in den wilden Zeiten allgemach zu Nichte geht, da übet man sich in der neuen Kunst der Folterung und ersinnt viele absonderliche Arten von Marterungen und weiß die armen Gemarterten zu höhnen und zu spotten, daß ein christlich Herz darob sich entsetzen möchte.‘ An Stelle des sinnigen und gemüthvollen Humors im alten deutschen Recht trat der Humor der Tortur. Die Gerichtsacten gefielen sich in mancherlei höhnischen und witzigen Umschreibungen der Strafe. Man nannte den Strafrichter den Meister Auweh, Meister Hämmerlein, Meister Fix, Kurzab, Schnürhänslein und empfahl ihm, bei der Folter den Sträfling gut geigen zu lehren, zum guten glückseligen Neujahr ein gutes Zünglein zu machen. Der Staupbesen hieß: die erste Weihe zum Galgen geben, den Delinquenten fitz setz machen; der Galgen hieß: das Dreibein, der himmlische Wegweiser; die Galgenstrafe, ein lustiges Ginkle-Gankle machen, den Wicht mit einer Pfennigsemmel aus dem Seilerladen vergiften, an der Herberge der drei Säulen als Bierzeichen aushängen, ihn mit den vier Winden zu Tanze gehen, mit Jungfer Hänfin Hochzeit machen lassen, und dergleichen. Wenn auch das Todesurtheil schon gefällt war, machte es den Richtern wohl ein Vergnügen, ein paar Wochen oder ein paar Tage vor der Hinrichtung noch eine kleine Folterei vorzunehmen, ‚um etwa noch Etwas aufzuschnappen‘ [1].

Manche Folter war nichts Anderes als eine Art heimlicher Hinrichtung. So die in Nürnberg im Gebrauch befindliche ‚Jungfrau‘, eine 7 Fuß hohe, innen hohle eiserne Statue, welche eine Bürgersfrau in der Tracht des sechzehnten Jahrhunderts darstellte; in dieselbe wurde der Verbrecher eingeschlossen und gleichsam von ihr umarmt von 23 vierschneidigen Dolchen in Stücke zerschnitten [2].

Auch die Vertheidiger der Folter gaben zu: ‚heut zu Tage seien in der Christenheit Foltern im Gebrauche, die man recht grausam nennen müsse, und an vielen Orten treffe man Richter, die oft kein geringes Unrecht begingen, indem sie so leicht und schnell zur Folter griffen; aber diese Mißstände ließen sich alle heben und vermeiden, ohne daß die Folter abgeschafft werde: die Richter müßten nur gewissenhaft nach den Erklärungen verfahren, welche die Rechtslehrer zu den Gesetzen geschrieben, und besonders nach den

---

et animo gustatis poenis edocto et obfirmato constanter citra ullam confessionem ulliusve proditionem perferrent.‘ Vergl. Seifart 679. Grevius (p. 215) bezieht sich auf diese Stelle, um zu zeigen, daß die Folter nicht beweist.

[1] Seifart 688—689. Vergl. Menzel 3, 65 Note.

[2] Berlinische Nachrichten von Staats- und gelehrten Sachen 1838, No. 282, Beilage. Vergl. Lisch, Jahrbücher 6, 198—200, wonach auch auf dem Schlosse zu Schwerin eine ähnliche ‚eiserne Jungfrau‘ gewesen zu sein scheint.

zahlreichen Mahnungen und Vorsichtsmaßregeln, mit welchen sie das gesammte Folterwesen umzäunt hätten' [1].

Obgleich man fast durchgehends die allzu große Grausamkeit der Folter zugestand, vermochten jene edeln Männer nicht durchzudringen, welche inmitten der allgemeinen Verwilderung die Grundsätze der Humanität verfochten und die Folter als verwerflich bekämpften.

Einer der Ersten, welche im sechzehnten Jahrhundert gegen den Gebrauch der Folter auftraten, war der berühmte spanische Humanist und Theologe Ludwig Vives († 1540). In seinem Commentar zu Augustin's ,Stadt Gottes' spricht er seine Verwunderung darüber aus, daß die Christen noch die heidnische Folter beibehalten hätten. ,Es gibt viele wilde Völker, die es für grausam und unmenschlich erachten, einen Menschen zu foltern, dessen Verbrechen noch im Zweifel steht. Wir aber, geschmückt mit aller Bildung, die eines Menschen würdig ist, wir quälen die Menschen, damit sie nicht unschuldig hingerichtet werden, in einer Weise, welche sie bemitleidenswerther macht, als wenn sie hingerichtet würden. In solchem Grade übertreffen die Foltern oft den Tod an Grausamkeit. Oder sehen wir nicht täglich Viele, die lieber den Tod als die Folter auf sich nehmen wollen? Ihrer Verurtheilung gewiß, gestehen sie ein Verbrechen, das sie nie begangen, nur um nicht gefoltert zu werden. Wahrhaftig, wir haben Henkerherzen: wir können es ertragen, daß man so bittere Seufzer und Thränen einem Menschen auspreßt, von dem wir nicht wissen, ob er schuldig sei.' [2]

Vives faßt seine Ansicht in die Worte zusammen: ,Sehr gewichtig sind alle Gründe, die man gegen die Folter vorbringt; was man indeß zu ihrer Vertheidigung sagt, ist nichtig, eitel, haltlos.' [3]

Es war die Stimme des Predigers in der Wüste. Für lange Zeit wagte es Niemand mehr, eine solche Ansicht aufzustellen. Es war schon viel, wenn bei der fortschreitenden Verwilderung sich Jemand gegen den Mißbrauch der Tortur aussprach oder wenn ein erleuchteter Fürst wie Maximilian I. von Bayern einen mildern Gebrauch der Tortur durchzusetzen versuchte. Im Allgemeinen blieb, namentlich in Folge des Hexenwahnes, die härteste Anwendung der Folter in den meisten Theilen Deutschlands bestehen. Der im Jahre 1590 zu Jena geborene lutherische Theologe Johann Meyfart, ein treuer Fürsprecher der armen Gefolterten, hob in seiner ,Christlichen Erinne-

---

[1] Grevius 184—185. Welche Herzlosigkeit Richter und Henker nicht selten bei der Vollziehung der Folter an den Tag legten, schildert in erschütternder Weise Grevius 315—317.
[2] Commentar zu Augustin's ,Stadt Gottes' Buch 19, Cap. 6, citirt von Grevius 439—441.
[3] Grevius 507.

rung an gewaltige Regenten' hervor, er habe in seiner ‚Jugend gesehen, welcher Gestalt ein Martermeister mit einem Schwefelknopf die in der Marter hangende Person an heimlichen Orten gebrannt' habe. Ja man habe ‚wohl die armen Leute an einem Stück hin ganze 24 Stunden gepeinigt und dieselben zwanzig-, dreißig-, vierzig- oder fünfzigmal aufgezogen, und zwar so hart, daß die Sonne durch den Leib geschienen und man ihnen das Eingeweide habe' sehen können. Inzwischen haben der Richter und andere Gerichtspersonen gefressen und gesoffen, auch wohl gespielet und den Reum allein unter der Hand der grausamen Scharfrichter gelassen, bis ihnen gesagt worden, jetzt wolle der Inquisit bekennen, oder er wäre wohl gar auf der Folter gestorben.'[1]

,O du himmlischer Vater,' ruft Meyfart aus, ‚wie müssen doch die Facultäten, die Schöppenstühle, die Gerichte gesinnt sein, welche zu Haus in sanfter Ruhe sitzen, bei gutem Essen und Trinken leben und in ihren Studirstuben von der Tortur schreiben und nachmals ihre Bücher in den Druck verfertigen und auf die eingeschickten Acten leichtlich und reichlich die Marter erkennen; haben unterdessen nicht ein Vorbildlein derselben in ihren Gedanken abgemalet und urtheilen von der elendesten Elendigkeit und grausamsten Grausamkeit wie der Blinde von den Farben. Wie müssen doch die Prädikanten, die Lehrer, die Beichtiger gesinnt sein, welche zu Haus in sanfter Ruhe sitzen, bei gutem Essen und Trinken leben und in ihren Studirstuben sitzen, die Gefängniß, die Peinigung der Folter in die Concepte ihrer Predigt schreiben, nachmals auf die Kanzel bringen, die Regenten erfrischen, die gewissenhaftigen Amtspersonen beschmitzen, nach dem Henker rufen; haben unterdessen nicht ein Vorbildlein noch einen dunklen Schatten in ihren Gedanken abgemalet und urtheilen von der elendesten Elendigkeit und grausamsten Grausamkeit wie der Blinde von den Farben. Sollten solche tortursüchtige und marterbegierige politische und geistliche Personen nur eine Viertelstunde in dem Ort der Qual hangen, sie würden ihre Bücher verspeien und ihre Predigten vermaledeien. Aber es heißt von ihnen, wie bei dem Propheten Amos am Sechsten steht: „Ihr achtet euch weit von bösen Tagen und trachtet immer nach Frevelregiment . . . und bekümmert euch Nichts um den Schaden Joseph's." Es thut den Urtheilssprechern wohl, daß die Frage Geld mit sich bringet, und den Prädikanten, daß sie sich einmal laben und auskollern.'[2]

Hundert Jahre nach Vives trat ein neuer Gegner der Folter auf: Johannes Grevius (de Grewe), protestantischer Prediger in den holländischen Orten Heteren und Heusden[3]. Nachdem die strengen Calvinisten auf der

---

[1] Wiederholdt 59.   [2] Meyfart 481—482.
[3] Vergl. van Slee in der Allgem. deutschen Biographie 9, 647 fl. Solban-Heppe 2, 205 fl. Diefenbach, Hexenwahn 160 fl.

Synode von Dordrecht die ‚Ketzerei des Arminius‘ verdammt hatten, weigerte sich Grevius, die ihm vorgelegten Glaubensdecrete zu unterschreiben; er wurde deßhalb im Jahre 1618 seines Amtes entsetzt und aus Holland verbannt. Trotzdem kehrte er nach einiger Zeit dorthin zurück und hielt mehrere Wochen lang heimlichen Gottesdienst in Kampen. Im Jahre 1620, als er sich in Emmerich aufhielt, ward er in diesem herzoglich clevischen Städtchen ergriffen, nach dem Haag, später nach Amsterdam gebracht und zu ewigem Kerker verurtheilt. Während seiner etwa sechs Wochen dauernden Untersuchungshaft scheint Grevius auch gefoltert worden zu sein. So berichtet wenigstens Jacob Friedrich Ludovici, und Grevius selbst spricht wohl hiervon, wenn er schreibt: ‚Ich kenne Jemanden, der von vier Schergen gefoltert wurde, unter denen einer den andern zu überbieten suchte; außer den Folterknechten war kein Sterblicher dabei zugegen.‘ [1]

Anderthalb Jahre saß Grevius im Gefängnisse von Amsterdam mit gemeinen Verbrechern zusammen; Oel, Kerzen oder ein anderes Beleuchtungsmittel konnte er nicht einmal im Winter erlangen [2]. Da gelang ihm mit Hülfe seiner Freunde ein kühner Fluchtversuch. Herzog Friedrich von Schleswig-Holstein hatte den niederländischen Verbannten eine Zufluchtsstätte in seinen Landen angeboten, und dahin zog nun auch Grevius sich zurück. Am 12. Januar 1624 widmete er von Hamburg aus diesem Fürsten seine merkwürdige Schrift gegen die Folter, das ‚Tribunal reformatum‘. Als nächste Veranlassung zu seinem Werke bezeichnet Grevius selbst den Umstand, daß man zu Amsterdam ihm während seiner Haft theologische Bücher nur mit ängstlicher Auswahl zu Handen kommen ließ. Er griff darum zum römischen Rechtsbuche, studirte auch mehrere Erläuterungen desselben und schöpfte aus deren Folterlehren und Folterregeln einen so gründlichen Abscheu gegen alle Folter, daß er sich entschloß, in einer eigenen Schrift diese Einrichtung zu bekämpfen. Er verfaßte diese noch im Kerker. Obschon Grevius bereits in seiner Jugend und besonders während seiner anderthalbjährigen Kerkerhaft zu Amsterdam mit dem Studium der Rechte sich beschäftigt hatte, so wollte er doch es nicht unternehmen, vom Standpunkte des positiven Rechtes aus gegen die Folter vorzugehen. ‚Ich suche nicht in die Tiefen des römischen Rechtes einzudringen. Meine Untersuchung beschäftigt sich mit jenem Rechte, welches einen Jeden von uns seine vernünftige Natur lehrt, welches wir das Naturrecht nennen und von welchem Kaiser Justinian sagt, es habe so zu sagen Gottes Vorsehung dafür gesorgt, daß dasselbe stets unerschüttert und unveränderlich bleibe.‘ Als Theologe, meint Grevius, sei er ganz besonders befugt zu einer Untersuchung, ob die

---

[1] Grevius, Tribunal ref. Praef. nova Bl. b 8ᵃ und 360.
[2] Grevius, Tribunal ref. Praef. auctoris Bl. d 7ᵇ.

Folter dem Naturrechte gemäß sei. ‚Uebrigens‘, bemerkt er den fach-
männischen Rechtsgelehrten gegenüber, ‚nimmt man, wenn eine Seuche
wüthet, ein passendes Heilmittel von Jedem an, mag er den Titel „Arzt“
führen oder nicht.‘[1]

‚Bei den Christen‘, sagt Grevius, ‚sollte die Folter so wenig zu treffen sein
als die Sclaverei, mit welcher sie in ihrem Ursprunge zusammenhängt. Was
man zu Gunsten der Folter anführt, ist unhaltbar. Man beruft sich auf die
Gewohnheit. Aber diese Gewohnheit ist unvernünftig. Man verweist auf das
römische Rechtsbuch. Aber darin stand auch die Sclaverei. Die Römer er-
götzten sich an den Gladiatorenkämpfen, und Manche erklärten dieselben für
gut und nützlich, eines Nero und ähnlicher Bluthunde nicht zu gedenken. Ein
Gesetz, welches dem Naturrechte geradezu widerspricht, ist kein Gesetz. Die
Vernunft sagt, man dürfe nicht strafen ohne Gewißheit der Schuld; die
Folter aber straft ein Verbrechen, bevor es bewiesen ist. Das Gewissen des
Richters, meint man, fordere die Folter, wo ihm die Zeugen nicht genügen.
Aber wer verpflichtet ihn, zu strafen, wenn freiwilliges Geständniß oder Be-
weise die Schuld nicht erhärten? Ebenso wenig bedarf man der Folter, um
den Gerichtshöfen ihr Ansehen zu wahren. Grausamkeit und Ungerechtigkeit
bringen keine Ehre. Man kann auch nicht sagen, man brauche die Folter,
um das Volk von geheimen Verbrechen abschrecken zu können; denn das hieße
zu einem guten Zwecke ein schlechtes Mittel anwenden. Man strafe nur
Jene gehörig, deren Missethat ohne die Folter zu Tage getreten! Uebermäßige
Strenge reizt eher zu Vergehungen, als daß sie davon abhält, und gerade
die Folter legt tyrannischen Machthabern und überhaupt schlechten Menschen den
Gedanken nahe, Unschuldige anzuklagen, besonders auf Majestätsverbrechen.‘[2]
‚Aber‘, so hört Grevius oftmals sagen, ‚der Spielraum der Folter ist mit so
vielen Vorsichtsmaßregeln umzäunt, daß die Unschuld nicht zu zittern braucht.
Zur Folter wird erfordert ein großes Verbrechen, der Mangel anderer Beweise, genügende Anzeichen der Schuld.‘[3] Grevius nimmt sich die Mühe,
diese ‚Indicien‘ im Einzelnen zu prüfen, und sucht aus deren Natur sowie
aus vielen Beispielen darzuthun, wie sie, auch verstärkt durch die Folter und
das Geständniß des Gefolterten, so gar nicht zuverlässig seien[4]. Dazu komme,
daß jene Einschränkungen der Gesetzbücher und Rechtslehrer in der Wirklichkeit
des Gerichtslebens nicht selten unbeachtet blieben. Das führt auf eine der
interessantesten Seiten des lehrreichen Buches, auf die Schilderung der Uebel-

---

[1] Grevius, Tribunal ref. Praef. auctoris Bl. d 3. c 8.
[2] Grevius, Tribunal ref. 11—12. 24—27. 17—25. 9. 26—29. 40—41. 82—85.
93—103. 103—110. 121—133.
[3] L. c. 135—136.   [4] L. c. 146—241.

stände und Mißbräuche, an welchen die Handhabung der Strafgerichtsbarkeit entweder allgemein oder doch an manchen Orten krankte[1].

‚Der heutigen Gewohnheit nach‘, sagt Grevius, ‚gibt es für die Richter in Verhängung der Foltern kein bestimmtes Maß. Wenn sie wollen, können sie dich hundertmal foltern lassen. Haben sie einmal begonnen, so pflegen sie so lange fortzufahren, bis das Geständniß vorliegt[2]. Für einen schwächlichen Menschen besteht da keine Hoffnung mehr. Allzu viel geben die Richter auf die Angaben, welche die Angeklagten, freiwillig oder auf der Folter, über Mitschuldige machen; nicht selten legt Furcht oder Rachsucht oder Aussicht auf Linderung der Strafe dem Beklagten die Lüge in den Mund. Schrecklich ist die Verwüstung, welche durch solche Angeberei bei den Hexenprocessen angerichtet wird. Auch die Gesichtszüge (die „Physiognomie“) eines Menschen gelten als Indicium, welches den Richter berechtige, ihn zu Folterqualen zu verdammen. Man foltert, dem Rechte zum Hohne, selbst bei kleineren Diebstählen. Sind Mehrere zu foltern, so beginnt man mit den Schwächeren. Bei gewissen Verbrechen hält man sich für befugt, selbst Kinder, vom zehnten Jahre an, auf die Marterbank zu spannen. Einzelne Richter helfen selbst beim Foltern, erfinden neue Folterkünste, können sich nicht satt sehen an der Metzelei, müssen von den Henkern selbst gemahnt werden, endlich abzubrechen, bringen die Leute auf der Folter um's Leben.‘[3] ‚Weil die Rechtsgelehrten sagen, daß das Foltergeständniß nicht genüge und ein freies ihm folgen müsse, so helfen sich die Richter damit, daß sie zwar nach der Folter und außerhalb der Folterkammer nochmals fragen, aber dabei nur zu oft mit neuen Foltern drohen, ja im Falle des Widerrufs solche auch wirklich anwenden.‘[4] ‚Hat Jemand auf der Folter sich für schuldig bekannt und nach etwa 20 Stunden außerhalb der Folterstätte, natürlich noch unter dem Eindrucke des Folterschmerzes und der Folterfurcht, sein Geständniß bestätigt, so lassen die Richter durch den Notar in die Gerichtsacten schreiben, der Beklagte habe freiwillig gestanden; der Folter geschieht keine Erwähnung. Man rechtfertigt sich dabei mit der allgemeinen Gewohnheit.‘[5] Eines war besonders bedauerlich. Wie Grevius nachweist, konnten die Richter für so manche Härten und Unbilligkeiten einen starken Rückhalt finden an gefeierten Rechtslehrern älterer und neuerer Zeit. So gaben einige derselben dem Richter, welcher ungerechter Weise Jemanden zur Folter verurtheilt hatte, den Weg an, auf dem er sich der Strafe entziehen könne. Nach Julius Clarus war man nicht schuldig,

---

[1] Die Rechtsprechung in bürgerlichen Streitsachen war, nach einer Aeußerung von Grevius (205) zu schließen, weit sorgfältiger und billiger.
[2] Grevius, Tribunal ref. 168—169.
[3] L. c. 177—189. 230—235. 345. 278—279. 282—283. 421—424.
[4] L. c. 456—469.   [5] L. c. 473—475.

dem zur Folter Verdammten die Indicien zu nennen, welche gegen ihn vorlägen, oder einen Vertheidigungstermin ihm zu gewähren, er müßte denn selbst darnach verlangt haben. Andere riethen dem Richter, er solle dem Beklagten erst dann die Folter zuerkennen, wenn dieser schon in der Folterkammer sich befinde und im Begriffe sei, auf den Block gespannt zu werden; denn dann könne er nicht mehr rechtskräftig appelliren. Baldus meinte, man dürfe auch den, welcher durch Zeugen oder andere Beweismittel vollständig überführt war, mit der Folter zum Geständnisse zwingen, damit er dann kein Appellationsrecht mehr besäße [1].

Durch den Hinweis auf solche Verirrungen und Auswüchse glaubt Grevius sich die Unterlage bereitet zu haben, auf welcher er es wagen kann, die Folter selbst als solche unmittelbar und unbedingt zu bekämpfen und zu verwerfen. ‚Das Gerichtsverfahren des Alten Bundes, wie es Gott selbst geordnet,‘ sagt er, ‚kennt keine Folter. Dieselbe verträgt sich auch nicht mit der christlichen Liebe; denn diese sucht eher Beweise für die Unschuld als für die Schuld und nimmt im Zweifel gerne das Mildere an. Das natürliche Sittengesetz verbietet, daß man den Menschen zwinge, sich selbst zu verrathen [2]. Die Richter selbst geben zu: So lange die Schuld ungewiß, dürfe man die Strafe nicht erkennen, die auf dem Verbrechen steht. Dann aber auch die Folter nicht; denn man nenne sie, wie immer man will: thatsächlich ist sie eine Strafe, und zwar eine Strafe, so hart und schwer wie alle anderen, ja oft schreckhafter als die Hinrichtung selbst, ein vervielfältigter Tod [3]. Dazu kommen die Schlechtigkeiten alle, welche die Folter naturgemäß und so zu sagen mit Nothwendigkeit in ihrem Gefolge hat. Da so leichte Anzeichen von Schuld zur Folter genügen, kann jeder böse Mensch, ja der Verbrecher selbst Unschuldige durch sie verderben. Sie dient als willkommenes Werkzeug den persönlichen Abneigungen der Richter wie der Herrschsucht des Tyrannen und dem Bruderhasse der politischen Parteien [4]. Ihre gräßlichen Peinen treiben mehr als Einen Unglücklichen zum Selbstmord.‘

Solchen Gräuel, ruft Grevius am Ende seiner Schrift den Fürsten zu, dürften sie nicht länger dulden [5]; er beschwört sie, aus ihren Gesetzbüchern und Gerichtssälen die Folter zu verbannen. Den Richtern legt er oft und dringend Menschlichkeit an's Herz, empfiehlt ihnen die armen gemeinen Leute, zeigt, wie sie zwischen dem Beamten und dem Christen keinen Unterschied machen dürften, und wie es in zweifelhaften Fällen unsäglich besser, einen Schuldigen loszusprechen als einen Unschuldigen zu verdammen [6].

---

[1] L. c. 271. 258—259. 266 sqq.   [2] L. c. 287—296. 297—301. 301—309.
[3] L. c. 299—300. Ausführlich dargelegt 78—81. 252—253. 139—140.
[4] L. c. 325—329.   [5] L. c. 509—511.
[6] L. c. 88—92. 107—108. 220—221. 512—515.

Mit Abscheu gedenkt Grevius der Geistlichen, welche sich Zutritt zu den
Folterkammern verschaffen, um dort hinter einem Vorhange oder offen an den
Martern der Gefolterten sich zu weiden. Als barmherzige Samaritane, sagt
er, sollten die Prediger die Gefängnisse besuchen, sollten den Gefangenen Al=
mosen, Trost, Hülfe bringen, den Schuldlosen ihre Rechtfertigung erleichtern,
die Amtsleute ernstlich und unablässig zu Gerechtigkeit und christlicher Milde
ermahnen [1]. Auch sollte, meint Grevius, jedes Todesurtheil vom Fürsten
selbst unterzeichnet werden [2]. Es schmerzt ihn, wenn er das Volk vor den
Thüren und Fenstern der Gerichtsgebäude zusammenlaufen sieht, um das
Wehegeschrei der Gefolterten zu vernehmen. Die Leichname der Gehenkten
und Geräderten möchte er begraben wissen; anstatt die Leute abzuschrecken,
diene deren Anblick nur dazu, die Roheit und Grausamkeit derselben zu
steigern [3].

Die Stimme der Vernunft, welche hier zu Kopf und Herzen der Zeit=
genossen sprach, verhallte wirkungslos. Noch mehr als hundert Jahre nach der
Abfassung der Schrift des Grevius gestand der Herausgeber derselben: Noch
sei die Folter in Gebrauch, und er dürfe nicht hoffen, durch die Heraus=
gabe des Werkes ihre Abschaffung zu erreichen! [4] Nach wie vor suchten
gerade die gelehrtesten Juristen die herrschende Barbarei mit ihrer großen
Belesenheit zu stützen.

Ungemein bezeichnend ist in dieser Hinsicht die ‚Neue sächsische Criminal=
practik‘ des Benedict Carpzov (1595—1666), eines streng lutherisch gesinnten
Mannes, der dreiundfünfzigmal die ganze Bibel durchlas und jeden Monat zum
Abendmahl ging. Derselbe führt die Mannigfaltigkeit der Torturen auf die
beständige Zunahme der Verbrechen zurück. Sechzehn Namen von Torturen
führt Carpzov auf, fügt aber bei, es gebe noch ‚hundert andere‘ Arten, von
deren Anwendung er abmahnt, um den Richter auf die gewöhnlichen zu
verweisen.

Als gebräuchlich im Kurfürstenthum Sachsen bezeichnet Carpzov das
Schnüren der Hände, die Daumen= und Beinschrauben, das Ausspannen auf der
Leiter, das Brennen. Wenn bloßes Drohen und Vorzeigen der Folterwerkzeuge
Nichts nützt, so soll man stufenweise in der Anwendung dieser vorangehen. ‚Beim
untersten Grade der Tortur werden die Glieder an der Hand mit Stricken
fest bis auf die Knochen zusammengeschnürt. Die Folgen davon sind un=
erträgliche Schmerzen, so daß dieser Grad rücksichtlich der Qual und des
Schmerzes dem zweiten Grade ziemlich gleich steht. Denn die Henker sagen,

---

[1] L. c. 492—498.			[2] L. c. 74.			[3] L. c. 484—492.

[4] ‚Verum non ideo osculum recudendum esse censui, ut crederem sic pro-
fligari posse e foris Christianorum torturae usum. Nimis quippe inveteratus est.
Vorrede des J. G. Pertsch vom Jahre 1737.

wenn der Delinquent dieses Schnüren überstehe, könne er leicht auch den Schmerzen der härtern Tortur Widerstand leisten. Der zweite, schon stärkere Grad gilt dann als angewendet, wenn der Inquisit auf die Leiter gezogen und durch gewaltsame Ausspannung oder Dehnung die Gelenke aller Glieder auseinander gezogen und zerrissen werden. Diese Art der Tortur ist die gewöhnlichste und wird verstanden, wenn man von Tortur einfachhin spricht. Der dritte und höchste Grad besteht darin, daß die Henker nach der Ausspannung auf der Leiter noch härtere Martern anwenden und mit brennenden Spänen oder mit Schwefel und Feuer die Haut versengen, oder unter die Fingernägel Keile aus Fichtenholz stecken, diese dann anzünden und so die Fingerspitzen der Wirkung des Feuers aussetzen. Oder sie legen den Angeklagten auf einen Stier oder Esel von Metall, der durch Feuer im Innern allmählich beginnt glühend zu werden. Diese und andere Torturen sind den Henkern ganz vertraut. Weil aber dieser dritte Grad der schrecklichste und entsetzlichste ist, so soll er nur bei gräßlichen und ganz außerordentlichen Criminalfällen zur Anwendung kommen, wenn die Indicien zwingend und klar sind.'

Nach einer Mahnung an die Richter, bei Anwendung der Tortur nicht ohne Maß und Unterschied voranzugehen, gesteht Carpzov, darin werde leider heut zu Tage von gar manchen Richtern gefehlt. ,Denn ungebildete, trunksüchtige Richter, die dieses Namens nicht werth sind, zerfleischen die unglücklichen Angeklagten mit Martern, welche für menschliche Geduld unerträglich sind. Wie ein wildes Thier, das nach immer mehr Blut dürstet, wenn es einmal davon verkostet hat, so befehlen sie mit bluttrunkenen Augen häufig, die Torturen noch zu verdoppeln.' ,Es bleibet etwan bei 20, 30, 40 oder 50 Malen kaum an etlichen Orten, daß die Sonne dadurch scheinen möchte', sagt Ad. Keller. ,Manche von den Richtern sind bei der Folterung nicht selbst anwesend, sondern essen und trinken und lassen unterdessen den Gefolterten entweder allein oder in den Händen von grausamen und unklugen Wächtern. Manche legen selbst mit Hand an. So erzählt de Puteo, er habe einen Beamten gesehen, der den Angeklagten bei den Haaren faßte, ihm den Kopf wider eine Säule stieß und dabei sagte: Gesteh' und sag' die Wahrheit, Schurke!' [1]

Wenn auch zu Folternde wiederholt die Hinrichtung der Tortur vorzogen, so waren doch die gewaltsamen Todesarten jener verwilderten Zeit entsetzlich genug.

---

[1] Pract. nova crim. pars 3 q. 117 n. 37 sq. 40. 41. 45—57. 62. 63; q. 124 n. 22. Carpzov's Ansichten über die Bestrafung der Ketzer siehe in dem vorliegenden Werke Bd. 5, 467 Note 3.

Einen Vorgeschmack der Qualen, die seiner warteten, bekam der zum Tode Verurtheilte meist bereits im Gefängnisse. Die Einrichtung der Gefängnisse war schon im eigentlichen Mittelalter zum Theil von sehr schlimmer Beschaffenheit. Immerhin aber geschah damals doch Manches zur Milderung der Strafen der ‚armen Gefangenen‘. Selbstbeköstigung war meistens gestattet; ebenso wird von Stiftungen berichtet, durch welche für eine bessere Kost für unbemittelte Gefangene gesorgt werden sollte. Den meisten Gefangenen war auch die Begünstigung gewährt, daß ihre Angehörigen und Freunde sie besuchen durften[1]. Im sechzehnten und siebenzehnten Jahrhundert war von einer derartigen Erleichterung keine Rede mehr. ‚Heut zu Tage‘, schrieb Johannes Grevius im Jahre 1624, ‚wird es bei den meisten Gerichten so gehalten: Sobald Jemand im Kerker festsitzt, der Grund mag sein was immer für einer, so ist’s für ihn um alle Hülfe, allen Trost, ja alle Hoffnung geschehen. Rücksichtslos hindern die Richter den Armen, mit der Außenwelt in Verkehr zu treten und von dorther die nöthigen Vertheidigungs- und Trostmittel sich zu beschaffen, und so hat derselbe vom ersten Augenblicke seiner Gefangenschaft an den Eindruck, er sei vollständig verloren.‘ ‚Nach dem Zeugnisse der Schrift‘, führt Grevius weiter aus, ‚durften den Apostel Paulus, als er eines schweren Verbrechens angeklagt war, seine Freunde besuchen, und selbst Herodes verwehrte es Johannes dem Täufer nicht, daß er während seiner Gefangenschaft die Dienstleistungen seiner Jünger annahm. Jetzt aber läßt man Niemanden zu den Gefangenen.‘ [2]

Von dem Zustande der Gefängnisse entwirft derselbe Gewährsmann folgende Schilderung: ‚Die Gefängnisse sind jetzt überall wüst und schaurig; meistens liegen sie unter dem Erdboden und sehen aus wie eine übelriechende Pfütze oder eine grauenerregende Höhle. Liegen sie aber zuweilen über der Erde, so gleichen sie eisernen Käfigen, welche nicht für Menschen, sondern für Tiger oder gräßliche Ungeheuer bestimmt sind.‘ [3]

Daß Grevius nicht übertreibt, zeigen die Schilderungen anderer Zeitgenossen. Die Kerker, in welche man in den siebenziger Jahren des sechzehnten Jahrhunderts die sächsischen Cryptocalvinisten einsperrte, entsprachen den von Grevius gezeichneten durchaus. Jedes Mittel zum Schreiben war diesen Gefangenen entzogen, kein Buch, nicht einmal die Bibel, ihnen zum Lesen vergönnt [4]. Besäßen wir Nichts als die Schilderung des Westfalen Anton

---

[1] Siehe Kriegk 2, 48 fll., wo noch über andere Erleichterungen der Gefangenen im Mittelalter.

[2] Grevius, Tribunal ref. Praef. auctoris Bl. d 4 ᵇ—d 5 ª.

[3] L. c. Bl. d 4 ᵇ.

[4] Vergl. von dem vorliegenden Werke Bd. 4, 866 ff.; siehe auch Bd. 7, 245 über den Kerker des Frischlin.

Prätorius, die damalige Criminaljustiz wäre genügend gekennzeichnet. Der Genannte entwirft in einer zuerst im Jahre 1602 erschienenen Schrift als Augenzeuge folgendes Bild eines Gefängnisses jener Zeit: ‚In dicken, starken Thürmen, Pforten, Blockhäusern, Gewölben, Kellern oder sonst tiefen Gruben sind gemeiniglich die Gefängnussen. In denselbigen sind entweder große dicke Hölzer, zwei oder drei über einander, daß sie auf und nieder gehen an einem Pfahl oder Schrauben: durch dieselbigen sind Löcher gemacht, daß Arme und Beine darin liegen können. Wenn nun Gefangene vorhanden, hebet oder schraubet man die Hölzer auf, die Gefangenen müssen auf ein Kloß, Steine oder Erden niedersitzen, die Beine in die unteren, die Arme in die oberen Löcher legen. Dann lässet man die Hölzer wieder fest auf einander gehen, verschraubt, keilt und verschließet sie auf das härtest, daß die Gefangenen weder Beine noch Arme nothdürftig gebrauchen oder regen können. Das heißt im Stock liegen oder sitzen. Etliche haben große eisern oder hölzern Kreuz, daran sie die Gefangenen mit dem Hals, Rücken, Arm und Beinen anfesseln, daß sie stets immerhin entweder stehen oder liegen oder hangen müssen, nach Gelegenheit der Kreuze, daran sie geheftet sind. Etliche haben starke eiserne Stäbe, 5, 6 oder 7 Viertheil an der Ellen lang, daran bei den Enden eisen Banden seind, darin verschließen sie die Gefangenen an den Armen, hinter den Händen. Dann haben die Stäbe in der Mitte große Ketten, in der Mauren angegossen, daß die Leute stets in einem Lager bleiben müssen. Etliche machen ihnen noch dazu große, schwere Eisen an die Füße, daß sie die weder ausstrecken noch an sich ziehen können. Etliche haben enge Löcher in den Mauren, darin ein Mensch kaum sitzen, liegen oder stehen kann; darin verschließen sie die Leute ohngebunden, mit eisern Thüren, daß sie sich nicht wenden oder umkehren mögen. Etliche haben 15, 20, 30 Klafter tiefe Gruben, wie Brunnen oder Keller auf's allerstärkest gemauert, oben im Gewölbe mit engen Löchern und starken Thüren oder Gerembsten, dadurch lassen sie die Gefangenen, welche an ihren Leibern sonst nicht weiter gebunden, mit Stricken hinunter, und ziehen sie, wenn sie wöllen, also wieder heraus. Solche Gefängnuß habe ich selbst gesehen, in Besuchung der Gefangenen; glaube wohl, es sein noch viel mehr und anderer Gattung, etliche noch greulicher, etliche auch gelinder und träglicher.‘

‚Nachdem nun der Ort ist, sitzen etliche Gefangene in großer Kälte, daß ihnen auch die Füß erfrieren oder abfrieren, und sie hernach, wenn sie loskämen, ihr Lebtage Krüppel sein müssen. Etliche liegen in steter Finsternuß, daß sie der Sonnen Glanz nimmer sehen; wissen nicht, ob Tag oder Nacht ist. Sie alle, ihrer Gliedmaßen wenig oder gar nicht mächtig, haben immerwährende Unruhe, liegen in ihrem eigenen Mist und Gestank, viel unflätiger und elender denn das Vieh, werden übel gespeiset, können nicht ruhig schlafen, haben viel Bekümmernuß, schwere Gedanken, böse Träume, Schrecken und Anfechtung. Und weil sie Hände und Füße nicht zusammen bringen und wo nöthig hinlenken können, werden sie von Läusen und Mäusen, Steinhunden und Mardern übel geplaget, gebissen und zerfressen. Werden überdas noch täglich mit Schimpf, Spott und Dräuung von Stöcker und Henker gequält und schwermüthig gemacht. Summa, wie man sagt: Alle Gefangenen arm. Und weil solches Alles mit den armen Gefangenen bisweilen über die Maßen lang währet, 2, 3, 4, 5 Monat, Jahr und Tag, ja etliche Jahr: werden solche Leute, ob sie wohl anfänglich guten Muths, vernünftig, geduldig und stark gewesen, doch in die Länge schwach, kleinmüthig, verdrossen, ungeduldig und wo nicht ganz, doch halb thöricht, mißmuthig und verzagt. O ihr Richter, was macht ihr doch! Was gedenkt ihr? Meint ihr nicht, daß ihr schuldig seid an dem schrecklichen Tod eurer Gefangenen?'[1]

Prätorius berührt hier jenen Punkt, welcher besonders bezeichnend ist für die verrotteten und barbarischen Zustände der damaligen Strafrechtspflege. Auch viele mittelalterliche Kerker waren grausenerregend; aber die Criminaljustiz verfuhr damals rasch und schnell. Anders im sechzehnten und siebenzehnten Jahrhundert, ,als die Justiz langsamer, das Verfahren förmlicher wurde, als die Haft der Angeschuldigten sich verlängerte und die unterirdischen Kerker aus dem Mittelalter sich allmählich in die Untersuchungsgefängnisse der Neuzeit verwandelten, über welchen ein durch den Formenkram einer confusen und aufgeblasenen Jurisprudenz in die Länge gezogener Proceß oft Jahre hindurch sich abspann'. Jetzt wurden ,diese Kerker zum Ausbund aller Schrecken und Qualen, weit schauerlicher, als sie von ihren Erbauern erdacht und geplant waren'[2]. Volle zehn Jahre saß der wegen calvinistischer Irrthümer angeklagte kursächsische Kanzler Krell in einem ,Stüblein, wo es an vier Orten einregnete' und ,Alles voll Schmutz und Ungeziefer' war, bis am 9. October 1601 seine Hinrichtung stattfand mit einem Schwert, das die Inschrift trug: ,Hüte dich, Calvinist, Doctor

---

[1] Prätorius, Von Zauberey und Zauberern 211 fl., bei Solban-Heppe 1, 347—349.

[2] ,Man muß die drei- und vierfach verschlossenen, vollständig finsteren Kerker unter dem Nürnberger Rathhaus besuchen, um sich eine Vorstellung davon zu machen, was es heißt, Wochen und Jahre hier wie eingemauert zu liegen, ohne Licht, ohne frische Luft, ohne die zum Leben nothwendigsten Einrichtungen, nur mangelhaft geschützt gegen die Kälte des Winters, geplagt von dem unerträglichen Gestank und dem Ungeziefer, das, in der hölzernen Wandbekleidung im Laufe der Jahrhunderte eingenistet, nicht zu vertreiben war.' Vergl. A. Streng in der Beilage zur Allgem. Ztg. 1881, No. 102. Vergl. auch Walbau, Neue Beiträge 1, 432 fl.: ,Von dem Lochgefängniß in Nürnberg', über das Gefängniß, das Verhör, die Folter und so weiter, sowie Knapp, Das alte Nürnberger Criminalrecht. Berlin 1891.

Nicolaus Krell'[1]. Angesichts solcher Kerker begreift man eine Aeußerung des Leipziger Superintendenten Georg Weierich aus dem Jahre 1609: ‚Manche finstere und unheimliche Gefängnisse unter der Erde sind so grausam, daß die Gefangenen tausendmal lieber wollten todt sein als lange darin sitzen: wie man denn auch zum öftern erfahren hat, daß mancher Uebelthäter vor großer Erschreckniß und Furcht darin todt gefunden worden ist.'[2]

Auch die Vollziehung der äußersten Criminalstrafe, der Todesstrafe, ward seit dem Ausgang des Mittelalters immer roher und grausamer[3]. Fast stets gingen der Hinrichtung noch unsägliche Martern voraus. Vielleicht aus keiner Epoche der deutschen Geschichte sind solch entsetzliche Hinrichtungen aufgezeichnet wie aus dem Zeitalter der Kirchenspaltung. Manchmal klingen die Urtheile wie blutiger Hohn. So wurde zum Beispiel die Strafe des bekannten Wilhelm von Grumbach im Jahre 1567 von dem sächsischen Kurfürsten ‚aus angeborener Güte also gemildert, daß er nur lebendig geviertheilt werden sollte'. Am 18. April ward dies Urtheil im Beisein von vielen Fürsten, Grafen, Edelleuten und zahlreichem Volk an dem vierundsechzigjährigen gichtbrüchigen Grumbach, nachdem man denselben vier Tage lang gefoltert, buchstäblich vollstreckt. ‚Die Henker', sagt ein Augenzeuge, ‚haben ihm das Herz aus dem Leibe geschnitten und um das Maul geschlagen, worauf sie ihn in vier Stücke zerhauen.' Grumbach gab keinen Laut von sich, während sein unglücklicher Genosse, der Kanzler Brück, ‚gräulich und gar lange' schrie, als ihm der Leib aufgeschnitten wurde. Den Obersten von Brandenstein, Vater von zwölf lebenden Kindern, der ebenfalls in jenen Hochverrathsproceß verwickelt war, hatte der Kaiser unter der Bedingung begnadigt, daß er gegen die Türken kämpfe. Allein die Hinrichtung des Unglücklichen war bereits vollzogen, als der kaiserliche Bescheid in Gotha eintraf. ‚Sechs Scharfrichter hatten bei dieser Execution zwei Stunden lang ihr Schinderamt verrichtet. Die Ueberbleibsel der Schlachtopfer wurden auf Pfähle gespießt und an den gangbarsten Straßen Gotha's aufgepflanzt, bis sie verfaulten.'[4]

Grausame Executionen dieser Art trafen keineswegs Hochverräther allein, sondern auch sonstige Verbrecher. Im Jahre 1606 hatte ein Bauer in einem Dorfe des Voigtlandes seine Frau, sechs Kinder und die Magd ermordet,

---

[1] Vergl. von dem vorliegenden Werke Bd. 5, 143 fll.

[2] Vorrede zu den zweiundzwanzig Leichpredigten des Sebastian Artomedes (Leipzig 1609) Bl. C 4.

[3] Vergl. Kriegk 1, 197 f.

[4] Siehe Calinich 280—283, der bemerkt: ‚Man wäre geneigt, diese Execution in die Türkei zu verlegen, wüßte man nicht, daß es sich in der deutschen, gut lutherischen Stadt Gotha im Jahre des Heils 1567 begeben.' Vergl. auch von dem vorliegenden Werke Bd. 4, 242—243.

weil sie, wie er auf der Folter aussagte, ,seine Herren hätten werden wollen und ihn zum Knecht machen wollen‘. Er wurde ,durch unvernünftige Thiere bis an sein Haus geschleift, mit glühenden Zangen achtmal gerissen, dann wurden ihm die Hände abgehauen, die Schenkel mit dem Rade zerstoßen, der Leib in sechs Stücke zerhauen, dann die Eingeweide öffentlich verbrannt, der Kopf auf das an dem Orte, wo er sein Weib ermordet, aufgerichtete Rad gesteckt, die Hände darunter genagelt und die übrigen Stücke des Leibes auf den vier Landstraßen aufgehängt‘ [1].

An vielen Orten, zum Beispiel in Halle, ward bei Diebstählen ohne Ausnahme das Todesurtheil gefällt. Der gemeine Todtschlag dagegen ward oft nur durch Verweisung aus der Stadt gestraft, namentlich wenn es sich nicht um Leute niedrigsten Standes handelte. Noch unbegreiflicher erscheint, ,wie es möglich war, daß die Behörden von Halle den Wunsch eines armen Teufels, der nur aus dem Lande verwiesen werden sollte, erfüllen und ihn „zur Gesellschaft“ mit seinem zum Tode verurtheilten Freunde als erste Zierde eines neuen Galgens bei Giebichenstein aufhängen lassen konnten (26. Januar 1582)‘ [2]. Sechs Jahre später wurde in Frankfurt am Main ein Jude mit den Füßen dermaßen an den Galgen gehangen, daß ihn der Tod erst am siebenten Tage erlöste [3].

Ein anschauliches Bild der grausamen Criminaljustiz jener Zeit entwirft der Engländer John Taylor, welcher im August des Jahres 1616 zu Hamburg inmitten ,großer Schaaren‘ der Bevölkerung der Hinrichtung eines Mörders beiwohnte. Derselbe schreibt: ,Als der Sträfling auf der Todesstätte angelangt, wurde er von den Beamten dem Henker überantwortet, welcher seine Würgeschanze mit zwei weiteren Scharfrichtern und deren Leuten betrat, so von der Stadt Lübeck und einer andern Stadt, deren Name mir entfallen ist, gekommen waren, um ihren Hamburger Amtsbruder in seinem wichtigen Werke zu unterstützen. Nun ward die Zugbrücke aufgezogen, und der Sträfling bestieg eine Erderhöhung, so mit der Absicht errichtet ist, daß das Volk die Execution auf eine Viertelmeile in der Runde mit ansehen könne. Alsdann nahmen vier Henkersknechte ein Jeder einen kleinen Strick und hielten den armen Sünder an Händen und Füßen auf dem Rücken liegend ausgestreckt; darauf hob der Hauptnhenker oder Großmeister dieses wichtigen Geschäftes ein Rad auf, etwa von der Größe eines Kutschenvorderrades; und erstlich, nachdem er Wamms und Hut abgelegt, in Hemdsärmeln, als wolle er Federball spielen, nahm er das Rad, setzte es auf die Kante und drehte es gleich einem Kreisel oder Drehrädchen herum; alsdann faßte er es bei den Speichen,

---

[1] Müller, Annales 238—239.   [2] Hertzberg 2, 334 fl.
[3] Scherr, Germania 219.

und es in die Höhe hebend, schlug er mit einem mächtigen Stoß eines der
Beine des armen Wichtes in Stücke (ich meine die Knochen), worüber er
entsetzlich aufbrüllte; alsdann nach einer Weile zerbrach er das andere Bein
auf dieselbige Art, und so weiter seine Arme, und darauf that er vier oder
fünf Hauptstöße auf seine Brust und zerstieß seinen ganzen Brustkasten zu
Splittern; zuletzt stieß er ihm nach dem Nacken, und da er fehlschlug, zer-
schmetterte er ihm Kinn und Kinnbacken; alsdann nahm er den verstümmelten
Leichnam und breitete ihn auf dem Rade aus, stieß einen mächtigen Pfahl
in die Nabe des Rades und pflanzte selbigen etwa sechs Fuß tief in die Erde,
ohngefähr zehn oder zwölf Fuß über dem Boden; und dort muß der Leichnam liegen, bis ihn die Alles fressende Zeit oder die Rabenvögel verzehren.
Solches war die schreckliche Weise dieser entsetzlichen Execution, und es stehen
an diesem Platze zwanzig Pfähle mit solchen Rädern oder Stücken von
Rädern, mit Menschenköpfen auf der Spitze derselbigen, vermittelst eines durch
den Schädel getriebenen großen eisernen Spikers angenagelt. Die mannigfachen Arten von Folterung, so über Missethäter in diesen Landen verhängt
werden, lassen mir unsere englische Art des Hängens nur wie einen Flohbiß
erscheinen.‘ ‚Sie haben‘, fährt Taylor fort, ‚hier zu Lande wunderbare
Folterqualen und Todesarten. Diejenigen, so mit Vorsatz Häuser in Brand
stecken, werden zu Tode geräuchert; erstens wird nämlich ein Pfahl in der
Erde befestigt, und etwa eine Elle hoch wird ein Stück Holz quer darüber
genagelt, worauf der Missethäter sich festgebunden niedersetzen muß; sodann
wird über die Spitze des Pfahles eine große Talgtonne gestülpt, welche den
Sträfling ungefähr bis über die Mitte bedeckt. Alsdann kommt der Scharfrichter mit einigen Bündeln nassen Strohes, Heues oder dergleichen, welches
angezündet wird, aber weil es feucht und naß ist, thut es nur schmauchen,
welcher Qualm in die Tonne hinaufsteigt, in welcher der Kopf des Sünders
stecket, und sintemal er nicht sprechen kann, so wippt er mit seinem Bauch
auf und nieder, und man kann ihn in diesem Qualm noch drei oder vier
Stunden am Leben sehen.‘ [1]

Zu solchen gräßlichen Hinrichtungen drängten sich Alt und Jung, Weiber
und Kinder. Die Kurfürstin Sophie von Sachsen ließ im Jahre 1601 das
Blutgerüste, welches der cryptocalvinistische Kanzler Krell besteigen sollte, eigens
wieder abbrechen und neu aufrichten, um mit ihren Hofdamen das Schauspiel aus
größerer Nähe betrachten zu können. An manchen Orten wurde die Schuljugend
förmlich von der Obrigkeit angewiesen, bei grausamen Executionen gegenwärtig
zu sein, ein ‚Exempel sich zu holen‘. Dem gleichen Zweck sollten die zahlreichen Abbildungen und Beschreibungen der grausamsten Martern und Hin-

[1] Zeitschr. des Vereins für Hamburg. Gesch. 7, 462—463.

richtungen dienen, namentlich die ‚Verbrecher-Zeitungen und -Lieder'. Selbstverständlich wurde gerade das Gegentheil erreicht: man gelangte dahin, die
scheußlichsten Verbrechen für etwas Alltägliches zu halten[1]. Ueberhaupt erzeugte die fürchterliche Criminalpraxis, ‚welche mit der Tortur überführte und
die Heerstraßen mit Galgen und Rad besetzte', eine wachsende Verwilderung
des Volkes und vielfach einen förmlichen Haß gegen die Justiz. So klagt
der bereits öfter erwähnte Jodocus Damhouder in seiner ‚Criminalpraxis':
die Leute auf dem Lande seien der Justiz so feind, ‚daß sie auf einen Hülferuf
davonlaufen oder alle Hülfe verweigern, und auf ihren Stecken gestützt den
Ausgang der Kämpfe abwarten, auch den Sicherheitsbeamten allen Beistand
versagen und den Räubern und Dieben Schutz und Herberge gewähren, um
es nicht mit ihnen zu verderben'[2].

Konnte es anders sein in einer Zeit, in welcher nicht selten die Richter den
Henker an Grausamkeit übertrafen? ‚Wenn auch das Todesurtheil schon gefällt
war, machte es den Richtern noch Genuß, oft nur ein paar Tage vorher, noch
eine Folterung vornehmen zu lassen, so daß der Verbrecher meist zum Voraus
zerknickt und zerbrochen auf dem Richtplatze ankam. Bei den bürgerlichen
Zwisten in Braunschweig im Jahre 1604 wurden die verhafteten Genossen
der besiegten Partei der Bürgerhauptleute in der Art verhört, daß man
Jedem befahl, auf alle Fragen, die ihm vorgelegt würden, Ja zu sagen.
Zögerte er, so wurden ihm die Hände mit Darmsaiten so fest auf den
Rücken gebunden, daß das Blut aus den Einschnitten in Strömen herunter-
floß und unter den Nägeln hervordrang. Dann wurde der Inquisit zum
zweitenmal befragt. Waren seine Antworten noch nicht befriedigend, so wurde
ein Strick mit einem Haken von der Decke der Marterkammer herabgelassen,
der Haken in den Verband der Hände geschlagen und der Gemarterte an
der Rolle in die Höhe gezogen. Da er nun gewöhnlich in Ohnmacht fiel
und also gar nicht antworten konnte, so wurden ihm, unter dem Vorwand
der Verstocktheit, die sogenannten spanischen Stiefel angelegt und diese mit
messingenen Schrauben so fest zusammengeschroben, daß nicht nur das Fleisch
gequetscht, sondern oft auch die Knochen zermalmt wurden. Jetzt erwachte
der Gemarterte gewöhnlich aus seiner Betäubung und schrie, daß er zu Allem
Ja sagen wolle. Solch ein Verhör war ein Fest der deputirten Mitglieder des
Gerichtes. Dieselben saßen auf grünen Polstern an einem grün beschlagenen
Tische und thaten sich auf Kosten der Kämmerei an Wein und Confect so gütlich, daß sie entweder wie wüthend wurden oder schlaftrunken auf das Gesicht

---

[1] Vergl. von dem vorliegenden Werke Bd. 5, 145; 6, 455. 144. 452 fll.

[2] Siehe Malblank, Gesch. der peinlichen Gerichtsordnung Carl's V. (Nürnberg
1783) S. 84.

fanken, während der Gemarterte um der Wunden Jesu willen nur um einen Tropfen Wasser oder um einen Augenblick Erleichterung flehte. Zuweilen blieb er 6, 8, ja 9 Stunden mit kurzen Pausen in den Rollen hängen, bis die zum Schmause abgetretenen Richtherren wiedergekehrt waren, oder indem ihm die Artikel des Verhörs mit der größten Umständlichkeit vorgelesen wurden. War endlich das Verhör zu Ende und hatte der Henker die Schulterknochen wieder eingesetzt, so wurde die Frage gethan, ob er beschwören wolle, in dem Urgicht (dem Verhör nach der Tortur) alle Fragen von Neuem zu bejahen. Widerrief er jetzt, so wurde die peinliche Frage in geschärfter Weise dergestalt wiederholt, daß der auseinander gerenkte Leib mit brennendem Schwefel bespritzt und unter die Fußsohlen brennende Lichter gestellt wurden.‘ [1] Um von derartigen Marterqualen befreit zu werden, antworteten die Angeschuldigten meist auf alle Fragen mit Ja. So bejahte denn auch in jenem Braunschweiger Processe der Stadthauptmann Henning Brabant Alles über seinen angeblichen Verkehr mit dem Teufel, was man ihm vorsagte. Der ‚Teufelsverbündete‘ ward dann am 17. September 1604 auf eine gräßliche Weise hingerichtet. Eine ‚Erschröckliche Zeitung‘ über diese Execution sagt am Schluß: ‚Mit solcher Strafe sollten alle Teufelsverbündete und bösliche Unruhstifter wider die geistlich und weltlich Oberkeit billig belegt werden. Darum hüte sich Jeder vor den Fallstricken des Teufels, in die Brabant gelaufen ist.‘ [2]

Allein gerade weil man an einen unwiderstehlichen Einfluß des Teufels glaubte, blieben die strengsten Strafen wirkungslos: man suchte sich mit dem Hinweis auf diesen Einfluß zu rechtfertigen. Peinliche Untersuchungsacten enthalten oftmals die Entschuldigung, der Satan sei der Anreizer zu dem Verbrechen gewesen.

Zur Ausbreitung des Glaubens an die ungemessene Macht des Satans hatte der Stifter der neuen protestantischen Kirche außerordentlich viel beigetragen [3].

Es ist einer der Hauptcharacterzüge Luther's, daß er sich in seinem eigenen geistigen Leben, im geselligen Verkehr, in Wort, Schrift und Predigt unaufhörlich mit dem Teufel zu schaffen machte, demselben weit mehr Wichtigkeit und Einfluß beimaß, als sich aus den Quellen der Offenbarung nachweisen läßt, ihm durch seine Schriften eine Volksthümlichkeit in Deutschland verlieh, wie er sie nie zuvor besessen hatte. Wie dieß schon verrohend und verheerend auf die Theologie und Predigt einwirkte, so noch weit mehr auf

---

[1] v. Strombeck, Henning Brabant 52. Menzel 5, 132—134.

[2] Vergl. von dem vorliegenden Werke Bd. 6, 523 fl.

[3] Vergl. Döllinger 2, 424 und von dem vorliegenden Werke Bd. 5, 100.

Volksanschauung, Volkssitten, Volksliteratur [1] und auch auf die Criminaljustiz. Alle in den rohen Massen wie in den höheren Kreisen schlummernden Keime des Aberglaubens wurden auf diese Weise geweckt und in Bewegung versetzt. Je mehr man die von Gott eingesetzten wirksamen Zeichen des Heiles, Sacramente und Sacramentalien, verachtete und verhöhnte, desto mehr wucherte in den entsittlichten Kreisen der Bevölkerung ein leerer, trügerischer, possenhafter Aberglaube und Teufelscult empor. Man spottete des Segens der Kirche, um desto frecher und schamloser zu fluchen. Man verhöhnte die Bilder und Reliquien der Heiligen, um dafür mit Thierhaaren und Thierknochen den scheußlichsten Aberglauben zu treiben. Man schlug den Bildnissen der makellosen Gottesmutter den Kopf ab, um sich dafür Tag und Nacht mit dem Teufel zu beschäftigen. Der Teufel wurde in der Volksliteratur wie im geistigen Volksleben förmlich auf den Thron gehoben. Es war mehr von ihm die Rede als von Gott.

Das Dämonische lebte sich in solchem Grade in die Geister hinein, daß selbst die redlichsten Prediger, welche es bekämpfen wollten, sich nicht davon loszumachen vermochten. Im Papstthum, in allen ihnen feindlichen Richtungen des Protestantismus, in dem gesammten sittlichen Niedergang wie in den einzelnen Lastern der Zeit sahen sie nur den Teufel, nicht mehr den menschlichen Antheil, die böse Begier, den Mißbrauch der Freiheit, die Vererbung übler Anlagen, die Wirkung schlechter Erziehung. Auch in diesem Punkte hatte Luther's Lehre eine furchtbare Wirkung gehabt. Indem er den freien Willen läugnete, mußte der Teufel natürlich für alles Böse verantwortlich gemacht werden und erlangte einen Primat, wie er ihn kaum in den höheren Gestaltungen des Heidenthums besessen hatte, wo feine, künstlerisch und menschlich gedachte Mythen das Dämonische verhüllten.

Als diese Lehre vom unfreien Willen, wenn auch ab und zu verändert und abgeschwächt, sich über Deutschland verbreitete, hatten Aberglaube, Zauberei und Hexenwahn schon vielfach festen Fuß gefaßt. Anstatt dem Uebel vorwiegend mit Belehrung, Pflege ächter Gottesfurcht und Gottesliebe zu begegnen, hatten hervorragende Juristen und Theologen es sich zum Ziele gesetzt, dasselbe gewaltsam, mit den strengsten und grausamsten Mitteln der Rechtspflege auszurotten; indem sie dabei dem Volksaberglauben spitzfindig in seine letzten

---

[1] W. Kawerau bemerkt in seiner Besprechung des Werkes von M. Osborn, Die Teufelsliteratur des sechzehnten Jahrhunderts (Berlin 1893): ‚Was für die gesammte Teufelsliteratur jenes Zeitalters, also auch für das Theatrum Diabolorum, das Characteristischste ist, das ist doch die Thatsache, daß wir darin eine Specialität der lutherischen Volksliteratur vor uns haben, die, wenn sie auch nicht direct durch Luther hervorgerufen, so doch von ihm am meisten beeinflußt und am mächtigsten gefördert ward.' Allgem. Ztg., Beilage vom 5. Juni 1894.

Schlupfwinkel folgten, gestalteten sie das Hexenwesen zum förmlichen juristischen System, verschlimmerten aber das Uebel nur, indem mit der Strenge ihrer Maßregeln die Zahl der Hexen beständig wuchs. Weit entfernt, der verhängnißvollen Abirrung zu begegnen, wie sie sich im „Hexenhammer‘ juristisch verkörpert hat, befestigte und verbreitete die neue Lehre die längst herrschende Neigung zum Aberglauben, und so wuchs denn auf dem gährenden Moorgrunde der allgemeinen Zügellosigkeit, Verwilderung und Entsittlichung, begünstigt von zahlreichen Abirrungen der Wissenschaft, befördert von der unsittlichen und abergläubischen Volksliteratur und der barbarischen Criminaljustiz, der Hexen- und Teufelsglaube zu jener ungeheuerlichen Erscheinung heran, welche gegen Ende des sechzehnten Jahrhunderts alle übrigen Züge des deutschen Culturlebens an seltsamer, schauerlicher Eigenthümlichkeit überragt.

III. Hexenwesen und Hexenverfolgung bis zum Ausbruch der kirchlichen Revolution.

Kaum irgend eine Ausartung religiöser Ueberzeugung hat sich in der Geschichte in so grauenhafter Weise verewigt, als der Wahn, überall, auch in den natürlichsten Vorgängen, nur Zauberei und Hexerei zu sehen.

Seit den frühesten Zeiten des Christenthums wurde die Hexerei aufgefaßt als ein verbrecherischer Verkehr mit bösen Geistern behufs Vollbringung übermenschlicher Dinge. Alle kirchlichen Lehrer wiesen, gestützt auf die Schriften des Alten und Neuen Testamentes [1], darauf hin, daß die Voraussetzung eines solchen Verkehres, nämlich das Dasein der bösen Geister und deren durch göttliche Zulassung bald größerer bald geringerer Einfluß auf die irdische Welt und die Menschen, zu den Sätzen des geoffenbarten Glaubens gehöre, und daß weder die Möglichkeit noch auch die Wirklichkeit eines solchen Verkehres in Abrede gestellt werden könne. Als eigentliche Anstifter der Zauberei oder Hexerei sahen die christlichen Apologeten der ersten Jahrhunderte und die Kirchenväter in voller Uebereinstimmung die Dämonen an. Den Einflüsterungen und Anstiftungen derselben könne der Mensch kräftigen Widerstand leisten im Glauben, und die Heilsmittel der Kirche, die Sacramente und Sacramentalien, seien ihm in seinem Kampfe zur Hülfe, zum Schutz und Trost. Andererseits aber könne er auch den Einwirkungen des Teufels nachgeben, sich freiwillig in dessen Dienst stellen und durch eine förmliche Abschwörung des christlichen Glaubens und einen völligen Abfall von Gott mit dem bösen Feinde gleichsam einen Bund aufrichten. Ein solcher Abfall von Gott und eine solche Hingebung an die Mächte und das Reich des Teufels, die bis zur Anbetung desselben sich steigern könne, galt dann als die schlimmste Häresie, als Apostasie, ‚aller Häresien abgründiges Fundament und äußerster Gipfelpunkt‘ [2].

---

[1] ** Vergl. 1 Kön. 28, 8 (Hexe von Endor); Apg. 8, 9—24 (Simon Magus), 13, 8 (Zauberer Elymas), 19, 13. 15 (Besessene), 16, 16 (Magd mit dem Geiste des Python).

[2] ** Von den Kirchenvätern vergl. namentlich des hl. Augustinus De civ. Dei lib. 21, cap. 6; De doctrina christiana lib. 2, cap. 23 und De Genesi ad literam lib. 2, cap. 17. Ganz auf demselben Standpunkte steht auch die Lehre des hl. Thomas von Aquin: Summa theol. 2, 2, q. 95, a. 2 et 3; q. 96, a. 1 et 2. Wie weit im

In solcher Auffassung erscheint die Zauberei und Hexerei unter Anderm in dem berühmten sogenannten Ancyranischen Canon Episcopi, welcher in das kirchliche Recht aufgenommen wurde. ‚Die Bischöfe und ihre Gehülfen‘, lautet die Vorschrift, ‚sollen aus allen Kräften dahin arbeiten, die verderbliche und von dem Teufel erfundene Wahrsager- und Zauberkunst in ihren Sprengeln gänzlich auszurotten: wofern sie einen Mann oder ein Weib diesem Laster ergeben finden, sollen sie die Person als schändlich entehrt aus ihren Sprengeln hinausstoßen. Denn der Apostel schreibt: „Einen häretischen Menschen sollst du, nach ein- oder zweimaliger Ermahnung, meiden, wissend, daß ein solcher verkehrt ist.“ Verkehrt aber sind Diejenigen und werden von dem Satan gefangen gehalten, welche ihren Schöpfer verlassen haben und die Hülfe des Teufels suchen, und darum muß von derartiger Pest die heilige Kirche gereinigt werden.‘

Der Canon legt Zeugniß dafür ab, wie Vieles sich noch aus dem altheidnischen Zauberglauben unter den christlich gewordenen Völkern erhalten hatte. Unter den Griechen wurde geglaubt: Menschen können sich in Wölfe verkehren; thessalische Weiber verwandeln durch ihre Salben den Menschen in einen Vogel, Esel oder Stein; sie selbst fliegen durch die Lüfte auf Buhlschaften aus, besitzen sogar die Macht, den Mond vom Himmel herabzuziehen. Die Göttin Hekate galt als die schwarze Göttin der Nacht, als die Vorsteherin der geheimen und nächtlichen Zauberkünste. Bei den Römern bestand der Glaube: Zauberer und Zauberinnen sind im Stande, gutes und böses Wetter hervorzubringen, die Früchte auf den Feldern zu verderben; durch dämonische Macht beherrschen sie die Natur, können beschädigen und heilen, Haß erregen und tödten; die Hexen (Strigen und Lamien) fliegen nächtlich aus, bringen Kinder um, locken durch Liebreiz Denjenigen an, welchen sie tödten wollen[1]. Auch jetzt noch, sagte der Canon, gibt es ‚gewisse laster-

---

Einzelnen die Macht der bösen Geister über den Menschen und die ihm unterstellten sichtbaren Naturwesen reicht, hat die Theologen von den ältesten Zeiten bis auf die Gegenwart viel beschäftigt, und es liegen darüber die ausführlichsten speculativen Abhandlungen vor; die Kirche selbst hat sich darüber nicht entscheidend ausgesprochen. Da das Christenthum jedoch noch Jahrhunderte lang mit dem antiken Heidenthum in Europa zusammenlebte, der Manichäismus den verworrenen Dämonencult der Perser in das christlich gewordene Morgen- und Abendland verpflanzte, auch die germanischen Völker einen düstern Dämonenglauben mit sich brachten, Irrglaube, Aberglaube und Wahnglaube nie ganz ausstarben, die meisten Irrlehren mit abergläubischen Vorstellungen zusammenhingen, so sahen sich die Hirten der Kirche wie die Concilien von den ältesten Zeiten her gezwungen, dann und wann Maßregeln gegen eine irrige Dämonenlehre, gegen Magie und Zauberei, Volksaberglauben und heidnische oder halbheidnische Wahnvorstellungen zu treffen. Vergl. unten.

[1] ** Ueber die Magie der Alten und ihren Zusammenhang mit den griechischen und römischen Staatsculten und der pythagoräischen und platonischen Philosophie vergl.

hafte Weiber, welche, durch die Täuschungen und Gaukeleien des Teufels
verführt, glauben und aussagen, daß sie in nächtlichen Stunden mit der
Diana, der Göttin der Heiden, oder mit Herobias in Begleitung vieler anderen
Weiber auf gewissen Thieren reitend in der Stille der Mitternacht die Räume
vieler Länder durcheilen, und dabei behaupten, sie müßten den Befehlen ihrer
Herrin in Allem gehorchen und würden in bestimmten Nächten zu ihrem
Dienste aufgeboten.   Und nicht diese Weiber allein sind durch ihren Abfall
vom Glauben zu Grunde gegangen, sondern haben auch viele Andere in das
Verderben des Unglaubens hineingezogen.   Denn eine unzählige Menge hat
sich von diesem falschen Wahne verleiten lassen und hält diese Dinge für
wahr; sie irrt, indem sie daran glaubt, von dem wahren Glauben ab und
wird in den Irrthum der Heiden verstrickt, indem sie Etwas für göttlich oder eine Gottheit hält außer dem Einen wahren Gott.   Darum müssen
die Priester in den ihnen anvertrauten Kirchen dem Volke Gottes mit allem
Eifer predigen und es belehren, daß alle diese Dinge nichtig seien, und nicht
von dem göttlichen, sondern von dem bösen Geiste solche Vorspiegelungen den
Gemüthern der Gläubigen eingeflößt werden.   Der Satan nämlich, der die
Gestalt eines Engels des Lichtes annehmen kann, verwandelt sich, sobald er
den Geist irgend eines Weibes befangen und durch dessen Unglauben sich
unterjocht hat, in allerlei Gestalten, gaukelt der von ihm gefangen gehaltenen
Seele im Traume bald Freudiges bald Trauriges, bald bekannte bald unbekannte Personen vor: der ungläubige Sinn aber wähnt dann, alles Dieses gehe
nicht allein in der Vorstellung, sondern in der Wirklichkeit vor.   Wer hat
nicht schon in Träumen und nächtlichen Gesichten Dinge gesehen, die er in
wachem Zustande nie gesehen hat?   Und wer wollte so einfältig und thöricht
sein, zu glauben: das Alles, was er nur im Geiste gesehen, bestehe auch dem
Leibe nach?   Daher ist Allen öffentlich zu verkündigen, daß Derjenige,
welcher Solches glaubt, den Glauben verloren hat: wer aber nicht den
wahren Glauben hat, der gehört nicht Gott, sondern dem Teufel.   Vom
Herrn steht geschrieben: durch ihn ist Alles geschaffen; wer immer also
glaubt, daß ein Geschöpf in ein besseres oder in ein schlechteres verwandelt
oder in eine andere Form umgestaltet werden könne, als nur durch den
Schöpfer selbst, der ist ohne Zweifel ein Ungläubiger und schlimmer als
ein Heide.'[1]

Döllinger, Heidenthum und Judenthum (Regensburg 1857) S. 656 fll.   Siehe auch
Pauly's Real-Encyklopädie s. v. Magie 4, 1365—1420, speciell über die Striges et
Lamiae ebenda 4, 1391, über die thessalischen Weiber 1894, und die daselbst angeführten Quellenbelege; über Hekate a. a. O. 3, 1085 fl. den Artikel Baumstark's.
[1] Der Canon kommt zuerst in einer Anweisung zur Visitation einer Diöcese vor,
welche Regino, Abt des Klosters zu Prüm († 915), geschrieben.   Vergl. Näheres über

Im zehnten Jahrhundert gründete der Bischof Burchard von Worms († 1025) auf diesen Canon einen eigenen Beichtspiegel, der den in Deutsch-land unter dem Volke noch fortwuchernden, auch mit dem altgermanischen Heidenthume zusammenhängenden Hexenglauben näher kennzeichnet[1]. An jedes

---

den Canon bei Soldan-Heppe 1, 130 Note 3. Irrthümlich gibt Soldan 1, 131 an: der Canon verwerfe überhaupt die Möglichkeit dämonischer Zauberei. ** Den ächten Canon der Synode von Anchra siehe bei Hefele 1 (2. Aufl.), 241.

[1] ** Die von Soldan-Heppe 1, 104 fl. vertretene Ansicht, die erwähnten aber-gläubischen Vorstellungen seien durch die Römer nach Deutschland verpflanzt worden, ist sehr einseitig. Im Gegentheil: Nicht weniger üppig als bei den Griechen und Römern, ja vielfach noch phantastischer, düsterer und unheimlicher entwickelte sich der Aberglaube und die Zauberei bei den germanischen Völkern. Sie wuchsen naturgemäß aus ihrer Götterlehre heraus, welche sich nicht mit einer stattlichen Schaar höherer Gott-heiten begnügte, sondern Land, Meer, Luft und Unterwelt mit einem unabsehbaren Heere von Riesen, Unholden, Elben, Zwergen, Wichten, Phantasiegeschöpfen aller Art bevölkerte, auch Ehebündnisse zwischen Menschen, Riesen und Göttern nicht ausschloß und dem Menschen, unter dem Einfluß jener höheren Wesen, nahezu alle jene wunder-baren Fähigkeiten beilegte, welche den Göttern und Halbgöttern zugeschrieben wurden. J. Grimm, Deutsche Mythologie (3. Aufl., Göttingen 1854) S. 988—1059. Vergl. K. Simrock, Handbuch der deutschen Mythologie (5. Aufl., Bonn 1878) S. 469—478. Die Vorstellung von der Macht des Zaubers wuchs dermaßen heran, daß sie, beim langsamen Niedergang des Heidenthums, auf die Götter selbst zurückbezogen und diese als Zauberer beschrieben wurden; die Vorstellung davon hat Snorri Sturluson († 1241) in der Ynglinga Saga aufbewahrt. Wie bei Snorri, so erscheinen auch in den anderen Quellen die Frauen hauptsächlich als Trägerinnen des Zaubers, und das Gesammtbild der nordischen Zauberin, wie es sich aus den verschiedenen Zügen zusammensetzt, ent-spricht schon vollständig dem Begriff einer Hexe, nur daß die spätere Zeit dasjenige als dämonisch auffaßte, was in heidnischer Zeit als göttlich und wunderbar galt. Diese Zauberinnen können die Vogelsprache verstehen, weissagen, sich und Andere un-verwundbar machen, die Kräfte des Leibes in's Ungewöhnliche steigern. Ihre Runen und Zauberlieder gewähren Klugheit und Wohlredenheit, Sieg im Kampfe, Schutz vor Gift, Heilung von Wunden, Hülfe im Sturm, Rettung der Frauen bei schwerer Ent-bindung. Sie vermögen das Meer aufzuregen und zu beruhigen, das Feuer zu bän-digen, Flüsse zu stauen, Ueberschwemmungen herbeizuführen, Geister herbeizurufen und wieder in alle Lüfte zu zerstreuen, Weibes- oder Mannesgunst zu erwecken, Thiere zu behexen, Wind und Wetter zu machen, Menschen und Unholde vom Tod zum Leben zurückzurufen. Wie Wuotan und Frouwa können sie sich in Wölfe und Katzen, die jenen Göttern heiligen Thiere, verwandeln; sie können im Federkleid als Schwäne oder Gänse durch die Lüfte fliegen; sie reiten des Abends und Morgens auf Wölfen und Bären durch die Luft und finden sich zu nächtlicher Feier schaarenweise an alten Opferplätzen und Dingstätten zusammen. Ein eingehender Vergleich der alten Mytho-logie mit dem mittelalterlichen Volksglauben und dem spätern ausgebildeten Hexen-wahn führte Jacob Grimm zu dem Schluß: ‚Bis auf die jüngste Zeit ist in dem ganzen Hexenwesen noch offenbarer Zusammenhang mit den Opfern und der Geisterwelt der alten Deutschen zu erkennen.' Deutsche Mythologie 997. Daß Frauen gerade bei dem deutschen Zauber- und Hexenwahn die Hauptrolle spielen, erklärt

Beichtkind, verordnete Burchard, sollten die Fragen gerichtet werden: Hast du geglaubt, was Einige vorgeben, sie könnten Gewitter erregen oder die Gemüther der Menschen umändern? daß es Weiber gebe, welche durch Zauberkunst die Gemüther der Menschen umändern, Haß in Liebe und Liebe in Haß verwandeln oder die Güter der Menschen durch ihre Zaubereien beschädigen oder stehlen könnten? Hast du geglaubt, was manche gottlose, vom Teufel verblendete Weiber vorgeben, daß sie zur Nachtzeit mit der angeblichen Göttin Holda und einer großen Menge von Weibern auf Thieren reiten, ihr als einer Göttin gehorchen und zu ihrem Dienst in anderen Nächten gerufen werden?' Bejaht das Beichtkind solche Fragen, so ist ihm für jedes zaubergläubische Vergehen eine entsprechende Buße aufzulegen [1].

---

er folgendermaßen: ‚Die verschiedenen Benennungen des Zaubers haben uns auf die Begriffe thun, opfern, spähen, weissagen, singen, segnen (geheimschreiben), verwirren, blenden, kochen, heilen und lesen geführt. Sie zeigen, daß er von Männern wie von Frauen getrieben wurde. Unser frühestes Alterthum hat ihn aber schon vorzugsweise Frauen zugeschrieben.' ‚Den Grund hiervon suche ich in allen äußeren und inneren Verhältnissen. Frauen, nicht Männern, war das Auslesen und Kochen kräftiger Heilmittel angewiesen, wie die Bereitung der Speise ihnen oblag. Salbe fertigen, Linnen weben, Wunden binden mochte ihre linde, weiche Hand am besten; die Kunst, Buchstaben zu schreiben und zu lesen, wird im Mittelalter hauptsächlich Frauen beigelegt. Den unruhigen Lebenslauf der Männer füllte Krieg, Jagd, Ackerbau und Handwerk; Weibern verliehen Erfahrung und behagliche Muße alle Befähigung zu heimlicher Zauberei. Das Einbildungsvermögen der Frauen ist wärmer und empfänglicher, von jeher wurde in ihnen eine innere, heilige Kraft der Weissagung verehrt. Frauen waren Priesterinnen und Wahrsagerinnen; germanische und nordische Ueberlieferung hat uns ihre Namen und ihren Ruhm erhalten; das Vermögen des Schlafwandelns zeigt sich noch heute größtentheils an Frauen. Wiederum aber mußte, von einer Seite her betrachtet, die Zauberkunde hauptsächlich a l t e n W e i b e r n eigen sein, die, der Liebe und Arbeit abgestorben, ihr ganzes Sinnen und Trachten auf geheime Künste stellten.' ‚Je nach der Verschiedenheit der Volksmeinung berühren sich Nornen und Völven, Walkyrien und Schwanjungfrauen mit göttlichen Wesen oder Zauberinnen. Auf diesem Allem zusammen, auf einer Mischung natürlicher, sagenhafter und eingebildeter Zustände beruht die Ansicht des Mittelalters von der Hexerei. Phantasie, Tradition, Bekanntschaft mit Heilmitteln, Armuth und Müßiggang haben aus Frauen Zauberinnen gemacht, die drei letzten Ursachen auch aus Hirten Zauberer.' J. Grimm, Deutsche Mythologie 84 fl. 869. 85—85. 374—375. 991.
[1] Vergl. Fehr, Der Aberglaube und die katholische Kirche des Mittelalters (Stuttgart 1857) S. 114—125. Was insbesondere den Glauben an das ‚Wettermachen' anbelangt, so schrieb darüber im neunten Jahrhundert Agobard, Erzbischof von Lyon: es sei in seiner Gegend ein allgemeiner, von allen Städten getheilter Aberglaube, daß Hagelwetter und Gewitter von Menschen nach Willkür gemacht werde, nämlich durch Zaubereien Derjenigen, welche Tempestarii, also Wettermacher, genannt würden. Man glaube auch, daß diese Tempestarii die durch Ungewitter niedergeschlagenen Früchte

Bis in's dreizehnte Jahrhundert, selbst nachdem die bürgerliche Gesetzgebung in Deutschland gegen Zauberer und Hexen auf Feuertod erkannte,
beschränkte sich die Kirche auf bloße Disciplinarstrafen gegen dieselben und
auf Ausschließung von der Kirchengemeinschaft, und rief niemals den Arm
der weltlichen Gerechtigkeit zur blutigen Bestrafung der mit ‚Bezauberei Behafteten‘ zu Hülfe.

Anders gestalteten sich die Dinge, seitdem der Teufelsglaube und das
Hexenwesen neue Stärke erhielten durch das Auftreten gnostisch-manichäischer
Secten, welche lehrten: es gebe zwei von Ewigkeit her neben einander be-
stehende, gleich mächtige und mit einander kämpfende Principien, ein gutes
und ein böses Princip; letzteres sei Herr und Herrscher der materiellen Welt.
Als Verbündeten des bösen Princips wurden den Ketzern, den Catharern,

---

auf Luftschiffen in andere Gegenden hinfahren. Personen, welche im Verdachte stünden,
solche Wettermacher zu sein, seien in Gefahr, gesteinigt zu werden. Vergl. H. J. Schmitz,
Die Bußbücher und die Bußdisciplin der Kirche (Mainz 1883) S. 308. Näheres über
die kirchlichen Verordnungen gegen die Immissores tempestatum S. 309. 460. 479.
577. 663. 811. So heißt es zum Beispiel S. 460 in dem sogenannten Pönitentiale
Arundel: ‚Qui aliqua incantatione aeris serenitatem permutare temptaverit ... 3 annos
peniteat.‘ Papst Gregor VII. forderte am 19. April 1080 den König Harald von
Dänemark auf: er möge unter seinem Volke nicht länger den gräulichen Aberglauben
dulden, vermöge dessen christliche Priester oder böse Weiber für schlechtes Wetter, Stürme,
Unfruchtbarkeit des Jahres oder ausbrechende Seuchen verantwortlich gemacht würden.
Gfrörer, Gregor VII. Bd. 3, 126. ** Vergl. den Aufsatz ‚Gregor VII. ein Hexenverfolger‘ (gegen Gebhart's Behauptung in der Revue des deux Mondes 1891, Oc-
tobre) in den Laacher Stimmen 1891, Bd. 41, 599 fl. Auch in Deutschland verhielt
sich die Geistlichkeit im frühern Mittelalter ablehnend gegen die Hexenprocesse. L. Weiland macht in der Zeitschr. für Kirchengesch. (9, 592 fl.) in dieser Hinsicht aufmerksam
auf eine gleichzeitige Aufzeichnung aus der Benedictinerabtei Weihenstephan bei Freising (Mon. Germ. hist. SS. 13, 52) über einen Act der Volksjustiz im Jahre 1090,
welcher schon alle Momente der späteren Hexenprocesse in sich enthält: Angeberei von
Neidern, Wasserprobe, Tortur und Scheiterhaufen. Die Wasserprobe fiel zu Gunsten
der armen Hexen aus, die zweimalige Tortur überstanden sie, ohne daß ihnen ein Geständniß abzuringen war; trotzdem wurden sie verbrannt. Die Erzählung, fährt Weiland fort, ist ein sprechender Beweis für die Stellung, welche die Geistlichkeit des
frühern Mittelalters gegenüber solchen Ausbrüchen des altheidnischen Volksgeistes einnahm. Der Mönch von Weihenstephan hält die verbrannten Frauen für Märtyrer,
die Volksmassen für vom Teufel besessen; daß so Etwas vorkommen konnte, schreibt er
im Eingange sehr deutlich dem Verfall der Kirchenzucht während eines Streites zweier
Gegenbischöfe zu. Daß auch später die deutsche Geistlichkeit den tollen Hexenglauben
vielfach nicht theilte, denselben vielmehr als Abfall vom wahren Glauben und als
Einwirkung des Teufels verdammte, zeigt eine gleichfalls von Weiland a. a. O. 12,
333 fl. veröffentlichte Ermahnung an die Priester von einer Hand des ausgehenden
zwölften oder des beginnenden dreizehnten Jahrhunderts auf Fol. 126 der Bamberger
Handschrift P. I. 9.

Albigensern, Waldensern, Luciferianern und anderen auch in Deutschland weit verbreiteten Secten, furchtbare Verbrechen nachgesagt: der Teufel, mit gewissen Gebetsformeln angerufen, besuche sie in ihren Versammlungen und leite sie zu allen erdenklichen Lastern an[1]. Der ‚schwarze Tod‘, welcher im vierzehnten Jahrhundert fast den vierten Theil der Bewohner Europa’s hinwegraffte, wurde vielfach als ein Werk teuflischer Mächte betrachtet; die allgemeine Bestürzung steigerte sich bei Unzähligen bis zum Wahnsinn. Zu Tausenden zogen die ‚Geißelbrüder‘ durch die Lande und verkündeten inmitten ihrer wilden Tänze die Herrschaft und den Sieg des Satans. ‚Zaubertränke zum Schutze gegen den schwarzen Tod wurden‘, schreibt ein rheinischer Geistlicher im Jahre 1434, ‚in geheimen nächtlichen Versammlungen gebraut, wüste Gelage gefeiert, und besonders am Rhein und im obern Deutschland griff der altheidnische Glaube an die mannigfachen verborgenen Zauberkünste und die Ausfahrten der Hexen mit verstärkter Gewalt um sich; kirchliche Verordnungen gegen das Unwesen blieben vielfach kraftlos.‘[2] So hatte zum Beispiel eine Trierer Synode im Jahre 1310 von Neuem den altkirchlichen Satz eingeschärft: ‚Kein Weib soll vorgeben, daß es Nachts mit der heidnischen Göttin Diana oder mit der Herodias und einer unzähligen Menge Weiber ausreite; denn das ist teuflischer Trug.‘[3]

Wie tief der Zauber- und Hexenglaube, der Glaube an Verwandlungen der Menschen in Wölfe, an Wechselkinder, welche von bösen Weibern mit dem Teufel erzeugt würden, im Volke verbreitet war, geht aus zahlreichen geistlichen Unterrichtsbüchern hervor, die jenen Glauben auf das entschiedenste bekämpften.

Stephan Lanzkranna, Propst zu St. Dorotheen in Wien, führte in seiner ‚Himmelstraße‘ vom Jahre 1484 unter den größten Sünden auf: an nachtfahrende Frauen, Drutten, Unholden, Wehrwölfe und andere dergleichen heidnische, närrische Betrügereien zu glauben. ‚O wie eine große Blindigkeit, Unweisheit und Betrügniß solcher Menschen! Solcher närrischer Getichtung und falscher Erfindung und Unglauben sind so viel, auch leider unter denen, die sich Christen nennen und für Christen wollen gehalten werden, wiewohl sie in Wahrheit mehr Heiden als Christen sind.‘[4]

---

[1] Vergl. H. Haupt, ‚Waldenserthum und Inquisition im südöstlichen Deutschland bis zur Mitte des vierzehnten Jahrhunderts‘, in Quibbe’s Deutscher Zeitschrift für Geschichtswissenschaft, Jahrg. 1889, S. 285—330.

[2] Citirt in: De imposturis Daemonum (1562) p. 24—25.

[3] v. Hefele, Conciliengesch. 6², 492. Näheres über die Verordnungen vieler Synoden des vierzehnten und fünfzehnten Jahrhunderts gegen die Zauberer, Wahrsager, Beschwörer und so weiter bei Fehr, Der Aberglaube 148—163.

[4] Geffcken, Beilagen 112—113.

In einem Beichtspiegel vom Jahre 1474 wird der Beichtende bezüglich des Aber- und Zauberglaubens unter Anderm gefragt: ‚Haft du gezaubert oder laffen zaubern, gewicket oder laffen wicken (hexen)? Haft du geglaubt an die guten Hulden und an die Wichtelmännchen? Haft du nicht geglaubt an die Wetterwicken (Wetterhexen)? Haft du keinen Unglauben gehabt, daß die Kinder wären gewechfelt? Haft du einigen Wind gekauft von einer Zauberin?‘ [1]

Ein Lübecker Beichtbuch ‚Das Licht der Seele‘ vom Jahre 1484 legte zur Gewiffenserforschung über das erfte Gebot die Fragen vor: ‚Haft du den Leuten Schaden gethan mit teuflischer Kunft? Haft du Zauberei oder Wickerei getrieben mit dem heiligen Sacramente? Haft du geglaubt, daß die Leute werden zu Wehrwölfen? Haft du geglaubt an die guten Hulden? Haft du geglaubt an die Zwerge, daß fie die Kinder wegtragen? Haft du geglaubt, daß die Leute fahren mit Leib und Seele bei Nachtzeit in ferne Land und werden da unter einander wohl bekannt (treiben Unzucht mit einander)? Haft du geglaubt, daß die Leute kommen des Nachts und drücken andere Leute in dem Schlafe? Ein jeglicher Menfch mag fich wohl bedenken und mag das offenbaren feinem Beichtvater.‘ [2]

Auch von Hexenfahrten auf den Blocksberg war fchon die Rede.

So heißt es in einem Lübecker Beicht- und Gebetbuch vom Jahre 1485: ‚Haft du geglaubt an die guten Hulden, oder daß dich die Nachtmar ritte, oder daß du auf einer Ofengabel auf den Blocksberg ritteft? Lieber Bruder, diefe Stücke find fchwere Todfünden, und wer darin ftirbt, bringt feine Seele in die ewige Verdammniß; denn den heiligen Glauben foll man nicht befchimpfen.‘ [3]

In einem andern, im fünfzehnten Jahrhundert viel verbreiteten Beichtbuche wird das Beichtkind gefragt, ob es geglaubt habe, ‚daß fich die Frauen in Katzen, Affen und andere Thiere verwandeln, durch die Luft fliegen und den Kindern das Blut ausfaugen?‘ [4]

Wurde fo von Seiten der Geiftlichkeit der Zauber- und Hexenglaube entfchieden bekämpft, fo trieben andererfeits auch Geiftliche und Mönche felbft

---

[1] Geffcken, Beilagen 99—100. Ueber den aus heidnifcher Zeit ftammenden Aberglauben, daß Zauberinnen Wind verkaufen könnten, vergl. P. Pietfch in der Zeitfchr. für deutfche Philologie 16, 189—190.
[2] Geffcken, Beilagen 129. [3] Geffcken, Beilagen 124.
[4] Geffcken 55; vergl. 84. In einem Beichtbuch aus dem vierzehnten bis fünfzehnten Jahrhundert werden Zaubereien erwähnt, ‚in welchen fich die Hexerei als Parodie des Chriftenthums, was fie ja in vielfacher Beziehung ift, fehr deutlich kundgibt. Die kirchlichen Gebräuche und Symbole werden zu dem der Kirche feindlichen Zwecke mißbraucht‘. Vergl. die Mittheilungen von P. Pietfch in der Zeitfchr. für deutfche Philologie 16, 194 flt.

verschiedene Zauberkünste, weßhalb geistliche Unterrichtsbücher und Beichtspiegel das Volk darauf hinwiesen, es sei keine Entschuldigung für die
Uebung solcher Dinge, wenn man sage: ein Mönch habe sie gelehrt. ,Die
Zauberei‘, sagt der Tiroler Hans von Vintler in seinem im Jahre 1411
vollendeten ,Pluemen der Tugend‘:

> Die Zauberei ist Gott unwert,
> Sie sagen wol: Mich hat's gelehrt
> Ein Mönch, wie möcht's da böse sein?
> Da sag ich auf die Treue mein,
> Daß man solchen Mönch oder Pfaffen
> Also sollt strafen,
> Daß sich zehne stießen daran,
> Denn sie sind allesamt im Bann [1].

,Wir verabscheuen alle abergläubischen Gebräuche und Hexenkünste‘, heißt
es in einem Synodalstatut des Bischofs Johann von Regensburg vom Jahre
1512: darum sollten Cleriker und Laien, welche solchen Dingen ergeben, wenn
sie nicht zur Besserung zu bringen seien, öffentlich excommunicirt werden. Eine
Freisinger Diöcesansynode setzte bereits im Jahre 1440 fest, daß nur der
Bischof von dem Laster der Zauberei lossprechen könne, besonders wenn dazu
Sacramente, Sacramentalien oder Todtengebein benutzt worden [2].

Auch durch Berichte von allerlei Hexengeschichten förderten Geistliche und
Mönche den Volksglauben vom Hexenwesen. Eine große Anzahl solcher Ge-
schichten finden sich zum Beispiel in einem oft gedruckten ,Präceptorium‘ des
Osnabrücker Augustinermönchs Gottschalk Hollen († 1497). Darin liest man
unter vielem Andern von einer Hexe in Norwegen, welche den Wind in einem
Sacke mit drei Knoten verkaufte; wurde der eine Knoten geöffnet, so entstand
ein gelinder Wind, bei der Oeffnung des zweiten ein starker Wind, bei der des
dritten aber entstand Sturm. Eine andere Hexe brachte den größten Haß hervor
zwischen zwei Liebenden durch einen bezauberten Käse und durch ein schwarzes
Huhn, welches sie halb den Liebenden, halb dem Teufel zu essen gab. Eine
von einer Hexe in ein Pferd verwandelte Frau wurde durch Besprengung
mit Weihwasser entzaubert [3].

---

[1] ** Vergl. Pluemen der Tugent des Hans Vintler, herausgeg. von J. V. Zingerle
(Innsbruck 1874) Vers 7700 fll.

[2] Hartzheim 6, 105. Colleti 9, 17 b.

[3] Geffcken 55; vergl. 31. ** Siehe auch Jostes, Volksaberglaube im 15. Jahrhundert, in der Zeitschr. des Vereins für Gesch. Westfalens 47, 85 fll. Hollen tritt
übrigens an mehreren Stellen dem Hexenglauben direct entgegen. So sagt er zum Beispiel in der Predigt 85 bei Besprechung der verschiedenen Versuche der Menschen, das
Geheime und Zukünftige zu erfahren: ,Die erste Art ist die offene Anrufung des
Teufels, so wenn Jemand den Teufel beruft, sich auf einem Steine, auf Eisen oder in

Inzwischen waren in Deutschland schon manche Zauberer und Zauberinnen, welche ‚teuflische Künste‘ trieben, von weltlichen Richtern nach der Verordnung des Sachsen- und des Schwabenspiegels zum Feuertode verurtheilt worden. ‚Frauen oder Männer,‘ hieß es im Schwabenspiegel, ‚die mit Zauber oder mit dem Teufel umgehen, daß sie ihn mit Worten zu sich laden oder sonst mit ihm umgehen, die soll man alle brennen, oder welches Todes der Richter will, der ärger ist und noch böser, denn sie haben unseres Herrn Christi verläugnet und dem Teufel sich ergeben. Und die es wissen und es verschweigen, und die es rathen, wenn sie bewort als recht ist, denen soll man das Haupt abschlagen.‘ [1]

Im Jahre 1423 wurde in Berlin eine alte Frau als Zauberin verbrannt [2]. Eine gleiche Strafe erlitt in demselben Jahre eine ‚Unholdin‘, welche in der Schweiz, in der Gegend des untern Hauensteins, nach der eidlichen Aussage eines Bauern ‚allzeit auf einem Wolfe herumritt, statt eines Zaumes den Schwanz des Wolfes in der Hand hielt‘ [3]. Im Jahre 1447 wurde eine Frau aus Ettiswyl verbrannt, welche ‚bekannt‘ hatte: sie habe mit dem Teufel ein Bündniß eingegangen und auf dessen Anstiften das heilige Altarssacrament schändlich entweiht [4]. In den Jahren 1444, 1458, 1482 kamen zu Hamburg, 1477 zu Hildesheim einige Hexenverbrennungen vor [5]. Zu Dillenburg im Nassauischen wurden im Jahre 1458 zwei Zauberinnen eingezogen, vom Scharfrichter verhört und gefoltert; eine derselben mußte brennen [6]. Bei zwei Hexenprocessen zu Heidelberg wirkte in den Jahren 1446 und 1447 ein geistlicher Inquisitor mit; ein Jurist, der eine der Angeklagten und später Hingerichteten über die Kunst der Wettermachens befragen wollte, stand von seinem Vorhaben ab, als er erfuhr, daß man diese Kunst nur erlernen könne, wenn man den christlichen Glauben abschwöre und sich gleichzeitig drei Teufeln ergebe [7]. In Straßburg schuldigte im Jahre 1451 ein

---

einem Spiegel oder auf Stahl zu zeigen, daß er von einer Jungfrau gesehen werden kann, um einen Diebstahl oder einen Dieb zu offenbaren. Das ist unmöglich, es geht nur durch die Macht Gottes, und wenn Jemand behauptet, er habe den Teufel gezwungen, so gibt er es nur vor, um zu betrügen, wie man denn auch vor jenen Trunkenbolden Angst hat, die da vorgeben, die Formeln und Zeichen zu besitzen, um den Teufel zu bannen und zur Antwort zu zwingen.‘

[1] ** Schwabenspiegel, herausgeg. von Laßberg (Tübingen 1840) S. 157. Eine ganz ähnliche Bestimmung im Sachsenspiegel 2, 187.

[2] Fidicin 5, 426.   [3] Ochs, Gesch. von Basel 3, 171.

[4] Schneller 367—370.

[5] Trummer, Vorträge 108—110. Zeitschr. des Harzvereins 3, 798.

[6] Annalen des Vereins für nassauische Alterthumskunde 19, 105.

[7] Vergl. Soldan-Heppe 1, 260—261. ** Von allgemeinem Interesse sind die Mittheilungen, welche P. Ladewig in der Zeitschr. für die Gesch. des Oberrheins, Neue

gewisser Hans Schoch, der bereits in Basel gegen vorgebliche Hexen sein Wesen getrieben hatte, eine alte Frau bei dem Magistrate an, sie habe mit Hülfe des Teufels ein großes Hagelwetter, welches den ganzen Stadtbann zerschlagen, herbeigeführt. Die Angeschuldigte wurde auf die Folter gespannt, aber als unschuldig entlassen, dagegen der Ankläger ‚als ein Frevler, muthwilliger Verleumder und Calumniant‘ zum Tode verurtheilt, in einen Sack gesteckt und ertränkt [1].

Wie genau die weltlichen Richter schon im Anfange des fünfzehnten Jahrhunderts ‚aus der peinlichen Befragung‘ der Angeschuldigten über das Hexenwesen im Einzelnen unterrichtet waren, zeigt der zur Zeit des Baseler Concils abgefaßte Formicarius des Dominicaners Johannes Nider. Derselbe berichtet bereits fast alle die Gräuel und Hexenkünste, welche später in sämmtlichen Hexenprocessen die wesentlichsten Anklage- und Fragepunkte bildeten [2]: wie Zauberer und Hexen dem christlichen Glauben und der christlichen Gemeinschaft abschwören, das Kreuz mit Füßen treten, dem Teufel den Treueid leisten und sich mit Dämonen fleischlich vermischen. Nider's hauptsächlichster Gewährsmann war ein weltlicher Richter aus Bern, welcher im Berner Gebiete zahlreiche Zauberer und Hexen in Untersuchung zog, foltern ließ und nach abgelegtem ‚Bekenntniß‘ zum Feuertode verurtheilte. Bisweilen mußte die Folter drei- oder viermal angewendet werden, bevor jener Richter aus den Angeschuldigten das Bekenntniß der rechten Teufelskünste herauspreßte, zum Beispiel, daß sie Getreide von fremden Aeckern auf ihre eigenen Aecker versetzen, Hagelwetter und schädlichen Wind erzeugen, Menschen und Thiere unfruchtbar machen, durch einen Blitzstrahl, wen sie wollten, tödten, allerlei Krankheiten hervorbringen, sündhafte Liebe entzünden, Neid und Haß in die Herzen aussäen, die Menschen des Verstandes berauben, auch durch die Lüfte fahren könnten [3].

Folge 2 (1887), S. 236 fll. nach den Acten des erzbischöflichen Archivs zu Freiburg über eine Zauberin zu Todtnau 1441 fll. gibt. Es ergibt sich aus denselben, daß das Vorgehen des geistlichen Gerichtes ‚äußerst milde‘ und ‚wie völlig frei man in der Diöcese Constanz von den Auswüchsen des spätern Hexenprocesses war. Der Glaube an die dämonisch wirksamen Kräfte erscheint freilich anerkannt, aber ihre Bekämpfung Sache der Kirche, welche höchstens im Nothfall die Hülfe des weltlichen Armes in Anspruch nimmt‘.

[1] Stöber, Hexenprocesse im Elsaß 306. Reuss, La justice criminelle 265—266.

[2] Das fünfte Buch des Formicarius (vergl. Schieler 226—235, und über die Zeit der Abfassung des Buches 379), welches das Hexenwesen behandelt, abgedruckt im Malleus maleficarum (Frankfurter Ausgabe von 1588) 1, 694—806.

[3] Ueber die Wiederholung der Folter heißt es von einem der Angeschuldigten: ‚Biduo duriter quaestionatus, nihil penitus fateri voluit de propriis facinoribus, tertia autem die tortus iterum, virus suum evomuit.‘ Ein anderer gab erst ‚post quartum ad cordas tractum‘ auf die Frage: ‚Quomodo ad tempestates et grandines concitandas proceditis?‘ die Antwort: ‚Primo verbis certis in campo principem

Einer der Angeklagten, welcher ‚unter den Zeichen wahrer Reue starb‘, legte dem Richter ein Geständniß ab über die Art der Einweihung in die Geheimnisse der Zauberei. Der Einzuweihende müsse mit ‚den Meistern‘, das heißt den Dämonen, an einem Sonntage, ehe das Weihwasser ausgetheilt werde, in eine Kirche gehen und vor den Meistern den göttlichen Heiland, den christlichen Glauben und die Taufe verläugnen, darauf dem Teufel sich eiblich verpflichten; dann trinke er aus einem Schlauche und werde dadurch sofort mit der Zauberkunst und den Hauptgebräuchen der Teufelssecte bekannt gemacht. ‚Auf diese Weise‘, sagte der Angeklagte, ‚bin ich verführt worden; auch meine Frau ist ebenso verführt worden, ich halte sie jedoch für so hartnäckig, daß sie lieber den Feuertod erduldet, als daß sie das Geringste von der Wahrheit zu bekennen bereit sein wird. Aber ach, wir beide sind schuldig!‘ ‚Dieses Alles hat sich‘, fügt Nider hinzu, ‚so gefunden, wie der junge Mann gesagt hat. Seine Frau, obgleich von Zeugen überführt, wollte weder auf der Folter noch im Tode bekennen, sondern verfluchte den Gerichtsdiener, welcher den Scheiterhaufen hergerichtet hatte, mit den scheußlichsten Ausdrücken und ward so verbrannt.‘ ‚In der Diöcese Lausanne‘, erzählte der Richter dem gläubigen Nider, ‚haben einige Zauberer ihre eigenen Kinder gekocht und verzehrt; im Gebiete von Bern sind in kurzer Zeit 13 Kinder von den Unholden verschlungen worden, weßhalb die öffentliche Gerechtigkeit hart genug gegen solche Verbrechen entbrannte.‘ Eine Hexe mußte dem Richter auseinandersetzen, wie sie es anfingen, in fremde Häuser einzudringen und die in der Wiege oder an der Seite ihrer Eltern liegenden Kinder zu tödten, die begrabenen aus ihrer Gruft zu stehlen, zu kochen und daraus Zaubertränke zu bereiten [1]. Nider selbst glaubte an die Künste der Zauberer und Hexen. ‚Ohne Zweifel‘, sagte er, ‚können sie solche verrichten, aber nur unter Zulassung Gottes‘; sie verüben aber solche nicht selbstthätig und unmittelbar, sondern durch Worte, Gebräuche und Handlungen in Folge ihres Vertrages mit dem Teufel, so daß eigentlich die Dämonen, auf Bitten der Zauberer und Unholden, die Thäter sind. Als Hauptmittel gegen ihr verderbliches Treiben gaben, wie Nider von dem Berner Richter erfuhr, die Uebelthäter selbst folgende an: der rechte Glaube und die Beobachtung der Gebote Gottes im Stande der Gnade, das Kreuzzeichen, die Uebung der kirchlichen Weihungen und Ceremonien, die Verehrung des Leidens Christi in Gebet und Betrachtung.

Daemoniorum imploramus, ut de suis mittat aliquem a nobis designatum: percutiat deinde, veniente certo Daemone, in campo aliquo viarum pullum nigrum immolamus, eundem in altum projiciendo ad aëra. Quo a Daemone sumpto: obedit et statim auram concitat, non semper in loca designata a nobis, sed juxta Dei viventis permissionem grandines et fulgura projiciendo.‘ L. c. p. 727. 750.

[1] L. c. p. 711—723.

Wer alle diese Schutzmittel vernachlässigt, ist den Angriffen des Satans und seiner Gehülfen und Gehülfinnen ausgesetzt[1]. Im Jahre 1482 sah der Rath zu Bern sich veranlaßt, zur Besserung ‚gemeiner Landesbresten gegen Gespenst, Hexenwerk, Zauberei und Ungewitter‘ Schutzmaßregeln zu ergreifen, und ordnete als die dagegen wirksamsten Mittel besondere Gottesdienste, Processionen sowie den Gebrauch geweihter Gegenstände an[2].

Auf Grund von Berichten, welche ihm aus Deutschland zugekommen, erließ Papst Innocenz VIII. am 5. December 1484 eine Bulle, in welcher er sagt: ‚Nicht ohne schwere Bekümmerniß‘ habe er neulich vernommen, daß in einigen Theilen Oberdeutschlands wie auch in den Provinzen, Städten, Ländern, Ortschaften und Bisthümern von Mainz, Cöln, Trier, Salzburg und Bremen sehr viele Personen beiderlei Geschlechtes, abfallend vom katholischen Glauben, mit den Teufeln fleischliche Bündnisse eingegangen und durch ihre Zaubersprüche und Zauberlieder, durch ihre Beschwörungen, Verwünschungen und andere nichtswürdige Zaubermittel Menschen und Thieren großes Unheil zugefügt und auch sonst argen Schaden verursacht hätten. ‚Sogar den Glauben, welchen sie in der Taufe angenommen, verläugnen sie mit verruchtem Munde.‘ Ob nun gleich die beiden Dominicaner und Professoren der Theologie Heinrich Institoris in Oberdeutschland, Jacob Sprenger in einigen Theilen des Rheinlandes durch päpstliche Vollmacht zu Inquisitoren der ketzerischen Bosheit bestellt worden, so hätten doch in jenen Gegenden einige Geistliche und Laien, welche klüger sein wollten als nöthig, zu behaupten sich unterstanden: weil in den Bestallungsbriefen derselben jene Kirchensprengel und Städte nebst den Personen und ihren Verbrechen nicht ausdrücklich genannt seien, dürften die Inquisitoren daselbst ihr Amt nicht verwalten und solche Personen nicht gefangen setzen und strafen. Daher ergehe kraft apostolischer Macht der strenge Befehl, die beiden Inquisitoren gegen Personen jedes Ranges und Standes ihr Amt ungehindert ausüben zu lassen. Zur Verhütung der Zauberei sollten sie in allen Pfarrkirchen ihres Gebietes dem Volke das Wort Gottes auslegen, so oft es dessen bedürfe, und alles Zweckdienliche zum Unterricht desselben nach ihrem Gutdünken vorkehren. Den Bischof von Straßburg forderte der Papst namentlich auf, die Inquisitoren auf jede Weise zu schirmen und zu unterstützen und Diejenigen, welche sich ihnen widersetzen oder ihnen Schwierigkeiten in den Weg legen würden, mit den schwersten Kirchenstrafen zu belegen und nöthigenfalls die Hülfe der weltlichen Gewalt gegen sie anzurufen[3].

---

[1] Vergl. Schieler 228—232.   [2] Anshelm, Berner Chronik 1, 307.

[3] Die Bulle Summis desiderantes affectibus im Magnum Bullarium Romanum (Lyoner Ausg. von 1692) 1, 443 (** Turiner Ausg. 5, 296 sqq.). Sprenger wird schon

Diese päpstliche Bulle enthält an sich durchaus nicht eine dogmatische Entscheidung über das Hexenwesen; Niemand ist verpflichtet, zu glauben, was darüber nach den dem Papste gewordenen Berichten in der Bulle enthalten ist, auch wenn Innocenz VIII. selbst daran geglaubt hat[1]. Die Bulle führte auch, genau genommen, nichts Neues ein. Die beiden Inquisitoren wurden, was sie vorher schon waren, als Richter über ‚das Verbrechen der Zauberei‘ unter näheren Bestimmungen bevollmächtigt, und wenn der weltliche Arm gegen Diejenigen, welche ihm durch die geistlichen Gerichte als unverbesserlich überliefert wurden, die Todesstrafe verhängte, so ist diese Strafe weder unmittelbar noch mittelbar durch jene Bulle eingeführt worden, da bereits drittehalbhundert Jahre früher der Sachsenspiegel als allgemeine Rechtsgewohnheit festgestellt hatte: Zauberer und Hexen sollten mit Feuer gerichtet werden. Am wenigsten kann man die Bulle als Ursache der Gräuel bezeichnen, welche in den folgenden Jahrhunderten in protestantischen Ländern bei der Verfolgung und Bestrafung der Hexen verübt wurden. Denn von dem ‚Antichrist in Rom‘ ließen sich die Protestanten keine Weisungen ertheilen[2].

---

um 1470 als Inquisitor genannt; vergl. Haupt in Quidde's Deutscher Zeitschr. für Geschichtswissenschaft Jahrg. 1890, S. 384 Note 3.

[1] ** Vergl. hierzu die Ausführungen von Haller, Die Hexenprocesse und der Heilige Stuhl, in den Kathol. Schweizerbl. 1892 (8. Jahrg.), 6, 222 fll.

[2] ‚Es ist ein Irrthum, päpstlichen Bullen, wie zum Beispiel der Summis desiderantes von 1484, oder (wie unter Anderen Goethe meinte) Luther's Ansichten vom Teufel die blutige Hexenverfolgung zuzurechnen. Am meisten hat dabei die rohe und blinde Willkür der Rechtspraxis verschuldet‘, sagt Trummer 98—99. Mit Berufung auf die unter den Protestanten herrschenden Anschauungen über Hexenkünste und deren Strafbarkeit sagt der protestantische Verfasser S. 115: Solban ‚hätte nicht bedurft, die Verbreitung der Hexenverfolgungen auf Rechnung des Transmontanismus und der Inquisitoren zu bringen.‘ Auch der Protestant Schindler tritt gegen den ‚von Bayle, Hauber und Schwager verbreiteten Irrthum‘ auf, daß der Hexenproceß durch die Bulle vom Jahre 1484 eingeführt worden sei. ‚Es hat sich der Hexenproceß allmählich herangebildet; er ist längst da, ehe Bulle und Hexenhammer erscheinen, und wie wenig Rom zu beschuldigen ist, den Hexenproceß nur zur Unterdrückung der Ketzerei erfunden zu haben, wird auf das bündigste dadurch bewiesen, daß das Verbrennen in protestantischen Ländern und von protestantischen Juristen mit gleichem Eifer betrieben wurde wie in den katholischen Ländern.‘ S. 306. 308. Daß der Hexenproceß ‚eine Erfindung gewesen sei zur Aufrechthaltung päpstlicher Gewalt oder eine auf den Aberglauben der Masse berechnete theologisch-juridische Speculation, wie Scherr behauptet, ist ein großer Irrthum, und zur Ehre der Menschheit müssen wir gestehen, daß er zwar wohl ausgebeutet wurde, um allen Leidenschaften zu fröhnen, daß aber seiner Entstehung eine Berechnung nicht zu Grunde lag.‘ S. 310. Mit Schindler stimmt Roskoff, Gesch. des Teufels 2, 328 überein. ‚Es ist ein völlig ungegründeter Vorwurf, den lutherische Schriftsteller der römischen Kirche machen, daß sie die Gleichstellung der Ketzerei und Zauberei erfunden habe, um unter dem Vorwande der Zauberei die Ketzer zu vertilgen.‘ ‚Es ist ein Irrthum Solban's, wenn er meint,

Insofern förderte die Bulle allerdings die Hexenverfolgung, als sie die
Inquisitoren zu ernstem Vorgehen ermunterte. Diese beriefen sich auf dieselbe
als auf eine vom Apostolischen Stuhle ausgegangene Bestätigung ihrer Ansichten
über Hexerei. Auch die weltliche Gewalt nahm sich der Inquisitoren an. Kaiser
Maximilian I. ertheilte am 6. November 1486 den Befehl, denselben bei
Vollziehung ihrer Obliegenheiten alle Gunst und Hülfe zu leisten.

---

die Identität der Ketzerei und Zauberei habe sich erst später herausgebildet.' ‚Von
den Socinianern her läuft die Unzertrennlichkeit der Häresie und Zauberei. . .‘ S. 316.
** Gegenüber den Behauptungen von Henner (Beiträge zur Organisation und Competenz der päpstlichen Ketzergerichte. Leipzig 1890) über das Hexenwesen bemerkt
H. Finke im Hist. Jahrbuch 14 (1893), 341—342: ‚Es ist mir aufgefallen, daß ein
so gründlicher Forscher wie Henner hierüber so incorrecte Sätze aufstellen kann, wie
es S. 311 geschieht. Da heißt es im Text: ‚Erst die culturgeschichtlich bekannte Bulle
Innocenz' VIII. Summis desiderantes affectibus vom 5. December 1484 veranlaßte
die großen und bekannten Inquisitionsverfolgungen der Hexen.‘ Veranlaßte? Hat
denn Henner niemals etwas vom Formicarius des Dominicaners und Inquisitors
Johannes Nider gehört? Dort kann er im dritten und vierten Capitel des fünften
Buches lesen, wie stark diese Volksseuche in einzelnen Gegenden Deutschlands und so
weiter im Anfange des fünfzehnten Jahrhunderts graffirte und wie sehr sich die Inquisition damit beschäftigte. Bekannt sind freilich nicht so viele Hexenprocesse im
Mittelalter als in der neuern Zeit, aber darin liegt noch gar kein Beweis, daß sie
thatsächlich selten gewesen seien. Gerade die Stellen bei Nider rathen zur Vorsicht.
Man hat den Hexenproceß des Mittelalters nicht so sehr beachtet, weil seine Form
und sein Verlauf vom Inquisitionsproceß nicht abwich. Ob „von dieser Zeit an (das
heißt vom Erlaß der Bulle und der Abfassung des „Hexenhammers“) die Hexenprocesse
in einem erschreckenden Maße zunahmen“, bleibt darum noch zu untersuchen; die Beispiele, welche Henner nach Lea anführt, genügen nicht. Sehr dunkel ist der Satz
(Henner 311 Note 6): „Man pflegt wegen ihrer Wichtigkeit die Schilderung derselben
(der Hexenprocesse) von der der Ketzerprocesse auszuscheiden.‘ Worin besteht denn
diese Wichtigkeit für den Juristen? Doch wohl darin, daß von seinen ersten An-
fängen an der moderne Hexenproceß, den der Laie mit Schauder als solchen nennt
und kennt, einen vom Inquisitionsproceß außerordentlich verschiedenen Verlauf genommen hat. Von Anfang an mischt sich die weltliche Gewalt hinein, während sie
beim Inquisitionsproceß ganz unthätig war bis zur Vollziehung des Urtheils, und
sehr bald behauptet die weltliche Gewalt allein das Feld. Diese so schnell erfolgende
völlige Umgestaltung des Inquisitionsprocesses ist meines Erachtens ein sehr bedeut-
sames, bis jetzt leider noch wenig gewürdigtes Moment in der Geschichte der Hexenprocesse. Man vergl. hierzu die wichtigen Angaben in der Schrift von L. Rapp, Die
Hexenprocesse und ihre Gegner in Tirol (2. Aufl. 1891) S. 9 fl. Uebrigens gibt schon
der „Hexenhammer“ in dem Abschnitt: De modo procedendi ac puniendi maleficas
die Veranlassung zu dieser Umänderung des Proceßverfahrens. Die Frage, vor welches
Gericht das Verbrechen des Maleficiums gehöre, wird dahin beantwortet, es bedürfe
eines gemischten Forums aus geistlichen und weltlichen Richtern; denn das Verbrechen sei theils bürgerlich, theils kirchlich, wegen des zeitlichen Schadens und Abfalls vom Glauben. Das sind Ansichten, die der Auffassung des Inquisitionsprocesses
schroff gegenüberstehen.‘

Der in der Bulle bestimmte Inquisitor Heinrich Institoris begab sich auf seinen Amtsreisen behufs Aufspürung der Hexen auch zum Bischof Georg Golser nach Brixen. Derselbe theilte am 23. Juli 1485 der Geistlichkeit seiner Diöcese die päpstliche Bulle mit und empfahl ihr, den Inquisitor und seine allfälligen Gehülfen, wenn sie zur Belehrung des Volkes sich einfinden würden, freundlich aufzunehmen. In einer Anweisung, wie bei der Einleitung und der Verfolgung eines Processes zu verfahren sei, forderte Institoris die Seelsorger auf, aus allen Kräften das Volk von Zauberei und Hexerei abzuhalten; die Läugnung des Hexenwesens erklärte er als offenbare Ketzerei und führte als Hauptverbrechen der Hexen an: die Erzeugung von Hagelschlägen, die Verwirrung des menschlichen Verstandes bis zum völligen Wahnsinn, die Erregung von unversöhnlichem Haß oder unwiderstehlicher Liebe, die Verhinderung der Fruchtbarkeit bei Menschen und Thieren, sogar die Tödtung. Ueber alle diese Punkte sollten die Seelsorger das Volk belehren und Jedermann ermahnen, verdächtige Personen zur Anzeige zu bringen. Damit Niemand aus Furcht davor zurückschrecke, sollte den Angeschuldigten der Name der Ankläger streng geheim gehalten werden. Ein ausführliches ‚Normativ‘ gab des Nähern an, wie gegen Angeklagte nach 13 verschiedenen Graden ihrer Verdächtigkeit, ihres Geständnisses oder der völligen Ueberweisung zu verfahren sei. Anfangs August eröffnete Institoris seine Thätigkeit in Innsbruck, und gegen Ende dieses Monats waren ihm bereits über 50 Personen, welche bis auf zwei sämmtlich dem weiblichen Geschlechte angehörten, aus der Stadt und der nächsten Umgebung als der Hexerei ‚verdächtig‘ bezeichnet worden, außer diesen noch ‚viele andere‘, deren Namen in einem vorhandenen Verzeichniß nicht angegeben sind. Die Zeugenverhöre dauerten mit Unterbrechungen etwa fünf Wochen lang; aber selbst dem Inquisitor, der es mit den Anklagen auf Schädigung an Leib und Leben, auf Entziehung der Milch aus den Kühen und auf ‚Wettermachen‘ sehr ernstlich nahm, erschien die Verläßlichkeit der Zeugen ziemlich zweifelhaft. Besonders bemerkenswerth ist, daß in den Verhören diejenigen ‚Capitalverbrechen‘, welche in den Hexenprocessen der spätern Zeit den Hauptinhalt der Anklagen bilden: eine Abschwörung des Glaubens, ein förmlicher Bund mit dem Teufel und eine Vermischung mit demselben als Incubus oder Succubus, sowie nächtliche Ausfahrten, Hexentänze und Hexenmahlzeiten, gar nicht erwähnt werden.

Während die Verhandlungen bezüglich der vielen ‚Verdächtigen‘ noch in der Schwebe waren, ließ Institoris im October 1485 sieben Weiber aus Innsbruck gefangen setzen und strengte gegen dieselben eine Untersuchung an, welche so ungeregelt und rechtswidrig geführt wurde, daß schließlich ein zur Vertheidigung der Angeschuldigten aufgestellter Sachwalter sämmtliche Anklagepunkte als unbegründet zurückweisen konnte und vor einem unter dem

Vorsitze eines Bevollmächtigten des Brixener Bischofs gebildeten Gerichts-
hof die völlige Freisprechung der ‚Hexen‘ erreichte. Der Proceß hatte
im Volke eine gewaltige Erregung der Gemüther hervorgerufen. Als der
Inquisitor, der in demselben sich die schlimmsten Blößen gegeben hatte, neue
Einkerkerungen vornahm und Untersuchungen in's Werk setzen wollte, schritt
der Bischof von Brixen ernstlich gegen ihn ein; er mahnte ihn, in sein Kloster
zurückzukehren, gab den festen Entschluß kund, ihn von jeder weitern Untersuchung auszuschließen, und erreichte dadurch dessen Entfernung aus dem
Lande. ‚Mich verdreußt des Mönchs,‘ schrieb der Bischof am 8. Februar
1486 an einen Vertrauten, ‚ich find in des Papstes Bullen, daß er bei viel
Päpsten ist vor Inquisitor gewesen, er bedunkt mich aber propter senium
ganz kindisch sein worden, als ich ihn hier zu Brixen gehört habe mit dem
Capitel.‘ [1]

Ein beträchtlicher Theil der von Heinrich Institoris zur Führung des
Innsbrucker Hexenprocesses gegebenen Anweisungen und seines ‚Normativs‘
wurde fast wörtlich aufgenommen in den von ihm und Jacob Sprenger
im folgenden Jahre 1486 verfaßten ‚Hexenhammer‘ [2]. Dieses Werk, obgleich
es als Privatschrift keineswegs eine gesetzliche Kraft in der Kirche erlangte,
ist die Quelle unsäglichen Unheils geworden. Auch in protestantischen Gerichten behielt es, wenn auch die Richter seltener es anführten, unbestrittenes
Ansehen [3].

Die Inquisitoren gaben das Werk heraus, um den Widerstand zu brechen,
der ihrer Amtsthätigkeit entgegentrat von Seiten ‚einiger Seelsorger und
Prediger‘, welche öffentlich in ihren Predigten behaupteten: es gebe keine
Hexen oder dieselben könnten den Menschen keinen Schaden zufügen.

---

[1] Aus der in vielen Beziehungen lehrreichen Abhandlung des Neustifter Chor-
herrn H. Ammann ‚Der Innsbrucker Hexenproceß von 1485‘ in der Ferdinandeums-
zeitschrift Folge 3, Heft 34, 1—87.

[2] Vergl. Ammann 4. 7—8 Note 1. Die in dem Malleus maleficarum ‚von
Innsbruck berichteten Zaubergeschichten stellen sich nach den Acten in Wirklichkeit zum
Theil wesentlich anders dar, als sie daselbst erzählt find. Diese Umstände verleihen
dem vorliegenden Processe in der Geschichte der Hexenprocesse eine hervorragende Stelle‘
(S. 4). Das im Text von uns erwähnte ‚Normativ‘ des Inquisitors findet sich ‚zum
größten Theil wörtlich auch im Malleus maleficarum‘, ‚Abweichungen beider Texte
rühren in den meisten Fällen von Erweiterungen im Malleus her‘ (S. 7—8 Note 1).
Dieses ‚Normativ‘ ist demnach in Bezug auf den ‚Hexenhammer‘ wohl das wichtigste
uns erhaltene Document und verdient deßhalb einen vollständigen Abbruck. Hoffentlich
widmet Ammann der Sache eine genauere Untersuchung.

[3] Malleus maleficarum, in tres partes divisus, in quibus concurrentia ad maleficia, maleficiorum effectus, remedia adversus maleficia et modus denique procedendi
ac puniendi maleficos abunde continetur. Ueber die verschiedenen Ausgaben vergl.
Wächter 281. Solban-Heppe 1, 276 Note 1.

Der ‚Hexenhammer‘ enthält drei Theile. Die beiden ersten behandeln die Wirklichkeit der Hexerei nach der Bibel, dem canonischen und bürgerlichen Recht, erklären das Wesen derselben und ‚die Gräuelthaten‘ der Hexensecte und die dagegen anzuwendenden kirchlichen Heilmittel; der dritte Theil gibt den geistlichen und den weltlichen Richtern nähere Unterweisung, wie ein Hexenproceß eingeleitet und geführt und wie das Urtheil gesprochen werden müsse[1]. ‚Die Hexen‘, sagten die Verfasser, ‚sind härter zu bestrafen als die Ketzer, weil sie auch Apostaten sind, und noch mehr, weil sie nicht nur aus Menschenfurcht oder Fleischeslust den Glauben abläugnen, sondern überdieß dem Teufel huldigen und ihm mit Leib und Seele sich ergeben. Die Größe des Verbrechens der Zauberei ist so ungeheuer, daß sie die Sünden und den Fall der bösen Engel übersteigt: der Größe der Verschuldung muß auch die Größe der Strafe entsprechen.‘

Die Cölner theologische Facultät ertheilte dem Werke im Mai 1487 die von den Inquisitoren gewünschte Approbation, erklärte es aber für rathsam, daß es nur gelehrten und eifrigen Männern und nur gottesfürchtigen und gewissenhaften Seelsorgern in die Hände gegeben werde; die über Bestrafung der Hexerei aufgestellten Grundsätze könnten nur insofern gebilligt werden, ‚als sie den heiligen Canones nicht widersprechen‘. Im Uebrigen ermahnte die Facultät die Inquisitoren, ihr Amt mit Eifer fortzusetzen, und erklärte es für schriftgemäß, daß Menschen aus göttlicher Zulassung mit Hülfe des Teufels Hexereien auszuüben im Stande seien: wer dagegen predige, verhindere, so viel an ihm, zum Schaden der Seelen die Obliegenheiten der Inquisitoren. Alle Fürsten, überhaupt alle Katholiken sollten denselben in der Vertheidigung des katholischen Glaubens Beistand leisten[2].

---

[1] Vergl. die nähere Angabe des Inhaltes bei Horst, Dämonomagie 2, 39—117. Schwager 1, 56—228. Ennemoser 796—811. Roskoff, Gesch. des Teufels (1869) Bd. 2, 226—293.

[2] Die Cölner Approbation in der Frankfurter Ausgabe des Malleus maleficarum vom Jahre 1588 p. 685—693. Ueber die Entstehung des ‚Hexenhammers‘ heißt es darin: ‚Quia nonnulli animarum rectores et verbi dei praedicatores publice in eorum sermonibus ad populum asserere et affirmare non verebantur, maleficas non esse, aut qui nihil in nocumentum creaturarum quacunque operatione efficere possent. Ex quibus incautis sermonibus nonnunquam saeculari brachio ad puniendum huiusmodi maleficas amputabatur facultas: et hoc maximum augmentum maleficarum et confortationem illius haereseos. Ideo praefati inquisitores totis eorum viribus cunctis *periculis et insultibus* obviare volentes, tractatum quendam non tam studiose quam laboriose collegerunt. In quo non tam huiusmodi praedicatorum ignorantiam pro catholicae fidei conservatione repellere nisi sunt, quantum etiam in exterminium maleficarum debitos modos sententiandi et easdem puniendi iuxta dictae bullae tenorem et sacrorum canonum instituta laborarunt.‘ Das Werk ist aber nicht für Jeden bestimmt. ‚Consulendum tamen videtur, quod iste tractatus

In demselben Jahre 1489, in welchem der „Hexenhammer‘ nachweislich
zuerst gedruckt wurde, gab Ulrich Molitoris, Doctor beider Rechte und Procurator bei der bischöflichen Curie zu Constanz, im Auftrage des Erzherzogs
Sigismund von Tirol ein Gutachten über das Hexenwesen heraus, welches
im Gegensatze zum „Hexenhammer‘ manche vernünftige Ansichten enthielt. Auf
Aussagen, welche auf der Folter erpreßt würden, dürfe, sagt er, kein Gewicht gelegt werden; denn durch Furcht, Schrecken und Qual könne man
Jemanden leicht dazu bringen, Allerlei zu bekennen, was er niemals gethan
habe. „Gott allein‘, sagt er, „ist Herr der Natur, und deßhalb kann Nichts
ohne seine Zulassung geschehen. Teufel können keine Kinder erzeugen, Menschen keine andere Gestalt annehmen und sich nicht an entfernte Orte versetzen: sie können sich nur einbilden, daß sie seien, wo sie nicht sind, und daß
sie sehen, was sie nicht sehen. Ebensowenig können Hexen viele Meilen weit
zur Nachtzeit wandern und von diesen Wanderungen zurückkommen, sondern
indem sie träumen und an allzu reizbarer Phantasie leiden, kommen ihnen
derartige Gegenstände, welche sie sich durch Verblendung des Teufels einbilden, so lebhaft vor die Augen, daß sie, erwachend, durch Selbsttäuschung
glauben, sie hätten, was doch nur Einbildung war, in Wirklichkeit gesehen.‘ [1]

Dagegen aber bestritt Molitoris so wenig wie der „Hexenhammer‘, die
Möglichkeit der Hexerei an sich und einen Bund der Hexen mit dem Teufel,
welcher mit den härtesten Strafen belegt werden müsse. „Wiewohl solche
verfluchte Weiber für sich selbst nichts Wirkliches thun können, so müssen sie
doch, weil sie von dem wahren, barmherzigen Gott abfallen, sich dem Teufel
ergeben, ihm Dienst und Ehre mit Opfern beweisen und seine Kunst brauchen,
solches Abfalls und bösen Willens halber nach bürgerlichem und göttlichem
Rechte vom Leben zum Tode gerichtet werden.‘ [2]

---

doctis et viris zelosis, qui ex ea sana, varia et matura consilia in exterminium
maleficarum conferre possunt, communicetur simul et ecclesiarum rectoribus timo-
ratis et conscientiosis duntaxat, ad quorum doctrinam subditorum corda in odium
tam pestiferae haereseos incitari poterunt ad cautelam bonorum pariter et malorum inexcusabilitatem atque punitionem.‘

[1] De lamiis et phitonicis mulieribus, Teutonice Unholden vel Hexen. Am
Schluß: Ex Constantia anno 1489 die decima Januarij. Die erste Ausgabe mit
Holzschnitten. Die Schrift auch im Anhange der Frankfurter Ausgabe des „Hexen-
hammers‘ vom Jahre 1580. Deutsche Uebersetzungen erschienen 1544 und 1575. Vergl.
Rapp 9—12; Solban-Heppe 1, 275 Note.

[2] Es ist demnach irrig, wenn Solban-Heppe 1, 272 sagt: nach Molitoris’ „Ueberzeugung gab es keine Hexen‘. Irrig ist auch Solban’s Behauptung 1, 275, daß
die Schrift Molitoris’ die Inquisitoren zur Abfassung des „Hexenhammers‘ mit veranlaßt habe; war doch letzterer schon im Jahre 1486 geschrieben, 1487 von den
Cölnern approbirt.

Molitoris stand auf demselben Standpunkte wie Thomas Murner, der die Hexen zum Feuer verurtheilt haben wollte, nicht weil sie selbst ‚Hagel sieden‘, das heißt Unwetter brauen, ‚Wein und Korn und alle Frucht‘ verberben könnten, sondern weil sie des Glaubens seien, alles Dieses, was doch nur der Teufel verrichte, aus eigener Kraft zu vermögen:

Wie bist du blind in disen Sachen,
Daß du wähnst, du künnest machen
Wetter, Hagel oder Schnee,
Kinder lähmen, darzu me
Uf gesalbten Stecken faren?

Nur in's Feuer mit solchen Weibern:

Und ob man schon kein Henker findt,
E daß ich dich wolt lassen gan,
Ich wolt's e selber zünden an[1].

Merkwürdige Widersprüche über das Hexenwesen und die vorgeblichen Hexenkünste finden sich bei Geiler von Kaisersberg[2]. Johann Weyer, der spätere Bekämpfer der Hexenverfolgung, konnte sich, um den Glauben an die Hexenfahrten zu entkräften, auf den ‚weit berühmten, hochgelehrten und frommen Prediger des hohen Domstiftes zu Straßburg‘ berufen, welcher im Jahre 1508 an seine Zuhörer die Worte gerichtet habe: ‚Du fragst, was sagest du uns von den Weibern, die zu Nacht fahren und zusammenkommen? Du fragst, ob Etwas daran sei, wenn sie fahren in Frau Venusberg, oder die Hexen[3], wenn sie also hin und her fahren, fahren sie oder bleiben sie, oder ist es ein Gespenst[4], oder was soll ich davon halten? Ich gebe dir Antwort als nachstehet. Zu dem ersten sprech ich, daß sie hin und her fahren und bleiben doch an einer Statt, aber sie wähnen, sie fahren, wann der Teufel kann ihnen einen Splendor also in den Kopf machen und also eine Fantasei, daß sie nicht anders wähnen, dann sie fahren allenthalben, und wähnen, sie gehen bei einander und bei anderen Frauen und tanzen und

---

[1] Narrenbeschwörung, Ausg. von K. Goedeke 147—148. In einer Schrift Tractatus de phitonico contractu (Freiburg 1499) setzte Murner ausführlich auseinander, wie er in seiner Jugend von einem alten Weibe lahm gehext und wieder geheilt worden sei.

[2] ** Vergl. A. Stöber, Zur Gesch. des Volksaberglaubens im Anfange des sechzehnten Jahrhunderts. Aus der Emeis von Dr. Joh. Geiler von Kaisersberg (Basel 1875) S. 11 fll.

[3] nicht Saxen, wie wahrscheinlich nach Fuglin's deutscher Uebersetzung von Weyer's De praestigiis Daemonum (Frankfurt 1586) S. 555 wiederholt citirt worden ist; vergl. Jacobs in der Zeitschr. des Harzvereins 3, 834.

[4] Blendwerk, Sinnentrug.

springen und essen. Und das kann er allermeist denen thun, die mit ihm
zu schaffen haben, ihm verpflichtet sein.' ‚Höre ein Exempel. Ich lese, daß
ein Prediger kam in ein Dorf. Da was eine Frau, die sagte, wie sie zu
Nacht also umführe. Der Prediger kam zu ihr und strafte sie darum: sie
sollte davon stehen, wann sie führe nimmer und würde betrogen. Sie sprach:
Wollt ihr es nicht glauben, so will ich es euch zeigen. Er sprach: Ja, er
wollte es sehen. Da es Nacht ward, da sie fahren wollt, rief sie ihn. Da
sie fahren wollt, da legt sie eine Multe[1] auf eine Bank, darin man Teich
macht in den Dörfern. Da sie in der Multe also saß und sich salbte mit
dem Oel und die Worte sprach, die sie sprechen sollte, da entschlief sie also
sitzend, wähnte, sie führe, und hatte semliche (solche) Freude inwendig, daß
sie fechtete mit Händen und mit Füßen, und focht also fast, daß die Mulde
über die Bank abfiel, und lag sie unter der Multe und schlug sich ein Loch
in den Kopf.'[2]

So erklärte also Geiler das vermeintliche Luftfahren für eine bloße
Einbildung und ein Blendwerk des Teufels. Aehnlich hatte er schon im Jahre
1498 in seinen Predigten über Sebastian Brant's ‚Narrenschiff' gesagt: ‚Zu
glauben, daß die bösen Weiber mögen auf einer Ofengabel oder auf einem
Wolf an alle Orte kommen, das ist große Fantasei und ein falscher Aberglaube.'[3]

Dagegen nimmt er in seinen Fastenpredigten des Jahres 1508 an einer
andern Stelle die Wirklichkeit der Hexenfahrten an. ‚Wenn eine Hexe auf
einer Gabel sitzt und salbet dieselbige und spricht die Worte, die sie sprechen
soll, so fähret sie dann dahin, wohin sie nimmer will. Das hat die Gabel
nicht von ihr selber, die Salb thut es auch nicht', ‚darum so thut es der
Teufel, der führt sie auf der Gabel hinweg, wann er seine Sacramente und
seine Zeichen sieht von der Hexe.'[4]

Ueber andere vorgebliche Hexenkünste predigte er: ‚Du sollst nicht darauf
halten, daß ein Mensch weder in einen Wolf noch in ein Schwein verwandelt wird; denn es ist ein Gespenst und ein Splendor vor den Augen
oder in den Kopf gemacht, daß er wähnt, das nicht ist. Du hast einen
Text im geistlichen Recht, da spricht das heilig Concilium: Wer da wäre,
der da glaubt, daß Jemand anders könne den Menschen verwandeln in ein
Thier oder ein Thier in das andere, dann Gott der Allmächtige, der ist
böser dann kein Heide.' ‚Was die Natur nicht vermag von ihr selbst zu
machen, das kann der Teufel auch nicht machen. Nun kann die Natur nicht

---

¹ Backtrog.
² Emeis (Straßburger Ausgabe von 1516) Bl. 36—37ᵃ; vergl. 48ᵃ.
³ Narrenschiff, Ausg. von Höniger 241ᵃ; vergl. Stöber, Hexenprocesse im
Elsaß 307.   ⁴ Emeis Bl. 54.

einen Menschen in ein Thier noch ein Thier in das andere verwandeln, darum so kann es der Teufel auch nicht.'[1]

Dagegen glaubte er an Teufel in Wolfsgestalt und an Wechselkinder. Bald läßt er allerlei Unwetter nicht durch die Hexen selbst, sondern nur auf deren Wunsch durch den Teufel hervorbringen, bald sagt er: ,Die Hexen können einen Hagel machen in einer Stube, es muß aber allwegen Wasser da sein.' Er zweifelt nicht daran, daß ,die Hexen durch Hülfe des Teufels die Kühe verseien und ihnen die Milch nehmen können, daß sie nicht mehr Milch geben, und die Milch aus einer Alen oder aus einem Axthelm[2] melken können'. ,Der Teufel mag die Milch aus einer Kuh nehmen und an andere Orte tragen, und wann er das Zeichen der Hexen sieht, und wann die Hexin wähnt, sie melke einen Axthelm, so kann der Teufel in kurzer Zeit Milch darbringen und sie eingießen in ihr Geschirr, und sieht man ihn nicht, und so wähnt die Hexin, sie laufe aus der Saul oder aus dem Axthelm.'[3] Der Teufel hat mit den Hexen ,einen Pact gemacht und ihnen Wort gegeben und Zeichen; wenn sie die Zeichen thun und die Worte brauchen, so will er thun, was sie begehren, und also thut es der Teufel durch ihren Willen'[4]. Darum sind aber nichtsdestoweniger die Hexen nach göttlichem Gesetz des Todes schuldig[5].

Daß mehr Frauen als Männer der Hexerei ergeben seien, so daß, ,wenn man einen Mann verbrennt, so brennt man wohl zehn Frauen', leitete Geiler, ähnlich wie der ,Hexenhammer', aus der besondern Natur des weiblichen Geschlechtes her: die Frauen seien leichtgläubiger als die Männer und deßhalb vom Teufel gut zu überreden; sie seien von schnellerer Fassungsgabe, deßhalb aber auch bösen Phantasien zugänglicher. ,Wenn eine Frau in der Jugend wohl geräth und wohl gelehrt wird, so findet man kaum einen frömmern Menschen; also findet man keinen bösern Menschen als Frauen, wenn sie übel gelehrt werden und übel gerathen.' Der dritte Grund, ,warum fräulich Geschlecht mehr verwüstet sei dann die Männer', ist dieser: ,Die Frauen mögen übel schweigen. Was eine Frau weiß, das muß heraus, es mag nicht bleiben. Darum wenn der Teufel die Frauen also lehret, so lehret sie es eine andere Frau und die abermals eine andere, und also für und für, und gewinnt er viel Seelen.'[6]

Wie Geiler von Kaifersberg, so theilte auch der gelehrte Abt Johannes Trithemius, welcher so mancherlei Aberglauben muthig bekämpfte, vollständig den Zauber- und Hexenglauben seiner Zeit. In seiner auf Befehl des Kurfürsten Joachim I. von Brandenburg im Jahre 1508 abgefaßten Schrift

---

[1] Emeis Bl. 44.   [2] Axtstiel.
[3] Emeis Bl. 43. 45. 54—55.   [4] Bl. 44ᵇ.   [5] Bl. 59ᵃ.
[6] Bl. 46. Vergl. den Malleus maleficarum pars 1, quaest. 6.

33*

‚Gegner der Zaubereien‘[1] unterschied er vier Gattungen von Hexen: solche, welche ohne Bündniß mit dem Teufel aus eigener Bosheit schädliche und tödliche Tränke aus Kräutern und giftigen Wurzeln bereiten; solche, welche durch verschiedene, von der Kirche verbotene Gebräuche und Formeln ihre Zaubereien ausüben; solche, welche in offenen Verkehr mit den Dämonen getreten sind und mit deren Hülfe, unter Zulassung Gottes, Milch und Butter stehlen, Blitze, Stürme und Hagelwetter hervorrufen, die Zeugungskraft der Männer lähmen. Die vierte Gattung, die gefährlichste von allen, hat sich nach Abschwörung des christlichen Glaubens dem Teufel förmlich zum Eigenthum übergeben und ist im Stande, die schlimmsten Krankheiten zu erzeugen, die Menschen wahnsinnig und blödsinnig, taub und lahm, arm und unglücklich zu machen. Hexen dieser letzten Gattung treten sogar mit den Dämonen in fleischliche Vermischung, bekehren sich selten und werden daher mit Recht wegen ihrer schweren Verbrechen gegen Gott, gegen die Natur und das Menschengeschlecht durch Feuer gestraft. Die Zahl solcher Hexen ist, versichert Trithemius, ‚leider in jeder Landschaft sehr groß; kaum gibt es ein Dorf, in welchem nicht eine Hexe der dritten und vierten Gattung gefunden wird. Aber wie selten findet sich ein Inquisitor, und fast nirgends ist ein Richter vorhanden, der diese offenbaren Frevel gegen Gott und die Natur rächt! Es sterben Menschen und Vieh durch die Niederträchtigkeit dieser Weiber, und Niemand denkt daran, daß es durch Hexerei geschieht. Viele sind fortwährend mit den schwersten Krankheiten geplagt und wissen nicht, daß sie behext sind.‘

Uebrigens könne Niemand ohne vollen freien Willen von dem Teufel beherrscht und zur Hexerei verführt werden, und jeder Christ besitze die sichersten Mittel gegen alle Hexenkünste. Vor Allem müsse er feststehen im Glauben an Christus und an alle Lehren der Kirche und sein Gewissen von Todsünden rein halten, Ehrfurcht hegen gegen die heiligen Sacramente, die Gebote der Kirche treu beobachten und die kirchlichen Segnungen und Weihungen gebrauchen. Trithemius warnte vor Aberglauben, gab aber selbst abergläubische Mittel an, wie man sich vor Behexungen schützen und namentlich durch ein ‚Hexenbad‘, welches er mit größter Ausführlichkeit beschrieb, sich davon befreien könne[2].

Nicht weniger aber als die Hexen und Unholden sollten, verlangte Trithemius von dem Kaiser Maximilian I., alle Zauberer und Teufels-

---

[1] Antipalus maleficiorum. Einen weitern Einfluß konnte diese Schrift nicht vor dem Jahre 1555, in welchem sie zum erstenmal gedruckt wurde, ausüben.
[2] Näheres bei J. Silbernagl, Johannes Trithemius (2. Aufl. Regensburg 1885) S. 132—158. W. Schneegans, Abt Johannes Trithemius (Kreuznach 1882) S. 226—242.

beschwörer ‚mit Stumpf und Stiel‘ ausgerottet werden. ‚Gehen mit Bannen und Beschwörungen um, rühmen sich, als könnten sie die Teufel in einem Zirkel zusammenbringen, in ein Cryſtall oder in ein anderes Geſchirr einſchließen und da ſichtbarlich zeigen. Dieſe ſchädlichen Leute gehen nur mit Betrug und Aberglauben um und begehen viel böſere Stücke, als irgend ein frommer Menſch gedenken kann. Sie treten in einen ausdrücklichen Bund mit dem Teufel, ſchleppen ſich mit vielen und mancherlei Büchern, die voll Unzucht, Gottloſigkeit und Betrugs, und zwar unter dem Namen, als wären ſie von den alten Philoſophen und weiſen Leuten geſchrieben; betrügen mit Aufweiſung derſelben viele unvorſichtige und fürwitzige Leute, ſtürzen ſie in des Teufels Gruben; geben fälſchlich große und unglaubliche Dinge vor, daß ſich die Leute, die es hören, darüber verwundern müſſen. Sie rühmen ſich großer Dinge, und iſt doch Alles erlogen, ſintemal Alles, was ihre Bücher vorgeben, eitel erdichtetes Ding iſt.‘[1]

Als der ‚Hexenhammer‘ geſchrieben wurde, hatten die Inquiſitoren Sprenger und Inſtitoris[2], wie ſie ſelbſt berichteten, in der Diöceſe Conſtanz und in der Stadt Ravensburg binnen fünf Jahren bereits 48 Hexen, weil ſie laut ihrer ‚Bekenntniſſe‘ Unzucht mit dem Teufel getrieben, dem weltlichen Arm zur Strafe überliefert[3].

[1] Antwort auf mehrere Fragen des Kaiſers Maximilian I. bezüglich der Hexen; deutſch im Theatr. de veneficis 857—358.

[2] Bei G. v. Buchwald (Deutſches Geſellſchaftsleben 1, 129) ſteht zu leſen: ‚Sprenger und Gremper‘ hätten den ‚Hexenhammer‘ verfaßt, und Papſt Innocenz VIII. habe denſelben durch ſeine Bulle Summis desiderantes affectibus ‚gebilligt‘ — alſo durch eine Bulle von 1484 ein Buch gebilligt, welches erſt 1486 geſchrieben wurde.

[3] Malleus maleficarum pars 1, quaest. 1, cap. 4. In Oberitalien, heißt es pars 3, quaest. 14, habe ein Inquiſitor in dem einen Jahre 1485 in der Gegend von Wurmſerbad (Bormio) 41 Perſonen auf den Scheiterhaufen gebracht, und zwar ‚omnibus per totum corpus abrasis‘. Gegen dieſe abrasura, welche zur Entdeckung der angeblichen Malzeichen des Teufels und verborgener Zaubermittel angewendet wurde, empörte ſich damals noch das deutſche Scham- und Ehrgefühl. ‚In Alemanie partibus talis abrasura, praesertim circa loca secreta, plurimum censetur inhonesta‘, weßhalb es hier auch niemals in Anwendung gekommen ſei. Bezüglich der abrasura ‚est eadem ratio sicut supra de vestimentis exuendis‘; hierüber aber heißt es: ‚Dum ministri se disponunt ad quaestionandum post expolient eum, vel si est mulier, prius antequam ad carceres poenosos ducetur, ab aliis mulieribus honestis et bonae famae expolietur.‘ Pars 3, quaest. 14. Später ging die Scheu vor der abrasura per totum corpus auch in Deutſchland verloren. Im Laufe des ſechzehnten und ſiebenzehnten Jahrhunderts wurde dieſelbe durch die Henkersknechte in ſcheußlichſter Weiſe allenthalben vorgenommen, ſelbſt bei den ehrbarſten Frauen bürgerlichen, adelichen und fürſtlichen Standes. Der Verfaſ

Wollte eine der Hexerei stark verdächtige Angeschuldigte nicht gleich bei der ersten Anwendung der Folter bekennen, so sollte, empfahl der ‚Hexenhammer‘ nach alten juristischen Sätzen, die Folter an einem andern Tage weiter geführt werden. Dieses weitere Foltern nenne man aber nicht eine ‚Wiederholung‘ der Folter, weil eine solche ‚ohne neue Indicien‘ nicht statt-finden dürfe, sondern eine ‚Fortsetzung‘ der frühern.

Durch diesen schrecklichen Satz wurden, wie später der Jesuit Friedrich von Spee beklagte, ‚den boshaften Richtern Thüre und Fenster aufgethan, zu thun, was sie gelüstete‘. Diese Richter sagen: ‚Wir wollen die Folter nicht wiederholen; denn das sei fern von uns, daß wir dieses ohne neue und wichtige Ursachen thun sollten; sondern wir wollen dieselbe auf einen andern Tag erstrecken. Wir wissen wohl, daß es wider Recht und Vernunft wäre, die peinliche Frage zu wiederholen; behüte uns Gott, daß wir so unmenschlich und grausam sein sollten; wir wollen dieselbe allein auf ein andermal erstrecken; denn dafür, daß Solches zulässig sei, haben wir auf unserer Seite vortreffliche und in dieser Sache wohlerfahrene, durch ganz Deutschland bei dem Inqui-sitionswesen geübte und gerühmte Geistliche und andächtige Männer.‘ Man sollte es kaum, meinte der Jesuit, für möglich halten, daß selbst Priester in einer so wichtigen Sache mit den Worten ‚Fortsetzung‘ und ‚Wiederholung‘ gleichsam ‚kurzweilen‘ könnten. ‚In Wahrheit ist dieses meines Erachtens eine ungeistliche Grausamkeit, und ich besorge nicht erst heute, daß genannte Inquisitoren‘, Sprenger und Institoris, ‚durch ihre Tortur und Peinigung die große Menge der Zauberer und Hexen zuerst nach Deutschland ge-bracht haben.‘ [1]

Im ‚Hexenhammer‘ waltete aber noch, im Vergleich zu den späteren, vor weltlichen Richtern geführten Hexenprocessen, sowohl in Bezug auf die Zahl als auch die Grausamkeit der Folterungen eine gewisse Milde vor. Der ‚Hexenhammer‘ wollte nur eine einmalige ‚Fortsetzung‘ der Folter und verlangte, wenn darauf ein Bekenntniß nicht erfolge, die Freilassung des Angeschuldigten [2]. Auch sollten die Richter nur ‚auf die gewohnte Weise‘ die Folter vornehmen

---

Friedrich von Spee sprach seinen tiefen Kummer aus über dieses ‚schändliche, beschimpfende und entehrende, besonders den guten Ruf der alten deutschen Schamhaftigkeit schwer verletzende Verfahren‘. Cautio crim. dub. 81.

[1] Cautio criminalis dub. 23, 5.

[2] ‚Quodsi nec sic poterit ad terrorem vel etiam ad veritatem fatendam induci, poterit secundum diem vel tertium assignare ad continuandum tormenta, non ad iterandum. Quia iterari non debent, nisi novis supervenientibus indiciis, et tunc possunt. Sed continuari non prohibetur.‘ ‚Quodsi fateri noluerit die assignata, poterunt quaestiones continuari.‘ ‚Ubi autem decenter quaestionatus et tormentis expositus noluerit detegere veritatem, amplius non vexetur, sed libere abire di-mittatur.‘ Pars 3, quaest. 22.

laffen, nicht mit ‚neuen und ausgesuchten Qualen‘[1]. ‚Die weltlichen Richter‘, sagte er, ‚gehen auf ihre Weise, nach der Schärfe, nicht immer nach der Billigkeit vor.‘[2]

Noch in zwei anderen Beziehungen ragt der ‚Hexenhammer‘, trotz all seiner Furchtbarkeit, an Besonnenheit weit hervor über das in Hexenprocessen vor weltlichen Richtern später eingebürgerte Verfahren.

Erstens sagte er, was später nur sehr selten beobachtet wurde, bezüglich der gegen eine Angeklagte auftretenden Zeugen: Wenn auch zwei Zeugen nach der Strenge des Rechtes genügend zu sein scheinen, weil es Regel ist: die Wahrheit soll im Munde von Zweien oder Dreien bestehen, so scheinen doch nach der Billigkeit des Rechtes bei der Hexerei wegen der Furchtbarkeit dieses Verbrechens zwei Zeugen zur Verurtheilung nicht auszureichen; denn bei den Verbrechen überhaupt müssen die Beweise ‚heller sein als das Licht‘, und in diesem Verbrechen darf Niemand aus bloßer ‚Präsumtion‘ verurtheilt werden[3]. Leute, welche aus Bosheit oder aus persönlicher Feindschaft gegen eine Un-schuldige Anklagen erhöben und als Zeugen aufträten, wie man deren ‚häufig gefunden habe‘, seien mit lebenslänglichem Gefängniß zu bestrafen[4]. Solche Vorsichtsmaßregeln aber erschienen in der Folgezeit den Richtern nicht mehr nothwendig, und über die Bestrafung falscher Zeugen finden sich keine Nach-richten vor.

Ungleich wichtiger noch ist die Vorsicht, welche der ‚Hexenhammer‘ in Bezug auf die Anklagen einer Hexe gegen Mitschuldige den Richtern empfahl. Man dürfe solchen Anklagen nicht leicht Vertrauen schenken, weil aus einer Hexe, die ihren Glauben abgeschworen, der Teufel rede, der Teufel aber ein Lügner sei[5]; falsche Zeugen müßten mit lebenslänglichem Gefängniß bestraft werden[6].

---

[1] ‚Quaestionetur consuetis modis et non novis nec exquisitis.‘ Pars 3, quaest. 14.

[2] ‚Seculares judices variis suis utuntur modis, juxta rigorem et non semper uxta aequitatem procedentes.‘ Pars 3, quaest. 25.

[3] ‚. . . Quamvis videantur sufficere duo testes de juris rigore‘, ‚tamen de juris aequitate non videntur in hoc crimine duo sufficere. . .‘ ‚In criminibus probationes debent esse luce clariores, et in hoc crimine nemo ex praesumptione damnandus.‘ Malleus pars 3, quaest. 2.

[4] Malleus pars 3, quaest. 31.

[5] Malleus pars 3, quaest. 14 und 33. ‚Hätte man‘, sagt Horst (Dämonomagie 2, 116), ‚dieses wenigstens in seiner Art vernünftige Wort nur späterhin bei den Hexen-processen immer berücksichtigt! Dieses geschah aber selbst bei den protestantischen Criminalrichtern nicht, denen oft eine auf der Folter erzwungene oder durch Ueberredung erschlichene Angabe genügte, andere unschuldige Personen einzuziehen, zu foltern und zuletzt gar zu verbrennen.‘ Später ‚ging man bei den meisten Hexenprocessen noch weit tumultuarischer, unvernünftiger, grausamer zu Werke, als es selbst in diesem Buche vorgeschrieben war.‘ S. 117.

[6] Malleus pars 3, quaest. 31.

Wären diese Vorschriften des „Hexenhammers‘ später befolgt worden, so würde die Zahl der Hexenprocesse nicht in's Ungeheuerliche gestiegen sein. Nur in Folge der von den Richtern durch die Folter erpreßten „Bekenntnisse‘ der Hexen gegen Genossen und Genossinnen ihrer Verbrechen und in Folge des Vertrauens auf solche Bekenntnisse gingen aus Einem Hexenproceß immer neue hervor.

Die Amtsthätigkeit der mit päpstlicher Vollmacht ausgerüsteten Inquisitoren war in Deutschland von kurzer Dauer. Seit dem Anfange des sechzehnten Jahrhunderts finden sich nur noch vereinzelte Spuren dieser Thätigkeit, abgesehen von der Stadt Metz, wo der Dominicaner Nicolaus Savini noch in den Jahren 1519—1520 blutige Hexenverfolgungen betrieb. An dem städtischen Syndicus Agrippa von Nettesheim und dem Pfarrer Johann Roger Brennon fand er muthige und erfolgreiche Gegner[1].

Im Allgemeinen ging die Führung der Hexenprocesse in die Hände weltlicher Richter über, welche das Eingreifen der Inquisitoren als eine Behinderung ihrer eigenen Gerichtsbarkeit ansahen und nun ihrerseits eifrig sich bemühten, Hexen aufzuspüren und zu bestrafen.

Wie in einem bürgerlichen Gerichte schon im Anfange des sechzehnten Jahrhunderts gegen eine „Hexe‘ verfahren wurde, zeigt die Behandlung, welche eine völlig Unschuldige, Anna Spülerin aus Ringingen, im Jahre 1508 zu Blaubeuren erlitt. Nach ihren Aussagen, welche durch spätere Zeugenverhöre bestätigt wurden, hatte dieselbe, als im Jahre vorher ihre Mutter nebst einigen anderen Weibern durch den dortigen Vogt wegen Hexerei eingezogen wurde, einige Worte gerechter Entrüstung ausgestoßen. Dadurch „als Hexe verdächtig‘ geworden, wurde sie nach Blaubeuren in's Gefängniß geschleppt. Gleich Abends erschien bei ihr, ohne daß irgend eine gerichtliche Untersuchung vorausgegangen, „eines ehrsamen Rathes zu Ulm Züchtiger und Nachrichter‘ und „handelte gegen sie streng peinlich unmenschlich und unweiblich‘, um das Bekenntniß, sie sei eine Hexe, zu erlangen. Als sie ihre Unschuld betheuerte, wurde sie „in ein anderes Gefängniß und Gemach geführt und abermals nicht ein-, zwei-, drei-, viermal, sondern unmenschlich peinlich gemartert; alle ihre Glieder wurden zerrissen, sie ihrer Vernunft und fünf Sinne beraubt, daß sie ihr Gesicht und Gehör nicht mehr hatte wie zuvor‘. „Solche Marter‘ aber, sagte die Gepeinigte, hat „nicht genug sein noch erschießen wollen‘; es kam ein anderer Züchtiger von Tübingen mit dem Vogt und drohte: man wolle ihr, wenn sie nicht „bekennen‘ würde, „alle Adern im Leibe zerreißen‘

---

[1] Näheres darüber bei Binz, Joh. Weyer 15—18. Ein Hexenproceß in Basel vom Jahre 1519 wurde wahrscheinlich noch von dem bischöflichen Officialate geführt. Fischer, Basler Hexenprocesse 4.

und ‚mit noch härterer Pein und Marter vorgehen‘. Weil sich nicht die geringste Schuld herausstellte, mußte die Unglückliche aus dem Gefängniß entlassen werden. Sie appellirte gegen ihre falschen Ankläger auf Schadenersatz an das Reichskammergericht. Dieses wies die Sache zur weitern Verhandlung an das Gericht der Stadt Biberach, aber noch im Jahre 1518 war der Proceß nicht entschieden [1].

Aus dem Ende des fünfzehnten und den ersten Jahrzehnten des sechzehnten Jahrhunderts liegen nur in sehr seltenen Fällen nähere Nachrichten über Hexenprocesse vor; nur aus kurzen Angaben erfährt man, daß in verschiedenen Gegenden auf Hexen gefahndet wurde, Folterungen und Hinrichtungen stattfanden.

So wurden am Niederrhein in den Jahren 1499—1509 in Angermund, Ratingen, Viersen, Glabbach und Königshoven mehrere ‚Hexen‘ wiederholt, einige elfmal auf die Folter gespannt, einige verbrannt [2]. Im Clevischen erregte ein im Jahre 1516 vor Schöffen, Notar und Zeugen in Dinslaken eingeleitetes Proceßverfahren gegen eine als Hexe angeklagte Nonne aus dem Kloster Marienbaum bei Xanten gewaltiges Aufsehen [3]. Vor dem Rath zu Frankfurt am Main rühmte sich im Jahre 1494 ein Henker: er habe in den letzten zwei Jahren ungefähr 30 Hexen zu Boppard auf den Scheiterhaufen geführt; aus langer Erfahrung gab er des Genauern an, wie man eine Hexe angreifen und foltern solle, und wünschte, jedoch vergebens, in Frankfurt angestellt zu werden [4]. In den Rathsprotocollen der Stadt Mainz finden sich aus den Jahren 1505—1511 Zeugenverhöre über angebliche Hexen, welche auf Grund des elendesten Geredes in Untersuchung gezogen worden waren [5]. Zwei ‚Hexen‘, sittlich durchaus verkommene, zur Vergiftung des Junkers Hans Röder zu Tiersperg und seines Töchterleins gedungene Weiber, ‚bekannten‘ auf nicht weniger als fünf Teufel, mit welchen sie zu schaffen gehabt hätten, und brachten die Neuigkeit vor, auf einer ihrer Fahrten sei ‚jede von ihnen auf ihrem Teufel geritten‘. Sie wurden von dem Schöffengericht zu Tiersperg verurtheilt und am 29. August 1486 hingerichtet [6].

---

[1] Aus den Originalacten des Reichskammergerichts bei Solban-Heppe 1, 459—463.

[2] J. H. Kessel, Gesch. der Stadt Ratingen (Cöln und Neuß 1877) Bd. 2: Urkundenbuch 167—169. P. Norrenberg, Gesch. der Pfarreien des Decanats Glabbach (Cöln 1889) S. 146—149.

[3] Vergl. darüber die Mittheilungen von Crecelius in der Zeitschr. des Bergischen Geschichtsvereins 9, 103—110. Eschbach 92—93.

[4] Vergl. Grotefend in den Mittheilungen des Vereins für Gesch. und Alterthumskunde in Frankfurt am Main 6, 73.

[5] Horst, Zauberbibliothek 4, 210—218.

[6] Mittheilungen von Felix Röder von Diersburg im Freiburger Diöcesan-Archiv 15, 95—98. In einem städtischen ‚Register‘ von Pforzheim werden im Jahre 1491

Zu Corbach ‚gestand‘ eine im Jahre 1514 gefänglich eingezogene Hexe vor Bürgermeister und Richter: sie sei ‚ein Federkiel, eine Spinne und Fliege gewesen‘ und habe schon deßhalb wohl verdient, an Leib und Leben gestraft zu werden[1]. Im Hildesheimischen hieb man im Jahre 1496 zwei ‚Zauberischen‘ die Köpfe ab, ‚weil sie mit ihrer teuflischen Kunst alle Frauen und Jungfrauen zu Fall bringen konnten‘[2]. Zu Braunschweig wurde im Jahre 1501 eine Hexe verbrannt, welche laut ihres peinlichen Bekenntnisses ‚die Zauberei an den Wolken‘ verrichtet hatte[3]. Auf die tollsten ‚Bekenntnisse‘ stößt man auch in mehreren Hexenprocessen, welche während der Jahre 1506—1510 vor weltlichen Richtern und Geschworenen aus dem Bürger- und Bauernstande im deutschen Südtirol geführt wurden[4].

---

zwei Hexen erwähnt. Pflüger, Gesch. von Pforzheim 211. Im Jahre 1498 wurde in Wien eine Hexe gerichtet. Schlager, Wiener Skizzen, Neue Folge 2, 35.

[1] Curtze 544.   [2] Zeitschr. des Harzvereins 3, 794.
[3] Zeitschr. des Harzvereins 3, 794—795.
[4] Rapp 143—175. ** 2. Aufl. 145—170. Ebenda S. 57 fl. über einen 1501—1505 im italienischen Südtirol oder dem ehemaligen geistlichen Fürstenthum geführten Proceß gegen Zauberer und Hexen im Fleimserthal, dessen Acten neuerdings Panizza im Arch. Trentino 7, 1—100. 199—247; 8, 131—147 publicirte. Die Aussagen der damals Angeklagten ‚umfassen bereits den ganzen Spuk der nächtlichen Ausfahrten der Hexen und ihrer Zusammenkünfte mit dem Teufel, wovon in dem obgenannten (vergl. oben S. 509) Innsbrucker Proceß noch Nichts vorkommt‘. In Lucern wurden im Jahre 1490 zwei Hexen verbrannt. Schneller 351 Note 2.

IV. Ausbreitung des Hexenglaubens seit dem Ausbruch der Kirchenspaltung.

Seit dem Ausbruch der Kirchenspaltung gewann der Glaube an die Macht und die Künste des Teufels die allgemeinste Verbreitung, und die in Folge der kirchlich-socialpolitischen Bewegungen und Kämpfe allenthalben hervortretende und sich fortwährend steigernde Verwilderung verschaffte insbesondere auch dem Hexenwahn eine früher ungeahnte Ausdehnung und trieb zu den grausamsten Proceduren, wie andererseits durch diese Proceduren die Verrohung und Verwilderung des Volkes gesteigert wurde.

Durch Luther erhielt der Glaube an die Macht und Wirksamkeit des Teufels, der in allen Menschen thätig sei und namentlich auch durch die Hexen und Zauberer seine Künste übe, eine Ausdehnung, wie er sie früher niemals besessen hatte. Luther berichtete über zahlreiche Teufelserscheinungen, welche er selbst gehabt habe, und über allerlei merkwürdige Teufelsgeschichten, welche sich ‚wahrhaft‘ zugetragen hätten. Alle seine Gegner erklärte er für leibhaftig oder wenigstens geistig vom Teufel besessene Menschen. Ueberall habe der Teufel, lehrte er, die Hand im Spiele, er sei schuld an allen Krankheiten und Unglücksfällen, an Pest, Hunger und Krieg, Brand, Ungewitter und Hagel; er vermische sich mit den Menschen und zeuge Kinder[1]. ‚Wir Alle sind‘, schrieb er, ‚mit den Leibern und Sachen dem Teufel unterworfen und Gäste in der Welt, deren Fürst und Gott er selbst ist. Deßwegen ist das Brod, das wir essen, der Trank, den wir trinken, die Kleider, welche wir gebrauchen, selbst die Luft und das Ganze, wodurch wir im Fleische leben, unter seiner Herrschaft.‘[2] Diese Unterwerfung hört auch bei den Wiedergeborenen nicht eher auf, als bis der Mensch stirbt; mit seinem natürlichen Ich, mit Allem, was an ihm von Adam herstammt, ist auch der Wieder-

---

[1] ** ‚Luther‘, sagt Osborn (Teufelliteratur 47), ‚glaubte an die Erscheinung von Teufelskindern (vom Teufel gezeugt) so fest, daß er einmal einem Vater rieth, sein Kind, das er selbst für einen teuflischen Kielkropf hielt, einfach in's Wasser zu werfen. Erl. Ausg. 60, 40.‘

[2] Vergl. unsere näheren Angaben Bd. 6, 482—487. Luther's Brief bei be Wette 5, 153. Opp. lat. 24, 277; siehe auch Evers, Martin Luther 3, 147 Note 2.

geborene bis an sein Ende der Erbsünde verkauft und ein Knecht des Teufels [1]. ‚Der Mensch muß wollen und denken, wie sein Herr, der Teufel, ihn treibt.‘ [2]

Wenn Luther in seinem Großen Catechismus fast alle die Verrichtungen, über welche die Hexen auf der Folter befragt wurden, dem Teufel zuschrieb, so nahm er doch auch die Hexen selbst ‚scharf in’s Gericht‘. Aus seiner Jugend wußte er zu berichten, ‚wie seine Mutter sehr geplagt wäre worden von ihrer Nachbarin, einer Zauberin‘; ‚denn sie schoß ihr die Kinder, daß sie sich zu Tode schrien‘. ‚Und ein Prediger strafte sie nur in gemein, da bezauberte sie ihn, daß er mußte sterben; man konnte ihm mit keiner Arznei helfen. Sie hatte die Erde genommen, da er auf war gangen, und in’s Wasser geworfen, und ihn damit bezaubert, ohne welche Erde er nicht konnte wieder gesund werden.‘ [3]

In den ersten Jahren seines öffentlichen Auftretens sprach er sich vernünftig dahin aus: ‚Viele glauben, daß die Hexen reiten auf einem Besen oder auf einem Bock oder sonst auf einem Eselskopf und so weiter an einen Ort, da alle Hexen zusammenkommen und mit einander praßen als sie dünket: das doch verboten ist, nicht allein zu thun, sondern auch zu glauben, daß dem also sei. Wie man auch nicht glauben soll, daß die alten Weiber verwandelt werden in Katzen und bei Nacht umherschwärmen.‘ In späteren Jahren aber setzte er auf der Kanzel auseinander: ‚Die Zauberer oder Hexen, das sind die bösen Teufelshuren, die da Milch stehlen, Wetter machen, auf Bock und Besen reiten, auf Mäntel fahren, die Leute schießen, lähmen und verdorren, die Kinder in der Wiege martern, die ehelich Gliedmaß bezaubern und dergleichen Zauberei treiben, die da können den Dingen eine andere Gestalt geben, daß ein Kuh oder Ochse scheinet, das in der Wahrheit ein Mensch ist, und die Leute zur Liebe und Buhlschaft zwingen und des Teufels Dings viel.‘ ‚Die Teufelshurer, die Zauberer, machen oft,‘ predigte er ein

---

[1] Luther’s Sämmtl. Werke, Erl. Ausg. 37, 383. Vergl. Evers, Martin Luther 1, 100. ‚Auf eine Zeit kam einer kranken Jungfrau zu Wittenberg ein Gesicht vor, als sehe sie Christum in einer herrlichen und schönen Gestalt, darüber sie solches Bild fast angebetet hätte, weil sie meinte, es wäre Christus. Da man aber D. Luthern holen ließ, er auch kam und das Bild, so des Teufels Affenspiel war, ansah, vermahnte er die kranke Jungfrau, sie sollte sich dem Teufel nicht äffen lassen; darauf speiete sie dem Teufel in’s Angesicht, welcher bald verschwand, das Bild aber ward in eine Schlange verwandelt, die lief zur Jungfrauen und biß sie in’s Ohr, daß ihr die Blutstropfen auf dem Ohr stunden und herunterflossen, worauf auch die Schlange bald verschwand, welches Lutherus beneben vielen Anderen mit Augen gesehen.‘ Aus Luther’s Tischreden angeführt bei Waldschmidt 472.

[2] De serv. arbitr. Opp. lat. 33, 313. Vergl. Evers, Martin Luther 1, 102.

[3] Förstemann 3, 96.

andermal, ‚daß das Wetter in's Vieh, Korn, Häuser und Hof schlägt, nicht, daß es der Teufel nicht auch für sich selbst ohne die Zauberer thun könnte, sondern er ist ein Herr der Welt und maßet sich göttlicher Majestät ein und will's dennoch nicht ohne Menschenwerk thun.'[1] Als Spalatin im Jahre 1538 ihm erzählt hatte: ein Mägdlein zu Altenburg müsse auf Anstiften einer Zauberin Blut weinen, erklärte Luther: ‚Da sollte man mit Solchen zur Todesstrafe eilen. Die Juristen wollen zu viele Zeugnisse haben, verachten diese öffentlichen. Ich habe dieser Tage einen Ehehandel gehabt, da das Weib den Mann hat wollen mit Gift umbringen, also daß er Eidechsen ausgebrochen. Da man sie peinlich befragt, hat sie Nichts geantwortet; denn solche Zauberinnen sind stumm, verachten die Strafe: der Teufel läßt sie nicht reden. Solche Thaten aber geben Zeugniß genug, daß man zur Abschreckung Anderer an ihnen ein Beispiel aufstelle.'[2] Mit ‚den Hexen und Zauberinnen, die Eier aus den Hühnernestern, Milch und Butter stehlen, soll man keine Barmherzigkeit haben; ich wollt sie selber verbrennen: wie man im Gesetze liest, daß die Priester angefangen, die Uebelthäter zu steinigen'[3].

Luther's Anschauungen und Lehren über den Teufel und dessen Wirksamkeit wurden getheilt von seinen Jüngern und Nachfolgern[4]. So predigte zum

---

[1] Walch, Luther's Werke 3, 1715. Sämmtl. Werke 10, 359—360 und 45, 184. Vergl. Luther und das Zauberwesen 901—903.

[2] Lauterbach 117. Luther's Sämmtl. Werke 60, 77—78.

[3] Lauterbach 121. Luther's Sämmtl. Werke 60, 78.

[4] ** Bezüglich des Teufelsglaubens stimmte Melanchthon ganz mit Luther überein; vergl. Hartfelder, Der Aberglaube Ph. Melanchthon's, im Hist. Taschenbuch 1889, S. 252 fl. Dasselbe gilt von fast allen übrigen Urhebern der Religionsneuerung. Als im Jahre 1574 der Prediger von Arfeld in der Grafschaft Wittgenstein bei dem protestantischen Heidelberger Professor Zanchi anfragte, ob man die Hexen verbrennen müsse, erwiderte dieser am 22. October: Ganz gewiß. ‚Si blasphemi in Deum et apostatae a recepta religione capitaliter semper fuerunt puniti, tam apud Gentiles, ex lege naturae, quam apud Judaeos, ex lege Dei, cur non sagae atque maleficae istae? . . . Dubium non est, quin ex lege naturae capitaliter animadvertendum sit in istud abominandorum et Diabolo consecratorum hominum genus. . . *Neque Genevae, ubi in talia monstra severiter animadvertitur, aliter fit.* Sententiam habes meam quam et cum S. litteris et cum legibus piorum Imperatorum et cum bonarum Ecclesiarum consuetudine consentaneam esse scio, eoque verissimam esse non dubito.' Ganz dieselbe Antwort gab Zanchi einem Arzt Namens Thomas Erastus: ‚Si id hominum genus tollendum non sit e medio, cur tollitur adulter?' Vergl. Paulus im ‚Katholik' 1891, 1, 210—211. Wenn Hartmann-Jäger (Brenz 2, 491) von ihrem Helden sagen: ‚Wir müssen gestehen, daß er, obgleich nicht ganz erhaben über seine Zeit, doch richtigere Ansichten hatte (bezüglich der Hexen) als seine meisten gleichzeitigen Amts- und Standesgenossen', so widerspricht das den Schriften von Brenz. Ueber die Art und

Beiſpiel Luther's Freund und zeitweiliger Hausgenoſſe Johann Mathefius: ‚Der leibige Teufel hexet, verkäbert und lähmet viele Leute, daß ſie keinem Menſchen mehr ähnlich ſehen.‘[1] ‚Täglich höret man von gräulichen Thaten,‘ verkündete Andreas Althamer im Jahre 1532, ‚die alle der Teufel hat zugericht: da werden etliche Tauſend erſchlagen, da geht ein Schiff mit Leuten unter auf dem Meer, da verſinkt ein Land, eine Stadt, ein Dorf, da erſticht ſich Einer ſelbſt, da erhängt ſich Einer, da ertränkt ſich Einer, da fällt Einer

Weiſe, wie dieſer über die Hexen dachte, vergl. Opera Brentii (Tubingae 1576) 1, 676: ‚Sunt qui putant iniquum esse, ut malefici et maleficae morte condemnentur. Sentiunt enim maleficia esse vanas phantasias hominum et non rerum veritates, ac tanquam somnia esse judicanda. Quis autem propter somnia morte punitur?‘ (So Weyer, der mit Brenz eine Correſpondenz anfing.) ‚Resp.: Verum quidem est, quod homo non possit sua virtute alteri maleficiis nocere; verum etiam est, quod Sathan coerceatur divinitus, ut nec ipse, nisi Deo permittente, possit homini nocumentum inferre, aut spectrum objicere. Certum autem et illud est, quod Deus nonnunquam conniveat ad potestatem Sathanae, ut per hominem sibi idoneum multa mala in orbe exerceat... Sic fieri potest, ut Sathan sciens futuram grandinem excitet veneficam, quae suis incantationibus conetur ciere tempestatem et perdere fruges. Etsi autem veneficia per se nihil efficiunt, tamen quia in venefica est perfectus conatus malefaciendi, *idcirco leges non injuste condemnant veneficas morte, sicut et latrones et incendiarios et homicidas.*‘ Aus dem Commentar in Exodum, concionibus publicis in Ecclesia Stutgardiensi explic. an. 1557. Cf. Centuria Epistolarum ad Schwebelium (Bipontinae 1597) p. 308—314. Ein Gutachten der Straßburger Prediger (Buter, Capito, Hedio) vom 6. April 1538 an Schwebel: Judicium de sagis et veneficis puniendis. ‚In omnibus rebus sequi oportet verbum Dei. Istud jubet receptis legibus parere. Leges jubent plecti eos, qui malis artibus et daemonum illusionibus se dedunt.‘ ‚Hae leges ratae sunt in Imperio et respondent legi divinae (Exod. 22) ... leges capitale fecerunt ipsum commercium cum daemonibus. . . Proinde lege hac tenentur, qui ad artes istas se conferunt. . . Principes itaque, qui non suum, sed Domini judicium judicant, legem etiam Domini sequi debent.‘ Doch ſoll man vorſichtig verfahren. Die Rechtsgelehrten wiſſen ‚multas vetulas levitate vulgi hoc crimine falso infamari; neque adeo tormentis inquirendum ad *cujusvis* delationem, nisi argumentis non dubiis obnoxia aliqua ei amentiae apparuerit‘. Die Straßburger Prediger ſind alſo durchaus nicht gegen die Hexenproceſſe. Dennoch ſchreibt Röhrich, Geſch. der Reformation im Elſaß 3, 127: In der zweiten Hälfte des ſechzehnten Jahrhunderts ſeien in Straßburg wieder Hexen verbrannt worden, ‚während dieß ſeit dem Anfang der Kirchenverbeſſerung nicht mehr geſchehen war und Buter ſich ſtark gegen ſolche Juſtizmorde erhoben hatte‘ (Röhrich citirt in der Note Centuria Schweb. p. 308!!). A. Erichſon (Martin Buter, der elſäſſiſche Reformator. Straßburg 1891. S. 26) ſchreibt: ‚Martin Buter, wenn wir zuverläſſigen Schriftſtellern glauben (Vierordt, Geſch. der evang. Kirche in Baden 2, 122), einer der entſchiedenſten Gegner der Hexenproceſſe, dieſer Schmach der Chriſtenheit.‘ Vierordt führt keine Quelle an, er hatte wohl Röhrich im Auge.

[1] Bergpoſtille 184.

den Hals ab, da thut Einer ihm selbst sunst den Tod an; diese Morde alle richtet der leidige Teufel an. Er ist uns feind, darum stellt er uns nach Leib und Leben. Nicht ermordet er allein die Menschen, sondern auch das Vieh, und verderbt dazu Alles, was zu des Menschen Nothdurft dient, mit Hagel, Theuerung, Pestilenz, Krieg, Verrätherei, Aufruhr und so weiter.' ‚Er plagt und peinigt den Menschen von Innen und von Außen. Wenn Gott dem Teufel nicht wehret, es sollte unser Keiner aufrichtig sein; wir müßten lange an allen Gliedern erlahmt sein.'[1]

Kräftiger noch sprachen sich darüber die Prediger Jodocus Hocker und Hermann Hamelmann aus. Wie jede Krankheit und jegliches Uebel, so komme auch ‚alle Unzucht und Unflätigkeit, alle Dieberei und Räuberei, aller Wucher und Finanzerei, allerlei Säuferei und Fresserei' vom Teufel her. ‚Hieher gehört auch, daß die Teufel die Luft übel anzünden und vergiften können, dadurch hernach Städte, Land und Leute mit Pestilenz und anderen vergiftigen Krankheiten verderbt werden. Item, wann wo ein Feuer angehet, daß ein Haus oder zwei anheben zu brennen, das ist auch ein Werk der leidigen Teufel, welche auch stets bei und im Feuer sein und darein blasen, daß sich das Feuer noch weiter ausbreite und noch mehr anzünde. Also daß 10, 20, 30, ja oft 100 sterben an der Pestilenz auf einen Tag, daß zuweilen ganze Städte im Feuer zergehen: das sind eitel Teufelsplagen, seine giftigen Pfeile, seine Bleikugeln und Spieße, nämlich Pestilenz, Drüse, Franzosen, Feuer und alles Unglück.' ‚Wir sollten wohl immerdar wünschen, daß wir todt wären. Wir sind hie in's Teufels Reich', ‚in der Welt, da der Teufel so Herr ist, daß er hat der Menschen Herzen in seiner Gewalt, thut durch sie, was er will. Es ist schrecklich, wenn man es recht ansieht, gleichwohl ist es wahr.'[2]

Aehnlich predigte Hermann Straccus, Pfarrer zu Christenberg, im Jahre 1568 dem Volke, der Teufel sei ‚ein Gott und gewaltiger Fürst dieser sündhaftigen, bösen und verderbten Welt'. ‚Diese Mörder und Verderber lehren hexen und schießen die Leute, machen durch ihre Unhulden Hagel, Donner, Eis, Wetter', ‚haben viel mit den Nixis und Wechselkindern zu thun, geben Liebestränke, zwingen die Menschen, Tag und Nacht zu laufen, wohin und wann sie wollen.' ‚Reiten auf Gabeln, Thieren, Stecken, Besen, fahren in der Luft, verwandeln sich in Menschen, Thiere.' ‚Wenn der leidige Teufel Gewalt bekommt über ein unschuldiges Kind, so verstopft er die Nerven und hemmt die Zunge, wirft es nieder und hebt es wieder auf, wüthet und scheumet, bis er es endlich umbringt, wie viel Eltern Dieses und

---

[1] Eyn Predig von dem Teuffel, das er alles Unglück in der Welt anrichte (1532) Bl. A³. B.

[2] Der Teufel selbs, im Theatr. Diabol. 1, 1ᵇ. 22—23. 33.

Dergleichen an ihren Kindern mit großen Schmerzen und Herzleid sehen.‘ ‚Wenn der Teufel einen armen Menschen anhauchet, erschrecket, so fährt ihm nicht allein der Mund aus, sondern das ganze Angesicht wird etliche Wochen tödlich krank, er bekommt Zeichen, auch die Sterbbrüsen und Franzosen; mit seinem verliebten Athem vergiftet er die Luft, streut Pestilenz aus. Er bringet oft die Kinder um im Mutterleib, zeichnet manches, hängt ihm sein Schandfleck an, daß Taube, Blinde, Lahme, mit Kröppeln, Hobern, Eberaugen, Hasenscharten und so weiter zur Welt kommen.‘ [1]

In einer in vielen Auflagen verbreiteten ‚Unterrichtung von des Teufels Thrannei, Macht und Gewalt, sonderlich in diesen letzten Tagen‘ [2], sprach Andreas Musculus unumwunden seine Ueberzeugung aus: in keinem Lande treibe der Teufel seine Thrannei so gewaltig als in Deutschland. Der bösen Geister, sagt er, sind so viele, ‚daß wohl sechs- oder siebentausend sich in einen Menschen einlassen‘; es sei ‚sehr zu vermuthen, daß die bösen Geister sunst nirgend mehr in der Welt seind, als allein häufig und sämmtlich in Deutschland‘ [3].

Alle geheimnißvollen Erscheinungen in der Natur und im Menschenleben wurden aus dämonischen Einflüssen hergeleitet, aus einer Mitwirkung des Teufels erklärt. Es entstand eine gewaltige Teufelsliteratur, durch die das Volk auf das Satanische hingedrängt und der Satan für Unzählige während ihres ganzen Lebens die herrschende Vorstellung wurde. Deutschland wurde völlig überschwemmt mit volksthümlich abgefaßten großen und kleinen Schriften, Berichten und Zeitungen über die ‚einzelnen Actiones‘ des Teufels: über Besessenheiten und Teufelsaustreibungen, über Bündnisse mit dem Teufel, über teuflische Vorgänge in verschiedenen Gebieten des Reiches, über Gespenster und Spuknisse aller Art sowie über leibhaftige Erscheinungen des Teufels, der sich nicht allein im Verborgenen bei den Hexen sehen lasse, sondern auch öffentlich bei Frauen und Männern, namentlich bei Hochstehenden und Hochgelehrten, Fürsten, Theologen und Staatsbeamten [4]. Wie in der Volksliteratur, so fiel dem Teufel eine großartige Rolle zu auch in der bildenden Kunst und auf der Bühne [5].

In inniger Verbindung mit der Teufelsliteratur standen die unzähligen, massenhaft verbreiteten Zauber- und Wunderschriften, Sibyllenbücher, Traum-

---

[1] Der Pestilenzteufel, im Theatr. Diabol. 2, 285—286.
[2] Goedeke 2, 480 No. 3 (1561 Erfurt, 1561 Worms, 1563 Frankfurt u. s. w.).
[3] Theatr. Diabol. 1, 101. 102.
[4] Vergl. darüber unsere näheren Angaben Bd. 6, 481 fll. Ueber den Zusammenhang des Gespensterglaubens mit dem Zauber- und Hexenglauben vergl. die Mittheilungen bei Horst, Zauberbibl. 2, 305—320. ** Siehe auch Osborn, Die Teufelliteratur des 16. Jahrhunderts. Berlin 1893.
[5] Näheres darüber Bd. 6, 135—138. 349—361.

bücher, Planetenbücher, Wahrsagebücher, ‚Kräuter- und Thierbücher‘ zur Erforschung der Zukunft; ‚Practiken und Prognosticationen‘ mit erschrecklichen
Prophezeiungen; Schriften über alle möglichen Geheimkünste; ‚magische Anweisungen und Zeichen gegen den Teufel, gegen Zauberei, Hexerei, Ertrinken
und Verbrennen‘; Anweisungen über ‚Geistersiegel‘ und Alraunen zur Abwehr
‚böser Geister und zauberischer Leute‘ und dergleichen mehr [1].

In den Acten der Hexenprocesse ist gar nicht selten die Rede von den magischen Schriften, welche die Erzzauberer besaßen. Ein seit dem Anfange des
siebenzehnten Jahrhunderts viel verbreitetes ‚Brockelsberggedicht‘ deutet bei Beschreibung der unsittlichen Blocksbergsorgien der Hexen mit den bösen Geistern
den Einfluß der magischen Literatur mit den Worten an: ‚wie Solches oft die
Gelehrten schreiben‘ und dann auch von den Hexen ‚in ihren Urgichten bekennt‘
werde [2]. ‚Aus unterschiedlichen Büchern‘, erklärte eine zu Rinteln im Jahre
1589 angeklagte Hexe, habe sie ‚mit mehreren Complicen von Jugend auf
das zauberische Wesen gelernt‘, und es ‚seien solche Bücher gar im Schwange‘.
Ueberdieß habe sie ‚von Jugend auf schier von nichts Anderm mehr sprechen
und lesen hören, denn von Hexen und Teufelsbräuten, und wie man zauberische Tränke zubereiten‘ solle, und sei ‚davon ganz voll und im Geiste
trunken und verrückt worden‘ [3]. Eine Quedlinburger Hexe bekannte im Jahre
1571: durch Berichte von Teufelsbuhlschaften sei ihre Sinnlichkeit aufgeregt
und sie ‚so auch zu diesem Werk getrieben worden‘ [4]. In einem Bericht über
einen pommerischen Hexenproceß wird die Beschäftigung der Hexe mit der
Zauberei auf die Lectüre der Amadis-Romane zurückgeführt [5].

Nicht weniger verderblich als die Bücher über Zauberei und allerlei
zauberische Künste waren die vielen den Hexenglauben fördernden Schriften,
welche die meisten Krankheiten auf ‚zauberischen Ursprung‘ zurückführten und
dieselben mit ‚widerzauberischen Mitteln‘ zu heilen versprachen. ‚Alte Weiber‘
— die sogenannten Hexen —, ‚Zigeuner, Schwarzkünstler und Landfahrer
haben von solchen Dingen‘, schrieb Paracelsus, ‚mehr Wissen als alle hohen
Schulen‘ [6].

Unzählig war die Schaar solcher in Städten und Dörfern umherziehenden
‚Schwarzkünstler und Landfahrer, Wunderdoctoren, Zeichendeuter, Zauberer und
Crystallseher, Segner, Teufelsbanner, Teufelsbezwinger, Alraunskrämer, Buhl-
zwinger oder Lieblocker, Mäustreiber oder Rattenführer‘ und anderer ‚Volksberücker

---

[1] Näheres darüber Bd. 6, 458 fll. Vergl. Diefenbach 247 fll.
[2] Jacobs in der Zeitschr. des Harzvereins 3, 798.
[3] * Bruchstück aus einem Hexenproceß ‚der Gert Böcklin, so am 4. Juli 1589
mit dem Feuer gerechtfertigt worden‘.
[4] Zeitschr. des Harzvereins 3, 791.   [5] Horst, Zauberbibl. 2, 247.
[6] Näheres darüber Bd. 6, 464—466.

und Ausüber teuflischer Künste'[1]. ,Zauberer, Teufelskünstler, Teufelsbanner, Wahrsager und Wahrsagerinnen reißen jetzt', schrieb der Jesuit Georg Scherer, ,mit Gewalt ein und wollen überhand nehmen.'[2] Dazu gehörten auch die Zigeuner, ,öffentliche Landdiebe und müßige Schelme aus allerlei Nationen und Völkern', welche sich schaarenweise umhertrieben und ,das Wahrsagen aus den Händen' als ihre höchste Kunst ausübten[3]. So lernte auch Doctor Faust von ,den Zigeunern und umlaufenden Tartaren die Chiromantie, wie man aus den Händen wicken und wahrsagen könne'[4]. Selbst Geisterklopfer und Tischrücker trieben ihr Wesen[5].

Schon beim Ausgang des Mittelalters fehlte es nicht an mancherlei umlaufenden Teufels-, Wunder- und Spukgeschichten[6]: aber auf dem Büchermarkte traten solche erst nach der Mitte des sechzehnten Jahrhunderts in ,großer Zahl und sonderlicher Verwunderlichkeit' auf. ,Die Heiligenbücher', schrieb Doctor Christoph Gundermann, ,die uns von Liebe und Barmherzigkeit Gottes und von den Werken christlicher Barmherzigkeit schreiben und mahnen, sind nicht mehr in solcher Uebung und Ansehen, als bei den alten frommen Christen. Jedweder kauft Teufelsbüchlein und Gemäl und Reyme von verborgenen zauberischen und teuflischen Künsten, und habe ich einen Schneider gekannt, der zum mindesten 40 oder 50 solcher Büchlein und Blätter, so alle in einem oder zwei Jahren gedruckt worden, besessen hat, und wohl gar dessen sich rühmte, als sei es ehrbar und christlich, solch Teufels- und Schandmären im Hause zu behalten.' ,Da werden auch seit langen Jahren und noch unzählig viel Zeitungen, Tractätlein und dergleichen gedruckt und verkauft über Hexen, Zauberer und allerlei Teufelsgeschwürm, auch über Wunder und Apparitionen, so sich ereignet haben sollen, dergleichen Aberwitzigkeiten ehedem kein vernünftiger Mensch geglaubt haben würde, jetzunder aber schier alle Welt, Jung und Alt, Hoch und Niedrig, gierig in sich schlingt, als wären es wahrhaftige Historien. Die Welt ist wankelmüthig worden im Glauben, aber desto abergläubiger in allem Teufels-, Spuk- und Wunderwesen: daß Gott erbarm, was noch daraus werden soll.'[7]

---

[1] Näheres Bd. 6, 478 fll.; vergl. 456 fl. Ueber Doctor Faust, den Hauptvertreter aller schwarzkünstlerischen, zauberischen Veranstaltungen des Jahrhunderts, und über das Faustbuch vergl. 509—514. Den tiefern dogmatischen Kern der Sage, der bei sämmtlichen Faust-Commentatoren keine Berücksichtigung findet, behandelt vortrefflich A. Baumgartner, Göthe's Leben und Wirken von 1808—1832 (Freiburg 1886) S. 220 fll.

[2] Postille Bl. 274. 411ᵇ.

[3] Olorinus Variscus, Geldtklage 543—552. Vergl. Svatek 278 fll.

[4] Widmann's Faustbuch, bei Scheible, Kloster 2, 286.

[5] Vergl. unsere Angaben Bd. 6, 507.   [6] Vergl. Gothein 85 fll.

[7] Von den Wercken christenlicher Barmherzigkeit (1615) Bl. 5ᵃ. 7. ** Cuno Wieberhold, der Schwiegersohn des berühmten Frankfurter Buchhändlers Sigmund

In solchen ‚Zeitungen, Tractätlein und dergleichen‘, selbst in großen Büchern, erhielt das Volk Kunde über alle möglichen ‚Aberwitzigkeiten‘, zum Beispiel über ‚Fische mit Papstköpfen, Jesuiterhütlein‘, ‚Heuschrecken mit Mönchskappen‘, auch über ‚Zauber- oder Wunderhäringe‘, die in Dänemark und Norwegen gefangen worden und zu ihrer Erklärung die Federn protestantischer Theologen in Bewegung setzten; ferner über ‚neugeborene Kinder mit zwei, drei und mehr Köpfen‘, über ‚Kinder mit feurigen Augen und einem ellenhohen Schweif, so gleich nach der Geburt gesprochen‘; über Kühe oder Pferde, welche Kinder zur Welt gebracht, über Frauen, welche kleine Schweinlein, Eselein oder Wölflein, auch wohl leibhaftige Teufel geboren; über Schlangen und Kröten, welche in vieler Menschen Gegenwart deutlich gesprochen hätten, und so weiter. Da war es dann allerdings kein ‚Wunder‘, daß auch Alles, was man von Hexen und ihren Künsten erzählte, für ‚wahrhaftige Historie‘ genommen werden konnte. Die unter das Volk verbreiteten ‚Wunder‘ aus dem Todten- und Geisterreich standen mit dem Hexenglauben in engem Zusammenhang: selbst Steine redeten, und der Mond neigte sich wiederholt zur Erde herab und verkündete mit lauter Stimme bevorstehende schreckliche Ereignisse [1].

‚Erregung von Furcht, Schrecken und Entsetzen‘ bezweckten auch die unzähligen Berichte und Lieder über die fürchterlichsten Verbrecher und deren grausame Hinrichtungen, insbesondere über die Tausende von Hexen und Unholden, welche nach unsäglichen Folterungen den Scheiterhaufen besteigen mußten [2]. Die grausame Lust an Mord- und Gräuelscenen mußte wesentlich auch durch zahlreiche vor allem Volk aufgeführte Bühnenspiele gefördert werden [3]. Der Prediger Thomas Birck wollte die Hexen und das ganze Hexenwerk auf die Bühne bringen [4].

Aber ‚Alles, was man über Mörder und Räuber und andere teuflische Creaturen in menschlicher Gestalt, über Menschen, so in Wehrwölfe sich verwandelt und oftmals Hunderte getödtet haben, über Zauberer und Hexen und dergleichen Teufelsgeschmeiß mehr in Schriften, Reimen und Schauspielen

---

Feyerabend, ließ um das Jahr 1595 bei einem Frankfurter Juden ‚bei eiteler Nacht 300 Floren an Reichsthalern aufnehmen‘ behufs einer Reise nach Prag, wo er bei einem Schwarzkünstler und Teufelsbeschwörer ‚in einem Spiegel sehen‘ wollte, was seine Frau mache und wie sie haushalte; auch wollte er dort den ‚bösen Feind, in einem Glas verbannt, kaufen‘; er erklärte später dem Factor des Frankfurter Geschäftes, daß er ‚alle Ding‘, wie es zu Haus zugangen, artiglich, ja ganz ‚excellent gesehen‘ habe. Pallmann 76—77.
[1] Näheres darüber Bd. 6, 426—437. Horst, Zauberbibl. 1, 306—314.
[2] Vergl. Bd. 6, 451—456.   [3] Vergl. Bd. 6, 382—387.
[4] Bd. 6, 361—363.

hören und lesen kann, ist fürwahr‘, sagt ein Zeitgenosse, ‚nicht so erschrecklich als die Martern und Hinrichtungen, so man unter Augen hat und dem
Pöbel oftmals wie ein grausam erlustigend Schauspiel erscheinen‘. Solche
Schauspiele konnten nur dazu dienen, alles edlere menschliche Gefühl abzu-
stumpfen und die allgemein eingerissene Verwilderung zu steigern.

    ‚Da sieht der Pöbel,‘ fährt der Zeitgenosse fort, ‚die Hexen und Zauberer
auf der Schinderkarre zur Richtstätte geführt; oft sind alle Gliedmaßen
von den Torturen zerrissen, die Brüste zerfetzt; der Einen hängt ein Arm
auseinander, einem Andern ist das Knie gebrochen wie dem Schächer am
Kreuz; sie können nicht mehr gehen und stehen, denn die Beine sind zer-
quetscht; werden dann angebunden an den Brandpfahl, heulen und jammern
ob aller der erlittenen Martern; Diese ruft Gott an und die Strafgerechtig-
keit Gottes mit lauter Stimme, eine andere im Widertheil ruft den Teufel
an, flucht und schwört noch im Angesicht des Todes: das Volk aber, Vor-
nehm und Gering, Alt und Jung, schaut dem Allem zu, spottet, höhnt oftmals
und lästert die armseligen Opfer — was gläubest du, christlicher Leser, wer
hier regiert? und wer jubilirt, wenn er all das Jammern und die Qualen
sieht und das zuschauend Volk, in dem allbereit Viele sind, die selber für den
nächsten Braten dienen; ist es nicht der Teufel? Wohl. Ihr kennet den
Teufel längst, denn er ist unter euch bei dem gotteslästerlichen Fluchen und
Schwören, das ihr ohne Scheu und Scham treiben dürft, schlimmer, denn
die Heiden je getrieben. Es ist ohn Zweifel, das Laster der Gotteslästerung
bringt je länger je mehr in allen Ländern die Zauberei und Hexenkünste in
Schwang. Ist es doch, als wenn das unmenschlich Fluchen und Lästern sowie das unmenschlich, viehisch Saufen, Ehebruch und Unzucht den Teufel,
als man spricht, losgemacht hat, wie wenn er seine Wohnung jetzund auf
Erden genommen.‘ Es war kein vereinzelter Fall, wenn in Ortenberg eine
Frau den Scheiterhaufen bestieg, welche von ihrem eigenen Sohne als Hexe
deßhalb angegeben worden, weil sie mit Gotteslästern, Schwören und Balgen
zu Hause ein unchristliches Leben führe[1].

    Weil außer dem ‚schrecklichen Fluchen und Schwören‘, predigte Bernhard
Albrecht in Augsburg, auch ‚Zorn, Zank und Haber, Mord und Todtschlag
nicht mehr für unrecht oder strafwürdig bei den Weltkindern will gehalten
werden, so strafet es Gott mit dem rachgierigen und mörderischen Teufelsgesind, als der ein Mörder ist von Anfang und nur Lust und Liebe hat zu
würgen und zu ermorden, und dannenher seine Werkzeuge, die Zauberer und
Hexen, inständig dahin abrichtet und hetzet, daß sie bei den Menschen Mord
und Todtschläge anrichten‘[2].

---

[1] Volk 9.   [2] Albrecht, Magia 239—240.

Andere Zeitgenossen erklärten ‚die Gotteslästerungen‘ für eine ‚Art Ein-
weisung in die Zauber- und Hexenkunst‘. Sie seien gleichsam ‚eine die Luft
teuflisch verpestende Seuche‘, und es müsse ‚Schreck und Grausen‘ erregen,
‚daß allbereit die ganz junge Welt solch Lästern wie ein Handwerk‘ betreibe.
‚Es schwören und gotteslästern jetzmalen‘, heißt es in einem Prognosticum
vom Jahre 1595, ‚die jungen Kinder auf der Gassen, daß es einen Stein
erbarmen sollt‘ [1]. Man ging ‚gar Wetten ein, wer unter Anrufung des
Teufels die höchsten Schwüre und Gotteslästerungen ausstoßen‘ könnte. In
Dresden mußte einmal gegen 20 Personen, welche eine solche Wette gemacht
hatten, mit Gefängniß, Stadtverweisung und Halseisen vorgegangen werden [2].

Wie die Gotteslästerungen, so wurden auch, zum Beispiel von dem
Prediger Caspar Goldwurm im Jahre 1567, die öffentlich und ‚ohne alle
Scheu‘ getriebenen Unzuchtssünden und die ganz ‚gräuliche Sodomiterei‘ mit
dem Hexenwesen in Verbindung gebracht [3].

In den Hexenprocessen selbst bilden die jeder Beschreibung sich ent-
ziehenden Berichte über die Orgien der Hexen mit den Teufeln die grob-
sinnliche Unterlage des Hexenwesens und bieten einen erschrecklichen Spiegel
der Zeit. Häufig wandelten sich Unzuchts- und Ehebruchsprocesse unter den
Händen der Richter in Hexenprocesse um, und es unterliegt keinem Zweifel,
daß sehr viele wegen Hexerei Verklagte verworfene Personen waren, welche
sich der schwersten Sittenverbrechen schuldig gemacht hatten. ‚Hexenversammlungen‘, das heißt nächtliche Versammlungen und Orgien unter dem gemeinen
Volk, in welchen Wüstlinge, fahrende Schüler, Landsknechte, Kupplerinnen
und Buhldirnen mit oder ohne Vermummung die Rollen der ‚Teufel‘ und
‚Teufelinnen‘ spielten, fanden in Wirklichkeit nicht selten statt [4]. Ebenso

---

[1] Prognost. theol. 2, 58. [2] Weck 541.
[3] Vergl. Jacobs in der Zeitschr. des Harzvereins 3, 796.
[4] Vergl. Jacobs in der Zeitschr. des Harzvereins 4, 294 fll. Raubert 9. Reuss,
La sorcellerie 130 Note. Stöber 300. Holzinger 37—38. Unzüchtige Zusammenkünfte ganzer Dörfer werden beispielsweise erwähnt bei Wagner, Gesch. von Habamar
(2. Aufl.) 2, 288. Der Jesuit Adam Tanner (Theol. scholast. 8, 4) berichtet über
solche Zusammenkünfte und nennt sie diaboli gymnasia et strigum utriusque sexus
seminaria. Vergl. B. Duhr in der Innsbrucker Zeitschr. für kathol. Theologie 12,
135. — Ueber ‚Teufelinnen‘, welche erschienen, vergl. Zeitschr. des Harzvereins 4,
291—298. Reuss 30. Daß die Inquisitinnen ‚einen unehrbaren Lebenswandel führten‘,
ist, schreibt Bilmar 177, ‚bei den mir bekannten Untersuchungen der Mehrzahl nach
Seitens der Zeugen behauptet, meist auch bewiesen und eingestanden‘. ‚Offenbar‘ haben
damalige Wüstlinge ‚die vorhandene Neigung zum Abfall in den unteren Ständen, den
Reiz geheimer Künste und Genüsse zu besto gesichertem Betreiben ihrer Schändlichkeiten
benutzt‘. Bisweilen ‚war ‚der Böse mit dem schwarzen Hut und drei Federn, einer

wenig ist zu bezweifeln, daß unter Männern und Frauen, und zwar nicht allein aus den niederen Ständen, allerlei Rausch- und Betäubungsmittel entweder als Tränke oder als Salben vielfach in Gebrauch waren, zum Beispiel das Bilsenkraut, die Tollkirsche, der Gartenmohn, das Fünffinger-kraut und so weiter, welche ‚Lustunge und Reizung‘ hervorriefen, ‚tiefen Schlaf und unterschiedliche Phantaseien, darin der Hexe von lauter Tanzen, Fressen, Saufen, Musik und dergleichen träumte, also daß sie vermeinet, sie sei geflogen.‘ [1] Sehr häufig fand man nach Ausweis der Processe in den Wohnungen der Angeklagten ‚Oel, Salben, schädliche Pulver, Büchsen, Häfen mit Ungeziefer und Menschenbeiner, Kröten in Scherben oder Töpfen‘. Nach den ‚Bekenntnissen‘ der Hexen dienten die Salben, zu welchen man am liebsten das Fett ermordeter ungetaufter Kinder gebrauchte, sowohl als ‚nothwendige

---

weißen, einer grünen und einer schwarzen“, Niemand anders als ein Landsknecht; ein Fall aus dem Anfang des siebenzehnten Jahrhunderts läßt sogar mit ziemlicher Sicher-heit vermuthen, daß ein „Hexentanz“ wirklich stattgefunden habe, die Teufel aber lediglich verkleidete wilde fahrende Gesellen der damaligen Zeit, Reiter, Landsknechte und Studenten gewesen seien. Die Scham und das böse Gewissen verschlossen den Inquisitinnen, selbst wenn sie es besser wußten, wer ihre zahlreichen Zuhälter gewesen waren, wie es scheint, den Mund, und sie wollten lieber, was schon so Viele gethan hatten, auf den Teufel bekennen, als auf Menschen.‘ Schon in einer Instruction, welche Heinrich Institoris im Jahre 1485 einem Amtsbruder ertheilte, heißt es: ‚Regula generalis est, quod omnes maleficae a juventute carnalitatibus et adulteriis servi-erunt variis, prout experientia docuit.‘ Bei Ammann, Insbrucker Hexenproceß von 1485 (vergl. oben S. 510 Note 1) S. 39. Mit Recht sagt Wuttke (Der deutsche Volks-aberglaube der Gegenwart, 2. Aufl., S. 144—145): ‚Man darf voraussetzen, daß ein guter Theil der damals angeschuldeten Hexen auch wirklich sittlich-religiös verkommene, auf widergöttliches Treiben ausgehende Personen waren, die vor Allem die düsteren Seiten des heidnischen Aberglaubens mit Gier ergriffen und darnach trachteten, bösen Zauber auszuüben.‘

[1] Vergl. Holzinger 10—16. Der Verfasser bekämpft die von L. Mejer in seiner Schrift ‚Die Periode der Hexenprocesse‘ (Hannover 1882) aufgestellte Ansicht, ‚daß das Rauschmittel ein aus dem Stechapfel bereiteter Absud gewesen, dessen Genuß bei den Hexen Visionen und Träume erzeugte‘. Das Ergebniß der Untersuchungen Hol-zinger's ist, daß der Stechapfel in Europa bis zum Ausgang des sechzehnten Jahr-hunderts noch höchst selten gewesen, in Deutschland erst in der ersten Hälfte des acht-zehnten Jahrhunderts angetroffen wird. — Nach Weyer's Beschreibung der Hexensalbe (De praestigiis daemonum lib. 2, cap. 31) ‚spielen in derselben neben mancherlei wirkungslosen Dingen immer die Säfte narkotischer, besonders auf das Sensorium wirkender Kräuter eine Rolle‘. S. 14. Ueber ‚die Hexen- und Zauberbrühe‘, welche die verbündeten Hexen in der Walpurgisnacht unter Anrufung des Teufels bereiteten, vergl. die Aussagen von Hexen in der Zeitschr. des Harzvereins 6, 310 fll., auch 4, 298. Maury, La magie 423 ss. Ueber Hexensalben vergl. ferner Moehsen, Gesch. der Wissenschaften 439—441. Frank 129. Schindler 286—287. Reuss, La sor-cellerie 132—136.

Bestreichung zum Ausfahren auf den Hexentanz als auch zur zauberischen
Beschädigung der Menschen‘. An wirklichen Giftmischern und Giftmischerinnen
fehlte es unter den vor Gericht gestellten ‚Zauberern‘ und ‚Hexen‘ nicht; wie
so viele Unzuchtsprocesse, so wurden auch ‚Mord-, Raub- und tobbringende
Beschädigungs-Processe‘ als ‚Hexenprocesse‘ geführt, ‚dieweil doch der Teufel
mehrstentheils oder alleinig dabei die Hand im Spiele hatte und die von ihm
Bethörten und Unterjochten auch ohne expressen Bund zu all solch unmenschlichen Scheußlichkeiten‘ anleitete. Viele suchten auch thatsächlich einen Bund
mit dem Teufel und wähnten, durch Anwendung ‚dämonischer Mittel‘ sich
‚übermenschlicher Künste‘ zur Beschädigung ihrer Nebenmenschen bemächtigen
zu können[1].

----

[1] Sehr Vieles in den Hexenprocessen weist auf Vorgänge hin, wie sie R. v. Krafft-
Ebing in seiner Psychopathia sexualis (5. Aufl. Stuttgart 1890) beschreibt; vergl.
besonders S. 46 fll. über die psycho-sexualen Monstra, Leichenschänder und so weiter.
Daß es bei den ‚Bekenntnissen‘ der ‚Hexen‘ über Vergiftungen, Morde und so weiter
häufig genug um wirkliche Verbrechen sich handelte, läßt sich aus den vielen von dem
Verfasser angeführten Beispielen über Verbrecher neuester Zeit schließen. In den
Hexenprocessen selbst liegen übrigens dafür hinlängliche Belege vor; vergl. G. W.
v. Raumer, Märkische Hexenprocesse 239 fll. Jacobs in der Zeitschr. des Harzvereins
4, 303—304. Rhamm 104. Zur Erklärung von Hexenvorgängen im Allgemeinen
sagt v. Raumer, Nachrichten 236—237: ‚Die Hexenprocesse, in welchen man im
vorigen Jahrhundert nur Selbsttäuschung, absichtlichen Betrug und baaren Aberglauben
erkannte, haben in neuerer Zeit dadurch wieder Bedeutung gewonnen, daß die über
den Magnetismus eingesammelten Erfahrungen, die Erscheinungen des sogenannten natürlichen Somnambulismus, wenigstens so viel ergeben haben, daß den Thatsachen, welche
uns die Vorzeit berichtet, allen Umständen nach eine eigenthümliche Exaltation, ein
visionärer Zustand zum Grunde gelegen hat, ja daß unter gewissen Voraussetzungen
Einwirkungen eines Menschen auf den andern stattfinden können, welche über die in
gesundem Zustande möglichen weit hinausgreifen und den Character eines Bezauberns
in gewisser Weise allerdings an sich tragen. Ohne daß man daher den Erscheinungen
der Zauberer, den Bündnissen der Hexen mit dem Satan, dem Fahren auf den Blocksberg und so weiter eine objective Wirklichkeit beizulegen braucht, worin fortwährend
nur Aberglauben erkannt werden kann, muß doch jetzt zugegeben werden, daß manchen
Nachrichten von dem Behexen von Menschen und Vieh, dem Schaden, der durch Gift-
güsse und Beschwörungen angestiftet worden, eine Realität vernünftiger Weise wohl
untergelegt werden könne, zumal es bewiesen ist, daß krankhafte Exaltationen sich von
einer Person auf die andere durch eine Art von Ansteckung fortgepflanzt haben. Alsdann haben die darüber aufbewahrten Nachrichten nunmehr wieder ein erhöhtes psycho-
logisches Interesse, da sie Zeugniß geben von eigenthümlichen subjectiven Zuständen
aus der Nachtseite des Geisteslebens, die, wenn sie auch nur als abnorme, keineswegs,
wie wohl geschehen ist, als religiöse und normale Manifestationen des Geistes erkannt
werden müssen, mindestens der Beachtung werth sind, die jede andere räthselhafte Krankheit des Körpers und des Geistes verdient. Das Verbrennen der Hexen muß (wiewohl
sehr oft neben der Zauberei andere todeswürdige Verbrechen bekannt wurden) allemal

So handelte es sich denn in den Hexenprocessen, wenn auch nicht um eigentliche Hexen, doch keineswegs überall um Unschuldige, welche lediglich dem Hexenwahn und der Hexenfurcht zum Opfer fielen.

Allein unendlich größer war im Vergleich mit jenen die Zahl solcher Opfer.

Zunächst hat man in den Hexenprocessen es in sehr vielen Fällen unverkennbar zu thun mit Geisteskranken, die an Wahngebilden des Gesichtes und des Gehöres litten, und was sie über den Teufel und dessen alles Geistige und Leibliche beherrschende Macht, über Teufelskünste und Teufelsbräute, Sabbathe und Orgien von Jugend auf erzählen hörten, als Selbsterlebtes sich einbildeten, ihre Vorstellungen, wie es bei Geistesgestörten der Fall, für Wirklichkeit hielten und demgemäß vor Gericht ihre ‚Bekenntnisse‘ ablegten. Für Geisteskrankheiten aber hatte die Zeit, im Allgemeinen gesprochen, kein Verständniß; sie erschienen ihr als etwas Widernatürliches, als Erzeugnisse strafschuldiger magischer oder zauberischer Einwirkungen. Nicht selten wurden auch andere Kranke: Epileptische, mit hysterischen Krämpfen Behaftete, Nachtwandler und Nachtwandlerinnen, als Zauberer und Hexen verbrannt.

Die meisten Angeklagten aber fielen den bösesten Leidenschaften zum Opfer.

Wie der alle Köpfe beherrschende Glaube an Hexerei und Zauberei und die damit verbundene grenzenlose, in einen förmlichen Volkswahnsinn ausartende Hexenfurcht einerseits aus der wachsenden Verwilderung und Sitten-

---

als eine traurige Verirrung bezeichnet werden, nichtsdestoweniger muß man jetzt zugeben, daß der Aberglaube unserer Vorfahren und der daraus folgende Mißgriff der Gerechtigkeit mehr darin bestand, daß sie dem Bunde mit dem Teufel eine reale, objective Wahrheit, ein corpus delicti, um mich juristisch auszudrücken, zuschrieben, wo sie dann nach den damals gültigen Rechtsbegriffen von der Strafbarkeit von Verbrechen, die gegen Gott begangen werden, allerdings auf die härtesten Lebensstrafen erkennen mußten; wenn es aber erwiesen werden könnte, was nach den bisherigen Erfahrungen wenigstens nicht schlechthin geläugnet werden kann, daß die Möglichkeit existirt, einen jener wunderbaren krankhaften Zustände mit einer Art von freiwilligem Entschluß auf Andere, dazu ohnehin Disponirte zu übertragen, so würde eine solche Handlung auch nach unseren Begriffen von Verbrechen nicht minder strafbar erscheinen, als wenn Jemand seinem Nebenmenschen zum Beispiel einen schädlichen Trank wirklich eingäbe. Die Disposition aber zu solchen abnormen Zuständen war in früherer Zeit unläugbar verbreiteter als jetzt, daher das Hexenwesen, in jener Voraussetzung, gefährlicher.‘ — Vergl. die ‚Erklärungsversuche‘ in Sachen des Hexenwesens bei Diefenbach 169—176. Ferner sei noch verwiesen auf [den freilich selbst an hochgradigem Aberglauben leidenden] C. Du Prel, Studien aus dem Gebiete der Geheimwissenschaften (Leipzig 1890) Theil 1, Cap. 1: Die Hexen und die Medien; Cap. 2: Die Wasserprobe der Hexen S. 1—84. A. Biermer, Psychische Volkskrankheiten, in der ‚Deutschen Revue‘ Novemberheft 1890.

losigkeit immer neue Kräfte zogen, so wurden sie andererseits das Haupt-
beförderungsmittel allgemeiner Verkommenheit, die Quelle aller Lasterthaten:
der Habsucht, der Verleumdungen und Ehrverletzungen, des Neides, der
Rachgier, Verfolgungssucht, Blutgier und Mordlust. Bei unzähligen Processen
spielte die sittliche Verworfenheit der ‚Malefizmeister‘, Fiscale, Richter und
Schreiber eine grausige Rolle, und meistentheils war das ganze gerichtliche
Verfahren gegen die Hexen darnach angethan, daß viele Tausende von Unschuldigen durch Marterzwang und Sinnbethörung auf den Scheiterhaufen
gebracht wurden und aus jedem Scheiterhaufen neue Hexen erstanden.

V. Die Reichsstrafgesetzgebung gegen das Hexenwesen und deren Uebertretung im Gerichtsverfahren — Hexenverfolgung seit der Kirchenspaltung bis in's letzte Drittel des sechzehnten Jahrhunderts.

Durch die auf dem Regensburger Reichstage vom Jahre 1532 bestätigte ‚Peinliche Gerichtsordnung Kaiser Carl's V.' — die sogenannte
Carolina [1] — wurde reichsrechtlich geboten, die Zauberei als ein Criminal=
verbrechen zu verfolgen. ‚So Jemand', lautete die Bestimmung (Artikel 109),
‚den Leuten durch Zauberei Schaden oder Nachtheil zufügt, soll man ihn
strafen vom Leben zum Tode, und man soll solche Strafe mit dem Feuer
thun. Wo aber Jemand Zauberei gebraucht und damit Niemand keinen
Schaden gethan hätte, soll er sonst gestraft werden nach Gelegenheit der
Sache, darin die Urtheiler Raths gebrauchen sollen.' [2]

‚Bekennt Jemand Zauberei, soll man', hieß es in dem Artikel 52, ‚nach
den Ursachen und Umständen fragen, womit, wie und wann die Zauberei
geschehen, mit was Worten oder Werken. Auch soll die Person zu fragen
sein, von wem sie solche Zauberei gelernt und wie sie daran gekommen sei,
ob sie auch solche Zauberei gegen mehr Personen gebraucht und gegen wen,
was Schadens auch damit geschehen sei.'

Als ‚genugsame Ursache zur peinlichen Frage' wurde im 54. Artikel
angegeben: ‚So Jemand sich erbeut, anderen Menschen Zauberei zu lernen,
oder Jemand zu bezaubern droht und dem Bedrohten dergleichen beschieht,
auch sonderlich Gemeinschaft mit Zauberern oder Zauberinnen hat, oder mit
solchen verdächtlichen Dingen, Geberden, Worten und Weisen umgeht, die
Zauberei auf sich tragen, und dieselbige Person desselben sonst auch berüchtigt ist.'

---

[1] ** Vergl. oben S. 467 fll.

[2] Diese Bestimmung war der von dem Freiherrn Johann von Schwarzenberg
für das Fürstbisthum Bamberg im Jahre 1507 entworfenen Halsgerichtsordnung entnommen. In den vor der Zeit Schwarzenberg's aufgezeichneten Bamberger Rechts-
quellen findet sich von dem Verbrechen der Hexerei nicht die geringste Spur. Vergl.
H. Zöpfl, Das alte Bamberger Recht als Quelle der Carolina (Heidelberg 1839)
S. 121.

In dem Artikel 58, ‚Von der Maß peinlicher Frage‘, heißt es: ‚Es soll die Sag des Gefragten nicht angenommen oder aufgeschrieben werden, so er in der Marter thut, sondern er soll seine Sag thun, so er von der Marter gelassen ist.‘

Auf diese Bestimmungen des Reichsgesetzbuches beriefen sich die Richter bei der Führung von Herenprocessen; aber was zum Schutze der Angeklagten in demselben Reichsgesetzbuche vorgeschrieben war, wurde nur sehr selten beobachtet.

Dahin gehörte, daß den Richtern ausdrücklich alle Suggestivfragen untersagt wurden. Man müsse die Verklagten ‚nach allen Umständen der Missethat befragen, um auf den Grund der Wahrheit zu kommen‘; ‚aber Solches‘ würde ‚damit verderbt‘, wenn man denselben diese Umstände ‚vorsage‘ und dann erst darnach frage. Dieses dürfe nicht geschehen. ‚Vor und in der Frage‘ dürfe dem Gefangenen Nichts ‚fürgehalten‘ werden, sondern man müsse ihn ‚die Umstände der Missethat ganz von ihm selbst sagen‘ lassen, also bei Anwendung der Folter nicht Geständnisse erpressen durch Vorlegung bestimmter Fragen. Im Widerspruch mit dieser Vorschrift, welche den Angeklagten noch einen gewissen Schutz gewährte, kam es bald bei den allermeisten Gerichten in Gebrauch, gerade durch solche Fragen die abenteuerlichsten und unsinnigsten ‚Bekenntnisse‘ herauszufoltern[1].

Ferner gebot die Carolina im Allgemeinen, daß die Richter ‚bei Strafung der Uebelthäter keine sonderliche Belohnung nehmen‘ sollten, weil eine solche Annahme ‚ganz wider das Amt und Würde eines Richters, auch das Recht und alle Billigkeit ist‘. Nicht weniger wurde indirect verboten, das Vermögen der hingerichteten Zauberer und Zauberinnen einzuziehen oder dem Landesherrn zu überweisen und so Weib und Kind an den Bettelstab zu bringen. Denn eine Einziehung des Vermögens solle nur stattfinden bei denjenigen Verbrechern, welche nach den Reichsgesetzen ‚Leben und Gut‘ verwirkt hatten: zu diesen Verbrechen aber gehörte nicht die Zauberei. Im vollen Widerspruch mit diesen Verfügungen wurden die Herenprocesse nur gar zu häufig von habgierigen Richtern zu ihrer Bereicherung ausgebeutet, und durch Einziehung der Güter gestaltete sich, wie Cornelius Loos sich ausdrückte, die Herenverfolgung vielerorts zu einer ‚neuen Alchymie‘, um ‚aus Menschenblut Gold und Silber‘ zu machen[2].

Von besonders schlimmen Folgen für die Zauberer und Zauberinnen wurde es, daß die Verfügung der Carolina: nur solche sollten mit dem Tode

---

[1] ** Die trotzdem angewandten Suggestivfragen dürften wohl zum guten Theil eine Erklärung bieten für die auffallend genau übereinstimmenden Aussagen in fast allen Herenprocessen.

[2] Ueber Cornelius Loos vergl. den folgenden Abschnitt.

bestraft werden, welche wirklichen Schaden oder Nachtheil zugefügt hätten, bei
den allermeisten Gerichten außer Gebrauch kam, zum Theil durch Landesgesetze
einzelner Fürsten förmlich beseitigt wurde. So bestimmte die vom Kurfürsten
August von Sachsen erlassene Criminalordnung[1]: ‚So Jemand in Vergessung
seines christlichen Glaubens mit dem Teufel ein Verbündniß aufrichtet, umgehet oder zu schaffen hat, soll dieselbige Person, ob sie gleich mit Zauberei
Niemand Schaden zugefügt, mit dem Feuer vom Leben zum Tode gerichtet
und bestraft werden.‘ Dieselbe Bestimmung wurde in dem kurpfälzischen
Landrecht ausgesprochen und war sowohl von der theologischen als der
juristischen Facultät der protestantischen Hochschule zu Heidelberg befürwortet
worden[2]. Auch durch das Landrecht von Baden-Baden kam diese ‚schärfere
Praxis‘ in Uebung.

Ein überaus wichtiger Artikel der Carolina, welcher bei Führung der
Hexenprocesse nicht beobachtet wurde, lautete: Auf Anzeigen Derjenigen, ‚die
aus Zauberei oder anderen Künsten wahrzusagen sich anmaßen, soll Niemand
zu Gefängniß oder peinlicher Frage angenommen werden, sondern dieselben
angemaßten Wahrsager und Ankläger sollen darum gestraft werden. So auch
der Richter darüber auf solcher der Wahrsager Angaben weiter verführe, soll
er dem Gemarterten Kosten, Schmerzen, Injurien und Schaden abzulegen
schuldig sein.‘

Also der Aussage von Zauberern und Wahrsagern sollte kein Glaube
beigemessen werden, und doch wurde in Führung der Processe gerade bei
demjenigen Verbrechen, bei welchem die meisten Täuschungen, Sinnesstörungen,
auch boshafte Ankläger vorauszusetzen waren, nämlich bei der Zauberei, den
Aussagen der Angeklagten und Gefolterten über Theilnehmer an Zauber-
werken Glaube geschenkt und die bezeichneten Personen zur Untersuchung
herangezogen und ebenfalls der Folter übergeben.

Aus den allgemeinen und aus den besonderen Bestimmungen des Straf-
verfahrens der Carolina gegen die Zauberer und Hexen ergibt sich deutlich,
daß die barbarischen Auswüchse der Hexenprocesse aus Mißachtung des Reichs-
strafgesetzes und somit auch aus der Verachtung der Autorität des Kaisers
hervorgingen.

Von der Führung der Hexenprocesse im Allgemeinen gelten vollkommen
die Worte des protestantischen Theologen Meyfart: ‚Unser Volk hat die Gerechtigkeit verändert um einen schnöden Eifer.‘[3]

Ihren für die Angeklagten verhängnißvollen Character erhielten diese
Processe zunächst durch die als allgemein gültig angenommene juristische Auf-

---

[1] Wir kommen darauf später zurück.
[2] Wächter 290—291. Solban-Heppe 1 411—412, und 2, 13 Note 1.
[3] Meyfart 412.

fassung der Hexerei als eines ‚Ausnahmeverbrechens‘, bei welchem der Richter
an den gewöhnlichen Proceßgang und die gesetzlichen Beweisvorschriften nicht
gebunden sei, vielmehr die ihm hierdurch sonst gezogenen Schranken nach Be-
dürfniß und Gutbefinden übertreten dürfe. Dadurch wurden alle Gräuel der
Procedur ermöglicht. Von entscheidender Bedeutung für diese Processe wurde
ferner die Verdrängung des alten heimischen Anklageprocesses durch den
Untersuchungsproceß, welcher die Angeklagten fast völlig der richterlichen
Willkür preisgab. Derselbe gelangte allmählich zur völligen Herrschaft, seitdem man auch das alte gerichtliche Beweisverfahren aufgegeben hatte und
Alles von dem Geständnisse der Angeklagten abhängig machte, dieses Geständniß aber durch alle möglichen Mittel der Folter zu erpressen suchte.
Die Angeklagten wurden so lange und so entsetzlich gepeinigt, bis auch
die letzte Spur der Willenskraft geschwunden war und sie in Todesängsten
alle Fragen, welche man ihnen vorlegte, bejahten. Die Folter, härter
als die härteste Strafe, wurde das hauptsächlichste Mittel zur ‚Auffindung‘
zahlloser Hexen. ‚Wehe der Armen,‘ schrieb später der Jesuit Friedrich von
Spee, ‚welche einmal ihren Fuß in die Folterkammer gesetzt hat! Sie wird
ihn nicht wieder herausziehen, als bis sie alles nur Denkbare gestanden hat.
Häufig dachte ich bei mir: die Ursache, daß wir Alle nicht auch Zauberer
sind, sei allein die, daß die Folter nicht auch an uns kam, und sehr wahr
ist, was neulich der Inquisitor eines großen Fürsten von sich zu prahlen
wagte, daß, wenn unter seine Hände und Folterungen selbst der Papst
käme, ganz gewiß auch er endlich sich als Zauberer bekennen würde.‘ ‚Behandelt die Kirchenoberen, behandelt Richter, behandelt mich ebenso wie jene
Unglücklichen, werfet uns auf dieselben Foltern, und ihr werdet uns
Alle als Zauberer erfinden.‘ [1]

Eine genauere Vergleichung der Zahl der Hexenprocesse und deren Ergebnisse nach den verschiedenen Gegenden und Glaubensbekenntnissen läßt sich
nicht anstellen, weil es dazu an den ausreichenden urkundlichen Unterlagen
fehlt [2]. Viele Processe fanden statt, welche schriftlich gar nicht verzeichnet
wurden; von vielen anderen sind die Acten vernichtet worden oder diese
ruhen noch ungehoben in den Archiven. Wenn deßhalb für die Zeit von
etwa 1520—1570 aus katholischen Gebieten nur sehr wenige Berichte über
Hexenprocesse vorliegen, so folgt daraus noch nicht, daß dort während dieser

-----

[1] Wächter 96 fll. 321. Solban-Heppe 1, 332 fll.
[2] Vergl. E. Jacobs in der Zeitschr. des Harzvereins 1, 145.

Jahrzehnte nur sehr wenige Heren vor Gericht gestellt und verurtheilt worden sind; nur soweit sich aus erhaltenen Quellen urtheilen läßt, kamen die weitaus meisten Processe in protestantischen Gebieten seit Einführung der neuen Lehre vor.

So beginnen in der Mark Brandenburg Anklagen und Folterungen erst unter dem protestantischen Kurfürsten Joachim II.[1] Die erste Here wurde im Jahre 1545 verbrannt. Bei der Hinrichtung einer Zauberin zu Berlin im Jahre 1552 trug sich nach dem Berichte eines Chronisten etwas Wunderbares zu: Als die Flamme emporschlug, ist ein Reiher in dieselbe geflogen, verblieb darin eine Weile und eilte dann mit einem Stück von dem Pelze der Hingerichteten davon. Dieses haben Hunderte gesehen und die feste Ueberzeugung gehabt, daß es der Teufel gewesen sei. Von dieser Zeit an nahm der Glaube an den unmittelbaren Verkehr zwischen dem leibhaften Bösen und dem sich ihm zuneigenden Menschen immer mehr überhand[2]. ‚Im Jahre 1553 sind zu Berlin‘, erzählte der Augsburger Prediger Bernhard Albrecht seinen Zuhörern, ‚zwei Zauberinnen gefangen worden, welche sich unterstanden hatten, durch Hagel und Un- gewitter die Früchte auf den Feldern zu verderben. Sie hatten dazu einem andern Weib in der Nachbarschaft ein klein Kindlein gestohlen, dasselbe in Stücke zerhauen und gekocht. Aber durch sonderliche Schickung Gottes ist die Mutter des Kindes dazu gekommen und hat die Stücke im Kessel liegen sehen und der Obrigkeit davon Anzeige gemacht. Als darauf diese beiden Heren gefänglich eingezogen und peinlich examinirt worden, haben sie ausgesagt: Wenn sie dieses Kochen vollbracht hätten, sollten solche Wetter gekommen sein, daß alle Früchte auf dem Felde hätten verderben müssen.‘[3] In demselben Jahre 1553 klagte Herzogin Anna von Mecklen- burg, eine geborene Markgräfin von Brandenburg, eine Frau an, die sie bezaubert und krank gemacht habe, und erschien persönlich beim Verhör der- selben. Die Angeschuldigte ‚bekannte‘: der Teufel sei ihr wiederholt, auch vor dem Gemache der Markgräfin Anna, in Gestalt eines schwarzen Ziegen- bocks erschienen und habe mit ihr geredet. Eine andere Here erlitt den Feuer- tod, weil sie ‚fliegende Geister‘ in ein Brauhaus geschickt haben sollte. Namentlich wimmelte die Altmark und die Priegnitz von Zauberern und Unholden. Weil der Kurprinz Johann Georg von 1557—1560 drei Söhne und fünf Töchter in sehr jungen Jahren durch den Tod verloren hatte, schrieb man den Heren die Unglücksfälle zu, und diese bejahten auf der Folter alle Schuldfragen,

---

[1] Aus früherer Zeit sind zwei Fälle bekannt: der erste aus dem Jahre 1390, der zweite aus dem Jahre 1428. Fidicin 5, 425—426.

[2] Fidicin 5, 426—427.		[3] Albrecht, Magia 187.

welche man ihnen stellte [1]. In Cüstrin wurde im Jahre 1559 ‚ein neuer Prophet‘, der ‚durch Teufels Eingeben‘ sich damit beschäftigte, ‚die Hexen zu verrathen‘, öffentlich verbrannt [2]. In Gardelegen wurden 14 Hexen in den Jahren 1544—1554 mit Feuer gerichtet [3]; in Wernigerode 5 in den Jahren 1520—1523 [4]; in Erfurt 3 in den Jahren 1530, 1538 und 1550 [5]. Zu Hannover mußten im Jahre 1523 sogar ein ganzes Dutzend den Scheiter-haufen besteigen; dieses Schicksal drohte auch der Gattin eines Anverwandten des protestantischen Theologen Hermann Hamelmann [6]. In Wittenberg wurden an einem Tage einmal 4 Personen als Hexen und Zauberer verbrannt, und durch einen eigenen Holzschnitt, auf welchem die Unglücklichen mit zerrissenen Gliedern gräulich abgebildet, die Execution allem Volke bekannt gemacht. Der Holzschnitt trägt die Ueberschrift: ‚S. Paul zun Röm. 13: Die Gewaltigen oder Oberkeiten sind nicht den, die Gutes, sondern den, die Böses thun, zu fürchten, denn sie trägt das Schwert nicht umsonst; sie ist Gottes Dienerin, eine Rächarin über den, der Böses thut.‘ Die Unterschrift lautet: ‚Umb viele und mannigfeltige böse Missethaten willen, sind diese vier Personen, wie ab-gemalt, am Tage Petri Pauli mit Feuer gerechtfertigt worden zu Wittenberg, Anno 1540. Als nämlich ein alt Weib über fünfzig Jahr, mit ihrem Sohn, der sich etwan dem Teufel ergeben, insonderheit aber das Weib, welches mit dem Teufel gebuhlet, mit ihm zugehalten, etliche Jahr Zauberei getrieben, Wetter gemacht und aufgehalten, und zu merklichem vieler armen Leute Schaden vergift Pulver gemacht, auch dasselbige Andere zu machen gelehret, damit allerlei Viehweide durch sie und ihre drei Mithelfer vergift, daduch ein unzählige Menge Viches von Ochsen, Kühen, Schweinen und so weiter an vielen Orten niedergefällt, welche sie darnach geschunden und abgedeckt, dadurch ihren boshaftigen verzweifelten Geiz um eines kleinen Nutzes willen gesättiget. Und ist diese Abkunterfeiung allein darum geschehen, dieweil der-selbigen schädlichen Rotten noch viel und mehr im Lande, als etliche von Bettlern, Schindern, Henkersknechten, auch Hirten umlaufen, zu Abscheu, und daß ein jegliche Obrigkeit fleißiges Aufsehen bestelle, dadurch armer Leute Schaden verhütet werden möge. Gott der Allmächtige behüte alle christlichen

---

[1] v. Raumer, Hexenprocesse, in den Märkischen Forschungen 1, 238—244. Hexen-processe mitgetheilt von v. Heffter in der Zeitschr. für preußische Gesch. und Landes-kunde 3, 523—531. Leutinger, Comment. 413. 629. Moehsen 512.

[2] Märkische Forschungen 13, 340.

[3] Dietrich und Parisius, Bilder aus der Altmark, Lieferung 7, 15.

[4] Zeitschr. des Harzvereins 1, 146.

[5] Jaraczewski, Zur Gesch. der Hexenprocesse in Erfurt und Umgegend (Erfurt 1876) S. 25—26. Richard, Licht und Schatten 146.

[6] Mittheilungen des Histor. Vereins zu Osnabrück 3, 69.

Herzen vor des Teufels listigen Anschlägen und Anfechtungen. Amen. Psalm 83: Sie machen listige Anschläge wider dein Volk und rathschlagen wider deine Verborgene.' [1]

In Hamburg kam die erste größere Hexenverfolgung erst im Jahre 1555 vor; sie hing zusammen mit der ersten Anwendung der Folter in dieser Stadt. In dem genannten Jahre wurden 14 Hexen gefänglich eingezogen; 2 derselben starben während der Folterungen, 4 bestiegen den Scheiterhaufen [2].

Zu Osnabrück, wo während der ganzen ersten Hälfte des Jahrhunderts nur eine einzige Hexenverfolgung (im Jahre 1501) stattgefunden hatte, wurden im Jahre 1561: 16 Weiber verbrannt [3].

Aus dem Clevischen ist nur aus dem Jahre 1535 die Verbrennung einer Hexe bekannt, welche beschuldigt wurde, durch ihre zauberische Hand nicht allein die Reisenden auf den Landstraßen geschlagen, sondern auch die schwersten Lastwagen umgeworfen zu haben [4].

Im Nassauischen wurden im Jahre 1522 zu Geisberg 3 Zauberinnen gleichzeitig mit Feuer gerechtfertigt [5].

Ueberaus vorsichtig im Hexenhandel benahm sich der Rath zu Frankfurt am Main. Außer einem Hexenproceß, bei welchem eine Unschuldige länger als drei Jahre (1541—1544) im Kerker zubrachte und wiederholt gefoltert wurde [6], finden sich dort keine Berichte über weitere Processe vor.

Gleiche Vorsicht übte bis in das letzte Drittel des Jahrhunderts der Rath zu Nürnberg. Dem Ulmer Rathe, welcher ihn im Jahre 1531 wegen eines Hexenfalles befragte, gab er zur Antwort: er habe ,von dergleichen Trutenwerk nie Etwas gehalten, auch allemal befunden, daß es keinen Grund habe'; er habe ,deßhalb nie anders gehandelt, als daß er dergleichen Personen aus seinem Gebiet verwiesen habe' [7]. In demselben Jahre 1531 erklärte Hans Sachs, das Wettermachen der Hexen sei ,lauter Betrug und Lügen'; auch

[1] Dieser Holzschnitt, in meinem Besitz, widerlegt allein schon die Behauptung Mejer's S. 14: ,In das protestantische Deutschland sind die Hexenprocesse nirgends vor dem Jahr 1560 eingebrungen.'
[2] Trummer 63. 111—112. 115.
[3] Mittheilungen des Histor. Vereins zu Osnabrück 10, 98.
[4] Horst, Zauberbibl. 4, 290—291.
[5] Annalen des Vereins für nassauische Alterthumskunde 19, 105.
[6] Vergl. Grotefend in den Mittheilungen des Vereins für Gesch. und Alterthumskunde in Frankfurt am Main 6, 70—78.
[7] v. Breitschwert 10 Note. Vergl. Württembergische Jahrbücher, Jahrgang 1822, S. 358.

Des Teufels Ehe und Reutterey
Ist nur Gespenst und Fantasey.
Das Bockfaren kumbt aus Mißglauben,
Der Teufel thut's mit Gespenst betauben,
Daß sie liegt schlafen in eim Qualm,
Meint doch, sie fahr umb allenthalbm,
Und treib diesen und jenen Handel
Und in ein Katzel sich verwandel:
Dieß Alles ist heidnisch und ein Spott
Bei den, die nicht glauben in Gott.
So du im Glauben Gott erkennst,
So kann dir schaden kein Gespenst [1].

Dagegen war man gleichzeitig in der Schweiz laut eines Abschiedes aller Orte zu Baden am 27. März 1531 entsetzt darüber, ‚wie so viel Unholden und Hexen im ganzen Lande seien, daß es unsäglich‘ [2]. ‚Im Veltlin‘, schrieb der Protestant Joachim von Watt (Vadian) zum Jahre 1531, ‚sind ohne Maaß viel Hexen und Unholden und ihren ob 300 verbrennt seit der Zeit her, als die drei Bünd das haben eingehabt; doch haben sie hören müssen, daß man das Ungeziefer nit hat erschöpfen müssen.‘ [3] Wie grausam in dem von Bern eroberten Waadtlande gegen Zauberei verfahren wurde, zeigt eine Verfügung, welche die Berner Regierung am 25. Juli 1543 ihren Amtleuten zukommen ließ: ‚Wir vernehmen, wie die Edelleute und Twingherren in deiner Verwaltung und anderswo in unserem neugewonnenen Lande mit den armen Leuten, so der Unhulde oder Hexerei verdächtig und verleumdet werden, ganz unweislich grob seien und unrechtförmig handeln. Auf ein jedes schlechtes Läumben, Angeben oder einzigen Proceß unerfahrener Sachen bringen sie die verzeigten, verargwohnten Personen mit großer, unbräuchlicher Marter (als mit dem Feuer und Brand an den Füßen, Strapaden und dergleichen) zur Bekennung und Verjehung unverbrachter Sachen und richten sie ohne weitern Rath vom Leben zum Tode.‘ Solches dürfe inskünftig weder Amtleuten noch Gerichtsleuten gestattet werden; man solle gegen Angeklagte nicht ohne genügenden Grund einschreiten, sich ungewöhnlicher Folterungen enthalten, den ‚Malzeichen‘ fleißig nachforschen und in zweifelhaften Fällen den Rath der Obrigkeit einholen, ‚damit Niemanden zu kurz geschehe und doch das Uebel gestraft werde‘. Diese Vorsichtsmaßregeln der Regierung wurden aber selten beobachtet [4].

‚Will und muß man auch die Unholden und Zauberer nach Gottes strengem Gebote strafen und austilgen, so ist es jedoch nicht‘, heißt es in

---

[1] Hans Sachs, Ausgabe von Keller 5, 287—288.
[2] Archiv für schweizerische Reformationsgesch. 2, 168.
[3] v. Watt 3, 279—280.
[4] Näheres bei Trechsel, Berner Taschenbuch von 1870, S. 149 fll.

einem proteſtantiſchen ‚Kurzen Tractätlein von Zauberei‘[1], ‚von Allen für
weislich angeſehen worden, mit welcher Extravaganz dahin belangend unter
Calvino in der Schweiz gehandelt worden iſt.‘ Unter Calvin hatten nämlich
in Genf Maſſenhinrichtungen ſtattgefunden. Die actenmäßig feſtſtehenden
Einzelheiten darüber ſind grauenerregend. Genf war ſeit dem Jahre 1542
von einer ſchweren Peſt heimgeſucht worden, und dieſe wurde ‚Peſtbereitern‘
zur Laſt gelegt, welche durch ‚Zauberei und Bündniß mit dem Satan‘ das
Unheil heraufbeſchworen haben ſollten. Unzählige wurden in ſchreckliche Haft,
auf die Folter, in die Verbannung, auf das Schafott und auf den Scheiterhaufen gebracht. Die Zahl der während der Jahre 1542—1546 vorgenommenen Verhaftungen wird auf 800—900 berechnet. Namentlich zu Anfang des Jahres 1545 häuften ſich die Einkerkerungen und Proceſſe in
erſchreckendem Maße. Der Kerkermeiſter erklärte am 6. März dem Rathe:
die Gefängniſſe ſeien mit Angeklagten überfüllt, er könne weitere nicht mehr
aufnehmen. Um von den Angeklagten Geſtändniſſe zu erpreſſen, erfand man
neue Qualen: man zwickte ſie mit glühenden Zangen, unterwarf ſie, bisweilen
neunmal, der Marter der Eſtrapade (des ‚Schnellgalgens‘), ließ ſie einmauern,
und wenn ſie nicht ‚die Wahrheit bekennen‘ wollten, verſchmachten. ‚Aber
welche Pein man ihnen auch anthat,‘ klagt einmal das Rathsprotocoll, ‚ſie
wollten die Wahrheit doch nicht bekennen.‘ Mehrere der Unglücklichen endeten
während oder bald nach den Folterungen unter Betheuerungen ihrer Unſchuld;
andere gaben ſich, um den Martern zu entgehen, in der Verzweiflung ſelbſt
den Tod: ‚auf Eingebung des Satans‘, fügt der amtliche Bericht hinzu.
Der Arm des Henkers erlahmte unter der Laſt der Arbeit, die, wie er im
Mai dem Rathe erklärte, die Kraft Eines Mannes überſtieg. Binnen drei
Monaten wurden 34, unter dieſen die eigene Mutter des Henkers, durch
Schwert, Scheiterhaufen, Galgen und Viertheilung vom Leben zum Tode gebracht.
Der eigentlichen Hinrichtung gingen gemeinlich noch grauſame Verſtümmelungen
des Körpers voraus. Calvin aber wurde darüber zu keinem Erbarmen be-
wegt: mit eiſiger Kälte, in geſchäftsmäßigem Tone gab er ſeinem deutſchen
Freunde, dem Prediger Myconius, Nachricht über die Maſſenhinrichtungen.
In eigener Perſon brachte er ſogenannte Zauberer wie Häretiker der Obrigkeit zur Anzeige, ‚damit dieſes Geſchlecht ausgetilgt werde‘[2]. Als Servet auf
dem Scheiterhaufen ſtand, ſprach der Prediger Farel zu dem verſammelten
Volke: ‚Sehet ihr wohl, welche Gewalt dem Satan zu Gebote ſteht, wenn
ſich ihm Einer einmal überlaſſen hat! Dieſer Mann iſt ein gelehrter Mann

---

[1] Wir kommen darauf ſpäter zurück.
[2] Actenmäßige Berichterſtattung über das Geſagte bei F. W. Kampſchulte, Johann
Calvin (Leipzig 1869) Bd. 1, 424—428.

vor Vielen, und vielleicht glaubte er recht zu handeln; nun aber wird er vom Teufel besessen.'[1]

Zu Basel wurden in den Jahren 1530, 1532, 1546 und 1550 überaus verwunderliche Hexenprocesse geführt. Im letztgenannten Jahre wurde eine Frau zum Brande verurtheilt, weil sie ,bekannte', ein ,lebendig Erdweiblein' gehabt zu haben und mit ihrem Manne im Venusberg gewesen zu sein[2].

Eine Hexenverfolgung, bei welcher mehrere Prediger eine Rolle spielten, fand im Jahre 1562 zu Eßlingen statt. Als dort im Sommer des genannten Jahres die Stadt und Umgegend von einem schweren Hagelwetter heimgesucht wurden, erklärten der Oberpfarrer Thomas Naogeorgus und seine Amtsgenossen auf der Kanzel: es seien Hexen vorhanden, welche die Schuld an diesem Unglück trügen. Darüber gerieth die Bürgerschaft in eine solche Aufregung, daß der Rath sich genöthigt sah, drei im Gerüchte der Hexerei stehende Weiber einzuziehen. Zu deren Folterung berief er die Scharfrichter von Stuttgart, Ehingen und Wiesensteig, weil diese berühmt in der Kunst, ,das Teufelsgesinde' zum Geständniß zu bringen. Aus Tübingen wurde ein Arzt herbeigeholt, welcher im Rufe stand, durch ein Tränklein die Erkennung der Hexen zu befördern. Jedoch weder Tränklein noch Folter hatten Erfolg. Die Gemarterten verharrten bei der Betheuerung ihrer Unschuld und wurden nach viermonatlicher Haft in Freiheit gesetzt, zum großen Aerger des Naogeorgus, der auf der Kanzel die Bürgerschaft wider den Rath aufrief, und des Scharfrichters von Wiesensteig, der sich darüber beschwerte: durch einige Rathsherren sei er in seiner Kunst behindert worden, denn es seien noch mehr Hexen in Eßlingen. Nochmals wurden neun eingezogen und gefoltert. Gegen eine derselben bestanden unter Anderm die schweren Verdachtsgründe: nach ihrem ersten Verhör habe man im Spitale bis tief in die Nacht ein Licht hin und her schweben sehen, eine Katze habe ein großes Geschrei erhoben, und in einem benachbarten Stall hätten zwei Kühe den Halfter entzwei gerissen[3]. Gegen die zu große Milde des Rathes bei Entlassung der ersten drei angeklagten Hexen hatte außer den Predigern auch Graf Ulrich von Helfenstein zu Wiesen-

---

[1] Soldan 1, 433.

[2] Näheres bei Fr. Fischer, Die Basler Hexenprocesse in dem 16. und 17. Jahrhundert (Basel 1840), der bemerkt: ,Die tollsten Dinge werden mit dem blindesten Glauben und mit einer Ruhe und Objectivität protocollirt, als ob es die alltäglichsten Criminalvorfälle wären.'

[3] Pfaff, Gesch. von Eßlingen 569—572, und dessen Aufsatz über die Eßlinger Hexenprocesse in Müller's und Falke's Zeitschr. für deutsche Culturgesch. Jahrg. 1856, S. 252—271. 288 fll. Vergl. Diefenbach 90—98. Bereits im Jahre 1551 war in Eßlingen eine Hexe verbrannt worden; ihre Tochter ließ der Rath ,durch die Backen brennen und vermauern'. Archiv für Unterfranken 17, 215—216.

steig Verwahrung eingelegt. Er selbst und sein Bruder Sebastian ließen ‚aus habendem Recht und evangelischer Frömmigkeit' im Jahre 1563 auf ihrem kleinen Gebiete 63 Hexen foltern und verbrennen[1].

In Siebenbürgen, wo man früher weder Hexen-Verfolgungen noch -Hinrichtungen gekannt hatte, ging das gerichtliche Verfahren gegen die Hexen von der protestantischen Geistlichkeit des Sachsenlandes aus. In mehreren sächsischen Synoden wurde dort seit dem Jahre 1577 festgesetzt: ‚Die Zauberei der alten Weiber, und was sonst an Teufelsgespenst ist, soll die Obrigkeit nach dem Gebote Gottes und kaiserlichen Rechten mit dem Feuer strafen oder mit dem strengen Edicte der Obrigkeit wehren.' Zu den Zaubereien rechneten die Synoden auch die gottesdienstlichen Gebräuche der Katholiken: die Weihe des Oels, des Wassers, der Palmreiser und der Feldfrüchte. Aus mehreren Synodalbeschlüssen geht hervor, daß das weltliche Gericht in der Verfolgung der Zauberei sich lässiger zeigte, als den Geistlichen erwünscht war[2].

---

[1] Wahrhaftige und erschreckliche Thatten und Handlungen der 63 Hexen, so zu Wiesensteig mit dem Brand gerichtet worden. 1563.

[2] Müller, Beiträge 18—24. ‚Nicht der Hexenproceß an sich, wohl aber der Hexenproceß in einzelnen Ländern ist also im Gefolge der Reformation gestanden, und zu diesen Ländern gehört auch Siebenbürgen.' Auch in Dänemark begannen zahlreiche Hexenbrände erst seit der Einführung des neuen Evangeliums. Vergl. Pontoppidan 3, 302. 410. 436. 491. 609. 728. 807. Das dort üppige Emporschießen der Hexenprocesse erklärt sich leicht, wenn man in dem ‚Visitationsbuche' des Bischofs Petrus Palladius, der im Auftrage des Königs Christian III. eine Art Oberaufsicht über das ganze dänische Kirchenwesen führte, des Nähern sieht, wie auf Hexen gefahndet wurde. ‚Du darfst es nicht verschweigen,' mahnte Palladius im Jahre 1540 das Volk, ‚wenn du irgend eine Hexe weißt. Die sollen nun ihren verdienten Lohn empfangen. In diesen durch das reine Evangelium erleuchteten Tagen können sie sich nicht mehr halten; sie werden nun vor der Welt zu Schanden, und das ist ihr verdienter Lohn. Erst neulich wurde ein Haufen solcher Hexen in Malmö, Kjöge und anderswo verbrannt, und jetzt hören wir, daß in Malmö wieder ein Haufen eingefangen ist und verbrannt werden soll. In Jütland und den kleinen Ländern macht man Jagd auf sie wie auf Wölfe, so daß neulich auf Alsen und in den umliegenden Gegenden 52 Hexen ergriffen und verbrannt wurden.' Palladius selbst spürte auf seinen Visitationsreisen durch Seeland überall Hexen auf. In seinen Augen aber gehörten auch alle Diejenigen zu den Hexen, welche sich noch katholischer Segnungen und Gebete bedienten; ähnlich wie in Deutschland und Siebenbürgen wurden ‚das Weihwasser, geweihtes Licht, das Chrisma, papistisches Oel und papistische Salbung' unter die Zaubermittel gerechnet. Wer noch mit Segnungen umging, sollte vom Volke nach dem Wunsche des Palladius der Obrigkeit als Hexe angezeigt werden: ‚Nehmt euch in Acht, wenn ihr nicht verbrannt werden wollt. Wer bisher mit solchem Unrath Mißbrauch trieb, dem ertheile ich den guten Rath. Solches aufzugeben. Sonst könnten Leute vom Hof — diesen Kunstgriff schlug er vor, um Hexen durch List in die Hände der Obrigkeit zu bringen — ‚als Bauern verkleidet und mit einer Binde um das Bein zu dir kommen und von dir verlangen, durch deine Segnungen geheilt

Auch nach Böhmen wurde die Hexenverfolgung aus Deutschland verpflanzt. Der erste nachweisbare Hexenproceß erfolgte dort im Jahre 1540; die ältesten strafrechtlichen Bestimmungen über Hexerei und Zauberei finden sich erst in den Koldin'schen Stadtrechten, welche im Jahre 1579 gesetzliche Geltung erhielten. Reich an Berichten über Strafverfolgungen sind namentlich die Stadtbücher von Komotau, wo zahlreiche Hexenverbrennungen stattfanden. In Solnic beschuldigte einmal der Vorsteher der Fleischerzunft die Schaffnerin eines benachbarten Schlosses, daß sie mit Hülfe des Teufels in einem Umkreise von mehreren Stunden den Kühen die Milch stehle und Leute siech mache. Als die Angeschuldigte eines Tages städtischen Grund und Boden betrat, wurde sie von mehreren Männern überfallen; es entstand ein Auflauf des Volkes, Hunderte schrieen: ‚Wir haben endlich des Teufels Geschwisterkind, welches unsere Milchtöpfe leerte und unsere Kinder mit Fraisen peinigte! Verbrennet sie, verbrennet sie!‘ Die Schaffnerin, vor Gericht gezogen, erklärte, sie sei ruhig ihres Weges gegangen, als man sie in die Stadt geschleppt habe; sie sei keine Zauberin, sondern eine rechtgläubige Christin, welche wie jeder Solnicer Bürger das heilige Abendmahl in beiderlei Gestalt empfange. Aber der Fleischermeister führte einen gewichtigen Zeugen gegen sie vor, welcher ehemals auf jenem Schlosse gedient hatte und nun ‚auf seine Seele‘ aussagte: sie sei eine Hexe. ‚Denn ich sah im Schlosse einen schwarzen Kater, der nicht viel kleiner war denn ein einjähriges Kalb. Derselbe erschien zweimal wöchentlich in der Gesindestube, und stets mußte für ihn Etwas zum Essen zurückgelegt werden. Als es einmal Mehlklößchen zum Abendessen gab, wurden drei Stück für denselben aufbewahrt; weil aber die Magd eines von den Klößchen nahm, rumorte dafür der Kater die ganze Nacht hindurch, und auf dem Gesimse auf- und ablaufend, wiederholte er bei sich: „Ein Mehlklößchen, zwei

---

zu werden, bloß um dich auf frischer That zu ertappen und dich dann mit Haut und Haar verbrennen zu lassen, und es geschähe dir damit ganz recht.‘ Namentlich hatte es Palladius auf die noch katholischen Hebammen abgesehen. Diese seien mit dem Teufel im Bunde, einfach Hexen. Wenn ‚eine Hebamme mit Segnungen, Beschwörungen und anderen Hexereien und Zaubereien sich befaßt, so soll sie — sonst ist der Hehler ebenso schlecht als der Stehler — der Obrigkeit angezeigt werden, damit sie 100 Fuder Holz unter den . . . . bekomme und lebendig verbrannt werde, wie sie es verdient hat‘. Aus dem Visitatz Bog etc. in den Hist.-pol. Bl. 81, 435—437; Diefenbach 299. Sollte sich nicht auch in deutschen Gebieten das Emporwuchern der Hexenprocesse seit Einführung der neuen Lehre vielfach erklären lassen aus einem ähnlichen Vorgehen gegen zahlreiche Weiber, insbesondere Hebammen, welche noch an den alten katholischen Segnungen, Gebeten und so weiter festhielten, häufig mit denselben gewiß allerlei Mißbrauch trieben? Wir werden im nächsten Abschnitt noch hören, wie sich nicht allein protestantische Theologen, sondern auch andere Gelehrte über ‚Zaubereien‘ im katholischen Cultus aussprachen.

Mehlklößchen; das dritte hat die Magd gefressen." Aus Rache fuhr er der Magd in jener Nacht so wild in's Haar, daß sie es nach langer Mühe nicht in Ordnung zu bringen vermochte.' Auch habe er gesehen, wie die Schaffnerin im Stalle ihre Schürze melkte und die schönste Milch von dem Zipfel derselben geflossen sei, und wie sie einmal in der Walpurgisnacht auf einem Rechen zum Schornstein hinaus geflogen sei. Dieses Alles sei so wahr, daß er darauf sterben wolle. Während der Verhandlungen schrie der Pöbel vor dem Gerichtshause: ‚Verbrennet sie, auf den Scheiterhaufen mit ihr!' Das Gericht aber entschied auf Unschuld der Angeklagten[1]. Im Jahre 1588 setzte der utraquistische Pfarrer Johann Stelcar Zeletawsky in seinem ‚Geistlichen Buche' auseinander: Hexen und Zauberer seien nicht im Stande, aus eigener Kraft Hagel, Sturm und Gewitter herbeizurufen; daher sei der Glaube an deren Macht ein Widersinn, die Verfolgung der wegen Hexerei Verdächtigen inhuman[2].

---

[1] Näheres über die böhmischen Hexenprocesse bei Svatek 3—40. Zu Trautenau wurde einmal die Leiche eines ‚Zauberers', der bereits 20 Wochen im Grabe gelegen, aber ‚in seiner frühern Gestalt sehr vielen Leuten erschien, viele umarmte und zu Tode drückte', ausgegraben und auf den Richtplatz gebracht. Als der Scharfrichter im Beisein vielen Volkes ‚der Leiche das Haupt abschlug, das Herz aus dem Leibe riß und zertheilte, floß das frische Blut heraus, nicht anders, als würde ein Lebendiger gerichtet. Der Leichnam wurde dem Feuer übergeben.' Wolfius, Lectiones memorab. 2, 848.
[2] Ich kenne das Buch nur aus der Anführung Svatek's S. 8. Irrig nimmt der Verfasser an, daß dem böhmischen Schriftsteller in dem Auftreten gegen die Hexenverfolgung die Priorität vor deutschen Schriftstellern gebühre.

VI. Johann Weyer's Auftreten gegen die Hexenverfolgung — seine Mitstreiter und seine Gegner.

1.

Der Erste, welcher den Muth hatte, offen und mit aller Entschiedenheit gegen die Hexenverfolgung und die Anwendung der Folter zur Erpressung von ‚Geständnissen' aufzutreten, war ein Katholik, Johann Weyer, Leibarzt des Herzogs Wilhelm IV. von Cleve. Im Jahre 1563 gab er ‚Ueber die Blendwerke der Dämonen, Zaubereien und Giftmischereien' ein lateinisch geschriebenes Werk heraus, welches, wie der Benedictiner Anton Hoväus, Abt zu Echternach, voraussagte, ‚seinen Namen mit unsterblichem Ruhm auf die Nachwelt' brachte[1]. Vor der Veröffentlichung hatte Weyer sein Werk dem Kaiser Ferdinand überreicht, um ein Privileg gegen den Nachdruck zu erhalten, und suchte in einer Bittschrift auch um dessen persönliche Hülfe nach. Ferdinand gewährte ihm Beides durch ein huldvolles Schreiben vom 4. November 1562, weil es seine Pflicht, ‚solch ein überaus rühmliches Unternehmen und solch löbliche Zwecke nicht nur gutzuheißen und zu loben, sondern mit seiner vollen kaiserlichen Autorität das Gedeihen derselben zu fördern'[2].

In der Zueignung des Werkes an seinen Fürsten Herzog Wilhelm sagt Weyer: Aus all den mannigfaltigen religiösen Streitigkeiten, durch welche die Christenheit zerrissen werde, erfolge kein so großes Unheil, als aus der allgemein herrschenden Meinung, daß kindisch gewordene alte Weiber, welche man Hexen oder Unholden nenne, auch ohne Beibringung von Gift Menschen und Thieren Schaden zufügen könnten. ‚Die tägliche Erfahrung lehrt es, welch verfluchten Abfall von Gott, welch unzertrennliche Verbindung mit dem Teufel, welchen Haß unter den Nächsten, wie viel Hader und Streitigkeiten in Stadt und Land, wie viele Morde Unschuldiger durch Hülfe des Teufels jene Meinung von

---

[1] De praestigiis daemonum et incantationibus ac veneficiis. Basileae 1563. Ich benutze die zu Basel im Jahre 1583 erschienene sechste Ausgabe, welche in Weyer's Opera omnia (Amstelodami 1660) p. 1—572 wörtlich abgedruckt ist. Der Brief des Hoväus p. 638—640; vergl. Binz, Joh. Weyer 66.

[2] Hauber, Bibl. magica 2, 46. Eschbach 100 Note 105.

der Macht der Hexen erzeugt.' ‚Das in der christlichen Religion schlecht
unterrichtete Volk führt beinahe alle Krankheiten auf die Hexen zurück'. Eine
Zeitlang habe man die Hoffnung gehegt, als werde der Gräuel durch gesunden Unterricht aus dem Worte Gottes völlig getilgt werden; aber im
Gegentheil: unter den heftigen obwaltenden Streitigkeiten verbreite er sich
fortwährend mehr und mehr. ‚Fast alle Theologen schweigen zu solch gott-
losem Wesen, die Aerzte dulden die falschen Meinungen über den Ursprung
der Krankheiten und die Heilung derselben durch abergläubische Mittel, die
Rechtsgelehrten sind in alten Vorurtheilen befangen; ich höre von nicht Einem,
der aus Erbarmen mit der Menschheit es wagt, dieses ganze Labyrinth uns
zu öffnen oder wenigstens die Hand an die Heilung der tödlichen Wunde
zu legen.' Da wolle denn er es wagen, seine geringe Kraft der Behandlung
einer Sache zu widmen, welche den christlichen Glauben schände.

Mit beredten Worten pries Weyer seinen Fürsten, der im Hexenhandel
eine maßvolle und vorsichtige Stellung einnahm, und rief den Kaiser und
alle geistlichen und weltlichen Fürsten auf, sich durch den seit langen Jahren
eingewurzelten Hexenwahn nicht beirren zu lassen. ‚Dann wird das Auge
der Vernunft über die betrügerischen Täuschungen der Dämonen obsiegen:
seltener wird man dann unschuldiges Blut vergießen, die öffentliche Ruhe wird
fester gefügt werden, der Stachel des Gewissens wird seltener quälen, die
Herrschaft des Teufels wird zusammenbrechen, dagegen das Reich Christi sich
immer weiter ausbreiten.'

In der Lehre vom Teufel, dessen Ursprung und dessen Macht steht
Weyer durchaus auf kirchlichem Standpunkte. Er glaubt auch an leibhaftige
Erscheinungen des Teufels und an Bündnisse desselben mit Zauberern und
Schwarzkünstlern, welche die Obrigkeit ‚im Rauch gen Himmel schicken' solle.
Auch bestreitet er keineswegs eine wesentliche Einwirkung des Teufels auf die
sogenannten Hexen. Der Teufel ist es, der den Hexen gewisse Salben gibt
und sie überredet, daß sie, wenn sie dieselben gebrauchen, oben zum Schorn-
stein hinaus durch die Luft fahren können; ebenso bewirkt er durch seine
Künste, daß die Hexen des Glaubens sind, sie seien im Stande, Wetter zu
machen, Hagel und Sturm zu erregen[1]. Aehnlich wie der ‚Hexenhammer', den

---

[1] Wie Weyer bei seiner hierauf bezüglichen Darstellung die Schrift von Ulrich
Molitoris (vergl. oben S. 512) benützte, zeigen folgende Stellen:

Molitoris (Abdruck bei Horst, Zauberbibl. 6, 147—148):

‚Cum diabolus ex motu elementorum
et planetarum cognoscat mutationem
aëris et tempestates fieri debere, quas

Weyer (Lib. 3, cap. 16,
Opp. 210—211):

‚Singulari insuper ratione in aëre con-
citando illuduntur hae aniculae a diabolo, qui simulatque ex elementorum

er sonst bekämpft, gibt Weyer die Gründe an, weßhalb der Teufel sich vorzugsweise mit dem weiblichen Geschlechte zu thun mache und bei diesem weniger
Mühe habe als bei dem männlichen: ersteres sei von Natur aus schlüpfrig,
leichtgläubig, boshaft, seiner selbst nicht mächtig. Er beruft sich dafür auf

tamen ipse diabolus, ut supra diximus,
facilius et citius quam homo praescire
poterit. Vel cum divina providentia aliqua plaga et peccatorum correctio super
terram aliquam iusto dei iudicio cadere
debet, cuius quidem plage et correctionis
ipse executor a divina providentia de-
putatur, ita ut huiusmodi plagam pre-
noscit futuram. Et extunc commovet
mentes huiusmodi maleficarum mulierum
aliquando eisdem persuadendo, aliquando
ob invidiam quam tales scelerate mulieres adversus proximum gerunt in vin-
dictam movendo easdem sollicitat; quasi
ipsas mulieres doceat: huiusmodi tempestates et aëris turbationes provocare.'
,Diabolus instruit easdem, ut quandoque
accipiant lapides silicis et versus occidentem post tergum projiciant, aliquando
ut arenam aque torrentis in aërem
projiciant, aliquando quod in aliquam
ollam pilos porcorum bulliant, aliquando
quod trabes vel ligna in ripas trans-
versaliter collocent: et sic de aliis fatui-
tatibus. Et tamen talibus faciendis com-
muniter diabolus praefigit eis diem et
horam. Verumtamen fatue huiusmodi
mulieres diaboli doctrine credentes talia
et his similia faciunt. Itaque postquam
ipse talia fecerunt, at succedentibus tem-
pestatibus, grandinibus et aliis incom-
moditatibus, quas diabolus in tali tempore
novit profuturas, extunc credunt ille
scelerate fatue mulieres eventus huiusmodi ex facto earum processisse, cum
tamen talia earum facta non possint
unicam guttam aque provocare.'

motu et naturae cursu citius faciliusque
quam homines mutationem aëris et
tempestates fore praevidet: vel alicui
infligendam ex abstrusa Dei voluntate
plagam, cujus ipsum spectat exequutio,
intelligit: tunc harum muliercularum
mentes agitat variisque imbuit ima-
ginibus et suggestione multiplici, quasi
ob invidiam in proximum, vel ob vin-
dictam adversus inimicum sint aërem
turbaturae, tempestates excitaturae et
provocaturae grandines. Itaque eas instruit, ut quandoque silices post tergum occidentem versus projiciant: aliquando, ut arenam aquae torrentis in
aërem conjiciant: plerunque scopam in
aqua intingant, coelumque versus spar-
gant: vel fossula facta et lotio infuso
vel aqua digitum moveant: subinde in
olla porcorum pilos bulliant, nonnunquam trabes vel ligna in ripa trans-
verse collocent et alia id genus de-
liramenta efficiant; atque ut arctius
eas Satan illaqueet, diem et horam sibi
dictis rationibus notas praefigit. Quum
vero successum hae vident, nimirum
quascunque desideratas in aëre turbationes, magis confirmantur: quasi
eventus hic subsequatur ipsarum ope-
rationem, qua ne aquae quidem stillam
elicere possent.'

Ich habe gerade diese Stellen zum Vergleiche ausgewählt, weil ,die teuflischen Blendwerke beim Wettermachen' von fast sämmtlichen späteren Schriftstellern des sechszehnten
und siebenzehnten Jahrhunderts, welche sich mit dem Hexenwesen beschäftigten und nicht
den Hexen selbst die Kraft des Wettermachens beilegten, ähnlich wie hier beschrieben
werden.

das Beispiel der Eva, auf den heiligen Petrus, der das Weib ‚ein schwaches Geschirr' nenne, auf Aussprüche von Kirchenvätern, von griechischen und römischen Schriftstellern, sogar auf jenen Ausspruch Plato's, welcher, ‚unhöflich genug', im Zweifel gewesen, ob er die Weiber den vernünftigen oder den unvernünftigen Geschöpfen beirechnen solle[1].

Aber gerade weil das weibliche Geschlecht den Verführungskünsten des Teufels so leicht unterliege, namentlich die unverständigen, durch Krankheit oder Alter geschwächten, durch Noth und Leiden im Gemüth verkümmerten, halbverkindeten alten Weiber ihm kaum widerstehen könnten, müsse man Mitleid mit ihnen haben, sie nicht so unbarmherzig und grausam verfolgen und verbrennen, sondern sie durch christliche Unterweisung von ihrer Verblendung zu befreien suchen.

Eine Hexe ‚nenne ich ein Weib, welches in Folge eines ihm vorgespiegelten oder eingebildeten Bündnisses mit dem Teufel glaubt, alle möglichen Uebelthaten durch Gedanken oder Verwünschungen, durch den Blick oder andere lächerliche, zur Erreichung eines vorgenommenen Zweckes ganz untaugliche Mittel anrichten zu können, zum Beispiel: die Luft mit ungewöhnlichem Donner, Blitz oder Hagel bewegen, Stürme hervorrufen, die Früchte auf dem Felde verderben oder anderswohin bringen, unnatürliche Krankheiten den Menschen und Thieren zufügen und wieder heilen, in wenigen Stunden weite Räume durchfliegen, mit den bösen Geistern Tänze aufführen, Festmahle halten, sich mit denselben fleischlich vermischen, sich und Andere in Thiere verwandeln und tausenderlei andere seltsame Narrheiten vollbringen zu können'[2].

Nun seien aber alle diese Dinge nur Blendwerk des Teufels, wirkliche Bündnisse und Vermischungen der Hexen mit demselben nicht möglich, ebensowenig wie die Hexenfahrten, die Verwandlungen von Menschen in Thiere und andere Gräuel, deren sich die ‚Hexen' in ihren ‚Bekenntnissen' für schuldig ausgäben: nur vom Teufel getäuscht, glauben und bekennen die Hexen, unmögliche Dinge verrichtet zu haben.

Mit tiefer Entrüstung äußert er sich gegen jene Geistlichen, welche, unwissend, unverschämt und gottlos, aus Geldgier oder falschem Ehrgeiz sich mit der Heilung von Krankheiten abgäben, die Krankheiten nicht aus natürlichen Ursachen, sondern aus Zaubereien oder Behexungen herzuleiten und unschuldige, fromme Frauen als Hexen zu bezeichnen und in den Kerker zu bringen beflissen seien. Gleich heftige Vorwürfe machte er den unwissenden Aerzten und Chirurgen, welche ebenfalls die Krankheiten, deren Heilung ihnen unmöglich, für Hexenwerk ausgäben[3].

_____

[1] Lib. 3, cap. 6. Opp. 178—179.   [2] Lib. 3, cap. 1. Opp. 161—162.
[3] Opp. 149 sq.

Fast alle Uebel würden auf Hexereien zurückgeführt.

Aus dem protestantischen ‚Oberdeutschland‘ gab er dafür folgendes Beispiel an. Als ‚in den letzten Jahren ein Ungewitter weit und breit Reben
und Saaten verwüstete, haben die Obrigkeiten in denjenigen Theilen des
Reiches, wo, wie man glaubt, die Stimme des Evangeliums heller erklingt[1],
darin nicht die Hand des prüfenden oder strafenden Gottes erkannt, sondern
sie haben dasselbe einer Anzahl aberwitziger, unbesinnter Weiber zur Last
gelegt, haben diese in schmutzige Kerker, rechte Herbergen des Teufels, geworfen und dieselben, nachdem sie unter schrecklichen Folterqualen zu dem
Bekenntnisse des von ihnen angerichteten Sturmes[2] und Unheiles genöthigt
worden, feierlich dem Vulcan geopfert.‘ Da hätte es doch den Dienern göttlichen Wortes, welche der Meinung seien, im Lichte der Wahrheit zu wandeln,
und von welchen man annehme, daß sie unermüdlich sich dem Studium einer
‚reinern Theologie‘ gewidmet hätten, wohl gebührt, die Obrigkeiten und den
unverständigen gemeinen Mann eines Bessern zu belehren[3]. Das bloße Geständniß schwachsinniger Weiber, auf der Folter ausgepreßt, reiche doch fürwahr keineswegs aus zu einer Verurtheilung derselben. ‚Als kürzlich die Fischer
von Rotterdam und Schiedam zum Häringsfang auszogen, Erstere mit reichem
Fange heimkamen, die Netze der Letzteren dagegen voller Steine waren, beschuldigten sie dieses ihres Unfalles sofort ein an Bord befindliches Weib.
Dasselbe gestand auch gleich ein, durch die äußerst kleine Fensterlücke des
Schiffes geflogen und in den Schalen einer Miesmuschel in das Meer hinab-
getaucht zu sein, durch ihre Zauberkünste die Häringe verjagt und statt ihrer
Steine in die Netze geworfen zu haben. Auf dieses Bekenntniß hin hat man
das Weib als Hexe verbrannt.‘[4]

In mehreren Abschnitten weist er die Widersinnigkeit von Hexenbekennt-
nissen, Anderen durch Beschwörungen und Zauberformeln geschadet, sich in
Werwölfe verwandelt zu haben, ausführlich nach und gibt aus Westfalen
und dem Rheinlande verschiedene Fälle an, in welchen Unschuldige mit dem
Feuertode bestraft worden seien. Nicht immer aber lasse Gott solche Verbrechen ungestraft. Als einmal in Düren ein Hagel die Gärten zerstört
habe und der Garten einer alten Frau verschont geblieben sei, habe man
diese als Urheberin des Ungewitters in den Kerker geworfen und gefoltert.
Während sie, mit schweren Gewichten an den Füßen belastet, in der Folter

---

[1] ‚ubi clarius sonare vox Evangelii creditur‘.

[2] Opp. 218, § 9 und 10; 218, § 23. Jene ‚tempestas calamitosa‘ traf hauptsächlich ‚Germaniae superioris provincias‘. 219, § 27.

[3] ‚propter peculiare et indefessum Theologiae purioris studium, cui se hi
mancipasse creduntur‘.

[4] Lib. 6, cap. 11, § 10. Opp. 490—491.

hing und ihre Unschuld betheuerte, gingen Richter und Henker in's Wirthshaus, fanden bei ihrer Rückkehr die Unglückliche todt und streuten nun aus,
sie habe sich selbst um's Leben gebracht. Aber bald darauf verfiel der Richter
in eine gräuliche Tobsucht. Als eine Strafe Gottes für thörichte Leichtgläubigkeit
des Volkes führte Weyer an: Von den Neugierigen, welche im Jahre 1574
zu einer Hinrichtung mehrerer Hexen bei Linz am Rhein herbeigeströmt waren,
ertranken auf der Rückfahrt über den Rhein ungefähr 40[1].

Was die Führung der Hexenprocesse anbelange, so werde in dem Gerichtsverfahren das Reichsstrafgesetzbuch Carl's V. keineswegs mehr beobachtet.
Dasselbe schreibe vor, daß Niemand auf Grund einer bloßen Anzeige der
Zauberei oder Wahrsagekunst in das Gefängniß geworfen und auf die Folter
gebracht werden dürfe, daß der Richter, wenn er in einem solchen Falle zur
peinlichen Frage vorschreite, ‚dem Gemarterten Kosten, Schmerzen, Injurien
und Schaden abzulegen schuldig' sei, der falsche Ankläger bestraft werden
solle; es verordne ferner, daß die Folter nur angewendet werden dürfe bei
einem durch Zauberei wirklich angerichteten Schaden. ‚Wie ganz anders geht
man heut zu Tage mit diesen Leuten um! Lediglich auf eine boshafte Anklage
oder einen falschen und unvernünftigen Verdacht des dummen, rohen Pöbels
lassen die Richter die alten armen Weiber, welche vom Teufel verwirrt oder
besessen sind, in die Gefängnisse, jene schrecklichen Räuberhöhlen, werfen und
alsbald auf der Folter in unaussprechlichen Qualen durch den Henker befragen. Ob sie wollen oder nicht, ob sie noch so unschuldig sind, sie kommen
nicht los aus der blutigen Zerfleischung, bis sie ein Bekenntniß abgelegt
haben. Daher kommt es, daß sie vorziehen, lieber in den Flammen ihre
Seele Gott zu übergeben, als die Peinigungen dieser ruchlosen Tyrannen
länger zu ertragen. Sterben sie dann, zermalmt durch die Grausamkeit der
Folter, noch unter den Fäusten des Henkers, oder geben sie, durch die langen
Leiden in dem finstern Kerker an Leib und Seele gebrochen, beim Wieder-
sehen des lichten Tages ihren Geist auf, dann jubelt man laut auf: sie hätten
sich selbst Gewalt angethan (was allerdings in Folge der fürchterlichen Folterqualen und des Kerkerschmutzes leicht wohl geschehen könnte), oder der Teufel
habe ihnen den Hals gebrochen.'

‚Aber wenn einstens', rief er den ‚harten Tyrannen, den blutdürstigen,
entmenschten und erbarmungslosen Richtern' zu, ‚Der erscheinen wird, dem
Nichts verborgen ist, der Herzen und Nieren erforscht, der Kenner und Richter
auch der verborgensten Wahrheit, dann werden eure Werke offenbar werden.
Ich lade euch vor den gerechtesten Richterstuhl des jüngsten Gerichtes! Da
wird geurtheilt werden zwischen euch und mir. Da wird die begrabene und

---

[1] Lib. 6, cap. 12—15. Opp. 492—505.

zertretene Wahrheit auferstehen, sich euch offen entgegenstellen und um Rache
schreien für eure Mordthaten. Dann wird eure Kenntniß der evangelischen
Wahrheit, mit welcher Einige von euch so sehr sich brüsten, offenbar werden,
und ihr werdet erfahren, wie viel euch das wahre Wort Gottes gegolten hat:
mit demselben Maße, mit welchem ihr gemessen habt, wird euch wieder
gemessen werden.'[1]

In einem besondern Abschnitt führt Weher des Nähern aus, daß die
sogenannten Hexen ‚nicht zu den Ketzern gerechnet werden' könnten, weil sie,
wie er schon früher auseinandergesetzt hatte, nur armselige, alte, schwach-
sinnige, vom Teufel verführte Weiber seien, während den Namen eines Ketzers
nur ein Solcher verdiene, welcher trotz aller Ermahnung und Belehrung hals-
starrig bei seinen falschen Meinungen beharre. ‚Nicht irgend ein Irrthum,
sondern die Hartnäckigkeit des Willens macht den Ketzer.'[2] Aber selbst die
Ketzer solle man nicht den Flammen übergeben, sondern, eingedenk des Hei-
landes, der gekommen sei zu retten, nicht zu verderben, durch Milde und
Güte mit der Kirche auszusöhnen suchen. ‚Damit aber Niemand argwöhne,'
fügt er, seinen eigenen katholischen Standpunkt deutlich bezeichnend hinzu, ‚ich
spreche hier in eigener Sache, so erkläre ich offen, daß niemals eine Ketzerei
meinen Beifall gefunden hat, daß ich einem Ketzer niemals gewogen war,
bin oder sein werde, außer in der Hoffnung, ihn genesen zu machen. Keinem,
der aus den Schranken der Kirche sich losgerissen hat, habe ich mich an-
geschlossen; vielmehr, selber auf das standhafteste in der Gemeinschaft der
Kirche verharrend, habe ich Einige in ihren Schoß zurückgeführt.' Aber
manche Lehren würden für ketzerisch ausgegeben, ohne es zu sein. ‚Wenn
ein offenbarer Irrthum vorliegt, bedürfen wir der Theologen nicht; wenn
aber darüber Zweifel obwaltet, so ist nicht jeder beliebige Theologe, sondern
ganz vorzüglich der Römische Stuhl berufen, die Zweifel über Glaubens-
artikel zu entscheiden.'[3]

---

[1] Lib. 6, cap. 4. Opp. 471—473; vergl. Binz 54—55. Eschbach 180—181.
[2] Lib. 6, cap. 8. Opp. 480 sq.
[3] ‚Mihi nulla placuit unquam haeresis, nec ulli unquam favi, faveo, fauturusve
sum haeretico, nisi spe medicandi, ne quis me suspicetur haec mea causa dicere.
Nullum abstractum ab ecclesiae caulis adjunxi mihi (Binz 78 übersetzt: ‚Nichts der
Kirche Fremdes hat bei mir Eingang gefunden'), sed ipse constantissime persistens
in ecclesiae consortio, nonnullos ad illius societatem revocavi. Tantum loquor de
quorundam saevitia, quos oportebat esse mitissimos etc.' ‚Si certus est error,
nihil hic opus est theologis, cum tantum sit cognitio facti: si dubius est, non est
cujusvis theologi, sed Romanae sedis potissimum, de articulis fidei dubiis judicare.'
Lib. 6, cap. 18. Opp. 515, § 7, und 517, § 11. Daß Binz letztere, für den Standpunkt
Weher's noch im Jahre 1588, als die von ihm besorgte letzte Auflage seines Werkes
erschien, entscheidende Stelle nicht erwähnt hat, ist bereits von Eschbach 187 Note 164

Nachdem er im Epilog seines Werkes mit einer Furchtlosigkeit, welche
in jener Zeit der allgemeinen Hexenfurcht ohne Gleichen, seine tiefste Geringschätzung aller Zauber- und Hexenkünste, deren keine ihm schaden könne — nur
die wirklichen Giftmischer fürchte er, und diese habe er nicht vertheidigt —,
ausgesprochen, Jedermann kräftig ermahnend, durch ‚wahren Glauben und
gottseligen Wandel‘ allen Fallstricken des Teufels zu widerstehen, schließt er
mit den Worten: ‚Nichts aber will ich hier behauptet haben, was ich nicht
ganz und gar dem unparteiischen Urtheile der katholischen Kirche Christi

---

hervorgehoben worden. Nirgends tritt Weyer für ‚das reine Evangelium‘ in die Schranken.
Wenn er die alberne Fabel, welche seinem Berichte nach im Jahre 1565 sogar von
einem Bischof auf öffentlicher Kanzel vorgetragen wurde: Luther sei von dem Teufel
erzeugt worden, entschieden zurückwies, so folgt daraus nicht eine protestantenfreundliche
Gesinnung (zumal er ja überhaupt nicht daran glaubte, daß Geister im Stande seien,
Kinder zu zeugen). Jeder verständige Katholik wird ihm beistimmen, wenn er sagt:
nicht mit solchen Fabeln, sondern mit den Waffen der Wahrheit müsse die Lehre Luther's
bekämpft und zerstört werden (‚Lutheri profecto doctrinam aliis veritatis machinis
impugnare et convellere oporteret, non ejusmodi figmentis, alioqui vulgus intelliget.‘
Lib. 3, cap. 23. Opp. 240—241). Daß Weyer kein Protestant war, ergibt sich leicht
schon aus einem Vergleich seiner Schriften mit jenen der wirklichen Protestanten Göbelmann, Witekind und so weiter, welche, wie wir später anführen werden, in der Bekämpfung der Hexenverfolgung sich ihm anschlossen, dabei aber gegen katholische Lehren
und kirchliche Anordnungen heftige Ausfälle machten. Bei unserer Besprechung Delrio's
kommen wir hierauf in einer Note zurück. Daß Weyer's Hauptwerk, wie wir noch
hören werden, auf den römischen Index gesetzt wurde, zeigt allerdings, daß seine
Ansichten über das Hexenwesen der Indexbehörde verwerflich erschienen; aber es liegt
darin kein Beweis dafür, daß Weyer ein Protestant gewesen und als solcher gegolten
habe. Hätte man ihn für einen Häretiker angesehen, so würde man ihn in die erste
Classe des Index aufgenommen haben, nicht in die zweite Classe, wo er steht. In
der deutschen Uebersetzung von Fuglinus (Frankfurt 1586) S. 442 lautet obige erste
Stelle: ‚Von der Kirchen habe ich mir Nichts zugethan, sondern bin allweg bei der
Kirchen Gesellschaft beständig verblieben und Etliche zu solcher Gemeinschaft erfordert
und berufen.‘ ** Die kirchliche Stellung Weyer's wird wohl am besten dadurch bezeichnet, wenn man ihn zur sogenannten Mittelpartei rechnet, die am Clever Hofe gern
gesehen war (vergl. unsere Angaben Bd. 7, 481 ff.). So dürfte sich auch der unten
S. 584 Note mitgetheilte Wunsch des C. Loos: ‚Wollte Gott, er wäre ein katholischer
Christ!‘ dahin erklären, daß die strengen und entschiedenen Katholiken Weyer nicht als
zu den Ihrigen gehörend betrachteten. Vergl. auch bei M. Lossen, Briefe von Andreas
Masius und seinen Freunden (Leipzig 1886), S. 841, den Brief des Masius an Joh.
Weyer vom 15. März 1562. Weyer hatte dem Freunde das Manuscript De daemonum
praestigiis unterbreitet. Masius, ein sehr gemäßigter Mann, tadelt nun ‚eam acer-
bitatem . . . qua passim . . . inconsultae novitatis studio eos Ecclesiae ritus, per-
sequeris, quos . . . patres fidei nostrae certissimi testes in nostras manus tra-
diderunt. . . Persuasissimum mihi habeo, ex principis nostri neque animo neque
re etiam fore, ut tam cruda in ecclesiasticum ordinem . . . abs te, suo familiari,
publice spargantur‘.

unterwürfe, zum freiwilligen Widerrufe bereit, sobald ich irgend eines Irr-
thums überwiesen werde. Sollte aber irgend Jemand gegen mein Buch auftreten, bevor ein Irrthum durch klare Beweise nachgewiesen ist, so erachte ich
das für eine schwere Beleidigung und lege gegen ihn mit vollem Rechte offen
und frei meine Verwahrung ein.'[1]

Weyer's Werk erregte ein gewaltiges Aufsehen. Binnen zwanzig Jahren
wurde es noch fünfmal, jedesmal durchgesehen und vermehrt, gedruckt; bereits
im Jahre 1565 erschien in Basel durch Johann Fuglin auf Veranlassung des
dortigen Superintendenten Simon Sulzer eine deutsche Uebersetzung, welche im
folgenden Jahre in Frankfurt am Main eine neue Auflage erlebte und im
Jahre 1586 ‚auf's Neue übersehen, gemehrt und gebessert‘, nochmals herauskam;
im Jahre 1567 besorgte Weyer selbst eine Uebertragung in's Deutsche, welche
er den Bürgermeistern und dem Rathe von Bremen widmete; auch zwei
französische Uebersetzungen traten an's Licht[2]. Gleich in den ersten Jahren
nach dem Erscheinen des Werkes erhielt Weyer sechs Zustimmungsschreiben:
je eines von einem Abte, einem Prediger und einem Juristen, drei von
Aerzten[3].

---

[1] Lib. 6. Opp. 569—572; vergl. Binz 61—63. Eschbach 142—143.

[2] Ueber die verschiedenen Ausgaben und Uebersetzungen vergl. Gräße, Bibl. magica 55. Binz 25—26. 65—66. 165—166 und Binz, Augustin Lerchheimer XXVIII
Note 1. Irrthümlich gibt Binz hier an, daß Fuglin's Uebersetzung im Theatrum de
veneficis stehe; dasselbe enthält nur S. 398—396 ein Stück aus Weyer's ‚Vorrede
über das 6. Buch De praestigiis daemonum‘. Um das Jahr 1577 gab Weyer eine
neue Schrift über die Hexen (De lamiis) heraus, in welcher er die Hauptpunkte seines
großen Werkes kurz und übersichtlich zusammenfaßte. Im Eingange derselben äußerte
er seine Freude darüber, daß seit dem Erscheinen seines Werkes an den meisten Orten
die sogenannten Hexen nicht nur milder behandelt, sondern auch nicht mehr mit dem
Tode bestraft würden, und daß er von den tüchtigsten Gelehrten jeden Standes und
Bekenntnisses bezüglich seiner Erörterungen des Hexenwesens Zustimmungsschreiben erhalten habe. Dagegen wies er in der Widmung der Schrift an den Grafen Arnold
von Bentheim-Tecklenburg-Steinfurt darauf hin, daß er sich zur Herausgabe derselben
veranlaßt gesehen habe, weil er befinde, daß trotz seines größern Werkes gegen die
Niemand schädlichen ‚Hexen‘ ohne Erkenntniß der Wahrheit grausam vorgeschritten
würde. Opera omnia 671. 673. 729—730. Vergl. Binz 125—127. Eschbach 151—152.
Eine deutsche Uebersetzung der Schrift erschien im Jahre 1586 zu Frankfurt am Main,
angefertigt von Heinrich Peter Rebenstock, Pfarrer zu Eschersheim. Der Uebersetzer
verfolgte wie der Verfasser das löbliche Ziel: ‚Magistratus politicus möge sich wohl
vorsehen, mit solchen Leuten weislich und fürsichtiglich zu verfahren und im Urtheilen
sich nicht zu übereilen‘ (Bl. 3ᵇ).

[3] Binz, Joh. Weyer 66—67. Eschbach 144—147.

Unter Letzteren befand sich ein näherer Landsmann des Verfassers, Johann
Ewich aus dem Clevischen, zuerst Abt in Duisburg, später Stadtphysicus
und Professor am Lyceum zu Bremen. In einem Briefe an Weyer vom
1. Juni 1563 bekannte er sich vollständig einverstanden mit dessen Ansichten,
aber erst im Jahre 1584 ließ er sich öffentlich unter Berufung auf Weyer
über den Hexenhandel vernehmen in einer lateinisch, im folgenden Jahre
deutsch erschienenen Schrift ‚Von der Hexen, die man gemeinlich Zauberinnen
nennt, Natur, Kunst, Macht und Thaten‘ [1]. Die Schrift enthält einen Vor-
spruch von Werner Ewich:

> Von der Hexen Natur und Macht,
> Und was Straf mit Recht auferlagt
> Inen möcht werden, ist alles schlecht
> In diesem Tractätlein zu sehen recht
> Und vielleicht besser dann in vielen
> Großen Büchern und langen Zielen.
> Drumb wer begert der Hexen Kunst
> Umb ein Gering, ja schier umbsunst
> Zu wissen, lese diß Büchlein,
> So wird er finden alles fein.
> Ursach der Mißthat glernet han
> Ist gut, doch besser ist's gethan,
> Daß man sie meide und fliehe weit
> Und jage nach der Gerechtigkeit.

Johann Ewich trat nicht gegen die Bestrafung der Hexen überhaupt auf.
‚Man soll bisweilen‘, sagte er, ‚eine ernste Strafe wider die Hexen lassen
gehen, wie auch wider lästerliche Ketzer.‘ Aber nicht willkürlich und unter-
schiedslos solle man die Strafe verhängen, sondern ‚nach Gelegenheit der
Unthat, des Alters, der langen Zeit und nach anderen Umständen‘. ‚Die
Kinder, die noch unverständig, item die Ueberalten, die wiederum zu Kindern
worden, in welchen beiden der Satan etwan auch seine Tücke treibet, kann
man, gleich wie in anderen Sünden, mit Recht nicht strafen, sondern soll sie,
so viel möglich, eines Bessern richten und lehren.‘ Auch gegen Diejenigen,
welche Hoffnung zur Buße gäben, dürfe man nicht mit der äußersten Strafe
vorgehen. Die Folter dürfe man erst dann anwenden, wenn die Hauptschuld
bekannt sei. ‚Denn es wissen die Rechtserfahrenen, daß in Criminalsachen
die Beweise klarer, denn die Sonne am Mittag ist, gehören zu sein‘, und
diese könne man ‚wahrlich durch Torment und Marter‘ von den Beschuldigten
nicht erlangen. Die Gefängnisse seien doch nur zur Verwahrung, nicht zur

---

[1] Vergl. Binz, Joh. Weyer 84—87. Ich benutze die im Theatr. de veneficis
325—355 abgedruckte deutsche Uebersetzung.

Strafe da, würden aber ‚etwan also zugerüstet, daß sie mit Recht wohl Teufels Herbergen mögen genannt werden, und Etliche lieber sterben wollen, denn dieselbigen länger bewohnen‘. Im Widerspruch mit dem calvinistischen Theologen Lambert Danäus sprach sich Ewich dafür aus, daß man den Angeschuldigten Appellationen gestatte an Obergerichte von den unteren Gerichten, ‚damit diese von jenen Etwas lernen, oder jene corrigiren und bessern, was diese vielleicht nicht bedacht oder übersehen haben‘. Wenn man bei dem Hexenhandel nicht mit aller Vorsicht vorgehe, werde man ‚Verwirrung der Oberkeit, Murrung und Empörung unter dem gemeinen Volk‘ verursachen. ‚Die Exempel sind vor der Thür und schreien fast überall mit lauter Stimme. Vor etlichen Jahren ist in der Herrschaft Venedig die Strafe der Hexen so fern gebracht, daß schier alle Weiber aus dem Lande mit Feuer wären vertilgt worden, wenn die hohe Oberkeit nicht darein gesehen und die Sache gemildert hätte. Nicht lange vor dieser Zeit hat man im Braunschweigischen Lande die Sache von schlichten Personen angefangen und zu den adelichen, ja schier zu den höchsten nicht ohne große Schande gebracht.‘ ‚Denn es hat der Moloch eine besondere Lust an solchen Brandopfern, die er zum Theil selbst zurichtet, zum Theil werden sie ihm von Anderen zugerichtet durch Unerfahrenheit und Leichtfertigkeit der Leute, unrechtmäßige Processe, Vielheit der Gottlosen, deren die Welt voll ist.‘ Es sei gewiß, daß durch Schuld der Richter ‚zu oftmalen nicht Wenigen die Straf ohne Schuld widerfährt. Ach was ein unsägliches Unrecht, das nicht allein den elenden hingerichteten Personen hochbeschwerlich und schändlich, sondern auch dem ganzen Geschlecht und ganzer Freundschaft eine ewige Verleumbung macht! Sollte es denn nicht löblicher sein, daß man etliche nicht genugsam Ueberzeugte hingehen ließe, denn die Unschuldigen um das Leben brächte? Es möchte sich Einer schämen der lahmen Zotten und närrischen Bekenntnisse, die oft von Etlichen gehöret werden, die darum nicht desto weniger mit harter Strafe hingerichtet sein.‘ [1] Mit vollem Rechte brachte Ewich die Zunahme der ‚teufelsüchtigen Hexerei‘ wie vieler anderen großen Sünden in innigen Zusammenhang mit dem schlechten Leben und Beispiel jener geistlichen und weltlichen Obrigkeiten, welche durch ‚Füllerei und Trunkenheit, Gülhaftigkeit und Hoffart, mit vielem unnützen verschlingenden Gesind schier ganze Städte und Länder auffressen, die Aergernisse nicht abschaffen, die Unterthanen in der Noth nicht vertreten, sondern verlassen oder selbst beschweren, die Nothdürftigen, deren Armuth nach aller Verständigen Meinung oftmals Ursache der Hexerei ist, nicht achten, die Zwiespalt in Religionssachen nicht beilegen, sondern vermehren und derhalben beschwerliche Krieg erregen, Land und Leute in unwiederbringlichen Schaden und Nachtheil

---

[1] S. 325. 339. 346. 349—350.

führen, daß Alles zu scheitern geht und dem Satan alle Thore und Pforten‘
geöffnet werden [1].

Ungleich wichtiger als Ewich’s Schrift ist ein unter dem Namen ‚Augustin
Lerchheimer von Steinfelden‘ [2] zuerst im Jahre 1585 zu Heidelberg, in dritter
vermehrter Auflage im Jahre 1597 zu Speyer erschienenes ‚Christlich Bedenken
und Erinnerung von Zauberei, woher, was und wie vielfältig sie sei, wem sie
schaden könne oder nicht, wie diesem Laster zu wehren und die, so damit behaftet,
zu bekehren oder auch zu strafen sein.‘ [3] Der Verfasser, welcher seinen Namen, man
weiß nicht aus welchen Gründen, unter einem andern verdeckte, war der cal-
vinistisch gesinnte Hermann Wilcken, genannt Witekind, Professor der Mathematik
zu Heidelberg.   So wenig wie Weyer und Ewich läugnete er überhaupt den
allgemein herrschenden Hexen- und Zauberglauben, ging vielmehr, wenn auch hie
und da seine Sätze sich widersprechen, in seinen Aufstellungen über den Teufel
und dessen Zauberkünste noch viel weiter als Weyer. Er glaubte nicht allein
an leibhaftige Teufelserscheinungen, an Teufel in Crystallen, Ringen, Bisam-
knöpfen, an förmliche Bündnisse mit dem Teufel, sondern auch daran, daß
‚der Satan in einem angenommenen Mannsleibe mit den Hexen sich vermischen‘ könne; Kinder aber könne er mit denselben nicht erzeugen. ‚Es ist‘,
sagt er ferner, ‚ohne Zweifel und unläugbar, daß die Geister, ob sie gleich
selbst keinen Leib haben, doch die Leiber und leibliche Dinge von einem Ort
zum andern führen‘; jedoch geschehe es nur ‚selten‘, daß der Teufel ‚die Hexen
weg an andere Orte‘ führe, ‚ob sie gleich da gesehen werden und meinen,
daß sie da sind, denn es ist nur ein Gespenst oder Traum‘. Was eine Hexe
zu thun vermeine, thue Alles der Teufel. ‚Leicht ist dem Teufel etwa etliche
Züber Wassers in die Luft erheben, ein Wölklein daraus machen, daß es
regne.‘ Ueber die Wetterkünste des Teufels und wie er dabei die Hexen be-
rücke und ihnen die Meinung beibringe, sie selbst hätten die Wetter hervorgebracht, sprach Witekind sich gerade so wie Ulrich Molitor und Weyer aus [4].
Ueber das Milchstehlen der Hexen sagt er: ‚Deinen Kühen kann die Zauberin,
wie keine Andere, die Milch nicht nehmen, sie müßte dabei sein mit ihrem

---

[1] S. 347—348.   [2] Vergl. unsere Angaben Bd. 6, 502 fll.
[3] Ich benutze den nach der Auflage von 1597 besorgten Neudruck von C. Binz,
Augustin Lerchheimer (Professor H. Witekind zu Heidelberg) und seine Schrift wider
den Hexenwahn rc. (Straßburg 1888). Die Bezeichnung ‚Wider den Hexenwahn‘
ist unglücklich gewählt. Unsere Mittheilungen werden darthun, wie sehr Witekind noch
im Hexenwahn befangen war; nur gegen die grausame Art der Hexenverfolgung
trat er mit aller Entschiedenheit und Wärme in die Schranken. Binz hat Ersteres
weder in der Einleitung zu seiner Ausgabe des ‚Bedenkens‘ noch in der Besprechung
der Schrift in seinem Johann Weyer S. 91 fll. gebührend hervorgehoben.
[4] Ausgabe von Binz 6—

Kübel und sie melken. Kommt deine Milch anders weg, so wisse, daß der
Teufel die Kühe schwächt, daß sie versiegen, oder stilet die Milch, trägt sie
den armen Hexen zu oder wohin er sonst will. Die melken sie dann aus
ihrer Kunkel oder aus einem Pfosten, wie es scheint ihnen und anderen
Gottlosen, die dabei sind.'¹ Mit der bloßen Hand oder mit bösen Worten
könne eine Hexe nicht das Vieh tödten oder krank machen. ‚Wann sie aber
der Teufel‘, fügt er hinzu, ‚leiblich etwa hinführet in Katzen-, Hunds-, Bären-,
Wolfsgestalt, welches doch selten geschieht den Weibern, öfter den Männern,
da sie Etwas stehlen, rauben, Menschen oder Vieh zerreißen oder sonst beschädigen: das ist eine handthätige Wirkung wie andere und derhalben zu
strafen: darin ihnen aber der böse Geist hilft, daß sie stärker sind denn sonst,
so er es selbs nicht gar thut.'²

In all diesen Anschauungen ist Witekind, wie man sieht, keineswegs
über die größte Mehrzahl seiner Zeitgenossen erhaben. Bei Beantwortung
der Frage: Woher es komme, daß der Teufel ‚mehr Weiber dann Männer
verführe und an sich bringe‘? steht er vollständig auf dem Boden des ‚Hexenhammers‘. ‚Die Ursache ist,‘ schreibt er, ‚daß die Weiber leichtfertiger sind zu
glauben, sich eher bereden lassen und fürwitziger sind dann die Männer.
Zudem sind die Weiber über die Maßen rachgierig; darum, wenn sie sich
mit eigener Macht nicht rächen können, so hängen sie sich an den Teufel,
der lehret sie und hilft ihnen, daß sie es mit Zauberei, wie sie meinen, oder
auch mit Gift thun, doch mehr die armen Weiber dann die reichen, und
mehr die alten dann die jungen. Auch lehret der Teufel seine Kunst die
Weiber desto mehr, daß sie schwätzig sind, können Nichts verhelen, was
sie wissen, lehren es Andere, damit seine Schule zunimmt, sein Anhang
größer wird.'³

Was die Bestrafung der Hexen anbelangt, stimmte Witekind nicht mit
Weyer überein, sondern er vertrat den strengern Standpunkt: die Hexen seien,
auch wenn sie einen wirklichen Schaden nicht angerichtet hätten, keineswegs
‚unschuldig und unsträflich‘, vielmehr wegen ihres Abfalles von Gott und

---

¹ S. 51; vergl. was wir oben S. 515 aus Geiler von Kaisersberg darüber
angeführt haben.

² S. 98.

³ S. 13; vergl. S. 44. Um die Verdienste, welche der Jesuit Paul Laymann
im Hexenhandel sich erworben (wir werden darüber später sprechen), abzuschwächen,
sagt Binz, Joh. Weyer 114: derselbe ‚erörtere alles Ernstes die Frage, warum mehr
Weiber als Männer mit dem Teufel sich verbünden: „Weil die Weiber wegen mangelhafter Urtheilskraft und Erfahrung ihm rascher glauben und leichter sich täuschen
lassen...‟ und ähnliche Thorheiten...‘ Binz hat dabei übersehen, daß die von ihm
mit Recht gepriesenen Weyer (vergl. oben S. 554) und Witekind ‚alles Ernstes‘ dieselben ‚Thorheiten‘ erörtern.

Christus und ihrer Verbindung mit dem Teufel ,also sündig und lasterhaft, daß sie mit allen Strafen und Peinen, die alle Obrigkeit auf Erden den Mißthätern anthut, nicht genugsam möchten gestraft werden'[1].

,Nun aber', fährt er fort, ,sind leider nicht allein Zauberer und Zauberinnen solche Abgesonderte von Gott und Angehörige und Hofgesinde des Teufels, sondern die ganze Welt ist ihrer voll, auch das mehrer Theil unter uns, die wir Christen und evangelisch sein wollen.' Für das Brennen der Hexen, die sich dem Teufel ergeben hätten, berufe man sich auf das Gesetz Mosis; bei Anderen, die desselben Lasters schuldig, kümmere man sich nicht um die mosaischen Vorschriften. ,Das heillose Gesinde, die Landsknechte, sagen Gott zur Schmach und zur Verachtung unverhohlen und öffentlich, ja rühmen: wenn ihnen der Teufel Sold gebe, wollten sie ihm dienen. Ist es nicht gemein bei den Krämern und Kaufleuten, daß sie um eines Batzens oder Kreuzers willen oft in einer Stund Gott verläugnen und sich dem Teufel zueignen? „So wahr als Gott ist," sprechen sie, „es gestehet mich soviel." Nun gestehet sie es nicht soviel, darum ist ihnen und bei ihnen kein Gott. Item „kostet es mich weniger, so bin ich des Teufels". Nun kostet sie es weniger, so ergeben sie sich ja damit dem Teufel. Das treiben sie so gemein und ohne Scheu, daß ein Sprüchwort ist: An der Krämer Schweren soll sich Niemand kehren'. Wer vor der Obrigkeit einen falschen Eid gethan und damit Gott zum Lügner gemacht und ihn verläugnet habe, werde nicht am Leben bestraft, obgleich Moses vorschreibe: Der Gotteslästerer soll des Todes sterben. ,Berühmte Zauberer und Schwarzkünstler' würden ,nicht allein nicht gestraft, sondern auch gehandhabt, begabt und geehret'; sie seien ,bei den Herren zu Hof und zu Tisch', obgleich sie ,doch härter sollten gestraft werden denn die Weiber, darum, daß sie Männer sind'.

Wenn man, um ,die Schärfe und Strenge wider die armen unsinnigen Weiber zu vertheidigen', sich nach Moses richten wolle, warum bekümmere man sich denn nicht um die anderen Gesetze desselben, zum Beispiel bezüglich der Ehebrecher und Ehebrecherinnen, bezüglich der Sabbathsschänder? und so weiter. ,Moses heißt einen Dieb das Gestohlene wiedergeben doppelt oder auch vierfalt, damit hatte er gebüßet. Unsere Oberkeit hängt ihn an den Galgen und nimmt das gestohlene Gut zu sich. Stiehlt also der Dieb für sie, dem sie den Strick am Hals zu Lohn gibt, und muß der Bestohlene seines Gutes mangeln, dabei ihn die Oberkeit handhaben sollte.' ,Item Gott hat seinem Volk durch Moses das schöne nützliche Jubeljahr zu halten verordnet, nämlich, daß liegende und unbewegliche Güter dermaßen und mit dem Geding müssen verkauft werden, daß sie im Jubeljahr, welches je das fünf-

---

[1] S. 93.

zigste war, wieder an den Verkäufer oder an seine Erben fielen. Das ist bei uns ein fremd, unbekannt Ding.'

,Weil aber dann je das Gesetz Mosis von Strafe der Zauberei unsere Oberkeit also bewegt und eifrig macht, die Hexen zu verbrennen, sollte sie sich auch dessen erinnern, daß ihr gebührt, zu verschaffen in ihrem Gebiet und bei ihren Unterthanen, was Moses daneben geordnet hat und gehalten ist in der jüdischen Polizei, der Zauberei fürzukommen und sie zu verhüten. Siehet sie und thut das Eine, so sehe sie auch und thue das Andere, das daneben geschehen ist und geschehen soll. Das jüdische Land war allenthalben jeder Zeit voll Gottesdienstes, Lehr und Opfers, Zucht und Zwangs. Alles Volk mußte jährlich dreimal zu Jerusalem erscheinen, das Gesetz Gottes da hören und lernen, andere Ordnung, zum ehrbaren Leben und guten Sitten dienlich, da von den Hohenpriestern und Aeltesten empfangen. Es waren im ganzen Land in allen Winkeln Synagogen oder Pfarren, darin ein Jeder in die seine alle Sabbathtage sich mußte stellen, Gottes Wort zu hören, zu beten, Almosen zu geben: mußten die neuen Monatstage und viele andere Ceremonien halten. Und waren die Pfarren alle wohl mit Leviten bestellt, deren viele tausend waren in so kleinem Lande.' ,Da das Volk so ward angehalten und gezwungen zum Gottesdienst, und so viel Uebung hatte, war es nicht unbillig, daß die, so von Gott sich zum Teufel kehrten, hart gestraft wurden.'

,Was aber geschieht in diesem Fall bei uns?'

In ernster Mahnung an die Regierenden und Hochmögenden setzte Witekind auseinander, daß Nichts geschehe zur Abwendung der Zauberei und man sich nicht wundern könne über die Zunahme der Hexen. Es fehle allenthalben an christlicher Lehre und Zucht. ,Viele Dörfer findet man, da gar kein Pfarrherr ist; etwa haben drei oder vier Dörfer einen Pfarrherrn mit einander. Wie er die alle versehen könne, ist zu erachten, wenn er gleich geschickt und fleißig ist, deren doch wenige sind.' Der Gottesdienst werde wenig besucht, der Sonntag ungestraft entheiligt: die Männer fahren an den Sonntagen ,Korn oder Wein zur Stadt oder sitzen in den Wirthshäusern, saufen und spielen; die Weiber waschen, reiben, fleien das Haus, pletzen den Kittel'. Die Pfarrherren ,merken nicht darauf, was für Laster sich im Volke erzeigen, daß sie ihre Predigten dahin richten, sie zu strafen. Daher kommt's, daß der mehre Theil der Pfarrkinder von Gott, von seinem Willen, Furcht, Gehorsam, Anrufung gar Nichts weiß. Wie noch neulich in einem Landstädtlein, da ich war, eines Bürgers Weib, bei sechzig Jahre alt, da sie sterben sollte und von einer verständigen, gottesfürchtigen Nachbarin vermahnt ward, sie solle alle weltlichen Gedanken aus dem Sinn schlagen, sich mit Gott bekümmern und beten, sprach: sie könne nicht beten. Also fuhr sie dahin wie eine Heidin. Darum ist es kein Wunder, daß der Teufel bei solchen Leuten

einwurzelt, sie Aberglauben und Zauberei lehret. So greift dann die Obrigkeit zu, wirft sie in die Thürn und darnach in’s Feuer, als wann sie damit
ihrem Amte genug gethan hätte. Ist gleich als wenn ein Schulmeister seine
Schüler, wenn sie Uebels gethan, streiche und vorher nicht gelehret hätte, was
Uebelthat sei.‘

Regenten und Richter würden allerdings sagen: ‚Was du fürgibst von
Kirchenlehr, Zucht und Zwang, so im Judenthum gehalten, damit der
Zauberei gewehrt worden, das ist schwer und uns in unseren Gebieten und
Regierung nicht wohl möglich zu thun. Antwort: es ist schwerer, dann den
Henker heißen, ein Theil Weiber ausführen und braten.‘

Noch Anderes komme in Betracht. ‚Die da wollen gesehen sein Hüter
und Handhaber beider Tafeln der zehn Gebote, wissen oft so wenig, was in
der ersten steht als in der andern. Hören etwa von ihrem Stadtschreiber,
daß in der Bibel geschrieben stehe: wer Gottes Namen lästert wie die Hexen,
der soll des Todes sterben: das gehöre in die erste Tafel. Als wenn damit
die erste Tafel fürnehmlich gehandhabt und beschirmet werde, daß man unwissende, abergläubige, aberwitzige Menschen töbte, und nicht vielmehr damit,
daß man die lehre, bekehre und ihnen helfe. Was mehr ist: man findet
unter ihnen, die nicht glauben, daß ein Gott im Himmel, daß ein Leben nach
diesem Leben sei: wie ich von einem Pfarrherrn gehört, daß sein Schultheiß
öffentlich bekannte und rühmte, er glaube nicht anders, dann daß ein Mensch
sterbe wie ein Vieh, und habe ihm derhalben noch nie Etwas gemangelt.
Wie sollte ein Solcher in Urtheil und Strafe auf Gottes Ehre sehen? Er
verdammt und verbrennt die Hexen um seines Pferdes, um seiner Kuh willen,
die ihm gestorben, und daß ihm der Hagel das Korn hat zerschlagen, welches
sie gemacht, wie er meint. Solche, die Gott und sein Wort zum Lügner
machen, unserer Religion höchsten und letzten Artikel, darauf sie getauft,
darum wir fürnehmlich Christen sind, darum wir Alles thun und leiden,
nämlich um ein ewiges Leben, öffentlich läugnen, läßt man nicht allein ungestraft, sondern ziehet sie auch und setzt sie Anderen für: die verführten tollen
Weiber müssen derhalben sterben, ja auch mit den Müttern die ungeborenen
Kinder, welches grausam ist zu hören, ich geschweige zu sehen.‘ [1]

Durch diese Erörterungen hatte Witekind den festen Boden gewonnen,
zu Gunsten der ‚armseligen Weiber‘ kräftig und mannhaft aufzutreten, warm
und beredt die über dieselben verhängten Folterqualen und Todesurtheile zu
brandmarken und die Befürworter und Vertheidiger solcher Qualen und Urtheile gebührend an den Pranger zu stellen[2].

---

[1] S. 93 fll.

[2] Auf Letzteres kommen wir noch später bei Bodin, Remigius und Binsfeld zurück.

Das ‚Bekenntniß‘ von fünf Zauberinnen, welche ‚neulich zu N. verbrannt worden‘, gab ihm die nächste Veranlassung zur Abfassung seiner Schrift. ‚Es erbarmte mich ihrer,‘ sagt er, ‚da ich es hörte von denen, die dabei gewesen und das jämmerliche Spectakel angesehen hatten.‘ Für diese Unglücklichen komme freilich seine Schrift zu spät, sei ‚Rath nach der That‘. ‚Diese Weiber sind todt, dergleichen viel tausend getödtet sind und noch täglich getödtet werden. Jedoch soll man aus Wiederholung und Betrachtung vergangener Dinge die künftigen richten und schicken, auf daß, was in diesen gefehlt, dasselbig in jenen gebessert werde.‘ [1] Er untersucht die einzelnen Punkte der auf der Folter ausgepreßten ‚Bekenntnisse‘ und zeigt, was Alles darin Aberwitz und Trug. Zwei dieser Hexen, heißt es unter Anderm, ‚gingen mit einander in's Bad, sahen einen Hexentanz beim Wege auf dem Acker. Wie kam es, daß andere Leute, die vorübergingen oder in der Nähe auf dem Felde waren, den nicht auch sahen? Ist eine Fantasei und Einbildung gewesen, als wenn ein Kranker daliegt in Aberwitz, meint, es stehe ein langer schwarzer Mann fürm Bett, heißt, man soll ihn wegtreiben, so doch Andere Nichts da sehen und Nichts da ist. Einsmals ging ich gegen Abend zu H. über die Brücke hinaus spazieren. Da stund viel Pöbels, schauten den Berg an mit großem Geschrei. Ich fragete, was da wäre? Luget, sprach Einer, wie die Hexen da tanzen. Als ich hinauf lugete, sah ich nichts Anderes, dann daß der Wind in die Bäume wehete und sie regte. Das war ihnen ein Hexentanz. Ein solch Ding ist's um den Wahn und Einbildung.‘ [2]

---

[1] S. 139.

[2] Der Verfasser war Calvinist, aber kein blinder Verächter katholischer Lehrer. Wo er über die ‚vermeinten Hexentänze und Buhlschaften‘ spricht, ermahnt er, man solle darin ‚fürnehmlich wahrnehmen, daß der böse Geist damit anzeige und zu verstehen gebe, daß er hochhalte das Tanzen, Unzucht, Hurerei, Ehebruch, die aus Tanzen verursacht werden und erfolgen, ein besonderes Gefallen daran habe, und ihm ein angenehmer Dienst damit geschehe, sintemal er seinen Freunden keine andere Lust und Freud macht dann diese. Daher ist kommen, meines Erachtens, daß die Prediger im Papstthum pflegen das Volk vom Tanzen abzuschrecken mit diesen Worten: so oft Zwei mit einander tanzen, Mann und Weib, so tanze der Teufel der Dritte zwischen ihnen.‘ S. 150. In der ‚zum dritten- und letztenmal gemehrten‘ Frankfurter Ausgabe vom Jahre 1627 beruft sich der Verfasser S. 137—140 für den Satz: ‚der Tanz an ihm selbs, nach seiner Art, als es jetzt ein Gestalt darinnen hat, ist böse‘, auf ein katholisches, ‚vor hundert Jahren in Heidelberg gedrucktes teutsches Büchlein‘ und auf Geiler von Kaisersberg, und äußert sich bei dieser Gelegenheit auch über seinen religiösen Standpunkt: ‚Also sehen die Ehrwürdigen hieraus, so sie es zuvor nicht gewußt, daß unsere Tänze sträflich und lästerlich bei züchtigen, ehrbaren, rechtschaffenen Christen gewesen sind, ehe Calvinus, ja auch Luther geboren ist. Wer uns böser Sitte und Gewohnheit erinnert, davon abmahnt, er heiße oder sei wie oder wer er wolle, dem soll man folgen,

‚Wenn etliche gute Leute, die den armen elenden Weibern so hart und gram sind, wüßten oder bedächten, wie es eine Gelegenheit mit ihrer den mehren Theil hat, in wie großer Unwissenheit, Mangel aller Nothdurft, Bekümmerniß sie leben, so würden sie ihnen etwas gnädiger sein. Es wissen es als unversucht und fühlen es die Reichen und die wohl zu leben haben, nicht, wie den Armen zu Muthe ist, wie es um sie steht. Wie jene Herzogin zu N., da sie hörte, daß viele ihrer Unterthanen Hungers stürben, sprach sie: Das sind tolle Leute, wollte ich doch eher Wecke und böhmischen Käse essen, dann Hungers sterben. Die satte Sau weiß nicht, wie der hungerigen ist.‘

‚So Jemand meint‘, die Hexen halten auf ihren Tanzplätzen ‚Gastereien, essen und trinken dort, dem ist zuvor geantwortet, daß sie nicht dahin kommen. Und wenn sie gleich dahin kämen, zu vollem Tisch säßen, so wäre das doch eine Fantasei und Gespenst, führen eben so hungerig wieder davon, als sie kommen wären. Hätten die Richter die Tanzplätze der Hexen auch nächstfolgenden Tages nach gehaltenen Tänzen besehen, würden sie keine Fußstapfen da gesehen noch einig Grasspierlein da zertreten gemerkt haben. Es ist ein Wunder, daß Leute sind, die das glauben; ich geschweige, daß auch fürnehme Leute, Richter und Regenten es für wahr halten, darauf Urtheil und Strafe gehen lassen.‘ ‚Was ihre Bekenntniß von Menschen und Vieh, von ihnen krank und zu Tode gezaubert, anlangt, hätte man sollen forschen und erwägen, ob es mit Gift, Hauen, Stechen, Werfen, Schlagen geschehen sei; ohne das ist von ihnen Nichts geschehen, sondern vom Teufel oder sonst natürlicher Weise. Denn Worte und mit der Hand über ein Vieh streichen, so sie nicht vergiftet ist, schadet ihm nicht, stirbt nicht davon. Und wenn sie gleich Kräuter, Salben und Pulver brauchen, vermeinen damit zu schaden, so soll man sich bei den Arzet und anderen Naturkundigen befragen, ob die Dinge solche Kraft haben oder nicht, und ihm wohl die Weile nehmen, nicht eilen, Menschen zu tödten.‘ ‚Ein Pulver habe ich neulich in meiner Behausung und Hand gehabt (war meines Bedünkens Ruß aus einem Schornstein), welches der Teufel einem Zauberer in einer Eierschale hatte gegeben, damit er etlichen Schaden soll gethan haben, unter Anderm seinen Junker damit krank gemacht, dem er es auf die Brücke gelegt, darüber er ging. Hätte das

---

das Uebel abzuthun und zu unterlassen, es sei so gemein und in so langwierigem Brauch, als es immer wolle. Was ist doch dieß für ein Unbescheidenheit und verkehrtes Urtheil vieler Leut zu dieser Zeit: die Lehre, die Ermahnung ist calvinisch, darum ist sie unrecht und zu verwerfen. Ob ich's in Allem mit Calvino oder auch mit Luthero halte, ist ohne Noth hie zu melden. Das aber sage ich: was ich in ihren Büchern und in Anderer, unangesehen wer sie seien und wie sie heißen, lese, das mich wahr und gut bedünkt sein, das nehme ich zur Lehr und Besserung an, nach dem Spruch der weisen Gelehrten: Siehe nur auf das, was geredet wird, nicht auf den, der es redet.‘

Pulver solche Kraft gehabt, so wären Andere auch krank davon worden, die über dieselbige Brücke gingen, und die es danach bei ihnen gehabt haben, wie ich und die Meinen.'

‚Und wenngleich ein solch Weib ein Pferd, Rind, Schaf, Hund tödtet, ist es dann nicht genug, daß sie es bezahlt und sonst um den Muthwillen und Frevel gestraft wird, aber nicht am Leben? Ein Mensch um ein Vieh ist eine ungleiche Vergeltung.'[1]

Vor Allem wies Witekind darauf hin, daß den Anzeigen der Hexen über ihre Genossinnen beim Teufelstanz kein Gewicht beizulegen sei. ‚In dem, daß die Hexen eine die andere melden und anzeigen, wird nicht betrachtet noch bedacht, was das Recht und die Billigkeit erfordern an einem Ankläger und Zeugen: nämlich, daß man von ihm nichts Anderes wisse, denn daß er wahrhaftig sei. Nun aber ist ja der Teufel, durch dessen Eingeben und in dessen Namen die Zauberinnen auf Andere bekennen und sie angeben, ein öffentlicher, ungezweifelter und in aller Welt zu allen Zeiten verschrieener Lügner, ja ein Vater der Lüge, wie ihn der Sohn Gottes selber schilt. Zum Andern soll ein Zeuge dem nicht feind sein, wider den er zeuget. Nun ist aber der Teufel, der solcher Weiber Gemüther und Rede regiert, nicht allein diesem oder jenem Menschen feind, sondern Allen zugleich also heftig, daß, so er uns in einem Löffel, wie man pflegt zu sagen, könnte ertränken, er holte keine Schüssel dazu, und in Einem Augenblick verderben, er thäte es. Zum Dritten soll ein Zeuge ehrlich sein, einen guten Namen und Leumund haben. Diese Weiber aber sind verleumdet und für ehrlos gehalten. Zum Vierten soll ein Zeuge seine Vernunft haben, nicht kindisch, närrisch und aberwitzig sein. Diese Weiber sind in ihrem Sinne verrückt und verwirrt, daß sie nicht wissen, was sie reden, sowohl von ihnen selbst als von Anderen, wie Solches ein jeder Verständiger, der nur darauf merket, aus ihren Reden und Gebärden klärlich spürt, und aus dem, daß sie oft ungezwungen, freiwillig wider sich selbst bekennen und rühmen, was Schadens sie thun können und gethan durch ihre Kunst. Ja, spricht man, „sie sind etwan so voll bösen Geistes, Gott und seinem Wort so grimmig feind, daß sie dem Kirchendiener, indem er sie unterrichtet, in's Gesicht speien; sollte man Solche nicht verbrennen?" Ei, so verbrenne man auch andere vom Teufel Besessene, die desgleichen thun. Welchen doch der Herr Christus und seine Jünger damals geholfen und mit denen jetzt bei uns alle frommen Christen Mitleiden haben, Gott für sie bitten um Erlösung und Heilung.'

‚Weil dem dann also, wie kann man's vor Gott und bei frommen Rechtserfahrenen verantworten, daß man nichtsdestoweniger solcher Weiber

---

[1] S. 132—187.

Worte, Angaben und Zeugniß wider Andere annimmt und gelten läßt, und
dasselbig nicht in Sachen, die Gut und Ehre, sondern Leib und Leben
betreffen?'

Obgleich fast Alles in den ‚Bekenntnissen‘ auf Aberwitz und Unsinn
hinauslaufe, habe doch Niemand ‚mit solchen Leuten Mitleiden; schreit Jedermann wider sie: Weg mit den Gottes- und Menschenfeinden, zum Feuer zu!
Ob aber die Oberkeit Recht thue, daß sie solchem tollen Geschrei folget und
danach urtheilt, das lasse ich sie aus obangezeigten Erinnerungen und aus ihrem
eigenen Bedenken erachten und schließen und vor Gottes Gericht zu seiner
Zeit verantworten. Ich habe eines Fürsten Gemahl gekannt, eine gütige
Matrone, die bei ihrem Herrn (der ohnedas gnädig und glimpflich war und
letzlich in seinem ganzen Lande solch Brennen hat abgeschafft) pflag anzuhalten
aus Mitleiden und zu bitten für solche Weiber, daß ihrer verschont würde.
Da das der gemeine Pöbel an ihr vermerkte, mußte sie auch eine Zauberin
sein. Ein solch Bestia und unvernünftig Thier ist das gemeine Volk. Der-
halb: welch Oberkeit sich an sein Urtheil und Plaudern kehret, die kann kein
gut Regiment führen.‘ [1]

Von dem Gerichte, welches jene fünf Zauberinnen verbrannte, ‚ist gemeinlich gesagt worden: da die Hexen in der Folterung nicht haben wollen ver-
jahen ihre Uebelthat, so viel der Stockmeister und Peiniger wollten, da sei
ein berühmter Zauberer mit großer Belohnung über viel Meilen Wegs berufen
worden. Der hab ihnen ein Kraut in den Schoß gelegt, da haben sie Alles
willig und fertig bekannt, auch mehr, als man sie gefragt hab. Wo dem
also, ist Solches eine grobe, gräuliche Sünde vor Gott, daß man Zauberei
durch Zauberei gestrafet, den Teufel zu des Gerichts Vollziehung gebraucht
und seinen Diener und Leibeigenen mit Geld verehret hat. Und ist vor der
Welt ein unbilliger, verkehrter Handel, daß man die Weiber, die kleinen
schwachen Zauberinnen, in's Feuer stellt, und den Mann, den großen starken
Zauberer, nicht allein ungestraft hat gelassen, sondern auch stattlich begabet:
in welchem ein so viel herrischer und mächtiger Teufel gewesen als in ihnen,
daß ihm ihre Teufel haben müssen gehorsamen oder ihm auch willig und
gern gewichen sind. Denn sie spielen und spiegelfechten mit einander zu der
Menschen Verderbniß. Der Bube hätte zuerst sollen brennen, so die Hexen
billig verbrannt sind, und so ihnen Recht geschehen, so ist ihm groß Unrecht
geschehen und das Gesetz Mosis, darauf man sich in diesen Gerichten so hoch
berufet, sammt dem kaiserlichen weit übersehen.‘ [2]

Wenn Jemand, sagt Witekind am Schluß, mein Mitleiden mit den
Hexen für eine ‚alberne Einfalt‘ hält, ‚dem lasse ich seine vielfältige Weisheit

---

[1] S. 187—188.   [2] S. 189.

gefallen. Er sehe aber zu, daß er hie nicht zu weise sei, wie ich zu albern bin. Lieber will ich und besser ist es, zu barmherzig dann zu rauh sein, voraus in so verwirrter, irrsamer und unverständlicher Sache. Wer kann, der treffe das Mittel, welches in diesen wie in allen anderen Dingen schwer ist. Doch bestätigen und vergewissern mich in dieser meiner Meinung viel hochverständige, gelehrte und ungelehrte Männer, die ob dieser Strenge und Teufelsbrandopfern ein Unwillen, Mißfallen und Abscheu haben (auch etliche wohlbesonnen glimpfliche Amtleute bei solcher Folterung und Gericht nicht sein wollen), begehren und wünschen, daß eine Milderung und Maß darin gehalten werde, und daß man solche Weiber eher zum Arzet und Kirchendiener dann zum Richter oder Schultheiß führe, damit ihnen von ihrem Aberwitz, Unsinnigkeit und Unglauben geholfen werde.' [1]

Wie Weyer und Witekind („Augustin Lerchheimer'), aus deren Werken er wiederholt Stellen mittheilt, trat der Lutheraner Johann Georg Göbelmann, Doctor der Rechte und Professor an der Universität Rostock, für eine milde Behandlung der Hexen ein. Im Jahre 1584 hielt er in Rostock öffentliche Vorlesungen über das Zauber- und Hexenwesen und gab dieselben in einer lateinischen Schrift heraus, welche in mehreren Auflagen erschien [2] und ‚mit Vorwissen des Autoris' im Jahre 1592 durch den hessischen Superintendenten Georg Nigrinus unter dem Titel ‚Von Zauberern, Hexen und Unholden wahrhaftiger und wohlgegründeter Bericht' in's Deutsche übersetzt wurde [3]. Um einen heil-

---

[1] S. 139—140.

[2] Tractatus de magis, veneficis et lamiis recte cognoscendis et puniendis. Vergl. Binz, Joh. Weyer 87—90. Ich benutze die Nürnberger Ausgabe von 1676.

[3] Frankfort am Mayn 1592. Die Uebersetzung ist dem Frankfurter Rathe gewidmet. ‚Etliche', sagt Nigrinus in der Widmung, ‚sind so gar hässig auf die Zauberischen, daß sie sie gern alle gar vertilgen wölten: welches ihnen so möglich, so möglich es ihnen ist, alle Werk des Teufels oder sein Reich gar zu verstören.' ‚Denn wenn ihm gleich viel tausend Zauberischer abgebrandt werden, so hat er doch balb andere erweckt und aufgebracht, und er thut hie, wie er kann und mag, daß er Unschuldige mit einmischet, wie im Buch (Göbelmann's) zu sehen und erwiesen wird von den Unholden. Etliche aber werden zu gar kaltsinnig und hinterstellig in diesen Malefizhändeln, daß sie auch kaum die überweisten Zauberei fürstellen, verurtheilen und ihnen ihr Recht thun lassen wöllen. Aber wie ihm jene zu viel, so thun ihm diese zu wenig; denn eine jegliche Obrigkeit an ihrem Ort schuldig ist, allen Sünden und Lastern zu steuern und sie zu strafen nach ihrem Vermögen: warum dann nicht auch die Zauberei, wo sie offenbar und beweist worden?' Wollte vielleicht Nigrinus mit diesen Worten den Frankfurter Rath, der keine Hexen verbrennen ließ, an seine ‚Pflicht' erinnern? Die Uebersetzung erschien bei Nicolaus Basse, bei demselben Buchhändler, welcher, wie wir später anführen werden, bereits im Jahre 1586 in der Vorrede zum Theatrum

samen Schrecken vor ‚der Gräulichkeit der Teufel und den Strafen der Gottlosen‘
einzuflößen, berichtet Gödelmann im Eingange seines Werkes als geschichtliche
Thatsachen verschiedene wunderbare leibhaftige Teufelserscheinungen: wie der
Teufel einmal zu Spandau einen Landsknecht vor Gericht vertheidigt und
dessen Ankläger ‚mit Jedermanns Schrecken und großem Getümmel‘ zum Fenster
hinaus über den Markt weggeführt habe; wie ein andermal in Schlesien viele
Teufel in das Schloß eines Edelmannes eingedrungen seien, dort mehrere
Tage geschlemmt, in der Gestalt von Bären, Wölfen, Katzen und Menschen
aus den Fenstern gesehen hätten, und dergleichen mehr[1]. Gödelmann glaubte
auch an wirkliche Zauberkünste, an übernatürliche Krankheiten, an einen wirklichen Bund der Zauberer mit dem Teufel[2], nicht aber an einen Bund der
Hexen mit demselben: letztere würden bloß durch allerlei Einwirkungen vom
Teufel verführt[3].

Die Hexen gestehen, sagte er, entweder Mögliches, nämlich, daß sie
Menschen und Vieh durch ihre magische Kunst und Zauberei getödtet haben,
und wenn sich dieses so erfindet, so sind sie nach dem hundertneunten Artikel
der Carolina zu verbrennen. Oder sie gestehen Unmögliches, zum Beispiel,
daß sie durch einen engen Schornstein in die Luft geflogen seien, in Thiere
sich verwandelt, mit dem Teufel sich vermischt haben, und dann sind sie nicht
zu strafen, sondern vielmehr mit Gottes Wort besser zu unterrichten. Oder
endlich gestehen sie einen Vertrag mit dem Teufel, und in diesem Falle sind
sie mit einer außerordentlichen Strafe, zum Beispiel Staupenschlag, Verbannung
oder, wenn sie reuig sind, mit Geldstrafe zu belegen. Diese Strafe soll ihrem
Leichtsinn gelten, weil sie den teuflischen Einflüsterungen nicht standhaft genug
widerstanden, ja sogar denselben zustimmten. Wie Gödelmann über die ‚Künste‘
der Hexen und deren Bestrafung dachte, geht am deutlichsten hervor aus
einem Gutachten, welches er auf Ansuchen eines ‚fürnehmen und gelahrten
Herrn in Westphalen‘ einer dortigen nicht genannten Stadt am 8. März
1587 ausstellte und in deutscher Sprache seinem Werke einfügte. Er führt
darin die Bestimmungen der Halsgerichtsordnung Carl's V. und andere
Rechtsaussprüche an, aus welchen, sagt er, ‚zu ersehen, wie widerrechtlich,
freventlich und tyrannisch diejenigen Richter handeln, welche oftermals unschuldige Frauen oder andere Personen, nur von wegen einer boshaftigen Vettel
oder leichtfertigen Gesellen falschem Wahn und Verleumbdung, nach altem Miß-
gebrauch in so schändliche, grausame Thürm, welche billig nicht Menschen-

---

de veneficis sich heftig über die in Bestrafung der Hexen fahrlässigen Obrigkeiten
beschwerte.
    [1] Tractatus lib. 1, 4—10.   [2] Vergl. namentlich lib. 1, 18 sq.
    [3] Lib. 2, 8 sq.

gefängnisse, sondern des Teufels Marterbänke möchten genennet werden, hinabwerfen. Da liegen die elenden blöden Weiber im Finstern, da der Engel der Finsterniß lieber und mächtiger ist, dann anderswo; machet sie ihm da mit Schrecken mehr unterthänig und zu eigen, dann sie zuvor waren, oder daß sie sich im Kerker (welches die Obrigkeit bei dem allerhöchsten Richter zu verantworten hat) selbst entleiben. Ja, beredet und bedräuet in so einsamer Finsterniß auch oft die, so keine Hexen seind, keine Gemeinschaft je mit ihm gehabt, daß sie seine Genossen werden. Nach dem Teufel kommt der Henker mit seinem gräulichen Folterzeug dazu. Welches Weib, wann sie das für Augen sieht, sollte nicht darob erschrecken dermaßen, daß sie nicht allein das bekannte, was sie wüßte oder meinte, daß sie begangen hätte, sondern auch, das ihr nie in den Sinn kommen wäre zu thun? Auf solche gezwungene, falsche, nichtige Urgicht werden sie dann verurtheilt und hingerichtet und wollen lieber sterben, dann in solchem Gefängniß vom Teufel und Henker so gräulich gepeinigt zu werden.' ‚Es ist ein ungewiß, gefährlich und zweifelhaft Ding um die peinliche Frag. Sintemal Etliche von Natur so hart und listig, daß sie alle Pein verachten und die Wahrheit auf keinerlei Weise, da sie gleich in Stücke sollten zerrissen werden, bekennen wollen; hingegen aber Viele von Natur so weich, zart, blöde, sonderlich das weiblich Geschlecht, welches die Schrift ein schwach Werkzeug nennet, daß sie wegen der großen Herzensangst und Marter fälschlich auf sich selbst und andere unschuldige Leute bekennen und lügen, daran sie etwan die Tage ihres Lebens niemals gedacht, viel weniger vollbracht haben.' ‚Was das Reiten und Fahren der Hexen auf Böcken, Besen, Gabeln, Stecken nach dem Blocksberg oder Heuberg zum Wohlleben und zum Tanz, desgleichen auch von den leiblichen Vermischungen, so die bösen Geister mit solchen Weibern vollbringen sollen, anbelangt, achte ich nach meiner Einfalt dafür, daß es ein lauter Teufelsgespenst, Trügerei und Phantasei sei.' ‚Desgleichen Phantasei ist auch, daß Etliche glauben, die Hexen und Zauberer könnten in Katzen, Hunde und Wölfe verwandelt werden.' ‚Endlich wird auch den Hexen zugeschrieben, daß sie böse unzeitige Wetter machen können, so doch Wettermachen Gottes und keines Menschen Werk ist, er sei so witzig und mächtig als er wolle, ich geschweige, daß ein altes, kraftlos, tolles Weib Solches sollte vermögen. Derentwegen kann kein Richter Jemand auf solche Punkte peinigen, viel weniger tödten, weil derselbigen mit keinem Worte in der Peinlichen Halsgerichtsordnung gedacht wird. Und ist zu erbarmen, daß hin und wieder in Deutschland jährlich so viel hundert aberwitzige Weiber, die oftmals zu Haus weder zu beißen noch zu brechen haben und in so großer Sorg und Schwermuth sitzen, auch durch des Teufels geschwinde Rhetorica eingenommen werden, auf solche närrische und phantastische Bekenntnisse verbrannt werden, denn

je mehr man ihrer umbringet, je mehr ihrer werden.' ‚Solche Leute mit ver-
rückten Sinnen' solle ‚man billiger zum Arzt dann zum Feuer führen'[1].

Schon vor Göbelmann schärften andere Juristen den Obrigkeiten und
den Richtern Vorsicht beim Hexenhandel ein. So enthalten zum Beispiel
mehrere den Jahren 1564, 1565, 1567 angehörige ‚Consilia und Bedencken
etlicher zu unseren Zeiten rechtsgelehrten Juristen von Hexen und Unholden,
und wie es mit denselbigen in Wiederholung der Tortur zu halten', manche
ruhige und maßvolle Aussprüche zu Gunsten eingezogener Hexen und deren
Behandlung[2]. Doctor Caspar Agricola, Professor des canonischen Rechtes
zu Heidelberg, ‚bekennt', schrieb Hermann Witekind, ‚er wisse noch nicht, was
der Weiber, die man Hexen nennt und verbrennt, Thun und Verwirkung
sei, darum könne er keine Sentenz davon geben oder Urtheil in solchen Gerichten fällen. Denn daß man sagt, ihre Uebelthat sei kund aus ihrer selbst
Bekenntniß, darauf antwortet er: die sei irrig, komme aus Aberwitz, habe
kein Statt, sei nicht darauf zu geben darum, daß sie unmöglich Ding ver-
jähen.'[3] Die Juristenfacultät zu Heidelberg gab das Gutachten ab: ‚Die
alten Weiber zu dieser Zeit, von denen man sagt, daß sie in der Luft fahren,
Nachts Tänze halten, die soll man, wo sie sonst Nichts begangen, billiger
zu den Seelsorgern führen dann zur Marter und zum Tode.'[4]

‚Ihr handelt wider kaiserliche Halsgerichtsordnung,' rief der westfälische Jurist Johann Scultetus im Jahre 1598 in einer Schrift über
Zauberei und Zauberer den Richtern zu, ‚es sollte die Folter nur mit
Stricken verrichtet werden ohne andere Rüstung, nun brauchet ihr viel
eiserne und stählerne Schrauben, damit ihr Finger, Arme und Schienbeine quetschet; ihr leget eiserne Reifen oder Bande um die Häupter, ihr
ziehet und brechet des Leibes Glieder aus einander; ihr schneidet die Fersen,
ihr sperrt die Mäuler auf und gießet heiß Wasser und Oel hinein; ihr
brennet mit Pech, mit Lichtern, mit glühenden Eisen, und was euch die grausamen Henker weiter rathen und zu folgen vorschreiben. Das ist wider
alle weltlichen Rechte und kaiserliche Ordnung. Ihr stehet in des Kaisers
Strafe.'[5]

---

[1] Lib. 3, 5—39.
[2] Mitgetheilt im Theatrum de veneficis 366—392.
[3] Binz, A. Lerchheimer 112. [4] Binz 116—117.
[5] Gründlicher Bericht von Zauberey und Zauberern ꝛc. durch J. Scultetum
Westphalo-Camensem (Lich 1598) S. 260—264. Die Grausamkeit der Haft schildert
der Verfasser S. 249—252. ** Nach einer Notiz Janssen's wäre es erwünscht, zu
untersuchen, wie sich dieses Werk zu Prätorius' Schrift verhält, mit der es oft wörtlich übereinstimmt.

Eine viel größere Berücksichtigung, als er bisher gefunden, verdient der ‚Gründliche Bericht von Zauberei und Zauberern‘, welchen der Westfale Anton Prätorius, ein Lutheraner, im Jahre 1602 herausgab. Diese Schrift gehört auf dem Gebiete des Hexenwesens zu den wenigen, welche dem siebenzehnten Jahrhundert zur Ehre gereichen. Allerdings, sagt Prätorius, ‚können rechte Zauberhexen Menschen und Vieh beschädigen, mit Gift Jammer anstellen, gegenwärtig aber hält man Alles, was den Menschen Widerwärtiges begegnet, für Bezauberung‘. ‚Es ist leider dahin gekommen: sobald Einem die Augen verdunkeln, der Bauch grimmet, die Finger schweren, das Herz zerschmilzt, die Seele ausfährt, oder das Vieh verdorret, verseyhet, verlähmt, verfällt und stirbt, da ruft Jedermann: das geht nicht recht zu; bald verdenkt Einer Diesen, der Andere Jenen, hie redet man heimlich, da ruft man laut: der und der hat's gethan. Also wird Leid mit Leid gesalzen und Jammer über Jammer angerichtet.‘ Durch den wahnsinnigen Glauben an Hexen und an alle die ‚Künste‘, welche sie mit Hülfe des Teufels zum allgemeinen Verderben angeblich ausführen können, ‚vergreift man sich lästerlich an der Majestät Gottes, setzt den Teufel an Gottes Statt.‘ ‚Darauf bald und leichtlich die allergrößte, schändlichste und gräulichste Sünde erfolgen mag, daß sie auch den Glauben an ihn unverhohlen bekennen, alle Zuflucht zu ihm haben und für Gott anbeten möchten.‘ ‚Pfui der schändlichen Kinder Gottes, die des Teufels Reich stützen und aufbauen helfen! Ach, lieber Paulus, was würdest du dazu sagen, wenn du Solches hören solltest, und zwar von denen, die sich deiner Schriften rühmen?‘[1]

Tief ergreifend und grauenhaft ist die Schilderung, welche Prätorius aus eigener Anschauung von den Gefängnissen der Hexen wie der Gefangenen überhaupt und von deren Folterqualen entwirft[2].

‚Wer kann‘, fragt er, ‚allen Unrath solcher Gefängnisse beschreiben? Ich habe mich allwege entsetzt, wenn ich's gesehen und gefunden; die Haare stehen mir zu Berge, wenn ich's erzähle; mein Herz will mir im Leibe zerspringen, wenn ich daran denke, daß ein Mensch den andern, da wir doch alle ungerecht, um einiger Sünde willen so gräulich plagt, so viel ängstet, dem Teufel zum Raube setzt und in solchen Jammer bringet.‘ ‚O ihr Richter, meinet ihr nicht, daß ihr schuldig seid an dem schrecklichen Tod eurer Gefangenen? Ich sage: Ja.‘ Nach kaiserlichen Rechten sollten ‚die Gefängnisse also gemacht sein, daß sie eine Hut und Verwahrung, nicht eine Plage der Armen. Wer den Menschen erhalten kann und erhält ihn nicht, der ist ein Todtschläger.‘ ‚Die da keine oder aber kleine Last hatten, rettet ihr nicht allein nicht, sondern legt ihnen noch größere Last auf den Hals und beschweret sie so lange und weit, daß

---

[1] Prätorius 51 fll.   [2] Vergl. oben S. 485 fl.

sie darunter zermalmt werden. Meint ihr, Gott werde euch Solches schenken, es sei ein Geringes? Ich sage: Nein. „Verflucht ist, wer einen Blinden irre macht auf dem Weg." Wie viel mehr ist der verflucht, der einen noch halb Sehenden vollends blindet und dann auf den Irrweg führt! „Wehe dem Menschen, durch welchen Aergerniß kommt!" Wie viel mehr Wehe dem Menschen, der nicht nur ärgert, sondern auch stracks auf den Weg der Verzweiflung und in des Todes Kammer führt! Isaias sagt: „Gott wartet auf Recht, siehe, so ist es Schinderei; auf Gerechtigkeit, siehe, so ist es Klage." Gedenket, ihr Richter, daß geschrieben steht: „Gott merket und höret und schreibt es auf einen Denkzettel."'

Zu allem Schrecken der Gefängnisse kommt dann die grausame Folterung. ‚Ich habe noch weiter mit euch Richtern zu reden. Haltet mir es zu gut, ich meine es gut. Ihr macht es viel zu grob, unrecht, abergläubisch, schändlich und tyrannisch mit der peinlichen Verhörung. Ich sehe nicht gern, daß die Folter gebraucht wird, weil fromme Könige und Richter im ersten Volk Gottes sie nicht gebraucht haben, weil sie durch heidnische Tyrannen aufgekommen, weil sie vieler und großer Lügen Mutter ist, weil sie oft die Menschen am Leibe beschädigt, endlich weil auch viel Leute ohne gebührlich Urtheil und Recht, ja ehe sie schuldig erfunden werden, dadurch in Gefängnissen umkommen: heute gefoltert, morgen todt. Ihr meinet doch, ihr thut wohl daran, wenn ihr so Böses thut, und ziehet weltliche Rechte und kaiserliche Ordnung an und gemeinen Gebrauch, euch damit zu schützen.' Nun sollten aber doch Menschensatzungen den Ordnungen Gottes weichen, welche lehren, daß man erfragen, erforschen, beeiden solle, nicht aber foltern. ‚Und was trotzet ihr Herren auf kaiserliche Ordnungen? Sie sind euch ja zuwider. Ich lobe sie, ihr aber haltet sie nicht. Mit dem Munde rühmt ihr sie, mit der That schändet ihr die Rechte. Carolus Magnus, der erste deutsche Kaiser, gebeut, man solle zauberische Leute einsperren, und solle sie der Bischof fleißig verhören und versuchen, bis sie ihre Sünde bekennen und Besserung verheißen. Auch soll das Gefängniß also beschaffen und dahin gerichtet sein, daß sie nicht dadurch umkommen, sondern fromm und heil dadurch werden. Höret, ihr Richter, was kaiserliche Ordnung ist. Wie stimmet euer Proceß damit? So viel Worte hierin sind, so viel übertretet ihr. Er sagt: einsperren, so fesselt und schließet ihr. Er sagt: vom Bischof oder Kirchendiener, so nehmt ihr den Henker. Er sagt, sie sollen zum Bekenntniß beredet werden, so bringet und zwinget ihr. Er befiehlt heilen und leben, so kränket und tödtet ihr. Gleicherweise handelt ihr wider die Halsgerichtsordnung Carl's V. und vergesset aller Billigkeit, deren euch, neben derselbigen Ordnung, auch andere Rechte und Rechtsgelehrte ernstlich erinnern.'

‚Wenn die Henker Etwas rathen, sollt ihr sie dasselbige selbsten versuchen lassen, wie Phalaris den Perillum seinen Mörderochsen versuchen
ließ. So würden sie lernen, was Andere erleiden könnten, und nicht so
tyrannische Dinge rathen. Ihr folget ihnen zu viel und braucht Alles zu
hart. Ihr peiniget nicht so freundlich, sanft und mäßig, als der Teufel
Job plagte; denn er ließ ihn leben, euch aber sterben Etliche unter den
Händen, Etliche müßt ihr von der Folterbank tragen und findet sie todt
nach wenig Stunden. Das ist wider alle weltlichen Rechte und kaiserliche
Ordnung. Ihr schmähet dieselben mit eurem Anziehen, als wäre euch solche
Tyrannei hierin befohlen. Ihr stehet in des Kaisers Strafe.‘

‚Wenn solche Leute in euren Händen umkommen, die böser Thaten weder
geständig noch überzeugt gewesen, so seid ihr für muthwillige und öffentliche
Todtschläger zu halten, seid des richterlichen Namens und Amtes nicht werth.
Ihr werdet schuldig daran, daß arme Waisen, deren Eltern ihr also umgebracht, übel erzogen werden, in die Irre gehen, und damit ihnen Nichts
vorgeworfen werde, entlaufen; kommen dann aus Einfalt oder Armuth bei
böser Gesellschaft und auch um's Leben. Ihr habt auch das ganze Geschlecht
bürgerlich getödtet und oft viel Zank, Haber, Balgen und Mord erweckt,
denen ihr solche unverweisliche Schandflecken angehängt. Nach kaiserlichen
Rechten sind die Angreifer schuldig, den unschuldig angegriffenen Personen
für ihre Schmach, Unruhe und Versäumniß billigen Abtrag und Genüge
zu thun: was sollen sie aber wohl schuldig sein für den jämmerlichen Tod
solcher Leute, die nicht überzeugt worden, auch Nichts bekannt haben und
also in allen Rechten für unschuldig zu halten? Wahrlich, Kinder und
Freundschaft hätten solche Blutrichter mit Recht anzunehmen, und ob sie wohl
aus Armuth oder Furcht Solches unterlassen müssen, wird sie doch Gott zu
seiner Zeit wohl finden, wo sie nicht bei Zeit und ernstlich sich bekehren:
darzu ich sie treulich warnend ermahne.‘

‚Aber höret weiter zu, ihr Herren, was ihr mehr Ungebührliches handelt
in peinlicher Verhörung.‘

‚Wenn ihr etliche Menschen habt, die mit keiner Marter und Qual
dahin zu bringen sind, daß sie wider sich und Andere nach eurer Lust bekennen, so verlasset ihr menschlichen Gewalt und Zwang und wendet euch zu
Teufelskünsten, zu unzüchtigen und ganz viehischen Dingen, dadurch ihr die
Leute mit List ihrer Vernunft beraubt und unsinnig und wild zu bekennen
macht. Die Henker geben ihnen besondere Tränke ein oder legen ihnen dazu
bereitete Hemde und Kleider an: dann werden sie toll und sagen Ja zu
Allem, was ihr ihnen vorsaget und wollt bejahet haben. Item, sie bescheeren
dieselben und sengen mit einem Licht . . .‘, thun das, was ‚an fremden
Menschen anzugreifen im Gesetz bei Handabhauen verboten ist.‘ ‚Sie wenden

vor, der Teufel sitze den Hexen in Haaren und . . . . . Das ist gewiß
teuflisch und nicht menschlich; es ist überaus große und schändliche Zauberei.
Ihr seid größere und gewissere Zauberer und wäret peinlicher zu verhören,
denn die ihr verhöret. Ist's nicht wahr? Ihr sprechet: Der Henker thut es.
So frage ich euch: Ist denn der Henker euer Meister oder Knecht? Mag er
thun und lassen, was er will, ohne euer Verwilligen? Verwilliget ihr aber,
so thut ihr ja durch ihn, gleichwie er andere Dinge an eurer Statt verrichtet.
Und saget mir doch, woher habt ihr solche Dinge gelernt? Stehen sie auch in
kaiserlicher Gerichtsordnung? Sind sie auch in anderen des römischen Reiches beschrieben? Durch wen denn? mit was Worten? an welchem Blatt, in
welchem Buch? O ihr könnet nicht antworten! Ihr möget Nichts beweisen,
ihr habt keinen Grund eures Thuns. Derwegen sage ich billig: ihr handelt
gräulich nach eurer blutdürstigen Lust und nicht nach Recht.'[1]

Während man aber die Hexen, ihnen alle erdenklichen Uebel und Verbrechen zur Last legend, so grausam verfolge, foltere und tödte, lasse die
Obrigkeit allerlei Wahrsager, Segner, Gaukler und Planetenleser ungestraft
im Lande ihr Unwesen treiben. ,Wie die Fresser und Säufer, Hurer und
Flucher, so leiden sie in ihrem Lande auch öffentliche Zauberer. Oeffentliche,
sage ich, nämlich Wahrsager oder vielmehr Lügenkrämer und Härjäger, die
mit ihrem falschen Nachweisen gute Freunde zusammen hetzen, heimlichen Verdacht, öffentliche Aufrückung, unversöhnlichen Haß, Hader, Scheltworte, Schläge
und Mord zuwege bringen. Können leiden die bübischen Gaukler, lassen zu,
daß sie in gemeinen Häusern öffentlich, und dazu wohl an Sonntagen, die
dem Herrn sollten geheiligt sein, ja noch wohl unter der Predigt, ihr be-
trügliches Affenspiel mit unkeuschen Possen und schändlichen Geberden treiben,
damit sie die Leute, sonderlich die liebe Jugend, die ohnedas leichtfertig genug,
von Heiligung des Sabbaths abhalten und dazu noch um's Geld bringen,
darum es ihnen auch zu thun. Ferner können sie leiden Mann und Weib,
die mit abgöttischen verfluchten Segen umgehen, Menschen und Vieh damit
zu heilen, mißbrauchen dazu den Namen Gottes. Auch lassen sie Traum-
und Planetenbücher nicht allein öffentlich feil tragen, sondern leiden, daß
Müßiggänger hin und her in den Häusern einem Jeglichen um sein Geld
solche Träume deuten und Planeten lesen und damit das arme unverständige
Völklein von dem ewigen allmächtigen Gott zu den ohnmächtigen vergäng-
lichen Creaturen abwenden und verführen. Wie lange wollt ihr noch hiezu
schweigen und schlummern? Liebe Herren, wie lange soll die Ehre Gottes
unter euch also geschändet werden? Die Hexen sind keineswegs so schädlich

---

[1] Prätorius 117—123; vergl. 91 fll. Siehe auch oben S. 574 die Ausführungen
von Joh. Scultetus.

als Jene, denn ſie können nur ſelten und wenig ſchaden, wenn ſie ſchaden,
und dazu nur am Leib; Jene aber ſchaden oft und Vielen auf einmal, und
dazu an Gut, Leib und Seele, mit ihrer Verführung.‘[1]

Daß das Heꝛen- und Zauberweſen noch fortwährend zunehme, ſei nicht
zu bezweifeln. Man brauche aber darüber ſich nicht zu verwundern, denn
alle Laſter ſeien im Schwang, und allgemein ſei die Verwilderung des Volkes.
‚Alle Ding ſind erlaubt; läſtern, fluchen, ſchwören, lügen und trügen iſt keine
Sünde; Müßiggänger und Buhler rühmen ſich: der beſte Säufer und Tänzer
der beſte Mann. Zauberiſche Schrift und Geſellſchaft iſt die beſte Kurzweil:
und je heiliger Zeit, je ſchändlicher That. Sollte dann bei ſolcher egyptiſcher
Blindheit und ſodomitiſchem Weſen der Teufel nicht ſein Reich aufrichten,
befeſtigen und vermehren können? Sollte man bei ſolchem Volk etwas Anderes
denn Irrthum, Aberglauben, verfluchte Segen und Zauberei ſuchen und
finden mögen?‘ Die Hauptſchuld an all dieſen Uebeln falle der Obrigkeit
zu, welche die Wege zu allen Laſtern offen laſſe, für keine Belehrung des
Volkes, für keine geiſtliche und weltliche Ordnung ſorge. ‚Wollt ihr‘, ſprach
er den Obrigkeiten in’s Gewiſſen, ‚Nichts thun, daß ſchuldige Heꝛen bekehret
und gebeſſert und unſchuldige Leute keine Heꝛen werden, ſo laſſet auch von
ihnen ab mit eurem Foltern und Brennen, betrachtend, daß ihr ſelbſt ſchuldig
ſeid an ihrer Blindheit und Verwirrung.‘[2]

Hauptſächlich auf Prätorius geſtützt, ging ein ungenannter ‚barmherziger
katholiſcher Chriſt‘ mit den ‚unbarmherzigen Heꝛenrichtern‘ ſcharf in’s Gericht.
‚Räthe, Richter und Schöffen verlieren bei dieſem Heꝛengericht ihr menſchlich
Herz und Verſtand.‘ ‚Es geht bei euch Gewalt vor Recht, darum geht’s auch
anders dann recht. Unter dunkelm Schein des Rechtes treibt ihr öffentliche Gewalt‘ und kommt ‚durch Mißbrauch des Amtes in die Zahl der
Tyrannen‘. Nicht durch Folter und Scheiterhaufen, ſondern nur durch Aufrichtung eines wahren chriſtlichen Regimentes könnten die Zaubereien aus der
Welt geſchafft werden. ‚Sehet, ſind nicht Diejenigen, welche verkehrter Weiſe
Heꝛen und Zauberer zu tilgen ſich bemühen, ſelbſt ſchuldig daran und geben
große Urſache dazu damit, daß ſie ſelbſten nicht ſein noch thun, wie und was
ſie ſollten? Denn Gott erbarm es, iſt es nicht allzu wahr, daß an vielen
Orten die Obrigkeit ſelbſt Gottes Wort und Willen weniger weiß und thut
dann das gemeine Häuflein? Wie können wüſte, gottloſe Regenten fromme
Unterthanen haben?‘ Die Leute müßten zur Kirche, die Kinder zur Schule
angehalten, die Freſſereien und Saufereien unter ſchwerer Strafe verboten,
die zauberiſchen Bücher vertilgt, die wahrſagenden Zigeuner aus dem Lande

---

[1] Prätorius 72—73.   [2] Prätorius 172—174.

getrieben werden. ‚Wann auf solche Weise das Spiel angefangen und
verführt, Land und Leute, Mann und Weib, Herr und Knecht, Jung und
Alt vom Bösen abgehalten, auf's Gute gewöhnt und aller zauberischen Gelegenheiten und Mittel benommen wäre, würde nicht allein das Hexenwerk,
sondern auch andere Zauberei sammt allerlei Aberglauben, Irrthum, Schand
und Laster sein glücklich durch Gottes Gnade von Tag zu Tag fallen, den
Hals brechen. So lange aber Solches nicht geschieht, ist alles Jagen, Fangen,
Binden, Einlegen, Foltern, Brennen und Tödten gar umsonst, und wird
kein Aufhören, Ruhe, Fried oder Besserung erfolgen, bis sich die Hexenmeister
selbst zu Schanden machen.' [1]

Eine von einem andern ungenannten Katholiken um das Jahr 1608
verfaßte Flugschrift ‚Was von gräulichen Folterungen und Hexenbrennen zu
halten?' [2] berief sich für die Unzulässigkeit der Folter, ‚vornehmlich bei solch
verborgenem und ungewissem Handel der Hexerei', auf den berühmten Huma-
nisten Ludwig Vives († 1540), der ‚doch ein gar guter katholischer Christ
und in göttlichen und menschlichen Rechten gar gelehrt und erfahren' gewesen
sei. In seinem Commentar zu dem Werke des heiligen Augustinus ‚Vom
Gottesstaate' habe Vives (zu Buch 19, Cap. 6) gesagt: Selbst bei den Barbaren erachte man es für eine Grausamkeit, einen Menschen zu foltern, dessen
Schuld nicht festgestellt sei. Unter dem nichtigen Vorgeben, die Folter sei bei
dem Gerichte unentbehrlich, quäle man tyrannisch die ‚freien Christenleiber'.
‚Die Folterungen, so bei uns Christen in Gebrauch, schreibt Vives, seind
grausamer denn der Tod. Täglich sehen wir viele Menschen, so lieber sterben
denn länger gemartert werden wollen; bekennen erdichtete Verbrechen, so sie
niemals begangen, um von den Marterungen frei und ledig zu bleiben. Auch
das sagt Vives: Was man für Gründe gegen die Folter aufbringen kann,
sind alle gerecht und zu billigen; hinwieder ist Alles, was man, um sie zu
vertheidigen, fürstellen will, schier eitel, ohne Werth und Kraft. So spricht
der fromme und gelehrte Vives. Unsere Richter, Marter- und Brandmeister
sprechen anders, daß Gott erbarm, wie die unzähligen armseligen, blöd-
sinnigen, oftmals ganz unbesinnten und hirnwütigen Hexen und Unholden,
wie man solche vom Teufel und eigenen Wahn geplagte Weiber nennt, mit
ihren grausamsten Peinen und unmenschlichen, teuflischen Zerreißungen der
Glieder erfahren. O wie werden dereinstmals nach gerechtem Gerichtsspruche
Gottes jene Oberkeiten, Richter, Hexencommissäre, Martermeister gepeinigt
werden und brennen, so jetzt nichts Anderes können und thun dann schätzen

---

[1] Malleus judicum, das ist: Gesetzhammer der unbarmherzigen Hexenrichter ꝛc.
(Ohne Ort und Jahr.) S. 60 fll. 100—111. Auch abgedruckt bei Reiche 1—48.

[2] Ohne Ort und Jahr. 4 Blätter. Die Zeit der Abfassung darnach zu bestimmen, daß S. 4 von dem ‚letztvergangenen 1607. Jar' gesprochen wird.

und schaben, fressen, saufen, h . . . . und buben, aberwitzige Weiber nicht
belehren und heilen, sondern torturiren, noch auf dem Weg zur Richtstätte
oftmals mit glühenden Zangen zwicken und endlich in Rauch aufgehen lassen,
gleichwie zum Jubel und Freudenspiel des unbesinnten, blutgierigen Pöbels,
so wohl gar bis in die Tausende aus Städten und Dörfern herbeikommt,
um diese vorgeblichen Missethäter und Buhlen des Teufels martern, pfetschen,
brennen zu sehen. O der Langmüthigkeit Gottes! O der Blindheit und des
Aberwitzes und der teuflischen Grausamkeit der Menschen gegen ihre Mit-
geschöpfe und ihre Miterlösten durch Christi Blut, die heilige Taufe und die
anderen Sacramente der Kirche! Im letztvergangenen 1607. Jahr hat man
in einer Stadt am Neckar, allwo ich selbs in den Tagen zugegen war, etliche
Hexen verbrannt, an einem Tage vier, am nächstfolgenden drei, so in der
Marter bekannt hatten, sie seien bei geschlossenen Thüren durch das Schlüssel-
loch gekrochen, hätten darauf Kinder in den Wiegen angeblasen, dadurch gelähmt oder getödtet, sich hinter Spinnweben versteckt, so daß Niemand sie
nicht sehen konnte, und dergleichen Aberwitz mehr. Eine hat ausgesagt: sie
seien einstmals zu Dreien mitsammt zwei Teufeln in den Keller gefahren und
hätten in Einer Nacht ein halb Fuder Weins ausgesoffen, dann hinausgeflogen
in Gestalt von Fliegen oder Mücken; hätten auch oftmals mit den Teufeln,
eine mit Pilatus, in der Luft getanzt. Auf Solches hin hat man die armen
Weiber, so durch die Marter allen Sinn verloren und bekannten, was man
haben wollte, lebendig verbrannt. Ich sage nochmals: O der Blindheit, des
Aberwitzes und der Grausamkeit! und rufe Gottes Strafe und Rache über
euch unbarmherzige Urtheilfinder und Richter und über Alle, so Lusten haben
am Martern und Mord unschuldiger Menschen!'

‚Gott ist mein Zeuge,' sagt der Verfasser am Schluß, ‚ich will Niemand
ungerecht anklagen, und trage nicht Haß im Herzen, noch will ich mich Solcher
annehmen, die nachweislich Schaden zugefügt und Verbrechen gehäuft haben
und dafür gebührliche Strafe verdienen. Ich spreche alleinig von unschuldig
Gemordeten, welche übergroß an Zahl, und erhebe Protest im Namen Gottes
wider die Folterungen, durch die gottlose Oberkeiten und Richter sie zu Ver-
gichten von Verbrechen nöthigen, so sie nicht begangen haben, und von Teufelskünsten, so gegen Sinn und Vernunft und ihnen auszuüben unmöglich ist.
Daß ich meinen Namen nicht genannt habe, ist wohlweislich geschehen, dieweil
es in unseren trübseligen Zeiten mehr denn gefährlich ist, die Oberkeiten und
Richter anzutasten und den Fürsprecher für Hexen und Unholden zu machen,
wie Solches durch viel Exempel offen und am Tage.'[1]

---

[1] Die Aussprüche von Ludwig Vives werden auch angeführt von dem protestantischen Prediger Johannes Grevius in seinem Meisterwerk über die Folter:

Ein solches „Exempel' war im Jahre 1592 in Trier gegeben worden.

Dort lebte während einer furchtbaren, durch ein Werk des Weihbischofs Peter Binsfeld[1] wesentlich geförderten Hexenverfolgung der holländische Geistliche Cornelius Callidius Loos, der durch die Protestanten aus seinem Vaterlande vertrieben worden war[2]. Aus Erbarmen mit den unglücklichen Schlachtopfern, welche gefoltert und dem Feuertode überliefert wurden, verfaßte er im Sinne Johann Weyer's, und über dessen Sätze noch weit hinausgehend, eine Schrift „Ueber die wahre und falsche Magie' und schickte dieselbe, ohne sie vorher der vorgeschriebenen geistlichen Censur unterworfen zu haben, zum Drucke nach Cöln. Aber durch die geistliche Behörde, welche davon Kunde erhalten, wurde die Handschrift, als kaum der Druck begonnen, mit Beschlag belegt und der Verfasser, der auch im persönlichen Verkehre sich gegen die Hexenverfolgung geäußert und den Clerus und den Trierer Stadtrath von derselben abgemahnt hatte, auf Befehl des apostolischen Nuntius in der Abtei St. Maximin festgesetzt und im Frühjahr 1593 vor einem geistlichen Gerichte, an dessen Spitze Binsfeld als Generalvicar stand, zu einem mündlichen und schriftlichen Widerruf genöthigt. Loos war so weit gegangen, zu

_____

Tribunal reformatum vom Jahre 1624 (vergl. oben S. 476 fll.) Praef. D 7ᵃ. p. 27. 42. 55. 439—441. 507. Grevius citirt auch den katholischen Juristen und Theologen Petrus Carronius, der sich dahin aussprach: „Was sollen wir von der Erfindung der Folter sagen? Diese ist viel mehr eine Prüfung oder Probe der Geduld als der Wahrheit. Man sagt zur Entschuldigung: „Die Folter faßt den Schuldigen, macht ihn mürbe und zwingt ihn zum Geständnisse; den Unschuldigen dagegen bewährt sie." Aber wir haben so oft schon das Gegentheil erlebt, daß wir sagen müssen: Das ist eine eitle Ausflucht. Zur Klarstellung der Wahrheit ist die Folter ein recht erbärmliches Mittel, voll des Zweifels und der Ungewißheit. Was redet und thut man nicht, um den Schmerzen sich zu entziehen! Tausend und tausend Menschen haben falsche Anschuldigungen auf ihre Häupter geladen. Uebrigens ist es denn doch eine große Ungerechtigkeit und Grausamkeit, Jemanden zu quälen und zu zerfleischen wegen einer Missethat, deren Thatsächlichkeit noch zweifelhaft ist. Um Jemanden nicht ungerechter Weise umzubringen, behandeln wir ihn schlimmer, als wenn wir ihn umbringen würden. Ist er unschuldig und muß diese Peinen durchmachen, wie halten wir ihn dann schadlos für diese Qualen, die er unverdienter Weise hat ausstehen müssen? „Man wird ihn freisprechen müssen", heißt es; das ist fürwahr eine großartige Gnade!' De Sapientia lib. 1, cap. 37, citirt von Grevius 441—443.

[1] Vergl. unten S. 604 fll. Ueber die Trierer Hexenverfolgung selbst Näheres in unserm spätern Abschnitt „Die Hexenverfolgung in katholischen Gebieten seit dem letzten Drittel des sechzehnten Jahrhunderts'.

[2] ** Loos war zuerst Professor in Mainz, dann in Trier; siehe den interessanten Artikel von C. K. Adams in The Nation 1886, Nov. 11; vergl. auch Paquot, Mémoires pour servir à l'histoire littéraire des dix-sept provinces des Pays-Bas, de la Principauté de Liège et de quelques contrées voisines (Louvain 1765 ss. Folio-Ausgabe) vol. 3, 215—220.

behaupten: das ganze Hexenwesen überhaupt sei etwas Eingebildetes und Nichtiges; es gebe keine Zauberer, welche Gott absagen und dem Teufel einen Cult erweisen. Jedoch nicht dieses allein mußte er widerrufen, sondern auch, als ‚nach kezerischer Bosheit, Aufruhr und dem Verbrechen der beleidigten Majestät schmeckend‘, den ‚Hauptgrundsatz‘ seiner Schrift, ‚daß nur Einbildung, leerer Aberglaube und Erdichtung sei, was man von der körperlichen Ausfahrt der Hexen‘ schreibe. Ferner mußte er auch seine Behauptung zurücknehmen: die Dämonen nähmen keine Leiber an, es gebe keine Unzucht des Teufels mit den Menschen; sogar auch die Behauptung, ‚daß die armen Weiber durch die Bitterkeit der Folter gezwungen werden, zu gestehen, was sie niemals gethan haben, daß durch hartnäckige Schlächterei unschuldiges Blut vergossen, und daß mittelst einer neuen Alchymie aus Menschenblut Gold und Silber hervorgelockt werde‘. Denn durch derartige Aeußerungen habe er die Oberen und Richter bei den Unterthanen der Thrannei beschuldigt und selbst den Kurfürsten, welcher Zauberer und Hexen zur verdienten Strafe ziehe und eine Verordnung wegen des Verfahrens und der Gerichtskosten in Hexensachen erlassen habe, in unüberlegter Verwegenheit stillschweigend der Thrannei bezichtigt[1].

---

[1] Delrio lib. 5, App. 858 sqq. Gesta Trevirorum 3, Additam 19. Vergl. Solban-Heppe 2, 22—24. Marz 2, 117—118. ** Loos' Werk De vera et falsa magia galt für verloren, und man wußte darüber nur, was Delrio aus dem Widerruf des Verfassers mitgetheilt hatte. Dem um die Geschichte des Hexenwesens hochverdienten Amerikaner George L. Burr gelang es im Jahre 1886, auf der Trierer Stadtbibliothek unter den Documenten des bortigen Jesuitencollegs die für verloren gehaltene Schrift aufzufinden. Derselbe berichtet darüber in The Nation 1886, Nov. 11, p. 389—390: ‚Bei der Durchsicht des Handschriftencatalogs der Trierer Stadtbibliothek stieß ich unerwartet auf die unvollkommene Beschreibung einer Handschrift, welche möglicher Weise das verlorene Buch von Loos sein konnte. Mit Hülfe des freundlichen Bibliothekars durchstöberte ich die staubigen Gefache und hatte bald den kleinen Band gefunden. Einband und Titelblatt fehlten; aber als ich das Manuscript einen Augenblick geprüft hatte, war ich auch schon zur Ueberzeugung gelangt, daß es die langvermißte Abhandlung sei. Vorne fehlte nur das Titelblatt, und der Text, so weit er vorhanden, war vollständig, doch er umfaßte nur zwei Bücher von den vier im Inhaltsverzeichniß angegebenen. Alles weitere Suchen war vergeblich. Das Inhaltsverzeichniß unterschied sich vom Text in Handschrift, Tinte und Format; doch ergab die Untersuchung, daß Correcturen und Anmerkungen in der Handschrift und Tinte des Inhaltsverzeichnisses dem Texte hinzugefügt worden waren. Die letzteren waren solcher Art, daß sie kaum von jemand Anderm als dem Verfasser herrühren konnten. Dieß entspricht Binsfeld's Angabe, daß Loos das Werk dem Drucker in Abschrift sandte. Dieß war also zweifellos das confiscirte Original, in der letzten von Loos selbst herrührenden Fassung. Es wurde mir gestattet, ein Facsimile vom ganzen Buch zu nehmen, und dieses liegt mir hier vor. Eine Erwähnung der Handschrift oder ihrer Entdeckung hat bis jetzt in der Presse nicht stattgefunden.

Und doch hatte der Kurfürst Johannes von Schönberg selbst gerade in dieser Verordnung die gräulichen Mißbräuche, welche bisher bei der Ver-

---

Ich freue mich aber, sagen zu können, daß der katholische Geschichtschreiber Janssen, welcher zur Vervollständigung seiner als beste Arbeit von katholischer Seite schon lange erwarteten Darstellung des Hexenwesens nur wenige Wochen nach meiner An- wesenheit in Trier jene Stadt besuchte, über die Auffindung des Buches sehr be- friedigt sich zeigte, meine Ansicht über dasselbe vollständig bestätigte und in den an mich gerichteten freundlichen Zeilen versprach, ihm den verdienten Platz in seinem eigenen Bande anzuweisen.' ‚Was den Inhalt betrifft, so ist das Buch im Wesent- lichen, was nach Loos' Widerruf zu erwarten war. In der Vorrede geht er scharf gegen die erste Einführung der Hexenverfolgung in Deutschland und den Malleus maleficarum, deren Hauptdocument, vor, das Ganze teuflischem Einfluß zuschreibend. Dann greift er mit gleichem Ungestüm, aber mit mehr Vorsicht, Binsfeld und sein Buch gegen die Hexen an, indem er erklärt, daß die Verfolgung in Abnahme ge- kommen, bis sie durch diese erneuten Bemühungen wieder angefacht worden sei, und als seinen eigenen Zweck zugesteht, die Theorien des Bischofs zum Fall zu bringen. Der Endzweck seiner Beweisführung kann nach einer kurzen Uebersicht seiner Capitel am besten beurtheilt werden. Das erste Buch ist eingetheilt in sechs Capitel.' Ich gebe die Ueberschriften nach den Excerpten Janssen's, da Burr dieselben nur in eng- lischer Uebersetzung mittheilt. Sie lauten: 1) De discrimine magie; 2) De essentia demonum; 3) De diversitate maleficii; 4) De permissione divina; 5) De consensu maleficorum; 6) De imaginario pacto. Das zweite Buch hat gleichfalls sechs Capitel. 1) De facultate demonum; 2) De impotentia; 3) De veneficio et magia; 4) De disparitate demonum; 5) De substantiis incorporeis; 6) De assumptione corporum. Für den Rest des Buches haben wir nur die Ueberschriften der Capitel. Lib. 3: 1) De apparitione spirituum; 2) De infestatione locorum; 3) De expulsione demonum; 4) De operatione demonum; 5) De spectris et visionibus; 6) De diversis circa magiam; 7) De causis magie; 8) De demone comite; 9) De officiis demonum; 10) De operibus mirabilibus; 11) De transmutatione rerum. Burr hat als sechstes noch ein Capitel mehr: Ueber die Leiber der Todten. Lib. 4 enthält drei Abschnitte: 1) De congressu demonum; 2) De operibus magorum; 3) De transportatione corporum. ‚Das Ganze sollte durch ein Nachwort geschlossen werden. Die Methode war die gebräuchliche scholastische, und jeder Punkt war belegt mit Stellen aus der Bibel oder aus den Werken theologischer Autoritäten. Nur hie und da erhebt sich Loos' Entrüstung bis zur Beredsamkeit, zum Beispiel dort, wo er bei Besprechung des eingebildeten Teufels- bündnisses in die Worte ausbricht: „Ach, ich fühle die Ohnmacht meiner Feder, die Nichtigkeit der Sache auszudrücken, ihre noch größere Ohnmacht, deren Schändlichkeit darzulegen! Nein, welche Feder wäre dazu im Stande? Man kann nur ausrufen: O christlicher Glaube, wie lange mußt du gequält werden durch diesen gräulichen Aber- glauben! O christlicher Staat, wie lange soll in dir das Leben der Unschuldigen ge- fährdet sein?" Und nicht damit zufrieden, setzt er am Rande hinzu: „Mögen die Lenker der christlichen Staaten in ihrem Innern diese Dinge erwägen!" Auf Weyer ist ver- schiedentlich angespielt, immer ohne seinen Namen zu nennen. An einem Orte wird seiner erwähnt als ‚eines Schriftstellers unserer Tage', hervorragend in der Heilkunde und ein viel und vielseitig belesener Mann". Und an anderer Stelle ist der fromme Wunsch hinzugefügt: „Und wollte Gott, er wäre ein katholischer Christ!" Die Beweis-

folgung der Hexen vorhanden gewesen waren, eingestanden und für die Zukunft untersagt.

2.

Viel größer als die Zahl der Nachfolger und Mitstreiter Johann Weyer’s,
welche in dem ‚Hexenhandel‘ gesunden Sinn und menschliches Gefühl sich bewahrten, war die Zahl Derjenigen, welche feindlich gegen Weyer unmittelbar
auftraten oder ohne Rücksicht auf sein Werk in ihren Schriften den herrschenden Hexenwahn in Schutz nahmen, die Verfolgung der Hexen befür-
worteten, wohl gar auf das heftigste die Obrigkeiten und das Volk zu derselben aufriefen.

In demselben Jahre 1563, in welchem Weyer sein Werk zuerst herausgab, erschien zu Frankfurt am Main ‚Der Zauberteufel‘ des Predigers
Ludwig Milichius, ein Handbuch für das Volk über ‚Zauberei, Wahrsagung,
Beschwören, Segnen, Aberglauben und Hexerei‘. Die Schrift erfreute sich
unter den Protestanten großer Beliebtheit, wurde in den Jahren 1564, 1566
neu aufgelegt und in die verschiedenen Auflagen des Theatrum Diabolorum
aufgenommen [1]. Milichius besprach darin alle Teufels- und Hexenkünste und
verlangte ausdrücklich, daß das Volk auch auf den Kanzeln darüber näher
unterrichtet werden sollte. ‚Etliche naseweise Prädikanten‘, sagte er, ‚wollen,
man solle von der Zauberei nicht viel predigen, denn es sei nicht nöthig,
und wisse nicht Jedermann, ob sie sei und was sie sei, und möchte vielleicht
Jemand daraus Anlaß nehmen, weiter der Zauberei nachzutrachten und sich
darauf zu begeben. Darauf antworte ich und sage, daß es wahrlich an
vielen Orten nöthig genug ist. Und daselbst soll ein Prediger die Zauberei
mit allen ihren Geschlechtern und Umständen fleißig erklären, auf daß die
Leute eigentlich lernen, so es nicht wissen, was Zauberei sei und wie
mannigfaltig sie sei, item wie wider Gott damit gesündigt werde.‘ ‚Dieweil
in der deutschen Sprache beinahe alle Worte, damit die zauberischen Werke
genennet werden, etwas mehr in sich begreifen, denn sie sich von Außen
lassen ansehen, so ist fürwahr ein Prediger schuldig, daß er sie in den Predigten nicht unberührt lasse, sondern gebe dem Volke Bericht darüber, so oft

---

führung Binsfeld’s wird bis in’s Einzelne aufgenommen, wenn auch nicht in der Reihen-
folge seiner eigenen Behandlung der Sache. Häufig wird des Bischofs und der Stadt
Trier Erwähnung gethan, aber Namen sind sorgfältig vermieden. Ein- oder zweimal
spielt Loos auf das traurige Geschick Flade’s an, einmal naheliegend, er sei ein Opfer
bösen Willens geworden und sein Bekenntniß der Wirkung der Tortur zuzuschreiben;
eine eingehende Besprechung dieses Gegenstandes jedoch behält er sich vor für den Theil
des Buches, der noch fehlt.‘

[1] Goedeke, Grundriß 2, 481—482; vergl. unsere Angaben Bd. 6, 487 fl.

es sich füglich schicken will.' Milichius gab dann des Nähern an, an welchen Sonntagen über Teufelsverbündete: Schwarzkünstler, Beschwörer, Zauberer, Hexen, Milchdiebe, Wettermacherinnen und so weiter, geprebigt werden sollte, an welch anderen über Wahrsagerei, öffentlichen Aberglauben und so weiter. ‚Am Leben sind zu strafen', verlangte er, ‚alle die, welche mit dem Teufel Bündniß haben, sie seien Männer oder Weiber und werden Zauberer, Schwarzkünstler, Beschwörer, Wahrsager, Necromantici, Hexen oder wie sie wollen genennet.' ‚Wie man sie soll abthun, da ist', fügte er hinzu, ‚die Obrigkeit an kein gewisses Gesetz gebunden; weltliche Richter haben hiermit zu gebahren nach Nothdurft und Gelegenheit der Sachen.' Nur müsse die Obrigkeit zusehen, daß sie selbst keine Zauberei brauche oder brauchen lasse, damit sie nicht fördere dem Gräuel, welchem sie wehren solle. Dahin rechnete Milichius ‚zauberische Urgichten', wenn man nämlich ‚die Hexen ohne einige Peinigung Alles bekennen' lasse. ‚Wenn dasselbige geschieht, so sage mir doch, wer will glauben, was bekennet wird? Wer will sagen, daß der Teufel, welchen Christus selbst einen Vater der Lügen nennt, die Wahrheit eröffnen werde?' Dazu sei die Folter nothwendig. ‚Darumb soll man sie mit der Folterung verhören, gleichwie andere Uebelthäter.' [1]

Entschiedener noch als der Lutheraner Milichius trat der calvinistische Theologe Lambert Danäus im Jahre 1574 in einer lateinischen, auch in's Deutsche übersetzten Schrift für den ausbündigsten Hexenglauben und die Ausrottung der Hexen auf. In einigen Gegenden, sagte er, sind die Hexen ‚so trotzig und verwegen, daß sie sich frei öffentlich hören lassen: wo sie einmal einen vornehmen und berühmten Mann zum Hauptmann überkämen, seien sie so stark an der Zahl und gewaltig, daß sie auch öffentlich gegen einen mächtigen König zu Feld ziehen wollten und ihm mit Hülfe ihrer Kunst leichtlich obsiegen' würden. Auf die Einrede wider die Ausfahrten der Hexen, man habe oft ‚ihre Leiber die Stund wahrhaftig im Bett funden, wenn sie gesagt haben, daß sie anderswo gewesen seien', erwiderte Danäus: ‚Es sind nur falsche Leiber, welche anstatt der Zäuberinnen unterdeß vom Satan dahin gelegt werden, und gemachte Larven, die er anstatt ihrer Leiber sehen läßt. Daher kommt es, daß Viel meinen, die Zauberer seien nicht persönlich oder leiblich bei ihren Versammlungen gegenwärtig, weil sie von ihnen selber die Zeit gesehen worden; aber sie sind, wie gesagt, mit des Teufels Larven und Bildnissen betrogen worden, und fehlet derhalben ihre Meinung weit.' Danäus eiferte gegen jene ‚weichlichen Richter und Obrigkeiten', welche

---

[1] Im Theatrum Diabolorum 1, 166—168; vergl. Diefenbach 302—308. Roskoff 2, 404 und Längin 223 lassen in der Besprechung des ‚Zauberteufels' die wichtige Stelle über die Nothwendigkeit der Folter weg.

‚dem menschlichen Geschlechte so übel rathen, daß sie sich entweder fürchten, oder die schrecklichen Bestien, nämlich die Zauberer, nicht ausreuten, oder wenn sie ihnen unter die Hände kommen, nicht strafen wollen. Sie beweisen mit ihrer Hinlässigkeit, daß sie auf Gott, ihren Herrn, wenig geben und auch seines Dienstes und Ehre öffentliche Berächter sein, dieweil sie seine abgesagten, geschworenen Feinde helfen behegen und ungestraft leben lassen.‘ [1]

Auch der berühmte zwinglische Theologe Heinrich Bullinger verfocht die Wirklichkeit aller jener Künste, welche der Teufel unter Zulassung Gottes als dessen ‚Nachrichter oder Ausrichter seiner Gerichte‘ durch ‚die Zauberer, Hexen und andere gottlose, gräuliche, verzweifelte und verfluchte Menschen‘ verrichte. Nach göttlicher Vorschrift dürfe man dieselben nicht leben lassen, und ‚auch die kaiserlichen Rechte‘, bedeutete er, ‚heißen sie tödten. Darum sehen die zu, was sie sagen, die wider diese Rechte disputiren und schließen, man solle die Hexen, die nur mit Fantaseien umgehen, nicht verbrennen oder tödten‘; wie irrig auch die Päpstler in der Lehre gewesen seien, hatten sie doch ‚alle diese Künste verdammt und die Diener der Kirche geheißen: die damit umgehen, aus der Kirche zu treiben.‘ [2]

---

[1] Dialogus de veneficis, quos olim Sortilegos, nunc autem vulgo Sortiarios vocant. Coloniae 1575; mehrmals übersetzt (vergl. Grässe 58) und ‚auf's Neue verteutschet und corrigirt‘ im Theatrum de veneficis 14—58; die von uns angeführten Stellen stehen in dieser Ausgabe S. 15. 39. 47—48. Vergl. Soldan-Heppe 2, 15, wo Danäus ‚der eigentliche Vater der reformirten Moraltheologie als selbständiger theologischer Disciplin‘ genannt wird. In dem Hexenbuch des Lambert Danäus ist, sagt Bekker 1, 117—119, das Teufelsbändniß und ‚die Werke, so die Zauberer und Zauberinnen thun‘, ‚beides auf das Ausführlichste beschrieben und insonderheit das erste mit viel mehr Umständen beschrieben, als ich jemals bei päpstlichen Schreibern gelesen‘.
** Die erste Ausgabe der Hexenschrift des Danäus erschien im Jahre 1574 zu Genf in lateinischer (Dialogus de veneficis. Genevae 1574, auch Francof. 1581 etc.) und französischer Sprache (Les Sorciers. Dialogue très-utile et nécessaire pour ce temps par L. Daneau. Genève 1574. 2e éd. Genève 1579). Vergl. Paul de Félice, Lambert Daneau (Paris 1881) p. 158 ss.
[2] Theatrum de veneficis 304. 305. ** Auch der berühmte calvinistische Theologe Petrus Martyr Vermigli, Professor in Straßburg und Zürich, trat für den ausbündigsten Hexenglauben auf. Vergl. seine Loci communes (Tiguri 1580) p. 30 sqq.: De maleficis. Petrus Martyr Vermigli spricht hier ausführlich über die Verbindung der Hexen mit dem Teufel, von incubi, succubi, dem Pact mit dem Teufel und dergleichen. Ganz ähnliche Ansichten sprach Hieronymus Zanchi, Professor in Straßburg und Heidelberg, aus. Vergl. namentlich in dessen Opera omnia theologica (Genevae 1619) vol. 3, 199 sqq. das Capitel De magicis artibus. Zanchi sagt hier ausdrücklich: wer solche magische Künste ausübe, sei zu bestrafen (‚plectendi sunt qui ea exercent‘), Gott gebiete den Magistraten, ‚ut eos tollant‘. Zanchi glaubt gleich Luther (siehe oben S. 523) an die Existenz von Teufelskindern; wenngleich es keine Sünde sei, daran nicht zu glauben, so dürfe man es doch nicht hartnäckig läugnen, wolle man

Die Mahnung des Predigers Ludwig Milichius, daß das Zauber- und Hexenwesen eifrig auf der Kanzel behandelt werden möge, wurde von sehr vielen seiner Amtsgenossen treu befolgt, um ‚zu lehren und zu warnen vor der Zauberei und Teufelskünsten, so der Teufel durch seine Gespielen und Buhlinnen ausübt, oftmals aber auch durch sich selbs, ohne diese seine Werkzeuge dazu zu gebrauchen‘. Das Volk aber hörte solche Teufels- und Hexenpredigten ‚mit vieler Begier‘, ‚dieweil jetzunder‘, heißt es in einer derartigen Predigt vom Jahre 1569, ‚schier die ganze Welt voll Teufels- und Hexenwerk‘ [1].

Für diese ‚Begierde‘ des Volkes legt auch Jacob Graeter, Decan zu Schwäbisch-Hall, Zeugniß ab. Als er im Jahre 1589 ankündigte, daß er darüber predigen würde: ‚Wie viel der Teufel und seine Bräute, die Hexen, können und treiben und wie weit sich ihre Macht erstreckt‘, war die Kirche ganz gefüllt. ‚Sehet,‘ sagte er, ‚wie das so feine Unhöldlein sein, die auf einen gemeinen Feiertag so viel Leut in die Kirche gebracht haben.‘ [2] Graeter verwarf manche Anschauungen vom Hexenwesen als Affen- und Teufelswerk und bedauerte, daß ‚bei dieser argen, verkehrten Welt schier alle alten Weibspersonen üppiglich des Hexenwerks berufft‘ würden [3]; allein er forderte nachdrücklich die Bestrafung der Hexen. Ueber diese Bestrafung ‚gewisse Gesetze und Ordnung zu geben‘, gebühre den Kirchendienern nicht; ‚das aber gebührt uns zu sagen, daß man böser Leute als öffentlicher Feinde des menschlichen Geschlechtes und beförderst Verschwörer Gottes, ihres Schöpfers, nicht verschonen soll, dieweil sie nach ihres Meisters, des Teufels, Art anders Nichts begehren, denn schädlich zu sein, Jammer und Unfall zuzufügen.‘ Auch deßhalb sind sie zu strafen, weil sie, ‚wie Doctor Luther schreibt, wider Christum den Teufel mit seinen Sacramenten und Kirchen stärken‘ [4].

Einer der unbarmherzigsten Hexenprediger war David Meder, Pfarrer zu Nebra in Thüringen. Im Jahre 1605 veröffentlichte derselbe ‚Acht Hexenpredigten‘, welche er früher gehalten hatte, ‚von des Teufels Mordkindern, der Hexen und Unholden erschrecklichem Abfall, Lastern und Uebel-

---

sich nicht dem Vorwurf der Unverschämtheit aussetzen (siehe l. c. 203 sqq. in dem Abschnitt De incubis et succubis die Thesis: ‚Diabolos, assumptis hominum corporibus, cum veris mulieribus coire posse et ex illis liberos suscipere.‘ ‚Etsi peccatum non est, si quis hoc credere nolit, non tamen sine nota impudentiae pertinaciter negari posse‘). Vergl. auch vol. 4, 513 Zanchi's Ausführungen über den Pact mit dem Teufel.

[1] Ein Predig vom leidigen Teufel und seinen Werckzeugen (1569) S. 3.
[2] Graeter Bl. C 3.   [3] Bl. A 4ᵇ.
[4] Bl. D 2. Vergl. Diefenbach 821.

thaten'¹. Er widmete das Werk dem kursächsischen Kanzler Bernhard von
Pölnitz wegen dessen ‚sonderbarer angeborener Humanität und Freundlichkeit
gegen die Theologen und Prediger‘. Den Predigern liege es vor allen
Anderen ob, von Berufs wegen, wie gegen alle Sünden, so besonders gegen
das Hexenwesen belehrend, warnend und strafend aufzutreten. ‚Der Teufel
ist aus dem Kerker des Abgrundes wieder lebig geworden.‘ ‚Das geben nicht
allein die schrecklichen gotteslästerlichen Lehren des Mahomet, des Papstes und
anderer Ketzer zu erkennen, sondern auch die schrecklichen und vielfältigen
Sünden und Laster in allen Ständen. Sonderlich aber erscheint Solches klärlich an dem wüthenden Teufelsheer der Hexen und Unholden, die dem Teufel
am meisten dienen und seine Mordthaten an Menschen und Vieh helfen verbringen. Deren verführt er täglich so viel, daß sie nicht zu zählen sind‘. An
‚einem fürnehmen Ort‘ habe sich der Teufel vernehmen lassen, ‚wenn man ihm
schon derselben viele verbrenne, so wolle er doch alle Samstage derselben noch
doppelt so viel auf's Neue verführen und bekommen‘. Meder entwarf eine entsetzliche Schilderung von allen Unthaten der Hexen, berichtete auf der Kanzel
auch Näheres über deren Unzucht mit dem Teufel. ‚Die Hexen müssen den
Teufel für ihren Gott erkennen und werden in des Teufels, etliche auch in
aller Teufel Namen getauft, wobei die anderen Hexen Wasser und Becken
zutragen. Und verrichtet solche Taufe entweder der Satan selbst oder eine
Hexe; geschieht auch nicht allezeit mit besonderm Gepränge, sondern oft aus
einer Mistpfütze, da dann der neugetauften Hexe ein anderer Name gegeben
wird. Darauf erhält dann die dem Teufelsreiche neu Einverleibte einen besondern Buhlteufel.‘ Darum müßten alle frommen Christen dazu ‚helfen und
rathen, daß sie vertilgt und vom Erdboden ausgerottet werden möchten, es
seien auch gleich die Personen so hohen Standes, als sie immer sein können.
Es soll kein Mann für sein Weib, kein Kind für Vater und Mutter bitten‘,
sondern ‚helfen, daß Alle, die von Gott abtrünnig worden, gestraft werden,
wie Gott uns geboten hat‘². Niemand dürfe sich täuschen lassen: auch wenn
die Hexen sich gottesfürchtig stellen, die Bibel lesen, alle Predigten besuchen,
zum Sacramente gehen, sind es doch verzweifelte Hexen und Mörderinnen;
‚wie viel Exempel könnten vorgestellt werden, wenn es nicht vorhin Jedermann
bewußt wäre!‘³ Er erzählte allerlei Hexengeschichten, zum Beispiel: als einmal
eine Hexe, welche vom Teufel im Gefängnisse besucht wurde, sich zu Gott
bekehren wollte, ‚ist der Teufel zum Loch hinaus gefahren und hat geschrien,
wie ein junges Schwein kirret, wie mir Solches der Pfarrer des Ortes selbst
vermeldet‘⁴.

¹ Leipzig 1605. Vergl. Diefenbach 304—305.
² Bl. 42ᵇ—43. 48 fll. 64. 73—75. 90ᵇ. 91.
³ Bl. 58.			⁴ Bl. 86ᵇ.

Stellte er ,die gottesläfterlichen Lehren des Papstes' auf gleiche Stufe mit jenen des Mahomet, so benußte er auch noch anderweitig seine Predigten zu gehäffigen confessionellen Ausfällen. ,Von zwei Mönchen im Bisthum Trier hat man', sagte er, ,vor wenig Jahren einen öffentlichen Druck ausgehen laffen, daß sie in der Beicht von den Weibern erforscht haben, ob sie diesem Werke (der Zauberei) verwandt seien; so sie eine befunden, haben sie dieselbe noch weiter in der Zauberei unterrichtet.' ,Von zwei Pfaffen zu Cöln ist geschrieben worden, daß sie in die 300 Kinder in des Teufels Namen getauft haben', und zwar beßhalb, ,weil sie die Taufe in lateinischer Sprache verrichtet' haben [1].

Meder wollte durch seine Predigten, wie er in der Vorrede sagt, hauptsächlich auch die Beisitzer in den Gerichten beruhigen, daß sie sich in ihrem Gewissen nicht darüber beschwert fühlen möchten, die teuflische Mordbrut zum Feuertode zu verurtheilen. ,Die Patronen' der Hexen seien ,nichts Anderes als des Teufels Advocaten und Wortredner' [2]. Wie das ganze Volk, so sei namentlich die Obrigkeit schuldig, nach Gottes Gebot das ganze teuflische Gesinde auszurotten und zu vertilgen. Diejenigen Obrigkeiten, ,welche nicht nach den Hexen fleißig fragen und forschen und auf die Verdächtigen Kundschaft wenden, trifft der göttliche Fluch; denn die Schrift sagt: Wer des Herrn Werk lässig thut, sei verflucht' [3].

Gleich ingrimmig wie Meder forderte der hennebergische Generalsuperintendent Joachim Zehner als Pfarrer zu Schleusingen im Jahre 1612 zur unnachsichtlichen Hexenverfolgung auf. Im folgenden Jahre gab er seine Kanzelreden unter dem Titel ,Fünf Predigten von den Hexen, ihrem Anfang, Mittel und End in sich haltend und erklärend', heraus [4]. In Schleusingen selbst habe man, unterrichtete er seine Zuhörer, die Hexenwerke öffentlich erfahren müssen. ,Bei Abholung seiner lieben Getreuen, der Gabelreiterinnen und dergleichen zäuberischen Gesinds, richtet der Teufel in der Luft allerlei Feuerwerk und brausenden Sturmwind an, daß es scheine, wie man vergangener Tage dieser Orte am hellen Mittag erfahren, als ob in Gründen, Bergen und Wäldern Alles mit großem Krachen zu Boden gehen sollte, damit man ja höre, jetzt werde abermals eine Teufelsbraut heimgeführt, an der Lucifer und seine Gesellen einen feisten Braten zu haben verhoffen.' ,Wer dergleichen schreckliche Gräuel noch beschönen und vertheidigen will, gibt zu verstehen, er gehöre auch unter diese des Teufels Bundesgenossen: er fahre auf seine Abenteuer solchen hexischen Unholden immer nach.' [5] ,Die Obrigkeiten dürfen den Advocaten nicht gestatten, der Zauberinnen Sachen also zu

---

[1] Bl. 46.   [2] Vorrede und Bl. 48.   [3] Bl. 18. 60—61.
[4] Leipzig 1613.   [5] Bl. 90.

führen, daß sie möchten lebendig gelaffen werden, um noch mehr Schadens und Unheils anzurichten. Denn alles Böse, so dergleichen Teufelsbräute üben, haben solche Regenten und ehrbare Advocaten dermaleinst vor Gottes Angesicht, vor dem Richterstuhle Christi zu verantworten.‘ [1] Die Richter ‚können mit gutem Gewissen dabei sitzen und das Amt verrichten, welches nicht allein Gott keineswegs zuwider, sondern es gereicht ihm vielmehr zu sonderlichem Dienst und Wohlgefallen‘. Weitläufigkeiten in den Processen seien nicht nothwendig. Weil Gott selbst über die Hexen das Endurtheil bereits gesprochen habe, brauche man auf den Ausspruch von Universitäten und Schöffenstühlen nicht zu warten. ‚Oftmals achten es die Uebelthäter für ein Stück der Glückseligkeit, wenn ihre Urgichten auf solche Universitäten geschickt werden, da man nicht dem scharfen Recht nachzugehen pflegt, sondern vielmehr zur Lindigkeit geneigt ist, weil sie derselben in etwas mit zu genießen haben.‘ [2] Der Beweis dafür, daß der Teufel vorzugsweise die Weiber in seinen Bund ziehe, lag für Zehner in der Thatsache, ‚daß immer eher 10 oder 20 Weibspersonen als Mannspersonen verbrannt werden‘ [3].

Neben den Predigten erschienen über das Zauber- und Hexenwesen allerlei Lehr- und Unterrichtsschriften für das Volk, welche mit den Ansichten Weyer's und seiner Gesinnungsgenossen durchaus im Widerspruch standen.

Zu diesen Schriften gehörte das im Jahre 1576 von dem Protestanten Doctor Jacob Wecker herausgegebene ‚Hexenbüchlein‘. Dasselbe enthielt eine ‚Wahre Entdeckung und Erklärung aller fürnehmsten Artikel der Zauberei, auch der Hexenhändel, etwan durch Jacob Freiherrn von Lichtenberg aus ihrer

---

[1] Zehner 49—50; vergl. 87.   [2] S. 87—88.
[3] S. 7. Am grimmigsten gegen die Hexen und Hexenpatrone geberdete sich später der lutherische Diaconus Johann Ellinger. Er führte in seiner ‚Hexen-Coppel‘ zwölf Rotten ‚von alten, abgerittenen, garstigen, unflätigen, grindigen und schäbigen Hexengäulen‘ ‚auf die Schau und den allgemeinen Marktplatz Deutschlands‘, voll Eifer gegen ‚die Hexenpatronen‘, welche der Meinung waren, im Hexenhandel ‚thue man der Sache zu viel, es geschehe den Leuten Unrecht‘. Wenn man, sagte er, ‚diesen Zauberpatronen und Hexenplacentirern‘ Beifall schenken wolle, ‚wie leider, Gott erbarm's, bisher mehr denn zu viel geschehen‘, wenn man nicht vielmehr ‚frisch mit Feuer, Holz und Strohwellen hinter denselbigen herwischen und sie im Rauch in den Drutenhimmel schicken‘ wolle, so würde man ‚in Kurzem erfahren, daß hin und wieder ohne Scheu offene Zauberschulen, da der Teufel selbst sichtiglich profitiren und lehren würde, aufgethan und das teuflische Gesindlein mit Trommeln, Pfeifen und Fahnen durch die Welt ziehen würde‘. Man solle, schlug Ellinger vor, solche Hexenpatrone dem Foltermeister übergeben, denn Meister Hämmerlein könne deren ‚nichtige Exceptionen und Einreden‘ ‚mit seinem Gaukelsack, mit der Tortur und Folter fein artig refutiren und beantworten‘. Hexen-Coppel, das ist uhralte Ankunfft und große Zunfft der unholdseligen Unholden oder Hexen ꝛc. (Frankfurt am Main 1629) Vorrede und S. 42—48.

Gefängnuß erfahren‘. ‚So der Teufel‘, hieß es darin unter Anderm, ‚durch seine Pedellen ein Generalconcilium aller Hexen von allen Orten oder sonderer Nation der Welt beruft, dann werden. die Novitien fürgestellt, wie ihr Gewohnheit, in der Gemein gezählt‘, und es wird ihnen ‚wie den Anderen das Zeichen eingeleibt und angeheftet‘. Sie werden dann vom Teufel belehrt, ‚wie sie Donner, Hagel, Reifen, Schnee, Wetter, Luft machen, zaubern und verzaubern sollen, item in Katzen, Thier, Wölf, Geiße, Esel, Gänse, Vögel sich verändern, auf Stecken, Gabeln reiten, von einem Ort an das andere fahren, die Leut erlähmen und das wüthisch Heer zurichten sollen‘. Die Veränderung in Thiere geschieht besonders darum, ‚daß die Hexen werden den Leuten unbekannt, dadurch sie der Welt mehr schaden mögen; denn die Katzen Klettern auf dem Dach, kriechen in die Häuser, mögen in den Stuben, Kammern stehlen, zaubern, die Kinder verletzen, die Wölfe dem Vieh trefflich schaden; denn Niemand hat darauf Acht, das sollten Hexen sein‘. Wecker handelt namentlich auch von der Buhlschaft der Hexen mit dem Teufel und von den Wechselkindern, welche der Teufel an Stelle der gestohlenen Kinder hinlegt. Diese ‚nehmen die Hexen und sieden sie in Kesseln; das Fett, das davon kommt, brauchen sie zur Salb, das sie an die Gabeln streichen‘, fahren dann mit Hülfe des Teufels ‚zu dem Rauchloch, Kamin aus‘, ‚bis sie kommen an das Ort, wo sie den Heimgarten haben; da sehen sie Nichts, empfinden wohl, dürfen auch nicht reden, denn als viel der Vertrag‘ mit dem Teufel ‚vermag, dieweil der Geist nicht menschliche Stimme hören will. Beschieht auch oft, daß der Teufel Fromme und etwan Schlafende hin und her auf den Dächern und in den Lüften führet, ohne sie zu verletzen, dieweil sich der Mensch nicht nennet, denn sobald der Teufel die Stimme des Menschen hört, läßt er sie fallen.‘ Ist die Buhlschaft der Hexen mit dem Teufel von Folgen begleitet, so kommen sie zum ‚wüthisch Heer‘; ‚alle zusammen von allen Nationen, führt sie der Teufel über Staud und Stöck, Dörfer, Städte, Land, Leute, Berg und Thal mit gräulichem Geschrei, erschrecklichem Gräuel; der Teufel fahret ihnen vor und nach, bis sie kommen auf den Platz, den sie verordnet haben; da genesen sie ihrer Kinder‘ [1].

Eine andere Lehr- und Unterrichtsschrift für das Volk besorgte in den Jahren 1593 und 1594 der Protestant Siegfried Thomas in einer ‚Richtigen Antwort auf die Frage: ob die Zauberer und Zauberin mit ihrem Pulfer Krankheiten oder den Tod selber beibringen können‘ [2]. Die Schrift, ‚mit wahrhaftigen alten und neuen Historien‘ bewährt, berichtet allerlei abscheuliche

---

[1] Das im Jahre 1576 ohne Angabe des Ortes erschienene ‚Hexenbüchlein‘ abgedruckt im Theatr. de veneficis 306—324. Im Jahre 1588 gab Wecker zu Basel ein Werk De secretis libri XVII heraus. Gräße, Bibl. magica 52.

[2] Erford 1593. 1594.

Dinge über den Verkehr der Hexen mit dem Teufel. ‚Am angenehmsten‘
seien dem Teufel ‚die Zauberer, welche ihre Kinder geopfert, wie etwan ein
Graf, so ein Zauberer gewesen, acht junge Kinder erwürgt und den Teufeln
geopfert hat, welche ihn auch geheißen haben, er sollte noch seinen eigenen
Sohn aus dem Mutterleibe reißen und ihn auch so opfern‘. Kinder, welche,
‚ehe sie geboren, von ihren Eltern dem Teufel für eigen gegeben‘ würden,
könnten ‚Schlangen und auch wohl Menschen mit einem Anblick verzaubern
und wohl tödten‘. Einmal habe eine Hexe ‚bekannt‘, sie habe durch verfluchte Segnungen zuwege gebracht, daß der Teufel in die Leiber sämmtlicher Geistlichen eines Klosters gefahren sei. Auch in Rom habe sich Derartiges zugetragen. ‚Aber ein Jesuiter hat den Papst überredet, es wäre
nicht möglich, daß ein Mensch dem andern den Teufel in den Leib bringen
könnte‘; dieses sei jedoch, ‚wie aus erzählten Historien zu sehen, durch Gottes
Verhängniß wohl möglich‘. Durch eine ‚Historie‘ aus Blois war Siegfried
Thomas auch darüber unterrichtet, was der Teufel ‚zur Bestätigung der papistischen Messe‘ durch eine Zauberin habe ausrichten lassen [1].

‚Allen gutherzigen Christen‘ führte er das ganze Treiben der Hexen nach
deren eigenen sonderlichen ‚Bekenntnissen‘ in 16 Scenen auf einem ‚Kupferstück‘ vor Augen und gab unter Hinweis auf die einzelnen ‚Figuren‘ eine
nähere Erklärung der verschiedenen Vorgänge. Zum Beispiel: ‚Etliche fahren
auf Besemen in der Luft dahin über Berg und Thal. Da finden sie an einem
wüsten Ort ihren König, der fähret auf einem güldenen Wagen. Alsdann fahen
sie an zu tanzen um eine Säule, auf welcher oben eine giftige Kröte liegt.
Weil aber die Kröte von der Säule nicht herunter zum Tanze will, so kommen
viel Hexen und Zauberinnen und streichen sie mit Ruthen, daß sie herunter
mit auf den Tanzplatz muß. Sie reiten aber auf einem todten Pferd zum
Tanzplatze. Daselbst finden sie allerlei wunderliche Characteres und Gribus
Grabus, welche man zur Zauberei zu gebrauchen pflegt, daneben etliche
schwarze Katzen, zwischen welchen eine todte Hand stehet, die hält etliche
Kerzen oder Lichter. Bald machen sie ein Ungewitter, daß der Donner und
Hagel in ein Haus schlüge und es lichterloh brenne. Sie fahen auch an zu
zechen: gegenüber sitzt ihr Spielmann auf einem Baum und über ihm eine
Huxeule, die singet in die Sackpfeife. Da saufen die reichen Zauberer und
Zauberinnen aus güldenen und silbernen Bechern, aber die armen aus Kühe-
klawen.‘ Dann folgt eine unzüchtige Scene. Daneben ‚verbrennt man die
Zauberinnen, welche der Satan nicht leibhaftig geholet, in einem Kessel. Es
stehet auch ein Schreiber, der zeichnet auf, wie viele Zauberinnen zum Schornstein ausfliegen‘. ‚Es sitzet auch ein Doctor, welcher in der schwarzen Kunst

---

[1] Bl. A 4. E 4b. F 2. H 2.

oder Zauberei studiret und lernet. Es sitzen auch Andere auf todten Pferden, welche die Zauberei auch lernen. Eine wird mit brennenden Lichtern unter den Armen versengt. Eine Kröte und Katze wird da gesehen: die seind Rentmeister und Secretarien in allen hellischen Sachen. Darnach kömmt ein Bock, der thut im Buche nachsuchen, wohin er mit der gestorbenen Zäuberin fahren solle. Endlich sieht man in diesem Cirkel einen Wahrsager und Zeichendeuter, der da nachforschet, welche Kräuter zur Zauberei dienen.' [1]

Zu den vielen Gebräuchen der Hexen und Zauberer gehört namentlich auch, daß sie eine Hostie nehmen ,und dieselbe einem Esel zu essen geben, welchen sie hernach lebendig bei der Kirchthüre begraben: darauf erfolget ein Regen wie eine Sündflut'. ,Es hat mich Einer', fügt Thomas hinzu, ,einsmals bereden wollen, als sollte solcher Esel ein Mensch sein, wie man denn

---

[1] Am Schluß der Schrift steht ,das Kupferstück' mit nochmaliger Erklärung in Reimen. Als eine Ergänzung desselben kann ein Kupferstich gelten, welcher einer spätern Ausgabe von Ludwig Lavater's zuerst im Jahre 1570 zu Zürich erschienenem Werk De spectris, lemuribus etc. (vergl. unsere Angaben Bd. 6, 498—499) beigegeben ist und eine Hexenküche darstellt. Links, zur Seite eines Kessels, steht die Hexe, eine hagere, lange Gestalt, nicht, wie gewöhnlich, mit Triefaugen, sondern mit einem dunkeln, halb geschlossenem Blick, der starr auf den Kessel gerichtet ist. Das Haar hängt ihr struppicht um den Kopf; in der dürren Hand hält sie den Löffel, mit dem sie im Kessel rührt. Das Feuer lobert hoch auf, der Kessel sprudelt. Rechts, der Hexe gegenüber, sitzt auf der Erde ein Teufel. Sein Kopf ist eine Zusammensetzung von einem Eber, Esel und Bock. Die Hörner fehlen nicht, ebenso wenig die Pferdefüße, die Klauen und der Schweif. Um die Schultern herum hängen ihm Flügel wie Flebermäuseflügel. Er sieht die Hexe an und fletscht die langen Hauer. In der Luft, hoch über dem Kessel, schwebt ein anderer Teufel mit einem Hasenkopf, langem dürrem Leib und großen Flügeln. Um den Kessel herum schwirren Zaubergeister, ferner Schlangen, Eidechsen, Flebermäuse, Grillen, welche sich, durch teuflische Kraft gezwungen, in denselben hineinstürzen. Die nicht gutwillig wollen, stößt der am Kessel sitzende Teufel mit einem eisernen Haken, den er in den Klauen hält, hinein. Auf dem Boden, um den Kessel herum, liegen Todtenknochen und Zauberkräuter; außerdem kriechen darauf herum Schlangen, Eidechsen, Nattern, Kröten und dergleichen Thiere mehr. Im Hintergrund steht ein Todtengerippe mit der Sense. Der Kupferstich erinnert an Shakespeare's und Goethe's Schilderungen einer Hexenküche. Horst, Zauberbibliothek 2, 321. 365—373. ** Ueber die Hexenbilder des sechszehnten Jahrhunderts vergl. unsere Angaben Bd. 6, 148. Schon um das Jahr 1507 hatte Albrecht Dürer einen Kupferstich erscheinen lassen, eine Hexe darstellend: Ein nacktes altes Weib mit Spinnrocken nebst Spindel in der rechten Hand sitzt rücklings auf einem Bocke und jagt durch die Luft nach rechts, indem sie sich mit der linken Hand am rechten Horne hält und ihr das Ungewitter des Himmels nachfolgt; vergl. v. Retberg, Dürer's Kupferstiche und Holzschnitte (München 1871) S. 48. Bartsch, Peintre-graveur 7, 82 (No. 67). Heller, A. Dürer (Leipzig 1831) Bd. 2, 477 fl. Hausmann, A. Dürer's Kupferstiche ꝛc. (Hannover 1861) S. 28. Blätter wie dieses wurden auf den Jahrmärkten verkauft.

liefet, daß ihrer viel also in Esel verwandelt worden. Aber ich sehe keine genugsame Ursache, warumb allhie nicht ein rechter Esel zu verstehen sein sollte, weiß sonst wohl, daß der Satan die Elementaria, Corpora in andere Körper und Leibe verwandeln kann, wenn es ihm Gott verhänget und zuläßt.‘ [1]

Nicht recht einverstanden war Thomas mit einem ‚wunderlichen‘ Mittel gegen Verzauberungen, welches, wie er sagt, in Deutschland allgemein gebräuchlich sei. ‚Wenn eine Zauberin ein Pferd bezaubert hat, daß es schwach wird, verlähmet und verdorret, nehmen die Leute das Eingeweide von einem andern Pferde, ziehen dasselbe an ein gewisses Haus anhin, gehen nicht zur Thüre hinein, sondern da das Kellerloch ist, oder sonst in eine Höhle. Daselbst verbrennen sie das Eingeweide. Alsdann empfindet die Bezauberin des Pferdes großes Wehe im Leibe und krieget die Cholica in den Därmen, läuft darauf stracks Wegs zu dem Hause, darin das Eingeweide des Pferdes verbrannt wird, auf daß sie daselbst eine glühende Kohle bekomme und die Schmerzen ihrer Krankheit davon aufhören. Wenn sie ihr nicht flugs aufmachen im Anklopfen, so macht die Zauberin, daß es gar finster um's Haus wird und so grausam krachet, als wollte es in Haufen fallen. Welchen Brauch der Deutschen doch Etliche für eine Teufelskunst halten.‘ [2]

Was die Bestrafung der Zauberer und Hexen anbelangt, so muß man sie, sagte Thomas, wenn sie auch alles Uebel nicht selbst verrichten, sondern der Teufel dasselbe anrichtet, doch peinlich befragen und verbrennen, weil ‚sie sich dem Teufel ergeben haben und sich von ihm gebrauchen lassen, und damit man sich an dem Teufel räche, dessen Diener und Dienerinnen sie gewesen‘ sind [8].

Als ein eifriger Gegner Weyer's erhob sich der Arzt Wilhelm Adolf Scribonius, Professor der Philosophie an der Universität Marburg. ‚Weyer‘, schrieb er, ‚geht auf nichts Anderes aus, als daß er die Schuld der Hexen von ihren Schultern abwälzt und sie von aller Strafe frei macht, und zwar nur zu dem Zwecke, um die Kunst und die Genossen der Zauberei überall in Schwang zu bringen. Ja ich sage es frei heraus: Ich glaube, daß er in alle Verhältnisse der Hexen eingeweiht, deren Genosse und Mitschuldiger gewesen ist, daß er, selbst ein Zauberer und Giftmischer, die übrigen Zauberer und Giftmischer vertheidigt hat. O wäre solch ein Mensch doch nie geboren worden, oder hätte er wenigstens nie Etwas geschrieben, statt daß er nun mit seinen Büchern so vielen Menschen Gelegenheit zu sündigen und des Satans Reich zu mehren gibt!‘

---

[1] Bl. B 3ᵇ.   [2] Bl. A 2.   [8] Bl. D ᵇ.

So schrieb Scribonius im Todesjahre Weyer’s, 1588, in der dritten Auflage einer Schrift ‚Ueber die Natur und die Gewalt der Hexen‘, welche er zuerst im Jahre 1583 herausgegeben hatte[1]. Die nächste Veranlassung zu dieser Schrift gab die Frage über die Zulässigkeit oder Nichtzulässigkeit des sogenannten ‚Hexenbades‘, der Wasserprobe behufs Erforschung der Hexen.

Von Seiten der Kirche war die Anwendung des im Glauben des Volkes tief eingewurzelten ‚Gottesurtheils‘ des warmen oder des kalten Wassers seit dem Lateranconcil vom Jahre 1215 häufig verboten und mit Excommunication belegt worden. Gleichwohl erhielt sie sich in manchen Gegenden noch bis zum Ende des Mittelalters: der Rath zu Hannover erkannte noch im Jahre 1436 bei einem Angeklagten auf Wasserprobe[2]. Aufschwimmen war das Zeichen der Schuld, Untersinken das der Unschuld. Nach der Mitte des sechzehnten Jahrhunderts kam die Probe, namentlich in Westfalen, bei den Hexen in Gebrauch, wurde aber von Weyer und seinen Anhängern als durchaus verwerflich, ja als teuflisch bekämpft. Scribonius dagegen nahm eine andere Stellung ein.

Er war zufällig in Lemgo, als dort am Abende S. Michaelis des Jahres 1583 auf Erkenntniß des Rathes drei Hexen mit Feuer gerichtet wurden. ‚An demselben Abende sind wiederum‘, erzählt er, ‚drei, welche von jenen als ihre Mitgenossen und Rottgesellen angegeben, in’s Gefängniß gelegt und am folgenden Tage, Nachmittags zwei Uhr, vor dem Stadtthor zu mehrerer Erforschung der Wahrheit auf das Wasser geworfen worden, daß man sehen möchte, ob sie untergehen würden oder nicht. Die Kleider waren ihnen abgezogen, die rechte Hand war an den linken großen Zehen, die linke Hand an den rechten großen Zehen verknüpfet, daß sie sich mit dem ganzen Leib gar nicht regen konnten. Im Beiwesen etlicher tausend Menschen sind sie in das Wasser geworfen, eine jede zu drei Malen, aber gleich wie ein Holz oder Block oben geschwommen und keine untergegangen.‘ Dabei war ‚auch heftig zu verwundern‘, daß ein eben angefangenes Regenwetter plötzlich aufhörte, als die Zauberinnen das Wasser berührten, und der Himmel klar und schön war, so lange sie auf dem Wasser schwammen; ‚sobald sie aber wieder herausgezogen wurden, fing es an heftig zu regnen‘. In Lemgo war die Wasserprobe erst in demselben Jahre 1583 eingeführt worden. Der Rath der Stadt, noch ungewiß über die Rechtmäßigkeit des Verfahrens, erbat sich darüber ein Gutachten des Philosophen. Dieser dachte der Sache ‚in großer

---

[1] De sagarum natura et potestate etc. vergl. Gräße, Bibl. magica 36, wo die verschiedenen Ausgaben angegeben sind. Ueber Scribonius und seine Schrift vergl. Soldan-Heppe 1, 394—395. Binz, Joh. Weyer 75—77.

[2] Vergl. Wetzer und Welte’s Kirchenlexikon (1850) Bd. 4, 622—623. Hefele, Conciliengesch. 6, 587 (**2. Aufl. S. 616).

Verwunderung mit Ernst' nach und sprach sich zu Gunsten des neuen Ge-
brauches aus.   Die Natur des Teufels, erörterte er, sei ‚luftig und leicht‘,
und die Hexen sänken bei der Wasserprobe nicht unter, weil sie durch den
Teufel ebenfalls luftig und leicht geworden seien. ‚Von Stund an, wenn die
Zauberinnen mit dem Teufel Kundschaft und Gesellschaft machen, verlieren
sie ihre vorige Eigenschaft, Stand und Wesen, belangend auch die innerliche
Form sind sie gar andere Leute, als sie vorhin waren, bekommen eine neue
Gestalt. Also können die Hexen beschrieben werden, daß sie Leute sind, welche
von dem Teufel, der sie besessen hat, ihren Theil haben; in ihrem Leibe
wohnend, macht sie der Teufel viel leichter, wiewohl andere Leute dasselbe
nicht merken können, und sie müssen, sie wollen oder wollen nicht, oben
schwimmen.‘ ‚Ein glaublicher Beweis‘ hierfür liege darin, ‚daß der Teufel
sie oft bis in die hohe Luft‘ ziehe, wohin sie sonst ‚ihrer beleibten Natur
wegen unmöglich kommen‘ könnten. Gegen Weyer, der solche Luftfahrten für
bloße Einbildung erklärt hatte, berief sich Scribonius auf die oftmals, auch
in Marburg, gemachte Erfahrung, daß sogar ‚Leute, so mit dem Teufel niemals Gemeinschaft gehabt, von ihm gleichwohl aus einer Gasse in die andere,
aus einer Stadt oder einem Dorf auf's weite Feld, erst bei den Haaren in
die Luft geführt, nachmals gar hart auf die Erde geworfen‘ worden seien.

Dadurch, daß die Hexen oben schwämmen, mache der Teufel selbst sie
und ihre ‚teuflische Gesellschaft‘ dem Volke bekannt. ‚Der Teufel selbst, als
ein Diener und Büttel, so verordnet ist, Gottes Befehl auszurichten, will sie
auf diese Weise der Obrigkeit und dem ganzen Volke anmelden, will anzeigen,
ihre Missethat müsse gestraft werden (muß auch wohl, er will gern oder ungern), auf daß sie ihren Lohn, den sie redlich verdient haben, empfangen.‘ [1]

Mit diesen Ansichten des Marburger Philosophen war jedoch Hermann
Neuwaldt, Professor der Medicin zu Helmstädt, durchaus nicht einverstanden.
‚Wer fürgibt,‘ erklärte er gegen Scribonius, ‚der Teufel ändere die Form
eines Dinges, derselbige ist aberwitzig und nicht bei Sinnen, ist auch in den
philosophischen Principien übel bewandert.‘ Die Luftfahrten der Hexen seien
allerdings keineswegs, wie man behauptet habe, für eingebildete Dinge zu
erachten; aber die Kraft des Teufels könne solche Geschicklichkeit im Fliegen
ohne einige greifliche Aenderung des Leibes zu Stande bringen. ‚Daß die
Teufel in der Luft herrschen, ist billig zu glauben, dieweil sie aus Gottes
Verhängniß Winde, Donner, Ungewitter an diesen oder jenen Ort treiben
können, damit die Saat, Mast, das Vieh auf dem Felde zu verderben und
Gewässer zu erregen.‘ Aber sie herrschen nicht allein in der Luft, ‚sondern
machen sich in's Wasser, in die Erde, wie die alten Platoniker gehalten

---

[1] Bericht von Erforschung ꝛc. Bl. B—C (vergl. unten S. 598 Note 1).

haben'. ‚Allhie ist auch zu verwerfen die Meinung Derer, welche sagen, daß etliche Teufel ihrem Verdienst nach im Osten, etliche im Westen, etliche im Norden, etliche im Süden ihren Aufenthalt haben und daselbst als in ihren verordneten Sitzen bleiben und sich verhalten müssen. Denn von Natur sind sie unruhig und streifen wie die Räuber hin und wieder um sich, damit sie ihren Grimm ersättigen. Also hat dieß Argument von des Teufels Beiwohnung und Einnahme kein Ansehen.'

Die von Scribonius befürwortete Wasserprobe sei als eine ‚teuflische Zauberei' zu verwerfen. Sie sei ‚von zauberischen Nachrichtern' erdacht worden und werde dem Volke, ‚so zu neuen Spectakeln und trügerischen Funden Lust hat, mit großer Verwunderung vorgestellt'. ‚Was nagelneu und ungebräuchlich', gefalle ‚dem Pöbel' sehr wohl. Der Teufel könne wohl ‚die Zauberinnen im Wasser unverletzt' erhalten; ‚im Feuer aber, darein sie mit allem Recht gehören', könne er ‚sie nicht erretten'.

Neuwaldt belobt Weyer, daß er die Wasserprobe, welche ihm ‚allzeit wegen des Aberglaubens und Betrugs verdächtig gewesen' sei, nachdrücklich verworfen habe. Aber im Uebrigen stimmt er mit Weyer, welcher mit den Hexen ein ‚Mitleiden' habe und ihnen ‚keine gebührliche Strafe' zuerkenne, keineswegs überein: die Obrigkeit ‚müsse emsigen Fleiß und Arbeit ankehren, das heillose, verfluchte Teufelsgesinde aus den christlichen Gemeinden auszurotten'. Weyer sei von ‚vielen trefflichen Leuten', zum Beispiel von dem Theologen Lambert Danäus und von Thomas Erast, ‚dem fast fürnehmsten unter allen Aerzten unserer Zeit', ausführlich widerlegt worden[1].

Der eifrige Calvinist Thomas Erast, Professor der Medicin in Heidelberg und Leibarzt des Kurfürsten Friedrich III. von der Pfalz, war einer der Ersten gewesen, welche gegen Weyer als Vertheidiger des Hexenglaubens und der Ausrottung der Hexen auf dem Kampfplatz erschienen. Seine lateinische ‚Disputation über die Hexen' wurde in Basel zuerst im Jahre 1572, dann im Jahre 1577[2], in Frankfurt am Main im Jahre 1581, zu

---

[1] Exegesis expurgationis sagarum super aquam frigidam etc. (Helmst. 1584). Unsere Angaben aus der deutschen Uebersetzung von H. Meybaum: Bericht von Erforschung, Prob und Erkenntniß der Zauberinnen durch's kalte Wasser (Helmstadt 1584) Bl. C³—R. Wie Johann Ewich (vergl. oben S. 560 fl.) gegen die Wasserprobe sich aussprach, hat Binz, Joh. Weyer 86—87, mitgetheilt. Vortrefflich über die Wasserprobe handelt Prätorius 112 fll.

[2] Disputatio de Lamiis seu Strigibus, in qua de earum viribus perspicue disputatur. Basil. 1572. Repetitio disputationis de Lamiis etc. Basil. 1577 (Gräße, Bibl. magica 33 und 52). Thommen, Universität Basel 283, behauptet demnach irrthümlich, daß die ersten Auflagen des Werkes nicht in Basel erschienen seien. S. 282 führt er eine Ausgabe aus dem Jahre 1579 an. Ueber die Frankfurter Ausgabe und die französische Uebersetzung vergl. Gräße 50. 55.

Amberg im Jahre 1606, in französischer Uebersetzung im Jahre 1579 in Genf gedruckt. Eine Hexe, sagte er, ist eine Weibsperson, die nach Ab-schwörung Gottes und der Religion sich dem Teufel ergeben hat, um von ihm unterrichtet zu werden, wie sie mit Zauberworten, Kräutern und anderen unschädlichen Sachen die Elemente in Unordnung bringen, dem Menschen, dem Vieh, den Aeckern und Früchten Schaden zufügen und andere, in der Natur unmögliche Dinge hervorbringen kann: darum ist es Pflicht der Obrigkeit, den Erdboden von diesen Ungeheuern zu reinigen[1].

Aehnlich wie Erast waren auch viele andere berühmte Aerzte der Zeit, zum Beispiel der kurbrandenburgische Leibarzt Thurn von Thurneissen[2], voll-ständig im Hexenwahn befangen, nach dem Vorgange des Theophrastus Para-celsus, Professors der Medicin an der Universität Basel, der sich dahin aus-gesprochen hatte: ‚Nicht unbillig noch unrecht ist es, daß man die Hexen und alle Zauberer mit dem Feuer hinrichte. Denn sie sind die schädlichsten Leute und die bösesten Feinde, so wir auf Erden haben, so sie Jemand übel wollen.‘ Vor einem gegenwärtigen, leiblichen Feinde könne man sich hüten oder sich vor ihm schützen; vor den Hexen aber ‚hilft kein Panzer, kein Harnisch, keine Thür noch Schloß: sie bringen Alles durch, es steht ihnen Alles offen, und ob Einer schon in eisernen oder stählernen Kisten wäre ein-geschlossen, so wäre er vor ihnen nicht sicher‘[3]. Daniel Sennert, seit dem Jahre 1602 Professor der Medicin zu Wittenberg, dessen Name als einer der ersten in seiner Wissenschaft galt, gab die näheren Kennzeichen der un-mittelbaren und der mittelbaren Teufelsbündnisse an, und führte Klage darüber, daß der gemeine Mann noch viel zu oft natürliche Ursachen von Krankheiten annähme, welche in Wahrheit auf dämonische Ursachen zurückzuführen seien: die Gelehrten wüßten dieß viel besser, der gemeine Mann aber wolle es nicht begreifen[4].

Unter den deutschen Juristen sprachen sich zuerst die Verfasser der kur-sächsischen Criminalordnung vom Jahre 1572 gegen Weyer aus. ‚Es sind

---

[1] Vergl. oben S. 598 Note 1.

[2] Vergl. unsere Angaben Bb. 6, 470 fll. 506 fll. 515 fll. ** und Bb. 7, 869 fl.

[3] Binz, Joh. Weyer 11—12; vergl. Holzinger 6 Note 1. Nähere Angaben über Paracelsus im 6. Bande unseres Werkes S. 45. 458 fll.; vergl. das Personenregister des 6. und 7. Bandes.

[4] Opera omnia 2, 157 und 3, 1150. Vergl. Moehfen 445. ‚Die Hexen‘, schrieb er, ‚tragen auf ihrem Körper sichtbare, vom Teufel aufgedrückte Kennzeichen oder Merk-male. Daß dieses wirklich so sei, ersieht man daraus, daß die Hexen, wenn man eine Nadel oder andere spitzige Dinge in diese Stigmata einsticht, den geringsten Schmerz empfinden und nicht einen Tropfen Blut verlieren aber beruft er sich nicht etwa auf eigene Beobachtungen, sondern auf den .....

längſt verſchienene Jahre viel Bücher ausgangen, darinnen die Zauberei mehr vor eine Superſtition und Melancholey dann vor eine Uebelthat gehalten und hart darauf gedrungen wird, daß dieſelben am Leben nicht zu ſtrafen. Des Weiri Rationes ſein nicht ſehr wichtig, als der ein Medicus und nicht ein Juriſt geweſen. So iſt es ein geringes Fundament, daß er meint, die Weiber werden nicht leiblich zum Tanz und Teufelsgeſpenſte geführt, da doch das Widerſpiel durch Grillandum mit Exempeln und beſſeren Gründen aus-geführt wird[1], auch die Erfahrung gibt, und zum wenigſten, wann ſchon der Leib nicht, daß doch die Seele und Geiſt und alſo praecipua hominis pars weggeführt wird, wie Johann Baptiſta Porta Neapolitanus bezeugt in Magia naturali[2], auch die Lyffländiſchen Hiſtorien geben.'[3]

Wie dieſe Juriſten ſich gegen Weyer auf katholiſche Schriftſteller be-riefen, ſo legten andere im Jahre 1567 unter Berufung auf Luther gegen denſelben Verwahrung ein. Luther habe ſich, ſagten ſie, im Jahre 1538 dahin ausgeſprochen, ‚daß man mit den Eier-, Milch- und Butterdiebinnen keine Barmherzigkeit haben ſolle, und daß er, Doctor Luther, ſie ſelber wollt verbrennen, wie man im alten Geſetze lieſt, daß die Prieſter angefangen haben, die Uebelthäter zu ſteinigen‘. ‚So man nun‘, fahren die Juriſten fort, ‚mit ſolchen Milchdiebinnen keine Barmherzigkeit haben ſoll, wie viel weniger ſoll man dann Barmherzigkeit haben mit Denjenigen, die Einem ſeine Leibes-geſundheit ſtehlen, verlähmen, mit gräulichen Schmerzen peinigen, oftmals gar tödten, wie dann Doctor Luther etliche Exempel, ſo ſeiner Mutter, einem frommen Pfarrherrn, welcher zu Tode gezaubert worden, auch ihm ſelber be-gegnet, erzählt.'[4]

Am heftigſten ereiferte ſich wider Weyer der franzöſiſche Juriſt Jean Bodin in einem Werke, welches der vielgeleſene Dichter Johann Fiſchart

---

richter Remigius. Frank 104—105. Die meiſten Aerzte ſchoben Krankheiten, welche ſie nicht erklären konnten oder bei welchen die Unzulänglichkeit ihrer Kunſt ſich heraus-ſtellte, teufliſchem Einfluſſe zu. Wenn mehrere geſchickte Aerzte, lautete einer ihrer Sätze, das Uebel weder erkennen noch heilen können, oder wenn die Krankheit ohne bekannte Urſache auf einmal den höchſten Gipfel erreicht, ſo iſt man gewiß, daß die-ſelbe einen übernatürlichen Grund habe. Hierfür aber wurden die Hexen verantwortlich gemacht. Anton van Haen erklärte in ſeinem Werke De magia (1775) part. 1, cap. 3: er könne mit einem bloßen Verzeichniß der Aerzte, welche im Laufe der Zeit ſich zu Gunſten des Hexenſyſtems ausgeſprochen, 30 Blätter füllen. Vergl. Frank 104—105. 107. ** Ausſprüche von Luther über den Teufel als Urheber der Krankheiten ſiehe im 7. Bande des vorliegenden Werkes S. 415—416.

[1] Paul. Grillandus, De haereticis et sortilegiis eorumque poenis. Lugd. 1536. 1547.

[2] Neap. 1558 und in vielen Ausgaben erſchienen. Gräße 112.

[3] Vergl. Wächter 293.

[4] Im Theatr. de veneficis 874—375; die Namen der Juriſten ſind nicht genannt.

in seiner Eigenschaft als ‚ehrenfester und hochgelehrter Doctor beider Rechte‘ im Jahre 1581 dem deutschen Volke bekannt machte unter dem Titel ‚Daemonomania: Vom außgelaßnen wütigen Teufelsheer der besessenen, unsinnigen Hexen und Hexenmeister, Unholden, Teufelsbeschwörer, Wahrsager, Schwarzkünstler, Vergifter, Nestelverknüpfer, Veruntreuer, Nachtschädiger und aller anderen Zauberer Geschlecht; erst neulicher Zeit von dem edlen hochgelehrten und vielberühmten Herrn Johann Bodin, der Rechte Doctor und Beisitzer des Parlamentes in Frankreich: zur wolzeitigen Warnung, Vorleuchtung und Richtigung in der heutigen Tages sehr zweifelicher und disputirlicher Hexenstrafung gründlich und nothwendiglich beschrieben.‘ Weyer habe sich, hieß es in diesem Werke, ‚wider die Ehre Gottes zu Felde gelegt‘, Gott habe ihm ‚den Verstand verrückt‘, er sei voll von Gotteslästerungen und Fälschungen, schreibe ‚nach Art und Stil des Teufels‘ und vermehre dadurch dessen Reich auf Erden. ‚Daß dem Weier zu End seines Buchs der Kopf vor Zorn dermaßen erhitzigt, daß er die Richter gräuliche Nachrichter und Henker schilt, gibt wahrlich große Vermuthung, er besorge sehr, es möchte etwan ein Zauberer oder Hexenmeister zu viel schwätzen, und thut eben wie die kleinen Kinder, welche vor Forcht des Nachts singen.‘ Bodin-Fischart verlangten die Verfolgung und Verbrennung der Hexen mit einer Rücksichtslosigkeit und Grausamkeit wie nur wenige Schriftsteller des sechzehnten Jahrhunderts [1].

In derselben Zeit, als Fischart durch seine in mehreren Auflagen erschienene Uebersetzung Bodin’s für die ‚Eintreibung‘ und Bestrafung der Hexen thätig war, betheiligte er sich zu gleichem Zwecke noch an einem andern Unternehmen. Seit sechzig Jahren [2] war von dem ‚Hexenhammer‘ nicht eine einzige neue Ausgabe erschienen, eine Berufung auf ihn fand, so weit es sich nachweisen läßt, in den Hexenprocessen nicht statt. Jetzt gelangte das furchtbare Buch wiederum zu Verbreitung und Ansehen durch von Protestanten besorgte Ausgaben, welche in den Jahren 1580, 1582 [3], 1588 und 1598 [4] zu Frankfurt am Main erschienen. Der Straßburger Buchhändler Lazarus Zetzner, welcher die Ausgabe von 1588 zu Frankfurt drucken ließ, sagt ausdrücklich, daß er die Herausgabe des Werkes ‚dem berühmten Rechtsgelehrten Johann Fischart‘ übertragen habe. ‚Fast unendlich‘, heißt es in der Vorrede, ‚ist besonders in dieser letzten Zeit der Welt die Zahl der Hexen und Zauberinnen, welche, wie die Sache selbst redet und die allgemeine Erfahrung bezeugt, der Teufel sich dienstbar macht.‘ Nun seien allerdings einige berühmte und hochgelehrte

---

[1] Vergl. unsere näheren Angaben Bd. 6, 253—259.
[2] Seit dem Cölner Druck vom Jahre 1520.
[3] Scheltema, Beil. S. 13. | Soldan-Heppe 1, 276 Note.
[4] Gräße 32.

Männer — Weyer wird nicht mit Namen genannt — der Meinung, man
müsse Mitleiden haben mit diesen armseligen, vom Teufel berückten Weibern
und dürfe sie am wenigsten dann verbrennen, wenn sie einen besondern
Schaden nicht zugefügt hätten; jedoch nicht dieser Meinung dürfe man beistimmen, sondern jener, wonach dieselben gemäß göttlicher Anordnung auf
den Scheiterhaufen geführt würden. Fischart verfolgte in seinen deutschen
Schriften mit grimmigem Hasse das ganze katholische Ordenswesen und wußte
den Mönchen, namentlich den Dominicanern, nicht Uebles genug nachzureden:
hier aber erhebt sich nicht der geringste Widerspruch gegen alle die Dinge,
welche die Dominicaner Sprenger und Institoris über Hexen und Hexenkünste, Teufelsbündnisse, Buhlschaften mit dem Teufel und so weiter berichtet hatten. Vielmehr werden alle diese Dinge als zum Wesen einer Hexe
gehörend für wahr und beglaubigt angenommen. Nicht allein die Hexen,
auch wenn sie eines wirklichen Schadens nicht schuldig seien, sowie die Wahrsager, Gaukler und Zauberer müßten aus dem Leben geschafft werden, sondern
auch Diejenigen, ‚welche sich ihres Rathes bedienen, mögen sie das aus einem
guten oder einem schlechten Grunde thun, weil sie den Teufel zum Urheber
haben‘. Zu solcher Forderung hatte doch selbst der „Hexenhammer" sich nicht
verstiegen. Das Werk, welches in zwei Bänden außer dem „Hexenhammer"
noch eine Anzahl anderer Schriften über das Hexenwesen enthielt, sollte vorzugsweise den Obrigkeiten und den Richtern bei Bestrafung der Hexen dienen:
nur zum allgemeinen Nutzen sei es herausgegeben und werde allen wahren
Vaterlandsfreunden willkommen sein [1].

Der Frankfurter Buchdrucker Nicolaus Basse, bei welchem das Werk
erschien, ließ durch Abraham Sawr, Procurator des Hofgerichtes zu Marburg, im Jahre 1586 ein anderes Sammelwerk veranstalten, welches 17 verschiedene ‚Tractätlein' enthielt unter dem Titel ‚Theatrum de veneficis,
das ist: Von Teufelsgespenst, Zauberern und Giftbereitern, Schwarzkünstlern,
Hexen und Unholden vieler fürnehmer Historien und Exempel', ‚allen Vögten,
Schultheißen, Amtleuten des weltlichen Schwertes ꝛc. sehr nützlich und dienstlich zu wissen und keineswegs zu verachten'. Obgleich die Zauberei, sagte
Basse in der Vorrede, eines der am meisten verbreiteten Laster sei und man
in dessen Bestrafung ‚kein Holz, Kohlen, Stroh noch Feuer sparen' solle, so
sei man doch dagegen ‚nun gar zu schläfrig; viel Regenten und Richter
schlagen es in den Wind, glauben nicht, daß solche Leute gefunden werden,
wider göttliche und weltliche Zeugniß, oder da sie es schon glauben, scheuen
sie sich doch vor ihnen, fürchten den Teufel mit seinem Anhang viel mehr

---

[1] Vorrede aus Straßburg vom 1. Januar 1588 zu der Frankfurter Ausgabe
des genannten Jahres.

denn Gott, und ließen viel ehe Gott auf das allerärgste läftern und schmähen, auch ihr Land und Leute durch die Zauberer verderben, denn daß sie dieselbigen gedächten zu strafen'. Diese Obrigkeiten sollten durch sein Sammelwerk zu größerm Eifer in der Auffindung und Verfolgung der Hexen angespornt werden. Andererseits aber warnte Baffe in einem Gedicht ‚An den chriftlichen Leser', man möge nicht ‚zu geschwinde' verfahren ‚mit thörichten und armen Weibern',

> Darumb fich jeder fehe für
> In feinem Stand nach der Gebür,
> Daß er der Sach nit thu zu viel,
> Wann er das Lafter ftrafen will,
> Eile nicht, bis man hat erkennt
> Die Sach felbs nach allen Umftendt;
> Befchwere dein Gewiffen nicht
> Mit unbedächtigem Gericht,
> Dann unfchuldig vergoffen Blut
> Gott umb die Rach anfchreien thut[1].

3.

Auf katholifcher Seite trat in Deutfchland bis zum Jahre 1589 nicht ein einziger Schriftfteller wider die von Weyer aufgeftellten Säße auf[2]. In

---

[1] Franckfurt am Mayn 1586. Die weitaus meiften diefer 17 ‚Tractätlein' (Diefenbach 830—884 hat ihren Inhalt kurz verzeichnet) find in unferer Darftellung benußt.

[2] ‚Ein bedeutungsvoller Gegner', fagt Binz 72, ‚entftand den Schriften von Weyer in dem Index der durch die römifche Kirche oder ihre bevollmächtigten Organe verbotenen Bücher.' Was er darüber angibt, bedarf fehr der Berichtigung und Ergänzung. Weyer's Buch ift zuerft in dem 1570 zu Antwerpen auf Befehl des Herzogs Alba gedruckten Appendix zu dem fogenannten Trienter Index verboten worden, aber nicht als Auctor primae classis, fondern secundae classis; ebenfo in dem Liffaboner Index von 1581 und in dem fpanifchen von 1588. Der Münchener Index von 1582 nahm das Werk in die erfte Claffe auf, nicht aber der 1590 von Sixtus V. herausgegebene Index; hier fteht Weyer, einmal unter corrumpirtem Namen, zweimal in der zweiten Claffe mit dem Zufaße: ‚bis das Buch nach den Regeln diefes Index verbeffert ift'. Später erhielt er ohne diefen Zufaß einen Plaß in der zweiten Claffe, wie dann auch das Buch feines Gegners Bodin (vergl. oben S. 600 f.) unbedingt verboten wurde. Vergl. Reufch, Der Index der verbotenen Bücher 1, 417. 476. 537. In einer Schrift von Wilhelm v. Waldbrühl, welche man häufig angeführt findet: ‚Naturforfchung und Hexenglauben' (Heft 46 der Sammlung gemeinverftändlicher wiffenfchaftlicher Vorträge, herausgeg. von R. Birchow und Fr. v. Holß 2. Aufl. Berlin 1870), wird Weyer S. 28 zu einem ‚freifinnigen Proteftanten' welcher bereits — alfo bevor noch fein Werk erfchienen war — von dem Concil mit feinem Verdammungsurtheile belegt worden fei (S. 30). Noch m

dem genannten Jahre aber veröffentlichte der später von dem Jesuiten Friedrich von Spee in manchen Punkten ernst getadelte Trierer Weihbischof Peter Binsfeld [1] ein lateinisch geschriebenes Werk „Ueber die Bekenntnisse der Zauberer und Hexen, ob und wieviel denselben zu glauben sei" [2], welches in vollem Gegensatz zu Weyer stand. Es erlebte bis zum Jahre 1605 vier Auflagen und wurde auch zweimal in's Deutsche übersetzt. Die erste Uebersetzung veranstaltete der Verleger des Werkes, Heinrich Bock, im Jahre 1590 „allen Liebhabern der Wahrheit und Gerechtigkeit zum Guten' und in der Hoffnung, die Obrigkeit

---

steht zu lesen: „Kaum war das Werk (Weyer's) erschienen, so schrieb der Franzose Nicolaus Jacquier sein Buch Flagellum haereticorum für den Hexenglauben.' Selbiges Flagellum wurde aber bekanntlich schon im Jahre 1458 geschrieben. Waldbrühl weiß. beiläufig bemerkt, noch andere neue Dinge zu berichten, zum Beispiel: Der „Hexenhammer' erschien „unter dem Papste Johann XXIII.' (S. 13); die Bulle von Innocenz VIII. „mißglückte, da mit Jacob Hochstraten das kirchliche Hexengericht (6. November 1486) an die bürgerlichen Richter überging' (S. 14); „die Zigeuner werden nirgends als Anstifter von Hexenversammlungen genannt, dafür aber die Juden und die Dickköpfe, die Protestanten' (S. 24). Nicht weniger verwunderliche Angaben finden sich bei Alfred Maury, La magie et l'astrologie dans l'antiquité et au moyen-âge (4ᵉ édition, Paris 1877). Weyer erscheint dort als Hexenverfolger: „Wierus enregistrait toutes les réponses et les billeveseées des prévenus et donnait, d'après eux, dans son livre *De praestigiis daemonum*, le catalogue complet et la figure des esprits infernaux. Pierre de Lancre, *non moins fanatique et non moins crédule*, se faisait une grande réputation de démonographe' (p. 220—221). Der „Hexenhammer' ist nach Maury (p. 220) erst im Jahre 1589 gedruckt worden; Heinrich Institoris „schrieb über denselben Gegenstand'; aus diesen Werken hat Johann Nider seinen — zur Zeit des Baseler Concils abgefaßten — Formicarius geschöpft und so weiter.

[1] ** Vergl. Kraus in der Allgem. deutschen Biographie 2, 651 ff., und Burr, Flade 13.

[2] Tractatus de confessionibus maleficorum et sagarum, an et quanta fides iis adhibenda sit. Augustae Trevirorum 1589. Im Jahre 1591 erschien in Trier eine vermehrte Auflage (bei Grässe, Bibl. magica 33, ist diese nicht verzeichnet) und fünf Jahre später eine nochmals vermehrte, in deren Widmung an einen Abt der Verfasser sagt: „Quia hoc vitium plurimum, proh dolor, invaluit in diversis nostrae Germaniae provinciis et multi judices nunc, experientia malorum excitati, *diligentius inquirunt*, priores tractatus nostri de maleficis editiones omnes divenditae et distractae sunt et passim tam in nundinis Francofurdiensibus, quam aliis officinis, ut multorum relatione didicimus, plura exemplaria expetuntur.' Binsfeld benutzte in diesen neuen Ausgaben auch allerlei „Bekenntnisse', welche die im Trierischen verbrannten Hexen abgelegt hatten. Auf die Frage „Vieler', „qui plus aequo misericordia erga hoc pessimum hominum genus moventur: Quando sit tandem futurus finis incendii in maleficas et sagas?' gibt er „sine ambagibus' die erschreckende Antwort: „Tamdiu esse locum poenae, quamdiu culpa non cessat. . . Ignis ad maleficos, ignis ad sagas, ignis ad magos.' Im Jahre 1605 war eine vierte Auflage nothwendig geworden.

werde nicht eher ihre Verfolgung der Hexen einstellen, bis man ‚so viel möglich davon ganz gefreiet‘ sei.   Die zweite Uebersetzung erschien zu München im
Jahre 1592, angefertigt von Bernhard Vogel, Assessor an dem dortigen
Stadtgerichte.   Ein kleiner Holzschnitt auf dem Titelblatt sollte das Treiben
der Hexen veranschaulichen: wie eine auf einer Gabel aus dem Schornstein,
eine zweite auf einem Bock durch die Lüfte fährt, eine dritte einen ver-
heerenden Regen erregt, eine vierte Kinder kocht, eine fünfte mit dem Teufel
tanzt, eine sechste vor diesem auf den Knieen liegt.

Noch immer, sagt Binsfeld im Eingange seines Werkes, sind über Hexenwesen und Hexenprocesse verschiedene Ansichten im Schwange.   Einige halten
das, was göttliche und menschliche Gesetze und die Geständnisse der Zauberer
und Hexen von den Werken der Zauberer aussagen, für Einbildungen und
Träume alter Weiber, und behaupten demnach, daß die dieses Lasters Beschuldigten durchaus nicht zu bestrafen seien.   Andere, wenn sie Dinge von
Zauberern erzählen hören, welche sie mit ihrem Verstande nicht begreifen können,
erachten dieselben geradezu für unmöglich.   Dagegen gibt es auch Einige, welche
mehr als zuviel den Wirkungen des Teufels zuschreiben.   Andere wiederum,
obgleich überzeugt von der Wirklichkeit der Zauberei, sagen doch, man solle
nur denjenigen Geständnissen Glauben beimessen, welche die Zauberer über
sich selbst ablegen, nicht aber ihren Aussagen über mitschuldige Personen.
Endlich findet man auch Einige, welche aus Unerfahrenheit oder unter dem
Scheine des Eifers für Gerechtigkeit auf eines alten Weibes Aussage sofort
die angeschuldigten Personen ergreifen lassen und sich für berechtigt halten,
sie in den Kerker zu werfen und sogar auf die Folter zu spannen.   Binsfeld's
eigene ‚Grundsätze‘ sind in mehreren Punkten maßvoller als die vieler anderen
Hexenfeinde des Jahrhunderts.   So verwirft er zum Beispiel die Behauptung
Bodin's, daß Menschen durch Kraft des Teufels sich oder Andere in Thiere
verwandeln könnten; er verurtheilt ferner dessen Behauptung, daß die Richter
durch Betrug, Lügen oder falsche Versprechungen die Hexen zu Bekenntnissen verleiten dürften; die Anwendung der in Gebrauch gekommenen Wasserprobe erklärt er für ein Werk des Teufels; grausam und gottlos sei es, sagt
er, den Reumüthigen den Empfang der Sacramente zu versagen; nur die
Halsstarrigen sollten lebendig verbrannt, die Anderen vor der Verbrennung
hingerichtet werden; die Einziehung der Güter der Hexen, dieses Bereicherungs-
mittel der Richter, sei durchaus verwerflich.   Im Uebrigen aber theilt er vollständig den Hexenglauben seiner Zeit, namentlich die Ansichten über Bündnisse
und Unzucht mit dem Teufel.   Für die Wirklichkeit der Hexenausfahrten
beruft er sich nicht allein auf die Theologen und Juristen, sondern auch ‚auf
die allergewisseste Erfahrung, welche das gemeine Geschrei des Volkes bekräftigt; und können wir hier mit Gewißheit wohl sagen: die S . . . . Volkes ii

die Stimme Gottes, weil alle Wahrheit von Gott ist'[1]. Um die Furchtbarkeit des Lasters der Hexerei hervorzuheben, diente ihm auch der calvinistische
Theologe Lambert Danäus als Gewährsmann. Weil dieses Laster so entsetzlich
sei, so sei es, erklärte er, erlaubt, in den Hexenprocessen die gewöhnlichen
Gesetze und Verordnungen zu überschreiten[2]. Von der traurigsten Wirkung
wurde insbesondere auch sein Satz: auf Grund der Aussagen von Hexen
über ihre Mitschuldigen habe die Obrigkeit das Recht, die bezeichneten Personen der Folter zu unterwerfen; denn die Wahrheit jener Aussagen sei im
Allgemeinen nicht zu bezweifeln.

Sieben Jahre nach dem ersten Erscheinen des Binsfeld'schen Werkes, im
Jahre 1596, erachtete Franz Agricola, Pfarrer zu Sittard im Herzogthum
Jülich, ein entschiedener Gegner Weyer's und seiner Gesinnungsgenossen, für
dringend nothwendig, die Obrigkeiten und das Volk über das Laster der
Zauberei ‚gründlich' aufzuklären und zur ernstesten Bestrafung aller Zauberer
und Hexen aufzufordern. ‚Ich weiß nicht,' sagte er in der Vorrede einer
seinem Landesherrn Herzog Johann Wilhelm gewidmeten Schrift ‚Von Zauberern, Zauberinnen und Hexen', ‚ob von einigen catholischen Scribenten und
Autoren solcher Gestalt zu teutsch hiervon bisher tractiret worden sei', jedenfalls aber seien die Obrigkeiten noch ‚nicht genugsam berichtet', wie ‚gräulich,
schrecklich und hochsträflich' das Laster sei; vielmehr seien sie durch einige vom
Teufel verblendete, vielleicht selbst an diesem Laster nicht unschuldige ‚Procuratoren, Tutoren und liebe getreue Advocaten der Zauberer' dahin beredet
worden, als gebe es entweder gar keine Zauberei, also auch keine Zauberer,
oder als seien die Zauberer und Hexen ‚nicht so hoch und scharf zu bestrafen,

---

[1] ‚Accedit ad testimonium experientia certissima, quam communis vox populi
confirmat; atque hic certe dicere possumus: vox populi vox Dei, cum omnis veritas
a Deo sit' (Ausgabe von 1591 p. 351, von 1596 p. 392). — Hermann Witekind
fügte der Ausgabe seines ‚Christlichen Bedenkens' (vergl. oben S. 562 fl.) vom Jahre 1597
eine ‚Widerlegung etlicher irriger Meinung und Bräuch' in dem Hexenhandel bei, in
welcher er, jedoch ohne Nennung von Namen, gegen Bodin und Andere, besonders gegen
‚den Brandmeister' Binsfeld zu Felde zieht und wie in seiner Schrift selbst, so auch
hier vor Allem die Folterungen, welche als ‚der einige Weg und Mittel, zur Wahrheit zu kommen', angesehen würden, mit aller Entschiedenheit und Wärme verurtheilt.
Binz, Augustin Lerchheimer 141—159. Wenn S. 159 von Solchen die Rede ist, welche
‚nicht so sehr aus Eifer um Gottes Ehr und um den Abfall von ihm, wie sie fürwenden, als aus Begierde der Güter wohlhabende Weiber tödten', so paßt dieser Vorwurf keineswegs auf Binsfeld, der sich auf das nachdrücklichste gegen die Confiscation
der Güter aussprach. Wider die dem ‚Hexenhammer' unbekannte, erst später eingeführte
Wasserprobe sprach sich Binsfeld noch schärfer aus als Witekind S. 105.

[2] ‚Regulare et juridicum est, quod propter enormitatem et immanitatem cri-
minis jura et statuta transgredi licet.'

als in Gottes Wort und den Land- und gemeinen Rechten befohlen ist'. Wie nun aber überhaupt durch Fahrlässigkeit der Obrigkeit alle Sünden und Laster, namentlich seit den letzten ,dreißigjährigen, aufrührischen, kriegsläufigen, muthwilligen, rebellischen Zeiten' überall in Schwang gekommen, ,also befindet sich's auch insonderheit in dem allerschändlichsten, schädlichsten, erschröcklichsten und hochsträflichsten Laster der Zaubereien und Hexereien': kein Land, keine Stadt, kein Dorf, kein Stand sei mehr frei von demselben. Aehnlich wie Lambert Danäus wußte auch er darüber zu berichten: mit der Zahl der ,Hexen und Zauberinnen' sei es so weit gekommen, daß sie ,sich hören und vermessen dürfen: dafern sie also viel Manns- als Weibspersonen unter ihrem Zauberhaufen hätten, so wollten sie wohl ihre Conventicula und Zusammenkünfte offenbarlich halten, ihre Künste öffentlich brauchen und mit aufgestreckten Fähnlein öffentlich sich wider die Obrigkeit empören und auflainen, trutz die es wehrten oder denen es leid sein sollte'[1].

In besonderen Abschnitten setzte er auseinander: Zauberer, Zauberinnen oder Hexen seien ,ärger als Heiden und Abgöttische, als Juden, Türken und Mamelucken, als Gotteslästerer und sonst eid- und treulose Menschen, als Ketzer und Sectarier, als Sodomiter, Vater- und Muttermörder, Landes-verräther, Blutschänder, Ehebrecher' und so weiter[2]. Er empfahl Für-sorge, daß nicht Unschuldige bestraft würden, verwarf, wie Binsfeld, die ,fast eingerissene' Wasserprobe als ,abergläubig und ein Teufels-Fund', wollte keineswegs ,an der Bekehrung und Seligkeit der Hexen verzweifeln' und sprach sich ausführlich über die Mittel aus, wie sie zur Buße und Besse-rung geführt werden könnten, darunter sei aber ,nicht das geringste, sondern wohl das kräftigste Mittel', daß ,die zauberischen bekannten Personen von hoher und gebührlicher Oberkeit mit der Justitia angegriffen, gefänglich ein-gezogen und nach Gelegenheit gestraft' würden[3].

Am meisten bemerkenswerth ist der ,Siebente Tractat: Von allerlei Argumenten, Gegenwürf und Einreden' wider die Wirklichkeit der Zauberei und die gesammten Hexenkünste, Ausfahrten der Hexen, deren Buhlschaften mit dem Teufel, und die Ersprießlichkeit und Nothwendigkeit ihrer Bestrafung[4]. Agricola führt in vier Abschnitten nicht weniger als 51 solcher ,Einreden' an, läßt aber nicht eine einzige gelten. So gibt er zum Beispiel auf die Ein-rede: ,die Hexen verläugnen Gott und Christum nicht, denn sie gehen mehrer-theils noch zur Kirche, hören Predigt, Gottesdienst, beichten und empfangen die heiligen Sacramente, nennen und rufen Gott und Christum an, so wohl

---

[1] Widmung an den Herzog: Sitart den 12. November 1596. Vorrede an den Leser. Ich benutze die Dillinger Ausgabe von 1613.   [2] S. 1—68.   [3] S. 69—98. 291.   [4] S. 288—353.

als Andere', zur Antwort: das Alles sei ‚nur ein heilloser, ja höllischer Betrug, den sie vom Teufel gelernet, um ihre Bosheit also zu bedecken und allen
Verdacht und Argwohn zu verhindern, auch Andere desto bälder und mehr
an sich zu ziehen' [1]. Auf eine Einrede anderer Art: wenn ‚man alle Zauberer verbrennen solle, müßte man auch oft die Reichsten und Fürnehmsten
nicht verschonen', erwiderte Agricola: gerade diese dürfe die Obrigkeit, welche
gemessenen Befehl habe, Zauberer und Hexen nicht leben zu lassen, ‚viel
weniger verschonen, weil sie Andere desto mehr dazu verursachen, und nicht
aus Armuth oder aus Noth, wie oft mit den Armen beschieht, auch nicht
aus Einfalt und Unverstand, sondern aus lauter Muthwillen zu solchem
Gräuel und teuflischer Wollust sich begeben'. Auch die Einrede: ‚Es ist schwer,
sein eigen Gemahl, Brüder, Blutsverwandte, Gefreundete (deren auch oft
schuldig erfunden werden, wenn man scharf anfahet, zu inquiriren) zu verbrennen', dürfe eine fromme Obrigkeit nicht berücksichtigen, denn sie müsse Gott
mehr lieben als Fleisch und Blut und selbst gegen Vater und Mutter ‚Gottes
Befehl exequiren' [2]. Wenn man einwerfe: ‚Es gehen zu viel Unkosten darauf,
denn des Ungeziefers ist zu viel; wenn man anhebt zu brennen, so findet
man kein End und offenbaren sich je länger je mehr', so habe das keineswegs
irgend Etwas zu bedeuten. Wenn die Obrigkeit haufenweise die Uebelthäter
und Landbetrüber strafe, so sehe sie keine Kosten an, ebenso wenig, wenn sie
einen Krieg, oft aus geringen Ursachen, beginne: um wie viel weniger solle
sie Kosten scheuen, wenn es sich um die Bestrafung der Feinde Gottes und
der ganzen Christenheit handle! ‚Wenn man unnöthige, viel zu köstliche
Gebäu aufrichtet, unnöthige, ungebührliche Pracht, Hochfart, Panketten, Brett-,
Kart-, Schau- oder Stechspiel und dergleichen eitele Dinge mit großem un-
säglichem Kosten anwendet, so sieht man noch spart keine Kosten; man will
seinem Stand und Herkommen gemäß leben, Anderen nicht nachgeben, den
Preis und Ruhm vor der Welt einlegen, auch gemeinlich wider Gottes ausdrücklichen Befehl, wider Leibs und Seelen Wohlfahrt, mit großem hoch-
schädlichem Aergernuß. Warum will oder soll man dann den Kosten ansehen,
wenn man Gottes Befehl exequirt, Gottes Ehr und die Justitiam vertheidigt,
seinem Amt und Eid nachfolgt, die Bösen, ja Allerböseßten strafet zur Erbauung, Tröstung und Handhabung der frommen Unterthanen, und verdient
damit zeitlichen und ewigen Segen?' Ueberdieß habe die Obrigkeit um so
weniger Grund, der Unkosten wegen ‚von gebührender Strafe und Hinrichtung
der Zauberer und Hexen abzustehen', weil sie das Recht besitze, ‚den Unkosten,
welcher auf solchen rechtlichen Proceß und Execution gehet, von den Gütern
der Hexen und Zauberer, die Etwas im Vermögen haben, zu nehmen, wie

---

[1] S. 247—250.　　[2] S. 300—302.

dann Solches an mehreren Orten im Reich geübet und practiciret wird. Und
zwar billig und vernünftig.' Auch müsse man aus der Habe und den Erbgütern der reichen Uebelthäter den Schaden zu ersetzen suchen, welchen sie
durch zauberische Beschädigung von Menschen und Vieh, Anstiftung von Ungewitter, Hagelschlag, Mißwachs und dergleichen oft ganzen Dörfern und
Städten zugefügt hätten. Seien aber die Hexen und Zauberer, wie gemeinlich der Fall, arm, so müsse die Gemeinde, in der sie wohnhaft, für die
Kosten aufkommen, und die Obrigkeit habe nicht allein die Macht, sondern
sogar die Pflicht, zu diesem Zwecke ,die Unterthanen nach Gelegenheit zu
schatzen und zur Contribution anzuhalten'. ,Und so die frommen Unterthanen
in anderen Fällen zu contribuiren schuldig und auch willig, wie könnten sie
dieserhalb sich mit Billigkeit weigern oder beschweren, wenn sie anders Gottes
Ehre gewogen, der Gerechtigkeit geneigt, der Ungerechtigkeit feind, ihren zeitlichen und ewigen Schaden zu verhüten geflissen und nicht selber der Zauberei
pflichtig oder zugethan sein?'[1]

Agricola forderte sogar die Unterthanen auf: wenn die Obrigkeiten in
Bestrafung der Hexen und Zauberer blind, nachlässig oder wegen der Unkosten
blöde seien, so sollten sie sich freiwillig erbieten, diese Unkosten zu tragen, und
überhaupt zur Austilgung aller verfluchten Bundesgenossen des Teufels und
Teufelstrabanten keine Mühe noch Arbeit, kein Geld noch Gut sparen, und
die Obrigkeiten ernstlich und unablässig dazu anhalten, ,doch ohne Aufruhr
und unzulässige Gewaltthaten'[2].

Binsfeld und Agricola sind, so weit man aus der bekannt gewordenen
Hexenliteratur schließen darf, während des sechzehnten Jahrhunderts unter den
katholischen Geistlichen Deutschlands die Einzigen, welche durch Schriften die
Hexenverfolgung befürwortet und gefördert haben. Predigten zu Gunsten
dieser Verfolgung, wie sie unter den Protestanten häufig veröffentlicht wurden[3],
scheinen auf katholischer Seite bis in den dreißigjährigen Krieg hinein nicht
erschienen zu sein. Wenigstens klagte der Bamberger Weihbischof Friedrich
Forner in seinen im Jahre 1625 herausgegebenen Hexenpredigten: vor ihm
habe noch kein Verkündiger des göttlichen Wortes sich des Gegenstandes in
einem Buche angenommen; es sei ihm ,kaum irgend Jemand bekannt, der in
Volkspredigten' dem furchtbar verbreiteten Hexenübel entgegengetreten sei[4].

Zu den katholischen Gelehrten, welche ,mit höchstem Fleiß und Scharf-
sinn und unter allgemeinem Beifall' das Hexenwesen behandelt hätten, rechnete

[1] S. 328—339.   [2] S. 201—202. 339—841.
[3] Vergl. oben S. 588 ff.
[4] Panoplia, Epist. dedicatoria an den Bischof Johann Christoph von Eichstätt Bl. 3.

Forner außer Binsfeld noch den Juristen Nicolaus Remigius und den Jesuiten Martin Delrio.

Nicolaus Remigius, herzoglich lothringischer Geheimrath und Oberrichter, gab im Jahre 1595 zu Lyon eine lateinisch abgefaßte ‚Dämonolatria‘ heraus, welche im Jahre 1596 zu Cöln, in den Jahren 1596 und 1597 zu Frankfurt am Main nachgedruckt wurde. Der Frankfurter Buchhändler Zacharias Palten widmete seine Ausgabe dem ‚hochberühmten und durch Gelehrsamkeit höchst ausgezeichneten‘ Otto Casmann, Schulrector, später Prediger zu Stade, weil dieser in seiner Lehre über die Dämonen mit dem vorzüglichen, ja einzig in seiner Art bastehenden Tractate des Remigius, welcher aus freiwilligen oder erzwungenen Bekenntnissen der Hexen die reichsten Erfahrungen sich gesammelt habe, übereinstimme[1]. In den Jahren 1596 und 1598 erschien in Frankfurt ‚wegen der Gemeinnützigkeit des Werkes‘ auch eine deutsche Uebersetzung desselben unter dem Titel ‚Daemonolatria, das ist: Von Unholden und Zaubergeistern, des Edlen Ehrenvesten und hochgelarten Herrn Nicolai Remigii‘ — ‚welche wunderbarliche Historien, so sich mit den Hexen, deren über 800 im Herzogthum Lotharingen verbrennet, zugetragen, sehr nützlich, lieblich und notwendig zu lesen‘[2].

Was in dem ganzen Werke ‚lieblich zu lesen‘ war, ist unersindlich.

Wie dem französischen Parlamentsrathe Bodin, der bei einigen Hexenprocessen den Vorsitz geführt hatte, ‚die Haare zu Berg‘ standen über Weyer's gottloses Beginnen, so ereiferte sich auch Remigius über den ‚in Rechten unerfahrenen, unflätigen und so viel hochstrafwürdigen Leibmedicus‘ des Herzogs von Cleve. Zur Begründung der Wirklichkeit des tollsten und aberwitzigsten Hexenglaubens benutzte er die ‚Bekenntnisse‘ von etwa 800 Hexen, welche während seiner Amtsführung binnen 16 Jahren in Lothringen zum Scheiterhaufen verurtheilt worden waren[3]. ‚Es ist Remigio ein schlechter Ruhm‘, sagte später mit vollem Rechte der protestantische Theologe Meyfart, ‚wenn er in seinem Buch von etlichen hundert Personen die Rechnung macht, bei welchem Proceß seine Excellenz gewesen. Solche alberne Possen bringt Remigius auf das Papier, die viel mehr zeugen von der Unschuld der Verurtheilten als der Geschicklichkeit der Richter. Mit Fleiß habe ich die Charten durchlesen und befunden, daß der ganze Plunder beruhe auf

---

[1] Dedication vom 7. September 1596 in der Frankfurter Ausgabe der Daemonolatriae libri tres von 1597.

[2] Uebersetzt ‚durch Teucridem Annaeum Privatum. Franckfurt, bei Cratandro Palthenio, 1598‘. Die von Solban-Heppe 2, 25 Note 2 angeführte deutsche Ausgabe von 1596 kenne ich nicht.

[3] Lib. 1, cap. 15. Fast ebenso viele Hexen, heißt es dort, hätten sich der Strafe durch die Flucht entzogen oder seien durch die Folter nicht überführt worden.

ben durch die Marter erpreßten Aussagungen und bethörten Erzählungen der wahnwitzigen Betteln.' Die von Remigius vorgebrachten Dinge seien ,so ungereimt, unmöglich und daher unglaubig', daß sie ,auch ein ABC-Knabe für Fabeln' halte [1]. Bei allen Denjenigen, welche seine Berichte gläubig aufnahmen, mußte es einen furchtbaren Schrecken verbreiten, daß die in Lothringen hingerichteten Hexen fast einstimmig das ,Bekenntniß' abgelegt hatten: sie hätten vom Teufel die Macht erhalten, des Nachts in Gestalt von ganz kleinen Thieren, von Mäusen, Katzen und so weiter in verschlossene Häuser einzudringen, dort ihre ursprüngliche menschliche Gestalt wieder anzunehmen und die Schlafenden zu vergiften oder andere schauerliche Dinge auszuführen; überaus schwer sei es, sich gegen diese Hexenkünste sicherzustellen [2]. War aber der Teufel einerseits so gnädig gegen die Hexen, indem er ihnen eine derartige Macht verlieh, so ging er andererseits, wie diese ebenso ,wahrheitsgemäß' bekannten, auch unerbittlich streng mit ihnen um. Remigius erfuhr nämlich aus den ,Bekenntnissen': ,Wenn die Hexen nicht pünktlich bei den Zusammenkünften erscheinen oder diese verlassen oder irgendwie sonst gegen die Befehle des Teufels handeln, so werden sie von diesem auf das grausamste gezüchtigt und von dessen Krallen zerfleischt.' [3] Bei den Gerichtsverhandlungen war der Teufel, versichert Remigius, bisweilen persönlich zugegen, um die Hexen von Bekenntnissen zurückzuhalten; aber er war dann nur diesen, nicht auch anderen Leuten sichtbar [4].

Bei Erprobung einer Hexe ist, sagt Remigius, Alles verdächtig, sowohl wenn sie oft als wenn sie niemals in die Kirche geht, sowohl wenn ihr Leib kalt als wenn er warm ist: und überall ist die unnachsichtlichste Strafe gegen sie geboten. Wie sollten aber, entstand die Frage, minderjährige Kinder, welche an den Hexenversammlungen Antheil genommen hatten, bestraft werden? Darüber, daß die Zahl solcher Kinder unendlich groß, war Remigius durchaus nicht im Zweifel. Wenn der Teufel, bezeugt er aus seinen Amtserfahrungen, einmal in eine Familie eingedrungen ist, läßt er sich aus derselben kaum noch vertreiben. Er bringt die Mütter dahin, daß sie ihre Kinder ihm frühzeitig verschreiben, dieselben im Alter von sieben oder zwölf Jahren auf die Hexentänze führen und in alle Hexenkünste einweihen. Nun dürfen aber doch solche Kinder trotz ihrer jungen Jahre nicht der Bestrafung

---

[1] Meyfart 480; vergl. 527 fll.

[2] Lib. 2, cap. 4, p. 213 sq. Das Capitel trägt die Ueberschrift: ,Perdifficiliter vitari posse quas veneficae hominibus struunt insidias: quod de nocte in obseratas, clausasque domos ignota specie ac forma illabantur, arctissimo somno decumbentes diris suis artibus obruant, prodigiosaque alia multa edant' etc.; zu vergl. lib. 2, cap. 7 und 8, p. 239—253.

[3] Lib. 1, cap. 18.   [4] Lib. 3, cap. 11.

entgehen. ‚Wir zwei Oberrichter haben bei mehreren Kindern, welche in ihrer frühesten Jugend von den Eltern dem bösen Geiste übergeben worden waren und Gutes und Böses schon unterscheiden konnten, für Recht erkannt, daß sie nackt ausgezogen und dreimal um den Platz, wo ihre Eltern den Feuertod erlitten, mit Ruthen gehauen werden sollten. Eine solche Strafe ist seitdem in Uebung geblieben, aber ich habe niemals geglaubt, daß man dadurch den Gesetzen vollständig Genüge leiste. Man hätte sie gänzlich sollen vertilgen und ausrotten, damit fürder durch sie den Menschen kein Schaden geschehe. Ein heilsamer Eifer ist allzeit dem schädlichen äußern Schein der Begnadigung vorzuziehen.' [1]

Remigius stand mit solchen Forderungen keineswegs allein da. Heinrich Boquet, Oberrichter in Burgund, hielt es im Jahre 1603 für eine Art Gnade, Hexenkinder nur zu erdrosseln, nicht zu verbrennen [2]. Binsfeld wollte, wenn nicht ganz besondere Umstände vorhanden, die Todesstrafe über Knaben und Mädchen nicht vor dem vollendeten sechzehnten Jahre verhängt wissen [3]. Eine solche ‚Milde' kam aber nicht in Gebrauch. Der protestantische Prediger Rübinger theilte seinen Zuhörern mit, daß über ‚junge Drachen und Teufels.... von 7, 12 oder 15 Jahren' der Feuertod verhängt werde [4]. Daß Minderjährige zur Erpressung von ‚Bekenntnissen' gefoltert wurden, kam in den Gerichten häufig vor. Auch dagegen sprach sich Binsfeld aus: nur mit Drohworten oder durch Züchtigung mit Ruthen oder ledernen Riemen solle man ihr Zeugniß zu erlangen suchen [5].

Wichtige Vorschriften über die Anwendung der Folter enthält ein Werk des von spanischen Eltern im Jahre 1551 zu Antwerpen geborenen Juristen, spätern Jesuiten Martin Delrio.

Dieses zuerst im Jahre 1599 zu Löwen erschienene, in vielen Auflagen und Ausgaben verbreitete Werk: ‚Disquisitiones magicae' behandelte in sechs Büchern das ganze Hexenwesen und stellte aus den damaligen Gesetzbüchern und aus der damaligen gerichtlichen Praxis alles für den Hexenhandel Geeignete zusammen [6]. Delrio, ein theoretischer Stubengelehrter,

---

[1] Lib. 2, cap. 2.   [2] Vergl. Lecanu, Gesch. des Satans 295.
[3] De confessionibus (Ausgabe von 1596) p. 650.
[4] Rübinger 255.   [5] De confessionibus 850.
[6] Disquisitionum magicarum libri sex, quibus continetur accurata curiosarum artium et vanarum superstitionum confutatio, utilis theologis, juriusconsultis, medicis, philologis. Lovanii 1599. Verzeichniß der zahlreichen Ausgaben bei Gräße, Bibl. magica 47. Die Angabe von Binz (Joh. Weyer 79), das Werk sei zuerst im Jahre 1593 in Mainz ausgegeben worden, ist irrig, wie schon aus der Vorrede Delrio's (Lovanii 7. Id. Mart. 1599) und aus der Approbation des Censors vom 8. Februar 1599 hervorgeht. Justus Lipsius, der für das Werk den Titel Disquisitiones magicae vorschlug, schrieb im November 1597 an den Verfasser: ‚Magica tua pro votis mul-

theilte ziemlich vollständig den Hexenglauben seiner Zeit, bestritt heftig die bezüglich der Hexenkünste davon abweichenden Ansichten Weyer's und Gödelmann's
und reihte mit größter Genugthuung den Widerrufungsact des Cornelius
Loos seinem Werke ein. Als die eigentliche Grundlage alles Hexenwesens
faßte er das Bündniß mit dem Teufel auf und befürwortete den von der
kursächsischen und der kurpfälzischen Criminalordnung aufgestellten Satz, daß
die Hexen, auch wenn sie Niemanden beschädigt hätten, wegen ihres Teufels-
bundes getödtet werden sollten. Sein Werk enthält allerlei Ungeheuerlichkeiten
des damaligen Hexenglaubens. Aber man kann ihm das Zeugniß nicht versagen, daß er eifrigst bemüht war, die grausame Härte der herrschenden
Praxis in den Hexenprocessen zu mildern und den Richtern den Grundsatz
einzuflößen: Es ist besser, daß hundert Schuldige ungestraft davonkommen,
als daß eine einzige Unschuldige verurtheilt werde. Jeder Richter solle stets
vor Augen haben, daß ein höherer Richter über ihm steht, der ihn am jüngsten
Tage richten wird [1]. Kann der Richter die Wahrheit ohne Folter erfahren,
so darf er diese nicht anwenden; denn die peinliche Frage ist eine gefährliche,

---

torum tarde dabis. Omnino in hoc incumbe et emitte'; und noch im Juni 1598:
,Tua Magica haud dubie omnibus grata . . . perge et prome.' Burmanni Sylloge
Epistolarum 545. 548. Der Amerikaner G. L. Burr, Professor an der Cornell Uni-
versity, schreibt in seiner Abhandlung The Literature of Witchcraft (Reprinted
from the Papers of the American Historical Association, New York 1890)
p. 60 Note 7: ,In the National Library at Brussels, where I have examined it,
is an earlier and much briefer draft of Delrio's book, dated 1596 and bearing
the title *De superstitione et malis artibus*.' ,The edition ascribed by Grässe
(and by others following him) to 1598 is a myth', aus den oben von uns angegebenen
Gründen. Bei Grässe ist eine solche Ausgabe aber nicht verzeichnet. Die Kenntniß
der Abhandlung Burr's verdanke ich der Güte des Trierer Stadtbibliothekars. (** Vergl.
jetzt auch Burr, Flade 47.) — Delrio studirte die Rechte zu Paris, Douay und Löwen
und zeichnete sich wie durch seine Commentare über das Civilrecht so auch durch
philologische Schriften aus. Justus Lipsius nannte ihn ein ,miraculum nostri aevi'
(vergl. Peinlich, Gesch. des Gymnasiums zu Graz, Programm 1869, S. 5). Er bekleidete in Brabant die Stelle eines Vicekanzlers und Generalprocurators, trat im
Jahre 1580 zu Vallabolid in den Jesuitenorden ein, lehrte Philosophie zu Douay,
Theologie zu Lüttich, Löwen, Graz und Salamanca und starb zu Löwen im Jahre
1608. Den Zweck seiner Disquisitionum magicarum libri sex bezeichnete er im Anfange des fünften Buches (ich benutze die Mainzer Ausgabe vom Jahre 1624) mit den
Worten: ,Quis credidisset me post annorum viginti felix a Tribunalibus ad Reli-
giosae vitae transfugium ad hanc Masuri rubricam rediturum? Redeo tamen non
ut coram me reus palleat, non ut Quaesitor sedeam, vel ut Quadrupalator aures
praebeam, sed ut judicibus consulam, quibus ex librorum confusa congerie aut
usu nimis arbitrariorum hodie judiciorum ista minus libuit vel licuit ad crimen, de
quo nunc agimus, accommodare.' Lib. 5, p. 694.

[1] Lib. 5, sect. 1.

oft trügerische Sache, bewirkt oft, daß der Unschuldige für ein unsicheres Verbrechen die sichersten Strafen erleidet[1]. Zur Folter dürfe nur geschritten werden, wenn ‚die allergewichtigsten Anzeichen‘ der Schuld vorhanden, so daß der Richter völlig davon überzeugt sei und ihm Nichts mehr mangele als das Bekenntniß der Schuldigen[2]. Unter den ‚Indicien‘, welche nach gemeinlichem Gebrauche die Anwendung der Tortur rechtfertigen sollten, verwirft Delrio zum Beispiel die Furcht und das Zittern der Angeklagten, auch ‚das Indicium‘, daß eine Angeschuldigte nicht Thränen vergießen könne. Die gebräuchlich gewordene Wasserprobe, welche überhaupt keineswegs erlaubt sei, könne kein Recht zur Folterung bieten[3]. Durchaus verwerflich sei ferner die im ‚Hexenhammer‘ befürwortete Praxis, die Wiederholung der Folter nur als eine ‚Fortsetzung‘ zu bezeichnen. Fromme Richter sollten von solchen elenden Ausflüchten sich fern halten[4]. Nicht weniger verwerflich sei die von Bodin aufgestellte Lehre: der Richter dürfe auch vermittelst Lügen die Wahrheit von der Angeklagten herauslocken[5].

Der Satz Delrio's, daß die Folter eine Stunde dauern dürfe, klingt furchtbar in den Ohren Derer, welche das damalige Folterwesen nicht kennen. Adam Tanner, ein Ordensgenosse Delrio's, ließ diesen Satz nicht gelten; und doch beriefen sich protestantische Juristen zu Coburg, welche wegen ihrer milden Anwendung der Folter von den dortigen Predigern auf der Kanzel angegriffen wurden, zu ihrer Vertheidigung auf diesen Satz gegen die bei den Gerichten waltende Praxis. Auch darauf beriefen sie sich gegen ihre geistlichen Widersacher, daß Delrio verlange, es müsse den angeschuldigten

---

[1] ‚Abstinendum judici tormentis, si possit abstinendo veritas haberi; quaestio enim res fragilis est et periculosa et quae saepe veritatem fallit, saepe fit, ut innocens pro incerto scelere certissimas luat poenas.‘ Lib. 5, sect. 9.

[2] ‚Indicia tam urgentia et certa et luce meridiana clariora, ut judex sit quasi certus de delinquente et ut nihil aliud ipsi desit quam rei confessio.‘ Lib. 5, sect. 3.

[3] Auch der Jesuit Leonhard Lessius verwarf die Wasserprobe in seinem Werke De justitia et jure (vierte Ausgabe, Antwerpen 1617) p. 885.

[4] ‚*Praxis* vero illa, quam Sprengerus ponit, ut damnetur non ad torturam iterandam, sed ad eandem alio die continuandam, et hoc posse fieri non ortis novis indiciis, mihi callidior quam verior et crudelior quam aequior videtur. Nec enim decet hujusmodi verborum captiunculis saevitiam intendere. Quid *prodest vocare continuationem quae revera est iteratio?* Quam durum etiam est per continuatos dies quaestionem exercere? Absint a piis judicibus hujuscemodi commenta.‘ Lib. 5, sect. 9.

[5] ‚Homo praecipitis et nova ac periculosa amantis ingenii Jo. Bodinus haec omnia judici permittit. In primis dum asserit licere mentiri. Hoc hodie haereticum est. Est fide enim tenendum, mendacium esse rem simpliciter et per se malam ideoque adeo illicitam, ut nec Pontifex dispensatione bonam facere possit.‘ Lib. 5, sect. 10.

Heren unbedingt ein Vertheidiger gestattet werden[1]. Die Coburger Prediger
wollten dieses nicht zugeben; aus falschem Eifer, sagten die Juristen, wenden
sie vor, „den Gefangenen und der Hexerei verdächtigen Personen wäre keine
Defension zuzulassen, und man sollte alsbald nach der Gefangennehmung,
ungeachtet was sie in gütlicher Vorhaltung zu ihrer Exculpation allegiren,
zur scharfen Frage schreiten'; „man spanne das Werk gar zu enge, suche
mit Fleiß allerlei Zwerghölzer in den Weg zu werfen und die Hexenprocesse
zu verhindern: solcher Gestalt würde den Hexen das Wort geredet, zumal
wenn man nicht strack auf Angaben von Complicen und dergleichen liederliche
Indicia über die benannten Personen den Henker mit seiner Folterbank schicket'.
Nun werde aber nicht etwa eine Stunde lang gefoltert, sondern „zum öftesten
begibt sich, daß eine mit Indicien nicht sehr gravirte Person mit Beinschrauben
bisweilen zu vielen Malen angegriffen, in Zug genommen, in den Bock 6,
8, 10, 12 und mehr Stunden gespannt, mit dem schwarzen Hemd, darauf
ein Crucifix stehen soll, bekleidet, auf Kopf, Bart, unter den Armen, an
heimlichen Orten beschoren, mit Lichtern oder heißem Pech gebrennet, die Pein
folgenden Tages, auch wohl ohne rechtlich Erkenntniß, wiederholt' wird[2]. Da
war denn eine Berufung auf Delrio wohl am Platze, zumal dieser die
Richter aufforderte, nicht neue Folterungen zu ersinnen, nicht die Glieder der
Angeschuldigten zu zerreißen, sondern nur das Binden mit Stricken, das
Aufgießen kalten Wassers auf den entblößten Rücken, das Anhängen von Gewichten und als das beste und sicherste Mittel die Entziehung des Schlafes
anzuwenden; im höchsten Falle dürfe die Folter nur dreimal vorgenommen
werden[3].

Was solche Sätze gegenüber den in den Hexenprocessen gewöhnlich an-
gewendeten Folterungen bedeuteten, dafür ist der protestantische Theologe
Johann Matthäus Meyfart ein classischer Zeuge. Er war geboren zu Jena
im Jahre 1590 und berichtete über Hexenfolterungen, welchen er als Jüng-
ling beigewohnt hatte. „Ich bin', schreibt er, „in der Jugend bei unterschiedlichen peinlichen Fragen gewesen, habe das traurige Spectakel gesehen. O
liebe Christen, ich habe gesehen, welchermaßen die Henker und Peiniger den
wunderschönen Leib des Menschen, an welchem sich auch die Engel erlustigen,
so schandhaftig verstellen, daß es auch vielleicht die Teufel verdreußt, weil sie

---

[1] Die Juristen führten die Worte Delrio's an: „Omnino tenendum, etiam in
exceptis criminibus non posse denegari reis advocatum . . . jure etenim naturali
cautum est, ut, qui per se nequit, possit se per alium defendere: sagae plerumque
sunt illiteratae, nec se norunt defendere, ergo debent per alium defendi, alioquin
illis indirecte tolleretur defensio, quae nulli tollenda' etc. Disqu. magicae lib. 5,
quaest. 38.

[2] Leib, Consilia 62. 66 fll.   [3] Lib. 5, sect. 9.

spüren, es seien Menschen, die in der vornehmen Kunst den höllischen Geistern überlegen. Ich habe gesehen, welchermaßen sie den festen Leib des Menschen zertrümmern, die Glieder von einander treiben, die Augen aus dem Haupte zwingen, die Füße von den Schienbeinen reißen, die Gelenke aus den Spann-adern bewegen, die Schulterscheiben aus der Schaufel heben, die tiefen Adern aufblähen, die hohen Adern an etlichen Orten einsenken, bald in die Höhe zerren, bald auf den Boden stürzen, bald in dem Cirkel wälzen, bald das Ober in das Unter, bald das Unter in das Ober wenden. Ich habe ge-sehen, wie die Henker mit Peitschen geschlagen, mit Ruthen gestrichen, mit Schrauben gequetschet, mit Gewichten beschwert, mit Nägeln gestochen, mit Stricken umzogen, mit Schwefel gebrannt, mit Oel gegossen, mit Fackeln gesengt haben. In Summa, ich kann zeugen, ich kann sagen, ich kann klagen, wie der menschliche Leib veröbet worden. Mich wundert, daß viel Schöppen-stühle, Facultäten, Collegien bei Universitäten, bei Regimentern, bei Gerichten so leichtlich die Tortur einem armen Gefangenen zuerkennen: billig wäre es, daß Keiner, er sei Doctor, Licentiat oder Magister, zu solchem Spruche gelassen würde, er hätte dann zuvor das erbärmliche Elend mit Augen angesehen.' ‚Man brauchet stachelichte Stühle, stachelichte Wiegen, ich mag nicht mehr daran gedenken, so scheußlich, furchtsamlich, vermaledeilich ist das ganze Wesen. Ich habe gesehen (daß es Gott im Himmel erbarm, weil mein junges Blut damals geärgert worden), welcher Gestalt ein Martermeister mit einem Schwefel-knopf die in der Marter hangende Person an heimlichen Orten gebrannt hat. Groß ist deine Geduld, Herr Jesu, in diesem Handel.' [1]

Am wichtigsten sind zwei Sätze Delrio's, welche in der gerichtlichen Praxis nur selten beobachtet wurden. Der erste: Wenn der Angeschuldigte auf der Folter ein Bekenntniß ablegt, so ist dieses nichtig, weil durch Gewalt ausgepreßt, und der Richter, der daraufhin ein Todesurtheil fällt, ist vor Gott des Menschenmordes schuldig [2]. Der zweite: Das Zeugniß ‚infamer Personen und der Mitschuldigen' reicht, wenn ihre Zahl auch noch so groß ist, nicht aus zur Verurtheilung eines Angeklagten [3].

---

[1] Meyfart 466 ffl. Vergl. oben S. 477.

[2] ‚. . . Quodsi reus tormentorum vi confiteatur, confessio erit nulla, quia vi extorta, et judicium ex eo subsecutum nullum et sententia irrita. Et per conse-quens judex talem supplicio mortis afficiens, homicidii reus est coram Deo.'

[3] ‚Quantumvis multiplicentur depositiones personarum infamium et complicum, non est procedendum judici ex his solis ad condemnationem.' ‚Scio‘, fügt er hinzu, ‚contrarium communius teneri et in praxi obtinere saltem, ut poena puniatur extra-ordinaria', aber ‚nunquam quae natura sua sunt dubia, possunt rem facere indubi-tatam.' Lib. 5, sect. 5, 4. Angesichts alles dessen, was Delrio über die Folter sagt, ist es sehr auffallend, daß Binz (Joh. Weyer 88—89) bei Anführung der Forderung Göbelmann's (vergl. unsere Angaben oben S. 573): ‚Unter allen Umständen sei beim

Wäre nach diesen Vorschlägen und Wünschen Delrio's verfahren worden, so würden nicht so viele Tausende von Unschuldigen gemartert und gemordet worden sein, und die Hexenprocesse hätten sich nicht in's Unendliche vervielfältigt.

———

Als Weyer im Jahre 1563 sein Werk herausgab, schrieb ihm ein Abt: er habe das Eis gebrochen und die unglücklichen alten Weiber vor einer schrecklichen Barbarei gesichert [1]. Das gerade Gegentheil trat ein [2]. Im letzten Drittel des sechzehnten Jahrhunderts begann in massenhaften ‚Hexenverfolgungen und Hexenbränden‘ erst recht jenes furchtbare Drama von unermeßlicher Ausdehnung, mit dem an Jammer, Verzweiflungsscenen und Elend auf der einen, und Aberglauben, Unsinn und Barbarei auf der andern Seite kaum Etwas in der Geschichte des deutschen Volkes verglichen werden kann [3].

Bekenntniß (einer Hexe), welches durch die Qualen des Kerkers, durch den Anblick der Folterinstrumente oder durch die Folter selbst ausgepreßt wurde, keinerlei Beweiskraft beizulegen‘, die Behauptung aufstellt: ‚Für solche Ketzerei wird Gödelmann denn auch von seinem Zeitgenossen Delrio gehörig angefahren.‘ Delrio eifert nur (lib. 2, quaest. 16) wider Gödelmann, weil er die Wirklichkeit der Luftfahrten läugnete, und wenn er ihn (lib. 6, cap. 3) auf das heftigste ‚anfährt‘, so geschieht es, weil Gödelmann behauptet hatte, die kirchlichen Exorcisten seien den Zauberern beizuzählen. Gödelmann erklärte auch die kirchlichen Segnungen, das Chrysam, selbst die Wandlung in der heiligen Messe für Zauberei. ‚Auch gegen Lerchheimer (Hermann Witekind) wüthet er (Delrio) hier‘ (lib. 6, cap. 3), bemerkt Binz (S. 89 Note 1) weiter, gibt aber den Grund dafür nicht an. Dieser bestand jedoch nicht etwa darin, daß Lerchheimer sich gegen die Folter ausgesprochen hatte, sondern darin, daß er wie Gödelmann den Exorcismus für ‚Gaukelspiel und Affenwerk‘, die Verwandlung von Brod und Wein in der heiligen Messe für einen ‚zauberischen Segen‘ ausgegeben hatte (vergl. Binz, Augustin Lerchheimer 119—120). Nannte doch auch Abraham Scultetus in seinen Predigten über Zauberei S. 18 die heilige Wandlung ‚einen teuflischen Mißbrauch‘, ‚eine rechte Zauberei‘. Der hessische Superintendent Georg Nigrinus sagte in einem seiner Uebersetzung des Gödelmann'schen Werkes (vergl. oben S. 571) beigefügten Schreiben: ‚das ganze Bapstthumb‘ sei mit ‚geistlicher Zäuberei beladen‘ und ‚die rechten eifrigen Papisten, zumahl in geistlichen Ständen‘, seien ‚ja so tief und wol tiefer in des Satans Gewalt und Reich gefangen, als die leiblichen Zäuberschen nimmermehr‘ (S. 480—481). Del Rio seinerseits wollte in derartigen lästerlichen Ausfällen, wie er bezüglich Gödelmann's sagt, ‚den Blödsinn eines zerrütteten Gehirns‘ erkennen.

[1] Angeführt von Herzog in seinem Artikel ‚Hexen‘ in der Encyclopädie von Ersch und Gruber.

[2] Man begreift kaum, wie Fischer (Basler Hexenprocesse 4) behaupten kann: ‚Die gerichtliche Verfolgung der Zauberei, welche am Ende des fünfzehnten und im Anfang des sechzehnten Jahrhunderts schrecklich gewüthet hatte, erlitt in der zweiten Hälfte des sechzehnten Jahrhunderts eine wohlthätige Unterbrechung durch die kirchlichen Bewegungen, womit die Zeit vollauf beschäftigt war.‘

[3] Wächter 100.

Dabei erachtete man es für ‚eine hohe Pflicht chriftlicher Liebe und
Barmherzigkeit‘, dem Volk ‚zum Erschrecken und Warnung mit jeglichem Jahr
gründlich und gottselig kund zu thun, wie viel der Hexen und Zauberer aufgegriffen, gebrannt und gerichtet‘ worden, ‚jeweilen auch zur Ergötzlichkeit
Solcher, die darin Gottes Liebe und Fürsorge, daß man solcher im Geheimen
schleichenden Unholden habhaft geworden und sie mit dem Feuer gerechtfertiget,
erkennen wollen‘. So veröffentlichte zum Beispiel im Jahre 1571 ein Drucker
zu Frankfurt am Main zweimal eine ‚Wahrhaftige Zeitung von den gottlosen
Hexen, auch ketzerischen und Teufelsweibern‘, die in Schlettstadt ‚von wegen
ihrer schändlichen Teufelsverpflichtung‘ den Feuertod erlitten. Im Jahre 1576
erfuhr das Volk eine ‚Wahre Geschichte dieses Jahres geschehen im Breisgau,
wie man da in etlichen Städten und Flecken an die 136 Unholden gefangen und verbrennt hat‘. Dann kam eine ‚Wahrhaftige und erschreckliche neue Zeitung des großen Wasserguß zu Horb, wie man hernach allda
etliche Unhulden verbrennt hat‘. Aus Straßburg machte im Jahre 1583
eine Zeitung bekannt, wie am 15., 19., 24. und 28. October des ab-
gelaufenen Jahres 1582 an verschiedenen Orten Südwestdeutschlands nicht
weniger als 134 Unholden zu Gefängniß gebracht und zum Feuer verdammt
und verbrannt worden. Eine andere Zeitung meldete aus Osnabrück, wie
man dort im Jahre 1588 sogar ‚auf einen Tag 133 Unholden verbrannt‘
habe [1]. Ein Erfurter Drucker wiederholte im Jahre 1591 diesen ‚gesangsweise
gestellten‘ Bericht und fügte ‚ein anderes wunderlich und kurzweilig neues Lied
von der jetzigen Welt Lauf‘ hinzu [2].

---

[1] Weller, Zeitungen No. 376. 461. 499; vergl. 520. 572. 663. Weller, Annalen 1,
Abth. 2, No. 231. 308.
[2] Weller, Zeitungen No. 739.

VII. Die Hexenverfolgung in katholischen und confessionell gemischten Gebieten seit dem letzten Drittel des sechzehnten Jahrhunderts — Stellung der deutschen Jesuiten im Hexenhandel vor
Friedrich von Spee.

Obgleich die Carolina für das ganze Reich zu Recht bestand, so hatte
doch König Ferdinand I. für seine österreichischen Erblande im Jahre 1544
eine Polizeiordnung erlassen, in welcher er die Zauberei als ein bloßes ‚Fürgeben‘ und einen ‚Betrug‘ erklärte; im Jahre 1552 hatte er von Neuem
eingeschärft, daß ‚Zauberei und Wahrsagen abergläubisch böse Sachen‘ seien,
welche ‚aller Orten ausgereutet und an denen, so sie brauchen, gebührend
bestraft werden‘ sollten; von Hexenverfolgungen und Todesstrafen war jedoch
in den Verordnungen keine Rede[1]. Mit Freuden begrüßte Ferdinand das
Auftreten Weyer's gegen den Hexenwahn. ‚Das rühmliche Vorhaben‘ desselben ‚verdiene‘, sagte er, ‚nicht nur gebilligt‘, sondern mit seinem ‚ganzen
kaiserlichen Ansehen auch gefördert zu werden‘[2]. Auch Kaiser Maximilian II.,
in dieser Beziehung ein rühmlicher Regent, hielt sich von Hexenverfolgungen
frei und gab die Ausüber der Teufelskünste dem öffentlichen Hohn und Spotte
preis: sie sollten, verfügte er im Jahre 1568, vor allem Volke ihre Kunst
beweisen, sich unsichtbar oder ‚gefroren‘ machen, im dritten Betretungsfalle
des Landes verwiesen werden[3].

Aus Wien werden nur vereinzelte Fälle von Hexenprocessen in den
Jahren 1583, 1588, 1601 und 1603 berichtet[4]. Erst in den Jahren 1617
und 1618 findet sich ein massenhafter Hexenbrand zu Hainburg unter der
Enns. Schon bei 80 zauberische Weiber seien dort, heißt es in einer ‚Wahr-

---

[1] Soldan-Heppe 1, 408.   [2] Vergl. oben S. 551.
[3] A. Silberstein, Denksäulen im Gebiete der Cultur und Literatur (Wien 1879)
S. 212.
[4] Schlager, Wiener Skizzen aus dem Mittelalter 2, 48 fll. Roskoff 2, 305.
** Ueber einen Hexenproceß zu Marburg in der Steiermark vom Jahre 1546 vergl.
R. Reichel in den Mittheilungen des Histor. Vereins für Steiermark 1879, Heft 27,
S. 122 fl.

haftigen neuen Zeitung' vom Jahre 1618, verbrannt worden, eine viel größere Zahl liege noch im Gefängniß; zu den Bekenntnissen der Hingerichteten gehörte, daß sie ‚45 Scheffel voll Flöhe in Wien hineingezaubert' hätten[1]. Wie aus Oesterreich, so waren auch aus Tirol während des sechzehnten Jahrhunderts nur wenige Hexenprocesse zu verzeichnen[2]. Im Jahre 1568 wurde eine Hexe hingerichtet wider den ausdrücklichen Befehl des Erzherzogs Ferdinand II.: man solle ‚den Casus' der Angeklagten erst in Innsbruck untersuchen. Noch im Jahre 1573 setzte eine Polizeiordnung ohne Erwähnung von Hexenprocessen auf Zauberei einfach eine Geldstrafe; später erfolgten schärfere Erlasse[3]. In der Erzbiöcese Salzburg wurde am 24. Mai 1594 eine Hexe verbrannt[4].

Aus den Thurmbüchern der Stadt Luzern ist bekannt geworden, daß dort in den Jahren 1562—1572 nicht weniger als 491 Personen wegen Hexerei in Untersuchung gezogen, zum allergrößten Theil aber wieder freigelassen wurden: 62 wurden gerichtet. Weitere Hexenprocesse fanden in den Jahren 1575, 1576, 1577, 1578, 1579, 1580, 1584, 1587, 1588, 1594 statt. Zwei dieser Hexen ‚bekannten', daß sie sich in Wölfe verwandelt hätten und der Teufel in Gestalt eines Wolfes mit einer Hexe über Berg und Thal geritten sei; eine andere Hexe hatte sich ‚zum drittenmal in Hasengestalt verkehrt und war so im Dorfe Hochdorf herumgelaufen'. Bald erschienen die Teufel als schwarze Vögel, bald als schwarze Männer mit langem Barte und Roßfüßen oder Geißfüßen; selbst im Gefängnisse stellten sie sich bei den Hexen ein; ein Zauberer trieb in Willisau ‚das Hexenwesen mit

---

[1] Warhafftige newe Zeitung ꝛc. Wien, bei Gregor Gelhaar, 1618. In einem * Manuscript der Wiener Hofbibliothek No. 18 562 Fol. 5 wird die Zahl der im Jahre 1617 in Hainburg Verbrannten auf 17 angegeben.

[2] Rapp 16 fll. ** 2. Auflage 58 fl. Erst gegen Ende des sechzehnten Jahrhunderts begannen in Tirol die gerichtlichen Einschreitungen gegen Zauberer und Hexen häufiger und schärfer zu werden. Den Kitzbüheler Hexenbrand vom Jahre 1594 hat Obrist im Tiroler Boten 1892, No. 219 und 220 (vom 26. und 27. September) mitgetheilt nach der Urgicht, die sich im Original auf dem Innsbrucker Ferdinandeum in der Bibl. Dipauliana No. 292 befindet. Ueber einen Hexenproceß in Vorarlberg vom Jahre 1597 siehe Beck im Anzeiger für Kunde beutscher Vorzeit 1879, No. 12, S. 345 fll. Interessant ist hier der ‚Auszug der Ambts-Raittung' (Rechnung) von den Jahren 1596—1597, ‚Ausgaben auf Malefitz', wozu der Herausgeber bemerkt: ‚Angesichts dieser höchst respectabeln Inquisitionskostenrechnung kann man sich eines entsetzlichen, ja schauderhaften Gedankens nicht erwehren: es möchten alle diese Opfer nicht allein durch den herrschenden Wahn einer irregeleiteten Bevölkerung, sondern vielleicht auch durch die Habsucht und den Eigennutz der Gerichtspersonen zu Tode gerichtet worden sein.'

[3] Hirn 1, 514—516.

[4] Soldan-Heppe 1, 497.

fünf bösen Geistern: die hießen der Klaffer, der Jöcker, der Uffrure, der Hurlipusch und der Mörder'[1].

In Bayern gehören die frühesten Nachrichten über Hexenprocesse erst dem letzten Viertel des sechzehnten Jahrhunderts an. Der Ingolstädter Jurist Eberhard († 1585) gibt an, daß einmal eine wittelsbachische Prinzessin und einige Frauen von Adel der Hexerei angeklagt, auf die Folter gebracht und nur durch das Einschreiten ihrer Anverwandten vom Feuertode gerettet worden seien[2]. Im Jahre 1590 erging von Seiten der Regierung an die theologische Facultät zu Ingolstadt der Auftrag, über das Wesen und Treiben der Hexen im Einvernehmen mit den Juristen ein gelehrtes Gutachten abzugeben und zugleich in deutscher Sprache eine Belehrung zu verfassen, welche auf der Kanzel und im Beichtstuhle verwendet werden könne und ‚zur Eximirung und Ausreutung des schandhochsträflichen Lasters der Zauberei und Hexenwerks dienen' solle[3]. In demselben Jahre wurden in München drei Wittwen und ein lediges Weib verbrannt; eine der Verurtheilten sagte aus: sie habe dem Teufel ‚zur Bestätigung ihres Verspruchs nicht allein ihre linke Hand gegeben, sondern auch ein Stück aus ihrem Leib in der linken Seite, so er selbst herausgeschnitten' habe[4]. Aus Aufkirchen war bereits im Jahre 1583 eine ‚Klägliche neue Zeitung' ergangen ‚von einem reichen Bürger, Wolf Breymüller genannt, wie er sich dem bösen Geist ergeben und mit Gift 27 Personen vergeben hat'[5].

Als in der Herrschaft Schongau, wo verheerende Viehkrankheiten geherrscht hatten, im Jahre 1589 die allgemeine Klage entstand, daß ‚der Zauberei schändliches Laster zum Verderben der Einwohner immer mehr um sich greife', begann sofort ‚das Greifen nach den Unholden'. Jede ‚Hexe' zeigte immer neue an, eine Wahrsagerin sogar 17, mit welchen sie dem Teufelstanze und Teufelsmahl beigewohnt habe. Der Schongauer Scharfrichter war so bewandert im Hexenhandel, daß er ‚die zauberischen Personen außerhalb der Tortur, auf den Augenschein erkannte'. Die Tortur selbst gewährte noch kräftigere ‚Indicien'. Der die Hexen inquirirende Stadt- und Landrichter Hans Friedrich Hörwarth von Hohenburg wurde in seinem Amtseifer noch angespornt durch die Weisung des bayerischen Hofrathes in München: ‚Wir tragen Sorg, es werden noch andere, weit schwerere Unthaten, als sie bereits bekannt, auf ihnen sein, welche der Teufel nicht gern offenbaren läßt; derhalben unsere Meinung, einen weitern und mehreren Ernst und Schärfe zu brauchen.' Herzog Ferdinand, der Inhaber der Stadt und des Gerichtes Schongau, hatte den Richter angewiesen, in seinem Namen eine Abschrift der

---

[1] Schneller 851 fll.   [2] Sugenheim, Baierns Zustände 515.
[3] Prantl, Universität München 1, 402.   [4] Oberbayerisches Archiv 13, 69.
[5] Weller, Annalen 1, 253 No. 288.

Verhöre dem Juristencolleg in Ingolstadt ‚zum Rathschlage oder zur rechtlichen Sentenz, sammt der Taxe dafür, durch eigenen Boten zuzusenden,
damit den Weibern nicht Unrecht geschehe, und er, der Herzog, mehrerer
Verantwortung überhoben‘ sei. Aber Hörwarth scheint keines Rathschlages
bedurft zu haben, denn es lagen allzu schwere Gründe zur Verurtheilung der
Hexen vor. So war zum Beispiel eine derselben ‚im Verdacht, den vor-
jährigen Hagel gemacht zu haben‘; denn ‚an dem Ort, wo sie früher gehaust,
war man männiglich erfreut, daß sie hinweggekommen‘ sei. Ferner hatte sie
‚ein Roß zu Tode gezaubert‘; Beweis: ‚eine Wahrsagerin hat es gesagt‘.
Drittens fing sie den Mist von Pferden auf, um, ‚wie gesagt worden‘, den
Besitzer damit zu bezaubern. Was bedurfte es da noch eines Ausspruches
des Ingolstädter Juristencollegs? Eine zweite Hexe kam aus gleich schwer-
wiegenden Gründen zur Verurtheilung. ‚Man sah sie während eines starken
Gewitters in ihrem Hofe stehen.‘ In Städten, wo sie früher gehaust, ‚soll‘
sie oft durch den Glockenthurm gefahren sein; der Pfarrer selbst ‚soll‘ ihren
Mann auf ihren bösen Ruf aufmerksam gemacht haben[1]. ‚Bei 63 Hexen‘,
meldete endlich im Jahre 1592 triumphirend der Richter dem Herzog, seien
‚ungefähr in zwei Jahren zu des Herzogs großem Ruhm in und außer Lands
zu Schongau‘ hingerichtet worden; ‚viele davon‘, behauptete er, ‚unter lautem
Dank zu Gott für eine Obrigkeit, die der geheimen Sünden und Laster so
fleißige Nachforschung gehabt.‘ Nirgends hätte man ‚solche Justicien gesehen
wie Gottlob in Schongau‘. Obwohl auch Ferdinand’s Bruder, Herzog
Wilhelm von Bayern, zu Abensberg, München, Tölz und Weilheim dergleichen
Hexenprocesse ‚für Handen genommen‘, so kämen doch diese, weil sie bald
wieder geendet seien, mit dem Schongauer Proceß, ‚als dem Werk einer
stattlichen Justiz‘, in keinen Vergleich. Damit künftigen Geschlechtern das Andenken an diese stattlichen Hexenbrände erhalten bleibe, so ‚möchte nunmehr‘,
verlangte der ‚Verwalter göttlicher Justiz‘, ‚der Obrigkeit zum Ruhm eine
ewige Merksäule als Denkmal des Processes an irgend einem öffentlichen
Platze in oder um Schongau gemauert und erbauet werden‘. Selbiger Antrag
fand jedoch bei Ferdinand kein Gehör[2]. Die Hinterbliebenen der Gerichteten
mußten die schweren Kosten des langen Processes zahlen. Für 30 derselben
belief sich die Summe auf 3400 Gulden, in einer Zeit, in welcher ein
Jauchert Acker für 10, ein Tagewerk Wiesmaht für 6 Gulden zu haben
war. Für eine der eingezogenen ‚Hexen‘, welche im Gefängnisse gestorben
war, verwendeten sich ihr Beichtvater, der Dechant von Schongau, und der

---

[1] Her 370—373. Bezüglich des teuflischen ‚Mahlzeichens‘ wurde in den Con-
sultationen der fürstlichen Räthe zu München der Satz aufgestellt: ‚Stigmata, optimum
indicium, ad torturam satis.‘ Her 358.

[2] Her 379—380.

dortige Spitalcaplan: man möge doch ihren Leichnam nicht verbrennen, weil sie Widerruf geleistet habe. Die Geistlichen aber erhielten vom Hofrath zu München einen scharfen Verweis mit der Androhung, man werde sie im Wiederholungsfalle ihrem Ordinarius zuschicken, ‚indem, wenn schon Revocatio geschehen‘, sie ‚hierüber nicht zu urtheilen‘ haben, ‚was Kraft dieselbe in diesem Crimine haben möge‘. Selbst ‚das todte Körpel‘ eines vor einem halben Jahre verstorbenen Bauern, den seine gefolterte und hingerichtete Tochter als ebenmäßigen Unhold angegeben hatte, sollte auf Verlangen der Dorfschaft wieder aus geweihter Erde entfernt werden [1]. Eine furchtbare Strafvollstreckung fand im Jahre 1600 in München statt. Einem Ehepaar und zwei Söhnen desselben war durch die Folter die Aussage ausgepreßt worden, sie hätten 400 Kinder verzaubert und getödtet, 58 Personen krumm und lahm gemacht und viele andere Grausamkeiten begangen. Zur Strafe dafür wurde der Vater an einen glühenden Spieß gesteckt, die Mutter auf einem glühend gemachten eisernen Stuhl verbrannt; die Söhne wurden sechsmal mit glühenden Zangen gezwickt, an den Armen gerädert und dann dem Feuertod übergeben. Der jüngste Sohn, welcher unschuldig erfunden worden, mußte der grausigen Hinrichtung der Eltern und Brüder beiwohnen, ‚damit er sich forthin zu hüten wisse‘ [2].

In der nur aus wenigen Flecken und Dörfern bestehenden Herrschaft Werdenfels starben seit dem Jahre 1589 binnen drei Jahren 48 Weiber auf dem Scheiterhaufen. Wären die Untersuchungen und Folterungen noch weiter fortgesetzt worden, so würden, wie der vorsitzende Richter, Pfleger Caspar von Poysl, am 18. Januar 1592 selbst berichtet, in der ganzen Herrschaft nur wenige Weiber dem Feuertod entgangen sein. Ein über den Proceß von 1589—1592 vorliegendes Actenbündel trägt die Ueberschrift: ‚Hierein lauter Expensregister, was verfressen und versoffen worden, als die Weiber zu Werdenfels im Schloß in Verhaft gelegen und hernach als Hexen verbrannt worden‘ [3].

Schrecklich wurden seit dem zweiten Jahrzehnt des siebenzehnten Jahrhunderts die Hexenbrände in den Bisthümern Würzburg und Bamberg. In

---

[1] Her 356—380. Bei Westenrieder (Beiträge 3, 105. 106—107) finden sich die kurzen Notizen: ‚Im Jahr 1590 sind zu Schongau einige Hexen verbrannt, so viel geweint und lamentirt, aber sich gut gericht haben. Im Jahr 1591 zwei Hexen zu Weilheim verbrannt, haben sich gar schön gericht gehabt.‘

[2] Sauter 37.

[3] v. Hormayr, Taschenbuch für 1831 S. 833. Ein Kelheimer Formular zur Instruirung der Hexen findet sich in der Zeitschr. für deutsche Culturgesch. Jahrg. 1858 S. 521—528.

dem würzburgischen Orte Gerolzhofen belief sich im Jahre 1616 die Zahl der Hingerichteten auf 99, im folgenden Jahre büßten 88 Personen ihr Leben ein [1]. Eine ‚Hexenzeitung‘ aus dem Jahre 1616 gibt nähere Einzelheiten an. Vier Weiber, welche in den Keller eines Taglöhners, wahrscheinlich in sehr natürlicher Weise, hineingefahren waren und dessen Wein ausgetrunken hatten, wurden auf der Folter bald in Hexenweiber verwandelt und gaben ‚Zeugniß‘: in der Gerolzhofer Zehnt seien nicht 60 Personen, die über 7 Jahre alt, des Zauberns unerfahren geblieben. Es wurden erst 3, dann 5, dann 10, dann 3 Männer und 11 Weiber eingezogen und Alle verbrannt. Darauf wurden wieder 26 Andere gleichfalls verhaftet, zuerst erwürgt und dann den Flammen übergeben. Da die Aussage der Früheren durch die Späteren immer bestätigt und also die große Anzahl der ‚Schuldigen‘ bekannt wurde, erging die landesherrliche Verordnung: ‚Hinfüro‘ sollten die Beamten ‚alle Wochen auf Dienstag, außer wenn hohe Feste einfallen, einen Brand thun; jedesmal 25 oder 20 oder zum allerwenigsten und weniger nicht als 15 auf einmal einsetzen und verbrennen‘. ‚Und Solches wollen Ihro Fürstl. Gnaden durch das ganze Bisthum continuiren und forttreiben. Zu diesem End sind Centgrafen gen Gerolzhofen beschrieben worden, und ihnen wurde angezeigt und ernstlich befohlen: das Hexenbrennen anzufangen, und ihnen das Verzeichniß Derjenigen, auf welche in ihrer Zeit bekannt worden, zugestellt. Diese haben denn so viele Wunderbinge ausgesagt, daß es sich nicht schreiben und der Jugend vor die Ohren bringen läßt. Die Wirthin zum Schwanen hat bekannt: daß sie vielen Menschen vergeben und gemeiniglich den Spielleuten Katzen statt Stockfisch, Mäus und Ratten statt Vögel zu fressen gegeben. Eine Hebamm hat bekannt: daß sie in die 170 Kinder umgebracht, darunter 22 ihr verwandt gewesen. Ein Alter sagte und bekannte: wenn er innerhalb dreien Tagen nicht wäre gefangen worden, so wolle er Alles 25 Meilen im Umkreis verwüstet und mit Hagel und Kieselstein verderbt haben.‘ ‚Sie trieben es so arg, daß selbst der Teufel unter sie getreten und es ihnen untersagt, weil das sein Reich mindere und die Leute, im Glücke übermüthig, im Unglück sich zu Gott bekehrten. Da sie aber doch nicht abließen, hat er Einige fast bis auf den Tod geschlagen und also tractirt, daß sie sich eine geraume Zeit nicht durften sehen lassen, wodurch auch Viele verrathen und in's Hexenregister eingetragen worden.‘ [2]

----

[1] Jäger 5—6. Sehr unterrichtend für das ganze Hexenwesen und die ‚Bekenntnisse‘ der Hexen sind die von Jäger 10—72 mitgetheilten Auszüge aus den fränkischen Processacten.

[2] Zwo Hexenzeitung, die Erste aus dem Bisthumb Würzburg: wie der Bischof das Hexenbrennen im Franckenlande angefangen, und wie er dasselbe forttreiben und das Ungeziffer gentzlich ausrotten will... Tübingen 1616. Vergl. Görres 4ᵇ, 643—644.

In Franken wie anderwärts wurden jeder „Hexe‘ in dem sogenannten gütlichen Verhör oder während ihrer Folterqualen Fragen vorgelegt wie folgende:
‚Ob sie die Zauberei unmittelbar vom Teufel selbst oder von dessen Gespielen
gelernt; ob sie nicht andere Zauberer und Hexen kenne; wann der Teufel
mit ihr Hochzeit gehalten; wie dieser Teufel sich nenne; ob sie denselben angebetet, mit ihm Kinder erzeugt; wie sie auf der Gabel ausgefahren und
welche Personen bei den Hexentänzen gewesen; wie viel Wetter und Hagel
sie gemacht‘ und so weiter. Ferner mußte jede ‚bekennen‘, ob sie sich in eine
Katze, einen Hund oder in ein anderes Thier verwandeln könne, ‚wie viel
Kinder sie umgebracht, aufgeschnitten, von dem Fleische gegessen, von dem
Blute getrunken, Glieder und Bein zur Zauberei behalten und gebraucht‘ habe [1].
Dabei durften ‚die Handhaber der göttlichen Justitia‘ auf die ‚erwünschtesten
Antworten‘ hoffen, sobald nur einmal ‚der Meister Auweh und Kitzelhänschen
am Werk‘ und ‚die verschworenen Teufelsbuhlinnen fein säuberlich mit Daum-
stock, Schraube, Leiter und Bock kunstmäßig kitzelte‘. Die siebenzigjährige
Anna Ottin von Zeilitzheim ‚bekannte‘: ‚sie habe über 100 Menschenmordthaten
begangen, und bitte, man wolle ihr, weil sie alt und schwach, drei Tage Zeit
geben, wolle sie sich besinnen und alle Mordthaten, jede insonderheit, anzeigen‘.
‚Ist ihr zugelassen worden,‘ heißt es im Protocolle, ‚wie man sie aber auf
den dritten Tag wieder hat vernehmen wollen, ist sie in der Büttelstube gestorben.‘ Eine andere ‚Hexe‘, welche häufig gefoltert wurde, aber jedesmal,
nachdem sie ‚losgelassen‘, Alles widerrief, was sie ausgesagt hatte, wurde
schließlich, noch härter gepeinigt, zu dem ‚Geständniß‘ gebracht: ‚16 Kinder
seien ausgegraben und gesotten, aus dem Feiste die Hexensalbe verfertigt
worden; ihre drei Kinder habe sie selbst geschmiert, daß sie erlahmten. Sie
sei allzeit durch den Schlot zum Tanz gefahren, wo der Pfeifer, mitten in
der Linde sitzend, den Tanz: „Pfeifen wir den Firlefanz, den Burlebanz“,
gepfiffen hätte. Solcher Tänze seien vier im Jahr. Das hochheilige Sacrament habe sie am Donnerstag vor acht Tagen, wo sie gebeichtet und commu-
nicirt habe, aus dem Munde gethan und in den Busen gesteckt. Als sie
dann in das Gefängniß gekommen, habe sie es dem bei ihr erschienenen bösen
Feind Burseran zugestellt, welcher dasselbe so durchstochen habe, daß das Blut
herausgeflossen, und ihr an heimlichen Ort gesteckt, worauf er mit ihr zu
thun gehabt habe. Bei einem Tanz seien 300 gewesen, und müßten hierbei
die Armen stets leuchten, welche auch niemals mit den Reichen führen. Heut
zu Mittag sei der böse Feind zu ihr gekommen und habe sie so sehr geschlagen, daß sie in Ohnmacht gefallen, sie wolle aber dessen ungeachtet Alles
geständig sein und bleiben.‘ [2] Der Bauer Lienhart Schranz sagte im Jahre

---

[1] Vergl. Jäger 10 fll.   [2] Jäger 18. 22.

1616 zu Zeilitzheim nach Anlegung der Beinschrauben aus: der Teufel sei
wiederholt in Gestalt eines Weibes zu ihm gekommen und habe mit ihm
Unzucht getrieben; wenn er mit dem Teufel auf einem Stecken ausgefahren,
so habe dieser vorn, er hinten gesessen; einmal habe er mit dem Teufel
und einigen Weibern in einem Keller Fische verzehrt, welche ganz sauer
gewesen [1].

In einer Chronik der Familie Langhans zu Zeil in Unterfranken wird
berichtet: ‚In diesem 1616. Jahr umb Johannitag hat man angefangen,
Hexen oder Unholden einzufangen, und ist Elisabeth Bucklin, des Hansen
Buckel Hausfrau, die erste geweft. Am 26. November hat man 9 Zeller
Weiber als Hexen allhie zu Zeil verbrennt, und ist der erste Brand geweft.
In diesem Jahr 1617, den 6. März, hat man den andern Brand Unholden
gethan‘, ‚und seind ihrer 4 geweft. Am 13. April hat man die Anna
Rüthsin als Paulus Weyer Hausfrau verbrennt, welche sich selbst im Gefängniß der Druderei wegen erhenkt hat. Den 26. Juni hat man wiederum
einen Zauberer und 3 Zauberinnen verbrennt. Den 7. August ist eine Hex
oder Zauberin im Gefängniß gestorben, welche man auch verbrennet hat. Den
22. August hat man allhie zu Zeil wiederum 11 Unholden verbrennt, welche
von dem neuen Meister Endressen von Eltan (Eltmann) vom Leben zum
Tod scharf gerichtet worden. Den 27. September hat man wiederum eine
alte Zauberin verbrennt, die im Gefängniß wegen großer Pein ist gestorben.
Den 4. October hat man wiederum 9 Unholden oder Zauberer verbrennt.
Den 18. December hat man wiederum 6 Unholden oder Zauberer verbrennt.‘ [2]

Mit ihrem zeitlichen Vermögen mußten die ‚Hexen‘ die Gewinnsucht ihrer
Richter befriedigen. Gefangene, von welchen Geld herausgeschlagen werden
konnte, wurden gelinder behandelt, ärmere den größten Schmerzen der Folter
ausgesetzt, um ‚Aetzungskosten‘ verrechnen zu können. Der Criminalrichter
Centgraf Hausherr von Gerolzhofen, welcher sich in solchem schandbaren Gewerbe besonders ausgezeichnet, wurde im Juli 1618 nach Würzburg abgeführt,
wo er sich im Gefängniß erhängte [3].

Gebote der obersten Inquisitionsbehörde in Rom, welche den Hexenverfolgungen Schranken setzen wollten, blieben im Würzburgischen wie in
anderen katholischen Gebieten völlig unbeachtet, selbst das Verbot des Papstes
Gregor XV.: Jemanden wegen Hexerei mit dem Tode zu bestrafen, wenn
nicht über allen Zweifel nachgewiesen worden wäre, daß die beschuldigte

---

[1] Buchinger 237—238.
[2] Archiv für Unterfranken 10, Heft 1, 143—144.
[3] Jäger 28—29.

Person selbst durch böse Kunst Jemanden getödtet habe [1]. ‚Seit langer Zeit‘, heißt es in einer Verfügung der römischen Inquisitionsbehörde aus der Mitte des siebenzehnten Jahrhunderts, sei beobachtet worden, daß ‚kaum jemals ein Proceß gegen die Hexen regelmäßig und in der Rechtsform geführt worden, weßhalb sich meistentheils die Nothwendigkeit ergeben habe, sich gegen sehr viele Richter tadelnd auszusprechen über die ungerechten Vexationen, Inquisitionen, Einkerkerungen und gar mancherlei böse und unangemessene Verfahrungsweisen in der Führung der Hexenprocesse, über unbefugtes Vernehmen der Beklagten und Auflegung unmenschlicher Torturen‘ [2]. Dadurch seien überaus viele ungerechte Todesurtheile erfolgt. ‚Viele Richter haben sich so leichtfertig und leichtgläubig gezeigt, daß sie auf den leisesten Verdachtsgrund hin irgend ein Weib für eine Hexe gehalten und dann es an Nichts haben fehlen lassen, um einer solchen Angeklagten, auch durch unerlaubte Mittel, ein Geständniß abzupressen, das, unwahrscheinlich, wandelbar und widersprechend, wie es ist, wenig oder keinen Glauben verdient. Ein Hauptirrthum der Richter sei, daß sie glaubten, man könne nicht bloß zur Untersuchung, sondern sogar auch zur Verhaftung, selbst zur Folter schreiten, wenn auch kein corpus delicti eines Maleficiums vorhanden sei. Ein solches Maleficium müsse aber vor Allem rechtlich bewährt vorliegen, und da sei es keineswegs hinreichend, wie Viele glauben, daß der Maleficirte krank geworden oder auch gestorben, weil Krankheit und Tod nicht nothwendig aus dem Maleficium folgen. Mit größtem Fleiße müssen daher zuvor die Aerzte der Kranken befragt werden, ob sie Krankheit und Tod für natürlich halten; sie müssen den ganzen Verlauf in einem Verbalprocesse ausführlich niederschreiben, damit im Falle ihrer Unerfahrenheit ein besserer Arzt ihr Urtheil controliren könne. Die Hausgenossen des Kranken sollen außerdem über den Ursprung und Verlauf der Krankheit vernommen werden, damit man ihre Aussagen mit denen der Aerzte vergleichen und nun der Richter sich aus Allem ein begründetes Urtheil bilden könne. Ehe dann ein Richter die Verhaftung befiehlt, muß er zuvor alle Indicien gegen die Beklagte wohl erwogen haben und nicht etwa durch die Klagen des angeblich Beschädigten und der Seinigen zu übereilter Verhaftung sich verleiten lassen, ohne daß irgend ein wahrscheinlicher Grund vorliegt, welcher die Angeklagte zur Uebelthat verleitet.‘ Fernere Vorschriften gingen

---

[1] Der Sammler für Gesch. und Statistik von Tyrol (Innsbruck 1807—1809) Bd. 3, 286.

[2] „. . . *longo tempore* observatum fuerit, *vix unquam* repertum fuisse aliquem processum similem recte et juridice formatum, imo plerumque necesse fuisse quamplures judices reprehendere ob indebitas vexationes, inquisitiones, carcerationes, nec non diversos malos et impertinentes modos habitos in formandis processibus, reis interrogandis, excessivis torturis inferendis. . .‘

40*

dahin: beim Verhöre dürfe den Angeklagten Nichts gleichsam in den Mund gelegt werden; die Folter dürfe nicht die Glieder zerreißen, nicht länger als eine Stunde und nicht leicht eine ganze Stunde hindurch dauern, nicht wiederholt werden, außer aus den gewichtigsten Ursachen. Auch dürfe man die Frauen nicht am Leibe scheeren, auch kein Gewicht auf angebliche Zeichen legen, zum Beispiel wenn sie keine Thränen vergießen könnten. Im Falle sie der Verification fähige Thatsachen angeben, sollen die Richter allen Fleiß anwenden, diese wirklich zu verificiren, weil, würden sie falsch befunden, auch das Bekenntniß entkräftet wäre als ein solches, das durch die Folter, ein trügliches Mittel, oder durch Suggestion von irgend woher oder durch Ungeduld über die Einkerkerung etwa eingegeben worden; wobei die Richter sich durchaus nicht befangen lassen dürfen durch das, was sie etwa bei den Schriftstellern über die Materie gelesen. ‚Haben solche Weiber aber auch authentisch bekannt und Mitschuldige genannt, so soll gegen die Genannten auf ihre Aussage hin niemals procedirt werden, weil Alles durch Illusion geschehen konnte und die Gerechtigkeit nicht fordert, daß man gegen Mitschuldige, gesehen in der Illusion, vorschreite.'[1]

Aber um Verordnungen der römischen Inquisitionsbehörde hatten sich die ‚weltlichen Räthe' der Bischöfe und die von ihnen ernannten ‚Malefizräthe', welche in den geistlichen Gebieten fast ausschließlich bei der Hexenverfolgung thätig waren, niemals bekümmert. ‚Die hohen Prälaten', heißt es in einer Schrift vom Jahre 1603, ‚mögen es vor Gott verantworten, daß sie solche Brandmeister nicht einzwängen; und haben die Geistlichen im Land in solchem Handel gar Nichts zu sagen, und wo sie Widerspruch leisten, müssen sie selbsten der Folter gewärtig sein, und werden, als die Erfahrung vornehmlich im Erzstifte Trier genugsam gezeigt hat, gar als Zauberer durch Spruch der Juristen lebendig verbrannt.'[2]

Wie im Würzburgischen, so gewannen die Processe auch im Bisthum Bamberg seit dem zweiten Jahrzehnt des siebenzehnten Jahrhunderts einen entsetzlichen Umfang. Unter den schauerlichen Thaten der Hexen führt der Bamberger Weihbischof Friedrich Forner namentlich auch die ‚Hexenmesse' auf. Sämmtliche Hexen, welche im Jahre 1612 im Bambergischen gerichtet worden, hätten das ‚Bekenntniß' abgelegt: bei ihren Zusammenkünften bringe ein Teufel, dem Meßopfer zum Hohne, zumeist unter einem Galgen dem obersten der Teufel ein Opfer dar und reiche statt des Abendmahls den Hexen eine brennende Pechhostie und einen Kelch mit einem Schwefeltranke, der ihnen wie Höllenfeuer in allen Eingeweiden brenne[3]. Im Jahre 1617

---

[1] Bei Horst, Zauberbibl. 3, 115—127; vergl. Görres 4ᵇ, 652—657.

[2] Prophezeiung aus den grewlichen Hexenbränden. Flugblatt 2—3.

[3] Panoplia 13.

mußten 102 Hexen, in Hallstadt allein vom 16. August 1617 bis zum 7. Februar des folgenden Jahres 28 den Scheiterhaufen besteigen, 13 derselben an Einem Tage [1]. Gegen eine Hexe in Kronach, welche im Jahre 1617 auf ganz geringfügige Aussagen hin wiederholten schweren Folterungen unterzogen wurde, führte der Richter als besonders belastend an: sie habe während der Folterungen keine Thränen vergießen können und habe ‚ein häßlich und abscheulich verstelltes Gesicht‘ [2]. In einem Bamberger Proceß vom Jahre 1614 wurde eine vierundsiebzigjährige Frau, nachdem sie den Daumenstock und die Beinschrauben überstanden, dreiviertel Stunde lang auf den ‚Bock‘ gesetzt. Als sie dann von den Martern todt zusammenbrach, berichteten die Commissare: ‚Die Inquisitin habe sich durch die drei Grade der Folterung von den gegen sie vorliegenden schweren Indicien überflüssig purgirt und ihre Unschuld in so weit dargethan, daß dieselbe, wenn der Tod sie nicht ereilt hätte, von der Instanz absolvirt worden wäre. Es sei deßhalb der Hingeschiedenen ein christliches Begräbniß zuerkannt und solle ihrem Mann und ihren Kindern, um üble Nachreden abzuwehren, ein Zeugniß ausgestellt werden.‘ [3] Dieses Zeugniß sollte den Justizmord ausgleichen.

In der Deutschordensstadt Ellingen starben im Jahre 1590 nicht weniger als 71 Hexen auf dem Scheiterhaufen [4]; zu Ellwangen in dem Einen Jahre 1612 sogar 167, welche die Jesuiten zum Tode vorbereiteten; in Westerstetten bei Ellwangen wurden binnen zwei Jahren 300 verbrannt [5]. Bis zum Jahre 1617 dauerten die Blutgerichte, dann trat ein Stillstand ein, nicht etwa, weil keine Delinquenten mehr vorhanden, sondern weil die Tribunale ermüdeten [6].

‚Gar bös berrufen wegen Hexerei und allerlei Teufelskünste‘ waren ‚sonderlich auch etliche mehrere Theile im Breisgau, Baden und Elsaß‘. ‚Im

---

[1] Wittmann, Bamberger Hexenjustiz 177—183.

[2] Horst, Zauberbibl. 2, 218—232.

[3] Wittmann, Bamberger Hexenjustiz 181.

[4] Journal von und für Franken 1, 194. ** Vergl. Beck in den Württembergischen Vierteljahrsheften für Landesgeschichte 1883 und 1884, 6, 247. 306 fll.; 7, 76 fll.

[5] Litterae annuae S. J. ad annum 1612 (Lugduni 1618) p. 252 und ad annum 1613—1614 (Lugduni 1619) p. 242 sq.

[6] Kropf 1, 65. In dem gegen die Mutter des Astronomen Kepler angestrengten Hexenproceß, über den wir später sprechen werden, sagte einer der Ankläger aus: bei den Hexen seien Beweise nicht nothwendig, weil die Verbrechen derselben ‚im Verborgenen verübt‘ würden; im Ellwangischen seien ‚mehr als 100 Hexen verbrannt worden, ohne daß die Beschuldigungen bewiesen worden‘ seien. v. Breitschwert 113. In Dillingen bereiteten die Jesuiten im Jahre 1587 sieben Hexen zum Tode vor. Agricola 1, 314.

Breisgau hat man', verkündete eine gesangsweise gestellte ‚Neue Zeitung und wahre Geschichte' aus dem Jahre 1576, ‚in etlichen Städten und Flecken an die 136 Unholden gefangen und verbrennt'; nach einer andern ‚Neuen Zeitung' desselben Jahres waren es aber nur 55 an der Zahl[1]. Zu Freiburg wurde eine Landstreicherin aus der Schweiz im Jahre 1546 als Hexe gerichtet; im Jahre 1599 verurtheilte das städtische Gericht 18 Eingeborene zum Feuertod[2]. In den Jahren 1557—1603 wurden in der Landvogtei Ortenau 28 verbrannt, unter diesen 6 in dem Oertchen Appenweier am 22. Juni und am 11. August 1595[3]. Seit dem Jahre 1597 begannen viele Hexenbrände in der Reichsstadt Offenburg, wo der Rath durch Unzufriedene aus der Bürgerschaft wider Willen zum amtlichen Einschreiten gedrängt wurde. ‚Die armen Rebleute', munterte im Jahre 1601 einer der Vorsteher dieser Zunft die Genossen auf, ‚müssen nun einmal noch die Wegschaffung einiger Weiber fordern, um endlich der Raupen und des Ungeziefers ledig zu werden.' Einmal diente dort ein einfacher Feldfrevel zur Einleitung einer verhängnißvollen Frauenverfolgung[4]. In Ersingen und Bilfingen, wo in den Jahren 1573 und 1576 bereits mehrere Hexen gerichtet worden, baten Schultheiß, Gericht und Gemeinde im Februar 1577 den Markgrafen Christoph von Baden: er möge sie doch um Gottes willen von ihren vielen bösen Weibern, welche mit Lähmung und Tödtung des Viehs großen Schaden anrichteten, befreien. In Ersingen stand eine Hebamme in einem so schweren Verdacht der Zauberei, daß in ihrer Gegenwart die Pfarrer kein Kind mehr taufen wollten[5].

---

[1] Weller, Annalen 1, Abth. 2, 244 No. 230 und 231. Weller, Zeitungen No. 461. Goedeke, Grundriß 2, 313 No. m.

[2] H. Schreiber, Die Hexenprocesse zu Freiburg 2c., im Freiburger Adreßkalender 1886 S. 43 fll. Baader, Gesch. von Freiburg 2, 70. 92. Im Jahre 1613 wurde ein Universitätsstudent von einem Pfarrer dem Senat als ‚Hexenmeister' benuncirt und von der Anstalt verwiesen. Schreiber, Universität Freiburg 2, 125.

[3] Volk 23—24.

[4] Volk 32—51. Die Geistlichkeit trug keine Schuld an den Verfolgungen. ‚In unseren Fällen', sagt Volk 102—103, ‚ist es keineswegs der Geistliche, welcher zu den Processen drängt. Glaubensverfolgung zeigt sich nie.' ‚Man darf sicher annehmen, daß in Offenburg zwischen den Hauptführern der Hexenverfolger und den Geistlichen keine Verbindung bestanden hat. Wenn je ein besonderes Eingreifen derselben erkennbar ist, so können wir nur ein wohlthuendes Bestreben wahrnehmen, die Leiden der Unglücklichen zu mildern und zu heben.' Volk führt zwei besondere Fälle an. ‚Der Kirchherr ist es, welcher der Bäcker-Else beklagenswerthem Töchterlein, welches selbst der Vater hartherzig verlassen wollte, das Leben rettete und die Ketten löste, und offenbar ist es der Kirchherr, welcher klug die zuletzt verurtheilten Frauen dem hirn- und herzverstockten Rath aus den Händen wand.'

[5] Pflüger, Gesch. von Pforzheim 212.

In dem Städtchen Waldsee wurden im Jahre 1581 am 3. und 12. Mai 4, am 5. Juli 5; im Jahre 1585 am 5. Juli 4, am 21. August 3; im Jahre 1586 am 9. März 3, am 22. Mai 5, im October und November 8 Hexen dem Feuertode überliefert[1].

Als in Schlettstadt, wo ‚bei Mannes Gedenken und länger‘ der Hexerei halben ‚keine Person gerichtet und abgethan worden‘[2], im Jahre 1570 vier zum Feuertode verurtheilt wurden, hielt es Reinhard Lutz für ‚billich‘, des Nähern darüber zu berichten, ‚wie ein so großes Volk, gewißlich etliche tausend Menschen, das sich von vielen Orten herzu verfüget und versammelt hat, diesem erschrecklichen und grausamen Spectacul zugesehen, und wie die Henkersbuben so emsig, geflissen und ernstlich gewesen mit Stroh-Wellen zu tragen, auch zu schüren, und mit anderen Werken, also daß vielen gewesen, gleich wie sie des hellischen Vulcani, von dem die Poeten schreiben, Brennen und Braten sehen. Demnach so haben sich alle und jede, sammt den weisen Herren beiden Bürgermeistern und wohlgerüsten Bürgern wiederum zu Haus gemacht, und damit dem Urtheil stattgeben würde, hat man mit Brennen nicht nachgelassen so lang, bis diese Personen ganz und gar zu Pulver und Asche verbrennt worden.‘ Eine dieser ‚Hexen‘ hatte ‚die wohlgenannten Herren für das jüngste Gericht geladen‘[3]. Während der Jahre 1586 bis 1597 wurden zu Rufach 37 und bei St. Amarin beiläufig 200 Hexen zum Richtplatze geführt[4]. In den Tauf- und Sterberegistern der protestantischen Kirchengemeinde zu Buchsweiler finden sich bisher noch ungedruckte Nachrichten über dortige Hexenprocesse aus den Jahren 1569—1609[5]. Eine Chronik der kleinen Stadt Thann berichtet: ‚Im Wintermonat 1572 hat man allhier angefangen, vier sogenannte Hexen zu verbrennen, und hat dergleichen Execution gewährt bis auf Anno 1620, also daß innerhalb 48 Jahren nur allein hier, theils von hier, theils von der Herrschaft (den umliegenden Vogteien und Meierthümern), bei 152, darunter nur etwan 8 Mannspersonen gewesen, eingezogen, gefezt, gefoltert, hingerichtet und verbrennt worden, theils mit, theils ohne einige Reue. Unter währender dieser Zeit seind dergleichen Executiones so gemein gewesen, daß nur im Elsaß, Schwaben und Breisgau 800 dergleichen Personen verbrennt worden, dergestalt, daß man glaubte, daß je mehr und mehr verbrennt wurden, je mehr dergleichen Hexen und

[1] Haas 84—87.
[2] ** Nach J. Klélé, Hexenwesen und Hexenprocesse in der ehemaligen Reichsstadt und Landvogtei Hagenau (Hagenau 1893) S. 15, kommen im Elsaß überhaupt Hexenverfolgungen erst im sechzehnten Jahrhundert zum Vorschein.
[3] Im Theatrum de veneficis 1—11.
[4] Reuss, Justice criminelle 268; vergl. Reuss, La sorcellerie 11.
[5] * Mitgetheilt von Fr. Lempfrid in Straßburg.

Zauberin gleichſam aus der Aſchen hervorkriechten.‛ [1] In dem Einen Jahre 1608 wurden zu Thann vom Mai bis Juli 17 Hexen verbrannt; nicht ſelten beſtiegen an Einem Tage 5—8 den Scheiterhaufen, unter dieſen Weiber von 92—93 Jahren [2]. Manche Verurtheilte wurden noch auf dem Wege zur Richtſtätte alle 100 oder 1000 Schritt mit glühenden Zangen gezwickt oder an dem Schweife wilder Roſſe zur Richtſtätte geſchleift [3].

Wie der Blutrichter Remigius aus Lothringen ‚erfahrungsmäßig‛ zu berichten wußte, daß oft Kinder bereits im Alter von 7—12 Jahren in allen Hexenkünſten unterrichtet ſeien [4], ſo machte man auch im Elſaß ſolche ‚Erfahrungen‛. Zu Amanweiler legte im Jahre 1572 ein achtjähriges, zu Colmar in demſelben Jahre ein zwölfjähriges Mädchen das ‚Bekenntniß‛ ab, durch ihre Kunſt ſchweres Unwetter erzeugt zu haben [5].

Einer der verrufenſten Hexenrichter, der ‚Malefizmeiſter‛ Balthaſar Roß im Stifte Fulda, führte 205 Perſonen mit Namen an, welche er in den Jahren 1603—1605 ‚gerechtfertigt‛ habe. Er erfand bisher ‚unerhörte Tormente‛, und ſogar ſolche ‚Geſtändniſſe‛ der Angeklagten, welche ſich im Proceſſe ſelbſt als Unwahrheiten und Unſinnigkeiten erwieſen, wurden zur Begründung des Todesurtheiles benutzt. So ſagte eine der ‚Hexen‛ auf der Folter aus: erſtens, ſie habe eines der ungetauften Kinder einer Wittwe zu ihrer ‚Salb oder Schmier‛ gebraucht, und doch hatte dieſe Wittwe niemals ein todtes Kind

---

[1] Stöber 307—308.   [2] Reuss, La sorcellerie 90. 192—194.

[3] Stöber 280. Reuss, La sorcellerie 117. 192.

[4] Vergl. oben S. 611.

[5] Reuss, La sorcellerie 80. ‚Solch junge Hexenbrut‛ trieb ‚ſchier allerwärts ihr teufliſches Weſen‛. Zu Hildesheim wurde im Jahre 1615 ein Knabe verbrannt, der nach ſeinem ‚Bekenntniß‛ die Kunſt verſtand, den Leib einer Katze anzunehmen; ein Mädchen, weil es durch Verwendung einer aus Kinderleichen bereiteten Teufelsſalbe ſich unſichtbar machen konnte. Neues vaterländ. Archiv Jahrg. 1825 Bd. 2, 272. Zeitſchr. des Harzvereins 3, 823. Der Kronſtädter Pfarrer Marcus Fuchs meldete mit Entſetzen, daß im Jahre 1615 ein zehn- bis zwölfjähriges Mädchen ein Hagelwetter erzeugt und auf die Frage des Vaters: woher es Solches gelernt, die Mutter als Lehrmeiſterin genannt habe. Der Vater ſelbſt zeigte die Schuldigen dem Gerichte an, und beide erlitten den Feuertod, nebſt ‚einer großen Menge von Hexenmeiſtern und Hexen‛, welche ſie als Mitſchuldige des verbrecheriſchen Vorhabens, ‚ganz Siebenbürgen und Ungarn durch Hagelſchlag zu verderben‛, angegeben hatten. So wurde durch die Anzeige des Mädchens ein unſägliches Unheil abgewendet; denn ‚wäre die Sache nicht entdeckt worden, ſo würde‛, verſichert der Berichterſtatter, ‚in Kurzem von den Früchten und Reben in Ungarn und Siebenbürgen Nichts übrig geblieben ſein‛. Müller, Beiträge 32. Als im Jahre 1595 zu Utrecht ein ſiebenzehnjähriges Mädchen als Hexe verbrannt wurde, mußten ihre drei Brüder, acht, dreizehn und vierzehn Jahre alt, als Mitſchuldige der Hinrichtung beiwohnen, wurden bis auf's Blut gegeißelt und dann in's Gefängniß geführt. Scheltema 255—256. Bekker 4, 235.

zur Welt gebracht noch war eines ihrer Kinder vor der Taufe gestorben; zweitens, sie habe ihren ersten Mann durch Zauberei getödtet, und doch war im ganzen Stifte Fulda bekannt, daß dieser Mann vor fünf Jahren durch einen mit Weinfässern beladenen Wagen, der ihm über den Leib gefahren, um's Leben gekommen war. Eine andere ‚Hexe‘ bekannte auf der Folter, ihre beiden Kinder durch Zauberei umgebracht und einem Bauer einen Schimmel ‚gesterbt‘ zu haben, und doch lebten die beiden Kinder noch und dem Bauer war kein Schimmel gestorben. Eine dritte Angeklagte erklärte sich der Tödtung eines Wirthes für schuldig, und doch stand dieser Wirth sogar leibhaftig bei dem Gericht, als selbige falsche Aussage vor der Hinrichtung vorgelesen wurde. Alle drei ‚Hexen‘ mußten sterben auf Grund ihrer ‚Bekenntnisse‘. Roß trieb außerdem bei den Processen durch Gelderpressungen ‚ein so scheußliches Unwesen‘, daß er im Jahre 1606 in's Gefängniß geworfen und nach langjähriger schrecklicher Haft im Jahre 1618 öffentlich enthauptet wurde[1].

Am frühesten unter den geistlichen Gebieten begannen, wie es scheint, die Hexenbrände in den Erzstiften Trier und Mainz.

Eine Mainzer Chronik aus dem Jahre 1612 führt den im Jahre 1601 zur Regierung gekommenen Johann Adam von Bicken als den ersten Erzbischof an, welcher ‚den abscheulichen Gräuel der Zauberei und Hexerei‘ ‚mit großem Ernst auszurotten angefangen‘ habe, ‚zu Aschaffenburg und anderen Orten etlich viel Personen, so mit solchem Laster behaftet, mit dem Feuer‘ habe ‚strafen und hinrichten lassen‘[2]. Jedoch schon früher hatten im Erzstifte Verfolgungen stattgefunden, namentlich im mainzischen Odenwalde seit dem Jahre 1593. Damals gerieth dort das ganze Volk in eine wilde Bewegung, welche allerdings zunächst die Ausrottung alles vorgeblichen teuflischen Geschmeißes bezweckte, aber auch die Unzufriedenheit mit den allgemeinen elenden materiellen Zuständen kundgab. Worauf ‚die weltlichen Räthe‘ bei der Verfolgung der Hexen vorzugsweise ausgingen, zeigt ihr Befehl: ‚Man solle nicht so viel Umstände machen und vor Allem das Vermögen einziehen.‘ ‚Wenn den Leuten‘, sagten zwei Mainzer Edelleute in einer dem Kurfürsten über das Verfahren der Beamten eingereichten Beschwerde, ‚Alles weggenommen würde, so bleibe für sie, die Edelleute, ‚Nichts mehr übrig‘. Die Gesammtbürgerschaft der Stadt Buchen richtete an den Landesherrn eine durch den

---

[1] Malkmus, Fuldaer Anecdotenbüchlein (Fulda 1875) S. 101—151. Vergl. Soldan-Heppe 2, 55—59. Dieser Hexenrichter hieß Roß, nicht, wie gewöhnlich angegeben wird, Nuß oder Voß; vergl. Mittheil. des Vereins für Gesch. und Alterthumskunde in Frankfurt am Main 6, 36.
[2] Meyntzische Chronick (Franckfurt, bei C. Corthoys, 1612) S. 141; daß dort 1601 statt 1604 zu lesen, hat schon Stieve (Die Politik Bayerns 2, 680 Note 1) bemerkt.

Schreiber des Freiherrn Hans von Rübt verfaßte Bittschrift: ‚Es wolle die liebe, von Gott eingesetzte und von Gott mit scharfem Verstand wohl begabte Obrigkeit eine heilsame Strafe verordnen gegen die dem leidigen Satan fürsichtig ergebenen Zauberer.‘ Zum Beweise dafür, daß solche in großer Menge vorhanden, wurde angeführt: ein Thorwart habe in der Vorstadt ein Springen, Tanzen und Getümmel vernommen, wie wenn alle Häfen zerschmissen würden, worauf ein gräulicher Platzregen gefolgt sei; ferner habe ein Bürger, der um Mitternacht aus einem Wirthshaus gekommen, Alles um sich herum tanzen sehen und ‚eine merkliche Anzahl teuflischen Zaubergesindels in Menschengestalt, schwarz angethan, auf der Gasse herum tanzen und springen bemerkt, und sei das vom leidigen Satan wider alles Verbot geistlicher und weltlicher Obrigkeit mit seinen untergebenen teuflischen Instrumenten zu keinem andern Ende gerichtet, denn sein Reich durch solche verdammliche Freude zu erheben‘. Sofort erfolgten darauf Einziehungen und Folterungen von ‚Hexen‘. Eine derselben wurde beschuldigt, sie habe einen Fiedelbogen in eine Kuh hineingezaubert. Gegen diejenigen, ‚welche mit der Sprache nicht losschlagen wollten, solle‘, verfügten die mainzischen Räthe, ‚mit den Schrauben und Daumeisen angefangen und dann mit den anderen Instrumenten fortgefahren werden; sintemalen aber diese Leute allem Ansehen nach unsichtbare Geister bei sich hätten und vom bösen Feinde angereizt seien, sollen geistlicher Leute Mittel gegen diese teuflischen Verführungen gebraucht werden‘. Als der Oberamtmann eines Tages berichtete, er habe ‚wieder fünf verbrennen lassen‘, wurde er von den Räthen, obgleich er nicht einmal die Namen der Unglücklichen bezeichnete, wegen seines Eifers belobt. Im Jahre 1602 entstand in Buchen ein Auflauf, bei welchem zwei der Hexerei verdächtige Weiber von dem Pöbel ergriffen, mißhandelt und auf das Rathhaus geschleppt wurden. Weil der Amtskeller dem Verlangen, dieselben zu verbrennen, nicht entsprach, sondern fünf der Rädelsführer in den Thurm werfen ließ und sie mit einer schweren Geldstrafe belegte, erging eine gewaltige Beschwerdeschrift an den Kurfürsten, worin die ärgsten Klagen wider den Amtskeller erhoben und die Bitte um Zerstörung der ‚gräulichen Tyrannei des Satans‘ ausgesprochen wurde. Der Kurfürst erhörte aber die Bitte nicht, befahl vielmehr, die Bürger, welche die Schrift nach Mainz gebracht hatten, einzusperren und Urphede schwören zu lassen[1]. Zu Miltenberg wurde in den Jahren 1615 bis 1617 eine Hexenverfolgung in Scene gesetzt[2]. Im Jahre 1603 erschien zu Frankfurt am Main ‚Eine wahrhaftige Zeitung von etlichen Hexen oder

---

[1] S. Huffschmid, Zur Criminalstatistik des Odenwaldes im 16. und 17. Jahrhundert, in der Zeitschr. für deutsche Culturgesch. 1859 S. 425—432.

[2] Diefenbach 104.

Unholden, welche man kürzlich im Stifte Mainz . . . verbrennt, was Uebels sie gestift und bekannt haben'[1]. ‚Die furchtbaren Schaaren der Hexen erfüllen hier Alles mit Schrecken‘, meldeten die Jesuiten im Jahre 1612 aus Aschaffenburg; mehrere derselben hätten sie durch eifrigen geistlichen Beistand zur Reue bewogen; der Kurfürst habe ein dreitägiges Fasten ausgeschrieben und eine feierliche Procession gehalten zur Abwendung der Hexengräuel[2]. Für das Amt Lohr hatten die Mainzer weltlichen Räthe im Jahre 1576 die Verfügung erlassen, ‚hinfüro nicht weiter Weiber als Hexen einzuziehen, bis über die Art der Bezüchtigung an die Regierung Bericht erstattet sei‘. Die nächste Einziehung einer Hexe erfolgte dann erst im Jahre 1602, im Jahre 1611 aber erschienen bereits 17 vor Gericht[3]. Aus Stockum brachte man im Jahre 1587 zwei der Zauberei verdächtige Weiber nach Mainz; die eine erlag den Folterqualen und wurde in einen Sack genäht, die andere bekannte sich zu jeder Schuld und wurde lebend in ein Faß geschlagen, worauf man beide verbrannte. Später schritt man auch in Flörsheim und Hochheim zur ‚Ausrottung der Zauberei‘; Hochheim nahm zu diesem Zwecke im Jahre 1618 bei dem St. Claraкloster in Mainz 2000 Gulden auf[4]. Zu Oberursel im Taunus wurden am 9., 16. und 17. Februar 1613 mehrere Hexen auf den Scheiterhaufen gebracht[5].

Im Erzstifte Trier hatte eine Diöcesansynode im Jahre 1548 verordnet: Die Officialen sollen achtsame Nachforschungen anstellen nach den Betreibern jener Wahrsagerei und Zauberei, ‚bei welcher man die Verehrung des wahren Gottes aufgibt und zu den Blendwerken der lügnerischen Höllengeister seine Zuflucht nimmt‘; diejenigen, welche dabei betreten werden und auf geschehene Mahnung nicht ihren Sinn ändern, solle man mit dem kirchlichen Bann belegen und so lange in's Gefängniß werfen, bis sie von ‚den Einflüsterungen und Vorspiegelungen der Teufel, ihrer Lehrer, befreit werden‘[6]. Bis in's letzte Drittel

---

[1] Weller, Annalen 2, 446 No. 658.

[2] Litterae annuae S. J. ad annum 1612 (Duaci 1618) p. 348.

[3] Diefenbach 107.

[4] Schüler, Gesch. der Stadt Hochheim am Main (Hochheim 1887) S. 185.

[5] Diefenbach 111.

[6] Coleti 9, col. 1349ᵉ—1350ᵃ. Hartzheim 6, 409. Eine Provinzialsynode in Mainz setzte im Jahre 1549 fest: Geistliche, die des verabscheuungswürdigen Verkehrs mit den bösen Geistern schuldig, sollen abgesetzt und, wenn sie unverbesserlich, in enge Haft gesperrt oder fortgejagt werden (prorsus abjiciantur); Laien sollen der Güterconfiscation, wenn sie verstockt bleiben, ewigem Gefängniß oder noch Härterem anheimfallen. Coleti 9, 1437ᵈ. Hartzheim 6, 592. Das Cölner Provinzialconcil vom Jahre 1586 verordnete: Man soll Niemand in richterliche Untersuchung ziehen, auf dem nicht

des sechzehnten Jahrhunderts fanden im Erzstifte keine Hexenprocesse statt.
Der erste näher bekannt gewordene Proceß spielte im Jahre 1572 zu Kenn
und Fell und wurde von dem Amtmann des reichsunmittelbaren Klosters
St. Maximin bei Trier, in dessen Gerichtsbarkeit Kenn gehörte, geführt. Drei
Weiber starben den Feuertod[1]. Um die Mitte der achtziger Jahre entstand
eine förmliche Hexenjagd — in zwei Ortschaften blieben, wird berichtet, nur
zwei Frauen am Leben[2]. Die mehrjährige Verfolgung wurde, ähnlich wie
in der bayerischen Herrschaft Schongau, ‚fürnehmlich in's Werk gesetzt in
Folge von bösen, viele Jahre währenden Viehseuchen, Unfruchtbarkeit der
Felder und anderen Calamitäten, durch Kriege, Plünderungen und Verwüstungen, welche Holländer und Spanier derart anrichteten, daß das Volk
schier keine Hilfe mehr sah und verzweifelte‘. ‚Da unter dem Volke‘, schreibt
ein Augenzeuge, Johann Linden, Canonicus zu St. Simeon in Trier, ‚geglaubt wurde, die durch viele Jahre andauernde Unfruchtbarkeit werde mit
teuflischer Bosheit von Hexen und Zauberern verursacht, so erhob sich das
ganze Erzstift zur Ausrottung der Hexen. Diese Erhebung wurde von manchen
Beamten unterstützt, indem sie aus den Verfolgungen Gold und Reichthum
zu gewinnen hofften. Durch das ganze Erzstift, Städte und Dörfer, liefen
nun Ankläger an die Gerichte, Inquisitoren, Gerichtsboten, Schöffen, Richter
und Nachrichter, welche Leute beiden Geschlechtes vor Gericht zogen und in
großer Anzahl dem Feuertode überlieferten. Denn kaum Einer entrann, der
einmal angeklagt war. Auch Magistratspersonen in der Stadt Trier blieben
nicht verschont; der Stadtschultheiß selbst mit zwei Bürgermeistern und einigen
Stadträthen und Schöffen sind zu Asche verbrannt worden; Canoniker mehrerer
Stifte, Pfarrer und Landdecane hatten dasselbe Schicksal. Zuletzt war die
Wuth des Volkes und der Wahnsinn der Richter, welche nach Blut und
Beute lechzten, so hoch gestiegen, daß man fast Niemanden mehr fand, den
nicht irgend ein Verdacht des Verbrechens getroffen hätte. Inzwischen be-
reicherten sich die Notare, die Actuare und die Wirthe; der Henker ritt wie ein
hoher Herr auf stolzem Roß, in Gold und Silber gekleidet, sein Weib wett-
eiferte im Putz mit den Adelichen. Die Kinder der Hingerichteten wanderten
aus, ihre Güter wurden veräußert. Es fehlte an Ackersleuten und Winzern,
daher Unfruchtbarkeit. Kaum hat, glaubt man, je eine Pest ärger im Erzstifte gewüthet oder ein Feind toller gehaust als diese maßlose Spürerei und

---

eine ‚legitima ac frequens infamia‘ lastet, welche nicht von Uebelgesinnten, sondern
von Rechtschaffenen kommt; die Ankläger müssen den Nachweis für sie liefern, sonst
sind sie selbst zu bestrafen. Coleti 9, col. 1231‘.

[1] Hennen, Ein Hexenproceß aus der Umgegend von Trier aus dem Jahre 1572.
St. Wendel 1887.

[2] Hennen 3—4.

diese Verfolgung. Und doch sprachen sehr viele Beweise dafür, daß nicht Alle schuldig waren. Die Verfolgung dauerte mehrere Jahre, und einige der Gerichtsherren rühmten sich der vielen Scheiterhaufen, welche sie errichtet, und der Zahl der Opfer, welche sie den Flammen übergeben. Endlich, als man trotz des fortwährenden Brennens des Unwesens nicht Meister wurde und die Unterthanen verarmten, wurden für die Inquisitionen und die Inquisitoren und deren Gewinnsucht und Sporteln bestimmte Gesetze erlassen und in Vollzug gesetzt, und da erlosch plötzlich, wie wenn im Kriege das Geld ausgeht, das Ungestüm der Hexenrichter.‘ [1]

Aus dem Verzeichniß eines Hochgerichtsschöffen ergibt sich, daß vom 18. Januar 1587 bis zum 18. November 1593 aus 27 Gemeinden in der Umgegend von Trier 306 Personen beiden Geschlechtes wegen Zauberei hingerichtet wurden, jene nicht mitgerechnet, welche in der Stadt und aus der nächsten Nähe derselben den Scheiterhaufen bestiegen [2]. Aberglaube und Unverstand, Mißgunst und Bosheit sowohl des gemeinen Volkes als der höheren Stände waren dort wie allerwärts die wesentlichsten Ursachen der Verfolgung. Bei dem gerichtlichen Verfahren ging man nicht selten so rasch zu Werke, daß zwischen der Einziehung und der Hinrichtung einer Hexe nur wenige Tage verstrichen [3]. Auf Grund ‚bloßer Aussagen der Angeklagten über andere Hexen und Zauberer‘ kamen nicht allein ‚böse Weiber zu vielen Hunderten vor Gericht und zu peinlicher Schärfe‘, sondern auch mehrere Ordensleute, Dechanten, Pfarrer und Capläne. Im Jahre 1592 wurden Peter Pauli, der Rector der Jesuiten zu Trier, und einige andere Jesuiten, ferner ein Trierer Carthäuser, ein Jesuit und ein Carmeliter aus Cöln als Zauberer verklagt [4]. Selbst verstorbene Zauberer erschienen — laut

---

[1] Gesta Trevirorum 3, 53—54.

[2] Müller, Kleiner Beitrag 7. Marx 2, 111. ** Die von Müller angegebene Zahl ist irrig, wie Burr 21 Note zeigt. In seinem die Zeit von 1581—1588 umfassenden Enchiridion sagt Franciscus Mabius gelegentlich einer Reise nach der Abtei St. Maximin bei Trier: ‚Jenes ganze Gebiet und die Stadt Trier selbst ist verrufen wegen der Hexerei. Ich sah einen Platz, wo die Pfähle zeigten, daß kürzlich noch an 100, sowohl Männer als Frauen, wegen dieses Verbrechens lebendig verbrannt worden waren; in derselben Stadt wurde, während ich dort war, ein sehr reicher Doctor von hervorragendem Namen, welcher oft in der Stadt das Amt eines Stellvertreters des Bischofs versah, wegen desselben Verbrechens gefänglich eingezogen.‘ Seibt 2, 51.

[3] Vergl. die von Müller (Kleiner Beitrag 14—15) angeführten 21 Beispiele.

[4] Müller, Kleiner Beitrag 8—10. Mit Bezug auf diese und andere Priester schreibt Hennen 11: ‚Sage da Keiner, der Geistliche des Orts habe rettend für den Leumund der angegriffenen Frauen eintreten können. Wehe ihm, der dieses that: kein augenfälligerer Beweis konnte für seine Mitschuld gefunden werden! Wie viele würdige

solcher ‚Aussagen‘ —, nachdem sie längst im Grabe, noch einigemal bei den Hexentänzen. So erschien, heißt es in einer Urgicht vom Jahre 1590, ‚der Pastor Johann Rau nach seinem Tode in einer Flamme mit glühender Zunge; stehet da, sagt Nichts; es kommen derer Mehrere dahin in solcher Gestalt‘. ‚Ein ganz Fendlein Trierscher haben ihren sundern Tanz, Tisch und Handel, Münche und Pfaffen.‘ ‚Der Oberste zu Wiltingen‘ bei Trier saß bei einer Hexenversammlung ‚auf einem goldenen Sessel‘; auch noch ein Anderer ‚saß auf einem goldenen Sessel‘ [1]. Die ‚fürtrefflichen und einsichtigen Richter‘ waren vermöge der ‚Aussagen‘ kaum im Stande, die Zahl der Hexen zu berechnen; denn an nicht weniger als 19 Orten wurden, wie sie hörten, nächtliche Hexenversammlungen abgehalten [2].

Welche ‚wahrhaft unerhörte und für die Teufelsnatur gar merkwürdige Dinge‘ aus den ‚Aussagen‘ der Angeklagten zu Protocoll genommen wurden, läßt sich aus den Aufzeichnungen über zwei Hexenprocesse ersehen. In der einen heißt es: ‚Delinquentin verblieb steif dabei, bei dem Hexenmahl und Tanz vom 24. Juni (1587) seien zwei Teufel erschienen, der eine in grünem, der andere in blauem Rock, schmucke Jungherren, aber mit Geißfüßen und Klauen; waren allbereit bei Beginn des Mahles sichtbarlich trunken.‘ Diese beiden Teufel seien in ernstlichen Streit gerathen, ob der Rheinwein oder der Moselwein besser sei; auch die Hexen seien darüber verschiedener Meinung gewesen, und so hätten sich Parteien gebildet und es wäre ‚ein erschreklich Raufen und Schlagen‘ entstanden, bis einer der Teufel, Rufian mit Namen, eine der Hexen mit einem Katzenschwanz, auf dem bisher der Fiedler zum Tanz geblasen, erbärmlich zu Tod geschlagen habe: ‚und wird noch wohl jetzund auf dem Platze liegen, so er sie nicht etwan weggeholt hat‘. Schließlich siegte der Moselwein über den Rheinwein, denn der Vertheidiger des erstern ‚verblieb beim Tanze, währenddem der Andere mit großem Geheul und einem abscheulichen Gestank hinter sich durch die Lüfte davonflog‘ [3]. Ein andermal widersetzte sich der anwesende Teufel dem Anschlage der Hexen und Zauberer, die Weinberge in der Blütezeit zu verderben, und er gab auch den Grund

---

Priester fielen auf diese Weise als Opfer eines mit den stärksten Ausdrücken nicht genug zu brandmarkenden Wahnes!‘ Auch Nonnen kamen in Trier vor Gericht. Im Jahre 1610 wurden in einem flandrischen Kloster 7 Nonnen als Hexen verurtheilt und gehängt. Messager des sciences historiques (Gand 1869) p. 847.

[1] * Protocollbuch von Claudius von Musiel (auf der Trierer Stadtbibliothek) 290. 292. 301. 320. Vergl. Müller, Kleiner Beitrag 18, ** und Burr 21.

[2] Müller 13—14.

[3] Protocoll aus dem Proceß der Anna Fieblerin, welche am 29. September 1587 verbrannt wurde; in der Bibliothek des Stadtpfarrers Münzenberger in Frankfurt am Main. ** Befindet sich jetzt im Besitz der Jesuiten zu Exaeten.

seiner Widersetzlichkeit an. Stephan Michels aus Crames sagte nämlich im Jahre 1587 aus: er sei ‚die andere Fronfasten Donnerstags zu Nacht auf die Hexerather Heide gefahren und seien eine große Anzahl da gewesen und hätten daselbst gegessen und getrunken; doch der Wein sei Nichts nutz gewesen. Und sagt, daß Etliche mit Wagen dahin kommen, aber ihre Gesellschaft allein gehabt; und köstliche Leute da gewesen und Willens gewesen, den Wein zu verderben; aber der böse Feind hätte es nicht gern gehabt, daß der Wein verdorben werde‘; er wollte nämlich, daß ‚die Männer die Weiber schlagen, wenn sie voll Weines sind‘[1].

Oft genug wurde den Richtern nahegelegt, wie wenig von den Aussagen der Hexen und Zauberer über ihre Zusammenkünfte zu halten sei. Als Doctor Dietrich Flade, kurfürstlicher Rath und Stadtschultheiß zu Trier, im Jahre 1585 auch Rector der dortigen Universität, nachdem er viele Personen als Zauberer zum Tode verurtheilt hatte, endlich selbst im Jahre 1589 der Zauberei und der Theilnahme am Hexentanz angeklagt und vor Gericht gestellt wurde, erklärte er in seiner Verantwortung: ‚Daß ich bei solcher gottloser Gesellschaft in Specie mit meiner Person gewesen oder gesehen worden sein soll, weiß ich mich, bei Gott, nicht zu berichten.‘ ‚Wahr ist es, daß ich jetzt eine Zeit her viele Trübseligkeit erstanden mit Absterben meiner lieben Hausfrau, Bruders, Schwagers, Schwestern, Sohnes, Vettern und guter Freund seligen; daß ich aber einig Pactum mit dem bösen Feind eingegangen, oder solcher gottloser Gesellschaft, Korn, Wein, Früchte und Anderes zu beschädigen mich eingelassen, das habe ich bei meinem Gott nicht gethan. Ob aber der böse Feind durch solche Tentation Ursache bekommen oder genommen, durch Transfiguration sich in meine Person zu verändern oder figuraliter zu erscheinen, ist mir bei Gott unbewußt. Jetzt habe ich allerhand Träume und Fantasien im Schlafe vielmals gehabt, als ob ich auf Reichsdeputationstagen, auf Kirchweihen, Gastungen gewesen; daß ich aber wissentlich und körperlich bei solchen Gesellschaften gewesen, kann ich mich in meinem Sinn mit Wahrheit keineswegs berichtigen.‘[2]

---

[1] Marx 2, 138.

[2] Marx 2, 106—107. 136—139. Ueber Flade's Proceß und Hinrichtung vergl. Binz, Joh. Weyer 106—110. Der trierische Hochgerichtsschöffe Nicolaus Fiebler, welcher im October 1591 wegen Hexerei dem Henker verfiel, mußte siebenmal gefoltert werden, bis er nicht mehr widerrief. J. H. Wyttenbach, Trierische Chronik 1825 Bd. 10, 197 fll. ** Die bereits verloren geglaubten Originalacten des gegen Flade geführten Processes wurden im Jahre 1882 durch Dr. Andrew D. White und George L. Burr in einem Cataloge des Berliner Antiquars Albert Cohn entdeckt. Burr beabsichtigt, das wichtige Document als Anhang zum zweiten Theile des Cataloges der jetzt im Besitze der Cornell-Universität befindlichen White'schen Bibliothek zu veröffentlichen; vorläufig erzählt er nach den neuen Acten Flade's Leben und Schicksale in einer kleinen,

Um nicht in den Verdacht der Hexerei zu gerathen, unterließen die Leute den häufigen Empfang der heiligen Sacramente; denn die Hexen, hieß es, nehmen oft die heilige Communion, um den Leib des Herrn zu schänden. Das Volk freut sich, berichteten die Jesuiten, nachdem die allgemeine Hexenverfolgung zu Ende war, im Jahre 1601 aus Trier, daß es jetzt wieder ungescheut, so oft es will, dem Tische des Herrn sich nahen darf [1]. ‚An manchen Orten‘, klagte ein Flugblatt aus dem Jahre 1603, ‚ist es dahin kommen, daß gottesfürchtige Christen den öffentlichen Gottesdienst meiden, den Rosenkranz

_____

schon bereits (S. 637 Note 2) citirten Schrift. Aus den Acten des peinlichen Verhörs ergibt sich, daß Flade aufrichtig an die Wirklichkeit der Zauberei und des Hexenwesens glaubte (Burr 88—89). Von hohem Interesse sind die Ausführungen des amerikanischen Forschers (p. 52 sq.) über die Stellung der Jesuiten zu diesem Hexenprocesse. ‚Der bedeutendste unter den Historikern des Hexenwesens (Solban-Heppe 2, 33—37) hat ihren Orden beschuldigt, die Hexenverfolgung als Deckmantel für die Ketzerverfolgung benutzt zu haben, bestrebt, Diejenigen als Hexen zu verbrennen, welche sie dem Reichsgesetz gemäß nicht mehr als Ketzer verbrennen durften, und er begründet diese Beschuldigung weitläufig durch die Geschichte der Trierer Verfolgung. Nach einem eingehenden Studium der Documente habe ich bis jetzt keine Ursache gefunden, mich dieser Ansicht anzuschließen.‘ E. P. Evans, Ein Trierer Hexenproceß (Beil. zur Allgem. Zeitung 1892 No. 102), stimmt Burr zu und bemerkt: ‚Die meisten Opfer des Hexenwahnes waren Leute, deren Katholicität Niemand in Zweifel ziehen konnte und die, wie in einem 1588 abgefaßten Schreiben der Jesuiten ausdrücklich behauptet wird, der schlaue Satan zur Zauberei verleite, weil er nicht im Stande gewesen, sie von dem reinen Glauben abtrünnig zu machen. Auch 1591 lenkte Zandt die Aufmerksamkeit der Gerichtsbeamten auf den beklagenswerthen Umstand, daß „das Laster der Zauberey dermaßen weit eingerissen, daß bald man darüber gehalten und so man barbar gehalten, darmit besobelt gefonden werden“. Uebermäßige Frömmigkeit erweckte sogar Verdacht und führte leicht zu Anklagen bei der Gerichtsbehörde. . . Flade ist jedenfalls bis zu seinem Tode streng katholisch geblieben und nie in den geringsten Verdacht der Ketzerei gekommen. Daß Eifersucht, Neid und Gelbgier bei seiner Verfolgung und Verurtheilung eine große Rolle gespielt haben, ist höchst wahrscheinlich. Er war bekanntlich ein reicher Mann (homo copiosus) und stand in dem üblen Rufe eines Geizhalses. Wir wissen, daß von seinem bedeutenden Vermögen eine der Stadt Trier in Verwahrung gegebene Summe von 4000 Goldgulden auf Befehl des Kurfürsten zur Unterhaltung der Pfarrkirchen verwendet wurde und daß die zu diesem Zweck gegründete „Flade-Stiftung“ noch immer fortbesteht. Wir wissen ferner, daß die Stadtobrigkeit seine übrigen Güter nicht aus den Augen verlor, sondern im Jahre 1590, sofort nach seinem Tode, ein „General-Inventarium“ derselben anfertigen ließ. Daß man nicht versäumte, der „Fiscalgerechtigkeit“ zu pflegen und das Vorgefundene in die Staatscasse oder die landesherrliche Schatulle einzuziehen (zwischen den beiden Schatzkästchen wurde damals nicht genau unterschieden), scheint außer Zweifel zu stehen. Auch von den Schultheißen und Schöffen und selbst den Scharfrichtern, wenn man wenigstens dem Zeugniß der Zeitgenossen Glauben schenken darf, benutzte mancher die günstige Gelegenheit, um einen kleinen Pactolus für sich fließen zu lassen.‘ Vergl. Burr 56—57.

[1] Litterae annuae 1601 (Antverpiae 1618) p. 575.

verstecken und sich für aller Andacht hüten, damit sie nicht frömmer und gottes-
fürchtiger scheinen denn Andere, dieweil leichtlich, wer Solches thut, in das
Gerücht der Zauberei geräth. Denn der Teufel, sagt der unwissende tolle
Pöbel, treibt seine Knechte und Gespielinnen an, fromm zu scheinen, das
Sacrament zu holen, in den Busen zu stecken und es dann schändlich zu ver-
unehren; in die Kirche zu gehen, aber bei Messe und Predigt in sich zu
sagen: „Pfaff, du lügst; Alles, was du thust und sagst, ist erlogen; es ist
kein Gott denn mein Gott, der Teufel." Und müssen sich an manchen Orten
fromme Priester wohl dafür hüten, das heilig Opfer täglich darzubringen,
oder so sie es thun, thun sie es im Geheimen, da insonsten sie der Zauberei
ebenmäßig leichtlich verdächtig werden. Es ist ein Wahn über allen Wahn,
und keiner so allgemein und so schädlich denn dieser Wahn, Furcht, Schrecken
vor den Hexen. Und ist noch zu verwundern, daß gottesfürchtige barmherzige Priester, fürnehmlich die Väter der Gesellschaft Jesu, es wagen, so
viel in den Gefängnissen mit den armen gemarterten Unhulbinnen zu verkehren, selbigen Trost zu bringen, mit ihnen betend sie zum Feuer zu geleiten,
als ich mit eigenen Augen in Trier und auch sunsten gesehen habe: sprachen
den Hexen Tröstung zu im Namen Jesu Christi, unseres Seligmachers.'[1] So
drang beispielsweise der Jesuit Lucas Ellentz, Domprediger zu Trier, in die
schmutzigen Gefängnisse ein, wachte ganze Nächte bei den eingezogenen Hexen;
kurz vor seinem Tode im Jahre 1607 berichtete er dem Provinzial auf
dessen Befragen, daß er mindestens 200 der Unglücklichen zum Tode geleitet habe[2].

---

[1] Prophezeiung aus den grewlichen Hexenbränden (vergl. oben S. 628) 3—4.
‚Die Bosheit der Menschen', schrieb der protestantische Theologe Meyfart, ‚ist so hoch
gewachsen, daß, wenn sie vermerken, Dieser und Jener besuche die Predigten ohne Versäumung, die Sacramente ohne Verhinderung, die Gebete ohne Verachtung, stracks
dahin schließen: Dieser und Jener muß unfehlbar ein Hexenmann und Hexenweib sein.'
Fast Keiner sei mehr so kühn, daß er ‚sich unterwinde, den Rosenkranz emsiglich auf-
und abzubeten: thut er Solches, der Pöbel und Püffel schreibet ihn auf der Post in
das Hexenregister. Das Herz im Leibe möchte einem vernünftigen Menschen bluten,
wenn er von den Thoren und Narren solche ungereimte, auch bei keinen Türken und
Tartaren annehmliche Dinge anhören oder zum wenigsten erfahren muß. Von unterschiedlichen der Augsburgischen Confession verwandten Studenten und Reisenden bin
ich berichtet, daß, wenn sie in Italien kommen, aus Fürwitz alle Kirchen und Clausen
begucken wollen, und mit der Kreuzbildung an der Stirn, vor dem Munde und auf
der Brust schlecht fortkommen können, und deßwegen vor Ketzer angesehen, auch darüber
zu Rede gestellt werden, sie sich damit entschuldigen: in ihrem Vaterlande halte man
Diejenigen vor Hexen und Hexinnen, welche der Ceremonien sich bemüheten. Der Welsche
lachet der Teutschen Thorheit und lässet passiren der Heuchler Bosheit.' Meyfart
403—404.
[2] Litterae annuae 1607 (Duaci 1618) p. 681 sq.

Zu den vom Canonicus Johann Linden erwähnten, behufs Eindämmung der Hexenverfolgung erlaſſenen Geſetzen gehörte hauptſächlich eine Verordnung des Trierer Kurfürſten Johann VII. von Schönberg vom 18. December 1591. Dieſelbe kennzeichnet mit erſchreckender Offenheit die gräulichen Miß⸗ bräuche im Gerichtsweſen und die verübten Erpreſſungen. ‚Die tägliche Er⸗ fahrung ergibt,‘ heißt es darin, ‚daß viele Nullitäten und Unrichtigkeit ſowohl der Proceſſe als der Executionen halber vorgegangen, daher den armen Unter⸗ thanen unerträgliche Unkoſten zur Hand gewachſen, ſo daß viele Gemeinden und Unterthanen, ja Wittwen und Waiſen in’s äußerſte Verderben geſetzt worden.‘ ‚Auf eines oder des andern unruhigen Unterthanen Aufwickelung‘ rottirten ſich nämlich die Gemeinden zuſammen, bildeten Ausſchüſſe in großer Zahl, ‚darunter bisweilen der mehrer Theil unbienliche Perſonen, denen alle ihre Gedanken auf den Wirthshäuſern ſtanden‘, und dieſe Leute liefen auf Koſten der Gemeinden beſtändig einher, um der Hexerei verdächtige Perſonen aufzuſpüren. Sie waren ‚bei währendem Proceß zugleich Ankläger, Zeugen, ja auch bisweilen Mitrichter‘, ‚dardurch von wegen ſolcher Partialität die Juſtitia mehr zurückgeſetzt als befördert und die armen Unterthanen in’s äußerſte Verderben geführt‘ wurden. Auch hatte ſich herausgeſtellt, daß bei den Bauerngerichten oftmals der Henker in Abweſenheit der Schöffen ganz nach ſeinem Gutdünken bei der peinlichen Frage das Examen geſtellt und dann die Ausſagen der Gefolterten dem Volke bekannt gemacht hatte. Da⸗ durch wurden immer mehr Perſonen verdächtigt, Haß und Feindſchaft erweckt; von Furcht getrieben, ſuchten auch Unſchuldige zu entweichen und zogen gerade dadurch ſich einen beſondern Verdacht zu. ‚Die übrigen Unkoſten bei dem peinlichen Proceß ſind bei den Wirthen‘, heißt es weiter in der Urkunde, ‚mit großen unordentlichen Geläger, Eſſen und Trinken, in dieſen ohnedas ſchweren theuern Zeiten übermäßig gefallen‘; deßhalb ſollten dieſelben in Zu⸗ kunft ‚durchaus caſſirt, aufgehoben und gänzlich verboten‘ ſein. Die Richter ſollten die Gerechtigkeit allein im Auge haben, ‚damit Wittwen und Waiſen, welche ohnedas von wegen ihrer hingerichteten Eltern, Freunde und Ver⸗ wandten in hohe Betrübniß geſetzt, nicht endlich zum Bettelſtab gerathen‘. Alle Bündniſſe und Ausſchüſſe der Gemeinden zur Aufſpürung verdächtiger Perſonen und Betreibung der Proceſſe wurden unterſagt; in keinem Stücke dürfe von der peinlichen Halsgerichtsordnung Carl’s V. abgewichen, ‚ohne genau articulirte Indicien, darauf erfolgte amtliche Inquiſition und richter⸗ liches Decret gegen Niemand, weder mit Einziehung, noch peinlicher Frage oder fernerer Execution procedirt‘ werden [1].

---

[1] Bei Hontheim 3, 170—173. Vergl. Marx 2, 111—113.

Während in Trier die Hexenbrände loderten, schrieb der Cölner Raths-
herr Hermann Weinsberg in sein Gedenkbuch: „Anno 1589 den 30. Juni
wollten Etliche für gewiß halten, daß die Hexen oder Zauberinnen das Unwetter verlittener Nacht gemacht hätten. Denn das Gerücht ging sehr stark, wie
der Kurfürst von Trier, innen und außer Trier, viele Zauberer und Zauberinnen, Männer und Frauen, Geistliche und Weltliche, gefangen, verbrannt
und ertränkt habe. Einige geben vor, es sei eine freie, natürliche Kunst,
womit Hochgelehrte und Prälaten sich befaßten, vielleicht die Necromantia,
Schwarzkunst oder dergleichen darunter zu verstehen, wiewohl auch diese verboten
ist. Ueber die Zauberei kann ich nach meinem Verstande nicht urtheilen; ich
höre auch, die Leute sind nicht darüber einig. Etliche glauben gar nicht
daran, halten es für Phantasie, Träumerei, Tollheit, Dichtung, Nichtsnutzig-
keit. Andere, Gelehrte und Ungelehrte, glauben daran, nehmen ihr Fundament
aus der heiligen Schrift und haben Bücher darüber geschrieben und gedruckt,
halten hart darauf. Gott allein wird es wohl am besten wissen. Man kann
der alten Weiber und verhaßten Leute nicht besser und bälder quitt werden
als auf solche Weise und Manier. Mich gibt es Wunder, daß es in dem
katholischen und heiligen Stifte von Trier und in mehreren anderen Orten
so viele böse Weiber gibt, warum dem Teufel dort mehr von Gott die Zauberei gestattet werden soll als in der Stadt Cöln. Wer hat früher gehört,
daß Zauberer oder Zauberinnen in Cöln verurtheilt, verbrannt worden wären?
Oft hat man Einige, die der Zauberei beschuldigt waren, gefangen und lange
sitzen lassen; man hat sie verhört, aber nichts Bestimmtes erfahren können.
Soll es denn in Cöln nicht so viele Mittel geben, die Wahrheit zu erforschen,
als an anderen Orten? Heute noch sitzt ein armes, altes Weib auf dem
Altenmarkt am Brunnen im Schuppen Tag und Nacht; man sagt, sie sei
eine Zauberin; man wirft es ihr vor, sie bekennt es öffentlich vor dem Volke,
verlangt, man solle sie verbrennen; sie ist wohl lange Jahre ein böses Weib
gewesen; aber man läßt sie passiren und sagt, daß sie toll sei. Es gibt gar
böse Leute, die irgend ein Weib Zauberin schelten, dadurch in den Mund
des Volkes bringen, und das Volk hält dieses Weib dann für eine wirkliche
Zauberin; wenn man aus Haß oder aus Leichtfertigkeit seine Mitmenschen
in so böses Gerücht bringt, wird man schwerlich Solches vor Gott verantworten können. Ich habe auch zu den Leuten, die mit Fingern auf eine
Zauberin weisen, gesagt: „Woher wißt ihr das?“ „Ja, die Leute sagen es,
das Gerücht geht so.“ Darauf antworte ich: „Wenn es von euch gesagt
würde, wie solltet ihr denn gemuthet sein, welche Lust solltet ihr darüber empfinden? Liebe schweigt, nimmt Niemanden, was man ihm nicht wieder
geben kann.“ Ich weiß wohl, daß es manche böse, argwöhnische, niedrige,
aufsässige, unzüchtige, schädliche Weiber gibt; daraus folgt aber gar nicht,

41*

daß diese Zauberinnen seien; niemals aber habe ich ein Weib gesehen, das im Stande wäre, Hasen, Hunde, Katzen, Mäuse, Schlangen, Kröten zu machen, mit einem Bock durch den Schornstein zu fliegen, in Weinkeller zu schlüpfen, mit den Teufeln zu tanzen; und Derjenige, der da sagt, er habe es gesehen, kann lügen. Laß es Gott richten.'

In Cöln kamen, obgleich dort der ‚Hexenhammer' erschienen und wiederholt gedruckt worden, im Laufe des sechzehnten Jahrhunderts nur sehr wenige Fälle von Hexereien vor, und der Rath begnügte sich damit, die Hexen an den Käx zu stellen, am Ring mit Ruthen zu züchtigen und aus der Stadt zu verweisen. Erst seit dem Anfange des siebenzehnten Jahrhunderts, namentlich während des dreißigjährigen Krieges, als allenthalben in Deutschland die Scheiterhaufen immer zahlreicher aufloderten, begann man auch in Cöln die der Hexerei Beschuldigten an das hohe weltliche Gericht auszuliefern [1].

In dem niederrheinischen Amte Angermund, wo damals fast alle Rittersitze Calvinisten gehörten, wüthete um das Jahr 1590 eine gewaltige Hexenverfolgung. Hermann von Burgel, Rentmeister von Heltorf, schilderte am 23. Juni 1590 seinem Herrn, Wilhelm von Scheidt genannt Weschpfennig, Amtmann zu Burg, seine Hexennoth und bat um Verhaltungsmaßregeln. ‚Wenn man die Hexen', sagt er, ‚gewähren ließe und nicht Widerstand thue, würde zuletzt der Teufel, Gott behüte uns, Oberhand gewinnen, und es würde Alles, wie bei anderen Nachbaren, zu Grunde gehen.' ‚Man sollte sie dieser Ort' behandeln ‚gleich wie die Frau von Rff. [2], so kurzer Tage 12 Frauenspersonen der Zauberei halber hat hinrichten lassen, und wie die von Offenbrock (zu Hayn), daselbst bei 150 Personen derhalben umgekommen.' Nur ‚dadurch könne des Teufels Reich geschwächt oder verstört werden'. ‚Aber wie ich vermerke, so läßt man auch Diejenigen, so an anderen Orten der Kunst halber vertrieben werden, allhier passiren und einwohnen.' Würden ‚sich weitere Gebrechen erheben', so begehre er nicht länger in Heltorf zu bleiben [3].

Aus dem Amte Hülchrath ersuchte der Vogt Heffelt gegen Ende December 1590 einen Amtmann um Rath, ob er den Bitten von Verwandten einer ‚der armen gefangenen Frauen': ‚man möge doch ihre Mutter mit dem Schwerte richten und dann in die Erde begraben', nachkommen dürfe. Daß die längst verbotene Wasserprobe dort noch im Gebrauch war, zeigen die Angaben des Vogtes: ‚Diese allhier sitzenden habe ich examiniren, peinigen

— — — — — — —

[1] Ennen 5, 756—768.   [2] von Reuschenberg?

[3] *Abschrift aus dem im Archive zu Heltorf befindlichen Original freundlich mitgetheilt vom dortigen Archivar Ferber.

und auf's Waſſer verſehen laſſen, deren zwei ihre Unthaten umſtändlich bekannt, die dritte aber halsſtarrig geläugnet' hat, dieſelbe iſt ‚aber wie die
anderen zwei auf dem Waſſer geſchwommen'[1]. Herzog Johann Wilhelm von
Cleve gab dem Droſten zu Blotho, Bertram von Landsberg, am 24. Juli
1581 den Befehl, eine der Zauberei Bezichtigte auf ‚allerhand ſtarke Vermuthung' ſowohl gütlich als peinlich zu befragen und ‚im Fall ſie dann noch
nicht bekennen würde, auf das Waſſer der Gebühr nach zur Probe ſtellen
zu laſſen'[2].

In den ſüdlichen Gegenden des kurcölniſchen Herzogthums Weſtfalen
begannen die Hexenproceſſe erſt mit dem Jahre 1584 und wurden zuerſt
in Anregung gebracht von einem der ſtreng calviniſtiſchen Junker. Sie
wütheten beſonders in den Jahren 1590—1595. ‚Als im März 1592 viele
Hexen eingezogen werden mußten und viel Böſes und Mordthaten bekannten,
wurde allen Paſtoren zum höchſten befohlen und eingebunden, gegen die
Zauberei auf der Kanzel zum heftigſten zu predigen.' Die Proceſſe dauerten
bis gegen Ende des Jahrhunderts, von welcher Zeit an Vermerke darüber
faſt ganz aufhören[3]. Eine für das Herzogthum im Jahre 1615 erlaſſene
Hexen-Proceß-Ordnung ertheilte die Vorſchrift: ‚Es ſollen auch die Schultheißen und Schöffen oder Gerichtsſchreiber der gefangenen Perſon keine Um-
ſtände der erkundigten Miſſethat vorſagen, ſondern dieſelben von den Behafteten
ſelbſt ſagen laſſen.'[4]

Im Fürſtbisthum Münſter wurde der erſte Hexenproceß im Jahre 1565
eingeleitet, endete aber auf Befehl des Biſchofs Bernhard von Raesfeld mit
der Entlaſſung der Angeklagten. Das durch die Folter erzwungene Geſtändniß
derſelben genügte dem Biſchof nicht zur gerichtlichen Feſtſtellung ihrer Schuld;
er verlangte deren Nachweis durch äußere Beweisgründe oder durch rechts-
gültige Zeugen. Zur Einbringung eines Strafantrags von Seiten des fis-
caliſchen Anwaltes forderte er ferner den Nachweis, daß die Angeklagten durch
ihre Zauberkünſte Anderen am Leben oder Beſitzthum Schaden zugefügt hätten.
Den Beamten ertheilte er die Mahnung, in Zukunft nicht wieder auf bloßen
Verdacht hin und um des Geredes der Leute willen Menſchen ihrer Freiheit
zu berauben[5]. Auch im Münſteriſchen mehrten ſich die Proceſſe erſt gegen
Ende des Jahrhunderts. Im Jahre 1615 wurde in Ahlen ein vorgeblicher
Zauberer verbrannt, der von ſich und Anderen ‚bekannt' hatte, ſie hätten ſich
in Werwölfe verwandeln, als ſchwarze Raben ausfliegen können und ver-

---

[1] H. Giersberg, Geſch. der Pfarreien des Decanats Grevenbroich (Köln 1883)
S. 303.
[2] Horſt, Zauberbibliothek 3, 358—359.
[3] Pieler, Caspar von Fürſtenberg 98—102.   [4] Rautert 9.
[5] Niehues 34 fll. 49 fll. 141—151.

gleichen mehr. Ein zweiter, hochbetagter Zauberer aus Ahlen, der sich zu Lembeck der Wasserprobe vergebens unterworfen hatte, starb im Jahre 1616 im Gefängniß. Aus der ‚Bescheinigung des Notars‘ war ‚zu ersehen‘, daß er ‚durch abscheuliche Hülfe des Bösen aus diesem Leben geschieden‘ war; der Scharfrichter bezeugte: der Hals des Verstorbenen sei ganz schwarz gewesen und habe sich umdrehen lassen; die Brust und die Beine wären zerkratzt; er habe sich das nicht selbst angethan, sondern der Teufel habe ihm dabei geholfen [1]. Vor ihren unglücklichen Genossen und Genossinnen in vielen anderen Ländern und Städten hatten die Angeschuldigten im Fürstbisthum wenigstens den Vortheil, daß nicht der Scharfrichter allein willkürlich die Folterung leitete, sondern daß die Folter an den fürstbischöflichen Gerichten nur mit ausdrücklicher Genehmigung des Ober- und Landfiscus verhängt werden konnte, nur nach fest bestimmten Regeln und nur im Beisein und unter Leitung des Untersuchungsrichters stattfand [2].

Ein Hexenproceß, bei welchem die furchtbarsten Folterungen vorkamen, wurde im Jahre 1572 durch den abenteuerlichen Herzog Erich II. von Braunschweig-Kalenberg angestrengt gegen seine Gemahlin Sidonie, die Schwester des Kurfürsten August von Sachsen. Um in die Dienste des Königs Philipp II. von Spanien treten zu können, hatte Erich, von Schulden erdrückt, sein protestantisches Glaubensbekenntniß mit dem katholischen vertauscht und beschuldigte nun seine Gemahlin: sie habe, um diesen seinen Abfall von der Augsburger Confession zu rächen, im Bunde mit dem Teufel, vier Frauen gedungen, welche ihn durch Zauberkünste aus dem Leben schaffen sollten. Sidonie entfloh zu ihrem Bruder; gegen die Frauen, unter welchen drei vom Adel, wurde in Gegenwart des Herzogs und der angesehensten Adelichen am 30. März 1572 auf dem Schlosse zu Neustadt der Proceß begonnen. Die Angeklagten wurden teuflisch gequält. Eine derselben wurde, heißt es in einer Schilderung der Qualen, krank aus dem Bette geholt und ‚zuerst um die Beine und Hände mit großen Fesseln geschlossen‘. ‚Dann sind die Büttel gekommen und haben ihr zwei große Schrauben angelegt, sie gemartert und gepeinigt, daß es Gott im Himmel und einen Stein in der Erde erbarmet; dann wurde sie auf die Leiter gebracht und also gemartert. Als sie um Gottes willen gebeten, sie zu verschonen, und gefragt: was sie denn gethan, haben sie geantwortet: was sie ihrem gnädigen Herrn habe thun wollen? Hat sie geantwortet: Nichts. Solches Schreien und Bitten hat Nichts geholfen; ist auf die Leiter drei- oder viermal angerückt, und wenn der Büttel hat aufgehört und sich müde gezogen, haben Jost von Münich-hausen, der Amtmann Brandes und der Schreiber gesagt: er solle nur wieder

---

[1] Niehues 77—109.   [2] Niehues IV—V.

anziehen und sie mitten von einander reißen. Nachdem sie von der Leiter
abgenommen, haben ihr die Büttel die Kleider vom Leibe, ja ihr Hemd auf
dem Leibe entzwei gerissen. Da hat sie Nichts bekannt, auch Nichts gewußt
noch bekennen können. Da haben die Diebshenker sie wieder tragen müssen
in das Gemach, und hat keinen Athem mehr gehabt. Am andern Morgen,
da es tagen wollte, wurde sie wieder geholt und gefragt: was sie ihrem
Herrn habe thun wollen? Darauf sie geantwortet: sie hätte keinem Thier,
geschweige einem Menschen, Leid gethan. Sie wurde dann wieder auf die
Leiter gebracht, und hat sie wollen Frieden haben, hat sie müssen bekennen,
was man sie gefragt und ihr vorgesagt: sie habe mit dem Bösen gebuhlet,
sie wäre im Tanz gewesen. Von den Qualen, die man ihr angethan, ist
sie im Hirn also verwirrt gewesen, daß sie eine Zeitlang nicht hat ruhen
können, auch von ihren Sinnen Nichts gewußt. Die Knochen sind ihr zu-
gehangen wie Kindesköpfe und die Beine gar breit geschraubt gewesen,
daß sie hat weder gehen noch stehen können.' Alle diese Peinigungen genügten
dem Herzog nicht: in seiner „persönlichen Gegenwart" mußte weiter gemartert
werden. Kurfürst August von Sachsen hielt sich bei jenen grausamen
Folterungen in Gotha, welchen er beiwohnte, wenigstens hinter einem seidenen
Vorhang verborgen[1]: Erich „stand alle Zeit in der Thüre", als die Unglückliche noch sechsmal, in Pausen von zwei oder drei Tagen, vor seinem Gemach
auf die Folter gebracht wurde „und dargelegen wie ein armer Hund, und kein
Glied an ihrem Leibe gehabt, das sie hat regen können: ihre Brust ist ihr
mitten von einander gewesen'. „Als sie zum sechsten Mal gemartert und
von der ehrlichen Fürstin Nichts gewußt, da haben die Diebshenker sie
wiederum hingeschleppt, einer hat sie in ihr Angesicht geschlagen und sein
unflätiges Tuch in ihren Mund gestopft, als wollte er sie hiermit dämpfen;
und haben genug mit ihr zu thun gehabt, daß sie ihr die Knochen wieder
angerichtet.'

Gleich unmenschlich wurden die anderen Angeklagten behandelt. Sie
bejahten auf der Folter Alles, was man ihnen vorsagte: an der Schuld
Sidoniens schien kein Zweifel mehr. Jedoch auf Bitte der Herzogin beraumte
der Kaiser eine Revision des Processes an, bei welcher keine Folter angewendet
wurde. Als die gefangenen Frauen, unter ihnen eine neunundachtzigjährige
Matrone, der kaiserlichen Untersuchungsbehörde vorgeführt wurden, boten sie
einen jammervollen Anblick dar: „Allen waren die Brüste zerrissen, Adern
zersprengt, die Glieder verdreht'. Bei den Verhandlungen stellte sich ihre
Unschuld sowie die Unschuld Sidoniens heraus. Auf diese Nachricht wurde
Erich „recht toll und unsinnig, daß zu ihm kein Mensch hat kommen dürfen';

---

[1] Vergl. unsere Angaben Bd. 4, 242.

ſeine Abgeſandten aber erklärten am 3. Januar 1574, ‚der Herzog ſei erfreut, daß die Unſchuld der Herzogin an den Tag gekommen‘ ſei [1].

Zu Braunsberg im Ermelande, wo man, ſoweit nachzuweiſen, Anklagen auf Zauberei bis über die Mitte des ſechzehnten Jahrhunderts nur mit Kirchenbußen und Verbannung beſtrafte [2], wurde in der Altſtadt die erſte Hexe im Jahre 1605, in der Neuſtadt wahrſcheinlich im Jahre 1610 verbrannt [3]. Aus den Criminalacten geht hervor, daß ſowohl die Seelſorger als auch die Jeſuiten an den Verfolgungen keinen andern Antheil nahmen, als daß ſie ihrer Pflicht gemäß die von den weltlichen Richtern Verurtheilten durch die Sterbeſacramente für das höchſte Gericht vorbereiteten [4].

Die Hexenverfolgungen in denjenigen katholiſchen Gegenden, in welchen Jeſuiten thätig waren, wurden von proteſtantiſcher Seite bisweilen dieſen zur Laſt gelegt. Eine ‚Wahre Abconterfeytung der ſchädlichen und erſchröcklichen Secte der Jeſuiter‘ aus dem Jahre 1595 beſchuldigte dieſelben: ſie hätten ungeheuere Reichthümer unter Anderm dadurch erworben, daß ſie die Wohlhabenden der Zauberei angeklagt hätten. ‚Auf bloßes Ausſagen entweder alter verkünter (verkindeter) Weiber oder aber (ſolcher), ſo vielleicht ſich dem Lügengeiſte, einem Lügner von Anbeginn und Feind des menſchlichen Geſchlechtes, ergeben, fahren ſie‘, die Jeſuiten, ‚ohne einige fernere Nachfrage zu, fangen die Beſagten, geſchwind mit ihnen an die Folter und andere unmenſchliche Marter, und bringen die Leute damit, auf daß ſie der Pein abkommen, zu ſagen, ſie ſeien Zauberer und ſei Alles wahr, was die Anderen auf ſie ausgeſagt.‘ [5] Beweiſe für derartige Beſchuldigungen gegen die Jeſuiten liegen nicht vor.

---

[1] Vergl. die Protocolle der Verhandlungen bei Havemann: Sidonie, Herzogin zu Braunſchweig, und Möhlmann: Actenmäßige Darſtellung ꝛc., in dem Vaterländiſchen Archiv des Hiſtoriſchen Vereins für Niederſachſen 1842, Heft 3, No. 11 und 12. Vergl. ferner: Weber, Aus vier Jahrhunderten 2, 38—78, ** und Olbecop's Chronik 668 fl.; ebenda 566 fll. iſt jetzt auch der große Hildesheimer Hexenproceß vom Jahre 1564 gedruckt, von welchem Seifart (Sagen 195) bemerkt, daß darin ‚faſt Alles, was ſich an abergläubiſchen Vorſtellungen über Hexen und ihren Verkehr mit dem Teufel vorfindet, im engen Rahmen eines kleinen, aber deutlichen und lebendigen Bildes zuſammengefaßt iſt‘.
[2] Lilienthal 94.
[3] Lilienthal 83—84. Bis zum Jahre 1772 wurden im Ganzen 82 der Zauberei Bezichtigte in der Neuſtadt zur Hinrichtung verurtheilt.
[4] Lilienthal 109.
[5] Angeführt bei Stieve, Die Politik Baierns 2, 337.

Zahlreicher ſind andere proteſtantiſche Stimmen, welche von den Jeſuiten behaupteten, ſie ſelbſt ſeien ‚den teufliſchen Künſten und Hexerei nahe verwandt und mit ſelbigen beſchmeißt, ſintemalen der Teufel ſelbſt ihr Vater und Hauptinſtigator' ſei. Wie der Augsburger Prediger Bartholomäus Rülich zu berichten wußte: die Münchener Jeſuiten hätten in ihrer Kirche Jungfrauen ermordet und zur Strafe dafür ſeien auf Befehl des Rathes fünf Patres mit glühenden Zangen gezwickt, aus ihren Leibern Riemen geſchnitten worden — ein Ereigniß, von welchem in München ſelbſt laut amtlichem Erlaß von Bürgermeiſter und Rath gar Nichts bekannt war[1] —, ſo verbreitete Hans Kunz im Jahre 1579 eine ebenſo wahre ‚Neue Zeitung von einer erſchröcklichen That, welche zu Dillingen von einem Jeſuwider und einer Hexen geſchehen iſt'. Sie ſollte ‚die große, unerhörte Läſterung' beweiſen, welche ‚die Jeſuwider durch ihre gottloſe ſchwarze Teufelskunſt zuwege bringen'. Ein Jeſuit, Georg Ziegler, habe ſich mit einer dreiundſiebzigjährigen Zauberin zu Dillingen eingelaſſen; dieſe habe nicht weniger als 13 Teufel herbeigerufen, von welchen Ziegler ſich einen ausgewählt und in ein Harnglas verſchloſſen habe. Mit Hülfe deſſelben habe er dann über die lutheriſchen Länder große Ungewitter, Donner, Hagel und Blitz erregt und nicht allein Korn und Wein, ſondern auch Gebäude, Menſchen und Vieh nach ſeinem Gefallen verwüſtet und verdorben. Die Zauberin, in ſolchen Künſten ſchon ſeit Jahren geübt, ‚bekannte', daß ſie ſeit dem Jahre 1576 alle grauſamen Wetter und Winde im Elſaß, am Neckar, Rhein und Main hervorgezaubert, viele Weiber und Kinder geblendet, getödtet oder dem Teufel zugebracht habe. Als ein Hausknecht in einem Wirthshaus zu Baſel, wo der Jeſuit eingekehrt war, deſſen Harnglas öffnete, flog der Teufel ‚zu dem Glaſe heraus gleichwie ein ſchwarzer Roßleber mit großem Brummen und Brüllen, nahm das eine Fenſter mit ſich und brüllete über der Stadt gleichwie ein großer Ochſe und Bär'. Der Jeſuit wurde gefangen genommen, weil der Leichnam eines Kaufmannes, den er im Wirthshaus getödtet hatte, ein Blutzeichen von ſich gab, dadurch deſſen Schuld anzeigte und deſſen Bekenntniß forderte. Die Zauberin ſollte in Dillingen verbrannt werden, aber bei der Hinrichtung flogen ‚zwei große Raben über ſie her und führten ſie vor allem Volke in den Lüften weg'[2]. Dieſe ‚erſchröckliche Zeitung' von dem Dillinger Jeſuiten wurde bis nach Pommern verbreitet: Joachim von Wedel zeichnete ſie als beſonders merkwürdig in ſeinem Hausbuche auf[3].

---

[1] Vergl. über dieſe ‚Jeſuitiſche Newe Zeytung' unſere Angaben Bd. 4, 442.

[2] Newe Zeitung ꝛc. Urſſel 1579; vergl. Annalen des Vereins für naſſauiſche Alterthumskunde 7, Heft 1, 273.

[3] v. Wedel 277.

Vier Jahre früher, im Jahre 1575, hatte der Prediger Seibert über den Orden im Allgemeinen kundgethan: ‚Die Jesuiter gehen mit gräulichen Zaubereien um, bestreichen die Schüler mit heimlichen Salben des Teufels, wodurch sie diese an sich locken, so daß sie von den Zaubermeistern schwer zu trennen sind und nach ihnen zurückverlangen.‘ Darum müsse man die Jesuiten nicht allein austreiben, sondern als Zauberer mit dem Feuer vom Leben zum Tode richten‘; ohne diese ‚wohlverdiente Strafe‘ könne man auf die Dauer ‚ihrer doch nicht los und ledig werden‘. Sie seien aber nicht allein selbst Zauberer, sondern sie gäben in ihren Schulen auch Unterricht in der Zauberei. Insbesondere wurde den Hildesheimer Jesuiten nachgesagt, sie brächten ihren Zöglingen die Zaubersprüche der Giftmischer und sonstige Hexenkünste bei. Auch bedienen sich die Jesuiten, hieß es, gewisser Zaubermittel, um die Fortschritte ihrer Schüler zu beschleunigen[1]. Im Jahre 1604 wurden zu Hildesheim mehrere Schüler der Jesuiten als ‚Zauberer und Mäusemacher‘ aus der Stadt verbannt[2].

Noch um die Mitte des siebenzehnten Jahrhunderts untersuchte der Frankfurter Prediger Bernhard Waldschmidt die Gründe, ‚weßhalb auch viele junge Kinder dem Zauber- und Hexenwerk‘ ergeben seien, und gab als einen dieser Gründe an: ‚die Unterweisung der Kinder in den Schulen der Jesuiten‘. ‚Auch unter uns Lutheranern‘, sagt er, ‚findet man bisweilen Eltern, die ihre Kinder zu den Jesuiten in ihre Collegien und Schulen thun und meinen, weil sie den Ruf haben, daß sie grundgelehrte Leute seien, in allen Sprachen, Künsten und Wissenschaften herrlich erfahren, so werden auch ihre Kinder bei ihnen fürtrefflich gelehrte Leute werden. Solche Eltern aber thun damit gleichsam nichts Anderes, als daß sie ihre Kinder dem Teufel aufopfern und übergeben, nicht nur allein in Ansehung der Verführung zur falschen Lehre und Irrthumben, dadurch sie in Gefahr ihrer armen Seelen gerathen, sondern auch um des Zauber- und Hexenwesens willen‘; denn wenn auch nicht alle Jesuiten Zauberer seien, so könne doch nicht geläugnet werden, daß unter ihnen Zauberer vorhanden. Zu diesen Zauberern rechnete Waldschmidt auch den heiligen Franciscus Xaverius. Pater Coton habe einen ‚gestirnten Spiegel‘ besessen, durch den er alle Geheimnisse aller Potentaten habe an den Tag bringen können. Im Jahre 1608 habe ein ehemaliger Jesuit die Bücher namhaft gemacht, aus welchen die Zauberei im Orden gelehrt würde. In Straßburg sei ein Knabe als Zauberer verbrannt worden, welcher das Bekenntniß abgelegt habe, bei den Jesuiten in Molsheim die schwarze Kunst erlernt zu haben. ‚Diesem nach, so geben die Eltern, die ihre Kinder in

---

[1] Vergl. unsere Angaben Bd. 4, 453.
[2] Zeitschr. des Harzvereins 3, 823.

ſolche Schulen thun, oftmals Urſache dazu, daß ſie in des Teufels Zunft und Zauberbund leichtlich gerathen können.‘ [1]

Ein anderer Prediger, Melchior Leonhard, welcher im Jahre 1599 ſeine Zuhörer vor den Jeſuiten als ‚offenbarlichen Begünſtigern der Zauberei und Herenkünſte‘ warnte, gab einen ‚vornehmlichen Grund‘ an, aus dem man ‚leichtlich concludiren‘ könne, daß ‚das jeſuitiſche Geſchmeiß mit den zäuberiſchen und heriſchen Perſonen gar viel unter Einer Decke‘ ſpiele. Dieſer Grund beſtand darin, daß ſie keinen Abſcheu trügen vor den Judenärzten, ‚wie man denn auch aus den Hiſtorien und Erfahrung weiß, daß ihr Herr und Abgott, der römiſche Antichriſt, die Päpſte, ſich jüdiſcher Aerzte und Zauberer in ihren Krankheiten bedient haben und noch‘. Daran aber könne kein Zweifel ſein: wer die Hülfe ſolcher Aerzte ſuche, rufe den Teufel ſelbſt um Hülfe an, ‚inmaßen die Juden und ihre Medici nichts Anderes ſind denn Inſtrumente des Teufels‘ [2].

Dieſe Meinung war eine unter den proteſtantiſchen Theologen und Predigern weit verbreitete. Waldſchmidt, der dieſelbe ebenfalls theilte, berief ſich dafür auf die Gutachten der Wittenberger und der Straßburger Theologen, welche letzteren ihrerſeits ſich auf einen Ausſpruch Luther's beriefen. Luther habe geſagt: ‚Wenn du ſiehſt oder denkſt an einen Juden, ſo ſprich bei dir ſelbſt alſo: Siehe, das Maul, das ich da ſehe, hat alle Sonnabend meinen lieben Herrn Jeſum Chriſtum verflucht, vermaledeit und verſpeiet, und ich ſollte mit ſolchem verteufelten Maul eſſen, trinken oder reden, ſo möchte ich aus der Schüſſel oder Kannen mich voller Teufel freſſen, als der ich mich gewiß theilhaftig machte aller Teufel, ſo in dem Juden wohnen.‘ ‚Wenn dieſe geiſtreichen Worte Lutheri‘, mahnten die Straßburger Theologen, ‚unter Lutheranern recht betrachtet würden, ſo iſt kein Zweifel, Jedermann würde nicht allein der Juden Arznei ſich gänzlich enthalten, ſondern auch im Uebrigen ihrer Converſation und Gemeinſchaft müßig gehen.‘ Wer die läſterlichen, zauberiſchen Juden zur Wiedererlangung der verlorenen Geſundheit gebrauche, mache ſich ihrer Sünden theilhaftig. Die Obrigkeiten, welche den Judenärzten Praxis erlauben, weiſen die Unterthanen, ſagte Waldſchmidt, ‚gleichſam hin zu ſolchen Werkzeugen des Satans‘ [3].

Melchior Leonhard fand es ‚keiner Wege verwunderlich‘, daß ‚Jeſuiten, Juden, Zauberer und Heren gleichwie aus Einem Netze fiſchen‘; denn ſie Alle ſeien ‚ebenmäßige Gliedmaßen und Diener des Teufels‘, wie ſchon der hoch-

[1] Waldſchmidt 54—56.
[2] Zwei Predigten über die Zauberin zu Endor am erſten Buch Samuelis Cap. 28. (Ohne Ort 1599) S. 9—10. Dieſe Predigten liegen mehrfach der Pythoniſſa Endorea von B. Waldſchmidt zu Grunde.
[3] Waldſchmidt 397—406.

berühmte Tübinger Propst und Kanzler Jacob Andreä in etlichen seiner Predigten von den Papisten und Juden ‚bewiesen‘ habe. Leonhard meinte damit wohl eine der im Jahre 1589 erschienenen Predigten, worin Andreä behauptete: Die Einigkeit der Katholiken im Glauben sei kein sicheres Merkmal der wahren Kirche, denn man finde nirgends weniger Uneinigkeit im Glauben als unter den Juden. ‚Sollte darum der jüdische Glaube der rechte Glaube sein? Nein, es folgt nicht. Denn warum sollte der Teufel die Juden im Glauben uneins machen? Sie dienen ihm ja nach allem seinem Willen. Und warum sollte auch der Teufel die Papisten uneinig machen, dieweil sie nicht weniger als die Juden ihm nach allem seinem Willen dienen? Darum auch die Juden bei und unter ihnen allen Schutz und Schirm haben und in gutem Frieden bei einander leben.‘ [1]

Melchior Leonhard ‚concludirte‘ aber nicht allein aus dem Verhältniß der Jesuiten zu den Judenärzten, daß ‚das jesuitische Geschmeiß mit den zauberischen und hexischen Personen unter Einer Decke spiele‘, sondern auch aus einem andern Grunde. ‚Die Jebusiter‘, sagt er, ‚wissen sich auch oftmals der Hexen und Zauberer wohl öffentlich anzunehmen und wollen Barmherzigkeit für das Teufelsgesind, aus keiner andern Ursache, als damit man ihnen selbsten nicht den Proceß mache und sie nicht dem Meister Hämmerlein und Auweh‘, dem Foltermeister, ‚unter die Finger kommen.‘ [2]

Aussprüche dieser Art gereichen dem Jesuitenorden zur Ehre und lassen einigermaßen darauf schließen, daß die Jesuiten in Deutschland nicht gerade großen Eifer in der Verfolgung der Hexen bewiesen haben.

An der Möglichkeit teuflischen Einflusses auf die Menschen hielten, wie alle gläubigen Katholiken und Protestanten, auch die Jesuiten fest; in der vielfach leichtgläubigen und unkritischen Annahme der in's Greifbare tretenden Wirklichkeit teuflischer Verbindungen waren viele Jesuiten eben Kinder ihrer Zeit. Ist ein frommes Gemüth eher geneigt, auch dort das Hereintragen rein übernatürlicher Kräfte zu erkennen, wo in der Wirklichkeit nur natürliche Kräfte thätig sind, so darf es nicht Wunder nehmen, wenn zur Zeit des Hexenwahnes neben durchaus edelgesinnten Protestanten auch durch Makellosigkeit des Characters hervorragende Jesuiten es an der ganz besonders auf dem Gebiete der ‚Teufelsmystik‘ durchaus nothwendigen Kritik fehlen ließen.

‚Ueberall‘, schrieb Pater Canisius am 20. November 1563 aus Augsburg an Laynez, ‚bestraft man die Hexen, welche merkwürdig sich mehren. Ihre Frevelthaten sind entsetzlich. Sie beneiden die Kinder um die Gnade der Taufe und berauben sie derselben. Kindsmörderinnen finden sich unter ihnen in großer Anzahl. Ja von einigen Kindern haben sie das Fleisch auf-

---

[1] Vergl. Schenk 33—34.   [2] Leonhard 11—12.

gezehrt, wie sie eingestehen. Man sah früher niemals in Deutschland die Leute so sehr dem Teufel ergeben und verschrieben. Unglaublich ist die Gott-losigkeit, Unkeuschheit, Grausamkeit, welche unter Satans Anleitung diese verworfenen Weiber offen und insgeheim getrieben haben. Das sind die Schandthaten, welche die Obrigkeit aus ihren Geständnissen in den Gefäng-nissen zu veröffentlichen wagt. An vielen Orten verbrennt man diese ver-derblichen Unholdinnen [1] des Menschengeschlechtes und ganz besonderen Fein-dinnen des christlichen Namens. Sie schaffen Viele durch ihre Teufelskünste aus der Welt und erregen Stürme und bringen furchtbares Unheil über Landleute und andere Christen; Nichts scheint gesichert zu sein gegen ihre entsetzlichen Künste und Kräfte. Der gerechte Gott läßt das zu wegen der schweren Vergehen des Volkes, welche man durch keine Buße sühnt.' [2]

Der einzige deutsche Jesuit, welcher nachweislich die weltliche Obrigkeit zur Verfolgung der Hexen aufforderte, ist Georg Scherer. In einer Predigt aus dem Jahre 1583, in der er eine der merkwürdigsten Teufelsaustreibungen des sechzehnten Jahrhunderts ausführlich beschrieb [3], brachte er die Teufels-besessenheit in innige Verbindung mit dem Hexenwesen. Die Großmutter des von den Teufeln besessenen Mädchens war, sagte er, eine Hexe, ‚die sich unterstanden, dieses ihr eigen Fleisch und Blut, ihr Kindskind, dem Teufel mit Leib und Seel zu verkuppeln'. ‚Daß aber die Sache also und nicht anders beschaffen, bezeugt nicht allein das arme Dirnlein, sondern die alte Zauberin, die der Zeit' zu Wien ‚im Amtshause und Kerker der Malefiz-personen liegt, bekennt es selber, sowohl in gütiger als strenger Frag und Aussag'. Um allen Widerspruch niederzuschlagen, betonte Scherer am Schluß seiner Predigt nochmals: ‚Was verliere ich viel Worte in einer sonnenklaren Sache? Die Thäterin, welche die Teufel in das Mensch eingezaubert, ist durch das Gericht allhier gütlich und peinlich examinirt worden und bekennt lauter: sie habe Solches und wohl Gräulicheres mehr gethan.'

Die Aussage der ‚Hexe' bei dem sogenannten gütlichen Verhör und auf der Folter war für Scherer bezüglich der ‚Einzauberung' entscheidend, und er widmete seine Predigt dem Wiener Stadtrathe unter Anderm aus dem Grunde, ‚damit Ew. Herrlichkeit als weltlicher Magistrat aus dieser Predigt desto mehr Ursache nehmen, über die hochschädlichen Zauberer und Zauberinnen In-quisition zu halten und mit gebührlicher Straf gegen ihnen zu verfahren' [4].

Eine solche Aufforderung zur Bestrafung der Hexen fand jedoch nicht die Billigung des Ordensgenerals Claudius Aquaviva. Am 16. März 1589

---

[1] ‚pestes exitiales'.
[2] * Canisius an Laynez: Augsburg, 20. Nov. 1563. Vergl. Bd. 4, 27 Note 2.
[3] Vergl. unsere Angaben Bd. 6, 495—496.
[4] Scherer's Werke, Münchener Ausgabe 2, 180.

erließ derselbe eine Vorschrift an die deutschen Ordensprovinzen, des Inhalts: ‚Wenn es auch erlaubt ist, dem Fürsten im Allgemeinen zu rathen, daß er ein Heilmittel anwende gegen die Giftmischerei, die in jener Gegend sehr verbreitet sein soll, und auch jene Hexen, wenn sich die Gelegenheit bietet, zu ermahnen, daß sie im Gewissen verpflichtet sind, bei rechtlicher Befragung ihre Mitschuldigen zu nennen, so sollen doch die Patres sich in die Hexenprocesse nicht einmischen und nicht auf Bestrafung der Hexen dringen; auch sollen sie dieselben nicht exorcisiren zu dem Zweck, damit sie nicht widerrufen, was sie bereits bekannt: denn diese Dinge kommen uns nicht zu.‘ [1]

In den ‚Jahresberichten‘ der Jesuiten ist sehr häufig die Rede von den Processen der Hexen und Zauberer und von dem geistlichen Beistand, welchen die Patres den Verhafteten und Verurtheilten geleistet; es werden darin häufige Beispiele angeführt, daß sie Weibern oder Männern, welche aus teuflischem Antriebe gräßliche Verbrechen begangen, wieder auf den rechten Weg verholfen; aber es findet sich nicht ein einziges Beispiel, daß sie die Unglücklichen bei der Obrigkeit zur Anzeige gebracht oder jemals Veranlassung zu deren Verbrennung gegeben. Wohl aber werden nicht selten Fälle erzählt, wo die Jesuiten durch Fürbitte oder Einsprache gefangene oder bereits verurtheilte Hexen befreit oder deren Ueberführung in ein Krankenhaus durchgesetzt haben [2]. Friedrich von Spee beklagte bitter, daß die Richter selbst solcher Fürsten, welche Jesuiten zu Beichtvätern haben, den Jesuiten den Zutritt zu den gefangenen Hexen verwehren. ‚Denn gewisse Richter fürchten Nichts mehr, als daß irgend Etwas vielleicht herauskomme, wodurch die Unschuld der Hexen an's Licht gestellt wird. An vornehmer Tafel wagten sie sogar die Vertreibung der Jesuiten als Behinderer der Gerechtigkeit zu fordern.‘ [3] Auf den

---

[1] * Die Vorschrift lautet: ‚Liceat quidem Principi consulere in generali, ut remedium adhibeat istis veneficiis, quae multa esse ajunt in ista regione, et praeterea quando occurrit monere etiam sagas istas, quod in conscientia tenentur, cum juridice interrogantur, complices manifestare. De caetero vero non se immisceant in foro externo *nec urgeant, ut aliqui puniantur*, nec eas exorcizent ad eum finem, ne retractent quod jam confessae sunt: haec enim nobis non conveniunt.‘ Romae, 16. Mart. 1589. Archiv der deutschen Ordensprovinz Ser. 13, vol. B, p. 27. Mitgetheilt vom Jesuitenpater B. Duhr.

[2] Man vergl. zum Beispiel für Speyer, Trier, Coblenz, Aachen, Würzburg und so weiter die Litterae annuae 1586—1587 p. 267, 1590—1591 p. 341, 1596 p. 283, 1597 p. 123, 1598 p. 380, 1601 p. 635, 1607 p. 709. Vergl. auch Reifenberg 349.

[3] ‚. . . Nihil enim quidam aeque formidant quam ne quo modo tale quippiam se forte prodat, quo captarum innocentia in lucem prosiliat. Itaque cujusmodi generis viris non modo orbis terrarum juventutem, sed et ipsi principes conscientiam suam fidunt, hos quidam eorundem principum inquisitores eo habent

Gütern, in den Dörfern und Herrschaften, wo der Orden in Folge des Besitz-rechtes die Gerichtsbarkeit ausübte, kam niemals ein Hexenbrand vor.

Nichts aber·ist bezeichnender für die durchaus ehrenvolle Stellung der deutschen Jesuiten der Hexenverfolgung gegenüber als die Lehre der beiden bedeutendsten deutschen Jesuitentheologen damaliger Zeit, der Patres Paul Laymann und Adam Tanner [1]. Abgesehen von dem Einfluß, den schon ihre Gelehrsamkeit diesen Vorläufern Friedrich's von Spee unter den Je-suiten verschaffte, haben sie fast auf eine ganze Generation ihrer Ordens-brüder den Einfluß berühmter Lehrer ausgeübt. Laymann, seit dem Jahre 1604 als Professor in Ingolstadt, München und Dillingen thätig, durch seine ‚Moraltheologie‘ als einer der bedeutendsten Moraltheologen bekannt [2], wendete in seinen Vorlesungen wie in seinem Werke der Hexenfrage eine besondere Aufmerksamkeit zu. Gegen seinen Ordensgenossen, den Spanier Delrio [3], der ‚in vielen Punkten der strengern Ansicht sich anschließe‘, hob er hervor: werde der Hexenproceß nach Anleitung der strengeren Lehrer und der Uebung mancher Richter angestellt, so könne es, wie die Er-fahrung zeige, nicht ausbleiben, daß Unschuldige mit den Schuldigen ver-urtheilt würden, allem Rechte zum Hohn [4]. Den Hexenrichtern hielt Lay-mann ein wahres Sündenregister vor Augen. Durch ihr Treiben sei es ‚so weit gekommen, daß, wenn solche Processe noch länger fortgesetzt‘ würden, ‚ganze Dörfer, Märkte und Städte veröden‘ müßten und ‚Niemand, auch kein Priester, mehr sicher‘ sein werde [5]. Es gibt Richter, ‚welche die ver-urtheilten Hexen vor der Hinrichtung fragen, ob sie ihre Angaben betreffs ihrer Mitschuldigen festhalten; wird die Frage bejaht, so erklärt man diese Angaben für richtig, wird sie verneint, so läßt man den Widerruf Nichts gelten [6]. Gelegenheit zur Vertheidigung wird den Angeklagten gemeinlich nicht geboten.‘

Und doch habe man es hier mit einem Verbrechen zu thun, bei welchem es schon so schwierig sei, auch nur dessen wirkliches Vorhandensein festzustellen; denn es handele sich dabei meistens um ‚wankelmüthige, krankhaft gereizte, zuweilen halb verrückte Frauenspersonen‘, welche vom bösen Geiste, ja von

loco, ut non modo a conscientia reorum, quantumvis expetiti sint, eos removeant, sed et jactitare ad nobilium mensas nuper ausi sint a patria merito exigendos esse tanquam justitiae turbatores.‘ Cautio criminalis (Francofurti 1632) p. 444 sq.

[1] ** Vergl. unsere Angaben Bd. 7, 504. 516. 522.

[2] Vergl. Hurter, Nomenclator 1, 678—679. Ueber die verschiedenen Ausgaben der Moraltheologie Näheres bei De Backer 2, 673—675.

[3] Vergl. oben S. 612 ff.

[4] Theologia moralis (Moguntie 1723) p. 431.

[5] Theol. mor. 432 no. 3.　　[6] p. 425 no. 26. 27.

ihrer eigenen Einbildung leicht getäuscht werden' könnten[1]. Zur Folter dürfe
man erst schreiten, nachdem man den Angeklagten die Möglichkeit einer Vertheidigung verschafft habe. Geständnisse, durch die Folter erzwungen, dürften
nicht angenommen, nicht in die Acten eingetragen werden. Auch müsse sich
der Richter sehr hüten, zu sagen: ‚Du mußt deine Mitschuldigen angeben,
sonst kommst du auf die Folter. Solche Angaben sind nichtig: nur was
ganz frei ausgesagt wird, kann von Bedeutung sein.'[2] Nicht umsonst beriefen sich die Coburger Juristen, welche wegen ihrer mildern Praxis im
Hexenprocesse von den dortigen Predigern angegriffen wurden, zu ihrer Vertheidigung auf den ‚berühmten Jesuiten Paul Laymann' und führten mehrere
Aussprüche desselben dafür an, wie wenig Gewicht man den Aussagen der
Hexen über Mitschuldige beilegen dürfe[3].

Entschiedener noch als Laymann trat Pater Adam Tanner ‚zu Gunsten
so vieler unglücklichen Schlachtopfer auf, welche durch elende Führung der
Justiz unschuldig dem Henker überliefert' wurden. Tanner war im Jahre
1590 in die Gesellschaft Jesu eingetreten; er erhielt im Jahre 1596 den
Lehrstuhl der hebräischen Sprache an der Universität Ingolstadt, dann ein
Lehramt in München. Im Jahre 1601 nahm er als einer der katholischen
Collocutoren an dem Religionsgespräch zu Regensburg Theil. Später trug
er fünfzehn Jahre lang in Ingolstadt scholastische Theologie vor und wirkte
dann als Professor in Wien und als Kanzler der Universität zu Prag[4].
Schon während seiner Lehrthätigkeit in München wurden ihm, wie er in
seinem Hauptwerke ‚Die scholastische Theologie' berichtet, verschiedene wichtige
Fragen vorgelegt, welche sich auf die Hexenprocesse bezogen. In seinem
Werke sprach er sich ausführlicher darüber aus, und zwar zu dem Zwecke,
damit ‚die Gebildeten seiner Zeit und vor Allem die Obrigkeiten von seinen
Ansichten Kenntniß nehmen und sie in reifliche Erwägung ziehen' möchten[5].
Seine ernste, zu einem Scherze niemals aufgelegte Gemüthsverfassung[6] mag
in ähnlicher Weise eine Folge seiner in den Hexenprocessen erworbenen bitteren
Erfahrungen gewesen sein, wie dieselben Erfahrungen das Haar seines Ordens-

---

[1] p. 480.   [2] p. 480.   [3] Leib 38; vergl. oben S. 614 ff.
[4] Vergl. Rapp 47 fll. nach Kropf, Hist. Prov. Soc. Jesu Germ. 5, 100—102.
‚Man zählte Tanner zu den ersten Theologen seiner Zeit', heißt es auf der Gedenktafel,
welche die theologische Facultät zu Ingolstadt ihm setzte. Vergl. Mederer, Annales
2, 145. 178. 262. Hurter, Nomenclator 1, 498—501.
[5] Theologia scholastica 3, disp. 4. 9. 5. Dub. 1 (3, 981).
[6] Er wird geschildert als ‚serius, nullisque jocis unquam vel leviter arridens,
modestissimus'. Mederer 2, 262. Tanner's ‚liebste Erholung', sagt der Jesuit Kropf
(vergl. oben Note 4), ‚war der Wald und der Gesang der Vögel' — auch darin glich
er Friedrich von Spee.

genossen Friedrich von Spee vor der Zeit bleichten. Weil Tanner mit
männlicher Kraft gegen das Hexenbrennen auftrat, wurde er von weltlichen
Hexenrichtern der Hexerei für verdächtig erklärt, und manche derselben sprachen
den Wunsch aus, ihn auf die Folter zu bekommen. Friedrich von Spee
wagte deßhalb später nicht, seine Cautio criminalis unter seinem Namen
herauszugeben. ‚Es erschreckt mich‘, sagte er, ‚das Beispiel des frommen
Gottesgelehrten Tanner, der mit seinem so überaus wahren und klugen
Commentar nicht Wenige gegen sich aufgebracht hat.‘ ‚Denn wehe Denjenigen,
welche in dieser Sache‘, für die verfolgten Hexen, ‚den Advocaten machen
wollen: sie werden wider sich selbst den Streithandel wenden, gleichsam als
ob sie selbst an der Hexenkunst Theilnehmer seien. O welche Freiheit in
diesen Zeiten! Wenn Jemand es wagt, den Advocaten zu machen, ist er
schon verdächtig! Ja, was sage ich, verdächtig? auch Jener ist wenigstens
schon verhaßt, welcher nur ganz freundschaftlich die Richter wegen dieser Angelegenheit zu ermahnen sich erlaubt.‘ [1]

‚Gotteseiferer‘, welche ‚zur Ehre des Allerhöchsten‘ im Sinne Bodin's
und Fischart's ‚das verfluchte Hexengesind ausreuten‘ wollten, fanden es schon
‚hoch bedenklich und der peinlichen Frage würdig‘, daß ‚Scribenten‘ wie Weyer
und Tanner die Wirklichkeit der Hexenfahrten in Zweifel zogen und ‚selbige
zum größten Theil für eitel Einbildung und Trug‘ ausgaben: ‚solch aberwitzige und überkluge Scribenten‘ seien als ‚Störer göttlicher Justitia und
Rechtsprechung‘ zu bestrafen[2]. Tanner führte die Fahrten auf Träume und
Selbsttäuschungen der Weiber und auf teuflische Blendwerke zurück, wenn
auch ‚die Hexen‘ selbst vor Gericht angäben, sie seien mit Leib und Seele
vom Teufel entführt worden. Auf derartige Geständnisse sei wenig Gewicht
zu legen, zumal die Aussagen der Hexen einander widersprächen. Wenn dieselben gar behaupteten, in Gestalt einer Katze, einer Maus oder eines Vogels
vom Satan weggeführt worden zu sein, so liege gar kein Grund vor, dieses
für etwas Anderes anzusehen als für leere Phantastereien; denn weder ein
böser Geist noch ein guter Engel habe die Macht, einen menschlichen Körper
in einen Thierleib zu verwandeln. Aus sich selbst, ohne Zulassung Gottes,
besäßen die Dämonen keine Gewalt, den Menschen an ihrer Person oder
ihren Sachen zu schaden; sie könnten auch durch die Hexen und Zauberer
keinen Schaden bewerkstelligen, ausgenommen den Fall, wenn ‚diese giftige
Salben oder andere Mittel anwenden, welche den Menschen auf natürliche
Weise schädlich‘ seien[3].

---

[1] Cautio criminalis Dub. 18. Vergl. Frank 81—82.

[2] K. Engelhardt, Wider Zaubereien rc. aus göttlicher Schrift, kaiserlichen und
anderen Rechten, hohen Doctoren und wohlgegründter Praxi (1637) S. 14.

[3] Theol. schol. 3, 1501. 1508—1509.

Die höchste Vorsicht müsse man anwenden, wenn Angeklagte dazu bereit seien, die Namen von Mitschuldigen zu offenbaren. Denn ,entweder sind solche Angeberinnen wirklich, wie sie behaupten, Hexen und Zauberinnen, oder sie sind es nicht. Sind sie es nicht, so machen sie über sich selbst lügenhafte Angaben und wissen Nichts von Anderen, welche Mitschuldige sein sollen, zumal dieses Verbrechen ein geheimes ist und nur den Theilnehmern bekannt zu sein pflegt. Sind sie aber Hexen, dann sind sie solche Personen, welche allen Menschen, besonders den Unschuldigen, zu schaden, ja sie in's Verderben zu stürzen wünschen, koste es sie auch eine noch so verleumberische Anzeige. Wie kann also ihr Wort ein solches Gewicht haben, daß man darauf hin Leute verhaftet und den schwersten Foltern unterwirft, welche bisher eines unbescholtenen Namens sich erfreuten?' [1]

Aus diesen Erwägungen zog Tanner eine Reihe von practischen Folgerungen. Auf das bloße Zeugniß einer oder auch mehrerer Hexen, möge dieses auf der Folter abgelegt oder auch eidlich bekräftigt sein, dürfe, meinte er, eine solche Person nicht in Haft gebracht, geschweige denn gefoltert und verurtheilt werden [2]. Ferner müsse man jeder angeblichen Hexe einen Rechtsbeistand zur Seite geben, wie schon das natürliche Sittengesetz dieses vorschreibe [3]. Was die Folter anbelange, so werde diese mit solcher Grausamkeit gehandhabt, daß man schon im Voraus sicher sein könne, die Angeklagten würden sich für schuldig erklären. ,Ein beherzter, gelehrter, frommer und kluger Mann, der lange Zeit mit diesen Händeln sich befaßt hatte, sagte mir einmal, er traue sich nicht so viel Kraft zu, daß er zum Schutze seiner Unschuld solche Qualen aushalten könne.' Ein sogenanntes ,Geständniß', welches während der Qualen abgelegt worden, sei nichtig, auch dann, wenn es nach der Folter von dem Angeklagten bestätigt würde; denn eine solche Bestätigung stütze sich auf eine Angabe, welche unrechtmäßig erpreßt und deßhalb ungültig sei [4].

Im Allgemeinen verlangte Tanner für das gerichtliche Verfahren gegen die Hexen eine eingehende gesetzliche Regelung [5]: dem Gutbefinden der Richter solle nur ein sehr enger Spielraum gelassen, die verständigsten und gewissenhaftesten Richter herbeigezogen, wo möglich auch ein tüchtiger Theologe ihnen beigegeben werden.

Den unter Anderen von Binsfeld und Delrio aufgestellten Grundsatz, ,Gott werde nicht zulassen, daß bei den Hexenprocessen auch Unschuldige hingerichtet

---

[1] Theol. schol. 3, 993—994.   [2] Theol. schol. 3, 989. 997. 1000.
[3] Theol. schol. 3, 1005.   [4] Theol. schol. 3, 987.
[5] Theol. schol. 3, 1004. Tanner verwirft 3, 1001 sqq. eine Reihe von Aufstellungen Delrio's als zu nachtheilig für die angeklagten Hexen.

würden', erklärte Tanner für falsch und nichtig. Er habe weder innere
Gründe für sich, noch das Ansehen bedeutender Lehrer. Die Erfahrung
lehre das Gegentheil. Seien doch schon raubsüchtige Hexenrichter hingerichtet
worden. Falls aber mit zehn und zwanzig Schuldigen auch nur eine einzige
Person unschuldig leiden müßte, sei es besser, daß man vom ganzen Proceß
Abstand nehme und selbst die Schuldigen ungestraft lasse, ja sie nicht einmal
in Untersuchung ziehe. Gott selbst sei ja bereit gewesen, ganz Sodoma zu
verschonen, wenn auch nur zehn Gerechte darin sich finden würden, und der
Hausvater in der Parabel habe seinen Knechten gesagt, sie sollten das Un-
kraut nicht ausreuten, damit nicht etwa auch der Weizen ausgerissen würde.
Werde beim Hexenproceß nicht Alles aufgeboten, was Vernunft und Billigkeit verlange, so bringe derselbe Schande, schreckliche Qualen, selbst den Tod
über eine Menge von Unschuldigen, Ehrlosigkeit und unauslöschliche Schmach
über die ehrenwerthesten Familien, Unehre und Schimpf für die katholische
Religion, weil auch Personen verurtheilt würden, welche allen Anzeichen
nach stets rechtschaffen gelebt und die Gnadenmittel der Kirche fleißig gebraucht hätten [1].

Ueberhaupt, erörterte Tanner weiter, bringen die Hexenprocesse keinen
Nutzen: sie steuern dem Hexenwesen nicht, befördern vielmehr dasselbe. Dem
Uebel müsse mit anderen Mitteln abgeholfen werden. Die Obrigkeit müsse
zum Beispiel gewisse Zusammenkünfte verhindern, bei welchen Sodomie und
jegliche Unzucht getrieben werde; denn solche Zusammenkünfte seien die rechten
Brutstätten und Nester der Hexerei. Bußfertige ‚Hexen' solle man nicht dem
Gericht übergeben, vielmehr ihre Namen aus der Liste der Verdächtigen
austilgen. Selbst bereits Verurtheilten könnten Kirchenstrafen, welche den
öffentlichen Kirchenbußen des christlichen Alterthums nachgebildet würden,
größern Nutzen bringen als weltliche Strafen: der Teufel werde dadurch
weit mehr verwirrt und weit ohnmächtiger als durch tausend Todesurtheile.
Vor Allem aber müsse man das Hexenwesen durch rein geistliche Mittel bekämpfen: durch den christlichen Glauben und dessen öffentliches Bekenntniß,
durch gemeinsames Gebet, gemeinsame Opferfeier, Anrufung der Heiligen um
ihre Fürbitte. Zu den geistlichen Waffen, die mehr vermögen als die leiblichen, gehört ferner die sorgfältige Erziehung der Jugend, die Sorge für
einen geordneten Hausstand, der fleißige Besuch der Predigt und des catechetischen Unterrichts [2].

So lehrte Tanner über das Hexenwesen. Sein Werk fand ‚die Approbation' des Ordensprovinzials Mundbrot; die Ordensgenossen zählten ihn zu
ihren ‚einsichtigsten und frömmsten Theologen'. Gegner fand er unter den-

---

[1] Theol. schol. 3, 984—986.   [2] Theol. schol. 3, 1021—1022.

selben nicht. ‚Gleichsam auf seinen Schultern, der höchsten Verehrung und
kindlichen Dankes voll‘, steht Friedrich von Spee, einer der edelsten Vorkämpfer
für Vernunft und Menschlichkeit, für christliche Gerechtigkeit und Liebe. Mitten
unter den Gräueln des dreißigjährigen Krieges, mitten unter allem Jammer
und Elend des Volkes mußte er den Obrigkeiten vorhalten, daß die unter
Berufung auf Gott, auf Recht und Gerechtigkeit verübte Justiz die große
Lehrmeisterin aller Grausamkeiten und Scheußlichkeiten sei, mit welchen das
entmenschte Soldatenvolk den deutschen Boden schändete [1].

---

[1] Näheres über Spee und seine Bedeutung bringen wir im folgenden Band.

VIII. Die Hexenverfolgung in den protestantischen Gebieten seit dem letzten Drittel des sechzehnten Jahrhunderts.

Unter den Protestanten kamen seit dem letzten Drittel des sechzehnten Jahrhunderts die zahlreichsten und grausamsten Hexenverfolgungen im nördlichen Deutschland vor, aber auch im südlichen und in der Schweiz mußten viele Tausende von Hexen den Scheiterhaufen besteigen.

So wurden zum Beispiel im Canton Bern in den Jahren 1591—1600 weit über 300, in den Jahren 1601—1610 über 240, im Jahre 1613 in einem einzigen Amte 27 Hexen oder Zauberer gerichtet [1].

Reich an grauenhaften Vorgängen ist eine Verfolgung, welche in der Reichsstadt Nördlingen im Jahre 1590 begann. Auf Anregung des Bürgermeisters Pferinger beschloß damals der Rath, ‚alle Hexen mit Stumpf und Stiel auszurotten‘. Unter den drei am 15. Mai Gerichteten befand sich eine Irrsinnige, welche Bürger und Bürgerinnen, obgleich diese niemals krank gewesen, vergiftet zu haben behauptete. Am 15. Juli erfolgte ein neuer dreifacher Hexenbrand, am 9. September ein fünffacher. Eine der vier am 15. Januar 1591 Verbrannten war in vierzehn Verhören zweiundzwanzigmal gefoltert worden, ohne sich ein Geständniß abpressen zu lassen. Erst beim fünfzehnten Verhöre hatte sie alle Fragen, welche ihr gestellt wurden, bejaht. Zu den in Untersuchung Gezogenen gehörte auch die Frau eines Zahlmeisters, eine Frau von bestem Leumund, eine treue Gattin und Mutter, gegen die Nichts vorlag als die Aussage einiger Weiber, sie auf dem Hexentanze gesehen zu haben. Sie hatte Nichts zu gestehen, denn sie wußte Nichts. Schon beim zweiten Verhör wurden ihr die Daumen gequetscht, Schienbein und Waden platt gepreßt. Unter den größten Schmerzen betheuerte sie ihre Unschuld. Im dritten Verhöre neue, schärfere Foltern, neues Läugnen. Im vierten Verhöre wurde sie am Strange auf- und abgezogen, ihre Kraft war gebrochen, und sie gestand, sich dem Teufel verschrieben und von ihm eine Salbe erhalten zu haben, mit der sie viele Leute getödtet. Aber ihrem Manne

---

[1] Vergl. Trechsel, Das Hexenwesen im Canton Bern, Berner Taschenbuch für 1870.

ließ ſie heimlich einen Zettel zukommen: ‚Man nöthigt Eins, es muß Eins
ausreden, man hat mich ſo gemartert, ich bin aber ſo unſchuldig als Gott
im Himmel. Wenn ich im Wenigſten ein Pünktlein um ſolche Sache wüßte,
ſo wollte ich, daß mir Gott den Himmel verſagte. O du herzlieber Schatz,
wie geſchieht meinem Herzen! O weh, meine armen Waiſen! O Schatz
deiner unſchuldigen Magdalena, man nimmt mich dir mit Gewalt; wie kann’s
doch Gott leiden!‘ Die Richter, nicht zufrieden mit ihrem ‚Geſtändniß‘, verlangten nun noch zu wiſſen, mit welchen Perſonen ſie auf der Hexenverſamm-
lung geweſen. Als ſie darauf gewiſſenhaft erklärte: ‚Sie wolle gern Alles
leiden, nur ſolle man es ihr nicht auf das Gewiſſen geben, daß ſie auf
Unſchuldige bekenne und dieſe in gleiche Gefahr ſtürze‘, kam von Neuem die
Folter in Anwendung. In Folge wiederholter, noch fürchterlicherer Qualen,
als ſie bisher beſtanden, ‚bekannte‘ ſie endlich auf zwei andere ‚Hexen‘ und
endete mit dieſen auf dem Scheiterhaufen [1].

Des Verklagens ſei kein Ende, ſagte der Superintendent und Stadtpfarrer Wilhelm Lutz auf der Kanzel, bei ihm ſelbſt hätten einige Perſonen
ihre Schwiegermütter und Ehemänner, ſelbſt ihre Weiber als Hexen angegeben.
Was wohl daraus werden ſolle? Freimüthig eiferte er gegen das unmenſchliche Vorgehen, und auch andere Prediger ſprachen ſich gegen die Verfolgung
aus; der Rath aber nahm dieſes ſehr übel auf und verlangte zu wiſſen, ‚was
die Geiſtlichkeit für ein Intereſſe hätte, ſich bei dieſer Sache einzumiſchen‘?
Weil der Superintendent ſich geäußert hatte: Man habe ‚jetzt einige arme
Hündlein gefangen, werde aber die rechten durchſchlupfen laſſen‘, ſo wollte
der Rath beweiſen, daß er auch vornehmer Weiber nicht ſchone: die Frau
eines der Bürgermeiſter, eines Rathsherrn, des Stadtſchreibers und des Pflegers
wurden auf die Folter geſpannt und als Buhlerinnen des Teufels mit dem
Feuer ‚gerechtfertigt‘. Faſt ſchien es, als ſollte die Hälfte des weiblichen
Geſchlechtes in Nördlingen verbrannt werden. Von den Gefolterten ‚bekannte‘
eine immer wieder auf zehn andere: die Gefängniſſe waren überfüllt, und
man kam in Verlegenheit, wo man das immer zahlreichere ‚teufliſche Gezücht‘
unterbringen ſollte [2].

Erſt im Jahre 1593 kam die Raſerei zum Stillſtand in Folge eines
merkwürdigen Proceſſes, der zu den grauenhafteſten des Jahrhunderts gehört
und zugleich zeigt, wie es den Angeklagten erging, wenn ſie, was nur ſelten
geſchah, nicht verurtheilt wurden. Es handelte ſich um Maria Hollin, die
Kronenwirthin zu Nördlingen, eine der heldenmüthigſten Frauen der Zeit.
Auf die Anſchuldigung, ſie ſei bei Hexentänzen geſehen worden, wurde ſie im

---

[1] Weng Heft 6, 17—42. Vergl. Wächter 106—107. Solban-Heppe 1, 470—472.
[2] Weng Heft 6, 42—60.

October 1593 zur Haft gebracht und nicht weniger als sechsundfünfzigmal mit den grausamsten Martern gefoltert. Im vierten Verhör preßten ihr Daumenstock und Stiefel die Worte aus: ‚Wollte Gott, er verzeihe mir diese Rede, daß ich ein Unhold wäre, damit ich doch Etwas anzeigen könnte!‘ Im sechsten Verhör an den Strang gestellt und aufgezogen, betheuerte sie wiederum ihre Unschuld. ‚Repetirt Priora,‘ sagt der Protocollist, ‚welches ich für unnöthig gehalten, zu schreiben.‘ Im folgenden Verhör bekannte sie unter noch schärferen Qualen, es sei wahr, daß Katzen in ihre Kammer gekommen seien, die ihr Eier und andere Victualien gefressen; sie habe ihnen Mückenpulver gestellt, ob sie daran gestorben, wisse sie nicht, sie seien aber nicht mehr wiedergekommen: sie fürchte die Schmerzen, wolle Alles gethan haben, wessen man sie zeihe, nur könne sie es nicht mit gutem Gewissen sagen. Erst im neunten Verhör sagte sie aus, sie habe geträumt, ein junger, hübscher Gesell sei zu ihr gekommen, diesen hätte sie später an den Geißfüßen als Teufel erkannt, sich seiner nicht erwehren können und ihm mit ihrem Blute eine Verschreibung ausgestellt. Aber noch in demselben Verhöre widerrief sie ihre Aussage: sie habe Alles nur aus Furcht vor der Marter eingestanden, in der Hoffnung, dadurch von den Qualen loszukommen; sie wisse Nichts von diesen Sachen aus eigener Erfahrung, sondern habe sie über andere Hexen erzählen hören. Abermals gefoltert, rief sie unaufhörlich: ‚Ach Christus, erbarme dich meiner; o du Lamm Gottes, das der Welt Sünde trägt, erbarme dich meiner!‘ Bei der zehnten Inquisition wurde sie dreimal ‚am Strang gehalten und auf- und abgeschnellt‘, gab jedoch nur zur Antwort: ‚Mit der Wahrheit könne sie Nichts gestehen, es gehe ihr, wie Gott wolle.‘ Das dreimalige Auf- und Abschnellen erschien den Richtern nicht genügend, bei jeder folgenden Inquisition wurden die Martern gesteigert. Einmal heißt es im Protocoll: ‚Sie wurde auf die Bank gelegt, achtmal auf- und abgezogen, wiederum auf die Bank gelegt, rief aber unaufhörlich: sie wolle gern sterben, aber gestehen könne sie Nichts.‘ ‚Längst würde ich gestanden haben,‘ sagte sie im sechzehnten Verhör, ‚wenn ich ein solches Weib wäre, und mich nicht so lange martern lassen: der Allmächtige wisse, daß sie Nichts dergleichen gethan habe; aber es sei kein Wunder, wenn sie sich bei solcher Unschuld den Tod gäbe.‘ Da wurde sie noch fünfmal auf die Bank gelegt und auf alle ersinnliche Weise gefoltert, ‚beharrte aber bei dem Bekenntniß ihrer Unschuld‘. Der Nördlinger Bürgermeister Pferinger und die Abbocaten des Rathes hatten nicht das geringste Mitgefühl mit den Leiden der Unglücklichen. Nachdem alle Mittel erschöpft worden, diese zum Bekenntniß zu bringen, ließ man sie ein halbes Jahr lang nicht mehr zum Verhör, behielt sie aber im Gefängniß und stellte vorläufig die Anwendung der Tortur auch bei anderen der Hexerei Angeklagten ein. Der Rath von Ulm, aus dessen Gebiet die Kronen-

wirthin gebürtig war, verwendete sich zu deren Gunsten bei dem Nördlinger
Rathe: die Angeschuldigte habe ‚sich als eine Ulmer Bürgerstochter gottesfürchtig, ehrlich und ohne verdächtigen Argwohn dessen, was man sie beschuldigt, erhalten; ihr Vater, vieljähriger Diener des Raths, Amtmann auf
dem Lande, habe sie gottesfürchtig erzogen, daher könne man sich nicht des
Argwohns entwehren, daß sie durch mißgünstige Leute, von welchen auch
andern Ortes die Obrigkeiten übel verleitet und übereilt worden, sei angegeben
worden; man möge sie deßhalb ohne Entgelt und ihrer Ehren halber unverletzt
auf freien Fuß stellen‘. Der Rath zu Nördlingen holte darauf das Gutachten
seiner Advocaten ein, und dieses fiel dahin aus: Man habe wohlverantwort-
liche Ursachen gehabt, die Hollin in Verhaft zu nehmen und gütlich und
peinlich zu befragen. Aus den Protocollen ergebe sich ein gegründeter Verdacht, ob er gleich so eigentlich nicht könne beschrieben werden; es sei aber
dafür zu halten, daß die vorigen Anzeigen durch die von der Verhafteten
ausgestandene Marter genugsam aufgehoben seien: ohne neue Indicien könne
die Tortur weiter nicht vorgenommen werden. Auch sei zu besorgen, daß
manche beschwerliche Gedanken und Reden zu erwarten seien und die Verwandten und der Ehemann der Hollin bei dem Kaiser und bei dem Kammergericht vorstellig werden würden. Der Rath möge sie deßhalb aus dem Gefängniß entlassen, aber ihr erklären: es hafte noch immer auf ihr einiger
Verdacht, nur aus Gnade und Barmherzigkeit werde sie bis auf weitere Anzeige freigesprochen; ihr Mann müsse die aufgewandten Kosten bezahlen und
sie selbst durch eine Urphede beschwören, ohne Erlaubniß des Rathes weder
bei Tag noch bei Nacht sich aus ihrem Hauswesen zu entfernen. Der Rath
folgte diesem Gutachten, und die unschuldig sechsundfünfzigmal Gemarterte
kam nicht eher aus dem Gefängniß los, bis sie eine ihr vorgelegte Urgicht
unterzeichnet und ‚leiblich zu Gott und auf sein heiliges Evangelium geschworen‘,
durch welche das gegen sie angewendete Justizverfahren als vollkommen berechtigt erklärt, der auf ihr lastende Verdacht der Hexerei bestätigt und ihr jedes
Mittel der Rechtfertigung benommen wurde. Sie, die unter allen Martern
die Wahrheit gesagt, mußte jetzt, um nur aus dem Gefängnisse loszukommen,
ungeheuere Lügen beschwören. ‚Die ehrenfesten, fürsichtigen und weisen Herren
Bürgermeister und Rath von Nördlingen‘, hieß es in der Urgicht, seien ‚von
Amts und Obrigkeits wegen höchlich verursacht gewesen‘, sie gefänglich einzuziehen und ‚zu vielen verschiedlichen Malen mit der ernstlichen Schärfe zu
examiniren‘. Vergebens habe ihr der Rath ‚ihr selbst wohlbedächtig, freiledig
und ungezwungen Bekennen und gleich darauf unglaubwürdig Verneinen zu
Gemüth geführt‘ und mit ihr ‚eine gute lange Zeit gnädige Geduld‘ gehabt.
Die gegen sie vorgebrachten ‚und mit allen Umständen wohlbeglaubten, noth-
dringenden und handgreiflichen Anzeigungen und Vermuthungen‘ seien von

ihr ,im wenigsten nicht widerlegt, verantwortet oder abgelaint, viel weniger ihre fürgegebene Unschuld dargethan worden'. Deßhalb habe der ehrbare Rath ,mehr dann genugsame und wohlbefugte Ursache', bei dem gegen sie vorgenommenen Proceß zu beharren und ihn ,mit noch mehrerem Ernste zu vollstrecken'; ,jedoch aus lauterer, sonderer, väterlicher Milde und Barmherzigkeit' habe er denselben ,auf dießmal' eingestellt, um sie auf ihr und ihres Mannes, ihrer Verwandten und ansehnlicher Herren unterthäniges Flehen und Fürsprechen gegen Erstattung der Atzungskosten in ihre Wohnung, aus der sie aber Tag und Nacht nicht weichen dürfe, zu entlassen. Sie danke dem Rathe demüthig für seine so väterlich erzeigte Gnade, Milde und Barmherzigkeit, wolle wegen alles Vorgefallenen kein Rechtsmittel anrufen oder anrufen lassen. Würde sie all' diesen eidlichen Versprechungen in irgend einem Punkte entgegenhandeln, so solle gegen sie ,an Leib und Leben, mit oder ohne Recht, nach Willen und Gefallen des Rathes wie gegen eine treulose, meineidige und bekannte, ohnehin noch nicht vollkommen absolvirte Uebelthäterin ohne alle Einrede procedirt und mit wirklicher Execution verfahren werden' [1].

Verhältnißmäßig sehr gering scheint die Zahl der Hexenbrände in Nürnberg gewesen zu sein [2]. Erst aus dem Jahre 1591 liegt eine Nachricht vor, daß dort 5 Hexen verbrannt, 3 zuvor erwürgt worden seien [3]. In Spalt mußten im April 1590 an einem Tage 12 Hexen den Scheiterhaufen besteigen [4]; in Schwabach im Jahre 1592 ,zu drei unterschiedlichen Malen 7 Hexen' [5]; zu Windsheim im Jahre 1596 sogar 19, die zwanzigste entleibte sich selbst [6].

Zu Regensburg hatten sich im Jahre 1595 die Rechtsgelehrten und das geistliche Ministerium mit einem hexischen Mädchen, einer Irrsinnigen, zu beschäftigen, welche ,aussagte': ,der Teufel sei in Gestalt einer Mücke in sie gefahren, und sie sei mit dem Teufel öfters in und aus der Hölle gefahren'. Zwei Rechtsgelehrte verlangten: man solle ,Delinquentin nicht mit

---

[1] Weng Heft 7, 4—24.　　[2] Vergl. oben S. 544.
[3] [Will,] Histor.-diplomat. Magazin 2, 261.
[4] Deutscher Hausschatz (Regensburg 1874) Jahrg. 1, 458.
[5] v. Falkenstein, Chron. Svabacense (Schwabach 1756) S. 307.
[6] Vergl. Lochner, Zur Sittengesch. von Nürnberg im sechzehnten Jahrhundert, in der Zeitschr. für deutsche Culturgesch. Jahrg. 1856, S. 226. Ueber einen Teufelsbanner in Neumarkt vergl. einen Brief des nürnbergischen Predigers zu Leinburg vom 15. Juni 1558 bei Waldau, Vermischte Beyträge 3, 356—362. Im Jahre 1590 wurden viele Personen in ,unterschiedlichen benachbarten Orten' von Augsburg verbrannt. v. Stetten 1, 718.

dem Feuertode bestrafen, sondern man solle ihr zur Warnung und Besserung zwei oder drei Neckerle[1] thun, dann sie auf den Pranger stellen, ihr durch die Backen brennen und sie auf ewig der Stadt verweisen'[2].

In Bayreuth ließ das Consistorium Haussuchungen veranstalten, um Teufel und Alraunen in Büchsen und Gläsern zu entdecken. Der dortige Superintendent Justus Blochius bat und ermahnte die Weiber im Jahre 1569, jedem Manne doch ja zuerst auf die Füße zu sehen, weil dem Teufel der Bocksfuß niemals fehle. Zu Wallerstein im Bayreuthischen wurden im Jahre 1591 auf einmal 22 Hexen verbrannt. Auch ‚hochangesehene Personen' kamen vor Gericht; unter diesen die siebenzigjährige Erbmarschallin Cäcilia von Pappenheim in Ansbach. Ein Schäfer verlangte von ihr einen Gulden, weil er in einer Nacht, als sie beim Teufel zu Gevatter gestanden, zum Hexentanze geblasen habe. Mit der Forderung abgewiesen, machte er das Vorkommniß im Lande bekannt und veranlaßte, daß einige Hexen, welche zu Schwabach, Abensberg und Ellingen gerade hingerichtet werden sollten, von Neuem auf die Folter gespannt und befragt wurden, ob sie Nichts über die Erbmarschallin anzuzeigen hätten. Auf die Auskunft einer Ellinger Hexe: Cäcilia reite gemeinlich, von ihrer Kammerfrau begleitet, auf einer Kuh zu den höllischen Versammlungen und habe beim Hexentanz ausgesehen wie eine Nürnberger Frau, erfolgte die Verhaftung der Erbmarschallin. Sie wurde jedoch nicht mit dem Feuer gerechtfertigt, weil die juristische Facultät zu Altorf dahin entschied: die Aussage der Ellinger Hexe, welche ohne Confrontation hingerichtet worden, sei nicht sattsam begründet; dagegen sei die Aussage des Schäfers, daß er zum Hexenball geblasen, solchermaßen wichtig, bedenklich und gravirend, daß die Angeschuldigte solche nur mit einem Reinigungseid abwenden könne. Um ihre Freiheit wieder zu erlangen, mußte Cäcilia diesen Eid schwören und sämmtliche Kosten des Processes tragen[3].

Im Jahre 1613 brachte eine ‚Zeitung von der gräulichen Zauberei in deutscher Nation' die Nachricht: Zu Ochsenhausen erhoben sich am hellen Tage drei Hexen in die Luft, wie viele Hundert Menschen gesehen, und erhoben ein schreckliches Geschrei, brachten dann ein Wetter zuwege, daß Kieselsteine, so ein ganzes Pfund wogen, herabfielen; in diesen Kieselsteinen fand man häßliche Thiere. Die Hexen ‚bekannten', daß ihrer 4000 sich zusammen verschworen, um Alles zu verderben; eine derselben hatte ‚fünfhalbhundert vierundachtzig kleine Kinder getödtet'[4].

---

[1] Folterzieher.   [2] Gumpelzhaimer 2, 1010—1018.
[3] Lang 8, 838—841. Krau|old 158. Ueber das Hexenwesen im Gebiete des ehemaligen Klosters Heilsbronn vergl. Muck 2, 57—60.
[4] Gedruckt zu Erffurt bei Jacob Singe. 1618.

Als um das Jahr 1616 auf Befehl der herzoglich württembergischen Regierung die gewaltigsten Hexenbrände in den Städten Sondelfingen, Dornstadt, Löwenberg und Baihingen stattfanden, ,bekannte eine Frau aus Seresheim, die man aller Hexen Mutter nannte: sie habe das Hexenwerk seit unvordentlichen Zeiten betrieben, wohl an die 400 Kinder, auch drei ihrer eigenen Kinder umgebracht.   Die seien alle wieder ausgegraben, gesotten, gekocht, theils gefressen, theils zur Schmier- und Hexenkunst gebraucht worden; den Pfeifern habe sie die Knochenröhrlein zu Pfeifen gegeben; ihrem eigenen Sohn habe sie ein Weib und zwei Kinder getödtet, ihre zwei Männer viele Jahre lang erlahmt, sie endlich getödtet; ihre Unzucht mit dem Teufel sei unendlich gewesen; seit 40 Jahren habe sie unzählige schädliche Wetter auf etliche Meilen Wegs dem Heuchelberg entlang herborgerufen. Auf diesem Berg würde alljährlich fünfmal der Sabbath abgehalten, wobei allezeit an die 2500 Personen, Arme und Reiche, Junge und Alte, darunter auch Vornehme, beisammen seien.   Sie sagte auch: Wenn die Hexen nicht wären, würden die württembergischen Unterthanen kein Wasser trinken und im siebenten Jahre das Feld nicht bauen dürfen, auch ihr Küchengeschirr würde nicht ferner mehr irden, sondern silbern sein.   Als Ursache, daß so viele Frauen der Verführung anheimfielen, gab sie die Mißhandlungen derselben durch ihre versoffenen Männer an, deutete den Richtern auf die Zeichen, woran man sie erkenne.' Auf ihre Anzeige wurden dann zahlreiche Unschuldige eingefangen und hingerichtet [1].

Berühmt wurde in Württemberg ein Proceß, welcher seit dem Jahre 1615 gegen die Mutter des großen Astronomen Johann Kepler zur Verhandlung kam. Als Anklagepunkte gegen dieselbe wurde vorgebracht: sie sei zu Weil der Stadt bei ihrer Base, welche dort als Hexe den Feuertod erlitten, erzogen worden; obgleich sie als Wittwe hätte einsam sein sollen, sei sie doch an Orte gelaufen, wo sie Nichts zu verrichten gehabt, und habe sich dadurch als Hexe verdächtig gemacht; sie habe einem Mädchen einen Teufel zum Buhlen geben wollen, einem Bürger zwei Kinder getödtet, sei durch verschlossene Thüren gegangen, habe Vieh behext, welches sie nie berührt,

---

[1] Zwo Hexenzeitung, die erste aus dem Bisthum Würzburg . . ., die ander aus dem Herzogthum Württemberg: wie der Herzog in unterschieblichen Stätten auch angefangen. Tübingen 1616. Vergl. Görres, Christliche Mystik 4^b, 642—648. ** Zu Mömpelgard (württembergische Herrschaft) haben, wie die ,Warhaffte und glaubwürdige Zeyttung von 134 Unholden' und so weiter (Straßburg 1583) berichtet, ,den 21. Heumonat 1582 auf einem Berge die Hexen eine Versammlung gehabt und ein schreckliche Hagelwetter angerichtet'; man hat von diesen 44 Weiber und 8 Männer gefangen und den 24. October 1582 zu Mömpelgard verbrannt.   Nach derselben ,Zeyttung' wurden ebendaselbst im Jahre 1582 noch mehrere andere Hexen verbrannt.

nicht einmal gesehen hatte. Zu ihrer Entlastung konnte geltend gemacht werden: ‚Obgleich in der Stadt Leonberg etliche Male Unholden justificirt und verbrannt wurden, welchen Alles, was ihnen von sich selbst und anderen ihren Gespielinnen bewußt gewesen, mit unleidlicher Pein und Marter ausgepreßt worden, so sei doch die Beklagte von keiner der in Haft gelegenen Hexen angegeben worden; ja eine unter diesen eingezogenen Weibern‘, welche man so ‚barbarisch torquirte‘ und zerriß, daß ‚ihr der Daumenfinger in der Wage hangen geblieben‘, habe ausgesagt: sie sei ‚durch zwei zu ihr gesandte Gerichtspersonen auf die Keplerin verbotener Weise befragt worden‘. Die Hauptanklägerin der Unglücklichen war eine ‚in ihrer Jugend in Unzucht verstrickte‘ Person. Der Mann dieses Weibsbildes berief sich in der Anklage auf die Erfahrung, daß man bei Hexen keiner Beweise bedürfe: denn ‚sie schädigen‘, sagte er, ‚verborgener Weise‘. Kepler vertheidigte die Mutter, und es kostete ihm große Mühe, sie vor der Folter und dem Feuertode zu retten. Ohne Rückhalt schilderte er die Grausamkeit des Verfahrens in den Processen mit den stärksten Farben. Aber auch er legte den Beweis dafür ab, daß der Zauberglaube selbst die geistig hervorragendsten und gelehrtesten Männer jener Zeit beherrschte: das Vorhandensein von Hexen und von übernatürlichen Krankheiten, die sie erzeugten, gab er ausdrücklich zu [1].

In Rottenburg am Neckar wurden im Jahre 1583 am 12. Juli 12, im Jahre 1585 am 7. April 9 Hexen verbrannt. Die Zahl der Hexen

---

[1] Näheres über den Proceß bei v. Breitschwert 97—146. 193—225. — Die Tübinger Juristen, sagt Sauter 61, ‚sollen nach der neuesten Zusammenstellung der strafrechtlichen Consilia Tubingensia von Professor Seeger eine ausnahmsweise Unabhängigkeit gegenüber den processualischen Mißbräuchen gezeigt und bewahrt haben. Aber aus einem Bündel Hexenprocesse aus den Jahren 1609—1616, welche auf der Registratur der Stadt Sindelfingen bewahrt sind, ersehen wir, daß auch „Decanus und Doctores der Juristenfacultät hoher Schul zu Tübingen" auf die jämmerlichsten Indicien hin die Tortur erkannten um ein praemium operae von 6 Reichsthalern‘. — Bemerkenswerth ist die von dem Hofprediger Grüninger im Jahre 1605 in der Hofcapelle zu Stuttgart gehaltene ‚Predigt von der Zauberei‘. Grüninger 86—104. ** In ‚Consiliorum Theologicorum Decas I.‘ von Feliz Bidembach (Frankfurt am Main 1611) liest man p. 118—133: Von Hagel und Unholden. Bericht der beiden Doctorum heiliger Schrift und Predigern zu Stuttgart Matthäi Alberi und Wilhelmi Bidembachii 1562 (erschien separat: Predigten von Hagel und Unholden. Tübingen 1562). Hagel und Donner, wird hier ausgeführt, sind von Gott, nicht von den Hexen. Warum straft man aber letztere? ‚Hierauf ist zu antworten, daß die göttlichen auch kaiserlichen Rechte die Zauberinnen und Hexen nicht darum strafwürdig erkennen und zum Tod verurtheilen, als ob sie ihres eigenen Muthwillens und Gefallens können das Element verrücken, verkehren und verwirren, sondern darum, dieweil sie sich Gott und des christlichen Glaubens verzeihen, ganz und gar dem Teufel zu eigen ergeben und von ihm

wurde so groß, daß der Magistrat anfing ‚müde zu werden, solche Leute zu justificiren, sorgend, daß, wenn man weiter fortfahren sollte, fast keine Weiber mehr übrig bleiben sollten‘. ‚So weit‘, schrieb der Barfüßermönch Malachias Tschamser, ‚kam die teuflische Bosheit bei diesen leichtgläubigen Leuten; allein kein Wunder: der Teufel hatte sie schon in Luthero verblendt.‘[1]

Zu Freudenberg in der Grafschaft Löwenstein-Wertheim wurden einmal, am 23. October 1591, gleichzeitig 6 Frauen und 2 Männer hingerichtet. Zu einer der Angeklagten sagte der Amtmann während der Folter allzeit: ‚Du mußt bekennen, und sollte ich dreiviertel Jahr mit dir umgehen. Da friß, Vogel, oder stirb.‘ Wie bei den Processen gerichtlich und peinlich vorgegangen wurde, läßt sich schließen aus den Worten des Anwaltes Andreas Bogen von Miltenberg: Wo hat man ‚je für Recht gelesen, daß man auf eines jeden leichtsinnigen Gesellen bloßes Wort und Angabe ohne vorhergehende genugsame Indicien eine ehrliebende Person und sonderlich ehrbare Matrone, von welcher Männiglich anders Nichts als Lieb, Ehre und Gutes weiß, gefänglich einziehen und zu hochbeschwerlicher Tortur und Peinigung

---

dermaßen besessen und eingenommen sind, daß sie nach ihres Meisters, des Teufels, Art nichts Anderes begehren, denn den Menschen allerhand Schaden und Jammer zuzufügen, und sind aus des Teufels Verblendung deß verwehnt, sie thun Dasjenige, welches doch der Teufel aus Verhängniß Gottes thut... Von dieses ungläubigen, argen, verzweifelten teuflischen Willens, Fürnehmens und Wahns wegen werden die Unholden billig, als Gottes und aller Menschen abgesagte Feinde, gestraft, gleichwie man einen Verräther und Brenner straft, der doch noch die Stadt nicht verrathen oder mit Feuer angesteckt, aber gleichwohl deß endlichen Willens und Vorhabens gewesen.‘ Die Obrigkeiten sollen jedoch vorsichtig vorgehen, sollen die Unholden nicht foltern, ‚sie haben denn zuvor alle Umstände genugsam erfahren und auf eine gewisse Spur gekommen‘. Mit Bezug hierauf schreibt Jul. Hartmann, Matthäus Alber, der Reformator der Reichsstadt Reutlingen (Tübingen 1863), S. 166: ‚Seine (des Alberus) im August 1562 gehaltenen Predigten von Hagel und Unholden stellen ihn als evangelischen Prediger und Seelsorger, der durch die Bibel frei geworden von dem verderblichsten Vorurtheil seines und selbst des folgenden Jahrhunderts, des Hexenglaubens, neben einen Brenz, hoch über zahllose Amtsgenossen im deutschen Reich.‘

[1] W. Westenhofer, Die Reformationsgesch. von einem Barfüßermönche (Leipzig 1882) S. 87. Zu Horb in Schwaben bestiegen 13 Hexen am 18. Juni 1588 das Blutgerüst. S. 86. ** Zu Sulz am Neckar, wo die Religionsneuerung im Jahre 1536 begonnen, fanden in den letzten Jahren des sechzehnten Jahrhunderts zahlreiche Hexenbrände statt. Einzelne Fälle sind geradezu grausig. Vergl. F. A. Köhler, Beschreibung und Geschichte von Sulz (Sulz 1885), und Beck in der Beilage zum Diöcesanarchiv von Schwaben 1892, Nr. 20. Letzterer bemerkt: ‚Es ist empörend, in den Proceßacten zu lesen, wie sich diese Unglücklichen so vernünftig vor Gericht verantworteten und sich auf ihren frühern Lebenswandel beriefen, und wie roh und vernunftlos dagegen der damalige Untervogt Hans Jacob Schott die durch die Folter erpreßten Geständnisse als genügenden Beweis ihrer Schuldhaftigkeit annahm.‘

hinreißen soll? Fürwahr! wenn man ein solches Recht aufkommen ließe, was würde doch für eine Zerrüttung des ganzen menschlichen Wesens, sonderlich zu unserer Zeit geschehen, da Haß, Neid in so hohem Schwange geht und mannichmal zu so gräulicher Verbitterung wächst, daß oft Einer auch mit Gefährlichkeit des Leibes und Lebens den Andern unschuldiger Weise in höchste Angst und Noth zu bringen kein Gewissen noch Scheue trägt!‘ [1]

Ein Hexenproceß, der wegen seiner ‚Absonderlichkeit‘ besonderer Erwähnung verdient, spielte sich im Jahre 1597 in der Reichsstadt Gelnhausen ab [2]. In diesem Processe ‚hat man‘, sagt ein Berichterstatter, ‚bei aller Kunstsinnigkeit, die dem Satanas sunst bei dem Hexengeschwürm zu eigen, doch zum erstenmal aus dem wahrhaftigen Zeugniß der Unholdin erlebt, daß er gar in Gestalt von Flöhen und Würmern sich leibhaftig sehen läßt und agirt‘. Eine neunundsechzigjährige Taglöhnerswittwe, Clara Geißlerin, aus Gelnhausen war von einer hingerichteten ‚Here‘ angezeigt worden als ‚eine Buhlerin, so es zu gleicher Zeit mit drei Teufeln zu thun und viele Hundert unschuldige Kinder ausgegraben, auch viele Menschen gemordet‘ habe. Man stellte ihr nach Anlegung der Daumschrauben allerlei Fragen, jedoch sie blieb, ‚vom Teufel verstockt, hartnäckig im Läugnen‘. Als man ihr aber ‚die Füße quetschte und schärfer anzog‘, schrie sie ‚erbärmlich: wär Alles wahr, was man gefragt: sie trinke Blut von Kindern, so sie bei nächtlicher Weile, wenn sie ausfahre, stehle, habe wohl bei 60 gemordet; nannte etliche 20 andere Unholdinnen, so mit bei den Tänzen gewesen; des verstorbenen Schultheißen Frau sei Oberin bei den Ausfahrten und Gastereien; auch habe sie einen Teufel stetig bei sich in Gestalt einer Katze, mit der sie, ebenmäßig als Katze verwandelt, Nachts über die Dächer fahre und sich erlustige.‘ Von der Folter erlöst, widerrief sie alle diese Aussagen als ‚von der Marter‘ erzwungen: ‚sei Alles Einbildung und nicht ein Einiges daran wahr‘. Man möge, bat sie, ‚um Gottes und des Herrn Christi willen Mitleiden mit ihr haben, sei viel von Krankheiten heimgesucht und oftmalen davon im Kopfe verwirrt‘. Was sie auf die anderen Personen ‚bekannt‘, davon wisse sie Nichts; habe nur gesagt, was im Volk gemeinlich über diese Personen gesagt werde, man möge auch diese schonen. ‚Die ehrenfesten Inquirenten‘ beschlossen darauf, man solle vorerst ‚Delinquentin gefänglich verwahren und ihr Nichtes nicht zu essen geben‘, um zu sehen, ob ‚ihr Buhle, der Teufel,

---

[1] Diefenbach 12—18.
[2] Die Hexenbrände hatten dort im Jahre 1584 begonnen; 1596—1597 wurden 16 Hexen zu Feuer und Schwert verurtheilt. Zeitschr. des Vereins für hessische Gesch. und Landeskunde, Neue Folge, Bd. 5, 165.

sie speise‘, inzwischen aber ‚etliche der von ihr genannten Unholdinnen einziehen und mit der Gütlichkeit oder Schärfe vernehmen‘. Als dann eine der
Eingezogenen ‚die allerhöchsten Unthaten‘ von der Clara Geißlerin zu berichten
wußte, ‚gar viel mehr und Unmenschlicheres‘, als diese ‚selbsteigen im peinlichen
Verhöre bekannt‘, wurde die Unglückliche von Neuem der Folter unterworfen,
bejahte wiederum Alles, was man ihr vorsagte, widerrief aber, ‚vom Bocke
losgelassen‘, nochmals Alles, und wurde ‚dermaßen unsinnig, daß sie Richter
und Knechte vor Gottes Gericht rief‘. Bei der dritten Folterung, welche
mehrere Stunden dauerte und mit ‚höchster Schärfe‘ angewendet wurde, kam
endlich ‚das Bekenntniß‘ heraus: sie habe ‚aller Dinge länger denn 40 Jahre
mit vielen Teufeln Unzucht getrieben, die als Katzen, Hunde, gar oftmals auch
als Flöhe und Würmer zu ihr gekommen seien‘; sie habe ‚wohl über die
240 Personen, Alt und Jung, elendiglich gemördert, habe aus den Teufeln
an die 17 Kinder geboren, die sie alle gemördert, von deren Fleisch gegessen,
Blut getrunken, weitum und lange große Wetter gemacht, zu neun Malen
Feuer ausgegossen in die Häuser, sei wohl 30 und 40 Jahre her; habe die
ganze Stadt anzündigen wollen mit Feuer, so nicht einer ihrer teuflischen
Buhlen, der Teufel Burstan mit Namen, es widerrathen, dieweil er darin
noch mehr zu Hexen machen und sich anbeten lassen wolle‘. Während der
Folterung wurde sie ‚matter und bleicher‘; nach Beendigung des Henkerwerkes
sank sie entseelt zu Boden. ‚Der Teufel hat ihr‘, lautete das Gerichts-
erkenntniß, ‚Nichtes mehr offenbaren lassen wollen und deßhalb den Hals
umgedreht.‘ Ihre Leiche wurde verbrannt [1].

Vorsichtig im Hexenhandel benahm sich Graf Johann VI. von Nassau.
Am 28. Juli 1582 befahl er den Schultheißen: sie sollten bei den wegen
vorgeblicher Hexerei Angeschuldigten ‚nicht liederlich‘ zu Werke gehen und nicht
auf bloße Anzeige hin handeln, auch Niemand vor eingezogener genauer Er-
kundigung angreifen, geschweige denn zum Feuer verurtheilen. Würden Personen als Hexen oder Zauberinnen angeklagt, so sollten sich die Schultheißen
zuerst bei den Heimburgen, bei vier Geschworenen und anderen unparteiischen
Leuten im Stillen erkundigen, wodurch Jene in den Verdacht gekommen, welche
‚gegründeten‘ Beweise für ihre Schuld vorhanden, besonders auch, wie sie sich
von Jugend auf betragen hätten [2]. Gleichwohl wurde während der Regierung dieses Grafen bis zum Jahre 1600 an 16 Weibern und 4 Männern

---

[1] Erschröckliche wahrhaftige Zeitung, wie eine Unholdin und Zäuberin, Clara
Geißlerin aus Gelnhausen, nach eigenem unzweifelichem Bekanntnuß bei die 240 Personen gemordet rc., endlich am 28. August 1597 vom Teufel erwürgt worden.

[2] Die Verordnung mitgetheilt von L. Götze in den Annalen des Vereins für
nassauische Alterthumskunde 13, 327—329.

wegen Hexerei die Todesstrafe vollstreckt [1]. Merkwürdig wegen der Helden-
müthigkeit eines Weibes, welches trotz der grausamsten Folterqualen zu einem
‚Geständniß‘ nicht zu bringen war, ist ein Proceß aus den Jahren 1592 bis
1594. Derselbe war eingeleitet worden durch die Vorstellung der zwei Gemeinden Ruppenrodt und Uesselbach, welche die gräfliche Kanzlei in Dillenburg
flehentlichst angingen, sie von ihren ‚zauberischen Weibern‘, deren ‚schändliche
und teuflische Actiones nunmehr Jedermänniglich notorie und offenbar‘, so
bald als möglich zu befreien. Auf die nichtigsten Anklagen hin erfolgte die
Procedur. Besonders gefährlich sah es mit einer der Angeschuldigten, Entgen
Hentchen, aus, weil bereits ihre Mutter und ihre beiden Schwestern in
Montabaur als Hexen verbrannt worden waren. Die Mutter hatte ‚um deßwillen, weil sie nicht hat wollen bekennen, durch unterschiedliche Scharfrichter
gepeinigt werden und im Wasser schwimmen‘ müssen. Ein Geschwisterkind
Entgen’s, dessen Frau mit dieser wegen einer Kuh in Streit gerathen war,
sagte als beeidigter Zeuge aus: Als er vor ungefähr vier Jahren die Kühe
im Walde gehütet, habe er Entgen von einem hohen Berg mitten im Laub
laufen sehen. Da sei ein Thier durch den Wald gekommen von Gestalt
eines Hasen, aber größer als ein Kalb, mit dicken Füßen, und habe sich
Entgen genähert. Er habe seinen Hund, der ohne das grimmig und böse,
auf das Thier gehetzt; der Hund aber sei gegen seine Natur geflohen und
habe sich zu seinen Füßen verborgen. Darauf habe er zu seiner Base gesagt:
‚Das ist nichts Gutes; nun halte ich dich nicht anders, als die Leute dich
und deine Schwestern halten.‘ Die Folterungen Entgen’s begannen nach allgemeinem Gebrauch mit den Daumschrauben; dann wurden ihr durch Zangen
die Schienbeine gequetscht, dann die Armknochen aus den Schultergelenken
gerissen, aber sie wollte noch immer nicht ‚bekennen‘. In den Acten heißt
es: ‚Entgen Hentchen am 29. Juni 1594 peinlich verhört, bekannte gar
Nichts, gab sich im Geringsten nicht bloß, wiewohl sie ziemlich hart angegriffen
worden. Am 1. Juli wiederum auf der Folter befragt, sagt: sie hätte den
Satan nie erkannt. Mit der Zang und den Schrauben zugleich angegriffen,
will Nichts bekennen, sentirt keinen Schmerz, ist ihr nicht anzukommen, ist am
letzten wie am ersten.‘ Auch den höchsten Grad der Folter sollte sie erproben.
Sie wurde mit Lichtern oder Schwefel an der Brust, unter den Achseln und
an den Fußsohlen gebrannt, auch ließ man brennendes Pech auf sie träufeln.
Allein auch dadurch wurde ihre Standhaftigkeit nicht gebrochen. ‚Entgen‘,
besagen die Acten zum 16. Juli, ‚abermals mit der Folter tentirt, einmal
oder zweimal aufgezogen, mit Feuerwerk sehr geschreckt, will sich nicht zum
Bekenntniß geben.‘ So sah sich denn das Gericht genöthigt, sein Opfer

---

[1] Annalen des Vereins für nassauische Alterthumskunde 19, 106.

fahren zu lassen. Auf Bürgschaft ihres Mannes wurde sie aus dem Gefängniß entlassen, mußte aber einen leiblichen Eid schwören, daß sie sich ihrer
Behandlung wegen nicht rächen, ihren Nachbarn zu Uesselbach und Ruppenrodt
keinen Schaden noch Leids zufügen und sich ‚auf Erfordern jederzeit wieder
in ihres gnädigen Herrn Haft einstellen‘ wolle. ‚Haben sie und ihr Mann
alle ihre Nahrung hierüber verpfändet.‘ [1]

In Hessen, wo früher sowohl von Seiten der weltlichen als der geistlichen Behörden ein durchaus maßvolles Verfahren gegen die Hexen eingehalten
worden war und nachweisbar nur wenige Hinrichtungen stattfanden [2], begann
eine massenhafte Verfolgung erst in den letzten Jahrzehnten des sechzehnten
Jahrhunderts.

‚Der Teufel ist ganz und gar ausgelassen‘, schrieb Landgraf Georg von
Hessen-Darmstadt im Jahre 1582 an Otto von Tettenborn, seinen Abgeordneten auf dem Augsburger Reichstage, ‚und wüthet ebensowohl an anderen
Orten als hier dieses Ortes umher: wie wir dann Euch nicht genugsam zuschreiben können, was für seltsame gräuliche Händel mit den Hexen oder
Zauberinnen allhier verlaufen und was uns dieselben zu schaffen geben. Dann
wir nunmehr die alten fast abgeschafft und hinrichten lassen, so kommt es
aber jetzo an die jungen, von denen man nicht weniger als von den alten
sehr abscheuliche Dinge hört.‘ [3] In einer peinlichen Gerichtsordnung schrieb
der Landgraf vor: da das gräuliche Laster der Zauberei ‚jetziger Zeit fast
allenthalben unter den Weibspersonen durch Gottes gerechten Zorn und Verhängniß eingerissen‘, so sollten ‚die Beamten mit allem Fleiß inquiriren, alsbald eine Person des Lasters bezichtigt und ein Geschrei erschollen, da es sich
befindet, daß eine öffentliche Stimme und Gerücht sei, zu Haften bringen‘.
Im Jahre 1585 wurden in Darmstadt bereits 30 Personen wegen Hexerei
in Untersuchung gezogen, 17 hingerichtet, 7 des Landes verwiesen; eine endete
durch Selbstmord [4]. Eine im Jahre 1582 zu Marburg verbrannte Hexe
hatte auf der Folter ausgesagt: ‚der Teufel mache sie unsichtbar, daß sie in
die Ställe kommen und dem Vieh das Gift einblasen könne‘; ‚vor etlichen

---

[1] Aus den im Archiv des Germanischen Museums zu Nürnberg vorhandenen
Acten des Processes mitgetheilt in den Beilagen zur Augsburger Allgemeinen Zeitung
1881, No. 344 ff.
[2] Vergl. Solban-Heppe 1, 480—486.
[3] v. Bezold, Briefe Johann Casimir's 1, 501.
[4] Solban-Heppe 1, 487—488. ** Nach der ‚Warhafften und glaubwürdigen
Zeyttung von 134 Unholden‘ (Straßburg 1588) ließ Landgraf Wilhelm am 24. August
1582 zu Darmstadt zehn Weiber verbrennen, ‚und ist ein Knab von 17 und ein
Meidlin von 13 Jahren darunter gewesen‘.

Jahren habe sie sich Abends beim Feuer dem Teufel mit ihrem Blute, so er ihr mit einer Klaue von der Stirn genommen, verpflichtet und verbunden; ihre Mutter, die eine Königin unter den Hexen, sei dabei gewesen'[1]. Im Jahre 1583 wurde einmal in Marburg eine Frau mit ihren zwei Töchtern gleichzeitig zum Tode verurtheilt[2]. In Niederhessen nahmen erst seit dem Anfang des siebenzehnten Jahrhunderts die Hexenprocesse überhand[3].

Aber wie anderwärts, so gab es auch in Hessen immer noch ‚viel Leute, welche sagten und glaubten, daß unter den Christen Zauberer und böse Leute, so mit dem Teufel zuhielten, nicht vorhanden seien'. Deßhalb verfaßte, als dort die Hexenverfolgung im Großen kaum begonnen hatte, Abraham Sawr von Frankenberg, Advocat und Procurator des Hofgerichtes zu Marburg, im Jahre 1582 ‚Eine kurze, treue Warnung, Anzeige und Unterricht' über Hexen, Zauberer und Unholden. ‚Die Erfahrung', schrieb er, ‚gibt es bei uns, daß von Tag zu Tag solche Laster eingerissen und aus gewissen Umständen und Indicien offenbar und wahr erscheinen.' Solche böse Leute werden ‚nicht unbillig mit Feuer verbrennt gleichwie die Ketzer, und das bedarf keines Beweises, denn wir sehen solche Straf genugsam vor Augen'. An die Wirklichkeit der Hexenfahrten, der Verwandlungen von Menschen in Thiere, der fleischlichen Vermischungen mit dem Teufel und dergleichen glaubte Sawr nicht: das Alles seien nur ‚Gaukeleien und Teufelsträume'. Allein nichtsdestoweniger müsse die Strafe erfolgen, weil die Hexen und Zauberer seit ihrem schändlichen und muthwilligen Abfall von Gott und ihrer freieigenen Ergebung an den Teufel alle diese Dinge in ihren ‚Bekenntnissen und Urgichten' für wahr und wirklich ausgäben. Zu dem Folterbekenntniß jener Marburger Hexe vom Jahre 1582: ‚der Teufel mache sie unsichtbar', gibt Sawr die Erklärung: ‚Was natürlich ist, das ist dem Teufel möglich. Glaube wohl, daß der Teufel in der Nacht, wann nicht viel Leute vorhanden gewesen, sie verborgen und unsichtbar gemacht habe.'[4] Paul Frisius, ‚Student der heiligen Schrift', widmete dem Landgrafen Georg von Hessen-Darmstadt im Jahre 1583 eine Abhandlung ‚Von des Teufels Nebelkappen, ein kurzer Begriff, den ganzen Handel von der Zauberei belangend', und sprach seine Freude darüber aus, daß derselbe die Hexen nach Verdienst verbrennen lasse; durch seine Abhandlung hoffe er ‚auch Anderen Ursache zu geben, den christlichen Eifer und das Exempel' Georg's nachzuahmen[5].

---

[1] Theatr. de veneficis 211—212.   [2] Kirchhof, Wendunmuth 2, 550.
[3] Solban-Heppe 1, 488.   [4] Theatr. de veneficis 204—214.
[5] Theatr. de veneficis 214—228. Ueber das Wettermachen der Hexen predigte Hartmann Braun, Pfarrer zu Grünberg, im Jahre 1608 unter Berufung auf Johann

Wie in anderen Gebieten, so wurde im Jahre 1581 auch im Waldeckischen eine Landesordnung erlassen: wenn wider Jemanden Verdacht wegen Zauberei geschöpft werde, solle man ‚bei Vermeidung meineidiger Strafe‘ denselben einrügen[1].

Zu Osnabrück begann im Jahre 1583 unter Leitung des Bürgermeisters Hammacher, der in Erfurt und Wittenberg studirt hatte, das Hexenbrennen in einem solchen Umfange, daß allein aus der Stadt 121 Personen in der kurzen Zeit von drei Monaten den Scheiterhaufen besteigen mußten. Auch in nahen Amtsbezirken loderten im Jahre 1583 die Opferfeuer: in Iburg fanden 20, in Verden 14 ihren Tod. In den Jahren 1585—1589 wurden in Osnabrück insgesammt 157 verbrannt[2]. ‚Anno 1589‘, heißt es in der Chronik von Joachim Strunk, ‚da hat man in Westfalen zu Osnabrück 133 Zaubersche verbrannt, und ist also ausgekommen: Auf dem Blockensberg sind aus vielen Landen, an Arm und Reich, Jung und Alt, an 8000 Zaubersche zusammengekommen. Da sie nun vom Blockensberge abgezogen, da haben sie sich alle in 14 Keller zu Nordheim, Osterode, Hannover und Osnabrück gemachet und ungefähr an die fünf Fuder Weins ausgesoffen und zu nichte gemachet. Zwei sind zu Osnabrück, die sich voll gesoffen und darüber schlafend in den Kellern liegen geblieben, von dem Knecht im Hause des Morgens noch schlafend gefunden worden. Solches hat der Knecht seinem Herrn angezeiget, der eilig zu dem Bürgermeister gegangen, der dann selbige gefänglich hat verstricken und peinlich verhören lassen. Sie haben alsobald 92 in der Stadt und 73 auf dem Lande angegeben, welche allesammt bekannt, daß sie durch ihre Gift- und Zauberkunst an die Viertehalbhundert umgebracht, 64 lahm gemacht und Viele durch Liebe von Sinnen gebracht haben. In der Stadt hat man darnach auf einmal 133 verbrannt, aber 4, so die Schönsten, hat der Teufel lebendig davon weggeführet in die Luft, ehe sie in's Feuer gekommen sind.'[3]

Bei einem großen Hexenproceß in Verden wurde im Jahre 1617 durch Notariatsurkunde amtlich beglaubigt, daß nach Befund ‚dreier Balbiere‘ nicht weniger als vier Angeschuldigte, welche im Gefängnisse gestorben, von dem leibhaftigen Teufel müßten umgebracht worden sein. ‚Wie der Meister‘, heißt

---

Brenz und Andere: Sobald der Teufel, welcher in der Luft die vornehmste Gewalt hat, merkt, daß ein Ungewitter kommt, so mahnt er die Hexen auf, ‚ihre Töpfe herfürzulangen, zu kochen und zu sieden‘; so meinen dann die Hexen, sie selbst hätten das Wetter gemacht. Drei christliche Donnerpredigten 117—126. Vergl. die Erklärungen von Molitoris, Weyer, Witekind und so weiter oben S. 512—513. 552—553. 562.

[1] Curtze 538.
[2] Mittheilungen des Histor. Vereins zu Osnabrück 10, 98—101.
[3] Neues vaterländisches Archiv, Jahrg. 1826, Bd. 2, 226—227.

es bei einer derselben, ‚seine Instrumente herfür gelanget und sie auf die Folter gebracht, daß sie torquirt werden sollte, ist sie vor der Tortur, wie sie aus= gezogen, todt geblieben, daß der Hals sich hat hin und her umwerfen und biegen lassen, wie der Scharfrichter Solches den umstehenden Herren Ver= ordneten augenscheinlich demonstrirt hat.‘ Die ‚Bezichtigung, als sollte mit den angeklagten Hexen unverantwortlich procedirt worden sein‘, wurde durch eingeholte Gutachten der Juristenfacultäten zu Helmstädt und zu Wittenberg entkräftet [1].

‚Insonders berühmt‘, wie wegen seiner hohen Bildung, so auch wegen seines eifrigen Hexenbrennens, war Herzog Heinrich Julius (1589—1613) von Braunschweig-Wolfenbüttel. Der Leipziger Buchhändler Henning Groß pries ihn in dieser doppelten Beziehung als eine Leuchte der Zeit und wid= mete ihm im Jahre 1597 ein großes, ‚den Theologen sehr zuträgliches, den Rechtsgelehrten nothwendiges, der ganzen Christenheit überaus nützliches‘ Werk über Gespenster, Geistererscheinungen und allerlei teuflische Zaubereien [2]. Der Herzog benutzte als Dichter von Schauspielen [3] auch die Bühne dazu, um den hohen Herrschaften, welche den Aufführungen beiwohnten, die Recht= mäßigkeit seines Vorgehens gegen die Hexen darzuthun. ‚Gott hat befohlen,‘ ließ er in seiner ‚Tragica Comödia von der Susanna‘ den Vater Susanna’s, Helkia, sagen, ‚man soll keine Zauberer leben lassen, sondern mit Feuer ver= brennen‘; denn Zauberer und Zauberinnen fallen ab von Gott, verläugnen Gott, verbinden sich mit dem Teufel, buhlen mit ihm und fügen durch des Teufels Hülfe den Leuten Schaden zu‘; ‚alle Schwarzkünstler, die sich un= sichtbar machen, brauchen Zauberei‘; das Segnen und sich Bekreuzigen der Katholiken rechnete der Herzog zu den von Gott nicht weniger verbotenen Dingen als Zauberei und Wickerei [4]. Im Jahre 1593 schärfte er den Predigern nachdrücklich ein, daß sie bei Abgötterei und Zauberei nicht durch die Finger sehen, diese auch nicht willkürlich bloß mit Kirchenbußen ahnden sollten. Heinrich Julius, rühmte der Prediger Steinmetz in einer über den Herzog gehaltenen Leichenrede, hat ‚Hexen und Zauberer dem Worte Gottes gemäß strenge be= straft‘. An Einem Tage waren bei Wolfenbüttel oft 10—12 Hexen verbrannt worden; die Richtstätte am Lechelnholz war, wie eine Chronik berichtet, wegen der Menge der daselbst aufgerichteten Brandpfähle wie ein kleiner Wald an= zusehen. Unter den von dem Herzog im Jahre 1591 Verurtheilten befand

---

[1] Neues vaterländisches Archiv, Jahrg. 1824, Bd. 2, 299—300. 303—305. S. 291 werden Hexenprocesse im Amte Ohsen (1583) und in der Stadt Buxtehude erwähnt.

[2] Grosius, Magica, Vorrede.

[3] Vergl. unsere Angaben Bd. 6, 358 fl. 885 fll.

[4] Schauspiele des Herzogs Heinrich Julius 24—26.

sich auch ‚eine Greisin: war 106 Jahre alt, welche eine Zeitlang geschleift und darnach auch verbrannt‘ wurde [1].

Was die verschiedenen Folterungen der Angeklagten anbelangte, so hatte bereits Herzog Julius durch eine Verordnung vom 3. Februar 1570 die Aufeinanderfolge der Grade geregelt. Der erste Grad umschloß den Marterstuhl, das Festbinden der Hände auf dem Rücken, die Daumenstöcke und die Peitsche. Der zweite Grad fügte ein die Haut zerschneidendes Einschnüren sowie das Anlegen und Zuschrauben der Beinstöcke hinzu. Der dritte Grad verordnete das Ausrecken der Glieder auf der Leiter mit dem gespickten Hasen, oder auf Gutbefinden der herzoglichen Kanzlei nach der Schwere des Verbrechens ‚andere geeignete Mittel‘, welche die Foltergrade verschärften. In einem Arnumer Hexenproceß wurde ein Weib, als es unter den Martern ‚auf Betreiben des Teufels einschlief‘, das heißt bewußtlos zusammensank, ‚mit den Beinschrauben hart angegriffen, gleicherweise aufgewunden, mit lebendigem Schwefel beworfen und mit Ruthen gehauen‘ [2]. Der Lüneburger Jurist Hartwig von Daffel, ein Gesinnungsgenosse des Herzogs Heinrich Julius, befürwortete im Jahre 1597 das härteste Vorgehen gegen die Hexen. In der Zauberei, sagte er, liegt ein geheimes Verbrechen vor: die Hexen ergeben sich dem Teufel heimlich, kommen Nachts zu den Spielen zusammen und verüben, ‚wie bekannt ist‘, ihre Uebelthaten ebenfalls meistentheils heimlich. Bei geheimen Verbrechen aber ist ein Ausnahmeverfahren am Platze: nicht die Regeln des gemeinen Processes sind hier entscheidend, sondern die Verruchtheit der That gebietet ein freies Durchgreifen des richterlichen Ermessens. Wie schon Baldus, ‚der berühmteste Vertreter des römischen Rechtes‘, gelehrt hatte und wie Bodin lehrte: bei der Zauberei genüge die Muthmaßung als Beweis, so erklärte auch von Daffel: ‚Muthmaßungen und Wahrscheinlichkeitsgründe‘ ersetzen bei geheimen Verbrechen den vollen Beweis [3]; man darf bei solchen Verbrechen durch bloßen ‚präsumtiven Beweis‘ sogar auf Todesstrafe erkennen. Als ‚Liebhaber des Rechtes und der Gerechtigkeit‘ empfahl er die

---

[1] Schlegel 2, 367. Rhamm 75—76. Beiträge zur Geschichte der Stadt Braunschweig, im Neuen vaterländischen Archiv, Jahrg. 1826, Bd. 2, 230—231. Ueber den schrecklichen Proceß gegen den Rechtsgelehrten Henning Brabant, Stadthauptmann von Braunschweig, vergl. unsere Angaben Bd. 6, 523—525, und oben S. 491.

[2] Rhamm 22—24. Ueber Marterwerkzeuge bei Hexenprocessen vergl. Archiv des Hennebergischen Alterthumsvereins 5, 74 fll. 168. Mittheilungen des königl. sächsischen Vereins 3, 94. ** Ueber das viehische Saufen der in den Folterkammern anwesenden Glieder des peinlichen Gerichts unter dem Herzog Julius von Braunschweig vergl. den Bericht bei Scheible, Schaltjahr 1, 360—861.

[3] ‚Conjecturae, verisimilitudines in tali casu vim plenae probationis obtinent.‘ Vergl. Rhamm 20.

scheußlichsten Mittel zur Erpressung von Geständnissen und gab die entsetzlichen Einzelheiten der Folter an[1].

Herzog Heinrich Julius war als Hexenverfolger derart gefürchtet, daß man in Wernigerode, wo auch heftig mit Folter und Feuer gegen die Hexen gewüthet wurde, wiederholt den Angeklagten drohte: ‚Falls sie nicht bekennen würden, werde man sie nach Wolfenbüttel schicken, dann sollten sie wohl bekennen.‘ Ein in Wernigerode angeklagter Zauberer sagte, ‚als er gefänglich angenommen wurde, er wolle nicht gern gen Wolfenbüttel kommen, sintemal der Herzog viel armen Leuten zu wehe thäte‘[2].

Unter den Pastoren in jener Gegend gab es Hexenverfolger wie der Prediger Sindram in Herzberg[3], aber auch mitleidige Naturen wie Simon Krüger in Hitzacker. Als dort 10 Hexen im Jahre 1610 verbrannt wurden, schrieb Krüger, ‚diese Affäre‘ habe ihm ‚nicht allein große Mühe und Arbeit gemacht, sondern auch tausend Sorgen und Thränen aus dem Herzen gedrungen‘. ‚Es ward geurtheilt, daß sehr viele dieser Leute unschuldig haben sterben müssen, und daß der Scharfrichter bei der Wasserprobe betrüglich gehandelt, damit er nur viel verdienen möchte.‘[4]

Zu den sehr wenigen Obrigkeiten, welche bei Entscheidung über Verfolgung, Leben und Tod sich Ruhe und Besonnenheit bewahrten, gehörte Graf Heinrich zu Stolberg, der aber dafür von Standesgenossen den Tadel erfuhr, daß er in Sachen der Zauberei ‚keine Gerechtigkeit exerciren wolle‘[5].

‚Wo die Obrigkeit lässig,‘ heißt es in einem nach dem Jahre 1573 erschienenen ‚Kurtzen Tractätlein über Zauberei‘, ‚muß das Volk antreiben und nach Kohlen und Feuer rufen, dieweil die Zahl der Unholden, wie man aus den Processen genugsam in Erfahrung bringt, von Jahr zu Jahr immer größer wird und zunimmt, daß es nicht zu sagen.‘[6] So ‚erfuhr‘ man aus einem Uelzener Hexenprocesse vom Jahre 1611 in Folge fortgesetzter Folterqualen aus dem Munde einer der Angeklagten: in der letzten Walpurgisnacht sei sie mit zwei anderen Weibern auf einem schwarzen Pferd aus dem Giebel des Hauses davongefahren. Auf dem Blocksberge habe sich eine so zahlreiche Gesellschaft gefunden, daß von einem Himten Erbsen, der vertheilt worden, ein Jeder nur eine Erbse bekommen habe[7]. Auf dem Hirschelberg bei

---

[1] Trummer 119—122. Solban-Heppe 1, 358—359.

[2] Näheres über die Hexenprocesse am Harz aus wernigerodischen Acten seit 1582 mitgetheilt von Jacobs in der Zeitschr. des Harzvereins 3, 802 ffl. und 4, 291 ffl.

[3] Zeitschr. des Harzvereins 3, 798.

[4] Neues vaterländisches Archiv, Jahrg. 1822, Bd. 2, 66—67.

[5] Zeitschr. des Harzvereins 3, 809—813.   [6] Vergl. unten S. 680.

[7] Zeitschr. des Harzvereins 11, 467.

Eisenach kamen, wie eine neue ‚Zeitung‘ verkündete, im Jahre 1613: 8000 zusammen, unter diesen 1000 Mannspersonen [1]. Und ‚wie unsäglich erschreck-lich‘ waren ‚alle die Künste der vielen Tausende und Zehntausende, die das ganze Volk in Forcht und Schrecken‘ versetzten! ‚Man sollte es schier‘, sagt das erwähnte ‚Kurze Tractätlein über Zauberei‘, ‚nicht gläuben, so man es nicht durch Wahrheit aus ihren Bekenntnissen erführe: was Alles die Hexen und Zauberer vermögen, wie viele Hunderte von kleinen Kindern sie tödten und fressen, grausame Pestilenz hervorzuzaubern, gar wohl durch Eier, die sie selber legen und auf den Markt bringen, die Leute vergiftigen. Können sich in Spinnen und Kröten verwandeln, wie ihrer mehrere, so mit Feuer gerecht-fertigt worden, selber ausgesagt haben; pfeifen dem Teufel nur zu, so ist er gleich auf der Stelle, thut ihnen Dienste, welche sie wollen.‘ Ließ doch eine Erfurter Hexe ‚um ihrer Tochter willen‘ einen Kriegsknecht aus dem Lager vor Königsberg ‚oftmals‘, namentlich im September und October, ‚von einem Bock wegholen, durch die Luft nach Erfurt bringen‘ und dann wieder in einigen Stunden in's Lager zurückführen [2]. Als der halber-städtische Amtmann Peregrinus Hühnerkopf, einer der unbarmherzigsten Hexen-büttel und Martermeister, der zu Westerburg im Jahre 1597 aus einem Proceß immer neue herzuleiten wußte, durch fortgesetzte Folterungen und einen Hexentrank, ‚ein Arcanum des Scharfrichters‘, eine der Hexen zu dem Geständniß gebracht hatte, daß sie ‚ihrem Ehemann eine Schaar Teufel in den Bart gezaubert habe, welche von anderen Hexen wieder hinausgewiesen werden mußten‘, erklärte der Schöppenstuhl zu Magdeburg dieselbe des Feuertodes schuldig [3].

In der Reichsstadt Nordhausen wurden im Jahre 1573 zwei Frauen eingeäschert, welche sich der Geschicklichkeit gerühmt hatten: sie könnten im Namen des Teufels den Leuten massenweise Plagegeister anhexen und diese im Namen Gottes wieder vertreiben [4].

Wie ‚jedes böse Indicium‘ den Richtern ‚die Zauberer und Teufels-liebchen‘ verrieth, zeigte sich im Jahre 1605 in der Stadt Hannover, wo die beiden Prediger ‚Gott zu Ehren, dem Teufel zum Trotz, der Stadt zur Wohlfahrt‘ zwei Hexen bei dem Rathe zur Anzeige brachten. Als Grund

---

[1] Zeitung von der gräulichen Zauberei in deutscher Nation. Erfurt bei Jacob Singe. 1613.

[2] Falk, Elbingisch-preußische Chronik, herausgeg. von Toeppen (Leipzig 1879) S. 172.

[3] Neue Mittheilungen aus dem Gebiet histor.-antiquarischer Forschungen 6, Heft 4, 67—70. Zeitschr. des Harzvereins 3, 801. 891—893.

[4] Förstemann, Kleine Schriften zur Gesch. der Stadt Nordhausen 102 fll. Ueber Hexenbrände zu Nordhausen im Jahre 1602 vergl. Zeitschr. des Harzvereins 3, 824.

des Verdachtes wurde gegen eine derselben angeführt: der Prediger sei auf der Straße gefallen, und als er wieder aufgestanden, sei die Hexe hinter ihm gesehen worden. Dieser Verdacht genügte der juristischen Facultät von Helmstädt zu dem Spruch: betreffende Person solle ‚vor ein peinliches Halsgericht‘ gestellt und nach erfolgtem Geständniß mit dem Feuer gerichtet werden [1].

‚Man muß auf Alles sehen, wo es sich um Hexen handelt,‘ mahnte ‚zur heilsamen Forcht aller evangelischen Christen‘ das ‚Kurze Tractätlein über Zauberei‘, ‚dieweil man aus Gesicht, Geberden und Worten oftmals leichtlich zu ihrer Entdeckung kommt, wie die Erfahrung bei Processen zu Halberstadt, Quedlinburg, Rotenkirchen, Elbingerode, Nordhausen und sunst Anno 1573 und nachfolgenden Jahren genugsam gezeigt hat. Wollen im Anfang nicht viel bekennen, aber so die Scharfmeister tapfer weiter fragen, kommt all ihre Teufelskunst offenbar zu Tage.‘ [2]

Allenthalben loderten die Scheiterhaufen empor.

In Göttingen war der Magistrat seit dem Jahre 1561 fast unaufhörlich mit Hexenprocessen beschäftigt: ‚die Zauberinnen bekannten, wie gewöhnlich, eine auf die andere, und die Inquisitores verfuhren so scharf, daß fast kein Weib für der peinlichen Frage und dem Scheiterhaufen sicher war.‘ [3] Quedlinburg, wo die Hinrichtungen im Jahre 1569 begannen, zählte im Jahre 1570 beiläufig 60, im Jahre 1574 beiläufig 40, im Jahre 1589 sogar 133 Hexenverbrennungen [4]. Zu Rostock wurden 16 Hexen allein in dem Jahre 1584 durch Feuer gerichtet [5], zu Hamburg 18 in den Jahren 1576—1583 [6]. Im Jahre 1618 berichtete eine Berliner Zeitung: in Hamburg seien 14 böse Weiber und ein Mann mit dem Schwerte gerechtfertigt worden und noch 50 Personen seien wegen Hexerei in Haft [7]. Während die Thätigkeit der nach dem römischen Recht geschulten Justizbehörde auch dort grauenerregende Proben lieferte, kommen in den Annalen des klösterlichen Vogteigerichtes zu Lübeck im Laufe des ganzen sechzehnten Jahrhunderts nur drei Processe gegen Hexen vor; das Gericht ging überhaupt nur ungern ein auf Anklagen wegen Zaubereien [8].

In der Mark Brandenburg, wo man an den Bestimmungen der Halsgerichtsordnung Carl's V. festhielt, daß Todesstrafen wegen Zauberei nur dann

---

[1] Schlegel 2, 368—370.   [2] Das Tractätlein ist also nach 1573 erschienen.
[3] Zeitschr. des Harzvereins 8, 798.
[4] Zeitschr. des Harzvereins 8, 800. Niehues 31—82.
[5] Wiggers, Kirchengesch. Mecklenburgs 157 Note 8.
[6] Trummer 111. 112.   [7] Opel, Anfänge 119—120
[8] Trummer 115. 135—136.

verhängt werden sollten, wenn ein wirklicher Schaden angerichtet worden, fanden Massenhinrichtungen sehr selten statt. Nur im Jahre 1565 wurden 8 Hexen verbrannt. Dann folgen, soweit actenmäßig nachzuweisen, einzelne Processe in den Jahren 1569, 1571, 1572, 1576, 1577, 1579, 1581, 1583, 1584, 1590—1593, 1604 [1]. ‚Insonders‘ wurden auch die Juden ‚zum höchsten anrüchig wegen allerlei zauberischer, teuflischer Künste‘. Am Mittwoch vor Fastnacht 1573 wurde in Berlin der Jude Lippold, der Münzmeister des verstorbenen Kurfürsten Joachim II., nachdem er in wiederholten Folterungen bekannt hatte, daß er den Kurfürsten durch Zauberei eingenommen und durch einen Zaubertrunk vergiftet habe, zehnmal mit glühenden Zangen gezwickt, an Armen und Beinen mit vier Stößen gerädert, zuletzt geviertheilt. Seine Eingeweide übergab man den Flammen nebst einem bei ihm gefundenen Zauberbuch, welches unter Anderm eine Unterweisung enthielt, ‚wie man ein, zwei und mehr Teufel in ein Glas bannen und es oben versiegeln könne, daß sie darin bleiben und im Nothfall auf alle Fragen antworten müssen‘. Eine Maus, welche während der Hinrichtung unter dem Blutgerüste sich befand und, von der Hitze gepeinigt, hervorlief, hielt man für den Zauberteufel, der seinen Verbündeten, Lippold, nachdem er ihn in's Unglück gestürzt hatte, im Stiche ließ [2]. Am 2. Juni 1579 wurden in Frankfurt an der Oder 24 Juden verbrannt [3].

Als Kurfürst Johann Georg im Herbste 1594 in die Neumark zur Jagd kam, beschwerten sich ‚die armen Leute‘ zu Friedeberg über ihren Pfarrer, der mit dem Höllenfürsten im Bündnisse stehe: er ‚hause, hege, banne und zwinge den Teufel, daß er den Leuten die Schinken vom Speck schneiden, das Fleisch aus den Wiemen nehmen, Bier und andere Sachen stehlen und ihm zubringen müsse‘; ‚dieses verhehle er im Keller, und habe die Leute, die davon geredet, vom Teufel ängsten und plagen lassen‘. Der Pfarrer wurde verhaftet, eine angebliche Hexe nach Cüstrin geführt; die Thore von Friedeberg wurden ‚verschlossen, daß niemand aus- und einziehen‘ durfte; ‚den Leuten wurde ihre Nothdurft hingebracht, denn so jemand Frembdes hineinkommt, soll er auch also vom Teufel geplagt werden‘ [4]. Im Jahre 1614 wurden Adam von L. und dessen Sohn Joachim zu Bellin in der

---

[1] v. Raumer, Hexenprocesse, in den Märkischen Forschungen 1, 288—244. Hexenprocesse, mitgetheilt von Heffter in der Zeitschr. für preuß. Gesch. und Landeskunde 3, 523—531.

[2] Bericht von Lippold, Juden, so zu Berlin geviertheilt worden, 1573. Vergl. Fidicin 5, 427. Moehsen 518—521.

[3] Weller, Annalen 2, 436 No. 596.

[4] Aus dem Chronisten Hafftitz, in der Zeitschr. für deutsche Philologie 14, 461—462.

Ufermark der Zauberei und ‚täglichen Relation mit höllischen Geistern‘ an-
geklagt. Bei einer gerichtlichen Untersuchung fand man bei ihnen unter
Anderm: ‚Kunstbücher mit allerhand Conjurationes, wie der Teufel in einen
Kreis zu bringen und sich unterthänig zu machen sei, wie Besessene zu exorcisiren, und so weiter; ferner einen Todtenkopf, eiserne Ketten, dem Ansehen
nach von einem Hochgericht genommen; drei stählerne und einen gläsernen
Spiegel, mit Characteres beschrieben, um Visiones zu halten, und worin ihnen
Geister erschienen; einen Spiegel, in dem die vier Erzengel zu erscheinen
pflegen; zwei Knöchlein in einer Lade, anscheinend von gar kleinen Kindern,
noch fast frisch und mit der Haut‘, und andere Zaubersachen mehr. ‚Es fand
sich auch ein ordentliches, von ihnen gehaltenes Tagebuch, wonach sie täglich
öfters Visiones gehalten hatten, wo ihnen Engel, Teufel und unterirdische
Geister, so sie Pigmäos nennen, erschienen waren, bei denen sie sich in
Krankheiten Raths erholt und Recepte aufgeschrieben, neue Zeitungen erforscht und sich predigen lassen, zumal an hohen Festen. Zu Zeiten luden
sie die bösen Geister zu Gaste. Joachim von L. hatte zwei Geister, die
er sich unterthänig gemacht: einer, Pigmäus, so unter dem Gesindetisch
gewohnt und ihm den Lapis Philosophorum zu machen gelehrt, der andere,
Selus, so hinter der Hölle (Ofen) gewohnt und ihm zu Zeiten stattlich
musicirt; denen hatten sie daselbst geräuchert. Sonst hatten sie noch mehr
Geister und Teufel, einer davon sollte Erde und Schätze karren für L.;
und dergleichen teuflische Aeffereien sind mehr im Tagebuch angemerkt.
Auch geht daraus hervor, daß sie Bilder aus Wachs machten, um andere
Leute zu bezaubern und zu plagen, zumal um Einen von Ramin zu
ängstigen. Im Tagebuch werden noch Etliche von Adel genannt, so des
Werkes theilhaftig zu sein scheinen.‘[1] Im Jahre 1618 erschien in Berlin
unter dem Namen Hans Caspar von Schönfeld ein Abenteurer, der sich für
einen Abgesandten der ‚Brüder des Rosenkreuzes von Frankfurt am Main‘
ausgab, zwei Zauberbücher von Teufelskünsten besaß und im Gerüchte
stand, ‚anderen Personen die bösen Geister zuzuweisen‘. Der Kurfürst ließ

---

[1] v. Raumer, Hexenprocesse, in den Märkischen Forschungen 1, 250—252. Joachim
von L. (der Name ist bei Raumer nicht ausgedruckt) entzog sich der Strafe durch die
Flucht; der Vater wurde verhaftet, ‚weil er an Zauberei und Verehrung der Teufel
ebenso viel Theil haben solle als der Sohn, und weil sich Gebeine von jungen Kindern
bei ihm gefunden hatten, zum Theil noch gar frisch, zweifelsohne, wie es heißt, von
ungetauften, die aus dem Mutterleib geschnitten, da man weiß, daß diese Künste dergleichen Ingredienzia erfordern‘. ‚Gegen solch schweres Verbrechen‘ gelte ‚kein Privi-
legium des Adels‘. Die Juristenfacultät zu Frankfurt an der Oder erkannte, daß der
alte L. zunächst in Spandau verhört werden solle; ‚man sieht aber nicht, was aus der
Sache geworden ist‘.

ihn verhaften, über die Rosenkreuzbrüder und über seine Künste befragen, unter Anderm auch: ob er die Kunst verstehe, ‚Wölfe, dem Wildpret zu schaden, in die Heiden zu weisen‘ [1].

Wie nach der Ansicht der Zeitgenossen ‚Hexen- und Teufelskünste oft gar lange Jahre verschwiegen blieben, dann aber durch die Gerechtigkeit Gottes an den Tag kamen und desto unerbittlicher bestraft werden mußten‘, zeigt ein Proceß gegen eine achtzigjährige Frau hohen Standes, Sibonia von Bork. Weil sie, besagt ein Bericht, ‚in ihrer Jugend die schönste und reichste adeliche Jungfer von ganz Pommern‘ war, so hatte sie den Herzog Ernst Ludwig von Wolgast derart für sich eingenommen, daß er ihr die Ehe versprach. Die Herzoge von Stettin widersetzten sich dieser ‚ungleichen Ehe‘ und entzündeten dadurch die Rachgier Sibonia's. Da ‚anstatt der Bibel der Amadis ihr vornehmster Zeitvertreib war, worin viele Exempel der von ihren Amanten verlassenen Damen, so sich durch Zauberei gerächet, zu finden [2], so ließ Sibonia sich vom Teufel dadurch verführen, lernte schon etwas bei Jahren die Hexerei von einem alten Weibe und bezauberte vermittelst derselben den ganzen Fürstenstamm, sechs junge Herren, die alle junge Gemahlinnen hatten, dergestalt, daß sie alle erblos bleiben mußten‘. Diese Verbrechen wurden jedoch nicht eher offenbar, bis Herzog Franz, der im Jahre 1618 zur Regierung kam, ‚als ein großer Feind der Hexen, solche allenthalben im Lande mit großem Fleiß aufsuchen und verbrennen‘ ließ. Diese ‚Hexen‘ schuldigten ‚in der Tortur‘ Sibonia an, welche, nachdem ihre Verbindung mit dem Herzog Ernst Ludwig vereitelt worden, ihr Leben in der Stille des Klosters Marienfließ zugebracht und damals in ihrem achtzigsten Jahre stand. Sie wurde in's Gefängniß geschleppt, nach Ausweis der Inquisitionsacten den entsetzlichsten Martern unterworfen und dadurch zu dem ‚Bekenntniß‘ der ihr vorgehaltenen ‚Missethat an dem Fürstenstamm‘ gebracht. ‚Der Fürst ließ ihr darauf Gnade und das Leben versprechen‘, wenn sie die übrigen Fürsten von diesem Unfall wieder befreien könnte.‘ Allein ‚ihre Antwort ist gewesen, daß sie das Hexenwerk in einem Hängeschloß verschlossen und selbiges Schloß in's Wasser geworfen, und den Teufel gefraget hätte, ob er dasselbige Schloß ihr wieder verschaffen könnte? der ihr aber geantwortet: Nein, es wäre ihm verboten‘. ‚Woraus man‘, sagt der Bericht, ‚das Verhängniß Gottes wahrnehmen kann.‘ ‚Und also ist sie ohngeachtet der großen Fürbitte von benachbarten Kur- und fürstlichen Höfen auf dem Rabenstein vor Stettin geköpft

[1] ‚Die Antworten fehlen leider; auch sieht man nicht, was aus der Sache geworden ist; es wird nur bemerkt, daß dieser Abenteurer vermuthlich gar kein v. Schönfeld sei, sondern ein verkappter Jesuit Namens Behrends.‘ v. Raumer in den Märkischen Forschungen 1, 254.
[2] Vergl. über den Amadis unsere Angaben Bd. 6, 419—424.

und verbrannt worden‘, nachdem man ihr vorher durch wiederholte Folterungen alle Glieder am Leibe zerrissen hatte[1].

Furchtbare Hexenbrände fanden im Kurfürstenthum Sachsen und in den sächsischen Fürstenthümern statt.

Kurfürst August von Sachsen war selbst ‚in geheimen Künsten urgründlich erfahren‘. Er erklärte sich im Stande, Gold zu machen[2]; er spürte durch seine Geomantie geheime Calvinisten auf[3]; er stand in Verbindung mit allerlei ‚Wundermenschen‘ und empfing deren Unterricht. Ambrosius Magirius wollte ihm durch Sterndeuterei Alles mittheilen, was ihm und dem Kurstaate zum Schaden gereichen könne. Doctor Pithopöus erbot sich, ihn vor ‚allerlei Wetter, natürlichen oder hexischen‘, zu schützen ‚durch gewisse magische Defensiven, welche nicht allein auf Gebäude, sondern auch auf Aecker, Bäume, auch Personen gerichtet‘ seien. Johannes Hiller erklärte ihm eine besondere Art ‚magischer Operation‘, durch die ‚allen verzauberten Menschen, denen sonst kein natürliches Mittel in der Welt zu helfen im Stande, wiederum Rath geschehen möge‘[4]. Uebrigens besaß der Kurfürst auch persönlich ‚Recepte‘ gegen Zauberei. So gab er mit Bezug auf verhexte Kühe für eine seiner Meiereien die Weisung: ‚Melke die Milch von allen Kühen, gieße sie in ein einziges Faß, laß ein Eisen glühend werden und stoß es in aller Teufel Namen in die Milch, laß es erkalten, so wird die Zauberin an ihrem Leibe verbrennt und beschädigt, daß man das Malzeichen oder den Brand sieht. Wenn du aber mit dem Eisen den Boden des Fasses berührst, so muß sie des Todes sterben.‘[5] Im Jahre 1572 erließ August eine neue Criminalordnung, in welcher er die Gerichtsordnung Carl’s V. dahin verschärfte, daß Zauberer und Hexen, auch wenn sie Niemanden beschädigt hätten, verbrannt werden sollten; auch einfache Wahrsagerei wurde mit dem Tode bestraft[6]. Ein Mann, welcher im Jahre 1586 versucht hatte, durch ein Zaubermittel verlorene Sachen wieder zu finden, starb durch Henkershand[7].

---

[1] Horst, Zauberbibl. 2, 246—248.　[2] Vergl. oben S. 186.
[3] Vergl. unsere Angaben Bd. 4, 367—368.
[4] v. Weber, Kurfürstin Anna 283—291. Vergl. unsere Angaben Bd. 6, 466 Note 1.
[5] Richard, Licht und Schatten 146—147.
[6] Codex Augusteus 1, 117. Vergl. Solban-Heppe 1, 411 und unsere Angaben oben S. 540. Benedict Carpzov, ‚der Gesetzgeber Sachsens‘ genannt, erklärte später, nicht allein die Zauberei, sondern auch die Läugnung der Wirklichkeit teuflischer Bündnisse müsse schwer bestraft werden. Vergl. Horst, Dämonologie 1, 215.
[7] Carpzov, Pract. nova 1, 332 No. 31.

‚Unzähligen‘, klagte man, ‚stecke Hexerei und alle Teufelskunst in den Knochen, so daß darob die Menschen von Furcht und Schrecken erfüllt‘ würden. In Leipzig wurden im September 1582 zwei Todtengräber aus Großzschocher, welche durch ‚zauberische Tränke‘ ‚ein groß Sterben gemacht‘, ‚mit glühenden Zangen gerissen, gerädert und auf’s Rad gelegt‘. ‚Ihre zauberischen Weiber und Schwieger, welche erschreckliche Wetter gemacht und mit dem Teufel lange Zeit gebuhlet, wurden zu Pulver verbrannt.‘ In demselben Monate erlitt einer der städtischen Todtengräber zu Leipzig, weil er durch Teufelskunst vermittelst Kröten- und Schlangengift 22 Personen umgebracht habe, die Strafe des Rades; auch sein Knecht wurde gerädert[1]. In der Nähe von Jena befand sich ‚ein Zauberer‘, dem ‚der Teufel viele Kräuter gezeiget, damit er vielen Kranken zur Gesundheit geholfen‘. Bei einem Zimmermann, mit welchem er früher in Feindschaft gelebt hatte, mißlang die Kur. ‚Der Zauberer‘ wurde darauf als Giftmischer angeklagt und sagte auf der Folter aus: ‚der Teufel sei allezeit bei ihm gewesen und habe ihm angezeigt, wann Leute zu ihm kommen würden, und habe ihm allweg eingeblasen, was er denen, die gegenwärtig, und denen, die nicht selbst gegenwärtig seien, geben solle‘. ‚Auf solche seine Urgicht hat man ihn gespießt und hernach verbrannt.‘[2] Besonders merkwürdig sind 35 Urtheile, welche der Schöffenstuhl zu Leipzig seit dem Jahre 1582 fällte[3]. Im Jahre 1583 wurde dort zum Beispiel eine sechsundachtzigjährige Frau mit Feuer ‚gerechtfertigt‘, weil man ihr auf der Folter das Geständniß abgedrungen hatte, sie habe mit den beiden Teufeln Lucifer und Rauscher Unzucht getrieben[4]. Ein andermal mußte eine Frau den Scheiterhaufen besteigen auf Grund ihres Folterbekenntnisses: sie habe die Zauberei gelernt von einer Böttcherin; ‚wäre immer ein schwarzer Rabe bei ihr hergangen, so der Böttcherin Buhle gewesen; dieselbe hätte auch ihr einen Hahn zum Buhlen zugewiesen, den sie Junker Hahn geheißen; auch hätte sie alle Vierteljahr ein paar Elben gezeugt, welche eines Fingers lang gewesen und ganz buntstreifig ausgesehen wie die Raupen‘[5]. In Dresden wurde im Jahre 1585 eine Hexe verbrannt, welche laut ihrer ‚Aussage‘ eine Frau dermaßen bezaubert hatte, daß sie ‚durch Gottes Verhängniß vier stumme Kinder zur Welt getragen‘[6]. Das Alles

---

[1] Heydenreich 176—177. [2] Albrecht, Magia 207—208.
[3] Carpzov, Pract. nova 1, 334—845. [4] Carpzov 1, 335 No. 5.
[5] Carpzov 1, 339 No. 23.
[6] Horst, Zauberbibl. 4, 357. Im Jahre 1582 wurde Abraham von Schönberg von Bastian Flabe zu Dörnthal verklagt, daß derselbe sein Eheweib auf bloßes Angeben Hans Eilenberger’s, der sie der Zauberei beschuldigte, 15 Wochen lang in das Gefängniß gelegt, alsdann torquirt und insonders zwei Stunden dermaßen erbärmlich martern und peinigen lassen, daß sie an einem Arme gelähmt und um ihre Gesundheit gebracht worden sei. Fraustabt 1ᵇ, 329.

wurde von den Richtern als ‚gotterbärmliche Wahrheit‘ angenommen, sogar die Aussage eines neunjährigen Mädchens aus einem Dorfe bei Dresden: es habe mit dem Teufel Unzucht getrieben und ein Kind geboren. ‚Nur immer zum Feuer mit allem Teufelsgesinde‘, mahnte das wiederholt erwähnte ‚Kurze Tractätlein über Zauberei‘: ‚man möchte wohl mitleidig werden können, wenn man so viel Hunderte brennen sieht in sächsischen Landen und sunst; aber es geht nicht anders, denn Gott will alle Zauberei mit dem Tode gestraft haben, und werden die Zauberkünste je länger je ärger.‘ [1]

Als Joachim Zehner im Jahre 1612 durch seine Predigten zu einer schärfern Hexenverfolgung aufforderte [2], hatten in dem kleinen Gebiete der an die sächsischen Häuser gefallenen Grafschaft Henneberg, wo er die Generalsuperintendentur bekleidete, binnen 17 Jahren bereits 144 Hexenbrände stattgefunden [3]. Es erfolgten dort Verurtheilungen auf Grund von ‚Bekenntnissen‘, über welche die Mitglieder des Schöffenstuhles zu Coburg einmal schrieben: ‚Aus der fürstlichen Grafschaft Henneberg sind uns gar viele Casus fürkommen, daß die verhafteten Personen mit sehr vielen Umständen, die fast nicht wohl zu erdenken gewesen, bekannt haben: sie haben todte Kinder, die dessen und dessen gewesen, ausgegraben, zu Pulver gebrannt und damit die Feldfrüchte verderbt und andere Zauberthaten verübt. Da nun die Regierung zu Meiningen auf den Gottesäckern hat nachsuchen lassen, sind der angegebenen Kinderlein Gräber, Särge und Körper ganz und unversehrt gefunden worden.‘ Eine Person habe ‚in der Marter ausgesagt: sie habe neben ihren Complicen aus des Wirthes Keller auf eine benannte Zeit viel Weins gestohlen; aber der Wirth hat auf gehabte Nachfrage beständig asserirt, er habe solchen Verlust nie gehabt‘. Solche Beispiele ‚wären aus noch vorhandenen Acten und Protocollen in großer Anzahl zu erzählen, wenn man Hoffnung hätte, daß sich unsere Widersacher zum Nachdenken und zu Befleißung geziemender Bescheidenheit bewegen möchten‘ [4].

Diese Widersacher befanden sich unter den Coburger Predigern, von welchen die dortigen Juristen auf öffentlicher Kanzel beschuldigt wurden, daß sie nicht strenge genug, namentlich bezüglich der Folter, gegen die Hexen verführen [5]. Nun seien sie aber, sagten die Juristen, keineswegs, wie man fälschlich vorgebe, ‚mit Fleiß gemeint, Stuhl und Bänk, Gelenk und Klenk in’s Mittel zu werfen, um die Processe und Ausrottung der verfluchten Zauberei zu stopfen‘; aber sie müßten in ihrem Amte gewissenhaft zu Werke gehen und dürften nicht jedem Geschrei, Argwohn und Verdacht vertrauen. ‚Man

[1] Ohne Ort und Jahr; nach 1578 gedruckt, vergl. oben S. 680.
[2] Vergl. oben S. 590 fl.
[3] v. Weber, Aus vier Jahrhunderten 1, 376—377.   [4] Leib 17.
[5] Vergl. oben S. 614.

thut das Seinige; will es nicht nach eines Jeden Gefallen fortgehen und werden die Hexen nicht wagen- oder koppelweise zum Scheiterhaufen geführt, ist es der Unmöglichkeit zuzuschreiben und dem lieben Gott das Gericht zu befehlen.'¹ ‚Ob wir gleich weit mehr als 100 Hexen-Personen in und außer Landes in der Inquisition gehabt, den meisten die Tortur und endlich die Lebensstrafe zuerkannt, so müssen wir doch einhellig bekennen, daß, je länger je mehr solche Händel uns unter die Hände kommen, je nachdenklicher und schwerer uns die Expedition es fallen. Man denke nur, wie viel Personen nur in dem Amte Coburg und Heldburg mehr als einmal torquirt worden und dennoch Nichts bekennet, sondern ihre Unschuld erhalten haben. Gleichwohl ist bererhalben auf offener Kanzel Rührung geschehen, daß man sie nicht habe hinrichten lassen. Hingegen ist unseres Wissens nie gedacht worden, daß einer oder anderer Person zu viel geschehen, da doch ebenso wohl und weit mehr auf die Innocenz als die Condemnation zu sehen.'² Nothwendig müsse man den Hexen einen Vertheidiger gestatten, wie sich denn auch die Ingolstädter Juristen im Jahre 1590, die Freiburger im Jahre 1601 einmüthig dafür ausgesprochen hätten³. Auch dürfe man nicht zur Verurtheilung vorschreiten nur auf Grund der aberwitzigsten Bekenntnisse aus dem Munde der gefolterten Personen.

Ueber solche Verurtheilungen sprach sich auch der protestantische Theologe Meyfart, der mit tiefster Gemüthsbewegung die Folterungen schilderte, welchen er persönlich beigewohnt hatte⁴, aus eigener Anschauung aus. ‚Ich habe mich sehr verwundert und in der Person gesehen, wie man alte Frauen gequälet, die nicht so klug waren als Kinder von acht Jahren; bekannten solche tölpische Sachen, die einem fieberhaftigen Kranken in dem tollen Traum nicht hätten in die verwirrten Gedanken, viel weniger in die verschmachtete Zunge fallen können. Sie mußten verderben und sterben.'⁵ ‚Was thun nicht die Bethörten? Man findet alte Weiber, welche andere, jüngere beschuldigen, sie hätten ein Kindlein in der Größe eines Fingers aus dem Halse geboren. Ich rede die Wahrheit, weil ich selbst gehört, daß ein solches altes Weib auf solcher handgreiflicher und erlogener Thorheit festiglich verharrete. Noch erschrecklichere Händel und ganz ungläubige wüßte ich aus eigener Erfahrung zu erzählen, wenn mich nicht die Feder aufhielte.'⁶ Die Gefangenen verlieren durch ‚ein sonderbares Tollwasser, welches man ihnen eingießt', allen Verstand und ‚geben ohne Scheu unnatürliche Dinge von sich aus. Ein Bauer sagte aus, daß er ‚mit der Herodias in der Luft getanzet und mit dem Pilatus in der Luft umhergeflogen' sei; Andere ‚bekennen', daß sie in

¹ Leib 2 fl. 14—15.   ² Leib 16.   ³ Leib 66.
⁴ Vergl. oben S. 615 fl.   ⁵ Meyfart 404.   ⁶ Meyfart 487.

einem Nu ‚in England, in Spanien, in Frankreich, in Griechenland, in
Perserland gefahren‘ seien und in den Palästen der Kaiser, Könige und
Fürsten gegessen und getrunken haben; wieder andere, daß ‚sie durch kleine
Löcherlein, in welche kaum eine Maus sich verkriechen konnte, in die Keller
gefahren und darin gezechet haben, daß sie in Katzen, Elstern oder Raben
verwandelt worden‘. Diese heidnisch-tollen und thörichten Dinge werden aber
‚von unseren Hexenmeistern hoch gerühmt‘[1].

Immer von Neuem kommt Meyfart auf Grund seiner Erfahrungen
darauf zurück: nur ‚durch die Schärfe der Pein werden die Gemarterten gedrungen, die tollsten Dinge, aber auch die schändlichsten Bubenthaten‘ auf
sich auszusagen. ‚Der subtile Spanier und listige Italiener haben einen Abscheu an diesen ungeheuren Viehischheiten und Bestialitäten, und zu Rom ist
es nicht gebräuchlich, einen Mörder oder Straßendieb, Blutschänder und Ehebrecher über eine Stunde in der Marter zu lassen‘; dagegen ist es ‚in
Deutschland so weit gekommen, daß die Peinigung durch einen Tag, durch
Tag und Nacht, durch zwei Tage und eine Nacht‘, selbst bis ‚durch vier
Tage und vier Nächte und ein Mehres darüber wiederholt wird, weil der
Henker nicht aufhöret zu quälen, und der Richter nicht vergißt, von Neuem
zu befehlen. Unterdessen haben die Henker freie Macht, die armen Gefangenen
mit neuen Schmachen anzugreifen, bis zuletzt die Bekenntniß herausfährt und
mit Freuden von dem Richter aufgefangen, von den Malefizschreibern aber
mit geschwinder Begierde aufgeschmieret wird, da doch die vorhergehende unflätige, mit Eisen, Blöcken, Ketten und Banden ausgerüstete Gefängniß gar
genug gewesen wäre.‘[2]

Selbst die grausamsten Qualen würden nicht einmal als ‚Tortur‘ angesehen.

‚Ich will nicht reden von dem steten Wachen, in dem die Peiniger ihre
Gefangenen, welche zwischen der feindseligen Gesellschaft sitzen müssen, zu
keinem Schlafe lassen, sondern, wo sie nach dem Laufe der Natur, die Solches
erfordert, die Augen haben zugeschlossen, mit spitzigen Stacheln aufgeweckt
werden. Und dieses muß den Hexenmeistern noch keine Tortur heißen! Ich
will nicht reden von dem, daß man den Gefangenen keine anderen als gesalzene
Speisen reichet, auch den Getrank mit Herings-Lacken vermischet, unterdessen
nicht einen einzigen Tropfen von ungefälschtem Wein, Bier oder Wasser
gestattet, sondern mit dem grimmigen Durste ängstiget.‘ Aber der ‚grausame,
wüthende und tobende Durst‘ gilt den ‚Hexenmeistern für keine Tortur‘.
‚Wenn der Meister den Gefangenen die Instrumenta an die Beine anleget
und zuschraubet, welche auch an beiden Theilen tapfer ansetzen, die vorderen

---

[1] Meyfart 484—485.   [2] Meyfart 468.

Röhren heftig ängstigen und die Waden wie einen Kuchen- oder Braten-Teller von einander treiben, das Blut wie den Wein auf der Kelter pressen, die Spannader sammt der Maus, maßen es die Wundärzte nennen, wie ein gegerbtes Fell ausstrecken, muß es keine Tortur heißen. Bekennt durch dieses Mittel eine Person, wird auf der Gerichtstatt verlesen, in das Register verzeichnet, an die Facultäten geschrieben, bei den Fürsten und Regenten erzählt: sie habe freiwillig, ohne Tortur bekennet.‘ [1]

Und was, fährt Meyfart fort, ‚heißen die Worte‘: eine Angeklagte, er nennt sie Margaretha, ‚hat vor der gehegten Bank die Bekenntniß, welche sie in der Tortur gethan, aus freiwilligstem Gemüthe bestätiget und bejahet? Sie heißen so viel: Nachdem Margaretha aus grimmiger Pein der Folterei, welche sie länger nicht auszudauern vermochte, endlich bekennet, hat der Henker also ihr zugeredet: Du hast nunmehr dein Bekenntniß gethan; willst du wieder läugnen, sage mir's jetzunder, weil ich noch vorhanden bin, ich will es dir besser machen. Wenn du auch gleich morgen, übermorgen oder vor dem Gericht wirst läugnen, kommst du mir doch zum andern Mal in die Hand. Alsdann sollst du erfahren, daß ich bishero mit dir noch gespielet habe; dermaßen will ich dich ängstigen, daß es einen Stein erbarmen möchte. Nun ist Margaretha an dem bestimmten Gerichtstage auf dem Karren vorgeführt worden, an Händen so hart gebunden, daß kein Wunder, wenn das Blut ausgedrungen, und noch dazu am Leibe angefesselt. Um sie sein gestanden die Büttel und Henker, nach ihr sein gefolgt die gewaffneten Männer; nach Verlesung der Aussage hat der Henker selbst Margaretha angefahren, ob sie noch geständig sei oder nicht, damit er sich darnach zu achten. Margaretha hat die Aussage darauf bestätiget. Ist das ein freiwilliges Bekenntniß? Mit unmenschlichen und mehr denn viehischen Foltern gezwungen, mit so grausamen Gesellen umwachet, oder eigentlicher zu reden, mit so grausamen Gesellen umtrotzet, mit so harten Stricken gebunden, ist das Freiheit? So ist der auch frei, der an eine eiserne Stange geschmiedet wird. Gott behüte einen jeden Christen vor der Freiheit. Wer kann nun zählen, wie oft die Regenten sich in diesem Werk versündigen? Es gemahnt mich solcher Hexenmeister nicht anders als der Juden, welche zu Christo sprachen: Sagen wir nicht recht, daß du ein Samariter bist und hast den Teufel? Denn die Leute müssen Trutner und Trutnerinnen sein nur darum, weil die vornehmen Hexenmeister dieselbigen also nennen.‘ [2]

Nur durch die Folter geschieht es auch, daß die Gemarterten ‚auf unschuldige Personen bekennen und dadurch verursachen, daß die besagten unschuldigen Personen nachmals an dem Ort der Qual ebenso handeln, und was sie nimmer-

---

[1] Meyfart 465. 483.   [2] Meyfart 428—424.

mehr gethan, auf sich nehmen'. ,Ich selbst habe es angehört: wenn des
andern oder dritten Tages der Richter der gepeinigten Person die, über welche
bekennet worden, vorstellet, pflegt sie oftmals zu widerrufen, und wie sie' von
der Angeschuldigten ,Nichts als alles Gute wisse, zu betheuern. An einem
vornehmen Orte hat es sich zugetragen, daß der blutdürstige Officiant eine
ungescholtene Bürgerin einem vor drei Tagen gemarterten alten Weib vor-
gestellet, welche Bürgerin auch getrost ohne Furcht und Scheu sich vertheidigt.
Die Gemarterte hat also sich ausreden wollen: „Ach Cunigunde, ich habe dich
die Zeit meines Lebens niemals auf einem Hexentanze gesehen, sondern dich
für eine christliche und ehrbare Bürgerin gehalten; ich mußte aber bekennen
und sollte bekennen, wollte ich aus dem Bock kommen, auf Etliche. Du weißt
aber, daß, als man mich einführte, du mir begegnetest und sagtest: Das
hätte ich dir nicht zugetraut. Daher bist du mir in der Marter eingefallen;
ich bitte dich um Verzeihung. Werde ich aber auf's Neue gemartert, muß
ich wahrlich zum andern Mal auf dich bekennen; wie soll ich es machen und
anfangen?" Ist auch erfolgt, daß das alte Weib, wieder zu der Leiter gebracht,
bekennet, und nachmals die unschuldige Bürgerin ausgeführet worden.' [1]

,Unzählbare Exempel stehen am Tage und schreien durch ganz Deutschland, daß unschuldige, christliche, wohlerzogene, gegen der Gerechtigkeit eifrige,
gegen die Armuth gutthätige, gegen sich selbst tugendhafte Leute aus Zwang
der Marter von den Gepeinigten sind genennet, folgens eingezogen, darauf
gequälet, und als sie, durch strenge Angst übermeistert, bekennet, an die
Schädelstätte geführet worden. Historien sein vorhanden, so erschreckliche und
abscheuliche, daß ein Biedermann darob sich billig entsetzte und in seinen
starken Gliedern erzitterte. Zwar die Hexenmeister hören es nicht gern
und drohen denen mit dem Feuer, welche in diesem Punkt die Wahrheit
schreiben.' [2]

,Ein gelehrter päpstischer Scribent' sei für die Abschaffung der Folter
eingetreten, verlange, daß man zum wenigsten das abschaffe, ,was die Tortur
so gefährlich macht' [3]. ,Die Hexen- und Martermeister' aber ,entrüsten sich
im Gemüthe, wenn sie hören, daß ihr Finanzmittel, die Tortur, verworfen,
das Werkzeug verdächtig gemacht wird'; sie erheben unter Anderm den Ein-
wurf: ,Wenn die peinlichen Aussagen falsch wären, müßten alle peinlichen
Gerichte verdächtig sein.' Allein, sagt Meyfart, ,beschauet doch die Cano-
nisten, welche über die päpstischen Rechte geschrieben und schon längst gesehen,
daß durch den Zwang der Tortur falsche Aussagungen erpreßt worden. Warum
disputiren sie von der Frage: Wenn Jemand aus großer Noth der Marter
anderen Unschuldigen eine grausame Missethat falscher Weise auflege, das ist

---

[1] Meyfart 466 fl. 512.   [2] Meyfart 471—472.   [3] Meyfart 492.

auf Unschuldige fälschlich bekenne, ob er eine Todsünde begehe? Fürwahr, was der Canonist vor langer Zeit gewußt, wollen unsere Hexenmeister nicht glauben.' [1]

,Billig wäre es, wenn man in die scharfe Frag=Stuben solche Reime schriebe:

> Wenn Richter trachten nach dem Gut,
> Die Henker dürstet nach dem Blut,
> Die Zeugen suchen ihre Rach,
> Muß Unschuld schreien Weh und Ach.' [2]

Grausamkeit und Wollust, Ueppigkeit, Schlemmerei, Habsucht und Rachsucht seien in Verbindung mit dem herrschenden Aberglauben die scheußlichsten Quellen der Hexenmacherei. Wenn, sagt Mehfart unter Anderm, ,die Richter ihre Acten, Protocolle, Bücher und Register nicht in voller Trunkenheit, nicht mit eilender Fertigkeit, nicht mit vorgefaßter Klugheit durchsuchten und mit den armen Gefangenen bescheidentlich umgingen, so würden sie selten von einem Henkerwerkzeug zu dem andern, ja nimmermehr von der einen Tortur zu der andern fortschreiten und nach neuen Indicien, zu foltern und zu quälen, grübeln. O ihr Obrigkeiten, gebt den Richtern nicht Wein zu trinken und den Schöppen starke Getränke!' [3]

Auch ,mißeifrige Prädikanten' trügen Schuld an der Verfolgung und grausamen Behandlung der Hexen. ,Ungescheut', sagt Mehfart, ,schreien sie nach Ketten und Banden, nach Thürmen und Löchern, nach Holz und Stroh, nach Stangen und Stock, nach Rauch und Feuer, nach Pulver und Schwefel.' ,Heißet Solches practiciren den Spruch des Herrn: „Lernet von mir, denn ich bin sanftmüthig und von Herzen demüthig"? Wo ist jemals erhöret worden in der levitischen und christlichen Kirche, in der prophetischen und apostolischen Kirche, daß Priester und Prediger in so dunkeln, so zweifelhaftigen, so unbeständigen, widerwärtigen, grundlosen und vor menschlichem Witz fast gar verborgenen Dingen, ohne Unterschied nach Gut und Blut, nach Leib und Leben gerufen, geseufzet und geflehet haben? Ich kann nicht glauben, und ist auch nimmermehr zu glauben, daß der Lehrer Lust habe, die Seelen zu erhalten, welchen dürstet, die Leiber zu verbrennen.' [4]

Hat aber einmal ,ein ungerechter Eiferer seine Stimme erhoben', so ,erheben sich manche tausend Stimmen aus dem Pöbel= und Büffelvolk, überschreien die Winde und Donner, rufen auf allen Gassen, auf allen Straßen, bei allen Gesellschaften: Crucifige, crucifige: ihr Obrigkeiten, lasset die Büttel laufen, die Ketten klirren, die Schrauben spannen, die Zeugen reden, die

---

[1] Mehfart 495—496.   [2] Mehfart 478.   [3] Mehfart 567—568.
[4] Mehfart 397—398.

Martermeister peinigen, die Richter urtheilen, die Ruthen schlagen, die Stricke würgen, die Schwerter hauen, die Feuer brennen, die Räder brechen! Niemand kehret sich an den unschuldigen Joseph, Niemand vertheidiget, Niemand besuchet, Niemand tröstet.‘

‚Ja, wenn die Obrigkeiten selbst in solchen ungerechten Eifer gerathen, werden die Werke der Gerechtigkeit und Barmherzigkeit, welche Gott in seinem Wort dem Opfer vorgezogen, und bekennet, daß er seine Lust und Wohlgefallen daran habe, verboten, und Diejenigen bedrohet, geschrecket, verfolget, welche sich im Geringsten anmaßen. Inmittelst tummelt sich das leichtfertige Pöbel- und Büffelvolk, fänget verdächtige Muthmaßungen in der Luft wie ein Falkner, zeiget dieselbigen verwogenen Burschen, waschhaftigem, kühnem und frechem Gesinde, bringet die ehrbare Waar vor Gerichte, und bestätiget die Aussage mit dem Eide, wie jener Holzspalter thäte: „Herr Richter, ich hab es gesehen, ich lag eben auf der Bank und schlief; der Thäter nahm Etwas in die Hand, war mir unbekannt, schlug aber zu, daß es blutet; ob er aber den Beschädigten troffen habe, weiß ich nicht.“ Was wollen wir uns lange aufhalten? Der ungerechte Eifer verursachet, daß die nächsten Verwandten und Bekannten sich unter einander anfeinden und wo sie nur können, Leid und Jammer zufügen.‘ [1] Ganze Flecken, Städte und Länder würden mit Verleumdungen überschwemmt, und unter den Türken und Tartaren könne ‚ein ehrlicher Mann weit sicherer leben und fröhlicher, auch geruhiger wegen seines wohlhergebrachten Namens, als unter den deutschen Christen‘ [2].

Mit einem Freimuth sonder Gleichen redete Meyfart insbesondere den Regenten und Obrigkeiten in's Gewissen und hielt ihnen einen Spiegel vor, aus welchem sie erkennen konnten, wie große, wenn nicht die größte Schuld sie selbst an den furchtbaren Gräueln der Hexenverfolgung trügen. ‚Jetzunder‘, sagte er, ‚rechnen viel Regenten es unter die Ehrenthaten, wenn sie Gelegenheit bekommen, an den armen Leuten zu toben, aus Hoffnung, weil sie bishero nichts Heldenhaftes vollbracht, von dem Gestank der Grausamkeit den Balsam der Tapferkeit zu erlangen. Die Unterthanen müssen herleihen die Füße zum Botenlaufen, den Rücken zu Lasten und Schlägen, den Kopf zum Zausen und Raufen, die Wangen zu Taschen und Schellen, die Hände zum Zerren und Schleppen, die Augen zu Possen und Bübereien, die Ohren zu Schmähen und Schelten. Wenn auch die Männer das Geld zum Prassen und Bankettiren dargeschossen, müssen bisweilen die Weiber einem unnützen und galgenwerthen Hund-Jungen den Leib darstrecken zum H . . . . und Ehebrechen. Endlich gerathen ungerechte Regenten in das Land Sodoma und

---

[1] Meyfart 390.   [2] Meyfart 563—564.

Gegend Gomorrha, ſuchen das Blut, damit den Scheiterhaufen zu löſchen. Ehe es dahin gelangt, pflegen Regenten ſich umzuthun nach friſchen Henkern, welche neue Marterſtücklein ſelbſt erfunden oder neulich von Anderen erfundene gelernet, auch neulich an einem Ort weidlich gebraucht, durch dieſe die Be- kenntniß erzwungen und damit ganze Heerden zu dem Richtplatz getrieben haben. Gebühret das chriſtlichen Regenten, auf Mittel zu denken, damit die Eingefangenen erſchrecklicher und unmenſchlicher Weiſe mehr als zuvor zer- ſchlagen, zerpeitſchet, zerſchraubet, zerzerret, zerquetſchet, zerriſſen, verderbt und verödet werden, gebühret das chriſtlichen Regenten? Wenn chriſtlichen Re- genten gebühret, Buben anzunehmen, die von Tag zu Tag ärger zu wüthen und zu toben wiſſen, ſo gebühret chriſtlichen Regenten, wenn dieſe ihre Kunſt mit dem Kopfe ausgelernet und nichts Ferneres von Inſtrumenten zu er- ſinnen haben, die Teufel anzunehmen, weil verdammte Geiſter in der Grau- ſamkeit wohl geübet ſein.'[1] ,Neben den Henkern beſtellen die chriſtlichen Re- genten Trutenmeiſter und Hexenrichter, wie weiland die Ketzermeiſter waren. Zwar der Name lautet in ihren Ohren etwas ſeltſam, wiewohl er nichts Böſes in ſich hält. Daher verwechſeln ſie denſelben mit anderen, höheren Tituln und wollen Malefiz=Räthe, Fiscalen und Commiſſarien, geehret und gefürchtet ſein. Dieſe, wenn ſie beſtätiget und den Eid abgelegt, blähen ſich auf, rühmen ihre Vollmacht, praviren und braviren in Gaſtmahlen, wie ſie den Peiniger zu commandiren, auch bei Gelegenheit der Sachen ohne Befehl und Vorwiſſen der höheren Officianten gegen die Gefangenen verfahren können und dürfen: wären ſie doch an die Canzler und die Canzlei-Aſſeſſoren nie- mals gewieſen worden. Den Malefiz=Räthen ordnen oftmals chriſtliche Re- genten die Beſoldung auf die Häupter der Gefangenen, von einer Perſon 12 Thaler, mehr oder weniger, die verpflichteten Trutenrichter und Hexen- meiſter beißig zu machen. Wenn dieſes geſchehen, befinden ſich die chriſtlichen Regenten ganz ſtill und ſicher in ihrem ruhigen Gewiſſen, und denken bei ſich, es ſei genug, daß der Henker durch grauſame Weiſe und grimmige Werk- zeuge die Bekenntniß vom Morgen durch die Nacht, vom Montag durch den Dienſtag auf die Mittwoch ausgedrungen.' ,Die Regenten pflegen ſich zu entſchuldigen: ſie hätten den beeideten Dienern die Sache aufgetragen; wo unrecht verfahren würde, müßten ſolche es verantworten, wollten ihre Gewiſſen darüber nicht betrüben. Dieſe Gegenrede beſtehet wie ein Haus, auf dem Sande gebaut. Um kleine und geringe Dinge pflegen ſich Regenten zu be- kümmern, um Rentereien, Schöſſereien, Jägereien und ſo weiter; ſie ſorgen, daß die Pferde, Mauleſel, Ochſen, Hunde, Affen, Katzen fleißig gewartet werden. Soll denn Gott ſtill ſchweigen, der Regenten Entſchuldigung recht

---

[1] Meyfart 405—406

heißen, daß sie sich um kleine, geringe und ganz schnöde Dinge bekümmern,
aber was Gut und Blut, Leib und Leben, Ehre und Namen der armen
Unterthanen antrifft, aus dem Sinne schlagen und Anderen zu verrichten befehlen?' ‚Billig wäre es, daß die Regenten bei der Peinigung säßen‘, ‚das
Wüthen und Toben der Henker, die verwirrten, seltsamen, unglaublichen, niemals möglichen Aussagungen anhöreten. Billig wäre es, daß die Regenten
bei der Berathschlagung der Urtheilssprecher säßen und das Discuriren, Disputiren, Einreden, Widerreden, Beweisen, Dünkeln, Bezwacken und Stümmeln
persönlich anhöreten.‘ ‚Aber was geschieht? Viel Regenten suchen überhin,
lesen nur die Aussagungen, zählen die benannten Mitconsorten, belachen
die Possen, schicken oder geben die Briefe den Officialen, Commissarien und
Fiscalen, reiten oder fahren auf das Feld, in den Wald zu den Thieren,
und verbringen die Zeit mit denen Geschäften, zu welchen sie keinen Beruf
haben.‘ [1]

Die für all den Frevel unausbleiblichen Strafgerichte Gottes, von welchen
Meyfart sprach, hatten über Fürsten und Volk bereits begonnen im dreißigjährigen Kriege.

---

[1] Meyfart 405—417.

Perfonenregister.

A.

Abimelech (Patriarch) 96.
Abraham (Patriarch) 96, 411.
Abraham (Goldmacher) 194.
Adam (der Stammvater) 523.
Aberpul Thom. (Theologe) 386.
Adolf (Herzog von Schleswig-Holstein) 27.
Adolf Friedrich I. (Herzog von Mecklen-
  burg-Schwerin) 155 fl.
Aepinus (Prädikant) 373.
Aesop (Fabeldichter) 831.
Agnes von Hessen (Kurfürstin von Sachsen,
  spätere Herzogin von Sachsen-Gotha-
  Weimar) 169.
Agobard (Erzbischof von Lyon) 498 fl.
Agricola Caspar (Canonist) 574.
Agricola Franz (Pfarrer) 606—609.
Agricola (Bauer) Georg (Mineraloge) 64.
Alardus Wilh. (Schriftsteller) 451.
Alba Ferdinand Alvarez de Toledo Her-
  zog v. (Feldherr und Staatsmann) 603.
Alber Erasmus (Prediger) 327, 875.
Alber Justus (Pfarrer) 375.
Alber Matthäus (Theologe) 668 fl.
Albertinus Aegidius (Hofsecretär) 158,
  227 fl., 240, 242 fl., 250, 260 fl., 262,
  264, 276, 282, 346, 408.
Albigenser 500.
Albrecht von Brandenburg (Cardinal-Erz-
  bischof von Mainz) 181, 184, 390, 392 fl.
Albrecht V. (Herzog von Bayern) 24,
  135, 164, 181, 214 fl., 350, 396, 404 fl.
Albrecht von Bayern (Bischof von Straß-
  burg) 506.
Albrecht von Brandenburg (Herzog zu
  Preußen) 179 fl., 184, 207.
Albrecht (Alcibiades, Markgraf von Bran-
  denburg-Culmbach) 334 fl.
Albrecht Barth. (Münzunternehmer) 53.
Albrecht Bernh. (Prediger) 532, 542.
Aleander Hieron. (Legat) 388, 895.
Alexander VI. (Papst) 289.

Alexianer 292.
Alexianerinnen 292.
Algermann 192.
Althamer Andr. (Prädikant) 376, 526 fl.
Ambach Melchior (Prediger) 49, 111, 257,
  444 fl., 450.
Ambrosius, hl. (Kirchenvater) 293.
Amman Jost (Maler) 250.
Ammann Hartmann (Chorherr) 510.
Amos (Prophet) 477.
Amsdorf Nic. v. (Theologe) 319, 371,
  374.
Andorfer Georg (Kaufmann) 65.
Andorfer Sebastian (Kaufmann) 65.
Andreä Jac. (Propst und Kanzler) 256 fl.,
  414, 436, 652.
Anna von Brandenburg (Herzogin von
  Mecklenburg) 542.
Anna von Dänemark (Kurfürstin von
  Sachsen) 170, 179, 187, 197, 203.
Anna von Oesterreich (Herzogin v. Sachsen)
  181.
Anna von Oesterreich (Markgräfin von
  Baden) 181.
Anna von Preußen (Kurfürstin von Bran-
  denburg) 182.
Anna von Sachsen (Gräfin von Oranien)
  167.
Anna von Ungarn (römische Königin) 396.
Anna Catharina von Mantua (Erzherzogin
  von Tirol) 169.
Anna Eleonora (Prinzessin von Hessen-
  Darmstadt, spätere Herzogin von Braun-
  schweig-Lüneburg) 179.
Anna Maria von Baden (Gemahlin Wilh.
  v. Rosenberg's) 220.
Apicius (Feinschmecker) 169.
Aquaviva Claudius (Jesuitengeneral)
  653 fl.
Arminius Jac. (Professor) 478.
Aschenbrenner Mich. (Hofapotheker) 187.
August (Kurfürst von Sachsen) 18 fl.,
  26 fl., 60, 78, 105, 127 fl., 129, 137,

Bullinger Heinr. (Theologe) 431, 587.
Burchard (I., Biſchof von Worms) 497 fl.
Burgel Herm. v. (Rentmeiſter) 644.
Burleigh William Cecil, Lord (Staats-
mann) 10.
Burr George L. (Hiſtoriker) 588 fl., 613,
637, 639 fl.
Buſch Joh. (Auguſtinerpropſt) 292.
Bußleb Joh. (Lehrer) 279.
Buß Peter (Stadtſchreiber) 383.
Butzer Martin (Theologe) 25 fl., 35 fl.,
166, 272, 306, 375, 381, 383, 526.

C.

Cäſar Phil. (Superintendent) 25.
Calinich R. (Hiſtoriker) 487.
Calvin, Calviniſten 38 fl., 124, 189, 306,
418, 431, 434, 477, 486, 546, 561, 562,
567 fl., 586, 587, 598, 606, 644, 645,
684.
Camerarius (Rammermeiſter) Joachim
(Humaniſt) 372, 377, 413.
Camerarius Phil. (Rechtsgelehrter) 223.
Caniſius Petr. (S. J.) 399, 405, 406, 652 fl.
Capito (Köpfel) Wolfg. Fabricius (Theo-
loge) 375, 526.
Capuziner 405, 407, 409.
Carl der Große (Raiſer) 576.
Carl V. (Raiſer) 4, 9, 13, 31, 287, 306,
391, 392, 401.
Carl V. (peinliche Halsgerichtsordnung,
Carolina) 60, 448, 467 fll., 538 fl.,
556, 572 fll., 576, 619, 642, 680, 684.
Carl (Erzherzog von Steiermark) 118 fl.,
143, 151.
Carl I. (Markgraf von Baden) 181.
Carlſtadt (Bodenſtein) Andr. Rud. (Theo-
loge) 304.
Carmeliter 397, 637.
Carpzov Benedict (Criminaliſt) 482 fl.,
684.
Carronius Petrus (Juriſt und Theologe)
582.
Carthäuſer 637.
Caſimir (Markgraf von Brandenburg-
Ansbach) 467.
Casmann Otto (Prediger und Schulmann)
451 fl. 610.
Catharer 499 fl.
Catharina (Erzherzogin von Oeſterreich)
179.
Catharina von Braunſchweig-Wolfenbüttel
(Markgräfin von Brandenburg-Cüſtrin)
189 fl.
Catharina von Cüſtrin (Kurprinzeſſin von
Brandenburg) 187.
Catharina von Naſſau (Gräfin von Schwarz-
burg) 167.

Catilina 115.
Cecil, ſiehe Burleigh.
Celichius Andr. (Generalſuperintendent)
237.
Chemlin Caſp. (Prediger) 421.
Chemnitz Mart. 425.
Chorherren 399.
Chriſtian I. (Kurprinz, bezw. Kurfürſt von
Sachſen) 129, 141, 148, 152 fl., 173,
174, 176, 180, 195, 200, 340, 353.
Chriſtian II. (Kurfürſt von Sachſen) 81,
142, 158 fll., 167, 175, 187, 200, 201 fll.,
281, 353.
Chriſtian (Herzog von Holſtein, ſpäter
Chr. III., König von Dänemark) 6 fl.
Chriſtian (Herzog von Holſtein) 157.
Chriſtian (Markgraf von Brandenburg-
Culmbach) 175.
Chriſtian I. (Fürſt von Anhalt-Bernburg)
151, 152 fl.
Chriſtian IV. (König von Dänemark) 7 fl.
Chriſtoph (Herzog von Mecklenburg) 150,
187.
Chriſtoph (Herzog von Württemberg) 89,
75, 78 fl., 131, 144, 163 fl., 180, 211 fl.,
213, 307 fl., 351, 433.
Chriſtoph (Markgraf von Baden-Roden-
machern) 630.
Chriſtoph Ernſt (Prinz von Heſſen) 164.
Chryſeus Joh. (Pfarrer) 149 fl.
Clariſſinnen 396 fl.
Clarus Jul. (Rechtslehrer) 480 fl.
Cohn Albert (Antiquar) 639.
Conrad III. (Biſchof von Würzburg), ſiehe
Thüngen.
Contarini Gaſparo (Cardinal-Legat) 391 fll.
Cordatus Conr. (Prediger) 319.
Cornelii Jac. (Bauer) 472 fl.
Correr Giovanni (Geſandter) 280.
Cothmann Ernſt (Juriſt) 97.
Coton (S. J.) 650.
Cronberg Eliſ. v. (Gemahlin Conr. v.
Sickingen's) 220.
Cruciger Caſpar (der Aeltere, Theologe)
374.
Cruſius Martin (Philologe) 194.
Cryptocalviniſten 484. 489.

D.

Damhouder Jodocus (Joſſe) van (kaiſer-
licher Commiſſar) 470 fl., 474 fl., 490.
Danäus Lambert (Theologe) 561, 586 fl.,
598, 606, 607.
Daniel Brendel von Homburg (Erzbiſchof
von Mainz) 32 fl.
Daſſel Hartwig v. (Juriſt) 677 fl.
Dekind Friedr. (Theologe) 422.
Dee John (Hofalchymiſt) 196.

Henner Camillo (Juriſt) 508.
Hentchen Entgen („Hexe') 672 fl.; ihr
  Mann 673.
Heppe Heinr. (Hiſtoriker), ſiehe Solban.
Herberger Valer. (Prediger) 420.
Hermann von Wied (Erzbiſchof von Cöln)
  390.
Herodes (König) 484.
Herodias 496, 500.
Herzog Joh. Jac. (Theologe) 617.
Heyd Ludw. Friedr. (Hiſtoriker) 449.
Hiller Joh. 684.
Hochſtraten (Hoogſtraet) Jac. v. (Domini-
  caner) 604.
Hocker Jodocus (Prediger) 527.
Höchſtetter (Großhändler) 17, 65.
Hoenſtein Wilhelm III. Graf v. (Biſchof
  von Straßburg) 93.
Hörwarth Hans Friedr. (Stadt- und Land-
  richter) 621 fl.
Hofer (Kaufmannsfamilie) 65.
Hoffman Hans (Wirth) 278.
Hoffmeiſter Joh. (Auguſtiner) 234, 389.
Hofmann Caſpar (Mediciner) 416 fl., 440.
Hohenems (Graf) 408.
Hohenſtein (Gräfin) 220.
Holba 498.
Holl Maria (Wirthin) 663 fll.; ihr Mann
  664 fl.
Hollen Gottſchalk (Auguſtiner) 502 fl.
Holtze Friedr. (Rechtshiſtoriker) 156.
Holzinger Joh. Bapt. (Culturhiſtoriker und
  Criminaliſt) 534.
Holzſchuher Bertholb (Patricier) 269,
  339 fl.
Honauer Georg (Goldmacher) 198.
Hoppenrod (Prediger) 415, 447, 450.
Horſt G. C. 519.
Hoväus Ant. (Benedictinerabt) 551.
Hoya Joh. IV. Graf v. (Biſchof von Osna-
  brück, Münſter und Paderborn) 159.
Huberin Caſp. (Prediger) 376, 443 fl.
Hübner Caſp. 461.
Hübner Urſula (Giftmiſcherin) 461.
Hühnerkopf Peregrinus (Amtmann) 679.
Hüttel Simon (Chroniſt) 278.
Hund Bernh. (Rath) 231.
Huſanus Joh. Friedr. (Juriſt) 97, 100.
Hyperius Andr. (Theologe) 316.

J.

Jacob I. (König von England) 168.
Jacobäa von Baden (Herzogin von Cleve)
  173 fl.
Jacobi Rannius (Bauernſohn) 472 fll.
Jacobs Eb. (Hiſtoriker) 678.
Jacquier Nic. 604.
Jäger (Localhiſtoriker) 624.

Jäger Carl (Hiſtoriker) 525.
Jäger Hans (Goldmacher) 195.
Jäger Melchior (Geheimrath) 165.
Jajus Claub. (S. J.) 405.
Janſſen Joh. 358, 361 fl., 378, 544,
  574, 584.
Jeniſch Paul (Hofprediger) 200, 203.
Jeremias (Prophet) 419.
Jeſuiten 29 fl., 160, 176, 195, 217, 278, 318,
  395, 405 fl., 407, 409, 418, 517 fl.,
  530, 531, 538, 541, 563, 583, 593,
  604, 610, 612, 613, 614, 629, 635, 637,
  638, 640, 641, 648—660, 683.
Ignatius von Loyola, hl. 405.
Ilſung Georg (Landvogt) 49 fl.
Innocenz VIII. (Papſt) 506 fll., 510, 517,
  604.
Inſtitoris Heinrich (Dominicaner) 506 fl.,
  509 fl., 517 fl., 534, 602, 604.
Inſtitoris und Sprenger (Hexenhammer)
  510 fl., 515, 517, 518 fll., 552 fl., 563,
  584, 601 fl., 604, 606, 614, 644.
Joachim I. (Kurfürſt von Brandenburg)
  102, 205, 273, 515.
Joachim II. (Kurfürſt von Brandenburg)
  102, 142, 148, 156, 181, 184, 187, 197,
  205 fl., 237, 273, 280, 328, 355, 356,
  542, 681.
Joachim Ernſt (Markgraf von Ansbach-
  Bayreuth) 141, 194.
Joachim Ernſt (Fürſt von Anhalt-Bern-
  burg) 152.
Joachim Friedrich (Kurfürſt von Branden-
  burg) 206, 213, 247, 251 fl., 357, 425,
  450.
Job 577.
Johann XXIII. (Papſt) 604.
Johann (Kurfürſt von Sachſen) 63 fl., 231.
Johann VII. von Schönberg (Erzbiſchof
  von Trier) 5, 588 fll., 640, 642 fl.
Johann (Herzog von Holſtein, bezw. Schles-
  wig-Sonderburg) 162.
Johann VII. (Herzog von Mecklenburg-
  Güſtrow) 205; ſeine Gemahlin 205.
Johann (Herzog von Sachſen-Weimar),
  ſiehe Hans.
Johann III. Pfalzgraf (Biſchof von Regens-
  burg) 502.
Johann VI. von Naſſau-Dillenburg (Graf)
  161 fl., 239, 671 fl.
Johann Adam von Bicken (Erzbiſchof von
  Mainz) 334, 633.
Johann Adolf (Herzog von Schleswig-
  Holſtein) 449.
Johann Albrecht I. (Herzog von Mecklen-
  burg, bezw. Mecklenburg-Güſtrow) 150,
  203 fll., 355, 455.
Johann Albrecht II. (Herzog von Mecklen-
  burg-Güſtrow) 155 fl.

Norman Matthäus (Landvogt) 98 f.
Rossení Joh. Maria (Hofbeamter) 174.
Nyenstädt Franz 8.

O.

Oberg Bernh. v. (Bischof von Hildesheim) 402.
Obrist Joh. Georg (Bibliothelsbeamter) 620.
Oesterreich (Haus), siehe Habsburg.
Oettingen (Grafen von) 190.
Oettingen Carolus (angeblicher Graf von) 190 fl.
Olbecop Joh. (Chronist) 62, 235 fl., 402 fl., 465, 648.
Olorinus Variscus, siehe Sommer Joh.
Oranien Wilh. v., siehe Wilhelm.
Osiander Andr. (Theologe) 446.
Osiander Luc., der Aeltere (Theologe) 35, 38, 39, 165 fl., 194, 239 fl.
Ossa Melch. v. (Statthalter) 40, 159, 184, 378.
Offenbrock (Frau v.) 644.
Ott Anna („Hexe') 625.
Otto (Prinz von Hessen-Cassel, später Landgraf von Hessen-Hirschfeld) 173, 176.
Otto Heinrich (Kurfürst v. d. Pfalz) 207, 324 fl.
Otto Heinrich (Pfalzgraf von Pfalz-Sulzbach) 63.

P.

Palladius Petrus (Bischof von Seeland) 548 fl.
Palten Zacharias (Buchhändler) 610.
Pancratius Andr. (Superintendent) 259.
Pandocheus (Wirth) Joh. (Superintendent) 422.
Panizza 522.
Pape Ambrosius (Pastor) 316, 342 fll., 348 fl.
Pappenheim Cäcilie v. (Erbmarschallin) 666.
Paracelsus Theophrastus 190, 529, 599.
Passow (Edelmann) 155.
Patz Jac. (Prädikant) 445.
Paul III. (Papst) 391 fl.
Pauli Peter (S. J.) 637.
Paulus, hl. (Apostel) 228, 257, 296, 366, 440, 484, 575.
Paumgärtner Casp. (Pfleger) 435.
Peinlich R. (Historiker) 59.
Perillus (Perilaos, Erzgießer) 577.
Pertsch J. S. 482.
Pestalozzi Paul 210.
Peter der Mahler 178.
Petrus, hl. (Apostel) 554.
Petrus von Ravenna (Jurist) 467.

Pferinger (Bürgermeister) 661, 663.
Phalaris (Tyrann) 577.
Philipp II. (Herzog von Pommern-Stettin) 100.
Philipp I. (Herzog von Pommern-Wolgast) 355.
Philipp (Landgraf von Hessen) 35 fl., 94, 131 fl., 142, 163 fl., 197, 272, 375, 381, 430, 443, 447.
Philipp (Landgraf von Hessen-Rheinfels) 147, 163 fl.
Philipp II. (Markgraf von Baden-Baden) 208, 351.
Philipp (Bischof von Basel), siehe Gundolzheim.
Philipp II. (König von Spanien) 646.
Philipp von Allendorf (Dichter) 42 fl.
Philipp Franz (Rheingraf) 152.
Philipp Julius (Herzog von Pommern-Wolgast) 157.
Pilatus 581.
Pirkheimer Willibald 382.
Pistorius Joh. (Theologe und Geschichtschreiber) 447.
Pithopöus (Doctor) 684.
Pius II. (Papst) 289.
Plato, Platoniker 495, 554, 597.
Pölnitz Bernh. v. (Kanzler) 589.
Poleus Zacharias (Dichter) 28, 253 fl.
Pontanus Johann (Professor der Heilkunde) 193.
Porta Conr. (Theologe) 448.
Porta Joh. Bapt. (Physiker) 600.
Portius Vincenz 248 fl.
Possevin Anton (S. J.) 50.
Postellianer 431.
Poysl Casp. v. (Pfleger) 628.
Prätorius Abbias (Theologe), „Prätorianer' 439.
Prätorius Ant. 324, 485 fl., 574, 575 bis 579, 598.
Preysinger, die (Adelsgeschlecht) 117.
Pufendorf Sam. Freih. v. (Rechtslehrer) 838.
Puteo, de 483.
Pythagoras 495.

O.

Quaden von Kinckelbach M. (Geschichtschreiber) 9.

R.

Raesfeld Bernh. v. (Bischof von Münster) 645.
Raittenau Wolf Dietrich (Erzbischof von Salzburg) 159 fl., 197.
Rammolter Paul 446.

Ortsregister.

718 Ortsregister.

Ziegenhof (Herrschaft) 21.
Ziersberg (Diersburg) 521.
Tirol 32, 52, 59, 68, 65 fl.,
71 fl., 115 fl., 139, 144,
169 fl., 195, 200, 207,
219, 268 fl., 277, 281,
335 fl., 395, 400 fl., 408,
459, 502, 512, 620.
Tobtnau 504.
Tölz 622.
Torgau (Stadt) 152, 177,
337, 458.
Torgau (Landtag 1603) 137.
Torgau (Chronik) 199.
Trautenau (Stadt) 550.
Trautenau (Chronik) 278.
Trebsa 132.
Trient (Bisthum) 391, 400.
Trient (Stadt) 400.
Trient (Concil) 391, 395,
405, 406, 407, 409, 608.
Trient (Index) 608.
Trier (Erzstift) 5, 407, 506,
582—585, 590, 604 fl.,
628, 633, 635—648.
Trier (Stadt) 292, 582,
585, 604, 613, 636—640,
641, 643, 654.
Trier (Universität) 639.
Trier (St. Simeon) 636.
Trier (Synode 1310) 500;
(1548) 635.
Tripolis 50.
Tübingen (Stadt) 79, 256.
Tübingen (Universität)
114 fl., 194, 256, 261 fl.,
414, 436, 439, 520, 547,
652, 668.
Türkei, Türken 28, 50, 105,
107, 118, 173, 211, 234,
238, 240, 246, 269, 270,
312, 328, 342, 354, 360,
363, 367, 385, 386, 414,
487, 607, 641, 692.

U.

Uelzen 678.
Uesselbach 672 fl.
Ukermark, die 238, 682.
Ulm 79, 334, 349, 383, 443,
520, 544, 663 fl.
Ulrichstein (Schloß) 164.
Ungarn 61, 170, 220, 223 fl.,
284, 238, 275, 371, 632.
Unterinnthal 72.
Untermaasfeld 40
Unterösterreich, siehe Nieder-
österreich.

Untersteiermark 118 fl.
Utrecht 682.

V.

Vaihingen 667.
Vallabolib 613.
Velden 484 fl.
Veltlin, das 545.
Venedig 3, 4, 19, 50, 76,
158, 179, 184, 200, 223,
276, 280, 561.
Verden (Bisthum) 156.
Verden (Stadt) 675 fl.
Verna (Gemeinde) 188.
Viersen 521.
Villach 69.
Vlotho 645.
Voigtland, das 199, 259,
487.
Vorarlberg 620.
Vorderösterreich, Vorlande
189, 401, 408.
Vorpommern 98; vergl. Pom-
mern-Wolgast.

W.

Waadtland 545.
Waal, die 14.
Waldeck (Grafschaft) 675.
Waldeck (Stadt) 159.
Waldsee 631.
Wallerstein 666.
Wallmersbach 881.
Waschenbach 132.
Weida 152.
Weihenstephan (Abtei, bei
Freising) 499.
Weilderstadt 667.
Weilheim 622 fl.
Weimar 168.
Weingarten (Abtei) 401.
Weißenbronn 381.
Weißenburg 39.
Weißenfels 249, 252.
Welschland, Welsche, siehe
Italien.
Wenden 238.
Wendische Städte 85.
Werben 206.
Werdenfels (Herrschaft) 623.
Wernigerode (Grafschaft)
353.
Wernigerode (Stadt) 250,
265, 543, 678.
Wesenberg 322.
Weser, die 373.
Weßlingburen 448.

Westbeutschland 401.
Westerburg 679.
Westerstetten 629.
Westfälischer Kreis 61, 334.
Westfalen 141, 172, 484,
555, 572, 574, 575, 596,
645, 675.
Wetzlar 232.
Widenrodt 276.
Wiek, die 111.
Wien (Bisthum) 391, 393,
394, 896 fll.
Wien (Stadt) 76, 195, 288,
302, 393, 395, 396 fl.,
406, 408, 522, 619 fl.,
653.
Wien (Hofbibliothek) 620.
Wien (kaiserl. Hofkammer)
67.
Wien (Universität) 393, 656.
Wien (Himmelpforten) 396;
(St. Dorothea) 396, 500;
(St. Jacob) 896; (St. Lau-
renz) 896; (St. Maria
Magdalena) 396; (Schot-
tenthor) 396.
Wiesensteig 547 fl.
Wilbbad 213, 349.
Willisau 620.
Wiltingen 638.
Windsheim 665.
Wismar (Stadt) 84 fll.
Wismar (Deputationstag
1610) 205.
Wismar (Rechtstag 1568)
455.
Wittenberg (Kurkreis) 378 fl.
Wittenberg (Stadt) 235 fl.,
304, 319, 412, 440, 458,
524, 543.
Wittenberg (Theologenschule,
Universität) 189, 238, 371,
414 fl., 421, 428, 599,
651, 675 fl.
Wittgenstein (Grafschaft)
525.
Wolfach 347.
Wolfenbüttel (Herzogthum),
siehe Braunschweig.
Wolfenbüttel (Stadt) 158,
188, 190 fl., 676, 678.
Wolferstebt 226.
Wolgast 98.
Worms (Bisthum) 497 fl.
Worms (Reichstag 1521) 197
Württemberg (Herzogthum)
16, 35, 38, 39, 51, 62,
64, 75, 78 fl., 131, 185,
144 fl., 148, 163—166,